博物馆，可持续发展与美好生活

2023年湖北省博物馆协会学术研讨会论文集

湖北省博物馆协会
湖 北 省 博 物 馆 编

武 汉 出 版 社

（鄂）新登字08号
图书在版编目（CIP）数据

博物馆，可持续发展与美好生活：2023年湖北省博物馆协会学术研讨会论文集 / 湖北省博物馆协会，湖北省博物馆编. —武汉：武汉出版社, 2023.11
ISBN 978-7-5582-6320-0

Ⅰ.①博…　Ⅱ.①湖…　Ⅲ.①博物馆－工作－湖北－学术会议－文集　Ⅳ.①G269.276.3-53

中国国家版本馆CIP数据核字（2023）第195197号

博物馆，可持续发展与美好生活——2023年湖北省博物馆协会学术研讨会论文集
BOWUGUAN, KE CHIXU FAZHAN YU MEIHAO SHENGHUO——2023 NIAN HUBEI SHENG BOWUGUAN XIEHUI XUESHU YANTAO HUI LUNWEN JI

编　　者：湖北省博物馆协会　湖北省博物馆
责任编辑：朱金波
助理编辑：王　超
封面设计：沈力夫
出　　版：武汉出版社
社　　址：武汉市江岸区兴业路136号　　邮　　编：430014
电　　话：(027) 85606403　85600625
http://www.whcbs.com　E-mail: whcbszbs@163.com
印　　刷：武汉市首壹印务有限公司　　经　　销：新华书店
开　　本：787 mm×1092 mm　1/16
印　　张：43.25　　字　　数：941千字
版　　次：2023年11月第1版　2023年11月第1次印刷
定　　价：158.00元

序

湖北省博物馆协会在湖北省文化和旅游厅(湖北省文物局)、湖北省民政厅的关心和支持下,紧紧围绕中心开展工作,取得了一定成果。

2023年度国际博物馆日的主题为“博物馆、可持续发展与美好生活(Museums, Sustainability and Wellbeing)”。

博物馆对于构建美好生活与社会可持续发展具有关键性作用。博物馆是我们所共有的社会结构中值得信赖的机构和重要组成部分,它们处于独特地位,能够创造连锁效应,促进积极变革。博物馆可以通过多种方式助力实现可持续发展目标:从支持气候行动和促进包容性,到应对社交隔阂和改善心理健康。正如国际博协2019年京都大会“关于可持续性与实施联合国2030年可持续发展议程,改变我们的世界”决议中所强调的那样,所有的博物馆都能在创造构建可持续未来中发挥作用,它们可以通过教育项目、陈列展览、社区活动和研究来实现这一目标。

本年度论文的征集得到了协会各会员单位的热烈响应,各会员单位共组织投稿210篇。经过专家认真评审,共收录论文129篇,涉及博物馆与文化传承、藏品资源、陈列展览、社会教育、互联网+、文创开发、文化遗产保护、交流合作等诸多方面。湖北博物馆人的努力实践,汇聚成为从博物馆实现可持续发展的力量、数字化与可及性创新的力量、通过教育进行社区建设的力量。

同时,本论文集将获得第七届(2023年度)全省博物馆六大陈列展览精品奖的展览项目作为特稿予以收录,旨在指导各博物馆按照优秀案例的范本打造精品陈列。

本论文集是湖北省博物馆协会成立以来编辑出版的第十三本论文集,既凝聚了作者和编者的心血,也是协会各博物馆领导支持的成果,是集体智慧的结晶。感谢各级领导的大力支持和各位同仁的积极工作!

是为序。

序

目录

特载

主题论文

特　载

“宋窑遗珍 湖泗风华——武汉湖泗窑址群出土文物及标本展”介绍

湖泗窑址群位于武汉市江夏区梁子湖和斧头湖沿岸蜿蜒起伏的丘陵地带，在南北长约40公里、东西宽约30公里的沿湖地区密集分布着面积达170万平方米的瓷窑遗址群，是湖北地区最具代表性的民间瓷窑址群。20世纪70年代，考古工作人员在武汉江夏湖泗公社夏祠湾发现了湖泗瓷窑址，揭开了武汉地区一千多年前瓷器烧造历史的真容，填补了武汉地区古代瓷器史的空白。

“宋窑遗珍 湖泗风华——武汉湖泗窑址群出土文物及标本展”由武汉博物馆、武汉市文物考古研究所联手湖北省博物馆、武汉江夏区博物馆共同打造，首次对湖泗窑址群进行梳理和展示，共展出文物及标本329件/套，其中包括国家一级文物9件/套，在展示湖泗窑考古发掘和保护成果的同时，让观众了解武汉地区民间制瓷业发展状况。

展览以“寻找发现、调查揭露、研究解读、保护创新”为主线，以湖泗几大窑址发掘和文物出土情况为暗线，将考古成果转化为展览内容，介绍湖泗瓷窑址群得天独厚的地理优势，讲述宋代瓷窑建造、利用过程，分析产品样式及装饰手法，展现湖泗窑瓷的传承与创新。通过多维的叙事方式，展示湖北地区宋代瓷业的繁荣面貌和工艺特色。

该展展陈面积640平方米，展线100米，注重通俗性和观赏性，内容与形式和谐统一，营造历史代入感，总体风格古朴雅致。展陈设计根据展览内容合理分布，把握展线节奏；运用多种展陈形式，突出展品的艺术美；还原一千年前湖泗窑烧造场景，拉近观众距离；展板设计精致简洁，契合展览内容。

我们配合展览为不同群体策划宣传活动。针对青少年开设行走课堂“探秘湖泗 瓷艺妙想”体验活动，“助残日”邀请残疾朋友参观展览，并利用融媒体平台进行展览线上直播，让更多市民了解湖泗窑历史发展与烧造技艺，弘扬武汉地域文化；通过报纸、电视、网络媒体等平台，推动展览的宣传活动。

湖泗瓷窑址群是我国重要的、不可再生的文化遗产资源，是我国长江中游地区悠久瓷器烧造历史、丰富瓷器文化与精湛陶瓷工艺技术的代表。虽然那熊熊的窑火已然熄灭，但它孕育出的明珠，在今天保护和传承传统文化的理念下，必将绽放出更加迷人的光华。

“文物藏品中的英雄武汉”展览简介

辛亥革命博物院是湖北省为进一步打造辛亥首义文化品牌，将主题相同的辛亥革命武昌起义纪念馆和辛亥革命博物馆整合而成的专题性的博物馆，分为南北两区。北区依托中华民国军政府鄂军都督府旧址而建，南区建于辛乡革命武昌首义100周年。博物院现有文物藏品数量达3.5万件/套，其中有珍贵文物512件/套。为迎接2022年5·18国际博物馆日，博物院依托藏品，策划举办了“文物藏品中的英雄武汉”。展览特点和亮点汇报如下：

策展团队精心打磨 为贯彻落实习近平总书记关于革命文物的重要论述，充分利用革命文物，展现英雄城市武汉的英雄气概和精神特质，博物院组织一支由专家和陈列展览、藏品研究等专业人员组成的策展团队。策展团队反复精选文物藏品，吸收最新研究成果，以不同时期重大历史事件和重要历史人物为线索，反复打磨，数易其稿，最终确定“文物藏品中的英雄武汉”展览大纲。

主题鲜明，亮点突出 展览从“首义之城”“革命潮头”“抗战中心”“换了人间”“改革高地”“决胜之地”六个部分串联英雄城市的历史，讲好英雄城市和英雄人民的故事，突出反映了武汉英雄城市、武汉人民在中国共产党的领导下，为民族独立和人民解放，国家繁荣富强和全体人民共同富裕的伟大实践中作出的不可磨灭的历史贡献。

空间合理形式新颖 展览以文物藏品为主线，对一、二级标题进行空间定位，利用移动展墙组合隔断，让整个展厅形成环流动线，将文物陈列线与彩立面的内容叙述线相结合，使重点文物藏品与重点展陈信息相呼应，构建英雄之城的整体场域感受。展线流畅，版面精美，展示风格简洁、大气、庄重，具有极强的艺术性和感染力。

文物珍稀，价值丰富 上展文物藏品169件，其中珍贵文物12件，如辛亥首义同志会工兵第八营会员录、辛亥首义工兵第八营生亡同志花名册等均为首次展出，生动诠释了英雄城市的精神特质，帮助观众更好地感受英雄城市的光荣历史。为更好地诠释文物时代价值和内涵，策展团队查阅大量资料，通过厚重朴实、生动感人的文字，将文物背后的故事讲述给观众。

反响热烈，效果显著 展览开展后，国家文物局、中国文物报、湖北电视台、荆楚网、长江日报、武汉电视台等多个媒体对展览进行了宣传报道；展览展出期间，线上观众1000余万人次，线下观众12.6万人次，开展学术讲座8场，社教活动7场，社会反响热烈，无数观众留下真挚感言。

辛亥革命博物院立志于提高文物研究阐释和展示传播水平，切实把革命文物保护好、管理好、运用好，让文物真正活起来。

“复兴路上　青春闪光——武汉庆祝中国共产主义青年团成立100周年专题展”简介

“复兴路上　青春闪光——武汉庆祝中国共产主义青年团成立100周年专题展”是武汉革命博物馆2022年精心策划的展览，是武汉地区首个庆祝建团百年的展览。

武汉革命博物馆下辖武昌农讲所、毛泽东旧居、中共五大会址、起义门、中国共产党纪律建设历史陈列展等五处革命旧址和红色场馆。其中，中共五大会址也是1927年5月共青团四大的召开地。在共青团成立100周年之际，在团四大旧址举办该展览，具有重要历史意义。

展览精选232幅历史图片和43件/套实物，以中国共青团历次全国代表大会为线索，以重要历史时间和先进典型人物为重点，展示百年来中国共青团始终坚持“党有号召、团有行动”，在中国革命、建设、改革、复兴的宏伟事业中作出的历史性贡献。

展览中的大量图片和实物系首次展出，如《武昌社会主义青年团简章》、《中国新民主主义青年团武汉市第一届团员代表大会会刊》、汉藏双语版《入团志愿书》、1949—2018年的13本团章、芳草社区志愿者代购通行证等，多角度见证时代各有不同，青春一脉相承。

展览形式精美，紧扣团徽、团歌等核心元素，充分考虑旧址特点，实现传统与现代结合，历史与现实结合。采用活动展墙有效保护文保建筑，实现可持续利用；展标择取团徽中的团旗、麦穗和齿轮等元素，彰显展览主题；展陈设计突显时代氛围，与周边环境相呼应，实现沉浸式观展；四个部分色彩渐进，增强展览视觉效果；最后一部分犹如一幅徐徐展开的书卷，以新时代的新作为提升展览主题，在《光荣啊，中国共青团》的歌声中引发观众对“旧”的怀念和对“新”的期待。

展览应用数字化技术，为重点文物穿上二维码外衣，手机扫一扫即可观看图文、视频资料，并实现翻看、缩放、现场版语音讲解、点赞分享等多种新型玩法。

展览创新线上线下融合展陈模式，采用实体展＋线上展＋巡回展＋文艺宣讲＋直播形式，以全方位、立体化、多层次的系列活动扩大展览影响力。在开展当日和“5·18”国际博物馆日，分别举办专场文艺宣讲，来自各个领域的年轻人用情景剧、诗歌朗诵、舞蹈等形式，让红色故事跨越百年时空，吸引了超500万人参与直播，“我在红巷讲党史”红色文化IP一炮打响。同时，通过“五进”巡展，让展览走进各个中小学校园、社区、企业、机关，让党的创新理论飞入寻常百姓家。

在社会各界的支持下，展览线上线下观众量超百万人次，学习强国、《中国文物报》等权威媒体争相报道，取得良好社会效果。在展览带动下，武汉革命博物馆红色资源“活”起来，革命文物焕发出新的生机与活力。

“曾经巴楚——‘宜荆荆恩’城市群博物馆联盟青铜文物特展”简介

2022年5月19日，“宜荆荆恩”城市群博物馆联盟成立。6月3日，“宜荆荆恩”城市群博物馆联盟在宜昌博物馆推出首个联展“曾经巴楚——‘宜荆荆恩’城市群博物馆联盟青铜文物特展”。

西周成王时期，周成王大封诸侯，封南宫适(括)为侯爵，建立曾国；封楚人首领熊绎为子爵，封地五十里，建立楚国；封巴氏首领为子爵，建立巴国。曾国位于汉水以东，也就是文献记载的姬姓随国，是中原王朝经略南方、并向北方运输铜料的重地。巴国借鱼盐之利而闻名于先秦，极盛时期疆域辽阔，包括今重庆全境与湖北恩施、宜昌、川东北地区等。楚国鼎盛时期统一了长江中下游地区，是当时疆域最广、人口最多的国家。曾、楚、巴三国地域相邻，人文相近，时有战事，亦有联姻结盟，在政治、经济、军事和文化等方面交流频繁，造就了兼容并蓄、交融互补、风采各异的曾、楚、巴文化。

展览以曾、楚、巴三国历史文献梳理为基础，分为金道锡行、革故鼎新、前歌后舞三个部分，展示曾、楚、巴三个诸侯国兼容并蓄、交融互补的历史，彰显“宜荆荆恩”城市群共通、共建、共享的历史文化基因。展览汇聚“宜荆荆恩”四地七家博物馆118件/套展品，包括宜昌万福垴遗址出土的西周时期楚国铜鼎，香炉石遗址出土的商代猪形铜磬；荆门苏家垄遗址出土的曾侯用器曾仲斿父铜壶和其中的九鼎五簋，沙洋严仓墓群出土的楚国镬鼎；荆州雨台山墓地出土的复合铜剑及恩施官渡口遗址出土的巴国虎钮錞于等。展品全部为珍贵文物，其中一级文物7件/套。

根据展陈大纲将展厅进行合理划分，空间动线以顺时针为主，避免重复的导览动线。展览设计以枣红、赭黄为主色调，以重点文物为中心轴线，文物与信息解读关联紧密，形成优美、有韵律的空间结构。

展览围绕展览主题、重要内容、重点展品等设置多种辅助展项。对猪形铜磬、凤鸟纹铜鼎等重要展品进行三维数字化展示，强化体验感和参与感。设置显示屏分别播放“消逝的王陵”“丹砂女王之谜”(央视九套·发现栏目)、“巴国编钟与錞于”等视频资料片。打破实体博物馆时空局限，制作线上虚拟展览，线上线下同步展示，扩展了展陈空间，满足观众多层次、多方位需求。

展览开展后，宜昌博物馆通过官方微信、网站、三峡电视台、三峡晚报、BRT公交车站户外视频等渠道对展览进行持续宣传。社教部门开展了“青山”现楚史、剑中翘“楚”、“探秘青铜”等8场丰富多彩的社教活动，累计3000余人参与，获得了观众的广泛好评。

展览日期：2022年6月3日—8月3日

展览地点：宜昌博物馆2号临展厅(三层)

指导支持单位：湖北省博物馆

主办单位：宜昌市文化和旅游局、荆州市文化和旅游局、荆门市文化和旅游局、恩施土家族苗族自治州文化和旅游局

承办单位：宜昌博物馆、湖北省博物馆、荆州博物馆、荆门市博物馆、恩施土家族苗族自治州博物馆、长阳土家族自治县博物馆、秭归县文物保护中心

虚拟展览网址：

https://beyond.3dnest.cn/play/index.html?m=31e42c56_R6N7_b6f9&o=1

“不爱红装爱武装——纪念武汉中央军事政治学校女生队成立95周年特展”简介

武汉中央军事政治学校女生队故事是历史赠予江城武汉的宝贵财富，为歌颂中国第一代女兵革命精神，不断坚定“跟党走”的信心与决心，2022年8月1日，时值中国人民解放军建军95周年以及武汉中央军事政治学校女生队成立95周年之际，武汉市文化和旅游局、湖北省黄埔军校同学会主办，武汉中共中央机关旧址纪念馆承办“不爱红装爱武装——纪念武汉中央军事政治学校女生队成立95周年特展”。活动现场，20余名黄埔后裔代表以视频祝贺、赠书题字、参观展览等方式出席开幕式。

展览以武汉中央军事政治学校女生队故事为轴，以时间脉络为线，共分为“创办军校 培育人才”“热血巾帼 踊跃投军”“革命熔炉 淬炼成钢”“炮火洗礼 初试锋芒”和“沧海横流 英雄本色”五个部分讲述武汉中央军事政治学校女生队在中国共产党的培养下，在革命的熔炉里，在战斗的锻造中，淬炼成钢的历史事迹，歌颂中国第一代女兵为中国革命的胜利和新中国的建立作出的不可磨灭的贡献。同时，擦亮“中共中央在武汉”品牌，做到深度挖掘史料，填补中共党史上的一项空白。

展览以小切口展示大主题，武汉中央军事政治学校敢于打破男尊女卑思想，冲决封建藩篱束缚，招收一批满怀激情，胸怀抱负，投身于轰轰烈烈大革命洪流中的女生，是“破天荒的大事，是中国军事教育史上的创举”。女生队的出现，不仅是中国妇女解放的先驱和榜样，更在国际妇女运动史和人类进步史上书写了光辉的篇章。展览选取第一次国共合作时期武汉中央军事政治学校女生队这一特殊且鲜明的主题，深入研究和挖掘女生队在武汉的历史以及对于中国革命的贡献，彰显了女性力量。

展览首次集中展示有三类文物藏品：一类为馆藏实物，如武汉中央军事政治学校证章等；第二类为馆藏珍贵史料复制件，如李文宜所写的《回忆欢送武汉军事政治学校女生队西征》手稿等；第三类为和展览主题相关的馆藏老报刊近20件，如1927年1月26日，《汉口民国日报》登载的“投考中央军事政治学校失学学生鉴”报道等。在深入挖掘史料的基础上，将馆藏实物运用到展览中，讲活文物故事，实现文物的活化利用。

展览受到社会各界的广泛关注，新华社、《人民日报》、学习强国、《中国文物报》、今日头条、中国纪念馆、湖北日报、极目新闻等46家媒体进行展览宣传报道数量61篇，总体受众量达30余万人次。同时，利用自媒体平台广泛发布展览信息，开展有“小战士喊‘到’”、“展说”系列推文、行走的“大思政课”等“文艺＋展览”相结合的内容丰富，形式多样的社教活动。目前，已在广东省黄埔军校旧址纪念馆、宜宾市赵一曼纪念馆等地开展省内外巡展

10余场次。

同时，立足展览内容，实现“文创＋VR展厅”双管齐下。研发有笔记本、帆布袋、胶带三款带有女兵元素，展现女兵巾帼风采的文创产品。以科技创新推进文化创意，面向不同需求参展观众，借助数字展项的建设，联动实体展厅，打造交互式参展体验，线上线下全线贯通，精心推出“VR展厅”，充分延伸展览内容和文化内涵。

"万里千年——敦煌石窟考古特展"简介

为深入贯彻落实习近平总书记在中央政治局第二十三次集体学习时的重要讲话和在视察敦煌研究院作出的重要指示精神，促进考古人才培养，让广大师生和社会观众近距离了解敦煌石窟考古学术成果，感受敦煌文化魅力，坚定文化自信。武汉大学与敦煌研究院联合主办了"万里千年——敦煌石窟考古特展"。展览于2022年5月18日在武汉大学万林艺术博物馆开幕，是"5·18"国际博物馆日中国主会场的系列活动之一。展览展期近6个月，于11月结束。

展览由丝路漫行、灿烂佛宫、百年回顾、重读历史、历程、校院联手等部分组成，选取有代表性的敦煌文物、壁画及彩塑临品、复制洞窟等展品，从历史、地理、艺术、科学保护、武汉大学与敦煌研究院合作等专题，多方位立体展示敦煌石窟考古的丰硕成果和重大学术科研价值。展览位于万林艺术博物馆一、二层展厅，展览总面积约1800平方米，总展线约370米，展品共计168件/套，其中包括全景复制洞窟4个、文物95件/套(主要选用莫高窟南区、窟前、北区考古的代表性文物及标本，如花砖、陶器、丝织品、泥塑、早期壁画临品及文献等，其中包含国家一级文物和珍贵藏品30余件，许多珍贵文物是第一次走出莫高窟)、名家壁画临摹件珍品11件、数字化壁画复制品、文献、辅助展项等。展览定位为大型沉浸式石窟艺术与考古体验空间，将文物陈列与全景复原结合，学术专业性强、形式美轮美奂。在表现形式上坚持学术标准，同时注重提升观众的体验感与参与性，融思想性、艺术性、趣味性、知识性于一体。展示内容做到兼顾全面和重点，主次分明，将考古文物系统性、亮点展品、沉浸式场景、"打卡点"等有机结合。展览除安排学生志愿者免费定时讲解外，还开辟云展厅服务，重点展品配备有二维码，展览共组织开展各类社会教育活动7场，展区设有观众休息区、VR互动区、文创区、留言墙等观众服务区域。

该展览一经开幕，校内师生及社会大众反响极其热烈，接待观众30万人次、团队1752批，累计志愿服务时长3875小时。博物馆联合各大媒体及直播平台开展各类线上活动，线上累计270万余人观看，相关文章、视频等阅读量超百万，博物馆公众号关注量暴涨至13万余人，社会影响广泛。展览被人民日报、新华网、人民网、光明网、中国新闻网、中国青年报、中国社会科学网、China Museums、学习强国、腾讯网、新浪网等90余家重要媒体累计报道近200次，并获多位中外知名人士点赞。展览荣获第七届(2022年度)湖北省博物馆、纪念馆六大陈列展览精品奖。

主题论文

博物馆的媒介功能与意义探析
——以湖北省博物馆为例

崔航 湖北省博物馆

摘 要：博物馆对于展示中华文明优秀成果、满足人们对于美好生活的向往、推进文化自信自强具有不可替代的作用。作为实体空间媒介，博物馆通过展区陈列、符号的构建与交流、故事的再创造，将文物和展览、和受众联系起来，从而实现其媒介空间的传播功能。博物馆媒介空间对消除社会隔阂的重要作用，同时对荆楚文化有着传承与发扬的作用，在国际文化传播与交流中也发挥着重要的作用。

关键词：空间媒介；叙事；博物馆；荆楚文化

博物馆是传承人类文明的重要场所，是连接古代与现代的桥梁。自其诞生之日起，博物馆就以社会发展的需要为导向。它承载着国家和民族的文化记忆，可以通过文物收藏、研究、展览等方式，传承和弘扬中华优秀传统文化和革命文化精神。随着我国社会经济的持续发展，国民物质需求不断得到满足，精神需求也日益增长。如今，享受丰富的公共文化服务已经成为老百姓一种新的生活方式。近年来，"博物馆热"不断升温，"网红打卡地"成为不少博物馆的新标签。

习近平总书记高度重视博物馆工作，指出"搞历史博物展览，为的是见证历史、以史鉴今、启迪后人"，要求"守护好、传承好、展示好中华文明优秀成果"。在新时代下，深入学习贯彻习近平总书记关于博物馆工作的重要论述，对传承与传播好中华优秀传统文化、推进"四个自信"、建设文化强国有着重要的意义。

湖北省博物馆坐落于武汉东湖之畔，是国家一级博物馆，有着丰厚的荆楚文化资源。本文即以湖北省博物馆为例，讨论其空间媒介属性，探究如何更好地通过博物馆空间讲好"故事"，消除社会隔阂，满足人民群众日益增长的美好生活的需要。

一、博物馆媒介传播与叙事功能探析

博物馆作为一种空间媒介，要在古今之间架起一座桥梁，实现"文物"与"人"之间的沟通与交流。这就是博物馆媒介空间的"传播"功能，传播是信息的传递与交流，博物馆的"传播"就是要实现包括理解、意义创造和解释的过程，"理解"适用于博物馆内部以及外部。博物馆内部和外部的交流相互影响，并不断扩大。

首先是博物馆内部的信息交流与沟通，这个过程在博物馆展览和展品之间创造了一个特殊链接。文物即展品本身内涵信息丰富，古人的制作与使用给了它第一次生命。当它们在现代被发掘出来时，研究和展示就相当于给了它新的生命，理解文物本身的信息的过程，就是意义再创造的过程。第二是外部的传播与沟通,展览是博物馆与观众和社区互动最直接的方式。藏品与原始的古代社会文化环境分离,经过时间和空间的双重转换,他们脱离了赖以生存的原始环境,物体和环境的信息也消失了。如果你想在展览中,将信息传递给公众,就需要根据公众的需求来解读意义,以公众可以听懂或喜闻乐见的形式传递给公众。由此可见博物馆展览本身就是一个传播的过程,是一个叙事的过程。

(一)故事主线:展区陈列

要理解文化,仅仅依靠实物是不够的,而更多地依靠与文化有关的信息。传统的博物馆展览逻辑往往是“时间线为轴,以物证史”,这样的叙事手法往往仅仅追求客观中立地传达历史的真相,但近年来,随着文化传播渐渐“以人为本”,叙事手法也出现了变化,更加的精细。“故事主线”正是这样一种比较流行的叙事手法。故事是我们作为人类的经历中不可或缺的一部分。正如罗兰·巴特(Roland Barthes)所言,叙事无时不在,无处不在,存在于所有社会之中;事实上,叙事是从人类历史开始的。

叙事本质上是一种结构,可以基于情感、学习、教育、想象、个人或社会、主观或客观地参与。它通过唤起感情、记忆和好奇心来获得关注。这将讲故事的概念与交流的定义直接联系起来;尽管故事并不总是有意义的,但只有在有意义的情况下,才能形成“理解”。增进理解最常采用的形式是“讲故事”,其已经发展成为现代博物馆传播的一部分。在展览中,观众仿佛置身于一个非线性叙事剧场,被展品包围,却未必能够掌握与展品沟通的语言和相关故事。因此,博物馆的展览解读就是嵌入“意图”,通过对与展品相关的研究内容的归纳、对时空脉络的梳理,将故事正确而完整地传达给观众。

湖北省博物馆的“梁庄王珍藏——郑和时代的瑰宝”展分三个部分,第一部分“天潢贵胄”展示了梁庄王的特殊身份和奢华生活;第二部分“珠围翠绕”主要展现的是梁庄王继妃魏氏的生活;第三部分“丝路撷珍”以“郑和下西洋”为背景,主要呈现了“中西文化交流”的盛况。展厅面积1000多平方米,让每一件珍宝都有充分的展示空间。本次展览打破了以往按文物类别划分单元的布局,但真正让其深入人心的还是它的“故事性”。人们沉浸于二人“生同衾,死同穴”的浪漫爱情故事,也正是其故事性,让展览彻底爆红出圈,成为网络热议话题。

(二)意义重现:符号的建构与交流

从符号学视域来看,展览可视作一个复杂的系统。这个系统之所以复杂,是因为博物馆叙事是由物品、空间和人三个部分组成的。展览文物本身是“能指”,而讲解员的任务是挖掘出对象的“所指”,并将其展示给观众。展厅的实物和文字图像等资料,以及讲解员的导向,通过一定的组合,形成了一个“符号”的交流体系,观众通过这个体系了解文物的故事。

建构主义认为,知识不应仅仅是对存在于理想状态中的现实的接受,而应是学习者主动建构的。在将建构主义运用到博物馆的教育与设计中,需要考虑个体参观者是如何学习的,即考虑他们不同的文化、社会和个人背景,甚至包括个人价值观以及如何提取意义 。讲故事不仅仅是关注“过去”,也是同时要注意“当下”与“未来”。观众希望从故事中获得的不仅仅是文物知识,更能体会到某种精神力量,帮助他们更好地应对当下复杂变化的社会。

湖北省博物馆的“楚国八百年”展览，不仅仅是为观众解读了楚国八百年历史的前世今生，更呈现出楚国从一个蕞尔小国成长为“春秋五霸”“战国七雄”发生的巨大蜕变，所呈现出的“筚路蓝缕，以启山林”“不鸣则已，一鸣惊人”的精神特质已经融入“荆楚文化”的血脉，成为优秀中华文化精神的重要组成部分。

(三)数字媒体时代：故事的再创造

目前，几乎所有的博物馆都通过数字设备都在创造数字故事，而且几乎人人都在体验，并且产生巨大的创造力。数字的传播手段可以被看作是传统传播手段的延伸，数字手段实现了实体媒介空间转向虚拟空间的让渡，也使得静态和动态图像、动画、音频、文本的结合，以及互动功能成为可能。这增强了观众的体验，有更充分的互动性。

许多博物馆在其传播实践中使用了数字媒体，2017年底特律艺术学院博物馆的Lumin AR Tour可以在大楼内提供的手持设备上进行，使用增强现实来改善博物馆体验的教育和实践方面。同样，克利夫兰艺术博物馆的ArtLens互动工作室游客可以通过触摸屏幕或使用移动设备，查看数千件艺术品的高清图像，了解更多关于它们的背景和历史。

而湖北省博物馆在展览设计中也融合了数字技术，让文物“活起来”。如“元青花四爱图梅瓶”，通过3D建模能让观众在终端设备上立体还原实物；“越王勾践剑”使用AR技术让人们看到虚拟的典故，利用影像、声色等传达文物最真实的意义；通过VR手段让观众能沉浸体验曾侯乙编钟曲目，了解曾侯乙编钟的历史文化等等，这种数字叙事也呼应了当代博物馆的理念，强调与人的互动，重视观众的能动性，将原有的“以物为主”转变为“以人为本”，将“大叙事”转变为“小叙事”。博物馆的观众进一步成为参与者，真正进入展厅的主题内容，与展厅有更多的互动和交流。

二、博物馆媒介空间意义构建

“空间”往往就是一个抽象的概念，自20世纪70年代以来，各种学科出现了“空间转向”的趋势。空间不再被认为是纯粹的物质概念而是被理解为一种媒介。列斐伏尔首先提出了“社会空间”的概念，一个完整的空间应该包含物质、精神和社会三个层面，以表征空间(space of representations)、空间实践(spatial practice)与空间表征(representations of space)。在他看来，空间是一种媒介。之后美国人类地理学家爱德华·索亚继承其学说并发展成“第三空间”理论。我们说博物馆空间是一种媒介。在我看来，有两个特点。第一个特点是空间本身就包含着意义和信息，它在自己的文本中进行意义的产生。另一方面，空间被赋予了多重意义，反过来塑造了人们的行为和认知，它会影响人们的交流传播活动。

湖北省博物馆从早期的“湖北人民科学实验馆”到如今成为国家一级博物馆，第一个重要的特点是其具有物质性的实体空间，博物馆展示的展品和文物具有独特的物质性，它们可以向观众展示不同历史时期和不同文化之间的联系和差异，让人们更加直观地感受到文化和历史的魅力。

其二是空间中产生的互动性和教育性，参观者可以从活动和展览的体验中更好地了解和认识荆楚文化的重要性。它所提供的空间是随着时代和人们实践的发展而变化的。同时，它也反过来影响着人们的实践和传播。

最后是空间中的社会性，博物馆不仅仅是向公众传递知识和信息的场所，它们也是社交和文化交流的中心。博物馆可以通过展览、活动和教育项目等形式，促进不同文化之间的对话和交流，增强社会凝聚力。

（一）消除隔阂：博物馆媒介的社会属性

博物馆是一种非常重要的文化场域，作为一个实体空间媒介不仅可以为人们提供了解历史、艺术和文化的机会，还可以消除社会隔阂。

传播是一个空间的过程，它不仅指涉空间，而且还构建空间。实践场所不仅是我们的生活空间(lived space)，而且配备了特定的交流设施和结构，从而鼓励或抑制了不同的交流形式，形成了与特定交流方法、形式、节奏和频率相关的文化、社会生活的“纹理”。湖北省博物馆对外免费开放，这样可以便于更多的人参观博物馆，包括那些经济条件不好的群体，从而消除了经济上的隔阂。同时也让博物馆没有高低贵贱等级观念，作为一个可以自由进入的空间(通过预约免费入场)，其空间氛围更为平民化，更具有亲和力。在这里，游客可以放下各种社会头衔，不分你我徜徉在荆楚文化的海洋，消除了身份与地位的隔阂。

其二举办多元化的展览和活动。湖北博物馆已组织各种展览和活动，涉及各种文化和社会群体，例如银发族、留守儿童、服刑人员、盲校学生等特殊人群，这有助于消除文化和社会上的隔阂。如“让我的声音做你的眼睛”关爱盲人课程，通过声音媒介，让盲校的受众通过触摸感受编钟特殊的形状和发声特点，搭配社教老师的引导讲解，让盲人这一特殊群体感知历史和文化的魅力，感受社会的关爱。

第三是提供丰富的线上课程。随着信息技术的迅速发展也为博物馆延展线上空间进行了赋能。湖北省博物馆陆续推出的线上课程和直播活动也为观众提供了在线参观博物馆和学习历史文化的途径，实现了文化资源的共享，博物馆的线上空间运用多媒体手段为观众提供了一个全新的文物展示平台。通过线上讲座、视频播放等方式，向观众介绍了历史文化知识，包括历史事件、历代文化名人、文物鉴赏等方面的内容，不仅提高博物馆的知名度和品牌形象，也为博物馆的可持续发展提供支持。对于观众来说，湖北省博物馆推出的《云端打卡湖北省博物馆新馆》《长江文明大讲堂》等线上课程也提供了一种全新的文化学习体验，为他们的个人成长和发展提供了更广阔的机遇和选择。

（二）文化浸润：优秀荆楚文化灵根再植

文化可以被定义为那些以意义为主要目标的社会实践(或话语)，即为我们生活的世界生产意义或制定“意义”秩序。世界和现实的定义，可以在意识形态上使阶级、种族和性别之间现有的统治和从属关系秩序合法化。

湖北省博物馆所收藏的文物和艺术品主要是湖北地区的历史和文化遗产，包括先秦、汉、唐、明、清等不同历史时期，记录了湖北地区的历史和文化发展。一代又一代文博工作者和游客通过实践活动赋予了湖北省博物馆不同的文化内涵，这种文化内涵是一脉相承的，是永续发展的。当下我们生活在一个充满不确定性的时代，由于感知差异，社会正变得越来越复杂，为了使一种文化受到尊重并在全球化中生存下来，最佳方式是在博物馆中以尊重的方式展示当地文化。

博物馆在保护荆楚文化方面发挥着至关

重要的作用。通过仔细的记录和人工制品的保存，无论未来如何，都可以记录或记住一种文化。它也可以被来自不同文化背景的人分享和理解，博物馆将不同的人们聚集在一起，为不同的群体建立了一个支持网络。所以湖北省博物馆对不同地区甚至不同文化背景的游客，意味着特定的框架和特定的期望：一种开放的解释、一种体验。他们在其中既能感受到荆楚文物的精美，更能被其精神所震撼。

从立国时不到一百里到成为南方大国，八百年间，楚国大地涌现出了以令尹子文、屈原为代表的爱国主义仁人志士，他们为了国家和民族的利益，不惜牺牲个人利益和生命，具有强烈的英雄主义精神。楚文化历史上涌现出许多英雄人物，如伍子胥、黄歇、项羽等，他们有着不屈不挠、勇往直前的精神，成为中国历史上的传奇人物。

楚文化是一个开放包容的文化，楚国深处南方，在历史上与周、秦、汉等中原王朝交往密切，吸收了中原文化的精华，形成了独特的楚文化。楚文化有着浓厚的文化自信，也向中原文化输出了自己的文化元素，为中国文化的发展做出了重要的贡献。

在现代，湖北省也一直致力于推广和传承荆楚文化，表现出了湖北人民对自己文化传统的自信和自豪。这些荆楚文化的精神特质禀赋和文化基因一脉相承，灵根再植。在民主革命时期“敢为人先”“不惧牺牲”，打响了辛亥革命第一枪，在抗击疫情期间“壮士断腕”，为抗击疫情作出了巨大的贡献。

（三）跨文化传播与交流

博物馆是跨文化传播和交流的重要场所之一。它们不仅是保存和展示文化遗产的地方，还是促进不同文化之间相互理解和交流的场所，个人可以在其中跨越归属感(身体和心理)的界限，参与跨文化对话。

博物馆拥有来自不同文化的多元化的历史文物收藏，是一个地方文化场域。沉浸其中可以引发参观者对自己和他人文化身份的更深入思考和反思。世界由丰富多样的文化构成，而在博物馆这个文化场域中，博物馆工作人员和讲解员需要有关于特定文化的基本知识，以及尊重和同情来自其他文化背景的人的能力。当博物馆专业人员向公众讲述博物馆藏品的故事时，需要与藏品的不同来源建立合作伙伴关系；这使他们能够跨越文化之间的界限，并进一步增进他们对自己馆内收藏的了解。如此一来，博物馆更能将文物所蕴含的文化意义和故事展开，并与大众分享。

从传播与沟通的角度来看，文化同理心已被视为跨文化传播成功的关键因素。文化同理心指的是一种能够理解并同情不同文化背景下人们的情感和思维方式的能力。它涉及理解不同文化之间的差异，以及在不同文化背景下的交流和互动中，如何避免误解和冲突。具有文化同理心的人能够接受并欣赏不同文化的独特之处，并能够理解和尊重不同文化的价值观和信仰。他们也能够将自己置于不同文化的角度上去思考问题，从而更好地理解和与不同文化的人进行交流。研究人员认为同理心是成功和有效的跨文化交流过程的关键行为要素之一，也是一个人获得跨文化能力的先决条件。

同理心与博物馆展览特别相关，因为参观展览的过程可以让参观者更接近与现在截然不同的历史人物或背景。在博物馆环境中围绕游客展示的物品可以激发他们的想象力，从而为形成移情情绪创造可能性。

我国博物馆是向国际传递中国形象，展示中国文化的重要载体和媒介，在提升中国形象方面发挥着重要作用。2014年，湖北省博物馆在莫斯科举办“礼乐中国——湖北省博物馆馆藏商周青铜器特展”，由俄罗斯文化专家和普通观众讲授中国古代青铜文化。“由于东西方文化的差异，这些青铜器内在表达的文化内涵和礼乐制度对于他们来说一时还难以透彻理解，但是其外在的制作工艺和艺术水准足以深深打动人心”。

三、总结与反思

湖北省博物馆作为一个实体媒介空间，不仅可以消除社会隔阂，更能在文化传承与浸润、跨文化传播上发挥重要作用，博物馆在今天比以往任何时候都更重要。从解决关键的社会问题到改变我们对未来的看法，博物馆有能力反映和塑造我们的社会，创造美好生活，博物馆可以为游客创造更有意义和有影响力的体验，并为打造一个更可持续和公正的世界做出贡献。

湖北省博物馆作为深植荆楚文化沃土的重要媒介，博物馆陈列不再仅仅依赖于单一的客体、美学或知识传递；更重要的是，要多角度解读藏品背后的信息，然后“以人为本”。要从受众的兴趣出发，使历史文化信息生动有趣，通过“讲故事”的方式传递给受众。以多元化的方式寻找文物与现代人对话的可能性，达到社会教育普及化的效果，讲述“文物”故事，讲好“荆楚文化”的故事，更讲好“中国故事”。

参考文献：

[1] 俄军，姜涛编著．博物馆学概论[M]．兰州：兰州大学出版社，2020.

[2] Roland Barthes, An Introduction to the Structural Analysis of Narrative[M] , New Literary History 6, 1975, P.237.

[3] Lefebvre, The Production of Space (English Version)[M], Oxford UK & Cambridge USA: Blackwell, 1991, p.42.

[4] Edward w. Soja, Third Space[M], oxford: Blackwell, 1996, p.81.

[5] Griselda Pollock, Vision and Difference: Feminism, Femininity and Histories of Art[M] , New York: Routledge, Chapman & Hall, Inc., 1988, p.20.

[6] Chen, G. A test of intercultural communication competence[J]. Intercultural Communication Studies, 1992, 2, 63–82.

从博物馆新定义看当代博物馆的发展

胡百　湖北省博物馆

摘　要：2022年，国际博物馆协会通过投票选出了新的博物馆定义，最终入选的两个方案，都认识到了当今博物馆包容性、可持续性以及多样性的重要作用，这种认知表明博物馆主动服务功能的加强，预示着博物馆在以后的发展过程中在其服务理念、服务对象、服务方式等方面的诸多变化与发展。

关键词：博物馆；新定义；服务；转变

博物馆一词最早出自希腊语，意思是“供奉缪斯及从事研究的处所”。直到1683年世界博物馆史上第一个具有近代博物馆特征的阿斯莫林艺术与考古博物馆的出现，“museum”才正式成为博物馆的通用名词。

进入20世纪，特别是在1946年国际博物馆协会成立以后，为了适应现代社会的进步与发展，国际博协对“博物馆”的定义也在不断发展、变化。国际博协在最早制定的《章程》里规定：“博物馆是指向公众开放的美术、工艺、科学、历史以及考古学藏品的机构，也包括动物园和植物园，但图书馆如无常设陈列室者则除外。”此后，国际博协对博物馆的定义又进行了8次较大的修改。在1989年国际博协第16届全体大会上，大会将博物馆的定义修改为“博物馆是为社会及其发展服务的非营利的永久机构，并向大众开放。它为研究、教育、欣赏之目的征集、保护、研究、传播并展示人类及人类环境的见证物。”2007年“博物馆”的定义在之前定义的基础上有两处变化，一是将“教育”置于“研究”之前，二是用“遗产”置换“见证物”。博物馆定义里将“教育”置于“研究”之前，看似只是很小的变化，但其实中间所表达的意义却很大，它代表了博物馆中心工作的位移。

最近一次对博物馆定义的修改是去年8月在布拉格召开的第26届国际博协大会上，修订后的定义为：“为社会服务的非营利性常设机构，它研究、收藏、保护、阐释和展示物质与非物质遗产。向公众开放，具有可及性和包容性，博物馆促进多样性和可持续性。博物馆以符合道德且专业的方式进行运营和交流，并在社区的参与下，为教育、欣赏、深思和知识共享提供多种体验。”对“博物馆”新的定义与理解，是在21世纪进入第三个十年后对博物馆现实生态的集中反射与持续探究，是在新的时空环境下就博物馆基本认知问题找到“最大公约数”，其更好地适应了已经经历和正在经历的社会和专业变革。

一、博物馆内涵的发展

在布拉格大会召开前，国际博物馆协会通过特别咨询委员会会议投票产生了博物馆定义的两个最终提案，无论是方案A还是方案B，都认识到了当今博物馆包容性、可持续性以及多样性的重要作用。这种认知表明博物馆主动服务功能的加强，预示着博物馆在以后的发展过程中在其服务理念、服务对象、服务方式等方面的诸多变化与发展。

（一）博物馆服务理念的转变

早在2007年维也纳国际博协大会上“博物馆”定义的改变，将“教育”置于首位，就已经意味着博物馆由“以物为中心”向“以人为中心”发展转变，这也是当今博物馆作为公共文化部门走向社会大众的必然需求和必然结果。博物馆的展览不应该是简单的信息陈列，而应该能有效地表达信息、传播信息，并能让观众进一步理解文物的深层内涵，从而收获知识、启发教育。习近平总书记在北京考察工作时曾指出：“搞历史博物展览，为的是见证历史、以史鉴今、启迪后人。要在展览的同时高度重视修史修志，让文物说话、把历史智慧告诉人们，激发我们的民族自豪感和自信心，坚定全体人民振兴中华、实现中国梦的信心和决心。”这充分说明了博物馆展览教育在推进文化自信自强，铸就社会主义文化新辉煌上的重要地位和重大使命。在西方博物馆界也流传着一句话：“如果藏品是博物馆的心脏，那么教育就是它的灵魂。”把藏品比喻为心脏，强调了藏品在博物馆中的核心地位，而教育则是把藏品的相关知识和研究成果，通过展览和教育活动传播给大众，这样才能使藏品重新焕发生命，才能发挥藏品的价值和意义，充分体现博物馆包容性、可持续性的价值。世界最大的博物馆机构，拥有10余座博物馆和近1.4亿件藏品的美国史密森研究院就是以“博物馆是为增进大众知识、发展社会”而存在。

（二）博物馆服务对象的转变

2007年11月，随着湖北省博物馆率先在全国中西部地区实行对社会免费开放，博物馆的人气急剧上升。2008年，中宣部、财政部、文化部、国家文物局联合印发《关于全国博物馆向社会免费开放的通知》后，全省有64家博物馆、纪念馆实行了免费开放。截至2022年，湖北省登记备案的博物馆已达到234家，其中国家一级博物馆9家，二级博物馆15家，三级博物馆34家，而在全国范围内，备案博物馆总数已达6183家，比上一年新增备案博物馆395家，其中5605家实现免费开放。

在免费开放前，博物馆面对观众是被动的，或者说博物馆考虑更多的问题是如何让观众走进博物馆。免费开放后，博物馆已无门槛，需要考虑的问题则是如何走出博物馆，满足全社会对文化多样性的需求，比如博物馆的陈列展览如何适应不同年龄阶段、不同文化背景的观众需求，如何兼顾不同层次观众的知识水平、学习能力、参观习惯等，当然这也不是说博物馆要完全符合现代观众的“口味”，唯观众的需求是从，博物馆对这些需求也应该要有自己的判断，有选择性地参与到社会服务中，其标准一是要实现博物馆社会服务目标，二是力求这些需求应符合观众与博物馆的共同利益，符合社会可持续发展的要求。经过近十年的发展，我国基本形成了类型丰富、主体多元、普惠均等的现代博物馆体系，博物馆数量增长60%，年度举办展览数量增长144%、接待观众数量增长119%，博物馆免费开放不断拓展，博物馆的服务对象不断丰富，服务模式不断创新，促成了博物馆成为人民美好生活的一部分。

（三）博物馆服务方式的转变

针对国家一级博物馆管理、运行中存在的各种实际问题，中国博物馆协会积极通过开展博物馆分级运行评估，逐步建立和完善以开放服务为核心的博物馆质量评价体系和政府、社会、公众代表相结合的监督管理体系。2012年的国际博物馆日，中国博物馆协会发布了《2010年度国家一级博物馆运行评估报告》，评估报告客观反映了国家一级博物馆运行状态，有效推动了博物馆体制、机制创新，促进了博物馆办馆水平的整体提升。我国博物馆分级运行评估为建立国家现代博物馆提供了科学依据，同时也为博物馆工作的进一步展开指引了方向。《报告》中对进一步提升国家一级博物馆管理运行水平的几点意见从侧面反映了当今博物馆工作的一些变化，即规划博物馆定位，争创特色品牌；探索体制机制创新，建立现代博物馆制度；促进藏品搜集常规化，以藏品科研充实展览教育；创新博物馆宣教传播模式，提高博物馆服务水平；开展终身职业教育行动，建设博物馆专业化人才体系等同样值得我们借鉴。仅2021年，在陈列展览和社会教育方面，全国博物馆举办展览3.6万个，教育活动32.3万场，接待观众7.79亿人次。同时受疫情影响，各博物馆积极转变思维模式，全年策划推出3000余个线上展览、1万余场线上教育活动，网络总浏览量超过41亿人次，使得观众们足不出户也能“参观”博物馆。

二、博物馆发展新趋势

面对新的社会发展形势，为了更好地适应人民群众新的物质文化需求，当今博物馆应该在自身建设、社会功能等方面有所强化、有所发展，做到“有所为”。

（一）突出“人”的地位

中国最早有关“以人为本”的记载是《管子》一书，“夫霸王之所始也，以人为本。本理则国固，本乱则国危”，意思是霸王的事业之所以有良好的开端，也是以人民为根本的；这个“本”理顺了国家才能巩固，这个“本”搞乱了国家势必危亡。同时，“以人为本”还是中国共产党坚持全心全意为人民服务的党的根本宗旨的体现，是社会主义核心价值体系的本质特征。坚持“以人为本”是我国社会主义建设特别是服务性工作的必然要求。

博物馆作为收藏文化遗产的机构，“物”是博物馆的基础，“物”的收藏、保护与研究也是以往博物馆工作的重点，但人们往往忽略了博物馆之中的另一个主体“人”，博物馆里不仅是“物”与“物”的关系，更是“物”与“人”的关系，“人”与“人”的关系。博物馆的发展，一方面要重视文物标本，另一方面也要关注观众，为观众服务。当今博物馆无论规模大小、档次高低，一切工作都应该围绕着观众及社会教育来进行，围绕为人服务来展开，始终把人放在工作的中心位置。通过改进展览、强化服务等手段为公众提供各种各样具有教育意义的文化服务项目，以更加积极主动的姿态和方式来吸引观众前来参观博物馆。

正确处理好博物馆中“物”与“人”的关系、“人”与“人”的关系，有利于更好地促进博物馆在实际运行过程中又好又快的发展，有利于更好地增强历史自觉坚定文化自信。从1793年开始向公众开放的卢浮宫博物馆，因拥有达·芬奇绘画的《蒙娜丽莎》、维纳斯雕像和胜利女神石雕，成为全球游客心目中的艺术圣殿。2018年，卢浮宫博物馆接待游客数量已高达1020万人次，比上年高出25%，连续多年打破接待纪录，每天都面临着“人满为患”带来的种种问题，游客与安保之间的冲突时有发生。为解决这一难题，卢浮宫博物馆在2008年就启动了一项“文明礼貌活动”，要求公众尊重展品。卢浮宫博物馆方面表示，博物馆不该因为“人多”而变得不再好客，恰恰相反，它应该更多地关注那些由于社会、经济、文化和身体等原因没有机会进入博物馆的“弱势人群”。卢浮宫博物馆已经建设了一个提供大量的藏品介绍和互动短片的网站，让艺术爱好者足不出户就能大饱眼福。此外，他们开始培训大批老师、导游成为“参观推荐人”，并且开发了一种多媒体语音导游器，可以为孩子、盲人和聋哑人等提供各种主题的参观讲解。再如2015年，来自武汉黄陂的30名留守儿童受邀到湖北省博物馆参观，同时还参加了“博物馆里过新年”礼乐学堂等中华传统节日系列教育活动。其间，博物馆的工作人员和志愿者们不仅精心准备了各种小礼物来迎接这些孩子，还引导这些孩子们参加了寻宝小达人、快乐话新年、小小音乐家、趣味竞答赛和巧手做编钟等多个活动，让孩子们可以身临其境地去感受、学习中华民族的历史和文化，使其从小就能树立起文化自信心和民族自豪感。

（二）突出博物馆特色

中共中央通过“文化大发展大繁荣”的决定以及党的十九大以来，我国的博物馆事业进入了一个大发展的黄金时期。一大批现代化博物馆风起云涌、方兴未艾地建设起来或正在建设当中。湖北省也在省文旅厅的精心指导以及各级党委、政府的高度重视下，全省各市、州、县纷纷建起了一批功能齐全、设备先进的现代化博物馆。同时，随着全省国民经济的高速发展，社会财富的迅速增加，私人收藏群体的不断扩大，民间兴办博物馆的热情也日益高涨，截至2022年5月，湖北省登记备案博物馆已达234家。

与此同时，中国博物馆发展重建设轻管理、重建筑轻功能、重硬件轻软件、重物轻人等现象依旧普遍存在，博物馆建设要努力避免千馆一面，突出特色，注重服务，让观众将参观博物馆真正作为一种文化享受、精神享受。

突出博物馆特色，也不仅是建筑特色，更是文化特色、服务特色。湖北是楚文化的发祥地，在楚国800多年的历史长河留下了灿烂辉煌的文明成果，精致奇诡的青铜铸造工艺、巧夺天工的漆木器、义理精深的哲学思想……除了浪漫诡异的楚文化之外，清江两岸的巴土文化，荆襄地区的三国文化，大别山地区的红色文化，还有各地点缀的名山大川等等，都是湖北宝贵的文化资源、文化宝藏。地方特色文化是一个地方的根，博物馆需要不断挖掘特色文化内涵并不断创新，让当地的群众体会、了解这种文化，为家乡具有的特色文化而自豪，从而形成一种文化自觉和文化自信，进而自觉、不自觉地加入文化传承的队伍之中，同时，以此吸引更多的人走进博物馆、走近文化。

（三）加强博物馆各部门之间的联系

国际博物馆协会强调社会服务在其职能中的重要地位，提出“为教育、欣赏、深思和知识共享提供多种体验”，将社会教育和社会服务作为博物馆各项工作的重点，不仅说明了其在博物馆工作中的重要地位，更表明了其本身是未来博物馆发展的中心工作。

在博物馆，除去社会教育部门自身，其他各部门也应该配合社会教育部门，积极参与到社会教育、社会服务中来。比如文物保管、研究等部门，可以针对不同年龄段人群，编制一些文物方面的相关资料、乡土教材，讲解文物背后不为人知的故事。在三期新馆开放前，由于场地限制等原因，湖北省博物馆实际展出的文物仅为馆藏文物的一小部分，更多的文物是

"养在深闺人未识",为了让更多的人了解、走近馆内的馆藏文物,引导公众积极参与文化遗产保护,共同探索与发现历史记忆,湖北省博物馆早在2011年组织了一场特殊的鉴赏会,精心挑选了几件当时暂未公开展出但又极具代表性的文物,通过与媒体合作拨打"探宝"热线的方式,选出30名观众,走进保管部文物鉴赏室,近距离观赏文物。商代兽面纹铜鼓、商代天兽御铜尊、吴王夫差剑、六朝鎏金神兽纹铜镜、元代塔式盖罐、明代铜玄武、明代吴伟雪渔图轴、清代乾隆玉编磬以及敦煌经卷等多件文物在当时属于首次集中在湖北观众面前亮相。博物馆这种打破固有观念,创新对外交流的方式虽然规模、范围有限,但引起了良好的社会反响,值得推广、学习和借鉴。

(四)加强博物馆之间的联系

自博物馆免费开放以来,我国博物馆得到了长足的进步,各地博物馆协会组织也相继成立,在服务社会、服务经济、服务人民群众等方面都发挥了积极的作用,取得了可喜的成就。但是由于历史原因,博物馆在分布布局、类型结构、展览形式等方面还存在诸多不足,特别是基层博物馆、纪念馆,行业、民办博物馆,都存在着各自的不足和短板,或者是自身办馆的侧重点相对小众,因此加大加强开展馆际交流、业务培训成为这些博物馆进一步促进发展的必由之路。

国际博物馆协会主席加兰蒂尼曾建议组建博物馆网络,将若干个小的博物馆和大型博物馆需要联合在一起,以便分享各种服务,共享人员,充分利用有限的资金联合举办活动,既丰富了当地社会活动又分担了资金成本带来的压力。2016年,湖北省博物馆与意大利威内托大区交流合作,在埃斯特国立考古博物馆、亚德里亚国立考古博物馆和威尼斯东方博物馆同时举办了"帝国前的中国——楚文化特展",在当地产生了良好的社会反响。

(五)加强博物馆与其他职能部门之间的联系

1.博物馆与教育部门之间的联系

博物馆是面向所有公众免费开放的公益性、教育性、服务性的文化机构,不同层次、不同年龄、不同学历、不同背景的观众在博物馆都能平等地享有获取知识、获取尊重的权利。青少年更是博物馆最主要的观众,为青少年教育服务一直是博物馆的一项重要使命。加强博物馆与学校及相关单位的横向联系,探索博物馆与教育部门的联动机制,促进学校教育和博物馆教育的有效衔接,从而进一步促进博物馆在传播文化知识,提高公众科学文化素质,对加强我国社会主义精神文明建设等方面有着积极作用,同时,也有利于加快教育结构的调整,促进我国现代国民教育体系的完善。

2013年5月20日,武汉博物馆在市文化局与市教育局的领导下,联合湖北省博物馆协会、武汉市教育学会共同组织策划了"博物馆进校园"系列活动。活动旨在探索博物馆与教育部门的联动机制,促进学校教育和博物馆教育的有效衔接,从而进一步促进博物馆在传播文化知识,提高公众科学文化素质,弘扬社会正气,塑造美好心灵和加强我国社会主义精神文明建设等方面积极作用,同时也促进了我国现代国民教育体系的完善。

2.博物馆与旅游部门之间的联系

2009年国务院发布的《关于加快发展旅游业的意见》,把旅游业定位为国民经济的战略性支柱产业和人民群众更加满意的现代服务业。同一年，国际博物馆日的口号是“博物馆与旅游”，这也说明了将博物馆与旅游联系起来已经在世界范围内成为共识。在我国，博物馆在免费开放后也成为旅游业新的增长点，博物馆免费开放为吸引游客进入博物馆创造了有利条件，博物馆加强与旅游部门联系，纳入到本地区的旅游布局中已是大势所趋。2022年，中共中央办公厅、国务院办公厅印发的《“十四五”文化发展规划》中，重点提到要推动文化和旅游融合发展，坚持以文塑旅、以旅彰文，推动文化和旅游在更广范围、更深层次、更高水平上融合发展，打造独具魅力的中华文化旅游体验。

2011年，湖北省旅游局、湖北日报传媒集团、湖北省广播电视总台等单位组织了“灵秀湖北”活动，通过近一千万人次的公众投票和专家评审，评选出了最能凸显湖北特色、展示湖北风情、代表湖北形象、体现湖北精神的“灵秀湖北十大旅游名片”和“灵秀湖北十大旅游新秀”，在这20个旅游目的地里，与博物馆有关的就有湖北省博物馆、辛亥革命武昌起义纪念馆、红安黄麻纪念园、七里坪镇、瞿家湾镇古街、屈原祠等，充分说明了博物馆在旅游产业里的重要地位和发展潜能。为了增强和彰显文化自信，统筹文化事业、文化产业发展和旅游资源的开发，提高国家文化软实力和中华文化影响力，推动文化事业、文化产业和旅游业融合发展，2018年，文化和旅游部正式批准设立，各地各级相应厅局机构也陆续设立。因此，博物馆在积极推进本行业评估定级的同时，也要积极参与到A级旅游景区的评比中去，现如湖北省博物馆、辛亥革命武昌起义纪念馆联合所在的东湖风景名胜区、首义文化旅游区分别评选上了5A、4A景区，武汉博物馆、荆州博物馆、宜昌博物馆、十堰市博物馆、武汉革命博物馆、中国地质大学逸夫博物馆等评选上4A级景区，博物馆在旅游部门A级旅游景区评选中一方面不断完善自己，促进了自身的进步与发展，另一方面有利于自身的宣传，增强了在社会上的影响力，最终促进文化机制改革，起到创新风景名胜区管理体制，探索建立景区文化评价制度的作用。

博物馆是从事历史文化保护、研究、传承、展示的人文殿堂，是国民教育和文化交流的重要阵地，也是社会文明进步的标志和符号，习近平总书记在2015年视察西安时就曾强调：“一个博物院就是一所大学校，要把凝结着中华民族传统文化的文物保护好、管理好，同时加强研究和利用，让历史说话，让文物说话。”博物馆作为传承中华优秀传统文化的大学校、大舞台，是厚植家国情怀的重要场所，是维护国家文化安全的重要阵地，更是弘扬中国精神、凝聚国家认同、增强历史自信的文化卫士，现代博物馆要以文化为根，以人民为本，做好培根固本，让文物活起来，才能更好地发挥其“承载灿烂文明，传承历史文化，维系民族精神”的作用，才能真正做到“功在当代，利在千秋”。

参考文献：

[1] 安来顺.变革环境下博物馆关键性认知的最大公约数[J].东南论坛，2022(4):6-13.
[2] 朱建军.涵养文化自信，博物馆大有可为[N].光明日报，2022-7-21(10).

视觉素养
——试论观众观展行为效应对展陈的影响

黄翀宇 湖北省博物馆

摘　要：博物馆展览是观众与展品实物产生联系、参与博物馆建设最为直观有效的方式，是博物馆最大的文化实物输出介质。而观众群体来博物馆感受效应，是对博物馆展陈效果最直接的考核标准。伴随着观众观赏行为模式的改变，博物馆展陈是否需要迎合观众群体发生变化，观众感受对博物馆展陈效果是否有影响等问题，涉及博物馆的观众行为、观众态度、观众需求等一系列观众心理与行为的问题研究。从观众感受效应观点出发，博物馆应兼顾展览效果与观众感受，利用展览的多元化和灵活性设计，解决观众感受与展陈效果相匹配的问题，从而实现观众群体需求和使用感受的有机结合。

关键词：博物馆；展陈效果；观众感受效应

随着信息时代的到来，通过日常的观察不难发现，观众到博物馆参观的频率、方式、目的都发生了翻天覆地的变化。观赏是一种观看的心态，是观众来博物馆实现目的最直接的行为方式和模式。观，具有看；看到的景象或样子；对事物的认识、看法之意。而赏，包含因爱好某种东西而观看；认识到人的才能或作品的价值而给予重视等含义。伴随着观众观展的行为发生改变，对博物馆展览效果是否会带来影响，博物馆展览展陈是否应该迎合观众群体行为发生变化，由此衍生的一系列问题引发了观众的热议和业界的深思。

一、观赏方式和角度改变，博物馆展览陈列面临新考验

博物馆展览是观众与展品实物产生联系、参与博物馆建设最为直观有效的方式，是博物馆最大的文化实物输出介质。观众与展品产生关联、社会与博物馆产生联系，都可以通过博物馆展览得到实现。随着信息时代的到来，手机、Ipad、相机、手持云台Vlog摄像机等数码产品，逐渐融入人们的生活，给人们带来便利，人们对数码产品的依赖与日俱增。人们逐渐用数码产品替代了自己的眼睛，无论观看的对象是什么，出于什么目的，都是通过数码产品小小的视窗来观察与观赏身边的事物，并逐渐变成为一种行为习惯，人们的观看方式和视角因数字媒介发生了巨大的改变，这种观看的行为习惯被延续到博物馆参观行为之中，观众来到博物馆无论出于何种目的，用数码产品进行记录成为观众进入博物馆的第一步。所以不难发现无论是在博物馆大门前、展厅门前、展览展标前、文物展柜前等等重要地标性站点，大量手持数码产品的观众聚集在一起，对博物馆各个角落进行扫视与记录。这种观看行为习惯无疑使观赏角度也随之发生变化，对博物馆展览陈列所追求的沉浸式观展体验效果，产生了巨大的影响(图1，图2)。

图1 观众在中国陶瓷博物馆内观看乾隆粉彩百鹿尊现场

图2 观众在中国陶瓷博物馆内观看宋代陶瓷俑现场
（作者摄于中国陶瓷博物馆）

（一）从三维一体到多维一体，展览视觉立体化

博物馆展览陈列是在一定空间内，以文物标本为基础，配合适当辅助展品，按照一定的主题、序列和艺术形式组合成的，进行直观教育、传播文化科学信息和提供审美欣赏的展品群体。博物馆展览陈列可以根据展出场所划分为室内陈列和室外陈列，均属于空间设计范畴，拥有空间属性，具有全方位和多层次可描述空间位置的物质客观存在形式。博物馆展览陈列设计，不仅是对物质客观存在空间的设计，更是将陈列对象、观众群体、空间三个维度需求相结合的视觉立体设计。

随着观众观看行为习惯与观赏角度的变化，除可描述的物质客观存在的空间基础上，增加了电子信息跨时空维度的虚拟空间。多维一体的展陈视角，不仅能够凝聚、放大展示藏品视觉震惊的效果，另一方面还能够使得藏品通过转换成为图像被许多人同时共享，这不同于个体观看，而是造就同维度共同观展的环境。观众能够足不出户跨越地域空间限制，平行时空位移来观赏距离自己千里之外的博物馆，例如在香港故宫文化博物馆展出的“百样玲珑——卡地亚与女性”展览在博物馆馆方展览推介网页中，不仅对此展览内容做了基本的介绍，并同时配备了展览文物高清图片及展览设计效果短片对此展览进行生动的解读。短片内所播放的展览设计效果与实际到馆参观时所看并无太大的差异，但相对于观众群体自身而言，无形之中节约了时间和降低了经济成本。对于博物馆而言，隐形观众的增加，不仅起到很好的展览宣传效果，也使得更多观众群体从中得到精神需求的满足，展览效益最大化(图3)。究竟如何吸引观众、引起观众兴趣；如何获得观众对展览的反馈建议；如何与观众产生联系等等问题均对博物馆展陈效果提出更为苛刻的要求。在展览陈列设计过程中，不仅需要考虑现场展览主题的体现、展览主体分布、空间氛围营造、展品信息传播等给予观众视觉、听觉、嗅觉、味觉、触觉五感的刺激效应，还需要考虑平行时空跨地域观众在视觉范畴内对展览陈列效果的需求。视觉性图像的传播能够跨越地域空间限制，在虚拟空间中给观众搭建清晰容易辨别的展览陈列空间维度，营造宛如亲临现场的感受，进而传递情感、激发共情、形成情感共同体的媒介，这无疑是对博物馆展览陈列效果的一次重要变革。

图3 “百样玲珑——卡地亚与女性”展览现场

（二）时效性延长，信息量倍增

博物馆展览根据陈列的性质可划分为常设展览和临时展览。常设展览和临时展览最大的区别是时效的差异。常设展览展出时效约为4~5年，部分场馆会因各种因素将常设展览展出时效进行延长，甚至有的达到数十年。而临时展览则不同，一般根据展出的主题和主体材质的不同短则数十天，长则3~6个月。无论是常设展览还是临时展览，展览内容与形式均会受场地、展期、文物保护、经费预算等因素限制，陈列效果受到不同程度的影响。伴随观众观看行为习惯与观赏角度的变化，数字化展览进入观众视野，创造了博物馆展览信息传播的新思路。

数字化展览，并非简单地对展厅进行3D环扫处理，而是展览信息数字化最为直观的表现，所追求的效果即具有现场感的“虚拟现实”。具有现场感的虚拟现实，是为了使观察者在电脑环境中达到身临其境的效果，不仅要涵盖一维字符串、二维平面图像和三维动画的信息处理技术，更重要的是要具备一个多维的“随动式处理”的信息空间。需要进行数字化互动数据的处理，还需要信息处理系统能够跟随观众观展行为反应，实时、连续、全方位地提供反馈信息。这无疑增加了博物馆展览数字信息处理量，对所展示的文本内容准确性、陈列形式视觉冲击提出了更高的要求，并且展览信息数值不会因展期或文物保护等客观因素而终止，反而能够持续并全方位地为观众提供服务。

（三）增加第三视角，陈列手段多样化

通过对观众行为习惯的研究不难发现，观众直视停留在展品、展板、场景等展览要素的观赏时间在逐步缩短，观众只是匆匆一瞥，用随身携带的数码产品加以记录即完成了观赏任务。这种现象使博物馆展览信息传播受到阻碍，展品及环境空间并未与观众群体产生互动交集，有碍于博物馆教育、欣赏、深思和知识共享给观众提供多种体验的社会性能的实现。观众群体注意力分散，无法按照展览陈列设计的停驻点驻足观赏，迫使博物馆展览陈列效果大打折扣。在展览陈列设计之初，应当考虑寻求更为直观有效的物理设施、数字设备，为观众群体在博物馆空间中营造更为清晰、流畅的展览节奏，设立能够带动观众情绪和注意力的停驻点，引导与规范观众群体的观展行为，减少对数码产品的依赖，实现展览给予观众群体多维度的体验感受，提高展览与观众之间的情感交流。

二、博物馆观众群体差异，促使展览陈列更具包容性

博物馆具有教育、欣赏、深思和知识共享给观众提供多种体验的社会性能，促使博物馆肩负着将藏品研究成果通过恰当的展示语言

与观众进行沟通的责任，同时也肩负着传播科学文化知识，提高公民科学素养的社会职能。博物馆展览陈列的变化，使得博物馆与观众之间的关系发生了改变，变得更为亲密。不再是“一厢情愿”地认为观众会在博物馆中学到知识、得到启发、感到愉快，而得真正地站在观众的角度上认真研究这些观众的体验是否真实。观众体验感受成为衡量与评判博物馆展览陈列效果好坏最重要的标准之一。但因观众的年龄、性别、生活背景、教育背景等个体差异和来博物馆目的性差别，都会导致观众体验感受大相径庭。博物馆展陈效果与观众感受效应之间的磨合，所产生的一系列问题也不可避免地逐步浮现出来。

（一）时空差距，无法建立情感链接

博物馆肩负着将藏品研究成果通过恰当的展示语言与观众进行沟通的责任，给观众提供了一种自我教育和非正式教育的机会，观众能够自己决定学习的范围、顺序及程度并利用博物馆中所设计的展览手册、讲解语音导览、VR眼镜设备在开放自由的环境中观看展览，有意识或无意识学习到文物信息及蕴含的内容。就观众群体角度而言，博物馆文物是人类在社会活动中遗留下来的具有历史、艺术、科学价值的遗迹和遗物，是历史上人们创造的与创造活动有关的物质文化和精神文化的遗存，具有历史、艺术、科学价值，是重要的物质文化遗产。文物所蕴含时空概念与观众群体所处时空概念相距甚远，博物馆的藏品和展览所展示内容与观众所处时代具有较大的时间鸿沟。如何让不同层级类别的观众群体理解展览内容，感受展览陈列营造的文化氛围，平等获得观看展览的权利成为博物馆展览陈列最基础并且重要的问题。

（二）群体差异，解读程度相距甚远

博物馆是从“物”的角度出发研究“物”与“人”关系的媒介。博物馆的“物”即为藏品。藏品的特性决定了博物馆的属性，所以藏品成为博物馆重要的组成条件与发展因素，而观众则成为博物馆发展的两个重要因素之一。博物馆是面向公众开放，具有可及性和包容性特征，从服务对象来看，可将服务群体划分为社会公众、博物馆观众。博物馆观众的一般构成可按观众年龄、参观目的、地域(来自本地、外地或国外)、活动状况(零散、团体或家庭)、身体状况(一般观众或残疾观众)、身份(普通观众或特殊观众，如外国元首、贵宾)以及按时态分为现实观众、潜在观众等等。观众群体的年龄构成更是跨越了少年儿童、青年、中年及老年多个年龄群体。各年龄构成群体的认知程度均有所不同，而认知程度直接影响观众群体对博物馆展览的解读与理解。

三、观众群体需求对博物馆展览陈列提出更高要求

博物馆是以“物”为基础，来展示“人”并且服务于人的文化场所。博物馆学者认为博物馆与观众之间的互动是双向的运作，所包含的活动和专业上的体现，能让大众接近研究之文物与成果。那观众在博物馆中到底需要什么呢？除了以“学习目的”来博物馆的特定人群观众外，绝大多数的观众都只是将参观博物馆当作是一种“打卡”的休闲活动行为，并不会有明确的“学习目标”。目的性的不同促使观众对于博物馆展览的期望也有很大的区别，但是无论抱有何种目的，简单的参观活动已远远不能满足观众的文化诉求。更多的观众愿意参加那些和他们态度、价值观相符的展览，

以及那些能够引起观众反馈，并且具有个体相关性和接触便利性的展览。

(一)观众期待博物馆展览多元化

虽然观众群体结构多样化，但无法阻止观众期待着能够参与到博物馆建设过程之中，这不仅是对于博物馆展览陈列的需求，更多的是想得到博物馆文化认同，及其身份的肯定。观众在博物馆的“学习目的”和身份的认同，会直接影响其文化认同的诉求是否得到满足，也直接影响观众对于博物馆展览陈列是否满意的反馈与评估。

观众的反馈与评估是博物馆展览陈列最好的驱动力。博物馆应当满足观众群体对于自我知识的构建与文化认同的诉求。好的博物馆应该让观众有机会理解他们发生的变化，还应该帮助观众来询问或回答如下问题：对于我来说，博物馆能够为我带来哪些可能的变化？观众是艺术性教育的消费者，而博物馆则成为将藏品进行整理、归纳、再次加工，研究其内在文化资源，给予学术理论支持的专业机构。博物馆应当对观众负起责任，以提高观众满意度为己任，通过展览陈列来实现教育传播的目的，充分考虑观众对于展览的诉求来提高满意度。博物馆展览应在陈列设计过程中重视展品内涵的构建，尤其是具有地域文化特色展览，例如扬州中国大运河博物馆运河上的舟楫展览中，着重突出大运河舟楫的特点，以实体体验结合数字多媒体虚拟体验的方式，讲述大运河舟楫的类型与演变等相关知识的同时，增加沙飞船实体与多媒体虚拟体验项目，高度还原大运河沿岸四季风光，带领观众进行大运河古今时光穿梭之旅。展览空间错落有致，丰富的参观流线，独特的体验方式，给予观众独特的观赏视角，培养观众观展素养。从而达到将展览内容和设计形式相互匹配，来帮助观众构建与展品之间的记忆锁链，从而达到满足观众对博物馆展览多元化的期待。

(二)观众群体地域性造就展览灵活性

一个好的博物馆展览，不仅要有思想知识内涵、文化学术概念，还要符合现代人的审美需求，博物馆是个非正式教育机构，参观展览是一种寓教于乐式的学习形式，虽然展览传播的观点和思想、知识和信息是理性的，但作为一种视觉和感性艺术，其表现的形式应该是感性的。固定就是向僵化迈出的第一步，当展览陈列内容或展览形式程式化的被固定模式所限制，展览迈向了僵化。展览程式性僵化即代表观众同展品，展品与展览，观众与展览之间联系减弱，展品失去了生机，展览失去了特色。博物馆展览应根据展品性质或所处区域文化性差异，来调整展览陈列方式，从而适应新的展览环境，真正做到同展不同面。例如100件大英博物馆馆藏展，在不同的博物馆展出时，均会对展品进行细致的研究后将展览名称进行更改：100件文物中的世界史：大英博物馆馆藏展(中国国家博物馆)、大英博物馆展：百件文物中的世界史(东京都美术馆)、百物看世界：大英博物馆藏品展(香港文化博物馆)、另眼看世界——大英博物馆百品展(台北故宫博物院)、大英博物馆百物展：浓缩的世界史(上海博物馆)等。作为“大英展”的特色项目，展览最后增加一件文物，由展出地博物馆自行设计，例如中国国家博物馆增添了第101件与主题相关的展品是2001年宣布中国加入世贸组织(WTO)的木槌和中国加入世贸组织的签字笔，一组三件/套(图4)。而上海博物馆选择用100件展览中的展品图像组合成二维码作为展览的第101件展品，使同一个展览展品都能够根据展览性质来改变，融入自身展览特点与优势，适应全新的展览环境，提高展览灵活性(图5)。

图4 中国国家博物馆100件文物中的世界史：大英博物馆馆藏展第101件展品

图5 上海博物馆大英博物馆百物展：浓缩的世界史第101件展品

观众感受效应的影响，不仅针对博物馆配套服务与活动，更多的是对博物馆阐释展览意图和展陈效果的直接反馈。展览是博物馆最大的文化创意产品，也是实现博物馆各项社会职能最为重要和直接的手段方式。展览展陈效果与观众感受匹配程度与否，直接影响观众对展览展品信息传达的理解，个人参观目的的实现，心理需求是否满足。所以博物馆展览需要认清自我定位与服务对象需求，秉承“以人为本”的办展理念，充分发挥博物馆的社会职能，实现博物馆展陈效果与观众感受效应相统一的目标。

参考文献：

[1] 商务印书馆．新华字典[M]. 北京：商务印书馆，1999: 169、438.

[2] 王宏钧．中国博物馆学基础[M].上海：上海古籍出版社，2001(12):246.

[3] Hein, G.E., Learning in the Museum, London: Routledge, 1998:5.

[4] 李晓东．文物学[M].北京：学苑出版社，2005:4.

[5] 刘汉娥．对博物馆观众研究的再研究[D].中央美术学院，2012.

[6] Hooper-Greenhill, Eilean, Museum and their Visitors, London and New York: Routledge, 1994, p140-169.

[7] Carr, D.," A museum is an open word," Paper presented at the meeting of the American Society for Cybernetics, Philadelphia, PA, 1993, November:17.

[8] 阿诺德·豪泽尔(Amold Hauser)著，居延安译，艺术社会学.[M].上海：学林出版社，1987:168.

[9] 陈红京．博物馆学概论[M].北京：高等教育出版社，2019:147-148.

博物馆人才可持续发展战略分析
——基于SWOT模型

黄娟 罗曼 湖北省博物馆

摘 要：博物馆是文化遗产的重要承载者，也是文化传承的重要载体。在博物馆的可持续发展过程中，人才的可持续发展至关重要。本文通过SWOT分析方法，探讨博物馆行业人才可持续发展战略的优势、劣势、机遇和威胁，提出了对博物馆人才可持续发展的策略和建议。

关键词：博物馆；人才；可持续发展；SWOT分析

近年来，我国的博物馆事业进入了快速发展时期，博物馆数量与质量不断提升。在"十三五"期间，全国博物馆数量由4692家增加到5788家，平均每两天就建成开放一家。博物馆每年的参观人数由7亿人次增长至12亿人次，平均每年增加1亿人次。随着新冠肺炎疫情广泛影响到世界各地博物馆的背景下，2020年度我国博物馆推出陈列展览2.9万余个、举办教育活动22.5万余场，接待观众5.4亿人次，网络观众数以亿计。

知识经济时代，人们对公共文化服务的内容与形式提出更高的要求，因此博物馆事业发展将得到极大的促进。为了实现高质量发展，提升服务水平与竞争实力，博物馆必须重视人才队伍这一核心要素，加强人力资源管理，积极推进人才培养，凸显人才价值，打造一支素养高、能力强的专业队伍，促进博物馆事业可持续发展。

一、博物馆人才可持续发展战略的必要性

（一）博物馆人才可持续发展战略是落实文化强国战略的客观要求

文化是一个国家的软实力，也是国家发展的重要支撑。党的十九届五中全会明确提出了到2035年建成社会主义文化强国的远景目标，党的二十大报告中将文化建设摆在突出位置，对文化和旅游领域未来五年的战略任务和主要工作做出重点部署，这都充分体现了以习近平同志为核心的党中央对文化建设和旅游发展的高度重视。可以预料，未来的日子里文化强国建设将成为我国社会主义现代化建设新进程中的主旋律。

博物馆是文化强国的重要承载者和传承者，是文化交流的重要平台，是文化创新的重要场所，博物馆的可持续发展离不开人才的可持续发展。人才的培养与发展可以推动博物馆事业的发展，反过来，博物馆事业发展又能促进人才的进一步开发，二者之间形成一种良性的循环，从而助推文化事业高质量发展。

（二）博物馆人才可持续发展战略是满足人们文化需求的现实挑战

随着社会经济的发展和人们文化水平的提高，对博物馆的需求也越来越高。博物馆作为文化事业的重要组成部分，承担着传承文化、展示文化、普及文化的重要使命。只有建设一支高质量的人才队伍，才能满足社会对博物馆的需求，推动博物馆的发展，促进社会文化的繁荣。

博物馆人才可持续发展，有助于提高博物馆人的服务质量和水平，满足人们对日益增长的精神文化需求；有助于促进博物馆与社会的互动和交流，使博物馆更好地服务于公众；有助于推动博物馆文化创新，丰富人们的文化体验。

（三）博物馆人才可持续发展战略是推动博物馆事业发展的基础

博物馆事业是文化事业的重要组成部分，具有服务型、公益性和知识密集型等特点，其藏品的发掘、修复与展示都需要高端人才做技术和服务支持。博物馆人才的培养与发展，有助于提高博物馆的管理水平与服务质量，提升文化传播力和影响力，从而增强博物馆的核心竞争力和社会影响力，推动博物馆事业的可持续发展。

人才是博物馆发展的活跃因素，推进博物馆人才可持续发展战略是落实文化强国战略、满足人民文化需求、推动博物馆事业的发展和进步的重要战略。

二、博物馆人才可持续发展战略的SWOT分析

（一）优势(S)

1.资源优势。博物馆是进行收藏、科学研究、陈列展示、宣传教育的机构，拥有丰富的文物资源和文化底蕴。但是，如果博物馆对自身的藏品没有征集、没有研究、没有探索，没有保护和创意衍生，藏品也不过是一堆陈旧物品而已，博物馆也是储藏室或者陈列室而已。这些丰富的资源能够为艺术、设计、考古、历史、人类学和自然科学等各领域人才的发展和培养提供了良好的平台，也为博物馆提高就业吸引力提供了基础。

2.政策支持。新时代十年来，我国文博事业出现空前繁荣发展的大好局面，博物馆已经不仅仅是一般意义的收藏、保护、研究和展示文化遗产的机构，还是服务于人的全面发展和面向未来的公共文化服务和社会教育机构。博物馆事业已被提升为国家战略，政府加大人才项目实施和支持力度，越来越多的高素质人才参与博物馆工作，也为其可持续发展做出了贡献。

3.引领文化。博物馆已成为一些地区重要的文化旅游“打卡点”，展示该地区的文物，成为文化交流的枢纽。因此，博物馆成功地吸引了来自各个领域的高层次、高素质的人才，为博物馆管理、管理和学术研究提供了就业机会。成为一名博物馆员工，也可以帮助个人提高社会和文化地位，获得新的知识，并改善他们的整体职业前景。

（二）劣势(W)

1.人才储备不足。博物馆要发展文物博物馆研究、文物保护、文物考古、文物利用等多方面人才，既要对文化和艺术工作熟悉又要精通经营管理的高素质人才；既熟悉国际惯例和规则又善于创新、敢于创新的创新型人才；既善于开拓国际文化市场又熟悉国外文化市场规则的领军型人才；既占据了文化制高点又

掌握了现代科技知识的科技型人才；既具有战略思维又熟悉市场运作的管理型人才。从目前来看，博物馆对人才的招录还停留在历史类专业的人才，人才供给略显不足，人才结构尚未完善，尚未能及时适应博物馆事业的发展。当与国际社会接轨，多样化人才的需求会进一步激增。

2.人才培养难。博物馆人才的培养是一个漫长而缓慢的过程。这些人才属于复合实践型人才，要求积累和运用丰富的专业知识、扎实的实践技能以及长期的实践经验，并能在终身学习的过程中进行知识技能的更新。个人知识与经验的积累，不仅需要个人的喜好与钻研，还需要专家的教授与点拨，以及不断学习和实践的机会。鉴于这些特点，需要主管部门对人才培养进行科学规划、组织实施并跟踪评估。然而，由于部分国有文博机构未能遵循人才成长规律，对人才职业生涯规划关注度不够高，对人力资本投资不足，加上外界资源条件的制约，导致博物馆人才培养总体缺少系统性、长期性的规划，这在一定程度上影响了人才的专注度和投入度。

（三）机遇(O)

1.文化消费升级。博物馆的可持续发展与文化消费升级密切相关。随着人们对文化消费需求的提高，博物馆的参观人数也逐渐增多，博物馆向公众提供的服务也变得越来越重要。博物馆需要雇用具有专业知识和文化修养高的人才，提升文化服务水平和服务质量，以更好地满足观众的需求。另一方面，国家对文化事业的政策支持日益加强，各地博物馆建设规模逐年扩大，博物馆发展空间广阔，需要大量人才支持。

2.数字化转型。数字化技术能够为博物馆提供更加便利的服务，拓展博物馆的观众和受众群体。例如，通过网络展览和虚拟博物馆等形式，博物馆可以无限制地向全球观众提供文化展示，从而扩大了博物馆的影响力。同时，数字化技术还能够帮助博物馆打造更加智能化和自动化的管理体系，提高工作效率、准确性和精度。科技的进步和数字化转型为博物馆提供了更多发展机会，需要博物馆不断加强人才培养和技术创新。

3.文化多元化。国际文化交流增多，为博物馆跨国合作提供了机遇。随着全球化的发展和移民的增加，博物馆还需要更好地反映多元文化特征以吸引更多观众和受众群体。跨文化交流的实现需要博物馆具备相关人才进行文化多样性的探究和展示。由于文化多元化需要相互尊重及与时俱进，博物馆需要根据自身战略目标调整人才发展规划，以适应新需求和时代文化。

（四）威胁(W)

1.同行的竞争。随着博物馆数量的增加，同行竞争也越来越激烈。各个博物馆之间的竞争不仅表现在展览内容和质量上，还表现在对人才的争夺上。一些具有较高知名度和声誉的博物馆会吸引更多优秀的人才，而其他博物馆则可能面临人才流失的风险。此外，一些新兴的博物馆也会通过高薪和福利等手段招揽人才，进一步加剧了对人才的争夺。

2.用人机制的约束。许多体制内博物馆的用人制度都相对保守，缺乏灵活性。例如，人员能进不能出、能上不能下的问题还未能从根本上得到解决，职称的评审和聘任无法完全分开，收入分配不免落入“吃大锅饭”的老路，终身聘任制的形式很难改变。优秀的人才无法及时得到正向激励，很大程度上会造成人才流失。

3.观众的偏好。观众的偏好也可能对博物馆人才可持续发展产生影响。随着社会的发展和观众需求的变化，也可能会对博物馆的人才需求产生影响。例如，一些博物馆可能需要更多的数字化和科技方面的人才，而另一些博物馆则需要更多的教育和传媒方面的人才。因此，博物馆需要根据观众的需求不断调整自己的人才需求和招聘策略。

三、博物馆人才可持续发展战略的策略分析

（一）选人策略

1.做好人力资源规划。将博物馆发展目标拆分为具体的工作职责，设立部门和职位，规划总体人力资源数量和结构，基于每一个职位的胜任力素质模型编制岗位说明书，明确所需人才类型，以便做好人力资源的需求规划。

2.扩大招聘渠道。制定公开招聘制度，增加招聘严谨度，落实科学的招聘流程，保证招聘过程的公正性和测试职业能力的效度；实行科学的人才引入机制，既邀请已有博物馆工作经验的高级管理型和专业技术人才，又加强人才队伍内部的充实和优化，同时逐渐转向以人事代理或劳务派遣为主的市场化雇用模式，降低用工风险。

（二）用人策略

1.实现差异化管理。针对不同的岗位、团队和人员的特点和需求，为使用人员量身定制不同的人才管理方案，尊重并充分发挥创意人才的个性特征和工作特点，鼓励员工冒险和自主选择最佳工作方式，宽容失败。

2.确立激励机制。博物馆应当建立公平、科学的绩效评估制度，对人才的表现进行客观、公正的评估，以激励员工不断提高自己的工作表现，形成“能者上，庸者下”的良性循环。积极探索与对外符合市场规律、对内体现个人价值的收入分配机制，尊重人才的知识产出，给人才以相应的回报，以调动他们的积极性、主动性和创造性。

3.加强团队建设。博物馆功能的体现需要团队的协同。团队要由互补技能和知识的人才组成，如，博物馆文创产品开发，既需要懂文物的研究人才，又需要懂设计的基数人才，还需要懂市场的运营管理人才。随着知识经济时代的到来，各种知识、技术不断革新，使人们所面临的环境更加复杂，单打独斗无法赢得市场的决胜权，只有依靠团队的力量，才能在实践中不断提升自己的职业能力，并为博物馆获得更强大的核心竞争力。

（三）育人策略

1.校馆联合培养。博物馆可以与高校合作，共同开展人才培养计划，为博物馆提供更多的专业人才。这种合作模式可以形成一种良好的互惠互利的关系，博物馆可以为学生提供实践机会，而学生则可以为博物馆提供新鲜的思路和技能。此外，博物馆还可以与其他文化机构，如图书馆、档案馆等合作，共同推动人才培养计划。

2.注重内部培训。博物馆可以通过内部培训机制，为员工提供更多的学习机会和发展空间。内部培训可以包括专业知识的培训、职业技能的培训、领导力的培训等。通过内部培训，员工可以不断提高自己的专业素质和工作能力，同时也可以更好地适应博物馆的发展需求。

3.基于绩效考核。博物馆可以通过制定科学合理的绩效考核制度，激发员工的工作积

极性和创造力，提高员工的工作效率和工作质量。绩效考核可以包括工作业绩、职业素质、工作态度等多个方面。通过绩效考核，博物馆可以更好地评估员工的工作表现，为员工提供更好的发展机会和晋升空间。

（四）留人策略

1.职业发展规划。在职业发展方面，博物馆应该为员工提供广阔的职业发展空间，让每个员工都能够在自己的领域内得到深入的发展和提升。这需要博物馆为员工提供不断学习和进修的机会，包括参加学术会议、培训课程等。同时，博物馆还应该根据员工的职业规划和发展需求，为其提供个性化的职业发展指导和支持。

2.个性化福利。博物馆应该注重人才的个性化需求，为人才提供符合其需求的福利待遇。这包括为人才提供具有竞争力的薪酬待遇、灵活的工作时间安排、健康保障和有吸引力的福利待遇等。博物馆还应该关注到人才的工作和生活平衡，为员工提供适当的休息和放松时间，以提高员工的工作效率和生产力。

3.强化人文关怀。鼓励人才在工作中提出新的想法和建议，鼓励创新和创造性思维，以推动博物馆的发展和进步。同时，也应该建立开放、透明的沟通渠道，让人才有机会参与到博物馆的决策和管理中，增强员工的归属感和责任感。重视人才的智力资源与知识产权，注重人才的可持续发展。

参考文献：

[1] https://www.chinairn.com/scfx/20220826/ 102342368.shtml.

[2] 赵兴.浅谈加强博物馆人才队伍的建设[J].文物鉴定与鉴赏，2021(10):153-155.

[3] 何玮.国际化视野下湖南省文化产业人才可持续发展战略分析——基于SWOT模式[J].经济视角，2013(2):13.

曾侯乙编钟的活态利用研究

罗乐　湖北省博物馆

摘　要：本文以湖北省博物馆馆藏音乐文物曾侯乙编钟为对象，以其活态利用为研究内容，以其实践启示作为研究目的。旨在为同类型音乐文物的可持续活态利用提供借鉴参考价值。

关键词：音乐文物；曾侯乙编钟；活态利用；可持续发展

湖北省是文化大省之一，出土了大量音乐文物。这些音乐文物在一定程度上反映了该地区的人文风貌和艺术审美。在1999年10月版的《中国音乐文物大系·湖北卷》一书中收录的音乐文物就多达700余件。其中，乐器类文物多达539件；图像类文物约56件。这些文物最早可上溯至新石器时代，最晚可到清末年间，纵横4500余年，几乎每一朝代都有音乐文物留存至今。在这些音乐文物中，又以“金”类乐器数量最多。曾侯乙编钟作为“金”类乐器的典型代表，其体量、结构、铸造工艺、音乐性能、纹饰美学及其史学价值成就巨大。

为了更好地活化编钟资源，传播中华礼乐文明和荆楚文化，让编钟跳出冰冷的展柜，深入观众内心。湖北省博物馆在1983年全套编钟复制成功后，于1987年正式组建成立了编钟演奏组，并将其定位为博物馆陈列展览的延伸，让观众能够通过听觉来丰富视觉陈展。后经不断建设，当时的演奏组已发展成为现在的编钟乐团，演职人员也逐渐专业化。在演出内容上，也从早期的器乐演奏发展为现在的“编钟乐舞”，为观众提供了更加丰富多彩、体验感强的编钟表演服务。

本文在立足工作实际的基础上，结合文献资源，从以下两个方面展开研究：一是梳理总结了湖北省博物馆曾侯乙编钟活态利用的九项实践做法；二是论述了曾侯乙编钟活态利用的三点启示。

一、曾侯乙编钟活态利用的实践做法

（一）以原件陈展和保护为基础

音乐文物的利用是建立在对文物原件充分保护的基础上展开的，这是前提，也是最基本的要求。音乐文物作为承载着地区艺术文化的基因和血脉，是不可再生、不可替代的优秀宝贵遗产资源之一。博物馆作为文物的存放、保管及陈展单位，开展科学、有效的文物保护其责任和义务。

曾侯乙编钟作为湖北省博物馆的镇馆之宝之一，主要体现在两个方面的保护：一是安全保护，包括编钟物理结构的安全性，纹饰颜色及铭文字迹的化学安全性，温湿度、易燃易爆等环境安全，以及人为或自然的突然意外安全等。二是知识产权保护。包括对曾侯乙编钟的文化品牌、标识、使用权限等知识产权的法律保护。

曾侯乙编钟原件的文化魅力和影响力，是

吸引观众的重要亮点之一。该套编钟既是现今出土规模最大、保存最好、音域最广、制作最为精良一套编钟；也是我国“八音”之首的“金”类乐器的代表，是我国先秦时期集铸造、律学、音乐学、美学、科技集大成者，在文化、艺术、科学技术等诸多方面代表着当时世界的最高水平，价值巨大。

（二）以编钟复仿作为技术突破

曾侯乙编钟不仅是礼器，也是乐器。作为乐器进行活态利用，其音乐演奏实践肯定必不可少。原件作为重要保护对象，不可能经常拿来使用，所以对于编钟复、仿制技术的破解与优化，以及其核心参数掌握显得尤为重要。这也是曾侯乙编钟得以活态传承的关键因素之一。

曾侯乙编钟复、仿制技术的掌握与突破，一方面有利于编钟文化的活态传播，扩大了编钟作为演奏乐器、工艺品、纪念品等使用领域，为实物传播提供了可能性；二是有利于一线人员更好了解音乐文物本身，为编钟的研究提供更加翔实的实践数据；三是作为乐器而言，音色的重要性不言而喻，复、仿制技术的优化为编钟的形似、声似提供了技术支撑，提升了编钟音乐演出的艺术品质。

（三）以编钟乐团为阵地

编钟乐团作为湖北省博物馆对外展示编钟乐舞的主阵地，常年在馆内驻点演出，组建至今，累计接待线下观众逾千万人。乐团曾在馆内接待了数十位国家元首、行政首脑、议会领导人，并出访过十多个国家和地区。

近年来，编钟乐团还在软、硬件建设不断提升，创作了一大批优秀音乐作品，招聘了一批专业演职人员，在演出场地、乐器、服饰、灯光、音响等方面也在不断优化升级。湖北省博物馆编钟乐团已成为曾侯乙编钟活态利用的重要阵地之一。

（四）以编钟乐舞为特色

“编钟乐舞”是以曾侯乙墓出土的各类古乐器复制品为组合，以荆楚文化为背景，运用歌、乐、舞相结合的艺术形式，展现先秦礼乐文明以及楚国文化艺术、民俗风情、祭祀、征战、农事和宫廷宴乐等情景。

湖北省博物馆编钟乐团自成立三十多年来，一直致力于编钟文化的普及与传承。编钟乐团先后参加了中华人民共和国成立三十五周年国庆演出、1997年香港回归庆典演出、2008年北京奥运会颁奖音乐录制、东京国际音乐节开幕式以及清华大学校庆110周年编钟音乐会等一系列重要演出活动。编钟乐舞已成为湖北省对外文化交流的一张靓丽名片。2020年，由湖北省博物馆编钟乐团精心打造“编钟乐舞”项目成功入选武汉市武昌区第四批非物质文化遗产名录。

（五）以编钟文创为载体

湖北省博物馆在打造编钟乐舞演出的同时，还以编钟文创产品作为文化载体，以市场化运作为规则进行开发与营销，通过挖掘编钟文化资源，结合创意打造，推出贴合现代生活需求的文创产品，使编钟文化以润物细无声的方式渗透到百姓生活中，成为切实有效的文化传播的载体。

（六）以科研创新作为驱进动力

以科研创新作为驱进动力本质上是以人才作为驱动力，因为人是科研和创新的主体。音乐文物的活化利用不仅需要不同专业背景的人才，还需要具有科研能力和水平的“跨学科”“跨领域”人才。科研创新既要包含学术理论人才，还应具备专业技能等实践人才。这些理论和实践人才为音乐文物的研究创造提供了原动力。

（七）以宣传交流作为媒介平台

近些年，随着科技的进步和新媒体的兴起，曾侯乙编钟活态利用的宣传形式发生了巨大改变。表1是湖北省博物馆围绕曾侯乙编钟已开展实施的宣传媒介及形式。

表1　围绕曾侯乙编钟已开展的宣传媒介及形式

序号	宣传媒介	具体形式
1	常规形式	馆内驻点陈展、编钟音乐演出及文创产品
2	传统媒体	电视、电台、报纸等传统媒体
3	云直播	湖北卫视长江云、FM九头鸟直播
4	网络媒体	公众号、微博、互联网站
5	自媒体平台	哔哩哔哩、抖音
6	新技术	AR、VR、多媒体动画等新技术运用，让人足不出户即可身临其境
7	手机应用程序	研发手机H5编钟演奏小程序

例如，2021年12月，湖北省博物馆和人民网于联合研发打造了“H5编钟演奏小程序”，并于2022年元旦全网推出。该程序既普及了编钟知识，又让观众和读者足不出户就可演奏编钟。用户既可以通过手机端演奏耳熟能详的歌曲，还可以根据自己喜好进行即兴演奏，并可回放、转发分享自己演奏的音频，极大提升了音乐文物的趣味性和宣传效果。使编钟的传播形式从传统的进展馆参观实体，到如今不受时空限制就可以在手机端演奏、聆听编钟声音等，有效助推了编钟活态利用的广度、深度和效率。

（八）以人民群众作为受惠主体

文化惠民的受众主体是人民群众。博物馆作为文化惠民的窗口之一，对于丰富群众精神文化生活，增强人民群众的文化获得感、幸福感至关重要。音乐文物的活化利用要体现以人民为中心的工作理念。首先，音乐文物的活化利用要依靠群众，发挥广大人民群众的智慧，倾听群众的建议，了解群众对编钟音乐演出及编钟文创产品的喜好需求，从群众实践中汲取动力和源泉，以满足群众精神文化需要为目的。其次，主办单位在开展文化活动时，要注重群众的参与度和文化普及性。假如没有群众参与文化活动，即使规模再大，也没有实质意义。

（九）以文化传承作为发展导向

发展导向决定着音乐文物活化利用的方向。党的二十大报告中关于文化发展方向的论述，既指明了政治方向，又体现了文化导向。政治方向是指要毫不动摇地坚持马克思主义的指导地位，坚持党和政府政策方针，旗帜鲜明，提出了“四个坚持”。文化导向是对文化发展道路作了明确阐述，指明了以“传承中华优秀传统文化，满足人民日益增长的精神文化需求，不断提升国家文化软实力和中华文化影响力”等为发展目标。编钟活态利用必须牢牢把握和坚持这个方向不动摇。

二、活态利用的启示

启示一：注重打造文化品牌

音乐文物作为文化资源之一，首先要考虑其文化属性，文化价值是音乐文物的内涵。人们不仅是文化价值的需求者，也是文化价值的创造者。音乐文物的活态利用应注重其文化品牌的打造，品牌是区别于同类产品的无形资产。它既要体现馆藏音乐文物的文化元素，彰显文化内涵，反映主流价值观，又要避免同质化，突出文物特色，打造专属的音乐文物品牌。

文化品牌的打造需要建立在对馆藏音乐文物的文化元素进行准确分析和提取基础上。文化元素是不同博物馆进行差异化、个性化活态利用的前提，其象征意义为音乐文物的开发及活态利用提供了很好的理念与文化底蕴支撑。

启示二：不断提升内容品质

音乐文物活态利用的关键与内核是其内容与品质的塑造与提升，否则只会空有外表。以湖北省博物馆编钟乐团为例，近年来，乐团在作品内容、节目形式上不断进行提升打造。

一是注重作品内容。乐团推陈出新，创作了一批反映中华礼乐文明、荆楚文化、时代风貌以及现代元素风格的作品；而且，乐团还参与到央视、腾讯等单位创作的作品演出中，丰富创作和演出经验。二是探索作品形式，编钟乐团不断尝试跨界融合，除了展现传统编钟乐舞外，还与钢琴、古琴等不同乐器进行创新融合。为观众提供了更加优质和丰富的文化产品及观感体验。

图1 编钟乐团参演央视2022年除夕《橘颂》节目截图

启示三：加强合作交流宣传

在互联网科技发达的今天，音乐文物的活态利用呈现出不同以往的新形势，有效利用好合作平台、交流形式以及宣传手段，对于音乐文物的活态利用有着良好的正向效应。

一是近些年，网络上涌现出各类自媒体、短视频APP以及直播平台，这些大大提升了文化传播功能，加快了文化传播的速度，拓展了传播面和受众对象的数量，体现了音乐文物由传统、单一的线下传播方式，向多维、立体转型的升级。博物馆可依托实体场馆和“互联网＋”的方式，实现线上线下、实物与非实物的结合。充分发挥网络传播的便捷性和可重复性作用，增强了文化吸引力和传播力。

二是可加强不同地区、单位间的合作与交流，提升音乐文物资源的共享利用效能。例如：2022年9月，重庆中国三峡博物馆以特色馆藏文物“古琴”与湖北省博物馆镇馆之宝“曾侯乙编钟”为主体，让两千年前的曾侯乙编钟与唐、宋时期的古琴同台相遇并奏响，可谓“千古遇知音”。开启了省级博物馆之间共享特色文物资源，并联合专业音乐院校共创共演音乐会的新形式。

馆际之间的合作，探索了音乐文物从“零散”到“集合”、从“单一”到“多样”的多元尝试，为音乐文物的活态利用和可持续发展提供了宝贵经验。

参考文献：

[1] 《中国音乐文物大系》总编辑部编.中国音乐文物大系·湖北卷[M].郑州：大象出版社，1999.10第二版.
[2] 陆昕怡.《中国音乐文物大系·湖北卷》订误[D].西安音乐学院，2021.
[3] 徐卓.湖北省博物馆文化产品创意设计开发研究[D].湖北工业大学，2014.
[4] 霍锟.中国古代音乐文化遗产“双创”路径初探[J].河南社会科学，2021，29(11):106-114.

浅谈"永远的三峡——三峡文物保护利用数字展"多媒体技术的应用

汤文韵 湖北省博物馆

摘　要：湖北省博物馆"永远的三峡——三峡文物保护利用数字展"以数字化的形式介绍了三峡文物保护工程出土的各类文物及人类在三峡地区的物质文明发展脉络。本文通过对多媒体辅助展品的功能定位及应用分类等角度来介绍本展览的数字化应用情况，并提出几点思考，旨在提升博物馆数字化展陈质量，为观众提供更好的服务。

关键词：展览；三峡；文物保护；多媒体；数字化

一、数字三峡展览多媒体应用主题及辅助展品功能定位

（一）数字三峡展览多媒体应用主题

本展览以三峡工程和文物保护工程为历史背景，从时间范围、空间范围等角度展现作为中国有史以来最大的文物保护工程的三峡文物保护工程的成功经验和模式。多媒体以三峡的历史、传承等主题为依托，向公众传递三峡地区的自然、人文知识。

数字三峡展览将主题创意、空间设计与数字展示技术相融合，在内容上以三峡工程为背景，以葛洲坝、三峡、后三峡三个阶段为时间轴，从重庆、湖北两个库区来呈现三峡文物保护工程的过程、收获、影响以及模式。在形式上利用视频、投影沙盘、平板电脑互动游戏、体感交互投放屏、桌面三维互动等数字化辅助展品，将传统的静态陈列展览，变为主动的沟通方式呈现，用多种数字技术展示了中堡岛、巴东宋代县衙等重要考古发掘成果，为社会公众提供鲜活、丰富、多元的沉浸式观展体验。

（二）数字三峡展览多媒体辅助展品功能定位

数字化辅助展品使观众从"隔着展柜看，耳听别人讲"的模式到主动参与、学习的参观学习模式，丰富展览形式，增强观众的情境体验。数字化辅助展品的功能具体从以下几个层面体现：

1.帮助观众获取多元化信息

展览多元的多媒体展示形式，不仅让观众获取三峡主题的历史文化知识，还要实现人机交互体验，调动观众参与积极性，让观众在触觉、视觉与听觉等感官体验下，深切感受参观学习的乐趣。

此外，数字展还具有知识拓展性，搭建的三峡文物保护展示平台，可以不断更新三峡文物保护的成果，获取更为前沿的学术知识。

2.丰富展览的展示形式

多媒体的使用可以提升展览的趣味性，发挥数字展图像化、互动性、沉浸式等特点，达

到“好看、好玩、有意思”的展陈效果。博物馆展览展示的是三峡主题的文物或介绍。单调的文字知识会让人感觉枯燥乏味，无法激发情感共鸣，多媒体的使用、对应的场景配置可以营造轻松愉悦的氛围，吸引观众的注意力，可以丰富文物的展示形式，让观众在交互操作中增强体验感。

3.提升展览的服务水平

博物馆高效利用多媒体技术的服务特性可以为观众的参观学习提供多样化的服务，观众可以结合自身喜好，获取不同层次、不同形式的展览信息。

同时，多媒体技术的交互性，也可以让观众亲身参与到互动答题、文化赏析、知识阐述等活动中，既传播历史文化知识，又增强文化共享的趣味性。

二、数字化辅助展品的应用分类

本展览的数字化辅助展品从功能定位上可分为视频动画类、互动游戏类等类别，下文将具体介绍展厅多媒体分类情况。

（一）视频动画类多媒体

视频技术的应用是本展览重要的多媒体辅助展项形式。展览在序厅和尾厅、展厅的转角处等位置都设置了视频播放器，《百年三峡梦》《考古大会战》《决战中堡岛》《保护规划》《永远的三峡》等视频将三峡的历史信息和文物图片等在具体区域展映，达到知识传播的效果。

1.《百年三峡梦》纪录片

《百年三峡梦》(图1)以纪录片的形式，讲述1919—2019这一百年来，孙中山、毛泽东、邓小平、习近平等人对三峡工程的构想，展示中国的百年三峡梦。此处还有设置专门的纪录片展示区域，观众可以静心就座观赏。

图1　《百年三峡梦》纪录片

2.《考古大会战》矢量动画

《考古大会战》(图2)以矢量动画片的形式，讲述三峡地下文物的发掘过程和成果，塑造考古人群像。

图2　《考古大会战》矢量动画

3.《决战中堡岛》纪录片

《决战中堡岛》纪录片(图3)以三维动画的形式，介绍中堡岛的历史变迁。用无缝转场的镜头方式让影片一气呵成，用节奏和故事情节流畅地衔接三个章节，呈现给观众一部视觉大片。

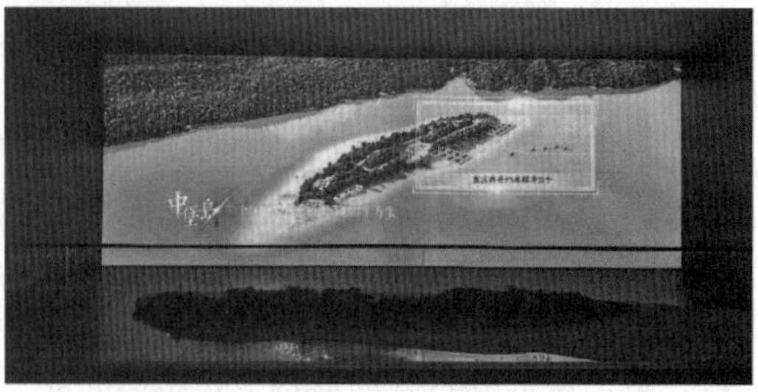

图3　《决战中堡岛》纪录片

4.《保护规划》

《三峡工程文物保护规划》(图4)是有史

以来第一部大型工程文物保护规划，开了中国文物保护的新历程。《保护规划》以动画的形式，展示三峡文物保护规划的具体内容。

图4 《保护规划》

5.《永远的三峡》动画片

展览尾厅处，设置了视频播放处，投放了三峡保护的三维动画，以三维动画片的形式来回顾三峡文物抢救性保护重点项目，展示三峡地区文物保护新貌(图5)。

图5 《永远的三峡》动画片

(二)互动游戏类多媒体

1.趣味三峡彩绘体感交互

趣味三峡彩绘区域设置了设置平板端和投影端互动设备。本区域互动影像装置的互动构成主要涵盖了三峡地区动物等信息的采集和处理，根据信息捕捉接收，如红外感应器、视频摄录机、热力拍摄器等，处理部分分析实时采集信息，与设备反馈装置对接。影端挑选三峡库区出土文物的动物造型、参考出土动物骨骼中的动物种类，观众可在平板电脑互动绘画，选择动物种类、动物颜色等，互动结束后动物形象会出现在投影端，投影端动物点击后会出现符合动物习性的动作。

“趣味三峡”彩绘体感交互(图6)是利用游戏、场景模拟、互动展示设备，让观众运用情境思维参与操作，用兴趣引导知识，从而达到理想的展示效果。

图6 “趣味三峡”彩绘体感交互

2.桌面三维互动

“三峡文物集萃”电子屏主界面为三峡文物，点击选择文物图片查看详情，可了解文物的出土地、年代等简介，此外，文物还可任意角度旋转，并提供二维码下载文物照片、手机壁纸等，供观众深入了解相关文物信息(图7)。

图7 “三峡文物集萃”桌面三维互动

3.“文物保护规划”互动屏

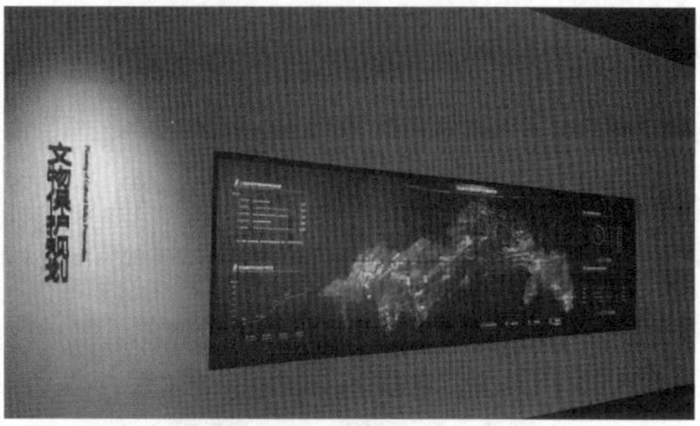

图8 《文物保护规划》触摸屏

“文物保护规划”区域通过触摸互动的形式展示了文物保护大数据。界面设置有湖北、重庆地上各个时代各县市代表文物点、参与人员、出土文物等数据(图8)。

4.拓印体验区

历代文人墨客在三峡两岸的陡峭山崖上，留下了许多石刻题记，以夔门石刻最为重要。展厅设置了拓印体验区域，拓印内容为三峡题刻或文物，观众从中选一张即可，游戏分为选择拓片、拓印、上墨等环节，观众可以在游戏中了解拓印知识(图9)。

图9　拓印体验区

(三)其他

1.《史脉万年》创作画系列

创作画依照地层学原理，早者在下，晚者在上，依照自然位置，将三峡库区以巫峡为界，分为东、西两区，挑选每个时期的生活场景、生计方式或重大时间来绘制(图10)。区域搭配讲解音频，为观众讲述三峡各时期的历史情境。

图10　《史脉万年》创作画区域

三、关于数字三峡多媒体应用的几点思考建议

“永远的三峡——三峡文物保护利用数字展”作为新型的数字展览模式，用精致的模型、实物以及场景复原的真实魅力感染观众，将知识融入了体验项目之中，加深了观众对三峡保护历史的理解。多媒体技术凭借其集成、直观、便捷、不受时间空间影响等特点，在展览中起到了突出的作用，为数字化展示赋予了新的色彩。但从展厅的布局、展品和数字化展项的组合空间、对观众的自主性和体验需求的关注等层面来看，还有可以优化之处。以下笔者将具体分析本展览利用多媒体技术过程中出现的问题并提出相应的改进建议。

(一)展示空间的优化组合

博物馆的陈列和展示空间是有限的，对陈列空间的有效利用和开发并进行合理的划分是非常必要的。从展厅的空间环境因素来看，既要留出足够的展示空间，又要和周边场景等及其他展项相互协调，融为一体，体现出展陈空间的整体美感。

本展览较全面地运用了多媒体设备作为辅助展品来提升展览效果。但在数字化展项的应用方面，存在局部场景缺乏协调感，展项的设置有待优化组合。如展览在入展厅处有连续的视频展示，观众一进展厅入口看到满眼全是视频，容易产生视觉疲劳。

(二)数字化展示方式较为单一

视频播放器在本展厅的数字展的展项运用上，占很大比重。视频播放作为传统媒体，在知识传播方面较为单向性，过多地使用会存在与观众的互动频率的降低。

在多媒体技术不断推陈出新的今天，作

为省级综合性博物馆，我们应当进一步发挥新型多媒体技术的优势，不断增强我馆展览的便捷性与现代性。新兴的展厅视觉展项涉及3D全息技术、数字沙盘等技术，作为虚拟的三维立体空间影像投射到特定的实物模型上，方便参观者获取动态信息，为观众的沉浸式体验服务。

（三）关注不同受众群体

受展厅空间局限，展厅较为关注青少年儿童等群体的参观需求，设置的各种多媒体体验形式更有利于青少年对知识的获取如展厅共有5处供观众观看的视频，动画素材有3项，占较大比重，动画知识传播的知识浅俗易懂，受众群体以低龄儿童为主。而对专业人群感兴趣的拓展性知识，展厅的内容设置则略有欠缺。

对此，互动项目的设置以参观者的年龄段和喜好设置项目。我们可以丰富展厅展陈方式，对于有专业性要求的群体所需知识可以做隐性信息处理。

（四）互动项目的设置也要遵循人性化的原则

互动项目的设置也要遵循人性化的原则，如关注观众在参观时的需求。数字三峡展厅设置多个视频播放器，观众需驻足观看时长较久，休息区域却只有一处，影响部分观众的参观体验。

对于残疾人等特殊人群，展厅也可提供更多元的服务。

（五）增强语音导览设备的应用

语音导览设备可以让观众在最短时间内获取满足自身需求的信息，进而完善文化知识架构。另外，博物馆设置语言导览设备，还可以增强讲解的趣味性，弥补单一讲解的不足，也能减轻讲解人员的工作压力。

（六）提升多媒体技术应用水平，加强设备维护管理

多媒体的展览方式主要依赖于多类型电子设备。设备维护管理不到位或设备维护管理成本过高等问题导致一些设备闲置，降低了设备的使用率，还造成了资源浪费。为此，博物馆应做好设备的维护管理工作，确保设备不在展出时出现故障问题。

四、结语

湖北省博物馆“永远的三峡——三峡文物保护利用数字展”作为数字化展览的积极尝试，体现了随着多媒体技术的不断优化发展，利用多媒体技术增强视觉体验的技术方式逐步成为博物馆的重要展览手段。

本文通过介绍本展览数字化展项的使用情况，分析多媒体应用中产生的问题，以更好地认识多媒体展项在展览中的价值和影响，以期今后博物馆能在策展实践中积极推动利用多媒体技术，增强观众的互动体验效果，进一步突出展品的文化内涵与艺术鉴赏价值，满足观众的精神文化需求。

参考文献：

[1] 吴凤.物理互动装置在博物馆陈列展示中的应用[J].科学教育与博物馆，2019，5(04):272-277.

[2] 杨涛.数字展示技术在博物馆展览中的应用[J].科技传播，2016，8(17):104+137.

[3] 施榕.浅谈博物馆陈列展览中的数字媒体技术[J].知识文库，2019(01):238.

[4] 周一川.博物馆陈列展览中的数字媒体技术分析[J].参花(下)，2018(07):98.

[5] 杨彩艳.关于大数据背景下博物馆展览策划的研究[J].祖国，2019(01):129+131.

[6] 李鹏.多媒体技术在博物馆陈列展示中的运用及发展[J].科技资讯，2010(29):246.

[7] 于萍.如何在纪念馆展示中合理运用多媒体技术[J].科技创新导报，2012(28):61+63.

[8] 崔美丽.多媒体技术在博物馆中的应用[J].文物鉴定与鉴赏，2019(07):87-89.

探索博物馆可持续发展的一些路径

汪静文 张鹤儿 湖北省博物馆

摘　要：博物馆的存在和发展与社会的发展密不可分，高质量、高水平发展的博物馆甚至有改变世界的力量。推动博物馆高质量、可持续发展，可以为个人创造良好的生活环境，为社会的发展提供有力的文化支撑。

关键词：博物馆；可持续发展；收藏；传承；创新

博物馆从诞生发展到今天，作为遍及全球的社会公共机构存在了两千多年，在人们的生活中发挥着重要作用。回顾历史，历经千年一直保存到今天的社会公共机构屈指可数，比如学校、医院、图书馆、剧院等。作为延续到今天的社会公共机构之一，博物馆存在的价值和意义是重大的。博物馆的存在和发展与社会的发展息息相关。那么，当今的博物馆应该如何继续前行，持续推动自身以及社会更好地发展呢？

一、坚持初心，求真求实

收藏，是人类的一种本能行为。按照马斯洛需求层次理论，人类最初的收藏是为了生存，这和其他动物一样。人类的收藏之所以会有别于动物，是因为人类的收藏还具备文化属性。传统的人类收藏储存可分为两类：一类是信息和知识的储存，一类是实物的收藏储存。实物收藏的结果即形成了博物馆。

博物馆收藏的文物一定要是“真”文物。这个“真”可以是它的制作工艺，可以是它本身的用途，可以是它的颠沛流离的“身世”，也可以是它的现实意义。

博物馆收藏的是一段历史，而不仅仅是一件物品。很多时候人们对于收藏基本只关注较为精美的文物，较少接受和普通人相关的纪念品。这个问题是值得重视的，湖北省博物馆在这方面做出了一些突破。比如湖北省博物馆将疫情防控期间牵动百万人心的红窗帘作为抗击新冠肺炎特展物件永久收藏。湖北省博物馆为什么会收藏一条“普通”的窗帘呢？因为“网红窗帘”是这一段特殊历史的见证者，抗疫时期邻居间相互关心的情谊的写照，见证了武汉春天的来临，不仅代表疫情防控期间广大武汉市民对美好生活的向往，更代表全体中国人民的互相守望、风雨同济。

二、保持恒心，传承历史文化

不同类型博物馆的藏品特色和优势千差万别，但是作为社会公共文化机构，博物馆担负着文化传承，增强民族凝聚力的重要使命。习近平总书记强调“博物馆是连接过去、现在、未来的桥梁”。

博物馆如何实现文化传承与创新一直是困扰博物馆人难以逾越的障碍，博物馆人在这方面做了很多尝试与努力。

比如通过展览让公众学习借鉴。以湖北省博物馆“华章重现——曾世家文物特展”(2021年3月1日至5月30日)为例，这个临展展出了2019年我国政府从日本追索回国的“曾伯克父组器”。“曾伯克父组器”共8件，是我国近年来在国际文物市场成功制止非法交易、实施跨国追索价值最高的一批回归文物，这个展览最终斩获2020年度“全国博物馆十大陈列展览精品”奖。做这个展览不仅是想呈现曾国青铜文化面貌，更想向普通观众进行宣传教育，使海内外观众更加广泛关注流失海外的文物追索问题，为以后更多的成功追索凝聚更多社会共识。

比如通过开发文创产品，让博物馆中的历史与人们现在的生活产生连接。湖北省博物馆镇馆之宝之一的元青花四爱图梅瓶，一直以来深受观众的喜爱。以它为原型，湖北省博物馆与设计公司共同开发了系列文创产品。四季之爱车载香薰，选取元青花四爱图梅瓶中的凤穿牡丹和林和靖爱梅鹤两个图案，制作了凤穿牡丹(松石蓝)和挚爱梅鹤(珊瑚橙)两款，小巧精致又具有实际用途。2022年，这套车载香薰在缪斯设计奖评选中从上万件作品中脱颖而出，荣获2022缪斯设计奖银奖。问情梅瓶温酒器，整体造型来自梅瓶。温酒器造型圆润流畅，可一分为二，上部为酒壶，下部为酒注。使用时，可于酒注处注入热水加热黄酒，温过后的酒口感更加温和柔顺。除作为温酒器，这套产品亦可作为插花器或摆件使用。套盒内含一壶、一温酒器、二高足杯。实用性和美感兼具。

比如举办社教活动、学术讲座，通过丰富多彩的方式，让普通观众将古老的历史文物与现在的日常生活联系在一起。例如每年的植树节，湖北省博物馆会开展相关的社教活动，社教工作人员带领着孩子们了解文物中的山林树木，了解中国先民关于人与自然和谐相处的思想。2019年的武汉马拉松活动前夕，湖北省博物馆“礼乐学堂”联手肯德基，于武汉园博园内，为300个参加“汉马亲子跑”的家庭举办了一场特别的教育活动，小朋友们通过学习手册了解到中国很多传统节日，并亲身参与各类古代户外活动，真正感受到亲近自然、健康生活的乐趣。

三、不断创新的终极使命

记忆是博物馆的基本使命，创新是博物馆的当代使命，只有创新才能根本启动博物馆收藏的人类记忆。

展览设计的创新。博物馆展览叙事“同质化”是一个老生常谈的问题。类似的摆放位置、类似的灯光设计、类似的导览语言……一切都是似曾相识。那么，如何摆脱这种千篇一律的熟悉感？

陆建松将展览划分为审美型和叙事型，并倡导后者。后者这种分类的核心价值在于强调展览的叙事结构，为进一步探索“谁讲怎样的故事给什么人听”这一范式开辟空间。从这一观点，我们可以找到两个突破口。一个是“讲怎样的故事”，如果一个展览讲一个故事，即可充分利用空间设计，通过事件本身的张力达到吸引观众的效果。湖北省博物馆的“梁庄王”展厅即是一个很好的例子，用一整个展厅讲述明代藩王的故事。展览由三大部分组成，第一部分“天潢贵胄”主要是展示与梁庄王有关的文物，有礼服、礼帽、配饰等等；第二部分“珠围翠绕”主要展示与梁王妃魏氏有关的文物，大量精美的玉器、金器和稀有珠宝，让人惊叹不已。并引出第三部分，“丝路撷珍”，这个单元展出的文物在诉说梁庄王生活的年代——郑和下西洋那段辉煌的历史。整个展览生动的讲述着时代背景下明代顶级贵族极尽奢华的生活故事。如果是时间跨度长、逻辑关系弱的展览，在每一个板块中深挖细节也是一个吸引观众不错的办法。例如湖北省博物馆“楚国八百年”展厅，在漫长的时间跨度里，从楚人开疆拓土讲起，祭祀、楚人的衣食住行、思想文化再到楚地文化的特色——漆器、玉器与丝织，每一部分都选取精品，配上简明的文字，恰到好处将楚人筚路蓝缕，艰苦卓绝的精神展现了出来。整个展览时间跨度非常的长，但通过细致的叙述与精美的展品，塑造出了一个有血有肉的楚人形象。二是“给什么人听”，对于大部分展览来说，都是面向整个社会大众的。但是有些展览特别能激发人们的情感。比如2022年在武汉大学万林艺术博物馆举办的敦煌石窟展，这个展览让不曾去过敦煌，但又对敦煌无比向往的人们来说是一个天大的福利与吸引。比如湖北省博物馆“天籁——湖北早期出土乐器展”，这个展览针对视障人士和儿童做了特别设计。展厅每一处多媒体设备前，都铺设了盲道；儿童完全不用垫脚就可以看到展柜里的文物。这是一种创新，更是博物馆人将以人为本的理念落到了实处。

与科技结合的创新。随着科技进步，博物馆在社会领域的作用逐步扩大，博物馆的社会角色日益重要，乃至人们认为博物馆具有改变世界的力量。然而科技在带给博物馆更多发展和传播可能的同时，也会带来诸多问题。

比如当数字信息化对藏品的信息提取达到一定程度后，那么这个信息它本身就是一个藏品了，从有形的藏品到无形的藏品。我们现在对无形藏品的概念和管理非常缺失，我们应该制定法律和制度将数字藏品管理起来。2021年年底敦煌研究院率先发售一款限量版数字藏品，出发点是想引起人们对逐渐消失的敦煌壁画的重视，最初的售价不过十元左右，最后被炒到最高超过万元。这就背离了文物的公共属性以及发行该文创产品的初衷。所以博物馆在与时俱进，与现代科技结合的时候，更应该时刻反思自己利用科技的初衷，坚定自己的立场，而不是随波逐流地迎合市场的需求。除此之外，想把文化遗产数字化做好或者传播好，应该先从广度上了解文化遗产，再从深度上挖掘文化遗产的价值，之后再用科学技术助推文化遗产，这样起到的效果，绝对远远大于直接用技术去做一个文化遗产的数字化工作。

与流量的博弈。博物馆文化传播的形式和对社会的影响力正在超过以往任何时候。抖音、B站、微博……，博物馆都在各类新媒体上开通自己的账号，互相比较着浏览量和粉丝数；博物馆之夜、全息剧场、灯光秀、VR游戏……，博物馆展开跨界合作，争相用新颖的方式展示自己。博物馆的信息和数据流量成为博物馆竞相追逐的目标。近些年，博物馆在表现形式上的创新可圈可点，比如从博物馆里三彩乐俑汲取灵感的《唐宫夜宴》，故宫博物院的爆款口红、御猫，这些呈现形式都深受人们的喜爱，吸引很多游客去打卡博物馆。值得注意的是，流量在带给博物馆新的发展空间的同时，片面追求流量的行为，无疑会使博物馆丧失自我，而陷入迎合大众的陷阱。当然，博物馆存在的根本是为社会提供教育服务，但是博物馆的服务是一种引导而非迎合，博物馆应当将人类社会的普遍价值和知识通过大众更加易于接受的方式传递给大众，而传递什么价值、哪类知识、用什么方式传递，博物馆管理者需要慎重选择。博物馆在创新传播新形态的同时，应当注意避免过于娱乐化的倾向。

最初建立博物馆是人们对历史、对文化的尊重与信仰，随着历史的发展，博物馆褪去了贵族文化的标签，逐渐开始面向群众，它的社会服务功能也日益凸显。随着博物馆事业的不断发展，观众的位置已经越来越重要。史密森学会博物馆学中心名誉高级学者史蒂芬·威尔认为博物馆的终极目标是为改善人类生活。“博物馆的价值并不在于它收藏了什么，而在于它用这些藏品做了什么。”作为终身课堂的博物馆需要不断探索更多的新方法连接观众，吸引、鼓励观众走进博物馆，近距离感受我们民族的美感、祖先的美感，享受美好生活。而博物馆也会在与外界的不断碰撞中发展得越来越好。

参考文献：

[1] 陆建松.博物馆展览策划：理念与务实[M].上海：复旦大学出版社，2016.

[2] 严建强.博物馆的诞生：前提与逻辑[J].中国博物馆，2022(6):19-27.

[3] 李慧君.民族考古学方法在策展中的应用及启示——从湖南博物馆院“梅山文化展”谈起[J].中国博物馆，2022(6):63-67.

赋能美好生活：湖北省博物馆文创发展的实践

王先福　张鹤儿　湖北省博物馆

摘　要：近年来，博物馆文创发展对赋能人民美好生活发挥着愈来愈重要的"文化"作用，作为文创工作起步较早的博物馆之一，湖北省博物馆文创事业经历了起步、发展、快速发展、转型、新发展五个阶段，形成了文创产品开发与编钟演奏两个重点。本文主要从赋能美好生活的角度探讨了湖北省博物馆文创发展的概况、实现形式、主要做法等方面的实践与探索。

关键词：文创发展；实践；湖北省博物馆；美好生活

博物馆作为向社会提供文化产品、服务人民大众的公共文化机构，在发挥自身力量赋能人民群众美好生活等方面发挥着重要作用，而越来越受到重视的博物馆文创产品供给就是其中一个重要方面。随着博物馆的快速发展和支持博物馆文创发展相关文件的出台，博物馆文创发展进入了快车道，特别是在近年来作为博物馆服务社会的重要抓手，包括湖北省博物馆在内的博物馆文创发展为赋能美好生活提供了重要支撑。

一、湖北省博物馆文创发展概况

湖北省博物馆在文创工作起步时就坚持抓两个重点：一是依托馆藏精品文物资源研发文创产品，二是依托曾侯乙编钟复制件开展编钟演奏。其文创发展先后经历了五个阶段。

（一）起步阶段（20世纪80年代至2007年）

这一时期，湖北省博物馆主要依托出土不久的曾侯乙墓精品文物，采取与当时国有、集体企业合作方式采购馆藏青铜器、漆器等文物仿制品，在面积不大的老馆区开办纪念品商店进行销售，主要客户群体为来馆旅游的境外观众，其规模和收入有限。同时，鉴于曾侯乙编钟的世界影响，湖北省博物馆在深入研究、挖掘的基础上，于1983年成功复制了全套曾侯乙编钟，并据此组建了编钟乐团，主要作为"文化使者"配合外展和重要外事活动进行演出。

（二）发展阶段（2007年至2016年）

2007年，湖北省博物馆新馆二期工程建成开馆，文创产品有了稳定和上规模的经营场所，文创产品逐步形成了馆藏青铜器、漆器、玉器、陶瓷器、丝织品及地市县博物馆重点文物复仿制品、衍生品，图书、音像制品等七大系列数百个品种；编钟乐舞"千古绝响——曾侯乙编钟音乐会"成为本馆独有且最大的文创品牌，在继续开展对外交流的同时，于综合馆内开辟专门场所（座位数144个）定时对观众演出，实现了与市场的接轨。这一时期，湖北省博物馆的文创工作获得了较快发展。

（三）快速发展阶段（2016年至2019年）

2016年7月，湖北省博物馆在编钟馆和设备楼改造完成后重新开放，特别是被国家文物局确定为全国92家文博文创开发示范单位后，文创工作迈上了新台阶，文创事业收入连续实现了多个跨越。

1.与更多、更具实力的公司合作，每年开发文创新品数量和种类大大增加，且更多是与人民生活密切相关的生活用品、首饰、文具、玩具等衍生品，并配合临时陈列进行开发；尝试与腾讯互娱合作等知名企业跨界合作，扩充流量效应。同时，经营模式更为多样，除自营、代销、合作经营外，实现了授权的突破。

2.进一步打造"千古绝响——曾侯乙编钟音乐会"品牌。2016年7月位于编钟馆的新编钟演奏厅更大更专业，座位数达到412个；编创的曲目不再局限于传统曲目，而是适合现代人特别是年轻人的审美需求，逐步改编推出了大家耳熟能详的民乐、通俗乐曲、世界名曲等，尝试传统乐器与西洋乐器的合奏，丰富了演奏形式。

这一时期，湖北省博物馆建立和完善了文创经营、编钟演奏劳务派遣人员的激励机制，调动了他们的积极性，文创收入每年都实现了一个大跨越。

（四）转型阶段（2020年至2021年）

2020年初，新冠肺炎疫情暴发，湖北省博物馆也闭馆近5个月，开馆后每天限流1000~3000人次；2021年也多次受到疫情冲击。同时，由于三期新馆工程建设和布展需要，现有场馆只有局部开放，场域有限。这些都对湖北省博物馆馆内文创经营造成了极大影响。

这一时期，湖北省博物馆主要采取的是打造精品，以谋划、实施后疫情时代、新馆三期开放后的文创布局为主，并与本地企业合作尝试线上销售。编钟演奏也创新形式，开始运用线上传播手段。

（五）新发展阶段（2022年至今）

2021年12月20日，湖北省博物馆三期新馆全面建成开放，新馆文创布局基本完成，形成了全新的文创实体平台。

新馆文创区域分成多个不同类别，包括中高端精品文创销售区、快销文创产品及书籍销售区和合作经营区，统一的设计元素运用，使得文创区的风格更加整体也更有辨识度；编钟演奏开始实现跨界合作，大量新品进入公众视野，产品短板得以补充，推出了多种形式的数字文创产品。

二、湖北省博物馆文创发展的实现方式

当前，除极少量博物馆受单位性质限制不允许经营外，其他博物馆文创发展的经营模式主要有公益二类事业单位以市场主体资格、保留或创建的馆属文创类公司直接经营，委托一家公司或与一家公司合作运营、馆内设部门自主运营等四种，其中，自主运营是大多数博物馆文创发展的模式，湖北省博物馆就是其中的代表。

（一）利用本馆最具特色和影响力的文物——曾侯乙编钟打造最具品牌效应的"千古绝响——曾侯乙编钟音乐会"

音乐会在馆内定期对观众演出的同时，也不断创新形式，以满足社会的不同需求。

1.坚持日常演出。先后编创了40余首乐曲、10余段舞蹈，包括将《梁祝》《我和我的祖国》《欢乐颂》《友谊地久天长》等中外名曲

搬上舞台，吸引了大量海内外游客到馆观看。据统计，观看演出观众占进馆观众的年度比例为10%～12%，年轻群体占比超过60%，2023年上半年观演人数超过23万人次。

2.做好重要接待演出。湖北省博物馆作为“国家文化客厅”，编钟演奏为其重要组成部分，先后接待了来馆的数十位国家元首、政府首脑、议会领导人等；有的还专门为参观的外国重要代表团编创编钟曲目，如《喀秋莎》等，进一步扩大了国际影响力。

3.打造新年音乐会品牌。一年一度的新年音乐会已成为多个著名音乐团体的响亮品牌，如维也纳新年音乐会等。2020年1月1日，湖北省博物馆编钟乐团第一次举办新年音乐会就引起了极大轰动，音乐会提前三天预售票，仅2个小时就销售一空，当天临时加场也未能完全满足需求；2022、2023年新年音乐会也成功举办。2021年新年音乐会拟以全新创作并排练的抗“疫”专场音乐会(新编创了9首曲目)进行演绎，但因受当时疫情影响未能如期进行，改在4月8日武汉解封一周年之际，以“浴火重生——弘扬伟大抗疫精神编钟音乐会”为主题上演，四场演出均满场，实行网上同步直播，观看量达200余万人次。同时，培育专题音乐会品牌，2020年以后，利用专题节日如“国际博物馆日”“文化和自然遗产日”“元宵节”等举办了十余场专场音乐会。

4.创新线上传播方式。从2021年开始，与湖北广播电视台合作，借助该台“长江云”直播平台，在重要节假日和日常演出时不定期选择时段对编钟演出进行直播，收到了良好效果。2020年4月12日，著名音乐家谭盾云演奏“武汉十二锣”，以湖北省博物馆曾侯乙编钟复制件奏响12响为序，演出10分钟观看量突破7000万人次。2022年10月，联合腾讯公司“天涯明月刀”游戏推出“舞乐·青铜”编钟音乐会，线上演出90分钟，观看量127万余人次。先后于2022、2023年除夕当天在中央电视台大型文化类节目“古韵新春”“古韵新声”中亮相，扩大了影响。

5.推进乐团走出去。湖北省博物馆编钟乐团除因文化交流出访外，还配合本馆外展和参加相关文化博览会等，安排演职人员和缩小版的编钟仿制件赴现场演出，每次都会成为“焦点”。同时，乐团还尝试与相关单位合作开展商演，如2021年4月在清华大学110周年校庆之际，与清华大学艺术教育中心合作，在该校新清华学堂演出四场，观众达4000余人次。

6.助力社会公益活动。近年来，湖北省博物馆编钟乐团加大了参加公益活动宣传的力度，先后参加2019年武汉马拉松、第七届世界军人运动会，2021年中国旅游日等活动。

（二）利用不同性质专业实体公司的独特优势开展合作

1.合作开发产品进入本馆销售渠道。目前，与湖北省博物馆合作的公司有20余个，他们根据馆藏文物提炼核心元素进行设计、开发，并生产产品，通过本馆代销、经销方式销售，也可在公司自有平台销售，每个公司的产品各具特色。如与深圳元景公司合作开发的“凤飞”套装，就是采用荆楚文化的代表性文物——虎座鸟架鼓采用现代炫彩、珐琅工艺制作而成，入选了2021年全国博物馆文创“百佳”产品名录；与广东亮点珠宝首饰公司合作开发越王勾践剑元素系列银饰品，销售火爆；与湖北日报传媒集团旗下的楚天书局合作，开发具有科普、益智类的书籍、玩具、文具类系列产品，“越王勾践剑”U盘成为热门产品；与北京和玉缘公司合作开发宝玉石系列衍生品，在本馆开设专柜销售，“国宝”＋“国石”之“玉见钟情”系列(两款)深受观众喜爱；与本馆经营咖啡厅的微美公司合作，推出“舌尖上的湖北省博物馆”系列甜点、饮品、编钟鸡蛋牛肉面等，很快成为“网红”产品，编钟鸡蛋牛肉面上市两个月的一个话题阅读量就超过亿次。

2.采用单纯授权方式，授权相关公司开发产品，通过自身渠道销售。如分别授权北京华信国玉、上海老凤祥公司独家开发宝玉石、银质系列越王勾践剑仿制品；授权中国工商银行开发《大美湖北》文化贵金属新品，包括“剑钟简瓶”纪念银章、“大道至简”秦简五善银书签、“聘金”金锭；授权马应龙药业开发并推出了“马应龙八宝眼霜楚盒·妆奁”套装，其包装取材于湖北省博物馆“十大镇馆之宝”之一的车马出行图漆奁，推出首日的微博点击量达到了7000余万人次。

3.授权开发具有纪念意义的产品，有的协商赠送所开发的产品，有的为纯公益性质的宣传。如与武汉地铁公司合作推出武汉通地铁珍藏卡；与武汉万达东湖置业有限公司合作，为“万达武汉中央文化区的十年收官作品——御湖汉印”项目开发荆楚文化系列文创产品(赠品)。

(三)利用企业优势开展合作

1.为公益宣传和提升影响授权使用馆藏文物元素。如与腾讯科技游戏公司和西山居公司合作，授权其开发3D恋爱换装精品手游《云裳羽衣》，利用编钟演奏《地下城与勇士》的背景音乐民乐版《风一样的勇士》，一经推出，点击观看量迅速攀升；与中国青年报合作推出文物推广歌曲《铸梦》等，融入了本馆曾侯乙编钟、越王勾践剑、睡虎地秦简三件文物。

2.联合专门公司授权开发系列化产品。如授权腾讯公司开发“天涯明月刀”系列产品；授权长江传媒集团旗下的武汉倍悦文化公司依托元青花四爱图梅瓶元素开发了“四季之爱”系列产品，1.0版就包括茶具、马克杯、书签、车载香薰等九款产品，产品分别获得了“缪斯”设计奖、首届“九头鸟”文创奖等；授权武汉金步摇文创公司依托馆藏青铜器、漆器纹样等元素开发了箱包、服饰、丝巾系列等；还有玻璃器、瓷器系列等，也补充了湖北省博物馆文创品类方面的不少短板。

(四)适应新的需求，推出不同类型的数字文创产品

2018年开发了湖北省博物馆掌上智慧博物馆APP，配合销售相关图书、绘本、游戏玩具、动画片光碟等；设计制作了鹿角立鹤“体感游戏”；创作了中国首部考古主题动画片《曾侯乙》。2019年联合湖北移动、中移在线、华为、渲奇公司制作并成功发布5G乐·兵主题VR体验、5G智慧博物馆APP、文物三维模型展示、曾侯乙编钟5G全景直播等特色业务，成为全国首家5G智慧博物馆。联合腾讯互娱、掌游科技等公司将馆藏文物如曾侯乙编钟、越王勾践剑等元素植入游戏。联合人民网客户端开发编钟演奏小程序，让观众能用编钟演奏《新年好》《茉莉花》《欢乐颂》等，小程序自2022年元旦配合新年音乐会推出至春节期间，体验人次达到200余万。

2021年底至2022年初，运用最新的区块链技术，联合蚂蚁链平台推出数字藏品(NTF)。随着数字藏品的火爆，湖北省博物馆也先后推出了“越王勾践剑”“元青花四爱图梅瓶”“吴王夫差矛”数字藏品。后由于意识到数字藏品的法律问题，在推出“虎座鸟架鼓”复制件

和郭家庙曾国编钟编磬复原数字藏品后暂停了数字藏品的发行。

2023年4月，全新打造的沉浸式全息剧场在湖北省博物馆西馆建成，首部推出全息剧《遇见·楚庄王》，在馆驻场演出。

（五）实现馆际之间的强强联合，共同推出文创产品

2021—2022年，联合重庆中国三峡博物馆运用两馆的重量级藏品“曾侯乙”编钟和“松石间意”古琴通过大赛形式遴选文创产品，推出“一见钟琴”文创品牌，制作了一个展览、一个线上音乐会，开发了多款文创产品，收到了良好的社会效益和经济效益。2023年6月份联合苏州博物馆推出的越王勾践剑文创产品上柜一天就销售一空。

三、湖北省博物馆文创发展的主要做法

湖北省博物馆结合自身实际，在文创发展实践中进行了一些有益的探索。

（一）找准定位、做好规划、分步实施

湖北省博物馆是全省唯一的省级大型综合性博物馆，国家一级博物馆，央地共建的国家级博物馆，国家5A级旅游景区，在全省博物馆中有着领头示范作用，在宣传、弘扬荆楚文化方面地位无可替代，所以，文创发展的站位要高，而且湖北省博物馆的品牌附加值也很高。因此，高站位不仅针对文创产品本身，还针对合作企业。

同时，湖北省博物馆结合自身定位和文创发展要求，编制了文创发展规划，对近、中、远期目标进行设定，并逐步推进，也随着馆舍建设规模的不断扩大而逐步发展。

（二）梳理核心资源，深挖文物价值

馆藏文物是核心，是研发文创产品的“本源”。湖北省博物馆把馆藏文物分成几个不同层级，第一层级为“十大镇馆之宝”中最为知名的曾侯乙编钟和越王勾践剑；第二层级为“十大镇馆之宝”之中其他8件文物（曾侯乙尊盘、云梦睡虎地秦简、郧县人头骨化石、九连墩虎座鸟架鼓、元青花四爱图梅瓶、彩绘人物车马出行图、石家河玉人像、崇阳铜鼓）和列入16件“国宝”中除“镇馆之宝”外的9件（曾侯乙云纹金盏、连禁壶、鉴缶、大尊缶、鹿角立鹤，石编磬、十六节龙形玉挂饰和错金银龙凤铁带钩、彩漆凤鹿木雕座屏）；第三层级就是近年来新出土的梁庄王墓金玉宝石器和九连墩楚墓铜、漆、玉器，曾国墓葬出土铜器等其他重器；第四层级就是与荆楚文化相关的特色文物等。

根据观众喜好程度，知名度越高的文物，文创产品开发的频次越高，类别也越多，销售状况也更好。通过多年实践，处于针对第一层级曾侯乙编钟和越王勾践剑开发的系列文创产品数量、种类也最多，涉及复仿制艺术品和家具、文具、玩具、首饰、纪念章、明信片等系列衍生品。

在梳理其他馆藏文物资源时，突出本馆和荆楚文化特色，如先秦特别是楚式青铜器，东周楚漆器、丝织品等。

在前述工作基础上，湖北省博物馆积累了部分“IP”资料，供合作方使用，如曾侯乙编钟、越王勾践剑、云梦睡虎地秦简及馆舍建筑等等；依托馆藏核心资源创建的社教品牌“礼乐学堂”IP，与企业合作打造了肯德基“楚文化”主题餐厅、工行“楚文化”主题银行；在武汉地铁8号线“省博湖北日报”站打造“楚文化”主题站点。

（三）落实商标注册，加强知识产权保护

为加强知识产权保护，先后注册了湖北省博物馆LOGO、湖北博物馆文创联盟“楚博汇”及LOGO和贵金属、纸品、装饰品等15大类产品商标，采用授权方式选择具有一定实力并有独特优势的企业合作，以实现双赢。与重庆中国三峡博物馆合作的“一见钟琴”文创品牌也分别在重庆、武汉进行了注册。

（四）建立激励机制，调动人员积极性

湖北省博物馆编钟演奏和市场经营人员以劳务派遣人员为主，为调动其积极性，出台了《编钟乐团演职人员绩效管理办法》和《市场经营人员绩效管理办法》，其工资待遇按照基本工资＋绩效工资（分基础绩效和奖励性绩效工资）构成方式核算。奖励性绩效工资与工作实绩挂钩，即设定一个基本工作量，在此基础上根据超额完成部分核算奖励性绩效工资，完成工作量越多，收入越高。

（五）重视非遗项目申报，开展非遗项目合作

根据国家对非遗项目的保护利用政策，遴选具有自身特色、符合条件的项目申报非遗传承保护项目。目前已申报具有品牌效应的“编钟乐舞”纳入了武汉市武昌区非遗名录传统舞蹈类，“楚式漆器髹饰技艺”“囊匣制作”纳入了省级非遗名录传统技艺类。同时，与汉绣、荆州市漆器髹饰技艺、黑茶制作技艺等国家级非遗以及“楚香”等其他非遗项目开展合作，设计、制作文创产品进行销售，甚至开展现场体验。

（六）成立文创组织，带动全省博物馆文创发展

2018年，在原省文物局支持下，省内8家博物馆和2家高校、2家文创企业发起成立了湖北博物馆文创联盟，湖北省博物馆为牵头单位，联盟成员的文创精品在联盟内进行销售。2021年，湖北省博物馆协会成立了文创发展专业委员会，湖北省博物馆为主任委员单位，首批吸收22家博物馆、企业参与。两个组织为湖北省内博物馆的文创发展搭建了平台。

（七）举办文创设计大赛，征集优秀作品

为开发符合当下观众需求的文创产品，湖北省博物馆举办了多次文创设计大赛。一是举办了三次全素材的文创产品设计大赛，评选出一些优秀作品进行生产；二是结合“万里茶道”展等临展开展文创产品设计、生产征集；三是联合其他单位共同举办文创设计大赛，如省台办、省文旅厅主办、本馆协办的2021、2022年“走进历史，纪行荆楚”海峡两岸文博创意设计大赛等。

此外，还参与相关展会、活动和文创大赛，如历次“博博会”、深圳文博会、厦门文博会、文创走边防、2020年5·18文创节、首届中国（武汉）文旅博览会等，既获得了众多奖项，也交流了经验，学习了先进，扩大了知名度和认知度；并尝试线上销售，委托湖北创新谷投资有限公司在淘宝“湖北文创精品店”上线本馆文创精品尝试网上销售。

虽然湖北省博物馆的文创发展在赋能人民群众美好生活方面取得了诸多成果，但也遇到了一些挑战，如体制机制、人才、知识产权保护等方面的问题，需要探索更好的实现路径，不断满足人们美好生活的需要。

参考文献：

[1] 缪慧玲.博物馆文化创意产品发展实践研究——以上海博物馆文创发展为例[J].中国博物馆，2019(02):99-103.

[2] 钟郛.博物馆文创产业创新发展模式实践与思

考——以四川博物院触梦巴蜀文创嘉年华为例[J].收藏与投资，2022，13(09):160-162.

[3] 罗小力，段媛媛.南京地区博物馆文创发展策略研究[C]//中国博物馆协会文创产品专业委员会.博物馆文创实践与研究.博物馆文创实践与研究，2022:75-96.

[4] 周洪双，李晓东，朱小路.成都:博物馆赋能美好生活[N].光明日报，2021-08-09(010).

湖北省博物馆网上预约服务分析

夏冰 石绘雯 湖北省博物馆

摘 要：博物馆是一座城市的文化地标，是展示当地历史、文化、艺术的重要窗口，“为一座馆，赴一座城”成为越来越多人的文旅情结。博物馆旅游研学的持续升温给博物馆带来最直观的影响就是观众量的激增，由此也给博物馆公共服务带来前所未有的压力和挑战，实名制网上预约在这样的形势下发挥着重要作用，并在一次次节假日的考验中得以完善。本文以湖北省博物馆网上预约系统为例，详细阐述该馆网上预约服务的具体设计、探讨预约制对提升博物馆物服务质量和游客参观体验的意义，通过分析实际工作中遇到的问题和改进措施，使预约服务更精细化、人性化。

关键词：博物馆；网上预约；公共服务；改进措施

据国家文物局不完全统计，今年“五一”假期全国6000多家博物馆接待观众超5000万人次，达历史同期最高水平，一级馆均达到观众接待上限。博物馆日益成为有温度、有故事、有品位、有体验的文化客厅。

博物馆何以如此空前“火热”？这背后固然有假期巨大“流量”的加持，但也离不开近年来社会公众日益高涨的文化需求，走进博物馆参观逐渐成为民众文化生活中不可或缺的重要内容，甚至可以说成为一种生活方式、一种时尚。观众量的骤然增多，给博物馆运营管理和公共服务带来新的任务和挑战，也提出了新的要求。如何提高博物馆的服务质量，提升观众的参观体验，确保文物安全和观众的健康安全，成了考验博物馆管理水平的一个重要课题。为了应对日益加剧的观众量，全国许多大型博物馆纷纷采取网上预约制度进行限流和调节。湖北省博物馆于2019年8月开始实行实名制网上预约进馆，在运行的三年多时间里，根据实际使用情况进行过多次调整改进，尽管有些功能还待开发和完善，但总体来说为缩短进馆排队时间，分流展厅观众聚集程度、提升观众参观讲解服务质量和馆内安防工作起到重要作用。

一、湖北省博物馆网上预约系统设计

湖北省博物馆坐落在美丽的东湖之滨，是中央地方共建“8＋3”国家级博物馆之一，是2018年中印元首外交活动的“国家文化客厅”。2021年12月20日，湖北省博物馆三期新馆建成并对外开放，全新布展的“曾侯乙”“楚国八百年”“越王勾践剑特展”“梁庄王珍藏”“曾世家——考古解密的曾国”“天籁——古代乐器展”等常设展览，极具鲜明时代风格和荆楚文化内涵。作为武汉城市文化宣传的重要名片，每年全国各地游客慕名而来，特别是后疫情时代旅游市场强劲复苏，日均接待观众量破万人次。

（一）网上预约渠道

散客可在湖北省博物馆官方网站、官方微信公众号、美团App、湖北文旅之声、鄂汇办App等五大预约通道进行实名预约。未授权其他任何网站及第三方平台提供入馆门票预约服务。团队预约由于输入信息量较多，暂只支持通过湖北省博物馆官网进入预约系统。

（二）网上预约内容

图1　湖北省博物馆网上预约系统手机界面

湖北省博物馆网上预约系统目前开通门票预约和编钟演出预约功能。除现役军人、消防救援人员、残疾人、65岁以上老年人外，所有人需网上预约后持身份证件原件进馆。散客可凭实名信息提前7天预约参观当日门票，如未提前预约且参观当日仍有余票时，观众可在当日预约。一个订单最多可预约5位观众，每天分四个预约时段进馆，参观时间不限。对于团队目前开通入馆门票预约服务。编钟演出除现场窗口、扫码小程序购买外，今年也可通过预约系统买票，开放日当天上午7时开通网络销售，优惠票（现役军人、学生、残障人士、65~69岁老年人）因无法核实真实身份需现场凭有效证件购买。

（三）散客预约流程

为提升公共文化服务水平，湖北省博物馆严格落实“限量、预约、错峰”的参观要求，为参观者提供方便快捷易操作的预约界面。散客预约者无需注册，只需按照页面的提示输入姓名、相关证件号及手机号码即可完成门票预约。

手机端：从“湖北省博物馆”公众号端口进入，需先关注公众号，点击右下角“帮助”进入“我要预约”。选择日期和有余票的场次，选择需要预约的数量，填写个人信息提交预约。今年新增“邀请微信好友填写”功能，方便发给同行人自己填写。从“湖北文旅之声”公众号进入，无需关注点击“热门预约”，在热门景区中找到“湖北省博物馆”。使用美团和鄂汇办App，则需自行搜索“湖北省博物馆”进入预约界面。预约成功后的二维码不作为入馆凭证，需携带预约时使用的身份证件到入口闸机处验证入馆。满1周岁以上的未成年人也需网上预约，如未办理身份证现场刷家长的身份证原件，并出示订单信息，核对无误后，小孩与家长一同入馆，每位成人最多携带两名儿童。

官网端：进入官网页面点击“个人预约”开始预约，操作流程和手机基本相同，证件类型除身份证、护照、港澳台通行证外，官网预约增设“港澳台居民居住证”。手机端和PC端区别主要体现在团队预约功能。

（四）团队预约流程

企事业单位、学校、旅行社、机关部委四类游客可在官网进行团队预约。团队预约需提前注册账号，每个单位仅能注册一个账号。首次完成注册的用户，在“历史订单”下的“团队基本信息”中查看审核结果。注册审核通过后需至少提前1天预约，最多可预约7日内门票（提前1天预约的团队，需在预约当日的16:00前提交订单）。门票预约时，需填写真实的团体信息及所有团员的身份信息。单个团体单批次预约人数至少为5人，无上限。每个团体，当日最多可预约三批。预约成功后不可退票，团队成员数量、人员信息及入馆时间不可更改。

二、网上预约助力博物馆提升公共服务效能

一是实现观众流量的控制和管理。在旺季或特定时间段，博物馆往往会出现观众量激增情况，导致参观体验受到影响。通过预约系统，博物馆可以预先掌握观众数量和流量情况，制定合理的观众量控制策略，避免博物馆人满为患的状况，确保文物和观众安全。

二是提高博物馆的服务效率和便利性。预约系统可以让观众随时随地预约门票，无需排队等待，较大程度地减轻观众的时间成本和经济负担。同时提供博物馆的展览和活动信息，便于观众选择合适的时间进行参观，使参观环境更加舒适，参观质量明显提高，观众满意度得到显著提升。

三是为博物馆提供更加精准和全面的数据分析。通过实名预约，博物馆可以收集观众的信息和反馈意见，从而了解观众需求和喜好，优化博物馆的展览和服务内容。同时，预约系统还可以统计观众数量、观众分布等信息，为博物馆的运营和管理提供精准的数据支持和决策依据。

三、网上预约服务出现的问题和改进措施

（一）预约机制知晓覆盖面不广

作为荆楚文化瑰宝集合地的湖北省博物馆是外地游客来汉的网红打卡地之一，每逢节假日总有游客因对预约进馆机制不知情而抱憾离开，也不乏情绪激动者对网上提前预约的不理解，即便是余票充足的工作日也有不少观众电话咨询未预约能否进馆。这些现象说明博物馆门票网上预约制宣传不到位，观众知晓度、认可度还有待提高。在文旅大融合的时代，针对这一现象，馆方应在官方网站、微信、微博及其他主流网络平台加大对网上预约服务的宣传，并依靠广播、电视、报纸等传统媒体加强报道，尤其是在周末、节假日前夕，让更多人知晓并最终享受其带来的便利。

（二）囤票倒票行为制造网络舆情

实行实名制预约以来，不仅湖北省博全国很多大馆都遭遇黄牛或第三方机构恶意囤票倒卖门票行为，占用公共文化资源，更有甚者在销售平台上赫然写着“代预约门票20元服务”或者“预订某馆金牌讲解服务赠送门票预约”等字样，观众进馆得知预约门票是免费的又联系不到第三方的情况下，将矛头指向博物馆，严重影响博物馆的正常秩序，破坏博物馆的形象和声誉。

今年3月15日消费者权益日，湖北省博物馆发布《湖北省博物馆关于加强入馆门票预约管理的通告》，其中明确重申“我馆参观门票一经预约，不可退票、改约。”这是为打击黄牛或第三方机构囤票倒卖门票，造成公共资源浪费、破坏和谐公平参观环境行为的有力举措。当遇到因个人原因需更改参观时间的观众，工作人员会耐心解释不可退改门票的原因，也请观众理解馆方打击恶意囤票行为的初衷与决心。与此同时馆内相关部门定期约谈第三方机构、旅行社，要求下架误导观众购买服务的产品，在宣传措辞上做到严谨、准确，切勿利用湖北省博物馆知名度打擦边球，引起不必要的争端。信息中心也会在后台针对反复、恶意抢票的账号，采取实时监测和打击等措施，对

于累计失约3次者，拉进失信人名单，半年内不能预约门票。

（三）节假日供需失衡预约难问题

近些年央视《国家宝藏》《如果国宝会说话》等文化创意类节目为博物馆和公众构建了新的连接通道，越来越多的民众将博物馆列为了解当地人文历史、风俗民情的首选地，也越来越多的研学机构将博物馆作为学习中华优秀传统文化的实践课堂。这对博物馆开放管理接待能力提出了新要求，各大博物馆尤其是热门博物馆根据展陈面积、观众承载量、文物保护要求以及参观安全等因素，设置每日预约门票数，但这种供需关系难以达到平衡，如湖北省博物馆散客票基本在节假日前三天全部预约满。

针对这种情况，一方面建议游客避开热门时段，错时错峰参观，同时向周边热门景点推荐引流，另一方面根据预约后台数据，在可控范围内对门票进行优化配置。今年五一假期湖北省博物馆5天累计入馆观众11万余人次，日均2万人次以上，面对观众高涨的热情馆方做出大胆尝试，将团队预约的余票在当天以散客票形式发放，因团队预约截止时间为前一天的下午4点，4点后的团队余票全部转化为第二天的散客票，使得所有门票利用率达到百分之百。

（四）预约须知冗长导致重要信息漏看

为方便观众更高效使用预约系统，享受到优质的参观服务，博物馆预约系统会在预约须知中作重点介绍和重要说明，在实际操作中不断完善须知内容，所以各馆的预约须知篇幅都不小。内容主要涉及开放时间、预约流程、讲解预约、可提供的公共服务、收费项目、交通路线、参观要求等方面，涵盖观众从进馆到出馆的全过程。如此用心良苦的长篇说明书对于预约者来说，难以有时间和耐心认真读完并记住关键信息。

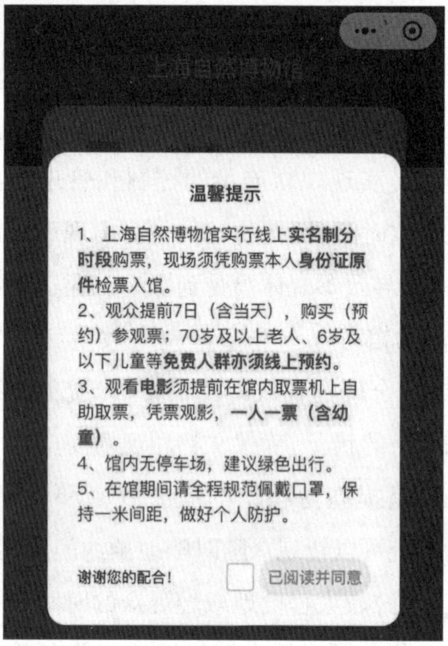

图2　上海自然博物馆预约系统弹窗设置

上海自然博物馆在这方面起到引领示范作用，在预约操作步骤中多次设置弹窗，提示观众注意事项，并用红色标记出重要信息词汇，如“实名制”、“身份证原件”、“免费人群亦须线上预约”、“电影一人一票(含幼童)”等等，让预约者一眼就能抓住核心内容，再进入二级预约选项时，也会弹出针对性的温馨提示。一个小小的窗口和醒目的标记为观众提供便捷服务的同时也在提升博物馆管理服务效能。

（五）共性问题占用预约咨询电话时长

在网络信息飞速搜索的时代，保留预约咨询电话服务是为满足观众多元化的需求。在日常工作中，预约咨询电话基本处于此起彼伏状态，观众也常反映电话难打通。通过收集观众的问题和意见发现共性问题较多，如未预约能否进馆、在预约时间段外能否进馆、身份证忘带怎么办、退役军人是否有优待政策、能否接收个人捐赠、何时招募志愿者等等。

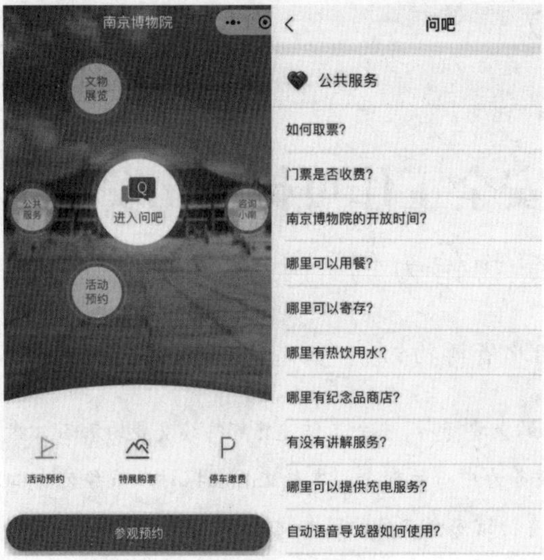

图3　南京博物院预约系统“问吧”板块

为保障咨询电话的有效畅通，让更多急需解决问题的观众收到满意答复，可以借鉴南京博物院预约系统开设的“问吧”板块，将观众的常见问题分成文物展览、公共服务、活动预约、咨询小南几个模块，观众按需进入模块寻求答案，不仅节省观众等待咨询的时间也减轻预约咨询电话的负荷，建议设专人专岗负责前期问题收集整理分类，拟定标准答复，后期实时更新完善。

四、结语

当预约参观、限流成为常态，意味着文化旅游进入了新的阶段，也要求博物馆在提供优质服务和向更多观众开放之间寻求平衡点，充分考虑观众需求，真正做到由“物”的守护，发展到“人”的关注，进入科学管理模式。网上预约服务在实际运用中需要一个完善的过程，我们不能求全责备，期望其能解决所有的问题。未来，我们将在观众与博物馆的“双向奔赴”中，不断努力完善，使博物馆成为有风度、有态度且有温度的终身学习场所。

参考文献：

[1] 陆沉 朱玉冰. 上海科技馆“食物的旅行”展项预约制的设计与实施[J].科学教育与博物馆，2015，1(06):435-440.
[2] 黎巍巍. 文旅融合背景下的博物馆网上预约服务分析——以重庆自然博物馆为例[J].旅游纵览，2019(07):37-38.
[3] 宋紫倩. 双向奔赴升温“博物馆热”[N].南京广播网，2023(5).

以服务为中心引领博物馆安全工作可持续化发展

——以湖北省博物馆为例

夏鹏　张玉婷　湖北省博物馆

摘　要：博物馆作为文化遗产的守护者和教育传播的重要场所，安全工作是其可持续发展的基石。然而，传统的博物馆安全工作更加注重基础防范，缺乏以服务为中心的理念。本论文旨在探讨以服务为中心引领博物馆安全工作可持续化发展的路径，提出了改善博物馆安全工作的服务化策略，并介绍了一些工作实践与经验。

关键词：博物馆安全工作；服务；可持续发展

博物馆作为文化遗产守护者和知识传承的重要场所，面临着保护珍贵文物和提供优质服务的双重挑战。传统的安保工作往往侧重于安全保障的单类供给，如：物理防范、人力防范等，这类供给多元化综合能力较差，已无法满足博物馆日益复杂多变的安全需求。本文通过探讨以服务为中心的安保工作模式，并介绍了一些创新的安保服务策略和实践。构建以服务为中心的理念引领安全工作的转型和创新，实现博物馆安全工作的可持续化发展。

一、传统安全工作与安全服务理念的融合

随着文旅高度融合发展，“博物馆＋旅游”的模式更好地让收藏在博物馆里的广大文物活起来，更加注重文物保护和旅游体验相结合，将游客的安全需求和内部服务效率的提升放在更加重要的位置，通过以提供高质量的服务来引导安全工作有序进行。

博物馆安全保卫措施传统意义上针对文物的“三防”：人防、物防、技防。人防是指通过人员管理和监控来确保博物馆的安全，如：出入口管理、人员巡逻、人员监管等。物防：物防是指博物馆采取的物理措施来保护文物和展品的安全，如：防护罩和展柜、安全门窗等。技防：技防是指利用先进的技术手段来提升博物馆的安全性能，如监控系统、入侵报警系统、消防报警系统。

博物馆是典型的非营利性人员密集场所和公共服务场所，安全服务理念是为了保护文物、保障公众安全、维护社会秩序、建立良好形象、遵守法律和规定，以及提供人性化关怀。这些都是确保公共服务场所能够安全运营、为人们提供便利和舒适体验的重要因素。而博物馆消防安全和内部治安服务具有可操作性、互动性，是引入安全服务理念的重要切入点。

消防安全始终坚持是以人为本的理念，为预防火灾和减少火灾危害，保护公民生命财产安全，维护公共安全发挥了重要作用。博物馆建筑工程的消防设计有着特殊性，文物是博物馆的根本，消防设计既要有可靠的防火和灭火措施，在保护人员安全的同时也要保证文物在

灭火时的安全，这为博物馆的消防设计带来了挑战。随着博物馆单体体量越来越大，具有空间复杂、功能繁多的特点，对工艺及安装方面要求高。目前出现了很多现有防火设计规范不能完全解决甚至制约发展的问题，这对消防安全管理和安全服务人员也提出了更高的要求。

博物馆内部的治安服务作为社会化公共服务的一种，治安服务以实现公共利益为目的，其主要由政府购买服务向公众平等无偿供给。内部治安服务是博物馆公共服务中最重要的部分，社会公众间有着共同的社会治安秩序需求，也有着差异化的服务需求如，如：门票预约、安检服务、停车服务、秩序维护、弱势关怀、安全引导、应急处置等。政府通过购买服务的方式，把这些关系到公共安全、文物安全等博物馆需要提供的服务对参与者进行有效供给，博物馆可以通过绩效考核指标体系保证安全服务质量。

二、实现博物馆以服务为中心的安全工作可持续发展的关键策略

传统上，安保工作主要关注物理安全和保护措施，如监控系统、安全设施、消防设施等。然而，现在的趋势是将访客的需求和体验放在重要位置，保证文物安全的同时提供高质量的服务。这种以文物保护为中心的方法已逐渐演变为以安全服务为核心的综合安全管理方法。

（一）以游客为导向

将游客体验和满意度置于首位，其已经作为衡量博物馆安保工作成功的标准之一。以服务为中心的安保工作将访客放在核心位置。安保人员不仅仅是执行安全任务，还要积极与访客互动，提供帮助和指导，确保他们在博物馆范围内的安全和舒适感。

（二）教育和沟通

博物馆安保人员应与访客建立积极的沟通和互动。他们可以提供关于展览品的简单背景知识、解释博物馆规则和指引访客的参观路线。通过这种方式，安保人员可以不仅仅是执行任务，而是成为博物馆文化和教育使命的一部分。

（三）培训和专业化

为了以服务为中心，博物馆安保人员需要接受全面的培训，包括客户服务、沟通技巧、应急响应和文化敏感性等方面的培训。他们应该具备良好的知识和技能，能够简单应对各种情况并有效地解决问题。

（四）利用技术手段

现代技术在博物馆安保中起着越来越重要的作用。安全监控系统、消防物联网系统、智能巡逻系统等技术可以提高安保效率，并为访客提供更好的服务体验。同时，数字化安全培训和信息共享平台也可以帮助安保人员不断更新知识和技能。

（五）合作与协调

博物馆安保工作需要与其他部门等内部利益相关者进行密切合作。与展览策划、教育活动和社教服务团队的合作可以促进全面的安全管理，确保安保工作与博物馆的整体运营目标保持一致。

（六）持续改进与发展

博物馆安保工作是一个不断发展和改进的过程。通过定期评估和反馈机制，可以识别出改进的机会和问题，并采取适当的措施进行调整和提高。

三、湖北省博物馆在以服务为中心引领安全工作的一些实践

近年，省博物馆在坚持对外开放与工程建设同步的过程中，做到坚守安全底线与保证工程进度两手抓，在以服务为中心的安全工作方面做出了一些有意义的探索。

（一）系统性安全管理和风险评估机制

完善的安全管理架构。自免费开放以来，省博物馆就成立了以馆长为首的安全委员会，安委会办公室设置在保卫部，从制度、人员、经费等为安全工作提供根本性保证，定期召开联席会议。三期新馆试运行以来，通过不断制定和更新安全政策、规程来适应新的安全形势，主要有：门票网上预约管理规则、观众进出馆流程、安全施工操作规程、车辆进出管理规范、安保服务绩效考核等。针对日常发现的一般安全隐患，以每月一期安全简报的方式进行分类登记、整改销号，确保安全责任落实到部门。通过定期组织培训和演练夯实消防、反恐等实战能力，坚持每周一次的消防应急拉练，每年两次全体职工的消防安全培训，以及不定期的反恐应急处置联合演练。

建立以检查与自查方式相结合的风险评估机制。主要通过重要节假日检查、专项隐患排查治理、“消防双随机、一公开”、治安专项检查等方式筑牢系统性安全底线。同时依托开展内部安防功能性测试、消防联动专项安全测试等自查进行系统性安全摸底，以实战的模式检验系统的可靠性。

（二）突出监控室的中心控制地位

监控室的中心地位在于它作为实时监控、事件响应、人员调度以及系统集成和管理的核心。这种集中管理和控制的能力使得监控室成为确保安全和提供紧急响应的关键要素。

实行以组长负责制的安消防一体化值班。在监控室实行值班组为单元，安防和消防技术人员在值班组长的管理下，共同负责博物馆安全指挥。通过将安防和消防系统操作整合在一起，可以实现更高效的安全管理和应急响应，将安全责任有效传导至值班人员，充分调动大家工作的积极性。监控室安排值班组长、安防操作员、消防操作员、安防维保人员、消防维保人员各一人，另前端保安班长及保安若干。以节假日控制室白班为例，单日最高游客量超三万人次，某展厅因人员密集需要临时疏导；在一定的职权范围内，值班组长可随时根据工作需要同时使用监控系统、报警系统、消防设备，采取临时限流管制措施，有效调度安保人员、维保人员等来确保场所的安全和稳定。

规范监控室交接班模式。交接班是值班团队在更替班次时进行信息传递和责任转移的关键环节。采取口头交接班、书面交接班、电子设备交接班的综合交接班模式。首先是值班人员在工作班次结束时在子系统前进行面对面的口头交流；其次是值班人员使用值班记录本或电子系统记录系统运行信息和交接内容；最后是值班组长采用手机应用或电子设备来进行交接班，方便值班领导实时掌握交班概况。以组长负责制的安消防一体化值班确保系统的连续稳定以及传递重要安全信息。从时间人员、运行情况、事项列表、特殊处理、处理进度等，值班人员将责任和工作任务从一个班次有效传递给下一个班次，以确保协调的安全环境和形成一个安全管理的有效闭环，同时减少重要信息遗漏和误解的风险。

做好与业务部门的安保服务对接。监控

中心是博物馆日常安保服务信息中枢，涉及日常陈列布展、临时加班、设备维修、车辆进出、重要接待、身份识别、施工安全管理等均在监控中心汇集。不同业务部门可能有不同的安全风险和要求，监控中心根据与业务部门的对接，制定相应的安全计划和措施，为决策层提供可实施的参考意见。该计划应包括明确的安全目标、工作流程、责任分工和时间表，以确保安全服务与业务需求相匹配。

（三）鼓励技术创新与信息化安保

以服务为中心的安保工作模式强调技术创新的应用。通过引入先进的安防技术和信息化手段，可以提高安保效能和反应速度，实现信息共享与联动，有效预防和应对安全风险，提升安保工作的智能化水平。

优化门票预约机制。博物馆通过网站、微信公众号等渠道发布门票预约管理的相关通告，告知观众门票预约时间、预约方式。重点针对因多次爽约、倒卖门票、违规讲解的人员，将进入博物馆预约失信人员名单和不受欢迎人员名单。同时根据安全风险控制的要求，通过门票预约与公安系统大数据联网，对预约游客身份信息进行有效安全登记和安全预警，构筑第一道防线。

安防、消防系统有机融合。有机融合是指将不同的系统或技术进行整合，形成一个既相互独立，又交叉融合的协同工作整体，有机融合可以提高安防、消防系统的整体效能，实现更高水平的安全防护和应急响应能力。安防视频监控与消防系统的初步融合：通过将视频监控系统与消防系统报警信息连接，实现视频监控画面与消防设备状态的联动；消防报警系统联动与安全门禁、入侵报警系统的逻辑关系可根据实际情况予以优化。例如：当消防报警触发时，可以自动将相应的监控画面推送给值班员，帮助他们快速了解事态并采取适当的行动。

消防物联网技术的应用。消防物联网技术可以广泛应用于博物馆，如实施水浸报警监测，帮助提前检测和预防消防水系统水灾事故。在博物馆关键区域(屋顶高位水箱)和主要设备(配电房、展厅恒温恒湿机房)周围安装水浸传感器，通过物联网技术将传感器与监测系统相连接。水浸传感器可以及时感知到水的存在，当水位超过设定阈值时或检测到水浸事件，系统将自动触发报警，并通过网络将报警信息发送给相关人员，包括维护人员、安全人员或管理人员等。也可通过连接到云平台，监测人员可以远程查看实时的水位数据、报警状态和设备工作情况，并能够进行相应的控制操作，如关闭阀门等。

（四）促进利益相关者的参与和支持

与利益相关者建立积极的合作关系，并促进他们的参与和支持，对于提升服务水平和保障整体安全具有积极意义。这种合作可以增强博物馆的生命力，提高风险识别和管理效果。

制定统一的安保人员行为规范。安保人员在以服务为中心的安保工作中扮演着教育参与者的角色。他们向游客传达博物馆规则和安全指引，提供有关展览品的信息和背景知识，帮助访客更好地理解规则和欣赏展览。通过制定《保安执勤规范用语手册》等规范安保人员的行为准则、安全巡逻程序、访客管理、文明用语、处置程序等；确保规范明确、简明易懂，并定期进行审查和更新。同时设立激励和奖励机制，鼓励安保人员积极遵守规范和政策。包括表彰模范员工、设立奖励计划、提供晋升和培训机会等。激励和奖励可以增强安保人员的归属感和责任感，促使他们更好地执行安保行为规范，进而保持安保队伍的相对稳定。

注重提升专业服务技能。提升安保人员的专业技能是确保安保人员能够有效履行职责并适应不断变化的安全环境的重要举措。主要通过“请进来”和“走出去”两种方式提升专业技能。一是主动参与博物馆安消防工程项目建设和验收，通过施工方专业技术人员对值班人员进行系统性培训，主要有工程设计原理、施工工艺、维护保养等内容。二是鼓励安保人员参加相关的职业技能专业认证考试，提高安保人员的技能水平和专业信誉，如消防设施操作员等。通过专业认证与薪资待遇挂钩，并为他们提供更多的职业发展机会，也增加了职业认同感。

共同缔造健康有序的参观环境。随着博物馆热潮，博物馆研学、自助导游服务等定制服务方兴未艾，同时也带来了黄牛高价售卖门票及违规讲解服务等诸多弊端，引发从业服务人员与一线安保人员的冲突，不仅损害了博物馆的声誉，甚至产生了一些不利于社会稳定的因素。博物馆主动化解矛盾，制定实施《湖北省博物馆展区公共服务管理办法》，约束和规范社会化公共服务行为，通过规范管理，引导旅行社依法依规开展文旅活动，支持学校、培训机构等有序开展讲解、研学等活动。

安全服务的公众参与与反馈。维护公共安全、提升安全服务水平需要全民参与，充分利用博物馆日、安全生产月、119消防宣传日以及精神文明建设宣传标语等引导游客参与博物馆公共安全服务建设。积极畅通反馈机制，游客可以通过市长热线、留言本、网站留言、微博互动、现场沟通等方式反馈安全服务中遇到的问题，并且进行有效解答；对于公众关注度较高、反馈频繁的问题，限时拿出解决方案进行整改。

四、结语

安全工作是一项系统工程，通过将安全与服务紧密结合，博物馆能够更好地满足参观者的需求，提供更加友好和专业的文化服务；创新技术的应用也将进一步提升博物馆安保工作的效能和质量。在服务为中心的理念下，加快内部自我变革，博物馆安全工作将实现可持续发展，并为社会提供更加安全和便利的文化体验。

参考文献：

[1] 苏阳.提升博物馆服务质量 促进博物馆行业可持续发展[J].现代商业，2014.

[2] 杨斌.新时期博物馆开放安全服务理念探讨与实践——以南京博物院为例[J].中国博物馆，2020.

[3] 杨蕊.建章立制 分级管控 重在落实——北京汽车博物馆安全管理实践[J].现代职业安全，2018.

小型革命历史类展览的叙事构建
——以“陂安南县革命史陈列”为例

杨辰　湖北省博物馆

摘　要：陂安南县革命史陈列，在线性叙事的基础之上，结合关注事件、人物与精神的微观叙事，从一个侧面表现了近代中国民主革命在行政边缘地带生根、发展、壮大的曲折过程。叙事方式的多样化，丰富了展览文本的呈现方式，得以带领观众重回历史现场，唤起广泛的情感共鸣。通过分析陂安南县革命史陈列的叙事构建，可以为小型革命历史类展览提供有益的借鉴。

关键词：革命旧址；革命史；叙事

陂安南县革命史陈列依托陂安南县苏维埃政府旧址而设。旧址坐落于革命老区红安县境内的一个村落之中。在陂安南县革命史陈列的内容设计过程中，遇到了同类型展览，即小型革命历史类展览，所经常遇到的难题。如与革命旧址有关的历史记载不甚丰富，与革命旧址有关的文物留存不甚充足，这些现实情况都给展览的设计带来了很大的挑战。但革命旧址所反映的区域性历史，并不是孤立的，而是整体革命史中重要的组成部分。小型革命史陈列，可以为宏大的革命史叙事提供微观视角，做到“以小见大”。“陂安南县革命史陈列”叙事的构建，结合了以时间为序的宏观叙事，以及关注事件、人物与精神的微观叙事，聚焦旧址所处时空中陂安南人民的革命斗争历史。依托革命旧址，以及旧址所在的环境空间，实现叙事方式的多样化，突出个性，带领观众重回历史现场，唤起广泛的情感共鸣。通过分析陂安南县革命史陈列的叙事构建，可以为小型革命历史类展览提供有益的借鉴。

一、旧址基本概况

陂安南县苏维埃政府旧址群位于湖北省黄冈市红安县高桥镇庙咀湾村。1931年6月，陂安南县苏维埃政府成立，下辖黄安的高桥、八里、平安三个区和桃花区的一部分，以及黄陂的塔耳区、磨区、姚区、长轩岭区、研区、长堰、六指七个区。政府驻地庙咀湾村改名为“中华市”，是继七里坪“列宁市”之后中国苏区第二个红色市。现庙咀湾村留存有陂安南县苏维埃政府旧址、县油印局旧址、县政治保卫局旧址、县革命法庭旧址、县总工会旧址、县合作饭堂旧址、县总医院旧址、县童子团少先队妇女会旧址等多处革命遗存，共同组成陂安南县苏维埃政府旧址群，于2002年被公布为湖北省文物保护单位。

陂安南县苏维埃政府旧址群地处红安大道沿线，交通极为便利，距离红安收费站(G42沪蓉高速入口)仅12公里左右，由武汉市至红安县城的车辆大多经过于此，而县内则可乘坐“红安－八里火车站”公交抵达。同时，旧址群所属高桥镇红色文化资源极为丰富，且分布十分集中，旧址群与几处已充分开发的名人故居皆距离较近，至李先念故居纪念园、陈锡联将军纪念馆直线距离仅约4公里，至王近山故居直线距离也只有7公里左右。对于红安县而言，红色文化资源集中分布于北部的七里坪镇和南部的高桥镇，但文化资源的开发程度南部长期不及北部。陂安南县苏维埃政府旧址群的开发与利用，有益于将南部地区已开发的红色文化资源连点成片，形成规模效应，提升红安县南部文化资源的利用效率。

在陂安南县苏维埃政府旧址群中，陂安南县苏维埃政府旧址、县油印局旧址、县政治保卫局旧址保存状况最佳，具备布置展览的基础条件，且相互之间距离很近，形成较为流畅的展览参观动线。其中，陂安南县苏维埃政府旧址、县油印局旧址位于同一栋建筑内，前幢为政府旧址，后幢为油印局旧址，建筑“面阔三间，深二进，两幢间有天井厢房，四周墙体有条石、青砖砌筑，前幢两匹木梁架支持屋顶，后幢内墙硬山，屋面小青瓦铺盖，总面积227㎡。”综合考虑建筑历史、结构、现状等因素，在旧址群中最终选择在陂安南县苏维埃政府旧址、县油印局旧址内布置“陂安南县革命史陈列”。

二、展览的叙事构建

叙事可以称为“讲故事”，它将特定的事件依时间顺序纳入一个能被人们理解和把握的语言结构，从而赋予其意义。陂安南县革命史叙事构建的难点在于历史材料与革命文物的缺乏。因此，陂安南县相关史料的搜集，需将陂安南县置于历史大背景之中，而不局限于陂安南县本身，广泛地查阅鄂豫皖苏区、鄂豫边抗日根据地等相关资料，力图探索陂安南县在鄂豫皖苏区、鄂豫边抗日根据地中的特殊地位，以及与其他县份之间的共同之处。另一方面，在现行行政区划中，陂安南分属红安、黄陂两地，地方的革命史、地方志、组织史等资料提供了陂安南县的基本史实。而陂安南县相关人物的传记、回忆录、纪念文集等则提供了陂安南县更为丰富、生动的历史细节。

陂安南县革命史陈列结合宏观叙事和微观叙事。以时间为序的宏观叙事，讲述了陂安南县革命政权在土地革命时期、抗日战争时期由建立至撤销的经过，将孤立的历史事件及实物史料串联成为具有必然因果关系的历史片段，为公众理解历史提供更为形象、直观的途径。而关注事件、人物与精神的微观叙事，则展现了生动的历史细节，带领观众重回历史现场，唤起情感共鸣。在此基础上，展览注重叙事方式的多样性，利用多媒体、复原陈列等多种形式丰富、延伸展览内容，让观众可以用一种轻松的认知方式接受大体量的信息。可以说叙事为展览带来了全新的可能性。

（一）以时间为序的宏观叙事

宏观叙事性的展陈可以让观众相对完整地把握历史脉络，形成一种整体历史感。在搜集与整理有关陂安南县历史资料的基础上，我们得以运用文本、图片、实物、多媒体等方式，构建土地革命时期、抗日战争时期，陂安南县革命政权建立、发展、撤销的经过，通过透视一个基层革命政权的成长发展之路，展现在中国共产党的坚强领导下，陂安南人民在土地革命、抗日战争中的斗争史，揭示党同人民群众的血肉联系，彰显中国共产党人的初心和使命。

陂安南县革命史陈列共分为六个单元，分

别为“烽火燎原”“蓬勃发展”“拥军热潮”“中流砥柱”“将星闪耀”“遗址寻踪”。前四个单元以时间为脉络，依次讲述了黄麻起义后，鄂东军转战黄陂木兰山，建立陂安南县苏维埃政权的斗争经历。陂安南全县积极开展土地革命，不断壮大革命武装力量等根据地建设情况。以及黄安战役中，陂安南全县群众捐献大批物资、动员各方力量全力支援前线，为黄安战役的胜利作出的重要贡献。直至1932年10月，红四方面军主力实行战略转移，陂安南县为国民党军占领，行政区域被重新分割。第四单元“中流砥柱”，时间迈入抗日战争时期，作为新四军第五师重要的战略基地，根据地建设初期，陂安南县广大军民在县委、县政府的领导下粉碎日伪军的“清乡”“扫荡”，阻击国民党顽军的进攻，取得了保卫根据地斗争的胜利。在此基础上，陂安南县加强经济建设、注重文化宣传、兴办教育、发展武装，广大军民以极大的热情投身根据地建设，以顽强的毅力殊死斗争，为中华民族抗战大业作出了巨大贡献。

第五单元“将星闪耀”，第六单元“遗址寻踪”，以及展厅结尾处的“烈士墙”则从缅怀纪念的角度出发，展现了从陂安南地区走出的开国将领，陂安南地区留存的革命遗址遗迹，陂安南地区牺牲的革命烈士。

宏观叙事所勾勒出的陂安南县革命史，展现了陂安南县革命政权建立所经历的曲折、艰辛的斗争过程，深化了观众对于展览主题的把握和理解。通过以时间为序的宏观叙事，利于观众在脑海中构建一个较为完整的知识体系，对陂安南县革命史形成整体认识。

(二)关注事件、人物与精神的微观叙事

在线性宏观叙事的基础之上，结合微观叙事，增添具体细节，能够让抽象的宏大叙事变得生动鲜活，又在潜移默化中使观众领悟到历史背景与主题，以小见大，从而激发观众的情感共鸣。在微观叙事的构建中，展览力求凸显陂安南县革命史中的重要事件、重要人物、群众拥军等内容，展现生动而真实的历史细节，以及广大群众前赴后继、百折不挠的革命斗争精神，带领观众重回历史现场，唤起广泛的情感共鸣。希望观众在展览中获取的信息融入精神层面，从而成为长期记忆的“精神遗产”。

叙事学认为故事的基本构成单位是事件，而引发事件状态改变的是行为者，人物与行动是叙事中不可或缺的重要元素。而对于事件的选择是红色展览叙事必须要做的事，排除与叙事目的无关的一些史实，保留能反映展览意图的重要事件。陂安南县革命史陈列选取了对该县历史具有推动作用的标志性事件。在叙事过程中，注重阐述群众的故事，突出群众与事件的密切互动关系，呼应展览主题。如黄安战役这一事件，陂安南赤卫军配合红军实施围城计划，有力支援了红军。在战场后方，广大群众积极行动起来，成立担架队、运输队、送饭队、做鞋队等，争做拥军工作，不分昼夜为红军提供后勤保障，全面投入黄安战役，并在物资上给予红军支援，捐献了大批粮食和衣物。展览运用了陂安南“扩红大会”的油画作品、黄安战役经过要图、高桥区送饭队证件作为一组展品，共同展示黄安战役前方与后方的斗争故事，体现了党同人民群众的血肉联系。

陂安南县革命史陈列布置于旧址之内，展览叙事希望选取与旧址直接相关的事件，通过同一空间搭建不同时间之间的连接，让观众更容易进入历史场景之中，从而产生情感的共鸣。如陂安南县苏维埃政府成立这一事件，既

是陂安南县革命史的重要节点，也发生于陂安南县苏维埃政府旧址之内，通过详尽阐述工农兵代表大会召开时的场景、经过等，可以营造热烈的革命氛围，给予观众充分的想象空间，带领观众走进同一地点的另一个时间，从而产生新的体悟与记忆。

在陂安南县革命史中，李先念是最为关键的人物。陂安南县苏维埃政府建立后，李先念任县政府主席，领导全县各项工作。抗日战争时期，李先念奉命从延安南下，奔赴中原抗日前线，任新四军第五师师长兼政治委员，而陂安南县抗日民主根据地正是新四军第五师重要的战略基地。“人”是叙事体系中最为关键的要素之一，应当在展览中突出表现。展览中，李先念与陂安南县之间的密切联系，通过具体事迹的叙述得到了展现。如展览中讲述了李先念任县苏维埃主席期间，经常走村串户，和农民群众交朋友、话家常，了解他们的疾苦，帮助解决实际困难。并引入李先念对于这一时期的回忆，“农民把我们当神，大小事都找我们决断。离婚说找神，就是找李先念，天不下雨也说找李先念”等内容，力图塑造丰富立体的人物形象。

展览通过人物的叙事，希望能进一步拉近观众与展览的距离。因此在叙事中依靠观众已知的信息，特别是一些具象的知识点，进一步传递更多新的内容。如刘华清是观众耳熟能详的一位人物，展览以其长征时期编写《三大纪律八项注意》歌曲的故事为切入点，向前回溯了刘华清在陂安南的工作经历。讲述了刘华清调至陂安南县工作后辗转多个区负责共青团工作，后再回到县政府驻地庙嘴湾村，于陂安南县军事指挥部任职，并在这里第一次见到了李先念。运用一首观众耳熟能详的歌曲，增加观众的记忆点，激发观众观展兴趣，从而搭建了观众与展览之间的联系，并向观众传递了有效的展览信息。

关注事件、人物与精神的微观叙事，关照历史细节，为理解展览提供了新视角与记忆点，充分利用旧址空间、观众喜闻乐见的内容，增加展览的代入感与体验感，帮助观众更好地回归历史场景，产生情感的共鸣，从而引发观众进一步的思考，深化对于展览主题的理解。

（三）叙事方式的多样性

展览注重叙事方式的多样性，将展览内容以多样的形式呈现给观众，使得观众对于展览有更为直观、深入的感受。虽然展览叙事呈现的方式有所不同，但都聚焦于展览主题和主线的基础之上，是对以文本、图片为主的叙事方式的有效补充。陂安南县革命史陈列面向观众提供了数字语音导览服务，观众进入展厅后扫描二维码，即可在手机上收听语音讲解。语音导览的内容选取每个单元最具代表性的版面，讲述陂安南县革命史中观众最能感同身受的故事。语音导览是展览内容的延伸，也增强了展览的互动性。

如陂安南县创立列宁小学这一事件，除了列宁小学旧址的照片，没有更多的展品可以呈现这一史实。经查阅《红安县志》，其中有一首歌曲《四季读书歌》是七里坪列宁小学的劝学歌，20世纪30年代在大别山地区广为传唱。于是，展览邀请了红安实验小学的同学们用方言演唱这一首歌，收录于展览之中。观众参观时，通过收听这一首歌曲，相信可以感受到当年因列宁小学建立，得以走进学堂，学习知识的贫雇农子弟向上的学习热情。凭借歌曲这一生动、活泼的艺术表现形式，拉近观众与展览之间的距离。在历史上的这一时期，红安地区流行的革命歌曲多达500余首，绝大部分流传到邻近数县乃至整个鄂豫皖苏区，因此用歌曲的形式进行历史叙事，也呼应了陂安南地区的革命宣传特色。

陂安南县革命史陈列于旧址内布展，复原陈列是展览中重要的组成部分，成为该陈列中的“最大文物”。复原陈列将展览文物进行实物化呈现，让公众对描写的历史有更直观的、更深入的感受，构成展览叙事重要的一环。复原陈列力求兼顾时代共性与地区特点、人物个性，将史料中关于事件、人物的描写具象化，形象地传递更为丰富的历史信息，进一步将观众带回到历史场景之中，从而加深对这一段历史的认知与理解。如陂安南全县群众掀起的参军拥军热潮，通过复原陈列中的拥军仓库呈现了出来。仓库中堆满的布鞋、草鞋、粮食等物资，体现出虽然根据地经济基础弱，物质资源匮乏，但群众万众一心投身根据地建设，展现了极高的革命热情。李先念住室的陈列则依照《李先念传》中的有关记载，在基本家具陈设的基础上，加入了个性化的陈设，观众结合语音导览中的相关讲解，能进一步地了解这一位“头顶蓝天，脚踏乡土，昼夜辗转于乡间”的陂安南县苏维埃政府主席的工作与生活状态。

陂安南县革命史陈列，在线性叙事的基础之上，结合关注事件、人物与精神的微观叙事，从一个侧面展现了近代中国民主革命在行政边缘地带生根、发展、壮大的曲折过程。叙事方式的多样化，聚焦旧址所处历史时空中的人物、活动与事件，丰富了展览文本的呈现方式，带给观众更多的现场感与体验感，从而进一步深化了对于展览的理解与认知。

参考文献：

[1] 陂安南县苏维埃政府旧址革命文物基础信息表.
[2] 彭刚.叙事、虚构与历史——海登 · 怀特与当代西方历史哲学的转型[J].历史研究，2006(3):24.
[3] 张露胜.红色主题展览宏大叙事的构建[J].东南文化，2022(4):146-149.
[4] 严建强.用空间讲述遗产故事——《故事的力量：博物馆叙事展览的结构与建构》书评[J].中国博物馆，2022(5):123.
[5] 崔孝松.宏观叙事与微观叙事：当代史展陈的两种叙事模式——以《深圳改革开放史》与《香港故事》为例[J].中国博物馆，2016(4):113.
[6] 李明倩.换一种说法——基于叙事学的展览文本去同质化研究[J].自然科学博物馆研究，2020(6):50-51.
[7] 沈辰.什么是观众喜欢和看得懂的展览？[J].科学教育与博物馆，2020(1/2):4.

关于博物馆开放管理工作的几点建议

余净阳　湖北省博物馆

摘　要：博物馆是广博的历史文物和科学文化知识的殿堂，适合不同年纪、不同爱好、不同层面的观众参观学习，在文旅融合背景下，博物馆事业不断发展，越来越多的观众前往博物馆参观打卡。但在开放管理过程中也出现了观众量急剧增加、参观压力大等诸多难题，因此，做好博物馆开放管理工作显得尤为重要。本文从博物馆开放管理工作浅谈几点体会。

关键词：博物馆；开放管理；对策及建议

一、博物馆的多样性及发展定位

（一）博物馆定义变化产生的变化

现有博物馆多以两种模式存在，一种是国有模式(事业单位)、一种是非国有模式。在国有模式下，要鼓励建立国有事业单位事业法人治理结构，鼓励理事会制度、创新激励机制、文化创意产品开发。对于非国有模式，也要考虑规范下的准入。2007年8月24日，维也纳大会修改的《章程》提出博物馆是一个为社会及其发展服务的、向公众开放的非营利性常设机构，为教育、研究、欣赏的目的征集、保护、研究、传播并展出人类及人类环境的物质及非物质遗产。2001年巴塞罗那大会章程提出博物馆是以研究、展示、欣赏为目的并征集、保护、研究、传播和展出人类环境的物证的，为社会以及其发展服务的、向大众开放的、非营利的永久性(固定性)机构。

博物馆概念的在演变中产生的新的理念，博物馆收藏展示的是人类发展的见证物，包括物质和非物质遗产，博物馆反映的是人类发展的过去和今天。博物馆藏品从文物扩大到标本、科技成果、当代艺术品、非物质文化遗产等。博物馆的正确定位与差异化发展，博物馆已不仅是收藏、保护、研究、展示文化遗产的机构，还成为服务人的全面发展、面向未来的文化服务和教育机构，应充分发挥作为公共文化服务机构的职能，全方位满足公众的文化需求，成为推动城市发展的新文化势力。

（二）博物馆开放管理模式

传统的博物馆以收藏展示、研究、宣传、教育本质功能，显然传统的博物馆已经不能充分满足新时期的发展。如今，我国已经慢慢进入信息化时代，在现代信息技术冲击下，博物馆迎来了新的机遇和挑战。新形势下的博物馆发展模式应该是社会化的功能转变，由传统的被动服务转化为主动服务，提高公共文化服务的执行力。

（三）湖北省博物馆免费开放的基本情况

湖北省博物馆是一个文物收藏、保护、研究、展示机构，更是一个综合性的博物馆。经过近70年以来的发展，馆藏文物达24万余件，极具鲜明时代风格和荆楚文化内涵，是武汉市一座光彩夺目的标志性建筑。2007年10月18

日，湖北省博物馆开始免费开放的试运行。在开放管理中，一是注重与传统节日相结合，基本陈列展览是博物馆最重要的内容，而举办特色活动不仅带动参观展览的人数，也能活跃博物馆体验的生动性，而且对于传统文化具有引导、推进、保护和传承、弘扬的功能和义务，博物馆的文化知识由静态的展示转化为动态的观众参与的二元互动模式，从而吸引更多的人参加；二是提升开放管理中的服务性，新形势下博物馆管理不仅进行藏品、展览、公众等方面的研究，也不止是临时展览的举办，更重要的是走出博物馆，走入观众、走入学校。近年来，传统文化正在得到了大中小学生的广泛关注，博物馆不仅是教育的承担者，也是教育的合作者，博物馆越来越多地探索开展系列文化服务活动。

二、博物馆开放管理基本内容

（一）管理分类

1.组织管理

从组织管理到业务管理，组织管理的基本内容分为总务、生产、销售、研发、财务、人力资源等，细化为部门、员工、技术标准、岗位职责、操作规范等。组织管理的层次和原则变革期与适应发展需要扁平化。明确管理目标为服务大众。

2.业务管理

国际博物馆协会在博物馆职业道德准则中确定的博物馆管理原则有10条：

(1) 博物馆确保馆藏全部文物处于良好的贮藏、保管和记录状态；

(2) 每个博物馆均应依据本国有关法律制定自己的法规，阐明自己的地位和永久、非营利的特性；

(3) 决策实体对博物馆和各种资产，承担主要经济责任；

(4) 博物馆的建筑要为博物馆安全及藏品保管提供良好适宜的环境，要尽量满足文物征集、科学研究、教育、陈列及工作人员的办公条件，并要照顾到残疾人的需要；

(5) 要确保博物馆有足够数量的专业人员，并对他们合理安排，重视专业人员的理论与技术培训，以使博物馆专业队伍充满活力和生气，博物馆馆长及主要专业人员有权与决策实体磋商问题；

(6) 博物馆要利用一切机会发挥自己的教育职能作用，服务于广大观众和专业组织；

(7) 允许公众在正常开放或时间允许的情况下参观陈列、与博物馆人员接触和有限度地查阅有关藏品、资料；

(8) 但要确保所提供的信息真实可靠；通过陈列、展览和其他专业活动，开拓、传播新知识；

(9) 接受资助要通过协议的方式，明确规定博物馆与资方的关系，不得因此而损害博物馆的道德标准和奋斗目标；

(10) 博物馆的服务部和其他商业活动必须与博物馆藏品和博物馆的教育宗旨紧密相连，制作和经销复制品，既要保证不破坏文物本身的价值，又要保证复制品的精确性和高质量。

3.新形势下的博物馆

呈现出业务管理范畴不断扩大，发展需求更是包罗万象。北京大学考古文博学院教授宋向光建议：“我们要有一种分众的多样的服务，不能够只是简单地理解为一种学习服务或者说参观服务。从观众有了参观博物馆的意愿，到参观活动的实现，再到参观之后的疑惑、复习，以及希望和博物馆发生的交流，其实都是博物馆服务的内容。”新形势博物馆不仅包括藏品管理、展览陈列，思考运用科学技术与手段让文物活起来，全面提高公共管理服务，讲好中国故事，进一步发挥博物馆对于一个城市发展的社教功能，满足公众更多新期待。

（二）开放运营管理

博物馆运营，运营就是对运营过程的计划、组织、实施和控制，是与产品生产和服务创造密切相关的各项管理工作的总称。从另一个角度来讲，运营管理也可以指为对生产和提供公司主要的产品和服务的系统进行设计、运行、评价和改进的管理工作。通俗来讲，博物馆运营主要包括生产产品、提供服务。要认真解决博物馆为谁服务的问题，也要强化服务社会发展和社会公众的能力，有服务才有好的前景和未来，抓管理从抓管理理念入手，从点滴和细节入手。展览管理方面，将文物组合具有不可移动文物特性，寻找相互关系和故事，好的陈列主题和陈列脚本，需要新意与创意的形式设计。教育服务管理方面，拓宽服务形式，从讲解到活动，从设施到内容。在教育服务方面，寓教育于服务项目之中。文创商店管理方面要突出弘扬传承优秀传统文化，通过创新思维意识，从而进一步挖掘和激活资源组合进而提高资源价值。

三、开放管理的困境及分析

“博物馆热”带来人流压力。近年来，文博游已然成为潮流时尚，饱览文物真迹、享受文化盛宴，博物馆正在被越来越多的人列为出游计划中的必选项。以湖北省博物馆为例，湖北省博物馆作为湖北省最著名的文化名片之一和国家5A级旅游景区，是来汉游客几乎“必打卡”之地。经统计，2023年整个“五一”假期，湖北省博物馆5天累计入馆观众11万余人次，日均2万人次以上，创2020年以来新高。虽然采取加强对展厅开放、咨询服务、讲解接待、文创经营、编钟演奏及安保值班、运行设备、环境面貌等全方位管理工作，但仍存在黄牛囤票、人流量激增排队看展、餐饮、卫生压力等诸多服务问题。

人才队伍建设需加强。现有博物馆人才队伍建设呈青黄不接状态，因种种原因出现专业人员进得来、留不住现象。

开放管理的可持续性。数字化时代，博物馆的服务对象和服务方式发生巨大变化。衡量一个博物馆的标准不是馆藏品多少，而是博物馆的承载能力，最大限度满足多少需求。“博物馆热”持续升温，观众已不满足于单纯的看展，而是更加深入历史场景的沉浸式体验。如何让有料、有用、有趣的知识呈现在人们面前，满足不同层次、不同群体的精神文化需求是思考的难点和重点。传统文化在潜移默化中传承和发展，历史与现实的交融、新奇鲜活的体验让更多人心灵得到了润泽，但如何跟上时代的步伐让博物馆与游客的“双向奔赴”得以长久，观众源源不断地从中不断收获新的认知，各地博物馆还需要谋新谋变，运用新技术、持续创新创造。

四、适应新发展需求开放管理的调整与变革

（一）机构与宗旨目标相一致原则

文化遗产探索、发现、保护、利用、展示机构，服务发展公众，能够让观众逗留超过半天的博物馆。

一是博物馆是靠文物说话，展览彰显特色的博物馆，视觉美好，环境优雅的博物馆。探索解决博物馆所处发展阶段与公共文化政策和文化需求之间的矛盾。

二是体制机制改革与创新，创新是文化发展的本质特征，是推动文化繁荣发展、提高国家文化软实力的不竭动力。在体制环境、社会条件发生巨大变化的今天，免费开放为博物馆的科学发展创造了新的机遇。必须按照面向现代化、面向世界、面向未来的要求，对博物馆的历史与现状进行冷静审视和反思，清醒认识存在的问题、差距和不足，要紧紧抓住增强活力、改善服务这个重点，大力推进博物馆的内部改革和机制创新，更好地面向群众、服务群众。

三是打造人才储备战略。智慧时代，信息技术推动人才需求发生改变，对人才专业知识、管理技能和综合素质提出了更高的要求，人才创新发展需要高素养的复合型人才。实施干部队伍培育工程，重点培育领军型研究人才、中层干部(支部书记)、青年后备人才，打造高素质专业化干部队伍。此外，要依托博物馆特色，进一步打造社会教育志愿服务、文创品牌，切实把各项优势转化为工作胜势。

(二)以服务公众为中心

在服务公众手段上，保存及公众参与，保护及公众参与，研究及公众参与，展示及公众参与，以创新创意为手段，提高博物馆内部的运行效率。根据博物馆免费开放的实际需求以及博物馆自身的运行规律，加强博物馆内部机构调整，积极推动博物馆服务的社会化。

一是免费开放的博物馆既要人性化地管理，还可借此开展一些行之有效的爱国主义教育、科普教育等，让博物馆等发挥其积极的社会效应。湖北省博物馆突出阵地优势，用活宣传载体，充分利用线上自媒体，推出清廉教育微课堂，营造廉洁氛围。将红色资源串珠成链、编织成网，重点打造“荆楚百年英杰”展览，向广大干部职工群众展示近代以来的革命家、历史人物、文化俊杰和科教精英的生平事迹和湖北人民对伟大抗疫精神的坚决践行，引导党员干部群众走进“教室”，在参观中洗礼思想，淬炼党性。

二是制订切实可行的管理制度，强化内部管理。参考湖北省博物馆来看，2008年由省文物局批准同意，《湖北省博物馆免费开放管理办法》颁布实施，2023年为维护展区开放服务公共秩序和观众权益，营造安全、文明的参观环境，根据《博物馆条例》《导游人员管理条例》等相关法规，制定《湖北省博物馆展区公共服务管理办法》，并发布湖北省博物馆关于加强入馆门票预约管理的通告。将参观博物馆的有关常识和注意事项提前向社会告知，积极引导观众有序、文明参观。

三是积极发挥博物馆志愿者的作用以缓解免费开放后博物馆各类服务人员短缺的情况。加强了与高校、社区等社会各方面的沟通和联系，调动各方资源和积极性，探索运用大数据平台实现资源共享的途径，努力推进博物馆事业的社会化步伐。

(三)实现文旅融合创新发展

随着时代的不断进步与发展，探索智慧博物馆发展尤为收到越来越多的人关注，数字技术在博物馆运用发展成为各大博物馆争先抢占的新领域，在实际运用中以数字馆的建设实践讲好中国历史文化故事。

一是充分运用信息、多媒体、互联网等高新技术手段拓展博物馆的传播和服务功能，开展不同形式的“博物馆进校园、进社区”计划，实施“数字博物馆计划”，通过远程教育网络，使博物馆文化辐射广大城镇、农村和边远地区。2021年湖北省博物馆为助力乡村振兴，支持做好郧西革命陈列展览。博物馆文化产品是博物馆藏品、展览形式和内容的拓展和延伸，是服务观众、寓教于乐的有效载体。省级以上博物馆和有条件的地市县级博物馆都应该建立网站，开发3D虚拟博物馆、网上三维数字展馆，努力打造成传播社会主义先进文化的新阵地、公共文化服务的新平台、人们健康精神文化生活的新空间。

二是开发多层次的博物馆藏品相关纪念品，特别是实用性强、价位低的纪念品，开发花样翻新的文化“网红”产品，努力让观众把博物馆记忆带回家。开发博物馆文化产品，符合当前时代的要求。

三是不断盘活现有资源，创新方式方法，充分挖掘文物内涵，讲好文化故事。一方面尽可能扩大了博物馆的传播能力，另一方面也适合了当代社会群体的参观需求。在互联网时代，博物馆要有新的传播手段，去讲好藏品、展品之间的相互关系、过去生活的故事、乡镇发展的故事、地域文化的故事、中华文明的故事。

博物馆免费开放符合广大人民群众的热切需求，符合我们党立党为公、执政为民的宗旨，是贯彻落实党的二十大战略部署和习近平总书记关于文化和旅游工作重要指示批示精神，实现和保障人民群众基本文化权益的积极行动。同时，免费开放也使博物馆能够更好地融入社会生活，在与社会的互动中提高博物馆的水平和服务能力，更好地实现自身价值。因此，我们的博物馆要增强使命感和社会责任感，加强研究，积极探索，做好开放管理工作，充分发挥博物馆的公共文化服务职能。

参考文献：

[1] 《国际博物馆协会职业道德准则》国际博物馆协会第十五届全体大会在布宜诺斯艾利斯通过，1986.11

[2] 陈建强.博物馆的未来：如何满足多元化需求[N].光明日报，2018-7-1.

[3] 龚良.从社会教育到社会服务：南京博物院提升公共服务的实践和启示[J].东南文化，2017(6).

展柜微环境控制助力博物馆可持续发展

张晓珑　赵晓龙　湖北省博物馆　湖北省文物考古研究院

摘　要：国际博物馆协会(ICOM)公布2023年5月18日国际博物馆日主题为Museums，Sustainability and Wellbeing，中文译为博物馆、可持续发展与美好生活。自2020年以来，每年的国际博物馆日都支持联合国可持续发展目标中的一系列目标。博物馆可以通过多种方式助力实现可持续发展目标，在文物保护方面，工作人员也可以采用一些预防性保护手段从源头上阻止或改善文物劣化现象，达到文物保存状态及价值的可持续性，以丰富大众保障人类的美好生活。

关键词：博物馆；可持续性；预防性保护

文物是见证历史发展、文化变迁过程的重要证据之一，其自身具有丰富的历史、文化、艺术及科学价值，并且不可复制，对弘扬民族历史文化有着至关重要的作用。近年来，众多国内外学者和专家经过实验研究表明，环境因素是引发文物损坏最直接的原因之一，需要文物保护工作者加强重视这一问题，并充分做到以预防为主，修复为辅的保护理念。通过改善环境条件来为文物创造良好的保存空间。工作人员需要结合文物的材质特点调节环境，使文物能够处于相对适宜、稳定、洁净和安全的条件下，最大限度地延长其寿命。

环境又根据空间概念被分为大环境、小环境和微环境等。大环境就是我们通常说的室外环境，像是博物馆建筑空间附近的外环境都可称之为大环境，而小环境更多指的是展厅内部的室内环境，微环境则代表着文物所处展柜内环境。

适宜文物储藏的大环境通常应当设立在风景优美、空气清新、远离闹市之处，然而随着城市发展以及人们精神文化需求的加大，重量级博物馆不可避免地选择建立在市中心区域，汽车尾气及城市热效应必然将对博物馆内部的文物环境造成一定的影响。在选址不可变的条件下，也有一些案例值得我们借鉴，诸如博物馆展区增设植被、水池改善环境；设计建筑结构增强通风；使用隔热墙壁、屋顶改善节能；利用玻璃幕墙引入自然光线减少室内灯光等，上述的措施都会对生态环境的可持续性产生一定的帮助。而展厅内部的小环境则主要受两点影响，一是博物馆建设之初，装修材料造成的室内空气污染；二是近年来的博物馆打卡热潮导致的观众量居高不下，游客呼出的二氧化碳、热量散发及带入的粉尘颗粒污染物等。前者可以通过使用绿色环保材料，空气调节器及净化器的使用来改善，后者则需合理控制每日人流量，同时应当提高参观者素质。而与文物保存状况息息相关的主要是展柜内部的微环境，这才是值得博物馆文物保护工作人员应当重点关注的地方。

湖北省博物馆近年来十分重视文物预防性保护工作，不断投入重点资金提高文物预防性保护工作水平，主要实施的项目有文物保存环境监测、新馆展厅环境监测系统的升级改造、文物展柜恒湿微环境控制、柜架囊匣配置等。文物保护研究中心开展的文物预防性保护工作目前主要以文物保存环境监测和对重点文物展柜微环境湿度调控为主。本文以湖北省博物馆为例，提出在展柜微环境控制方面的一些思考。

一、光控制

光是自然界中不可或缺的能源，可根据波长划分为可见光(400~760nm)、红外光(>760nm)、紫外光(320~400nm)。博物馆的光来源于自然光和人工光源，在照明过程中会产生光照度以及紫外线辐射。光对文物的损害包括光的热效应和光化学反应两种。红外光波长较长、能量较小，不能诱导光化学反应，其对文物的损害主要是通过光的热效应使文物表面升温，从而加速文物表面发生的各类反应。而波长较短的紫外光能量较大，对文物尤其是有机物的破坏能力很强。当自然光照射到文物表面上，分子吸收了光能很不稳定，容易导致分子键断裂，宏观上导致纺织品强度下降、变脆，甚至化为粉絮；书画的颜色褪色和纸张老化断裂等现象的产生。文物受光辐射照度大小决定受损面积大小，短期的强光辐射和长期的弱光辐射均会对文物的损害产生不良影响，从保护文物的角度出发，紫外辐射对文物损害较大，应尽量全部滤除；可见光中的蓝光、紫光波长较短，也会对文物产生危害，但若滤除这部分可见光会导致文物表面颜色失真，特别是展览中的文物，因此，应当通过控制可见光的照度及累积光照时间来降低其对文物的影响。

博物馆目前对文物保存环境中光照度的要求是：一般文物照度标准≤150lux(光照度，即勒克司度)；对光特别敏感的藏品，照度标准≤50lux(光照度，即勒克司度)。有条件的博物馆可以通过安装调光系统和感应系统，有效减少光辐射带来的负面影响，当观众靠近展柜时，为了能够使游客更加清晰地观看文物，感应系统能够自动加强光照条件；游客远离时光照系统自动熄灭。另外，随着科学技术的不断发展，使用一些低辐射影响的灯具，例如光纤灯、冷光灯等，均可以减少光辐射对文物带来的负面影响。目前，湖北省博物馆展厅使用的LED灯全部为无紫外照明，且针对彩绘类漆木器文物及丝绸、纸质类特殊文物光照度均控制在50lux标准值以下。对于特别珍贵的文物，为了降低其年曝光时间，也可以与库房中收藏的同类别文物进行轮换展出，也利于提高博物馆展品的丰富性。

二、保证展柜密封性

密封性在博物馆展柜中是一项重要的参数，它的好坏在很多时候直接决定着整个博物馆展柜系统的实施。博物馆展柜的密封环境是要将博物馆展柜隔离出一个单独的空间，使其与外部环境无直接交流，通过技术手段控制和改变局部环境的状态，在微观环境层次上实现对文物的保护。然而，保证博物馆展柜的密封性绝不仅仅是使用胶将玻璃封上，保证它没有任何缝隙这么简单，应该是具有一定的透气性，使得博物馆管理人员能够利用技术手段保证博物馆展柜内部环境随外部变化而改变，却都保持在能够适宜文物储存的状态。

恒温恒湿系统对于博物馆展柜的密封性要求是非常严格的，任何部位的密封性不达标都会影响恒温恒湿系统发挥其作用。恒温恒湿系统能够对局部的环境进行一系列的调整，而调整的前提就是要保证博物馆展柜内部的环境的稳定，对于密封性不达标的博物馆展柜，恒温恒湿是不能起到其应有的作用的。有研究发现，当展柜的换气率为0.03d^{-1}，柜内的相对湿度比同期室内的相对湿度更为稳定；且在博物馆空调系统夜间断电的情况下，密封性良好的展柜内相对湿度波动较小。可见，密封性能是对文物展柜内部微环境进行调控的基础。

恒温恒湿系统利用出气口和进气口对博物馆展柜内部环境进行调节，以保持博物馆展柜内部环境稳定，从而保证对文物的保护。密封性能良好的文物展柜可以有效控制展柜内部的温度和湿度，起到防尘、防有害物质侵入、保证展柜内空气纯净度的作用，极大程度地保护柜内文物。我们应该重视展柜的密封性检测，保护好历史留给后人的珍贵遗产。

三、温湿度控制

温度是环境因素对文物保存状况带来负面影响的重要原因之一，也是能够直接引发物理、化学、生物反应的基本条件，温度每升高10℃，反应速率增加1~3倍。文物保存的环境更适合低温条件，通常文物的保存温度设定在20±2℃，日波动小于4℃。尽管所有人都知道，温度越低对于保护文物越有利，从技术上讲使用空调系统可以做到在春夏秋冬四季将展厅环境温度控制在一定范围内，但是将文物保存区域的温度长时间控制在低温环境下需要消耗大量能源，不利于可持续发展。与此同时，文物在保存过程中需要留有充分的时间适应环境。如果温度忽高忽低，亦会对文物产生不良影响。所以，文物保护人员在制定展厅环境温度的控制范围时，就需要采取妥协的方法。

湖北省博物馆展厅在遵循上述原则及从观众参观时的舒适性角度考虑，按照武汉四季温度变化趋势做不同设置。一般情况下温度在冬季不会低于18℃，在夏季不会高于26℃，春秋两季则关闭空调保持新风状态开启。

展柜的温度是由展厅温度决定的。如果我们一定要控制展柜内温度高于展厅温度，当展柜玻璃温度受外界影响低于展柜内空气温度，如果其温度差值降低到露点以下时，展柜玻璃内壁有可能会出现冷凝水；反之，若展厅温度高于展柜内温度，如果其与展柜玻璃温度差值降低到露点以下时，展柜玻璃外将出现冷凝水。当我们认识到展柜内温度一定要服从展厅温度后，展柜内相对湿度的控制就成为技术的关键。所以说，博物馆控制展柜微环境，实质上就是控制展柜中的相对湿度。保护文物最重要的环境因素之一就是保持文物所处环境相对湿度的稳定。相对湿度较高时，除了导致金属文物腐蚀，还会导致微生物(特别是霉菌)的生长，相对湿度较低时，将导致有机类文物变脆或者龟裂。另外，相对湿度波动太大将导致文物机械受力发生变化，引起变形。

目前，湖北省博物馆按照展厅中不同质地的文物设置了三种温湿度控制的范围：①金属类文物(青铜器、金银器)设置湿度为45%±5%；②漆木器文物设置湿度为65%±5%；③其他类文物(玉器、陶瓷器、竹简、书画等)设置湿度为55%±5%。新馆展厅均铺设了恒湿管道系统，利用两种方式对展柜内文物调节湿度控制。文物预防性保护的工作人员通过历年来对展柜内文物保存环境温湿度的监控，了解到武汉四季气候变化，主要是夏季高温高湿，冬季寒冷干燥，对此制定了详细的季节性湿度控制计划，效果良好且利于降低能耗，极好地顺应了可持续发展的理念。

为了解决几种或者多种不同质地的文物陈列于同一个展厅中的温湿度控制冲突问题，更有效地利用能源，也可以擅用调湿材料。调湿材料本身具有吸收和释放水汽能力，当材料所处空间环境湿度较高时，调湿材料能够吸附环境中的水蒸气，使所处空间的湿度降低；当所处空间环境的湿度较低时，材料将释放出自身吸附的水蒸气，增加所处环境空间的相对湿度，从而保持环境空间湿度的相对恒定。已有研究表明对于气密性良好的储藏柜和展柜，调湿剂能有效调节微环境，并能长时间保持湿度相对稳定。目前使用最广泛的调湿材料是硅胶，它具有高吸水能力，化学惰性，并具有长久循环使用性。

四、空气污染及菌虫害治理

馆藏文物所处环境中的污染气体大致分为两种：一是文物展柜外污染物渗透；二是放置文物的展柜中装饰材料挥发及展柜老化散发出的污染气体。纵观全国各大文物储藏环境可看出，受污染气体影响的文物相对较多，气体来源主要为展柜等材料散发出的甲醛等污染气体。污染气体会直接影响文物保存的空气环境，从而使文物发生腐蚀、变色等不良现象。所以，管理人员需要严格控制和处理博物馆中的污染气体，并定期对空气质量进行检测，从而为文物营造良好的保存环境。

与此同时，人员频繁流动带来的空气污染对文物的影响不容小觑。空气中的氧化性气体和酸性气体是造成藏品损害的主要诱发因素，会使文物出现锈蚀、水解、褪色等问题。对此，密封良好的文物展柜能够有效隔绝外界气体，防止污染气体进入展柜内部。尘埃颗粒的化学性质取决于其表面吸附的物质。颗粒物质沉降在文物表面，不仅会产生污迹，而且会引发化学反应，加速文物的损伤。对此，密封良好的展柜也可以大大降低环境尘埃的影响。虫害和霉菌会改变文物的理化性能，加速文物霉变、老化，对文物保存构成严重威胁。对此，密封良好的文物展柜能够隔离外来的虫卵、霉菌孢子，有效保护文物免受侵害。综上所述，博物馆管理人员需要强化文物展柜的密封性，在空调机流动口添加杂质过滤系统，并定期清理过滤系统，避免粉尘、颗粒等有害物进入展柜，对展柜内的文物带来负面影响。

五、结语

在节能减排的大背景下，现在越来越多的博物馆采用了展柜微环境控制技术，而放弃了浪费能源的整个展厅环境恒温恒湿控制。随着计算机无线网络远程监测温湿度技术的发展，更是为展柜微环境控制提供了发展空间。预防性保护是一项长期、持久的工作，我们要努力使文物处于一个“稳定、洁净”安全生存环境，尽可能阻止或延缓珍贵文物的物理和化学性质改变乃至最终劣化，达到长久保存文物的目的。目前，通过光控制，加强展柜密封性，温湿度监测调控、空气污染及菌虫害防治等几个方面的管理，能够有效地保证文物微环境的适宜和安全。

除此之外，变频式的电梯，在无人时基本停滞，有人使用时才加快速度；感应式的洗手池，避免了水长流的可能，无接触操作也更加干净卫生。这些不起眼的绿色“小心机”，既不影响观众舒适观展，也尽可能地节约能源，减少消耗。需要的不仅是工作人员的细心维护，更有各位观众的理解与配合，全民同心协力，广泛参与，才能聚沙成塔，集腋成裘，建设起青山绿水的生态社会。

参考文献：

[1] 侯鲜婷.馆藏纺织品文物预防性保护的可行性方案探讨[J].文博，2019(01):88-93.
[2] 杨燕培.展柜密封性能对文物预防性展储保护的影响[J].科学教育与博物馆，2018，4(04):284-288.
[3] 温巧燕.馆藏纸质文物预防性保护应用研究——以温州博物馆为例[J].温州文物，2020(01):79-90.
[4] 胡洁.影响馆藏文物保存的环境因素及预防性保护探讨[J].中国民族博览，2019(16):232-233.

如何在大型主题展览讲解中展现地方特色
——以中宣部“奋进新时代”主题成就展湖北展区为例

章漪　湖北省博物馆

摘　要：大型主题展览作为弘扬时代主旋律、宣传重大成就的载体，已成为广大党员干部群众学习贯彻习近平新时代中国特色社会主义思想的生动教材，越来越受到社会各界的广泛关注。近年来，从中央到地方连续举办了多场大型主题展览。其中，2022年中宣部主办的“奋进新时代”主题成就展首次创新展览形式，将中央展区和地方展区分开展出。根据展览主办机构的要求，地方展区在符合展览大纲总体要求的前提下，需各具特色、百花齐放。如何在湖北单元展览中，突出湖北元素与特色？除了展览设计本身以外，讲解工作至关重要。作为专题展览的重要补充，讲解员通过讲解和互动，可以弥补观众视觉观展的不足，在提供良好服务的同时，最大限度地对展览中的地方特色进行解读和宣传，取得更好的展览效果。

关键词：地方特色；湖北元素；展览讲解

“奋进新时代”主题成就展，于2022年9月27日在北京展览馆隆重开幕，该展览由中央宣传部、国家发展改革委、中央军委政治工作部、北京市共同主办。展览紧扣“奋进新时代”这一主题，通过中央综合展区、地方展区、互动展区等6部分内容，全面展示新时代十年党和国家事业的伟大成就、伟大变革。展览面积超过3万平方米，运用图片、实物、模型等6000多种展览要素，角度丰富、内涵饱满。其中，地方展区分为27个省(区、市)，笔者有幸作为地方展区湖北单元讲解员领队，参与了湖北讲解员的选拔、培训及指导等工作。本文将从前期筹备、岗前准备、正式上岗三个阶段对讲解工作进行梳理，通过讲解员的遴选、讲解服装的设计、讲解词的撰写、讲解亮点的规划，以及在讲解中如何与观众进行情感链接等方面的工作，浅谈如何在大型主题展览讲解中展现地方特色。

一、展览内容的整体把握与地域特色的突出

（一）把握展览主线　提炼展示重点

“奋进新时代”是在党的二十大召开前夕举办的国家级大型主题展览，政治意义重大。中央和国家机关、驻京部队、在京企事业单位、党的二十大代表、大中小学生等群体陆续组织参观学习，开展思政课现场教学。作为时政类展览的讲解员，必须提高自身政治站位，坚持正确政治方向，做到导向正确、评价准确，确保展览讲解的政治性、权威性、准确性。讲解员需要对展览内容深入了解、系统掌握，并贯通脉络、突出重点。贯通脉络，就是对展线上的内容和实物要基本熟悉，前后贯通；突出重点，就是在全面把握的基础上突出重点，分清主题和主线，把握主题和主线，把自己负责的部分弄深弄透。从而引导广大党员干部通过

看展览、听讲解，把党的十八大以来的成就总结好、学习好、传承好、发扬好。

（二）凸显讲解员特点 展现地域风采

对观众而言，参观展览是一段从讲解语言到展示内容、从听觉到视觉、由浅入深的体验之旅。讲解员本身也是展览中一道靓丽的风景线，从语言到服装都能体现各地展区的特色。湖北单元在遴选讲解员时，选拔范围覆盖全省各个具有代表性地区，而非局限于武汉一地。入选的讲解员分别来自湖北省博物馆、辛亥革命博物院、中山舰博物馆、荆州市博物馆、黄冈市博物馆等多家文博单位，讲解员的籍贯涵盖了武汉、荆州、黄冈、十堰等地区，不仅充分体现了地域多样性，也使讲解员在讲解过程中能互相学习，取长补短，发挥各自优势，展现各地特点。

在服装设计上，融合展览风格与湖北特色。展览为大型主题成就展，因此在服装颜色的选择上，考虑用红色色系来凸显“喜迎”主题，但由于中央展区和大部分地方展区的讲解员服装均为正红色，为突出地方特色，湖北展区选择了砖红色连衣裙，这是历史上楚国服饰中极为常见的颜色。采用与传统楚国服饰颜色一致的服装，既彰显了“楚人尚赤”的荆楚文化特色，也与湖北单元展览主色调橙红色搭配协调；衣服的左胸处设计绣制了一支凤凰羽毛，有双重含义，一是体现“楚人崇凤”这一文化背景，二是象征着经历了疫后重振的湖北“凤凰涅槃”；梅花作为湖北省花、武汉市花，被巧妙地绣在羽毛旁边。服装整体设计与展览相得益彰，既彰显了湖北文化，又体现出服装、讲解员和展览三者的整体性。

二、讲解方式的整体把握与地域特色的突出

（一）熟悉其他展区内容 设计单元讲解亮点

各省展览要策划得各具特色，就要知己知彼，既凸显自身优势，又避免同质化、千篇一律。例如，黑龙江作为粮食总产量连续12年位居全国第一的粮食大省，讲解词用“中国人每9碗饭就有一碗来自黑龙江”来体现。与湖北单元相邻的河南单元，也把粮食产量作为重点展示内容之一，“河南粮食产量连续五年稳定在1300亿斤以上，肉类加工和速冻食品市场份额占全国一半以上。”当观众离开黑龙江、河南单元，来到湖北单元参观时，讲解员讲到农业部分，就要避免与前面两个单元产生对比反差，应弱化对粮食产量的阐述，重点介绍湖北的特色农业。因此，在设计讲解词时，选择讲解淡水小龙虾养殖业，不仅产量全国第一，并且湖北的虾稻共养技术为全球首创。扬长避短，既让观众耳目一新，又突出了湖北特色。

各省展区都在本单元设计了与观众互动项目，如天津的团扇拓印、北京的文创产品、山东的煎饼花、河南的古筝演奏、敦煌的壁画明信片diy等，各具特色、琳琅满目，让观众在观展的同时，还能将各地特色产品带回家，留下展览记忆。湖北单元在互动项目设计中，充分考虑地域特色与科技创新相结合，并抓住时事热点——2022年6月，习近平总书记在武汉考察时，拿起激光切割的微型黄鹤楼模型，点赞湖北光电子信息产业独树一帜。因此，在展览的“创新驱动发展战略”部分，放置了一部激光打标机，讲解员不仅要熟知打标机的性能、原理等内容，还需要学会熟练操作。在讲

解过程中，讲解员一边讲解，一边通过操作打标机与观众互动，让大家现场观摩如何在极短时间内完成高精度的产品加工，操作结束后，讲解员将打标机制作出的印有黄鹤楼图案的金属卡片赠送给观众留念。这一设计成为现场的亮点之一，既展示了湖北光电子产业的优势，也让黄鹤楼这一湖北著名地标深入人心。在生态文明板块，精心布置了湖北大美风景的全景影像馆，再现了湖北打造绿色生态环境的生动写照。观众可以在此处拍照打卡，沉浸式感受湖北蓝天常驻、青山常在、碧水长流。

（二）丰富背景知识 打磨讲解词内容

湖北单元的陈列内容以展品、图片、文字说明，以及多媒体影像为主，整体布局既有延续性又有变化性，因此，讲解词适合采用最基本的并列对照式，也就是把讲解词与陈列展品并列对照进行编写、介绍和说明。这种横向对照关系比较明显，便于讲解员和观众把握主要内容。展览的主题“奋进新时代”，是贯穿整个展览讲解过程的中心思想，也是讲解词要体现的主题。围绕这一主题，依托展览大纲，按照习近平总书记10年来5次考察湖北、参加湖北代表团审议时的重要指示精神为脉络，有针对性地重点梳理湖北对外开放、生态文明、科教创新、抗疫斗争等方面重点内容。

讲解词必须准确权威，不仅对陈列内容的表达要准确，更要对人物、事件的评价恰如其分。“第一”“最好”“独一无二”等词语要慎用，让事实说话，大量的评论和华丽的辞藻，容易让人感到有夸大之嫌。

按照观众不同的参观需求，除了10000字的普通版讲解词外，还需准备5000字的精华版讲解词。受篇幅限制，按照地方展区统一要求，精华版讲解词重点介绍每个省份的两方面特色内容。湖北展区选择代表“创新驱动发展战略”的激光打标机和代表“英雄城市英雄人民”的抗疫实物，展现湖北这十年取得的突出成绩。

设计好讲解脉络之后，就需要对讲解词进行深入的打磨加工。抗疫部分的讲解词原本为“面对突如其来的新冠肺炎疫情，始终坚持人民至上、生命至上，党员干部冲锋在前，全国人民接力式救助，都为‘热干面’加油”。这段话从字面上看起来无任何异议，“为热干面加油”也是2020年初疫情防控期间火遍全国的网络热词。但时隔两年，当观众在展厅中听到这句话时，容易造成一时难以理解的困扰。因此，经反复斟酌后，将这句话改为“为武汉加油”，这样才能在简短的讲解中，让观众更容易理解和反应过来。在讲解激光打标机时，不能仅仅局限于操作和解说，要以习近平总书记强调的“突破‘卡脖子’关键核心技术刻不容缓，必须坚持问题导向，发挥新型举国体制优势，踔厉奋发、奋起直追，加快实现科技自立自强”为指引，结合湖北“光芯屏端网”产业链，进一步升华讲解“十年来，湖北认真贯彻落实习近平总书记关于科技创新的重要论述，深入实施创新驱动发展战略，持续推进经济高质量发展。”

（三）设计路线走位 细化讲解流程

湖北单元的展览内容，涵盖科教、制造、农业、交通、生态、脱贫攻坚、抗疫等方方面面。在不到200平方米的展区中，展出实物47件、图片200余张。为方便观众参观学习，讲解员需要规划合适的站位、走位、手位，以便在有限的空间内给观众留出更舒适的参观位置。这需要讲解员反复实践和调整，通过小组协作，模拟观众视角等方式来规划最优方案。

与中央展区相比，地方单元面积较小。当观众从中央展区来到地方单元时，讲解员的讲解方式，需要从左前方引领式转变为面向观众式，避免挡住展板内容，也便于关注和照顾到每一位观众。尤其是在一些转角处，观众不容易看到的展示内容，讲解员通过巧妙地转身面向观众，既可以方便指向展示内容，与受众交流，又能在接下来的走位中，掌握主动权，更好地引领观众。

三、情感表达的整体把握与地域特色的突出

（一）找到情感链接　讲好家乡成就

讲解员在讲解时需要有真情实感。如何做到生动传情，一是取决于展览内容本身，二是取决于讲解表述的谋篇布局，要求讲解员做到眼到手到口到心到。对重大事件、重要会议、重要人物要十分熟悉，讲解要活灵活现，如在眼前。本次展览的讲解员，大部分来自革命老区、红色场馆，很多都是共产党员、共青团员，生长在红色沃土，接受着红色教育，从小就对党有很深的感情。讲解员需要把这次重大展览的讲解工作，作为加强理想信念、砥砺初心使命的重要载体，带着使命深入学、带着感情认真讲，在讲解中更好地擦亮初心、践行使命，时时处处用心用情，打造高质量的讲解服务。

前来观展的观众有很多都是“展中人”，是为十年发展成就作出过杰出贡献的人，如劳动模范，科技创新、脱贫攻坚、抗击疫情等领域的杰出代表。讲解员需要提前做好功课，在策展老师的带领下认真学习展览内容，结合查找资料、翻阅新闻，确保能对展览内容如数家珍，不仅熟悉展览中的每一个人，还要了解照片背后的故事。当“展中人”来观展时，讲解员要能第一时间辨认出来，并对与他相关的展览内容进行重点讲解。在讲解过程中，讲解员要立足湖北，放眼全国。当为来自社会各界的观众讲述湖北在抗疫期间的英雄本色，湖北保护长江母亲河的力度，以及湖北光电子信息产业的迅速发展等内容时，讲解员要把对家乡的热爱和对国家发展成就的自豪感融入讲解中，将二者有机结合。讲解员要通过一张张照片、一件件实物、一段段讲解，带领观众纵览湖北的新变化，让观众对湖北的快速发展产生强烈的认同感。透过展览和讲解，许多曾经在湖北工作、学习或生活过的观众，都由衷感叹“湖北这十年的变化真大！”。也有不少经历过抗击疫情的观众，当看到写满签名的防护服和抗疫战斗中留下的珍贵实物时，默默流下眼泪。一名前来观展的青年女军医非常有感触，她既是武汉人，也是一名亲身参加过抗疫的医护人员，她说“抗疫精神一直激励着我，要在工作和生活中激流勇进。”看到湖北的科技发展日新月异，一名曾经在华中科技大学读书的观众说：“我相信湖北的将来会更好！尤其是战胜了疫情的苦难，英雄的城市定会焕发出更加勃勃的生机，引领中国中部高速发展。”让湖北观众感到骄傲、让外地观众为之向往的湖北，在“奋进新时代”主题成就展上，成为一道靓丽的风景线。

（二）发挥宣传窗口作用　留下展览记忆点

讲解工作既是连接展览和观众之间对话的桥梁，又是展览对外宣传教育的媒介。央视新闻、人民日报、湖北日报、湖北卫视等多家主流媒体，大力报道此次展览的相关信息，对展览进行积极宣传，发布了《这款激光打标机10多秒可以打出黄鹤楼剪影》《这些武汉骄傲

闪耀“奋进新时代”成就展》《“奋进新时代”主题成就展北京开展　湖北元素引人瞩目》《在京讲解“奋进新时代”主题成就展，武汉讲解员：向更多人讲出家乡成就》《走进“奋进新时代”成就展厅，湖北元素太“荆”彩》《讲解员丁辰：用心用情传递湖北好声音》等系列宣传稿。讲解员在接受采访时，也从自己的讲解体悟、与观众交流互动的感受、观众的反馈带给自己的思考等多个角度，畅谈自己的收获和体会，又一次增添了展览的话题与热度，有效地拓展了展览的影响力，提升了展览的宣传教育效果。

四、结语

国家级大型主题展览及湖北省各类对外推介展览中，越来越强调突出地方特色，对展览讲解工作提出了更高的要求。如何在这类展览的讲解中凸显地域特色，是一个有待讲解工作者认真关注、深入研究、不断探索的重要课题。要从注重整体布局和突出地域特色两个维度，合理设计，协调把握二者之间的关系。讲解员唯有科学合理地规划讲解内容，挖掘背景知识，融汇地方历史和现实，才能通过精彩的展览讲解，完美地体现地域特色，展示时代风采。

参考文献：

[1] 封娇.解锁非凡十年 一览辉煌成就 | 哈尔滨元素闪亮“奋进新时代”主题展[N].哈尔滨日报，2022-10-18(1).

[2] 刘文明，博物馆讲解词如何展现地方文化特色——以天中文化为例[M].河南郑州：河南科技出版社，2014.

[3] 李沁，赵忠楠.走进“奋进新时代”成就展厅，湖北元素太“荆”彩！[N]. 湖北广播电视台，2022-10-16.

[4] 黄鹏，陈哲峰，张群，宋立，李文峰.“奋进新时代”主题成就展北京开展 湖北元素引人注目[N].武汉广播电视台，2022-10-08.

打造好"行走的课堂"
——博物馆研学教育发展探析

何慧　周丹　湖北省文物交流信息中心

摘　要："博物馆、可持续发展与美好生活"是2023年国际博物馆日的主题，正如国际博物馆协会强调的"博物馆是促进社区福祉和可持续发展的关键因素。"随着政府职能转变和公共文化服务体系建设步伐的加快，博物馆的社会教育与服务职能日益凸显。研学教育是博物馆进行社会教育与服务的重要方式，是彰显博物馆社会教育核心竞争力和研究水平的具体体现。基于此，如何将博物馆场所丰富的文物资源优势转化为研学教育课程内容，进而促进文化遗产的可持续性发展和传承，成为一个值得研究的课题，目前博物馆研学教育尚处于初级探索阶段。

关键词：博物馆；研学教育；可持续性

"博物馆、可持续发展与美好生活"是2023年国际博物馆日的主题，正如国际博物馆协会强调的"博物馆是促进社区福祉和可持续发展的关键因素。"随着政府职能转变和公共文化服务体系建设步伐的加快，博物馆的社会教育与服务职能日益凸显。研学教育是博物馆进行社会教育与服务的重要方式，是彰显博物馆社会教育核心竞争力和研究水平的具体体现。基于此，如何将博物馆场所丰富的文物资源优势转化为研学教育课程内容，进而促进文化遗产的可持续性发展和传承，成为一个值得研究的课题，目前博物馆研学教育尚处于初级探索阶段。

一直以来博物馆的工作重心主要是对藏品的收藏、保护与研究。随着政策的引导和理念的转变，博物馆逐渐由"以物为本"转向"以人为本"。随着博物馆事业的蓬勃发展，国内掀起了"博物馆热"，越来越多的人开始关注博物馆、走进博物馆。近年来，湖北省博物馆与时俱进，转变思路，不断提升研学教育水平，走上了高质量发展的道路。本文拟以湖北省博物馆开展的"研学在明媚的春季"为例进行分析和探索，旨在更好地做好博物馆研学教育工作，进而让社会公众共享美好生活。

一、博物馆在研学教育中的重要作用

"纸上得来终觉浅，觉知此事要躬行"。博物馆研学可以提升学生们对历史、政治、文化的认知，同时对学生们的身心健康具有积极作用。博物馆作为地方的重要文化建筑，承载着一个城市的历史文明。博物馆的主要作用是展示本地区历史文化发展过程，同时进行文化交流、文化教育。博物馆展出古人的智慧、高度发达的科学技术，向社会公众传达科学技术的发展是最强大的生产力。博物馆通过与学校开展研学教育活动，让学生们走出校园，走进博物馆，进而了解当地的经济、政治、文化，从而在一定程度上激发学生们的求知欲和探索欲。许多文物承载着历史故事、人文典故，蕴含着古人的智慧和情感，这些不仅能够引起学生们的共鸣，更是道德教育中的重要一课。

二、博物馆研学教育现状

(一)研学主体，存在中间热、两头冷的现象

博物馆研学教育主要包括研学参观、研学线路、研学课程、研学活动“四位一体”的社教方式，其中研学课程是研学教育的核心。目前，博物馆、中小学校以及研学机构都供给研学课程。博物馆作为社会教育的供给主体，对于以公益性为主的社教活动可能处于被动状态，地方中小型博物馆尤为明显。中小学校筹办研学活动常处于不积极状态，有的学校将研学活动当作一次课外放风，有的学校将其完全打包给旅行社。研学机构对研学活动相对比较热衷，因利益驱动和商业化操作，供给质量有待进一步提高。

(二)存在“游而不学”的倾向

研学教育一般是以集体出游为方式，以提升学生们综合素质为目的，以博物馆研学课程为载体，进行体验式教育的一种旅行教育活动。然而在实际研学过程中，多半是以学校或班级为集体单位，人数不定，几十人到几百人甚至上千人一起涌入博物馆；为了适应大规模人流，主办方往往会简化研学流程、缩减内容，让学生们回答几个小问题，组织下馆内寻宝活动就结束了，存在“游而不学”的倾向。

(三)缺乏可持续性针对研学的教育项目

部分博物馆经过不断完善研学教育职能，储备了一些社会教育项目，有的博物馆专门建立了博物馆社会教育项目库。这些活动大多针对当地青少年，在内容设置上主要以本馆资源的点式教育为主，面对研学教育需求，缺乏专门项目，缺乏统筹研学教育项目，缺乏一定的可持续性。

(四)缺乏博物馆研学教育人才

随着对教育职能的重视，博物馆研学教育人员有了一定的增加，但研学教育专业人才仍比较匮乏。同时博物馆现有教育人员的思想观念、知识体系已无法满足快速增长的研学需求，一定程度上制约了博物馆研学教育的发展。

三、博物馆研学教育实践和探讨——以湖北省博物馆举办的“研学在明媚的春季”活动为例

近年来，湖北省博物馆“礼乐学堂”积极与学校教育相融合，为不同年龄段的学生打造特色研学课程，取得良好社会效应。2023年3月湖北省博物馆“礼乐学堂”联合武汉东湖小学，为该校近600名学生筹办研学教育活动。湖北省博物馆研学团队根据不同年龄段学生的认知程度开展研学教育活动，如为小学低年龄段的同学安排了“荆楚文物与成语”，为小学高年龄段的同学安排了“金锭带你下西洋”。

“荆楚文物与成语”课堂上，研学老师为学生们讲述“问鼎中原”“金声玉振”等成语故事，学生们兴致高涨，纷纷说长知识了。有的学生举起小手激动地说“我在展厅看到了鼎！我知道它长什么样子！”有的学生说“我看到了编钟，好想听听它的声音啊！”学习完成语故事后，还给学生们安排了演奏编钟仿制件、制作编钟帽饰等丰富有趣的互动活动，激发了学生们对历史文化的兴趣。

“金锭带你下西洋”课堂上，由研学老师

指导学生们表演郑和下西洋情景剧。学生们摇身一变，成为郑和及各国使者，和台下学生互动体验郑和下西洋途中的所见所闻，所想所思。伴随着小演员们生动的演绎，现场一片欢声笑语。同时还安排了课程定制教学资源包，学生们一起“找一找”西洋之行线路，“贴一贴”西洋之行宝物，启发了他们的自主思考能力。此次研学活动，以文物为桥梁，带领学生们全方位、多角度感受中华文化的独特魅力。有以下值得借鉴和学习的：

一是主题明确，立意高远。湖北省博物馆“礼乐学堂”一直可持续性探索研学教育项目，致力于弘扬、传播荆楚文化。

二是研学课程设计科学、有趣。湖北省博物馆“礼乐学堂不断探索馆校合作的内容与形式，为学生们打造更多元、更丰富的博物馆研学课程。“金锭带你下西洋”课程，考虑到小学生们的知识背景，在全面、系统地介绍了楚文化的同时结合学生们活泼好奇的身心特点穿插课程定制教学资源包。通过教学资源包，学生们一起“找一找”西洋之行线路，“贴一贴”西洋之行宝物，极大地启发了他们的自主思考能力。

三是开展形式丰富多样。考虑到一些客观因素的影响，研学教育活动以线上、线下相结合的形式进行。

此次研学活动颇有意义，不仅拉近了学生们和文物的距离，同时让历史不再是枯燥的书本，而是生动的音符，有趣的故事。有的学生说：“虽研学活动时间有限，但古人留给我们的这些财富所反映出中华古代文化的悠久传统和深厚底蕴是无限的。历史犹如一条长河，涓涓地从古流向今，永远没有止境。”此次研学活动获得武汉东湖小学师生们的一致好评，取得良好的社会效应，不仅让学生们接受优秀传统文化的洗礼和熏陶，增进了对中华民族文化遗产的了解，同时也让学生们在实践中体验、感悟到民族精神，坚定了文化自信。

四、博物馆研学教育的思考

（一）将教育学理念融入博物馆研学课程的设计与开发

博物馆研学教育作为校外教育的重要内容，是学校教育的一种拓展和延伸，是文物与旅游、学校与社会跨界融合的一种新型教育模式。博物馆研学课程，相比日常展厅参观，更注重实践和体验。将启发式、探索式、参与式的教育理念融入博物馆研学课程的开发中，是保障课程内容优质化的重要前提。博物馆社教工作者要将教育学、心理学，尤其是将教育的规律融入研学教育中，这是因人施教的理论基础。

（二）夯实基础、找准定位，研发博物馆研学教育产品

博物馆研发研学教育产品应明确自身作为供应方的定位，充分发挥博物馆的优势。作为供应方的博物馆应不断与主办方和承办方沟通交流，加强三方的有效合作。首先，与主办方合作开发研学教育产品要充分了解其研学的主题、目标、时间以及参与人群的数量及年龄等，做好沟通交流，同时贯通研学前的导入、研学中的开展和研学后的反馈评价。其次，与承办方合作打造博物馆主题的精品研学线路。研学的承办方主要是旅行社，应与有实力的旅行社合作，通过协议明确双方的权益和责任，打造精品研学线路。此外，博物馆要立足馆舍天地，构筑各博物馆间的横向联系，实现各博物馆间的优势互补，系统全面地探究文物

背后的故事，从而研发出独特的研学教育产品。

（三）搭建平台、创新博物馆研学教育模式可持续性发展

博物馆开展研学教育，应挖掘自身场馆资源、文物资源、展览资源、人力资源、活动资源，在持续保障研学教育资源供给的同时，还要秉持开放的姿态，与旅游、教育等部门合作，借助多方的力量搭建博物馆研学教育资源共享平台，可持续性发展。同时借助社会力量推广博物馆文化，提高博物馆资源在研学教育中的利用率，进而实现博物馆教育功能的最大化。此外博物馆还要牢固树立知识产权意识，牢牢把握博物馆研学教育资源知识成果，不断巩固提高自身作为研学旅行教育供应方的影响力和地位。

（四）优化、整合相关专业人才

研学的实践性和异地性，决定了博物馆需要建设一支既有丰富的博物馆学知识，又能掌握教育学和旅游学相关知识及不同地区文化知识的复合型博物馆研学导师队伍。博物馆应参照中国旅行社协会与高校毕业生就业协会联合发布的《研学旅行指导师（中小学）专业标准》（T / CATS001—2019），通过“引进、激励”的方式，优先引进具有“教师证、导游证”的人才，吸引更多的人从事博物馆研学教育工作。同时，博物馆应优化结构，建设复合型的博物馆研学导师队伍。文旅相关部门整合相关专业人才，建立研学“教育者名单”专家库，向所有博物馆开放专家库名单。博物馆通过对教育者质量的控制（采用甄选、聘请、培训、考核、报酬等方式），让社会公众获取高质量的研学教育服务。如需要开设剪纸、蜡染、手绘、卡通等艺术形式的课程，可以聘请高校教师参与课程设计、研发；需要开设植物、矿物等科普知识的课程，可以聘请植物、矿物等领域的专业人才共同参与课程设计与研发；从而解决跨学科人才不足的问题。

参考文献：

[1] 宋娴．中国博物馆与学校的合作机制研究[D]．上海：华东师范大学，2014.

[2] 殷世东，程静．中小学研学旅行课程化的价值意蕴与实践路径[J]．课程．教材．教法，2018，38(04)：115-120.

[3] 贺华．基于研学语境下的博物馆教育课程探析[J]．中国博物馆，2020(4)：27-31.

从藏品管理角度浅谈湖北省非国有博物馆的可持续性及社会作用

柯萍萍　湖北省文物交流信息中心

摘　要：近年来，随着非国有博物馆的持续发展，其发挥的公共文化服务等社会作用越来越大。藏品作为博物馆的重中之重，在非国有博物馆中的地位和作用毋庸置疑。通过考察非国有博物馆的发展现状，发现其在藏品管理方面还普遍存在一定问题，应对这些问题需从博物馆自身、政府及社会三个层面合力奋进，方能逐步解决，从而走上可持续发展道路。

关键词：藏品管理；非国有博物馆；现状；问题；对策

随着民间资本和收藏热的持续升温、民营化的兴起，非国有博物馆方兴未艾，根据2022年湖北省公布的博物馆名录，湖北省登记备案的非国有博物馆已达65家。非国有博物馆已经成为公共文化服务体系的重要力量之一。藏品是一个博物馆的立馆之本，是博物馆业务活动的物质基础。因此，博物馆的藏品管理就显得尤为重要，它直接影响着一个博物馆社会职能的发挥和可持续性发展。非国有博物馆作为民办非企业公共文化服务机构，其藏品管理更多依赖于举办者的自发性，因此在形成自身特色的同时也存在一些问题，本文试从非国有博物馆的藏品管理现状、存在问题入手，通过思考解决对策助力非国有博物馆走上可持续的发展道路并更好发挥其社会作用。

一、藏品管理现状

近年来，国家相继出台多部政策法规支持非国有博物馆的发展。湖北省也高度重视非国有博物馆的建设和发展，2018年已对全省非国有博物馆进行了藏品备案，2020年完成了全省非国有博物馆发展现状的调研工作。根据2018年的藏品备案和2020年的调研信息再结合国家文物局公布的全国博物馆名录，已经全面掌握了湖北省非国有博物馆的藏品管理现状。

（一）藏品数量及类别

国家文物局2020年发布了最新的全国博物馆名录，名录中公布的湖北省60家非国有博物馆的藏品总量为161128件/套。2018年全省53家非国有博物馆完成了藏品备案，藏品总量为130475件/套，实际数量为199895件。按藏品类别统计，藏品数量占全省非国有博物馆藏品总量的比例位居前五位的分别是：票据，钱币，书法、绘画，其他，古籍图书，所占比例分别为22.92%、14.8%、12.8%、11.57%、10%。从2018年的藏品备案和2020年的调研情况来看，湖北省的非国有博物馆藏品总量大、类别多、覆盖面也很广，涉及历史、书画、自然标本、革命、农耕民俗、医药等众多领域。

湖北省非国有博物馆的藏品大多以某一类专题收藏为主，成系列后遂办成了博物馆。非国有博物馆也以专题博物馆为主，因其藏品内容丰富、主题多样与传统博物馆以历史类和综合类为主不同，更注重收藏和展示近现代民俗类、自然类、物产产业类等藏品，这些非国有博物馆的类型不仅涉及历史、艺术、自然科普等博物馆类型，还涵盖了大量具有地域特色的民俗，以及与物产产业文化相关的如食品、医疗、刺绣等类型的博物馆。这些独具特色的博物馆类型和特色藏品，不仅丰富了全省博物馆的类型和博物馆藏品的数量，形成了地方特色，而且对完善全省博物馆体系具有积极作用。

（二）藏品保管情况

非国有博物馆的藏品保管情况主要从制度管理和人工保管两个方面考察。从调研实际来看，制度管理方面：有48.15%的非国有博物馆制定了藏品保管相关规章制度，主要是《藏品征集原则和入藏规定》《库房安全措施管理和检查规定》《藏品登记制度和账册体系》《库房工作细则》《藏品分类法》《藏品编目条例》《藏品修复、复制规定及工作细则》《藏品统计规定》8种。这8种规章制度中，全省制定了1种、2种、3种、4种、5种、6种、7种、8种的非国有博物馆所占比例分别为11.54%、11.54%、7.7%、23.08%、11.54%、15.38%、7.7%、11.52%。

人工保管方面，主要了解非国有博物馆的藏品档案建设情况，藏品库房及保管装具配置及提用等管理活动情况。藏品档案方面：除相关信息未提供的博物馆外，有无藏品总登记账的博物馆所占比例分别为83.33%和11.11%；有无分类明细账的博物馆所占比例分别为77.78%和12.96%。此外，超半数的博物馆表示开展了藏品编目工作，少量博物馆有精品藏品档案和精品藏品简目。藏品库房及保管装具配置等方面：一些博物馆无专用藏品库房，多数藏品未能分类存放。库房藏品中86.65%的藏品为货架存放，11.68%的藏品为散落放置，0.85%的藏品为入柜存放，0.82%的藏品为囊匣存放。无论是展陈藏品还是库房藏品均无恒温恒湿设备，一半以上博物馆的展厅配备了空调、新风系统等空气调节设备，大多数博物库房的空气调节设备仅靠门窗等自然通风实现。藏品提用管理方面：除相关信息未提供的博物馆外，库房有无专人管理的博物馆所占比例分别为74.07%、5.56%，有无出入库手续的博物馆所占比例分别为57.4%、37.04%，有无出入库凭证的博物馆所占比例分别为37.04%、5.56%。

（三）藏品保存现状

非国有博物馆的藏品保存现状主要考察藏品自身现状和预防性保护、修复及日常养护情况。藏品自身状况方面：38.89%的博物馆藏品多为完整藏品、藏品完整率达79.61%，61.11%的博物馆藏品有残缺、有的残缺率达50%。仅25.93%的博物馆掌握了其藏品的病害情况及稳定状态，病害情况中90.04%的藏品正遭受虫蚀侵害、7.79%的藏品正遭受锈蚀、2.16%的藏品涉及微生物病害；稳定状态中，绝大多数博物均表示有藏品状态不稳定需要修复的，仅少量博物馆提供了需修复数量，需修复的藏品数量占其博物馆藏品总数的6.05%。

预防性保护、修复及日常养护方面：75.93%的非国有博物馆有预防性保护措施，主要是藏品保存环境监测、藏品保存环境调控、藏品日常养护三个方面，无藏品病害评估等预防性保护措施。其中开展了藏品保存环境监测、藏品保存环境调控、藏品日常养护工作的博物馆所占比例分别为14.81%、40.74%、68.52%。

二、问题与不足

湖北省非国有博物馆因其丰富的藏品及新颖的博物馆主题等，已成为国有博物馆的有力补充和传承中华优秀传统文化的重要阵地之一，也是我国公共文化服务的一支重要民间力量，正积极发挥着增进人民福祉的社会作用。如武汉琴台钢琴博物馆的古董钢琴吸引众多观众前往体验，武汉谌安明蝴蝶博物馆用美丽的蝴蝶激发公众叩问生命的热情，宜昌市袁裕校家庭博物馆通过展示一个家族的百年变迁在当地掀起崇尚好家风、践行家庭美德的社会主义新风尚热潮等。但非国有博物馆在藏品来源、藏品保管和藏品保护方面还存在一些不容忽视的问题。

（一）藏品来源不明

与国有博物馆的藏品来源方式较多不同，非国有博物馆的藏品来源一般仅有购买、接受捐赠、交换等方式。2020年的调研数据显示，湖北省的非国有博物馆中购买、交换、接受捐赠而来的藏品所占比例分别为90.46%、9.14%、0.4%。绝大多数藏品为购买而来，容易导致藏品真假不清和来源的合法性不明。

首先，藏品真假不清。湖北省非国有博物馆的藏品多为举办者的个人收藏，是馆长等多年购买的积累，这些藏品全凭馆长个人水平进行收购，在购买时存在真假不清、鱼目混珠的现象。这些藏品入藏时一般未经过专业鉴定直接入藏，甚至有些真假不清的藏品直接陈列在展厅里。这些真假不清的藏品错误引导着公众，势必会影响非国有博物馆社会职能的发挥并给博物馆带来负面影响，长此以往会直接有损非国有博物馆的可持续性发展。

其次，藏品来源的合法性不明。上述举办者购买的藏品，主要通过古玩市场、偏远地区收购等方式获得，购买时既无原始记录也无法追溯藏品的流传情况。少量交换和接受捐赠的藏品同样存在程序不规范的现象，一是未经过鉴定，二是来源不明，三是无藏品原始记录等，这就导致一些藏品来源的合法性不明。这些合法性不明的藏品既不符合博物馆藏品的入藏规范也会给公众带来不好的示范作用，进而影响非国有博物馆自身的发展。

（二）藏品保管不规范

除上述藏品入藏时手续不规范、原始记录的缺失和鉴定工作的缺位等问题外，在库房管理和藏品档案等方面也存在明显的不规范和工作缺位的现象。

库房管理方面，主要是相关制度的缺失和藏品出入库手续不全。前述藏品保管现状显示，少数博物馆未制定任何相关规章制度，制定了相关规章制度的博物馆制度也并不健全；多数博物馆库房无专人进行管理，有的常年封锁关闭，有的甚至没有库房。多数博物馆无藏品出入库手续和出入库凭证，库房藏品使用情况不清楚，库房管理极不规范。

藏品保管方面，主要是账目不清、档案缺失及设施设备不全等。相关调研信息显示，湖北省少量非国有博物馆无藏品总登记账、分类明细账，藏品确切数量并不清楚。大多数博物馆无编目卡片。仅少数博物馆为配合展览宣传建立了少量精品藏品档案和精品藏品简目。无论是展厅还是库房藏品均无恒温恒湿设备，多数库房内的藏品仅靠自然通风调节温湿度。虽然库房内藏品大多数置于货架上，但其货架并非藏品专用货架不符合藏品安全要求，还有相当数量的藏品直接散落放置，尤其是有机质等较脆弱的藏品正面临保管不善的局面。

这些库房管理混乱、人工保管不规范的问题一方面可能威胁藏品自身的安全和持续性，也会造成藏品查用不便，不利于藏品的研究和利用，就更不论依托藏品而举办的展览及社会教育活动等社会职能的发挥了。若藏品保管不妥善，藏品的可持续性即面临威胁，就更不谈博物馆的可持续性了。

（三）藏品保护基础工作薄弱

从前述现状来看，湖北省非国有博物馆藏品保护方面存在的首要问题主要表现在基础工作开展明显不足上，一是对藏品现状缺乏确切了解，二是相关预防性保护工作的开展明显不够。

首先是藏品现状了解不够。调研情况显示，湖北省多数非国有博物馆对其藏品保存现状无确切了解，未具体统计过藏品的完残情况、病害情况和稳定状况等，相当数量的藏品自入藏之日起从未开展过统计、评估等工作。从少量开展过相关工作的实际情况来看，藏品残缺比例较高，状态不稳定需要修复的藏品比例较高，多数藏品病害较为严重。前述国家文物局公布的湖北省非国有博物馆藏品总量已逾16万件/套，按此比例估算可知藏品残缺及状态不稳定的数量极大。

其次是藏品预防性保护工作不足。湖北省非国有博物馆在藏品的预防性保护上仅以日常清洁和消毒为主，多数无环境调控及监测设备，未针对不同藏品质地采取不同环境保存，存在温湿度超标、光照不科学等问题，从而导致或加速藏品受损，藏品预防性保护面临严峻考验。加上非国有博物馆中尚未开展过藏品病害评估工作，藏品受病害威胁的问题较为突出，急需开展有效的科学保护。

对藏品现状的精准掌握和针对性的预防性保护措施，是藏品保护工作的基础，众多非国有博物馆此项基础工作的缺失直接导致藏品处于保护不利的境地，尤其是正在遭受病害等侵蚀的藏品，若不尽快采取有效的保护措施，不仅会威胁藏品安全且会加重藏品保护的负担，在多数非国有博物资金本就紧张的情况下更不利于其可持续性发展和社会作用的发挥。

三、对策与思考

非国有博物馆作为公益性民办非企业单位，同政府没有行政隶属关系，与财政部门也无资金缴拨关系，因此在民政部门登记、在文物行政主管部门备案后一般仅接受其监督与指导，博物馆的业务开展尤其是藏品管理等方面多由博物馆自主完成，因此造成上述几个方面的问题和不足。要破解这些难题，博物馆自身的藏品管理能力建设必不可少，政府和文物行政主管部门的规范引导和扶持以及文博单位和社会力量的参与帮助也是应对关键。

（一）自身加强藏品管理能力建设

湖北省多数非国有博物馆的从业人员稀少且专业人才匮乏，很多博物馆的从业人员为临时聘请并无任何文博方面的学习和从业经历且身兼多职，既要从事藏品保管工作也身兼行政、展览策划、社会教育等工作，从而导致出现上述藏品保管不规范的情况。针对这些情况一是要加强藏品管理知识学习，二是要充分发挥非国有博物馆行业协会的作用，三是多元筹措资金广罗藏品管理人才。

加强藏品管理知识学习方面：积极主动学习，将理论知识与藏品实际相结合、自主学习与集中学习相结合，主动参加高校开设的藏品管理课程和各类文博单位举办的藏品管理培训等。发挥非国有博物馆行业协会作用方面：积极利用省级、各市县级非国有博物馆行业协会平台，针对非国有博物馆自身特点，定期交流学习藏品管理经验。通过各级非国有博物馆行业协会加强区域内非国有博物馆的藏品管理水平和行业自律。多元筹措资金广罗藏品管理人才方面：在争取政府奖励扶持的同时，充分发挥其藏品等资源优势，建立社会资助机制、依法开展社会募捐活动，对博物馆无形资产进行专业评估并向金融机构贷款，发展文化创意产业，变无形资产为有形资产，进而招募藏品管理人才。

（二）政府规范引导及政策支持

政府规范引导及政策支持方面主要是政府的资金等政策支持和业务主管部门的规范和引导，具体包括严格准入制度、开展运行评估、进行奖励扶持和项目扶持、开展藏品管理业务培训等。

严格准入制度方面：针对上述藏品真假不清、藏品来源合法性不明的藏品，在非国有博物馆的准入制度方面可严格藏品鉴定等制度，非国有博物馆在申请设立备案时需委托专业鉴定机构开展藏品鉴定定级工作并作为申报材料一并报送。开展运行评估方面：由业务主管部门定期组织开展藏品管理运行评估并制定奖惩机制。可参考国家一、二、三级博物馆的运行评估标准，主要考察藏品征集、藏品登录、藏品保管、藏品保护等情况。通过奖惩方式激励和督促非国有博物馆规范藏品管理工作。进行奖励扶持和项目扶持方面：在上述运行评估的基础上，根据评估结果划分不同等级、奖励对应的扶持资金，用于非国有博物馆藏品保管装具配置等；同时在政府现有的相关专项经费中，启动和适当增加非国有博物馆藏品管理及保护申报项目，如藏品修复项目、预防性保护项目等。开展藏品管理业务培训方面：由文物行政主管部门建立常态化的培训机制，省级、地市级等定期开展藏品管理、政策解读、制度建设等培训。

（三）文博单位及社会力量参与帮助

文博单位及社会力量参与帮助非国有博物馆藏品管理工作，主要是人员、技术及资源的支持与帮助等。主要途径有建立对口帮扶机制、社会力量集群化运营、文博专业学生及退休职工任职等。

对口帮扶机制主要是省、各市县内的国有博物馆与非国有博物馆建立长效的对口帮扶机制，促使国有博物馆藏品管理专业人员深入非国有博物馆，真正起到传、帮、带的作用，同时鼓励非国有博物馆藏品管理人员到国有博物馆进行长期学习。社会力量集群化运营是在博物馆集群化发展过程中出现的，鼓励社会机构和组织在某一行政区域内注册非国有博物馆集群化运营机构，由运营机构按照市场化方式或主导非国有博物馆集群的规划建设、招商引进、日常管理与维护、提供配套服务等。由集群化运营机构提供馆舍等硬件设备并招募资金聘请专业藏品管理人员，一方面藏品得到有效保护，另一方面博物馆的社会功能得到更好发挥，集群化的方式还能促进博物馆更加持续健康发展。此外大力倡导文博专业学生及退休职工到非国有博物馆任职，一方面可以为文博专业学生提供实习机会和从业经历，也可以在一定程度上规范非国有博物馆的藏品管理；另一方面，文博机构退休职工到非国有博物馆任职，一是可以为非国有博物馆带来丰富的藏品管理经验，二是能充分发挥文博机构退休职工的社会作用。

四、结语

非国有博物馆是在我国经济社会持续稳定发展的大背景下，社会民众对文化需要日益增长的必然结果，是全社会广泛参与、共同构建公共文化服务体系的一支重要力量。但由于非国有博物馆的发展起步较晚，加之其民办非企业的属性导致藏品管理业务等均为自主行为，难免会出现藏品来源不明、藏品保管不规范、藏品保护基础工作薄弱等问题，但在非国有博物馆的发展过程中，通过博物馆自身加强藏品管理能力建设、政府规范引导及政策支持、文博单位及社会力量参与帮助等方式逐步解决上述问题，非国有博物馆才能更好发挥其社会作用，从而走上可持续性的发展道路，进而助力社会的可持续发展。

参考文献：

[1] 湖北省文物事业发展中心.湖北文物年鉴.2022[M]武汉：武汉大学出版社，2023:217-233.

[2] 国家文物局博物馆与社会文物司.国家文物局关于公布2019年度全国博物馆名录的通知 文物博发〔2020〕9号[EB/OL].http://www.ncha.gov.cn/art/2020/5/18art_2318_43812.html.

[3] 王宏均.中国博物馆学基础(修订本)[M].上海：上海古籍出版社，2001:180-181.

[4] 课题组(中国文物报社).民办博物馆规范化建设评估报告[J].中国博物馆，2014(1):27.

[5] 刘勇.非国有博物馆的法律保护：现状、困境与出路[J].中国博物馆，2019(3):123.

[6] 周淑英.县级博物馆建设与发展的几点思考[J].赤子(上中旬)，2016(21):41.

基于可持续性发展视野浅谈博物馆新形态

范小宁 余扬 湖北省文物交流信息中心

摘 要：包括瓷器、字画等不同质地的博物馆藏品都是物质的，这也就预示着这些不同质地的藏品都有保存时间的限制。基于博物馆可持续性发展视野，现今的博物馆急需将库存藏品数字化保存，一方面永久保存了数字文物，另一方面可以全时空多维度展示。虚拟博物馆代表了未来博物馆事业数字化保存藏品和多维度展示藏品的发展方向，在确保博物馆事业可持续发展的同时，满足人民群众对美好生活的需要。

关键词：虚拟博物馆；数字化；可持续性；美好生活

在博物馆发展进程中，我国博物馆数量和参观人数都有高速增长。近3年来，新型冠状病毒引发的肺炎疫情影响了所有人的出行，参观实体博物馆的人数急剧下降，但随着信息技术的进步，网上浏览虚拟博物馆的人数却急剧上升。据了解，故宫博物院持续采集并积累已完成1294件院藏文物三维数据采集工作。现在越来越多的博物院(馆)开始打造科技型、数字型博物院(馆)，采用最前沿的虚拟现实(VR)、增强现实(AR)、混合现实(MR)、人工智能(AI)等黑科技为游览者提供更丰富的信息量，更具吸引力的表现形式和叙事方式，科技化展现历史细节，对于文化传承和文物保护起着独特的作用，在虚拟世界中赋予博物院(馆)文物新的生命，真正让文物“活”起来，真正做到让博物院(馆)可持续性发展，以丰富广大人民群众的物质和文化生活、满足人民群众对美好生活的需要。

博物馆瓷器、字画等不同质地的藏品都是物质的，这也就预示着这些不同质地的藏品都有保存时间的限制。基于博物馆可持续性发展视野，现今的博物馆急需将库存藏品数字化保存，一方面永久保存了数字文物，另一方面可以全时空多维度展示。在现代信息技术的帮助下，全世界各角落的使用者皆可利用网络搜寻获得所需博物馆资讯、同时取用博物馆开放在网络上的资源，随时浏览线上博物馆的各式精选藏品；同时加上与虚拟实境的结合，博物馆展示功能更加强大，虚拟博物馆应运而生。虚拟博物馆包括现代信息技术、馆藏文物和文物学术研究平台等三个方面。

一、现代信息技术

虚拟现实(Virtual Reality，VR)技术是二十世纪末出现的一门崭新的综合性信息技术，融合了数字图像处理、计算机图形学、多媒体技术、传感器技术等多个信息技术分支，大大推进了计算机技术在博物馆线上展览的进程。虚拟技术分虚拟实境(景)技术(如虚拟游览实体博物馆)与虚拟虚境(景)技术两大类。虚拟现实的关键技术包括以下几个方面：

(一)动态环境建模

虚拟现实技术的核心内容是虚拟环境的建立。动态环境建模技术的目的是获取实际环境的三维数据，并根据应用的需要，利用获取的三维数据建立相应的虚拟环境模型。有规则的环境获取三维数据可以采用CAD技术，而更多的环境则需要采用非接触式的视觉建模技术，两者的有机结合可以有效地提高数据获取的效率。

（二）实时生成三维图形

生成三维图形的技术已经较为成熟，其关键是如何实现"实时"生成。为了达到实时的目的，至少要保证图形的刷新率不低于15帧/秒，最好是高于30帧/秒。在不降低图形的质量和复杂度的前提下，如何提高刷新频率是该技术的研究内容。

（三）应用系统开发工具

虚拟现实应用的关键是寻找合适的场合和对象，即如何发挥创造力和想象力。选择适当的应用对象可以大幅度地提高生产效率、减轻劳动强度、提高产品开发质量。

（四）系统集成技术

由于虚拟现实中包括大量的感知信息和模型，因此系统的集成技术起着至关重要的作用。集成技术包括信息的同步技术、模型的标定技术、数据转换技术、数据管理模型、识别和合成技术等等。

（五）VRML技术

VRML(Virtual Reality Modeling Language)是虚拟现实建模语言，其发展的初衷就是用来创建基于浏览器的、具有实时漫游特性的虚拟现实场景，它实现了基于B/S结构的客户端三维动画和基于对象的用户交互，从而改变了传统网页的单调、交互性差等缺点。VRML能够根据不同层次水平的要求来实现虚拟现实技术的"沉浸感"和"交互感"，其技术特点有交互性强、网络流量小、多用户临场感和脚本支持功能等。

混合现实(MR)技术。虚拟物体真实依附在现实世界当中的听、力、触和动等感觉都是真实的感觉，通过各种传感设备使用户"沉浸"到该环境中，实现用户和环境直接进行自然交互。MR是直接在现实环境中将计算机的人机界面或虚拟构建的场景进行在真实世界中进行全息投影，是混合现实、现场互动的结合，它需要配合特定的头戴式显示器才能够看到。运用混合现实技术开展文博展览是一种全新的思路，让参观者身临其境地体验。

二、馆藏文物

据统计，中国已登记在册的文物点约有35万处，收藏于各类博物馆的文物达1200万件，每年还有大量的文物出土，文物的保管和保护工作就显得非常重要。但由于受到时间、空间以及保存条件、保护技术等诸多限制，能够展出和提供研究的文物仅占极少部分。如南京博物院藏品文物有41万件，而常年展出的仅有5千件，藏品展示率不足1.25%。智慧博物馆不受物理空间的限制，能更多更持续地体现博物馆展示、教育和研究的功能，更好地服务于社会大众，并能推进博物馆自身发展，是当前博物馆事业发展的方向。

（一）文物数字知识仓库

文物数字知识仓库是应用平台的基础，它包含各应用平台所需要的文物高清晰图像、音频、视频、文字资料、三维数据，以及相关研究成果等信息资源有机构成的数字化文物，确保文物可以永久保存。文物信息资源的保存采用扩充关系型数据库，方便各种层次的使用者在海量数据查询中进行检索。文物信息资源数字化知识仓库可以根据不同的需求，将其保存信息资源进行灵活组合，形成应用功能平台，比如传播展示平台，学术研究平台等等。

(二)文物展示传播平台

文物展示传播平台针对不同的受众群体，以文物数字知识仓库为底层支撑，通过网络技术和多数据通道方式开发多种展示和知识传播方式，加强博物馆展示和教育功能的深度与广度，打破了实体博物馆在时间、空间以及保存环境与保护技术方面的局限。J2EE技术架构的应用突破了传统文物展示在时间、空间和传播形式上的限制，结合虚拟现实、多媒体以及文物三维制作技术拓展博物馆的展示教育功能。所有数据均来自文物数字知识仓库，多种数据的组合适应了不同传播方式的需求。文物展示传播平台分为馆内传播平台和馆外传播平台。

1.馆内传播平台

⑴大屏幕多媒体文物展示模块:实体博物馆内可以设置大屏幕播放系统，作为博物馆、文物介绍宣传的一个特殊手段。登录虚拟博物馆系统后，锁定该模块即可从文物数字知识仓库中提取所需信息资源组成高真实度的三维立体数字文物，按照事先设定的顺序或者路径来播放一些因保护措施或者无法移动等原因而不能实景展示的文物。

⑵触摸屏立体显示模块:在实体文物旁边放置立体显示触摸屏终端，或者在必要的参观引导处悬挂立体显示设备，参观者登录上虚拟博物馆系统后锁定与该文物相关触摸屏子模块，即可与该数字文物进行交互，随意从任何角度多种精度观赏高真实数字文物，并能获取大量平时无法从实体文物中获取的信息。

2.馆外传播平台

馆外传播平台有文物虚拟展览模块、文物数据知识仓库资源导出模块和移动数字设备接入模块。

(1)文物虚拟展览模块:在任意地点通过互联网登录上虚拟博物馆系统，进入该模块后，即可在众多参观者面前展示出与真实博物馆相差无几的虚拟博物馆。该模块将博物馆建筑及馆藏文物进行实景复制，用三维虚拟功能制作出完整的虚拟博物馆。虚拟博物馆场景中的文物都为与实体博物馆中真实存在的文物相对应的高真实度数字文物，讲解员或操作员可在任何时候“走近”该数字文物，点击触发后即可通过系统内部数据通道调出该文物的触摸屏立体显示子模块，展示该文物更加详尽的信息；讲解员或者操作人员可以在该虚拟博物馆中随意漫游，或者事先设定好一定的路径自动漫游。由于虚拟博物馆展品和场景全部存在于服务器中，可以不受时间、地点限制进行展示，没有被毁坏、被偷窃的危险，因而可“搬”出去做巡回展出，能最大限度地发挥博物馆的知识传播作用。

(2)文物数据知识仓库资源导出模块:该模块可将指定文物的数字信息整合导出形成一个离线式的子交互系统，并可刻录入数据光盘进行分发、邮寄，使博物馆的知识传播更具多样性。

⑶移动数字设备接入模块:该模块对不同的移动数字设备提供不同的服务内容和文件格式。结合移动通信3G技术及5G技术，虚拟博物馆可以支持移动数字设备，如手机等。在手持设备接入模块提供的统一数据格式，统一数据接口的标准下，大多数手持设备都可以作为虚拟博物馆的浏览载体。

三、文物学术研究平台

文物学术研究要求数字文物具有高清晰度，并对交流沟通也提出了相应的要求。处于不同地域的专家学者登录学术研究平台后，可以聚集在同一个学术研究频道内，选择一个数字文物进行研究和远程交流。该平台包括数字文物信息资源获取和远程交互，取得控制权的专家可以对研究对象进行翻转、放大缩小，以及相关信息资料的提取等操作，参与交流的专家可通过远程终端实时观看数字文物的变化过程，并通过语音或者文字参与讨论，所有观点和看法都会实时保存在服务器上，以备专家学者日后重现评论现场，必要时更可导出数据便于线下参考。

文物学术研究平台能提供多种研究用途的可调精度的文物信息资源，并且具备自适应能力，随着专家学者的操作自动调节，不会出现放大失真的现象，更不会出现三维模型表面贴图和纹理达不到研究需求的现象。当专家学者要对某文物一定区域表面的材质和纹路进行研究考证时，平台就有特定的技术手段提供出该区域与现实中同等条件下毫无二致的文物基础信息，可以达到研究的目的和需求。

四、“虚拟”让文物“动”起来

随着信息技术的迅猛发展，通过利用虚拟现实技术、网络技术构筑虚拟博物馆，是打破实体博物馆局限性，大大扩展博物馆的延伸空间，最大限度拓展博物馆功能，满足社会大众全时空多层次多方位需求的有效途径。只需要一台手机，足不出户也能看世界。

全景故宫。游客视角的一款虚拟导览，包括了太和殿、午门、乾清宫、御花园等在内的61座宫殿的内外全景，文华殿陶瓷馆在内的14座宫殿细致介绍，还有将近1000个场景。整体有很东方的背景音乐，每点击一个景点都会有相关的文字介绍和音频。视频非常高清，连平常被人头挡住的龙椅都可以放大很多倍来看细节。故宫利用全景VR技术推出了全景故宫栏目，游客和观众可以沉浸式地欣赏360° 故宫实景，除了已经开放的区域还可以在VR中踏足暂未开放的区域。在疫情防控期间受到了广大用户的喜爱，日均访问量超过三十万人次。

国家博物馆。从数字展厅的视觉上每个展区都做了数字化处理，大唐风华、古蜀华章、丝绸之路等共有 44 个数字展区。每个展区都可以按照参展路线点击，每件展品都有文字和音频信息。无论是坐在家里看，还是到展厅去逛，都是很人性化的导览操作。

敦煌。数字敦煌在2016年4月就已经上线了，是国内比较早的虚拟导览。莫高窟内30个经典洞窟都可以360度在线游览，包括佛像的顶部这些平常观光时看不到的细节也是一览无遗，采集精度都达到了300 DPI。同时还有4430平方米的壁画高清图片。

杭州良渚博物院。良渚博物院门口放置的AR导览眼镜搭载了AR智慧导览应用，能够为游客带来AR特效、数字沙盘、AR地图导览、虚拟导游等虚实结合的功能体验。游客通过佩戴AR眼镜，可以看清被岁月腐蚀的藏品上的纹饰，沉浸式地体验博物院里的馆藏珍品，在虚实结合的视觉场景中深入地了解历史。

法国王宫卢浮宫。卢浮宫位于塞纳河边，常年展出的展品有3.5万件，主要都是1860年之前的作品和文物，有自己很完整的虚拟体系，可虚拟参观的有埃及古物、护城河遗址和阿波罗画廊等卢浮宫最核心的几大区域。

五、博物馆能够满足人民群众对美好生活的需要

故宫博物院副院长王跃工认为，故宫博物院不仅需要数字化，更需要借助数字计划、互联网思维在藏品数字化基础上基于万物互联互通的理念，打造面向未来的新型博物馆形态。博物馆藏品数字化管理和结合高科技技术展示，给广大人民群众提供了随时随地“虚拟”浏览博物馆的途径。广大人民群众在虚拟浏览博物馆时，不仅欣赏了古代劳动人民勤劳智慧的结晶，了解了各民族悠久灿烂的历史文化，更激发了人们去追寻历史、展望未来的决心，通过学习强国，实现人民群众对美好生活的需要。

虚拟游览虽然很方便也很高科技，知识覆盖面也很全，很适合无法出远门的人坐在家里了解世界各地的博物馆和各类艺术，但如果有机会，还是应该走进博物馆里去看看。因为虚拟，永远是虚拟。

参考文献：

[1] 汪成为.灵境(虚拟现实)技术的理论、实现及应用[M] 北京：清华大学出版社，2019.
[2] 赵沁平.虚拟现实研究概况[J].计算机研究与发展，1996(7).
[3] 童士海.人机交互.北京大学出版社[M].2004.
[4] 鲁东明 潘云鹤.敦煌石窟虚拟重现与壁画修复模拟[J].测绘学报，2002(1).

可持续发展视角下参与文化治理的博物馆

王钰沂　湖北省古建筑保护中心(湖北明清古建筑博物馆)

摘　要：文化是维系国家和民族团结和国家稳定的重要基础，也是一个国家综合国力竞争力的重要组成部分。当下，文化治理正日益成为国家治理和可持续发展的重要内容和有效方式，博物馆作为文化治理的重要主体，在促进社会的包容性、可持续性发展等方面发挥着越来越重要的作用。

关键词：可持续发展；文化治理；博物馆；公共空间

在全球化经济发展迅速的背景下，与大规模文化交流伴生而来的还有霸权文化的入侵，作为价值观与道德观念的集合体，文化越来越成为影响国家竞争力与国际秩序的关键要素，文化治理成为社会治理和维持可持续发展的重要手段。

博物馆既是历史文明的载体，也是平等惠及所有人的“公共空间”，享有独特的文化资源优势以及感召力，在引领社会价值观，倡导文化对话交流，促进文化产业发展等方面具有重要作用。新时代下的博物馆应更加积极履行自身使命——“为公众和社会发展服务”，不仅“投影”旧社会的映像，还要通过举办教育活动和陈列展览，致使得文明成果能够惠及公众与社会，成为世界可持续发展的重要文化推动力。

一、可持续发展、文化治理

《我们创造力的多样性》指出，文化越来越被人们看作是发展的重要手段或资源，即国家可以利用文化来实现其他维度的发展目标。具体而言，文化对价值观形成、社会认同与稳定、环境保护、经济发展具有一定的推动作用。当代背景下，托尼·本尼特提出了“文化治理”概念，即利用文化的形式与手段来进行社会治理。

(一)文化治理与可持续发展

1. 可持续发展

对“可持续发展”最具权威性的定义来自1987年联合国世界环境与发展委员会发表的长篇报告《我们共同的未来》。报告指出，人类社会产生进展的同时，地球和人类也面临着很多失败。总结起来首先是发展的失败，比如世界上挨饿的人口数量达到了人类历史的顶峰、贫富差距越来越大。其次是人类环境管理的失败，物种灭绝速度之快令人震惊，土壤沙化、全球气候变暖、工业污染水资源和大气严重污染等。面对这些挑战，世界环境与发展委员会定义了“可持续发展”的概念——“既满足当代人的需要，又不对后代人满足其需要的能力构成危害的发展”，并敦促各个成员国将可持续发展作为国家的基本战略。在今天，可持续发展被作为科学发展观的重要组成部分和我国的重要发展目标。

2. 文化治理

托尼·本尼特在福柯“治理”(governmentality)

的理论基础上，提出了“文化治理”(cultural governmentality)的概念，即“利用随着‘现代’阶段产生的知识和专门技术等具体文化形式的发展而产生的各种文化手段作用于塑造人类总体”。在本尼特看来，文化通过社会交往与文化治理的方式融入社会，文化治理的具体实践则推动了文化与社会的融合。

但值得注意的是，在君主专制与极权主义统治下，并不存在文化治理，而是文化管理或意识形态管控。文化治理的主体除了一般理解的国家政府机构，还包含市民社会的各种文化机构，以及作为文化实践者的公民个体。文化治理强调全局性与整体观念，是以多样性的国家文明、地方文化、生活方式、居民知识结构、情感寄托、精神追求为基础的多元互动。在这个复杂的文化运行模式中，文化治理体现为对不同文化权力的平衡。联合国教科文组织在《文化促进发展指标》中，将文化治理定义为：由确定文化发展方向的行政机构、公共部门、私营机构、基础设施、标准制定组成的，旨在构建充满活力的文化部门、加快文化发展进程、保护和促进各种形式的文化多样性的复杂系统。

3.作为可持续发展手段的文化治理

文化是可持续发展的重要内在驱动力，深刻地影响着社会发展的方方面面，对可持续发展的三个主要维度——经济、社会、环境，影响重大。联合国教科文组织多年以来致力于将文化纳入可持续发展的全球治理框架之中。2005年，《联合国保护和促进文化表现形式多样性公约》要求“在发展过程中必须考虑文化表现形式的多样性，因为它有助于加强身份认同和社会凝聚力，以及建设包容性社会”，应“充分发挥文化产业对可持续发展、经济增长和提高生活质量的潜力和贡献”。

在文化驱动可持续发展的框架下，文化对社会发展的重要影响还体现为文化对价值观的影响作用。《文化与可持续发展报告》指出，社会发展的种种目标的达成依赖于相应的价值观是否已经成为一个社会的核心价值观的组成部分。除了作为发展的一种手段与工具，文化自身的发展对于人类来说同样包含着价值。2001年，联合国教科文组织通过的《文化多样性宣言》指出“发展的目的不仅仅是经济增长，也是人类对道德、知识、情感和精神更好的追求”。在物质需求得到满足后，使得人类真正得到自由的是精神上的解放，拥有富足的精神文化才是真正意义上拥有了高质量的生活。

二、博物馆的社会文化角色演进

博物馆的存在依托于其所在的环境背景，随着社会环境与人们价值观念的发展，博物馆由初始的“权力空间”逐渐转变为教育公民、服务社会的“公共空间”，其内涵从“藏和展示具有公认文化价值的物品”到强调发挥博物馆的“包容性、参与性与可持续性”，不断地被丰富和拓展。在新的历史时期，文化的力量在社会治理中不断凸显，博物馆也在这一过程越来越贴近和融入社会，以更为积极的社会角色为社会发展和变革提供服务。

（一）博物馆的角色转换

现代博物馆的前身是16、17世纪，欧洲王室贵族用于各类战利品、收藏品展示的房间——珍奇柜。这个时期，“珍奇柜”仅对王室贵族开放，公众被严格限制在外，作为“私人空间”的“博物馆”承担着彰显君王权力，规训思想的意识形态功能。

直到1789年法国大革命爆发，才促成了真正意义上公共博物馆的诞生。革命者以人民的名义没收了王室的财产，根据理性主义，将宫殿中的收藏品集中于卢浮宫，公平地向所有人开放，博物馆由“教育公民而服务于国家集体利益的工具”向“公共空间”不断发展。本尼特指出，在转变为公共博物馆的过程中，除去将一个私人的空间转变成一个社会空间外，博物馆一定要将收藏品放置于开放与公共的语境中，经由各种形式和手段对文物的合理展出，调动参观者深度思考、吸纳知识、得到启蒙民众。

（二）作为文化治理工具的博物馆

在文化治理的理论视角下，公共博物馆作为发挥文化功能的重要文化机构，在组织文化、塑造公民价值观、规范公民的行为等方面发挥了独特而重要的作用。公共博物馆被视为表现一系列知识与权力间特定关系的机制场所，是文化技术的主要成员，也是使知识、历史和艺术可以被人们理解的机构，它通过展品内容、展示顺序、背景色彩、形式设计、氛围营造等多种要素，主动地引导观众接受信息的内容，塑造公众的文化气质，并由此实现对社会行为的控制。

但不同于君主专制时期向公众传达的单一规训讯息，随着博物馆对公众开放，民众也成为文化实践的主体，走进博物馆的观众也需要发挥自己的主观能动性，调动自身的知识储备来解读博物馆提供的信息内容，形成判断，进而对展览内容进行评价。

（三）新时代下博物馆的应有之义

2022年8月24日，在布拉格举行的第26届ICOM（国际博物馆协会）大会通过了新的博物馆定义：“博物馆是为社会服务的非营利性常设机构，它研究、收藏、保护、阐释和展示物质与非物质遗产。向公众开放，具有可及性和包容性，博物馆促进多样性和可持续性。博物馆以符合道德且专业的方式进行运营和交流，并在社区的参与下，为教育、欣赏、深思和知识共享提供多种体验”。与博物馆在新时代背景下的角色转换相符合，新定义突出了包容性、社区参与和可持续性的重要性。

新时代背景下，博物馆人更加清晰地发觉，保护和传承人类与自然发展历程中的重要历史遗产的博物馆，在引领社会价值观，倡导文化对话交流，促进文化产业发展等方面具有重要作用，是社会可持续发展的文化驱动力之一。如同国际博协所倡导，“不仅是旧遗产的投影机，还应成为新文化的发生器”，博物馆理应在社会中发挥更加积极的作用，批判性地反映历史与现实中的种种社会问题，并指导人们去解决问题和改善现状。

三、参与文化治理的博物馆

前国际博协主席汉斯·马丁·辛兹先生认为，博物馆作为教育和文化的机构，在定义可持续发展的内涵，推动可持续发展的实践方面发挥着越来越重要的作用。博物馆必须坚守起保护文化遗产的职责，并通过举办教育活动和展览努力营造一个可持续发展的社会。我们必须全力以赴，确保博物馆成为维护世界可持续发展的重要文化推动力。

1. 社会教育与文明发展

文化遗存作为人类社会发展的见证，具有不可替代的重要历史价值。这些遗产不仅属于当代的我们，也属于未来的每一代人，每一个人都有权利公平地对文化遗产进行观赏和研究。公共博物馆作为历史文明遗存载体，除了使得文化遗产可以传之于后世，还将原本分散在不同时空的物件汇聚在此，形成了知识资源整合的场所和一个世界系统的缩影。

一方面，公共博物馆作为公共教育空间，能够借由本身的“公共空间”特性来引导公众外在表现的行为举止，比如保持安静，衣着得体，禁止饮食与触摸文物等。尽管博物馆空间的本意是平等地对全体公民开放，但因为博物馆作为公共空间的一系列要求，又对公众举止形成了约束。另一方面，博物馆珍藏文明的记忆，寄托着一个国家和民族的精神内涵，可以增进观众内在探索和深度思考的能力，现代博物馆应立足公共服务理念，通过举办主题多样化的展览，推行免费开放，开展教育课程等方式，积极回应社会对文化传播与公共服务的迫切需求，引导公众认识科学规律，在精神和情感层面给人以启蒙与滋养，培养公众的理性精神与可持续、全面发展的能力素养，帮助其正确地认识世界，理解当下和展望未来。

2. 文化认同与社会包容

作为一个教育历史空间，博物馆具有特殊的文化感召力；作为一个面向所有公众开放的公共空间，博物馆是一个多元价值和多元文化共存、交流、碰撞、融合的场所，平等地展现国内存在的不同自然的、社会的和文化的差异。博物馆为不同话语主体提供了展示和交流的平台，并用时间的持续性确保了公平性的实现，促成不同文化群体之间的互相对话和理解。通过展览和社会教育活动可以让人们立足多元视角观察和看待世界，培养善良包容的品性，加深对优秀传统文化的感悟和理解，增强归属感、认同感与民族凝聚力，促进社会整体安全水平的提升，实现社会可持续发展过程中“人态环境”的协调发展。

3. 经济发展

文化产业强调以知识财产将取代物质资源，成为经济发展的核心竞争力。自1998年英国政府提出“创意产业”发展政策，文化产业在全球化经济背景下日益成为更加重要的经济增长点，被公认为是可持续发展经济的核心产业之一。博物馆通过对地方历史、风土人情的展示，为旅游体验带来更深的文化内涵。为了促进可持续发展，博物馆应更加广泛地参与经济社会生活，探索包括文创产品、文旅融合等推动地方特色发展的新路径。比如美国的亚特兰大市，可口可乐世界博物馆全面地展示可口可乐的相关历史，并售出相关产品，已成为当地的重要支柱产业之一；英国曼彻斯特国家足球博物馆也越来越成为城市的地标性建筑，多项体验活动和珍品的展出吸引了众多爱好者往来参观旅游，开辟了重要的地方经济增长点。

4. 环境保护

可持续发展的基本原则之一是共同性，指人类要共同促进自身之间、自身与自然之间的协调。在环境和文化多样性保护方面，博物馆也以自己独有的方式参与着文化治理，为人类带来普遍的福祉。全球文化治理框架下，联合国教科文组织认为价值观在环境保护方面起着的决定性作用，只有社会整体在价值观层面认可，才可能真正实现我们对环境保护的要求和目标。因此，博物馆需要着重引导观众对于环境话题的关心，积极策划、设计相关主题的展览和社会教育活动活动，系统性地培育参观者价值观，提高社会对环境保护的重视。

四、结语

1974年，国际博物馆协会就曾提出，博物馆的最终目标是“为社会发展服务”。博物馆作为历史发展的见证者和公众的教育文化机构，蕴藏有巨大的能量，在界定和执行可持续发展战略及其实践中正扮演一个日益重要的角色，今天，博物馆更应主动作为，通过参与文化治理成为可持续发展的行动者、促进者和传播者，为公众带来更多福祉。

参考文献：

[1] 陈泥，肖波.迈向全球文化治理——联合国教科文组织文化政策的演进分析[J/OL].山东大学学报(哲学社会科学版)，2023(03):51-60.

[2] 金莉.“文化治理”视域下的公共博物馆——基于托尼·本尼特文化治理的视角[J].学理论，2019(08):126-128+133.

[3] 赵静蓉.从文化遗产到审美资本：论博物馆文化治理功能的形成机制[J].马克思主义美学研究，2018，21(01):250-259+283-284.

[4] 江凌.论博物馆空间的文化治理性及其治理能力提升策略[J].首都师范大学学报(社会科学版)，2020(03):170-179.

[5] 王嫣慧.托尼·本尼特的博物馆理论研究[D].华东师范大学，2021.

[6] 刘永孜.博物馆：文化治理、视觉技术与主体性建构[J].贵州大学学报(艺术版)，2018，32(05):97-103+116.

[7] 王思怡.从“权力空间”到“公共空间”：博物馆及其社会文化角色的演进[J].都市文化研究，2022(01):346-358.

[8] 武世刚.行业博物馆的社会责任与可持续发展——以中国航海博物馆为例[C]//中国博物馆协会博物馆学专业委员会.中国博物馆协会博物馆学专业委员会2015年“致力于社会可持续发展的博物馆”学术研讨会论文集.中国航海博物馆，2015:150-155.

[9] 于珊.西方环境经济思想史视阈下可持续发展的理论演进研究[D].吉林大学，2022.

关于剧情式互动解密游戏在博物馆展览中的运用

敖曼　武汉博物馆

摘　要：近年来，博物馆展览互动不断推陈出新，以满足观众对于了解文物文化知识的多维需求。而作为新型的展览互动方式，剧情式互动解密游戏也被引入到博物馆展览中，以文物、文化为基石，结合沉浸综合性的游戏方式为观众提供全新的体验。本文以中国大运河博物馆和武汉博物馆的实践案例，浅谈博物馆剧情式互动解密游戏的形成原因、应用优势以及探索方向。

关键词：展览互动；互动解谜游戏；博物馆可持续性

一、现状

随着时代的发展，博物馆逐渐从藏品为中心过渡到以观众为中心，在巩固其收藏、整理、研究的功能外，博物馆需尽最大的努力，通过各种途径鼓励观众走进、并参与博物馆，使公众成为博物馆文化产品的享用者和受益者。

展览作为博物馆文化展示中不可替代的窗口，也同样从对"物"本身的展示与说明，逐步向"人"与"物"的互动、对话转变。而展览互动也从崭露头角的新生事物发展为展览中的重要组成部分，方式和内容也不断推陈出新。而随着公众对于博物馆行业的关注度、需求度不断攀升，博物馆展览互动中的创新性也被赋予更多期许，如何激发文物及文化潜能，满足观众多维度多角度的展览体验，更好地服务公众与社会，成为从业者新时代的课题。

（一）博物馆剧情式互动解密游戏应运而生

展览互动作为博物馆展览中的"重头戏"，通常需具备新颖的展示方式，吸引公众的关注及参与，且通过寓教于乐的方式，使观众接受、理解并深刻记忆博物馆晦涩难懂的文物文化知识。而新的展览互动方式不仅如此，还需要具备一定的可行性基础。

一方面，如今的展览互动正进行多方向多领域探索与实践，且随着多媒体技术和电子科技的发展，展览互动中科技程度不断提高，例如在多媒体信息互动类型中，从通过触摸屏、互联网，观众自主翻阅、查询图片及信息的传统方式，到AR技术模拟仿真，文物和历史场景复原并再现，科技给予文化展示方式越来越多的惊喜。

另一方面，文化娱乐消费市场近年大火的娱乐方式莫过于剧情沉浸式密室逃脱和剧本杀了，虽两者在游戏方式上有所不同，但皆通过沉浸的故事剧情、花样的角色扮演、趣味的解密环节吸引消费者的光顾。不仅在各个城市里的室内外购物商圈都有其身影，线上相关的游戏、综艺、影视同样热度不减。其消费者虽以青少年为主，但从80后到00后都是广泛客群。商家提供的服务类型多样、题材繁多，且内容和服务质量也在快速迭代，以满足热切和挑剔的消费场景。其中，传统文化题材和相关的剧本内容占较大份额，消费者对体验传统文化场景和故事有着浓厚热情。

剧情沉浸式密室和剧本杀此类娱乐形式具备展览互动项目所需的吸引力及热度、引人入胜的游戏设置、可借鉴的成熟商业案例、充分发展的技术支持，以及相似并可置换的体验场景。故而，将其引入到博物馆展览，作为展览互动的探索方向，形成综合性的游戏式展览互动方式，乃题中之义。

（二）剧情式互动解密游戏在博物馆展览中的应用

博物馆展览中的剧情式互动解密游戏是以展览的文物和文化内容作为内核，辅以多元化的展示手段，进行故事型游戏改编的展览互动新模式，其沉浸式的剧情、趣味的角色扮演、丰富的综合性以及可持续性令展览互动焕发全新的魅力。博物馆剧情式互动解密游戏这类模式在国内还刚刚兴起，如何开发出既符合博物馆文化定位，又能激起观众热情的文化服务产品，仍需探索。

以下以中国大运河博物馆的《大明都水监之运河迷踪》和武汉博物馆的《青花双瓶记》，作为代表案例进行阐述。两者分别为以实景与纸本两种形式为载体，但都是以馆内线下展览内容作为依托的游戏化项目。《大明都水监之运河迷踪》是依托中国大运河发展文化史及明代运河相关的船只、职业、驭水技术、机构运转等历史知识，面向10~15岁青少年群体推出的青少年互动实景体验解谜展。而《青花双瓶记》是由武汉博物馆与元青花仕女团队联袂出品，依托“花开并蒂　梅韵江城——湖北省博物馆、武汉博物馆藏元青花四爱图梅瓶首次联展”，针对中小学生，推出的寓教于乐的互动解密纸本游戏。

二、博物馆剧情式互动解密游戏的优势

（一）设定剧情，增强沉浸感

人普遍更偏好于带有故事线的内容，由故事串联起零碎的知识点和文化背景，可加强观众参与性与沉浸感，也延长了体验后的记忆。且无论是博物馆展示的文物或是传播的文化内涵，本就是文化长河的管中一窥，所以将文物和文化归置进半虚构的历史背景故事之中，合情合理且生动有趣，也更利于增加观众的接受度和理解度。

《青花双瓶记》所依托的“花开并蒂　梅韵江城——湖北省博物馆、武汉博物馆藏元青花四爱图梅瓶首次联展”，展出的是湖北省博物馆和武汉博物馆各自珍藏着一件造型、纹饰相类的国宝级的珍贵文物——元青花四爱图梅瓶。其中湖北省博物馆藏的梅瓶为郢王朱栋与郢王妃的随葬品，见证了一双人“生同衾死同穴”的爱情故事。所以游戏故事以郢王夫妇与双梅瓶之间的羁绊为始，将剧情主线设置为郢王妃郭氏的贴身丫鬟袖扬为完成主子望两只梅瓶齐聚的心愿，寻找梅瓶下落过程中的曲折故事。其不仅借用了梅瓶背后的传奇故事为游戏剧本增添故事氛围，又突出两梅瓶齐聚的来之不易，而最终任务完成，梅瓶归来，王妃已离开人世，符合历史设定，又增添了故事中的遗憾之情，增加观众情感勾连。

（二）角色扮演，提升趣味性

在剧情式互动解密游戏的整个过程中，需观众代入到游戏中的角色身份，以角色视角进入到故事之中。由于代入角色与故事背景强关联，且设定身份、性格、处境皆有不同，在游戏刚开始，便使观众产生新鲜感和兴趣。

《大明都水监之运河迷踪》中观众将化身“都水使者”，护送贾王回京。由于在故事背景设置中，此次贾王回京与储位有关，路上恐万分险阻，观众代入的“都水使者”作为护卫，责任在身的担当感和紧张感油然而生。且《运河迷踪》提供了三个人物供观众选择，人物设置二男一女，既有长者，也有青年，三个人物各有其形象设计，游玩趣味陡升。《青花双瓶记》中则是让观众代入郢王妃郭氏的贴身丫鬟袖扬，同样设计了出场人物形象，手绘原创，可爱灵动。且游戏剧情中对话颇多，以对话突显角色的性格特征，强化角色的真实度与个性化。

(三)综合游戏，增加丰富性

不同于传统展览互动中单元式的项目概念，剧情式互动解密游戏集合多个单元式游戏或互动项目组合在一起，并统合大量的展览文化及知识于一体，以多种呈现方式展现于观众面前，使观众在剧情之内，关卡连环相扣，增强体验的连贯性和丰富性。

《青花双瓶记》呈现形式为纸本加线上相结合，主体分为一本近50页的图文故事册，和一个谜题道具包。图文故事册共五大章(包含尾记)，十五小章节，故事剧情曲折有趣。游戏中的谜题共设置11处，有文字解密、图案辨析、实体道具巧用等方式，谜题内容涉及文物细节比对、八卦知识、传统诗歌等。且在游戏细节和谜题中，展览文物元素穿插式出现：例如在谜题8中，以两梅瓶的花纹出题，进行比对得出对应的文字答案。而在谜题9中，借以梅瓶四图内容所指季节正好对应四季，组成密码，设置关卡。

《大明都水监之运河迷踪》作为大型实景的剧情式互动解密游戏，展示内容和呈现形式更是多样。其内容分为大运河的诞生故事、大运河流向的奥秘、古代船只的小秘密等共八个章节，所包含的大运河知识从历史、地理、人文到科技相关的文化知识均有涉及。增强现实(AR)、体感驱动、360° 环平感应投影、光影效果等皆与情节知识点深入结合，使观众“护卫”贾王回京的路途中，综合形成沉浸式生动的互动体验。不仅对故事背景和文化主线进行串联，《运河迷踪》中的关卡也设置了上下承接关系：观众入场后，均配备迷案卷宗，并和机械打卡机结合得出谜题答案。在谜题六中解题需两个答案二选其一，并打卡作答，此处打卡会将卷宗破孔，而在下一关卡中，需将卷宗对准设置处，上一关选择的孔位就会指引方向，使上下的谜题产生关联与呼应。

(四)良性发展，具有可持续性

1.对于博物馆的可持续性

博物馆展览，尤其是常设展览，其展示的文物及知识性的内容较为固定，一般是常年不变，为了满足观众能时看时新的需求，作为辅助展示的互动项目，无论是线上线下，纸本还是实景，互动解密游戏可以不断地去更新它的“软件”：游戏的风格、故事的背景、人物角色选择、剧情设置、解密方式、跟随时代变化的文化价值观。那么即使是参观过的观众，也可以一刷二刷，体验多样的趣味玩乐方式，使博物馆展览的文化输出常态化、生活化，真正成为公众文化教育的生活场所。

2.对于文娱市场的可持续性

市场上文化娱乐活动层出不穷，形式多样，并且已经较为成熟，文娱市场的繁荣无疑丰富了公众生活，但其中因猎奇而产生的不良价值观和场景也鱼目混珠，其社会价值观和正确的文化知识都需要不断规范。那么，博物馆作为国家的重要文化窗口，引入市场的流行娱乐形式并加以规范，有利于树立正确文化及价值观导向的榜样，传导文化魅力，助力文化娱乐市场能够良性运转和发展，这是博物馆作为社会机构的责任和使命。

三、关于博物馆剧情式互动解密游戏的探索方向

（一）立足展览，因地制宜

不同博物馆的文化服务方向、自身风格各有不同，无论偏重于历史类、艺术类、科学技术类，都需考量解密游戏设置的风格和题材，立足自身定位，结合本馆藏品，进行定制化的游戏文本内容和角色设定。场地条件、资金、设施配置等各方面现实因素对游戏落地的方式与形式有较大影响，所以以实际条件为根据，决策具体实施方案，也同样重要。正如中国大运河博物馆和武汉博物馆所做，以自身现实因素决定互动游戏的展示方式：中国大运河博物馆于新馆筹建时期就敲定了互动的体验解谜展，于是规划了负一层较大的空间去实施实景的沉浸体验空间，场地与设备一应俱全，展现形式多用于音像播放、体感驱动等。而武汉博物馆展览场地已建成多年，则以可操作性强、实施便捷的纸本结合线上APP的形式呈现。

（二）牢牢把握以文化传播及教育为导向的娱乐方式

虽然是剧情式互动解密游戏，本身带有较强的娱乐属性，但作为博物馆展览的互动项目本质上仍是向公众提供的文化服务，是以文化传播和教育目的为导向。首先需明确传导的价值观的正确性：一是是否符合社会主义核心价值观及社会普遍的道德观念，二是需向观众传递正确且积极的文物文化价值理念。其次，在游戏设计的实践中，需以真实的史实为主，以娱乐性的虚构为辅，才能向观众传达有效的正确的文化知识。

（三）扩大互动体验人群辐射范围

现今的展览互动还是以青少年为主要目标受众，且为了使观众更快更顺利地完成游戏，游戏难度一般偏简单，但这样一则是过简单的谜题会削弱观众的记忆深度，二则是成年观众无法深入参与，仅受限于陪伴及帮助青少年完成。为扩大年龄圈层，吸引更多的观众实际参与到展览互动之中，需不断精进游戏的关卡难度设置，比如同一关卡提供初阶和高阶的不同难度梯度的解密深度，每个梯度的正确答案都可通关，但是解锁的知识量和隐藏剧情皆有不同，满足不同观众群体的喜好和需求。

（四）利用媒介，促进“人与人的交流”

新时代的博物馆展览互动不仅是建立“人”与“物”的对话交流，更可以进阶到“人”与“人”的对话交流：一是打破展览互动中陌生观众的交流壁垒。例如在《运河迷踪》里最后的结束场景里，设置了排行榜屏幕，参加游戏的观众可以扫码将自己通关的时长上传到屏幕，通关时长会直接被计入排名并滚动播放，观众可以看到自己在所有参与观众的时长排位，并且观众还能将评语和感受上传至屏幕，使互动游戏成为社交实物和社交平台。二是引导观众打卡并分享展览互动的精彩瞬间投放在社交媒体，将场内与场外观众建立联系，促进线上线下基于展览互动内容的交流讨论，提升展览的热度和话题度。

四、结语

博物馆剧情式互动解密游戏是博物馆不

断强化社会文化公共服务的实践成果，其沉浸式、综合性的趣味体验，拓宽了博物馆展览的展示互动方式。对于文娱市场及博物馆自身的可持续发展都具有积极助力，同时对于公众美好生活的文化需求进行更加有效地满足。作为博物馆从业者，我们也需不止于此，不断探寻博物馆对于构建可持续未来的努力路径，为社会文化福祉贡献力量。

参考文献：

[1] 南京博物院、中国大运河博物馆.中国大运河博物馆[M].南京：江苏凤凰文艺出版社，2021.

[2] 郑晶.游戏型教育模式构建在博物馆中的应用探索——以青少年互动体验展“大明都水监之运河迷踪”为例[J].东南文化.2021(3).

[3] 耿超等.博物馆学理论与实践[M].北京：科学出版社，2018.

[4] (美)妮娜·西蒙(Nina Simon).参与式博物馆：迈进博物馆2.0时代[M].喻翔译.杭州：浙江大学出版社，2018.

720度全景技术在博物馆数字化中的运用简析

范江欧美 钱卓思 武汉博物馆

摘 要：经过十多年的持续发展，720度全景技术在博物馆数字化中的运用已相当广泛，其技术也日臻成熟，这使得博物馆的藏品和展览得以突破时间和空间的桎梏，通过数字互联网的方式呈现在公众面前。目前两种主流的720度全景技术各有其特点与局限性，它们应该有针对性地运用到各自适合的场景中，以便给观众带来更好的观赏体验和知识收获，同时也为藏品的保护、展示和利用提供更便捷、更高效的传播途径。

关键词：全景技术；博物馆数字化；虚拟现实；3D实景

囿于人类自身寿命和记忆的限制，人类在不断进化的同时，一直试图记录和留存更多的信息。从洞窟崖壁上的岩画，到用以记事的绳结，再到文字的出现和卜骨、简牍的产生，人类进步的每一个脚印，我们的祖先都试图用各种记录方式将其镌刻下来。书籍传播文化思想，画卷描摹人物山河，文物见证历史文明，我们想要记录的步伐一刻不曾停下——直到照相机、留声机、摄影机相继诞生，人类的记录方式进入了一个新的纪元。自21世纪初以来，随着新的技术浪潮的席卷，新媒体技术开始广泛应用到了我们生产生活的方方面面，它以更逼真、更全面、更丰富、更深刻、更持久的方式继续记录并传播着当下绚丽多彩的生活，奇思妙想的创意，精彩纷呈的世界……

720度全景技术是一种有别于视频、声音、图片等传统流媒体，具有可操作、可交互的一种新媒体技术。其中“全景”一词，源自英文Panorama，该技术作为目前新媒体应用场景最广泛的技术之一，经过十多年的持续发展，其技术水平日臻完善，其在博物馆行业中的应用已被逐步接受和认可。该技术的使用使得博物馆的藏品和展览得以突破时间、空间和物质本身的桎梏，通过数字互联网呈现在公众面前。在长期的工作实践中，笔者有机会多次参与到博物馆数字化工作中，对于目前博物馆行业中经常会接触到的720度全景技术的使用，总结了一些工作心得和个人思考，在此与同行们分享、探讨。

一、720度全景技术的两种主要实现形式及其各自的特点

目前，利用720度全景技术创造出来的“景”大体可分为两类，即“虚拟现实”和“3D实景”。虚拟现实是利用Maya、3Dmax等三维软件，模拟制作出逼真的虚拟场景，让人置身其中可以自由游览。3D实景是运用数码相机对现实场景进行多角度环视拍摄，然后经过特殊的后期缝合处理并加载播放程序来完成的一种三维虚拟展示技术，同样可以让体验者有行走在真实场景中的感觉。显而易见，这两种实现方式都试图从真实场景出发，营造出虚拟

的博物馆展示空间，同时带给观众真实的参观体验。

在“虚拟现实”造景中，除了展陈中出现的展品外，展示空间内的布景、展柜、说明版面等等都是经过了三维模型按一定比例等比搭建的。展厅内的灯光等效果还可以人为设置和调节。经过这些年不断地技术积累和完善，其营造出的真实感已经可以达到身临其境的效果。在“虚拟现实”造景的虚拟场景中，观众的自由度是非常高的，可以达到真实地在场馆内漫游的状态。很多“虚拟现实”造景的展项中，还会加入虚拟的讲解员，为观众进行导览和讲解。然而，也正是因为展厅中的一景一物都是虚拟出来的，“虚拟现实”造景的投入是巨大的。首先就是人工和时间成本，展览中文物的三维建模自不必说，环境的建模也是工程浩繁。这也必然导致“虚拟现实”造景在资金上的耗资巨大。最具代表性的就是当年的“超越时空的紫禁城”项目，由IBM公司历经3年制作完成，据说投入了300万美元之巨。尽管很多数字博物馆项目达不到故宫的量级，但不菲的制作费用还是让绝大多数博物馆望而却步。另外，使用端也需一提。“虚拟现实”造景必须在特定的浏览器插件支持下才可以浏览，需要下载单独的浏览器插件进行播放。在播放的过程中，网络配置也需要考虑。通过网络体验“虚拟现实”展厅，由于其数据量较大，给数据传输带来极大考验。当多用户同时想要访问参观时，如果博物馆网络配置达不到需求，就会给观众带来不好的参观体验，让前期的投入与付出都大打折扣。

而“3D实景”造景是利用数码相机对现实场景进行多角度环视拍摄，然后再利用软件进行后期图像拼合，形成三维空间还原，其工程量就要小得多。其数据采集周期和图像制作时长都大大缩短，人工投入消耗相对较低，往往一个三五人的团队，就能在较短的时间内完成。与之相应的是成本的降低和成果的快速转化。从使用端来说，经过这些年设备和技术的不断推进，浏览的真实体验感也在不断提高。“3D实景”造景形成的播放文件可以轻松嵌入网页，观众可以从PC端和移动端随意进入，浏览起来十分便捷。由于“3D实景”的数据基础为图片，其网络加载和传输的要求都相对较低，也不会给博物馆的网络配置设置障碍。有学者就提出，“3D实景”式虚拟展示是一种经济型数字化博物馆展示建设途径。目前，这种造景方式，已经逐渐为各大中型博物馆所接纳，并广泛运用到常设展览和临时展览的线上展示中。如同任何一枚金币都有两面，“3D实景”技术也存在一定的局限性。由于“3D实景”造景是工作人员用相机以照片的方式，按照展线逐一采集的数据，且这个“数据”提取的视角必须统一，不能随意变换；其观测点、曝光度、清晰度等等也都受限于采集设备的精度和采集员的操作水平。观众在游览时，自由度相对较低，只能根据采集员选取的点位和角度来观赏，无法达到真正的漫游。同时，人体自身的视力调节能力，使观众能够在真实展厅中根据光线的强弱，过滤、甄别、提取展品更加真实的图像信息，而相机无疑是做不到这一点的。它受到环境光和展柜玻璃等光元素的影响，很难精准反映展品本原的色彩状态。如果采集员没能控制好曝光度，最终制作出来的数字展厅就会发生较严重的色彩失真，使观众的观展收获发生偏差。再次，虽然很多“3D实景”制作公司标榜展览中可以添加图片、声音、视频等多媒体信息和交互功能，但在目前的技术实现上，仍然存在一定的技术难度。

还需要提到的一点是，无论全景技术的哪一种实现方法目前都在为了提供更经济便捷、还原逼真、丰富多元的体验目标而不断完善和革新。设备方面，现在已经有可以直接扫描建模的摄影设备投入数据提取中。经过后期处理，再配合相应的VR眼镜的使用，就能轻松高效地实现高逼真度的虚拟游览。而“3D实景”造景法的数据采集相机的精度也在不断提高，这使得观众在前进点(即观察点)处通过放大画面，就可以清晰地看清展柜内展板的文字图版信息，而不必如以前的只能窥其模糊大概或者需要单独点击热点了解详情。技术方面，“虚拟现实”造景法在不断提高算法和加载方式方面进行着尝试，这使得网络浏览的流畅度会大大提高，从而保证观众获得良好的游览体验。“3D实景”造景法则在不断尝试更优化的观察点过渡模式，让观众在游览时感觉到更加平缓和自然的移动和过渡。同时，尝试让更多类型的多媒体形式能够更便捷自如地加入虚拟展厅中去，提供给观众更加人性化和智能化的游览体验和知识汲取方式。

二、720度全景技术的两种主要实现形式各自的应用方向

前文从制作原理和方式方法、人工投入、时间周期、资金投入、网络配置、浏览体验、还原度等方面，对比了两种造景方法之间的差异。显然，这两种实现方法各有利弊。“3D实景”法由于其制作成本和时间周期上的优势，在现阶段更能为博物馆行业所接纳。但我个人认为，这两种技术方法其实是有其各自的应用场景的，它们应该在各自应用场景发挥各自独特的优势。

“3D实景”造景法可以较多地应用在临时展览中。对临时展览这样的短期艺术创作，“3D实景”造景法可以很快地让展览与观众在线上见面。如果资料准备齐全，甚至可以做到，线上线下同步展示的效果。这对线下展览可以起到很好的推广作用。同时，全景技术能够对展览这一艺术创作起到很好的资料保存作用。每一个展览都是策展人的智慧创作与思想情感的表达，都是策展人的艺术创造。他们以展陈的方式讲述故事、表达思想、传达情感。沟通的便利和交流的深入也使得展品征集地突破了一馆、一城、一国的地域限制。很多临时展览的展出是十分来之不易的。对于终将落幕的展览，“3D实景”造景法可以极其高效、逼真、全面地完成展览资料的留存，而不仅仅停留在片面的照片和有限的影像资料中，可以为公众提供永不落幕的展览。

而“虚拟现实”造景法则更适合应用于具有空间解剖或拓展的场景，以及部分需要虚拟的展陈环境中。例如大型建筑物的外形与内部构造，如桥梁、塔楼、石窟造像等；又如古家具、古建筑构件，如榫卯、斗拱等；又或者内部结构精巧、无法或很难用肉眼观察到的器物细部或结构等；再如天空、海洋、外太空等科技展馆的展览中需要展示的场景，都是“虚拟现实”造景法的用武之地。在这些场景中，“虚拟现实”造景法可以利用三维模型，将需要展示的内容解剖出内部的细节，提供更加直观、可视化的视觉信息让观众去认识和理解。而虚拟出的太空漫步或海底世界遨游场景，配合VR眼镜、头盔等传感设备的使用，无疑会带给观众更加真实、新奇、深刻的体验。

三、720度全景技术助力虚拟博物馆的未来发展空间

张秋莲、李涵两先生在《360度全景展示在虚拟博物馆中的应用探索》一文中提到："虚拟博物馆把馆藏文物中承载的各种信息抽取出来，将传统的静态文物转变为由声音、图像、文本等构成的动态的数字化信息，通过互联网信息技术传送到世界各地。观众可以不受时间、空间的限制，随心所欲观察自己想了解的东西，较好地解决了展品保护的条件和展览场地制约，有效地拓展了现实博物馆藏品保护、研究和展示的新领域。"然而，这种信息的抽取应该只是全景技术应用的一个着力点。

王圣洁同学在其学位论文《虚拟现实技术在博物馆展示设计中的应用研究》中提出了目前博物馆展陈存在的一些普遍问题，她认为："传统的博物馆展示主要集中于实物、图片和文字的展示，注重展品外观的美观性和趣味性，缺乏体验操作的过程。用户只能被动灌输式接受和认知信息，信息多从大段的文字展板中获取，文字展板不仅艰涩难读，而且观众能从中获得的信息非常有限。还有不少珍贵的展品因其易损的特性，用户无法近距离接触和观看，只能远远观摩，在脑海中留下一个大概的印象。传统单一的展示方式无法满足观众对参与意识和体验的渴求，包含了声光电数字内容的多媒体影像展示能从视觉和听觉两方面冲击观众的感受，但观众与展项之间的互动仍然缺失。缺乏互动的参观难以让观众留下深刻印象，观众与展品之间缺少解释、互通的桥梁，博物馆的传播效益也会随之打折。"这些中肯切实的评价，反映出展陈研究者们对于展品与观众(物与人)之间相互关系的认真思考。"以人为主体，以观众为中心"的展陈理念已经越来越多地被博物馆工作者们所认识和接纳。在策展人传扬文化知识、表达创作理念与情感的主观世界中，如何能够吸引观众来参观，如何能够让观众在参观的过程中留下深刻的印象，得以更充分地理解策展人的表达，并获得某些新知，成为博物馆工作者下一步努力的方向。而提供真实或接近真实的体验感，增强观众与展览之间的互动性，可以说是解决上述问题的一把钥匙。徐兆吉，马君等先生在《虚拟现实——开启现实与梦想之门》一书中写道："虚拟现实打破了以往人类习惯的对视觉和触觉的感知，在这种新的感知方式下，如何自然地与电脑系统进行交互将成为重要的关注点。"

四、结语

全景技术作为从现实场景转化为虚拟场景的重要手段之一，在虚拟博物馆的建设中被广泛应用。当前，其主要应用方式分为"虚拟现实"造景法和"3D实景"造景法，这两种方法在人工投入、时间周期、资金投入、网络配置、浏览体验、还原度等方面各有利弊。我们在应用的过程中，应该针对其技术特点在合适的应用场景中发挥各自独特的优势。虚拟现实技术为我们打开了新世界的大门，利用720全景技术配合虚拟现实技术以及其他可以调动观众听觉、视觉、触觉、味觉、嗅觉、前庭觉、本体觉等感知的设备，打造出可以提供真正沉浸式的体验的虚拟展馆，是未来博物馆发展的方向之一。在未来，当大量的藏品信息被提取出来以后，通过知识图谱技术的桥联，观众进入一家博物馆后，就可以与收藏在全球各地、数以万计的珍贵藏品接触与对话，通过自

己的“主动召唤”，去了解、认识、感受不同文明、不同文化、不同地域元素的相互关联与差别，从而碰撞出新的思想火花，创造更加美好的生活！

参考文献：

[1] 游杰. 基于 720 全景技术的数字博物馆建设方法研究 [J]. 信息与电脑(理论版)，2018(17).

[2] 黄秋儒、殷俊、吴垠 . 经济型数字化博物馆展示建设研究——以无锡博物院360度全景虚拟展示为例 [J]. 装饰，2015(5).

[3] 张秋莲、李涵. 360度全景展示在虚拟博物馆中的应用探索 [J]. 中国国家博物馆馆刊，2011(9).

[4] 王圣洁. 虚拟现实技术在博物馆展示设计中的应用研究 [D]. 江南大学，2018.

[5] 徐兆吉，马君，等. 虚拟现实——开启现实与梦想之门 [M]. 北京：人民邮电出版社，2017.

博物馆可持续发展：携手武汉轨道交通　弘扬江城历史文化

——武汉博物馆文物多元化展示的创新实践

雷晓洁　武汉博物馆

摘　要：武汉博物馆携手武汉地铁集团有限公司、中国铁路武汉局集团公司开拓展示平台，创新传播方式，在武汉地铁开通“武博历史专列”，并相继推出具有武汉地域特色历史文化的系列海报、整体车厢、系列短视频、高铁电子书、一卡通等，累计传播受众达5亿人次，实现了武汉博物馆馆藏文物在重要交通枢纽宣传渠道的首次亮相，在促进武汉城市文化建设、弘扬武汉历史文明、推动博物馆可持续性等方面具有开创性的意义。

关键词：武汉博物馆；轨道交通；文物；创新宣传

党的十八大以来，习近平总书记在谈到文物工作时多次强调：“文物和文化遗产承载着中华民族的基因和血脉，是不可再生、不可替代的中华优秀文明资源。要让更多文物和文化遗产活起来，营造传承中华文明的浓厚社会氛围。”武汉博物馆一直致力于“让文物活起来”，充分发挥城市博物馆体现城市精神，提升城市魅力的核心作用。地铁作为“流动的博物馆”，是城市中“最有价值的隐藏”，地铁的文化空间是展示城市精神文明的重要场所，也是助力城市营销的重要文化载体。而高铁更是提升文化旅游生态融合发展的助推剂，具有良好的传播效应。为进一步扩大宣传范围，增强文化传播力，近几年来，武汉博物馆积极与武汉地铁集团有限公司(简称武汉地铁)、中国铁路武汉局集团有限公司(简称武汉高铁)紧密合作，强强联手，不断开拓展示平台，创新文物多元化展示方式，结合媒体宣传，累计传播受众达5亿多人次，具有开创性的实践意义。

一、携手轨道交通，创新博物馆文物多元化展示渠道

武汉博物馆是国家一级博物馆，武汉历史文化的重要展示窗口，庋藏丰富，品类齐全，拥有各类藏品近6万件/套。近年来，武汉博物馆立足馆藏资源优势，结合社会热点，多渠道开拓博物馆文化展示空间，积极加强与其他行业的交流与合作，共同搭建展示武汉优秀历史文化的平台，以此探寻博物馆可持续发展的新途径。

2021年10月，武汉博物馆携手武汉地铁，开通“武博历史文化专列”，遴选馆藏瓷器、玉器、青铜器、古代书画等精品文物，根据不同车厢主题进行布置，力求使乘客沉浸在琳琅满目的精品文物世界中，感受中国传统文化的深刻内涵，以及武汉地方历史文化的深度魅力。这趟“武博历史文化专列”原定开通三个月，

由于乘客反响很好，以及地铁集团对这趟文化专列的宣传内容高度赞赏，决定将文化专列延期为一年，为千千万万的乘客带来畅游武汉博物馆的沉浸式体验。

在与武汉地铁、武汉高铁集团长期合作期间，武汉博物馆精心挑选具有武汉地方文化特色的馆藏文物珍品，推广宣传荆楚文化。武汉博物馆以文物系列海报、文物防疫科普小视频、《汉风楚韵 与君偕行》公益宣传片、“博物馆说”短视频、《商旅时代》高铁纸刊及电子书等多元化的组合宣传方式，让具有武汉地域特色的历史文化品牌登上地铁、高铁，服务于广大旅客，为拓宽荆楚文明弘扬和传播的渠道提供了重要的视域平台。

2022年上半年，武汉博物馆与武汉城市一卡通有限公司联合推出“元青花四爱图梅瓶”书签武汉通卡以及明代“江汉揽胜图”武汉通卡。其中“元青花四爱图梅瓶”书签武汉通卡以武汉博物馆镇馆之宝“元青花四爱图梅瓶”为素材精心设计，既美观，又有一定的收藏价值，同时也兼顾了书签和交通卡的功能，将武汉博物馆藏珍贵文物与人们的日常生活、交通出行相结合，创造博物馆所藏文化遗产的另一种传承模式。

二、深挖文物内涵，创新博物馆文化的宣传形式

（一）根据不同的场景，进行博物馆文物宣传内容的创新展示

武汉博物馆与武汉地铁集团有限公司共同推出的“武博历史文化专列”，所有展示内容均为武博策展团队设计制作。专列6节车厢主题分别为“穿越古今　趣赏萌兽”“大美吉金　王者风范”“文明瑰宝　瓷韵多彩”“天地精灵　璀璨江汉”“豪素生春　纸落云烟”“江汉遗珍　至美祥和”，根据各个主题进行文案撰写，特别是按文物特色设计有旁白或独白极具新意，诙谐活泼，亲切生动，很快就拉近了与乘客的距离。如商代饕餮纹瓿，对着乘客“说”出这样的话：“我有酒，你有故事吗？”读来令人忍俊不禁，产生一丝联想；东汉诗经铭文镜，旁白“巧笑倩兮，美目盼兮，镜里朱颜瘦瘦兮”，特别富有诗意，颇受爱美的女孩子喜爱；清代碧玉海晏河清烛台，旁白：“大雁衔珠踏玄武，海晏河清歌盛世。衷心祈愿国家安定，天下太平。”一看诗句，就会唤起广大乘客的国家使命感和民族自豪感。

《汉风楚韵　与君偕行》公益宣传片，是武汉博物馆为武汉高铁量身定制，图片上精心选择，文字上精心推敲。宣传片选取了多件具有武汉博物馆馆藏特色的代表性文物：明代“江汉揽胜图”，描绘出五百多年前的武汉三镇的瑰丽风光，让旅客了解武汉明成化年间之前的山水格局，尤其是当时还未消逝的鹦鹉洲的美丽姿容；清代伽楠木雕“一品当朝”款如意，寓意着各位旅客乘坐高铁“千里咫尺，如意随行”；承载着“双凤呈祥、旅游和顺”涵义的清代“白玉双凤交颈壶”和“白玉人物船”，体现了武汉博物馆馆藏玉器之美，同时亦有寄望广大旅客一路平安……这些文物既诉说着武汉这座城市的悠久历史文化，也向旅途中的乘客送上一份温暖的祝福。这种将文物内涵与文旅融合的创新展示方式深受旅客喜爱，很多旅客在电子屏前驻足流连，认真观看，体验这种别致的博物馆文物、文化表达形式。

（二）突破单一性，加强博物馆文物多渠道的并行宣传

在《武汉历史文化专列》及公益宣传片取

得成功后，武汉博物馆又加大力度，与武汉地铁集团、武汉高铁集团进行多次接洽，确定多样态、多层次全媒体宣传渠道的工作方案，并就宣传的投放范围、主题内容达成合作意向，最终成功取得多个传播渠道的公益广告位，决定以系列短视频、系列海报、公益海报、整体车厢、高铁电子书、一卡通等创新的新媒体组合宣传方式，实现了武汉博物馆馆藏文物与充满武汉地域特色的历史文化在重要交通枢纽宣传渠道的系列登场。

在与武汉地铁集团、武汉地铁集团的合作中，武汉博物馆不断更新展示内容，提升武汉博物馆的社会关注度，突出地铁文化和高铁文化内涵，定制展示内容，以解读文物内涵，诠释轨道交通意义，宣传抗疫知识，启发旅客文明乘车、安全出行。

三、让文物走向社会，创新博物馆文化的热度

(一)创新博物馆文物展示模式，具有覆盖面广、社会关注度高的实际效果

地铁不仅是城市重要的交通枢纽，更是承载城市精神与文化的重要公共空间，同时还是助力城市营销的文化载体。武汉博物馆在武汉地铁2号线、3号线、6号线、7号线、8号线和11号线的50余个主要站点投放了120块灯箱广告和LED屏，文物结合文字版面、文字解说以及短视频的方式，充满了浓郁的文化性和趣味性，短时间内就迅速吸引了社会及公众的目光，激起良好的社会反响。武汉新闻、“今日头条”、新浪微博等众多媒体平台争相宣传报道，传播受众达2亿人次。

武汉高铁更是提升文化旅游生态融合发展的助推剂，具有良好的传播效应，武汉博物馆为高铁动车量身定制的宣传片《汉风楚韵与君偕行》，在武汉、武昌、汉口三大火车站LED旅客信息大屏和高铁动车编组列车上滚动播放，传播受众达3亿人次，得到社会公众和新闻媒体的广泛关注和好评。

(二)突破博物馆文物传统的展柜展示模式，产生良好的“出圈效应”

武汉博物馆充分挖掘具有历史文化底蕴的馆藏瓷器、玉器、青铜器、书画等精品文物，利用武汉地铁、高铁固定及移动的多个展示平台，从而达到了让博物馆藏品真正“活”起来的社会效果。在策划“武博历史文化专列”时，武汉博物馆展示设计制作团队摒弃传统的文物介绍模式，将“武博历史文化专列”的6节车厢设计出不同的主题和色彩，并配上精美的文物图片和诙谐生动、通俗易懂且有时代感的说明文字，如：国画大家齐白石创作的《喜从天降图》，说明文字表达了对武汉人民春暖花开、抗疫必胜的美好祝福：“钟馗现身瘟疫祛，喜从天降世安宁。”设计制作团队打破传统思维，推陈出新，将地铁车厢打造成“流动的博物馆”，让馆藏文物与乘客对话，产生“出圈效应”，乘客仿佛穿越数千年时空长廊，徜徉在武汉地方历史文化的旅途之中，享受博物馆文化传播的沉浸式体验。

(三)创新博物馆文物资源与新媒体的融合发展，取得突出成果

为贯彻落实中央关于加强文物传播的有关决策部署，优选推介文物，传播文化精品，讲述好、展现好、传播好中国文物故事。武汉博物馆对在武汉地铁及高铁展示的内容进行了多样态、多层次、全媒体的传播，让博物馆文化传播系列化，以期产生更广泛的社会效果。如在“学习强国”平台、央视官网、文旅

中国、中国文化报、人民日报、长江日报等媒体及网络平台，以及抖音、快手、哔哩哔哩短视频等媒体平台连续推送宣传报道，延续了博物馆的社会热度。

四、武汉博物馆创新馆藏文物传播方式的时代意义

武汉博物馆充分利用馆藏文物资源，主动出击，与武汉地铁、武汉高铁的精诚合作，创造了武汉文博界与其他领域合作共赢的新思路，其时代意义归纳起来，主要体现在可持续性、可复制性、可带动性三个方面。

（一）博物馆创新文物传播方式具有鲜明的可持续性

武汉博物馆与武汉地铁集团的合作时间长达一年之久，其间不断扩充展示内容及方式，得到地铁集团的积极回应，提供了更多的免费展示空间，并延长了展示时间。在此基础上，武汉博物馆与武汉地铁集团明确了继续深入共同打造及传播武汉历史文化的意向，让武汉博物馆的珍贵文物及历史知识在武汉地铁空间里的展示得以一直延伸下去，让博物馆文化成为武汉地铁文化的重要组成部分。同时，武汉博物馆与中国铁路武汉局集团公司的合作得到了集团公司的高度认可，希望以此次合作为契机，让更多具有武汉地域特色的武汉博物馆历史文化品牌走进高铁，双方的合作得到可持续性发展。

（二）博物馆创新文物传播方式的经验具有可复制性

武汉博物馆不断拓宽武汉历史文化传播渠道，用具有代表性的馆藏文物珍品来提升武汉地铁、高铁的文化内涵，解读武博馆藏特色文物背后的故事，宣传历史文化，让广大乘客通过武汉博物馆制作的海报、视频，感受武汉地方历史文化底蕴的博大厚重。

武汉博物馆在武汉地铁、高铁以文物解读武汉历史文化的展示形式具有可复制性，尤其是通过新媒体的融合发展，成效突出，具有前瞻性和创新效应，在武汉市文博行业内发挥了积极的引领和示范作用。

（三）博物馆创新文物传播方式具有一定的区域带动性

武汉博物馆通过与武汉高铁、武汉地铁的紧密合作，充分带动了武汉博物馆年轻员工的创新能力。在该项目的内容策划、展品选择、版面文字撰写、视频制作、沟通联系等各项工作中，充分发挥武汉博物馆年轻员工的创新能力，打破部门之间的壁垒，加强合作，群策群力，从文物选择到内容设计，再到形式编排，都富有成效，让策展团队迅速成长起来。同时，武汉博物馆打破过去馆舍展示的单一模式，开拓思路，创新理念，开拓多渠道展示、传播方式，这种成功的经验在武汉市文博行业内起到了一定的示范带动作用，也带动了武汉轨道交通与博物馆搭桥展示武汉历史文化的新模式。

五、结语

“问渠那得清如许？为有源头活水来。”武汉博物馆与武汉地铁、高铁合作共建传播平台、实现馆藏文物多元化展示的创新实践，是一种新时代环境下博物馆可持续性发展的成功尝试。在此基础上，武汉博物馆将继续开拓更多展示平台，借助新媒体传播优势，活化馆藏文物资源利用，让更多有武汉地域特色的历史文化品牌走进城市的交通枢纽、地标建筑、旅游景点等公共文化空间，拓展文物事业发展新格局，为传播文物蕴含的文化精髓和时代价

值发挥积极作用。

参考文献：

[1] 杨相卫.武汉历史文化概览[M].武汉：武汉出版社，2022.
[2] 朱莉.豪素生春：武汉博物馆藏清代书画珍品录[M].北京：文物出版社，2017.
[3] 王瑞华.江城遗珍[M].武汉：武汉出版社，2021.
[4] 院文清.瓷器中的极品：元青花四爱图梅瓶[M].武汉：湖北文物出版社，2017.
[5] 裴少菲.为学之履：武汉博物馆"行走的课堂"公众教育研究[M].武汉：武汉出版社，2022.

浅析社会力量参与在博物馆改革发展中的实践

李小妮　武汉博物馆

摘　要：吸纳、支持社会力量参与博物馆的管理、教育和发展，不仅是积极响应国家推进博物馆改革发展政策的体现。同时，通过博物馆与不同领域的跨界合作，实现投入主体的多元化，搭建博物馆与公众沟通互动的平台，增强公众对博物馆的理解和认识，为博物馆实现公共文化服务功能提供重要支持。

关键词：博物馆；改革发展；社会参与

有人把博物馆比作一棵树，体制是干，管理是枝，业务是叶，文化是根，社会环境是土壤。土壤是树木赖以生存的基础，而以公众为中心的社会力量在内的社会环境也是博物馆运行的基础，与博物馆的改革发展密不可分。

2021年，国家文物局等九部门联合出台了《关于推进博物馆改革发展的指导意见》，其中第三点强调：鼓励社会参与，构建参与广泛、形式多样、管理规范的社会动员机制，推动博物馆公共服务市场化改革，鼓励社会力量参与展览、教育和文创开发。2022年8月24日，在布拉格举行的第26届ICOM大会上通过了新的博物馆定义，强调“博物馆以符合道德且专业的方式进行运营和交流，并在社区的参与下，为教育、欣赏、深思和知识共享提供多种体验”。

从以上信息我们不难发现，为了进一步推动博物馆事业高质量发展，从最新通过的博物馆定义到国家政策和地方文件，都着重强调鼓励社会力量参与博物馆的相关工作。那么，社会力量参与体现在博物馆工作的哪些方面？如何认识社会力量参与在博物馆改革发展过程中的实践与影响？

一、博物馆管理中的社会参与

为了进一步发挥博物馆的专业性能，提高服务水平，我国在博物馆体制机制改革过程中，不但积极推动建立健全博物馆理事会制度，还出台一系列政策支持非国有博物馆的发展，鼓励社会力量参与博物馆的建设与管理。

（一）推动机制创新，加强社会力量

博物馆理事会制度是我国博物馆改革发展中积极推进的一项管理措施。2015年3月，国家文物局颁布《博物馆条例》，并在《关于贯彻执行〈博物馆条例〉的实施意见》中提出，“完善以理事会为核心的博物馆法人治理结构，推动公众和社会组织参与博物馆的决策和评价，使理事会成为公共参与监督管理博物馆建设发展的纽带，吸纳更多的社会参与”。在国家政策的支持和引导下，包括广东省博物馆、云南省博物馆、湖北省博物馆、湖南博物院、宁波市博物馆、武汉博物馆等国内多家博

物馆陆续成立了理事会。

理事会成员一般包括政府部门代表、博物馆代表、社会公众代表和行业代表。其中，社会公众代表、行业代表通过推选或公开招募产生。因为博物馆的文化公益性质，社会公众代表一般为文化、教育或媒体行业的从业者，也可以是热爱博物馆事业的其他行业从事者。如湖南博物院选聘知名主持人汪涵作为第一届理事会成员中的社会公众代表，既是吸引社会力量参与博物馆管理的体现，又可以通过主持人的职业性质，向外界传递博物馆体制创新的举措，扩大博物馆影响力，更好地倾听社会的声音。武汉博物馆邀请湖北省社会科学院研究员、博士生导师刘玉堂作为社会公众专家代表担任理事会成员，通过他在学术领域的影响力，为博物馆的学术研究提供多种交流途径。

（二）支持非国有博物馆，开创发展新局面

非国有博物馆是由社会力量利用或主要利用非国有文物、标本、资料等资产设立，经管理机关依法登记的非营利组织。截至2021年底，全国备案博物馆6183家，其中非国有博物馆数量为1989家。虽然非国有博物馆数量庞大，但是馆内的运营管理以及对输出的价值传递却良莠不齐。如何将这些由社会力量自发组建的博物馆进行规范化的管理，引导社会资源向文物文化领域汇聚具有重要意义。

《湖北省文物事业发展“十四五”规划》提到，鼓励社会力量参与博物馆建设，培育一批运行管理规范，社会影响较好的非国有博物馆，提升非国有博物馆数量和发展水平。《海南省人民政府办公厅关于海南省促进非国有博物馆发展的意见》提到，通过强化土地供应保障、加大场馆扶持力度、加强财政资金支持、鼓励全产业链发展、提升陈列展览质量等促进非国有博物馆的发展。除了加大政府政策扶持力度外，与国有博物馆搭建交流平台，推进国有博物馆对口支援民办博物馆也是很重要的举措。武汉长庭陶瓷博物馆位于武汉市江夏区金港新区余岭村，博物馆内以陶瓷文化为主题，有藏品3000余件，其中尤以“湖泗窑”“马口窑”陶瓷为重。虽然馆内藏品数量和价值均首屈一指，但是因为非国有博物馆的经营缺陷，文物无法得到充分的展示和利用。2020年11月，为了进一步发掘和利用陶瓷博物馆丰富的藏品资源，武汉博物馆和武汉长庭陶瓷博物馆合作在陶瓷博物馆建立武汉博物馆陶瓷教学实践基地。通过推进国有博物馆与非国有博物馆的合作，不仅有助于提升非国有博物馆的发展水平，也为双方的业务交流和实践提供了桥梁。

二、博物馆教育中的社会参与

现代博物馆有一个很重要的功能是社会教育。不同于学校教育中固定的师生关系，博物馆通过人、事、物等多方面的排列组合吸引社会力量参与教育活动。

（一）建立健全志愿者培养机制

除了博物馆在职在岗的工作人员，如何满足热爱文博事业但无法从事具体工作的人群需求是博物馆积极思考并实践的一个课题。志愿者的招募和培养便是积极引导社会力量参与博物馆教育的一个例子。

博物馆志愿者被视为普通观众与博物馆之间交流的桥梁，是文物的发声者。武汉博物馆历来十分重视志愿者团队建设和人才培养，招募、培训社会志愿者、小志愿者、高校志愿者百余人，每年分季度开展志愿者参观寻访、

专家导览讲座等活动，以此来提升志愿者的业务技能和服务水平。为了总结、推广博物馆志愿服务先进经验，强化示范带动作用，敦煌研究院于2018年发起“敦煌文化守望者”项目。每年面向社会招募10位来自不同领域的“敦煌文化守望者”，通过他们对莫高窟全方位接触和了解，自身的实践讲解以及相关公益活动的影响力，让更多的人走进敦煌、感受敦煌、了解敦煌，用实际行动传播和弘扬敦煌文化，传承莫高精神。由此可见，博物馆为志愿者提供平台参与文博事业，有助于场馆的宣传和影响力的提升。志愿者也通过在博物馆的实践丰富了自身的社会经历和体验，可谓互利共赢。

（二）从“被动”到“主动”，提高社会公众参与积极性

博物馆除了常设展览，还以传统节日为载体，举办丰富多彩的活动吸引观众主动走进博物馆。2023年2月2日，武汉博物馆“薪火相传　绣韵流芳——汉绣保护成果展”开幕式恰逢元宵节前夕，除了相关学者、汉绣传承人出席外，还邀请专业团队在广场舞龙舞狮、鼓乐助阵。异彩纷呈的表演不断吸引路过的公众进场参观，不仅宣传了展览，也让观众体会到了年节氛围，完成了一场博物馆与表演团队、观众集体参与的精彩活动。一些人也许只是路过观看了表演，没有走进博物馆，但是他们通过几分钟的短暂停留感受到了来自博物馆的力量，这也是一种参与。湖北省博物馆在2023年元宵节当天晚上推出夜游活动，邀请公众晚间入馆看表演、赏花灯、猜字谜，进一步拉近了观众与博物馆的距离。这一次博物馆里不再是沉默无声的文物，而是观众与文物共乐的沉浸式博物馆奇妙夜的新鲜体验。

随着时代的进步，博物馆在展览策划过程中，既注重对考古出土文物内涵的深入挖掘与呈现，也十分注重社会参与和人文关怀。2023年3月，“羊城烟火气——广州出土汉代建筑模型明器展”在南汉二陵博物馆开幕。展览特别设置一条辅助展线，在视觉、听觉、触觉等方面为视障人群提供更近距离的信息海报、音频讲解和可供触摸的文物模型等，还专门铺设盲道、设置盲文，为视障人群能真正走进博物馆、领略传统文化魅力提供便利。博物馆还特别邀请广州市启明学校视觉障碍的同学观摩展品后进行创作，作品也在展览中展出。参加活动的观众不仅能领略到汉代广州的风土人情，还能通过参与展览设计获得更多的参与感、成就感和幸福感。这一举措很好地诠释了2023年“5·18国际博物馆日”重点关注目标“全球健康和福祉：确保健康的生活，促进各年龄段所有人的福祉，特别是在精神健康和社会福利方面”。

三、博物馆发展中的社会参与

新时代文旅融合的背景下，博物馆不再是一个独立的个体，已经成为城市文化旅游体系中重要的一个环节。因此，需要推动更多社会力量的融入以此来促进文博事业的发展。

（一）开展跨界合作，积极推动文旅融合

文旅融合背景下的博物馆，既要做到从馆舍走到大千世界，也要推动社会力量参与主动融入博物馆的发展，使博物馆资源真正变成公众资源。2022年5·18博物馆日前夕，湖北省文化和旅游厅、武汉市文化和旅游局与市地铁集团联合推出武汉地铁首列“博物馆专列”，武汉市19家博物馆的标志建筑、代表性文物图片亮相地铁车厢。地铁是现代城市生活的

重要组成部分，它承载着各行各业、全国各地以及世界各国的乘客，而他们也是博物馆观众的重要组成部分。通过地铁这一特殊形式让没有时间进入博物馆的人们在路上就能了解博物馆，让不了解博物馆的人们能够通过宣传主动走进博物馆，使人们出行的交通方式变成一趟充满奥秘的博物馆之旅。

2022年9月，“汉镇光影 镜头里的武汉记忆”展览在汉口泛海喜来登酒店开幕，这是武汉博物馆与汉口泛海喜来登酒店的一次跨界联动。此次展览不同于以往将展品陈列在博物馆展厅里供观众参观欣赏，而是让展品走出展厅，将博物馆元素融入酒店，人们不用走进博物馆，就可以在酒店休闲的长廊里穿越时空，感受武汉独特的城市历史文化。

（二）推动文创产业发展，让文物“活起来”

《湖北省文物事业发展“十四五”规划》强调，鼓励文博单位引入社会资源共同开发文博创意产品，探索建立文博单位与企业共同开发文创产品的合作机制。通过博物馆与企业的精诚合作，既能够助力文创产品的开发，也让古老的文物以全新的方式“活起来”。

2021年，武汉博物馆与武汉城市一卡通有限公司联合推出“元青花四爱图梅瓶”书签武汉通卡。书签卡取材于武汉博物馆镇馆之宝四爱图之一的“林和靖爱梅鹤”主题，在色泽、图案上完美复刻了梅瓶的细节，极具收藏价值。同时，又兼顾了书签和交通卡的功能，将历史文物与日常生活、交通出行相结合，实现了文化遗产的另一种“传承”。2022年9月，武汉博物馆与楚天书局“荆楚有礼”品牌联名设计开发《江汉揽胜系列》文创，设计灵感来源于武汉博物馆镇馆之宝《江汉揽胜图》。《江汉揽胜图》真丝织锦画、艺术纸雕灯、艺术飘带、桌面屏风、马克杯、日历本等一系列以《江汉揽胜图》为蓝本的衍生文创产品，凭借高颜值和实用性，不仅受到公众的青睐，也获得了由湖北省文化和旅游厅创办的“九头鸟”文旅创意奖。

（三）开展公益鉴定，满足文化需求

2022年9月，国家文物局印发了《关于开展常态化公益性文物鉴定咨询服务的通知》强调，公益性文物鉴定活动旨在增强市民的文物保护意识，进一步普及文物收藏的相关知识，为文物收藏爱好者搭建交流平台，引导规范文物市场，服务大众。

为了满足广大人民群众对收藏、鉴赏的精神文化生活需求，通过规范的手段引导热爱文物的人们参与到文物鉴别保护的工作中，2023年2月22日，长沙博物馆面向公众举办了首场公益性文物鉴定活动。长沙博物馆文博专家现场为公众进行鉴定，通过观器形、听声音、触手感、看细节等方法，解答他们的疑惑，同时普及同类器物的主要纹饰、特征、制作工艺等知识，为公众判定收藏品的年代、收藏价值提供帮助。

四、结语

“博物馆是城市文化建设的重要力量，也应当在城市文化建设中扮演应有的角色。博物馆有责任、有能力积极参与并帮助人们理解与改变他们的城市环境。”博物馆是城市文化、文物、文明、文创的化身，吸纳、支持社会力量参与博物馆的管理、教育和发展，不仅是积极响应国家推进博物馆改革发展政策的体现。同时，通过博物馆与不同领域的跨界合作，实现投入主体的多元化，搭建博物馆与公众沟通互动的平台，增强公众对博物馆的理解和认

识，为博物馆实现公共文化服务功能提供重要支持。

参考文献：

[1] 赵哲昊.浅析英国博物馆以观众为核心的运营策略[J].中国博物馆，2021(03):126-132.
[2] 罗向军.中国博物馆理事会制度的实践与思考[J].博物院，2018(01):13-19.
[3] 宋新潮.关于博物馆理事会制度建设的若干思考[J].东南文化，2014(05):6-12.
[4] 单霁翔.博物馆的社会责任与城市文化[J].中原文物，2011(01):91-106.

浅析博物馆社会教育对文物资源的利用问题
——以武汉博物馆为例

刘晓芳 武汉博物馆

摘 要：随着公众对于精神文化的需求愈加多元化和个性化，如何顺应时代发展需求，利用好文物资源，积极打造特色社会教育品牌，创新博物馆社会教育方式，成为当代博物馆发展的重要课题。本文以武汉博物馆为例，从依托丰厚的文物资源为基础，到深挖文物背后的时代价值和文化内涵，及拓展文物资源利用空间等方式，多手段多渠道打造武博特色社会教育活动，使其系列化、常态化、品牌化，扩大影响力，成为传播优秀传统文化的重要"推手"。

关键词：博物馆；社会教育；文物资源；特色品牌

博物馆作为面向大众的重要文化窗口，随着社会环境的变化，收藏展示文物已经不再是博物馆的全部职能，文化传承和文化教育成为博物馆在新时期应承担的责任和义务，如何顺应时代需求，积极开展社会教育活动、创新博物馆社会教育方式、突出博物馆馆藏藏品资源优势显得尤为重要。在此，笔者借武汉博物馆的社教发展为例，探讨新时期博物馆社会教育对于文物资源的利用问题。

一、吃透文物资源独特优势，夯实基础

文物资源是博物馆的灵魂所在。博物馆通过收藏、研究、展示和教育等方式，呈现馆藏文物的价值，保护和传承文化遗产，让人们能够近距离了解历史、文化和艺术等多方面的知识。武汉，地处中国腹地，九省通衢的中心，依长江而生，靠长江而兴，是长江中游流域文化的重要代表。这座城市在长江与汉水的滋养下，显得古老厚重又生机勃勃。武汉拥有丰厚的文物资源，是一座挖不尽的精神宝库，更是一本资政育人的生动教材。博物馆的社教活动应该吃透自身的馆藏文物资源，找到切入点，将文物抽丝剥茧，策划形式多样、内容夯实的活动。

（一）文物资源丰富多样

武汉拥有丰富的历史文化，境内盘龙城遗址彰显着它于商代起3500年的城市历史。它是楚文化的重要发祥地，是明清时期的天下四聚之一，是近代第一批开埠通商城市，也是辛亥革命第一枪打响之地……作为综合反映武汉历史文化的一处窗口，武汉博物馆馆内藏品资源极为丰富，涉及陶器、青铜、书画、玉器、竹木牙雕等多种类文物，这为博物馆社会教育的发展打下了非常深厚的基础。借助丰富的藏品，可以实现更加丰富多彩的活动策展和推广。

（二）文物资源富有特色

武汉博物馆面向观众的藏品不仅有见证武汉悠久历史的考古文物，也有不少反映地

方民风民俗的传世珍品，同时还广泛接受社会文物爱好者的无私捐赠，丰富自身藏品的种类和特色。武汉博物馆的展览和活动都极具地域性、时代性，2021年武汉博物馆征集到关于2020年中国抗击新冠肺炎疫情的400余件物品。它们见证了许多感人肺腑的画面，为今后研究、考证疫情防控的政策执行、方舱医院的建设等留下了一手资料，也为这座英雄城市留下了不可磨灭的记忆。

（三）文物资源内蕴厚重

每一件文物不是冰冷冷的排列在立柜后面的物品，它们也是“活着”的生命，成为岁月变迁的见证者，背后诉说着自己独特的文化内涵和历史意义。武汉博物馆馆藏的元青花“四爱图”梅瓶，是极为少见的元代青花瓷精品，它不仅为我们生动呈现了古代的爱梅、菊、莲、兰的四大文人的文雅乐趣，也彰显了元代青花瓷的制作工艺之精良、古代工匠之智慧，就连收购进馆也是一段佳话传扬。博物馆的社教活动在围绕藏品和展览策划内容的时候会考虑到每一件文物的文化故事和历史渊源，将浮沉于历史长河的它们打捞起来，呈现在公众面前。

二、深挖文物资源时代价值，激发活力

文物是人类文明创造的成果，是记录历史的“活影像”，是承载过去、延续文化的载体。随着社会的发展和人们认识文化水平的提高，对于文物资源的解读已经不再局限于文物本身的历史价值和文物背后的庞大的历史文化体系，而是与时俱进，多方位思考，挖掘文物的时代内涵。近年来，武汉博物馆借助自身优势，挖掘文化特色，不断推陈出新，赋予文物资源新的时代内涵，紧随时代脉搏，推出了较为丰富的展览和社教活动，走出了一条新时期文博发展新路子。

（一）注重研发，因地制宜，丰富博物馆社教内涵

武汉博物馆依托自身资源特色，秉承“以文化自信传承城市文明”理念，积极研究和开发有特色的教育项目，首推的便是将学校资源与博物馆特色有机整合推出的“行走的课堂”系列活动。其内容涉及考古探秘、民俗节庆、历史人文等多方面，将青少年引入有趣的历史文化课堂中去，切身体验武汉本土文化特色。自2013年研发至今，该项活动年均开展馆内外活动百余场，在武汉市近百所高校、中小学分学段推广，受众人数达50余万人。2020年疫情以来，更是适时推出了武博“行走的课堂”线上系列微课，如《神奇动物在哪里》《炉烟袅孤碧　漫谈“香事”》《十二花神次第来　花朝惜春春未尽》《一年一瑞兽　生肖纳祥福》等等。通过最具代表性的武汉地方特色文物、人文景观，讲述富有趣味和历史意蕴的文物故事。同时还增设了线上互动环节，如“文物科普知识问答”、“清明祈愿留言区”等，增强观众的代入感与参与感，获得了良好的社会反响。

除此之外，武汉博物馆也致力于通过多种方式展示武汉这一城市历史的发展脉络和不同时期的人文特征，以本土化命题为切入点，打造对外宣传武汉文化的主阵地。借此武汉博物馆推出了“武汉记忆”系列教程，它囊括了从老街巷、旧码头等古三镇的建筑到江城美食、节日民俗等人文符号，讲述了波澜壮阔的老武汉故事。在讲解为主的同时，精心设计了诸如手绘明信片、现场DIY等互动活动，丰富

了公众的参与形式，大大增强了活动的趣味性和互动性，让人印象深刻。

（二）丰富形式，多平台合作，扩大博物馆社教影响

博物馆是一个固定的场所，多数文物也是放在固定的陈列位置，展览的主题更换也在固定的展厅里进行。这种情况下，博物馆的受众面是受限的，社会教育活动的影响力也会被削弱。随着当今国家对于文化的重视和公众越来越多的文化需求，博物馆开始“走出去”，与多平台合作，促进展览和社教活动形式多样化，让公众不用走出家门就能了解武汉的人文历史，感受博大精深的文化底蕴。

2022年5·18国际博物馆日期间，武汉博物馆以“线上直播＋线下体验”相结合的方式，特别打造了“瓶瓶双和　梅绽江城”的沉浸式展演。在这次活动中，邀请了武汉市播音主持界的四位大咖合作，扮演元青花梅瓶上的四大名人，吟诵佳作，重现经典，配以琵琶演奏，营造极佳的视听盛宴。沉浸式展演的形式让博物馆的文物都“活”了起来，通过精彩的人文演绎，让公众宛如亲临其中，超越时空，与古人对话，贴近领略古代文人雅韵和文物魅力。此后在“七夕节”来临之际，武汉博物馆再次与其他单位合作，推出“比翼和鸣　地久天长”的七夕文艺沉浸式演出，古筝独奏、昆曲、木偶戏、琵琶弹唱、独唱等多个类型的节目竞相亮相，让大家感受到久违的七夕浪漫，吸引了不少人前来“打卡”，再辅以线上专属数字纪念卡的活动，狠狠抓住了大众的心，扩大了活动的影响力。

（三）善用节点，丰富活动，强化博物馆社教功能

社会热点事件，随着互联网的快速发展，公众们可以在短时间内迅速了解和参与讨论，引起广泛参与哲思和内省。2022年7月热播剧《梦华录》带火了宋代美学，剧中的茶点之美、琴弦之乐、风气之开放让公众产生浓厚的向往之情。武汉博物馆在“行走的课堂”精心策划出了《浓淡有致　茶话宋雅》微课，通过“卖茶也盼好碗盏、盛夏集齐九色瓷”文化栏目介绍馆藏的茶具、美盏，带观众悦览大宋风雅，受到广大公众和新闻媒体的关注。随后推出了“品味宋韵　做风雅少年”主题体验活动，以“观看＋体验＋互动”的形式，带领青少年生动感受“点茶、焚香、插花、挂画”四大雅事，还原宋代文人的生活方式，也在花样众多的活动中传授宋代礼学，让传统文化在新时代绽放独特魅力。

当下博物馆也可以借助重大节日，推动社教活动走得更广更丰富，让自身的公益性、教育性、服务性功能最大限度得到发挥。如在春节、清明、五一、端午等节日期间，武汉博物馆开展“杏花春雨季　共话清明俗”“感受古人劳作之美　致敬最可爱的人”“欢乐六一　共度端午”等活动。每个节日都会配以民俗文化的讲解和体验、节日文物蕴意、游戏互动等，寓教于乐，让孩子们在游乐中增强对民族文化的认同和感悟，爱上中国传统文化。

三、拓展文物资源利用空间，打响博物馆社教特色品牌

公众是博物馆的活力源泉，也是博物馆社教活动的主要对象。一直以来，武汉博物馆始终坚持以人为本，以公众需求为导向，立足博物馆和公众两个维度，活用自身文物资源，拓展文物资源利用空间，创新文化服务，让文物“活”起来，让博物馆“动”起来。

（一）文旅深度融合，提升博物馆社教吸引力

文化与旅游是相辅相成的，文化通过旅游得到广泛受众和浸润，旅游则需要文化为灵魂促进其持久性发展。自2003年国家推行博物馆免费开放以来，武汉博物馆始终注重加强文博事业与旅游的深度融合，注重作为国家4A级旅游景区的环境创建，着力提升旅游服务能力和水平。除了提供精彩的讲解活动外，也推广馆内的公益文化讲座、文物鉴定等活动，增强用户黏性。

为充分利用文物资源，宣传武汉城市文化，武汉博物馆志愿者团队自2020年起，以视频的方式向大家推广“寻访武汉老街　悦读城市故事”的活动，带领大家将视野从展馆走向武汉老街老巷，“云游”南洋大楼、汉口水塔、明楚王墓等老建筑和历史遗迹，在这真实的街里坊外搜寻武汉的城市文化和光阴故事，目前已推出近60期，受众达500万人，进一步提升了博物馆社教的吸引力和影响力。

（二）强化人才团队建设，赋予博物馆社教新使命

如今公众对于精神文化的需求促使博物馆的服务要更加多元化，博物馆的简单易懂的讲解已经不再能满足大众的参观体验。博物馆的社教活动不仅要“能”开展，还要开“好”，以高质量的内容满足大众对社会文化的需求，而这些离不开专业人才和志愿者团队的培养。

因公众的知识程度、文化修养、兴趣爱好等具有差异化，为满足公众的不同文化需求，社教人员致力于在讲解的准确性、现代性、灵活性上下功夫，增强自身专业能力和服务水平。为适应中外文化互相交流的需求，馆内还增设了专业外语讲解人员。馆内也一直重视为讲解员们提供更多的学习培训机会，让他们能够拓宽眼界，提升能力。不少讲解员也屡获佳绩，如2022年在湖北省文博系统的“奋进新征程 建功新时代”演讲比赛获得一等奖，圆满完成“中国履行《湿地公约》30周年成就展”的讲解任务，借调到国家博物馆学习等。

志愿者团队也是彰显博物馆的一面镜子，通过开展志愿服务工作可以实现博物馆、公众与志愿者的共赢效果，为博物馆提升社会教育服务，拓宽与公众交流的渠道创造更多的契机。武汉博物馆通过向社会公示招募，吸纳社会上高学历、高素质且有公益精神的人们参与到博物馆事业中来。每年定期组织季度寻访、专家导览讲座等活动，前往明楚王墓、武汉大学万林艺术博物馆等实地考察，拓宽了志愿者学习的广度与深度，也增强了志愿者团队的凝聚力，也看到了每一代文博人青丝染霜仍初心不改，不惧岁月、无私奉献、守护文化遗产的精神，坚定了他们想成为历史文化的传播者和守护人的决心，为博物馆的社教活动再添一份力。

（三）“互联网＋”，扩大博物馆社教传播力

博物馆要发展，不能脱离时代的步伐，更离不开科技的力量。在信息化时代，博物馆应与新媒体密切合作，利用微信、微博、抖音、快手等新一代传播渠道，创新文化服务的内容与形式，建设“数字化博物馆”。疫情之后，各博物馆纷纷意识到数字化的必然趋势，发展线上博物馆和线上社教活动开展已然急不可待。“互联网＋”的社教活动更需要创新内容，不断提高吸引力。如武博“行走的课堂”微课持续进行，“云直播”新春民俗体验活动，“糖塑瑰宝”纪录片展播、与《楚天都市报》联合推出“文物说”栏目等，从历史文物到人文故

事，从静态到动态，以多角度和多维度的解读方式，将目光凝聚到博物馆的特色社教活动上来。

2014年，武汉博物馆开通了“智慧武博数字武汉博物馆平台”，随后2018年上线了“江汉集珍：武汉博物馆馆藏文物精粹”手机APP，实现了线上线下资源的共享，让公众看到了不一样的博物馆。2023年更是借助信息化手段，实现了多个展览的全景线上展厅建设，实现了观众随时随地看展的可能。这些科技的利用让博物馆的文物资源能够更加快捷方便地得到传播与分享，也让公众更快更容易接触到博物馆的文物展览和社教活动，沉浸在传统文化的美妙之中。

四、结语

党的十八大以来，国家层面对文博工作表示大力支持，如2016年的《关于进一步加强文物工作的指导意见》、2017年的《关于进一步推动非国有博物馆发展的意见》、2018年的《关于加强文物保护利用改革的若干意见》以及2021年的《关于推进博物馆改革发展的指导意见》等多个文件。这些相关文件的出台为博物馆工作创建了良好的制度环境，使得我国博物馆事业的发展在“数”与“质”两个维度都得到相应的提升。此外，随着信息技术的更新换代，博物馆在信息技术的加持下，为博物馆发挥社会教育功能创建了良好的条件。

这些利好消息对于我们文博人来说是莫大的期望、鼓舞，也对我们博物馆的社会教育工作提出了更高要求。我们必须以文物为根基，与时俱进，深度挖掘其背后的文化内涵，让文物“活”起来、“动”起来、“智”起来、“融”起来。以踏石留印、抓铁有痕的精神，打造新时代的博物馆社会教育特色品牌，不断产出高质量高影响力的活动，积极推动中华优秀传统文化服务大众、走向世界。

参考文献：

[1] 甘嘉海.创新文化服务　活用文物资源——打造新时期博物馆社会教育特色品牌[J].艺术文化交流，2016(3).

[2] 裴少菲.博物馆教育助力公共文化服务实践[J].博物馆学，2020(2).

浅谈博物馆运用5G技术在展览教育中的创新

——以武汉博物馆系列展览为例

钱孟龙　武汉博物馆

摘　要：5G技术的成熟为新时代背景下博物馆的建设与文化多元化传播，拓展了“云”路径，公众足不出户就可以在线上通过云观展领略文物的风采。云博物馆以其强大全景式的展示、视觉效果和时间优势深受广大文博爱好者的喜爱。武汉博物馆策展团队，以镇馆之宝——元青花“四爱”梅瓶为主题，展开了一系列“云”展览“云”教育的探索实践，为拓展博物馆新的展览方式、教育路径提供了新的方法尝试。

关键词：新媒体；5G；云展览；云教育

随着科技不断发展，新媒体时代的到来要求各行各业不可再拘泥于传统传播方式，高效、快速、第一时效这些代名词都成为新讯息传播的重点词。5G技术的成熟为新时代背景下博物馆的建设与文化多元化传播，拓展了“云”路径，公众足不出户就可以在线上通过云观展领略文物的风采。云博物馆以其强大全景式的展示、视觉效果和时间优势深受广大文博爱好者的喜爱。高速传播也代表着讯息更新换代更快，公众对“新”的要求也越来越高，这为我们文博人如何更好、更快、更高效的展示中华优秀传统文化精粹，提出了新的问题。

武汉博物馆策展团队，以镇馆之宝——元青花“四爱”图梅瓶为主题，展开了一系列原创主题展“暗香浮动——元青花四爱梅瓶特展”“花开并蒂　梅韵江城——湖北省博物馆、武汉博物馆馆藏元青花四爱图梅瓶联展”与“钟聚祥瑞　郢王史话——钟祥明郢靖王墓出土文物精品展”等衍生展览。策展团队在展陈设计上大胆创新，采用了梅瓶纹饰数字化、制作知识类视频、复制青花瓷代表器互动区、魔墙交互区等展示手段，力求引领公众能够最大限度解读元代青花瓷器。同时，策展团队以展览为主题开展了四“画”梅瓶、博物馆之夜、专家导览、线上直播等一系列特色活动，采用多媒体、互动项目、线上“云”观展等沉浸式的观展方式，多角度多维度让公众欣赏梅瓶之美。

为了让更多公众及时了解展讯，以及更广泛地让全国观众了解“梅瓶”的珍贵性和系列展览的重要性，展览团队成员在展览筹备、开展、换展过程中，积极拓展新媒体+传统纸媒宣传全覆盖的组合模式。“学习强国”学习平台、中国文物报、中央电视台、中博协官网、湖北日报、齐鲁晚报、长江日报、凤凰网、武汉晚报等二十余家官媒，微博、腾讯网、湖北经典音乐、长江网、今日头条、极目新闻、HAN NEWS等三十余家新媒体对“梅瓶”系列展览进行跟踪报道，形成了数千万公众线上打卡+线下展厅打卡的“国宝潮”，争相欣赏“白釉青花一火成，花从釉里透分明”的千年传统技艺之美。

一、线上“云”观展　梅瓶“俏”出圈

中华优秀传统文化在当今时代的传承与创新发展，离不开新技术手段的支撑和助力。随着云技术的不断发展，观众已经不再满足于展馆观展的需求，向博物馆提出了更高也更便捷的观展要求——“云”观展。以元青花“四爱”图梅瓶为主的系列展览首展“暗香浮动：元青花四爱梅瓶特展”时值疫情防控期间，大量公众宅家生活，好展看不到，虽能理解却始终会有遗憾。而作为策展团队精心筹备策划长达一年时间的特展，无人观赏，博物馆人流量骤减也确实造成了特殊时期的博物馆“危机”。随着云计算、5G技术、大数据等技术的普及，全媒体的时代的来临，也为博物馆提供了“危中寻机”的可能。通过云计算、大数据的统计，关注文物、博物馆、青花瓷、展览等关键字的用户，能够在短时间被准确划归，高效、快速、精准的用户选择，也为后来“云”观展获得巨大社会反响，奠定了坚实的基础。

2020年9月1日，武汉博物馆官微发布“暗香浮动：元青花四爱梅瓶特展”开展讯息，各方新媒体“闻声而动”，9月2、3日经过中央电视台、长江日报、凤凰艺术、澎湃新闻、齐鲁晚报、中国新闻、凤凰网、长江网、湖北日报、国际在线湖北、汉新闻、武汉电视台等20余家官媒集体报道，“梅瓶热”一时之间迅速风靡网络。随着大数据的精准推送，数百万用户迅速捕捉这一重要展讯。武汉博物馆为了满足宅家或省外公众，想一睹元 青花“四爱图”梅瓶风采的需求，与“学习强国”学习平台、湖北日报、长江云、腾讯网、湖北音乐广播电台、武汉电视台等10余家新媒体合作开展“云赏梅瓶”系列直播活动。以“云展览＋云讲解”相结合的模式，公众便可通过直播，跟随讲解员“一镜到底”地逛展馆，通过高清镜头将元青花“四爱”梅瓶上雍容华贵的“凤穿牡丹”纹、风雅诗化意境的“四爱”图、粗狂写意的仰覆莲纹，如身临展厅一般展现在眼前，引领数百万公众线上打开。

二、双瓶聚武博　郢王史话传

随着“云赏梅瓶”系列直播活动被越来越多的人关注，公众逐渐发现，原来在文博圈武汉有“一城双瓶”的美称——武汉博物馆、湖北省博物馆各藏有一件元青花“四爱”梅瓶，这两件梅瓶题材相同，纹饰几乎一致，一件传世之品，一件出土文物，它们之间有着怎样的异同，在网掀起了一番讨论。这与我们策划“梅瓶”系列展的重头戏不谋而合，经过与湖北省博物馆严密协商，2022年5月“花开并蒂　梅韵江城——湖北省博物馆、武汉博物馆馆藏元青花四爱图梅瓶联展”惊喜开展！“双瓶”特展，详细讲述了两件梅瓶的前世今生，解读了元代青花梅瓶的发展历程、烧造工艺及特点，阐释了两件梅瓶同工“异曲”的审美意趣，让观众一次“解码”两件重磅藏品。

可以说“花开并蒂　梅韵江城——湖北省博物馆、武汉博物馆馆藏元青花四爱图梅瓶联展”是当年五月文博界的最大爆款，吸引大众的目光和新闻媒体的广泛关注。人民日报、人民网、光明网、文博中国(国际版)等国内外官媒纷纷以《首次！一城两件“国宝级”元青花梅瓶，跨越700年相聚了！》为题，向全世界公众推荐本次特展！为了让文化遗产“活”起来，让更多公众解读“双瓶故事”，营造新的博

物馆沉浸式观展体验，策展团队围绕该展推出了“瓶瓶双合　梅绽江城”武博之夜沉浸式展演直播、青少年线上体验课程、“双瓶故事”宣传片展示、小视频纪实、系列原创美文、解谜类科普书籍《青花双瓶记》文创周边等系列活动，通过湖北经典音乐、湖北之声官方微博、长江网、今日头条、极目新闻等20家新媒体平台持续推送，将国宝重器——元青花梅瓶上“四爱”人文意境，真实唯美地呈现在公众面前，吸引线上线下近500万公众通过穿越时空的主题、传统艺术元素的组合，光影、人声的极致呈现，走进梅瓶的“四爱”意境，悦赏元青花之美，收获极致的人文精神享受。随着，中央电视台一套《古韵新声》节目、中国收藏杂志、新华社、人民日报海外版、“学习强国”学习平台、湖北日报、长江日报媒体等10余家权威媒体，对该展及两件国宝级梅瓶进行了专题专版深入报道，“双瓶聚首”成为文博圈最受热议的话题。

经过“暗香浮动——元青花四爱梅瓶特展”“花开并蒂　梅韵江城——湖北省博物馆、武汉博物馆馆藏元青花四爱图梅瓶联展”两次特展，公众已经对武汉博物馆藏元青花“四爱”梅瓶的入藏过程了然于心，却对湖北省博物馆藏元青花“四爱”梅瓶的发掘现场及发掘故事还处于一知半解的状态。武汉博物馆策展团队针对这一状况，快速联系湖北省博物馆，调整展品档期，为观众奉上“钟聚祥瑞　郢王史话——钟祥明郢靖王墓出土文物精品展”。明代藩王墓中，钟祥郢靖王墓堪称传奇，它经历9次盗掘，墓中主结构却保存完整，累计出土的明藩王文物数量、文物精美程度，均在全国前列。本次特展展出精品文物70余件套，与馆内目前仍在展出的“花开并蒂　梅韵江城——湖北省博物馆、武汉博物馆藏元青花四爱图梅瓶联展”中的湖北省博物馆藏元青花四爱图梅瓶一起，首次完整地展示了郢靖王墓中的出土珍品。中国侨网、中国新闻网、人民日报、文旅中国、长江日报、湖北日报、武汉电视台等30余家官方新媒体向公众隆重推荐本次特展。武汉博物馆策展团队与长江云、湖北之声、湖北音乐广播等融媒体展开直播“云观展”，引领近千万网友，跟随讲解员通过金凤簪、水晶山子、玛瑙瑞兽、端砚等精美文物勾勒出一位明代藩王的生活图景。

三、文物“进”生活　全面“动”起来

武汉博物馆以镇馆之宝元青花“四爱”梅瓶为原型，化身荆楚文化代言人。以文物系列海报、文物防疫科普小视频、“汉风楚韵与君偕行”公益宣传片、“博物馆说”短视频等创新的组合宣传方式，让具有武汉地域特色的历史文化品牌“登上”地铁、高铁，服务于广大旅客，为拓宽荆楚文明弘扬和传播渠道提供了重要的视域平台，“以文化自信传承城市文明”，赋予优秀文化遗产以新的时代内涵。地铁作为“流动的博物馆”，是城市中“最有价值的隐藏”，地铁的文化空间是展示城市精神的重要场所，也是助力城市营销的文化载体。而高铁更是提升文化旅游生态融合发展的助推剂，具有良好的转播效应。从2020年5月至今，在地铁、高铁系列推广宣传，累计传播受众达5亿人次。

2020年5月初，武汉博物馆精品文物海报和宣传片陆续在武汉地铁2号线、3号线、6号线和7号线的29个主要站点的灯箱广告位和LED屏上线，为武汉市民送上别样的“礼物”。

其中2号线为武汉地铁人员承载量最大的线路，武汉博物馆与武汉市地铁集团联合推出了地铁“博物馆专列”，让博物馆及馆藏文物“走近”乘客，融入民众生活，在短暂旅途中了解武汉历史，品读武汉这座国家历史文化名城的城市故事。

2020年6月28日起，武汉博物馆为高铁动车量身“订制”的“汉风楚韵　与君偕行”博物馆防疫公益宣传片在武汉、武昌、汉口三大火车站LED旅客信息大屏和高铁动车编组列车滚动播放；高铁车载《商旅时代》杂志及电子书也设专版对武汉博物馆进行了重点推介。这是武汉博物馆与中铁武汉局集团公司在文化公益宣传领域首次牵手，也是武汉地区的精品文物在铁路宣传渠道首次亮相。这些文物既诉说着武汉这座城市的悠久历史文化，也向旅途中的乘客送上一份温暖的祝福。用博物馆藏品提升“高铁文化”内涵，用传统文化擦亮“中国制造”，让具有武汉地域特色的历史文化品牌走进高铁，展示武汉文明，诠释“高铁文化”。吸引“学习强国”平台、央视官网“博物馆说”专题节目、抖音、快手、哔哩哔哩短视频等媒体平台推送宣传报道。从2020年6月至今，武汉博物馆在武汉三大火车站、高铁动车及新媒体平台组合宣传的传播受众达3亿人次。

四、总结

在源远流长的中华民族发展进程中，中华儿女创造了博大精深的中华文化和中华文明，留下了丰盛厚重的历史文化遗产。在当今新时代，中华文明需要展示传播。武汉博物馆以镇馆之宝元青花“四爱”梅瓶为引开展的原创主题展“暗香浮动——元青花四爱梅瓶特展”“花开并蒂　梅韵江城——湖北省博物馆、武汉博物馆馆藏元青花四爱图梅瓶联展”与“钟聚祥瑞　郢王史话——钟祥明郢靖王墓出土文物精品展”等衍生展览，以开创性、首发性、不可复制性的展陈文化内涵，及创新性、持续性、可推广性的“云展览”“云观展”的宣传方式，以小精品打造大热点，近五十余家官媒及百余家新媒体的持续造势，为博物馆里的文物“俏”出圈，提供了新思路及新方式。武汉博物馆策展团队，针对博物馆的特殊场景，进行专门的开发设计，让厚重的历史文化以数字化方式呈现出来，利用5G、区块链、物联网等技术，在博物馆的藏品展示、观众服务等方面带来巨大改变，为有效推动中国文化遗产的保护和宣传起到了积极作用。在未来，武汉博物馆将继续利用自身影响力，借助新媒体元宇宙创新应用打造属于自己的文博IP，促进文物的数字化展陈，为讲好荆楚故事、传播荆楚声音保驾护航。

参考文献：

[1] 于丽娜，董连元.浅谈“互联网+”模式下的虚拟博物馆建设[J].地产，2019(20):22.

[2] 安颖，姜颖道.虚拟现实技术在青岛黄海学院博物馆文物展示中的应用研究[J].古今文创，2021(13):127-128.

城市博物馆展览的地域性表达研究
——以“湖泗窑址群出土文物及标本展”为例

钱卓思　武汉博物馆

摘　要：随着社会发展，博物馆职能在向多元化转变，城市博物馆作为城市文化的窗口，有着展现地方文化特色的责任与担当。博物馆陈列展览是展现地域特色的重要载体，博物馆应了解城市历史发展，立足城市特色，深入发掘本地文化，合理利用馆藏资源，找寻文物与地域特色之间的联系，充分利用地域文化特色帮助博物馆展现个性魅力，形成文化名片，传递地域特色和城市精神，更好地履行博物馆职能，发挥博物馆力量。

关键词：博物馆；展览；地域性表达

文化是城市宝贵的精神财富，独有的文化底蕴内涵是与其他城市与众不同的关键。城市博物馆作为城市文化的重要载体，肩负着收藏、整理、研究、展示、宣传、教育的使命。它通过挖掘和整合城市文化资源，展现城市历史文化脉络，履行博物馆职能。本文试图以博物馆充分利用地方特色文化，挖掘文物与城市间的关联，开展富有地域特色的展览为切入点，武汉博物馆2022年推出的“宋窑遗珍　湖泗风华——武汉湖泗窑址群出土文物及标本展”为案例，研究博物馆展览陈列工作如何通过强化城市文化的地域性表达，更好地彰显城市文化的独特魅力。

一、彰显地域性：城市博物馆文化表达的重要手段

“地域文化特色是一个地区的自然景观、人文历史所反映出来的蕴含浓厚文化意义的个性特质，是某一地区物质文化和人文精神的集中反映与高度概括。”以推动博物馆事业发展为手段，在文物收藏、建筑设计和展览搭建等环节发掘城市地域文化特色，彰显城市文化的独特魅力，已经成为城市文化建设者的共识。

陈列展览是城市博物馆文化表达的基础手段。有效利用博物馆资源，结合地域文化特色，深度挖掘文物信息，拓展展览内容深度宽度，打造出有独特魅力、个性特色的展览可以增强市民的文化个性意识，激发其探究文化渊源的兴趣，形成地域文化热点，进而丰富城市文化内涵，提升城市文化品位和城市文化软实力。对博物馆自身而言，打造地域文化特色展览能够有效突出博物馆地方风格，展示出博物馆独特的文化个性魅力，形成特有博物馆标签，更好地发挥文化传播效能，扩大博物馆乃至整个城市的社会影响力和美誉度。

二、地域性表达在城市博物馆陈列展览中的问题与挑战

地域性表达就是以本地生态发展、民俗风

情、传统文明等特有文化资源为主题，展现本地特色风貌、传递地域性人文精神内核的表现形式与内容。近年来，我国博物馆事业迅速蓬勃发展，数量不断增加，受众群体亦拓展的同时，我们也应该看到，各地博物馆趋同化日益加重，存在各类博物馆大同小异、千篇一律，展览主题相对单一，展陈空间辨识度低与缺乏自身特色。究其原因，主要表现在：

（一）对城市地域文化的认识和展示不足

早期城市博物馆展览普遍以整个城市发展轨迹为主线的通史性展览为主，囊括中华上下五千年的历史发展，内容涵盖广而全，部分博物馆缺乏足够的资源支撑展览主题，导致展览形式宏大却内容空洞，博物馆也呈现“千馆一面”的状态。

在展示空间、馆藏资源集中于通史展的情况下，导致博物馆在地域性文化展示上篇幅不足，博物馆自身特色不够突显。这主要是因为部分博物馆建设者对城市地域文化的特色深入挖掘不够，缺乏系统性认识，对博物馆馆藏文物没有扩展性研究，征集文物时不够注重文物与城市文化的关联性所致。

（二）缺乏理论支撑

目前，学术界对博物馆陈列展览地域性表达的研究，多集中于建筑设计、场馆设计、空间设计和形式设计等层面，如《中国博物馆陈列精品图解》《中国博物馆建筑与文化》《博物馆建筑设计》《博物馆室内设计中的地域性表达》《地域文化背景影响下的展陈空间室内设计研究》《主题博物馆展陈空间设计的地域性表达研究》《鄂尔多斯博物馆公共空间的地域性表达研究》《珠三角地区当代博物馆设计的地域性研究》等。以博物馆展览陈列工作的全流程为研究对象，系统探索如何在展览搭建的各个环节有效地贯彻地域性表达的理论性和实践性的研究相对稀少。同时，也少有研究者关注城市博物馆陈列展览与地方文化之间的互动关系。

（三）地域性表达手段单一，缺乏内涵

当前，博物馆陈列展览的地域性表达多集中于形式设计表达，手段比较单一。由于对城市文化的挖掘不够深入，设计中多盲目利用地域性元素，对于地域性特色图案、文字等不加区别和提炼照搬，过于重视外在形式，缺少内涵与细节提炼和呈现，更多展览的表现与地域特色不符。此外，还存在色彩选择与搭配不准确，造型呆板，弄巧成拙的现象。

城市博物馆的陈列展览应以地域性特色为原则，侧重选择能够反映地域文化特色的展览主题，选择代表地方性历史文化变迁的文物展品，对馆藏文物的深度、宽度、内涵、渊源进行挖掘，充分发挥文物在展示地方历史文化的独特魅力。

三、“武汉湖泗窑遗址群出土文物及标本展”的地域性表达策略

武汉是我国知名的历史文化名城，深厚的文化沉积包含楚文化、首义文化、知音文化、黄鹤文化等独特魅力的多种文化类型；各地风俗文化在此汇集，相互交流融合形成多元杂糅的文化特点；两岸三镇的城市格局，让军事、商业、工业文化有着独立发展的土壤，之间又相互交融相互影响。基于武汉城市历史的发展，造就了武汉蓬勃大气的城市气度；兼收并蓄、融合包容的城市特点；敢为人先，追求卓越的城市精神。

武汉博物馆一直以来自觉关心武汉城市发展与建设，注重城市博物馆在城市文化建设

中的责任担当，以深沉博大的文化底蕴和坚定的历史使命，通过各色展览和社会教育活动，在潜移默化中增强武汉市民的文化认同，传递城市文化正能量，增进武汉市民的自豪感、自信心、凝聚力和创造力。近年来，武汉博物馆以陈列展览为载体，通过独立办展，联合办展等方式，扩展展览内容、展品选择，着重策划以本地特色为主题的原创展览，极大丰富武汉市民的文化生活，增强广大市民对武汉文化发展的信心和认同感。

（一）展览选题与定位

“湖泗窑”是武汉最具代表性的城市文化特色渊薮，1974年首次在江夏湖泗公社夏祠湾发现，数十次的专项考察调研和考古发掘，最终确立“湖泗窑遗址群”由50座窑堆，180个瓷窑址组成，面积达170万平方米，是湖北地区最具代表性的民间瓷窑址群。2001年被国务院公布为第五批全国重点文物保护单位。“湖泗窑”的发现填补了湖北地区古代瓷器史的空白，充分反映古代民间百姓的生活水平、工匠技艺和审美标准。“湖泗窑”结合自身条件，融合南北之所长，独创“仿生学”瓜棱执壶器型、“半刀泥”雕刻手法、内壁刻篦形划饰，形成“湖泗窑”特色，具有鲜明的地域文化特征。与武汉兼容并蓄、四方融合，敢为人先，追求卓越的精神风貌如出一辙，是武汉城市文化的主要代表，也是我国重要的、不可再生的文化遗产资源。

武汉博物馆作为武汉重要的文化窗口，是武汉城市文化体现的重要载体，担负着推动文明互鉴、促进文化交流的重要使命。武汉博物馆以展示城市文化特色为重要方向，“湖泗窑”这一文化标签能弘扬武汉地域文化内涵与深度，传播本地文化，增强武汉市民文化自信与文化认同感，为武汉塑造城市差异性、个性化发展提供助力。为此，武汉博物馆特邀武汉市考古研究所共同办展，成立以考古、修复、文案、保管、设计等多维度人才组建的“湖泗窑展览”专业策展团队，计划系统地从考古、工艺、技术、艺术特点、未来发展等方面对“湖泗窑遗址群”进行详细梳理和展示，肯定了“湖泗窑遗址群”在中国瓷器史研究中非凡的研究价值，明确了“湖泗窑遗址群”为武汉地域特色代表的鲜明定位。

（二）内容设计与打磨

此次展览是“湖泗窑遗址群”首次面向观众展出，策展团队对相关历史文献，考古工作见闻，发掘成果、文物艺术风格、总体保护规划等资料研究分析，邀请高校学者进行学术讨论，以《湖泗窑发掘考古报告》《湖泗瓷窑址群总体规划》等学术报告为理论基础。展览文字方案经过多次研究、讨论和反复打磨，确立了通过展示“湖泗窑”考古发掘，工艺特色、艺术风格、发展规划为内容，展现宋代制瓷业面貌和工匠匠心、创造与智慧，进而展现“湖泗窑”不可再生文化遗产资源的重要性，以及武汉城市文化特色传承，兼收并蓄、融合包容、敢为人先，追求卓越精神风貌的底层逻辑。展览定为“明珠重现”“良工巧匠”“小家碧玉”“重放珠华”四个单元，介绍“湖泗窑址”的发现、分布及地理环境；龙窑结构、宋代陶瓷烧造工艺；分析器形、胎釉、装饰等艺术特点；总结“湖泗窑遗址群”保护和利用成果。在内容上强调区域划分、水系分布、遗址分布等内容，突出“湖泗窑遗址群”地理位置的独特性，反映其范围广、规模大、数量多的重要特点；窑址选址分析、剖面图、工艺特色对比等展现工匠智慧、创造力与民众审美情趣。

武汉博物馆和武汉市考古研究所联合办展，向湖北省博物馆、武汉江夏区博物馆等多家博物馆、机构借用展品，展出329件/套展品，其中包含国家一级文物9件/套。策展团队根据展览大纲选择瓜棱执壶、瓷枕、香熏、碗、碟、钵等代表性文物展品，火照、匣钵等出土烧造工具，增加自然标本、考古工具、发掘记录、发展规划方案、现代再造工艺品等辅助展品，多维度、全方位向观众展示“湖泗窑遗址群”的壮大与风采，重现湖泗窑魅力特色。

（三）形式设计

展览的设计形式是体现地域文化特色最为直接的表达方式。在具有地域性特点的展览设计中还原地域文化艺术效果、延续地域文化风格、突出地域文化特点，可以增强受众的情感共鸣，形成你中有我我中有你的文化意境。

1.巧用符号、色彩、材料，彰显地方文化特色

地域性的展览设计通常可以对地方文化传承的风俗特点、文物特征中提取图案、色彩，选取抽象或具象的代表性、识别性元素作为地域文化符号，实现地域文化氛围营造，将其运用到博物馆展陈空间中，含蓄地表达当地深层次的文化理念，来实现对当地社会文化的回应。

“湖泗窑”展从文物题材、刻花装饰中提取篦形划饰等代表性装饰纹运用于平面设计、空间设计中，精准反映湖泗窑特色地域文化。场景设计材料就地取材，选用湖泗窑出土瓷片标本，匣钵、匣钵盖等烧制窑具，增加展览观赏性，趣味性与审美性。

2.突出多样化，制造“情景式”观展体验

由于客观条件受限，武汉博物馆展厅仅进行局部改造设计，常规的陈列形式容易使参观者产生疲劳感，策展团队根据展览内容，对展厅进行合理分布，基于展品数量多，体量小，色调单一、形制类同的特点，选用亚克力多宝阁展架，定制金属爪件等辅助展具进行组合陈列，使零散标本整体化，便于观众对应观察同类型展品细节；利用展柜竖向空间，弥补展线不足缺陷，增强标本展品秩序感，空间立体感，提升视觉冲击力。

营造主题故事场景，制造“情景式”观展体验。选取展墙局部造型，背景营造窑址氛围，版面以龙窑剖面形挖空设计，以剖面图辅助，文物在内随镂空处摆放，模拟烧造时的景象，展现龙窑山体走势自下而上的特点。合理利用展厅地台，设计湖泗窑烧造场景，地面铺以泥沙，匣钵、匣钵盖等窑具、碎瓷片、材堆、窑工雕塑，模拟营造浓郁湖泗窑制瓷文化氛围，带给观众身临其境的参观感受。

展品多种形式的设计相互呼应、辅助，既能多样化展出文物，缓解视觉疲劳，又能合理利用展厅空间，弥补展厅条件不足，可谓一举多得。

（四）社会教育活动

为进一步扩大展览效应，武汉博物馆在展览展出期间，配合特殊时间，以不同类型群众策划针对性的宣传教育活动，如以青少年为对象开设的行走的课堂“探秘湖泗、瓷艺妙想”体验活动；全国助残日策划的残疾朋友“特别体验活动”。

社教团队将展览内容根据人群特点转化语言形式，通过多媒体教学、文物标本展示、代表性文物比对、手工体验等方式，带领参与者深入了解湖泗窑的历史发展与古瓷烧造技艺。参与者通过知识提问卡片，化身“古窑探秘者”，跟随老师的步伐在展厅寻找答案。社交团队课程内容上着重强调“湖泗窑”独特的

地理位置，独创技法，艺术风格，融入猜谜抢答的互动模式，以“湖泗窑瓷”为蓝本，现场手作创意瓷瓶的形式，这种沉浸式体验、寓教于乐的方式以不同视角展现“湖泗窑”文化特色。

（五）特色文创产品开发

利用文创产品使湖泗窑全方位“活”起来，武汉博物馆开发以湖泗窑瓷釉色、器型、装饰手法特色为灵感的多类型文创产品，最具特色的文创产品是“湖泗窑再造瓷器”。这一类文创是使用专业仪器对湖泗窑出土瓷器的成分进行科学分析研究，以相同相近的原料比例，烧造方式，不同火候多次实验，最终制作成釉色，纹饰，开裂等与湖泗窑出土瓷器原件极为相似的产品。让观众不仅能在博物馆展厅欣赏湖泗窑瓷器之美，更能使观众把它带回家。

武汉博物馆通过展览将湖泗窑数量多、品质高、有特色的瓷器展出，让观众充分了解武汉地区制瓷业的历史发展脉络，同时对湖泗窑考古发掘和保护成就进行全景回顾和展望。向公众展现武汉地区古代劳动人民的匠心与智慧，弘扬武汉本土传统文化特色，增强市民文化自信心，激发公众对古遗址、古文物的珍惜与保护意识。

四、结语

随着城市的进步，社会的发展，民众对于精神文明建设的要求也越来越高，千篇一律的博物馆形象使博物馆降低了吸引力，传统的博物馆已无法满足观众对城市精神文化的追求和对博物馆的深层文化需求，博物馆塑造个性特色的形象迫在眉睫。博物馆强烈的文化属性，使其成为地域文化表现的理想载体，具有地域性的陈列展览能够展示出博物馆独特的文化个性和研究水平，利用地域文化记忆强化观者的情感共鸣，是博物馆展现特色的重要渠道。

城市博物馆要做有影响力、创造性充分反应地域性文化特色的展览首先要充分了解城市历史发展，立足城市特色，合理利用馆藏资源，深入挖掘文物与地域特色之间联系，其次结合展览内容策划相应的社会教育活动，开发特色文创产品，应用全息投影、人机交互、触摸等多媒体新技术，利用报纸、广播、电视、网络、自媒体多平台多渠道宣传，扩大展览效应，加强展览内容的各群体渗透性，最大化利用文物、文化符号传递地域特色和城市精神。

本文以博物馆与地域性的关联作为出发点，探讨挖掘本土地域文化特色对博物馆发展、城市发展的积极作用。以武汉博物馆策划的“湖泗窑”展览为例，梳理与归纳博物馆策划地域文化特色陈列展览的经验，对武汉博物馆地域性文化特色展览成果进行分析、探讨、总结，为今后城市博物馆展现地域文化特色，发挥发扬城市文化精神提供了新的思路。

参考文献：

[1] 郭琳.增强博物馆地域文化特色建设的思考[J].网友世界.2012(18)70-72.
[2] 李文儒.中国博物馆陈列精品图解[M].文物出版社，2002.
[3] 《建筑创作》杂志社.中国博物馆建筑与文化[M].北京：机械工业出版社出版，2003.
[4] 蒋玲.博物馆建筑设计[M].北京：中国建筑工业出版社，2009.
[5] 齐霁.博物馆室内设计中的地域性表达[D].大连工业大学，2013.
[6] 祝清爽.地域文化背景影响下的展陈空间室内设计研究[D].沈阳建筑大学，2017.
[7] 林倩.主题博物馆展陈空间设计的地域性表达研究[D].苏州大学，2021.
[8] 张业.鄂尔多斯博物馆公共空间的地域性表达研究[D].内蒙古师范大学，2022.
[9] 宋江涛.珠三角地区当代博物馆设计的地域性研究[D].华南理工大学，2012.

借助民间力量　助力武博发展
——武汉博物馆与民间收藏界交流合作的实践探讨

王瑞华　武汉博物馆

摘　要：民间收藏是一支不可忽视的强大力量，有着丰厚的文化底蕴，国宝民藏，藏富于民，是我国改革开放弘扬传统文化、推动和促进文化大繁荣、实现文化兴国的一项重大举措。国家文物局领导曾指出，民间收藏是国家收藏的有益补充，二者相得益彰。本文结合笔者对武汉地区部分民营博物馆的实地调研，及武汉博物馆近年来与民营博物馆、民间收藏家协会、民间藏家交流合作取得的实际成果，探索出一条适合于国有博物馆创新发展的实践之路。

关键词：民间收藏；民营博物馆；武汉博物馆；交流合作；实践

近年来，武汉博物馆充分利用国有博物馆平台，采取联合办展、接受捐赠、鉴定扶持等形式，全面加强与民营博物馆、各级民间收藏家协会及民间藏家的交流与合作，探索出一条国有博物馆与民营博物馆、民间藏家之间实现资源共享、优势互补、合作共赢的创新模式，共同推动武汉文博事业的可持续发展，既丰富了博物馆藏品类别，又填补了武汉市部分特色展览的空白，如与槐川博物馆合办的“西风遗韵——槐川博物馆藏西洋钟、瓷展”、利用民间藏家刘敦义捐赠马口窑陶器而举办的“窑火·江汉——马口窑陶器特展”等均为首次在汉展出，既提升了民营博物馆的社会知名度，提高了民间藏家的社会参与度，又提升了国有博物馆的社会影响力。

一、异军突起：改革开放以来迅猛发展的民间收藏

2023年5月16日，习近平总书记在考察山西运城博物馆时强调，“博物馆有很多宝贵文物甚至‘国宝’，它们实证了我国百万年的人类史、一万年的文化史、五千多年的文明史”“要认真贯彻落实党中央关于坚持保护第一、加强管理、挖掘价值、有效利用、让文物活起来的工作要求，全面提升文物保护利用和文化遗产保护传承水平”，为文博事业的健康发展指明了方向。在新时代的大潮中，国有博物馆与非国有博物馆宛若并蒂花开，百花争艳，各有特色，国有博物馆一枝独秀的局面早已成为历史，作为非主流的民间收藏方兴未艾，各具特色的民营博物馆更是乘着改革开放深入开展的东风，呈现出异军突起、遍地开花的态势，成为中国博物馆大家庭的重要组成部分。

改革开放以来，我国的民间收藏组织得到迅速发展，各级收藏家协会纷纷成立，民间收藏队伍亦不断壮大。正如中国收藏家协会理事长罗伯健2021年9月在安徽合肥举行的“第七届全国钱币收藏博览会暨中国钱币收藏高峰论坛”上的致辞所言：“改革开放40多年来，

民间收藏取得了长足进步。”为了确保民间收藏有序运作，国家出台了《民间收藏文物管理办法》，对民间收藏进行了明确的规范约束。在此基础上，一些民营博物馆也沐浴着改革开放的喜雨应时而生，并很快占据了中国博物馆板块中的较大份额。

2021年5月25日，国新办就博物馆改革发展指导意见有关情况举行发布会，国家文物局副局长关强在会上介绍，截至2020年底，全国登记备案的博物馆达到5788家，非国有博物馆增至1860家，行业博物馆达到825家，类型丰富，主体多元，非国有博物馆和行业博物馆占据整个博物馆的近二分之一。

2023年“5·18国际博物馆日”中国主会场活动开幕式18日在福建博物院举行，国家文物局现场正式发布中国博物馆发展数据：2022年，我国新增备案博物馆382家，全国博物馆总数达6565家，排名全球前列，其中全国登记备案的非国有博物馆占据了较大比例，接近全国博物馆总数的三分之一，中国博物馆事业呈现出百花齐放、群芳竞艳的大好局面。

二、星罗棋布：当前武汉域内民间收藏的社会调查

党的十八大以来，我国对博物馆工作表现出前所未有的重视，党和国家领导人多次就文物、文博工作作出指示，博物馆事业全面融入党和国家发展事业大局，日益成为人民美好生活的一部分，取得历史性成就，非国有博物馆成为我国博物馆事业的重要组成部分。近年来，国家文物局先后制定出台一系列政策举措大力支持非国有博物馆发展，各地文物部门也大力支持社会力量参与非国有博物馆事业，促使非国有博物馆与时俱进，蓬勃发展。相关资料显示，仅在2020年，非国有博物馆举办展览近9400余个，开展教育活动3.2万余场次，参观人数近7000万人次，非国有博物馆正在成为我国博物馆事业高质量发展的推动者、改革创新发展的探索者、高水平文化产品和服务的供给者。

在全国上下大力促进博物馆事业建设发展的大背景下，武汉也紧锣密鼓地开始了博物馆之城建设的大力推进。

武汉是国务院第二批公布的国家历史文化名城，有着3500余年的建城史，遗址宝藏丰赡，文物丰厚璀璨，文化积淀厚重，拥有丰富的博物馆建设资源，加上高校规模居全国前列的条件，构成了武汉建设博物馆之城的雄厚基础。早在2012年春天，武汉就启动了“文化五城”（读书之城、博物馆之城、艺术之城、设计创意之城、大学之城）建设计划，其中的“博物馆之城”建设经过十一年的精心布局和建设发展，已取得令人瞩目的成就。截至2023年5月，武汉地区博物馆数量已由2012年的58家，发展到今天的126家，实现了平均每十万人拥有一家博物馆的目标。

笔者通过对武汉地区民间收藏界及部分民营博物馆的实地调研，发现武汉市民间收藏经过多年的发展，已成为一股不可忽略的力量。目前，除了湖北省收藏家协会、湖北省艺术品收藏家协会等省级民间收藏机构设在武汉，武汉市亦有手续齐全、会员众多的武汉收藏家联谊会，下面还设有古玩杂项专业委员会、陶瓷专业委员会、连环画专业委员会等多个机构，围绕“中国文化遗产日”等开展过“武汉市十大民间收藏家”“武汉市十大民间藏品”等多项活动，并在国有博物馆举办过多次民间收藏展览。在2013年首届“十大民间

收藏家”评选活动中，武汉壶语堂博物馆馆长夏志钢、书画鉴赏家刘国亮、奇石收藏家刘明利、门券收藏家王运明、邮品收藏家郭迅、文献收藏家肖琴学等跻身其中。民间收藏界更是卧虎藏龙，有些鉴定高手还参加过国有博物馆举办的民间鉴宝活动，充分展示了民间收藏界的实力。此外，武汉三镇有多个民间收藏市场，以位于武汉市硚口区荣华街崇仁路的武汉收藏品市场、位于江汉区香港路的武汉市文物监管品市场、位于武昌区徐东大街的徐东古玩城最为知名，其中武汉市文物监管品市场成立于1997年，至今已有26年，是武汉市历史悠久的民间收藏品市场；徐东古玩城汇聚全国各地300余家商户进场经营，现已形成明清家具街、古玩街、古玩一馆、古玩二馆、书画馆、奇石馆、古玩精品馆、展览拍卖多功能厅、地摊交易广场等多种业态，是集文化、艺术、旅游为一体的综合文旅平台。

自武汉市开始推进“文化五城”建设以来，由武汉市民间收藏人士或企业家开办的民营博物馆也如雨后春笋般涌现，截至目前，武汉地区已有126家博物馆，其中在国家文物局已备案的近百家，涵盖历史综合类、红色文化及名人故居类、工业类、社区类、民俗及特色收藏类、自然与科技类、高校类等多种类型，形成了以国有直属博物馆为主体，国有行业博物馆、非国有博物馆为补充的博物馆公共文化服务体系。在这一百多家博物馆中，民营博物馆有51家，涉及政治、农业、军事、教育、陶瓷、医药、音乐、民俗、非遗、社区、艺术、红色文化等各个领域，几乎占据武汉市博物馆领域的半壁江山，体现了民间收藏的强大实力。

三、调研走访：武汉民营博物馆存在的问题及对策

近年来，笔者与多家民营博物馆有过交流与合作，尤其是2023年春夏交替之际，笔者先后走访过武汉槐川博物馆、武汉长庭陶瓷博物馆、武汉市秋枫记忆老物件博物馆等民营博物馆，并借助武汉市政协文史委委托武汉博物馆召集全市近50家博物馆代表召开《品读武汉的博物馆》一书组稿会之际，适时组织了一场国有博物馆与非国有博物馆之间的座谈会，了解到当前武汉地区民营博物馆的部分现状及不足：

（一）当前武汉地区民营博物馆的发展优势

乘着改革开放持续深入及武汉市“博物馆之城”建设的东风，近十年来，武汉地区的民营博物馆呈现出“井喷”之势，尤其是2013年9月，武汉市公布实施第一部鼓励扶持非国有博物馆发展的政策性文件《武汉市促进民办和行业博物馆发展实施办法(暂行)》，为全市民营和行业博物馆大发展壮大提供了全方位的保障，我市博物馆种类亦由过去的国有博物馆一枝独秀，拓展为国有博物馆、行业博物馆、民营博物馆并驾齐驱、均衡发展的态势，三者比例已接近国内先进城市3:4:3的黄金比例。在大批民营博物馆如雨后春笋茁壮成长期间，有些还取得了令人瞩目的成就。民营性质的武汉琴台钢琴博物馆成立于2014年，由“武汉黄鹤英才”专家贺立军博士创建，展馆综合面积达8000平方米，其中展厅面积4200平方米，收藏各类古董钢琴1000余架，仅被誉为“钢琴之王”的施坦威钢琴就有100余架，连美国前总统林肯故居方钢琴亦被征集入藏，以至于成

为国内目前钢琴藏品最多、质量最高的博物馆。2020年12月，武汉琴台钢琴博物馆跻身于国家文物局公布的国家三级博物馆之列，这也是湖北省第一家通过国家级博物馆认定的非国有博物馆，荣誉等身，格外耀眼。

我市民营博物馆具有形式多样的特点，有一些还与各级非物质文化遗产保护项目挂钩，如武汉杨楼子老榨坊博物馆、叶开泰中医药博物馆、武汉汉秀博物馆、武汉荆楚金石博物馆等等，这为民营博物馆的良性发展提供了一定的外部条件和社会保障。

（二）当前武汉地区民营博物馆存在的问题及对策

笔者通过调研发现，当前武汉地区的民营博物馆普遍存在一些制约博物馆发展的问题：

一是很多民营博物馆缺乏知名度，社会关注度不高。很多民营博物馆建在远离闹市区的乡村、集镇，亦有的民营博物馆因宣传不够而处在"藏在深闺无人识"的囧地。笔者认为要解决这个问题，首先要加大博物馆的宣传力度，让这些博物馆积极参与一些诸如5.18国际博物馆日、中国文化遗产日等社会活动，尤其是那些具有非遗保护身份的民营博物馆，更是要充分利用好非遗保护项目这个标签，多举办一些非遗项目的展览，多参与一些非遗保护的活动，以此提升社会的关注度。

二是民营博物馆普遍缺乏专业研究及管理人才。人才队伍建设历来都是博物馆蓬勃发展的动力之源，民营博物馆也不例外，很多民营博物馆都是家族式经营管理，受经费的限制，不愿意高薪招揽专业人才，这就导致了民营博物馆专业管理的匮乏。要解决这一问题，民营博物馆不但要加强自身的学识培养，还可以寻求国有博物馆的友情支援，以协作的形式提高民营博物馆工作者的业务水平，同时民营博物馆还可依据《武汉市促进民办和行业博物馆发展实施办法(暂行)》相关精神，向政府寻求资金扶持。

三是民营博物馆馆藏藏品单薄及展陈形式落后。很多民营博物馆受自身条件制约，缺乏经验丰富的文物鉴定专家，收藏的藏品大多有局限性，而且展陈专业人才的匮乏，又造成了民营博物馆展陈形式的落后，了无新意，无法吸引观众的眼球。要改变这种状况，民用博物馆可以主动出击，组织员工实地参观国有博物馆获得过各级奖项的陈列展览，吸收先进、具有创意的展示手段，必要时可主动与国有博物馆联系，邀请国有博物馆专业的展览设计人才对本馆展览进行深化，同时邀请国有博物馆专业的文物鉴定专家对馆藏文物进行鉴定，确保上展文物藏品不出现赝品。

四是有些民营博物馆的经营者缺乏对文博知识的了解，对现代博物馆的办馆理念缺乏高层次的认识。这就有必要由文旅局博物馆处组织举办民营及行业博物馆馆长培训班，邀请相关文博界的知名人士讲解博物馆知识，并形成制度。2021年10月下旬，国家文物局主办，中国文物信息咨询中心、广东省文物局承办，深圳市文物局、深圳文化产权交易所协办的"2021年度全国非国有博物馆馆长培训班"开班，对来自全国31个省、自治区和直辖市的51名非国有博物馆馆长进行了博物馆行业领域专家的专业指导，通过学习、思考和讨论互动，碰撞激发出解决博物馆行业发展问题的新思路，提高了非国有博物馆行业人才的工作能力和业务素质，落实了中央宣传部、文化和旅游部、国家文物局等9部门印发的《关于推进博物馆改革发展的指导意见》中的具体要求，可见国家对非国有博物馆发展建设的重视程度。我们可以参考“2021年度全国非国有博物馆馆长培训班”的模式，提高民营博物馆经营者的管理水平。

五是民营博物馆大多处于故步自封、孤芳自赏的状态，严重制约了民营博物馆的发展。笔者在走访某家民营博物馆时，在近两个小时的时间里，只看到一个观众。看到展柜里的展品琳琅满目，其中不乏博人眼球的藏品，展览空间及展陈形式也还初具规模，而且场馆还处于一个闹市区，可为什么会出现这种门可罗雀的状况呢？在那个观众准备离开时，笔者悄悄问了一下，那个观众说，要不是有朋友来这里参观过，我都压根不知道这里还有个博物馆。细究原因，原来是博物馆的知名度和曝光率不高，这个跟这家博物馆常年不参加社会活动、不在媒体宣传大有关联。同样走访另一家建在偏僻地段的民营博物馆，院中停了好几辆车，展厅内有几十位观众正在兴致勃勃地参观展览，经过打听，原来是这家民用博物馆很有特色，注重宣传，借着非遗保护项目成为所在区的教育基地，而且还跟旅游部门合作，成为游客及网红的打卡地，真是“酒好不怕巷子深”。民营博物馆一定要注重博物馆品牌的打造及推广，多参与社会活动，多与其他博物馆尤其是国有博物馆加强互动，只要做好了这些，必定会摆脱门可罗雀的景象。

四、守正创新：武汉博物馆加强与民间收藏交流合作的社会实践

2022年7月，习近平总书记在给中国国家博物馆的老专家回信时强调，“创新展览展示，推动文物活化利用”。如何践行习近平总书记讲话精神，国有博物馆不但要让自身馆藏资源充分利用，而且还要多方融合，加强与民间收藏的交流合作，实现合作共赢。以武汉博物馆为例，近年来与民间收藏的合作实践有几点取得丰硕成果。

（一）与民间收藏机构及个人合作，抓住社会热点，接受捐赠，丰富馆藏

2019年岁末，一场突如其来的新冠肺炎疫情席卷荆楚，蔓延全国。经过全国人民长达数月的顽强阻击，到2020年4月，疫情的中心武汉才得以解封。获知湖北省收藏家协会向全会发出《关于征集抗疫物品的通知》，鼓励会员在全省范围内收集抗疫实物并取得一定成效后，武汉博物馆及时与湖北省收藏家协会取得联系，将该协会举全省会员之力收集到的抗疫实物400多件以捐赠的形式全部征集入藏。其中，既有来自方舱医院和抗疫一线的珍贵物品，亦有抗疫斗争中涌现出来的英雄团体和先进个人捐赠的珍贵实物，大到横幅、海报、防化服，小到小区出入证、测温仪，每一件都是抗疫斗争生动场景的真实再现，每一件都是英雄城市、英雄人民不畏艰险、顽强不屈的精神写照，每一件都讲述着一个感人的抗疫故事，每一件都显影着一段难忘的抗疫记忆，体现了民间收藏的强大实力。武汉博物馆举行了湖北省收藏家协会向武汉博物馆捐赠抗疫物品仪式，邀请媒体记者参加，出版《湖北省收藏家协会向武汉博物馆捐赠抗疫物品图册》，成为武汉国有博物馆与民间收藏机构合作的成功范例。

2023年春天，获悉黄陂老人刘敦义有捐赠马口窑陶器的意愿，武汉博物馆立即行动，派人上门接洽。经过反复磋商，武汉博物馆以五万元将刘敦义先生二十余年收藏的552件马

口窑陶器征集入藏，填补了馆藏马口窑陶器的空白。为拓展这次马口窑陶器捐赠的社会影响力，最大程度发挥这批入藏品的作用，武汉博物馆从这批入藏陶器中挑选具有代表性的精品陶器220余件，推出“窑火·江汉——马口窑陶器特展”，这也是马口窑陶器首次集中在汉展出，吸引了大量观众，很多上了年纪的市民感慨极深，因为马口窑陶器制品主要用于生活方面，水缸、米坛、糖果罐……旧时的武汉里巷人家多有用到，唤起了他们的记忆。同时为表彰刘敦义先生的慷慨奉献，激励更多的民间藏家向国有博物馆踊跃捐赠，武汉博物馆同步举行了捐赠仪式，向刘敦义先生颁发收藏证书，并推出“马口印象——刘敦义美术作品展”。

（二）加大与民间博物馆的交流合作，合办展览，让民间藏品走上国有博物馆的舞台

2016年11月，习近平主席向国际博物馆高级别论坛致贺信时指出，博物馆是保护和传承人类文明的重要殿堂，是连接过去、现在、未来的桥梁，在促进世界文明交流互鉴方面具有特殊作用。武汉博物馆近年来积极加强与民营博物馆的合作力度，合作推出民营博物馆的展品，取得良好效果，既丰富了武汉博物馆的临时展览，又提升了民营博物馆的社会关注度。

2022年4月，武汉博物馆了解到民营博物馆武汉槐川博物馆藏有18世纪到20世纪西洋摆钟及西方贵族瓷器数百件，其中不乏法国路易十六时代(1754—1793)生产的金杯钟、Meissen(迈森)及Aynsley(安斯丽)、Wedgwood(韦奇伍德)等享誉欧洲的名瓷，既是近代欧洲贵族使用的生活实用器具，又是弥足珍贵的陈设艺术品。想到武汉还从来没有举办过这类藏品的展览，武汉博物馆立即与武汉槐川博物馆联系，达成了在武汉博物馆共同举办展览的意向。武汉博物馆根据该馆藏品特色，组织策展团队，原创设计了“西风遗韵——槐川博物馆藏西洋钟、瓷精品展”展陈大纲。5月10日，荟萃了武汉槐川博物馆117件/套西洋钟、瓷精品的展览顺利推出，取得了良好的社会反响，武汉槐川博物馆也由此提升了社会关注度，很多市民在观看展览后纷纷打听该馆的地址和预约参观电话。

2021年1月4日，整合了湖北省博物馆、武汉博物馆、江夏区博物馆、武汉市文物考古所等国有文博单位藏品的“宋窑遗珍　湖泗风华——武汉湖泗窑址群出土文物及标本展”在武汉博物馆开幕，在众多的展品中，就有锦绣山庄文化艺术村和武汉大宋武昌窑研究所等民间收藏机构的藏品；2023年1月，武汉博物馆联合荆州博物馆、天门博物馆推出的“荆声玉振　楚韵生辉——古代玉器精品展”在武博开幕，展柜里的400余件精美玉器中，亦有武汉民间藏家玉器藏品的身影。

（三）通过出版相关书籍，了解民营博物馆经营现状，为市民提供博物馆指南，让非国有博物馆走进市民视野

2021年初，笔者通过走访、座谈等方式，了解到大多数民营博物馆都有媒体关注度不高、社会曝光度不高的窘境，于是，笔者就有了出版一部囊括武汉地区所有博物馆的工具书的想法，很快得到了武汉市文虎额和旅游局的支持。经过与全市所有博物馆的紧密联系，文字打磨，到2022年1月，集中了当时武汉地区124家博物馆(纪念馆)的《百馆之城——武汉地区博物馆(纪念馆)巡礼》由武汉出版社顺

利出版。这本书按国有博物馆、行业博物馆、高校博物馆、民营博物馆分类，每一个馆都单独介绍，图文并茂，信息俱全，一册在手，可以全市博物馆走遍。此书一经出版，好评如潮，每个馆赠书两册，不久就有很多馆打来电话，希望能再提供几本，说近来观众预约参观的电话不断，来馆参观的观众数量亦明显增多；有些市民也按图索骥，来馆里索要该书，出版社留存的样书也很快告罄，联系我馆能否回购。这个热度维持了相当长的一段时间，为市民提供了一份翔实的博物馆指南，让非国有博物馆迅速走进了市民的视野。

五、结语

在当前博物馆领域百花争艳、各领风骚的时代背景下，特色鲜明的民营博物馆的大量涌现，优化了武汉地区博物馆体系，填补了博物馆的部分门类空白，让博物馆大家庭充满了新生的力量，体现了民营博物馆从“私有珍藏”到“社会共享”的文化自觉和责任担当，其发展助推了城市文化的大发展大繁荣，同时亦是“博物馆之城”建设齿轮高速运转的润滑剂。

博物馆要良性发展，需要守正创新的多元化社会实践，探索创造性转化，推动创新性、可持续发展，让博物馆为推进文化自信自强、铸就社会主义文化新辉煌贡献更大力量。尤其是资源丰富的国有博物馆，一定要有宏阔的视域，既要重视国有博物馆之间的馆际交流与合作，强强联手，打造一流的场馆一流的展览；也要重视与民营博物馆、民间收藏机构的互动，在新时代的大潮中交流互鉴，取长补短，合作共赢，共同发展。

参考文献：

[1] 山西新闻网.运城博物馆：鉴往知来，寻根五千年.http://special.sxrb.com/GB/319795/319864/319871/10023741.html.

[2] 长江网.武汉建设“文化五城”打造文化强市.http://zt.cjn.cn/zt2012/kxfz/whwh 7125/201206/t1940768.htm.

[3] 玩收藏网.中共中央办公厅、国务院办公厅对民间收藏的政策激励，为艺术品致富走上快车道.https://www.sohu.com/a/ 433856299_714666.

[4] 张红.浅谈加强对民间文物的引导[J].东方博物，2004,(03)：115-118.

[5] 人民艺术网.国家文物局：鼓励民间收藏，实现文化兴国.http://www.peoplesart.org.cn/h-nd-2112.html.

[6] 民间收藏：如何科学对接文物艺术品市场[N].中国文物报，2019-4-5.

[7] 赵志刚. 私人博物馆与民间收藏[J]. 中国博物馆，1995,(01):38-41.

新时代博物馆社教专员的可持续发展

杨露雯　武汉博物馆

摘　要：博物馆的四大基本职能为收藏、展示、研究和教育，而教育是其核心职能，因此社教专员在博物馆的可持续发展中发挥了不可替代的作用。他们不仅将博物馆的历史价值、社会价值、研究价值等传达给馆内观众，还通过新媒体平台传递给全世界公众。社教专员如何提升服务质量、增加文博知识储备，如何既符合大众需求又能深度挖掘研究一直都是业界关注的重点。如今，随着Chat GPT等人工智能嵌入社会各领域，博物馆也在迎来变革，社教专员在掌握文物、博物馆学的基础上还需掌握大数据、云计算、人工智能等新技术的运用，以适应我们即将迈入的“重互联网时代”。本文从新时代社教专员的角色定位入手，结合笔者经历，探讨新时代社教专员可持续发展的路径。

关键词：新时代；博物馆社教专员；可持续发展

随着人们物质生活水平的日益提高，新冠疫情不再构成“国际关注的突发公共卫生事件”，数字经济与文化旅游产业的融合也日益加深，到博物馆去成为新的社会风尚。据国家文物局统计，目前备案博物馆总数近6200家，排名全球前列，免费开放率为91%。党的十八大以来，博物馆改革持续推进，影响力也大幅提升。类型丰富、主体多元、普惠均等的现代博物馆体系基本形成。博物馆资源正不断向基层延伸、向创意拓展，不仅成为区域文化地标，更成为青少年教育的重要阵地、人民群众美好生活的重要组成部分。我国建设文化强国需要博物馆的创新变革，而社教专员的可持续发展才能为博物馆注入更多活力。

一、新时代博物馆社教专员的角色定位

顾名思义，此岗位主要的职责是博物馆的社会教育，然而工作内容包罗万象。

首先，社教专员是形象代言人。社教专员是博物馆与公众之间桥梁，既要具备优雅知性的形象气质，又要保持积极、乐观，内外兼修为公众传递博物馆的文化内涵。

其次，社教专员是规划师。每位社教专员在拟定自身的月度、季度、年度计划的同时，还需参与到制定博物馆的社教工作计划中，厘清自己的定位，明确自身目标。

第三，社教专员是讲解员。传统意义上仅承担单一讲解工作的讲解员已经无法适应新时代博物馆的飞速发展，因此宣传讲解现仅成为社教专员岗位职责中的一项基础工作。社教专员不仅需讲好博物馆的基本陈列，还需讲活临时展览。

第四，社教专员是研究员。社教专员需突破“只讲不写”的瓶颈，负责组织各类陈列展览讲解词的撰写，自己去查阅、熟悉博物馆文物和展览的基本情况，将深度挖掘和研究的成果融入讲解词，以此向观众提供具有吸引力和

说服力的资料信息，不断搜集整理研究成果，发表论文，甚至开设讲座。

第五，社教专员是策划师。围绕博物馆爱国主义教育基地建设，结合传统节日、重要时间节点、热门话题，根据不同年龄、背景的公众，创造性地开展形式多样、丰富多彩的社会教育活动是社教专员的一项重要职能。社教活动可以更高效、更有针对性地将丰富、厚重的历史文化知识为公众所吸收。

第六，社教专员是宣传员。社教专员不仅要将工作完成出色，还应该加强与媒体的联系。全媒体时代，社教专员需撰写新闻稿，配合拍摄短视频、直播等全面开展宣传工作，提升博物馆的知名度和美誉度。

第七，社教专员是终身学习者。这不仅包括文博领域的学习和业务培训，做到专业学识专家化，社教专员还需做到非专业领域知识“杂家”化、讲解职业化、表述趣味化等于一身。这需要在广泛阅读的同时，搜集观众的反馈意见，变换角色预设问题，寻求解决办法。

第八，社教专员是竞技选手。讲解、演讲或案例分享等比赛需要选手有较强的心理素质、可靠的专业知识、提炼和撰写文章的功底、设计制作ppt和剪辑视频的能力，因此参赛是社教专员全方位进步的最迅速、有效的方式。

第九，社教专员是管理者。他们管理“博物馆之友”及志愿者等相关工作，助力他们成为历史文化的精彩讲述者、生动诠释者和忠实传播者，更好地助力博物馆服务社会与公众。

第十，社教专员是“多面手”。除以上工作还需服从上级安排，完成临时工作任务，如外借讲解、宣讲，参与展览方案审定，对接策展甚至口笔译等工作。

二、博物馆社教专员的可持续发展策略

（一）明确角色定位

近年来，我国经济文化快速发展，博物馆自免费开放以来，数量增多，规模扩大。习近平总书记在党的二十大报告中指出：“坚持以文塑旅、以旅彰文，推进文化和旅游深度融合发展。”全国文旅融合势头高涨，各地著名博物馆均成为热门打卡点。为了给慕名而来的参观者留下一个“不枉此行”的印象、更好地彰显博物馆的社会服务与社会教育功能，社教专员不应再将自身角色局限在讲解员，应有更严格的要求。因此在新时期、新环境，社教专员首先应树立起持续发展的意识，既要有符合大众审美有侧重的社教工作，对馆内文物和陈列深度挖掘，又要学习最新的文博发展成果，持续提高专业水平。其次，需要树立“观众至上，服务第一”的观念，积极更新服务理念、提升服务水平，耐心解答公众的提问，提供优质服务。最后，需要有广阔的视野，不能仅拘泥于本馆的展陈与文物研究。在横向，与不同博物馆的社教专员、研究员交流学习，借鉴经验；在纵向，学习了解最新文博、社教成果与理论。社教专员只有明确自己在新时代的角色定位，才能提高自身的责任感、事业心，以坚定的信念、积极进取的心态做好博物馆社教工作。

（二）提升专业素养

1.讲解接待打好基础

讲解接待是社教工作的基础。社教专员作为一种博物馆信息、历史文化的传播中介，是连接博物馆和公众的桥梁。社教专员的解说能够最直观地帮助公众获取相应的知识，普及博物馆观展礼仪，提高参观者的参观品质。

社教专员需要在长期工作实践中对讲解接待进行系统性研究，总结、积累、提炼，形成一套符合实际工作要求的理论和经验，不断完善在博物馆的讲解效果。

成功的讲解接待分为准备阶段、讲解进行阶段、接待后总结反思阶段。准备阶段从广义上看，每天都需做好准备：重视仪态仪容，练声开嗓，观摩演练，针对不同需求准备好“极繁”版和“极简”版讲解词；从狭义上看，就是接待当天的准备：提前走讲解接待线路，确认自己的讲解设备、展厅内多媒体设备，遇到问题设备时，心中做好预案，如遇重要接待，提前查阅好接待对象的经历籍贯，简言之，准备到最后一秒。讲解进行阶段，依然需要重视仪态和表情管理，尤其是控制视线，以观众为中心，不盯着一人讲解，与观众视线一致，做到真看、真讲、真感动；讲解中手势的使用要适当、适时、适度，做到规范下的自然与舒展，手势的使用还需与讲解内容协调一致；讲解中的站位也值得注意，需要与接待对象保持50cm到70cm的距离，一般是后退式讲解，尽量站在接待对象旁，不站在接待对象与本单位领导之间；讲解中需积极引导，始终掌握讲解接待的主动权；讲解还需做到随机应变，在接待对象与本单位领导交流时，不去打断，在忘词时，不惊慌、不重复，将句子说完整，在行进的过程中讲文物和展板；讲解接待进入尾声，不懈怠，说好结束语，引发好的观众反馈，毕竟这是评判讲解的最重要标准。在接待后的总结反思阶段，我们需要复盘整个接待过程，改进讲解内容和走位，查阅接待中不明确的问题，做好资料的整理收集工作。

2.社教活动拓宽思路

博物馆的职能之一是对公众进行社会文化教育。“要系统梳理传统文化资源，让收藏在禁宫里的文物、陈列在广阔大地上的遗产、书写在古籍里的文字都活起来。”习近平总书记关于传承和弘扬中华优秀传统文化的重要论述，是做好新时代社教工作的根本遵循。社教活动在新时代既需要创新，又要立足实际，针对不同的公众及场所，根据基本陈列或临时展览，结合特定的时间节点或节日，开发出寓教于乐、覆盖面广、影响深远的特色社教活动。

首先，社教专员应打造菜单式品牌社教活动，有利于公众根据自己不同的需求与博物馆进行针对性的合作。如武汉博物馆已推出众多品牌社教活动，如专为青少年打造的“青花话(画)梅瓶”活动，通过看梅瓶、品梅瓶、画梅瓶，拉近藏品和青少年之间的距离，让他们懂得欣赏文物、热衷参观博物馆，爱上中华传统文化。其次，社教专员还应推出“接地气”的节日活动，如大多数博物馆会推出的新春、元宵、端午等传统佳节活动，邀请社区、养老院、孤儿院等来到博物馆参与民俗体验活动，让更多的群众分享文化发展成果，实现社教活动生活化。第三，社教专员可开展馆际合作，甚至进行跨界合作，如武汉博物馆与汉绣博物馆合作推出“春回学子归，非遗薪火传”汉绣探索之旅，通过“请进来、走出去”的方式邀请汉绣老师来到馆内或走进中小学生的课堂，使公众领略非遗之美，以此助推荆楚文明在新时代的传承。最后，社教专员需借助新的艺术表现形式和融媒体传播方式，结合线下社教活动，设计出“全民参与”的社教活动，如武汉革命博物馆打造的湖北省首部博物馆沉浸式思政课“武汉1927”，参观者变身为“武昌农讲所学员”“中共五大代表”沉浸式进行党史学习教育，以此让红色基因、革命薪火代代传承。每场线上活动都可以配合一场直播，让公众足不出户，也可以参与到社教活动中，社教专员也可以通过公众留言反馈，改进不足、拓宽思路、完善社教活动。

3.探索新知得心应手

社教专员只有不断探索和学习，开展工作才能得心应手。首先深入研究学习博物馆学、文物知识、语言学甚至教育学等，不仅将学习内容融入日常讲解实践中，以史实为依据深挖文物背后的故事，体现展览的精神内核，同时将其运用在文字工作中，如丰富、更新讲解词，撰写新闻稿、推文、论文等，开阔自身视野、提高业务水平，向专家型社教专员的目标迈进。

其次，社教专员需学习融媒体知识，了解增加博物馆流量的方式，促进历史文化、社教活动的宣传推广，在线下陈列进行的同时，也让公众通过网络了解到博物馆相关信息。这需要社教专员将自己的文博知识熟练且准确地通过短文、视频、直播等形式展示在各大媒体平台上，甚至能科学合理地应用技术手段，通过线上观众的反馈，对文博产业的发展走向有所预测，提升博物馆的服务质量，为其吸引公众、实现长远发展发挥重要的作用。

(三)跳出“舒适圈”

博物馆的社教专员大多比较年轻，处于人生中的黄金时期，但博物馆的环境相对比较封闭、单纯，以至于很多包括笔者在内的社教专员在刚进博物馆时沉浸在自己的“舒适圈中”，怀抱着背好基本陈列的讲解词就可以一劳永逸的错误想法。苏格拉底曾说：“人类的幸福和欢乐在于奋斗，而最有价值的是为理想而奋斗。”也就是说我们只能自主地跳出“舒适圈”，努力改变，才会获得真正的快乐，成就人生价值。

首先，社教专员需要勇于迈出第一步。笔者认为，每段比赛的经历都是一段奇妙的旅程。刚开始在彷徨与恐惧中徘徊，之后开始艰难备赛，在同事的鼓励、领导和前辈的指导下，准备、修改稿件、ppt、视频，查阅稿件中人物、事件的详细资料。无时无刻地在心中回想、在报告厅演练，让稿件内容内化于心、外化于行。比赛当天，放手一搏，往往能取得超出预期的结果。在这个信息爆炸的新时代，我们能做到心无旁骛，刻苦钻研讲解的表现技巧，寻求稿件在妙趣横生、丰富翔实、发人深省间的平衡。赛后，我们焕然一新，用比赛中收获的技巧和韧劲改进社教工作。

其次，社教专员要勇于承担。在新时代，国家大力倡导文旅融合，所以时下博物馆常与景区、美术馆、博览会跨界合作办展，有时需在博物馆抽调社教专员介绍不同展览。笔者在被抽调时，一开始也会焦虑紧张，但会立刻调整心态，开始理解记忆讲解词，尽可能地查阅展览相关资料，丰富相关知识储备。进到展厅，熟悉每条路线、展台、展位、展品、艺术家或作者以及便民设施，准备到最后一秒，厚积而薄发。

除此之外，社教专员还需保持旺盛的好奇心，提升与人交流的能力，培育自己的爱好和技能等，跳出“舒适圈”，毕竟压不垮我们的，终将使我们强大。

三、结语

新时代博物馆的可持续发展将会在促进全球可持续发展的变革中做出积极贡献，这需要博物馆重视社教专员的可持续发展，注重选拔优秀人才与培训，创造学习专业知识的良好环境和机会，发挥社教专员的主观能动性，促进文博事业的蓬勃发展。与此同时，社教专员也需明确自身角色定位，提升专业素养，转变观念，跳出“舒适圈”，实现自我的可持续发展，成为实现中华民族伟大复兴中国梦而奋斗的参与者和见证者。

参考文献：

[1] 胡芳.新媒体中的博物馆[M].上海：上海科技教育出版社，2017.

[2] 妮娜·西蒙.参与式博物馆[M].杭州：浙江大学出版社，2018.

[3] 洪丽华.新时期博物馆讲解员的角色定位与能力提升[J].中国民族博览 2022，08(16):210-212.

[4] 许晶晶.革命纪念馆讲解员的讲解艺术与素质提升——基于专家型讲解员的培养[J].产业与科技论坛，2016，15(23):233-235.

深化交流合作，赋能文化建设
——从推进博物馆与高校协同发展的角度说起

段君峰 辛亥革命博物院

摘 要：博物馆与高校的合作由来已久，只是以前模式相对单一，尚未充分发挥各自在文物保护、文化传承、促进文化认同等方面的作用。推动馆校协同发展，是对博物馆与高校原有交流合作的深化，旨在进一步发挥馆、校双方各自资源优势与特点，更好地做好文物保护与利用工作，进一步发挥文物资源在建设中国特色社会主义文化强国中的作用，为中华民族伟大复兴凝聚强大的精神力量。馆校协同发展，应通过体制、机制创新，在机构设置、人员配备、人才培养、项目开展、实践教学、经费保障等方面进行深度合作、常态化合作，围绕文物保护利用、社会教育活动、文创产品开发等方面相互借力、共同发展。同时，双方在合作时，应保持各自特色、坚持公益属性、秉持开放的态度、争取主管部门支持、建立常态化合作机制，共同赋能文化建设，为全面建设社会主义现代化国家作出更大贡献。

关键词：博物馆；高校；协同发展；文化建设

弘扬传承优秀传统文化、增强人民文化自信、丰富人民精神文化生活、提高人民精神力量，是建设社会文化强国的重要内容，也是当前我国文化事业发展的主要目标，在这方面，博物馆与高校有着相同的使命任务。博物馆作为传统文化的汇集及展示之地，具有研究、收藏、保护、阐释和展示物质与非物质遗产的社会功能，在弘扬中华优秀传统文化、增强公众文化自信、提高人民精神力量方面具有不可替代的重要作用。高校作为我国教育事业的重要组成部分，承担着人才培养、科学研究、社会服务、文化传承创新和国际交流合作五大职能。推动馆校深度合作、协同发展，对博物馆与高校充分发挥各自职能、更好地服务经济社会发展，对促进中国特色社会主义文化建设具有重要的现实意义。

本文所谓馆校协同发展，主要指博物馆与高校在原有合作模式的基础上，深化合作的广度与深度，通过体制机制创新，在机构设置、人员配备、人才培养、科研项目、实践教学、经费保障等方面进行深度、常态化合作，比如2022年5月，国家文物局组织开展国家革命文物协同研究中心候选单位推荐工作；2022年8月，教育部等八部门公布了首批453家“大思政课”实践教学基地，都是推动馆校协同发展的重要措施，旨在推动博物馆与高校的深度合作，更好地做好革命文物的保护与利用工作，进一步发挥文物资源在建设中国特色社会主义文化强国中的作用。

一、馆校协同发展的基础

现代博物馆产生的一个重要标志是文物由以往少数人的秘藏、私享转变为对公众开放，人类珍贵文化遗产由一部分人享有转变为公共财产、大多数人都可以欣赏，人人都可以从珍贵的文物中感受历史、欣赏艺术珍品、陶冶情操、提升个人素养。在近代中国，受西方博物馆建设的影响，从一开始，就把筹建博物馆作为启迪民智、提升公众文化素养和民富国强的重要举措，甚至可以这么说，近代中国的仁人志士是把博物馆作为提高国民素质，进而实现民族国家复兴的一个重要手段与途径，一开始就对博物馆的教育功能寄予厚望，希望博物馆能够成为提高国民素质、凝聚民心、革新政治的有效途径。

与博物馆相比，学校作为教育手段和提高人文素养的主要途径，古今中外都具有悠久的历史，无论名称、形式如何变化，学校作为推动主流意识形态传播的途径，自古至今都受到高度重视，不论是学前教育、小学、中学直至大学，传播知识、弘扬优秀传统文化、弘扬主旋律都是学校教育的基本内容。从这一点而言，博物馆与学校具有天然的密切联系，都以弘扬传承优秀传统文化为宗旨、以提升公民文化素养为目标、都是推进文化建设的重要阵地。学校是教育的主要阵地，博物馆则是学校教育的重要补充，与学校教育相辅相成、相得益彰，二者负有相同的使命，具有协同发展的天然基础。

除了相同的使命与责任，政府相关部门的重视与推动，也是促进博物馆与高校协同发展的催化剂。党的十八大以来，文化自信成为“四个自信”的重要内容，文化强国建设逐步上升为国家战略，满足人民群众日益增长的精神文化需求、推动公共文化服务供给侧结构性改革成为政府相关部门的一项重要工作，特别是近年来，博物馆在弘扬优秀传统文化、革命文化、社会主义先进文化，宣传社会主义核心价值观方面的价值与功能日益受到重视，成为弘扬先进文化、宣传文明新风尚的重要窗口，是促进文化交流与认同、打造地方特色文化品牌的重要抓手。博物馆为充分发挥自身的教育功能，也越来越重视在巩固自有阵地的同时，通过“五进”活动，广泛深入参与所在地区文化建设，主动走进中小学校、社区、工厂、农村等地，开展具有自身主题特色的社会教育活动。与此同时，众多高校也充分发挥自身特色学术资源优势，积极参与社会发展，为各行各业的发展开展专题研究、提出意见建议，在传承弘扬优秀文化、促进文物保护利用方面发挥了重要作用，与博物馆可谓殊途同归。

其实，博物馆与高校的合作由来已久，只是以前模式相对单一：高校为博物馆输出了大量管理人才与专业技术人才，为博物馆的发展奠定了理论基础及人才基础；相对而言，博物馆对高校的促进与推动作用不如高校对博物馆那么明显，主要是接待高校师生参观，在学术研究方面，博物馆的科研实力明显不如高校。近年来，随着国家对文博工作越来越重视，相关部门鼓励社会文博单位与高校等的深入合作，动员各界力量投入文物保护与利用工作中来，希望让更多文物活起来，更好地宣传中华民族悠久的历史、灿烂的文化，强化文化认同、凝聚各界力量推进中国式现代化建设、建设社会主义文化强国。

笔者多次参与的博物馆与高校的相关合作座谈，明显感觉到，对于馆校合作，双方的热情都很高，高校现在对文博发展比较关注，特别是文物数字化保护与利用、社会主义核心价值观宣传、革命文化弘扬等方面，高校有一定的学术研究与技术积累与创意实践，人才优势明显，希望借助博物馆的文物资源，深化文物保护与利用、史学研究、文化创意等方面的研究，推进“大思政课”建设，借助博物馆阵地，开展实践教学活动。而博物馆也迫切需要借助高校的力量，加大对文物的研究与保护、利用力度，通过与高校的协同发展，提升自身科研水平，推动自身在文物保护、展览策划、文创产品开发等方面的创新能力与发展水平，二者的合作可谓水到渠成。有合作基础，有国家相关政策的支持与推动，有社会公众日益增长的文化需求，馆校合作潜力巨大、前景广阔。

二、馆校协同发展的路径

馆校合作既有良好的基础，也有现实需要，双方也都有很高的热情，如何切实发挥各自优势、推进双方的合作与协同发展，找到切合双方发展实际的路径是关键。笔者认为，结合博物馆及高校的各自特点与文化建设实际需要，推进馆校协同发展，可从以下几个方面深化合作：

一是文物保护与研究。文物保护与研究是博物馆重要的基础性工作，是做好展览与社会教育及文创工作的前提。但毋庸讳言，学术研究工作特别是对馆藏文物的研究是当前博物馆工作的薄弱环节，面对成千上万件/套文物藏品，仅靠博物馆研究人员是很难全部消化的，这一方面是由博物馆的跨学科特性决定的，藏品的历史价值、文化价值、技术工艺、艺术价值等需要多学科研究力量的介入，涉及考古、历史、哲学、美术、科技等学科，而目前可以说没有任何一家博物馆的研究力量能够涵盖这些学科；另一方面，当前博物馆的工作人员很多都陷入了烦琐的事务性工作，即使是藏品保护、陈列展览、社会教育等业务部门的工作人员，各种评比、表彰、申报、审批，包括项目采购、财务报销、理论学习、讲解接待等，往往会消耗大量的人力与时间成本，消耗专业技术人员的大量时间与精力，让他们无法安心在研究工作上深耕。

博物馆研究工作薄弱或滞后的一个普遍性表现就是，相较于丰富的馆藏资源，除了部分研究力量相对雄厚的博物馆，大部分博物馆的基本陈列或者原创展览更新较慢、数量较少，所使用的文物数量只占馆藏数量很小的一部分，特别是对一些藏品较多的综合性大馆，受到主题、场地等各种原因的限制，更多的是受制于研究力量的限制，很多珍贵的文物只能束之高阁或者深藏于文物库房。相对于博物馆，高校集结了多学科的研究力量，无论是学术底蕴还是学术积累都远胜于博物馆，其学术研究的视野、学科研究的深度也都是博物馆短时间内难以企及的。但在具体的文物研究方面，很多高校由于缺乏实物，陷入理论研究多、实际观察操作少的困境，一定程度上影响到了高校的教育教学效果，不利于学术研究的深入开展，也不利于充分发挥高校的科研优势服务经济社会发展。

馆校的深入合作与协同发展，则可以很好化解博物馆与高校各自面临的困境与短板，充分发挥高校的科研优势与资源，充分利用博物馆的文物资源优势，促进理论研究与文物保护利用实际工作相结合，有效推动文物保护与利用工作，更好地发挥博物馆与高校的社会教育功能。

二是在社会教育方面深度合作。如上所言，博物馆与高校都有社会教育职能，虽然其侧重点不同，但在传承优秀传统文化、弘扬社会主义核心价值观方面负有共同的时代使命与任务，具有相辅相成的社会作用，二者的深度合作与协同发展，有利于推动并促进公众的文化认同、价值观认同，促进培育爱国、敬业、诚信、友善的现代公民，推动全社会形成自由、平等、公正、法治的良好氛围，进而凝聚社会各界力量共同建设富强、民主、文明、和谐的社会主义现代化国家。在这方面，馆校合作已取得不少进展，目前很多高校联合博物馆，在博物馆建立"大思政课"实践教学基地，将博物馆拓展为高校的第二课堂，在带领学生走进博物馆，现场感受历史场景、感悟优秀传统文化、增强文化自信、厚植爱国情怀、激发奋斗精神，博物馆成为高校育德树人的有效助推力量。如辛亥革命博物院自2022年入选教育部等八部门公布的首批"大思政课"实践教学基地以来，已经与武汉大学马克思主义学院、华中科技大学马克思主义学院等多家高校签订了合作协议，成为他们的"大思政课"实践教学基地，常态化组织学生到博物院参观学习，为高校学生现场授课，讲授文物保护与利用、革命文化传承等专题课程，充分发挥了博物馆的社会教育功能。

在社教活动的组织与开展方面，博物馆与高校还有进一步合作的空间。博物馆现有的社教活动，目前主要是围绕展览的讲解活动、围绕传统节日的亲子互动项目、配合临时展览的宣传活动等，有些博物馆也推出了一些沉浸式的研学思政课，如辛亥革命博物院2022年推出了"民族复兴　振兴中华"沉浸式研学思政课，以讲演结合的方式讲述林觉民、彭刘杨三烈士的爱国故事，让观众沉浸式了解英雄故事以及辛亥先驱为实现中华民族伟大复兴不懈奋斗、勇于牺牲的崇高精神，向公众厚植爱党、爱国、爱社会主义的情感，取得了良好的社会反响。为进一步提高博物社教活动的含金量、吸引力，双方可在选题及内容设计等方面加强合作，结合博物馆的主题和特色文物资源，打造特色鲜明、形式多样、内容丰富的社教活动，强化与观众的互动，提高活动效果。

三是文创产品研发。开发文创产品是推动文旅融合发展、让文物活起来、强化观众博物馆参观体验的一种有效形式，但由于各种因素的限制，目前国内大部分博物馆的文创产品多是委托第三方设计制作，不同程度存在主题不够突出、特色不够鲜明、文化内涵不足、质量参差不齐等问题，博物馆本身积极性不高、参与度不够，不利于博物馆文创产业的健康、可持续发展。

博物馆本身有着丰富的文物资源，通过深入的文物研究工作，是具有推出高质量、高品位文创产品，丰富公共文化服务内容、促进供给侧结构性改革的潜力与使命的，只是由于自身研究力量不足，以及体制机制的制约，很多博物馆的文创产品还只是停留在有没有的阶段，无暇顾及好不好的问题。另一方面，像武汉大学等高校在文化创意、艺术设计、产品推广等方面有着深入的研究、思考，学术力量深厚、学科优势明显，他们对深入挖掘博物馆文化资源、开发主题文创产品也有些浓厚的兴趣，也需要通过介入博物馆文创开发，丰富自身课程设置与内容，为学生提供更多实践的机会，进一步提高教育教学水平，同时为促进文化事业和文化产业高质量发展贡献自己的力量。

三、馆校协同发展应注意的问题

馆校协同发展符合双方各自的长远发展利益，也有助于推动文物的保护利用与优秀传统文化的传承与发展，国家相关部门也出台了相关政策，如何更好地充分发挥馆校各自优势，保证馆校协同发展各项利好切实落到实处、做出实效，真正实现馆校双方可持续发展、履行好各自社会责任，需要双方认真思考谋划，拿出切实可行的办法。笔者认为，应注意以下问题：

一是馆校双方应保持各自特色与优势。中国传统文化强调和而不同，多元化是文化事业繁荣发展的前提与可持续发展的保证，推动馆校协同发展也应注意这一点。博物馆有博物馆的特色，高校有高校的优势，二者的合作目的是共同推动优秀传统文化、革命文化、社会主义先进文化的宣传、弘扬，增强民众文化自信、促进各民族文化认同，为建设中国特色社会主义文化强国作出更大贡献。在馆校合作过程中，双方要明确各自目标任务与角色定位，和而不同，各自发挥特色与优势，求同存异、互利互惠，实现各自的可持续发展。

二是要坚持公益属性。博物馆是公共文化服务机构，特别是国有博物馆，绝大部分是公益一类事业单位；与博物馆类似，高校的职能与性质决定了其公益属性，因此，不论是博物馆还是高校，在协同发展的过程中都应该坚持公益属性，不以营利为目的，而是立足于履行社会责任，着眼于普及历史文化知识，着眼于提高公众精神文化素养，着眼于提升人民群众的文化归属感、幸福感。当然，坚持公益属性，不是说博物馆不能有收入，对于文创产品等服务项目，相关部门应该鼓励博物馆和高校深入合作，通过委托第三方生产销售，允许博物馆的合法收入，并允许博物馆将此类收入用于文创产品研发等活动，提高博物馆从事此类活动的积极性、主动性。

三是要坚持开放的态度。馆、校之间的合作应坚持合作互利，同时对于博物馆与其他高校、高校与其他博物馆、馆校各自与相关企业之间的合作应持开放的态度，积极参与对方和第三方机构的合作，构建馆校、校企、馆企大协同，推动文博事业大发展，汇聚各方力量，共同为我国文化事业和文化产业健康、可持续发展做出更大的贡献。

四是应积极争取主管部门大力支持。博物馆与高校分属不同的部门管理，要实现二者的协同发展、优势互补、合作共赢，切实将国家相关政策落地见效，需要相关主管部门给予政策、资金等方面的大力支持，特别是涉及机构调整、人员调配、项目运作经费等问题，很多需要顶层设计，由上而下推进，会大大提高馆校合作的效率与效果。

五是要建立健全常态化协同发展体制机制。如上所述，博物馆与学校的合作由来已久，但以往的合作广度、深度不足，为推动文化事业供给侧结构性改革、满足人民群众日益增长的精神文化需求，增强公众文化自信，为中华民族伟大复兴凝聚磅礴的精神力量，需要推动博物馆、高校之间的深度合作，鼓励双方在机构设置、人员配备、课程设置、配套资金等方面大胆创新，建立符合现实需要、能有效促进二者协同发展的体制机制，为馆校双方更好地履行社会职责、推动双方健康、可持续发展奠定坚实的基础。

参考文献：

[1] 陈建明.博物馆变迁[M].南京：译林出版社，2014.
[2] 曹兵武.博物馆与文化[M].北京：中华书局，2020.
[3] 段勇.当代中国博物馆[M].南京：凤凰文艺出版社，2022.
[4] 段君峰.从文化景观看博物馆在文化遗产保护中的作用[C]，湖北省博物馆协会.博物馆与陈列展览——2016年湖北省博物馆协会学术研讨会论文集[M].武汉：长江出版社.2016.
[5] 魏德励，段君峰.超级连接的博物馆：内涵、特征及实现路径，中国博物馆[J]. 2018(3):39-43.

博物馆“文物＋”融合发展模式探讨

关睿　辛亥革命博物院

摘　要：文物是人类在社会活动中遗留下来的具有历史、艺术、科学价值的遗物和遗迹。我国是文物大国，文物资源极其丰富，要在保护中传承，让文物活起来，使文物更好地服务经济社会发展需要。文章通过探讨“文物＋”融合发展模式，提出“文物＋”融合发展，即以文物为主体，整合多种资源扩大文物的影响力，发挥文物塑形铸魂、传承文明、互通交流的作用，助力博物馆的发展，传承中华优秀传统文化。

关键词：文物＋；博物馆；融合发展

一、“文物＋”融合发展的意义

文物不仅讲述着过去，也影响着当下和未来。党的十八大以来，以习近平同志为核心的党中央高度重视历史文化遗产的保护和传承工作。习近平总书记在中央政治局第二十三次集体学习时强调：“我们要加强考古工作和历史研究，让收藏在博物馆里的文物、陈列在广阔大地上的遗产、书写在古籍里的文字都活起来，丰富全社会历史文化滋养。”习近平总书记提出了要丰富全社会历史文化滋养，必须利用好博物馆这个宝库，加强文物价值的挖掘阐释和传播利用，让文物“活”起来。

国家博物馆馆长王春法在《让文物活起来》一文中提到：“需要让博物馆里的文物‘转’起来、‘智’起来、‘动’起来。‘转’起来，即按照《中华人民共和国文物保护法》《博物馆条例》等有关规定，依法依规加大文物统筹协调力度，建立健全馆际文物交流合作机制，促进藏品借展和重要展览巡展常态化制度化，让更多的文物走出库房、走上展线。‘智’起来，就是大力推进文物资源的数字化，运用大数据、云计算、人工智能等先进技术，建设智慧博物馆，实现文物信息资源开放共享。‘动’起来，就是加速文物活化关键共性技术攻关，不断优化传播内容、丰富传播渠道，加强观众与文物互动，使古老文物在当代焕发新的活力。”“文物＋”融合发展理念的提出，就是要充分利用博物馆丰富的历史文物资源，深入研究、提高文物阐释能力，通过各类资源的整合、融合、联合，有效利用文物，让文物“活”起来，助力博物馆事业蓬勃发展；以文物为纽带，传承中华优秀传统文化。

二、“文物＋”融合发展模式

（一）“文物＋文艺”赋予文物新的生命力

“文物＋文艺”的融合并不算是创新，但仍是文物传承的一种重要形式，并且被越来越多的博物馆所运用。文物本身是静止的，文艺的形式却是多样的。这种组合可以激发出文物新的生命力。音乐的融入让文物发出声音，舞蹈的融入让文物由静转动，诗歌的融入让文物声情并茂……丰富多彩的艺术形式，让馆藏文物“活”了起来。观众在感受文物之美的同时，感受到了中华优秀传统文化的源远流长和博大精深。例如，辽宁省博物馆举办了一场以“和合中国”展览为主题的文艺演出，用舞蹈的诗性、抒情性描摹了国宝的形态与意蕴，伴着古筝、琵琶的演奏，让书画、瓷器、丝绣等文物与观众展开跨时空对话，让观众仿佛穿越了时光，置身于“和合文化”之旅当中。馆藏的五代董源《夏景山口待渡图》、北宋宋徽宗草书《千字文卷》、清徐扬《姑苏繁华图卷》等书画作品在文艺演出中得以呈现，更加凸显了文化情怀与文物内涵。

用“文物＋文艺”的方式讲述博物馆里的珍宝，是为了让文物富有生命力，让展览拥有活力，潜移默化地将历史文化传达给了观众。这类型展览的成功之处，在于打破了固有的纯文物展览模式，利用文物中所蕴含的文化，借助文艺的形式呈现给观众。当然，我们在看到展览成效的同时，也要看到背后大量的努力。“文物＋文艺”的融合给博物馆策展人员、文保人员提出了新的工作要求，在文旅融合的大背景下，要让馆藏文物走出去、活起来，思想上要先行一步，加强与艺术剧院、歌舞团、艺术院校等的合作，提供艺术创作素材，吸收文艺养分，吸引更多优秀的人才集思广益，才能为文物赋予新的生命力。

（二）“文物＋科技”让文物插上科技的翅膀

“文物＋科技”的融合也不是一个新的命题，许多博物馆在策展实践中加入了科技元素，极大地丰富了展陈形式。国家文物局局长刘玉珠说过，“文博行业与科技力量携手同行，为源远流长的中华文明带来蓬勃发展的生机活力。”

当人们不再满足于观赏静态的文物之美时，科技的融入可以给观众带来感官上的新鲜感，让观展变成一种享受。例如：观众漫步在莫高窟的洞窟前，通过手机AR地图就可以看到九色鹿从壁画中“飞身而下”；走进首都博物馆，无需借助实体文物，“互联网＋中华文明”数字体验展生动呈现出“文物的时空漫游”。诸如此类的数字展览、智慧展区在博物馆中得到广泛的应用。在科学技术高速发展的今天，用先进的技术、新锐的力量，研究古老的岁月，呈现悠远的文明，正在成为一种趋势。

科技力量除了在文物展示方面的应用外，参与文物考古、文物修复也是一种尝试。在四川三星堆博物馆，面对不断出土的珍贵文物，修复人员却极度短缺，这是现实存在的问题。随着文物领域科技应用水平的提高，四川省文物考古研究院和腾讯SSV数字文化实验室“人机协同智能考古修复”合作，双方以三星堆为试点，尝试通过人机协同方式下的AI智能辅助文物修复工作，提升文物考古行业的科技水平，助推中华文明探源工程取得更多成果。利用计算机视觉、AI技术等实现文物及其碎片信息采集、整理的智能化协同，为文保专家进一步研究提供协助，为文物的认知、保护、复原、研究、展现和传播提供更丰富的技术选择。

（三）“文物＋元宇宙”碰撞出文物无限可能

元宇宙概念愈炒愈热，这既是一个风口，也是一个机遇。近日，来自全国50家博物馆、高校的60名馆长、学者联名发布《关于博物馆积极参与建构元宇宙的倡议》，呼吁博物馆顺应时代发展，发挥自身优势，积极参与建构元宇宙。《倡议》发起人段勇说：“元宇宙在对现实世界的虚拟化、数字化过程中，需要大量来源于实体世界的物质标本和精神世界的文化元素，以建构与真实社会体系融合的数字生活空间。而现实世界里同时拥有丰富物质标本和文化元素的最佳场所，非博物馆莫属。博物馆的宗旨和理念与元宇宙是相通的，博物馆的未来和使命与元宇宙是相融的。”其实，博物馆很早就在元宇宙的构建方面开始了探索。例如“元宇宙游览”“元宇宙观展”的模式，搭建全沉浸交互式数字展厅，采用虚拟人物担任解说员等。国际博物馆协会报告显示，全球采用线上展示藏品、展览和直播的博物馆增加了15%以上。显然，在科技越来越发达的今天，越来越多的博物馆也加入了数字化转型的队伍。

在文物利用方面，各大博物馆都在探索馆藏文物如何适应数字时代。数字藏品就是博物馆在构建元宇宙的一种探索。数字藏品作为一种文创新形态，利用科技链接数字世界，让文物不再被时间、空间限制，把文物背后的历史文化以更年轻化的体验方式传递出来。文物数字藏品，是适应时代发展风向的创新，在新时代赋予了传统文化新的魅力。

（四）“文物＋文旅”增强沉浸式体验感

“文物＋文旅”的融合发展，是坚持文物保护优先，积极探索文物保护与文旅融合发展的新途径。众所周知，西安拥有丰富的文物资源，深受旅游爱好者的青睐。西安城墙是我国现存规模最大、保存最完整的古代城垣建筑。习近平总书记就曾这样嘱托西安城墙的守护者，“这是世界级的宝贝，要保护传承好。”为了保护传承好西安城墙，以西安城墙为背景、再现盛唐最高迎宾礼节的盛礼，《梦长安——大唐迎宾盛礼》已经成为西安一张亮眼的文化旅游名片，吸引着无数海内外游客慕名前来。“鸿胪寺卿”登坛唱诵迎宾词，“金甲武士”列队欢迎，游客、贵宾穿越西甬道在“掌灯侍女”的引导下进入瓮城，在历史文化与现代科技舞台相结合的光影盛宴中，穿越历史长河，重回大唐盛景。西安城墙景区新闻发言人李佳洁说：“我们将创造性转化、创新性发展理念融入西安城墙发展的方方面面，打造‘城墙艺术长廊’，研发推出10余种新文创产品，首创线上线下相结合的数字文旅营销新模式，打造‘长安IN’文旅数字平台，推出文化IP‘盛唐天团’，通过数字藏品保护展示非遗文化，进一步加大西安城墙的活化利用、传承创新力度。”西安在“文物＋文旅”发展道路上的探索，值得思考和借鉴。

在文旅大发展的背景下，结合5G、大数据、物联网、云计算技术，在文物保护、文物监测、数字旅游藏品开发等方面深度融合，完善智慧旅游设施建设，提升旅游服务水平，增强游客沉浸式体验感，是我们努力的方向。

三、利用“文物＋”模式 做好融合发展大文章

在信息化时代，观众可以利用多媒体屏幕、音频视频获取博物馆展览咨询；在数字化时代，观众可以足不出户，云端参观展览、欣赏藏品；在智慧化时代，观众可以在虚拟现实中获得沉浸互动式的观展体验；在元宇宙时代，观众可以利用AI、MR、XR技术，通过终端设备随时随地进入数字世界，在元宇宙空间内交流、娱乐，并构建新的社交关系，真正做到零距离与文物交流，与时代互通。时代的进步，要求文博工作者在文物资源利用、精品展陈打造、文博文创联动等方面协同创新发展，联合各类优秀机构、人才，集思广益、集中发力。

首先，加强文物保护，守正创新、塑形铸魂。加强文物保护能传承和发扬民族文化和

民族精神，使民族凝聚力和向心力得到有效提升。随着社会的进步，文物保护工作已经取得了一定的成绩，但仍然需要完善文物保护制度，加强文物保护工作力度，提升全民文物保护意识。这就进一步要求文物工作者做好文物研究、提升专业能力，深入挖掘文物背后的故事。只有深刻理解文物中蕴含的哲学思想、人文精神、价值理念和道德规范，才能准确提炼并展示中华优秀传统文化的精神标识，把文物承载的文化力量充分释放出来，推动中华优秀传统文化创造性转化、创新性发展。

其次，充分利用数字媒体，让文物进入“寻常百姓家”。数字藏品是文物与数字媒体直接合作的产物，是馆藏文物走出馆舍、走近大众的一种成功尝试。春节期间，支付宝“集福卡”活动和21家博物馆合作开发了数字藏品，用户在集齐传统的五张福卡后，可以用多余福卡兑换虎文物数字藏品，让更多年轻用户感受了数字藏品的魅力。湖北省博物馆曾发行了1万份镇馆之宝“越王勾践剑”的数字藏品，上线即售罄；河南博物院发布了文创数字藏品“妇好鸮尊”，售价19.9元，限量10000份，一秒内即售罄。除了数字藏品外，文物数字化的优势在展陈中也得以展现。

第三，以文物研究成果为内核，用跨界合作的理念，做好“文物＋”融合发展大文章。加大博物馆开放力度，推进博物馆与现代科技深度融合，创新文物展示、保护和利用手段，提升博物馆藏品管理的科技化水平，推动智慧博物馆数字建设，搭建博物馆数字化服务平台，更好地发挥博物馆历史研究、社会教育、文化传播、公共服务功能。推进文旅融合，充分利用文物载体，设计开发文创产品，着力打造具有特色的文化旅游品牌，促进“文物＋”融合发展。

四、结语

我们探讨“文物＋”融合发展，“文物”是重点，“＋”是创新。在做好文物保护的前提下，充分利用文物研究成果，提高展陈品质，生动呈现文物藏品。在提高文化软实力的过程中，新的文物活化形式、方法、技术会不断涌现，文物能发挥更加重要的作用。通过“文物＋”多样化的融合，开展丰富多彩的文物展陈活动，与不同的文化交流对话，向世界展示博大精深的中华文明，讲述中华文明的灿烂成就及其对人类文明进步的重大贡献，让世界了解中国历史、了解中华优秀传统文化。

参考文献：

[1] 王春法.让文物活起来[N].人民日报，2020-12-30(09).
[2] 赵阳，陈柳杏.文物保护的社会意义及策略探析[J].文物鉴定与鉴赏，2020(04).
[3] 张璇.博物馆媒介形象的全媒体传播研究——以故宫博物院为例[D].四川：四川省社会科学院，2021.
[4] 朱彦.文物+元宇宙 博物馆如何玩出新花样[N].南京日报，2022-4-8(B02).
[5] 刘伊园.让文物保护利用之路越走越宽[N].协商新报，2022-11-29(003).
[6] 丛雨萌，吴晓铃.共探AI在三星堆“修”文物[N].四川日报，2023-3-2(006).

可持续语境下武汉“博物馆之城”的建设路径

黄玉霜　辛亥革命博物院

摘　要：随着博物馆服务城市经济社会发展作用的日益凸显，越来越多文化底蕴深厚的城市将建设“博物馆之城”列入发展规划。作为国家历史文化名城，武汉建设“博物馆之城”的历程已逾十年，本文以武汉建设“博物馆之城”的建设路径为研究重点，并就可持续语境下“博物馆之城”的发展提出个人思考。

关键词：武汉；博物馆之城；可持续；路径

2023年3月，国家文物局公布2021年全国博物馆名录，全国备案博物馆达6138家，相比2011年全国核准备案博物馆3589家，增幅达71%。十年间，随着经济、社会的发展，社会各界对于博物馆的关注度进入了一个新阶段，博物馆建设进入了高速发展时期，博物馆的数量和规模都发生了快速的增长，为通过集群化、规模化的博物馆赋能城市的可持续发展，越来越多的城市都将“博物馆之城”的建设列入了发展规划。

作为国家历史文化名城，武汉拥有约3500年建城史，是楚文化的重要发祥地，在中国近现代史上，更是数次成为全国政治、军事、文化中心……武汉历史积淀厚重，遗址宝藏丰赡，文物丰厚璀璨，博物馆建设资源丰富，这都为其博物馆事业的快速发展奠定了雄厚的基础。2011年12月，为提升城市文化品位，打造文化强市，武汉市第十二次党代会提出了建设“博物馆之城”等文化五城的目标，2012年正式启动。经过近十年的建设发展，到2021年，武汉地区已有124家博物馆，其中在国家文物局备案的达94家，涵盖历史综合类、红色文化及名人故居类、工业类、社区类、民俗及特色收藏类、自然与科技类、高校类等多种类型，形成了以国有直属博物馆为主体，国有行业博物馆、非国有博物馆为补充的博物馆公共文化服务体系，为“博物馆之城”的建设交出了一份合格的答卷。

一、武汉建设“博物馆之城”的优势

（一）交通优势

作为湖北省及中部地区的中心城市，武汉被誉为“九省通衢”，其处于横贯东西的长江和汇通南北的京广铁路干线的交会处，是集各种交通优势于一体的现代综合性交通枢纽城市，与北京、上海、广州、重庆、西安等中国大城市的距离都在一千公里左右，是中国经济地理的“心脏”，具有承东启西、沟通南北的作用，市场辐射优势突出。

作为现代化、大运量、高效率、快速便捷、绿色环保的重要城市公共交通系统，武汉市内地铁出行便捷。截止到2022年6月，武汉地铁运营线路共11条，运营车站达282座，运营总里程达435.28公里，位居全国第六。地铁运营线路四穿长江、两穿汉江，覆盖了武汉所有城区及大部分文博场馆，并与四大火车站、天河机场等重要交通枢纽无缝衔接。今年五一期间还因此成为“特种兵式旅游”的热门目的地，地铁线网总客运量超过2700万，日均客流超过500万乘次。

(二)基础优势

武汉历史文化土壤广阔丰厚：距今3500年的盘龙城遗址是武汉的城市之根；1861年开埠与近代国际贸易接轨，成为近代工业发祥地之一；武昌城头首义枪响，标志着封建帝制的覆灭，书写了首义之城的辉煌；从中共五大会议到八七会议，共产党人在这里进行了艰苦卓绝的斗争……武汉的遗址宝藏丰赡，文物丰厚璀璨，至2021年12月，武汉市级以上文物保护单位278处，其中省级文物保护单位106处，全国重点文物保护单位33处；至2020年底，武汉国家一级博物馆6家、二级博物馆5家，三级博物馆7家，为武汉打造“博物馆之城”提供了得天独厚的优越条件。

(三)人才优势

作为华中地区人才荟萃之地，武汉高校众多，拥有高校八十余所，在校大学生超过百万，还拥有近百家省级以上科研机构。其中华中师范大学、武汉大学、湖北大学等高校的历史专业全国排名靠前，越来越多的高校设立文物与博物馆学、文化遗产学、考古学等专业，着力培养博物馆管理人才、专业技术人才，使武汉建设“博物馆之城”有了取之不尽、用之不竭的人才宝库。

二、武汉“博物馆之城”的建设途径

在可持续发展背景下，建设博物馆之城，并不是简单地在一座城市里建设更多的博物馆，而应该是对文化遗产、资源和城市建设进行整体规划、管理，注重完善博物馆体系，以特色建设推进博物馆高质量发展，激发博物馆与城市交融发展的耦合效应，从而在城市全域形成没有围墙的全景式博物馆，实现博物馆与城市、人民生活更普遍而紧密的联系，促进博物馆与城市的高质量交融发展。

(一)加强顶层设计，整合资源

自2011年提出“博物馆之城”的建设目标后，武汉市从战略全局出发，充分发挥党委政府作用，以整体性保护利用城市文脉的博物馆思维作为顶层设计指导思想，采取了一系列强有力的措施：

一是支持和引导各类投资主体兴办形式多样、特色鲜明的博物馆，并陆续出台《武汉市促进民办和行业博物馆发展实施方案(暂行)》《关于加强全市文物保护利用改革的工作措施》，并就出台非国有和行业博物馆扶持办法征求各方意见，为非国有博物馆发展和文物工作提供了强大的政策支持。一批非国有博物馆井喷式涌现，“私有珍藏”变身“社会共享”，各类博物馆均衡发展，国有博物馆、民营博物馆、行业博物馆比例已达3∶4∶3的黄金比例，中国地质大学逸夫博物馆等四家行业博物馆、非国有博物馆琴台钢琴博物馆获评国家二级、三级博物馆。

二是恢复历史街区风貌，加大规划、保护、改造力度，对重点区域、名人故居、工业遗址等历史建筑实施腾退置换，整旧如旧，以保护性修缮为主，还原历史文化风貌。江岸区黎黄陂路改造修复工程完工后，依托红色历史遗迹，强化历史建筑活化利用，推出品牌红色旅游活动，打造都市旅游宝藏地，2023年，黎黄陂路历史文化街区入选第二批国家级旅游休闲街区名单；位于武昌古城的昙华林历史文化街区，经过多年的建设、打造，已成为江城新名片、文青聚集点和网红打卡地。

三是加强资源整合。为进行统一有效的管理，充分利用、盘活全市文博资源，带动博物馆之城的高品质建设，武汉市充分整合历史资源，让博物馆在凸显自身特色的同时形成发展合力。2016年，将江汉关博物馆、武汉国民政府旧址纪念馆、詹天佑故居博物馆合并组建成江汉关博物馆；2022年，武汉市政府印发《统筹辛亥首义资源整合利用工作方案》，将原属湖北省文化和旅游厅管理、2021年划转至武汉市的辛亥革命武昌起义纪念馆与辛亥革命博物馆整合，组建辛亥革命博物院。这些举措都对文博资源进行了有效整合，有利于进一步深挖资源优势，充分发挥集聚效应，促进历史文化资源“串珠成链”。

（二）实行重点培育，加强协同

在整体布局的基础上，武汉市以城市发展史和荆楚文化为主线，以全面展示长江文化、红色文化、首义文化等武汉特色文化为抓手，开展重点博物馆培育工作，全力支持武汉博物馆、武汉革命博物馆、辛亥革命博物院、盘龙城遗址博物院、武汉市中山舰博物馆等博物馆纳入国家卓越博物馆发展计划，聚焦博物馆的自身能力建设，提升核心竞争力。

一方面，积极促进博物馆与高校、科研机构、艺术院团等外部力量的协同联动，以此为博物馆谋求更优质的发展资源。2023年，武汉市文化和旅游局积极推动博物馆与专业院团深度合作，由艺术院团为博物馆量身定制专场演出，例如武汉歌舞剧院和盘龙城遗址博物院联合原创的环境舞蹈剧场《城之根》，以露天实景为演出空间，采用“诗剧”表演结构，对有盘龙城遗址特色的远古符号进行戏剧演绎、艺术再现，开启了博物馆新空间的新探索；支持辛亥革命博物院与武汉大学合作建立“国家革命文物协同研究中心”，聚焦辛亥首义精神、辛亥革命文物的研究和利用，与武汉大学、湖北大学等高校签订馆校合作协议，就学术研究、思政教学、文创开发、人才培养、文化传播等方面达成合作共识，以此推进博物馆的高质量、可持续发展。

另一方面，中小博物馆在发展过程中面临着资金不足、人才紧缺、资源不够等挑战，仅仅依靠博物馆的自身力量难以应对。作为省会城市，武汉市充分利用湖北省博物馆协会、湖北博物馆教育联盟试点、湖北博物馆文创联盟等地域联盟优势，建立“传帮带”大馆带小馆模式，还组织武汉市二十余家非国有博物馆举办研学联展，以此加强馆际合作，加快博物馆协同创新，将展览、文物、社教、人才等各种资源进行有机整合，不断提升中小博物馆的收藏、保护、研究等基础功能，增强教育、服务和传播效能，促进中小博物馆的可持续发展。

（三）推进文旅融合、协调发展

文因旅而兴，旅融文而盛。作为全国首批15个国家文化和旅游消费示范城市之一，在博物馆事业发展过程中，武汉市始终坚持系统性、整体性、协调性思维，以文彰旅，将文博场馆纳入精品旅游路线，促进博物馆与周边文化旅游资源联动融合，以点带面、形成串联，打造文化和旅游“武汉样板”。

2022年3月，武汉市以辛亥革命博物院的组建为契机，提出进一步建设辛亥首义文化旅游区的实施方案，通过优化首义文化区内部和周边交通组织、完善配套措施，促进辛亥首义文化旅游区与周边文化旅游资源联动融合、客源互流，往北与黄鹤楼、蛇山相连通，往南与紫阳公园、起义门相连通，往西与武汉音乐学院、司门口相连通，会同黄鹤楼、武昌古城形成了连贯的空间游线，实现辛亥首义文化区与黄鹤楼片区、昙华林片区、司门口片区之间的有机联动，成为武汉市推进文旅融合、打造具有国内外竞争力和吸引力的武汉文化旅游核心区的重要举措。

（四）提升服务水平，服务公众

为高质量建设博物馆，进一步提升博物馆公共文化服务质量，武汉市建立了博物馆展览审查制度、博物馆（纪念馆）现场接待服务规范，并不断激发博物馆的创新活力，打造了一批以长江文明馆“长江之歌　文明之旅”、盘龙城遗址博物院“江汉泱泱　商邑煌煌——盘龙城遗址陈列”、武汉革命博物馆“纪律建设永远在路上——中国共产党纪律建设历史陈列”为代表的精品展览，以湖北省博物馆“礼乐学堂”、辛亥革命博物院“博爱学堂——少年中国说”研学思政课为代表的优秀社教项目，培养了七名全国红色旅游五好讲解员、二十余名全省十佳红色旅游讲解员及五好讲解员；推动博物馆数字化建设，积极打造云上博物馆，使公众足不出户即可云观展……

从传统节日的文化传承活动到校园课堂上的主题教育，从具有科技感的数字化服务到关注社区的送展服务，从各式出圈的文创产品到各类沉浸式现场教学，博物馆以日渐多元化的文化产品和文化服务逐步进入市民的日常生活，使“到博物馆去”成为公众的一种生活方式，逐渐实现博物馆和城市生活更紧密而普遍的关联。

（五）创新传播方式，扩大宣传

武汉市不断创新传播方式，全力打造武汉文旅新媒体宣传矩阵，武汉市文化和旅游局除了以微信、微博、头条、抖音为主的国内政务新媒体平台外，还开通了脸书(Facebook)、推特(Twitter)、图墙(Instagram)等海外宣传平台，对武汉“博物馆之城”的建设进行全方位立体宣传。同时，在市内开展全域宣传，推出武汉地铁“博物馆专列”，展示市内19家博物馆的标志建筑、代表性文物，并利用全线地铁车载视频播放城市风光片和博物馆专题宣传片，全面展示武汉市博物馆发展新面貌，吸引公众对博物馆给予更多的关注。

2021年、2023年，武汉市还承办了两届国内唯一一个以文化和旅游融合为特色的国家级博览会——中国（武汉）文化旅游博览会，并在博览会上集中展示了湖北及武汉的文旅资源优势，对博物馆具有代表性的文创产品分主题进行集中展示，并推动湖北省博物馆与故宫博物院、上海博物馆、河南博物馆等一线博物馆共聚展会，让国家宝藏与观众零距离接触。

三、武汉“博物馆之城”可持续发展的思考

2021年，中央宣传部、国家发改委等九部委印发《关于推进博物馆改革发展的指导意见》指出，将探索在文化资源丰厚地区建设“博物馆之城”“博物馆小镇”等集群聚落，“博物馆之城”的建设迎来发展热潮，多个历史文化名城蓄势已久。要想真正实现博物馆与城市的融合共生，探索“博物馆之城”的可持续发展之路，还有以下几点需要关注：

（一）特色鲜明是前提

要在“千城一面”的城市建设模式中突围，就要有鲜明的特色，要明确自身的优势，找准自身的定位，形成特色化、差异化的“博

物馆之城”发展思路。武汉特有的荆楚文化、长江文化、红色文化、首义文化等已渐成品牌，要依托城市文化底色，进一步强化博物馆特色，因地制宜推动域内博物馆走自己的特色发展道路，构建高品位、有亮点的特色城市文化展示区，才能成为辨识度高、吸引力强的特色“博物馆之城”。

（二）文化产品是核心

作为公共文化服务机构，博物馆所能提供的文化产品才是可持续发展的核心。不断打造主题突出、形式创新的陈列展览，举办丰富多彩、贴近生活的公众教育活动，推出生动鲜活、特色出圈的文化创意产品，重视公众体验，持续提升服务品质……逐渐形成全方位、多层次、立体化的博物馆公共服务体系，形成辐射式的博物馆公共文化服务网络，才能真正融入市民的城市生活。

（三）人才队伍是关键

培养高素质的专业化人才队伍是实现可持续发展的关键。一方面要根据新时代博物馆的发展需求积极引进各类人才，特别是数字信息、文化创意、融媒体运营、博物馆管理等新型专业人才，打造聚齐管理人才、专业人才、研究人才和创新人才的复合型文博人才队伍；另一方面，要构建有利于人才成长和发挥作用的适宜环境，根据人才成长不同阶段的需求，有针对性地开展知识、技能和能力培训，使人才在博物馆工作实践中不断成长，以提高博物馆的业务及管理水平。

（四）政策支持是保障

“博物馆之城”的建设既要投入大量的经费、人力，又要完善促进有利于博物馆建设发展的优惠政策，制定、出台各项管理办法、激励性政策，从顶层设计到经费保障，从整体规划到具体实施，都需要地方政府积极发挥主观能动性，大力支持域内博物馆的发展，以高度的文化自信和文化自觉完成“博物馆之城”的新时代命题。

“博物馆之城”的建设不是一蹴而就的，而是一个长期的系统工程，需要坚定文化自信，以“深耕慢养”的心态稳步推进。抓好博物馆的可持续发展，让博物馆逐渐融入公众生活，才能在“润物无声”的过程中不断提升城市质感，构建更美好的城市形象。

参考文献：

[1] 王瑞华．百馆之城——武汉地区博物馆(纪念馆)巡礼[M]武汉：武汉出版社，2021.

[2] 宋珂欣 黄洋 焦丽丹．理念与实践：关于中国“博物馆之城”发展的思考[J].博物院.2022.(08).

[3] 李晨 耿坤．城市更新语境下的博物馆之城建设研究[J].博物院.2022.(08).

[4] 任雁．打造文化精品 展现城市文明——大同创建“博物馆之城”的思考[J].文物鉴定与鉴赏.2020(04).

[5] 惠昭 孙薏．高质量发展方向下的西安地区博物馆体系建设与发展布局研究[J].文物鉴定与鉴赏.2022(05).

[6] 裴斐．武汉市博物馆事业的现状与发展对策研究[J].三峡大学学报(人文社会科学版).2015(12).

深入开展爱国主义教育，增进青少年精神福祉
——以辛亥革命博物院社教资源整合工作为例

黄玉霜 杨盈盈 辛亥革命博物院

摘　要：党的二十大报告明确要求继续深化爱国主义教育，“着力培养担当民族复兴大任的时代新人”，持续创新做好新时代青少年爱国主义教育工作仍是博物馆的重要研究课题。革命历史类博物馆因其实物性、直观性、教育性的特点，成为青少年沉浸式接受爱国主义教育熏陶的“第二课堂”。本文以辛亥革命博物院为例，对其整合后的社教品牌项目进行梳理，分析其存在的困境及挑战，并给出发展建议，以期推动青少年爱国主义教育走深走实、入脑入心，持续增进青少年精神福祉。

关键词：博物馆；青少年；爱国主义教育；福祉

辛亥革命博物院自2022年成立以来，充分整合原辛亥革命武昌起义纪念馆、辛亥革命博物院的资源优势，集中力量，大胆探索，充分利用馆内旧址、文物资源，精心打造青少年社教活动品牌。2022年11月，博物院创办的“博爱学堂——少年中国说”研学思政课获第二届全国文博社教十佳案例。在得到肯定的同时，也迎来了更大的挑战，如何因地制宜，打造常态化的、独具首义特色的社教活动，进一步扩大社教影响力，在青少年三观塑造过程中厚植爱国思想，是辛亥革命博物院亟待研究的重要课题。

一、辛亥革命博物院社教资源的整合

原辛亥革命武昌起义纪念馆是依托全国重点文物保护单位武昌起义军政府旧址建立的专题性博物馆，为国家一级博物馆，是“全国百个爱国主义教育示范基地”“全国青少年爱国主义教育基地”“中国侨联爱国主义教育基地”“全国中小学生研学实践教育基地”，该馆以传播中华优秀传统文化、革命文化、社会主义先进文化为宗旨，以展示首义特色文化为重点，打造了“首义课堂”教育品牌。该品牌以线上＋线下、展览＋课程、博物馆＋新媒体融合的形式，直观、立体地讲述首义故事。其中，线上项目“首义微课堂”定期在微信公众号上进行推送，“云游红楼”教育案例荣获2020年湖北省文博系统“十佳”线上教育案例。

原辛亥革命博物馆是武汉市为纪念辛亥革命100周年而兴建的专题性博物馆，是国家二级博物馆、湖北省爱国主义教育基地。该馆以孙中山先生终身倡导的“博爱”思想为基础，以馆藏藏品、原创展览为载体，以博物馆、学校为阵地，以线上和线下融合的活动形式，积极探索具有时代特色的教育形式，打造了“博爱学堂”精品课程。

辛亥革命博物院自组建后，树立“大教育”工作理念，立足发挥教育职能，聚焦立德

树人、协同育人的根本任务，围绕传播武汉城市历史、首义文化等方面，积极进行社教资源的有效整合，并根据青少年发展规律，创新研学育人的教育理念和方法，开展了一系列多元化、特色化的实践与探索，最终整合成“博爱学堂”“首义寻踪”“首义之光”三项重要社教项目，通过开展社教活动用心用情用力讲好革命故事、英雄故事、首义故事，引导青少年知史爱党、知史爱国。

（一）博爱学堂

“博爱学堂”主要受众为6~18岁青少年，以临时展览、传统文化、社会主义先进文化结合城市地方特色为主题，将精品展览、非遗技艺、教育活动等元素相结合，通过参观展览、参与知识课堂、参加知识问答等形式，为青少年学生深度解读展览内容，营造爱国主义教育生动氛围。其中，由多学科、多专业、多领域联动，集合文史专家、剧目编导、舞美设计等专业人员智慧，打造出独具首义特色、互动性强、参与度高的沉浸式互动研学思政课——“少年中国说”系列研学思政课，荣获第二届全国文博社教十佳案例。

该课程以突出辛亥首义文化特色为原则，包括展览解读、知识课堂、剧本围读、艺术排演等多个环节，深层次讲述辛亥革命特别是武昌首义的光荣历史，引导青少年将学习成果向文化行为转换，让他们学有所悟、悟有所行，助力辛亥首义文化传播。在2022年国际博物馆日系列活动中，来自中南路小学和首义中学的学生们在展厅里以展演结合的形式，向公众再现发生在首义之城里的感人故事，在深深感染了现场观众的同时，学生们也实现了从学习者向讲述者的转变，成为武汉首义历史和城市文化的传播者。

（二）首义寻踪

“首义寻踪”是原辛亥革命武昌起义纪念馆自1999年以来长期开展的特色社教项目，该项目将青少年爱国主义知识教育和研学实践相结合，依托首义文化区多处辛亥革命旧址、遗迹、纪念设施，以“重温历史—寻访踪迹—拓展思考—感悟交流”的形式，带领学生实地寻访首义之城的历史记忆，缅怀孙中山先生等革命先驱的历史功勋，学习和弘扬他们为振兴中华而矢志不渝的崇高精神。该活动以边走边学、边看边悟的形式，极大地提升了青少年爱国主义教育的参与感、体验感、互动感。辛亥革命博物院组织、培养了一支涵盖社教骨干、专家学者、辛亥后裔、志愿模范的领学团队，由他们带领学生沉浸式重走首义之路，寓教于乐，寓教于行，易被学生理解和接受，增强了传播爱国主义教育的行动自觉。

（三）首义之光

辛亥革命博物院利用自身特色文化资源，以馆藏文物、精品展览、社教课程为载体，吸收青少年学生加入“首义之光”志愿服务队，并在博物院工作人员的指导下为观众提供咨询引导、主题宣讲、志愿讲解、社教活动等服务，实地践行向大众传播爱国主义教育，同时，引导学生志愿者发扬志愿精神，增强历史使命感和责任感，使家国情怀深植青少年心中。“首义之光”志愿服务将实践育人和教学育人相结合，让青少年“受教育、长才干”贯穿志愿服务始终，在学习实践中为传承红色基因贡献重要力量。2022年10月，“首义之光：首义故事我来讲”青少年文化志愿服务项目荣获武昌区第五届“最佳志愿服务项目”。

二、困境与挑战

（一）网络宣传推广不够出圈

爱国主义教育要紧跟时代潮流，充分利用互联网发展契机，发挥对不同年龄段青少年的正向引导作用，提升教育的影响力。辛亥革命博物院积极开展社教活动，打造精品社教品牌，取得了良好的社会效应，但是在网络宣传上还未能打破固有圈层壁垒，不利于提升博物院爱国主义教育在青少年中的传播效果。以辛亥革命博物院官方公众号为例，在菜单设置上，重点设置了社教活动板块，但栏目更新不及时；从内容和语言风格上看，延续了官方网站比较正式的风格，中规中矩，不如生动活泼、幽默有趣、贴近生活的文字吸引青少年；从其多媒体矩阵建设上来说，虽然开通了抖音、微博等贴近青少年生活的自媒体账号，但主要内容来源依靠各部门不定期制作，内容更新较慢，质量参差不齐，缺乏稳定的、常态化的运营管理。

（二）社教工作人员不足

从辛亥革命博物院的部门职能来看，社会教育部的主要职能涵盖了讲解接待、社会教育、志愿者管理三个方面，但部门人员编制仅20个，其中还包括部门管理人员、培训管理人员，优秀工作人员还时常被抽调到各种大型展览、推介会、博览会承担讲解任务。目前社教人员均为讲解员兼任，她们既要承担繁重的讲解任务，又要策划、组织、实施社教活动；既要负责与活动对象、单位的沟通和联系，又要准备教具、设计流程，还要担任社教活动中“老师”的角色，在一定程度上影响了爱国主义教育活动开展的数量与质量。

（三）沉浸式活动开展频次受限

博物馆社教活动是一种重问题解决和探究过程的开放式学习，是一门实践的艺术，只有常态化的社教活动才能够让更多的青少年领略到博物馆的文化魅力，培养爱国情怀。博物院开发的“少年中国说”系列研学思政课内容丰富多彩，形式新颖，深受学生欢迎，但一次活动的组织需要耗费大量的时间、精力与人力，学生也需要大量时间去围读剧本、排演，在现阶段情况下，只能在国际博物馆日或其他重要时间节点开展，开展频次受限，在青少年群体中的覆盖面较小，无法满足学校、学生的常态化教育需求。

三、发展建议

（一）构建立体传播体系

互联网作为当下时兴的信息传递媒介，在博物馆宣传教育工作中扮演着重要角色。辛亥革命博物院新设立的数字和信息部应以构建线上线下立体传播体系、扩大博物院对青少年的影响力为工作重点。一方面，可以依托线上平台积极更新社教活动内容，突出社会教育品牌建设重点，扩大教育影响力。例如依据青少年喜新尚奇的特点创新推广形式，为不同年龄段的青少年量身打造趣味文案，与时俱进扩大博物院在青少年群体中的知名度；同时依托抖音、B站等短视频平台，

深挖展览及藏品内涵，提升短视频制作质量，打造具有专题性、故事性、创新性的系列短视频，以吸引更多青年学生的关注。另一方面，要借助主流媒体全媒体、立体式、多元化的传播布局，多渠道、多媒介、多领域进行宣传推广，不断丰富爱国主义教育活动传播的形式、提高博物院爱国主义教育工作的知名度与

影响力。

（二）壮大社教人才队伍

人才是博物馆的重要资源，是推动博物馆教育事业可持续发展的主要力量。如今“博物馆热”不断升温，越来越多的青少年集聚而来，如何提供更优质的社教服务、扩大青少年接受爱国主义教育的覆盖面，一流的人才队伍是关键。一方面，博物院需要争取相关政策，积极拓宽引才渠道，通过公开招聘、专项招聘、人才引进等方式不断壮大社教人才队伍；另一方面，要做好社教队伍的传帮带工作，注重创新人才培养机制，对社教人员进行多层次、多渠道、多模式的培养，提升专业素养，打造一支具有创新精神及一流业务能力的高素质人才队伍，实现社教人才资源的可持续发展。

（三）创设“菜单式”社教项目

博物馆“菜单式”教育模式秉持了开放式思维、系统思维和整合思维，能够在满足爱国主义教育需要的同时，最大程度实现博物馆的社会教育功能。辛亥革命博物院可在现有教育项目的基础上，进一步规划优质的社教“菜单”。例如可以在立足各个教育活动特色内容的同时，以青少年参与者的年龄层次、在馆时长、团队人数为参照标准，设计不同主题的教育模块，创建主题菜单库，青少年团体可通过预约自由组合所需的社教活动，为青少年爱国主义教育提供多样化选择。

（四）引进第三方开展协作教育

为了让博物院的社教活动呈现更加多元化、特色化的特点，可根据不同社教项目的特点，与具备相关资质的第三方机构或具备相关专业知识和技术的团体合作，让这些机构、团体以其专业的知识和技术为博物院社教活动的策划和实施提供更多的可能。例如，“少年中国说”沉浸式研学思政课，可由第三方机构负责协调、组织，并指导学生进行前期的剧本围读、艺术排演等，既减轻了社教人员的工作负担，又能使此项精品课程常态化开展，扩大学生的参与覆盖面。

四、结语

综上所述，辛亥革命博物院为实施青少年爱国主义教育进行了一系列有益探索，但存在特色优势的同时，也面临着艰辛挑战。从长远的实践来看，博物院还应树立新时代爱国主义教育“第二课堂”的责任与担当，以更加积极、主动的姿态来应对，做好爱国主义教育受众分析，紧跟时代潮流，以青少年喜闻乐见的形式探索出一条既符合青少年身心特点又能充分发挥爱国主义教育功能的特色之路，不断提高爱国主义教育工作的质量与效率，进一步厚植爱国情怀、持续增进青少年精神福祉。

参考文献：

[1] 丁振.浅析基层博物馆人才队伍现状及对策[J].文物鉴定与鉴赏，2021(16).
[2] 孙晓晨，程森.革命博物馆对加强青少年爱国主义教育的影响策略研究[J].大学：社会科学，2020(38).
[3] 辛亥革命博物院.弦歌不辍青春志 学研思行薪火传——辛亥革命博物院“少年中国说”系列研学思政课铸魂育人[N].中国文物报，2022-12-16(8).

做好文物的保护工作，助力博物馆的可持续发展

李邱军　辛亥革命博物院

摘　要：2022年3月，武汉市政府发布《统筹辛亥首义资源整合利用工作方案》，其中包括在原辛亥革命武昌起义纪念馆、辛亥革命博物馆的基础上组建辛亥革命博物院，同年，辛亥革命博物院完成了藏品整合及搬迁工作。本文仅以辛亥革命博物院藏品保护部工作为例，浅谈如何做好整合后的文物保护工作，助力博物馆的可持续发展。

关键词：辛亥革命博物院；文物保护；博物馆可持续发展

习近平总书记曾明确指出：保护历史文物是国家法律赋予每个人的责任，也是实施可持续发展战略的主要内容。2019年国际博协"关于可持续性和实施联合国2030年可持续发展议程，改变我们的世界"的决议中指出：所有的博物馆都能在构建可持续未来中发挥作用。博物馆走可持续发展道路，取决于两个方面，外部环境和博物馆自身，国家层面的法律保障和博物馆制度建设是博物馆实现可持续发展的外部环境，博物馆自身的馆藏文物研究、展览策划、社会教育活动和从业人员的职业水平是博物馆可持续发展的内部保障。

2022年，辛亥革命武昌起义纪念馆和辛亥革命博物馆两馆整合，正式组建辛亥革命博物院。年底，负责馆藏文物入藏、保护、研究、信息采集等工作的藏品保护部完成了文物的整合搬迁工作，馆藏文物达3.5万件/套，类别涵盖纸质品、瓷器、竹木器、金属器等，形成了辛亥名人字画、辛亥志士遗物、共和纪念瓷器、辛亥名人族谱、辛亥革命时期文献、清末民初债券等藏品系列。如何让这些丰富的文物藏品最大限度地长久保存下去，是博物馆可持续发展的重要保证，也是博物院文物保护工作者工作的目标和方向。

一、加强文物预防性保护措施

文物预防性保护是通过控制文物保存环境来达到延长文物寿命的目的，而馆藏文物保存环境是指收藏与展示各类可移动文物的相对独立空间，主要是指库房环境、展厅环境、文物装具环境等。

（一）库房环境

整合后的辛亥革命博物院南北区库房共计15个，面积达1000多平方米，其中文物恒温恒湿控制系统库一个，文物金属智能密集架库房一个，不同质地文物做到分库存放，北区库房为砖木结构库房，温湿度变化较大，因此专门配备高精度、高容量存储的温湿度记录仪，定时读取库房温湿度数据，监测库房环境，根据季节采取开窗通风、开启通风设备或调温调湿设备的方式保持库房维持一个相对稳定的温湿度，库房朝南向的窗户全部更换为密封性能更优异的断桥铝型材窗户，可以更好地隔绝雨水和湿气进入库房。2022年文物保护部修

改完善了《辛亥革命博物馆革命文物预防性保护项目建设方案》，拟对南区文物库房进行电路系统、照明系统、排水系统、温度调控系统的全面改造，项目实施完成后将改变南区文物库房位于地下一层潮湿、易滋生霉菌的不利局面，极大提高库存文物的保存环境。

北区文物库房柜架根据文物质地的不同，材质和规格做到按需采购制作，最大限度保证了文物的保管场地和安全要求，实现了分质地上架，分为瓷器柜架、杂件柜架、纺织品柜架、纸质品柜架、书画类柜架等，南区的文物柜架是辛亥革命100周年建馆时采购，而随后征集的文物数量和类别已经超过了已有柜架的承载量和保管要求，两馆文物整合后，南区将根据搬迁后的文物质地、规格、数量进行科学的评估和调研，重新配备柜架，实现文物的安全有序存放。

北区文物库房为砖木结构，原有文物没有经过消杀就进入库房保存，2018年出现文物的虫害现象，于2018年和2020年分别采用硫酰氟进行了库房熏蒸，杀虫效果显著。为避免纸质文物虫害现象再次出现，北区文物库房拟将库房熏蒸列入库房常态化管理。南区库房位于馆舍地下一层，虫害现象没有发生，但由于库房湿度较大，已有温湿度调解设备已无法承载现有库房空气调节的要求，致使纸质文物潮湿、滋生霉菌现象严重，因此，保持南区库房的温湿度恒定是实现文物安全的首要工作，随着《辛亥革命博物馆革命文物预防性保护项目建设方案》的实施，南区库房湿度超标现象将得到根本改善。

（二）展厅环境

整合后的辛亥革命博物院占地面积4.2万平方米，展厅面积1.2万平方米，现有基本陈列和专题展览共5个，分别是“鄂军都督府旧址复原陈列”“为天下先——辛亥革命武昌起义史迹陈列”“共和之基——辛亥革命历史陈列”“红楼鸟瞰 · 名人留踪”“湖北谘议局史迹陈列”。其中“为天下先——辛亥革命武昌起义史迹陈列”为原辛亥革命武昌起义纪念馆2014年推出的基本陈列，陈列的展品以纸质文物为主，主体展厅采用的是大多数博物馆采用的展示形式，即大通柜的展出形式，纸质文物在展柜里展出最不利因素就是紫外线，为了延缓纸质文物的老化，2018年将展柜玻璃由普通玻璃更换为低反射夹胶玻璃，更换后的展柜玻璃自身安全达到标准，不存在自爆缺陷，抗冲击性能较强，能隔绝99%以上的紫外线等有害光线，避免了因玻璃原因造成文物损坏和观众伤害。展厅大面积使用的灯光为LED光源，色温3000K，最大程度减少光学辐射对纸质文物的损害。“共和之基——辛亥革命历史陈列”是原辛亥革命博物馆为纪念辛亥革命100周年推出的基本陈列，展陈时间较长，展柜配置的文物保护设施也出现不同程度的老化和损坏，需要进行全面更新和更换，根据《辛亥革命博物馆革命文物预防性保护项目建设方案》的计划，将对南区部分展柜的光源更换为LED线性照明灯具，降低光学辐射对南区展柜纸质文物的损害。

（三）文物装具环境

我院为文物配置的文物装具主要是囊匣、樟木盒、无酸纸和PE材质塑料套袋。囊匣是存放文物的传统装潢盒，因实用性好，应用范围广成为博物馆保存文物的首选设备。我院现有瓷器文物近400件套，90%量身定制了囊匣，基本避免了瓷器类文物拿取时可能发生的磕碰风险。辛亥名人字画也是我院成体系的藏品，基本也全部定制了装具，除了部分为纸质盒套，大部分为樟木盒套，盒套端粘贴文物信息二维码，扫描即可提取文物信息，既能快捷进行文物信息提取，同时也减少拿取时对这类文物的磨损风险。对其他纸质的文献和古籍类文物，我们采用了无酸纸包裹的方式进行存放，钱币和证章类文物则根据这类文物尺寸，选用规格各异的PE材质塑料袋封装，既节约了保存场地，又因为透明可视，不需要拿取便可以提取到文物信息。

文物资源是不可再生的资源，只有做好文物存放环境即优质的库房设施、良好的展出环境、合理配置的文物装具，才能为增加文物寿命提供可能性，为博物馆的可持续发展提供物质保障。

二、加强文物本体保护措施

（一）增强文物保管者的敬业精神

文物作为历史文化载体和实物存在，承载灿烂文明，传承历史文化，维系民族精神，其精神文化价值皆内化、外化于文物本身，若文物本体不复存在了，犹如人的生命一样不可再生，其依附于文物本体的精神文化层面的价值也随即消亡，因此，作为直接接触文物的文物保管员要具备热爱博物馆事业的职业道德情感，珍视博物馆文物藏品，心存敬畏之心和历史使命感，文物历尽风雨洗礼能够遗存实属不易，对待它们要一视同仁，不能对级别文物就小心谨慎对待，一般文物就随意放置。在提取文物时要一再谨慎小心，因为文物保管员的小小疏忽都会导致文物的损坏甚至灭失，造成不可挽回的损失。

（二）加强文物修复能力

我院收藏文物3.5万件/套，除400余件在展览中对外展出，绝大多数都保管在库房，随着保管条件的不足和自然损耗，有些文物不可避免产生自然损坏，虽然我院不具备文物修复资质，不能自主开展修复工作，但如果文物保管员具备一定的文物修复知识，在对待残损严重、亟待修复文物的辨别问题上就会有清晰的认识，及时为文物的保护和修复提供准确的信息，这将对文物本体保护工作产生积极的作用。我院的纸制品文物占总量的比重较大，因此，我馆应该优先培养纸制文物修复人员，组织相关的业务人员进行修复培训学习，条件具备的情况下尽早取得修复资质，开展纸制文物的修复保护工作。

（三）加强文物鉴选能力

文物保管员具备初步的文物拣选鉴定知识有利于文物的入藏工作。对文物的正确甄别是保护好文物的首要条件，可以让文物保管员去伪存真、识别文物的来源属性，采取相应的保护措施来保管保护文物。

我馆现有藏品涵盖纸制品、纺织品、瓷器、金属器、竹木器、玉石器、照片等类别，种类较丰富。由于可移动文物普查时对文物定名有规范的要求，我们对馆藏所有的文物名称进行了整理，在对不符合普查要求的文物名称进行重新定名的过程中发现，例如对一件瓷器定名，就必须对它的年代、窑口、特征、质地、形制进行确认；对一件铜器定名，要对它的年代、特征、工艺、材质进行确认，这就要求保管员必须具备丰富的文物鉴选知识，才能对文物进行准确认定并且规范定名，规范的文物名称可以让文物保管员准确高效地完成提取文物的工作，降低的文物的磨损风险，同时正确的文物鉴定结论也有助于采取正确有效的保护手段对文物进行保管。

三、加强文物在利用过程中的安全风险控制

博物馆的陈列展览、研究都离不开文物藏品，而文物藏品也只有陈列展览和研究后才能体现其价值，文物保护和利用都是博物馆收藏文物的目的，文物也在越来越多的领域开展了研究与利用，经常被提取、陈列、借出、研究、拍摄、观摩等，在这个过程中，如何避免和降低文物受到损伤的风险是我们文物保管者需要关注的。

（一）文物在提取中的保护

文物在利用过程中的第一个环节就是从库房进行提取，由文物保管员根据文物提取明细表从库房的柜架上将文物取出，移交给接收人的过程，在这个过程中，一要保证提取操作符合工作流程和规范，文物没有损毁和损伤，对需要提取的文物要品相完好，确保无腐蚀、无明显破损、无污渍等，对脆朽及受损严重的文物要拒绝提用。二要严格遵守文物提用规章制度，认真履行提用手续，文物要现场拍照，便于文物回库时进行现状对比，向接收人当面点交实物并签字确认，保证提取的文物和出入库凭证的文物总登记号一致，做到账实相符。

（二）文物在运输中的保护

随着馆际之间的交流和展览交流活动的日益增多，文物在馆外的运输转移也与日俱增，文物运输也成为文物保护工作的重要步骤。现有的文物运输中常使用到的文物内包装为文物囊匣和缓冲泡沫材料等，可以有效避免在搬运和挪动中造成的震动、碰撞、摩擦等机械性损伤。外包装为符合防火防潮防震等要求的木箱、铝合金箱或铁箱，文物装箱要遵循先重后轻，先大后小的原则，在箱体内包捆固定后还需要对缝隙处进行填塞，做到运输过程中箱体内物品不会发生位移和晃动，最后对箱体表面进行加锁封箱签字。现在的文物运输一般选用的专业文物运输公司，不需要保管员进行全程押运，但要同运输公司签订完备的合同，对搬运过程提出规范和科学的要求，尽量减少文物箱的上下卸次数，避免多次转运对文物的损坏。

（三）文物在拍摄录影中的保护

在物联网时代，数字藏品的兴起是博物馆对于文物资源开发利用的必然结果，文物摄影则是数字藏品成立的先决条件，将文物珍品通过图片和影像的形式保存下来，现代人通过各种移动终端，通过数字技术浏览这些文物，将文物“带回家”。而文物拍摄录影也是对文物安全的考验，因此，摄制场地要选择就近原则，减少对文物的搬运，摄录过程中分清职责，由保管员负责提取文物进行方位摆放和调整步骤，尽量避免拍摄人员拿取文物，同时要求拍摄人员做好充分的准备工作，减少闪光灯和大功率照明设备的使用，降低强光和有害光线对文物的损害。

（四）文物在展陈中的保护

藏品保管人员应在文物展出之前要求陈列部门提供文物展出的必要保护条件，如展柜及展览用辅材、展厅温湿度、场地光线必须符合文物保护要求，在展览的过程中要经常查看展厅环境、展柜的温湿度变化，杜绝各种不利因素对文物的损害。随时监测文物状态，一旦文物出现例如虫害、霉菌滋生、老化等现象要及时撤展回库保养。展陈环境不符合文物保护要求的，可以拒绝文物的提用。

要全程参与文物展陈工作，确保文物安全，展览陈列工作是一项综合性工作，需要多

部门配合完成，在这个过程中不能完全依赖展览公司，因为展览公司的工作人员不一定具备文物保护知识，在拿取文物进行上展的过程中会出现操作不规范的现象，导致文物出现脱手、磕碰等隐患，因此，文物保管人员要全程跟进，指导工作人员规范操作。

（五）文物在观摩中的保护

文物的观摩是指进行文物研究时的观看行为和过程，往往需要近距离将文物持于手上或使用放大设备进行观看，要求观摩人员必须戴上棉质手套双手捧握，如需要用手持设备进行观测时，必须将文物放置安全的平台上，对温湿度及气体敏感的字画和纺织品观摩时还需佩戴口罩，避免呼气对此类文物的侵蚀。

四、结语

2023年国际博物日主题为：“博物馆 可持续性与福祉”，主旨为让博物馆加强对文物的保护和传承思维，继承和发扬文物所蕴含的人文价值，为博物馆和文物的传承有序性、可持续性发展创造条件。博物馆是文物管理和保护的主要机构，是文物传承的主体，新时代的博物馆应以文物为载体，创新文物保护形式，运用信息化技术和多元化的宣传手段挖掘文物内涵，发挥馆藏文物价值，让文物在新时期“活起来，传下去”。

辛亥革命博物院文物资源的整合为进一步弘扬打造辛亥首义文化、建设辛亥首义文化旅游区、打造新时代文旅融合新高地、助力博物院的可持续发展打下良好的基础。作为文物管理人员，将继续做好馆藏文物的保管保护工作，为助力博物馆的可持续发展贡献自己的力量。

参考文献：

[1] 博物馆工作手册[M].北京.科学出版社，2021.

[2] 孔繁峙.新编文物工作实用手册[M].北京.经济管理出版社，2012.

[3] 辛亥革命博物院2022年年鉴[M].武汉.2023.

[4] 新华网时评.用最严格的保护留住文化根脉[N].2015-2-16.

[5] 王宏钧，中国博物馆学基础[M].上海.上海世纪出版股份有限公司、上海古籍出版社，2001.

博物馆进社区　共同缔造美好生活

李媛丽　辛亥革命博物院

摘　要：博物馆不再局限于陈列展览和研究，而是作为一种文化载体具有重要的文化传承和社会服务功能。随着社会的发展和进步，博物馆需要更多地关注社会发展、社区建设和人民美好生活。本文旨在探讨博物馆进社区的途径和形式，并分析博物馆进社区在促进社区建设和推进人民美好生活中的作用。博物馆与社区合作，可以更好地了解居民的需求和社区的文化特点，共同推动文化传承和发展，促进社会变革和可持续发展。博物馆进社区不仅能为社区居民提供更高质量、便捷的文化服务，也能为人民的美好生活带来更多的贡献和价值。

关键词：博物馆；社区；缔造；美好生活

在布拉格举行的第26届国际博协大会通过的“博物馆定义”：“博物馆是为社会服务的非营利性常设机构，它研究、收藏、保护、解释和展示物质与非物质遗产……并在社区的参与下，为教育、欣赏、深思和知识共享提供多种体验。博物馆作为文化和教育机构，应该服务于社区，并向公众开放，具有可及性和包容性……在社区的参与下，博物馆能够为教育、欣赏、深思和知识共享提供多种体验，从而促进社区的文化、教育和经济发展。”

新定义第一次将博物馆与社区联系在一起，标志着博物馆发展进入了一个全新的时代。新定义突出了博物馆在社区中的角色和作用，强调了博物馆应该与社区合作，为社区服务，通过博物馆的资源和专业知识，推动社会变革和可持续发展。这意味着博物馆需要更加关注公众教育、社区参与和社会责任，同时也需要与各种不同的社区合作，建立博物馆和社区之间的互信和互动，实现更加全面、多样和包容的文化传承和发展。

博物馆通过各种形式的公众教育活动，可以为社区居民传递历史、文化、艺术、等方面的知识和文化娱乐活动，提高社区的文化氛围。社区居民可以通过参与博物馆的各种活动，提供反馈和建议，帮助博物馆更好地了解社区的需求和问题，改进服务和提高质量。同时，社区居民也可以成为博物馆的志愿者和支持者，为博物馆的发展和推广做出贡献。这样，博物馆和社区之间在互动的过程中逐渐建立起互信关系，实现社区居民的文化享受和美好生活。

一、博物馆进社区 共建文化繁荣新模式

博物馆是传播文化、提高人们文化素养的公共场所。社区是人们生活的基本单元。每一个博物馆都是社区的组成部分。近年来，随着博物馆与社区之间的互动越来越频繁，博物馆把与社区建立联系作为其工作的重要部分，同时社区将博物馆的文化、历史、艺术和教育

等资源作为向公众提供文化活动的场地。

博物馆通过展览、教育等活动，向公众传递知识和文化，提高人们的文化素养和认知水平。社区将居民的反馈和需求提供给博物馆，为博物馆的优化和改进提出建议，以此达到相互促进，共同发展。

（一）博物馆为社区提供丰富的文化生活

近年来，各大博物馆都在开展“博物馆进社区活动”，将流动展览送进社区，让社区居民在家门口观看、学习、了解历史文化知识，感受文化的魅力，让更多人了解和接触博物馆的资源，更好地了解自己所在地区的历史和文化，增强社区文化的凝聚力和归属感，促进社区与博物馆之间的互动和合作，以此促进社区的发展和文化建设。

以辛亥革命博物院为例。博物院设计了一项以武昌起义历史事件和历史文化为主题的户外寻踪活动，即“首义寻踪”，这项活动将武昌起义军政府旧址、孙中山铜像、黄兴拜将台、彭刘杨三烈士雕塑、总理孙中山先生纪念碑、首义人物群雕、首义枪声纪念雕塑、蛇山炮台等与辛亥革命武昌起义相关的史迹相串联，组织各社区居民、高校学生等进行寻访，让寻访者更深入地了解辛亥革命武昌起义历史背景、事件经过和相关人物的故事，进一步了解中国近代史的发展和演变，感受到革命者为国家民族所作出的牺牲和贡献。

这项活动是辛亥革命博物院把在馆内的展览向馆外拓展的尝试，也是与社区、高校等机构互动的新模式。这项活动自开展以来，有许多共建单位如武汉生物工程医药学院、武汉市首义中学、刑事司法学院、武汉市第二职业教育中心、西厂口社区等多个社区和社区的文化单位参与，尤其是武汉市文化和旅游局，为助力创建“东亚文化之都”，助推公共文化服务融入城乡居民生活，让市民更好地体验武汉文化场馆的优质服务、公共设施和品牌活动，联合长江网举办的“Hold住武汉城脉·武汉百家文化场馆巡礼”活动，沿着“首义寻踪”的线路举办了寻访活动。

（二）博物馆为社区提供教育发展的资源

博物馆可以为社区提供各种形式的教育资源，如展览、讲座、工作坊、导览等，以吸引不同年龄、不同文化层次、不同阅历的社区居民参与，帮助他们更好地了解自己的社区和历史文化，激发他们的学习兴趣和求知欲，这种平等、包容、多元的学习和参与的机会，有助于促进社区居民之间的合作和互动，加强社区凝聚力和共同体感。

博物馆是公共场所，通常不收取门票费用或提供免费参观时间，为社区居民提供了平等的学习和参与机会，可以打破社会阶层壁垒，消除社会经济差异造成的文化差异，让更多人能够接触到不同的文化、艺术和历史遗产，促进社区教育的公平性和包容性，提高社区居民的教育水平和文化素养，促进社区居民之间的交流和理解。

以东湖社区为例。在樱花盛开的阳春三月，东湖社区邀请博物馆的相关专家为社区居民开展“樱花树及樱花的科普知识讲座”，在讲座中，专家介绍了樱花树的生长环境、适应性和养护方法，讲解樱花的分类、区别和特点，樱花在不同文化和历史背景下的意义和价值，如日本的樱花文化、中国古代文学中对樱花的赞美等。此外，还讲解了有关生态保护和环境保护的知识，提醒社区居民注意生态环境的重要性和保护意义。通过这样的讲座，社区居民可以更好地了解樱花的生态和文化意义，同时，让社区居民之间的交流和理解增添一些文化品位，进一步促进社区的文化发展。

（三）博物馆为社区经济发展起促进作用

博物馆作为文化和旅游产业的一部分，可以成为社区的文化旅游资源，吸引游客前来观光、消费，从而促进当地经济的发展。可以与当地企业合作，共同开发文化创意产品，推动文化产业的发展，带动当地经济的增长。

1.为社区增加就业机会：博物馆需要各种专业人才，如保安、讲解员、文物修复师、展览策划师等。这些就业机会能够为社区提供更多的就业机会，促进当地经济的发展。

2.提高社区旅游业发展水平：博物馆通常都是旅游景点，吸引了大量的游客前来参观。游客会在当地消费，如食宿、购物等，这能够为当地经济带来很大的贡献。

3.推动社区文化创意产业：博物馆展示的文化、历史、艺术等资源，可以成为文化创意产业的源头和灵感，进而孕育出更多的文化创意产品和服务，带动当地的文化创意产业发展。

4.帮助社区吸引外来投资：一些博物馆通过各种合作项目，与当地企业合作，吸引外来投资，从而促进当地经济的发展。

5.促进社区文化传承。博物馆作为文化遗产的重要保护者和展示者，具有传承和弘扬当地历史文化和人文精神的重要使命。

国内许多博物馆已经成功地将文化传承和经济发展相结合。例如，西安的秦始皇帝陵博物馆周边的手工艺品商店向游客展示了当地居民的传统手工艺品，这些手工艺品与博物馆所展示的文物和历史密切相关。其中，有些手工艺品以兵马俑为主题，如模型、雕塑等；还有些则以中国传统文化为主题，如书法、绘画、刺绣等。这些手工艺品的制作和销售不仅为当地居民提供了一种创收方式，也为游客提供了一种文化纪念品的选择。

西安碑林博物馆旁边的商业文化步行街是一条让人陶醉的道路，这个商业文化步行街集中了国内规模最大、门类最全的传统文化产品，从字画古籍、金石玉器、瓷器到文房四宝等，应有尽有，可以满足广大文化爱好者和收藏家的需求，街道两边都是仿古建筑，充满了浓郁的传统文化气息。街上的店铺出售的书画、文房四宝、文玩工艺品等，大都与碑林博物馆所展示的文物密切相关，为游客提供了一个颇具文化氛围的购物场所。在这里，游客可以尽情欣赏和购买到不同品类的文化艺术品，也可以与当地居民深入交流，感受到中华传统文化的深厚底蕴。

这个商业文化步行街的建设和发展，不仅促进了周边经济的繁荣，也推动了中华传统文化的传承和发展，让更多人了解和爱上中国的传统文化。

（四）博物馆的发展和生存离不开社区居民的参与

社区居民除了做博物馆的观众和支持者，还可以通过志愿者服务，捐赠和赞助等方式参与到博物馆的运营和发展中。

以辛亥革命博物院为例。为记录和收藏抗击新冠肺炎疫情湖北保卫战、武汉保卫战的英雄历史，弘扬和传承中华儿女不畏艰险、坚韧不拔、同舟共济、守望相助的抗疫精神，辛亥革命博物院征集了一批抗疫物品，捐赠者来自中建七局南方公司、洪山区梨园街东湖社区、湖北省疾控中心、援鄂医疗队等多个机构、社区和个人，所征集的物品种类丰富，其中一部分在“文物藏品中的英雄武汉”展览中展出，展出期间，捐赠单位受邀来参观，参观到自己捐赠的展品跟前，驻足的时间远远长于观看其他藏品的时间。博物馆专业讲解员让社区居民更加深入地了解展品的背后故事、蕴含的文化精神和历史意义。这不仅能够让社区居民对展品有更深入的认识和理解，还能够增强他们对展品的珍视和重视，同时也能提高社区居民的文化素质和认同感。

辛亥革命博物院是所在社区的重要文化设施之一，为了更好地服务当地居民和游客，博物馆招聘了许多来自附近社区的志愿者、保安、保洁等职位，他们熟悉当地社区的环境和人情，能够更好地维护博物馆的安全和卫生。博物院的志愿者们在博物馆内提供导览服务，解答游客的疑惑，同时也对博物院的展品和文物进行监护和保护。博物院的保安人员负责维护博物馆内的安全，保护文物和展品的完整性和安全性，以及保证游客的参观体验。保洁人员也扮演着重要的角色，负责保持博物院内部和周边环境的整洁和卫生。招聘当地居民参与博物馆运营，不仅是一种社区参与博物馆运营的方式，也是推动博物馆与社区融合的重要途径。这种方式使当地居民更好地了解博物馆的运营和文物保护，促进了博物馆与社区之间的互动和交流，增强了博物馆的社会责任感和文化服务意识，同时也为居民提供了一种积极参与社区事务的途径。

二、博物馆为美好生活提供多元文化资源载体

在现代社会，人们已经开始更加注重精神层面的满足和提升，这也是文化事业发展的一个重要方向。博物馆作为文化机构和多元文化资源承载者，收藏了大量的历史文物、艺术品和科技成果等，为人们提供了了解历史、欣赏艺术和了解科技进步的机会，也为人们提供多方面的文化体验和知识收获，从而促进人们的精神文明建设和实现美好生活。

（一）提供文化交流平台

博物馆吸引来自不同地区、不同文化背景的人们前来参观、学习，从而为大众提供了一个文化交流的平台。在这个平台上可以促进不同文化之间的交流和理解。

（二）丰富人们的精神生活

博物馆作为一个传递文化的场所，可以为不同背景、不同文化和不同年龄段的人们提供一个共同的文化空间。在这里，人们可以共同分享文化资源，共同体验文化活动。博物馆的展品通常都经过精心挑选和编排，陈列在展厅中，以引导观众对历史、文化和艺术的深入了解。博物馆也可以为儿童和青少年提供各种教育活动，让他们在玩乐中学习、在探索中成长。博物馆能够丰富人们的精神生活，提高文化素质和艺术修养，促进不同文化之间的交流和理解，也能为实现人们的美好生活作出积极的贡献。

（三）营造优美的文化环境

博物馆为社区居民营造良好的社区文化环境。以辛亥革命博物院所在的西厂口社区为例，结合辛亥革命武昌起义相关的历史史迹，当地政府联合周边社区，通过保护和修缮彭刘杨三烈士雕塑、辛亥革命武昌起义纪念馆、孙中山铜像、黄兴拜将台等历史遗迹，以及改名为彭刘杨路、首义广场、首义公园、首义园、首义中学等与首义文化相配套的名称，努力营造与首义文化相适应的社区文化环境，此外，通过举办辛亥首义文化经贸旅游节、辛亥首义文化节等活动，进一步弘扬首义文化，

传承“敢为天下先”的首义精神。这些措施在客观上为社区营造了一种特色的文化环境，促进了社区文化的繁荣发展。这种文化环境不仅可以吸引更多游客前来参观，也可以让居民在生活中感受到文化的力量和美好。

（四）鼓励创新和创造力

除了展示各种艺术和科学成果，博物馆还可以通过举办创意工作坊、研讨会、讲座等活动，为观众提供创新的思维模式和方法。与学术机构、企业和社会团体等合作，共同推动科技和文化的交流与合作，为创新和发展提供支持。一些博物馆推出展览交互设备，让参观者通过触屏、手势等方式进行互动。一些博物馆设置互动式工作坊，让观众亲身参与到制作过程中，体验创造的过程，让观众了解更多相关的知识和技能。

博物馆作为一个重要的文化载体，对于美好生活的实现具有重要的作用，不仅可以为人们提供文化和知识的传承和交流平台，还可以促进城市的文化和经济发展，提高居民的文化素养和生活质量，保护和传承人类文化遗产，鼓励创新和创造力。

三、博物馆和社区都是促进美好生活的重要角色

美好生活是每个人对生活质量的追求目标，它是一个相对主观的概念，因此不同人会有不同的定义和衡量标准。通常我们将物质条件(如收入、住房、就业机会)和非物质条件(如文化、教育、健康、社交关系)结合起来，来衡量一个人的生活质量。社区是人们日常生活的基础单元，为人们提供基础设施、服务和社交环境，博物馆则是文化资源的重要载体，通过丰富多彩的展览和活动，为人们提供了多种学习知识、认知历史、欣赏艺术的机会。社区和博物馆对于促进美好生活都有重要作用。社区提供了人们日常所需的基础设施和服务，如交通、医疗、教育、娱乐等，同时也为人们提供了社交互动和文化交流的机会。在社区中，人们可以结交朋友，参加社区活动，体验多样的文化和生活方式。因此，社区和博物馆的发展状况和文化资源的丰富程度，直接或间接地影响人们的生活质量和幸福感。社区和博物馆也应该注重提升自身的服务质量和文化内涵，增加人们的参与度和满意度。社区可以加强各种社交和文化活动的举办，提供多样化的文化体验和服务，吸引更多的人参与。博物馆可以注重展品的选择和陈列方式，提供更加生动、丰富、有趣的展览和活动，吸引更多的观众参观和体验。政府和社会各界应重视社区和博物馆的发展，加强对其的支持和投入，共同推动社区和博物馆的发展，为人们创造更加美好、丰富、有意义的生活。

参考文献：

[1] 龚良，蔡琴.博物馆与公众[J].东南文化，2010(2):6.
[2] 陈晶华.国家战略下的博物馆定位初探[EB/OL]. https://www.sohu.com/a/129385358_490125，2017-03-20.
[3] 郭香玉.对话馆长：“致力于平等的博物馆：多元和包容”[EB/OL].http://www.hkwb.net/news/content/2020-05/19/content_3872915.htm，2020-05-19.
[4] 单霁翔.博物馆的社会责任与社会发展[J].四川文物，2011(01):3-18.

缺位、补位与就位：博物馆参与新时代生态文明建设问题探究

刘畅　辛亥革命博物院

摘　要：新时代生态文明建设是化解生态危机、建设美丽中国的国家战略，博物馆是新时代生态文明建设的重要主体。然而，由于思想惯性、发展模式、制度滞后等因素影响，许多博物馆在新时代生态文明建设中常常“缺位”，弱化了博物馆的社会服务功能。为此，博物馆应当转变发展思维，创新发展模式，加强制度建设，及时“补位”新时代生态文明建设。同时，还应当探索“博物馆+生态文明教育”“博物馆+生态文明实践”等新模式，使博物馆自觉“就位”新时代生态文明建设。

关键词：博物馆；新时代；生态文明

在中国式现代化建设中，博物馆应当顺应人与自然和谐、生态文明建设等历史趋势，响应共同富裕、生态建设、文化强国等重大时代主题课题，回应社会关注的热点问题、科技发展的最新动态、人类文明的新发展等。博物馆参与生态文明建设就是博物馆回应时代主题和社会热点问题的重要表现，也是新时代博物馆创新发展的重要方向。积极参与生态文明建设不仅能够将馆藏文物的精神标识与文化符号更多地提炼、展示出来，更好地传承中华民族优秀文化基因，也能够带动国家整体文化品位提升，引导人们走上与自然和谐相处的可持续发展道路。

一、缺位：博物馆参与新时代生态文明建设的主要问题

在新时代生态文明建设中博物馆“缺位”现象比较明显，如博物馆的思想理念落后、发展模式陈旧、制度建设滞后等，这些都制约了博物馆参与新时代生态文明建设。

（一）思想认识存在片面性

参与新时代生态文明建设是博物馆的重要使命，也是博物馆创新发展的重要方向。现阶段，有些馆员对博物馆参与生态文明建设存在一定的认知偏差。首先，主体意识薄弱。在知识化和网络化的时代环境中，有些博物馆管理人员没有厘清博物馆知识传播与价值塑造的关系，对博物馆生态知识传授与生态价值引领的认识相对模糊，甚至片面认为博物馆只负责保护和传承人类社会历史文化。基于这种认知错误，有些博物馆对挖掘文物生态文明要素、助力生态文明建设等重视不够，影响了博物馆参与生态文明建设。其次，在管理功能上有些馆员对博物馆馆藏文物的属性和价值认识存在片面性，只是看到了文物的历史文化属性，多是将博物馆文物资源的地方特色与文化优势作为博物馆管理的关键目标，加之博物馆建设与生态文明建设缺乏可借鉴的成功经验，

导致博物馆助力生态文明建设能力偏低。

（二）发展思路存在局限性

近年来中央政府大力推动生态文明建设，各级政府、各类社会主体等纷纷参与生态文明实践，许多博物馆也成为生态文明建设的重要力量。但从总体上看，博物馆助力生态文明建设尚处于初级阶段，缺乏成熟的模式，实践案例较少，可借鉴经验不多，在宣传教育、文物展陈形式和社会实践活动等较为单一；在如何结合文物特色、博物馆优势实现与生态文明建设的同频共振上还存在一定困难。这些导致博物馆助力生态文明建设过程中话语体系特色亮点还不够突出，创新思路做法还不够多，一定程度存在为了生态文明建设而生态文明建设的问题，未能将博物馆生态文明建设实践转化为实实在在的成效，所呈现的大多数是片面甚至狭隘的实践景象。

（三）制度建设存在落后性

制度安排是博物馆参与生态文明建设的重要保障，也是博物馆落实生态文明建设的顶层设计。只有从建立博物馆助力生态文明建设的制度体系，才能更好地利用博物馆传播生态文明知识，宣传生态文明理念等。就目前情况来看，许多博物馆或是将生态文明建设作为博物馆跨界发展与功能拓展的新举措，或是将参与生态文明建设作为博物馆建设发展的“佐料”，并没有从美丽中国、生态文明等高度看待博物馆的可持续发展，也未建立博物馆参与生态文明建设的实践机制。此外，有关部门对博物馆参与生态文明建设的基础设施建设、队伍建设、考核评价等缺乏整体性规划，没有形成清晰的方案和目标。在这种情况下，博物馆参与生态文明多处于“小打小闹”的状态，一哄而起、一哄而散的现象屡见不鲜。

二、补位：博物馆参与新时代生态文明建设的实践策略

在新时代生态文明建设中，博物馆应当从思想理念落后、发展模式陈旧、制度建设滞后等问题出发，创新博物馆参与新时代生态文明建设的理念、方式等，发挥博物馆在生态文明建设中的“补位”作用。

（一）转变思想理念，创新发展思维

树立正确的思想理念是博物馆“补位”生态文明建设的重要前提，也是新时代博物馆创新发展的必然要求。作为博物馆参与生态文明建设的重要规划者与执行者，博物馆管理人员要转变思想观念，摒弃思维偏见，打破博物馆参与生态文明建设的壁垒，将生态文明建设意识内化为对博物馆发展的理性觉察。同时，还应当深刻认识博物馆参与生态文明建设的重要性，主动学习生态文明建设的思想理念、政策措施等。

首先，要确立博物馆的新发展理念，将博物馆的资源优势转化为生态文明建设的动力。比如，要将博物馆打造成社会公众价值塑造、知识学习、文化浸润的重要空间场所，以各种文物展示生态文明理念、传播生态文明知识，以文物展陈、研学活动、文创设计、线上展播等方式开展生态文明教育。

其次，要正确理解博物馆外延式发展和内涵式发展的关系，将博物馆文化传播“主战场”的场域优势转化为生态文明的传播优势。博物馆覆盖农学、历史学、自然学、科技学等多个学科领域，囊括亲子家庭的寓教于乐、未成年人的第二课堂、普通民众的文化休闲、官员和城市白领的会客厅、老年人的人生回忆与乡愁等文化传播形态，在传播生态文明理念方面

具有得天独厚的优势。所以，博物馆管理人员应当借助不同的文物载体、知识内容以及实践方法，结合博物馆馆藏文物特色传播人与自然和谐相处的精神内涵。

（二）创新发展思路，提升话语能力

博物馆不仅陈列了浩如烟海的文物，更是见证城市生长的文化记录，能够成为新时代城市有机更新的文化力量。为此，博物馆要以助力生态文明建设为着力点，不断创新博物馆的发展模式，优化博物馆的话语内容和话语体系。首先，要增强博物馆助力生态文明建设的议题设置能力。比如，博物馆可以借助社会热点巧妙创设教育议题，帮助社会公众了解生态文明的历史起源与生动实践，让公众了解清楚生态文明从何而来、是怎么从过去走到现在的、未来又可能向哪里去等。此外，要提升博物馆助力生态文明建设的内容建构能力。坚持显隐结合的工作方式，立足特色谋发展，通过文教结合、文旅结合和文创开发，创新生态文明建设成果形态，丰富博物馆文化服务体系体系，引导社会公众感知别样的生态文明服务产品。比如，湖南地质博物馆就开展了“地心游记”“世界水日”“土地荒漠化”等专题活动，以灵活多样的方式宣传生态文明知识，培养公众保护生态、节约资源的意识。

（三）完善顶层设计，加强制度保障

要提升博物馆参与生态文明建设积极性，就需要完善顶层设计，加强制度保障。首先，要建立博物馆参与生态文明建设的常态化、长效化机制。比如，可以借鉴教育、文化、卫生等部门参与生态文明建设的实践经验，将相关的管理细则、行为规范等融入博物馆管理工作，建构博物馆参与生态文明建设的实践机制。此外，应当结合博物馆参与生态文明建设的实际问题，健全完善博物馆工作管理制度，将生态文明理论学习、生态文明建设反馈评价、生态文明建设队伍培养等纳入博物馆的规章制度，明确博物馆参与生态文明建设的目标任务、指导思想、基本原则、战略定位以及发展目标。此外，要构建主要领导亲自抓、分管领导统筹抓、相关部门协调抓的博物馆参与生态文明建设的领导机制，制定科学可行的博物馆生态文明建设工作的考核评价办法。同时，博物馆还应建立生态文明建设理论学习、案例探讨、实践创新的激励机制，激发工作人员参与生态文明建设的能动性和创造性。

三、就位：博物馆参与新时代生态文明建设的发展展望

博物馆参与生态文明建设中不仅要查漏补缺，发现“缺位”问题，并及时“补位”；还应当顺应新时代精神文明建设的新趋势和新要求，在生态文明建设中准确“就位”。

（一）探索“博物馆＋生态文明教育”的新模式

首先，以“博物馆＋生态文明教育”为基本思路，推动复合型博物馆建设，充分发挥博物馆在生态文明建设中的链接资源、理论创新、实践推进等作用。比如，博物馆可以定期开展水资源、污染治理、生态保护等研讨活动，邀请专家学者、青年学生、政府官员、社会大众等共同探讨生态文明建设问题。

其次，可以不定期召开生态文明建设推进会，邀请区域内外行业专家，以线上指导、工作室、专题讲座等形式，交流博物馆参与生态文明建设的痛点、难点等，探索博物馆参与生态文明建设的优势与机遇。比如博物馆可以积极开展和参与生态文明的科普读物编写、青

少年生态文明教育等专题活动，发挥博物馆在生态文明建设的影响力。

此外，可以开展专题理论指导与经验分享，加强博物馆工作人员对生态文明建设的内涵、价值、准则的理解，指导博物馆管理人才在发展理念、管理服务、行动目标等方面落实好生态文明建设要求，并积累好经验、好做法，科学有效地挖掘馆藏文物的生态文明元素，提升参与生态文明建设能力。最后，发挥博物馆的生态文明教育功能，开展形式多样的生态文明教育实践活动，如西南林大的古茶树博物馆就建立了古茶树教育平台，详细讲解种茶、养茶、饮茶等茶文化，进一步讲解澜沧江的气候特征、地理风貌等，收到良好的生态文明教育效果。

（二）探索“博物馆＋生态文明实践”的新模式

以“博物馆＋生态文明实践”为基本思路，创新博物馆参与生态文明的实践方式。比如，可以以人工智能、物联网、超高清视频技术等赋能博物馆，发挥博物馆在生态文明建设中的作用。比如，可以用云全景虚拟现实技术、沉浸式博物馆技术、二维码语音介绍等技术手段，开展生态文明展览活动。其次，博物馆可以与文化局、纪念馆、生态公园等组建生态文明的产业联盟、示范实训基地、共同体等，共同开展生态文明建设实践。比如，博物馆可以通过博物馆生态文明宣传设计、博物馆生态文明产业链等实践案例，举办生态文明博览会，开展“博物馆文物生态文明”系列展演活动、博物馆生态文明产学研实践等活动，培育全员参与生态文明建设氛围。此外，博物馆可以以“文化创意＋科技创新”为基本路线和主攻方向，统筹运用科学系统的理论阐释、生动具体的实践情境、灵活多样的网络赋能，强化新一代数字科技与文化创意在生态文明展览中的实践应用。比如，可以对博物馆中的馆藏资源进行数字化、图像化处理，打造数字化的生态文明展览平台，以短视频、影视动漫、全景式展览等方式传播生态文明知识。

（三）探索“博物馆＋生态文明服务”的新模式

首先，坚持从地方实际出发，以“博物馆＋生态文明服务”为基本思路，精心打造博物馆生态文明建设项目。比如，博物馆发挥积极性和创造性，立足博物馆馆藏资源，结合城市有机更新，因地制宜地开展生态文明建设，发挥博物馆在美丽城市和美丽乡村建设中的服务功能。其次，博物馆用好、用足考古和历史研究成果，加强区域内生态文化资源统筹规划，深入挖掘和提炼区域的生态文明资源，特别是馆藏文物体系中所蕴含的生态文明资源和精神内涵，系统梳理出馆藏文物生态文化特色内容，促进博物馆特色生态文化内容再生产。此外，可以学习和借鉴发达地区博物馆参与生态文明建设的先进做法，联合区域内不同类型博物馆、地方高校、文创企业等主体，共同开展博物馆服务生态文明的实践活动。最后，深化博物馆服务生态文明建设的理论研究，集中研讨博物馆的文物资源、非遗资源与生态文明建设的结合点，结合自身发展定位、办馆特色、文化传统等，探索展演、新媒体、出版、产业、教研等各过程相互衔接的系统化推进方案，建成特色鲜明、类型丰富、相互支撑的博物馆生态文明公共服务产品体系。

博物馆参与生态文明建设是建设美丽中国、发展生态文明的客观要求，也是博物馆服务功能的新拓展和新探索。所以，博物馆应当树立正确的生态文明建设理念，审视自身在生态文明建设的“缺位”问题，探索博物馆“补位”生态文明建设的方法措施，使博物馆能够“就位”新时代生态文明建设。

参考文献：

[1] 中国湿地博物馆以生态文明为基调打响自然科普品牌[J].湿地科学与管理，2022，18(03):1-2.

[2] 赵瑜.地质博物馆在生态文明建设中的挑战与机遇[J].华北自然资源，2019，(02):132-133.

[3] 秦文丽.生态文明视野下建设云南少数民族生态博物馆探析[J].昆明学院学报，2017，39(02):97-103.

[4] 李法营，宋琴，等.自然博物馆的生态文明教育功能与发展对策研究——以西南林业大学世界古茶树原产地资源展馆为例[J].农业考古，2021(2):250-255.

[5] 陈丽鸿，孙大勇.中国生态文明教育理论与实践[M].北京：中央翻译出版社，2009:45.

[6] 郦珊，徐珊珊.自然博物馆在长江流域生物多样性保护中的作用[J].科学教育与博物馆，2018，4(4):15-17.

博物馆“元素”与中职学校思政课的实践与融合

鲁珊　辛亥革命博物院

摘　要：把博物馆文化资源融入思政课程，对提升学生的理想信念、培养家国情怀，有着十分重要的意义。中职学校可以利用好本地丰富的博物馆“元素”，加大思政课堂的教学广度与深度，建立科学完善的馆校协同育人机制，引导学生培养爱国之情、砥砺强国之志、实践报国之行，着力提升青年学生的精神素养。

关键词：博物馆元素；馆校合作；思政课；实践；融合

武汉是国家历史文化名城，拥有3500年的建城史，文化积淀厚重、文物丰富璀璨，孕育了众多革命先烈、时代楷模，蕴含着深厚的传统文化、革命文化、社会主义先进文化。2012年，武汉市启动“文化五城”建设，其中“博物馆之城”建设作为其重要的组成部分。截至2021年底，武汉地区博物馆数量由2012年的58家发展到100余家，实现了平均每10万人拥有一座博物馆的目标。中职学生正处于人生成长的“拔节孕穗期”，中职学校承担着培养德智体美劳全面发展技术人才的任务，用好所在区域博物馆的文化资源，对培养高素质劳动者和技能型人才有着十分重要的意义。笔者从事博物馆工作十余年，发现中职学校利用博物馆开展思政课的不足学校总数的10%。本文将从本地博物馆资源情况入手，探讨中职学校如何用好博物馆“元素”开展思政课教学，达到协同育人的叠加效应。

一、博物馆“元素”在中职学校思政课教学中的资源基础

文化和旅游部办公厅、教育部办公厅、国家文物局办公室先后发文《关于加强和改进新时代中等职业学校德育工作的意见》《关于利用文化和旅游资源、文物资源提升青少年精神素养的通知》，其中多次指出青少年学生处于人生成长的“拔节孕穗期”，要加强中华优秀传统文化、革命文化、社会主义先进文化教育，强化理想信念和社会主义核心价值观教育，培育广大青少年艰苦奋斗、奋发向上、顽强拼搏的意志品质，引导他们培养爱国之情、砥砺强国之志、实践报国之行，着力提升青少年的精神素养。

武汉地处两江四岸交汇之处，长江、汉水将武汉划分为武昌、汉口、汉阳三镇，地理位置得天独厚，拥有3500年的悠久历史，是楚文化的重要发祥地。在武汉的历史画卷中，描绘了江城文明起始的盘龙文化、白云黄鹤诗词楹联的传统文化、高山流水遇知音的知音文化、敢为天下先的首义文化、热血践行使命的红色文化……上演了北伐战争、二七罢工、八七会议、浴血抗日、奋力抗洪、齐心战“疫”的历史史诗。厚重的文化积淀、丰富的博物馆文化资源，使武汉建成“百馆之城”。

武汉地区有中等职业学校55所，其中教育部门办学20所，其它部门办学24所，民办

11所，涵盖艺术、卫生、财贸、交通、旅游、轻工业等领域，担负着培养德智体美劳全面发展的高素质劳动者和技术技能人才的任务，是国民教育体系的重要组成部分。面对新时代提高全体国民素质的新要求，适应新时期培养大批德才兼备技术人才的新需求，2014年教育部启动中职学校思想政治、语文、历史(后文简称中职三科)课程标准研制工作，2020年推出修订版中职三科课程标准，要求价值观教育与学科知识教育相结合、通识性教育和职教特色相结合、目标导向与问题导向相结合，推动人才培养模式的改革创新，培养担当民族复兴大任的时代新人。武汉市博物馆品类丰富、属性多元，基本涵盖政治、军事、历史、经济、自然科学等各个领域。中职学生正处于人生成长阶段，世界观、人生观、价值观正在逐步形成，用好博物馆这座文化资源宝库，将对塑造学生品格、树立正确“三观”、牢固理想信念、理清历史脉络、丰富精神食粮有着重要意义，能达成博物馆与中职学校教育资源双叠加的协同育人效益。

二、博物馆“元素”在中职学校思政课教学中的实践

2015年国务院发布《博物馆条例》指出博物馆是以教育、研究和欣赏为目的，收藏、保护并向公众展示人类活动和自然环境见证物的非营利组织，举办弘扬爱国主义、倡导科学精神、普及科学知识、传播优秀文化、培养良好风尚的陈列展览和社会教育活动，推动社会文明进步。同时，提出“地方各级人民政府教育行政部门应当鼓励学校结合课程设置和教学计划，组织学生到博物馆开展学习实践活动。博物馆应当对学校开展各类相关教育教学活动提供支持和帮助”。博物馆教育与中职学校教育都属于终身教育体系的重要组成部分，都承担着普及知识、弘扬爱国主义、强化社会主义核心价值观、推动向上向善社会风气形成的责任。近年来各类博物馆的社会教育工作由单一展览讲解向多元社教活动转变，教育内容由本馆主题向城市历史、社会主义先进文化等方向延伸，中职学校可以结合日常教学工作从以下几个方向加深与博物馆的沟通、合作。

(一)以博物馆为阵地，开展校外思政教育课堂

武汉地区博物馆以各类展览、馆藏文物作为载体，以参观精品展览、观看主题电影、讲述革命故事、参与知识课堂、诵读经典诗歌、参加知识问答等多个环节，直观地为青年学生深度解读展览内容，带领他们了解革命先烈的历史功绩，重温红色革命历史、接受爱国主义教育，弘扬革命先烈们为实现中华民族伟大复兴不懈奋斗的崇高精神。在武汉市内开展教育课堂的博物馆有湖北省博物馆“礼乐学堂”、武汉博物馆“行走的课堂”、辛亥革命博物院“博爱学堂”……都是以博物馆为阵地开展的公益性思政教育课。教师在备课阶段，可以融入本地博物馆“元素”丰富教学形式。在中职历史课标(2020年版)中，基础教学模块“中国历史”类有15个学习专题，其中“辛亥革命与民国初年的社会”模块可到辛亥革命博物院进行实地教学，参与其“博爱学堂”教育课程，现场学习辛亥革命对近代中国思想解放的影响。

(二)以校园为阵地，开展校内思政教育课堂

为了加大传统文化、革命文化、社会主义

先进文化的辐射力，博物馆常年开展精品展览“五进”活动，其中展览进校园是博物馆“五进”工作的重点。每年都会更新展览主题、打造精品展览，走进武汉市内的大中小学，使学生们不出校园就能学习博物馆的历史知识。据不完全统计，2022年武汉各博物馆提供“寻访武汉城市文明——从远古到1949”“铁血英雄气 首义城市情——辛亥革命旧址遗迹展”“光影记忆中的党史——庆祝中国共产党成立100周年电影海报展”“传承红色血脉 共筑强军梦想——中国人民解放军95周年光辉历程图片展”“犹记峥嵘岁月稠——宣传画传画中的家国情怀”“武汉大禹治水传说”“孙中山家风展”等数十个涉及城市历史、红色党史、时代楷模、家教家风、传统文化类别的主题展览，向校园、社区、军营、景区、企事业单位等地进行文化覆盖。教师可邀请展览进校园，在助力文明校园建设的同时，将其作为校园文化的载体在校内开展观展教学。根据中职语文课标(2020年版)教学提示，其中“中国革命传统作品选读”“社会主义先进文化作品选读”“劳模精神工匠精神作品研读”等教学单元，可以根据课文具体内容分期邀请上述展览走进校园。如在毛泽东《改造我们的学习》一课中，可邀请“艰难探索——中国共产党第五次全国代表大会专题图片展”进校，了解以毛泽东为代表的党的领导人带领人民进行革命的伟大历程，体会课文提出的“理论与实践相结合”的意义。在林觉民《与妻书》一课时，邀请“共和之基——辛亥革命历史图片展”进校，学习革命志士林觉民“为天下人谋永福”而不惜自我牺牲的民族大义，感受《与妻书》的精神力量与家国情怀。目前，各博物馆均可将前文提到的思政教育课堂与精品展览巡展一起打包送进校园，教师在教学过程中可借助博物馆力量扩展教学内容、丰富学生校园文化生活，将博物馆思政教育课堂、精品展览巡展与校本课程融合，举办歌唱比赛、书画比赛、诗歌朗诵、情景剧创编、故事征文等延伸活动，引导学生结合所学专业创作短视频、微电影、动画、游戏、歌舞等，强化系列活动的教育实效。

(三)以数字媒介为载体，开展博物馆线上研学思政课活动

自2020年起，各大博物馆都积极转变思路、整合资源，以直播、短视频、云课堂等新媒体手段打造契合时政热点、展现文物内涵的网络文化资源。中职学校可用好这些数字文化产品，建设云端教学资源库，搭建博物馆线上研学思政课活动平台。根据校内课时需求，可选择时长为60分钟云赏展览、时长为45分钟的云课堂、时长为3—5分钟的微课堂。由于数字媒体有覆盖面广、传播速度快、不受空间制约等特点，校方通过云端教学资源库，将其作为思政课教学元素、专业课教学素材，组织学生在校内集中学习或网络远程学习，以此丰富校本课程内容、开阔学生的课外文化视野。辛亥革命博物院先后在全市15个区的两百余所中小学开展“争当战疫红领巾 少年勇担当”“革命传统教育周”“少年中国说”等线上课程，带领全校师生观展览、学知识、看电影、谈体会、悟思想，定制“个性化”线上研学思政课活动，与学校教育形成合力。

(四)以“实践教学”为核心，推动“思政小课堂”与“社会大课堂”融合

习近平总书记在学校思想政治理论课教师座谈会上指出，要坚持理论性和实践性相统一……把思政小课堂同社会大课堂结合起来，

教育引导学生立鸿鹄志，做奋斗者。现阶段各博物馆结合自身工作特点，都为青年学生提供社会实践的平台，中职学生在实习实训期可以根据专业需求，安排一定课时到博物馆参与社会实践。经过培训与考核，青年学生在博物馆可以承担展览讲解、引导咨询、活动宣传、教育活动执行等一线业务工作。在传播历史、服务社会的实践过程中，他们可能遇到一定程度的挑战和挫折，但这些经历对提高学生心理素质、增加社会经验、了解博物馆文化内涵有着重要作用，可以达到提升个人综合素养、培育职业精神、培养优秀技能人才的目的。

（五）以协同育人为宗旨，合作共建思政教学基地

博物馆因自身蕴含文化资源的特点，大多是国家、省、市级爱国主义教育基地、研学基地，中职学校积极与其达成协同育人机制，将思政教育工作贯穿教育教学全过程，可以加深青年学生对中国国情、社会发展规律的认识与理解。目前，博物馆与社会团体合作共建教育基地，主要集中在部队、社区、学校。其中，馆校共建的主要对象是高校，共建形式为大思政课教学实践基地，共建内容主要包括：博物馆参观学习教育活动、公益性主题展览校内巡展以及提供学生实习实践岗位三个方面。但现阶段，初高中、中高职学校较少与博物馆共建教育基地，博物馆与此类学校仅局限于单项教育活动的合作，暂未达成贯穿式、叠加式的育人模式。

三、问题与对策

辛亥革命博物院是全国爱国主义教育基地、研学基地、全国首批“大思政课”实践教学基地，是全面展示首义文化的专题博物馆。根据其近三年团队参观数据显示，团队参观总数为6004批，各类学校为2566批，其中中职学校仅占各类学校总数的3%，而中职学校携手博物馆开展思政教育课堂的情况，更是少之又少。究其原因，或因校方缺少博物馆文化资源的了解，或因馆方宣传教育工作存在不足等原因，笔者认为针对中职学生开展的博物馆思政课还有进一步提升与完善的空间。

一是博物馆社会教育工作者大多没有教师资格，对教育学、心理学的研究不足，缺乏教学经验、缺少教育对象的研究，在执行教育课程环节容易出现教学方法陈旧不能吸引学生关注、授课内容照本宣科不便于理解，使好的故事不能好的讲述。

二是现阶段中职学校因专业成绩、升学率、就业率等原因，思政课仅局限于校内课堂教学，教师对本地博物馆文化资源缺少了解，大多采用“你说我听”灌输式教学方式，形式单一、缺乏互动，学生获得感较少、没有跟随教学课程进度的兴趣。

三是馆校双方合作共建模式多为签个协议、挂个牌，构建实训基地的深度不够、机制不全、沟通过少，双方教育资源未进行深度融合，有浮于表面、流于形式的问题。

针对上述问题，可以从下面几个方向入手改善：

第一，博物馆有不可替代的文化属性，拥有符合时代特点的主题展览、内涵深厚的文物藏品，还有熟悉博物馆文化资源、社会教育经验丰富的教育人员。中职学校是国民教育体系的重要组成部分，拥有雄厚的师资力量、完善的教学体系，他们熟悉学生成长规律，有精准的育人对策。首先，博物馆教育工作者可以加强教育学、心理学的学习，积极参加各学段

教师资格考试，更好地把握博物馆教育课程的设计工作；其次，中职思政课教师加强对本地博物馆的了解，依据各学科校本教材列出教育需求清单，将博物馆文化资源针对性地叠加到课程内容中；最后，馆校双方可以从博物馆展览、文物及教育课程资源、学校教学体系、教学方法及课程标准等方向进行资源互通、师资互补，双方抽取专业人员成立单项课程研究组，针对学生特点对课程目的、教学模块、授课流程、教学手段等实行馆、校的双向培训交流。

第二，根据中职学生成长规律、中职三科课程标准(2020年)，共同制定学习任务单，编写博物馆思政课研学教材。在任务单上设立课程体验、思考感悟、社会实践等模块，每个模块中明确具体要求、课时数及奖励积分，引导学生在主动思考、自主探究中参与博物馆思政教育课程从而获得新知。同时，联合本地博物馆与中职学校成立针对不同层级学生的思政课教育联盟，根据博物馆的不同主题分门别类地制定思政课教学菜单，或汇编成册或打造精品课程在教育联盟中资源共享，达成中职思政课课程质量、教学水平的同步提升。

第三，建立针对思政教育课程及中职学生的双向评价机制，可以从“课前导入”与“课后探讨”、“课程教学”与“社会实践”等维度展开，实现课程质量与学生素质的双提升。此外，量化评价细则，将课程成绩、社会实践情况、获得奖项等纳入“德育积分银行”，并可成为教师绩效考核、学生评优的重要参考依据。

第四，根据学校专业领域与博物馆类型的不同，有针对地拓展馆校双方合作内涵，做到有计划方案、有合作主题、有内容形式、有考核总结、有人员经费等，共同搭建协同共育平台。在共建社会实践基地的过程中，将合作内容项目化、责任制，馆校双方指派专职人员对学生社会实践过程进行指导跟踪，保障实践教学达到既定目标。比如艺术类学校可以通过深入了解博物馆历史内涵打造情景剧项目，鼓励学生“演英雄、学英雄”，用富有感染力的演出讲述中国故事。旅游类学校更是与博物馆有千丝万缕的联系，在文旅融合的大背景下可以从成立学生志愿讲解服务队项目、开设博物馆讲解技能课程等方面入手，从教材开发、教学开展、定向培训、教学评价等方面产教结合、订单式培养为博物馆输送专业人才，使他们在学思结合、学以致用的实践过程中了解革命文化、社会主义先进文化、积累社会经验。通过课堂教学与各类校外实践项目，让学生从中体验、共鸣、感悟出城市文化的深厚内涵和理念。

四、结语

2021年习近平总书记对职业教育工作作出重要指示：在全面建设社会主义现代化国家新征程中，职业教育前途广阔、大有可为。要坚持党的领导，坚持正确办学方向，坚持立德树人……培养更多高素质技术技能人才、能工巧匠、大国工匠。博物馆文化资源在建设高水平职业教育、培养高素质技能人才的过程中有着举足轻重的作用，中职学校以突出职业教育特色为核心与本地博物馆建立深度合作关系，以师资互补、合作教学、产教融合、馆校共建等方面为抓手搭建协同共育同心桥、共绘立德树人同心圆，把“思政小课堂”融入“社会大课堂”，使校内课堂与校外资源联动，增强学生的家国情怀、职业精神、劳动精神、工匠精神以及政治认同感，全方位提升学生的核心素养，为我国全面建设社会主义现代化国家提供坚实支撑。

参考文献：

[1] 王瑞华.百馆之城：武汉地区博物馆(纪念馆)巡礼[M].武汉：武汉出版社，2022.

[2] 教育部办公厅.关于加强和改进新时代中等职业学校德育工作的意见.[2019.11.21] http://www.moe.gov.cn/srcsite/A07/moe_950/201912/t20191203_410649.html.

[3] 文化和旅游部办公厅、教育部办公厅、国家文物局办公室.关于利用文化和旅游资源、文物资源提升青少年精神素养的通知.[2022.2.18] http://www.moe.gov.cn/jyb_xxgk/moe_1777/moe_1779/202204/t20220415_618092.html.

[4] 武汉市中等职业学校一览表.[2021.1.11] http://jyj.wuhan.gov.cn/zfxxgk/fdzdgknr/qtzdgknr/gjgljy/202001/t20200103_464219.shtml.

[5] 中华人民共和国教育部.中等职业学校历史课程标准[S].北京：高等教育出版社，2020: Ⅱ-Ⅲ.

[6] 国家文物局.博物馆条例释义[M].中国法制出版社，2015:197.

[7] 中华人民共和国教育部.中等职业学校语文课程标准[S].北京：高等教育出版社，2020: Ⅱ-Ⅲ.

[8] 习近平对职业教育工作作出重要指示[2021.4.13]http://www.gov.cn/xinwen/2021-04/13/content_5599267.htm.

博物馆藏品可持续发展的探索与实践
——以辛亥革命博物院藏品资源整合为例

蒲依　辛亥革命博物院

摘　要：辛亥革命博物院藏品资源整合是探寻博物馆藏品可持续发展的一场工作实践。本文从藏品的保管和保护、藏品的利用两个方面着手，介绍了该院的藏品资源整合工作，并思考此项工作如何助力于博物馆藏品的可持续发展。

关键词：藏品资源整合；可持续发展；实践

辛亥革命博物院是湖北省、武汉市为进一步整合辛亥首义文化资源、打造辛亥首义文化品牌，于2022年3月在原辛亥革命武昌起义纪念馆、辛亥革命博物馆基础上组建的专题性博物馆。原辛亥革命武昌起义纪念馆是国家一级博物馆，有藏品2.3万余件/套，其中珍贵文物366件/套；原辛亥革命博物馆有藏品1.2万件/套，其中珍贵文物146件/套。两馆整合后，藏品总量达3.5万余件/套，珍贵文物达512件/套。藏品资源整合是两馆整合的重要内容之一，将有利于辛亥首义相关藏品资源得到更科学、更系统的管理和保护，有利于实现首义文化遗产的有效利用，为藏品的可持续发展提供了更多的契机。

一、博物馆藏品的可持续发展——着眼于藏品的保管和保护

藏品的科学保管和保护是保障藏品生命的基本措施，是实现藏品可持续发展的重要手段。辛亥革命博物院藏品资源整合首要关注的就是藏品资源的科学保管与保护问题。两馆合并后，藏品总量为3.5万余件/套，藏品库房总数为16个，库房总面积超1000㎡。藏品数量众多，库房位置分散，部分藏品未实现分类保管，不便于藏品保护和管理工作的开展。为此，辛亥革命博物院在2022年有序开展了藏品整合工作。

（一）摸清藏品家底，制定藏品整合方案

藏品资源整合首先是要充分调研，摸清两区藏品家底，在此基础上制定藏品整合方案。2022年初，两区藏品工作人员一面对照账本盘点本区库房藏品，一面通过互访，相互了解对方库房的藏品分布与管理情况，在充分调研的基础上制定出藏品整合方案。

1. 拟定藏品分类分库存放方案

依照《博物馆条例》第二十四条规定，对易损藏品应当设立专库或者专用设备保存，并由专人负责保管。基于此，该院两区藏品出于文物保护的实际需要，并根据库房的实际情况，拟对纸质品、纺织品、瓷器、石器、家具等各类藏品实行分类分库管理。

南区（原辛亥革命博物馆）原有6个藏品库房，总面积462㎡，均位于建筑负一层，不

具备自然通风条件，恒温恒湿系统因故障无法正常运行，库内环境较潮湿，急需改造。原有藏品1.2万件/套，涵盖文献、书画、瓷器、徽章等类别，其中纸质藏品9000余件/套，占藏品总量的80%以上，并以小件纸质品居多。北区(原辛亥革命武昌起义纪念馆)原有9个藏品库房，1个资料库房，总面积共约600㎡，包括一间110㎡的恒温恒湿库，各类文物已按规范实行分库分类管理。原有藏品2.3万余件/套，纸质文物约有2300余件/套，占藏品总量约10%；证章、饰品及钱币等小型文物约有18000余件/套，占比70%；其他为丝织品、瓷器以及杂件等。

由于不同材质的藏品对于保存环境的要求有所差异，并考虑到今后藏品利用的便利度，该院拟将两区纸质和纺织品类藏品全部集中存放在北区的纸质与纺织品库(恒温恒湿库房)，两区小型杂件、钱币等藏品分库存放于北区的对应库房；同时，将两区的瓷器、竹木家具类文物、石器、大件金属类文物、资料及复制件等分库集中存放于南区的对应库房，真正做到藏品分类分库管理，并在日常管理中依据它们的特质调控温湿度、大气环境、生物因素等，以达到对它们的最大保护。

2.拟定藏品账目合并方案

藏品整合不仅是实物的合并，账目的合并也是一项重要内容。2016年第一次全国可移动文物普查结束后，两区的藏品账目都是在普查的基础上建立完善起来的，藏品登记信息基本一致。由于两区原有的藏品编号方式有所区别，藏品的并账拟保持藏品原有编号不变，这种操作方式能保留藏品原有信息，便于追根溯源，查询藏品相关资料，并且不影响实际操作，同时，不需要在藏品本体上重新标记编号，对藏品也是一种保护。账目合并后新征集藏品按北区原编号规则继续编号。

3.积极申报藏品信息管理系统

两区藏品整合后藏品总数达3.5万件/套，数量大，种类多，人工管账效率低，容易出错。基于此，辛亥革命博物院在藏品资源整合过程中申报建立一套基于大数据的藏品管理系统，以提升藏品管理的流程化、数字化以及藏品的动态监管、藏品展示利用等方面的水平，提升藏品管理的规范性和高效性。

4.积极推进南区库房的改造项目

辛亥革命博物院南区藏品库房位于地下负一层，空气潮湿，库房恒温恒湿系统无法正常运行，墙面、地面出现发霉等情况，目前的环境条件不利于藏品的长期存放，需进行升级改造。2021年，原辛亥革命博物馆向国家文物局申报了《辛亥革命博物馆馆藏革命文物预防性保护方案》，该方案包含了对藏品库房改造的内容，并经国家文物局批复。藏品的预防性保护项目对于改善库房环境、最大程度降低环境因素对藏品的影响具有重要意义，为藏品的可持续发展奠定基础。辛亥革命博物院在制定藏品整合方案的过程中将此项目纳入统筹规划，积极关注该项目的后续进展，并做好项目实施前的准备。

(二)攻坚克难，积极推进藏品整合工作的实施

1.藏品搬迁的实施

根据藏品分类分库存放的方案，辛亥革命博物院制定了详细的藏品搬迁计划，包括《藏品包装运输方案》《藏品包装运输安全保护方案》等，以保障藏品搬迁过程中的安全。藏品搬迁的第一个项目是南区纸质、纺织品、证章等小件文物藏品搬迁至北区对应库房，搬迁藏

品量为一万余件/套。由于这批藏品大多为小件藏品，该院决定由南北两区藏品部工作人员在南区库房进行点交后，自行打包，再由本单位公务车辆运输至北区。搬迁至北区后，北区藏品人员再重新整理、分类、上架。该项目持续一个月，整个过程忙而不乱，未发生任何安全事故，经过努力，搬迁的各类藏品有序地在北区库房安家。藏品搬迁的第二个项目是北区瓷器、石器、家具类文物、资料及复制件搬迁至南区库房，搬迁藏品量约三千多件/套。由于该批藏品多为大体量文物，该院委托了专业的文物包装与搬运公司协助该项目的实施。该批藏品搬迁至南区库房后暂存于一间未列入改造计划的库房，待南区库房改造完成达到合适的藏品存放条件后，再对该批藏品进行整理分类入库。截至2022年年底，辛亥革命博物院藏品搬迁工作依计划基本完成，实现了文物藏品“各得其所”的状态。

2. 藏品并账的实施及方位账的建立

两区藏品搬迁实施后，各自的藏品总账也在账目管理人员处并合，账目人员及时调整了总账与分类账，做到了账目清晰、科学易查。由于藏品的存放位置发生了变动，保管人员也重新建立了藏品方位账，便于藏品日常的查找和提用。账目的合并与重建是藏品资源整合过程中的重要一环，科学准确的藏品账目为藏品的管理、利用和研究等工作起着“穿针引线”的作用。除了藏品账目，与藏品相伴相生的藏品档案在藏品搬迁完成后，也实现了两区的整合，在北区建立了专门的藏品档案室集中保存。

3. 南区库房预防性保护项目进入实施阶段

2022年底，“辛亥革命博物馆馆藏革命文物预防性保护项目”经费下达，2023年，该项目进入实施阶段。该项目将对南区库房实施整体治理，并配备环境调控相关设备，对藏品保存环境实施有效的调控。项目实施完成后，将会大大改善库房藏品保存环境，对藏品的可持续发展起到重要作用。

二、博物馆藏品的可持续发展——着眼于藏品的利用

博物馆藏品的可持续发展，不仅仅是藏品本体的可持续，更是藏品内涵及藏品所承载的时代精神的传承和发展。藏品是博物馆的核心资源，藏品的利用是藏品“活”起来的重要方式，是揭示藏品内涵、传递历史文化的必要途径。辛亥革命博物院藏品资源整合，不仅仅着眼于藏品的科学管理，同时也谋划资源整合后如何更有效地发挥藏品资源的历史和文化价值，以藏品为载体，将辛亥首义精神传播出去，打造更高品质的辛亥首义文化品牌。

（一）藏品整合助力于陈列展览的举办

辛亥革命博物院是在两馆整合的基础上建立起来的。整合后，两区原有的基本陈列也面临着改陈升级。南北两区基本陈列将各有侧重：北区做好旧址复原陈列和辛亥革命湖北地区重要人物的生平事迹展览；南区对现有基本陈列“共和之基——辛亥革命历史陈列”进行改陈升级。两区藏品资源的整合为展览的改陈提供了更多可供选择的展览资源和展陈思路。在拟定好的“共和之基——辛亥革命历史陈列”“历史的选择——从辛亥革命失败到中国共产党成立”“首义英雄——辛亥武昌起义志士事迹陈列”等展览的展陈方案中，共涉及全院文物藏品六百多件/套，充分利用了本院藏品资源，让藏品所反映的精神文化通过展览这种形式传递给公众。除了基本陈列，辛亥

革命博物院屡屡借助本院藏品推出临时展览。2022年“5·18国际博物馆日”来临之际，该院推出了整合后的第一个原创展览“文物藏品中的英雄武汉”。展览以一百多件/套文物藏品为依托，反映从辛亥革命到2021年中国共产党成立一百周年武汉人民艰苦创业、英勇奋斗，为使武汉发生沧桑巨变作出的不可磨灭的历史贡献。随后，该院又陆续推出了“辉煌十年 荆楚答卷”、“绣品中的吉祥文化”等临时展览，均利用了本院的藏品资源，让藏品的内在文化和价值通过展览得到可持续的发展和传承。

(二)藏品整合助力于社会教育与宣传

博物馆的社会教育与宣传也离不开藏品的支撑，藏品及其内涵通过各种社教和宣传活动进行推广和传播，也是藏品可持续发展的一种表现形式。2022年至今，辛亥革命博物院通过多场活动来推介本院藏品，让首义文化在无形当中浸润人心。2022年5月17日晚，该院举办了一场“博物馆奇妙夜——重回1911 探寻首义枪声”的沉浸式夜游活动。活动设置了“博物馆寻宝”环节，夜游市民和学生跟随特邀嘉宾辛亥志士熊秉坤后裔熊永铸先生到展厅“寻宝”，了解武昌起义历史和一件件文物藏品背后的故事。2022年武汉市文旅局开展“5·18国际博物馆日”地铁“博物馆专列”活动，该院提供5件/套代表性藏品信息，在武汉地铁2号线上进行宣传。2023年5月，该院开展“馆长说：首义1911”宣传活动，该活动以该院院长讲“镇馆之宝”为主线，介绍多件重量级文物背后的历史及其折射出来的“敢为天下先”的精神气魄。藏品资源的整合为该院的社教与宣传工作提供了更多可供选择的素材，为打造首义文化品牌凝聚了力量。

(三)藏品整合助力于学术研究

原有两馆由于主题相同，收藏的藏品在体系上也相近。如辛亥名人遗物系列，两区都收藏有辛亥名人如孙中山、黄兴、孙武、李翊东等人的遗存文物；共和纪念文物方面，两区都有风格类似的藏品。藏品资源整合后，藏品在同一体系下更加丰富且互为补充，将对研究历史人物或历史细节提供更为系统的资料。2023年，辛亥革命博物院利用藏品资源整合的契机，通过举办学术讲座、学术研讨会、编辑出版物等各种形式，加强藏品和相关历史的研究力度，形成人人参与学术研究的氛围，让辛亥首义历史和更多文物藏品走进公众视野。

辛亥革命博物院藏品资源整合是两馆整合的重要工作内容，也是该院探寻藏品可持续发展的一场实践。藏品资源的可持续发展无疑将会给全社会带来巨大福祉，助力于实现中华文化的可持续发展目标。

参考文献：

[1] 李邱军.资源整合，打造辛亥首义文化景观[C].湖北省博物馆协会.博物馆的力量——2022年湖北省博物馆协会学术研讨会论文集，武汉：湖北美术出版社，2022:109-112.

[2] 李晓东.中国文物学概论[M].石家庄：河北人民出版社，1990.

[3] 国家文物局.博物馆条例释义[M].北京：中国法制出版社，2015.

[4] 蒲依.新时期做好博物馆藏品档案管理的思考[C].湖北省博物馆协会.博物馆的未来：恢复与重塑——2021年湖北省博物馆协会学术研讨会论文集，武汉：武汉大学出版社，2021:79-82.

[5] 张祥.县博物馆库房文物清点与思考[C].湖北省博物馆协会.博物馆的未来：恢复与重塑——2021年湖北省博物馆协会学术研讨会论文集，武汉：武汉大学出版社，2021:311-315.

国内博物馆线上展示内容及效果评析

尤海　辛亥革命博物院

摘　要：博物馆利用网站、微信、微博、抖音、应用小程序等线上新媒体，传播展示博物馆展览、藏品、资讯等信息，拓展了博物馆与观众间的交流空间和渠道。由于用户的终端设备以及新媒体使用习惯的不同，博物馆在不同网络媒体上的内容设计应充分考虑不同受众的需求，满足观众欣赏、学习和导览服务等方面的需要。国内博物馆线上展示有较为成功的案例，也有进一步提高的空间。

关键词：博物馆；线上展示；新媒体；内容评析

近年来，国内博物馆数字技术应用、智慧博物馆建设形成热潮，其相关研究领域也成为热点。笔者通过知网查询得知，关于博物馆数字技术和新媒体应用的研究成果颇丰，而针对博物馆新媒体展示内容及效果评价的专论不多，且仅限于对某个案例的评价。本文选择国内20家知名博物馆作为研究对象，选择标准一是开展数字化建设较早，在行业内有影响力的博物馆，如故宫博物院、中国国家博物馆等；二是省级行政区域内最具实力，最有条件进行数字化建设的博物馆，如首都博物馆、上海博物馆、重庆中国三峡博物馆等；三是兼顾知名私人博物馆，如观复博物馆、建川博物馆等。通过研究博物馆在公众最常用的线上平台，如网站、微信、微博、抖音、应用小程序(app)等展示的内容，以观众视角评价展示效果，力求呈现国内居于头部地位的博物馆线上展示的整体水平，总结其数字化建设得失经验，供其他博物馆参考和借鉴。

表1　部分国内博物馆线上展示平台统计表

单位名称	官方网站	公众号	微博	抖音	小程序
故宫博物院	√	√	√	√	√
中国国家博物馆	√	√	√	√	√
首都博物馆	√	√	√	√	√
上海博物馆	√	√	√	√	√
重庆中国三峡博物馆	√	√	√		√
辽宁省博物馆	√	√	√	√	√
内蒙古博物院	√	√		√	
山东博物馆	√	√	√	√	√
山西博物院	√	√	√	√	√
陕西历史博物馆	√	√	√	√	√
秦始皇帝陵博物院	√	√	√	√	√
甘肃省博物馆	√	√	√	√	√
敦煌研究院	√	√	√	√	√
南京博物院	√	√		√	√
苏州博物馆	√	√	√		√
湖北省博物馆	√	√	√	√	√
湖南博物院	√	√	√	√	
广东省博物馆	√	√	√	√	√
观复博物馆	√	√	√	√	√
建川博物馆	√	√	√	√	

注："√"在该平台有内容展示

一、博物馆网站展示内容及效果评析

网站是国内网民最早接触的网络媒体之一，如今人们早已习惯浏览各类网站来获取需要的信息，网站仍是大众最为常用的媒体之一，受众广泛。本文研究对象均开设了官方网站。

（一）博物馆网站栏目内容概述

据统计，观众对博物馆的需求排序依次是：文物展示、展览与活动、讲解服务、预约购票、导览服务、文创商城、学术前沿、交流讨论等。博物馆网站展示内容依照观众需求来设计，可分为"首页""服务""展览""藏品""教育""学术""资讯""文创"等栏目。各博物馆网站栏目名称、数量略有不同，但大都包含以上内容。

"首页"一般展示重点信息，如主打展览、镇馆之宝、预约参观等，主页显示全部分类栏目链接，观众对感兴趣的栏目可一键直达。国内博物馆网站首页设计，基本能满足观众迅速、准确地找到所需的信息。

"展览"栏目是博物馆网站重点展示内容之一。栏目往往分为三个子栏目，即"当前展览""展览回顾"和"虚拟展览"。点击"当前展览"，可以看到实体博物馆当前正展出的展览，包括基本陈列、专题展览和临时展览。"展览回顾"则展示近年来展出过的临时展览。"虚拟展览"，也有网站称为"网上展厅""数字展览"等说法，即使用数字技术三维呈现遗址实景、展厅内景，有的还配有背景音乐、音频讲解，让人沉浸其中，就如实地参观一般。

藏品展示也是博物馆网站重点展示内容之一。几乎所有博物馆选择部分藏品，通常也是馆藏精品，以图文简介的形式展示。观众能获得的信息包含藏品名称、材质、年代及简短说明。越来越多的博物馆开始应用三维数字技术呈现藏品，观众可自主操作，从任意角度观赏，细节展示清晰，深受观众欢迎。也有少数博物馆尝试将藏品数据库公开展示，虽然目前只能看到藏品名称、材质、年代等有限信息，相信假以时日，藏品信息及其背后的故事会得到全面展示，毕竟这是一项费时费力的庞大的工程。

获取服务信息也是观众浏览网站主要目的之一。观众亲临场馆之前需要查询交通路线、开放时间、预约方式、讲解服务等信息。当前越来越多的博物馆都需要网上预约后才能入馆参观，因此加大了观众对服务信息的需求。多数博物馆在首页设置有"服务"栏目，或称为"参观""导览"等，观众可迅速搜寻所需服务信息。有的则没有设置此栏目，取而代之的是订票或购票，点击后有相关服务信息呈现。有的博物馆重视观众对服务信息的需求，将"服务"栏设置在靠前的位置，如上海博物馆、辽宁省博物馆等，便于观众迅速找到相关服务信息。

大多数博物馆网站都设有"教育"和"学术"栏目。"教育"栏展示博物馆正在举办或举办过的社教活动、讲座、培训及志愿服务情况。"学术"栏目包含学术会议、研究课题以及论文、书籍等研究成果。由于普通观众较少关注这两个栏目，博物馆网站对此栏目建设似乎也不够重视，展示的内容不够丰富。

"资讯"是各博物馆更新最及时栏目，有网站也称为"关于我们"，展示的内容包括博物馆概况、行业新闻、馆内动态等信息。"资讯"栏目是博物馆宣传官方意识形态、展现博物馆运营动态和与外界沟通的主要渠道。很多博物馆重视此栏目建设，在首页各栏目排名中靠前展示。但有的博物馆可能认为此栏目可能不是普通观众最为需要的信息，故在首页栏目排序中靠后展示。

近年来国家推进文博事业产业化发展，文创产品的研发和销售也成为博物馆事业发展的重点，所以博物馆网站栏目中“文创”也占有一席之地。因为国有博物馆公益事业单位属性，文创产品的销售不是工作的重点，因此“文创”栏目往往排序最后。点击此栏目后，有的直接跳转到某电商网站平台，可查看和购买文创产品；部分网站仅站内显示文创产品名称、图片信息，没有价格，也没有购买链接；还有少数网站没有专门设置此栏目。

（二）博物馆网站展示效果评述

博物馆网站的首页设计十分重要，好的首页设计既要全面呈现所包含的内容，又要让观众迅速、准确地找到所需信息，还要讲究视觉艺术，吸引观众进一步浏览。山西博物院、辽宁省博物馆、山东博物馆网站首页将观众最为感兴趣的“展览”“藏品”“服务”栏目排序靠前，内容设计体现了以人为本的理念。也有博物馆专门设置时政新闻、政治宣传、党建等栏目，突出了博物馆网站宣传官方意识形态的作用。还有以销售门票作为重要收入来源的博物馆如秦始皇帝陵博物院、敦煌莫高窟、观复博物馆将“购票”栏放在首页最为显眼的位置，体现了博物馆重视门票收入，但不一定是观众最关注的栏目。观众浏览网站首页，如能迅速看到需求的信息并且视觉感受良好，则会进一步点击浏览，如果看了半天找不到有用信息，且视觉呈现糟糕，则可能马上关闭网站，甚至放弃去博物馆实体参观。

线上展览传统的呈现方式是图文介绍，博物馆网站也常用此方式展示，但多数博物馆网站展示内容简单，仅有展览前言、简介等说明文字，配数张展厅、展品图片，观众能够获取的信息不多，不能全面了解展览内容。如果此栏目不能提供展览全面，或是重点信息，必然会被观众忽略而逐渐边缘化，也失去了设置此栏目的意义。越来越多的博物馆开始利用虚拟现实、增强现实、三维扫描等数字技术开设虚拟展览。虚拟展览视角宏大、内容丰富、效果逼真、互动性强，观众可自主选择参观路线和参观内容，因此受到观众所推崇。秦始皇帝陵博物馆360度全景展示丽山园、兵马俑陪葬坑，恢宏大气，细节丰富，呼之欲出。数字敦煌全景展出洞窟实景，观众可选择感兴趣洞窟360度参观，洞窟内还有塑像、壁画链接，观众点击后可以了解文物背后的故事。故宫博物院自2015年起，所办大多数展览均应用数字技术在线上虚拟展出。辽宁省博物馆设计的虚拟展览，内容丰富、展示清晰，操作方便，还有语音讲解，充分考虑观众参观感受，令人印象深刻。但也有博物馆可能采用的技术不同造成显示的效果欠佳，有图片、文字不清晰，操作困难，容易产生眩晕感等问题。

各网站“藏品”栏目均以图文介绍方式展示馆藏文物。各博物馆在选取文物数量上大有不同，有的展出数十件，多数展出数百件，也有展出万件以上甚至全部藏品。故宫博物院将馆藏1863404件藏品信息全部公开，且能查看到文物名称、图片、年代等信息；上海博物馆线上展出143014件文物，包含名称、图片、年代、类别等信息；广东省博物馆将馆藏149054件文物列表呈现，但无图片、简介，只有文物名称、类别、年代等信息。有的博物馆提供藏品的高清图片，放大后能看清细节，但有的博物馆供图像素低。故宫博物院、上海博物馆、山西博物院等8家博物馆运用数字技术三维呈现部分藏品。重庆中国三峡博物馆以固定视角360度采集文物图像信息，以视频播放形式展出；上海博物馆提供某件文物的二维码，需在移动终端打开其app后扫码才能展示，展示效果与重庆博物馆一样；故宫博物院和苏州博物馆所采用的三维数字技术展示效果最好，观众可以从任意角度看清文物细节。也有博物馆设置有文物三维展示，但点击显示错误。总的来说，多数博物馆藏品线上展示，以重点展示馆藏珍贵文物图文信息为主，以吸引观众到馆参观为目的。能够向普通观众提供三维图像展示文物细节，甚至全面公开馆藏品信息的博物馆目前还不多，故宫博物院、上海博物馆、重庆中国三峡博物馆无疑在践行知识共享方面走在了前列。

表2　部分国内博物馆网站展示展览、藏品数量统计表

单位名称	常设展览（个）	临时展览（个）	虚拟展览（个）	藏品（件）	三维展示藏品（件）	藏品数据库（件）
故宫博物院	17	241	83	1863404	337	1863404
中国国家博物馆	14	30	77	1000	0	无
首都博物馆	7	249	18	373	33	无
上海博物馆	10	143	27	143014	30	143014
重庆中国三峡博物馆	11	105	23	79390	47	79390
辽宁省博物馆	10	85	16	19	33	26192
内蒙古博物院	3	0	0	123	58	无
山东博物馆	15	111	23	152	0	无
山西博物院	12	146	19	211	40	无
陕西历史博物馆	3	90	21	108	0	1717950
秦始皇帝陵博物院	7	12	13	7	0	无
甘肃省博物馆	4	44	0	628	0	无
敦煌研究院（数字敦煌）	0	0	30	10	0	无
南京博物院	27	160	9	11890	0	11890
苏州博物馆	4	231	16	923	232	无
湖北省博物馆	10	24	6	662	0	无
湖南博物院	5	72	36	1608	0	1608
广东省博物馆	5	40	30	1028	414	149054
观复博物馆	8	2	0	826	0	无
建川博物馆	22	3	0	49	0	无

注：数据截至2023年5月10日，数据来源于各博物馆官方网站

教育是博物馆主要功能之一，各博物馆网站基本设有"教育"栏目。观众浏览此栏目目的应该是了解博物馆有什么教育活动，能学习什么知识以及如何参与其中。而博物馆网站展示的内容多是以图文介绍的形式回顾举办过的社教活动，内容简单，而且存在更新不及时的问题。也有博物馆重视此栏目设计，不仅展示的内容丰富，更新及时，而且可以线上报名即将开办的社教活动。故宫博物院教育栏目展示以往的活动多而详细。湖南省博物馆

教育栏目活动更新及时，2023年每个月都有活动在网站上展示。苏州博物馆网站活动栏下设10个子栏目，活动主题丰富、形式多样，包含针对青少年观众的社教活动、针对社会观众的文博讲座、志愿者和博物馆会员活动等，向观众提供线上报名通道，与观众形成良性互动，苏博网站教育栏目的设计运行经验可供行业内借鉴。

研究也是博物馆功能之一，各博物馆也基本设有“学术”栏目，下设学术会议、学术课题、学术成果、馆刊等子栏目。学术栏目设计的目的应有两点，一是展示博物馆科研能力，如有多少专家支持、出了多少科研成果；二是科研成果的共享，分享学术会议、课题、论文、著作等详细内容和全文。大多数博物馆网站学术栏仅能宣传其科研能力，且存在信息更新不及时的问题。也有将此栏目经营得十分成功的案例，故宫博物院网站“学术”栏目下设6个子栏目，不仅展示了其强大的科研能力、丰富的科研活动，更是向观众共享了会议、讲座、论文、著作、馆刊等全文内容，可在线阅览、下载，真正做到了其宣称的“搭建开放式高端学术平台”“践行博物馆公众教育和社会服务使命”目标。

越来越多的博物馆网站设有“文创”栏目，观众点击后可欣赏和购买心仪的文创产品。在故宫博物院、中国国家博物馆、上海博物馆等网站上点击此栏目后，跳转至天猫、淘宝、京东等电商平台页面，有的能直接浏览博物馆官方旗舰店内的文创产品，有的则需要登录后才能浏览商品。在网店内，观众既可以欣赏相关文创产品的高清图片，也可查阅该产品的设计来源和文化底蕴，遇到心仪商品可直接下单购买。故宫博物院、苏州博物馆、观复博物馆等网店内展示了数百件设计精美、创意独特的文创产品，销售量也十分可观。也有少数博物馆网站仅站内展示少量文创产品的图片而无其他信息，满足不了观众欣赏和购买的需求。

二、博物馆微信公众号展示内容及评析

本文所选择的20家博物馆都开设有微信公众号，会不定期向观众推送博物馆新闻、活动等各种资讯。公众号首页也有栏目设置，但由于受限于移动终端屏幕尺寸，一般设置三个栏目，每个栏目下设有若干子栏目。各博物馆公众号展示的内容各有侧重，不如博物馆网站展示的内容全面，但基本提供观众服务和展览信息。

从使用习惯来看，观众通常会使用智能手机在参观实体博物馆之前关注其公众号，获取便于参观的信息，因此博物馆公众号具有解决观众疑问和满足观众需求的工具化属性。观众在参观前和参观中遇到疑问和产生某种需求，会即时通过公众号寻求答案，因此公众号与观众的沟通又具有实时性。博物馆公众号内容设计应该精确把握观众的需求，能实时地答复观众疑问。从表3统计结果来看，国内博物馆公众号基本满足观众预约购票和了解展览的需求，但观众非常关注的藏品信息，只有7个博物馆公众号有展示。值得称赞的是重庆中国三峡博物馆、辽宁省博物馆、甘肃省博物馆、湖南博物院、苏州博物馆5个公众号提供展览语音讲解，特别是重庆中国三峡博物馆，提供语音、VR真人、视频、手语四种形式讲解，十分人性化，使其公众号成为实用的导览工具。另外上海博物馆、秦始皇帝陵博物院、苏

州博物馆在关注其公众号后呈现的欢迎页面中列出观众可能需要的导览信息，观众只要回复相应数字便能获取相关信息，做到了想观众之所想，实时答复观众疑问。也有少数博物馆公众号提供的信息十分有限，需要进一步人性化设计。

表3 国内部分博物馆微信公众号展示内容统计表

单位名称	约展购票	展览	藏品赏析	语音讲解	社教活动	学术信息	文创
故宫博物院	√	√	√				√
中国国家博物馆	√	√				√	√
首都博物馆	√	√	√		√		√
上海博物馆	√	√			√		√
重庆中国三峡博物馆	√	√		√			√
辽宁省博物馆	√	√		√			
内蒙古博物院	√						
山东博物馆	√	√	√			√	
山西博物院	√	√			√		√
陕西历史博物馆	√	√	√				√
秦始皇帝陵博物院	√	√			√		√
甘肃省博物馆	√	√	√	√			
敦煌研究院（敦煌莫高窟）	√	√	√		√		√
南京博物院	√	√			√		
苏州博物馆	√	√	√	√			√
湖北省博物馆	√	√			√		√
湖南博物院	√	√		√	√		
广东省博物馆	√						
观复博物馆	√	√					√
建川博物馆							

注：“√”表示有此类信息展示

三、博物馆微博展示内容及效果评析

本文研究对象中有18家单位开通了官方微博。各博物馆在微博主页中基本设置有“精选”“微博”“视频”“相册”“文章”等五个栏目。“精选”栏目展示以往关注度高的热门信息。“微博”栏是展示信息的主要窗口，博物馆每日或不定时发布各种信息，包含展览预告、藏品赏析、社教活动、资讯等，微博用户对发布的信息可转发、评价和点赞。“视频”栏有展览介绍、藏品赏析、社教活动、讲座等内容。“相册”栏展示部分藏品、举办活动及观众参观的图片。“文章”栏则展示部分微博曾经发布过的重点内容。博物馆微博塑造了一个生动活泼而又不失内涵的官方形象，以轻松诙谐的口吻向观众漫谈博物馆各种故事，拉近博物馆与观众之间的距离，对于培育博物馆忠实观众、博物馆会员和志愿者有积极意义。相对于开放性的官方网站和应用广泛的微信公众号，博物馆微博受众范围小了很多，只有3家博物馆粉丝数超过百万级别。各博物馆微博近期发布的内容粉丝评论和点赞数都较低，除了故宫博物院每条微博下有数十评论和数百点赞外，其他仅有数条评论和点赞或没有相关数据。博物馆微博想吸引更多粉丝关注、扩大影响力，还需在栏目设计以及宣传上下功夫。

表4 部分国内博物馆微博运营数据统计表

单位名称	微博数量（条）	粉丝数量（万个）	转评赞数量（万次）
故宫博物院	12936	1029.3	3193.5
中国国家博物馆	20961	515.5	298.3
首都博物馆	8563	53.7	21.4
上海博物馆	2202	95.8	14.5
重庆中国三峡博物馆	9062	28.2	18
辽宁省博物馆	2664	6	4.4
山东博物馆	4598	51.2	31.8
山西博物院	10346	38.9	37.8
陕西历史博物馆	9725	127.2	43.9
秦始皇帝陵博物院	2124	85.5	16.7
甘肃省博物馆	13100	35.8	43.2
敦煌研究院	1213	19.7	11.5
苏州博物馆	16393	54.7	60.2
湖北省博物馆	3562	39.3	17.6
湖南博物院	7175	52.6	32.8
广东省博物馆	9509	65.9	39.8
观复博物馆	5042	39.5	31.4
建川博物馆	26282	46.7	68.8

注：数据截至2023年5月10日，数据来源于各博物馆官方认证微博

四、抖音号展示内容及效果评析

抖音是一款2016年上线的音乐创意短视频社交软件，一经推出便得到网民推崇，现已成为国内最具影响力之一的新媒体。为了增加博物馆宣传力度，拓展博物馆与观众交流渠道，至2023年4月底，本文研究对象中有18家单位入驻抖音平台，发布博物馆相关短视频内容。从各博物馆抖音发布的作品内容来看，主要包括信息发布，如展览、活动预告、博物馆资讯等；藏品赏析，讲述文物故事；知识课堂，教授各种文博知识；记录场景，展示博物馆场景、各种活动实况等等。故宫博物院抖音号开设时间不算早，但发布的作品多达577个，月均发布15个，其发布的内容主要是文物赏析和文博知识课堂，故宫本来就是一块金字招牌，吸引了多达152.2万粉丝，点赞数超过630万。上海博物馆抖音号开设较晚，但数月时间内发布了136个视频作品，月均超过22个，视频内容主要是分享文物故事和文博知识，已迅速吸引了5.7万粉丝，获得了10.9万次点赞。观复博物馆三年多时间内发布286个作品，月均8个，主要内容是藏品赏析和创始人马未都讲述收藏故事，吸引了65.9万粉丝，获得13.7万次点赞。马未都是文博界名人，其个人抖音号拥有粉丝1030万，其讲述收藏故事的视频无疑为观复博物馆抖音号吸引了更多的关注。以上三个案例表明：1.博物馆抖音号作品创作应围绕博物馆独有资源，即文物、文博知识展开，这也是观众对博物馆最感兴趣的地方；2.应提高发布作品的频次，作品发布得多，用户刷到该视频的概率就大，从而收获的粉丝就更多；3.利用明星效应物制作视频，能迅速吸引观众，宣传效果事半功倍。总的来说，和抖音网红账号动辄千万级别粉丝数量相比，博物馆账号吸引的粉丝数量整体偏少，博物馆本身专业、严谨的属性就与流行、轰动、猎奇等网

红元素相隔很远，因此博物馆抖音号应持续深耕其专业的领域，为观众特别是青少年用户打造学习知识的殿堂。

表5 部分国内博物馆抖音账号运营数据统计表

单位名称	创设时间	作品数（个）	月均作品（个）	粉丝数（万人）	点赞数（万次）
故宫博物院	2020年3月	577	15.2	152.2	630
中国国家博物馆	2018年5月	386	6.4	101.7	217.6
首都博物馆	2019年1月	78	1.5	8.8	7.8
上海博物馆	2022年12月	136	22.7	5.7	10.9
辽宁省博物馆	2020年2月	123	3.2	2.2	5.5
内蒙古博物院	2018年5月	43	0.7	0.6	0.7
山东博物馆	2019年5月	334	7	5.9	24.3
山西博物院	2018年5月	146	2.4	9.3	46.7
陕西历史博物馆	2018年4月	182	3	12.6	33
秦始皇帝陵博物院	2020年11月	145	4.7	1.2	2.4
甘肃省博物馆	2018年5月	151	2.5	8	58.9
敦煌研究院	2019年5月	345	7	19.1	66.2
南京博物院	2018年5月	26	0.4	6.9	19.9
湖北省博物馆	2022年8月	48	4.8	0.2	0.1
湖南博物院	2018年4月	138	2.3	9.9	47.8
广东省博物馆	2018年5月	156	2.6	4	3.2
观复博物馆	2020年8月	286	8.4	65.9	13.7
建川博物馆聚落	2020年1月	559	13.6	1.4	8.7

注：数据截至2023年5月10日，数据来源于各博物馆官方抖音账号

五、小程序展示内容及评析

当前博物馆小程序的开发利用分为两种形式：一是微信小程序，从微信搜索相应博物馆或扫码进入应用程序；另一种是可下载到移动终端，有图标显示的独立应用程序。本文研究对象中16家单位开发有微信小程序，而故宫博物院、国家博物馆等5家单位开发了独立小程序。博物馆微信小程序展示的内容各有不同，故宫博物院、国家博物馆、山东博物馆等5家单位微信小程序内容与博物馆网站内容大致相同，全面提供博物馆相关各种信息；重庆中国三峡博物馆、陕西历史博物馆、甘肃省博物馆等7家单位则只展示票务预约信息；辽宁省博物馆、山西博物院、湖北省博物馆等6家单位展示导览服务内容。由此可知，各博物馆微信小程序的内容架构并没有形成一致，而且小程序提供的内容与微信公众号内容多有重复，因此将博物馆微信小程序内容并入到公众号里应是可行建议，一来可补充公众号展示内容和简化用户操作，二来避免重复建设，节约有限资源。至于独立应用程序，涉及此领域的博物馆还不多，总体上展示的内容也不够丰富，用户评分总体上也不高。有学者认为独立小程序开发维护成本高、受众少，对于中小博物馆没有太大价值。独立小程序有其应用前景，并有成功案例，故宫博物院开发了“每日故宫”“故宫展览”“故宫云课”等多个独立小程序，针对不同用户有的放矢，均获得用户4分以上(5分为满分)的好评。

表6　部分国内博物馆小程序展示内容统计表

单位名称	微信小程序			独立小程序		
	全面信息	票务预约	导览服务	展览	藏品	教育
故宫博物院	√			√	√	√
中国国家博物馆	√			√	√	√
首都博物馆				√	√	
上海博物馆					√	
重庆中国三峡博物馆		√				
辽宁省博物馆			√			
山东博物馆	√					
山西博物院			√			
陕西历史博物馆		√				
秦始皇帝陵博物院		√	√			
甘肃省博物馆		√				
敦煌研究院(敦煌莫高窟)		√				
南京博物院		√				
苏州博物馆		√				
湖北省博物馆			√			
湖南博物院	√					
广东省博物馆	√		√			
观复博物馆			√		√	√

注："√"表示有此内容展示

六、结语

博物馆积极拓展线上展示形式，合理设置展示内容，对博物馆扩大知名度和影响力，提升公众对博物馆事业的关注度和参与度，具有重要的意义。博物馆应围绕自身核心资源创作展示内容，坚定不移地秉持"内容为王"的理念。故宫博物院新媒体展示实践可作为国内博物馆线上展示的成功范例。博物馆工作者应进一步丰富线上展示内容，提高栏目质量，增强与观众的互动，用公众喜闻乐见的新媒体形式教授文博知识，传播历史文化，让博物馆成为公众终身学习的课堂。

参考文献：

[1] 许冰彬.新媒体时代博物馆的线上展示与公共服务[C].北京联合大学.博物馆的数字化之路.北京：电子工业出版社，2015:258-261.

[2] 吴英琦.数字技术背景下遗址博物馆品牌传播策略研究——以金沙遗址博物馆为例[D].电子科技大学，2018.

[3] 冯乃恩.数字故宫未来之路的思考[J].故宫博物院院刊，2018(2):127.

[4] 胡雯彧.基于AR技术的文化遗产数字化展示设计研究——以山东博物馆为例[D].山东大学机械工程学院，2020.

[5] 王晓丽.数字化展示在博物馆的应用和研究——以山西博物院为例[J].文物鉴定和鉴赏，2020(11):113.

[6] 周继洋.上海博物馆数字化发展的问题与对策[J].科学发展，2021(1):68-69.

[7] 周燕.新媒体在博物馆中的应用探析——以辽宁省博物馆为例[D].辽宁大学，2022.

[8] 邓志强.中小型博物馆数字化展示平台建设研究[J].通信与信息技术，2022(4):71.

[9] 叶之声.博物馆线上虚拟展示的传播应用研究[J].文物天地，2023(3):61-62.

[10] 张暄.博物馆新媒体传播矩阵建设的难点与优化路径[J].视听界，2023(2):68-70.

浅论博物馆运行评估工作的思考与启发

张艳平　辛亥革命博物院

摘　要：博物馆运行评估是对博物馆的运行状况进行定期的跟踪评估，通过运行评估，总结博物馆运行经验，发现博物馆运行过程中出现的问题，为博物馆发展指明方向。本文以辛亥革命博物院为例，主要通过对2019—2021年此轮博物馆运行评估工作实践中的观察，分析探究博物馆运行评估对博物馆日常工作的启发和思考，以期为推动博物馆事业发展贡献绵薄之力，为下一轮博物馆运行评估提供些许经验。

关键词：博物馆；运行评估；指标

"开展博物馆评估、实现对博物馆的分级管理，是引导博物馆明确定位方向、提升办馆水平的重要方法，是促进博物馆行业健康发展的重要手段，是国家博物馆管理体系的重要基石。"博物馆评估分为两种，一是博物馆定级评估，一是博物馆运行评估。根据中国博物馆协会《关于开展2019—2021年度博物馆运行评估工作的通知》中"凡在2018年12月31日前取得并保持国家一、二、三级博物馆质量等级的博物馆均应参加本次运行评估工作"要求，辛亥革命博物院参加了本次博物馆运行评估。

辛亥革命博物院于2022年3月由原辛亥革命武昌起义纪念馆和原辛亥革命博物馆整合而成。原辛亥革命武昌起义纪念馆为2017年评定的国家一级博物馆，原辛亥革命博物馆为2020年评定的国家二级博物馆。根据中国博物馆协会《关于开展2019—2021年度博物馆运行评估工作的通知》"因机构改革出现合并重组等情形的一、二、三级博物馆，合并重组前等级不一致的，按照合并重组后新的机构名称和原先较高的等级参加本次运行评估"，辛亥革命博物院对照国家一级博物馆的标准参与本次博物馆运行评估。

一、博物馆运行评估前期准备

制定工作方案。为顺利开展本轮博物馆运行评估工作，辛亥革命博物院制定了《辛亥革命博物院2019—2021年度博物馆运行评估工作方案》，成立工作领导小组，组建工作专班，根据运行评估指标体系"指标名称或考察要点"进行详细分工，具体到部门。

强化培训。2022年2月，中国博物馆协会举办了"2019—2021年度博物馆运行评估培训班"，培训班课程以在线形式陆续在中国博物馆协会网站上推出。全部课程包括七个可回放视频课程和一个直播课答疑交流，课程围绕博物馆运行评估制度综述与工作安排、"规范管理"部分指标解读、"服务产出"部分指标解读、"社会评价"部分指标解读、评估文件准备与填报要求、评估试点经验交流和评估系统使用方面对本次博物馆运行评估做了详细解读和说明。

辛亥革命博物院博物馆运行评估工作小

组要求所有参与本次运行评估工作的职工认真观看博物馆运行评估培训课程，特别是自己所负责的板块，更要熟悉指标和权重，按照要求逐一整理资料。

收集整理资料。“工欲善其事，必先利其器。”为顺利完成线上系统填报，辛亥革命博物院要求系统填报工作人员对系统内的结构、附件要求和具体操作非常熟悉。因而，负责系统填报的工作人员率先试用并熟练掌握系统，以便于系统填报为基本原则，对收集资料规范提出了具体要求。博物馆运行评估系统每个附件具有编号，且相同编号的附件最多只能上传5个附件，附件格式可以为word，pdf或jpg。因此辛亥革命博物院要求参与本次博物馆运行评估的工作人员在收集资料的时候，须将附件按照申报书相对应的顺序编排附件序号，相同序号的附件放在同一个文件夹里，待本部门所有资料收集齐全之后打包或压缩报送至系统填报人员，如此，一则方便检查是否有附件遗漏，一则便于对号入座式上传附件，提高效率，避免错误。

填写申报书——准备证明材料即附件，附件按相应序号排列，同一个序号的附件可以有多个。

二、博物馆运行评估中资料审核

资料审核是博物馆运行评估工作的重要环节，通过审核尽量减少避免所提供的资料出现错误。资料审核主要涉及三个方面，数据的二次核实、文字的错误和语言表达的流畅。

数据的二次核实。自2020年疫情以来，为使更多观众足不出户便可参观展览，博物馆纷纷开始进行线上直播讲解与社教活动，吸引了数以万计网友的关注和浏览。2020年辛亥革命博物院开展直播讲解服务观众累计达1812.83万人次。这一数据远超博物馆运行评估对国家一级博物馆的基本要求。为确保数据无误，辛亥革命博物院负责系统填报的工作人员对该数据进行二次核实，要求相关部门提供数据的证明材料，例如直播讲解时观众人次截图、浏览量截图等，并对所有数据进行校验。再如，申报书第三部分“社会评价”“观众反馈”“观众结构”中有个数据要求填报2019年“受控参观人数”，直接负责该数据填报的部门填的是全年实际参观人数，而经审核人员向中国博物馆协会相关工作人员咨询后，这一数据应当以“0”填报，因2019年未发生疫情，不存在受控参观观众。

文字和语言表达的校对。博物馆运行评估工作涉及方面繁杂，所需填报资料多，几乎触及博物馆各个领域，参与博物馆运行评估工作的人员也多，能力参差不齐，语言表达习惯与方式各不相同，出现文字错误和表达不通畅之处在所难免。又因两馆合并，根据个人习惯，存在对单位的简称不统一的问题，有些人惯用“纪念馆”，有些人用“博物馆”，有些人则习惯用“北区”“南区”分别代表原辛亥革命武昌起义纪念馆和原辛亥革命博物馆。及时修改文字错误、畅通语言、统一单位简称是资料审核的重要工作之一。经过多人、多次对三年的申报书进行校对、审核和修改，申报书更加准确和严谨，出现错误的概率大大降低。

三、博物馆运行评估中系统填报

中国博物馆协会定期进行博物馆运行评估。此前的博物馆定级评估与运行评估，均通过报送纸质版申报材料完成，而本次运行评估则不同，第一次采用网络系统填报和报送纸质申报材料相结合的形式。因而对博物馆运行评估系统的操作与使用显得尤为重要。如若不熟悉系统，则很大程度上会影响博物馆运行评估工作的顺利推进。

辛亥革命博物院系统填报人员先在中国博物馆协会网站下载电子申报书，博物馆运行评估工作人员在申报书里填写，经多次审核后，由系统填报人员统一在网上系统逐一对照表格填报资料和上传附件。系统填报的过程中需注意，每年度每个二级指标填完后点击完成提交，待全部一级指标和2019年-2021年投入产出绩效表均完成填报且提交后，还要进行最终提交，方完全完成系统填报。因中国博物馆协会同时要求提交纸质申报书，故系统填报完成后，要导出三个年度的申报书。由于系统问题，导出的申报书格式错乱，字体、字号和行距前后不一，段落分层存在不同程度的混乱，为确保所提交的申报书形式和内容完善和美观，必须对申报书进行格式和板式调整，否则直接打印系统导出来的申报书，格式将"惨不忍睹"。因而在填写申报书的过程中，特别需要注意预留足够的时间，在完成系统填报后，对导出的电子申报书进行格式修改，然后才能印制成册，上交给中国博物馆协会。

在系统填报的过程中，还有两点需要注意，一是尽量尽早将资料上传系统，鉴于系统本身不成熟，一旦同时使用人员过多则会出现卡顿现象，上传附件比较慢，甚至会出现保存失败，需要多次重复上传的情况，因此尽量安排好时间，不要在系统非常拥挤时上传附件；二是可以选择非工作时间填报和上传附件，避开系统使用高峰，节省时间，提高效率。

四、博物馆运行评估对日常工作的启发和思考

从宏观角度来看，国家一级博物馆运行评估主要从以下三个方面：一是促进和推动国家一级博物馆的建设与发展，通过运行评估加强对国家一级博物馆的监督和引导，总结博物馆运行经验，发现博物馆运行过程中出现的问题，指明博物馆发展方向；二是进一步明确国家一级博物馆的定位与发展思路，一级博物馆运行评估的相关研究和评估实践活动，加深对国家一级博物馆在博物馆行业发展和社会经济文化发展中重要作用的认识，进一步明确国家一级博物馆的定位，开阔今后博物馆建设与发展思路；三是完善博物馆分级分类管理体系和评价体系，为博物馆评价体系的建设积累经验，提供决策依据。从微观角度来看，博物馆运行评估对博物馆日常管理和博物馆事业发展具有重要指导意义和启发作用。

（一）提供更丰富管理方法和手段

在党的十八届三中全会上，明确要深层次确定不同文化事业单位的功能，主动构建与推行法人治理机制，激励与促进博物馆等机构建立理事会，让文博专业人才、社会公众等积极参与到博物馆管理过程中。博物馆运行评估将理事会制度纳入到考评体系之中，对博物馆理事会制度的建立具有积极推动作用，博物馆的理事会一定程度上也会给博物馆的事业发展提供更科学、更全面的指导性意见和建议。原辛亥革命武昌起义纪念馆于2019年开始落实博物馆理事会制度，成立辛亥革命武昌起义纪念馆理事会，聘请高校专家、文博专家、辛亥后裔等为理事会理事，定期召开理事会，对纪念馆的上一年工作总结和下一年工作计划

进行审议和规划。理事会理事高度认真负责，对纪念馆的发展提出诸多宝贵意见，例如学术研究方面加强与高校的合作、社会教育方面开展更丰富实践研学活动、扩大首义文化旅游区的影响力和知名度等。2022年，湖北省委决定合并原辛亥革命武昌起义纪念馆和原辛亥革命博物馆，组建辛亥革命博物院，一定程度上也印证了原辛亥革命武昌起义纪念馆理事会对扩大首义文化旅游区倡议的预见性和前瞻性。

（二）提升业务工作规范化和标准化程度

近些年，每逢节假日，市民和游客纷纷涌入博物馆参观展览，文博事业发展欣欣向荣。但仍然存在博物馆重行政管理、轻业务发展的现象。博物馆运行评估，对展览展示、社会教育、藏品征集与保管、学术研究、公共服务等诸多方面制订有具体目标和要求，规定了每个级别的博物馆每年度内应完成的业务内容，例如举办临时的数量、参观人数、社会教育活动场次等。因此，博物馆运行评估有助于提升博物馆业务工作的规范化和标准化程度，不仅如此，还可以有效引领、带动广大博物馆提升以展示教育、开放服务为核心的发展质量，为人民群众提供更丰富精神文化产品，更好满足人民日益增长的美好生活需要。

（三）强化日常工作资料的收集与整理

如前文所述，博物馆运行评估涉及博物馆的方方面面，所要收集和整理的资料也比较冗杂，如果博物馆平时不注意日常工作资料的整理归档，在进行博物馆运行评估之时，工作量必然会陡然增加。自2017年起，原辛亥革命武昌起义纪念馆开始编制工作年鉴，根据主要工作内容，从藏品管理、陈列展览、学术研究、社会教育、开放管理、行政管理、安全保卫、党建工作、人事财务工作、宣传报道、交流合作、荣誉集锦和大事记等方面，对全年工作进行梳理总结，集册印刷，同时保存好电子文稿和相关工作照片。工作年鉴的编制对此次博物馆运行评估工作起到重要作用。博物馆运行评估共有三级指标，这些三级指标的具体内容可以在工作年鉴相应板块找到，例如三级指标“1.2.1 藏品征集”可以在辛亥革命博物院工作年鉴“藏品管理”部分找到当年度的工作情况，三级指标“1.4.1 意识形态”可以在辛亥革命博物院工作年鉴“党建工作”部分找到当年度的工作情况等。然而，原辛亥革命博物馆并未曾编制过工作年鉴，过去几年工作资料相对零散，缺乏系统性。加之两馆合并，部门调整，人员岗位变动，收集资料的难度和工作量大大增加。如若编制过工作年鉴，这些问题则会迎刃而解。此次博物馆运行评估的顺利完成，也让辛亥革命博物院更加重视工作年鉴的编制，既有助于今后博物馆运行评估，也是档案资料的必然要求。

五、结语

2023年5月，中国博物馆协会公布了第六次博物馆运行评估(2019—2021年度）一级博物馆评估结果。在参与本轮一级博物馆评估的127家博物馆中，仅有13家博物馆被评为“优秀”，113家评估结果为“合格”，1家博物馆评估结果为“基本合格”。辛亥革命博物院以“合格”顺利通过本轮一级博物馆评估。从宏观上看，博物馆运行评估是以评促建、以评促改过程中不可或缺的重要环节，有助于促进博物馆强化内部管理和提升社会形象。对基层文博单位而言，博物馆运行评估既是国家文物主管部门对基层文博单位的考核，也是对博物馆对自身运行情况的“回头看”和反思。对过往三年的博物馆发展情况进行全面的梳理和回顾，贯穿整个博物馆运行评估工作。通过此轮博物馆运行评估，发现本馆在文博事业发展中的弱项和短板，对博物馆制定新阶段发展规划具有一定的参考价值和指导意义，强化优势、补齐短板，更加充分地发挥博物馆公共文化服务的职能。

参考文献：

[1] 中国博物馆协会.博物馆评估工作指南[M].江苏凤凰文艺出版社，2023.

[2] 曹兵武.博物馆评估与博物馆管理[J].博物馆管理，2020(1).

[3] 李晨、耿坤、顾婷.中国博物馆评估工作回眸:2008—2021[J].中国博物馆，2021(1).

文化叙事下博物馆与城市可持续发展

李梦圆　武汉革命博物馆

摘　要：城市可持续发展离不开文化可持续发展，文化叙事下博物馆与城市产生了深刻的“互构”性，这是从“局部”到“系统”的互构，是从“加和”到“涌现”的互构。作为文化资产的博物馆，对于城市文化的历史建构、城市记忆的汇聚延续以及城市形象的文化塑造都有重要意义。在城市文化可持续发展的路上，我们还要继续进行文化思考，如何进一步释放、延续和提升博物馆的文化价值，为城市可持续发展贡献文化力量。

关键词：文化叙事；博物馆；城市；可持续发展

一、博物馆城市文化性与城市空间博物馆性

罗兰德·阿宾说：“没有哪一所博物馆是一座孤岛，博物馆是‘文化系统’的组成部分”。就城市文化来说，城市是人类历史文化的“亲历者”，而博物馆则是人类历史的“存储器”，我们不妨认为博物馆具有深刻的城市文化性，而城市中众多的博物馆使得城市具有了空间博物馆性，这二者并不是简单的并置关系，从其概念底层结构之间可以发现已被交织的共同性与相互影响的价值性，而这正是关乎人类历史文明的保存、传播等核心问题，在文化叙事下，博物馆对城市可持续发展意义重大。

（一）视野转变：从局部到系统

“局部”与“系统”不是一种客观结果与思维对象，而是对待一个问题的视野角度。从局部与系统的关系来看，博物馆仿佛被归为“局部”，而城市被归为“系统”，但从文化属性的视野来看，博物馆的文化属性须放置于整个城市的文化系统中才能看得清，而城市的文化属性在很大程度上也须通过博物馆所承载的历史文化来体现。因此，博物馆与城市的关系，不能仅仅放在局部与系统的层面上去探讨，二者应都从系统的角度去理解自身，明确博物馆的城市文化性与城市空间的博物馆性，进而达到更高级系统的审视。在传统的思考中，还原论式思维是占主流的，即把城市文化分解到最小部分，认为剖析清楚组成部分便可明晰整体概况，但这却背离了城市文化的本质。城市与博物馆其实都不是“预设”存在的，而是处于发展演进的变化之中，只有用系统整体的思维来看待博物馆属性与城市文化属性之间的关联，才能在非线性文化观下树立城市可持续发展的文化视野。

（二）生成转变：从“加和”到“涌现”

作为系统结果有两种生成方式，即“加和”与“涌现”，“加和”本是化学名词，指化学电子的加和，或是代表代数相加的性质，比如两个相邻的行政区域合并为一个区域，该区域内会出现人口增加、面积扩大等，这是加和的效果，可以说是一种稳定的叠加结果。若认为博

物馆与城市是两个代数，将博物馆看作是几栋建筑，将城市看作是容纳各类建筑的大尺度空间，其结果就是简单的加和。但从城市文化内涵来看，二者涉及更深层次与更广泛的面向，应拨开表面枝叶，重新探查二者丰富的地下脉络根系，对于一座城市历史文化的可持续发展而言，博物馆绝不仅是简单的建筑，这可以理解为一种系统“涌现”的结果。涌现的概念出自约翰·霍兰(John Holland)的著作《涌现·从混沌到有序》一书，约翰·霍兰将涌现看作一种具有耦合性的前后关联的相互作用，整个系统的行为不能通过对系统的各个部分进行简单的求和得到。我们日常生活中有很多复杂的系统，其整体的行为要比各部分的行动复杂得多，系统科学将这种整体才具有、孤立部分及其综合不具有的性质称为“整体涌现性”，城市文明文化就是这种“整体涌现性”下系统的结果，博物馆所蕴含的历史文化因子与城市整体文明文化的发展是一种涌现的结果，也因此更彰显城市文化的丰富多彩。

（三）文化叙事：博物馆与城市文化“互构”

我们可以将一座城市看作一个可阐释历史、讲述故事的叙事体系，这些叙事内容的传播与展示，会对城市文化形成一种故事性的阅读与解读，从而构建起市民群众对于城市文化的内容识别与身份认同，我们可以将其视为城市的文化叙事。城市文化叙事不是空中楼阁，而是需要有丰富的叙事文本作为支撑，显性的或隐藏的叙事文本通过有效发掘，可形成城市文化传播的生力军，这包括城市的特征属性、城市发生的事件、城市的民风民俗、城市中的人物传记等，其中城市的特征属性既有人文因素的有意规划，也有自然环境下城市自组织式的发展，比如武汉正在建设新时代英雄城市，是历史文化和现实主动性的双向勾连。城市发生的事件经过文化的记录与民间传播，也成为城市独有的文化印记。这些叙事文本也需要有具备叙事属性的空间场所来承载，博物馆就是这样一个既具备历史性，也具备现实性的空间，它可以展示城市中的重要记忆与事件，通过对叙事文本的发掘与梳理，形成城市特有的文化，博物馆在城市文化叙事中扮演着重要的角色，可以说在一定程度上形成了与城市文化的“互构”。

二、城市可持续发展：作为“文化资产”的博物馆

从某种层面来说，城市文化是资源积累的结果，城市文化的可持续发展就需要依靠资源的保存与继续创新，博物馆可以说是城市中的文化资产，是大量资源的承载者，拥有源源不断的历史文化也是博物馆的发展的基础，如前所述，博物馆的城市文化性和城市空间博物馆性是非线性的系统化思维，对于城市文化可持续发展来说，博物馆扮演着重要的角色。

（一）城市文化的历史建构

城市文化不是在短时间内形成的，而是经过长时间的历史建构与自我发展而沉淀下来的，博物馆作为一个以收集、展示、研究、阐释历史文化为特征的综合机构，是城市重要的文化资产，这种资产性对于城市文化的历史建构体现在三个方面。一是对于城市文化遗产的高度汇集。比如城市历史文明中产生的诗歌、绘画、文学文艺作品等，还有生活习俗、地域特色、城市精神等非物质文化遗产，博物馆虽然是人为设立的文化设施，且带有为城市文化服务的明确目的，但也是城市物质与非物质文化遗产保存与传播最为重要的机构。二是城

市历史场景的重现。城市的文化是可叙事与可参观的，即对城市历史中的事件进行挖掘，强调通过设计的可能，有意识地将历史空间与现实空间融合，将一定的空间转变为可讲述城市自身故事的场所，博物馆则是其中重要的叙事空间场所，游客群众可以在近乎真实的场景中感受历史的风云变幻，了解城市的历史与内涵。三是城市多元文化的塑造。城市中往往具有多种类型的博物馆，比如历史类、艺术类、军事类等，不同主题的博物馆使得城市文化具有明晰的内容建构，也塑造了多元化的城市文化结果。

（二）城市记忆的汇聚延续

城市文化是随着时间进程不断发展的，随着历史的前进，城市文化尤其是具有代表性的一部分就会以文物、文字、音乐、建筑等保存下来，这是存在于城市和生活中的关键文化结果，作为“文化资产”的博物馆是它们保存的首选，通过人为的筛选与判断，城市文化在物质延续的基础上得到了记忆的延续。城市记忆的延续是城市得以体现其历史状态与文化的基础，城市的历史性特征，也正是由这些文化记忆所构建，特别是其中的建筑与文化遗迹，则是城市性格与城市底蕴的构成基础，是一座城市形成、发展与演进的轨迹。如前所述，博物馆是基于城市特点人为建设的文化设施，人为的主动性决定了城市记忆的“延续”不只是从一而终式的保存，应是“更上一层楼”传播创新式的延续，博物馆能准确捕捉城市的时代性、人民群众文化需求的多样性等现实因素，结合城市内涵，通过多样化的形式来进一步延续与发展城市记忆。当然，城市记忆在城市中持久存续，也离不开个体与城市的历史记忆交织，只有众多个体记忆形成汇聚，才能建构起一座城市的记忆，而博物馆在汇聚个体记忆的过程中也发挥了重要作用。

（三）城市形象的文化塑造

从现实来看，一座城市形象的塑造来自城市自身当下形象的发展与创造，因为城市的形象是动态变化的，市民群众在自己的城市中所进行的一切文明活动都在潜移默化地塑造一座城市的形象，城市中新出现的地标、建筑、空间艺术品等都是城市形象塑造的重要因素。比如提到武汉，大众就会将其与“英雄的城市”相连接，习近平总书记盛赞武汉是英雄的城市，武汉人民是英雄的人民，这正是武汉市民的文明行动使然。但从历时态来看，一座城市形象的塑造更是存在于历史之中的，对于此时，现实是现实，但对于未来，现实就是历史。特别是对于有着悠久历史的城市来说，其形象的确立往往来自历史文化，或反映历史文化的街道建筑等，博物馆便是汇聚延续文化遗产、以历史文化塑造城市形象的重要场所。武汉作为“英雄的城市”并不仅仅是因为突如其来的疫情，其在历史上本就包含了丰富的红色文化，辛亥首义第一枪在这里打响、具有关键历史转折点意义的“八七会议”“中共五大”也在这里召开，“英雄”的内涵一直在持续，当下还将继续发展，博物馆也会在建设新时代英雄城市的过程中继续发挥作用。

三、“互构”下城市可持续发展的文化思考

随着人民美好生活需要的日益丰富，人们的精神需求在物质需求得到满足的情况下开始占据重要地位，城市作为人们生活的空间实体，其文化的可持续发展直接影响到群众精神需要的满足程度。一座城市原有历史与文脉

的保护是其可持续发展的重要文化向度，如前所述，博物馆作为城市重要的文化机构，与城市文化的发展与创新产生了“互构”机制，城市文化的可持续发展不妨进一步思考城市博物馆自身可持续发展的路径，以在如今这样一个群体多元、个人主义盛行的“祛魅”世界保持主流价值观的正确导向，进一步培育民族精神，助力党和国家战略部署。

（一）价值释放：精神内核上的共鸣

博物馆最基本的资源就是“物”，首先是要有“物”可展，一方面要保护好文物，积极利用现代科技手段对文物展厅等进行防盗、防潮、防火保护，安装各项指标监测仪器，时时关注展厅内环境的变化，根据变化适当控制人流，把握参观时间，必要时可制订多套人流量增多时的应急预案。同时要对材质脆弱的文物及时进行保养与修复，增加对现当代文物的关注度，通过征集文物的方式充实其种类。当然，博物馆所蕴含的文化底蕴要作用到人身上，使人达到精神内核上的共鸣，其价值才算得到真正的释放，这就需要在展览陈列上下功夫。在信息时代背景下，人们主动参与、主动发现与主动探索的欲望更加强烈，越来越趋向于群体的“文化交往”，博物馆陈列展览也需要在充分挖掘历史文物内涵的基础上变得生动起来。比如美国克利夫兰艺术博物馆，其知名度并不来源于收藏的展品，而是他们开发的一系列数字化展示及服务，其场馆内的"Gallery One"数字展厅内设置了多种形式的交互装置，艺术墙高清图片的动态呈现配合连接装置随时将图片传输至用户的iPad，其推出的ARTLENS App可以让参观者在博物馆里制定个人的游览路线，随时扫描艺术作品等。信息化的展品不仅迎合了当下时代的发展趋势和受众的喜好，更重要的是能释放文物本身的价值内涵，让受众在愉悦的状态下产生共鸣，乘兴而来尽兴而归，不负所望。

（二）价值延续：文化传播中的大课堂

在城市文化可持续发展过程中，博物馆传播历史和弘扬文化的使命必须“一以贯之”，通过研究和展示，积极践行其大教育大文化的社会职能，做好文化传播中的大课堂，在释放文化价值的基础上实现教育价值的延续。一是要用活馆藏资源和人才队伍，加强主题活动策划，构建社会教育基地。在当前教育多元化的趋势下，青少年获取知识的渠道也变得越来越丰富，博物馆作为学校教育的第二课堂，应该充分发挥文化资源优势，当好这场课堂的组织者和引导者。比如武汉革命博物馆从去年就一直在打造“我在红巷讲党史”红色文化志愿服务队伍，其中就包括很多青少年群体、大学生志愿者群体等，讲演结合且融入音乐、舞蹈、诗词等形式深深地吸引了青少年，他们在讲党史活动中不仅受到教育，而且还感受到快乐。二是要打造主题式文化内容，设计满足不同兴趣需求的主题内容。加强博物馆藏品及历史事件整合研究，深入挖掘与藏品相关的历史典故或趣闻轶事，将庞杂的知识点变成观众感兴趣的各个模块，从视觉、听觉等多个角度为受众提供一个历史文化学习的盛宴，全方位增加参观群体学习的能动性和思考的深度性。三是要推动博物馆协同思政育人功能的发挥，大力构建馆校联盟。深度挖掘博物馆蕴含的红色资源，联合学校教育资源，搭建优质的思政课资源平台，增强利用红色资源铸魂育人的大资源效应。

（三）价值提升：文旅融合下的产品服务

在文旅融合的时代背景下，越来越多的历

史类博物馆热衷于推出各类文创产品，因为这既可以传播红色文化，提升博物馆知名度，也可以为自身带来一定的文创收入，但在文创产品上我们需要思考的是，如何在产品中融入文物内涵，从而在实现其价值提升的同时丰富旅游文化？现在很多博物馆推出的文创产品普及度并不高，没能在大众脑海里留下深刻的印象，大多是因为产品的设计缺少创新性和实用性，比如有的文创产品直接照搬文物形态，功能类型也局限于文化礼品、办公用品等小物件，受众度较低。文创产品的设计不妨从以下三个重点方向去发展。一是充分展现其文化内涵。文创产品“文创”二字在前，产品的设计必须体现历史文化思考，脱离了文化内涵的产品就不能称其为文创产品，因此文博工作者在设计文创产品前必须深入挖掘文物背后的内涵或者历史事件背后的重大意义，结合博物馆实际，将文物价值赋予文创产品，让中华优秀文化在更大范围内传扬。二是要体现创新性和实用性。设计文创产品不仅考虑其装饰性，更要考虑其在生活中是否真能派上用场，这样与同类产品相比，既具有实用功能还附有文化特征，从而更具竞争力。比如故宫博物院的口红、眼影等多款彩妆产品成为爆品，日历、丝巾、水果叉等生活产品也颇受欢迎。三是融入体验式服务设计。博物馆可以将体验引入文创产品中，让观众参与进来，共同进行设计，在老师示范或视频解读中了解文创产品的制作过程，也可以提倡观众根据自己喜好创作造型并通过表面涂鸦等方式，完成带有自身个性的文创产品。这种体验式的设计也是一种文化的传播、传承方式，因为人们在与文化载体进行互动的过程中能更直接感受传统文化的熏陶。

参考文献：

[1] 刘易斯·芒福德.城市文化[M].宋峻岭，李翔宁，周鸣浩，译.北京：中国建筑工业出版社，2005.

[2] 凯文·林奇.城市意象[M].方益萍，何晓君，译.北京：中国建筑工业出版社，2017.

[3] 大卫·路德林.营造21世纪的家园——可持续的城市邻里社区[M].北京：中国建筑工业出版社，2005.

[4] 德波拉·史蒂文森.城市与城市文化[M].李东航，译.北京：北京大学出版社，2015.

[5] 安来顺.融入可持续发展目标：博物馆“重塑”的一个重要努力方向[J].东南文化，2021(02):10-15.

[6] 罗兵，温思美.文化产业与创意产业概念的外延与内涵比较研究[J].甘肃社会科学，2006(05):119-122.

[7] 赵丹琳.供给侧改革形势下的文创产品研究[J].设计，2018(2):54-55.

[8] Weerawardena J, Sullivan G. Investigating social entrepreneurship: a multidimensional model. Journal of World Business, 2006, 41(1).

创新理念建构博物馆"大思政课"可持续发展格局
——以武汉革命博物馆"武汉1927"沉浸式思政课为例

廖雪竹　武汉革命博物馆

摘　要：思政课是落实立德树人根本任务的关键课程。"武汉1927"沉浸式思政课是武汉革命博物馆为深入贯彻落实习近平总书记关于思政课的重要指示批示精神打造的品牌教育项目之一。创新理念是引领该品牌从无到有并可持续发展的最大奥秘："沉浸式体验"理念催生了该品牌，"分众式教学"理念让其精准思政，"融合式发展"理念助其打破发展瓶颈，"走出去"发展理念使其走向更广阔天地。本文以武汉革命博物馆"武汉1927"沉浸式思政课为例，分析创新理念对建构博物馆"大思政课"可持续发展格局的重要意义，为打造博物馆精品思政课提供可借鉴的范式。

关键词：创新理念；大思政课；博物馆；可持续发展

"我们党立志于中华民族千秋伟业，必须培养一代又一代拥护中国共产党领导和我国社会主义制度、立志为中国特色社会主义事业奋斗终身的有用人才。""这就要求我们把下一代教育好、培养好，从学校抓起、从娃娃抓起。在大中小学循序渐进、螺旋上升地开设思政课非常必要，是培养一代又一代社会主义建设者和接班人的重要保障。"2019年3月18日，习近平总书记在学校思想政治理论课教师座谈会上的重要讲话，深刻阐明了开设思政课的必要性，掷地有声、意义深远。党的十八大以来习近平总书记多次就思想政治理论课建设发表重要讲话，为新时代思想政治理论课建设提供了方向指南。革命博物馆、纪念馆等是党和国家红色基因库，是红色资源、红色文化和红色精神的集中体现，更是弥足宝贵的思想政治教育资源，应将其红色基因融入"思政熔炉"中，发挥"润物细无声"的作用。

一、"沉浸式体验"理念让"武汉1927"惊艳亮相

沉浸式体验就是利用人的感官体验和认知体验营造氛围，让参与者专注于当前的情境并享受某种状态。沉浸式体验往往既包括人的感官体验，又包括人的认知体验。大量事实证明，既包含丰富的感官经验，又包含丰富的认知体验的活动才能创造最令人投入的心流。

武汉革命博物馆位于武昌红巷13号，下辖武昌农讲所旧址、毛泽东同志旧居、中共五大会址暨陈潭秋烈士早期革命活动旧址等五处革命旧址和红色场馆，是武汉地区红色景点最多、内涵最丰富、资源保护最早、知名度最高的红色旅游资源富集区。这里留下了毛泽东、董必武等革命前辈探索救国救民道路的光辉足迹，是风云1927的重要见证。为了不断活化红色资源，创新红色文化供给，打造更加

鲜活生动的思政课堂，让广大青少年获得更丰富、更深刻的体验，武汉革命博物馆引入“沉浸式体验”理念，精心打造湖北省首个博物馆沉浸式思政课程——“武汉1927”。

“武汉1927”依托红色场馆实地、实景、实物，围绕历史上真实在此发生的历史事件，通过挖掘红色场馆的历史文化内涵，由讲解员老师实地解读必要历史背景，演员角色扮演，共同通过讲、演、展等方式带领观众进入实景历史情境中，引领观众穿越历史的沧桑巨变，化身“农讲所学员”“五大代表”“革命同志”等，自发自觉地与“毛泽东”“董必武”“王荷波”等革命家一起，在全方位、立体式的深深“共情”中，体悟武汉英雄城市的时代内涵，接受理想信念教育的洗礼。“武汉1927”沉浸式思政课2019年一经上线，就以其教育内容精、教育形式新、教育质量高、教育范围广，备受关注，广受好评，课约不断。

二、“分众式教学”理念让“武汉1927”精准思政

“分众”理念最早应用于传播学中，其核心是“传播主体面对不同传播对象以不同的方法传递不同的内容”，即根据不同性别、不同年龄、学历层次、职业特征等，有针对性地传播内容，提升传播效力。“分众式教学”就是以“分众”理念为指导，从“育德树人”根本任务出发，突出“需求导向”，针对不同受教育群体的不同特点，在教学过程、教学内容、教学方法等方面进行教学改革，建立多层级立体化大思政课教学模式。它的最大特点是，基于教育赋权理论，以受教育群体为主体，通过“个性化”“定制式”学习，提升思政课的时效性和针对性、亲和力和感染力，实现精准思政、精准育人。

（一）细分学生群体，注重因人施教

“武汉1927”沉浸式思政课采取分众教学形式，把目标受众根据不同年龄段的不同特点进一步细化，最大限度地关注青少年的个体需要，构建多层次的教学方法，为不同年龄层次的青少年量身定制学习方案，根据参与者的个人素质和实际学习情况因人施教，使红色场馆真正成为党史学习教育的“活教材”，全面提升党史学习教育的针对性、鲜活性、趣味性和实效性。

大学生版本，主要体现时代性、开拓性和价值引领，注重发挥思政课在塑造学生世界观、人生观、价值观中的重要作用，引导大学生坚定信心，立大志、明大德、成大才，以青春之我担时代之责。高中生版本主要体现探索性和研究性，引导学生深入思考、归纳概括、提出观点、厘清文化脉络，培养道路自信、理论自信、制度自信、文化自信。初中生版本主要体现实践性和体验性，让学生理解基本观点。小学生版本更注重趣味性和故事性，让学生了解基本内容和有关背景，激发学生兴趣。

（二）“点单式”教学，满足学生需求

该思政课程以团队预约的方式开展，预约成功后，思政课教研团队会对目标受众进行详细调研，根据目标受众的受教育程度、学习主题、学习目的等内容，量身定制学习路线与课程，提供《历史的回望》《最后的团聚》《庄严的宣誓》等不同主题、不同内容、不同形式的特色“菜单式”课程包，为大中小学提供“点单式”教学服务。

课程在实施过程中也高度关注观众需求，强化观众主体地位，因人施讲。面对大学生

团队时，讲解老师重点演绎毛泽东、周以栗等革命先辈干革命的艰辛历程。大学生们身着当年农讲所学员服装，自觉化身当年的农讲所学员，在大教室共同讨论制定农讲所规约，听毛委员讲课，询问毛委员“农民运动是不是过火了”，在操场上进行军事训练，练习拼刺刀……深度体验早期无产阶级革命家不畏艰险、艰难探索、慷慨激昂的峥嵘岁月，自发全身心沉浸式融入思政课程中，接受红色教育的洗礼。

（三）多元建构教学，强化学生主体

课程无论是在内容上还是在形式上，都秉承“以学生为中心”的建构教学理念进行设计，强化学生主体。所有的情节按照“大事不虚、小事不拘”的创作原则，充分考虑学生参与度，根据不同旧址史实量身定制，实人实事；课程打破传统的“你演我看”“你讲我听”单向输出模式，引导学生通过变换服装实现身份、角色的转换，化身“武昌农讲所学员”、“中共五大代表”完全融入历史场景中，成为历史事件的亲历者，自发自觉地与当年的“毛泽东”、“李达”、“王荷波”等革命家零距离接触，与之直接对话交流、同桌学习、情不自禁跟随革命家高举右手大声重温誓词等；同时使用包括话剧、舞蹈、歌唱等多种有感召力的艺术样式，配合专业讲解员的现场讲解，引领学生感受革命的苦难辉煌。通过这种深入互动使党史学习教育入眼、入耳、入脑、入心。

课程结束后，思政课教研团队现场发放调查问卷，一方面掌握目标受众学习效果，另一方面了解目标受众对该课程的评价和意见建议，以此作为评价思政课程实施效果的重要依据，同时也为教研团队改进思政课程提供方向和思路。

三、“融合式发展”理念助力“武汉1927”思政课常态化开展

“融合式发展”理念的大力倡导和推行，始于2007年党的十七大报告对国防建设军民融合发展的战略定位，指的是把两种以上不同事物合为一体，使其经过整合后比单一事物发挥更高的价值和更强大的效能。

“武汉1927”沉浸式思政课自正式推出以来课约不断，场场爆满，但受制于武汉革命博物馆馆内工作人员少且日常工作极度饱和，无力满足所有团队的约课需求，一度出现一课难求的局面，为了突破人手不足带来的发展瓶颈，武汉革命博物馆解放思想，打开思路，引入“融合式发展”理念破解难题，打开“武汉1927”思政课常态化开展的新局面。

一方面，武汉革命博物馆通过与武汉大学、华中科技大学、中南财经政法大学等高校建立高校思政课联盟，并从高校选拔优秀老师和学生作为志愿者加入“武汉1927”沉浸式思政课项目组，承担研发、展演、宣传、观众引导等工作；另一方面，与国网湖北电力党校、中国农业银行研发中心武汉研发部等共建单位跨界“融合”发展，大量吸纳共建单位的优质人才参与课程实施，解决课程人手不足问题，实现“武汉1927”常态化开展，满足观众约课需求。

四、“走出去”发展理念让“武汉1927”走向更广阔世界

随着时代发展，传统的单一的依托博物馆开展教育活动的博物馆运营模式已无法满足公众对文化的需求，博物馆需突破空间局限，主动“走出去”，把博物馆文化送到公众身边，

提升博物馆公共文化服务能力，提高博物馆知名度和博物馆文化的传播度。

(一)送课入校，实现馆校联动

武汉革命博物馆抓住青少年“拔节孕穗期”关键阶段，充分发挥思政课爱国主义教育主阵地作用，为学生专门定制“武汉1927”沉浸式思政课的特色入校延伸课程“同上一堂思政课”和“开学第一课”。

思政课创新教学理念，重参与、重过程、重体验，社教老师以一个个真实的小故事铺陈内容，在重知识讲授的同时更重视阐释精神内涵，根据授课内容，适时融入情景式、体验式、互动讨论式等生动活泼的教学形式，激发同学们的“兴奋点”，同学们不仅可以看红色文化、听红色文化，而且能说红色文化、演红色文化，如临其境、如历其事、如见其人，这无疑是当代青少年最需要也是最乐于接受的爱国主义教育模式。在轻松的氛围中，学生完全融入思政课程之中，对课程内容的认识不断深化，爱国主义情怀也在不知不觉中得到升华。

武汉革命博物馆通过馆校联动，送课入校，实现了学校教育与博物馆教育资源的有效衔接，构建了具有均等性、广覆盖的大中小学生利用博物馆学习的机制，扩大了博物馆思政课辐射面。

(二)巧用网络，打造云端课堂

“武汉1927”沉浸式思政课，创新传播方式，启用线上直播与阵地活动结合的方式，线上线下联动，打造党史学习教育共享平台。该项目在尊重历史的前提下吸纳时代元素，将最新的视听技术、表达形式融合进课程，创新革命旧址的呈现形式，突破时空限制，迎合了新时代移动端用户的学习需求。思政课程一方面通过录制视频，在各大中小学展播，扩大传播受众；另一方面通过湖北经视、武汉广电、楚天交通广播、见微直播、抖音和快手平台进行直播，并与大中小学生实时连线互动，增强学生的体验感和参与感，让红色记忆变得更加鲜活，让思政课程更加深刻。

习近平总书记指出，“思政课建设要向改革创新要活力。如果做一天和尚撞一天钟，照本宣科、应付差事，那‘到课率’‘抬头率’势必大打折扣。”“要让不同类型的学生都爱听爱学、听懂学会，需要做很多创造性工作。要在教学过程中进行多样化探索，通过多种方式实现教学目标。”武汉革命博物馆作为全国首批“大思政课”实践教学基地，以理念创新为导向，积极与大中小学对接，开发特色思政课程，增强实践教学效果，建构博物馆“大思政课”可持续发展格局，奋力谱写博物馆“大思政课”高质量发展新篇章。

参考文献：

[1] 习近平.论党的青年工作[M].北京：中央文献出版社，2022.

[2] 丁福利.试析理念创新对博物馆教育品牌可持续教育发展的影响[J].中国博物馆，2017(4).

[3] 单霁翔.从“馆舍天地”走向“大千世界”——关于广义博物馆的思考[M].天津：天津大学出版社，2019.

[4] 丁福利，刘璐.“互联网+博物馆教育”的探索与展望[J].中国文物报，2016.

[5] 习近平.思政课是落实立德树人根本任务的关键课程[J].求是，2020(17).

武汉市市属博物馆、纪念馆藏品可持续发展特征与路径

刘尔亮　武汉革命博物馆

摘　要：通过全国博物馆年度报告信息系统等公开数据的统计和对比，反映武汉市市属博物馆藏品的基本情况。对数据进行分析后发现武汉市市属博物馆藏品有藏品增长迅速；珍贵文物数量稳步提升；藏品分布于市属国家一级博物馆等几个主要特征。对今后的文物保管工作的可持续发展提出意见与建议。

关键词：藏品数据；统计分析；文物定级；信息共享平台

一、市属博物馆藏品的基本情况

（一）市属博物馆馆藏家底厚实

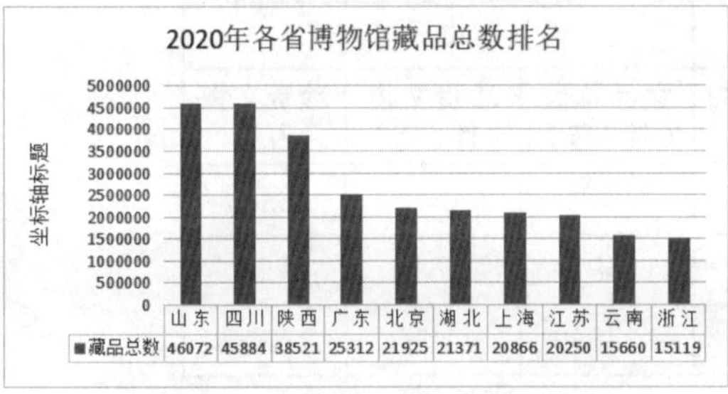

图一

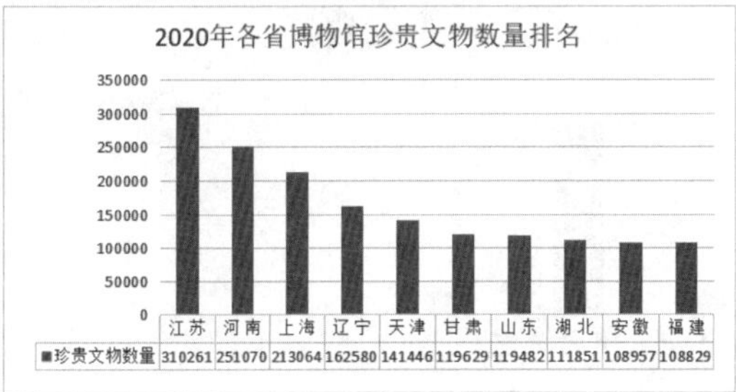

图二

根据图一和图二的数据统计，全国各省博物馆行业藏品总数和珍贵文物数量排名，湖北省博物馆行业藏品总数排名第六，突破两百万件/套，珍贵文物数量排名第八，突破十万件/套。不论从数量和质量上，湖北省博物馆行业的藏品都走在全国的前列。

根据公开信息得到的数据统计，2020年湖北省备案统计的博物馆有229家，武汉市市属博物馆数量仅为11家，占全省总数的4.8%，但藏品总数占全省藏品6.31%，其中珍贵文物数量占比达19.63%，相当于拥有全省近两成的珍贵文物。结合图一与图二，湖北省的馆藏的数量与质量在全国名列前茅，而作为湖北省龙头的武汉，其市属博物馆文物事业的发展在全国范围内也是出类拔萃。

（二）近几年市属博物馆藏品数变化情况

如图三所示，武汉市属博物馆、纪念馆的藏品比较丰富，根据2020年藏品统计，武汉博物馆、武汉革命博物馆、辛亥革命博物馆等多家博物馆的藏品均超过了10000件/套。与2018年相比，2020年辛亥革命博物馆新增藏品8167件/套，武汉革命博物馆新增藏品7764件/套，其他市属博物馆新增藏品数量有不同程度的增加。

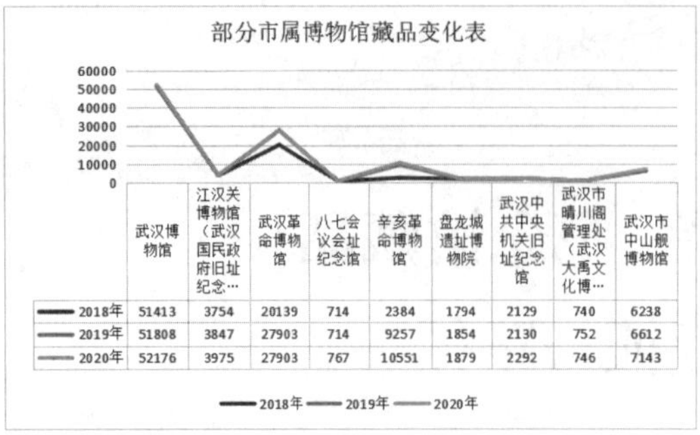

图三

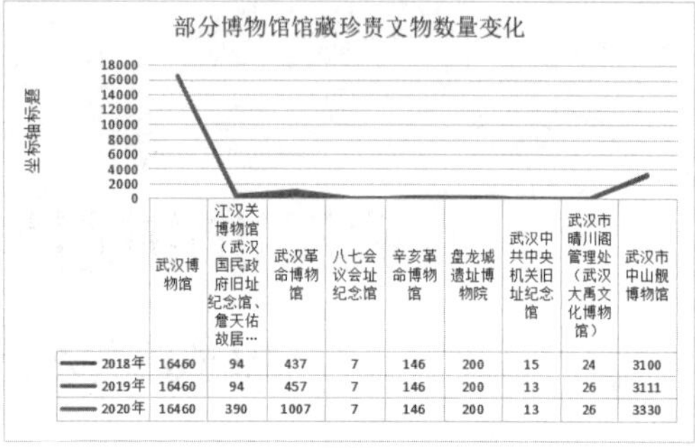

图四

（三）市属博物馆珍贵文物变化情况

武汉博物馆、武汉市中山舰博物馆、武汉革命博物馆等三家博物馆的馆藏珍贵文物超过1000件/套。其中武汉市中山舰博物馆、武汉博物馆馆藏珍贵文物的比重均超过30%。

如图四所示，2020年武汉革命博物馆珍贵文物相较2018年新增570件/套，而江汉关博物馆（武汉国民政府旧址纪念馆、詹天佑故居博物馆）紧随其后馆藏珍贵文物新增296件/套，武汉市中山舰博物馆新增珍贵文物230件/套。其他博物馆新增珍贵文物变化不大。

二、市属博物馆藏品的基本特征

年份	全国博物馆			武汉市市属博物馆		
	藏品总数（件/套））	珍贵文物（件/套））	珍贵文物占比	藏品总数（件/套））	珍贵文物（件/套））	珍贵文物占比
2018	37540740	3423358	9.12%	89305	20483	22.94%
2019	39548334	3628886	9.18%	104877	20514	19.56%
2020	43190898	3710525	8.59%	134840	21953	16.28%

图五

图六

如图五与图六所示，从全国范围博物馆来对比，2018年至2020年武汉市市属博物馆的藏品有如下的几个特征：第一，市属博物馆馆藏总数的增长幅度远远高于全国平均水平；第二，市属博物馆馆藏珍贵文物数量增长幅度略低于全国平均水平，但武汉市市属博物馆珍贵文物占比远高于全国的平均水平；第三，藏品主要分布在国家一级博物馆中。

（一）藏品数量增长迅速

图七

鉴于博物馆文物征集工作的特点，从征集、入藏到定级的周期较长，故统计同比增长率为2018年与2020年的馆藏数量进行对比。如图所示，武汉市属博物馆、纪念馆的藏品数量同比增长率处在一个较高的水平线。2020年辛亥革命博物馆馆藏藏品同比2018年增长77.4%，遥遥领先其他博物馆，藏品的数量实现跨越式发展。武汉革命博物馆和武汉市中山舰博物馆同比增长率分别为27.82%和12.67%，其他博物馆的馆藏藏品数量都有不同程度的增长。武汉市市属博物馆紧紧抓住文物征集的窗口期，秉持为了明天收藏今天的理念。例如武汉市革命博物馆与武汉市中山舰博物馆在2020年都征集到一批珍贵的抗击新冠肺炎疫情的实物丰富了馆藏。

（二）珍贵文物数量稳步提升

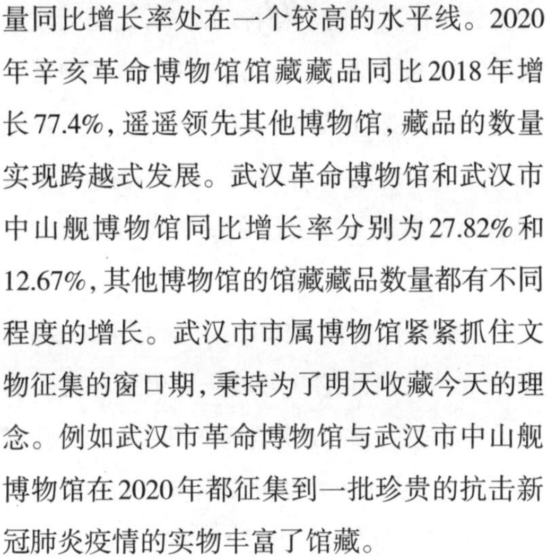

图八

近年来文物事业飞速发展，藏品总数激增导致珍贵文物占比下降，这是全国的趋势。武汉市市属博物馆、纪念馆珍贵文物的增长率为7.18%，全国范围内博物馆行业的珍贵文物增长率为8.39%，略低于全国平均水平。值得惊喜的是江汉关博物馆（武汉国民政府旧址纪念馆、詹天佑故居博物馆）珍贵文物增长率为314.89%，而武汉革命博物馆馆藏珍贵文物增长率也达到了130.43%。值得特别注意的是，武汉市中山舰博物馆2018年至2020年每年的藏品数量增长都略高于平均水平，珍贵文物数量的增长率也略高于平均水平，武汉市中山舰博物馆的文物征集和文物定级工作形成了常态化模式，文物保护与管理工作形成了健康的发展趋势。市属其他博物馆、纪念馆的珍贵文物增长率略低于全国博物馆行业的平均水平，但珍贵文物数量也在稳步提升。

按照文物入藏的规律，在文物入藏后，会对藏品进行研究，深入挖掘藏品的内涵，对珍贵或有重要意义的藏品进行定级，这些工作都需要时间。根据这些规律，相信在藏品总量激增之后，藏品总数会相对保持平稳的增长，珍贵文物的数量会因为定级工作的展开，数量有一个大幅度的增长。

（三）藏品主要分布于一级博物馆

一级博物馆		非一级博物馆	
馆藏总数（件/套）	珍贵文物（件/套）	馆藏总数（件/套）	珍贵文物（件/套）
120381	21309	14459	644

图九

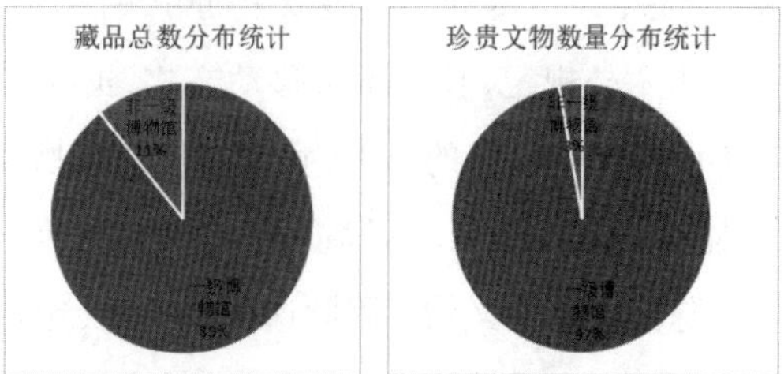

图十

如图九和图十所示，市属国家一级博物馆藏品总数占市属博物馆馆藏总数的89%，其中武汉博物馆和武汉革命博物馆藏品总数规模最大。市属的国家一级博物馆珍贵文物数量占市属博物馆珍贵文物的97%，其中武汉博物馆和武汉市中山舰博物馆珍贵文物数量最多。

武汉市市属博物馆、纪念馆有四家为国家一级博物馆，分别为武汉博物馆、武汉市中山舰博物馆、武汉革命博物馆和辛亥革命武昌起义纪念馆(辛亥革命研究所)。武汉市的藏品和珍贵文物都主要分布在这四家市属的国家一级博物馆内。

三、藏品可持续发展的主要路径

(一)注重文物的预防性保护

随着文物藏品总量的迅速增加，对文物保管库房提出了新的要求。预防性保护的概念最早出现在20世纪30年代，主要是对文物存放环境的控制。随着文物事业高质量发展的客观需求，这一概念已经扩展到了文物的科学管理，更加精细化的文物库房大环境的管理与存放空间小环境如温湿度、光照、空气、虫害等多方面的控制。

市属博物馆、纪念馆中有多家单位都是依托旧址建馆，这些旧址都是全国重点文物保护单位。根据《中华人民共和国文物保护法》第二十一条规定，对不可移动文物进行修缮、保养、迁移，必须遵守不改变文物原状的原则。第二十六条规定，使用不可移动文物，必须遵守不改变文物原状的原则，负责保护建筑物及其附属文物的安全，不得损毁、改建、添建或者拆除不可移动文物。因此这些博物馆、纪念馆需要更加注重文物的预防性保护，在进行文物库房建设中，应更加科学与慎重。

20世纪90年代初，文物工作提出了“保护为主、抢救第一、合理利用、加强管理”的方针，在这一方针的引领下，文物事业得到了蓬勃的发展。党的十八大以来，以习近平同志为核心的党中央高度重视文物工作，习近平总书记发表了一系列重要论述。2022年全国文物工作会议确立“保护第一、加强管理、挖掘价值、有效利用、让文物活起来”的新时代文物工作方针。保护是文物工作的根本，把保护放在第一位，统筹好抢救性保护和预防性保护的关系。

(二)深度挖掘藏品价值

2022年文物工作方针新增“挖掘价值”与“让文物活起来”的表述，这是对习近平总书记文物工作重要指示精神的落实，也是新时代文物工作新的要求。根据新时代的文物工作方针，保护要放在第一位，“挖掘价值”是主要手段，其最终的目的是“让文物活起来”，这明确了未来文物工作在新时代应发挥的主要作用。

在新时代文物工作的历史背景下，文物工作中藏品价值的挖掘可以从历史资料的收集入手，通过最新的历史与考古研究成果，获得新的突破，从而产生新的藏品价值的判断。深度挖掘藏品价值时，除了注意挖掘藏品的历史、艺术和科学等价值外，还需要挖掘藏品衍生的价值，例如非物质文化的传承、民族的共同记忆等精神层面的价值。

藏品定级是挖掘藏品价值的集中的体现。为了将具有特别重要价值的文物进行更好的管理，充分发挥文物对社会发展的促进作用，就必须对藏品价值进行判断，最终划分出文物的等级。根据《中华人民共和国文物保护法》第三十六条规定，博物馆、图书馆和其他文物收藏单位对收藏的文物，必须区分文物等级，设置藏品档案，建立严格的管理制度，并报主管的文物行政部门备案。文物定级工作对藏品具有显著的科学保护与管理的作用，同时也倒逼文物库房保存环境的提档升级。

（三）构建藏品信息共享平台

武汉市市属博物馆藏品主要分布于其国家一级博物馆中，长期以来藏品信息由藏品所在博物馆保存，藏品信息集中于少数几个博物馆，藏品信息处于割裂与孤立的状态。为保证武汉市市属博物馆文物事业高效、均衡、科学的发展，应建立全市范围内博物馆藏品信息共享平台，做到文物信息资源合理、有效的利用。

建立全市范围的藏品信息共享平台不是一蹴而就的。第一步，文物主管部门应结合文物能够有效利用的特性，对藏品信息的数据格式，以及登记、检索等功能进行标准化、规范化管理。全市范围内博物馆依照主管部门发布的规范与标准，建立能够兼容藏品数据的信息管理系统。这样不仅可以摸清家底，也有助于文物藏品的科学管理。第二步，建立起博物馆内部的藏品信息共享平台，通过文物信息的共享，帮助博物馆陈列展览、社会教育、文创产品开发等各个领域，实现部门间藏品的有效利用。第三步，是探索建立馆际交流的藏品信息共享平台，这样可以改变多个博物馆藏品信息不互通的局面，促进多馆联合研究，深度挖掘文物价值，实现藏品信息有效利用，达到社会效益的最大化。因此，主管部门应加速研究出藏品信息的规范，注重藏品数据的兼容性，是未来建立馆际藏品信息共享平台的基础。

四、小结

通过藏品数据的分析与对比，可以反映博物馆行业存在的问题与不足，具有一定的参考价值。但是单从藏品总量和珍贵文物的数量来判断一家博物馆文物管理工作的水平，显然是不够全面的。

保护文物，功在当代，利在千秋。新时代新征程，文物工作者应坚决贯彻落实习近平总书记关于文物工作重要论述精神和党中央决策部署，认真贯彻落实新时代文物工作方针，确保文物事业始终沿着正确方向前进。

参考文献：

[1] 中华人民共和国文化和旅游部.中国文化和旅游统计年鉴2019[M].北京：国家图书馆出版社，2019.

[2] 中华人民共和国文化和旅游部. 中国文化文物和旅游统计年鉴2020[M]. 北京：国家图书馆出版社，2020.

[3] 中华人民共和国文化和旅游部. 中国文化文物和旅游统计年鉴2021[M]. 北京：国家图书馆出版社，2021.

[4] 朱光亚，徐苏斌，杜晓帆，王一飞，潜伟，杜金鹏，李云鹏，李爱群，周坤朋，张颖岚，魏泽辰. 笔谈：求真·识史·互鉴——挖掘文物和文化遗产多重价值的理论基础与方法路径[J]. 中国文化遗产，2023,(02):4-24.

[5] 台钰莹，王乐春，杨东波. 元数据标准登记系统平台构建——以文物行业为例[J]. 图书馆建设，2019,(S1):15-19.

武汉革命博物馆“全民共享”实践研究

刘翔 武汉革命博物馆

摘 要：作为兼具收藏、保护、研究、展示、教育等功能的重要机构，博物馆掌握着丰富的文化资源。在文旅融合的时代背景下，博物馆在深耕阵地业务开展的同时，以更加开放包容的姿态主动融入社会，采取多种方式吸引公众参与到博物馆建设中，深化扩展展览、教育、旅游等社会功能的覆盖范围和影响力，与社会各界资源共享，不断满足人民对美好生活的向往。

关键词：全民共享；深度参与；文化惠民；文旅融合

博物馆是一个区域和民族的文化代表，其对于构建美好生活与社会可持续发展具有关键性作用已形成全球共识。作为武汉地区规模最大的红色资源集聚区，武汉革命博物馆立足馆藏资源，持续拓展红色文化内涵的阐释方式，多方联动，积极推动文化成果“全民共享”，不断增进民生福祉。

一、博物馆与公众参与

当代社会，博物馆不仅是作为传承和展示历史的场所，更承担着资政育人的重要作用。武汉革命博物馆坚持把红色资源作为坚定理想信念、加强文化修养的生动教材，引导全社会共同参与，共建共享，着力提升红色教育的感染力和吸引力、生动性和实效性。

（一）志愿服务让公众直接参与博物馆建设

志愿服务让公众直接参与到博物馆事业中。在博物馆的各个角落，随处可见身穿红马甲的志愿者，他们广泛参与到讲解、活动、宣传等工作中，成为博物馆的一道靓丽风景线。

武汉革命博物馆志愿服务工作始于2008年。针对青少年认知特点，博物馆面向8~12岁学生定期举办“红巷苗苗研学营”，在仪表仪态、口语表达、红色知识等方面给予科学培训和指导，让红色基因在青少年心中生根发芽；近年来，博物馆周边社区的退休老人自发组成志愿服务队，向观众宣讲红巷故事，深受观众欢迎，多次被媒体关注报道。

在全社会的共同参与下，以中小学生为主体的“红巷苗苗”，以大学生为主体的“红巷青马”，以退休群众为主体的“红巷爷爷”，共同组成了覆盖全年龄层次的武汉革命博物馆志愿服务体系，累计有3000多名志愿者为公众提供志愿服务。

以志愿服务资源为基础，武汉革命博物馆倾力打造“我在红巷讲党史”红色IP，秉承内容、形式、宣讲者、受众、传播“五个全覆盖”理念，打破传统理论宣讲模式，融入音乐、舞蹈、朗诵、表演等文艺形式，除博物馆社教人员、文艺院团专业演员和志愿者作为宣讲主力外，还面向社会举办文艺宣讲作品大赛等活动，不断吸纳公众参与进来，在与公众的良性互动中，把党的故事讲给百姓听，又让百姓来讲党的故事。

(二)展览更加贴近群众生活

作为文化教育机构，展览是传播博物馆核心价值的最重要载体。优秀的展览不是曲高和寡，一方面要坚持意识形态导向，客观、全面地还原历史，以“大历史观”深化学习教育，另一方面要让展览贴近群众生活，使群众感同身受，从而进一步强化教育效果。

在基本陈列中，运用声、光、电等数字化手段，把历史“装”进博物馆，可以避免居高临下的说教，使展览效果更为潜移默化。但新技术应用应适度，以免喧宾夺主，背离文化教育的初衷。

在改革开放40周年、新中国成立70周年、全面建成小康社会、中国共产党成立100周年等重大历史节点，武汉革命博物馆策划推出大型专题展览，全面展示社会发展成果。展览既高屋建瓴，严守政治底色，又见微知著，贴近百姓生活，通过还原生活老场景、展示生活老物件，营造年代感和氛围感，从而增强观众的代入感和参与感，让展览观照现实，让观众直观感受到在党的领导下人民生活发生的翻天覆地的变化，进一步激发公众爱国爱党的热情。

(三)传统文化在博物馆焕发生机

传统文化作为中华民族的文化基因，根植于每一个中华儿女的心中，“国潮”的兴起为博物馆提供了更加多样的路径。挖掘传统节日、传统民俗内涵，让公众近距离接触和体验传统文化，实现传统文化的时代化表达，持续增加公众在文化活动参与中的获得感，已成为博物馆发挥文化传承和社会教育作用的重要体现。

每年春节，武汉革命博物馆都会聚焦非遗，推出年俗展览，如“风韵千载——武强年画与我们的春节”“宏宣江汉声——汉剧文化展”“迎新纳福 大展宏图——宣传画中的奋进力量”等，将知识性、趣味性和时代性相结合，让传统文化焕发出勃勃生机。

“我们的节日”系列民俗活动，则用老百姓喜闻乐见的方式，让群众在红色场馆感受中华传统文化的博大精深。在小年、元宵节等新春佳节，邀请市民与非遗传承人一起写春联、剪窗花、捏面人、做泥塑，共同体验非物质文化遗产的独特魅力；在端午节、中秋节等传统节日，则让青少年做主角，动手又动脑，亲手包粽子、做月饼，营造其乐融融的节日氛围。

(四)共建共研，实现全社会融合发展

人类社会是一个相互联系的整体，任何事物的发展都不可能脱离整体单独进行，博物馆事业同样孤掌难鸣。只有搭建好博物馆连接社会的平台，通过资源共享实现文化共享，才能确保博物馆事业持续、健康发展。

武汉革命博物馆与武昌区委共同举办的“武昌周周讲”活动，将党课主讲堂设在革命旧址，按照重温一次入党誓词、诵读一段党章党规、开讲一次特色党课、举行一次交流分享、唱响一首红色歌曲的“五个一”环节展开，不断强化党员干部的宗旨意识和服务意识。自2018年首讲以来，累计开展近100场，三次被《人民日报》报道，已成为具有鲜明特色的党建品牌。

2023年，武汉革命博物馆与武昌区共同牵头成立“武昌高校马克思主义学院联盟”。联盟集聚武汉大学、华中科技大学、华中师范大学等9所高校的马克思主义学院，致力于打破高校间的横向壁垒，共同建设“大课堂”，搭建“大平台”，建好“大师资”，创造一个连接博物馆和高校的更为广阔的学习交流、工作互动、共融共建的宣讲平台。武汉革命博物馆和联

盟高校共同推出“红巷里的思政课”教育实践品牌，通过每月一讲的形式，不断丰富主题教育内容，让更多社会群体感受到“大思政课”的力量。

目前，武汉革命博物馆与全市50多家高校和单位建立共建、共育、共研的合作关系，在馆校融合、馆企融合、思政教育等方面有效互动，同向发力，充分发挥博物馆的红色资源优势和社会单位的人才优势，实现“优势互补、资源共享、互利共赢、共促发展”，打造党史学习教育新高地。

二、从观众“走进来”到博物馆“走出去”

传统的博物馆发展模式是阵地式，博物馆通过自我运作，开展科学研究，举办展览和活动，吸引观众走进博物馆，达到服务社会的目的。而当代博物馆愈加面向一个开放的市场，愈发要求博物馆从社会的服务者转变为参与者，既要让观众“走进来”，又要主动“走出去”，让文化成果全民共享。

（一）展览“走出去”延伸文化覆盖范围

巡展是博物馆延伸文化成果覆盖范围最直观、最便捷的形式。

武汉革命博物馆积极推动原创展览“五进”巡展，将“用生命诠释忠诚——首届中央监察委员会委员生平展”“安邦基石——武汉国家安全教育展”“红色印迹——武汉红色旧址掠影巡展”等精品原创展览送到新洲、黄陂、蔡甸等远城区和乡村地区，以及学校、景区、两新组织等单位，并输送到福州、南昌、仙桃、潜江等其他城市，让红色文化在全社会落地生根。同时，与中共一大纪念馆、中共四大纪念馆、东北烈士纪念馆等场馆合作办展，延长展览生命周期，进一步迸发文化活力。

在天河机场综合交通中心举办的“英雄的城市 英雄的人民”展览，充分彰显武汉精神，让每一个换乘民航、地铁、城铁的旅客都举目可见，触手可及，被近代以来武汉的英雄壮举所震撼。

（二）科技赋能，打造“永不落幕的展览”

在“互联网＋”逐渐融入生活方方面面的时代趋势下，博物馆为满足观众的多样化参观学习需求，持续加大数字展览投入，诸多智慧化技术被应用于数字展览开发中。数字展览已经实现集沉浸式漫游、虚拟讲解、文物展示、视频播放等功能于一体，彻底打破展览的时空界限，带给观众全天候观展体验。

武汉革命博物馆开发的“全景展馆”“中国共产党纪律建设历史陈列馆数字展馆”等数字展览，充分运用激光全景复制、HDR融合、多媒体互动、VR虚拟现实等前沿技术，最大限度在线上还原展览原貌。在PC设备上，400余件/套文物展品、700多幅珍贵高清历史照片、200多本近10000页电子文献、12处影像资料均可详细浏览播放，博物馆讲解员原声配音，全程音画同步讲解，让观众足不出户即可沉浸式观展，真正让展览“活”起来，成为“永不落幕的展览”。

（三）社会教育多点开花

随着社会的发展，博物馆的功能日益多样，而教育始终是博物馆的核心功能之一。除观众到博物馆接受教育外，博物馆也主动走向观众，拓展社教课堂，增强教育质效。

武汉革命博物馆以青少年为主体，将革命精神和时代精神相结合，打造“红色课堂进校园”社教品牌，开发《毛泽东在武汉》《赤子丹心夏明翰》《国旗国歌知多少》《航天英雄》

等特色课程，把红色文化送到学校去。课程融入大量情景体验内容，让学生不仅在红色旧址看红色文化、听红色文化，还能亲身演红色文化、说红色文化，“如临其境，如历其事，如见其人”，使思想启迪更为深刻，深受学校师生和学生家长的喜爱。

“我在红巷讲党史”文艺宣讲团队，则将党的纪检先驱王荷波、妇女运动先驱向警予、核潜艇之父黄旭华等革命先烈和“时代楷模”的事迹送到高校、社区，推动形成崇尚英雄、学习楷模的良好社会环境。

（四）多媒体传播让文化成果“飞入寻常百姓家”

在媒介社会，自媒体强大的传播力不断冲击着传统媒体的霸主地位，良莠不齐的移动网络信息环境，比以往任何时候都需要正确的舆论引导，需要更多“博物馆声音”，让公众无时无刻不在文化的浸润中享受社会发展的成果。

为持续扩展红色文化传播的广度和深度，武汉革命博物馆充分挖掘馆藏文物、陈列展览、社教活动等资源，与中央、省、市等各级媒体建立了良好的合作关系，同时发挥自媒体“短、平、快”的传播优势，线下线上齐发力，每年被主流媒体报道300余次，利用自媒体平台年发布推送300余条，不断推动宣传工作朝着规模化、品牌化、系统化方向发展。

在微信公众号，相继推出“我在红巷讲党史”“文物说”“主创带你看新展”“党章知识十九讲”“首届中央监委成员巡礼”等十余个宣传栏目；与湖北之声共同开发精品原创广播剧《毛泽东与武昌红巷13号》，用声音大剧，致敬伟大的中国共产党；“云游都府堤”“书香江城”“沿着长江读懂中国——湖北千里长江行”等直播活动累计浏览量超过2000万人次，取得了良好的传播效应。

三、“博物馆游”作为旅游新业态持续升温

今年五一，国内旅游业呈现明显的疫后复苏态势，旅游人次、收入均超过2019年同期水平，国内多家重点博物馆的参观名额在假期首日即全部约满，一票难求，充分显示了文旅融合方兴未艾，“博物馆游”作为旅游新业态依然热度不减。随着文旅产品的不断丰富，游客对游览体验的要求也在提高。

（一）实景演绎成热潮

个性化、品质化是当前旅游市场的主旋律，沉浸式体验逐渐成为文旅项目的“必选项”。对博物馆而言，特别依托遗址、旧址建设的博物馆、纪念馆，因天然的场景优势，多选择自创或与艺术院团合作创作实景表演项目。在精心编排下，博物馆将场馆本身作为“片场”，以实景演绎的形式逼真还原历史场景，直接拉近观众与历史的距离，使观众在身临其境的历史氛围中，让文化精髓入脑入心。

武汉革命博物馆与长江人民艺术剧院共同创作的“武汉1927”沉浸式思政课，以及与武汉人民艺术剧院联袂打造的情景党课《王荷波》，就是以实景表演的形式还原1927年发生在都府堤的革命故事，引领观众穿越历史，共同追忆革命先辈不畏艰险、慷慨激昂的峥嵘岁月。主创团队依托革命旧址和革命史实，分别在武昌农讲所、毛泽东旧居、中共五大会址、中国共产党纪律建设历史陈列馆设计《历史的回望》《都府堤41号》《王荷波》《庄严的宣誓》四个演出篇章。在《历史的回望》中，演员与观众零距离互动，手把手指导观众完成农讲所学员的军训动作，带领观众合唱《国际

歌》;《庄严的宣誓》则以舞蹈的形式，将革命先辈对革命事业无限忠诚，坚守信念，不怕牺牲的伟大精神展现得淋漓尽致，慷慨激昂，感人至深。

（二）博物馆环境代表区域人文环境

在各地的文化发展规划中，无一例外地将博物馆建设摆在突出位置，博物馆文化地标作用日益凸显，在越来越多的人眼中，博物馆的建设水平往往代表了地方的文化发展水平和人居环境建设水平，诸多游客更是把博物馆作为外出游览的首站，在做好文化资源开发的同时，博物馆环境和设施的建设也变得尤为重要。

近年来，武汉革命博物馆相继实施了绿化提升、革命旧址保护性修缮、星级厕所建设、渍水点改造等工程项目，不断提升基础设施水平，全力营造安全、和谐的景区参观环境。

2023年，武汉革命博物馆借助社会力量，对2013年开放至今，总面积102平方米的红色书屋进行重装升级，打造成武汉首家博物馆红色书店，并更名为“红巷书屋”。升级后的红巷书屋业态更加丰富，布局更加合理，环境更为敞亮，将图书文创与红色旅游相结合，具备图书阅览、文创展示、旅游咨询和咖啡茶饮四大功能，展示各类书籍3000余册、文创产品200余种，提供饮品10余款，深受市民游客喜爱。书屋还配有急救用品、雨伞、轮椅、婴儿车、针线包等便民设施，为观众提供贴心、舒适的旅游服务。

如今的武汉革命博物馆，户外植被茂盛，生机勃勃，与革命旧址的青砖灰瓦、朱柱红檐相映成趣，场馆内干净整洁，设施完善，服务周到，成为闹市中心的一片“世外桃源”，吸引全国各地的游客纷至沓来。

新时代下，博物馆与文化创意、旅游、媒体、互联网等行业联系愈加紧密，行业壁垒逐渐消失，博物馆有形的墙逐渐被文旅融合的浪潮溶解。博物馆正以建设者的姿态参与到社会治理中，公众则以参与者的身份加入博物馆事业发展中，只有让文化资源实现“全民共享”，形成合力，才能激发全社会要素活力，推动博物馆高质量发展。

参考文献：

[1] 肖波.激活新时代博物馆发展的多维力量[J].人文天下，2022，(09):50-53.

[2] 丁福利.新时代博物馆教育高质量发展路在何方[N].中国文物报，2021-12-07(005).

[3] 苗宾.文旅融合背景下的博物馆旅游发展思考[J].中国博物馆，2020，(02):115-120.

[4] 钱兆悦.文旅融合下的博物馆公众服务：新理念、新方法[J].东南文化，2018，(03):90-94.

[5] 王京琴.坚持创新理念 构建博物馆与美好生活需要的桥梁[J].人文天下，2018，(18):25-28.

基于具身认知的沉浸式展陈应用探究
——以武汉革命博物馆为例

汪梅梅 武汉革命博物馆

摘 要：基于具身认知的沉浸式展陈，要求博物馆在进行沉浸式展陈设计时，要更加注重情境营造、互动装置和虚拟技术与身体的连接，调动观众的视、听、触、嗅、味等多感官体验，以多角度的叙事使观众完全沉浸到故事中，为观众带来全新的沉浸式体验。

关键词：具身认知；沉浸式展陈；身体

随着AI、VR、AR、全息成像等新兴技术的飞速发展，人类已进入高度智能化时代。新兴技术的应用，使得博物馆展陈形式更加多元，展示内容更加丰富，参观者对于博物馆的期待也随之提高。沉浸式展陈以其深度的沉浸性、交互性和优质的体验性，极大地提高了参观者的参与性与积极性，逐渐成为博物馆展陈中备受期待的新型展陈模式。基于具身认知的沉浸式展陈，充分利用新兴技术，突破传统博物馆参观模式，强调参观者的“身体在场”与具身化体验，是当前智能时代背景下的新型展陈形态。

一、具身认知与沉浸式展陈的概念

（一）具身认知的概念

具身认知理论，是20世纪七八十年代以来出现的一种新的认知理论，它“把身体和身体所在的环境置于显赫地位，改变了那种把认知局限在头颅之中的传统观念，对认知研究产生了革命性的影响”。

具身认知理念的形成，是众多思想家为反对身心二元论共同努力的结果。梅洛·庞蒂提出“我通过我的身体理解他人，就像我通过我的身体感知物体”。詹姆斯、杜威认为意识和心理是身体对环境不断适应的结果。维果茨基认为，人类的思维、语言、推理和判断等高级心理机能，是社会文化历史影响的结果。皮亚杰认为，人的知识来源于动作，动作是感知的源泉，是思维的基础。

但是对于什么是具身认知，学界并没有统一的标准。

Wilson总结概括出具身认知的6种代表性观点：“1. 认知是情境化的，发生在现实世界中；2.认知是实时的，具有时间的压力；3.环境可以帮助我们储存认知信息，在我们需要时供我们使用；4.环境是认知系统的一个部分，认知系统可以扩展到包括身体在内的整个环境；5.认知是为行动的，认知的根本目的是指导行为；6.离线认知是以身体为基础的。即使是在脱离具体环境的条件下，认知仍然受到一定的身体机制的约束。”

国内心理学家叶浩生则指出具身认知的含义可以从三个方面进行理解：“1.认知过程

进行的方式和步骤实际上是被身体的物理属性所决定的。2.认知的内容也是身体提供的。3.认知是具身的，而身体又是嵌入环境的。认知、身体和环境组成一个动态的统一体。”

综上所述，具身认知强调身体、环境在认知中的作用，以及身体与环境的相互作用，重视认知的具身性、情境性与交互性。

（二）沉浸式展陈的内涵

“沉浸体验”，又称“心流体验”，是1975年心理学家米哈里·契克森米哈赖(Mihaly Csikszentmihalyi)率先提出的，指“个体将精力全部投注在某种活动当中，以至于无视外物的存在甚至忘我”。

沉浸式展陈“通过在一定空间范围内的多感官表达，将观众包裹在有别于当下现实世界的特定情境中，使他们产生一种脱离现实生活而存在于‘异世界’的时空错觉”。注重虚拟技术的运用、情境的营造和多感官表达。

（三）具身认知与沉浸式展陈的共通性

1.具身认知的具身性与沉浸式展陈的多感官表达是一致的。在沉浸式展陈中，观众可以通过视、听、触等身体感官，对展示内容进行感知体验。

2.具身理论的情境性与沉浸式展陈的情景营造是一致的。沉浸式展陈通过特定情境的营造，使观众产生一种脱离现实生活的、完全置身于特定情境中的身心体验。

3.具身认知的交互性可通过沉浸式展陈中的虚拟技术运用实现。在虚拟技术支持下，可以构建出具身的、可交互的、虚实融合的沉浸式展陈环境，及时识别参观者的动作与表情等并作出反馈，实现人与环境的动态交互。

二、武汉革命博物馆沉浸式展陈的几种类型

（一）空间环境营造式

通过空间环境的营造让参观者忘记自己所处的环境，沉浸于展陈环境中来感受展示内容。如“纪律建设永远在路上”展览中采用一个独立的小房间营造首届中央监察委员会成立时开会场景，八名监委成员围坐在桌子四周，服饰、家具、用品均按照当时的历史情景陈设，人物表情或坚毅，或忧虑，或思索，使参观者从视觉上感受到首届中央监察委员会成立时的艰难，进而在心理上对委员们在当时的环境下开展监督执纪工作的不易产生共情，产生想要更深入地了解这些历史人物的冲动。这时，观众可通过感应装置触发房间墙壁一侧的通电玻璃，通过视频影像了解委员们的人生历程和革命精神。再如，“武强年画展”展厅采用传统青砖灰瓦民居样式设计，配以木制红漆大门，悬挂着金灿灿的玉米棒、红彤彤的辣椒串和竹制灯笼，使参观者一进入展厅就产生身临其境的沉浸感，更容易接受年画的艺术形式、欣赏年画艺术之美。

（二）虚拟技术体验式

虚拟技术，包括虚拟现实、增强现实、全息影像、互动投影等技术。

虚拟现实“是一个综合数字图像处理、计算机图形学、多媒体、模式识别、网络、人工智能、传感器以及高分辨显示等技术，融视觉、听觉、触觉、嗅觉、味觉感知为一体，生成逼真的三位虚拟环境的信息继承技术系统”。武汉革命博物馆利用虚拟现实技术，积极打造能看、能听、能学、能玩的“全景场馆”，参观者可穿戴专业的VR设备实现沉浸式参观，即可从

空中到地面720度观赏全景展馆，也可像线下观众一样在展厅内部漫游，观看图片、视频资料，听取线上讲解员讲解，并实现翻看、缩放、点赞分享等多种新型玩法。

增强现实是通过手机、iPad等智能设备来增强现实世界观感体验的技术。“请回答1927”就是用增强现实、移动互联、地理信息、智能硬件等技术手段，将实景线路与互动内容一体封装在智能手机内，参观者在智能手机上即可实现沉浸式参观。参观者打开手机即可看到馆藏文物、相关历史人物的虚拟影像，这些影像是被嵌入到环境中的。文物可能是在一幅画中，也可能是在文物柜子里，也可能在某个人的身上，需要参观者去触发。人物可能正在去上课的路上，也可能正在听课或者训练，还可能突然向观众打招呼、问问题。观众在参观过程中需要回答问题才能通过关卡，解锁下一任务地点，最终找到隐藏在教官及学员之中的落后分子。利用增强现实技术让观众与过去对话，让历史重现眼前，将过去与现在紧密相连，有效提高观众的沉浸体验。

全息影像技术是利用干涉和衍射原理，在真空中呈现三维立体影像的技术。“紧急时期的艰难探索”展览中，应用全息影像技术，将中共五大相关的历史影像呈现于半空中，在物理环境的影响下生成一种纵深感，让观众获得沉浸式观感。

互动投影技术通过红外传感器与投影技术的联合应用，实现了参观者与展陈内容在投影区域内的互动，有效突破了静态空间的参观模式。如“纪律建设永远在路上”展览中的“南湖游船”展项，通过实景＋投影＋声音形式，让南湖游船动起来，通过电闪雷鸣调动观众的视觉、听觉，产生中国共产党的诞生是开天辟地的大事变的沉浸感。

（三）情景展演式

情景展演式打破传统的讲解参观模式，通过情景与展演的结合，将历史人物、事件、实物通过知识性、趣味性、观赏性、体验性的表演呈现出来。如“武汉1927”，将1927年前后发生在红巷、都府堤的革命故事，通过实景展演的形式呈现出来。在农讲所教务处，毛泽东等教员们激烈地讨论着当前革命的方向；在大教室，毛泽东手拿《湖南农民运动考察报告》慷慨激昂地给学员们讲课；在大操场，军事教官手拿刺刀、汉阳造为学员们讲授军事知识，进行军事训练，早期无产阶级革命前辈不畏艰险、慷慨激昂的峥嵘岁月仿佛就在眼前。观众不仅是旁观者，也是表演者，他们穿着农讲所学员衣服，跟随专业演员的脚步，时而坐在当年农讲所学员上课的大教室里，专注地聆听老师的授课；时而在操场上排成整齐的队列，在老师的示范下练习冲刺、射击、匍匐前进、卧倒、隐蔽等军事技能；时而坐在膳堂的八仙桌前，吃着陶制碗里盛的稀饭、馒头等食物。通过观看、体验情景剧展演，参观者穿过时光的隧道，回到1927年的历史现场，参与武昌农民运动讲习所学员忙碌而又充实的一天，内心得到启发和触动。

（四）互动参与式

互动参与式沉浸展陈多用于非遗类展览。如“阳新布贴——光谷四小手工作品展”以武汉光谷四小师生共同制作的阳新布贴作品为展示对象，为了体现作品背后的非遗技艺，展览特地邀请了来自光谷四小、粮道街小学、中华路小学等多所小学的40余名学生来到现场，在老师的指导下动手做布贴，让学生通过参与感受到传统文化和非遗的魅力。同时，将小朋友们现场制作的布贴在官方网站上进行集中展示，让参与成为展陈的一部分。再如“宏宣江汉声——汉剧文化展”以汉剧文物为展示对象，为了让文物“活”起来，博物馆特别邀请了汉剧名家到展览现场，为观众表演《宇宙锋》《梁山伯与祝英台》《二度梅》等精彩唱段。

三、具身认知理论下当前沉浸式展陈中存在的问题

（一）情境营造、虚拟现实中缺少与身体的连接

具身认知理论强调，“人类的认识方式受到了身体的制约，身体与环境的互动方式决定了我们认识世界的方式，我们心目中有关客观世界的知识不是一种‘映像’，而是身体及其感觉运动系统塑造出来的”。因而，在沉浸式展陈要注重身体连接的运用。但实际的情况是，当前沉浸式展陈在设计时忽略或弱化了身体连接的作用。如前文提到的首届中央监察委员会成立时开会场景的通电玻璃是自动感应的，“南湖游船”的投影和声音是连续播放的，“紧急时期的艰难探索”的手动开关隐蔽在一个角落里。

（二）感官表达较单一

具身认知理论认为，身体的物理属性会制约认知和思维的发展，身体的温热体验、皮肤的触觉等物理属性的刺激给认知和判断加以重要影响。因此，沉浸式展陈要注重身体的多感官表达。人类的感官包括触觉、视觉、听觉、嗅觉和味觉。与每一种感觉相关的感觉器官向大脑发送信息，帮助我们理解和感知周围的世界。但当前沉浸式展陈大多还停留在视觉、听觉表达层面，触觉仅在一些互动装置中是被允许的，但对嗅觉和味觉的运用处于极度匮乏状态。

（三）叙事模式单一

叙事的当前的沉浸式展陈中，大部分叙事模式都是单一的，如武汉革命博物馆的“全景展馆”只有游客模式，“请回答1927”只能扮演农讲所学员。

（四）互动性不强

具身认知理论认为，“身体的物理过程、身体与外部环境的互动既构成了认知系统的有机组成部分，也限制着行为的可能性，且对认知过程造成直接影响”。

四、具身认知理论下沉浸式展陈的提升策略

（一）身体连接的置入

按照具身认知理论，身体在认知中发挥着关键作用，身体的物理属性、身体与世界的互动方式影响着认知的种类与形式。因而在展陈中，展陈环境与身体的连接方式，影响着观众与展示内容的互动方式，进而影响观众对展示内容的认知。因而，在沉浸式展陈设计时，要注意选择一个“物”与观众的身体形成连接，这个“物”包括材料、设备、工具，甚至展品。将无形的体验拆解为一个个物与身体的连接，身体与物的互动中强化对展示内容的认知。如虚拟现实场景通过控制手柄使观众与虚拟场景形成互动，点击不同的按钮即可进入不同的场景，切换不同的视角。如2016 年成都博物馆举办的皮影木偶展，专门设计了让观众直接使用手柄进行机械拉绳运作的互动方式，进一步激发了在场观众的好奇心，提高了观众对展览的认知程度。

（二）调动多感官体验

调动多感官体验，是通过唤醒观众的视

觉、听觉、触觉、嗅觉、味觉等感官通道，淡化观众与展览环境之间的界限，从而激发观众的好奇心、情绪、记忆等，使观众产生沉浸感。如中国大运河博物馆的沙飞船可以根据当前航行的状态播放不同的画面、听到不同的声音，并且实现船身的左右倾斜，船身两侧还设有液体喷射装置，模拟客船航行溅起的水花及水雾的气味，使观众的感官被充分调动。再如，2015年伦敦泰特美术馆举办的感官主题展，从视、触、听、味等方面调动参观者的感官体验，通过触摸画的内容、听到画中蕴含的情感的声音、闻到画中香水的味道，使参观者多感官感知展品。需要注意的是，根据展陈环境合理选择感官的类别才能搭配出最佳的沉浸效果。

(三)多角度叙事

叙事的本质就是讲故事，即通过角色代入、情境设置和节奏把握，使观众沉浸在一个完整的故事中。如2005年在洛杉矶举办的“图坦卡蒙和法老的黄金时代”巡回展，用一个签名神器把参观者拉入第十八王朝古埃及的旅程，在旅程中体验少年国王的崛起，见证1922年发现的坟墓，了解古埃及的祖先，并探索木乃伊的现代科学分析及困境，参观者可通过展览体验观察员、探险家、发现者、考古学家和科学家等多个角色。武汉革命博物馆“全景展馆”还可以开发策展人、讲解员、文物保管员等故事模式，“请回答1927”可以增设教师、教官、医生、护士、食堂工作人员等角色等模式，通过不同角色的故事代入，增加观众的沉浸感。

总之，在具身认知理论下，博物馆在进行沉浸式展陈设计时，要更加注重情境营造、互动装置和虚拟技术与身体的连接，调动观众的视、听、触、嗅、味等多感官体验，以多角度的叙事使观众完全沉浸到故事中。具身认知理论进一步丰富了沉浸式展陈的内涵，并衍生出新的展陈模式，为观众带来全新的沉浸式体验。

参考文献：

[1] 叶浩生.西方心理学中的具身认知研究思潮[J].华中师范大学学报(人文社会科学版)，2011(4).

[2] (法)莫里斯·梅洛·庞蒂(Maurice Merleau-Ponty)著，姜志辉译.知觉现象学[M].北京：商务印书馆，2001.

[3] 叶浩生.具身认知：认知心理学的新取向[J].心理科学进展，2010(5).

[4] 任琳.从文物艺术到历史故事：我国博物馆展陈设计的叙事趋势、原因与反思[J].东南文化，2021(4).

[5] 张琰，郑霞.浅析观众沉浸感和博物馆沉浸式展示要素[J].东南文化，2022(5).

[6] 梁国伟，袁博.论虚拟现实技术创造的网络沉浸式交互艺术空间[J]，学术交流，2010(12).

[7] 叶浩生.西方心理学中的具身认知研究思潮[J].华中师范大学学报(人文社会科学版)，2011(4).

[8] 叶浩生.有关具身认知思潮的理论心理学思考[J].心理学报，2010(10).

“大思政课”视域下革命类纪念馆实践活动探索
——以武汉革命博物馆为例

熊思宇　武汉革命博物馆

摘　要：习近平总书记关于“大思政课”的重要讲话为革命类纪念馆探索“大思政课”教育教学实践活动指明了方向。本文阐述了武汉革命博物馆坚持以“大思政课”理念为指导，围绕建设“大思政课堂”，搭建“大思政课”平台，打造多种形式的“大思政课”精品课程的实践，以促进博物馆文化育人功能的升华，提升博物馆馆员的“大思政课”理论水平，扩大“大思政课”的传播效应，营造全社会协同育人的良好氛围。

关键词：大思政课；革命类纪念馆；创新实践

一、政风习来“大思政课”理念对博物馆提出新要求

2021年3月6日，习近平总书记在看望参加全国政协会议的医药卫生界、教育界委员并参加联组会时指出：“‘大思政课’我们要善用之，一定要跟现实结合起来。”

“大思政课”是指在思政课中充分挖掘社会生活中的教育元素，运用现实社会生活素材丰富思政课内涵，创新教学方法，以求提高思政课教学效果的做法及其形成的课程格局。它的目的是增强思政课的社会生活内涵，拓展思政课的教育资源、教育场域、教育途径和方法。思政课是培育学生立德树人、培根铸魂的课程，给学生心灵埋下真善美的种子，引导学生扣好人生第一粒扣子。“大思政课”的“大”，指的是时时处处事事都有思政教育的契机，人人皆可成为思政教育的参与者。因此，在“大思政课”教育教学实践中，要调动社会各界力量和资源，形成强大育人合力，推动思政课高质量发展，为培养堪当民族复兴大任的时代新人作贡献。

作为红色资源富集地的革命类纪念馆是“大思政课”社会大课堂的重要一环，积极参与“大思政课”教育教学实践活动，我们责无旁贷。武汉革命博物馆下辖武昌中央农民运动讲习所旧址纪念馆、毛泽东旧居纪念馆、中共五大会址纪念馆、陈潭秋烈士纪念馆、中国共产党纪律建设历史陈列馆等多个革命旧址和红色场馆，是武汉地区红色景点最多、内涵最丰富的红色资源富集区，是全面从严治党的圣地、纪律教育的基地，也是“全国关心下一代党史国史教育基地”。这些丰富的红色资源无疑给我们开展“大思政课”提供了宝贵的条件，因此笔者认为探索“大思政课”教育教学实践活动的创新方式有利于提升博物馆文化育人功能，提升“大思政课”教学的理论性、实践性、针对性和亲和力，为培养堪当民族复兴大任的时代新人开拓新路。

二、守正创新“大思政课”理念下博物馆实践活动课题探索

(一)抓住机遇 强化“大思政课”理念

2022年8月,为深入贯彻落实习近平总书记关于“大思政课”的重要指示批示精神,加快构建“大思政课”工作格局,教育部会同有关部门联合设立首批453家“大思政课”实践教学基地。武汉革命博物馆喜获由教育部办公厅会同国家文物局办公厅联合设立的中华优秀传统文化、革命文化、社会主义先进文化专题实践教学基地称号,是武汉市三家获评该专题实践基地的文博单位之一。为此,馆领导迅速成立专班,召开专题学习讨论会议,统一全馆职工对“大思政课”的认识。馆领导指出,获评全国首批“大思政课”实践教学基地为我馆提出了新课题,指明了发展方向。全馆职工要以此为契机,更新观念,以“大思政课”理念为指导,开发精品思政课程,对品牌社教活动丰富提升,为“大思政课”服务,将高校“小思政课”与红色场馆“大思政课”串联融通,提升博物馆的文化育人功能。

(二)搭建平台 推动“大思政课”建设

武汉革命博物馆高度重视“高校联盟”工作,依托各大高校资源,积极协调各方力量,2023年3月,在武汉市委宣传部、武汉市文旅局的指导下,武汉革命博物馆成立了由武汉大学、华中科技大学、华中师范大学等9所高校的马克思主义学院组成的“武昌高校马克思主义学院联盟”。“马院联盟”打破了原有固定院校间的横向壁垒,为各大高校提供了一个更为广阔的学习交流、工作互动、共融共建的宣讲平台,汇聚力量共同建设“大课堂”、搭建“大平台”、建好“大师资”,从而推动“大思政课”建设。

(三)拓展途径 探索“大思政课”实践

武汉革命博物馆充分发挥全国首批“大思政课教学基地”的文化育人功能,深度挖掘红色文化资源,依托“我在红巷讲党史”品牌IP,推出了一批特色鲜明、类型丰富、示范性强的“大思政课”精品课程,开展了形式多样的思政课教学实践活动,提升“大思政课”教学的针对性、实效性、亲和力和感染力,增强学生“四个自信”,引导学生感悟党的历史,坚定红色信仰,勇担时代使命。

1.红巷里的大思政课

所谓“红巷里的大思政课”,就是把思政课搬进博物馆。一方面讲理论,讲深讲透讲活。每月推出一期思政课程,由高校马克思主义学院教授主讲“红巷思政理论课”。其中第一讲就是华中师范大学马克思主义学院李良明教授主讲的《调查研究是党的传家宝——〈湖南农民运动考察报告〉导读》。这种形式使思政课不仅仅是书本上的理论,更是能够直抵人心、激活希望、培根铸魂、点燃激情的鲜活思想。青少年们在高质量的思政课中接受精神的洗礼、汲取前进的力量,提升了对思政课教学的认同感、接受度和践行力。

另一方面讲故事。由我馆志愿者带来精彩的红色故事,大学生志愿者主讲“红巷青马微宣讲”,中小学生志愿者主讲“红巷苗苗故事汇”。他们讲中国共产党带领全国各族人民砥砺奋进的百年奋斗史;讲无数可歌可泣的英雄人物;讲彪炳史册的时代传奇;讲典型事例和百姓的感人故事……他们在讲好时代故事和中国故事的过程中,充分认识思想之光、实践之果,立志把人生抱负落实到脚踏实地的实际行动中来,把学习奋斗的具体目标同民族复

兴的伟大目标结合起来，立鸿鹄志，做奋斗者。

2. 沉浸式大思政课

为提升思政课的吸引力与引导力，突出思政课身临其境的场景感、真实感和历史感，武汉革命博物馆以“沉浸体验理念”为指导，精心打造了湖北省首部博物馆沉浸式大思政课“武汉1927”。在内容上，“武汉1927”根据不同场馆分为《历史的回望》《都府堤41号》《庄严的宣誓》《星火燎原》等不同内容，各成一体又相互融合。在形式上，以讲解员老师实地解读必要历史背景，大学生志愿者角色扮演，再辅以逼真的服装、道具等，共同通过讲、演、展等方式带领观众进入实景历史情境中，引领观众穿越历史的沧桑巨变。大学生志愿者化身“农讲所学员”、“五大代表”、“革命同志”等，自发自觉地与“毛泽东”、“董必武”、“王荷波”等革命家一起对话交流、同桌学习、情不自禁跟随角色高举右手大声重温入党誓词。通过身临其境的场景感、真实感和历史感，激发他们的爱党爱国情怀，在全方位、立体式的深深“共情”中，深刻感受革命的苦难辉煌，接受理想信念教育的洗礼。

课程融入了真实生动的现实素材，采用了新颖丰富的教学形式，全面调动学生的生理、心理感知经验，从而使学生在学习过程中达到正向积极的心理体验状态，充分发挥学生在学习场景中的主体作用，以此增强思政课的沉浸性、参与性和互动性，引导学生将个人成才之“小我”融入社会发展之“大我”之中，培养作为未来社会主义建设者和接班人的责任感和使命感。

3.“行走”的大思政课

“行走”的大思政课，就是把思政课“送”进校园。我们为中小学生和大学生分别定制两堂课——“红色课堂进校园”和“文艺宣讲进校园”。

“红色课堂进校园”是由社教老师送课到学校、到班级。社教团队以青少年熟悉而又陌生的革命烈士、伟人领袖为切入点，精心策划、开发系列“红色课堂”思政课程，采用菜单式点课模式，分为朗读体验课、诗词鉴赏课、表演体验课、手工制作课、音乐体验课等，内容包括《夏明翰的三封家书》《毛泽东在武汉》《红色家风代代传》《国旗与国歌》《人民的好总理——周恩来》《接毛泽东上井冈山的人》等十余门课程，线上线下同步送课进校园。“红色课堂”送课进校，让学生们在课堂上听红色故事、演红色剧目、诵红色信件、唱红色歌曲，将敬党、爱党的红色种子根植于心田。

“文艺宣讲进校园”是社教老师送“文艺展演”到高校。它打破传统单一理论宣讲形式，依托革命文物，紧扣时代热点，融入红色经典音乐、舞蹈、诗词、影视、舞台剧等文艺形式，由武汉革命博物馆教育专员、文艺院团的专业演员和老、青、少三代志愿者组成“讲演”团队，推出了《党的纪检先驱——王荷波》《永不消逝的电波——李白》《狱中八条：血与泪的嘱托》《无声的告白——中国核潜元勋黄旭华》等10余个文艺宣讲节目。课程坚持“走出去”，陆续走进武汉市各大高校，同时面向全社会持续推进“五进”活动，线上线下同步宣讲，生动传播红色文化，让红色教育走进青少年、党员干部和广大群众的“心头”。

4. 研学的大思政课

武汉革命博物馆为培养中小学生和大学生志愿者分别开办了“红巷苗苗研学营”和“红巷青马训练班”创新研学项目，已形成一套兼具科学性、系统性、可持续性的常态化成熟培养模式。

⑴红巷苗苗研学营

"红巷苗苗研学营"研学项目每年寒暑假举办一期，面向武汉市各中小学招募志愿者，经过面试选拔、专业课程培训、讲解词考核等流程，上岗为观众提供义务讲解志愿服务。引导广大中小学生积极践行社会主义核心价值观，加强爱国主义教育，实现学校教育与博物馆教育资源的有效衔接，构建具有均等性、广覆盖的中小学生利用博物馆学习的研学机制。

研学营采用沉浸式、启发式、体验式等教学方法，设计出兼具实用性、趣味性和知识性的特色课程，已形成一套完整、规范的教学体系和宣传体系。研学课程涵盖发音、形体、礼仪、红色文化、红色音乐、手工制作等内容，全面提升"红巷苗苗"的综合素质，聚焦立德树人，把思想政治放在首位，将思政小课堂融入社会大课堂，从"课内教"向"课外延"，在实地体验中感受革命文化的深厚力量。

⑵红巷青马训练班

武汉革命博物馆与武汉大学、华中师范大学、中南财经政法大学等武汉30余所高校共建了思想政治理论实践教学基地，建立大学生志愿者信息库，每年9月开学季定向招募各大高校学子，参加"红巷青马训练班"培训。该培训体系完善，内容涵盖岗前培训、岗位培训和专家培训等思政课程。岗前培训包括职业道德、工作规范、服务礼仪以及博物馆基础知识。岗位培训即对志愿者服务岗位的针对性培训。专家培训即博物馆安排馆内外各领域专家对学生进行思政课专业培训。"红巷青马训练班"有效搭建起了学校思想政治教育与社会思想政治教育的桥梁，让大学生志愿者在实践中长见识、增才干。

三、与时俱进"大思政课"视域下博物馆探索仍有很大空间

武汉革命博物馆坚持与时俱进、守正创新，通过对"大思政课"创新教育教学实践活动的探索，促进了博物馆文化育人功能的升华。对于博物馆馆员来说，加深了对"大思政课"理论的认识，提升了思想政治素养，转变角色成为高校"大思政课"的校外"思政教师"。对"大思政课"实践活动的受众者来说，他们对博物馆的需求从娱乐休闲逐渐转变为涵养品行、提升自己。同时这些受众者也在"大思政课"的理念下成为"参与者"，广泛参与到全社会思政育人的体系中，继续将"大思政课"的"火种"传播出去。

目前，我们依旧在思考，在"大思政课"视域下博物馆教育功能的发展方向。探索"大思政课"创新实践新路子，我们还有很多工作要做。例如：

一要锻造一支本领过硬的专业队伍，着力提升全馆职工的思政素养。讲解员、陈列部馆员、保管部馆员要协同发力，精修细研、学深悟透，融会贯通把握党的创新理论精髓要义。

二要不断优化"大思政"课程体系，全力以赴打造"大思政"系列精品课程。要把功夫用在精雕细琢上，既要打造人无我有之"特"，更要力求人有我优之"精"。

三要做好教学资源的精准配备，加大内容供给，全方位协同发力，发挥好知识型人才的想象力和推动力，用不同类型和层次的教学资源和教学案例精准回应思政课教学中的不同问题。把文博人的智慧和力量融入思政课堂之中，让现实生活成为思政课丰富的源泉，形成一种人人思政、时时思政、事事思政的社会

风尚。

参考文献：

[1] 杜尚泽.“大思政课”我们要善用之(微镜头 · 习近平总书记两会“下团组”· 两会现场观察)[N].人民日报，2021-03-07(1).

[2] 冯秀军.善用“大思政课”的三个维度[J].思想理论教育导刊，2021，(8).

[3] 沈壮海.“大思政课”我们要善用之：思考与探索[J].思想政治教育研究，2021，(3).

[4] 习近平.思政课是落实立德树人根本任务的关键课程[J].求是，2020，(17).

[5] 习近平在全国高校思想政治工作会议上强调：把思想政治工作贯穿教育教学全过程开创我国高等教育事业发展新局面[N].人民日报，2016-12-09(1).

[6] 许瑞芳，张宜萱.沉浸式“大思政课”的价值意蕴及建构理路[J].思想理论教育导刊，2021，(11).

[7] 徐晓明.构建“大思政”育人格局(新论)[N].人民日报，2019-10-08(5).

[8] 叶方兴.大思政课：推动思想政治理论课的社会延展[J].思想理论教育，2021，(10).

[9] 赵春玲，逄锦聚.“大思政课”：新时代思政课改革创新的重要方向和着力点[J].思想理论教育导刊，2021，(08).

[10] 朱旭.“大思政课”理念：核心要义、时代价值与实践路径[J].马克思主义理论学科研究，2021，7(05).

博物馆文化教育高质量发展的研究

叶俊　武汉革命博物馆

摘　要：如今我国经济取得高速发展，人们的物质生活得到极大改善，同时人们对精神生活的需求越来越高，我国正在建设文化强国，正在对公民开展文化教育。在文化教育中，博物馆发挥着重要的职能，博物馆是人类社会文化发展的产物，在人类文明中占有一席之地，从整体上看，博物馆具有教育、研究和收藏三种功能，发挥出文化教育功能是当代博物馆的神圣使命。在新时代，发挥出博物馆的教育功能，能够加强爱国教育，能够弘扬民族精神，更能强化人们心中的文化与科学观念，提升人们的科学与文化素养。因此，本文就博物馆文化教育的高质量发展创新性研究进行阐述，并提出一些完善的措施，希望能带来帮助。

关键词：博物馆文化教育；高质量发展

我国有着五千年的历史文化，这些文化博大精深，源远流长，需要我们继承和弘扬。博物馆是记录历史与文化的重要载体，博物馆中储藏着各种前人留给我们的文化财富，需要我们认真研究。如今我国正在进行社会主义精神文明建设，提倡文化自信和制度自信，因此需要弘扬中华优秀文化，认真开发博物馆，挖掘出博物馆的多重职能。博物馆具有不可替代的文化教育功能，是学习优秀文化最合适的场所。因此，要想深入探究博物馆文化教育职能，需要站在高质量发展以及创新性的角度，对其进行分析。

一、博物馆文化教育功能阐述

（一）博物馆文化教育功能简介

传统的博物馆展览不光能满足人们的好奇心，提升人们的审美能力，而且在文化传承中发挥出重要作用。如今在信息技术背景下，博物馆职能被不断延伸，通过展览，将各种风格的展品集中在一起，用于反映社会现象和文化现象，并使人们了解到更多的文化知识，提升人们的文化修养，这就是文化教育功能。如今不少博物馆文化教育功能一般是以服务教育的形式展开的，并将服务教育的展览内容、文化的传播等视为一种常态现象。随着博物馆文化教育和社会科技的进步，可以多元化开展各种教育活动，新时期的博物馆必将随着文化教育功能的高质量发展变得更加完善。

（二）博物馆文化教育特征

博物馆的文化教育比较特别，和别的文化教育比较，其特殊性体现在能够与别的文化教育互补，互为借鉴，更能够拓展其他教育形式，使其更加完善。在欧美国家，不少博物馆变成了人们长久学习的场所，有效发挥出了文化教育职能，提升了整体国民的文化素质。从整体来看，博物馆文化教育特征包含三个方向：首先，教育的直观性，博物馆能够直观展示实物。博物馆能集中珍藏一些著名的文化实物，并将其展览给观众，这种形式更加生动形象，观众也会充满兴趣。此外如今3D、VR等高科技的应用，也能给人们带来较好的体验，能更好地普及文化知识，更好地开展爱国教育。其次，文化教育特征还具有开放包容性，如今的博物馆开放性更强，人们能够自由进入馆内，不受外界限制，任何人都能参观游览博物馆，来获得自己需要的文化知识，提升自己的文化素养。最后，博物馆自由开放还体现在其不但能够开馆展览，更能够“走出去”，可以根据不同地区不同的需要，有计划地设计各种展览方案，还能够按照社会的需要，对外公布博物馆展览的内容、展览的形式和相关日程，使得外界群众第一时间了解到各种信息，从而让大家做好准备。博物馆文化教育的最终特征是能够实现快乐教育。所谓快乐教育就是能让观众在一种愉快的氛围下去学习和体验，观众能从中获得乐趣，实现学习目的。如今随着科技的发展，各种新型手段不断被运用，互动、游戏、体验式问答等方式都能够使博物馆职能变得丰富多彩。大家能够全身心地去体验博物馆的文化底蕴。因此可见如今的博物馆文化教育特征更加完善，能满足广大人们的需求，为人们带来便捷。

二、博物馆文化教育高质量发展的意义

（一）突破了传统的单一媒介

从当前博物馆的拓展功能来看，博物馆展览比以往更加丰富，以往是单一的展览，通过展览和解说的形式开展文化教育。如今的博物馆更加注重体验性，在展览的基础上加入了一些体验环节，尤其做一些沉浸式表演以及运用各种先进的信息技术，将观众的视觉、听觉、触觉等充分调动，让观众享受到一场丰盛的文化大餐。

武汉革命博物馆在沉浸式参观学习方面，通过“体验式教学”、“线上线下互动交流”等多种组合模式，充分挖掘红色文化资源，积极开展以革命文物为支撑的红色研学活动，创作开发了湖北省首部博物馆沉浸式思政课“武汉1927”，实地还原了1927年大革命前后发生在武汉红巷、都府堤红街的革命故事。参观者变身为“武昌农讲所学员”“中共五大代表”步入历史情境中，深度体验、互动演绎，切身感受慷慨激昂的峥嵘岁月。同时，课程采取线上线下联动模式，全方位、广覆盖、多维度宣传红色文化，进一步增强党史学习教育引领力、感染力、影响力，让博物馆成为党性锤炼的生动课堂，让党史学习教育走近党员、走近群众、走近青少年，进而厚植爱党、爱国、爱社会主义的情感，让红色基因、革命薪火代代传承。这种高质量具有创新性的教育方式让观众更加能够身临其境地去学习和探索，有效地发挥了文化教育的功能

（二）能开展专业性文化活动

对于博物馆来说，开展文化活动是一种主要的教育形式。但是在这种形式下继续延伸，往往会受到外界的一些限制，例如一些实物藏品比较特别，不适宜于开展活动，直接面对人群。因此应当设定具体的文化教育目标，根据博物馆展品的种类开展活动，例如对于一些珍贵的展品，可以利用先进的信息技术进行VR解说，集中组织观众群体观看；此外还应引进一些新型的文化教育资源，使文化活动更加丰富。

三、博物馆文化教育高质量发展策略

（一）运用信息技术在互联网开展文化教育

博物馆文化教育的高质量发展需要新时代互联网和各种信息媒介的结合。如今，互联网＋博物馆已经变成了提升博物馆发展质量的重要策略。运用信息技术能够打破时间和空间的界限，能够让博物馆的文化教育功能向多个方向延伸。过去博物馆文化教育具有一定局限性，这种局限性表现在文化教育人员配比不合理，文化教育形式不丰富，文化教育地点选择不合理等等。如今互联网技术能最大限度参与博物馆文化教育，运用互联网技术，能创新文化教育内容，能完善文化教育职能，能淘汰过去旧的教育形式，能开创新型教育形式。此外还能普及、推广一些博物馆成功的经验和模板，不断提升博物馆文化教育的能力。例如在建筑学和历史学领域，运用互联网的便利和优势，可以构建更加开放和包容的平台，实现高质量发展。

在互联网＋博物馆文化教育中，应当从以下几个方向做起：一是应当将公益性和公平性视为教育的主线，将互联网作为重要途径，一方面，共享博物馆内部资源，提升博物馆内部资源的利用质量；另一方面，应当根据当地文化教育的实际情况，运用互联网技术扩充文化教育内容，并不断完善教育形式，这样，不仅能够发挥博物馆文化教育功能，更能弥补相关教育中的错位与缺失，从而建立起完善、广泛、高质量的文化教育体系。二是运用互联网＋博物馆文化教育模式提升人们的文化兴趣，运用兴趣激励的方式让群众能自发参与到教育活动中，从而实现最终的教育效果。比如，博物馆应当运用先进的互联网技术搜集并整理相关信息，并了解群众的兴趣爱好，根据大数据呈现的结果，制定标准的文化教育方案，创立新型的文化产品等，最终形成系统完善的体系，从各个方面加强教育。在搜集与处理信息的进程中，博物馆应当运用各种途径，如网络APP等了解群众的内心想法，了解群众关注的点，并将这些信息经过系统的汇总和分析，最终使博物馆完善地制定各种方案，有效地吸引观众。三是在互联网＋博物馆文化教育活动中，一方面应当运用文字信息的形式和文物图片的形式加强教育，一方面应当运用互联网的声光电技术加强讲解，对各种文化内容进行详细解读，让群众体验更丰富。同时，也应当使用信息技术将一些晦涩的文化内容转化为生动的内容，让群众加深理解。这种文化教育模式能够不断拓展受众范围，有效传播文化资源，能满足不同群众和不同受体的需要，使文化教育形式更丰富。

（二）丰富文化教育主题

文化教育作为博物馆的重要职能，应当设定并明确主题，让文化教育主题丰富多彩，文化主题是教育的前提和基础，能为接下来的工作确定方向。首先，应在文化教育背景下有效取舍主题，设计一些能满足不同群众爱好的教育主题，这样更具有针对性，不同的群众都能在博物馆内找到其喜欢的主题，从而满足不同受众的需求。其次，应当将过去展览内容繁杂，不成体系的博物馆转变成一个新颖的，能够激发观众兴趣，能引起思考的新型教育基地。例如，为实现主题化，将博物馆内部藏品和对应的文化事件和历史事件进行整理，让其以生动活泼的形式展现出来，并满足人群的需求。这样才能激发观众的思想和精神共鸣。同时，应深入挖掘一些历史趣事和著名典故，从多个维度为观众展现出来。

一是应按照受众年龄，设置各种主题文化教育活动，针对年龄比较小的群体，博物馆应当举办“传统文化课堂”活动。在这类主题教育中，应当设计丰富的内容，让受教育群体在体验和实践的过程中了解传统文化的博大精深。二是在博物馆内展示文化，如邀请一些民间艺人到博物馆进行操作与展示，一些年龄较轻的群体对这类事物具有好奇心，将这些实践活动引入进来，能够激发青少年的兴趣，实现文化教育与普及。针对一些年龄较长与受教育程度较高的受众，可以将文化教育活动的主题变得更加复杂，在必要时进行知识延伸，因为这类群体思维成熟，解决问题的能力较强，他们能够自主学习和探究，不断加深自己的理解。

博物馆文化教育还应当与其他教育形式结合，如将其引进到校园中，在校园教育中渗透。博物馆是历史的见证者，将其融入校园具有得天独厚的优势，这样有利于提升学生的文化自信，使其形成强烈的爱国主义精神。优秀的传统文化能够开拓学生的视野，能够拓展学生的认知能力，让学生养成综合分析和解决问题的能力；同时还能让博物馆实现二次利用，博物馆自身的职能也更加丰富，博物馆教育不再机械和僵化，相反，其更加灵活，更加有意义。

（三）与校园教育融合

在将博物馆文化教育与校园教育融合时，需要掌握相应的方法，博物馆文化教育应全面融入到校园课程中，为校园文化教育提供丰富多彩的素材。首先，博物馆应当构建文化资源共享体系，应当通过明确的途径，与学校共享一些先进的资源，将这些资源带入到校园课程中，让学生系统地学习。二是，博物馆应当根据当前校园文化教育的真实需要和实际情况，创新文化内容，尤其应加入一些有教育意义，有思想性的内容。毕竟校园教育是我国教育的重要组成部分，我国在教育政策方面比较精确，因此加入优秀内容可以丰富学生的文化内涵，提升学生的综合素养；博物馆应当严格根据整体的教育政策实行，博物馆应当借鉴先进的教育制度和教育政策，同时，应当运用先进的文化优势，弥补校园教育的缺失，不断提升博物馆价值。此外，还应按照校园文化教育内容，创造丰富的活动，为校园文化教育提供较好的场所。

武汉革命博物馆立足红色阵地，配合学校基础教育，于2015年正式推出“红巷苗苗研学营”品牌社教项目。项目每年寒暑假举办，目前已培养2000余名“红巷苗苗”青少年志愿讲解员。在经历专业课程培训和严格的考核后“红巷苗苗”们持证上岗，在红色旧址为五湖四海的观众讲红色故事、唱红色歌曲、为观众导览、开展主题活动，累计接待观众7万多人，提供义务讲解3000余批，真正诠释了“小身材、大能量”。苗苗们还活跃在各自的学校里，活跃在红领巾讲解员的队伍里，真正成为红色精神的传承者、红色文化教育的传播者。“红巷苗苗研学营”品牌社教项目受到学生、家长和社会各界的广泛赞誉，荣获“湖北省优秀志愿服务项目”。武汉革命博物馆于今年3月开办春季班，又吸纳了近50名“新鲜血液”加入志愿者团队大家庭，开启志愿服务之路，成为博物馆志愿服务不可或缺的力量。博物馆与校园开展联动式教育案例表现出了博物馆文化教育的创新性、高效性。

（四）加强人才建设和经费投入

博物馆文化教育应当投入大量的经费。相关政府部门应当成立专项资金，投入大量的活动经费，避免因缺乏经费影响博物馆功能。同时，还应调动各界力量，不断拓展经费来源，弥补财政压力。此外，还应培养优秀专业人才，让博物馆工作人员具备较强的文化素质，使其意识到文化教育功能的重要性，博物馆应当引进复合型人才，尤其应引进一些专业知识既丰富，又具备较强信息化能力的人才，为博物馆的文化教育提供诸多保证。此外还要加强对人才的培训，尤其应使其掌握最先进的文化教育理念，使博物馆人员能提升服务能力，满足观众的需求，不断提升博物馆经营与发展质量。最后，还应优化博物馆人才培养方案，按照馆校结合的方式制定标准的人才培养计划，建立完善的人才制度，打造能力较强的高素质人才队伍。

如今我国正在建设社会主义文化强国，博物馆作为文化传播的载体，应当主动肩负起责任，不断开拓创新，不断加强高质量发展的研究，运用多重策略，加强文化教育，让文化教育形式更加丰富，更能满足社会大众的需要，不断提升大众的文化素质。

参考文献；

[1] 孟胜兵.博物馆文化教育功能的拓展性研究[J].艺术科技，2017，30(10):133+230.

[2] 刘亚楠.博物馆文化教育功能发挥与学校互动机制构建——以渭南市博物馆为例[J].延安大学学报(社会科学版)，2022，44(2):123.128.

[3] 余日季，蔡敏，蒋帅.基于移动终端和AR技术的博物馆文化教育体验系统的设计与应用研究[J].中国电化教育，2017(3):31-35.

[4] 乔红伟.论博物馆文化教育功能的拓展性[J].智库时代，2019(44):233-234.

[5] 陈玲，唐梦凡.博物馆文化教育与大学生创新活动的对接融合[J].哈尔滨职业技术学院学报，2019(4):73-75.

资源融合促进博物馆可持续发展的实践与研究

——以武汉革命博物馆为例

余青　肖瑶　武汉革命博物馆

摘　要：博物馆事业高质量发展之路，首先就是一条融合创新发展之路。为响应国家“宜融则融，能融尽融”的文旅发展指导方针，武汉革命博物馆以“内部高效融合，外部精准拓展”为主基调，通过博物馆馆内资源的融合及博物馆内外资源的融合，不断完善自身内驱力，充分提升和发挥社会影响力，以实现博物馆可持续性发展。

关键词：资源融合；武汉革命博物馆；可持续；实践

党的二十大报告中提到文化一词近30次，博物馆作为文化事业的重要组成部分，承担着艺术观赏、科学研究、教育推广和文化传播等多项功能，是公共文化服务和旅游发展的重要载体。在“博物馆＋时代”的当下，满足公众对多元文化日益增长的需求，促进文化多样性，推动博物馆职能拓展，加强博物馆跨界融合，多方联动，实现资源共享，可持续发展，是当下每一座博物馆正在探索的命题。

近年来，国内外关于博物馆资源融合方面的研究已经十分成熟，在国家倡导“宜融则融，能融尽融”的文旅发展指导方针下，国内大多集中在博物馆与旅游业、科技、档案馆、图书馆等行业间的跨界研究，而国际上，国际博物馆日的主题一直都在讨论和推动博物馆跨界融合的观点和研究，如：2020年主题关键词“多元和包容”、2021年“应对各式各样的挑战，恢复和重建”、2022年“博物馆的力量”、2023年“可持续发展与美好生活”等等。2022年8月24日，国际博物馆协会官网发布信息，正式公布了博物馆的新定义：“博物馆是为社会服务的非营利性常设机构，它研究、收藏、保护、阐释和展示物质与非物质遗产。向公众开放，具有可及性和包容性，博物馆促进多样性和可持续性。博物馆以符合道德且专业的方式进行运营和交流，并在社区的参与下，为教育、欣赏、深思和知识共享提供多种体验。”由此可见，国际国内对博物馆的可持续性、包容性的要求越来越明显。

武汉革命博物馆是武汉地区红色景点最多、内涵最丰富、资源保护最早、知名度最高的红色旅游资源富集区，现已成为全面从严治党的圣地、纪律教育的基地和红色旅游的胜地。作为武昌的红色名片，为了不断满足公众需求，响应国家号召，武汉革命博物馆一直致力于各方资源的融合，充分发挥自身红色资源优势，融合各方资源，促进博物馆可持续发展。武汉革命博物馆关于资源融合促进博物馆可持续发展的实践与研究主要体现在馆内资源的融合和馆内外资源的融合两大方面。

一、馆内资源的融合

为充分利用自身的优势资源，武汉革命博物馆从人员调动、部门职能变化等多方实践打破传统思维和壁垒，实现馆内资源的有效融合，促进博物馆工作的高效发展。

馆内资源融合主要包括个人、部门职能以及各个部门间相互融合，在内部管理、人才机制、运营方式、服务载体设置等方面打破传统思维，勇于突破部门与部门、人与人的区隔，互融互通，真正实现内部高效融合，提升博物馆事业发展的内驱力即活力。以馆内融合实现人员的一专多能，优化部门职能、工作模式，开创内部协作、高效运转的博物馆运行体系，提升博物馆整体形象。其中包括采取轮岗的方式，加强人员岗位的变动，宣教部牵头聚集各项工作等方式，体现部门职能的优化。

（一）实行人员轮岗制

为培养多元化人才，武汉革命博物馆从2022年开始实行轮岗制。所谓轮岗制是在不影响原部门工作的前提下根据工作人员的特点和优势通过调动部门和岗位的方式补充其他部门的不足之处。比如武汉革命博物馆宣教部是馆内的一大业务部门，每年讲解、社教活动等工作做得非常出色，但是为了加强宣教部宣传、文字等方面的工作，同时也为加强宣教部的讲解研究，在经馆领导讨论后最终将原属于保管部的个别工作人员调入宣教部，一方面给宣教部增添活力，另一方面也能培养一专多能的人才。除此以外，原属于陈列部的工作人员也有调入宣教部、办公室等情况。人员的轮岗制是武汉革命博物馆内部人才资源融合的重要体现，更好的刺激了工作人员的工作劲头。一方面是给工作人员发展的空间和机会，另一方面也是充分发挥了各自的优势，让年轻人走出舒适圈，不断挑战自我的同时也更能促进博物馆可持续发展。

（二）部门职能的拓展

人们对于博物馆部门职能的认知已经固定化，而就是因为这种固化思维让本身不够活跃的博物馆变得更沉闷，为了活化红色资源，也为了让博物馆更具活力和生命力，武汉革命博物馆勇于打破常规和固有思维，转变部门职能，增添危机感，让部门工作更具创新性。武汉革命博物馆有三大业务部门，包括保管部，日常工作主要围绕文物的征集、保管与利用研究上，陈列部的常规工作是举办展览，而宣教部的日常工作是宣传教育、社教活动等，大家各司其职，有贡献也有局限。

为了加强部门间的合作，实现馆内资源的共享与合理利用，武汉革命博物馆保管部在利用自身优势（馆藏文物）的前提下制作展览，包括前期的选题、中期的展览大纲到后期的展陈都由其部门自己独立完成，虽然由于经验不足和时间紧张的问题，最终是通过图片展的方式呈现的，但是这也是保管部转变部门职能的第一步，同时也让保管部初步了解了举办展览的过程，更加了解其他部门的工作内容和情况，促进以后工作合作的顺利开展。宣教部一直是武汉革命博物馆的重要部门之一，在开展各类活动中缺少创新性和可持续发展性，比如常规展览的内容固定后就缺乏生气，因此为了更好吸引观众，也为了加强红色故事的挖掘，除了常规职能外，宣教部还拓宽本部门职能，越来越重视文物背后故事的挖掘和研究工作，让讲解内容更有深度和温度。陈列部的工作局限也在于缺乏创新性和可持续性，为了创新展览形式、挖掘展览内容，也为了提升陈列部的研究水平，武汉革命博物馆在陈列部原有基础上分裂出新的部门——编研部，一方面是对人才资源的排列组合，另一方面也是创新部门职能，加强陈列部的研究职能。

不论是人员岗位的变动还是部门职能的拓展，都是为了加强复合型人才的培养，通过内部资源的整合达到博物馆可持续发展的目的。

二、馆内外资源的融合

这部分是以博物馆为主体，通过与高校、共建单位、家庭、其他社会主体积聚理念共识，融合各方资源，深化主体合作，产生行为共振，实现共同发展。从教育培训、旅游、文创研学等多方面着手，延伸博物馆触手，探索实践博物馆的创新性发展之路，实现深度经营，彼此双赢。

（一）博物馆与高校的融合

武汉革命博物馆提供红色场地邀请高校老师到我馆讲授党课。这样能打破博物馆单向输出的模式，同时利用高校老师积累的丰富的研究成果，一方面更具说服力，另一方面也是给博物馆及观众学习更专业准确的知识，弥补博物馆在研究方面的不足。为了吸引青年学生的加入，除了教师以外，我们还准备邀请优秀的大学生来我馆讲课，这样也能促进博物馆年轻化发展。武汉革命博物馆将自身的红色资源与高校的研究资源相融合，以崭新的方式宣传党史教育，扩大了党史教育的宣传渠道和受众群体，更能体现红色博物馆的职能。

（二）博物馆与共建单位的融合

为响应国家号召，武汉革命博物馆近年来与多个单位签订了共建协议，双方利用各自的优势为对方提供发展便利。为了更好利用共建单位的资源促进博物馆可持续发展，武汉革命博物馆以红色场馆为阵地，为共建单位人员提供讲解、展览等资源的同时邀请共建单位选送优秀党员加入我馆的志愿者团队中，参与到我馆的日常讲解和社教活动中。2023年，中国农业银行研发中心武汉研发部在观看了武汉革命博物馆举办的“信仰铸忠魂——中国共产党首届中央监察委员会成员专题展”新展后想拍摄相关视频，于是在博物馆的建议下，该单位选送了16名优秀党员，经过我馆社教老师的专业培训、筛选，最终有12名成员进入到我馆志愿讲解队伍中，从事讲解和宣讲服务，他们从原来的受众者转变为传播者。这种吸收共建单位人才资源的方式也是资源融合、合理利用的新型模式。在壮大武汉革命博物馆志愿者团队的基础上创新了红色文化的传播渠道。

（三）博物馆与家庭的融合

为引导青少年培育和践行社会主义核心价值观，抓好青少年党史教育，传承红色基因，武汉革命博物馆社教团队充分利用旧址优势、展览资源，在每年的寒暑假开办“红巷苗苗研学营”，通过自愿报名、严格选拔和为期一周的培训，最后考核合格上岗讲解。研学营针对青少年认知特点，结合博物馆丰富的红色资源，采用沉浸式、启发式、体验式等教学方法，设计出兼具实用性，趣味性和知识性的特色课程。丰富的教学内容，尽情展现苗苗们的风采，全面提升“红巷苗苗”的综合素质。自2015年上线以来，武汉革命博物馆已培养了2000名“红巷苗苗”，他们成为武汉革命博物馆的特色志愿者团队。为更好地融合家庭资源，武汉革命博物馆在培养“红巷苗苗”的基础上鼓励家长也参与到志愿讲解中，形成特色的亲子讲解，一方面能促进家长与孩子的相互协调帮助，另一方面也会形成讲解特色，增加观众的兴趣。

（四）博物馆与其他社会主体的融合

前面三方面资源的融合重点体现博物馆“引进来”战略，博物馆通过立足自身的红色资源吸引外部资源的加入，而博物馆与其他社会主体的融合体现的则是博物馆“走出去”战略，这部分主要体现在“五进”上，包括进社区、进企业、进农村、进军队、进学校。一方面以协作企业为阵地开展活动，包括举办展览、讲解、宣讲、座谈、研讨等活动；另一方面整合企业资源促进社区和谐发展，通过博物馆“走出去”，加强资源的融合。

三、结语

随着全国各地掀起的红色文化热潮，红色教育、红色旅游等一系列红色形式不断涌现并成为焦点。迈入新时代，红色文化资源受到党中央前所未有的重视，被提升到新的高度。党的二十大报告中指出，以社会主义核心价值观为引领，发展社会主义先进文化，弘扬革命文化，传承中华优秀传统文化，满足人民日益增长的精神文化需求。在“互联网＋”时代，博物馆应当发挥阵地资源优势，围绕“政府主导、群众主体、社会参与”的工作思路，多元融合，推动全社会力量参与博物馆体系建设和行业融合发展，引导博物馆行业从封闭向开放转型，从单向、静态传播向互动、融合传播转向。

不管是馆内融合，还是馆内外融合，都有利于打破信息壁垒、资源壁垒，提高博物馆的综合竞争力和影响力，推动博物馆事业发展。武汉革命博物馆不断在实践中探索，在研究中创新，希望融合各方资源创新博物馆职能，给其他博物馆以借鉴的同时促进自身可持续发展。

参考文献：

[1] 张天玉.旅游业与博物馆的融合与发展[J].中原文物，2000(6):71-73.

[2] 白艳.博物馆与城市旅游业融合发展态势及互动关系研究——以呼和浩特市地方博物馆为例[J].内蒙古财经大学学报，2021(6):136-140.

[3] 张阳阳，郭雨露，杨文静，喻寒莉，康金倩，程丛喜.文旅融合背景下博物馆旅游创新发展研究[J].武汉轻工大学学报，2021(4):66-70.

[4] 赵迎芳.论文旅融合背景下的博物馆旅游创新发展[J].东岳论丛，2021(5):14-22.

[5] 田建荣，王斌儒.基于VR技术的“西路军虚拟博物馆”的交互融合设计[J].甘肃科技，2022(14):96-99.

[6] 张腾.博物馆展览与多媒体技术的有机融合探索——以沧州博物馆为例[J].文化产业，2022(36):108-110.

[7] 刘家真.我国图书馆、档案馆与博物馆资源整合初探[J].中国图书馆学报，2003(3):36-38.

[8] 何东蕾.文旅融合背景下对中国博物馆发展的思考[J].中国博物馆，2019(4):112-117.

[9] 苗宾.文旅融合背景下的博物馆旅游发展思考[J].中国博物馆，2020(2):115-120.

论博物馆纸质文物资料可持续性化

——以武汉革命博物馆为例

张锦 武汉革命博物馆

摘　要：本文以笔者所在博物馆单位纸质文物资料现状为基础，叙述了纸质文物资料可持续性化的必要性，并提出纸质文物资料可持续性化方式，指出纸质文物资料可持续性化的意义，以期进一步提升纸质文物资料管理水平，实现博物馆纸质文物资料可持续性发展。

关键词：纸质文物资料；可持续性化；数字化；仿真件制作

纸质文物资料可持续性化指的是利用数字化手段、文物保护技术等科技对纸质文物资料开展保护和利用，以实现纸质文物资料可持续性发展。主要是纸质文物资料保护与修复、仿真件制作、纸质文物资料数字化等方式。

一、纸质文物资料现状及可持续性化的必要性

鉴于纸质文物的脆弱性和敏感性特征，加之革命类纸质文物在近现代动荡的社会历史条件下应运而生，很多文物的原始保存条件十分恶劣，我馆依托库房现有设备及装具，进行温湿度控制及病虫害控制工作，以更好地保存纸质文物。

1940年，巴罗以实验确认纸张中的酸性是导致纸张劣化的主要原因，酸性物质会加快纸张纤维的水解反应，使纸张催化变色，加速纸张老化，机械强度下降甚至发生脆裂。近现代纸张文献是我国从传统印刷向机械印刷过渡时期的产物，造纸中使用的机械磨浆纸和酸性化学纸张，机械印刷中使用的化学酸性油墨等使生产的纸张酸性严重，机械纸的保存情况较手工纸差很多。

我馆所藏纸质文物大部分属于民国时期，出现焦脆、碳化、霉渍等情况，有些封皮脱落、装订线断损，书页翻动时出现掉渣、裂口、破碎等情况，如任其自然发展下去，将造成无法挽回的损失。

二、纸质文物资料可持续性化的方式

（一）无酸纸保护

无酸纸是很重要的一种馆藏文物保护载体。无酸纸有以下优点：不含酸性物质，不会因为酸性迁移对文物造成酸性损害；纸中的缓冲剂可以中和纸张文物中的酸性成分，同时，能缓冲环境中酸性气体对馆藏品的侵蚀，以此延长纸质文物寿命，起到更好的保护文化遗产的作用，是一种日常性养护措施。

1.评析保存环境

武汉市属亚热带季风性（湿润）气候，具有常年雨量丰沛、热量充足、雨热同季、光热同季、冬冷夏热、四季分明等特点。本馆库房是依托武昌农讲所原有建筑设计建造的，库房保

存环境无法实现完全的现代化和科技化，纸质文物资料保存条件有待进一步提升。

2.量体裁衣

本馆工作人员对纸质文物进行盘点，立足纸质文物现状，测量文物的外形尺寸，自己制作无酸纸袋，对库房中2000余件/套纸质文物藏品进行基础性保护。无酸纸袋作为装具，充分凸显出其优异性，既简洁又美观，既坚实又轻便，能有效缓冲文物保存微环境波动，预防性保护效果突出。

（二）数字化保护

1.确定数字化资料

由于纸质文物资料数量繁多，不可能在短时间内全部数字化，因此，在纸质档案数字化进程中，应对馆藏纸质文物资料的结构进行认真分析和研究，做到有所侧重和有所选择，按照轻重缓急程度，对保存价值高或使用频次高的访谈、回忆资料以及上级文物资料优先数字化，然后根据纸质文物资料数字化计划，分批逐步对相关资料开展数字化。为呈现资料原貌，如不影响质量，依原件扫描不进行拆分。

2.数字化拍摄及扫描

纸质文物资料拍摄及扫描，主要是通过专业相机、扫描仪采用拍摄、扫描的方法把纸质文物资料转化成数字信息。采取分组的形式对纸质文物资料进行数字化工作，根据资料类型和幅面，分为拍摄、扫描两组。

在拍摄、扫描时应对原件进行完整信息采集，保持设置的页面大小与原件一致，并保证数字化信息采集质量，确保数字化后的图像清晰、完整、不失真。在纸质文物资料数字化工作开始前，要注意相机和扫描仪选择，根据资料的幅面、材质等选择不同规格的专业仪器；统一拍摄、扫描模式，确保资料数字化格式一致；固定分辨率，选择较高精度的分辨率，以便后期数字信息的阅读、识别和研究。

3.影像处理

纸纸质文物资料经过数字化后，为了使数字化后形成的图像文件清晰、一致，首先需要对图像进行编号、改名工作，建立单独的文件夹。其次采用PS等专业软件对数字化图片进行纠斜、旋转、去污、拼接、裁边工作、更改格式等工作，使数字化资料符合文物数字化要求，实现随时对数字化资料进行编辑和利用。

4.储存

数字化后的纸质文物资料可采用只读CD、DVD光盘、移动硬盘等存储。载体表面应清洁干净，不能有擦痕、划痕和变形等。在存储之前，应先对载体进行病毒查杀，以免因计算机病毒侵入导致档案资料无法使用。存储好之后，应重新打开载体确认是否为空载体或非本档资料电子文件内容，并确保所接收电子文件数据的安全性且能在通用设备上被正确读取、复制。

为防止出现意外情况，对数字化的纸质文物资料必须做好备份，并储存在不同的地方，确保数据安全。

5.原资料归库

数字化后的纸质文物资料要按照顺序号尽早归库、回位，做到安全、准确、无遗漏。在本馆藏品信息系统中进行备注，标明已经数字化的纸质文物资料，在查询、提用时可优先使用电子版本，节省查找、提用时间和流程。

（三）仿真件制作

制作仿真件目的在于加强对文物的保护，确保文物的安全，便于陈列和科学研究工作，为博物馆各项业务活动提供物质基础，也是科学研究的重要资料。

1. 纸质品现状调查

通过对基本陈列展厅在展实物巡查，发现在展部分纸质品出现焦脆、破损等情况，长此以往，不利于纸质文物的保护，也有损陈列展示效果。根据《博物馆藏品管理办法》第十六条，“纤维质素的文物要特别加强保护。每年提取的次数不宜过多，每次陈列时间不宜过长，并应减少和避免紫外线照射”，其中本馆“探索与奠基——武昌中央农民运动讲习所历史陈列”展厅陈列时间达8年之久，“纪律建设永远在路上——中国共产党纪律建设历史陈列”展厅展陈时间也有3年。展陈时间过久、长期暴露于灯光之下、展厅温湿度等不定恒是导致部分纸质品多焦脆、泛黄、破损的重要因素，所以，本馆实施基本陈列展厅部分纸质品相应采取保护措施。

出于藏品保护和陈列展示需要，依据《博物馆藏品管理办法》第二十六条，“经常使用的一级藏品和容易损坏的藏品应予以复制，作为陈列、研究的代用品”，现拟制作纸质品仿真件替换展示，原件归库保存和开展专业保护。仿真品与原件几无太大差别，色彩还原度、逼真度、细节保留度高，尺寸、规格相同，并有年代感，以达到与原件最大程度的相似。

2. 开展数字化信息采集

数字化信息采集可采用扫描和翻拍两种方式，一是利用扫描仪对原件进行扫描复制，形成数字影像文件，其画面表现清晰，分辨率高，能满足印刷、复制等要求，但幅面较小，一般只有B4幅面，最大到A3；二是利用数码相机对原件进行翻拍，形成数字影像文件，其操作简便，在一定环境下能解决A3以上大幅文件的影像制作，但影像质量受人为和设备等因素影响较大。

3. 制作仿真件流程

(1) 影像修饰处理

利用Photoshop等图像编辑软件对采集的数字影像文件进行处理：调节数字影像文件的色彩模式与明暗反差，以使其与原件保持一致；对影像偏斜的进行旋转纠正，多余的部分裁剪剪切，需要合在一起的进行拼接，以便于输出还原准确的仿真文件。

(2) 影像打印输出

采用喷绘、复印等设备输出数字影像文件，并选用与文件资料所处年代、所表现形式相似的纸张承载，得到与原件尺寸、规格、色彩最为相似的仿真品。

(3) 仿真修饰处理

为使仿真品逼真，在复制文件输出后按照文件资料原件的皱褶、边缘破损、霉斑污迹等情况进行做旧仿旧处理；当喷绘、复印等手段无法表现出原件烫金、印章等效果时，可以另外采用措施加以修饰，如加盖印章等添加一定元素让仿真品更加逼真相似。

4. 利用仿真件

首先对制作的仿真件进行核对确认，并与原件进行一一比较，确保仿真件达到同等比例、原样复制的要求。其次，对核对无误的仿真件进行信息采集，给相应资料编号。最后，对仿真件开展合理利用工作，让它发挥作用。仿真件利用包括对展厅珍贵纸质文物进行仿真件替换，对替换下的珍贵纸质文物进行预防性保护措施；开展对外借展工作，仿真件借展可以最大限度减少对原件的损毁，同时又能最大程度地实现展览效果。

(四) 项目专题保护

通过申请专项资金、开展项目的形式，对

本馆纸质文物资料进行保护和数字化工作，延伸纸质文物资料的生命，拓展纸质文物资料库的使用范围。

1.《武汉革命博物馆馆藏纸质文物保护项目》

武汉革命博物馆内目前存有一批珍贵的纸质文物，其中包括书信、古籍、期刊等，极具历史、艺术、文化、科学研究等价值，是重要的革命史料，据现场考察，此批文物均出现了不同程度的损伤，且有进一步劣化的趋势，急需保护修复。本项目拟保护修复此批珍贵的纸质文物，使其在研究、展览、教育中发挥更大作用。据调查发现，本方案中待修珍贵纸质文物共计112件/套，均为重要历史文物，其中二级文物19件/套、三级文物93件/套；囊括有信件、书籍、期刊、报纸、图纸字据等各类纸质文物。

依托本项目对本馆纸质文物开展修复保护工作，可以实现对珍贵文物修复，做好预防性保护工作，让文物焕发生机与活力。

2.《武汉革命博物馆馆藏革命文物数字化保护项目》

本项目针对武汉革命博物馆革命文物数字化保护的实际需求，对具有代表意义的馆藏珍贵文物等进行文物数字化：对印章、证章等珍贵非平面文物进行采集制作文物三维模型、对横幅、挽联等珍贵可移动文物进行照片拍摄、对书信、手迹、日记等纸质革命文物进行内容提取，并以此为基础结合其他研究资料建设多维度文物基础信息库和文物主题信息库；利用这些资源进行红色教育，建立数字展示系统，为观众提供信息量大、互动性强的线上线下一体化参观体验，使观众深入了解中国共产党探索革命的艰苦历程，切身感受革命党人积极蓬勃的革命精神，做好红色文化弘扬、红色基因传承工作，进一步提高博物馆革命文物研究保护和展示传播水平。

依托本项目，对书信、手迹、日记等纸质革命文物进行内容识别、提取，节省纸质文物资料查阅和研究利用时间，实现对纸质文物资料的全方位数字化工作，提升纸质文物资料的利用率。

三、纸质文物资料可持续性化的意义

（一）增强原件保护

在博物馆工作中，纸质文物资料的利用率较高，但纸质文物资料对馆藏条件要求非常高，不仅不易于保存，而且开展借阅、展览、研究都是通过人工操作，提用次数多了就会导致纸张受损，非常不利于原始纸质文物资料的保护。与此同时，展览提用的纸质文物在展厅环境的影响下多出现焦脆、变形，开展纸质文物修复、制作仿真件、数字化展示，一方面还原了历史真相，另一方面也实现了对纸质文物资料的有效保护，进一步优化纸质文物资料利用方式，为子孙后代留下珍贵的“原件”。

（二）实现资源共享

数字化的纸质文物资料具有图文并茂的优势，在网络日益普及的今天，可以使人们轻松地获得信息资料。数字化的资料更易于保存，具有存储、管理、共享等功效，其数字化后的纸质文物资料不受时间和空间问题的限制，能真正实现多方资源共享，大家可通过互联网实现跨时间、地域进行资料查询、借阅和使用，使得纸质文物资料上的信息能实现“超时空”流动，既丰富了纸质文物资料的研究利用形式，又实现了纸质文物资料资源的共享。

（三）促进资料数据库建设

本馆为实现纸质资料的可持续性发展，发挥博物馆研究、教育、展示等功能，对本馆资料开展分阶段、分批次进行数字化工作，在此基础上拟开展资料数据库建设，数据库建成后可以实现全文检索，通过资料名称、摘要、关键词等单独检索或组合检索迅速获得准确的查询结果，大大缩短查询时间，使用起来极为方便迅速。同时也有效避免了纸质资料在保存、借阅、提用等环节中出现的损坏或丢失等问题。

（四）提升工作效率

纸质文物资料持续性化后，阅览、编研、举办展览等利用纸质文物资料实体的工作都不需要到库房提调文物资料原件，也不用归还入库时逐件逐页清点，降低了库房管理工作的强度，避免了反复提用纸质文物资料造成的时间和人员的浪费。纸质文物资料可持续性化，节省了很多库房的日常管理工作，提升了工作效率。

四、结语

综上所述，纸质文物资料可持续性化，是提高纸质文物资料管理和利用效率的要求，也是当今时代的要求。目前博物馆纸质文物资料保存、管理和利用还存在很多问题，因此本文对本馆纸质文物资料现状进行分析，并分析了本馆可持续性化工作的具体实践与举措，以期为博物馆行业纸质文物资料可持续性化探索提供实践经验，从而产生积极作用。

2023年国际博物馆日的主题是“博物馆、可持续发展与美好生活”，强调博物馆对于构建美好生活与社会可持续性发展具有关键性作用。武汉革命博物馆开展纸质文物可持续性化工作是万千博物馆践行博物馆主题的缩影，通过无酸纸保护、仿真件制作、数字化保护、项目专题保护等形式，本馆立足藏品实际情况，开展纸质文物资料可持续性化工作，实现纸质文物资料预防性保护和可持续发展，助力博物馆事业更上一层楼。

参考文献：

[1] 徐文娟，吴来明，解玉林，戴红旗．无酸纸的发展及其在文物保护中的应用[J].文物保护与考古科学．2009，21(S1):76-79.

[2] 张婧.论博物馆的可持续性发展——复仿制品的发展与规范[J].博物馆发展论丛.2017，(00):167-174.

[3] 汤威.谈谈当前数字化图像信息采录工作中的有关问题[J].中国博物馆，2003(4):77-80.

[4] 董如亮.博物馆藏品的数字化管理[J].文物世界，2004(1):70-72.

志愿者在博物馆红色教育中的运用
——以武汉革命博物馆“我在红巷讲党史”志愿者团队为例

周全　武汉革命博物馆

摘　要：习近平总书记指出，对于红色文化资源，我们既要注重有形遗产的保护，又要注重无形遗产的传承，大力弘扬红色文化。为壮大红色文化的宣讲队伍，扩大红色文化的影响力，提升红色文化的传播力，武汉革命博物馆坚持以习近平新时代中国特色社会主义思想为指导，深挖红色文物资源，强化教育功能，通过馆校融合、文旅融合与社区合作等多种方式积极开展志愿服务工作，形成了一支以传播党的声音、传承红色基因为使命的志愿者团队，在系统化、主题化、功能化的社会实践中传播红色文化。本文将以武汉革命博物馆“我在红巷讲党史”志愿者团队建设情况为例，谈谈志愿者在红色文化教育中的运用。

关键词：博物馆；红色文化；志愿者

习近平总书记对传承红色文化高度重视，他强调：“红色资源是我们党艰辛而辉煌奋斗历程的见证，是最宝贵的精神财富。一定要用心用情用力保护好、管理好、运用好。”

武汉革命博物馆坐落于武昌红巷，明清时期这里就是学堂之地，如今是武汉市最负盛名的红色资源富集区。为深入贯彻落实总书记的重要指示精神，武汉革命博物馆立足红色资源阵地，倾力打造红色IP“我在红巷讲党史”，形成了“我在红巷讲党史”文艺宣讲、“武汉1927”沉浸式思政课、“红巷苗苗研学营”、“红色课堂进校园”、“我们的节日”等精品社教项目。

为进一步加强博物馆公共文化服务功能，发挥博物馆社会教育职能，武汉革命博物馆广泛吸纳各行各业志愿者组建“我在红巷讲党史”志愿者团队，发动社区离退休干部群众、高校师生、企业员工和中小学生分别组成“红巷爷爷”“红巷青马”“红巷苗苗”三个特色团队，秉持着对红色文化的热爱，老、中、青、少四代人接续传承红色文化，让红色基因代代相传。

一、志愿者在博物馆教育中的重要性

志愿者工作是衡量办馆水平，发挥博物馆综合价值的重要手段和有效方法。博物馆志愿者不仅提供基础服务，还承担博物馆的教育职能。志愿者的参与不仅能获取广泛社会资源的支持，还提升了博物馆的形象，博物馆通过他们更广泛的传播文化，弘扬民族精神，这也和博物馆为社会发展服务的理念相吻合。

（一）缓解教育专员不足的压力

随着走进博物馆的观众越来越多，现有的专职教员已无法满足观众的需求，志愿者成为专职教员的补充，为博物馆的社会教育活动提供必要支持。他们可以协助博物馆进行各种活动策划和组织，包括义务讲解、导览咨询、教育活动、宣传推广、学术研究等。不仅如此，也给热心文博事业的公众提供了走进博物馆，学习文博知识的机会，架起博物馆与公众沟通的桥梁。

（二）促进博物馆教育功能的发挥

志愿者来自社会各阶层、各行业，尤其是来自相关专业院校、机构招募的志愿者，对于优化博物馆专职教员的知识结构有着不可替代的作用，能更好地为博物馆教育工作服务。志愿者结合自身的经验参与博物馆相关活动的策划实施，丰富教育形式，增加新的观众群，更好地发挥博物馆的教育功能。

（三）丰富博物馆社会教育的形式

随着观众文化需求不断增强，志愿者在博物馆的服务内容从单一的讲解发展到提供形式多样的教育活动，如文艺宣讲、情景表演、互动游戏、线上直播等，以满足不同人群的要求。志愿者的参与帮助博物馆实现更多元化的教育形式，增强博物馆教育活动的趣味性和吸引力，让更多人受益。

（四）架起博物馆沟通观众的桥梁

志愿者和博物馆专职教员一样，参与博物馆的各项工作。他们到博物馆服务，参与博物馆的教育活动无关利益，而是出于对文博事业、公益事业、中华优秀传统文化的热爱。这种无私奉献的精神拉近了博物馆和观众之间的距离，博物馆的教育职能得到显现，推动新时代博物馆高质量发展。

二、志愿者在红色文化教育中的运用

为满足人民日益增长的文化需求，开展教育活动成为越来越多博物馆的工作重点，特别是革命类纪念馆在不断配合中小学课程教学、爱国主义教育、党史学习教育等方面不断创新，通过形式多样的活动开展红色文化教育。

2007年，武汉革命博物馆对公众全面免费开放，年观众量“爆棚”，博物馆原有社教团队已经无法满足急剧增长的观众服务需求。为补足短板，扩大博物馆影响力，拓宽观众群体，武汉革命博物馆自2008年起招募志愿者，经过十多年的探索和发展，建立了系统完善的志愿服务及管理体系，打造“我在红巷讲党史”志愿者团队。

为传播红色文化，传承红色基因，志愿者们积极参与博物馆各项社会教育工作，为武汉革命博物馆开展红色文化教育发挥着重要作用。

图1　武汉革命博物馆“我在红巷讲党史”志愿者团队合影

（一）志愿者在讲解导览服务中的运用

作为武汉革命博物馆专业社教团队的“补充剂”和“强化剂”，志愿者们充分发扬“奉献、友爱、互助、进步”的志愿服务精神，以“讲好红色故事，传承红色基因”为己任，讲述党的光辉历史和英雄事迹，传承和弘扬伟革命精神，让红色文化更广泛地惠及人民群众，增强了红色文化的感召力，彰显了“红色江山后继有人、中国特色社会主义事业薪火相传”的特点。他们积极参与博物馆日常导览咨询、文明参观引导、馆内及巡展讲解等讲解导览服务，平均每年义务讲解1400余批，接待团队4300余个，服务观众20万余人，助力传播红色文化，引领观众感受红色文化魅力。特别是在寒暑假、国庆、春节等节假日高峰时段，红巷里随处可见身着红马甲的志愿者带领观众穿梭于博物馆各个场馆的场景。他们热情周到的服务、声情并茂的讲解，收获观众的一致好评。

图2 志愿者“红巷爷爷”为青少年讲解

图3 志愿者“红巷苗苗”国庆节为游客讲解志愿者在社会教育活动中的运用

(二)志愿者在社会教育活动中的运用

为了充分发挥博物馆的爱国主义教育功能，武汉革命博物馆每年组织策划实施“红色课堂进校园”、“武汉1927”沉浸式思政课、“红巷苗苗研学营”、“红巷苗苗讲党史”等红色文化教育活动。这些教育活动内容丰富、形式多样，通过“请进来+走出去”“线上+线下”等方式面向观众，深受观众好评。这些活动的成功，离不开志愿者的倾情参与和无私奉献，他们用“志愿者红”点亮红巷里的“中国红”。

图4、图5 志愿者“红巷青马”“红巷苗苗”参演“武汉1927”沉浸式思政课

2019年，武汉革命博物馆正式推出湖北省首部沉浸式思政课“武汉1927”。该项目通过讲、演、展等方式带领观众进入实景历史情境中，引领观众感受历史的沧桑巨变。志愿者化身“农讲所学员”“五大代表”“革命同志”等，自发自觉地与“毛泽东”“董必武”“王荷波”等革命家一起，深刻感受革命的苦难与艰辛，在全方位、立体式的深深“共情”中，体悟武汉英雄城市的时代内涵，接受理想信念教育的洗礼。“武汉1927”沉浸式思政课自上线以来，已累计开展线上线下活动百余场，观众达到3000余万人，各大媒体发布相关推送400余次，品牌影响力不断增强。“武汉1927”沉浸式思政课还先后荣获中国旅游研究院“2021

文旅融合创新项目提名”、2021年湖北新时代文明实践志愿服务项目大赛“金奖”、武汉市“十佳志愿服务项目”等多个荣誉。

图6 志愿者“红巷青马”参与红色课堂进校园活动

图7 志愿者“红巷青马”参加传统特色社教活动

近年来，武汉革命博物馆针对青少年认知特点，结合红巷丰富的红色资源，针对未成年专门设计“红色课堂进校园”教育项目。志愿者参与完成了《红色家风代代传》《接毛泽东上井冈山的人》等10余门课程的设计研发，排演了反映毛泽东一家在武汉工作生活的《最后的团聚》、讲述革命烈士夏明翰慷慨赴死的《最后的审判》、介绍农讲所学员学习生活的《农讲所的一天》等多个情景剧，并与武汉革命博物馆的教育专员一起先后走进武汉市中心城区中小学、留守儿童学校，以及新疆内地高中班、西藏中学等民族学校共80余所学校，受惠班级百余个，学生数万人，好评如潮。

“我在红巷讲党史”文艺宣讲是武汉革命博物馆充分发挥红色资源优势，精心组织策划的品牌宣讲活动。志愿者以百年党史团史为生动鲜活的素材，融入经典音乐、诗词、影视、舞台剧等多种文艺手段进行创作，并跟随武汉革命博物馆社教团队进企业、进社区、进学校、进军营、进乡村开展文艺宣讲，真正让党的历史、党的理论在人民群众心中扎下根来。

图8、图9 志愿者“红巷苗苗”“红巷青马”“红巷爷爷”参加文艺宣讲

（三）志愿者在宣传展示活动中的运用

随着互联网新媒体信息技术的发展，志愿者开始通过直播、自媒体发布等方式宣传博物馆，组建对外宣传小组负责博物馆的宣传推广工作，如重大活动的媒体宣传；完成博物馆新闻宣传采、编、播工作，并定期推送微信公众号；深挖博物馆红色文化内涵，结合馆内VR全景技术，录制博物馆讲解视频，推出“云游都府堤”、“云讲国宝”等精品节目上传至微博、B站和抖音等社交平台，进一步扩大博物馆影响力。

2021年国庆节期间，武汉革命博物馆的志愿者特别策划“致敬百年荣光 党的故事我来讲”国庆特别活动，活动分为线上直播和线下打卡，“红巷苗苗”和“红巷青马”齐聚直播间讲述红色故事。在短短一个半小时的直播过程中，就达到70多万的观看量，让所有观众在举国欢庆的日子里，接受了一场感动人心的“红色洗礼”。

（四）志愿者在学术研究活动中的运用

为深入贯彻落实习近平总书记关于大思政课的重要指示精神，武汉革命博物馆积极与高校共建思政教育实践基地，密切馆校合作，多名高校教授志愿者作为博物馆“智库”参与博物馆课题研究和文化讲座，不断提升博物馆学术研究能力、拓展博物馆教育功能。

2023年，武汉革命博物馆入选全国首批453家“大思政课”实践教学基地，以此为契机，我馆与武汉各高校共同设计，重磅推出“红巷里的思政课”，把思政课搬进博物馆，打造大思政课实践教学的优质平台，助推武汉大中小学思想政治教育一体化建设。“红巷里的思政课”每月一讲，分为《红巷思政理论课》《红巷青马微宣讲》《红巷苗苗故事会》，自推出以来，反响热烈。这种由志愿者深度参与的红色文化讲座，让他们对党的历史、党的创新理论有了更深刻的认识。

三、在红色文化教育中运用自愿者所存在的问题及思考

武汉革命博物馆“我在红巷讲党史”志愿者团队在红色文化教育方面发挥着重要作用，成为博物馆社教团队的重要部分，虽然志愿者团队及其参与的项目取得了一些好评和荣誉，但是在团队建设和发展上也存在一些问题。

（一）团队不够稳定，人员流动大

武汉革命博物馆志愿者团队成立之初以在校大学生为主要群体，大学生志愿者的服务热情虽高，但是随着大学生学业和课业的加重，以及就业城市的重新选择，工作之初的压力等因素，人员流失严重。近年来，武汉革命博物馆不仅正式推出了“红巷苗苗研学营”培养青少年讲解员，并从共建单位中选拔优秀基层青年党员，与原有的大学生志愿者队伍整合，组建“红巷青马”特色团队，力求队伍的相对稳定。

（二）队伍发展迅速，管理难度大

从招募培训到考核上岗，从日常服务到年度表彰，“我在红巷讲党史”志愿者团队拥有严格的管理体系。然而，志愿者工作现为武汉革命博物馆宣教部负责，由专门的教育专员担任志愿者管理员，集中负责志愿者的招募、培训、管理等。这种管理模式既增加了志愿者管理者的工作难度，也因管理单一、集中，无法很好地实现志愿者的自我管理，某种程度上限制了志愿者服务的自主性和积极性。下一步，考虑成立志愿者工作委员会，由三个特色团队各推选一名组长，志愿者组长与馆方志愿者管理员一起，协力合作，推动博物馆各项志愿服务有序开展。

（三）服务项目单一，缺乏多样化

目前武汉革命博物馆根据工作内容将志愿者划分为讲解导览组、社教活动组、对外宣传组，他们的志愿服务范围相对有限。未来，武汉革命博物馆将进一步扩大志愿者招募范围，拓宽志愿者服务岗位，发掘志愿者个人潜力，让志愿者能在展览策划、文物征集保护、文创开发等方面提供志愿服务，为博物馆精细化管理、高质量发展增添动力。

习近平总书记强调，志愿服务是社会文明进步的重要标志。武汉革命博物馆“我在红巷讲党史”志愿者团队经过十多年的发展现已成为一支广覆盖、形式新、有担当、办实事、讲奉献的文化志愿服务队。未来，我们将继续积极发挥博物馆志愿者队伍的优势，为博物馆事业发展出谋划策，让红色文化不断有新传承、新表达、新活力。

参考文献：

[1] 郎宁.博物馆中志愿者的社会功能与管理[J].现代营销(下旬刊)，2018，(10):209-210.

[2] 彭文娟.创新博物馆社教模式，构建公众教育平台——论博物馆中社会教育活动的开展[J].文物鉴定与鉴赏.2021(4):117-119.

[3] 曾阳.试析沈阳故宫博物院志愿者队伍的组建与管理[J].辽宁省博物馆馆刊，2017(00):292-296.

[4] 王翠.浅谈博物馆志愿服务规范——以苏州博物馆志愿服务为例[J].文物鉴定与鉴赏，2021(20):136-138.

数字博物馆信息资源可持续性的再思考

刘安琪　武汉市中山舰博物馆

摘　要：本文以现实中数字博物馆信息资源组织形式为基础，通过借鉴生态学中的生态位理论从数字信息资源增长与跃迁模式分析、数字博物馆信息资源运作模式的生态学分析以及数字博物馆信息资源组织形式中涌现的复杂自适应特性三个方面对数字博物馆信息资源的可持续发展进行了讨论，分析数字博物馆信息资源可持续性发展的四大因素，并指出数字信息资源作为信息生态系统最为基本的资源类型，以信息流的方式在系统中不断循环而达至数字信息资源整体的可持续发展。

关键词：数字博物馆；信息资源；可持续性

一、概述

目前，学术界和博物馆业界对于数字博物馆还没有公认的统一定义。从社会发展和用户需求的角度来看，数字博物馆可定义为是以数字形式对藏品的各方面信息进行采集，管理、利用，实现藏品的永久保存，并可以通互联网为用户提供数字化的展示、教育和研究等多种服务集一体的信息系统。数字博物馆最大限度地解除实馆占地的限制、参观时间固定、陈列条件等硬性条件的制约，突破了时间与空间的限制，使任何人、在任何时间、任何地点都能获取所需的藏品或馆藏信息。通过利用已经成熟的计算机网络技术、多媒体技术、数据库技术，以及时下流行的虚拟现实技术、人机交互技术、人工智能技术、3D技术，使得博物馆构造出分布式的数字信息资源系统，为文化遗产提供了长久的数字保存技术、数字化管理和传播手段。由此看来，数字博物馆的出现可以在一定程度上解决当前困扰我国文博事业发展的某些问题，诸如文物数字化展览，文物保存的时限等。

随着目前国内博物馆数字化工作的日益深入与广泛开展，很多藏品已经完成了数字化的工作，在数字化工作开展过程中，数字博物馆的研究也随之正开展得如火如荼。数字博物馆是以目前各个传统博物馆的数字化成果为基础，构成的一个能够信息共享的线上博物馆。数字博物馆上的信息资源是分布存储在各个博物馆的数据库中，但信息的应用是完全共享的。因此，数字博物馆上的信息量几乎是知识的海洋，如何对其中大量的信息资源进行有效的组织管理并将其有序地推送给用户，使之能够可持续发展，已经成为数字博物馆研究者都在关注的问题。

二、可持续性的基本概念

对可持续性内涵的讨论，是鉴于现有“可持续性”还未有一个统一而明晰的定义——生态学家、经济学家以及社会学家从各自不同的时间尺度以及系统的层次、维度出发都对其内涵和外延有各自不同的界定。本文给“可持续性”所做的界定，其对象主要是针对数字信息资源，而且这些数字信息资源是以数字博物馆这一组织形式来具体运作的，其范围应当涉及信息活动由生产到消费的整个过程，而不仅仅是传统博物馆的延续。这里的数字信息资源使用的是狭义的信息资源概念，仅仅是指信息活动中的信息要素。

人类社会文明进化本质是信息化，是信息数量积累和质量提高的过程，信息开发利用程度决定社会形态。实现可持续发展必须通过信息化，否则难以逾越工业机的障碍，反之，信息化没有可持续发展思想的，同样无法取得成功。

对于数字博物馆中信息资源的可续性应当从其增长模式和跃迁过程两个方面来进行：就信息资源的增长模式而言，信息资源应当是在一定框架之下的量变过程，需要指明增长什么、如何增长、以怎样的价值取向来设定框架等内容；就跃迁过程而言，应当是信息资源增长模式的超越需要指明被赋予新内涵的增长在怎样的新框架之下延续以及如何延续等内容。总而言之，信息资源可持续性实际上是要回答信息资源的“增长模式——模式内增长——在新创立的框架内继续增长”循环过程如何建立与延续的问题。

三、博物馆数字化工作的瓶颈

随着博物馆数字化工作的日益深入，其信息量已经非常丰富。这大量的信息，使得广大的文博工作者、观众在查找自己偏爱喜好的信息时出现了一定的阻碍。究其原因，主要有以下三点：

信息的组织形式没有一个统一的规范，各个博物馆自行组织开发，使得信息的组织形式存在差异。

博物馆使用信息平台存在问题。由于各个博物馆在数字化的实施过程中，各承建单位在技术上存在差异，因而建设的信息化平台在使用上不统一。

信息的互联共享存在问题，互联网的每一步发展，总是以对信息的互联互通为出发点，但各博物馆在数字化实施过程中，目前基本上只能考虑自身馆的数字化工作开展，而没有将更多的时间和精力放到与其他博物馆之间的信息互联互通上。这三个方面的问题，导致了尽管全国各博物馆数字化信息非常丰富，但对用户或者观众来说，查找自己需要的博物馆数字藏品的信息还是有一定难度的。

总之，数字化时代，是以信息的爆炸式增长为标志的，在这种信息剧增的环境中，如何对信息进行有效的组织应用，怎么组织才能实现快速地对信息准确查找与定位，是数字化工作很重要的一个方面。如果我们的数字化平台不能很好地实现这点，之后数字信息增长越快，人们就越难找到自己所需的信息。

面对网络信息生态环境失衡问题，信息资源的可持续性发展逐渐成为近年来数字博物馆理论和应用研究的重点。

四、数字博物馆信息资源的组织形式

数字博物馆信息资源的存在形式是随着技术的发展而发展的。早期，用户只能将信息按物理地址直接存储在媒介上使用，很不方便而且效率很低。随着技术的发展，出现了文件的概念。在计算机技术中，研究设计出非常完善的文件处理的理论与技术后，用户在存储信息时就不再需要了解信息存放的物理位置和物理结构，只要知道文件名称，就可以非常方便地找到自己想要的信息。目前，分布式计算机系统中，文件存储还是整个信息存储的基础。但也存在一些不足，例如，网络上有多个用户需要打开同一文件，读写其信息时，控制其信息的正确性以及各信息之间的关联性不是很好，当信息的关联性结构很复杂时，这种文件存储信息的问题就更严重了。因此，出现了专门用来存储这种结构化数据信息的数据库技术。数据库不仅可储存实体，而且还能有效地体现实体之间的联系。数据库中的数据是整体结构化的，数据不再面向某一具体的程序，从而大大减小了数据的冗余度和数据之间的不一致性。

数字博物馆对信息资源的组织形式有以下几个方面的特殊性：

对数字藏品信息的可信度要求很强。数字博物馆就是网上的博物馆，博物馆的信息就是真实，因此，对数字博物馆上的数字藏品的信息要求真。现在，网上假信息泛滥的时代，数字博物馆的这个特性需要在系统架构上、信息安全的设计上、信息资源的组织形式上要有严格的深入的研究。

对数字藏品的关注点因人而异，需要在对数字藏品的信息进行组织的时候考虑各个层次、各个侧面对数字藏品的关注，并考虑各个层面观众的参与性。

数字藏品横向关联的要求程度高，比如，看首博的某件青花瓷藏品时，特别希望看到它与同期其他馆的青花瓷的比较，而数字藏品按照系统架构的设计，是存放在不同的地方。

数字博物馆的信息资源形式非常丰富，有结构化的信息，也有声音、图像文件的数据，是一种多种媒体并存的信息资源组织形式，这些特殊性，要求在数字博物馆信息资源的组织上都要考虑。

五、数字博物馆信息资源可持续性发展的因素

（一）观众因素

博物馆的社会角色的多元使得博物馆的工作重心也发生了变化：由注重藏品收集、保存和研究转向为社会发展服务，即由“物”转变到“人”，观众研究成为博物馆工作的要务。在传统称谓中，来博物馆参观的人群统称为“观众”，突出了以“观”为主的信息接收方式。在现代博物馆理念中，博物馆从“信息传播的主体”转变为“提供信息服务”的机构，观众群体也由被动地接受来自博物馆的信息转变为主动地获取对自身有价值的信息。博物馆观众研究指的是对观众构成、心理、行为、需求、影响方式等的研究。观众研究的理念在于获取观众的相关信息，以便对展示设计与馆务规划等方面有所帮助，并且与观众做更有效的沟通，更好地为观众服务，发挥博物馆的职能，现在博物馆的一些展陈设计往往更多地关注观众的心理活动及其规律。博物馆在研究观众心理时应当注意研究其审美情趣，应当从美感的普遍性与特殊性中探索规律，从而满足博物馆展览设计中观众心理的美感需求。博物馆工作研究的起点是获取馆内忠实观众群信息：基本资料和联系方式，从而建立小众观众群联系册，并定期与这些观众群保持联系。

（二）媒体因素

目前，我国的新媒体形态比较热门的有网络媒体、手机媒体(手机短信、手机电视、手机报纸等)、数字电视、网络电视、户外大屏幕、微信微博等等。新媒体技术和博物馆事业的不

断发展，冲击着传统的博物馆信息传播模式。在新媒体时代，博物馆需要适应新媒体传播环境，改变传统的信息传播模式，以期在新媒体大规模信息传播过程中，凸显出博物馆的文化特色，以实现信息的传播。博物馆是文化与发展的记录者，是对外传播文化的窗口。在新媒体时代，博物馆可以充分利用新媒体传播平台，使其自身成为文化与旅游产业的拉动者。目前博物馆的信息传播模式尚处在依靠实物陈列阶段。单一的传播渠道使得博物馆信息传播无法与参观者达成有效的沟通。在未来相当长的时间内，新媒体与传统媒体将共存共生，优势互补，共同整合成一道立体的媒体传播网络。数字博物馆是信息时代出现的一种文化遗产管理利用的新模式，博物馆数字化建设已成为博物馆发展的主流。数字博物馆创建、发展的主体将由博物馆转移至用户，其单向传播的模式必为双向、多向传播所取代。随着数字博物馆的兴起，传播主体的专业属性、传播内容的媒介功能、传播的交互性和整合化等方面都具有了新的特征，将成为“新媒体”的重要组成部分。

（三）市场因素

我国博物馆的管理体系主要由纵向多层级管理和横向多部门管理构成。纵向多层级管理，主要是中央政府、地方各级人民政府及其文物主管部门的管理。横向多部门管理，主要由文物、文化及其他行业部门或组织负责。我国还存在着大量由科研机构、大专院校、企业、行业组织等公立组织以及社会力量和个人设立的博物馆。随着我国体制改革的深入、市场经济的发展，文博事业也发生了较大变化：政府在努力追加资金投入的同时，也鼓励社会力量参与博物馆的建设。在不改变办馆主体的情况下，实行资金来源多元化，对博物馆来说也是有益的尝试。

（四）评估因素

提升科研能力和进行科研评估是博物馆发展的根基所在。博物馆研究成果的多寡直接反映了博物馆的层次和水平。通过科研评估，可以展现博物馆科研优势，发掘博物馆科研潜力，有利于认清博物馆科研的薄弱环节，进而采取改进措施，提高工作质量，进一步促进博物馆事业发展。开展科研评估工作，有利于认清博物馆科研管理水平，掌握博物馆的科研优势与科研劣势，有利于理清博物馆科研优势与弱点，认清与目标等级之间的差距，为提高博物馆等级提供可靠依据和奋斗动力。开展科研评估工作，可以借此检验当前的科研水平是否处在相应等级的要求之内，是否还有提升的空间。开展博物馆科研评估工作，利于进一步促进机制创新、树立博物馆良好的社会形象，有利于规范博物馆管理，完善博物馆自身机制，提升博物馆社会地位。由于博物馆藏品含有大量反映历史风貌和时代特征的信息和内涵，因而我们不能忽视藏品档案的编写工作，在日常工作中要注重编写藏品档案前的资料收集，编写工作尽量做到完整、合格。此外，仅有现代的知识与技能的培训是远远不够的，还要注重现代的思想观念、时代意识和认识能力的提高与培养。

六、结语

经过以上的讨论，和对数字博物馆信息资源的组织形式进行的一些探索与分析，数字博物馆的信息资源，类型多种多样，分布广泛。因此，对不同的组织形式需要采用不同的检索策略，从而提高信息资源的利用效率。所谓信息资源的组织形式是指人们根据信息资源的特点，利用现有的计算机技术、网络技术及其他高新技术，对信息资源进行加工、整理、排列、组合，使之有序化、系统化、规律化后所呈现在用户面前的结构方式和表现形式。

数字信息资源作为信息生态系统最为基本的资源类型，以信息流的方式在系统中不断循环而达至数字信息资源整体的可持续发展。正是这样一种复杂自适应机制作为数字博物馆信息资源增长的内在驱动力，使得数字博物馆信息资源不仅在自身层面上能够保持可持续性，而且也能够在整个社会数字信息资源层面上保持可持续性。

参考文献：

[1] 郭磊.我国合作数字参考咨询服务可持续性发展研究[D].安徽大学2012.

[2] 王明."一带一路"背景下内蒙古地区博物馆可持续发展研究[D].内蒙古师范大学，2020.

[3] 朱玉杰，王乔，陈军.博物馆可持续发展因素新探[C]//吉林省博物馆协会.春草集(二)——吉林省博物馆协会第二届学术研讨会论文集.吉林人民出版社，2013:33-35.

[4] 刘绍南.Web2.0环境下数字博物馆服务模式探讨[C]//北京市科学技术协会，北京市文物局，北京市经济和信息化委员会.数字博物馆研究与实践(2009).首都博物馆，2010:268-271.

[5] 刘绍南.数字博物馆的信息资源的组织形式研究[J].首都博物馆论丛，2012(00):370-377.

广域万象　交融共通

——基于2019—2020年湖北省域博物馆陈列展览的学科类型情况的分析研究

刘王灿　熊超　武汉市中山舰博物馆

摘　要：湖北省全省博物馆传播文化价值的共同方式是临时展览。2023年新冠疫情基本结束，全省博物馆逐步恢复正常功能。为了为今后博物馆高质量发展提供信息数据借鉴，本文通过采集疫情前2019年全省博物馆临时展览数据，通过系统采集全省12个地级市、1个自治州、3个省直管市和1个林区的国有博物馆(含国家一级博物馆)2019年举办的89个临时展览信息，按照学科分类的方法进行多维度的梳理和分析对比，提炼出博物馆在进行文化传播中的特质特征，同时也揭示博物馆在陈列展览中的主流趋势，以发现共性问题，探索多元化、包容化、个性化和多学科的参与维度。

关键词：博物馆；临时展览；多元化；包容化

一、绪论

博物馆是保护和传承人类文明的重要殿堂。党的十八大以来，在湖北省委和省政府的大力支持下，在湖北省社会各界的广泛参与下，我省博物馆事业蓬勃发展，数量快速增长，质量不断提升，在场馆建设、藏品保护、科学研究、陈列展示、社会教育、文明交流互鉴等方面成绩斐然。《2019年湖北省统计年鉴》显示，截止至2018年，全省博物馆基本陈列展览1003个，参观人数39224.6千人次。截止至2019年底，全省共有226家博物馆，三级及以上级别博物馆46家。其中国家一级博物馆5个，国家二级博物馆12个，国家三级博物馆29个。博物馆数量位居全国第10名(表一)。博物馆在经济社会发展中的作用持续显现，给人民群众带来的获得感、幸福感不断增强，已经成为人民向往的美好生活的一部分，博物馆行业也进入了蓬勃发展的快车道。

陈列展览作为博物馆各功能的整合，是博物馆的核心业务之一。所谓博物馆陈列展览是指在特定空间内，以实物展品和学术研究成果为基础，以艺术或技术的辅助展品为辅助，以展示设备为平台，依据特定传播或教育目的，使用特殊的诠释方法和学习次序，按照一定的展览主题、结构、内容和艺术形式组成的，进行观点和思想、知识和信息、价值和情感传播的直观生动的陈列艺术形象序列。

博物馆陈列展览的核心特征是：知识性和教育性、科学性和真实性、观赏性和趣味性。陈列展览要有文化学术概念，有思想知识内涵，能给受众以信息、知识和文化，起到传播观念和思想、知识和信息、文化和艺术的作用，起到公众教育的作用，起到促进文化交流和传播的作用。作为文化交流和传播的陈列展览

表1 2019年全国博物馆排名前十二名省份

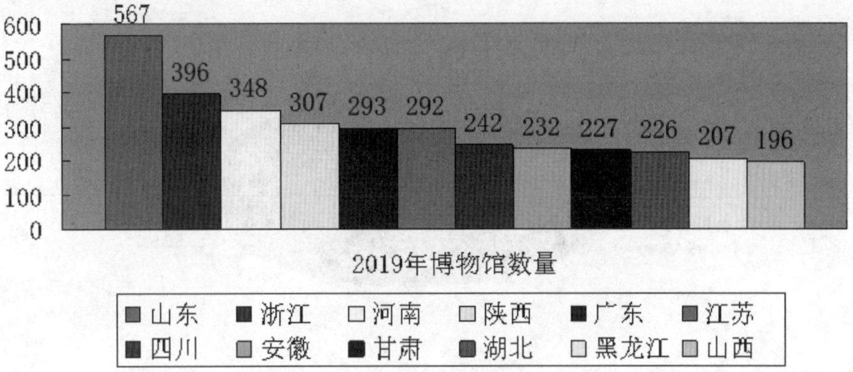

就必然带有目的性和构造的分类。博物馆陈列展览主要分为：一类是以审美为诉求的文物艺术品或自然造型物品展览，即审美型展览；另一类是有明确主题贯穿的、以思想观点和知识信息传播为诉求的叙事型展览。

博物馆陈列展览的宗旨是向观众传授文化、知识、艺术、观念和思想，促进文化交流和传播。因此，它所反映的观点、思想和内容都应该建立在客观、真实的学术研究基础之上。鉴于此，对于博物馆特别是国家一级博物馆的陈列展览的学科分类研究则显得尤为必要，通过研究国家一级博物馆陈列展览的学科分类情况，分析提炼博物馆事业发展的一般性、规律性和特性，进而更好引领、带动广大博物馆提升以展示教育、开放服务为核心的发展质量，着重解决博物馆发展不平衡不充分问题，更好满足人民日益增长的美好生活需要，推动博物馆事业持续健康有序发展。

二、学科分类定义，博物馆样本的选取指标解释

（一）学科分类的定义与依据

学科源于知识规划，而知识是随着人的实践而发展的，其规划具有人为性，因此学科具有动态发展性与相对性。学科分类的方式与标准也随社会实践的需要而不断变化和拓展。本文采用《中华人民共和国学科分类与代码国家标准(GB/T13745-2009)》依据学科研究的对象、特征和方法等将学科划分为自然科学、农业科学、医药科学、工程与技术科学和人文与社会科学5个门类。本标准将学科分类定义到一、二、三级，共设62个一级学科或学科群、676个二级学科或学科群、2382个三级学科。门类排列顺序是：A 自然科学，代码为110～190；B 农业科学，代码为210～240；C 医药科学，代码为310～360；D工程与技术科学，代码为410～630；E人文与社会科学，代码为710～910。

（二）博物馆陈列展览的样本的选取的指标解释

陈列展览样本按照湖北省现行12个地级市，1个自治州，3个省直管市和1个林区的现行区划确定样本采集的区域范围，并采集上述区域范围内的地市州属博物馆。在省会城市按照国家一级博物馆现有数量采集样本数据。湖北省博物馆(武汉)是财政部和国家文物局于2009年11月18日启动中央、地方共建的国家级重点博物馆。它既是省内博物馆的行业翘楚，也是全国范围内国家一级博物馆中的当然龙头。其馆藏展品资源、展览资源具有相当

表2 2019年湖北省博物馆临时展览情况

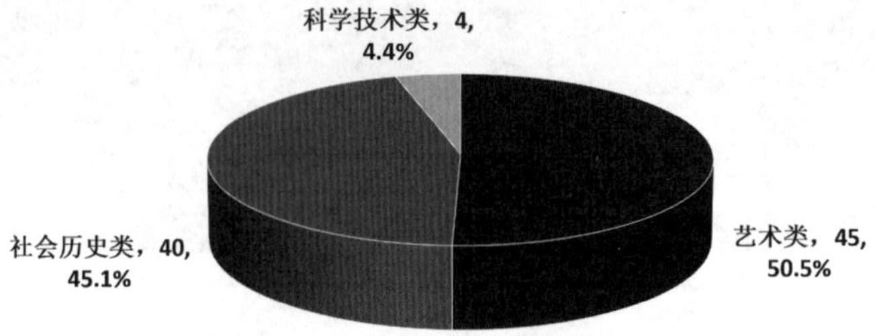

程度的不可比拟性。宜昌博物馆新馆2019年9月开放，本年度开放时间不足半年。故上述两家博物馆其展览信息暂不计入本次数据统计，暂不参与数据分析。

（三）临时展览数据来源与概念使用

数据主要来自17个省内城市中16个博物馆网站和微信公众号关于临时展览的资讯和新闻推送以及相关城市融媒体新闻推送，部分展览数据来自各个城市《国民经济和社会发展统计公报》，部分指标数值在统计数据的基础上进行了合并、分解、整理、计算。

本文探讨的国家一级博物馆展览学科分类情况是33个国家一级博物馆公布的展览信息按照《中华人民共和国学科分类与代码国家标准(GB/T13745-2009)》进行学科分类，按照展览主旨形式、内容和关键词进行三级学科分类，部分临时展览因为在二个学科内属于两个三级学科，则按二级学科进行统计。

三、数据分析

为了考察17个省内城市中16家博物馆学科分类情况。表一给出了所列16个博物馆2019年当年开展的临时展览数据和汇总数据。所以本文重点考察2019年临时展览的学科分类情况。

（一）展览类型情况

按照国内学术界观点将博物馆展览划分为社会历史类、自然历史类、艺术类和科技技术四种类型。

2019年全省17个城市16家博物馆举办的89个展览中，艺术类45个，占比50.5%，社会历史类40个，占比45.1%，科学技术类4个，占比4.4%，从比例反映出社会历史和艺术类展览占全年展览的主体地位(表2)。

从博物馆级别上分析，4个一级博物馆共举办展览31个，占比34.8%。7个二级博物馆共举办展览40个，占比44.9%。3个三级博物馆共举办展览10个，占比11.2%，2个未定级博物馆共举办展览8个，占比8.9%。4/5的展览的由一级博物馆和二级博物馆完成，呈现出展览数量与博物馆级别的对应性。

（二）展览的学科分布情况

2019年全省17个城市16家博物馆举办的89个展览中，累计涉及一级学科11个，二级学科22个，三级学科28个。武汉博物馆全年共举办17个临时展览，在数量上为16个博物馆举办临时展览之冠(表3)。

（三）临时展览学科选题范围逐步扩大与丰富

随着湖北省经济社会的发展，省域范围内

表3　2019年湖北省域临时展览一级学科分类情况

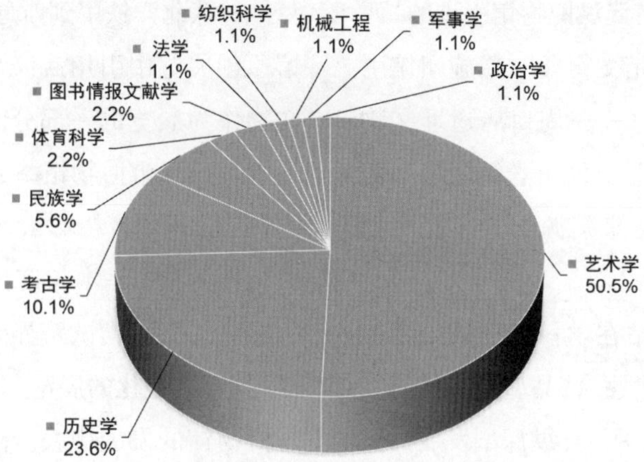

表4　2016—2018年湖北省六大精品展览获奖情况

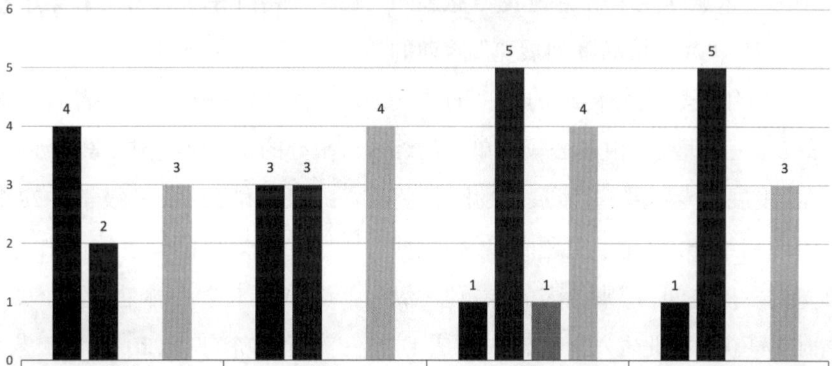

	2016	2017	2018	2019
精品奖基本陈列	4	3	1	1
精品奖临时展览	2	3	5	5
优胜奖基本陈列			1	
优胜奖临时展览	3	4	4	3

精品奖基本陈列　精品奖临时展览　优胜奖基本陈列　优胜奖临时展览

人民物质生活水平提高，社会生活越来越丰富多元，人民群众精神生活的需求也不断增长。为了满足日益增加的观众需求。进而引起观众的参观兴趣，湖北省2019—2020年临时展览的内容不断贴近人们的社会生活，更生活化，体现人文关怀，显著向着社会性方向发展。临时展览的内容更多样化，题材也越来越丰富，除了历史题材，更多地开始涉及艺术、文化、人物、纪念日、自然、科学、时事热点、军事等题材。不再只是遵循以往的历史编年性陈列模块，开始一方面着重致力于述说民族文化、民俗习俗等有关文化传统的陈列内容，例如：十堰市博物馆引进的“纳西族东巴文化展”、鄂州市博物馆引进的“蝴蝶泉边好梳妆——白族服饰文化展”、荆门和恩施州馆引进的“多彩瑶族——瑶族风情展”等。另一方面随着我省地市州博物馆新馆的陆续建成和老馆的改造升级完成。开始越来越重视文化方面的保护与传承，故多举办以文化遗产为主题的临时展览，例如：武汉博物馆引进的“西京印迹——大同辽金元文物展”，恩施州馆引进的“‘我’从远古走来——周口店遗址文物展”“从南越国宫署遗址到海上丝绸之路”，随州馆举办的“鄂北地区水资源配置工程文物保护工作及出土文物展”等。

临时展览的选题站在学科分类的角度也逐渐由单一的学科综述性、精品型更多的向二级学科和三级学科的专题型、纵深型发展。例如湖北省第三届六大陈列展览精品中获得精品奖的“天涯咫尺——武汉博物馆馆藏明清书画手卷精品展”和获得优胜奖的“经纬大千——中国土家族西兰卡普主题展”（恩施州馆）等。随着省“六大精品陈列展览”活动的开展，自2016年开始突破传统的单一的通史陈列形式，多元性增强，由过去较为单一的综合性展览，发展到专题展、艺术展、文化展，将编年与专题相结合，深化了主题内容，拓宽博物馆展览的发展空间，越来越多的专题性、纵深型临时展览获得湖北省六大精品殊荣（表4）。

（四）临时展览学科分类特点鲜明，个性突出，理念更新

纵观2019—2020年度全省临时展览，各地市州不断挖掘具有地域特色的个性展览，挖掘自身的文化传统，逐步建立起科学全面的展览筹建工作体系。开始以学科分类为依据，逐渐以某一重点突出的时代或重要人物或文物精品为主题，讲述特点鲜明、个性突出的地方历史文化故事，以及向观众介绍区域内的历史、文化、科技和名人，帮助民众了解当地文化和历史发展过程。

在展览理念上也呈现更新的趋势，逐步开始出现博物馆之间的合作和跨界合作办展的理念。例如：武汉市中山舰博物馆举办的“圆梦——从北洋铁甲到航母舰队”就是大连博物馆原创展览中引用武汉市中山舰博物馆出水文物作为展览的一部分叙述民国时期海军的故事。随州市博物馆举办的“‘黄鹤楼酒·陈香杯’随州体育摄影大赛暨建国70周年体育成就图片展”是本年度内首个企业冠名举办的展览。探索尝试跨界融合合作的方式举办多元化、本地化的展览。吸引各个社会组织参与博物馆的发展中去。随州市博物馆举办的“随州市第二届新人新作书法篆刻展”作为鼓励本地化人才参与书法篆刻的展览，融入了更多的本地人元素。

（五）在学科分类框架下整体展览出现同质化

2019—2020年全省17个城市16家博物馆举办的89个展览中，累计涉及一级学科11个，二级学科22个，三级学科28个。16家博物馆在二级学科框架下整体出现同质化，89个展览中艺术学45个占比50.5%，其中二级学科美术18个（占比20.2%），工艺美术17个（占比19.1%）；历史学21个占比23.5%，其中二级学科专门史10个占比11.2%，（其中：三级学科人物研究6个占比10%），中国近现代史7个（其中：三级学科中国共产党史4个，中华人民共和国史3个），中国古代史3个（其中：三级学科中国古代契约文书2个，古文字学1个）；考古学9个占比10.1%，其中二级学科中国考古7个，专门技术2个。

密集扎堆的同质化学科分布的临时展览，一方面消耗了博物馆策展人员大量精力投入策划准备，却没有将博物馆作为学科展示的潜力深入发掘；一方面消耗了大量的财政资金用于重复题材的展览消耗，却不能使博物馆展

览作为有效推动学科融合创新展示发展的平台，没有起到有效推动各个学科间均衡发展的作用；另一方面公众对于重复学科题材的展览鲜有积极参与的热度，与博物馆相关、相近、相邻的学科却没有展示的平台。湖北省域内反映一些工业城市发展历史风貌的展览缺乏，如：纺织工业、机械工业等等(例如，体育科学类展览2个、法学类展览1个、纺织科学技术展览1个、机械工程展览1个，军事学展览1个，政治学展览1个)鲜为人知晓，降低了博物馆作为文化交融传播的舞台的能力。

（六）博物馆的临时展览在文旅融合中带动效应不明显

由于临时展览的时效性和传播能力的局限性，博物馆在文旅融合中没有很好地与到访的外地游客形成良好的互动，多数博物馆临时展览的观众主要由本地游客构成。也同时因为展览同质化的因素，占比较大的工艺美术类展览需要游客有一定的审美能力，以休闲娱乐为主要目的的游客在这种类型的博物馆展览中比较容易出现审美疲劳，产生距离感，因而湖北省省域内临时展览在文旅融合中带动效应不明显。

四、建议与对策

博物馆展览的学科分布情况在实质上体现了一个博物馆对全域知识和成果综合运用和转化开发展示的综合鉴赏能力。为此博物馆展览的学科分布跨度大小对博物馆、博物馆行业的发展都至关重要。也是博物馆多学科维度积极践行向公众展示人类活动和自然环境见证物的必要内容。

如何开展更多学科跨度的展览，怎样开展多学科跨度的展览，就展览学科而言可以从以下几方面探索尝试：

（一）结合所在城市热点问题，以人民为中心，留住城市记忆，衍生多学科展览

根据数据结论，显示在今后一段时间，博物馆可以结合自身城市的热点、资源(人力资源、社会资源、自然资源等)探索在自然科学类技术成果展示中进行展览策划设计，丰富博物馆的展览学科跨度。

例如，2020年以来，新冠疫情在全国相关城市相继出现。以华中地区武汉为例，作为疫情最为严重的城市，这座英雄的城市，这里英雄的人民发生了很多感人的城市记忆，无论过去现在还是将来，都将是这个城市不可磨灭的永久记忆。博物馆要善于在记忆中提取各学科参与的关键词记忆。例如：口罩、消毒剂(预防医学与卫生学)；感性疾病、呼吸机(临床医学)；中医中药、连花清瘟胶囊、清肺汤(中医学与中药学)；火神山、雷神山、方舱医院(土木建筑工程)；快递小哥、火神山建设大军、热心的哥；白衣天使、消防员、防疫值守人员。这些关键词的背后可以提取诸多一级学科作为衍生自然科学科普教育性叙事型展览。

（二）加强多学科人才队伍建设和储备

大跨度的博物馆展览的推出，多学科博物馆人才队伍建设是关键。在博物馆事业大发展格局下高层次、高学历的人才培养引进工作得到了有关方面的高度重视。在人才培养方面既要做好对外引进的“筑巢引凤”和“柔性引进”工作，同时要也加强内部已有专业技术人员的内功深造，通过岗位培训、交流置换等方式设置跨学科的岗位交流，充实专业技术人员在不同学科背景下对知识的汲取和再造转化能力。鼓励通过参加学术会议、访学和国际

交流等方式，为多学科人才建设添砖加瓦。

（三）文物主管部门应大力支持多学科展览的支持力度

承担公共服务和多学科展示的顶层设计工作的各级文物主管部门，应加大对博物馆开展自然科学类展览特别是中国自主研发且领先世界的自然科学领域成就展示类学科展览采取激励设计的制度安排。让博物馆变为青少年学习历史、学习科技、励志科技报国的理想发生地。从省级层面到区县各级文物主管部门可以采取设立资助科研课题和自然科学展览资助的办法对博物馆采取外在正向激励，鼓励博物馆积极进行项目申报，增加博物馆多学科展示能力。

（四）博物馆行业管理组织增加对展览的学科分布考核内容

在博物馆年度评审和博物馆评级中增加对博物馆多学科展览和多学科社会教育的制度要求，增加考察力度和分值权重，从内在制度上激发博物馆对多学科特别是自然科学的展示热情。

通过博物馆年度评审和博物馆评级中增加对博物馆多学科展览和多学科社会教育的评比，积极引导各级各类博物馆开展多学科展览策划工作。丰富博物馆展览的学科分布情况，进一步为博物馆融入新的资源。同时博物馆行业管理组织在评审过程中应加强对上述内容的实质考察和甄别。

（五）加强跨界跨领域融合发展，吸收多重社会资源参与多学科展览策划

鼓励博物馆通过法人治理结构改革设置理事会的同时吸收跨界资源进行融合发展，吸收多重社会资源参与博物馆多学科展览策划。

博物馆理事会的设立是博物馆扩宽馆际资源，融入社会资源的有效手段。例如：将中小学教学工作者、大学教授、执业律师、文化创意企业负责人、科协负责人等纳入博物馆理事招募对象。从人力资源上扩宽博物馆人才学科分布。将数学、物理学、化学、医学、教育学、法学等一级学科纳入博物馆多学科展示的范围。

五、结语

对全省17个城市16家博物馆学科分布进行研究的目的在于分析现状，建设未来。

博物馆的功能在越来越多样的公众消费中变更加多元化、包容化。博物馆需要在更加复杂的环境下满足日益增长的公众需求。通过自身设计举办多学科跨度的高质量展览，借以提高博物馆综合研究能力，通过交流引进自然科学类高质量展览借，以扩宽博物馆作为文化传播媒介能力。为全面提升博物馆综合发展水准和能力，做出新的贡献。

参考文献：

[1] 陆建松.博物馆展览辅助展品创作和应用的原则[J].博物院，2018，(3):114-119.

[2] 陆建松.博物馆展示需要更新和突破的几个理念[J].东南文化，2014，(3):98-101.

[3] 宋华明，陈奕橙，刘国瑜.基于优势特色学科评价视角的高校“双一流”建设研究[J].中国农业教育，2019，20(2):23-30.

[4] 王宏钧主编.中国博物馆学基础(修订本)上海：上海古籍出版社，2006.

[5] 吕军，张力月，袁函琳，王子恒.历届全国博物馆“十大陈列展览精品”入选项目的类型与区域分布[J].中国博物馆，2018(1):90-101.

[6] 巩小琳.“十大陈列展览精品”评选视角下的博物馆陈列展览发展研究[D].吉林大学，2018.

[7] 吴昌稳.国家一级博物馆学术研究现状与能力建设研究——基于中国知网学术论文的检索结果[J].中国博物馆，2019(1):67-72.

"环城休憩带"中博物馆的新发展

——中山舰博物馆近三年观众分析

吴珊　武汉市中山舰博物馆

摘　要：基于近三年来中山舰博物馆观众人流量与2019年数据的对比分析，处于"环城休憩带"中的中山舰博物馆成为市民出行新热点，"一斑窥豹"，城市近郊博物馆的发展在当下迎来新的历史机遇和挑战。"环城休憩带"的火爆是"后疫情时代"民众选择的结果，处于"环城休憩带"中的近郊博物馆该如何顺势而为抢抓发展机遇值得我们深入思考。

关键词：环城休憩带；乡村旅游；博物馆

2023年是疫情后全面发展的一年，2023年"五一"假期国内旅游出游合计2.74亿人次。由于新冠的暴发，全球的旅游业遭受了严重的冲击。联合国教科文组织和国际博物馆协会(ICOM)的两项调查发现，超过8.5万家博物馆在这场疫情中停止运营，占比接近90%。此外，还有接近13%的博物馆由于缺乏必要的资金支持，将面临永久性的停止运营。疫情对人口密集区域的博物馆造成了巨大的影响，这与经济社会生活一样，都是对全国博物馆应对突发公共事件能力的挑战。这对博物馆的运营和"云服务"水平提出了更高的要求。疫情的到来将极大地改变博物馆的格局，淘汰那些缺乏创新能力的博物馆，并促使它们重新整合资源，促成新的传播模式的出现并加速博物馆转型升级。

"环城休憩带"中的博物馆以中山舰博物馆为代表。中山舰博物馆地处武汉市江夏区金口，距离最近的地铁站21公里，距离武汉三环线达30公里，乘坐公交的车程超过1个小时。近年来受疫情等因素的影响，中山舰博物馆周边的轮渡码头也相继停运。在这样的大环境之下，中山舰博物馆大众点评入选武汉市"自驾出行"出游灵感清单，成为江夏区最热门景点，位列百度地图中武汉市最热博物馆榜单第6名，在高德地图中武汉市博物馆出游榜单排名第5。以上种种数据显示，处于武汉市"环城休憩带"中的中山舰博物馆不"冷"反"热"，展现了"后疫情时代"城市近郊博物馆的发展机遇。

一、"环城休憩带"中博物馆"后疫情时代"迅速发展原因分析

1998年，吴必虎教授首次将"环城游憩带"这一概念引入，它是一种以大城市郊区为中心，涵盖了多种游憩设施、场所以及公共空间，并有外来游客经常光顾的各类旅游景点，构成了一片以大都市为中心，游客活跃度极高的环状景观，因此被简称为"环城游憩带"。随着西方国家工业化进程的加快，"环城休憩带"应运而生，它围绕着城市的核心，向周围的人们展示着一个充满活力、放松身心的环境。这

些新兴的热门休闲娱乐场所共同组成了具有地方特色的“环城休憩带”。

党的十九大报告提出了脱贫攻坚和乡村振兴战略，城市周边配套设施也在不断完善，为实现乡村振兴提供了有力支撑。“环城休憩带”的发展是城市发展的一种补充，它是我国城镇一体化迅猛发展及乡村振兴大环境下的必然趋势。多重选择之下，“环城休憩带”的火热发展成了必然。

近年来我国出入境、国内旅游市场在规模和结构上已经发生了很大的变化，随着旅游市场日趋成熟，个人及家庭旅游出行频次增高、方式日趋多元化，民众选择目的地的心态也产生了巨大的改变。出行者的偏好和消费方式随之发生转变，聚集型的城市旅游需求逐渐被自然风光类、休闲度假类和历史文化类的户外目的地所取代。随着社会的进步，私家车的使用越来越广泛，自驾已经成为许多人出行的首选。尤其是在当前的疫情形势下，公共交通的使用可能会导致交叉感染。为了减轻由于新冠病毒的蔓延而造成的压力，以及让大家能够在有限的假期里尽情享受，周末出游已经成为一种流行的消遣方式。随着旅游业的发展，越来越多的人倾向于在城市周边进行短途旅行，而自驾旅行则是他们最常用的方式。2021年，马蜂窝的数据表明，在疫情的影响下，游客们更偏好安全和独特的景点。与2020年相比，“周边游”的消费力在1月至7月期间不断上升，其搜索热度也比上一年提高了258%。出国游几乎停滞，跨省游需考虑疫情管控等各方面因素，同比之下每逢周末和节假日，城市周边游、乡村游、农家乐消费开始出现井喷。近三年来虽然疫情反复期间因社交距离、博物馆人流量控制和异地人员往来限制等因素的影响，博物馆的参观人流量与疫情前相差甚大，但中山舰博物馆这种城市周边博物馆到访量出现了“逆势增长”。

自2020年以来，中山舰博物馆因种种原因正常开放时间为300天，根据观众参观数据分析，中山舰博物馆近三年来仅300天的开放时间接待观众43万人次，超过了疫情前2019年的观众量39万人次。观众的出行选择也让地处“环城休憩带”的中山舰博物馆“火”了一把。

二、快速发展下的“环城休憩带”中博物馆面临的困境

“环城休憩带”随着城镇化发展水平提高，物理空间不断外延，意味着民众的休憩选择面越来越广。但因城市规划和配套影响，中山舰博物馆这种“孤岛式”的目的地景点，无法使民众得到“一站式”休憩满足体验，从而将目的地转移到更容易到达的“环城休憩带”中。

（一）人流量的挑战

过去三年，由于疫情的影响，许多室内博物馆不得不实施线上预约限制，要求游客出入前必须出示健康码、测量体温、佩戴口罩，并且要求游客保持安全距离，以防止人员聚集，此外，还要定期对博物馆的展厅、卫生间等公共空间进行清洁和消毒。疫情是一种挑战，观众们“报复性”出游也是新的挑战，2023年是疫情结束的第一年，五一期间甚至迎来了中山舰博物馆有史以来的人流量最高峰，当日参观人数达到6845人次。博物馆周边交通组织、内部人力资源、外部应急支持，都面临着巨大挑战。

(二)观众对博物馆的关注度提升带来更高期望

随着新冠肺炎疫情的爆发,许多观众开始改变原本的看法,一些人也开始放弃参观博物馆,转向其他更加安全的活动。近年来,博物馆因大环境的影响纷纷转战线上,云展览层出不穷,在这场云展示的大比拼中,我们看到各大博物馆不断"刷出"各种十分喜人的数据。各类媒体的多维度宣传,提升了人们对博物馆的兴趣和关注,甚至购买博物馆的周边也成为一种新时尚。毋庸置疑,博物馆所开展的各种线上活动,确实是让文物活了起来,让更多观众愿意去走进博物馆打卡。线上的"精华帖"带来的是线下运营水平无法与观众预期匹配的困境,博物馆"黑科技"硬件的迭代和管理服务升级面临巨大压力。那么除去了网络的"滤镜"后,现实的博物馆展览是否能让观众得到满足?

(三)博物馆文化建设与周边其他旅游资源的融合性不足

"环城休憩带"的组成中除却极个别类似于中山舰博物馆的历史文化建筑等人文景观,更多的是适宜乡村休闲旅游的自然资源,但两者的兼容性和互补性目前还未能得到深度挖掘。中山舰博物馆去年观众留言本254条留言中展示,80%的观众留言是祝愿国家富强、疫情散去等祝福,字迹中50%为比较稚嫩笔迹,推测应该是低龄学生的留言。可以窥见,除了学生团体,中山舰博物馆的"地标"属性大于"文化"标识属性。中山舰博物馆的厚重文化对于大多数自发来馆观众来说,不是其将博物馆选择为出行目的地的最大因素。如何将"环城休憩带"中的博物馆的历史文化厚植于淳朴的乡土文化中,是博物馆配套建设和运营提升的方向。数据显示,2021年乡村休闲游将吸纳就业人数1100万人,对当地经济产生积极影响。但是随着乡村游的过快的发展,现在大多数的乡村游仅提供传统的服务,缺乏因地制宜的创新,还有个别资源的短期开发行为,缺乏正能量的引导,过度的商业化开发使"乡愁"越来越远。"环城休憩带"中的博物馆恰恰可以借势发力,填补乡村游越来越商业化、脱离"乡愁故土"情节的短板。

三、"环城休憩带"中博物馆的发展思考

"环城休憩带"的火爆是大环境的选择,处于"环城休憩带"中的博物馆该如何顺势而为乘风而上也是未来发展的思考方向。而"环城休憩带"中的主要组成部分还是这些新兴的具有地方特色的热门"打卡点"。"环城休憩带"的出现,使得当地的规划变得杂乱无章,产品和服务的定义变得模糊,形式也变得单一而乏味,特别是在各个地区和投资者之间,缺乏协调,从而导致了低质量的重复建设。在一些地区,人们更加关注"颜值",而忽略了文化内涵的重要性。许多人对当地的旅游资源缺乏了解,他们认为发展乡村旅游只需要种植花卉和"穿衣戴帽",但却忽略了对当地文化的挖掘和提炼,没有将农业、旅游和乡村传统文化有机结合起来,缺乏具有创新性的文创产品,文化价值和附加值也不高,从而导致这些投入大量资金建设的乡村旅游项目缺乏活力,无法长久吸引游客,最终只能在短时间内消失,甚至被遗忘。文化内涵是一个地方的精神支柱,它决定了这个地方的长远发展。

文化是乡村旅游的核心,它为我们提供了灵感。乡土文化包括传统饮食、民风民俗、名

人轶事、非遗文物等，通过物化、活化、产业化的方式，将乡土文化挖掘展示出来。“城市靠记忆而存在”，每一条路，每一座桥，每一栋建筑都是人们对于这座城的特殊记忆。博物馆被视为城市文化的核心，负责收集并传承着这座城市的历史。她以其深厚的人文积淀和文化内涵，赋予这片土地以独特的精神气质和文化品格。

文旅融合是乡村旅游发展的重要方向，但要让乡村旅游真正具有文化内涵，往往需要政府部门加强顶层设计，以实现这一目标。为了更好地发展乡村旅游业，我们需要组织专家、学者和当地文化人才，深入挖掘当地文化资源，制定出能够体现当地特色、融合传统文化与现代理念的发展规划。这样，我们就能够将当地的风土人情、优秀传统文化与现代旅游需求有机结合起来。“环城休憩带”的博物馆无疑是乡村文化的精髓，它们不仅能够保护和传承乡土文化，还能够提升民众的文化自豪感，推动文化与旅游的融合，成为乡村振兴的重要支柱。“一方水土养一方人”，作为一个地方的地标性建筑物，承载的是当地人的情感和乡愁，更能与本地经济文化相融合，在自发发展形成的环城乡村游中赋予红色内涵。

对博物馆而言，一花独放不是春，百花齐放春满园。近年来博物馆的发展成长也逐渐进入瓶颈期。中山舰博物馆作为一座地处“环城休憩带”的专题性博物馆，行业优势明显，但是短板也很突出。因此我们也应该立足于行业，同时也跳出行业的舒适圈去寻找新的发展，加强与当地的合作，加强地方特色的建设，开拓出更多的资源，丰富办展的形式。走出去，路更宽，沉下去，根扎更深。在当下的文化和旅游相融合的大环境下，在新时期我们要有新发展，博物馆的发展更应该贴近当地的生活，满足人民对精神文化的需求，让展览不论是形式还是内容更贴近观众，让更多的观众可以共享这份文化成果。它可以是充满艺术的，也可以是充满“土”味的，满足不同人的不同需求。近年来随着博物馆的迅速发展，地理位置的偏远已经不再是我们与观众的距离，在这个“圈”里，我们与当地的旅游同是文化的一体，不论是引领“环城休憩带”的红色文化内涵，还是贴近“环城休憩带”的乡土人情，“环城休憩带”中的博物馆就像是一颗从这片土地上孕育的种子，从这片土地中生长，也哺育这片土地的精神文化。

参考文献：

[1]　苏平，党宁，吴必虎．北京环城游憩带旅游地类型与空间结构特征[J]．地理研究，2004(3):403-410.

新时代专题博物馆基本陈列改陈探寻
——以中山舰博物馆基本陈列改陈调研工作为例

谢蓓 武汉市中山舰博物馆

摘 要：随着时代的发展，当今博物馆对交流引进高质量高规格展览的需求、新时代文化市场和现代观众需求、以及常态化疫情防控的配套设施设备需求越来越高。为了充分保障和展示国家一级博物馆的陈列品质，更好地树立中山舰的品牌形象、为观众提供更优质的服务，中山舰博物馆的展陈内容和空间布局、装备和设施需作全面优化调整。

关键词：博物馆基本陈列；改陈调研；博物馆发展

武汉市中山舰博物馆位于江夏区金口镇中山舰旅游区内，建筑面积约为11000平方米，其中展厅面积7010平方米。馆内基本陈列由《中山舰复原陈列》《一代名舰——中山舰史迹陈列》及《中山舰出水文物精品陈列》三个专题展览组成，陈列布展面积6000余平方米，展线长度1200米，上展文物500余件/套，2010年陈列布展完毕，2011年9月正式对外开放，至今接待海内外观众近300余万人次，产生了良好的社会知名度及美誉度。

中山舰博物馆基本陈列已10余年没有改造提升，随着时代的发展，当今博物馆对交流引进高质量高规格展览的需求、新时代文化市场和现代观众需求，以及常态化疫情防控的配套设施设备需求越来越高，为了充分保障和展示国家一级博物馆的品质，更好地树立中山舰博物馆的品牌形象、为观众提供更优质的服务，整个博物馆展陈空间布局、装备和设施需作全面优化调整。

一、中山舰博物馆基本陈列改陈调研成果探寻

中山舰博物馆改陈工作于2022年5月全面启动，博物馆馆长何志林、副馆长刘新阳牵头组成了中山舰基本陈列改陈项目工作组，人员结构由馆领导班子及办公室、陈列部、保管部、社教部各部门核心人员组成，目前工作组已先后召开五次“改陈项目立项设计方案工作推进会”，聘请多名湖北省内文博系统专家来我馆对意识形态、设计方向以及展陈形式内容等重要问题推敲把关并汇总研讨。

为有力推进改陈筹备工作，学习借鉴国内优秀同行先进的策展理念和办展经验，考量与我馆改陈情况相近的博物馆基本陈列，本人先后跟随改陈工作组赴山东省青岛、威海线路调研中国人民解放军海军博物馆、中国甲午战争博物院，赴广东省调研广东革命历史博物馆下属中华全国总工会旧址纪念馆、广东孙中山故居纪念馆、鸦片战争博物馆、孙中山大元帅府纪念馆、广东东江纵队纪念馆，赴江西省调研

江西瑞金中央革命根据地纪念馆，赴青海省调研原子城纪念馆等众多优秀博物馆及纪念馆。

中国人民解放军海军博物馆“向海图强——人民海军历史基本陈列”荣获2021年全国十大精品陈列提名，该展览以人民海军发展沿革为主轴，以海军历史上著名战役和战斗、重要事件、重大发展成就、武器装备和英模人物为重点，展现了人民海军在中国共产党的坚强领导下取得从无到有、举世瞩目的伟大成就。海军博物馆结合室内展、陆地展、海域展三种空间，既有馆舍天地，又有海阔天空，具备政治性、军事性，又富含博物馆文化、海域文化。

凝练的展览内核精神、丰富的陈列展示手段、数量庞大的文物展陈，是博物馆陈展质量的重要检验。当然每个馆的情况不同，海军馆有充足的经费、相当数量的武器装配和知名舰艇展示、别具一格的海域陈展环境，从海军馆这些数量和质量都颇具代表性的陈列展品运用中，我也思考和提炼出了重要方法，那就是把大量的馆藏文物进行多样化展示。海军馆之所以让人目不暇接，其中的重要原因就是展馆内把4000件文物进行充分展示，几乎做到了每个板块单元、每个展柜、目光所及之处全部可以看见文物，大批量的文物既有质量又有数量，让人感觉非常丰富有看头。相比之下，我馆有6000件/套出水文物，既有战斗物件，又有进口舶来品，文物类型涵盖政治、军事、文化、时代特征和地域特征，绝对是一批有特色的宝藏，如果把这些文物全部解封大量展出，相信我们的陈列分量和质量将有质的飞跃，因为观众最愿意看到实物，而不是展板，而一个展览拥有大批量的实物展出，无疑是实力、专业和权威的最好体现。

中国甲午战争博物院与我馆在展览内容上有诸多承上启下之处，该馆全面反映了北洋海军的悲壮征战经历、中国近代制海权的沦丧，随即开启了重建海军的议题，中山舰的前身永丰舰的购置事宜由此而来，购舰主要人员萨镇冰服役于北洋海军，同时中山舰末任舰长萨师俊毕业于烟台海军学校等等。两馆在历史时间轴和题材上有许多类似，因此该馆具有较高参考价值。

甲午馆的陈列已十年有余，中间经历过几次局部调整和完善，从展览规格、展示内容到视觉效果，都使人感觉主题鲜明、观感强烈，参观后入脑入心，观感体验在心中久久回荡。甲午馆把近代中国海军的战争精神进行重点展示提炼，展厅的文物、展板、图片、影像资料等等视觉和听觉的元素无不反映出人在战争中的血肉之躯、家国情怀、奋力抵抗、壮烈殉国这些细节，使人置身强烈的爱国情怀中，观众情绪和展览内容达到了高频共振，观众的思绪是被引导的，从战争联系到爱国精神，再联想到革命精神，再提炼出红色精神，这就是一连串非常自然的连锁反应，展览的政治站位就会十分凸显，展览也有了灵魂、有了根。所以展览精神提炼这一块的内容我们完全可以借鉴，中山舰的史迹展览不仅仅是讲史实，同样可以高度提炼出民族情怀、爱国爱家、英勇抗战的精神高度，通过新的策展理念阐释以中山舰为代表的海军舰船历程是中国近现代海军发展的转折点，宣传在中国共产党领导下人民海军的逐步发展壮大、在保卫海疆、振兴海权和国家海洋强国战略的工作取得的丰硕成果。有好的核心内容，再加上实物展示、辅助陈列、光源、艺术环境的烘托，展览的质感就出来了，中山舰的精神就立住了。

青海原子城纪念馆位于青海省海北藏族自治州，是我国唯一的全面、系统介绍中国核工业创建和发展历程的专题纪念馆，是中国建设的第一个核武器研制基地，中国的第一颗原子弹和第一颗氢弹的诞生地，是“中国共产党精神谱系”中“两弹一星”精神的集中体现。

通过深入的调研交流，我们感受到该馆在陈展手法上有两大特色亮点值得学习借鉴。一是该馆作为党和国家红色基因库、红色历史文化资源的教育载体，把红色资源作为坚定理想信念、加强党性修养的生动教材，讲好党的故事、讲好新中国的故事、讲好“两弹一星”故事、讲好民族功勋的故事，让纪念馆成为传承红色基因，加强革命传统教育、爱国主义教育的重要场所，成为中华民族的精神坐标。二是展陈以复原模拟场景与高科技展示场景相衬托，展示有大型球面车床、手摇计算机、原始图纸资料等大量革命文物，结合原221基地的特点，增加草原集结、干打垒住房等场景复原，以及沙雕、浮雕、模型等艺术展现形式，在进一步实现“智慧”场馆的同时，提升了观展的互动性、参与性、趣味性。

青海柳湾彩陶博物馆，位于青海省海东市乐都区柳湾村柳湾遗址附近，该馆是社会科学类考古学专题博物馆，同时是中国最大的以展示彩陶文化为主的专题性博物馆，馆藏的彩陶文物数量在中国首屈一指。截至2019年末，馆内藏品数量达38648件/套，珍贵文物267件/套。2020年5月，该馆基本陈列“江河源人类史前文明——青海柳湾彩陶展”入选“2019年度全国博物馆十大陈列展览精品推介活动”的“十大精品”奖项名单，获得优胜奖。河湟文化博物馆与青海柳湾彩陶博物馆为一套班子、两块牌子，其馆址位于青海省海东市乐都区，是以展示河湟文化为主题的综合性地市级博物馆。博物馆于今年3月31日开馆试运行，向社会全面展现河湟地区的悠久历史和灿烂文化，上展文物有石器、玉器、骨器、木器、陶器、瓷器、铜器、金器、银器、铁器、料器、纺织、纸质等17大品类。通过考察，这两家陈列展览主题鲜明、富有浓郁的地方特色的博物馆使我感悟到文化、自然、生态、旅游多维度融合的全新阐释理念扑面而来，艺术唯美的表现形式将平面设计立体化、展项呈现装置化、陈列展示活态化、观展体验情景化等多维元素囊括其中，再通过传统讲解与数字技术结合的导览方式传递给观众，展览内容使人入脑入心、印象深刻，因此，展陈项目由专业细化团队进行设计制作是确保工程质量和展览效果、实现项目目标的根本保障。

青海省博物馆是青海第一座具有现代化功能的大型综合博物馆，占地面积17000平方米，建筑面积20800平方米。2017年1月被中国博物馆协会评定为国家一级博物馆。目前设主、侧展厅10个，展厅面积9146平方米。新改陈的基本陈列项目，投资约5000余万元，于2021年重新对外开放。

在考察过程中我感受到青海省博的展览内容策划充满着人性化关怀，内容不单一，都是以整体展开、全盘规划和多方面论证补充，例如在“青海革命文物展”中，开篇就为观众普及了革命文物的定义，以及全国第一批革命文物调查数据，使人清晰感受到整个展览的背景知识和陈展思路。在“青海考古成果展”中，不仅是按照传统策展思路把考古成果进行展示，更把考古学种类、如何考古、考古学的基本研究方法等专业理论及实操知识用卡通绘画的形式表现出来，甚至将考古工作者在发掘工作中使用的专业器械工具进行展示，生动活泼、妙趣横生，既使人能够全面深入的理解陈展内容，又符合当前展览设计立体收藏的新概念。

二、后续基本陈列改陈工作推进方法

此此次阶段性的系列交流调研实属开阔眼界，扩大和提高了创作团队的业务工作能力，提高了筹备工作质量，同时也让大家看到我们的研究成果，凸显调研的价值意义，我认为我馆在后续的基本陈列改陈工作中重点应注重和遵循以下四点：

（一）史料考证翔实严谨

本次调研重点是获得了研究方面的收获，获取到1925年中山舰更名文件，同时获取到中国历史第二档案馆有孙中山广州蒙难相关线索，顺着这个方向查找下去，并邀请相关专家进行指认辨析，我馆对中山舰重点事件的研究开展及重要照片的人物指认将会有重大突破。今后我馆的史料考证不能依靠单方面资料来支撑，必须通过多个方面来推敲证实，无论是陈列大纲的编撰还是讲解词的编写，都要做到有理有据、尊重史实，并具有严谨科学的课题意识。

（二）注重意识形态把握

大家的共同想法都是用政治来引领和定位，方向明确就不会走弯路，艺术为人民服务，艺术为政治服务，我们的展览也应为人民和政治服务。关键人物的诠释角度、出场站位、虚实重点都要仔细推敲，注意抗战史实的阐述角度，阐述在中国共产党的领导下，人民海军实现由弱到强的巨大转折，重要的展览内容可聘请国家级党史专家团队进行学术支撑，保证展览的政治站位和含金量。

（三）加强人性化展线设计

展览形式设计应当多融入实物模型、多媒体展柜、史料展品综合展示阐述等方式来讲述文物故事，在场馆标识、光源、设施上增加人性化考虑，关注色弱、色盲、听障、残障等特殊人群的观展需求。在新的展陈中因考虑空调新风系统、疫情防控常态化设施功能等问题，展陈设计的提升也伴随着场馆硬件环境的提升。合理规划和科学组织项目实施时，应统筹兼顾展陈关联的各方面问题，力争不漏项并细化各环节工作细节，如展陈项目规划、形式概念设计、展厅空调和新风系统、消防、安防、展陈装备、文物藏品及展品预防性保护等问题，以确保改陈工作少留遗憾。

（四）加快编研力度

宣传有纪律，研究无止境。从广州大元帅府、中山翠亨村这些与我们关联度高的场馆中，我感受到改陈工作的核心支撑是研究，新的陈展内容既要有中山舰原本的史实，又要有红色内容，既要找准历史，也要把握政治站位和口径。博物馆是个大平台，馆里的每个人都要有主人翁意识、全局意识，打破部门之间的界限，寻找自己感兴趣的方向进行展开研究，只要是馆里的事情，就要全馆行动起来，有想法有动作，自学自查，每个人都可以成长为各自领域的专家，并为博物馆基本陈列改陈提供强大的科研支撑。

三、结语

文化因交流而互鉴，因互鉴而发展。此次系列改陈调研将我馆调研成果再次推向新高，通过与国内各大博物馆及优秀同行的交流，我们提升了团队凝聚力和向心力，开阔了理解国内展陈水平的视野，随着后期工作的继续跟进，调研方式和能力也应该逐步提升，要做足功课，带着问题出去，带着思考回来，件件有回应，事事有着落，汲取大量的营养，为我们的展览改陈工作做好充足准备。我们应该取长补短，边调研边思考边总结，将数次调研经验转化为实际成果，加速我馆后续改陈项目立项的进程和质量。

参考文献：

[1] 苏东海.博物馆的沉思[M].北京：文物出版社，2006.
[2] 赵婕.新时代革命类纪念馆基本陈列展览工作的几点思考——以上海周公馆基本陈列改陈为例[J].文物鉴定与鉴赏，2021(9):66-68.
[3] 严建强.从秘藏到共享：致力于构建平等关系的博物馆[J].中国博物馆，2020(2):3-10.
[4] 高明鸣.议题导向：一种融入社会治理的社区教育发展策略[J].成人教育，2018，38(1):40-43.

博物馆志愿服务可持续发展的风险与保障措施

庄宇　武汉市中山舰博物馆

摘　要：为更好地发展壮大博物馆之友和志愿者队伍，进一步加强博物馆志愿者队伍建设，提前做好志愿者志愿服务期间的风险研判和预案势在必行，本文针对志愿者志愿服务活动前中后期可能存在的人身财产安全、精神损害、知识产权归属等方面风险，提出了可行性保障措施与方案，以期进一步推动博物馆志愿服务可持续发展。

关键词：博物馆；志愿者；志愿者保险；知识产权

2021年5月，国家文物局等九部门联合发布《关于推进博物馆改革发展的指导意见》，意见第十七条指出，要“鼓励社会参与。发展壮大博物馆之友和志愿者队伍，构建参与广泛、形式多样、管理规范的社会动员机制”。

博物馆作为人类文明传播的重要载体，既是展示一个国家和民族文化的重要窗口，也是开展国民教育、科普、历史、文化、艺术的重要课堂。作为非营利性质的社会、文化和教育机构，博物馆不仅需要为公众服务，更需要得到公众的支持和帮助。博物馆内开展的各项志愿服务活动正是搭建社会公众与博物馆互动桥梁的重要手段。

但随着博物馆志愿服务的良序发展，在可持续的新形势新要求下，提前做好志愿者志愿服务期间存续风险的研判和预案势在必行。笔者将以博物馆志愿者服务过程为序，举例研判其中或可涉及的争议，试讨论相应风险规避方法与应急保障措施，以期尽可能降低风险侵害损失。

一、志愿服务活动中可能存在的风险

在博物馆志愿者们进行或预备进行志愿服务的同时，多重风险已在同步生成。这其中，包括了对志愿者自身或第三人造成的身体、财产和精神名誉等方面的损失。这里所阐述的“第三人”，即包括：其他志愿者、该志愿者所服务的组织、该志愿者所服务的对象以及公众(其他游客)。

(一)志愿服务前期

在博物馆志愿者往返岗位参与志愿服务时，其自身所具有的风险包括受到包含疾病、伤残、死亡、工伤、交通事故在内的人身伤害风险或受到恐怖袭击、人质绑架等原因所产生的安全风险，台风、暴雨、地震、火灾引发的自然风险等。尤其是针对博物馆内的未成年人和大学生志愿服务群体，则更应关注其安全。

同时在志愿者的招募阶段，也应做好对志愿者的身份认定、背调审核，规避个人诚信风险。博物馆作为组织单位，在收集志愿者相关信息时，也应注意规避信息泄露、非法使用收集的风险。

（二）志愿服务中期

志愿者在博物馆内的在岗服务过程，应是最易发生风险的环节，需要引起馆方的重视，以达到防患于未然的目的。其风险可主要归因为自身和他人人为。

自身原因主要是指由于志愿者组织的疏忽、故意、过失或对志愿者的过度使用，而造成对志愿者自身或第三方人身、财产的风险。此外，志愿者的风险还存在有：志愿者未按照要求参加志愿者组织安排的风险防范培训，以及志愿者自身因缺乏专业知识的支撑而带来服务上的失误。

人为原因中的他人原因也被称为社会安全事件原因，如公共场所或服务场所的人群骚乱、逆流拥挤、踩踏、纵火、爆炸等犯罪恐怖活动的社会安全事件。或是博物馆志愿组织在进行招募时，没有设置相关条件，如未对志愿者参与志愿服务的年龄进行限制，使志愿者年龄及实践能力，不能匹配参与活动的相关要求。类似这种组织者的管理漏洞也是一种责任风险。

同时博物馆作为一个特定的文物保护场所，志愿者进行志愿服务时，对博物馆的展品、设施和环境也应尽到爱护和保护的义务，规避相关风险。

（三）志愿服务后期

志愿者结束现场志愿服务后，仍存在可能遭受精神损害的风险，包括志愿者本人工作积极性被挫伤、志愿服务队伍稳定性被破坏、志愿服务工作社会认同度降低等。针对博物馆方，即志愿者组织方，则存在管理难度加大，责任负担加重；可能造成社会内部矛盾激化，影响社会环境文明建设；不利于国际志愿服务交流等风险。同时，博物馆志愿者完成志愿服务后所产生的学术研究成果归属权也是容易形成争议的问题。

二、相关风险规避和保障措施的可行性探讨

通过志愿服务活动前中后期的时间线串联，我们可以将其间可能产生的风险大致划分为人身财产安全风险、精神损害风险和知识产权归属风险。

近年来，国家制定发布了《志愿服务信息系统基本规范》《志愿服务条例》，以更好地推动志愿服务事业的发展。湖北省也于2015年11月26日出台《湖北省志愿服务条例》，志愿服务事业已全面朝向更加规范化、制度化、常态化的方向发展。各博物馆作为志愿服务的需求方，也可在参照遵循规章规范的基础上制定自己的志愿者管理制度，以更好的进行风险防范和管理。

（一）人身财产安全风险的规避和保障措施

此类风险或为博物馆志愿者志愿服务过程中所面临概率最高的一类，针对该类风险的管控，我们可以通过风险回避、风险降低、风险自留和风险转移等四种方式进行。

1.风险回避

志愿者进行志愿服务过程中可能涉及个人隐私以及博物馆相关机密等敏感信息，馆方有责任提醒督促志愿者进行保密，避免出现泄密侵权。同时，也可以安排相关培训，帮助志愿者了解关于保护个人隐私和商业机密的法律法规，避免违反相关规定，导致不必要的纠纷。

博物馆志愿服务组织在志愿者的招募阶

段，要严格遵守《个人信息保护法》，对志愿者个人信息的处理应遵循合法、正当、必要和诚信原则，不得非法收集、使用、处理和传输。博物馆在收集、处理志愿者个人信息前，应当征得志愿者本人同意。经志愿者同意(出具手写授权书)后，博物馆志愿组织方可查询志愿者的相关推荐材料等信息。对于特定职位，博物馆可以按需进行背景调查。如有必要，可要求志愿者提供无犯罪记录或向公安部门查证，背景调查合格后再予招募。

参照《湖北省志愿服务条例》第十六条规定，在志愿者招募时，志愿服务组织首先必须明确告知志愿者参加志愿服务可能面临的相关风险，同时志愿者也有权就获得信息的不明确之处进行补充质询。

2. 风险降低

博物馆作为志愿活动的组织方，要严格落实风险预警制度，提前做好研判，防患于未然，这样才能在风险到来时做到从容应对。

在前期对志愿者开展岗前培训时，可增设风险防范方面的相关知识和技能培训。这样做既可以对志愿者自身安全进行保护，同时更是为了对志愿服务对象以及公众(其他游客)的安全健康负责。志愿者在参加组织方提供的风险防范培训时应做到认真学习理论知识、勤加练习防范技能。

也就是说，博物馆志愿者在岗前除了需要学习历史背景、文物知识、讲解仪态、展品保护、场馆结构、接待礼仪、工作纪律等方面的知识外，还应注重加强包括：基本的轮椅操作使用方法、基本现场急救知识、减灾救火灭火设备的使用方法、熟知安全通道救生设施的位置地点等系列安全技能培训，在达标后才可上岗服务。

3. 风险自留

在志愿服务过程中，由于志愿组织的过错致使志愿者受到损害的，志愿组织应当依法承担相应的责任；若损害是由于志愿服务对象或者第三人的过错造成的，志愿服务对象或者第三人应当依法承担民事赔偿责任，志愿服务组织应尽到协助受害志愿者向志愿服务对象或者第三人追究法律责任的义务。志愿者在志愿组织安排的志愿服务过程中，因自身过失造成服务对象损害的，志愿组织应当依法承担相应的民事责任；志愿组织可以根据志愿者的过错程度(故意或过失)，依法向其行使追索权。

在服务过程中，志愿者或者有关主体有违法行为的，根据实际情况，按照国家有关法律、法规的规定处理；经核查构成犯罪的，由司法机关依法追究刑事责任。

4. 风险转移

目前我国的志愿者保险制度还不完善，存在保险范围窄、险种单一、保险费高、保险内容不完善等缺陷。同时博物馆作为非营利的公益性组织，为志愿者购买保险的资金来源也不够宽泛。

根据《湖北省志愿服务条例》，志愿服务经费来源包括：政府财政支持；依法获得的社会捐赠、资助；基金会资助；其他合法收入。在现有的志愿者保险实践中，政府财政支持仍然是经费的主要来源，如：2017年，厦门市委文明办宣布，为全市实名注册的志愿者购买人身意外伤害保险；2022年，南宁市在《南宁市志愿服务条例(修订草案)》中明确，在志愿服务信息系统注册的志愿者，参加“桂志愿”信息系统发布且在南宁市开展的志愿服务活动，市精神文明建设工作机构为其购买志愿者集体人身意外伤害保险。

而针对各博物馆的志愿服务组织，仍建议在条件允许的情况下，尤其是在特殊服务环境中，如安排志愿者参与外勤活动，或志愿者系未成年人、老年人、限制行为能力人等情况时，由博物馆志愿服务组织者主动为志愿者购买个人人身意外伤害险、团体意外伤害保险或其他类型的志愿者保障险。志愿者自身也可根据情况为自己购买部分类型的商业保险作为补充。

(二)精神损害风险的规避和保障措施

博物馆的志愿者群体不同于博物馆的内部员工，其既有服务社会、奉献他人的愿望和热情，也有被肯定、被关注甚至被帮助的需要，他们更需要和期待来自组织的关注、舆论的褒扬和政策的激励。对志愿者的规范性、关爱化管理是加强志愿者队伍建设，提升志愿服务质量的关键。

博物馆志愿者服务过程中面对服务对象包括公众(其他游客)的言语中伤，造成精神打击、名誉受损等精神损害风险，需要馆方志愿服务组织多多加强干预、倾斜关怀。对志愿者自身的工作、生活乃至家庭状况的关注和扶助可能更能深入他们的内心世界，激励他们由外在的被动引导进一步趋向内在的精神需求。因此，要善于从志愿者个人生存状态上切入，社会、单位包括志愿组织都应给予他们道德上褒扬、行动上支持、能力上培养、生活上关心、心理上慰藉。

简单而言，可以从通过提供午餐保障、停车服务、专属志愿者服装、专用办公空间、休息室、志愿者服务手册开始，增强馆内志愿者的归属感，让他们感觉到自己不仅是无偿提供几个小时公益服务那么简单，而是真正成为博物馆的一分子，也会更有主人翁意识，时时处处记得要展示博物馆的正面形象，增强集体荣誉感，提高精神侵害阈值，降低损伤风险。

(三)知识产权归属风险的规避和保障措施

博物馆的知识产权属于博物馆的私有权利。这一私权不当扩张可能会增加博物馆智力成果的使用成本，降低博物馆知识成果的利用率，减少公众接触博物馆资源的机会，从而影响公民文化权利的实现。

《关于推进博物馆改革发展的指导意见》指出，要“坚持开放共享。营造开放包容的发展环境，通过区域协同创新、社会参与、跨界合作、互联网传播等方式，促进资源要素有序流动，优化资源配置，多措并举盘活博物馆藏品资源”。在博物馆志愿者进行志愿服务的过程中，因更有机会近距离接触博物馆内资源，一旦产生智力成果，则可能会与馆方形成知识产权纠纷。

针对此类争议，按现行法律规定和司法实践，主要遵循“有约定从约定、无约定具体情况分析”的原则。

一是根据《著作权法》第十一条第3款规定，“由法人或者非法人组织主持，代表法人或者非法人组织意志创作，并由法人或者非法人组织承担责任的作品，法人或者非法人组织视为作者。”博物馆作为法人组织被视为作者时，可作为完整的著作权主体，享有作者权利，承担作者义务。

二是如无以上相关证明，作者个人可以享有著作权。

三是针对是否存在职务创作的情况(职务作品)。这个会与作者本人的工作单位产生关联，如是利用业余时间从事研究等活动，但与“执行单位的工作任务”之间不能严格区分开来的，可能也会被认定为履职行为，所取得的研究成果可能被认定为职务作品。但由于志愿者与博物馆之间并非签订劳务合同，不能把志愿者看做博物馆职工，所以此条影响效力不大。

四是要看研究成果是否运用了博物馆提供的物质、技术等辅助条件的，如果涉及这方面对研究成果起到一定作用的，可能也对成果权利的归属有影响，或者形成补偿情况。

综上，笔者认为，针对志愿服务期内可能出现的知识产权争议的问题，博物馆志愿服务组织可通过与志愿者订立民事合同，以双方平等协商的方式来解决争议。由于知识产权已入编民法典，隶属民法范畴，因知识产权争议而引发的权利归属、权责分化问题均可通过订立民事合同的方式进行确认，因此在合同中明确罗列当事双方的权、责、利，是避免后续纠纷的有效形式。只要合同是双方在自愿平等的基础上协商订立的，并且不与现行法律规定相悖，就可以对合同双方产生法律约束力，且不必对著作权纠纷形成定论。在这种情况下，合同便可以对不受《著作权法》保护的知识产权争议内容给予类似著作权的法律保护。

三、结语

博物馆积极开展志愿活动对发挥博物馆的教育功能属性具有帮助和促进意义。志愿者参与志愿服务，并不是所谓“替代劳动力”，其存在是为了帮助博物馆更好地和观众交流。

规避志愿服务可能存在的风险，为志愿者提供应有的保障，是博物馆志愿服务可持续发展的一项长期“课题”。

参考文献：

[1] 肖鹏.北京奥运志愿者风险管理体系研究[D].山东大学，2008.

[2] 刘富美.中国志愿者保险制度研究——以上海为例[D].上海师范大学，2016.

[3] 王璨.博物馆志愿服务法律风险防控研究[J].中国博物馆，2022(3):50-54+139.

[4] 王月芳.博物馆知识产权保护与公民文化权利实现的冲突和平衡[J].博物院，2022(3):40-47.

互联网时代下的博物馆预约制参观
——以江汉关博物馆为例

梅凤 江汉关博物馆

摘 要：随着时代的发展，博物馆的参观入馆方式也变得越来越多样化，智能化。由传统的纸质门票到后期刷身份证进入，再到当前普遍流行的线上实名预约制。我们在不断优化预约方式的同时，也伴随着相应问题的产生。因此，在面对预约制参观的大环境下，本文将以江汉关博物馆为例，探讨如何在智慧化管理的同时，考虑到博物馆服务人性化的发展。

关键词：参观方式；智慧化管理；人性化；网络预约制

随着近些年来我国博物馆事业的飞速发展，各类新建博物馆如雨后春笋般出现在大众的视野里，同时随着人民群众对精神文化需求的日益增长，走进博物馆参观也逐渐成为民众文化生活中不可或缺的重要内容，甚至可以说成为一种生活方式、一种时尚。

博物馆旅游的迅速升温带来的一个直接问题是客流量的与日俱增，给场馆运营带来了巨大压力，对博物馆服务公众方式的与时俱进提出了新的要求，博物馆人也在积极思考如何使用新技术新方法来改善和提升观众的参观体验。事实上，为了应对日益加剧的客流压力，全国许多大型博物馆在近些年都纷纷采取网上预约制度对参观客流进行调节和缓冲，于是，预约制在这样的背景下应运而生。

博物馆门票是我们参观博物馆时开启博物馆大门的钥匙，如今博物馆的入馆方式也在逐渐地发生着变化，随着科技的进步和博物馆服务水平的提升，博物馆传统纸质门票也正逐渐被电子门票所取代。

随着新型预约方式的产生，观众在预约过程中也相应产生了一些问题。而这些问题也正是在使用智能化管理的过程中，需要我们面对和解决的事情。因此，如何在科学性的管理当中，寻求一个在智慧化管理的同时也兼顾到人性化的发展方式，是我们需要解决的问题。

一、不同入馆方式的优点和缺点

传统的纸质门票正逐渐退出博物馆的历史舞台。但不可否认，它的存在也具有一定的价值。对于博物馆来说它起到了一定的宣传作用和服务作用。观众能够从门票当中了解到场馆的相关信息。此外，对于游客来说，门票也具有收藏和纪念的价值。

淘汰纸质门票的理由首先是纸质门票在技术发达的今天，其管理功能没有明显优势。场馆无法实时管控在馆人数，容易造成场馆人员密集。其次，与社交网络平台相比，门票的宣传作用可能就微乎其微了，并且随着博物馆文创产品的多样化，与精美实用的文创产品相比较，纸质门票的价值相对就处于劣势了。

因此，随着信息化的进步和博物馆对服务

的要求，越来越多的博物馆实行网络预约制。而纸质门票的退出似乎也成为必然的趋势。

目前江汉关博物馆的参观方式主要是通过线上预约来进行。这种方式也是在疫情之后，大部分博物馆所采取的形式。而在此之前我馆的入馆方式则是通过现场刷身份证来进入场所。这两种方式可以说是各有优缺点。

第一种方式是通过刷身份证进入。这种方式也是在疫情之前我馆采用的主要方式。游客通过刷身份证从匝机进入。这种方式最大的优点在于便捷，游客无需填写任何信息，也无需提前预约，只需进入现场刷身份证便可进入场馆内。虽然这种方式对于观众来说比较方便，对老年人来说也容易操作。可以最大限度让观众能够进入到场馆参观。但对于场馆来说，接待压力则相对要大一些。在这一过程当中场馆无法控制参观总人数，因此在节假日高峰期容易造成人员大量聚集以及排队时间过长等问题，使得观众体验感下降。并且在疫情防控期间，此方式可能无法对参观人数进行科学管控。另外，在观众不知情的情况下，很多人并不知道需要携带身份证才能进入，对于那些没有携带证件的人员来说，容易造成场馆与观众之间的矛盾，存在着一定的安全隐患。

第二种方式是通过网络预约。场馆预约制参观是目前大部分场馆所采取的方式。预约方式主要是通过微信平台关注江汉关博物馆微信公众号或者是通过武汉文旅码来进行预约。此方法首先需要游客填写个人信息，然后再进行场所预约。

江汉关博物馆的网络预约分为上午段和下午段，游客根据自身需求进行预约，对参观总人数也有一定的限制。我馆通过客流系统对在馆的实时人数进行控制，当人数达到200人时，场馆匝机将自动停止进入。通过限流保障场馆的承载力。

网络预约制最大的一个优点在于能够让观众及时获取场馆信息。游客在预约的过程可以获知景区的开放情况，如果景区暂停开放观众也能及时得知，避免有些观众到了现场才知道场馆没有开放。在游客提前已经预约的情况下，如景区有特殊情况无法开放，场馆可通过平台送短信告知。这也保障了游客获取信息的及时性，避免不必要的争端。

虽然网络预约有其一定的科学性和智能性，但在实施的过程当中也存在着不少的问题。首先第一个比较突出的问题便是这种智能化的操作对于老年人来说并不友好。由于程序较多，操作起来相对复杂，需要填写的信息较多，很多老年人很难自行进行操作。第二个存在的问题是我们在实行的过程中发现，网络预约容易造成大量的票源浪费。很多的观众在预约了场馆后，因为各种原因而没有来，并且也没有退票，从而占据了那些真正想参观游客的名额，造成资源浪费。第三，对于网络预约不熟悉以及来自外地的游客来说，没有事先了解到这种入馆方式，可能直接来到场馆后，结果却因门票已预约完而无法进入。

二、对于网络预约制存在的不足及改进措施

针对目前博物馆主要采取的网上预约制参观方式，我馆在实行的过程当中也发现了一些需要改进的地方以及解决的办法。

（一）老年人预约困难问题

如今，随着智能化服务水平不断提升，景区、文化场馆等场所实行线上实名预约已成为

普遍现象。但对于不擅长网络操作的老年人来说，网络预约无形中给他们的参观增加了一道门槛。因此，各大博物馆在预约制的参观模式上，要充分考虑不同群体的特殊需求，可以通过定时现场预约、预留部分参观名额或年龄段免预约的方式来解决存在的问题，更好地为公众提供无障碍的服务。

（二）票源浪费问题

以江汉关博物馆为例，我馆目前每日放出的票量总共为1500张。但我们通过后台信息的分析，实际核验票数与已预约人数之间平均要相差一半。也就是说在预约了门票的人当中，有一半的人并没有来参观却占据了票额，造成资源浪费。根据这一情况，博物馆需加强入馆门票预约的管理。在进行实名预约的同时，也需要加强游客的信用度。同一身份证当天只能预约一次，并且同一景区超过三次未能履约则被景区拉入黑名单。从而在一定程度上避免游客随意预约造成的票额浪费。

（三）未预约临时参观游客

这一部分人群主要是参观前未及时了解场馆信息，其中以外地游客居多。这种已经来到场馆门口却因为没有预约上门票而无法参观的游客，在实际当中占有的比例还是比较大的。因此，在预约已满的情况下，可以根据当天实际的参观量，适当增加这一部分的线下参观量，通过线上与线下相结合的方式使得参观人数总量得到合理的利用。

（四）预约服务的对象范围有限

目前，网上预约只适用于持有中国大陆居民身份证的游客。随着越来越多的国外及港澳台游客来到博物馆参观。博物馆也应当思考如何开辟一条针对这类游客的预约路径，使得他们可以通过自己的有效证件来预约参观。

（五）对于网络预约制宣传不到位

一个好的方式如果在大家都不了解的情况下推行，最后可能无法发挥其应有的作用。一些游客因为对于这种预约方式并不清楚，在其不知情的情况下，来到场馆可能无法进入，容易造成观众的负面情绪。针对这一情况，博物馆应加大宣传力度，并依靠广播、电视、报纸等媒体对网上预约服务进行宣传和报道，让更多的人知晓并最终享受其带来的便利。

（六）改善博物馆进入方式

目前，各大博物馆逐步采取预约制进行参观，观众在预约后要经过系列验证方可进入展厅内。随着技术的不断进步，博物馆可以优化进馆的验证方式，以人脸识别等无感化方式替代人工验证，弱化博物馆的"门禁"，让博物馆真正成为公众可以随时随意参观的博物馆。

（七）预约系统操作复杂问题

面对不同的人群，需要改进和优化操作系统，使其操作起来更加便捷，面向老年人可开发专门针对老年人的简易版操作界面。另外也需要提供更多的预约渠道，让观众有更多的选择。

无论是纸质门票还是网上预约制，都有着它自身的优点与缺点，如何通过合理科学便捷的方式让观众进入场馆，也是我们在不断探讨与研究的方向。

三、网络预约制存在的意义

随着人们生活水平不断提高，人们开始追求更高层次的文化精神享受，拥有浓厚历史文化气息的博物馆也逐渐承担起服务社会的责任。

博物馆参观游客过多，表面上是观众对于博物馆的参观热情，背后则反映了博物馆公共服务的水平尚需提升，这就对博物馆如何更好地为公众服务提出了新的要求。"网上预约"服务的推出对于提升博物馆公共服务水平来说无疑是及时而有效的。

对于博物馆而言，公共服务能力是博物馆在社会文化建设和公共服务体系建设中生存和发展的关键，只有提升公共服务能力，才能发挥出文化职能，满足公共需求。

从观众角度来看，只需要在手机或电脑上通过简单几步完成预约流程，参观时从专设的预约通道直接扫二维码或刷身份证入馆，省去了先要在游客中心排队取票，再到非预约通道排队入馆的麻烦，简单而高效。

从馆方角度来看，网上预约是以信息化为技术依托，为社会公众提供更有针对性更高质量服务的一项重要举措，也是一次践行"互联网＋博物馆"的重要尝试。此举一经推出，节假日观众门前大排长龙，入馆速度慢且极易拥堵的情况得到了有效缓解，有助于改善参观环境，有助于提升观众满意度，有助于减少安防工作中隐患，最终有助于实现馆方管理工作的科学化和精细化。

四、结语

在互联网时代的大背景下，网络预约制是对博物馆参观秩序的一种有效调节手段，它从游客角度出发，实现了博物馆服务与公共需求的深度联结，让旅游变得更加智慧，让游客体验变得更加愉悦，对提升博物馆服务水平也更加有帮助。但同时，在这一实施的过程当中，我们需要不断发现问题，及时解决问题。在科学化管理的同时也要兼顾到人性化，让观众能在一个舒适的环境下，更加便捷地参观博物馆，从而提高博物馆的公众服务水平。

参考文献：

[1] 黎巍巍.文旅融合背景下的博物馆网上预约服务分析——以重庆自然博物馆为例[J].旅游纵览(下半月)，2019(14):37-38.
[2] 宋晗.博物馆观众体系研究[D].河南大学，2018.
[3] 贝文玥.公共需求导向下博物馆公共服务能力提升路径研究[D].中共上海市委党校，2021.

近代建筑主题博物馆可持续发展实践路径初探
——以武汉地区为例

许丹 江汉关博物馆

摘　要：2022年，国际博物馆协会公布了博物馆的最新定义，可持续发展也正式被融入博物馆的事业发展规划中。近年来，在文旅融合的大潮之下，诸多近代建筑也迈入博物馆行列，如何可持续发展也成为近代建筑博物馆面临的重大挑战。本文就以近代建筑博物馆最为集中的武汉地区为例，从挖掘建筑内涵，提升服务水平，延展博物馆影响辐射等方面进行多元探索，探讨老建筑如何顺应时代要求，持续散发新活力。

关键词：近代建筑博物馆；可持续发展；实践路径

近年来，在"让文物活起来"的政策指导下，越来越多的文保近代建筑开启了博物馆化进程，文博行业蓬勃发展，呈现欣欣向荣景象。2022年8月24日，国际博物馆协会（ICOM，以下简称"国际博协"）公布了博物馆的最新定义："博物馆是为社会服务的非营利性常设机构，它研究、收藏、保护、阐释和展示物质与非物质遗产。向公众开放，具有可及性和包容性，博物馆促进多样性和可持续性。博物馆以符合道德且专业的方式进行运营和交流，并在社区的参与下，为教育、欣赏、深思和知识共享提供多种体验。"最新的定义对于博物馆的发展提出了更高层次的要求和发展目标：博物馆的意义不仅仅是保护历史，更要以可持续发展的观念，贯穿当下，面向未来，这也是近代建筑博物馆今后发展的主要方向。

一、近代建筑及其博物馆化

近代建筑，透过其结构、空间和功能体现着该建筑所处的历史和文化。近代建筑的保护不仅为了保存历史，更是要以一种可持续发展的永续观念来让"历史"活起来，并焕发生机。建筑遗产是城市历史文化保存的重要物质载体，只有当建筑遗产与现代城市融合成为一个有机整体时，才能够将其生命延续至人类的未来。博物馆无疑是一种适合的熔合剂，建筑遗产的博物馆化正是将建筑遗产融合进入城市的整体文化语境中，因此，近代建筑活化成为博物馆进行再利用，成为建筑文物保护的一种重要手段。

（一）近代建筑及文化内涵

近代建筑是指从1840年鸦片战争开始至1949年中华人民共和国建立期间，随着近代殖民主义者的大规模入侵，直接由西方国家将其建筑文化强行输入，在中国国内建成的具有外国风格或中西混合式特征的建筑。这一时期，由于西方势力的强势入侵，我国社会剧烈动荡，中西文化的碰撞、融合造就了风格独树一帜的近代建筑，尤以上海、天津、武汉、青岛等城市最为集中。

建筑是构成文化的重要组成部分，"某一时代整个社会倾全力去建造的有代表性的一些重大建筑物，必然反映出当时最高的科学技术、文化艺术水平"，近代建筑是近代历史的直接产物，呈现了真实的近代历史风貌，蕴含丰富的历史信息，是活的历史文物，近代建筑反映了中国城市在西方文化强烈冲击下的发展变迁和社会记忆，因而近代历史建筑文物不仅是中国近代史的见证，更凝结了人对于这座城市的认同感和归属感，延续了这座城市的历史脉络。

保护好中国近代历史建筑，挖掘其深厚文化内涵，对于提升城市文化、城市知名度，改善城市投资环境，树立城市国际形象，能够发挥积极的作用，在大力建设文化自信的时代更是如此。

（二）近代建筑的博物馆化

在社会演进的过程中，近代建筑逐渐成为城市记忆和文化的物质载体，成为重要的建筑遗产，为了更加深入地诠释人类文化与精神的成果，不断延续城市的文化记忆，诸多近代建筑开启了博物馆化进程。博物馆化是"从原始环境中分离出来，转化为一种新的、博物馆现实的实物……不仅仅是一个博物馆中的一件实物，它是经收集、分类、保护和记录的实物"。在近代建筑的保护运用中，就是运用博物馆的工作方法对其进行整理、保护、展示，使其转变为博物馆或者进入博物馆领域。博物馆化将近代建筑融入整个城市文化语境中，实现对近代建筑遗产的活化利用。

二、近代建筑博物馆的可持续发展

近代建筑凝结着该建筑所处时代的历史和文化，透过其结构、空间和功能来体现。在现代社会将近代建筑活化成为博物馆，改变其原本的建筑功能及空间结构来延续建筑的历史文脉，而如何将历史文脉永世赓续，则与博物馆的可持续发展密不可分。

（一）博物馆的可持续发展及其必要性

可持续性(sustainability)指的是一种平衡状态，即人与自然共生共荣、和谐相处，涉及对社会、环境和经济的综合考量。而可持续发展(sustainable development)指的则是人们的一系列重点行为，以帮助可持续性的最终达成。在2015年9月"联合国可持续发展峰会"(UN Conference on Sustainable Development)上，全球193个国家的领导人就2015年之后二十年世界的发展达成了广泛共识，一致通过了《变革我们的世界：2030年可持续发展议程》(Transforming Our World：2030 Agenda for Sustainable Development，以下简称"《2030年议程》")，确立了"可持续发展目标"(Sustainable Development Goals，SDGs)，可持续发展包含全球全人类在各个领域所面临的共同挑战，博物馆行业也不能例外。

根据职能特性，博物馆可持续发展是以博物馆高质量发展为目标，更好满足公众需求，更好服务于未来社会公共服务价值提升和国家文化软实力需要的一种发展理念和发展模式。作为面向广大公众开放的社会公共文化场所，博物馆拥有巨大的潜能，可以提高公众对文化遗产和自然遗产价值的认识，提高全体公民维护和宣传文化遗产和自然遗产的责任感。在文旅融合的时代背景下，博物馆还通过文化和创意产业、旅游业等促进经济发展。

（二）近代建筑博物馆可持续发展的制约因素

1. 法律法规不健全

目前国内博物馆行业的标准规范主要有

《博物馆管理办法》《博物馆条例》《中华人民共和国文物保护法》《中华人民共和国文物保护法实施条例》以及各个省市公布的文物及博物馆相关管理办法、条例。这些法律法规主要集中在博物馆的基础性运营管理，且内容并未及时更新，缺乏前瞻性，对于博物馆未来发展方向的指向性不够明确。

2.科学研究不深入

近代建筑主题博物馆的学术研究大多集中在建筑遗产保护或近代历史文化价值方面，从博物馆可持续发展目标角度切入的学术研究却寥寥无几，这也导致近代建筑博物馆运营理念落后，无法很好的利用自身特色资源优势。

3.专业人才匮乏

近代建筑博物馆因建筑体量限制，大多为中小型博物馆，常常出现一人兼任多职的现象，业务人员往往没有综合类博物馆的细化分工，这并不利于博物馆的研究、展览、社教工作科学有序的发展。

4.社会参与度低

近年来虽然博物馆热度有所提升，但公众注意力大多集中在大型综合博物馆，许多同近代建筑主题博物馆一样的中小型博物馆的工作仍处于“自娱自乐”阶段，影响力有限，公众对于博物馆的关注与参与意愿低。

三、武汉地区近代建筑博物馆可持续发展实践

武汉是国家历史文化名城，保存着众多优秀的历史建筑。从 1993 年至今，根据《武汉市历史文化风貌街区和优秀历史建筑保护条例》的规定，武汉市先后公布了 13 批共 285 栋优秀历史建筑保护目录名单。这些建筑大多数形成于清咸丰八年(1858 年)汉口被辟为通商口岸之后。彼时英、德、俄、法、日等国先后在汉口开辟租界，修建了风格不一、中西合璧的各式建筑。这些近代建筑在近些年也相继开启了博物馆化进程，并在拓展博物馆功能、延续近代建筑活力上进行诸多实践。

(一)深挖建筑内涵，精准博物馆定位

武汉深受长江流域文化带的影响，码头文化和外来商贸、移民等多因素的交织，使武汉传统文化受到前所未有的冲击，出现了诸多融合了外国及南北文化特色的建筑，如金融建筑、宗教建筑、公共建筑、里分建筑等，它们风格迥异，功能各异，故在转变为博物馆之后，依托结合自身特色，强化博物馆定位。如江汉关博物馆展示城市百年近代史，武汉革命博物馆、八七会议旧址纪念馆展示武汉红色足迹，武汉黎黄陂路街头博物馆沉浸式展示近代建筑文化，武汉美术馆打造艺术沙龙等，这些博物馆从不同角度满足公众文化需求。

(二)精心打造阵地，提升博物馆服务

1.科学保护，合理利用老建筑

武汉的近代建筑大多为文保建筑，文物建筑在禁止改建添建、不改变原状等方面有严格法规限定，因此，近代建筑博物馆在设计时便在“修旧如旧”基础上最大化还原建筑原貌，增设现代设施，科学规划展陈动线，并在可利用范围内设立复原展陈，展现建筑历史风貌。如依托原租界工部局巡捕房建设的武汉警察博物馆，在修缮主体建筑的基础上，采取复建钟楼、恢复平面格局、增加现代生活设施、整治室内外环境等措施，致力于展现近代租界内行政管理的风貌，唤醒历史记忆。

2.提供多元优质公共文化服务

2022年，国际博物馆协会将博物馆定义

为为教育、欣赏、深思和知识共享提供多种体验的社会服务机构，博物馆的服务性得到进一步凸显。博物馆作为公共文化空间，文化服务与公共服务缺一不可，近代建筑博物馆囿于文保建筑的空间制约，但仍在提升服务水平上持续发力，如策划、引进优质临展，组织丰富的线上线下社会教育活动，与学校、社区合作设计公益课程和文博材料包，以及完善无障碍服务、急救服务等举措，积极发挥博物馆的公共文化教育功能。

（三）推动多方合作，延展博物馆辐射

1.加强跨界交流，讲好历史故事

随着“博物馆＋”战略深入实施，博物馆工作中涉及的其他领域愈加广泛，博物馆，涉猎的文化内容更是包罗万象。在当前传统的博物馆历史、文化内容输出已趋于饱和的状态下，探索与其他行业的契合点，打通交流通道，为未来博物馆的发展提供了更多的可能。如八路军武汉办事处旧址纪念馆携手武汉人艺、长春街小学推出实景剧《孩子剧团带你回到1938》，将艺术与红色精神相结合，打造“红色＋艺术”的社教品牌，还有江汉关博物馆的“江汉关的一天”微剧场、武汉革命博物馆的“红巷里的思政课”等，都在带给公众沉浸式体验的同时紧密了人与建筑的联系，让老建筑焕发新活力。

2.深化新媒体融合，增加公众互动

疫情的影响和新媒体平台的兴起加速了文博行业的数字化发展，一股“云”风潮以不可阻挡的气势席卷而来，各种新媒体因互动性、时效性强等优势，以互动设备、社交媒体、电子出版、移动应用等多种方式用于博物馆工作中。武汉的近代建筑博物馆为了扩大博物馆文化辐射面，也加快了自身自媒体和数字化的建设，如江汉关博物馆的《“云”赏江汉关——探寻百年钟楼的秘密》导览直播，武汉美术馆的VR水墨画，八七会址纪念馆的《老街新韵》系列线上课程等都深受公众喜爱，为近代建筑博物馆深入拓展“云”空间奠定了有利基础。

四、优化近代建筑主题博物馆可持续发展路径分析

2023年国际博物馆日的主题是“博物馆、可持续发展与美好生活”，强调博物馆能够创造联动效应，促进积极变化，可以在诸多方面为实现可持续发展目标、助力美好生活作出贡献，这也为博物馆今后发展指明了方向。结合武汉地区近代建筑主题博物馆的发展实际，本文对优化博物馆可持续发展路径进行有益探讨。

（一）紧跟行业前沿信息，革新发展理念

随着博物馆定义的不断更新，其公共功能与影响不断扩大，国际博协第34次全体大会重申博物馆作为值得信赖的知识来源、社区参与的宝贵资源以及共同想象、设计和创造所有人可持续未来的理想定位。为广泛参与社会的可持续发展，博物馆必须革新发展理念，优化发展目标，在深入参考解读《2030年议程》及国家“十四五”的前提下，更要时刻关注行业前沿与动态信息，了解行业趋势，与时俱进，积极调整发展战略，力求做到常做常新。

（二）健全人才培养激励机制，储备专业队伍

在新时代背景下，人才是驱动创新，引领发展的第一资源，对于博物馆来说，人才同样是参与和实现可持续发展的重要支撑，这也要

求博物馆要重视人才的核心地位，积极培养博物馆专业人才队伍，完善人才选拔机制，按照公开、平等、竞争、择优的要求，健全以业绩为依据，由品德、知识、能力等要素构成的人才评价、选拔和激励保障机制，营造人才辈出、人尽其才的环境。

（三）加强社会机构合作，扩大社会影响

在博物馆逐渐走出“庙堂”，与公众联系日益紧密的当下，公众对于博物馆的输出内容与质量期待愈发提高，为保持输出内容的创新性与多元化，博物馆必须加强与各行业社会机构的合作，以馆藏资源为依托，找准不同切入点，通过社会教育活动、文创产品等将文化信息传播至更加广泛的社会范围。

五、结语

博物馆的可持续发展是一个长期的过程，在可持续发展目标的明确指引之下，博物馆应发挥自身优势，将自身职能与社会发展深度融合，多角度、多方位地将可持续发展理念科学有效地落足于实践层面，实现文博行业可持续发展目标，促进文博事业可持续繁荣发展。

参考文献：

[1] 胡庆.汉口租界近代建筑研究——以临青岛路四街区为例[D].华中科技大学，2007.

[2] 李允鉌.华夏意匠：中国古典建筑设计原理与分析[M].天津：天津大学出版社，2014.

[3] 彼得·冯·门施祁德贵.论博物馆学的方法论[J].中国博物馆，1994(4):18-24.

[4] 石灿峰.武汉市历史建筑结构诊断与修缮工法对策研究[D].华中科技大学，2005.

地标性建筑博物馆文旅融合发展的实践及思考

——基于江汉关博物馆

于建军　江汉关博物馆

摘　要：旅游是文化的载体和传播途径，文化是旅游的灵魂和根。基于地标性历史建筑设立的博物馆对公众有着巨大的吸引力，利用好这个平台，加强文旅融合，开展丰富多彩的博物馆陈列展览和公众教育活动，使旅游活动更有内涵，将会激发公众保护文化遗产的热情，加深对中华民族传统文化的了解，从而满足游客的精神需求，增强对中国文化的自信，进而转化为奋发向上的工作和学习的动力，取得极好的社会效益。

关键词：地标；历史建筑；博物馆教育；文旅融合

文化是人类历史发展过程中所创造的物质和精神财富的集合符号，它包含文学、艺术、历史、宗教、法律、科学等各个方面，是同一个历史时期的不依分布地点为转移的遗迹、遗物的综合体。旅游是人们为了消遣、商务和其他目的，离开惯常居住环境去往他处而进行的各项活动，这些活动有不同的文化特征。所以，文化与旅游就像一对孪生姐妹，有很多相通的属性。随着我国国民经济实力的增强，百姓生活日益富足，旅游已成为当今人们生活中不可缺少的组成部分。它是一种时尚活动，外向表现为人的空间流动，而实质却体现不同地域各种文化的交流、融合与碰撞。旅游是文化的载体和传播途径，文化是旅游的灵魂和根。“文化＋旅游”并不是简单的合并，从融合发展理念上看，一方面要用文化的理念发展和丰富旅游，用文化的内涵提升旅游价值；另一方面要用旅游的方式对内传承传统文化，凝聚社会共识，创造现代文化，对外促进文化交流，传播中华优秀传统文化，扩大中国的国际影响力。

作为一种特殊的社会教育机构和文化基础设施，收藏、研究、教育是博物馆三大职能。收藏是基础，研究是创造性思维的一个过程，而教育展示则是一个“产品终端”。博物馆可以利用历史建筑的影响力这一良好的载体，吸引更多的受众，开展丰富多彩的博物馆陈列宣教活动，进而促进文旅融合发展，在社会经济协调发展方面产生积极向上的正能量。

一、地标性历史建筑与博物馆的关系

（一）地标性历史建筑的定义

地标是指某地方具有独特地理特色的建筑物或者自然物，人们可以通过看图识别，有导航作用。地标性历史建筑是具有地标属性的、蕴涵了历史事件和纪念意义、精神作用的建筑。例如历史建筑、摩天大楼、宗教场所、纪念碑、雕像、灯塔、桥梁等。

（二）地标性建筑的两个层面价值

地标性历史建筑具有物质层面和精神层

面价值。建筑本身是物质层面，所处的地理环境、空间特点、建筑艺术风格等外在因素，构成了吸引游客的第一感官体验，引发深入欣赏的好奇心和驱动力。

地标性历史建筑的精神层面价值则是曾发生过的历史事件中蕴含对后人具有纪念和激励性的精神指导意义。

（三）地标性历史建筑具有的“虹吸功能”是开展博物馆教育的有利条件

地标性历史建筑所具备的物质价值和精神价值具有巨大吸引力，形成“强磁场”，对人流具有“虹吸功能”。这正是基于地标性历史建筑开办的博物馆开展宣传教育的得天独厚的优势。博物馆应该在此良好的基础上，充分挖掘潜力，举办丰富多彩的陈列展览，开展丰富多彩的宣教活动。

（四）博物馆教育产生的影响力有利于地标性历史建筑保护

基于地标性历史建筑开办的博物馆教育功能的良好发挥，会产生巨大的正面影响力，吸引大量“粉丝”关注，有利于引起社会各界对历史建筑保护的重视，从而对建筑保护凝聚强大的支撑力量。

二、博物馆文旅融合发展的意义

文文化和旅游融合发展是从国家层面推动的关乎国家文化发展大计、旅游市场繁荣的战略性举措。由于文化发展领域和旅游发展领域是两个庞大的系统，两者在各自的发展轨道上又具有常年积累下来的发展逻辑和思维惯性，两者之间的融合涉及观念、制度、机制、市场、人等多个方面，文化旅游融合发展问题是一个长期性、战略性任务，需要文化和旅游领域的政、产、学、研、媒的协同努力，不可能一蹴而就。

文旅融合对促进国民经济的升级和结构转型具有重大意义，到2022年，我国已建设30个国家文化产业和旅游产业融合发展示范区，产业融合水平进一步提升，新型文化和旅游消费业态不断丰富。文旅融合开始迈入实质性进展阶段。

传统旅游以游山玩水，观赏不同地域山川、河流、动植物资源、历史建筑等自然景观，以及体验吃、住、行、游、购、娱等生活层面的特色风俗习惯为主要特点。这种旅游模式过于单一和重复，深度不够，不利于旅游资源纵深发展。而“文化+旅游”模式，是对旅游资源的多元化个性化的深层开发。相对于原生态景观资源，人文景观资源具有更丰富的内涵和可塑性，并可依附名人轶事、文学经典、历史事件、神话传说等各种人文题材，以网络传播，其影响力不可小觑。“旅游搭台，文化唱戏”，可以使文化软实力和影响力得到彰显。随着人民生活水平的不断提高，群众的精神文化需求也在悄然发生变化，多样化和个性化的旅游服务应运而生，文化带动旅游，旅游传播文化，两者相得益彰。旅游六要素在文化融合的影响下，转变为“吃、住、行、游、知、悦”，由自然关怀转向人文关怀，由“现光旅游”向“深度体验”转型升级，促进了文化和旅游产业的全面发展。

文化与旅游的关系是双向的，城市中的博物馆、美术馆、艺术馆等机构的文化输出，也不再仅限于被动地为观众服务，而是选择“走出去”与旅游融合，推出特色的文化惠民活动，和广大人民群众建立联系，提供高品质的公共文化服务，使游客享受到旅行所带来的快乐。文化与旅游的融合要建立在一定的条件上，从根本属性来讲，文化具有事业属性，而旅游具有产业属性，二者既有相同之处又有区别，必须以文化带旅游，以旅游促文化。在融合发展的过程中，必须坚持文化事业的公共属性，确保公共文化服务作为公共产品输出。同时要充分发挥旅游产业的活力与多样化，以寻求旅游与文化在不同层面、不同领域不同阶段的深度融合。

从产业价值链角度来看，文化产业和旅游业融合发展的三种模式：利益驱动下的产业价值链互动延伸型融合模式、需求导向下的产业价值链重组型融合模式、科技推动下的产业价值链渗透型融合模式。现阶段的博物馆文旅融合多属于科技推动下的产业价值链渗透融合模式。随着现代高新技术的发展，文化产业和旅游产业相互向对方渗透融合以形成新产业形态的文旅一体化发展模式，我们称之为文旅融合的渗透融合模式。在文旅融合一体化过程中，根据两大产业的主导地位的不同，可以分为文化产业向旅游产业渗透的融合模式、旅游产业向文化产业渗透的融合模式两种形式。如文化馆、博物馆、纪念馆、文化产业示范基地、文创/文化产业园、演艺、影视、古城/村/街文化、名人故居等向旅游功能的延伸，拓展了文化产业市场范围，丰富了旅游产业内涵，满足了旅游者的精神需求。

博物馆作为公共文化服务的重要载体，正努力从“对物的关怀”到“对人的关怀”的根本性转变，在后疫情时代，需要博物馆提供与市场相匹配的新供给和高品质服务，在文旅融合的大背景下，以文塑旅，以旅彰文，加强自身品牌塑造与传播。

三、江汉关博物馆(武汉国民政府旧址纪念馆、武汉詹天佑故居博物馆)概况

目前，江汉关博物馆(武汉国民政府旧址纪念馆、武汉詹天佑故居博物馆)挂牌有：全国重点文物保护单位，中共湖北省直机关工委、武汉市直机关工委中国特色社会主义教育基地，国家级“海峡两岸教育基地”，湖北省爱国主义教育基地，武汉市涉台教育基地。

2016年12月，武汉国民政府旧址纪念馆、武汉詹天佑故居博物馆并入江汉关博物馆。三个馆的建筑，都是全国重点文物保护单位。

江汉关博物馆依托江汉关大楼，位于中国湖北省武汉市汉口江汉路和沿江大道交汇处，东南临长江，是武汉市标志性建筑之一，汉口租界的核心建筑。

汉口海关——江汉关于1861年11月成立。1922年11月4日，江汉关大楼举行奠基典礼，于1924年1月21日正式落成。大楼占地1499平方米，建筑面积4009平方米，总高度46.3米，为武汉当时最高建筑，其中钟楼顶端海拔83.8米。

1924年开始，江汉关奏响《威斯敏斯特》序曲，“文革”期间曾改奏《东方红》，1987年又改用《威斯敏斯特》报时并沿用至今。

江汉关大楼无论从外观还是建筑质量，都堪称当时国际先进水平。它作为中国半殖民地半封建社会历史的见证，也是中国从闭关自守走向开放包容的载体。它是汉口开埠的见证人，是武汉沧桑历史的纪念碑，具有重要的历史价值和建筑艺术价值。

武汉国民政府旧址纪念馆是依托南洋大楼而建立的专题性革命纪念馆，位于汉口中山

大道708号，是爱国华侨简照南、简玉阶兄弟投资兴建的南洋兄弟烟草有限公司办公楼，是第一次国共合作的中央政府遗址。该楼建成于1921年，主楼五层，占地面积885平方米，建筑面积4747平方米；附楼四层，占地面积300平方米，建筑面积2000平方米。南洋大楼坚固宏伟，富丽典雅，楼顶有回廊、圆顶、凉亭、拱门、钟楼的造型，富有欧式建筑风貌，是武汉历史文化名城的标志性建筑之一，被列入工业遗产和建筑遗产保护名录。

1926年，国共合作的北伐战争胜利发展，革命重心转移到长江流域，国民政府由广州迁到武汉。1926年9月—10月，南洋大楼一楼曾作为国民革命军政治部、《革命军日报》编辑部，邓演达和郭沫若为政治部正副主任。

1926年12月至1927年3月，在南洋大楼三楼召开过26次国民党中执委和国民政府委员临时联席会议和一次扩大会议。国共两党许多著名人物毛泽东、宋庆龄、董必武、邓演达、陈友仁、苏兆征、吴玉章、何香凝、徐谦、谭平山、林伯渠、黄昌谷等相聚在这里，做出了两百多项重大决议，内容涉及整顿交通、金融，处理劳资纠纷，惩治土豪劣绅等，其中最重要、最有影响的是领导中国人民收回了汉口、九江英租界，确定国都，将武昌、汉口、汉阳并为京兆区，定名“武汉”，一度被誉为“赤都”。1927年3月10日—17日在南洋大楼召开了国民党二届三中全会，这是共产党人和国民党左派对国民党右派进行斗争并取得重要成果的会议。会议坚持了孙中山的联俄、联共、扶助农工三大政策，支持工农运动，通过了《统一革命势力案》《对农民宣言》等，在中国近现代史上占有重要地位，留下了国共两党许多珍贵的史迹和故事。

武汉詹天佑故居是由杰出的爱国铁路工程师詹天佑亲自设计建造，占地面积782平方米，建筑面积920平方米，是一栋具有欧式建筑风格的砖木结构二层楼房。1912年，詹天佑偕全家由广州迁到此处。在汉期间詹天佑先后任汉粤川铁路会办、督办，以及交通部首任技监，掌管全国铁道交通技术领导工作。他创立并领导多科性中华工程师学会，开拓祖国现代化工程学术专业。1919年2月，他代表中国政府赴海参崴(符拉迪沃斯托克)、哈尔滨出席联合监管远东铁路会议，为维护国家利益，他针锋相对，据理力争，取得了我国武力护路的权利，粉碎了日本以武力护路进而侵占我国领土的阴谋。会议期间，詹天佑先生因日夜操劳，腹疾复发，于4月18日离开哈尔滨回汉。24日因腹疾导致心力衰竭，在汉口病逝，终年五十九岁。

四、江汉关博物馆文旅融合发展的实践

与传媒制作单位合作，录制《江汉关的故事》系列短视频，通过视频方式推广宣传，介绍江汉关及武汉民国时期的历史，拓展受众知识面。

节假日夜间延时开放。2019年8月17日—10月31日，江汉关博物馆试点夜间开放。每周六、日及逢重要时间节点、法定节日，公共开放时间延长至21：00(20：00停止入馆)。为确保安全，调整了部分展品，增加了照明设备，完善安全应急预案。公共教育部还策划了针对少年儿童的看宝、探宝、寻宝系列沉浸式体验活动，木版印画、大提琴演奏等轻松活泼的艺术互动活动，深受孩子们欢迎。华灯绽放的江汉关大楼成为夜间长江主轴左岸一颗最为

耀眼的明珠。

9月13日，正逢中秋团圆佳节。江汉关博物馆在夜间延时开放时段，携手湖北省旗袍协会，举办了“博物馆里旗袍缘，中秋浓情画团圆”活动。十六位身着旗袍的佳人，伴着美妙的音乐声，从白璧无瑕的汉白玉楼梯上款款走来，优雅地穿梭在馆内，为观众朗诵《明月几时有》，将观众再次带入思念亲人、愿求团圆的意境中。

“阖家画团扇”社教活动也传来阵阵欢声笑语。专业老师带领十二组家庭，拿起画笔共画如意团扇，话中秋团圆。

江汉关博物馆同时展出几组“民国家庭”“民国才子佳人”“民国情侣”展板，游客们纷纷将自己化身为“旗袍美人”“民国才子”的美照分享到朋友圈，与朋友共赏，还获赠了博物馆准备的精美灯笼。游客流连忘返，度过了一个难忘的中秋节。

通过线上和线下的方式，不定期举办美术和书法专家讲座，利用博物馆的空间，展示美术作品，传播美学知识。

与武汉科技报社建立战略合作关系，借用报社的现代技术手段，举办线上有奖知识竞答活动，请游客参与其中，寓教于乐，收获颇丰。

与相关机构合作开展非物质文化遗产宣教活动。例如，举办“武强年画展”，让观众亲手体验木版印年画，从而激发对祖国灿烂文化的热爱。

五、进一步加强博物馆文旅融合场景建设的几点思考

（一）创新公共文化空间新业态

树立大文化观念，把公共文化服务生产放在大的产业背景下来考虑，主动融入城市经济社会发展大局，立足全国重点文物保护单位、湖北省爱国主义教育基地、湖北省直机关工委和武汉市直机关工委中国特色社会主义教育基地、海峡两岸文化交流基地和国家二级博物馆定位，贯彻落实国家文物局《关于鼓励和支持社会力量参与文物建筑保护利用的意见》，对照《武汉市建设“博物馆之城”发展规划》等文件精神，学习借鉴行业成功经验，积极策划文旅新业态项目，以特色展陈、科研成果为载体，尝试推出文化沙龙、专家讲座、沉浸式演绎、特色文创等配套经营性项目，丰富博物馆公共文化休闲空间的内涵与特征，提升公众的场所感、认同感与归属感。

（二）进一步提升博物馆夜间开放的产品和形式创新

进一步打造“夜游江汉关”等博物馆特色系列产品，延伸“博物馆＋”产业链，盘活博物馆存量空间，开展定制化服务合作，满足不同层面的文化服务需求。

（三）加强特色产品市场化合作

强强联合。与信用好、资质高、经验足的文旅企业合作，以文化IP授权方式进行文创产业运营，挖掘馆所特性、藏品资源，开发数字文创、联名款等多样化、定制化的文化产品，研发博物馆品牌研学产品，推动博物馆文化价值和产业价值互相赋能。

双线营销。推出线上线下结合的创意营销，借助天猫旗舰店、文创直播等互联网平台，提高传播力和关注度，通过线下多种展示手段与线上推广销售相结合的方式，开展文创产业创意营销。与优质第三方合作，开展以票务流量合作为基础的文博产品立体合作新模式。

搭载输出。发挥社会资本在市场营销和创意设计方面的优势，搭载各类创新平台与渠

道，进行博物馆品牌输出，在更广范围内扩大博物馆影响力。

参考文献：

[1] 金润锦.论博物馆文化产业和产业链建设[J].理论观察，2017(11):155-157.

博物馆青少年教育可持续发展的实践与思考
——以江汉关博物馆为例

张慧 江汉关博物馆

摘 要：党的十八大以来，中小学生博物馆教育在我国得到广泛实施和长足发展，这对促进和增强广大青少年的知识能力和文化自信起到了重要作用。博物馆应利用互联网平台，充分挖掘利用自身资源文化，加强与各界联系，强化与完善新时代青少年教育的可持续发展。

关键词：博物馆青少年教育；可持续发展；实践；思考

一、博物馆青少年教育的重要性

博物馆教育对社会的可持续发展至关重要。要了解一座城市的历史，最佳的方式就是走进这座城市的博物馆，它们是展示城市历史文化的重要窗口。2014年10月15日，习近平总书记在文艺工作座谈会上的讲话指出：“为什么中华民族能够在几千年的历史长河中生生不息、薪火相传、顽强发展呢？很重要的一个原因就是中华民族有一脉相承的精神追求、精神特质、精神脉络。”而博物馆就是传承这种精神的载体，青少年是国家的未来和希望，博物馆不仅能让青少年学习历史、文化、科学、艺术知识，也能够培养他们的批判性思维和创造力，更是他们了解过去、理解现在和启迪未来的重要场所。

二、江汉关博物馆青少年教育现状

（一）依托基本陈列展览，培养青少年爱武汉

江汉关博物馆结合青少年身心发展规律，在“江汉朝宗——武汉城市现代化历程展”展陈中设置了不同的展厅互动体验项目。在一楼的报关大厅中设置了模拟报关游戏触摸屏，屏内设置了收单、验估、税务、结单等游戏环节，吸引青少年在一步步探索中体验海关报关流程，深入了解海关基本业务职能，这种以深受青少年喜爱的游戏互动方式能够激发青少年的学习内驱力，让参观博物馆从被动学习转变为主动探索，学习收获也更为深刻；在二楼的“武汉著名高校锦集”触摸屏，里面放置了众多武汉著名高校的照片及文字介绍，通过拼图的方式让青少年在锻炼动手能力同时，还能够了解到武汉的不同高校信息；在“江汉关的一天”中，我们借助三番景幻影成像技术制作了一个重要展示场景。通过江汉关报关、码头验货、水上缉私等三个动态变幻的实景造型和幻影光学成像技术结合，展示了包括报关、验货、征税、缉私等内容的江汉关主要业务职能，三番景幻影成像展示场景以电影的视觉效果激发青少年的参观积极性，让青少年对海关不同的职能有更深入的理解；在“今夕建

筑对比图”屏幕中，集中展示了租界内不同历史建筑的老照片和现今照片，并且配以翔实的文字介绍，展现了租界内不同建筑的演变历史，让青少年不仅能感受到不同建筑的风格和艺术魅力，还能通过建筑了解到武汉城市的沧桑巨变。

（二）立足传统文化，坚定青少年文化自信

“求木之长者，必固其根本；欲流之远者，必浚其泉源。”优秀的传统文化是一个国家和民族传承和发展的基础。弘扬传统文化，增强文化自信，是实现中华民族伟大复兴的重要途径。作为湖北省爱国主义教育基地、全市公共文化设施开展学雷锋志愿服务示范单位，江汉关博物馆自2015年开馆以来开展了形式多样的传统文化活动，弘扬中华优秀传统文化。在2020年元旦之际，江汉关博物馆走进北湖小学，开展了“爱你爱你　钟摆嘀嗒迎新年”庆元旦活动，通过有奖问答、情景演绎、手工制作等趣味横生的体验环节来揭秘人类对时间的探索历程，科普古今计时工具的演变和发展，在手工制作环节，引导青少年动手制作时钟，让青少年不仅能了解博物馆的特色文化，还能够了解时间的规律，树立珍惜时间的意识；在小年里，开展了“翰墨飘香送春联　‘银’诗画‘福’迎新春”活动，活动现场邀请了四位汉派书法大家为市民免费书写春联，提前送出节日祝福，除此之外还有我馆公共教育部老师带领孩子们通过古代有关银的诗词，来讲述传统文化，了解银器的发展历史，让观众在古诗古韵中感受过年气氛；在元宵节开展了“闹元宵　猜灯谜”节日活动，博物馆的每一件文物都承载着自己的故事，活动中我们将谜面挂上灯笼，让青少年带着灯谜找文物，这种活动形式不仅能让观众在博物馆感受到热闹的节日氛围，还能够加深青少年对江汉关博物馆文物藏品、历史文化的了解；在2021年清明节之际，我们开展了“缅怀先烈，致敬英雄——纪念詹天佑诞辰一百六十周年”活动，鄱阳街小学学生参观詹天佑主题展览，缅怀中国铁路之父，并发表国旗下的讲话，鄱阳街小学少先队员纷纷表示：他们要学习詹天佑先生爱国自强的精神，革新创业的胆略，务实科学的态度，艰苦奋斗的品德，为伟大祖国的发展贡献自己的力量

（三）依托临时展览，提高青少年素质

博物馆是展示艺术和历史的殿堂，通过展览协助参观者进行更有质量的思考，进而实现更好的教育功能。临时展览作为博物馆展览的重要组成部分，是对基本陈列展览的辅助和补充，展览选题更具有灵活性、多样性，其延伸出的配套活动往往内容新颖、趣味性更浓。为更好发挥江博社会教育功能，在2021年第六十个文化和自然遗产日到来之际，江汉关博物馆联合武汉市育才怡康小学举办了“传十年非遗匠造　承百年红色基因”皮影作品展，配合此展，本馆社教老师以皮影戏展示了端午节故事，精彩细致的讲解和皮影戏演示，让青少年更加深刻地了解到端午节的由来及有关习俗，除此之外还让学生们自己动手体验皮影制作乐趣，来一场沉浸式非遗文化体验；2021年，为配合临时展览“汉关壮游：周韶华山河纪行水墨作品展”及本馆原创展览“江城印象——武汉城市记忆展”，江汉关博物馆邀请了来自武汉美术馆的张文博老师来馆向前来参观的青少年们介绍周韶华老先生的艺术成就和作品风格思路，以丰富的老照片和实物展品，为孩子们展现了一个和他们眼中“不一样”的武

汉，最后让孩子们把他们心中的武汉融入画笔中，绘制出他们眼中独特的城；2019年4月我馆与南阳唐王府博物馆、南阳市张衡博物馆联合主办了“郎骑竹马弄青梅——古今儿童玩具专题展”，展览分为“摇篮里的祝福”“竹木玩具”“陶瓷玩具”“益智类玩具”“历代玩具总动员”五个单元，展示了从新石器时代晚期至上世纪80年代的278件儿童玩具类藏品。为配合此展，我馆特邀六组家庭走进博物馆展厅开展益智活动，以古今玩具为切入点，通过自制玩具、手偶娃娃秀、传统闯关等精彩互动游戏，在游戏中培养青少年的观察感知、动手制作能力，重温中国传统技艺，感受中华传统文化底蕴；在2023年2月18日，江汉关博物馆依托“倩影芳华——岁月旧梦月份牌展”开展配套青少年社教活动，月份牌是一种年画、日历与广告的结合体，题材丰富多样，有历史故事、戏曲人物、民间传说、时装侍女、摩登生活等，反映了20世纪上半叶中西方文化交融的社会生活，在本次活动中我们邀请了10位10岁以上的青少年，通过细腻的工笔技法来勾画出人物的五官、衣服花纹等细节，让青少年在笔触中加深对民国时期女性时尚生活风貌的了解。

（四）拓宽社教活动形式，满足青少年的多元文化需求

近年来，随着网络的不断发展，宣传形式的变化，博物馆在开展线下活动的同时，积极探索和发展形式各样的线上活动，不断提升博物馆社会教育功能的多样性和活力，而线上活动不受时间和空间的限制，受众更广，能够满足更多群众的精神文化生活。为更好传播武汉城市故事，传承英雄精神，2020年7月，江汉关博物馆联合武汉广播电视台推出“画‘英雄城的名片’讲‘英雄城的故事’”系列活动，为了让更多的青少年能够参与到此次活动当中，本次活动采取线上线下相结合的方式，线上直播平台向更多青少年介绍江汉关大楼的建筑风格特征、大楼的内部结构以及历史文化内涵，为青少年的绘画增加灵感素材，线下我们邀请了40名青少年来到江汉关大楼前现场写生，让孩子们通过画笔描绘出这座百年建筑的轮廓，用笔触表达他们对武汉这座城市的热爱；在2020年闭馆期间，我馆在清明节开展了“致敬城市英雄　遥寄清明哀思”节日活动，缅怀曾经守卫过我们城市的英雄，线上教青少年制作手工菊花，表达我们对先祖及亲人的哀思之情；端午时节，线上科普节俗，教广大青少年手工包粽子；开展的线上学术讲座“博物馆里的展览与艺术讲解”，以“童在蓝天下　共绘我家园”为主题，通过线上线下相结合的方式，让孩子们拿起手中画笔描绘心中最美家园，用纯真笔触表达对国家、城市、家园的亲近和热爱，展现当代青少年积极向上的精神风貌。

（五）打造流动博物馆，扩大青少年的受教育面

党的十八大以来，博物馆教育得到了更广泛的发展，各大博物馆纷纷开始加强与学校的联系，合作开展一系列教育活动，江汉关博物馆将陈列展览作为最基础、最核心的文化产品和实现社会价值的重要途径，2022年将本馆临时展览：“近代城市建设的‘黄金时代’——老武汉影像记忆展”送进黄陂区临空新城第一学校，为全校11个班级的500余名中小学生带来城市记忆；2023年将此展览送进武汉关小学、鄱阳街小学等学校，让学生们能了解到武汉市的历史和文化。

三、博物馆青少年教育中存在的问题

(一)教育活动同质化严重，活动创新不足

弘扬中华传统文化是博物馆的社会职责，越来越多的博物馆在节假日期间开展了丰富多彩的线上线下活动，丰富青少年的博物馆体验。然而，很多博物馆举办的活动同质化严重，活动内容较单一、形式雷同，如在传统节日方面，端午节期间，各大博物馆纷纷推出包粽子、缝香包的活动，活动材料均从网上购买，难免会出现“撞活动”的现象；中秋节期间，制作月饼、猜灯谜等。这些活动内容雷同，缺乏新意，时间久了青少年并没有兴趣来参加这样的活动，博物馆应该在弘扬传统节日文化的同时，创新活动形式、丰富活动内容，将博物馆的特色文化和节日相结合，推出独特亮眼的节日活动，而不是千篇一律地去包粽子、制作月饼。

(二)宣传形式传统，宣传渠道单一

博物馆的宣传工作是广大青少年了解博物馆活动的重要手段，社会教育活动的发布通常是在官方网站或者微信公众号上，宣传方式传统单一，并未通过其他平台进行宣传，这样就导致活动的宣传面小，受众少，博物馆应积极拓展宣传渠道，建立传统宣传与现代科技相结合的渠道，利用网络传播速度快、信息容量大、覆盖范围广的特点，让更多的青少年了解博物馆社会教育活动，从而走进博物馆。

四、博物馆青少年教育可持续性发展的思考与措施

当下博物馆已经进入社会发展的新时期，博物馆在青少年教育方面具有独特优势，作为“第二课堂”，博物馆应打起青少年教育的大旗，积极打造优质教育活动，促进青少年教育可持续发展，更好地服务人民的美好生活。

(一)结合本馆资源，深化和创新教育内容

博物馆的藏品通常被视为历史的见证，只有通过对历史的挖掘和对文物的叙述，我们现代人才能深刻地理解过去，理解现在，展望未来。笔者认为博物馆社教人员应该努力开拓创新，积极挖掘本馆特色资源，结合地方历史文化特色和基本陈列展览，打造出独特的品牌社教活动，博物馆的社教人员要在忠实于真实历史的前提下去挖掘文物背后的故事，有针对性地设计社教活动，创新活动方式，以提高教育效果。

(二)依托展览中的红色资源，开展爱国主义教育

习近平总书记指出：“要抓好青少年学习教育，着力讲好党的故事、革命的故事、英雄的故事，厚植爱党、爱国、爱社会主义的情感，让红色基因、革命薪火代代传承。”红色教育对青少年的成长至关重要，青少年阅历浅，正处于世界观、人生观和价值观形成的关键时期，红色教育能够激发青少年的爱国情怀，培养他们艰苦奋斗的优良作风和高尚情操。江汉关博物馆依托本馆展陈油画：《红旗插上江汉关》，在2023江汉区革命传统教育周启动仪式上，为武汉关小学的学生讲述武汉革命历史，通过“红旗插上江汉关”的故事给学生们传递老一辈革命者的爱国情怀，引导广大青少年追怀红色记忆，传承红色精神。

(三)推进馆校合作共建，因人施教开展教育活动

博物馆应当将博物馆教育和学校教育相

结合，将博物馆历史文化和学校课程相结合，通过因人施教的方式开展丰富多彩的社教活动。博物馆教育不同于学校听教式的学习，教育活动往往更具有趣味性、实践性和开放性。博物馆社教人员应当根据中小学教学计划和目标，针对不同的年龄群体配备不同的社教活动方案，充分发挥博物馆社会教育功能，比如结合小学教学大纲和课程安排，制定学生参观学习计划，通过开展适龄的互动体验项目来增强博物馆教育的趣味性，从而激发学生学习兴趣，让博物馆教育得到充分发挥。

（四）加强网络教育资源建设，扩大教育活动影响力

利用互联网平台，打造精品活动。受时间空间、人力物力等因素的制约，博物馆的线下活动惠及的青少年数量有限，要想做到大量普及率有一定的难度，特别是在一些农村地区、欠发达地区，因博物馆分布不均衡，青少年能够参加的社教活动更为有限，而线上活动可以在任何时间、任何地点通过智能手机等移动设施来开展，让博物馆的优秀教育资源通过网络的方式传播到更多的地方。

（五）完善反馈机制，促进博物馆教育体系不断完善

任何学习都需要反馈，反馈是完善教育活动的重要手段。笔者认为只有了解青少年的真实活动体验，清楚教育活动满意度情况，才能不断提升青少年教育活动的质量。博物馆社教人员可根据教育活动设计活动反馈表，让青少年在活动后填写他们的参与感受和意见，这样更有助于博物馆社教人员在活动后进行复盘，从而不断完善博物馆教育体系。

参考文献：

[1] 毛颖.博物馆与青少年教育[J].东南文化，2010(1):93-99.

[2] 单霁翔.博物馆的社会责任与社会教育[J].东南文化，2010(6):9-16.

[3] 潘红.中小型博物馆青少年教育的方法与路径——基于泰州市博物馆的思考[J].东南文化，2022(4):157-160.

元宇宙视域下博物馆藏品征集工作的逆向性思考

张主峰　江汉关博物馆

摘　要：博物馆文物征集存在诸多问题，转变思维方式，创新藏品征集方式势在必行。博物馆利用数字藏品能够以数字技术实现用户对藏品的全方位鉴别欣赏，加快推动文物的数字化文物保护、宣传、活化进程，同时数字藏品在新媒体技术语境下帮助传统文化完成新时代转型，释放自然空间与社会空间的双向压力，增强博物馆的自输血与自供养能力。实现文物孪生到永生的蝶变。

关键词：博物馆；文物征集；数字藏品；创新利用

伴随着中国经济、文化的快速发展和社会的不断进步，在国家大力推进建设社会主义文化强国的背景下，我国文博事业出现空前繁荣发展的大好局面。博物馆在当前的时代形势下逐渐呈现出重要的战略地位，能够更好地传承优秀的民族文化，为促进民族文化自信提供一定的载体支撑。近年来，国家高度重视博物馆建设发展，针对文博工作出台了一系列文件。但整体上看，相关制度和政策引导还跟不上博物馆的快速发展和大体量增加，政策制定相对落后。其他诸如如何推动文物交流、如何推动文物活起来，文物藏品标准化体系建设、文物数字化标准等制度也都还不健全，强化博物馆政策，活化文物利用，供给保障文博事业可持续发展迫在眉睫。

一、秉要执本，藏品文化价值高

文物藏品具体是指在悠久历史长河中所积累和积淀下的优秀文化产物，具有一定的保存与保护价值，其所呈现出的传承价值以及保护意义都十分必要。它展现了人类先祖在劳动实践过程中的智慧结晶和物质财富，是人类历史的重要见证物。藏品既是博物馆成立的根本条件，还是博物馆的基础，没有藏品，就没有研究和宣传，博物馆的三大功能就无从谈起。在历次修订的博物馆定级评估标准中都有对文物藏品的数量和质量作出明确要求，藏品是博物馆的气质内核，尤其是历史、文化、科学、艺术价值具有全国意义的文物。例如提到湖北省博物馆，观众可能瞬间就会联想到一系列楚文化符号，紧接着脑海中就会出现气势恢宏的曾侯乙编钟、神奇浪漫的漆木虎座鸟架鼓等。这类文物藏品是当地历史及文化的缩影。此上种种都足以说明文物藏品在博物馆工作中的重要地位。

二、错综复杂，藏品来源途径广

近年来，随着观众对文博知识产生浓厚兴趣以及文博事业的高度发展，各类博物馆相继建立，博物馆的高质量发展需要依托文物藏品的支撑，文物藏品征集工作是博物馆工作中很重要的一个环节，文物是博物馆赖以生存的基础。

许多博物馆的现有馆藏已不能适应事业

发展的要求，传统征集方式如社会捐赠、考古发掘、涉案移交、行政手段调拨(馆际之间调剂)难以从根本上解决藏品短缺的问题，使得创新博物馆馆藏文物征集工作迫在眉睫。

三、道阻且长，藏品征集困难多

这些年随着国家对文物保护工作和博物馆的日渐重视，各地新增和扩建了许多博物馆。与此同时，文物征集问题也日渐凸显，文物征集受经费、渠道、手段等困扰，导致文物馆藏量严重不足，甚至有的博物馆利用现有藏品无法举办相对完整的展览。

(一)征集渠道狭窄

博物馆现存文物主要有四个来源：一是建馆前后博物馆自身收藏；二是考古发掘移交；三是政府无偿调拨，省、市馆向基层馆调拨；四是社会捐赠。其余方式有从拍卖行、文物经营公司、古玩店及藏家手中购买，以及公安部门涉案移交等等。其中考古发掘和从他处购买是地方博物馆藏品来源的最主要途径。随着改革开放浪潮的不断深入，市场经济建立，博物馆和考古所等机构分离，考古发掘移交逐渐产生滞后等问题，上级主管机关调拨等方式也逐渐弱化，而民间古玩市场却不断发展壮大，文物市场乱象丛生，使得博物馆藏品征集渠道越来越狭窄。

(二)征集经费不足

很多博物馆同行都表示文物征集资金不足，特别是在经济、文化欠发达地区的文博馆，几乎没有文物征集专项资金，现有资金只能勉强维持博物馆日常运营。如江汉关博物馆这样一个市直博物馆，每年财政下拨的文物征集经费也很欠缺。这与当前博物馆事业发展极不适应，严重阻碍了博物馆事业的健康发展，甚至有些博物馆征集经费没有列入政府财政预算，没有固定经费来源，从而采取一次性投入或者根据征集情况申报；还有些博物馆以年度为单位，由财政拨付文物征集经费。由于各地文物征集方面的政策不一，收者有意，售者无情，导致许多精品文物在社会上流离失所。

(三)征集程序烦琐

博物馆一般为公益一类事业单位，文物征集往往需要走程序化，要向上级主管部门报告申请，这项工作有一套完整规范的行政手续。前期是通过博物馆层层上报，得到主管部门明确回复指令以后才可以进行后续工作，由此会带来很多麻烦，特别是耗时过多。藏家只会想着卖出个好价，而等你有批复和经费要收购时，很有可能别人已经出了更高价格买走了，这样就只能与这些精品、良品失之交臂。

(四)其他因素影响

除了以上介绍的这些影响因素以外，藏品征集还受到主管部门征集计划、文博场馆缺少专业藏品征集方面人才、文物征集信息渠道不畅、藏家哄抬价格等因素的影响。

四、开拓创新，逆向思考解难题

藏品征集工作不仅能让文化碎片得以聚集，还能让更多散落的珍贵记忆得以重现。随着国家层面对文化事业重视程度的提高，博物馆事业也在不断地发展壮大，观众对馆藏展览的藏品要求也会更高。作为文博人，必须立足当下，着眼未来，转变思维观念及收藏方式，扩大征集范围，拓宽征集渠道，更快、更好、更多地征集到适合地方博物馆发展的各类特色藏品，使得中小博物馆能走出适合自己的、符合城市文化发展的路子，办出人民喜闻乐见的陈列展览，造福大众。

(一)转换思维方式,提升博物馆发展质量

目前我们的藏品征集来源主要为通过考古发掘、收购藏家的藏品、热心市民的捐赠、上级部门的调拨等。这些方式虽好,但有一个共同点就是都为被动性的征集,存在购买受经费制约、捐赠的不一定符合场馆的展览需要、调拨数量有限等弊端。习近平总书记多次在不同场合强调:“文物和文化遗产承载着中华民族的基因和血脉,是不可再生、不可替代的中华优秀文明资源。要让更多文物和文化遗产活起来,营造传承中华文明的浓厚社会氛围。”因此,我们文博人应该打破思想的藩篱,转换思维方式,创新性开展工作。可以尝试开展藏品主动寄存业务,不再像以前一样去购买或者等着上级部门的调拨,而是主动作为。有些藏家对藏品感情深厚,不以经济来衡量藏品价值的藏家,他们缺少专业文物库房,也没有专业人员对藏品进行维护;但是他又不想将藏品捐赠给博物馆而失去藏品的所有权。对于这一类藏家,可以与他们签订藏品寄存服务,约定好寄存周期,签订寄存合同。这样既可以解决藏家的后顾之忧,也可以解决博物馆藏品量少的燃眉之急,动用的征集经费也不多,可以说一举多得,多方受益,也是践行让文物活起来的创新举措。

(二)合理转化利用,加强博物馆科技创新

当前我们博物馆的藏品按照质地分类,主要有金属器、木质器、玉石器、陶瓷器、玻璃器皿、纸制品、纺织品等等。藏品数量琳琅满目,种类千差万别。诚然还是有很多中小博物馆藏品数量严重不足,或者说精美文物及带级别的文物数量不够,优势资源主要往省级大型博物馆(院)倾斜比较多,这些问题都是阻碍我们中小型博物馆生存和发展的主要障碍。同时,伴随着科技迅速发展,如3D计算机图形、高分辨率渲染、人工智能、3D打印等技术的出现和成熟,先进技术在文物保护过程中逐渐广泛应用。2022年10月13日,由中国文化遗产研究院主办、国家文物局考古研究中心协办的“新时代文物保护利用主要成果展”在北京举行。其中致远舰3D打印成果在展览中作为典型实物展出,吸引了众多观众的目光。在第七届中国国际“互联网+”大学生创新创业大赛成果展上,龙门石窟古阳洞北壁无名龛的佛像被“搬”到了展会现场。浙江大学文物方舟团队利用3D打印技术进行文物复制,使尘封了千年的佛像涅槃重生。自此,端坐于塔窟中的佛像文物走出了悬崖峭壁,走向大众。以上种种成功的案例都可以给我们启发,在我们难以征集到我们需要的展陈文物的时候,我们何不防利用上述先进做法,更新观念,借用他方文物数据信息对展品进行复制制作呢?鉴于3D打印技术具有无需模具,一次成型,不需机械加工的特点,利用三维激光扫描制作软件生成的三维模型,结合SLA的打印方式制造3D打印复制品。同时还可以模拟绘制文物的现状纹理,老化痕迹,实现精准地的还原文物,高保真复制,赋予文物“新生命”。即使当今的复制技术还不能完全还原文物的质感,但隔着展柜厚厚的钢化玻璃,这完全不影响观众的参观体验。这样既可以解决文物征集中的困难,又可以避免文物借调过程中对文物的损害风险,还不影响学者对文物的科学研究。

(三)更新观念认知,践行博物馆持续发展

在“互联网+”时代,如何让文物“活起

来”的问题，正成为中国博物馆界的热门话题。但是，如何认识这个“活起来”，现在很多文博单位对其在认识上有些偏差。所谓的让文物“活起来”，是说不应该让那么多的藏品一直沉睡在博物馆的库房之中，而是能让它们更多地与公众见面，有更多的展出机会。以江汉关博物馆为例，我们有藏品3977件/套，但是真正长期展出的可能也只有约368件/套。因此，提出“活起来”，就是让它们从沉睡中苏醒过来，让它们能够在公众面前有更多展示的机会。为什么我们有这么多的文物，但是却没有展示呢？这个问题值得思考。是展厅面积不够？还是文物不具备展出条件？我认为更多是不符合展览需求，换个角度来考虑问题，它们真的是不符合吗？其实应该是放错了地方。很多博物馆为了面子好看，充实库房，在有经费的前提下一股脑的征集，来者不拒，导致很多文物征集到库房后几十年可能都没有展出过，这就是一种资源的极度浪费。针对这种情况，如果我们能够利用数字化技术，采集文物相关信息对外共享，当其他博物馆办展览正好需要这样一件文物，可以将数据资料提供给对方，他馆可以利用最新技术，实现高保真复制，从而实现文物利用共享。要全社会积极参与，凝聚民间力量。文物的保护、文化的传承是每个公民的义务和责任，民众应该积极参与，形成全民共建共享的合力。精准传播，拉近文物与受众的距离。

五、科技赋能，文物活化焕新生

现今，我国许多民众普遍存在的一个观点就是认为我国有着几千年的历史，因此我国博物馆之中应当蕴含非常丰富的文物资源，但这其实是一种错误的认知，因为我国许多文物还处于潜在状态，许多珍贵文物尚未被发掘出来。在文物资源有限的困难下，还存在财政拨款也不足的情况，有鉴于此，我们应当充分认识到文物属于不可再生资源的属性，积极推进文物博物馆事业可持续发展战略就势在必行。当今应当利用高科技建立一个展品更新、更换的数字藏品新模式，借此有效提高文物的利用率。文物记录着民族血脉的基因密码，挖掘它的前世，保护和利用它的今生，真正使文物活起来，讲好文物背后的那一段不为人知的叙事，有助于启迪未来的文化繁荣。

博物馆数字藏品横跨多个领域，当其以融合的新业态呈现时，就会带来市场、内容、版权、产业边界等新问题与挑战。因此，博物馆数字藏品的健康发展还需要有一系列相关配套政策和成熟的理念支撑，学界应持有一种开放、包容性的态度，理性地探讨其存在的合理性，这样才能有效促进博物馆数字藏品行业健康有序的发展，加快推动人工智能、区块链、云存储等技术和基础设施建设进程。未来，博物馆数字藏品仍要坚持从文物保护、文化传承的初心出发，传承好中华优秀传统文化、彰显大国文化自信。既要让文物“活”起来，还要让文物“潮”起来。

参考文献：

[1] 苏源.博物馆文物征集存在的问题与建议[J].文物鉴定与鉴赏，2019(5):106-107.

[2] 钮小雪.关于博物馆馆藏文物征集现状的思考和建议——以安徽省各级博物馆文物征集为例[J].文物鉴定与鉴赏，2021(9):84-87.

[3] 王璇，宋英俊.元宇宙背景下我国博物馆数字藏品的风险研究[J].出版广角，2022(17):91-94.

"双减"政策下"馆校合作"新路径研究
——以武汉地区博物馆为例

胡欢　武汉市晴川阁管理处(武汉大禹文化博物馆)

摘　要：儿童是国家的未来、民族的希望，儿童教育事关国家人才培养战略目标的实现。随着素质教育改革进入深水区，"双减"政策的出台为校外"非正规"教育主体提出了更高的需求和要求。博物馆作为公益性"场馆教育"的代表主体，是学校教育系统之外的，引起和诱发学习行为最多的文化空间，是对接校外"非正规教育"的最佳载体。在文旅融合和"双减"政策的利好环境下，博物馆应该主动回应学校、家庭、社会的需求，完善儿童公共教育服务，为全面推进素质教育改革贡献力量。

关键词："双减"；博物馆；儿童教育；馆校合作

《中国儿童发展纲要(2021—2030)》提出，儿童是国家的未来、民族的希望。儿童教育是决定儿童成长、成才的关键因素。博物馆教育将更多的教育主体纳入了教育发生的情境，拓宽了教育的维度。(本研究所指儿童为1989年联合国大会通过的并由我国人大常委会认可的《儿童权利公约》定义的"18岁以下的任何人"，并且符合《中华人民共和国未成年人保护法》相关定义。)

一、政策背景分析

为了规范培训市场乱象，调整人才培养发展方向，国家于2021年发布了《关于进一步减轻义务教育阶段学生作业负担和校外培训负担的意见》，后被称为"双减"政策。随着政策的出台，素质教育再度成为热点议题。如何用既愉悦身心又启迪智识的活动丰富校外的学习生活，构建可持续发展的"第二课堂"平台，是公共教育从业者亟待为当下国情解决的民生难题。

2007年，第21届国际博物馆协会代表大会上，"教育"被作为博物馆的"第一功能"加以阐述。2015年我国出台的《博物馆条例》中更是把教育提到了第一位，彰显出了新形势下博物馆社会教育的重要性。同年，国家文物局和教育部出台了《关于加强文教结合、完善博物馆青少年教育功能的指导意见》，对博物馆与中小学教育结合内容进行了阐释。

随着文化和旅游进一步深度融合，博物馆呈现出多业态发展趋势。2016年12月教育部联合发改委等11个部门，发布了《关于推进中小学生研学旅行的意见》，明确提出研学旅行正处在大有可为的发展机遇期。中小学生研学旅行是学校教育和校外教育衔接的创新形式，是教育教学的重要内容，是综合实践育人的有效途径。在教育部公布的首批研学基地中，博物馆的数量远超半数。馆校结合的理论和应用上升到新的高度。2020年，教育部、国家文物局联合印发《关于利用博物馆资源开展中小学教育教学的意见》，也明确规定了要建立馆校合作长效机制。

二、武汉市博物馆儿童教育的现状分析

（一）博物馆重“展”轻“教”，重“知识传授”而轻“能力培养”

从近年来武汉市各大博物馆策划的展教活动来看，在展示内容上，相关博物馆很少有专门针对儿童策划的主题展览。博物馆“五进”活动的“进校园”展览与其他“四进”无异。场馆在接待儿童观众时主要以强化知识传输为主。超长展线、密集难懂的知识背景以及单一实物展品均不利于儿童对展览内容的吸收和消化。“橱窗式”的展览手段缺乏互动体验，辅助展品使用不足，展场环境氛围营造不足，展品及其承载的信息与儿童缺乏有效连接。由于儿童群体的特殊性，以家庭为单位的参观行为需要更加完善的“服务空间”，比如餐饮、寄存、家庭厕所等公共空间和服务设施的缺乏，也会削弱博物馆儿童活动空间的服务功能。

（二）儿童教育策划能力不足

博物馆儿童教育活动的开展普遍存在路径依赖问题。以传统节日为主题设计活动内容的方式最为普遍。主动捕捉社会政治、经济、文化热点以及科技创新，结合中小学课标来策划活动的探索不多见。许多儿童教育活动和项目缺乏完整、详细、规范的策划方案。

缺乏制度与财政保障。我国虽有《博物馆条例》，但并无专项立法明确将博物馆纳入青少年教育、国民教育体系。博物馆与中小学教育结合的专项规划也缺位。目前我国拨给青少年学生校外活动经费中，博物馆领域占比不足且不稳定。根据2013年《中央补助地方博物馆、纪念馆免费开放专项资金管理暂行办法》，中央政府对博物馆、纪念馆免费开放设有专项资金，这是目前中央财政对博物馆领域的最大专项投入。但该项资金以补助免费开放为主，并无专列的社会教育经费。根据2020年《国务院办公厅关于印发公共文化领域中央与地方财政事权和支出责任划分改革方案的通知》，博物馆免费开放所需经费由中央与地方财政分档按比例分担，中央财政投入缩水，博物馆面临持续走高的参观量，教育事业更显掣肘。

忽视儿童身心发展规律和需求。儿童群体的年龄跨度很大(0—18岁)。以适宜参观博物馆的学龄儿童为例，其年龄跨度是3—18岁，每一个细分年龄段的儿童都具有该阶段典型的生理、心理特征和相应的差异性需求。大部分博物馆忽视了这一客观发展规律，主要依赖传统的文物、科普讲解，密集的知识、拗口的表述、静态的展示只适合具有一定知识积累和心智成熟的成年观众。成人化的信息凝练、分龄化教育目标的缺乏并不适合普通学龄儿童。

（三）馆校合作未形成常态

1.“文”弱于“教”

在我国馆校结合的进程中，教育部门、中小学一直处于比较“强势”的地位，文旅部门、博物馆处于相对“弱势”的地位，具体表现在学校对博物馆资源索取利用占据主动、主导地位。长期以来主流文化以“应试”为导向，注重学科教育。博物馆教育受到市场冷落已久。同时，博物馆自身也存在“定位”低微的问题，主动服务意识欠缺、宣传推广不力现象较为普遍。在素质教育的推行下和“双减”政策的利好环境下，馆校合作频次增加，创新形式更加多元，合作内容也愈发深刻，但总体上还只是

偶发性的行为，未形成常态化的合作机制。例如，“馆校合作”并未列入教学大纲和计划，博物馆学习与考试评价的管理度不够，课时保障不足等。

2. 博物馆单打独斗：未链接社会力量

现阶段博物馆教育活动的开展仍然是以政府文教部门、博物馆、中小学为主，主体比较单一，这就限制了活动经费保障、创意设想和宣传推广的渠道。虽然对于研学等新兴业态鼓励多元参加，但具体的参与机制、法规文件等配套措施却没有及时出台，也是社会力量总是持观望态度的原因所在。

3. 未紧密结合课标

博物馆儿童教育项目同质化、低质化泛滥暴露出博物馆对中小学教育重点把握不全，未与中小学课程标准联动。博物馆作为中小学生的“第二课堂”，不是完全独立于学科教育之外的。博物馆应该作为课堂教育的辅助，帮助学生更好地吸收、理解课堂内知识，然后进行再补充、再扩大式的探索学习。而大部分的博物馆只将焦点放在馆藏文物讲解、传统手工制作、传统节庆知识普及等内容，主题经年不变，与课标没有紧密联系。学生的博物馆行为也没有对已经建立的知识结构起到巩固和补充的作用。

三、“馆校结合”深化发展的新方法、新路径

（一）创新馆校联动的内容与形式

1. 馆本课程与校本课程

课程设计、教材编写是馆校合作升华的表现。发达国家博物馆已有针对不同学龄儿童在博物馆开班教学的做法。上海市虹桥中学利用学校周边场馆资源，与上海动物园、刘海粟美术馆、长宁民俗文化中心等合作，针对不同学龄段开发了“自然笔记”“社会笔记”“海上经典笔记”的笔记系列校本课程。每周1—2课时，每月一个半天的社会实践日，学生在老师引领下走出教室，用文字、图表、照片、音像等观察、记录、思考。“自然笔记”特色课程带动了学校的课程改革。同时，博物馆也开始将活动向特色课程体系转型。例如，中国国家博物馆与北京当地中小学合作，通过对国博丰富藏品的深度挖掘和全新阐释，开发了系列课程，形成了培养学生核心素养的“稚趣”“认识”“博悟”“养成”四大系列课程，有机融合了语文、历史、地理、天文、生物、科学、音乐、美术、书法、体育、劳技、品德等学科，开发了《认知——国家博物馆课程学习绘本》《中华传统文化——博物馆综合实践课程》《写给孩子的传统文化——博悟之旅》等系列教材。

2. 志愿者与实习生项目

我国校外教育的“蒲公英计划”中有“大力推进社会资源协同配合、组织百万志愿者开展各类校外服务活动”的内容。博物馆是公共服务场所中最重要的志愿服务平台之一。目前，以武汉市内博物馆为例，市属公立博物馆基本与本地高校积极联动，培养了博物馆大学生志愿服务团队，服务内容主要涵盖讲解、秩序维护、宣传推广以及创意策划几个方面。由于大学生已初步具备成人的身体素质与认知水平，加之大学生群体拥有更多的自由支配时间，因而对博物馆工作的参与是深入而全面的。相比较而言，18岁以下的不同学龄阶段儿童对博物馆工作的参与应是兴趣导向的。“双减”之后，鼓励中小学生参与博物馆志愿服务不仅能深度接受博物馆文化熏陶，还能培养学生乐于奉献的公益精神。

3.课后项目

“双减”政策后，课后时间变得富余，博物馆能否为学生安全且有收获地度过这段课后时间做些贡献？在美国新泽西州，纽瓦克博物馆策划了“学生课后托管项目”，将馆方资源与学校课程大纲结合，为学生提供了安全的课外活动场所和教育活动。2020年《教育部、国家文物局关于利用博物馆资源开展中小学教育教学的意见》专列了“纳入课后服务内容”，强调各地教育部门和中小学要将博物馆青少年教育纳入课后服务内容，鼓励小学在下午3点半课后时间开设校内博物馆系列课程，利用博物馆资源开展专题教育活动。值得一提的是，“双减”政策后，校外培训机构也在积极寻求转型，不少优质机构也在积极尝试做课后项目品牌，博物馆可链接社会平台，致力于优秀方案的开发。

4.流动服务

租借辅助教学工具箱。到校服务需要博物馆承担一定的人力、物力甚至财力，对于一般规模博物馆而言，若经常性开展到校服务消耗较大，且无法同时服务多家社区内学校。因此，将博物馆工具箱租借给学校，由学校老师借用模型、标本、展品、复制品、沙盘、影像资料、演示文稿、文创产品等教具辅助教学，将有效提升学习兴趣，丰富课堂形式，使馆校合作能够打破时间和空间的限制，形成常态。

流动教育项目。为了解决城乡之间教育、文化服务的不均问题，博物馆巡展、博物馆大篷车活动利用流动服务形式，使中小城市和农村地区中小学生也能有效获得博物馆学习资源。相对于固定场所，流动项目能够扩大博物馆服务的覆盖面，从而打破地理限制导致的分配不均。

（二）馆校与家庭、社区联动，打造学习型社会

1.馆校家联动

中国父母具有重视教育的观念传承，在“双减”进入深入改革阶段，“减负”的需求已被满足，而家长寻求更优质教育服务的需求则更高。“馆校合作”不能忽视家长的需求以及作用。良性的馆校家互动能为博物馆、学校完善外部监督机制，促使提升教育效能，补充和扩展博物馆、学校资源，增进家长的育儿素养和对博物馆校外教育的认知。“馆校家”模式的构建是将家长视为学习者、组织者、监督者，而非简单的委托者。具体来看，首先，馆校合作设计专门的家庭指导手册，向父母介绍项目活动，并为家庭指导学生校外学习提供建议。其次，针对家庭为单位的活动群体，设立“家庭活动日”，让孩子在父母的陪同和参与下，共同完成多目标导向的亲子活动。博物馆可通过会员家庭、志愿者招募等途径来组建核心团队，集中家长的优势资源，让家长在自愿、无偿提供的原则下为馆校合作项目提供支持，产生联动效应，让家庭深入参与到校外教育活动之中，构建长效机制，打造学习型家庭和学习型社会。

2.馆校社区联动

《博物馆条例》规定：“博物馆应当开展形式多样、生动活泼的社会教育和服务活动，参与社区文化建设和对外文化交流与合作。”博物馆作为地区文化的收藏者和展示者，应该尊重文化的多样性，关注社区，为社会及其发展服务。例如，在“中国STEM教育2029创新行动计划”中，主要内容包括“打造一体化STEM教育创新生态系统”。STEM教育绝不是单一机构能够完成的事业，必须建立政府、场馆、

科研机构、高新企业、社区与学校融合的教育生态系统，在全社会形成合力。关注居住城市的发展，用文教融合来传达关于社会矛盾和冲突的思考，提供解决方案，是馆校社区联动的职责所在。例如社会问题，包括经济制度改革、阶层贫富差距、传统节俗传承、亚文化等，热点问题如留守儿童、空巢老人、抗灾救灾等，还有地方文化认同等议题都是馆校合作应当充分回应的现实关照，是对学龄儿童进行品德教育、公民教育，形成身份认同、文化认同的有效路径。

3. 打造无边界共享平台，为“馆校结合”建立社会资源库

(1) 整合馆校资源，建立无边界团队。博物馆在设计策划文教产品的过程中，应当以结果为导向，统筹各项业务活动。各部门根据项目需求建立一个“无边界”团队，打破职能和专业界线。例如，博物馆内部策展人、藏品管理者、研究学者以及社教工作人员、志愿者可以组成“无边界”团队，发挥不同优势，增加教育项目的趣味性、多样性，使参与者能够有多角度、全方位的学习体验。整合学校教师资源，利用博物馆平台为教师提供项目培训计划，使教师成为博物馆与学生之间的教育桥梁。

(2) 整合社会资源，组建无边界组织。因博物馆自身教育人员力量有限，而服务的儿童群体却数量庞大，教育项目需引入多方社会力量共同参与。如，以博物馆为媒介链接高校教师、文教专家、非遗传承人等。博物馆最突出的特征就是文化属性和教育属性，其从事的活动也集中于研究、宣传领域，因而可以通过学术研究、行业交流、主动对接等渠道物色专业人才、高端人才，甚至专业机构，提高教育项目的品质。

(3) 整合项目资源，建立共享资源库。博物馆或教育主管部门、行业协会可以以区域为范围统筹建立一个共享“馆校合作”项目资源库。各馆较成熟、有一定社会效益的教案，课件，活动策划书，调研材料，活动总结等资料均可上传至共享平台。各区域间可互相开通浏览权限，中小型博物馆可向大型博物馆借鉴策划思路，欠发达地区也可向发达地区学习实践经验。共享平台还可开通交流区，便于开展网络交流互鉴。每年可在线下再举行经验交流会，根据每年上传的项目质量评选优秀案例，并现场分享经验做法。博物馆、中小学都是服务于全社会的公益性组织，馆校合作项目库的建立有利于打破文教资源分配的不公平限制，使好的案例能够发挥更大的社会效益，服务更广泛的儿童群体。

参考文献：

[1] 韩雪.中外儿童博物馆对比研究[D].辽宁大学，2011.
[2] 郑奕.博物馆与中小学教育结合：制度设计研究[M].复旦大学出版社，2020-10.
[3] 毛丽红.博物馆儿童教育工作研究[J].丝绸之路，2013(10):66-68.
[4] 李莉，张凯.馆校结合视角下的博物馆研学教育研究[J].农家参谋，2018(16):40-41.
[5] 李娟，曾宪松.博物馆社会教育创新之路初探——国外博物馆的启示与借鉴[J].中国纪念馆研究，2016(1):136-140.
[6] 刘长城，张向东.皮亚杰儿童认知发展理论及对当代教育的启示[J].当代教育科学，2003(1):45-46.

基于互动仪式链的博物馆网络集群行为研究
——以2022“全球博物馆珍藏展示在线接力”直播为例

伍丽亚　武汉市晴川阁管理处(武汉大禹文化博物馆)

摘　要:新媒体技术的发展为集群行为带来了深刻变革,在博物馆传播领域,网络集群也逐渐成为博物馆受众的衍生形态。本文梳理了网络集群和互动仪式链的相关文献,综合了博物馆学、社会学和传播学的相关理论基础,分析出博物馆网络集群的互动仪式构建,包括技术赋能下的“虚拟”同在、共同关注的焦点信息互动、共享情绪和集体情感体验,通过研究其互动仪式效果,引发了强化博物馆文化传播动力源、跨平台“云互动”延伸民族情感“链”、媒介仪式化传播唤起“集体共同记忆”等可持续传播路径思考。

关键词:互动仪式链;博物馆传播;网络集群;直播

“十三五”期间,我国博物馆每年平均举办2万余场展览,2021年度全国博物馆举办线下展览约3.6万场,线上展览3000余场。新媒体技术的发展为博物馆传播带来了深刻变革,网络集群形态的发展新情况也促进了博物馆传播参与范围、方式的革新,引发对于强化博物馆传播新形态的思考。2022“全球博物馆珍藏展示在线接力”直播以“手拉手:共享世界文明之美”为主题。本文以此次博物馆仪式性传播事件为研究背景,具有一定代表性,以期为博物馆网络传播提供探索路径。

一、博物馆中的网络集群与互动仪式链

(一)网络集群:博物馆受众衍生形态

1921年帕克在《社会学导论》一书中首次定义集体行动;美国社会学家N.J.斯梅尔塞(Neil Joseph Smelser)将集群行为界定为“在重新规定社会行为的信念的基础上产生的社会动员”。还有学者引入网络集群舆情分析其传播特征。综合而言,“网络集群”是指有相同目标和明确期望的群体,一般是规模较小、互动性强而关系松散的群体,借助网络媒体尤其是社交媒体而联结在一起。《2022中国博物馆发展指数报告》显示,故宫博物院为最受欢迎博物馆,00后成最喜爱观看博物馆视频的群体。二十一世纪以来,我国大量的网络集群行为受到社会高度重视,不同学者的研究中有不同的侧重点。博物馆的服务受众也在随着网络时代发生变化,聚焦在博物馆领域的网络集群行为具有一定的研究价值,通过了解其网络集群画像可进一步探究博物馆受众衍生形态。

(二)博物馆网络集群发展现状

1.全媒体环境下新的社会参与变革

数字技术形成了全民参与、万众皆媒的景观,全媒体环境下,网络集群参与形式的变化和发展迎合了移动互联网匿名性、碎片化、互动性等特点,中国网络集群正处在新的发展环境。互联网技术的革新、90后和00后崛起成

为网络主力军、用户生产方式和社交方式改变、用户长尾市场价值的挖掘等新情况已经出现。互联网为集群行为参与提供了平台，同时影响着网络集群行为的变革，物联网、人工智能、大数据、云计算、区块链等新媒体技术的使用使得信息资源快速共享，并且进行实时互动、万物互联，使得集群行为在现实社会中也产生深刻的影响。在我国博物馆网络集群的相关传播研究中，重塑的媒介环境是其产生的重要前提条件，发挥着至关重要的作用。在分析网络集群行为发展的大环境下，能够更好地把握其发展的整体性和未来趋势，以便能摸索出网络集群行为演化的特性、规律和问题，为博物馆网络集群行为的发展提供现实依据。

2.“多对多”跨圈层网状传播模式

借助互联网媒介发展新环境，网络集群传播的模式也突破了传统形式，呈现出“多对多”的网状传播模式，网络集群的动员演化节点之间可以形成相互交叉的圈层结构。网络集群在各个圈层、各个层级、各个节点之间可以以不规则的形态进行跨越和错综交流，进而产生强大的影响力。“多对多”的网状传播节点间的联系更加活跃和紧密，网络集群之间对于同一事件的观点可以更加灵活地相互传播和影响。当具有仪式性的博物馆集体事件在网络上传播并逐渐发酵时，网络集群的领导者会迅速地号召群体里的活跃用户参与起来，虽然没有形成统一的组织管理方式，但是却可以打破传统集群社交的壁垒，使他们共同参与到集体事件的讨论中，扩大博物馆公共服务的传播力和影响力。

3.以连接为目的新型互联集群生态

Web3.0下新媒体技术的发展促进了“万物互联”“人机共生”的新形态，逐渐促成了以移动互联网为基础的新型集群生态，将人、信息和关系以移动为基点、以互联为目标进行系统性的重组，因而网络集群生态在新形势下发生变革。随着我国移动互联网的快速发展，移动终端与社交平台的结合催生了网络集群新形式，万物之间的连接依靠移动社交媒体上的持续互动，例如人们在生活中习惯用手机等移动端登录论坛、微信、微博、抖音来参与网

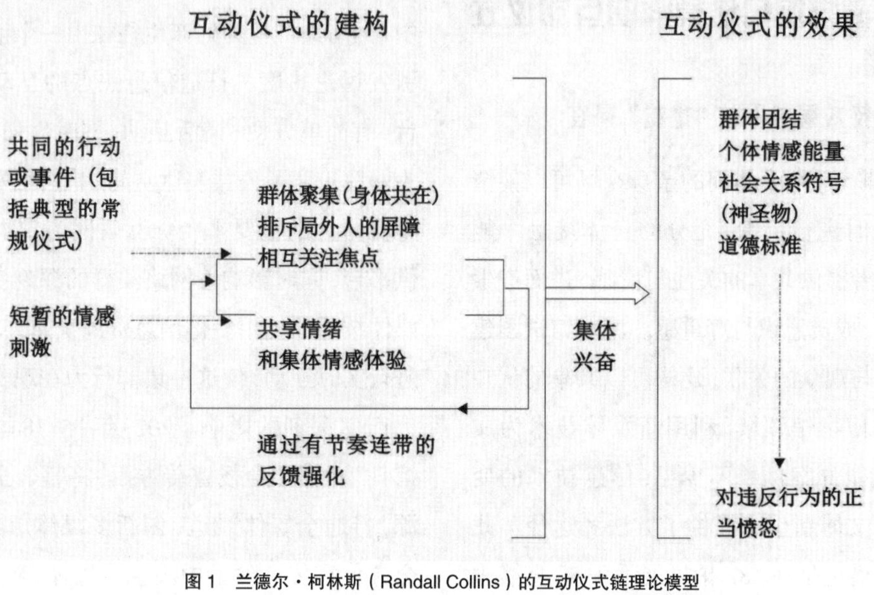

图1　兰德尔·柯林斯（Randall Collins）的互动仪式链理论模型

络集体事件的讨论，这依然是未来发展的一大趋势，基于博物馆的新型集群传播生态研究，有助于进一步了解网络集群在参与博物馆传播事件中的动力因素、集群行为演化的规律和特征。

（三）互动仪式链：博物馆传播路径探索

美国社会学家兰德尔·柯林斯(Randall Collins)的互动仪式链理论(Interaction Ritual Chains)可以为仪式性传播的内部运行机理提供解释。根据其理论模型(图1)，从互动仪式的构建到效果，在稳定状态下形成系统性研究框架，并且可作用于不同实践领域。国家文物局官网公布了2021年全国博物馆名录，共有6183家博物馆信息公布，其中国有博物馆4194家。作为过程的互动仪式具备不同阶段的特点和规律，博物馆活动的仪式传播附加文化价值的输出与累积，基于网络集群的共同关注和情感积聚等，与此同时，在文化认同不断提升的过程，最终互动仪式也会呼吁着博物馆公共功能的完善，在与社会发展同频共振中探索博物馆传播新路径。

二、博物馆网络集群的互动仪式构建

（一）技术赋能下的“虚拟”同在

柯林斯认为，个体间的亲身在场可以使情感能量及时进行反馈，充分的身体接触才能够为参与者提供共享的关注与情感，进而产生群体向往、成员意识与尊重感。博物馆试图建立并深化与观众的关联，建构可以共享的认知语境。在博物馆领域，利用新媒体技术为文化传播赋能的案例并不少见，信息技术的变革为塑造文博新生态提供了方法和途径。此次全球直播正是在“8K拍摄展示＋5G直播＋AR沉浸”的技术加持下，吸引超200万网友观看。在技术赋能下，实现了身体的“虚拟”同在。2022年5月28日，由腾讯微信视频号、腾讯数字文化实验室、腾讯视频、腾讯新闻、央视频和文博圈联合发起的“见证‘博物馆的力量’——5·18国际博物馆日直播周”圆满落幕。在为期18天的活动中，参与博物馆100余家，累计直播200余场次，总计超过200万人次观众通过直播视频，见证博物馆的力量。湖北卫视联合数家湖北省内外博物馆进行100小时融媒体大直播，穿越长江文明三千年，直播采取“一主＋两分”会场模式，通过“主会场与分会场连线”“直播与慢直播”结合的形式完成为期6天100小时直播活动，紧紧围绕“博物馆的力量”核心。

（二）共同关注的焦点信息互动

网络公共信息的构建需要有该集体性事件的传播源头、传播主体、传播媒介、传播路径等的共同作用，并且社会类公共信息往往具有一定的争议性，才能在信息构建中吸引利益相关者的共同参与，由此在集体认同的前提条件下扩大其影响力。新媒体信息传播的过程中，网络集群行为的产生往往由一个话题展开引发讨论热度。打造信息焦点的互动媒体平台，有简单方便、灵活互动、即时性强的特性，为网民扩宽了公共表达空间，是网民发动网络集群行为的重要平台。互联网为集群行为提供平台，同时影响着网络集群的深刻变革。新媒体技术的使用使得信息资源快速共享，并且进行实时互动，使这一集群行为在现实社会中也产生深刻的影响。2023年“5·18国际博物馆日”中国主会场宣传方面，将整合全媒体资源，打通全媒体渠道，创新多媒体矩阵，做好全方位宣传。除了中央主流媒体，新浪微博、腾讯、抖音、快手、B站、小红书等行业媒体平台将进行直播等活动。

（三）共享情绪和集体情感体验

信息构建者会基于一定的社会现实将某一事件的利益相关者联结起来，在网络信息平台上汇聚民意，使事件的原始意义扩大化，最终构建网络公共信息环境。柯林斯强调在互动仪式过程中，共享的认知体验直接影响着微观情境的集体意识。有共同心理的网络群体在进行集群行为时达成共同的目标，是一种从内心呼唤的号召力将他们联结在一起，将先前的公共信息的构建和群体的凝聚这些准备工作通过共同心理的催化，最终促使集群行为发生。在网络群体凝聚的过程中，意见领袖和从众者的相互作用推进了集群行为的形成与发展。沉浸式身临其境的体验是由媒体技术、概念设计、叙事性故事和访问者共同作用产生的。通过深度挖掘、跟踪报道，扩大热点效应，贴合直播活动的主题，全面推广国际博物馆日中国主会场，在国际化传播视角下共同关注文物背后的故事。在接触信息时找到自己重视的信息关键点进行理解，围绕关键点进行心理定位。有共享情绪的网络群体在达成共同目标时，是一种从内心呼唤的号召力将他们联结在一起，将先前的公共信息的构建和群体的凝聚这些准备工作通过共同心理的催化，以增强关注博物馆、感受中华传统文化魅力的集体情感体验(图2)。

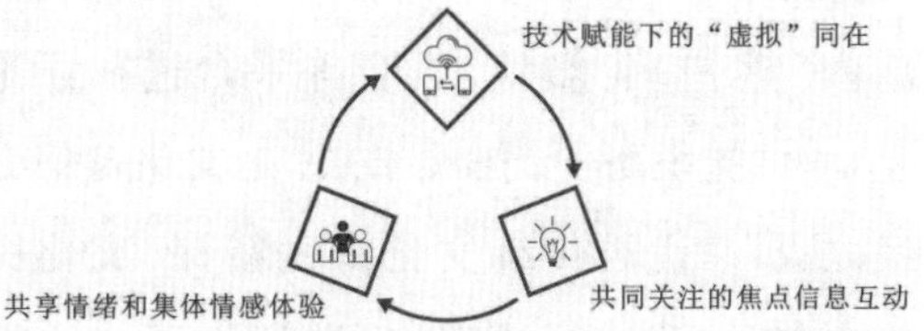

图2　网络集群的互动仪式构建

三、博物馆网络集群的互动仪式效果

（一）情感共鸣强化身份认同

图3-1 “从文字看中国——解析中华文明的基因和密码”海报

皮特·伯格(Peter Berger)在The Invitation of Sociology中将社会互动与身份认同相互勾连，认为身份建构的背景是“集体意识”。群体行为可通过群体效能感进行预测。在2022“全球博物馆珍藏展示在线接力”直播中，来自全球的34位博物馆馆长展现了约150件珍贵藏品。在本次接力展示活动中，顶级博物馆的“馆长之选”成为亮点。2022年是中国国家博物馆建馆110周年，2022年7月6日，中国国家博物馆以“从文字看中国——解析中华文明的基因和密码”为主题开启了在线接力的第一站直播(图3-1)。“国家博物馆”视频号观看次数19万、“央视新闻”微博观看次数263.5万、“央视新闻”快手观看次数40万……活动综合运用了8K摄制高清呈现、数字建模渲染、三维动画还原、增强现实、微距等技术，讲述中华文明的故事。使直播中的网络集群更真实地欣赏大盂鼎的精美纹饰和铭文，更直观理解竹简的制作过程和木活字印刷术的使用过程。直播过程中的表现力和情绪感染力得到提升，通过情感共鸣进一步强化了网络集群的身份认同。

（二）共同关注形成群体符号

图 3-2 “手拉手：共享世界文明之美”全球博物馆珍藏展示宣传海报

作为网络时代的文化景观，群体代表性符号也随着互动仪式的构建扎根于意义深处，是网络集群情感的凝聚呈现。通过共同关注下的焦点信息互动，群体符号的使用成为一种群体性的文化定义活动。2022“全球博物馆珍藏展示在线接力”直播互动从海报设计、VI视觉标识、主题口号、文化价值全方位进行宣传推广(图3-2)，且在博物馆传播中的表情符号、IP文创、AI形象等运用加强了集群情感的维系，诠释了后疫情时代对于博物馆文化传播的精神共振。“云”上赏宝，全球遨游。中国国家博物馆馆长王春法遴选了“王令众人协田刻辞”牛骨、大盂鼎、“编年记”竹简、金关纸和西夏文《吉祥遍至口合本续》这5件/套精选藏品，讲述了文字及其载体、书写形式的演变，启迪在古籍中深挖文化宝藏，启智润心。匹配点击进入小程序的“馆藏珍品”模块，强化了博物馆受众对于重大媒介事件的个性化参与，通过一系列的群体符号形象唤起参与其中的情感体验。

（三）持续互动积聚情感能量

图 3-3 “手拉手全球博物馆珍藏展示”小程序

广大网友纷纷在“国家博物馆”视频号、“新热星球”央视频、CGTN Facebook、“央视新闻”客户端、微博、抖音等平台进行评论互动。“扎根历史，拓展未来，是文化自信必经之路”“优秀传统文化博大精深，文化民族文脉绵长”“行云流水只瞬间，青史蜗喘却千年”“为大美中国汉字打Call，追根溯源，感受中华文字的魅力”“字里行间看中国”“Very interesting to know how the characters are inscribed on the bamboo slips”……在不同平台上的众多评论彰显着对于博物馆文化传播的情感维系，在移动终端线上互动中持续积聚民族情感能量。联动“手拉手全球博物馆珍藏展示”小程序(图3–3)，设计出与观众的互动创新方式，用户可在小程序在线鉴赏各国博物馆的珍藏文物，让文物在我们指尖间“活起来”，有效增强博物馆用户集群与文物之间的多维互动。

四、博物馆互动仪式的可持续传播思考

（一）互动仪式强化博物馆文化传播动力源

图4–1 国博数智人“艾雯雯”讲解国博精品文物

互动仪式链为博物馆文化传播的多元探索提供了理论支撑，但在面临瞬息万变的网络世界仍需要强大的动力来源，在互动性与情感性相交织的情况下转变为可持续性发展形势。在算法推荐机制下，热点信息会被推送至相关讨论人群中，最终汇集到网络集群中，在微博社区迅速成为热议讨论话题，进而在各大社交平台圈层中裂变式传播。截至2023年5月10日，微博话题#全球博物馆珍藏展示在线接力#总阅读次数1.4亿，总讨论次数1.2万。微博话题#中国国家博物馆#总阅读次数6392.5万，微博话题#国博创建110周年#总阅读次数3788.1万。此外，国家博物馆的虚拟数智人“艾雯雯”和“仝古今”一经亮相以来获粉无数，历史与现代的融合带领大家体验了“元宇宙”的魅力(图4–1)，通过强大的互动性将仪式链持续延伸，并且进一步强化了博物馆文化传播的动力源。

（二）跨平台“云互动”延伸民族情感“链”

图4–2 “片羽重辉——国家博物馆文保成果展”海报

跨平台“云互动”延伸出更多新型互动仪式的想象，继“手拉手：共享世界文明之美”全球博物馆珍藏展示在线接力引起广泛关注后，博物馆主题内容持续引发热议，延伸出更多内涵的互动仪式“链”。国博创建110周年之际，“片羽重辉——国家博物馆文保成果展”为大家带来国家博物馆文保工作背后的故事(图4–2)，反映中华民族自强不息、奋勇前进精神。截至2023年5月10日微博话题#来国博看中国#总阅读次数8457.4万，总讨论次数

18.9万，2023年4月24日中国航天日之际，成功举办“逐梦寰宇问苍穹——中国载人航天工程30年成就展”，带领大家在国博逐梦寰宇问苍穹，了解中国载人航天三十年发展历程。中华民族的情感认同正在互动仪式的持续积聚下发生转换，而文化自信的力量也显现出在新时代的现实意义，通过跨平台“云互动”延伸民族情感“链”。

（三）媒介仪式化传播唤起“集体共同记忆”

2022“全球博物馆珍藏展示在线接力”的媒介仪式化直播通过联动“集体共同记忆”增强了文化传播和情感传达。根据国家文物局发布的文章《文物事业十年成就 | 赓续文明根脉 筑牢自信根基》，我国拥有“56项世界遗产、76万多处不可移动文物、1.08亿件/套国有可移动文物……”在未来很长一段时间里，媒体对于互动仪式链下的博物馆文化传播还有待探索与挖掘。有效利用博物馆资源整合和仪式化传播路径，通过创新发展让文物“活起来”。在理论基础上进一步强化传播动力源、延伸民族情感“链”，唤起博物馆网络集群的“集体共同记忆”；在实践中将互动仪式链的构建贴合国情和时代发展浪潮，并在国际传播视野下展现中华民族的文化瑰宝和历史精髓，扩大博物馆传播的可持续性效果。

五、结语

柯林斯的互动仪式链理论为文化聚集地博物馆的创新发展提供了思路，博物馆网络集群的互动仪式构建和效果检验不断汲取经验，对于理论的适用和修正给予现实性思考。与2023年国际博物馆日的主题也有着一定的契合度，以此呼吁共同关注文物背后的故事，可进一步聚焦国际传播下的博物馆发展探索。积极响应国家文化数字化发展战略，充分发挥好自身资源优势，利用好平台和渠道，推出更好内容、更优质量、更多形式的文化产品和活动，不断助力博物馆的力量提升，更好满足文博行业的传播需要和观众对优秀文化资源的需求，为促进中华文明的传播，让文物“活起来”继续贡献博物馆可持续发展力量。

参考文献：

[1] 罗伯特·E·帕克.社会学导论[M].北京：中国传媒大学出版社，2016:111-113.

[2] Smelser, N.J. Theroy of collective Behavior[M]. NewYork: Free Press.1963:8.

[3] Jin Du, Yan Hui Du, Xin Zhao. The Research of Network Cluster Behavior Mode in Online Public Opinion[J]. Applied Mechanics and Materials, 2013, 2700(411-414).

[4] 彭兰.数字时代新闻生态的“破壁”与重构[J].现代出版，2021(3):17-25.

[5] （美）柯林斯(Collins, R.).互动仪式链[M].北京：商务印书馆，2011.

[6] 刘迪.规训、惯习与认知语境：论博物馆媒介场域与观众认知间的关系[J].文化与传播，2017，6(5):1-6.

[7] 李砚青，杨威.网络集群行为的生成逻辑及规制引导——“朋友圈集晒18岁芳华照”引发的思考[J].新闻前哨，2018(2):61-63.

[8] Maggie Burnette Stogner. The Immersive Cultural Museum Experience Creating Context and Story with New Media Technology[J]. International Journal of the Inclusive Museum, American University, 2012.

[9] Mummendey, A., Kessler.T., Klink, A., & Mielke, R.(1999). Strategies to cope with negative social identity: Predictions by social identity theory and relative deprivation theory. Journal of Personality and Social Psychology, 76(2), 229-245. Macdonald Sharon. A Companion to Museum Studies[M]. Blackwell Publishing Ltd, 2006:195.

博物馆社会教育与公众服务方法创新案例研究

——以武汉大禹文化博物馆为例

叶黎　武汉市晴川阁管理处(武汉大禹文化博物馆)

摘　要：博物馆与公众的连接日益紧密，面向公众的社会教育成为博物馆最重要的职能之一。加强博物馆社会教育方法与路径的研究，创新公众服务的多样化，满足人民对美好生活的需求，能够增进人民福祉，实现博物馆教育资源的可持续发展。本文以武汉大禹文化博物馆为例，探索了博物馆立足自身优势，利用民俗特色、非遗传承和研学课堂赋能，创新社会教育与公众服务方法的相关案例研究。

关键词：社会教育；传统文化特色；创新研究；馆校结合

武汉大禹文化博物馆是一座集文物古建与园林风景于一体的名胜古迹，也是依托大禹纪念地——晴川阁建立起来的全国首家研究和传播大禹文化的纪念性专题博物馆。2020年武汉大禹文化博物馆获批国家二级博物馆，2021年“武汉大禹治水传说”荣列第五批国家级非物质文化遗产名录。

习近平总书记曾言：“一个博物馆就是一所大学校。”近年来随着博物馆事业繁荣发展，全球博物馆界关于将“教育”作为场馆的首要目的和功能的呼声越来越高。武汉大禹文化博物馆在不断深挖历史文物内涵上做足功夫，深耕教育资源转化和教育内容设计，在分众化教育方面取得了不错成绩，为博物馆培养了一批优秀的博物馆之友和博物馆爱好者。

一、依托传统文化资源 打造民俗非遗品牌

一座博物馆是承载一个地区乃至民族文化的载体，体现了一定区域内人民群众物质与非物质生活的风貌。“惟楚有才”，荆楚大地自古以来就是文人墨客神往之地，许多名家骚客曾在此留下传世名言佳句，为晴川阁平添许多雅趣。在浓厚的诗词文化、民俗文化与民间文学传说交融中，晴川阁大禹文化博物馆兼备了独特的历史人文底蕴，为各类社教活动的开展增加了个性与创新。

(一)传统节庆活动

中国传统节庆文化形式多样、内容丰富，是中华民族悠久历史中最灿烂的部分，不仅揭示了祖辈们劳作生产的光景，也反映了古人独特浪漫的审美。传统节庆活动沿袭至今，与现代生活完美融合，不仅体现了传统文化的美，也是开展德育的重要资源。

中秋节是中华民族最为看重的节庆之一。临江而立，登阁赏月亦是晴川阁独有的靓丽风景线。1986年晴川阁正式开放以后，我们将“晴川中秋赏月”作为传统的主打节庆活动项目推出，坚持每年举办一次“晴川中秋”游园活动。到晴川阁赏月，现已成为武汉市民中秋佳节中一个传统的、不可缺少的活动内容。

除了“晴川赏月”传统活动外，博物馆以文物景区为依托、以传统文化为媒介，适时策划推出了一系列喜闻乐见的传统文化活动：农历正月十五“晴川阁花灯游园”民俗活动、农历五月初五“端午节”汉服展示活动、农历六月初六“药王节”“晾晒家谱”活动、七月初七“女儿节”（俗称“乞巧节”）传统技艺表演活动、九月初九重阳节《晴川老年书画展览》等活动……我们根据中国传统节日的不同文化特色，深入挖掘传统节日的文化内涵，不断丰富节日的形式和载体，让公众在参与中获得幸福感。

（二）非遗文化活动

非物质文化遗产是一个国家和民族历史文化成就的重要标志。相对于物质文化遗产而言，“非遗”涵盖的范围更广，含义更深。

武汉大禹治水传说是反映大禹在我国中部长江流域治水的独特而典型的神话故事，流传数千年。在此，“龟蛇锁大江”“灵龟镇怪化龟山”“大禹贮粮米粮山”“禹青飞帽堵洪水”“大禹治水收赑屃”“禹种殿前柏”“龟山脚下的水怪”“忽必烈正名禹功矶”等丰富的神话传说构成了武汉大禹治水传说的深刻内涵。

武汉被称为“百湖之市”，其治水史始终贯穿于城市发展史之中。武汉“敢为人先，追求卓越”的城市精神是“大禹治水”精神在当代的延续。武汉大禹文化博物馆作为国家非物质文化遗产传承单位，不断挖掘武汉大禹治水传说的内涵，通过“大禹”主题文化周、非遗传承讲演、主题征文、绘画、摄影、巡展等活动，最大化发挥了非遗文化的历史价值、艺术价值、社会价值和民俗价值。

博物馆还通过自身的学习和探索，适时策划并推出“汉剧与皮黄艺术漫谈”讲座、“琴歌合鸣”非遗艺术沉浸式体验、“农耕年代的智慧——二十四节气图片展”、“非遗传承国光烙画艺术精品展”、“非遗之韵——楚剧遗珍”楚剧展演、文化遗产日造纸体验、汉民族传统婚礼仪式展演、“锦绣人生”汉绣艺术展演、“古琴之夜”晴川雅集等丰富多彩的非遗文化活动。通过这些活动的开展，让更多的公众近距离感受非遗的魅力，对祖国的历史文化和中华优秀传统文化产生认同感，从而推动非遗的传承与保护。

二、依托爱国主义教育基地，打造“没有围墙”的学校

近年来，国际博物馆界在不断修改、完善“博物馆”定义的过程中，也在不断探索博物馆在当今社会中的责任与担当该落脚何处。“公众教育”这一关键词被不断地提示和强调。作为一座“没有围墙的学校”，博物馆以人为本，充分发挥自身的场馆优势、藏品优势，与“正式教育”相辅相成、相得益彰，重塑青少年以及市民对于社会、历史、文化的认知。

（一）建立社会教育活动品牌

近年来武汉大禹文化博物馆依托自身深厚的历史文化底蕴和藏品资源，开拓社会教育新方式、新路径，以沉浸式、体验式、研学式、开放式等多元化课堂，让博物馆观众参与“无边界”的博物馆教育活动之中。

1. 大禹活动周

作为武汉地区的一处爱国主义教育基地，为了更好地发挥其社会教育尤其是青少年教育作用，武汉大禹文化博物馆与汉阳区教育局建立长效机制，2007年至今连续开展了十余届“大禹活动周”青少年社会教育品牌活动。

通过组织辖区内中小学生学生参观晴川阁、大禹神话园景区，开展手抄报、演讲、书法、征文、绘画等形式丰富多样的青少年活动，使学校教育、家庭教育和校外教育有机结合起来，进一步深化青少年思想道德教育，为全区青少年的健康成长，发挥了积极作用。

2. 晴川手作课堂

为进一步丰富博物馆社教活动内容，自2017年起我们推出了“晴川手作课堂”这一活动品牌，以“在动手制作与体验中学习”为教育目标，策划出了一系列寓教于乐的社会教育活动：初春时节举办“活字印刷DIY”，带大家体验印刷的乐趣；五一劳动节举办“花儿送给您，劳动最光荣”纸艺折花活动，向劳动者致敬；博物馆日举办“古今超连接——吟古诗拼乐高”活动，连接古今，传承文明；端午佳节举办“做香囊、织五彩绳、编蛋袋”传统手工活动，一起追忆童趣；盛夏时节举办“爱上一抹蓝——走进蓝晒的奇妙世界”蓝晒手作体验活动，和阳光一起做游戏；国庆节期间举办“立体模型拼搭活动”，动手制作天安门模型向祖国致敬；深秋时节举办“一叶知秋——叶脉书签DIY”活动，带领大家寻找博物馆里的秋天；岁末隆冬举办“妙手绘青花”亲子活动，感受青花瓷的魅力……晴川手作课堂内容丰富，形式多样，深受公众的喜欢。他们在晴川阁不仅能现场体验精彩有趣的手作，提高创造力与动手能力，还能感受手作的魅力所在，使得博物馆真正变成他们快乐学习、主动探索的“第二课堂”。

3.“行走大武汉”城迹寻访活动

为了更加深入地了解武汉这座大都市，重温大武汉的历史记忆，我们经过精心策划并于2017年4月推出了“行走大武汉”城迹寻访活动。走出博物馆，带领公众去寻访大武汉的历史遗迹。活动首站立足于博物馆所在的汉阳地区，主题为“寻访汉阳城”。通过微信公众号征召，共有百余名市民参加了此次活动。在武汉人文历史专家的带领下，寻访队伍从大禹纪念地——晴川阁出发，穿大街、走小巷，先后寻访了禹功矶、汉阳铁厂遗址、龟山祢衡墓、显正街、“汉阳树”以及白求恩纪念馆等遗址遗迹。它们宛如一本打开的教科书，将武汉的历史鲜活地呈现在大家面前，所蕴藏着的历史典故记录着武汉的历史沿革与变迁，令寻访者流连忘返、回味无穷。

之后几年我们连续组织了主题为“昙华林的旧时光”“万里茶道”“红色1927”“武昌1911”等城迹寻访活动，足迹遍布武汉三镇。“行走大武汉”城迹寻访活动举办以来受到了参与者的热烈欢迎，报名者踊跃。上至七十岁老人，下至六岁的小朋友，都积极参与进来。大家不仅在城迹寻访活动中用脚步丈量城市的历史，追寻回味着武汉的旧时光，更在寻访中感触到了大武汉的城市精神、文化气质与人文底蕴。

（二）分众化课程设计

随着博物馆受众面的持续扩大，武汉大禹文化博物馆在进行充分的调研基础上，摸清了各年龄层对获取博物馆资源的不同需求，并针对不同年龄段开展了分众化课程设计，让青少年、成年人和老年人、特殊人群(残障人士、留守儿童等)、外国人等有序参与到博物馆的各项活动之中。

1. 青少年研学课程

晴川阁历史底蕴丰厚，收藏有关于大禹文化、晴川文化的古碑刻50余通，古代建筑上的木雕、砖雕等吉祥饰物更是弥足珍贵。我们依托现有的文化资源，策划并推出了“墨拓晴川——拓片制作与体验”研学教育课程。在课程的设计上融入更多的知识性和趣味性，通过演示和教授石碑、砖雕等文物的拓片制作过程，传播了拓片文化和拓片技艺，增强学生们的创造力和动手能力。此项课程一经推出，受到了热烈的欢迎，先后在水果湖一小、武昌实验寄宿小学、西大街小学、武汉市三十二中、中南民族大学等30余所学校进行巡回授课。在此基础上，我们又继续研发《东方文明的活化石——活字印刷》《人类文化的瑰宝——古法造纸》《青出于蓝——青花瓷》《木板上的中国年——木版年画》等一系列传统文化研学课程。

2022年，我们进而推出了“晴川阁里的秘密”系列研学课程。先后开展了“推开历史的门——走近铺首”“凌空的微笑——走近飞檐翘角”“拓古传今——走近古碑刻与传拓技艺”“藏在古建里的美——走近亭台楼阁”为主题的青少年研学活动，带领孩子们走进晴川阁，探寻晴川阁里的“秘密”。

在文旅融合的基础上，我馆实现了博物馆研学与在校教育的有机融合，增加了孩子们对中国传统文化的了解和认识，让他们在主动认知、轻松体验的过程中触摸历史、感受文明、开拓视野

2. 成人教育课程

博物馆是一座社会大学，作为终身学习的场所，教育的对象具有广泛性。2017年，武汉大禹文化博物馆特别针对成人观众开设了晴川艺术课，向观众普及油画艺术知识。先后多次开展了“生如夏花”“花好月圆”等不同主题油画体验课程。在专业油画老师的带领下，零基础的学员走进油画的世界，精心绘制一幅幅油画作品。设在户外的晴川艺术课堂一时间成为了武汉大禹文化博物馆的又一景观，吸引了众多游客纷纷驻足围观。我们还将“晴川艺术讲坛”“油画艺术课堂”等成人教育课程送进广大学校、社区中，让公众足不出户就能享有博物馆的特色教育。

针对成人观众群体，我们还组织开展“绽放在发间的绒花——绒花制作”“端午香韵——古风香囊制作”“金丝溢彩——掐丝珐琅制作”等活动。这些活动把古代的艺术、美学思想与现代设计相结合，深受好评，收获了一大批忠实的成年“粉丝”。到晴川阁参加丰富多彩的社教活动，成为许多“粉丝们”又一种生活方式。

三、依托馆校合作平台，打造志愿传播骨干队伍

（一）志愿者服务团队建设

志愿者作为博物馆中的重要辅助力量，在博物馆社会教育工作中发挥着重要的作用，推动了博物馆事业的发展。

武汉大禹文化博物馆2009年免费开放以来，先后有800余万中外观众走进博物馆。为满足讲解接待的需要，自2013年起，我们开始组建一支由在校大学生组成的志愿者讲解队伍。通过与华中科技大学、中南财经政法大学、湖北大学等高校建立“馆校合作”的方式，在高校内招募大学生志愿者讲解员，并对大学生志愿者进行专业化、系统化的培训，经过严格的考核才可上岗服务。

武汉大禹文化博物馆大学生志愿团队是一群充满活力而又有较高文化知识水平的年轻群体。十余年来他们薪火相传，志愿服务由最初单一的讲解，发展到文案撰写、教育活动宣传与推广、社教课程讲授等多个方面，博物

馆为他们提供了一个多方位展示和提升自我的舞台。大学生志愿团队承载着博物馆服务社会与公众的使命，搭建起博物馆与公众沟通的桥梁，为传播武汉大禹文化博物馆的历史文化贡献着自己的一份力量。

（二）新媒体宣传与互动

“互联网＋”不断赋能博物馆公众服务的内涵与外延。“线上博物馆”功能的开发与完善，将武汉大禹文化博物馆的“粉丝”扩展至全国各地。纵使有交通与疫情的阻隔，线上博物馆仍能及时推送最新的博物馆资讯、最全的藏品资源以及最身临其境的“虚拟博物馆”“数字博物馆”特效场景，最大化地传播了博物馆的价值。

武汉大禹文化博物馆在2017年申请开通了微信公众服务号，将3D实景语音导览、展览活动、参观指南等内容做到微信的自定义菜单中，为观众提供全方位简单便捷的信息服务。晴川阁作为武汉地标性文物景区，慕名而来的观众越来越多，特别是节假日，观众量猛增。为了让参观者有更好的参观体验，我们依托微信公众号这一平台，设计了丰富的线上线下的互动活动，如我们先后推出的《翰墨晴川》微展览与现场寻展品活动、“我爱我国”H5知识互动有奖答题活动、全园寻找晴川阁“萌宝”(吉祥装饰图案)活动、“最美晴川”粉丝打卡秀活动等等，激发了观众们浓厚的参与活动的兴趣。2017年起我们通过微信公众号招募观众方式参与我馆举行的各项教育活动，观众报名踊跃，每次活动的名额需要“秒杀”才能获得。截至2023年5月，晴川阁微信公众号共有粉丝2602136人，共有23681名博物馆粉丝通过报名参加了大禹文化博物馆举办的各种社会教育活动，他们成为我们博物馆开展各类社教活动的忠实参与者和宣传者。武汉大禹文化博物馆借助微信公众号这一平台开展社教活动，架起了与公众的超链接，给公众带来了丰富的交互式体验活动，为博物馆社教活动的开展开辟了新的思路。

新时期博物馆将转变角色定位，从“施教者”变成“共享者”，主动走进群众，通过寓教于乐的体验式活动设计，吸引更多不同年龄群体主动了解、主动参与博物馆教育的普及活动。武汉大禹文化博物馆亦将乘着“博物馆热”的大势，不断深挖内容设计、创新服务形式，将无形的文化资源转化为高效的教育资源。

参考文献：

[1] 刘国斌，涂家英.月映江流：晴川阁重建开放三十周年文集[M].武汉：武汉出版社，2016.
[2] 杨相卫.武汉历史文化概览[M].武汉：武汉出版社，2022.
[3] 刘国斌.禹功[M].北京：文物出版社，2019.
[4] 梁爽.博物馆教育与学校教育融合发展策略新探——基于当前素质教育视角的分析[J].中国博物馆，2023(1):84-89.
[5] 何东蕾.试论基于博物馆文化特征的博物馆教育[J].中国博物馆，2022(2):107-110.

探讨“博物馆式”社交

刘璟　八路军武汉办事处旧址纪念馆

摘　要：自2020年起，每年的“国际博物馆日”都对17个联合国可持续发展目标中的部分内容进行了积极响应。2023年“国际博物馆日”主题“博物馆、可持续发展与美好生活”将重点关注3个目标，其中关于“良好健康与福祉”，特别关注心理健康和社交隔阂问题。本文旨在探讨博物馆在社交隔阂问题上为人们带来的有效福祉。

关键词：博物馆；社交；沉浸式；文博＋

根据中共中央宣传部“中国这十年”系列主题新闻发布会发布的数据，2021年全国博物馆举办展览3.6万场，接待观众近8亿人次，其中青少年是主要人群。携程发布的数据也显示，2022年1月至5月，最受欢迎的景区前十类中，博物馆、美术馆、展览馆排在第四位，95后预订博物馆订单达到了25%，而在搜索博物馆的人群中，95后占了近30%。博物馆作为年轻一代社交场所的社会价值已经得到广泛认可。“看展式社交”“沉浸式社交”“破圈层社交”等“博物馆式社交”能在社交隔阂问题上为人们带来有效福祉。

一、“看展式社交”，结交“同频”群体 寻求精神共鸣

如今各个圈层文化快速发展，年轻人爱好日趋小众化，导致难以在日常生活中找到相同爱好的群体。此时，各种展览就为他们提供了必要的场地，从而催生出博物馆的社交属性。看展也不乏是解压的一种社交方式。展览中的互动性设备以及沉浸式的感官体验正为观展的人们构建起艺术和娱乐属性并存的休闲方式。据中青校媒的调查数据，近六成受访者在博物馆看到或体验过互动型的展览区。

无论是颇具叙事性的主题IP展，还是能领略传统文化的文创艺术展，又或是将艺术与科技完美结合的沉浸式视觉展，都能让年轻人找到契合自己的兴趣点。在很多年轻人看来，“看展式社交”的出发点基于兴趣，摆脱了社交的“功利性”，结交的是一群“同频”的人，大家一起讨论，相互分享，寻求的是一种精神共鸣，从而达到“有效社交”的目的。

无论是科普展，还是文物展，或是艺术展，我们总能看到许多“妈妈团”相约带娃求知之旅，这已经成为许多年轻母亲的选择。“亲子局”既让孩子开阔了眼界，又让有相同爱好的妈妈有个相聚的去处。看展正在走出时髦“打卡”、营造“文艺范儿”的浅层次，真正地融入了人们的生活。

“看展式社交”流行的背后，其实也标志着国家文化软实力的提升。“十三五”期间，全国博物馆数量由4692家增长至5788家，平均每两天就有一家博物馆建成开放，不断增加的文博场所使得“看展式社交”有了更为广阔

的物理空间。在微博、豆瓣、小红书、微信朋友圈等社交平台上，很多年轻人分享着文博场馆的展览讯息，也用图像、照片表达着自己在看展过程中对于文化艺术的思考和感受。互联网上的分享，吸引来了对展出内容感兴趣的人，形成了同质化圈层，从而催生了更多年轻人对展览“种草”，把原本在馆外徘徊的人吸引进来，让博物馆的社交属性有了更多的可能性。

博物馆将人工智能、互动光影、虚拟现实技术等越来越多的科技元素引入展览中，观众不仅可以沉浸式观展互动，还能在讲解员对展览、展品讲解的过程中，互相交流，发表感受。文博之旅让人们相聚相识，迅速消除了陌生感，在共同观展中加大了相互了解，增进了友谊。当众多的年轻人相约在博物馆打卡、探讨文博场馆的展出内容时，历史和艺术都变得生动了。

“看展式社交”的流行对当下的文博场馆提出了更高要求。如何优化展览的内容和陈列，用年轻人喜爱的方式去展示艺术的魅力，成为很多策展人办展的一个重要考量。我们众多的文博场馆，也应进一步改进展陈方式，增加与观众的交互方式，让沉浸感、穿越感更强，摆脱过去那种灌输式的展陈方式，让历史、艺术、文化、设计相互交融，从而让文博场馆的魅力进一步放大。如此一来，成为高雅文化、主流文化所在的文博场馆，将会吸引更多的年轻人走进。可以预料，当“看展式社交”成为青年社交的一个重要方式时，对弘扬传统文化、增强文化自信都能起到不可替代的作用，年轻人也会在观展中得到更多的成长，交到更多“同频”好友。

二、“沉浸式社交”，集结兴趣小组 感受文化魅力

近年来，越来越多的博物馆顺应时代潮流，敢于创新，借助高科技打造文娱活动，文化创意越来越多样化，沉浸式产品不断创新、内容不断延伸。博物馆的“剧场秀”“剧本杀”“密室逃脱”“奇妙夜”等全新沉浸式体验项目彰显了新时代博物馆公共文化服务的新价值，并且还能集结有相同兴趣爱好的人们，为他们提供交友的机会，创造交友条件。

苏州丝绸博物馆的《蓝小锐幻游记》广播剧，《蓝小锐丝路历险记》实景互动剧，北京自然博物馆的《原来如此》科普剧，张掖市博物馆的《春水秋山意》舞蹈诗剧，青岛海尔世界家电博物馆的《时光里的我们》音乐剧，昆明市博物馆的互动演艺《百年之旅》，中国文字博物馆的甲骨文字秀、汉服秀，洛阳博物馆的“洛水霓裳——装束复原秀”等多种形式的博物馆“剧场秀”作为博物馆观展的新方式为观众提供互动沉浸和主动探索的全新体验。

在剧场模式中，观众是活动的积极参与者和知识意义的主动建构者；博物馆提供的知识不再是博物馆工作人员传播的内容，而是观众主动建构意义的对象；沉浸式的“剧场秀”将喜欢这种学习模式的观众集结在一起，对观看的过程和内容进行反思，分享自己观察的细节及对情节、内容的思考，相互分享、交流。

“剧本杀”本身就是一个集知识属性、心理博弈属性、强社交属性于一体的娱乐项目，作为时下热点体验项目，各大博物馆纷纷结合馆内文化资源，推出实景剧本杀，如长沙博物馆的《法门梦影》、上海玻璃博物馆的《消失的艺术家》、洛阳博物馆的《洛阳东风及时来》、

隋唐洛阳城应天门遗址博物馆的《武皇贺寿》等。博物馆与“剧本杀”有着天然的契合度。一方面，博物馆有着丰富的藏品资源，能够让“剧本杀”玩家在游戏中感受文化魅力；另一方面，博物馆天然的场景和空间优势可以带来更多沉浸式体验。通过角色扮演让观众化身侦探，穿梭展厅，寻找暗藏展品背后的线索，在解谜的同时深入观展，从而，博物馆与“剧本杀”相融合，实现了通过文物讲故事、通过故事传文化，可以让更多年轻人了解文物、关注文物保护，了解历史人物的故事、体验中华历史文化。

扬州的中国大运河博物馆为年轻人打造了“运河迷踪”，通过古风和二次元的风格，以沉浸式“密室逃脱”的游戏方式，让人们探索大运河的乐趣：船行至扬州，将观众置身繁华闹市，注意沿街百姓的窃窃私语，密案的细节也许就藏在其中，不断抽丝剥茧，将成功破获运河谜案。

观众参加博物馆的沉浸式“剧本杀”和“密室逃脱”活动，在解密的过程中交谈互动，彼此博弈，借着角色的关系很快熟悉。这个活动进一步增强了博物馆的交友属性。

夜游博物馆最早出现在欧洲。中国的夜游博物馆活动虽然起步较晚，但也越来越红火。2019年，故宫博物院举办“紫禁城上元之夜”、莫高窟推出“夜游莫高窟”、上海14家博物馆试点博物馆夜游项目、广州11家博物馆开放夜游等，都吸引了众多观众。

继夜游博物馆之后，有的博物馆还推出了夜宿活动。伦敦自然历史博物馆自于2017年推出了一款为7到12岁儿童定制的博物馆过夜项目。孩子们从博物馆闭馆开始，到午夜12点为止，可以展开一场打着手电筒进行的探险活动。这样的神奇体验也被引入国内。宜昌博物馆的“动物奇妙夜——夜宿博物馆”活动、陕西自然博物馆的“博物馆奇妙夜——与恐龙同眠”独立夜宿活动、上海玻璃博物馆的“博物馆夜宿历险记”活动、中国航海博物馆的“航海天文露营之夜”、洛阳博物馆的《神秘客——文物守护计划》等博物馆夜宿活动让孩子和家长在沉浸式夜游博物馆的同时，学习历史并感悟文化艺术魅力。

博物馆的沉浸式体验项目均以角色扮演和故事情节为基础，以体验为核心，以历史为主线，以馆藏文物藏品为关键，不仅满足公众多层次、全方位文化需求，还集结有相同兴趣爱好的不同年龄段的观众参加体验，创造交友条件，消除社交隔阂，积极互动，充分感受中华历史文化的魅力，共享沉浸式体验的乐趣。

三、“破圈层社交”，线上、线下“文博＋”打破社交壁垒

随着文创、盲盒经济的崛起，以往庄严肃穆的博物馆也不断推陈出新，通过快闪店打卡、售卖线下文创等方式，找到了文博更有趣、更好玩的“打开方式”，吸引更多年轻群体到线下参观交流。同时，得益于数字技术的日益成熟，新技术渗透到博物馆展览、演绎等多方面，图像、影视、线上展览、跨界联名……成为更多博物馆与年轻一代的对话方式。

随着消费能力逐渐提升，Z世代已成为各大品牌的重点关注人群。根据《2021全球时尚IP白皮书》的调研结果显示，有59%的新世代更偏爱设计师/设计师品牌类时尚IP的联名单品，其中，IP的设计风格、价格与价值，以及从中带来的情感联结，是最能吸引他们的三大特质。

新华网2022年发布的《国潮品牌年轻消费洞察报告》中提到，对比十年前，国潮热度增长超5倍，78.5%的消费者更偏好选择中国品牌，相较国外品牌选择偏好度高72%。而在国潮消费中，90后、00后成为绝对主力，贡献了74%的国潮消费。“国潮”“国风”正在变成年轻人的时尚文化新宠，这也让品牌发现了文化IP的超高适配性，文化IP变成了一个灵活的符号被运用在各种场景里。而国潮元素的文化IP大多来源于博物馆。

《唐宫夜宴》舞让河南博物馆火爆全网，甘肃省博物馆的“马踏飞燕”一夜间丑萌出圈，三星堆考古盲盒引发挖宝热潮……

故宫博物院X时尚芭莎、敦煌博物馆X橘朵、中国剪纸博物馆X英雄联盟、苏州博物馆X周大福、三星堆博物馆X泡泡玛特、湖北省博物馆X王者荣耀、南京市博物总馆X十三余等“文博＋联名”文创；国家博物馆博的喜上眉梢咖啡及来自月球土壤的主题蛋糕、故宫博物院精致的宫廷古风下午茶、苏州博物馆的秘色瓷莲花碗曲奇饼干、广东省博物馆的“粤藏”覆盆子海盐芝士蛋糕、上海博物馆的大克鼎与商鞅方升雪糕等“文博＋美食”；以《我在故宫修文物》《如果国宝会说话》等为代表的“文博＋纪录片”；以《国家宝藏》《典籍里的中国》《上新了·故宫》等为代表的“文博＋综艺”；以《文物戏精大会》《博物馆说》等为代表的“文博＋短视频”等等。

这些涉及时尚圈、潮玩圈、文艺圈、电竞圈、娱乐圈、舞蹈圈、美妆圈、美食圈、手游圈、文具圈、珠宝圈、汉服圈等多种圈层的“文博＋”方式火爆出圈。而每个代际都有自己的社交圈和社交生态，对于95后和00后新生代而言，更加倾向于根据自身的兴趣和爱好构建新的人际关系，志趣相投成为彼此能否相谈甚欢的第一要素。“文博＋”方式的“破圈层社交”让各个圈层的群体有了共同话题，纷纷线上分享，互动交流，线下相约相聚，文博打卡，打破了圈层的社交壁垒，拓宽了交友范围。

四、结语

2020年，全球博物馆受到新冠疫情广泛影响，但是中国博物馆仍然策划推出了陈列展览2.9万余个，接待观众达5.4亿人次。数据的背后，反映出这样一种趋势：尽管疫情影响了人们的社会交往，但敞开大门的博物馆依然能够在人际关系的恢复与重塑中起到重要作用。如今疫情影响逐渐减弱，博物馆更要在消除社交隔阂问题上助力，思考如何进一步为人们在社交问题上带来更多的帮助。

参考文献：

[1] 社会主义文化强国建设扎实推进(中国这十年·系列主题新闻发布). http:// cpc.people.com.cn/ n1/ 2022/ 0819/ c64387-32506373.html.

[2] 博物馆圈粉年轻人，时髦玩法是.http://news.cnhubei.com/content/2022-05/18/content_14760148.html.

[3] “十三五”期间我国实现每25万人拥有一座博物馆的目标. https: // www.gov.cn/ xinwen/ 2021-07/ 25/ content_5627249.htm.

[4] 《2021全球时尚IP白皮书》发布：艺术家类IP联名受市场追捧，仅次设计师.https://www.163.com/dy/article/GSIJBEBS0534A4SC.html.

[5] 新华网联合得物APP发布《国潮年轻消费报告》：八成消费者为中国品牌实力撑腰，90后消费占比87%. https://www.xinhuanet.com/tech/20220616/25dcdd28f0884aba9bbf7b6e4756ea25/c.html.

[6] 2020年我国博物馆接待观众5.4亿人次. https://news.cctv.com/2021/05/19/ARTINayIbmhIJw7ITvGEv2fF210519.shtml.

红色文化视域下革命纪念馆可持续发展路径探析
——以八路军武汉办事处旧址纪念馆为例

王莹　八路军武汉办事处旧址纪念馆

摘　要：革命纪念馆作为特殊类型的博物馆，是传播红色文化的重要载体，也是存史、资政、育人、励志的大本营。随着时代发展和社会进步，国家和社会对革命纪念馆也提出了更高期待与要求，革命纪念馆如何主动回应时代与社会的关切，保持高质量发展，是一个值得探讨的重要课题。本文以八路军武汉办事处旧址纪念馆为例，从挖掘红色文化内涵深度、拓展红色文化融合广度、保持红色文化传播热度等三个方面诠释革命纪念馆如何构建"红色文化+"融合发展模式，引领革命纪念馆事业永葆蓬勃生命力。

关键词：红色文化；革命纪念馆；可持续

红色文化是中华民族精神谱系的重要内容，是社会主义先进文化的重要组成部分，传承好红色文化，有利于坚定理想信念，有利于增强民族凝聚力和文化自信心。革命纪念馆作为特殊类型的博物馆，是传播红色文化的重要载体，也是存史、资政、育人、励志的大本营。随着时代发展和社会进步，国家和社会对革命纪念馆也提出了更高期待与要求，革命纪念馆应充分挖掘自身资源禀赋，改变传统橱窗展览、单向讲解的表现形式，精粹红色文化中所蕴含的革命精神、民族精神、时代精神，构建"红色文化＋"融合发展模式，通过沉浸式演剧、廉政教育、非遗文化等赋能社教活动，助力党史学习教育、革命传统教育、爱国主义教育以及廉洁教育走深走心走实，引领革命纪念馆高质量可持续发展之路。

一、挖掘红色文化内涵深度，汲取革命纪念馆可持续发展后劲

革命纪念馆是为纪念近现代革命史上重大事件或杰出人物并依托于有关的革命遗址、纪念建筑而建立的纪念性博物馆，是有关的革命遗址、纪念建筑和文物资料的保护收藏机构、宣传教育机构和科学研究机构，是我国博物馆事业的重要组成部分。创建革命纪念馆的目的在于最大程度地保存、有效地宣传以及深入地研究红色文化。革命纪念馆应当加强理论研究，把握红色文化核心，精准挖掘出极具特色又形象化、真实化、丰富化的珍贵红色文化资源，并与时俱进，赋予红色文化新的内涵，让观众形成独有的红色记忆。

以八路军武汉办事处旧址纪念馆(以下简称"武汉八办纪念馆")为例。八路军武汉办事处成立于烽火连天的1937年，是第二次国共合作时期，中国共产党设在当时国统区的公开办事机构，同时也是中国共产党重要机关——中共中央长江局的秘密办公地，周恩来、董必武、叶剑英、博古等老一辈无产阶级革命家曾在这里战斗和生活过。从地理位置上看，纪念馆坐落于老汉口历史文化街区，毗

邻百年中山大道，因此它赓续了城市精神中的英雄血脉、继承了红色江岸永不褪去的底色、凝聚着长江之滨的气魄与光荣。从历史意义上看，纪念馆所展示的旧址和文物无不凝结着中国共产党的光荣历史，诠释着先辈们英勇无畏的革命精神，展现了抗战时期中国人民团结一心、英勇斗争的壮丽篇章。纪念馆多年来充分利用得天独厚的区位优势、资源优势，加大研究力度，提升社会认知度和影响力，树立其全面反映武汉抗战历史专题性纪念馆的权威性和重要性。同时纪念馆还积极与共建高校合作，开展研学讲座、博物馆沙龙等活动，并面向社会广泛征集文物，将文物背后真实感人的红色故事转化为党史研究成果拿出来展示，以各种形式讲述和传播，着力把纪念馆打造成党史文物资料集中展示的重要平台、讲述红色故事的大舞台、开展党史教育的主阵地。

二、拓展红色文化融合广度，注入革命纪念馆可持续发展活力

近年来，红色文化热潮涌起，尤其是年轻人对红色文化的喜爱和认同与日俱增，随着VR、AR、3D、5G等新兴技术日益成熟和短视频等媒介的广泛应用，革命纪念馆也成为年轻人的热门“打卡地”。一方面证明红色文化在当代依然具有超凡魅力，具备浸润人心、凝聚共情的力量，红色文化的艺术价值历经岁月洗礼依旧历久弥坚；另一方面也表明，新兴科学技术为红色文化创新表达提供了全新空间，打通了新的路径，进一步激活红色文化的时代审美与价值。革命纪念馆应顺应时代需求，创新方式方法，丰富教育载体，探索线上与线下联动并行的新路径，同时积极构建“红色文化+”的融合发展模式，促进红色阵地与三维化文物、数字化展览、沉浸式剧目同频共振，让红色文化与廉政文化、非遗文化交相辉映，致力打造一张独具特色、亮点纷呈的新名片，让红色文化“活”起来。

（一）红色文化+沉浸式剧目，重温峥嵘岁月

革命纪念馆应当尝试将展陈模式从静态、单一转变为动态、沉浸式，赋予红色故事新的“打开方式”，让观众在互动体验之后有所思、有所悟，最终对信仰、初心形成思考。

以今年武汉八办纪念馆内上演的沉浸式实景剧《“孩子剧团”带你回到1938》为例。该剧选用“孩子剧团”由上海转移到武汉的这段历史，通过现场讲述和实景表演的方式，还原了“孩子剧团”由上海转移到武汉，在“武汉保卫战”前后，来到八办所经历的故事。实景剧突破纪念馆红色历史教育中单一、线条性的参观模式，在革命旧址演绎革命故事，使观众零距离观看、参与演绎、感受历史。观众从踏入八路军武汉办事处大门的那一刻起，历史仿佛又回到1938年：一楼庭院内，观众根据剧情可与身穿军服的八路军战士和“孩子剧团”的成员激动握手；随着让孩子们上楼试新衣的呼唤，观众们便一起登上二楼董必武同志的住房兼办公室，在伟人曾经战斗和生活过的房间里聆听“一件毛背心”的故事；接着激昂的音乐声响起，观众们看向对面的平台，“孩子剧团”的成员开始上早课；突然，早课被一条消息打断：南京沦陷，日军步步紧逼武汉，需要“孩子剧团”投入抗战宣传之中，孩子们拿着传单，饱含斗志，一边喊着“支持抗战！保卫大武汉！”的口号，一边跑向观众，将传单塞进观众们的手中；随着剧情的发展，演员又将观众带上四楼机要科一起破译密电，得出密码

为“302”，而这就是下一幕剧情发生的房间号；在302号会议室，观众们观看了“孩子剧团”的欢迎会，孩子们用歌声述说自己的经历；警报声响起，大家紧急撤离，回到一楼，此时已是武汉沦陷的最后一夜，“我们只是暂时离开武汉，我们是一定要回来的，武汉终究要回到中国人民手中。”铿锵有力的演讲点燃了在场观众的情绪，在全场“保卫大武汉、保卫全中国”的口号中演出落下帷幕。该沉浸式实景剧将红色故事与话剧表演、互动式剧本杀等元素相融合，让游客融入剧情，身临其境，既能重温历史，与英勇无畏的革命前辈来一次穿越时空的心灵对话，又能更清晰地触摸历史的脉动，从红色地标中深入感知英雄城市的红色印记，与红色文化彰显的爱国精神产生深度共情共鸣。

（二）红色文化＋非遗文化 促进互助共融

党的十九届六中全会通过了《中共中央关于党的百年奋斗重大成就和历史经验的决议》，深刻总结了党的十八大以来我们党推进文化建设的战略部署和重大成就，强调“推动中华优秀传统文化创造性转化、创新性发展”。红色文化和非物质文化遗产都是我国优秀文化的重要表现形式，革命纪念馆应积极探索红色文化传播与非遗传承互助融合的发展模式，用非遗作品诠释红色精神，用非遗技艺传承革命精神，用非遗魅力弘扬红色文化。

武汉八办纪念馆近年来多次探索将红色题材、红色故事、红色标志等融入非遗文化，以非遗为载体，传递红色精神，取得良好的社会效应。早在2019年，纪念馆就结合当年国际博物馆日主题“作为文化中枢的博物馆：传统的未来”，在博物馆日当天邀请红色历史学家张道旺和有“面人高”之称的民间面塑艺术家高志和老师作为嘉宾，为观众讲述抗战时期的民族“守护者”以及和平年代传统文化“守护者”的故事，首次尝试让红色文化与非遗文化融合碰撞、相得益彰。2020年10月，纪念馆再次携手高志和老师共同走进新洲三店街石河村开展“红色展览暖人心 巧手创意传精神”进农村活动，不仅将红色展览“红镜头——外国记者相机里的红色中国”送到远城区新农村村民的家门口，还让非遗传承人现场为村民展示面塑艺术，一个个栩栩如生的八路军战士、抗战英烈被一一呈现，现场村民还被邀请上台亲自体验中华传统文化的魅力。该活动成功开创了“红色非遗＋文化扶贫”的新路径。2021年，纪念馆邀请非遗剪纸传承人，用剪纸形式创作出“传承红色文化 讲好革命故事——全民抗战剪纸作品展”，从东北抗战讲起到抗战胜利，以非遗剪纸“故事汇”这种鲜活的形式“让历史说话，用史实发言”，向人们讲述那段中国人民坚强不屈、英勇抗敌的英雄史，让广大观众学史明志，弘扬抗战精神，赓续红色血脉。为了配合该展览，开幕当天纪念馆还邀请湖北省省级非物质文化遗产项目“武汉剪纸”市级传承人毛明月、江先孝、沈松柏与观众开展剪纸互动活动，并在展览对外展出期间举办了“非遗剪纸再现抗战情景，同心共筑中国共产党百年华诞”“雕刻红色记忆，重温光辉历史”“玉剪纸上游 国魂心中留——‘九一八’事变纪念日名家剪纸活动”“妙剪生花迎新春，红色剪纸赞英雄——庆元旦红色主题教育活动”等多次相关非遗社教活动，该展览入围第三届全国革命文物保护利用十佳案例宣传推介活动终评，并在湖北省博物馆协会公布的第六届湖北省博物馆、纪念馆六大陈列展览精品推介活动中荣获优胜奖。

（三）红色文化＋廉政教育，唤醒初心使命

革命纪念馆作为党员干部开展革命传统教育、爱国主义教育和党性教育矩阵，不仅是一个廉洁坐标，更是一方追寻初心使命的阵地，应深入挖掘红色文化资源中蕴含的廉洁元素，因地制宜推动红廉融合，通过革命文物、特色展览、社教活动三位一体打造党员干部红色家园精神高地，用红色文化淬炼党员干部公而忘私、甘于奉献的高尚品格，把党员干部吸引进来，把优良作风传扬出去，让党员干部萌发清廉动力。

武汉八办纪念馆于2019年被中共江岸区纪委授予“江岸区廉政教育基地”的称号，并始终坚持利用红色阵地开展廉政教育。2022年中秋节，纪念馆举办了“‘喜迎二十大，汉墨颂清风’——文化扇面书法笔会”活动，联合湖北省书法家协会的书画家们以廉政家风为题，现场挥毫泼墨。该活动不仅以“红”育“廉”，教育党员干部坚守初心，还将廉洁教育与中华传统文化相结合，营造明月清风的节日氛围。此外，今年武汉八办纪念馆还联合中国人民抗日战争纪念馆主办了“光辉典范——抗战时期中国共产党党风廉政建设”，通过近200张珍贵的历史图片、文物图片以及文史资料的形式，再现了抗战时期共产党员严于律己、率先垂范、勤俭奉公的感人事迹。在展览开展当天，纪念馆还联合江岸区纪委监委、江岸区委宣传部共同举办廉政红色故事汇活动，由纪念馆讲解员和武汉二中、二中广雅中学的学生志愿者共同分享抗战时期中国共产党领导人的廉政故事，通过红色故事与廉洁故事深入融合的形式增强广大党员干部廉洁自律意识，营造风清气正的良好氛围。

三、保持红色文化传播热度，增强革命纪念馆可持续发展动力

随着数字技术的不断迭代以及智媒时代的到来，革命纪念馆运用数字化手段讲好红色故事、传播红色文化、保持新闻热度，不再是“选择题”而是“必答题”。

（一）数字化赋能

革命纪念馆必须勇于创新，提升多媒体技术、虚拟现实技术等在红色文化传承传播中的应用广度，全面建立红色文化的数字孪生场景，为红色文化在数字化时代的传承传播奠定坚实基础。

例如2021年七一前夕，武汉八办纪念馆以文化与科技融合发展的方式推出“保卫大武汉——馆藏文物展”云展览。该展览完全脱离线下实体展览对于面积和建筑结构的桎梏，采用3Dmax进行空间场景、造型展墙和数字展项建模技术，呈现出一座救亡图存，薪火相传的英雄之城，通过1：1比例3D建模的形式将135件馆藏文物展示在虚拟展厅内，支持无缝漫、全视角观看等功能，实现了对文物多角度高清展示，让观众足不出户就能与文物“亲密接触”。不仅如此下，观众还可以在手机上点击藏品放大观赏，获取文物详细信息以及背后的故事，尤其是周恩来邓颖超在武汉抗战时期用过的毛毯、董必武在武汉抗战时期使用过的公文包等珍贵文物，在线下展览中这些文物会存在很多现场无法呈现的细节，而在此次云展览中都能实现全方位、近距离展示，再加上语音导览，让观众的体验更加真切和深刻。此外，该展览还设置评论、点赞、答题、游戏等多个功能，以其新颖的形式、独特的视角吸引了大量观众（尤其是青少年观众）的参与，上线至今

访问量已超100万次，点赞量超12万次，让青少年观众在互动的过程中加深对爱国主义精神的进一步认识。

（二）新媒体运营

革命纪念馆还要善于利用媒体资源，尤其是合理运用新媒体传播方式，使传统媒体和新媒体互相融合，顺应互联网传播移动化、社交化、视频化的趋势，达到最好的宣传水准，取得最佳的传播效果，保持红色文化在新媒体平台的传播热度，以符合当代文化传播潮流的形式来促进广大青少年网民接受、理解和认同红色文化在当代的重要意义。

近年来武汉八办纪念馆通过更新官方网站、发送官方微博、开通微信公众号、开设抖音、斗鱼直播平台等灵活的线上线下互动方式，组织开展了“初心点亮童心，传承红色基因”云课堂、“历史已远，记忆犹存”红色故事云宣讲、“忆国殇城殇 塑民族脊梁”直播云课堂等线上活动十余场；开展了“深学细悟笃行 凝聚奋进力量”系列直播讲座、“为《可爱的中国》唱一曲《英雄赞歌》”音乐直播课堂等活动数十场，累计被各大主流媒体报道近百次，准确把握了青年人的接受兴趣和关注特点，将红色文化以富有内涵且饶有趣味的形式推广传播。

（三）信息化交流

随着社会的进步和发展，各种文化的发展和交流将更加迅猛，革命纪念馆还应主动参与到这种文化和文物信息交流之中，加强与兄弟省份和地方博物馆的联系，将宣传工作同馆际交流相结合，形成“资源合力”。

近年来武汉八办纪念馆与全国多家革命纪念馆进行了沟通交流，并多次联合办展，既向全国各地宣传了“武汉抗战”历史，也使本地民众了解到不同地域的革命历史。如2016年纪念馆原创展览“风雨兼程党旗红——纪念中国共产党成立95周年”图片展被江苏省连云港革命博物馆引进；2018年纪念馆原创展览“追寻历史足迹 坚定文化自信——这些年习近平总书记走过的博物馆和纪念馆”图片展分别被西安八办、深圳老战士纪念馆引进；2021年纪念馆原创展览“画为刀——抗战漫画回眸展”被茅山新四军纪念馆引进；纪念馆原创展览“铁骨柔情铸忠魂——抗战家书展”被新疆博州博物馆引进；2023年纪念馆原创展览“传承红色文化 讲好革命故事——全民抗战剪纸作品展”被山西省武乡县文物保护和旅游发展中心引进。这些展览交流活动既是一个交流学习平台，又是一个宣传平台，拓展了红色文化社会教育的辐射面。

四、结语

总而言之，革命纪念馆唯有融入新时代社会发展大局，以研究为核心、以社教为先导、以科技为支撑，让观众从参观历史到“触摸”历史、感知历史，发挥出红色文化最大的优势和作用，才能实现高质量、可持续发展，助力中华民族伟大复兴中国梦的实现。

参考文献：

[1] 黄雪丹.浅谈革命纪念馆在红色文化建设中的作用[J].文艺生活·文海艺苑，2016(7):261.

[2] 黄杰.革命纪念馆高质量可持续发展研究——以彭真生平暨中共太原支部旧址纪念馆为例[J].文物鉴定与鉴赏，2022(20):60-63.

践行博物馆可持续发展的路径
——以长江文明馆(武汉自然博物馆)为例

张丽敏　长江文明馆(武汉自然博物馆)

摘　要：可持续发展自1980年被提出后，成为全球普遍认可与推广的科学发展理念与模式。近年来国际博物馆协会也将可持续发展和应对气候变化作为首要任务，重视博物馆在构建可持续未来中发挥的作用。博物馆如何推动自身发展，助力社会可持续发展与构建美好生活，是我们当前应该思考与努力的方向，本文以长江文明馆(武汉自然博物馆)为例，从陈列展览、运营模式、藏品保护与研究三方面探讨博物馆自身与社会可持续发展的路径。

关键词：博物馆；可持续发展；路径

作为研究、收藏、保护、阐释和展示物质与非物质遗产并为社会服务的非营利性常设机构，博物馆是“文化惠民”的重要舞台。近20年来，中国博物馆事业发展极其迅速，全国各地新建、扩建的各类博物馆，大大地满足了大众对文化、娱乐与旅游的需求，同时在“定义可持续发展的内涵和推动可持续发展实践方面发挥着越来越重要的作用”。为了践行博物馆可持续发展，构建美好生活与可持续发展的社会，我馆举办内容多样的展览，创新运营模式，提升藏品保护与研究能力。

一、提升博物馆展览内容

当前全国博物馆有6000多座，而我馆是首座以河流为主题的博物馆，它填补了中国博物馆的空白，同时也满足了观众对神秘的河流文明的好奇之心，自2015年开馆以来，吸引了众多的国内外学者和观众。近年来我们一直努力提升常设展览，举办各类临时展览，以满足观众文化休闲的需要，保持博物馆持续发展的良好势头，助力社会可持续发展。

(一)新建、提升基本陈列为博物馆注入新的血液

博物馆的常设陈列是博物馆性质的整体体现，也是博物馆对公众开放的基础。长江文明馆的基本陈列以“长江之歌，文明之旅”为主题，全方位、立体地展现了长江流域的自然生态环境和悠久璀璨的长江文明。为了丰富展览内容，满足观众日益增长的文化娱乐需求，我们努力筹建新馆，不断更新基本陈列展览。

为了满足观众日益增长的文化休闲需求，也为了促进博物馆自身发展，我们筹建了一座新馆——贝林大河生命馆。自2016年开始，我们陆续争取到了美国慈善家肯尼斯·尤金·贝林先生1400余件动物标本捐赠，这些动物来自世界不同的大河流域，我们以这些标本为基础，加之征集了一些动植物标本与化石

标本,筹建了这座新馆。“它以长江对话世界大河为布展理念,围绕大河(不包括长江)、生物、人类的重点内容,充分利用近3000件古生物、动植物标本和现代多种展陈手段,展示大河相关的地学背景与河流自身的生命史,世界十条代表性大河的生物多样性、联系性与差异性,以及生态系统演替与生命演化的自然规律。”展览内容极其丰富,不仅为参观者带来了一场视觉盛宴,文化大餐,还着眼于教育观众爱护我们脆弱的生态环境,保护动植物,守护大地的血脉、文明的起源——河流。这正是在向大众推广可持续发展的内涵。

除了大举筹建新馆,我们还升级改造了基本陈列展览。2018年我们把长江文明馆自然展厅介绍长江渔业文化的第八单元由“大江之渔 渔歌嘹亮”升级改造为“生命长江 生生不息”,从名称的变化不难看出,我们升华了展览的主题,从关注长江的渔业文化,升级为关注长江本身与其中生灵的长期生存问题,这体现的正是对生态环境可持续发展的关注。2021年1月开始,全面实施长江、汉江干流武汉段禁捕工作,我们紧跟政策变化,积极联系武汉市江夏区梁子湖的禁渔工作人员,免费征集到20余件收缴的渔船、渔网、地笼、鱼竿等捕鱼用具,并选取部分在该单元进行开放式展示。通过这些实物展示,观众可以近距离了解长江禁渔工作的开展情况,认识到保护长江水生环境的紧迫性,理解河流的可持续性发展对水生生物与人类生存环境的重要性。我们征集收藏的这些捕鱼用具不仅在当前对观众具有教育意义,而且在若干年后会成为“长江禁渔”的历史见证物,这也是在响应1996年国际博物馆日“收集今天,为了明天”的主题,为未来留下财富,体现“既满足当代人的需求,又不对后代人满足其自身需求的能力构成危害的发展”的可持续发展理念。

筹建新馆、提升基本陈列展览能使展览内容更丰富、更科学,会吸引更多观众走进博物馆,从而保持博物馆活力,使其能持续发挥社会教育功能。这些内容丰富的展览可以唤起观众关注大河、热爱大河和保护大河的意识。重视河流文明,就是在关注我们社会、人类的可持续性发展。

(二)举办临时展览为博物馆带来新的活力

除了对基本陈列进行扩建与升级,我馆通过自主创新展览、积极引进展览、合作办展等方式举办了主题多样的临时展览,为博物馆带来了新的活力。

长江文明馆展示内容面很广,为了深入展示长江文明相关的内容,自开馆以来我们围绕基本陈列与收藏的文物举办了丰富多样的临展。2019年对外开放的“长江印记——庆祝中华人民共和国成立70周年实物展”,我们精选100余件/套带有“长江”印记的实物展品,以新中国成立70年为时间线,通过不同年代场景再现的展陈方式,展现长江流域城市发展的轨迹、民众日常生活。这些带有“长江”印记的物件在这里还原了时代变迁中不同年代寻常人家的生活场景,激发了不同的时代回忆以及代入感。2021年,我们举办了“‘衣’彩纷呈!长江流域民族服饰展”,2022年我们举办了“‘南方有嘉木’长江流茶文化展”,这些展览是基本陈列的外延和深入。为了减少征集费用,我们向中南民族大学博物馆、湖北省博物馆、武汉长庭陶瓷博物馆等单位借展了大批少数民族服饰、茶具茶器等展品,观众可以深入感受长江流域的服饰、茶文化特点。这些展览为博物馆带来了新的活力,促进了博物馆可持续发展。

引入的展览基本与时事或与当下人们关注的热点相关。2018年我馆引进了“发明的精神·哈格里博物馆与图书馆藏19世纪美国专利模型展”,展出的专利模型的发明创造绝大部分来自普通百姓,而非专业人士或者科学家,这也为引导全社会提高创新意识,加强专利保护意识,推动中国建设创新型国家提供了一个借鉴。同时,展览的主题也是向大众推广2014年李克强总理在夏季达沃斯论坛上提出的“大众创业,万众创新”观点,创新意识是推动经济可持续发展的永久动力。2019年引入伦敦动物学会“One Less”项目的减塑环保理念,并与英国驻武汉总领事馆共同举办“不‘塑’之约环保公益艺术展”,展示的作品都以次性塑料等废弃品为主要原料,围绕河流、海洋和动物与环境、人类、塑料的关系展开,让公众意识到次性塑料制品对环境的危害,呼吁大家从身边的小事做起,减少次性塑料制品的使用,保护我们的地球环境,为生态环境可持续发展做我们力所能及的事。博物馆引入的这些精品展览,一方面进一步发挥了博物馆的文化教育功能,另一方面助力了社会、经济、生态等的可持续发展,这与国际博协致力于可持续发展的宗旨也不谋而合。

举办“走出去”的临展。2017年我馆与湖北野生动植物保护协会共同承办了环球自然日湖北赛区的活动,挑选了10组本次活动中的优秀作品,在中小学进行巡展,激发了更多青少年探索自然科学知识。2020年新冠肺炎疫情暴发后,为了让习惯居家的社区居民就近看展览,我们将“第二届武汉自然博物馆科普绘画展”精美的照片、详尽的展板直接送到一个大体量社区,丰富了社区人们的休闲、娱乐活动。此外为了让更多的人在疫情不稳定的阶段能足不出户就看展览,我们举办了线上展览,让大家在家就可以看展览,丰富了大家的居家生活,真正做到了“文化便民”,同时也响应了国家关于博物馆走进学校、社区的相关号召。

博物馆展览是博物馆的生命力,以为观众和为社会服务的初心来办展览,才能吸引络绎不绝的观众,才能体现作为公益性文化机构最基本的社会功能,才能实现自身可持续发展,促进社会可持续发展。

二、创新博物馆运营模式

我馆实行理事会领导下的馆长、总经理负责制。用我们吴馆长的话说:“长江文明馆是一个没有行政级别,没有事业编制,没有固定财政拨款的事业性质的博物馆。运行经费以政府购买服务的方式予以补贴,这种拨款方式有利于调动博物馆积极性,完成多少服务项目,就能享受多少政府购买服务。”在这一时期,我们的运营成本由政府在兜底,举办的展览与教育活动非常丰富多样,还荣获了多项国家、省、市的荣誉。随着国企的合并重组,我们并入武汉市城建集团,经营成本由企业自行承担,这无疑给博物馆的运营带来了巨大的挑战。作为一个免费开放的国家一级博物馆,博物馆的日常维护、宣传教育等活动需要大量经费,要想长期良好的运营下去,我们在“节流”的同时也在思考如何“开源”。

“节流”的方式是在平衡博物馆运营支出与陈列展览、藏品管理和教育推广等之间的关系。展览陈列方面,我们降低非必要的声光电耗能,对基本陈列和临时展览进行适度设计,且使用环保材料，安装通用性和可重复性的设备等，征集展品的同时向兄弟单位借藏品、向社会寻求无偿捐赠，努力达到展览效果的同时降低办展的资金投入；藏品管理方面，在保证藏品存储环境安全的同时，减少光电使用；教育推广方面，我们办好对外免费展览的同时，将重心放在为中小学生打造博物馆研学教育精品，辅以博物馆公众号、微博的推广，为博物馆吸引持久的观众。

2015 年出台的《博物馆条例》明确提到“国家鼓励设立公益性基金为博物馆提供经费，鼓励博物馆多渠道筹措资金促进自身发展”，这也为包括我馆在内的很多博物馆指明了持续发展的道路，那就是努力“开源”。我们在遵守法律法规的基础上，对博物馆内容进行再开发，深入发掘博物馆藏品和展览背后的价值，以此为基础开发各种河流文化、自然生态等类型的经营性教育活动，打造营利娱乐教育项目——4D电影院，将博物馆IP转化为商业产品，实现博物馆的经济价值。这些经营性活动既可以为博物馆吸引大量的观众，同时也可以获取一定的收益，收益又用于博物馆运营和教育活动，这种良性循环，为博物馆可持续发展带来了活力和经济基础。

三、加强博物馆藏品保护与研究

博物馆的藏品是博物馆的灵魂，是博物馆研究、教育的支撑，是博物馆可持续发展的基石。办馆之初我们馆的藏品来源主要是国家拨款征集购买、调拨、借展以及捐赠。近年来，由于基本陈列内容稳定加上资金有限，我们在征集藏品之外，将更多重心放在藏品保护与研究上。

长江文明馆自然厅与贝林大河生命馆展示有几千件动植物标本，它们相比无机质的青铜器、瓷器、陶器等文物，对存放环境要求高，极易因为温湿度不适宜导致虫害，一旦遭受虫害将很难修复。因此我们每天会巡查库房与展厅中的藏品状况，每年会在春秋两季闭馆施行熏蒸，保证展厅与标本库房内的动植物标本安全，同时为了节省成本，我们也会将文物库房中易生虫的书画与织物等藏品放入标本库房进行熏蒸。目前，我们正在向政府积极申请筹建智慧博物馆经费，其中就包含库房改造与新建藏品管理系统的费用，相信在不久的将来，我们的藏品将会被更加科学地管理，藏品存储环境将会有质的提升。

藏品研究是对藏品更深层次的保护，研究藏品背后的文化、历史渊源对博物馆对外宣传教育也极为有利。作为较新的博物馆，为了提升对藏品的研究能力，我们重视工作人员的专业素质培养，每年参加博物馆文物、展览、策划等各类培训。鼓励研究、保管人员深入学习文物、动植物、化石等专业知识并发表学术论文。由于我馆的研究型人才以动植物专业为主，他们研究动植物能力强，但是苦于新馆建立之初馆内的研究设备有限，因此他们主动与长江水利委员会长江科学院、长江技术经济学会等研究设备与资源丰富的单位合作，一起进行园博园内底栖生物采集与鉴定，并参与加入长江科学院2022年江源综合科学考察团，前往长江源采集动植物标本，研究长江源动植物特点。相比自然科学，长江文明馆的文物考古方面的人才要相对薄弱，且缺乏文物检测、修复等设备，我们在做文物藏品研究项目时，选择的是馆校合作与馆馆合作的方式，借助武汉大学与四川大学考古系优质的师生队伍与省博文保中心的专业设备对重点青铜器进行研究、检测、修复。我们在加强藏品自主保护和研究能力的同时，增加与馆外各单位与博物馆的合作，力求提高博物馆藏品保护与研究水平，提高公众对自然遗产与文化遗产价值的认识，为博物馆自身可持续发展奠定基础。

四、结语

博物馆作为公共文化服务体系的重要组成部分，为广大社会群体提供服务。身处快速变革的时代，博物馆也面临着许多的挑战，为了应对这些挑战，我们践行“可持续发展”理念，通过不断提升展览内容，举办各种临展，创新运营模式，加强藏品保护与研究能力，努力使博物馆建设发展与武汉市城市发展战略相结合，让长江文明馆(武汉自然博物馆)成为展示河流文明与自然生态的文化标杆，为构建可持续未来助力。

参考文献：

[1] 汉斯·马丁·欣茨.博物馆在未来的定位与功能[J].中国国家博物馆馆刊，2012(8):24-25.

[2] 刘曙光.关于2021年国际博物馆日“恢复与重塑”主题的外部解读——兼谈博物馆践行可持续发展理念的国际趋势和中国方向[J].故宫博物院院刊，2021(6):4-10.

[3] 周慎，吕晨欣.可持续发展的博物馆:内涵、实践及建设路径[J].中国博物馆，2022(4):57-62.

[4] 李飞.社会的可持续发展理论与博物馆的可持续发展实践——基于新博物馆学若干观点的思考[J].科学教育与博物馆，2015(5):383-387.

我国智慧博物馆应用实践和建设路径研究

杨蕊荥　盘龙城遗址博物院

摘　要：近年来，随着数字技术的不断发展和普及，智慧博物馆建设已成为博物馆发展的重要方向之一。智慧博物馆通过数字化技术手段，提升了博物馆的展示和传播能力，同时也对文物保护产生了深刻的影响。本文旨在深入研究智慧博物馆的内涵特征和建设的必然性，从智慧保护、智慧管理、智慧服务三个角度分析我国智慧博物馆的相关实践，并探索智慧博物馆的建设路径，以期为博物馆的智慧化建设提供有益的建议。

关键词：智慧博物馆；博物馆；建设；实践

博物馆是人们了解历史、文化、科技等知识的重要窗口。然而随着社会的不断发展和科技的不断进步，传统型博物馆已经不能完全满足人们的需求，智慧博物馆由此应运而生。利用云计算、物联网、大数据等新兴技术，智慧博物馆充分发掘了博物馆文化遗产的科研价值和社会教育意义，提升了观众的参与感，带动博物馆事业走向更高质量的发展。

一、智慧博物馆的内涵特征

"智慧" 一词的含义是指高等生物以神经系统为基础，具有洞察世界、通晓真理、辨别是非等系列行为的一种高级综合能力。进入21 世纪，不断发展的电子计算机互联网技术让 "智慧" 这一词语被赋予了新的研究含义，"智慧型博物馆" 的定义应运而生，指的是借助VR技术、云计算、物联网、大数据、人工智能等新技术建立智能化数字化的博物馆。

智慧博物馆以此为基础，以感知全面、网络互通互联、智能融合、管理协同高效、服务便捷精细等为特征，发展博物馆新形态。2016年，国务院印发的《关于进一步加强文物工作的指导意见》提出要 "实施智慧博物馆项目"，标志着智慧博物馆建设正式成为国家顶层战略。

二、智慧博物馆建设是博物馆发展的必然趋势

智慧博物馆通过互联网和移动终端等方式，以全新的形式展示博物馆文物。不仅可以提升观众的参观体验，而且可以拓展博物馆馆藏文物的文化影响力，推动中华优秀传统文化传承。因此，智慧博物馆建设不仅是满足群众精神层面的时代需求，也是顺应国家重大战略布局的必然选择，更是保护历史文物与发挥文物价值的内在要求。

（一）智慧博物馆建设是满足群众精神层面的时代需求

当前社会，博物馆不仅是游客旅游观光的地方，也是人们日常休暇和接受教育的主要场所。随着物质生活水平的提高，我国人民对文化的需求提升至一个全新的层次。我国国有

博物馆于2008年开始向社会实行免费开放政策，鼓励更多公众走进博物馆，这一措施取得了良好的社会效益。随着越来越多的博物馆免费向公众敞开大门，前来参观的游客数量呈明显上升趋势，接待人数从2010年的4.09亿人次猛增至2019年的12.27亿人次，仅2019年我国博物馆举办的教育活动就有33.46万场，举办的展览高达2.86万个，由此可见，"博物馆热"成为我国文化新时尚。然而，人民群众日益增长的文化需要与博物馆文化服务能力之间的矛盾日渐突出，因此，为了提高博物馆的运营效率和管理水平，必须运用先进的科技手段来优化工作流程和提高工作质量。文物藏品研究和保护方面为确保文物不受到任何形式的损伤，智慧手段同样必不可少。服务方面，运用智慧分析系统可以实时监测人流量，优化展厅导览路径，科学控制各时段的参观人数，确保参观效果最大化，满足群众对精神文化的追求。

（二）智慧博物馆建设是顺应国家重大战略布局的必然选择

智慧博物馆作为一项具体实践，致力于将文物保护与现代科技深度融合，以现代科技发展为推动力，保护和传承优秀传统文化。为此，中共中央和国务院有关部门印发了诸多指导文件，为博物馆智慧化建设保驾护航。2018年，中共中央办公厅、国务院办公厅公布了《关于加强文物保护利用改革的若干意见》，强调要大力发展智慧博物馆，打造博物馆网络矩阵。2021年，中宣部等多部门联发的《关于推进博物馆改革发展的指导意见》，明确提出"大力发展智慧博物馆，以业务需求为核心、以现代科学技术为支撑，逐步实现智慧服务、智慧保护、智慧管理"。2022年，中共中央办公厅、国务院办公厅印发的《关于推进实施国家文化数字化战略的意见》提出，到"十四五"时期末，基本建成文化数字化基础设施和服务平台，形成线上线下融合互动、立体覆盖的文化服务供给体系。党的二十大报告中强调要实施国家文化数字化战略，加大文物和文化遗产保护力度。因此，顺应国家重大战略布局，积极利用现代化信息技术手段，对于促进中华优秀传统文化传承和保护有着十分重要的意义。而智慧博物馆建设便是其重要手段之一。

（三）智慧博物馆建设是保护历史文物与发挥文物价值的内在要求

文物作为一种文化载体，承载着一个国家和民族的历史与记忆，在人类文明进程中扮演着重要角色。然而，在人类历史发展过程中，由于经济社会发展水平、科学技术水平、社会制度等诸多因素的影响，我们不可避免地要面对文化遗产与文物所面临的各种威胁。在这种情况下，我们应当采取何种措施来保护历史文物？对此，笔者认为，保护历史文物最有效的途径之一就是利用现代信息技术，将智慧博物馆建设与文物保护相结合。通过对文物的信息数据进行科学采集、分析和处理，一方面可以实现对文物资源的有效保护；另一方面也可以实现对文物资源的合理利用。只有充分发挥文化遗产本身蕴含的价值，才能最大限度地发挥其社会价值。

三、我国智慧博物馆的应用与实践

如何让收藏在博物馆里的文物"活"起来，我国博物馆在智慧保护、智慧管理、智慧服务三个方面有诸多应用与实践。

（一）智慧保护

文物藏品保护智慧化建设，是博物馆文物保护工作中的一项重要任务。如今的藏品保护理念已经不再是简单的被动性抢救修复，而是以主动性预防保护为主，文物工作者对文物的保护管理意识和重视程度都有显著提升，文物保存环境有了普遍改善，主要体现在文物保存环境监测与调控系统和文物藏品数字化保护。

一方面是基于文物保护的藏品环境监测与调控系统的建立。主要针对藏品进行早期干预性保护，对珍贵文物开展预防性保护，及时了解文物现状，发现问题及时解决处理。中国国家博物馆、上海博物馆、南京博物院等多家博物馆都建立了文物保护环境监测系统或平台，可以对展厅温湿度、光照度、有害气体等易引发文物劣化的相关因素进行监测数据分析和评估，根据监测结果对环境进行实时调控，发现异常及时预警。

另一方面是文物藏品数字化平台的建立。通过建立信息化平台对文物资料进行高效管理和共享，提高文物管理效率和水平。敦煌研究院早在20世纪80年代就开始探索运用先进数字扫描技术对敦煌石窟艺术进行记录、储存。经过三十多年坚持不懈的探索创新，敦煌研究院建设了“数字敦煌”项目，对洞窟壁画进行高保真数字采集和图像处理工作，打造沉浸式全景虚拟漫游节目，对石窟彩塑进行三维重建，实现了文物资源的永久留存，让文物在数字化中得以“永生”。

（二）智慧管理

管理工作是博物馆发展的基础，博物馆运营管理不仅保障了各项业务工作和行政工作的有效实施，也是博物馆高质量发展的关键。通过智慧化建设，博物馆不仅可以实现日常工作信息化管理，还能有机协调文物资源的管理、展览策划、社会教育等核心业务，提高管理服务水平，从而使工作流程更加规范，工作效率更加高效。国内开展博物馆智慧化建设最为常见的就是开发智慧管理平台，各类博物馆根据自身的不同定位和功能设计不同的模块，比如办公自动化系统、展览项目、虚拟布展、文物修复、社教活动、志愿者管理、文创管理、全媒体数字资源、档案管理、运行数据分析等。智慧管理旨在对博物馆业务进行模块化和标准化的管理，将日常业务工作进行拆分，寻找共性并加以组合，通过不同的技术模块设计，解决原有博物馆管理过程中遇到的问题。比如，广东省博物馆针对博物馆工作人员，将原有的藏品管理、资源管理、项目管理及审批管理进行打通，创建了一个数据互联共享，授权、管理、审批一体化的智慧博物馆平台。这是一个从底层基础数据和设备设施到顶层的管理模式的重构，为全馆业务人员提供了一个最大限度共享和获取业务数据的平台，也为日后粤博在文物活化利用、业务创新以及展览活动爆发增长等方面提供平台和数据支撑。

（三）智慧服务

为社会服务是博物馆的宗旨，智慧服务更加注重“以人为本”，将新技术应用在数字展示、体感交互、多媒体导览等方面，为现场观众提供身临其境的高质量参观体验。对于非现场观众，博物馆采用3D、VR、5G等数字技术打破博物馆时间和空间的局限，让观众足不出户便可“云观展”“云游馆”。另外，通过建立文物知识图谱与知识平台，汇聚形成多源异构文物大数据，有效发挥博物馆的教育功能，打造“人-物-数据”三者交互分享的高质量博物馆，让文物重新焕发生命力。这一领域的案例不计其数，如故宫博物院的“漫步御花园VR交互体验项目”利用数字交互装置，应用三维引擎实时渲染光影，参观者可以与花园互动，动手搭木构、画彩画；湖南博物院的“高山流水遇知音项目”将音乐文物实物和多种互动数字展示技术相结合，构建了一个音乐文物知识图频和技术平台，实现完全沉浸式的参观体验。除此之外，智慧服务还能为老年人、残障人士等弱势群体提供乐享博物馆的机会，助力文化平权。总而言之，通过多维度的交流互动，让公众感受到博物馆智慧服务带来的温暖，推动实现博物馆构建公共文化服务体系、服务人民美好生活的总体目标。

四、智慧博物馆的建设路径

智慧博物馆的建设是一项十分复杂而庞大的系统工程，现有的管理机制、人力资源和技术标准都难以适应智慧博物馆建设的要求，需要博物馆加强顶层设计，培养跨领域、跨学科专业人才，利用线上线下有机融合的博物馆传播方式满足不同观众的需求，根据自身定位和实际情况开展特色鲜明的智慧化建设，才能促进和保障我国智慧博物馆有序、健康、可持续发展。

（一）加强智慧博物馆的顶层设计

顶层设计是智慧博物馆建设的依据和支撑。在智慧博物馆建设和运营的过程中，结合博物馆的特点和资源，进行全局性的规划，确定数字化、网络化和互动化的技术手段，设计整合数字化文物标准、数字展览规范、智能导览服务标准等，建立完善高效的组织机制，充分认识智慧保护、智慧管理、智慧服务三者之间的多元协同关系，消除信息孤岛，实现数据实时共享，提高博物馆智慧化建设的质量和效率。

（二）加强人才队伍建设

智慧博物馆面对多元化的需求，需要更多领域、更多学科和更多技术的参与支持，这对博物馆的人才队伍建设提出了新的挑战。然而，我国博物馆专业人才缺口较大，与我国蓬勃发展的博物馆事业不相协调。因此，博物馆可采取培养适应智慧博物馆建设发展需要的人才来加强队伍建设，通过培养拥有互联网思维、善于发现最前沿的技术的文博专业人才，寻找跨领域、跨学科的创新合作团队等方式，解决智慧博物馆人才短缺的问题，推进我国智慧博物馆建设快速有序发展。

（三）构建线上线下相结合的博物馆传播体系

一些观众可能因为时间或者地点等原因无法亲临博物馆，因此，可通过提高藏品策展和展示利用水平，加强与融媒体、数字文化企业的合作，大力发展博物馆“云”展览、“云”教育等配套服务，依托互联网技术，发挥馆藏资源优势，开发各类数字及实体文创产品，推进博物馆智慧服务、智慧保护、智慧管理协调发展，利用线上线下有机融合的博物馆传播方式满足不同观众的需求。

（四）明确自身定位

我国的智慧博物馆建设大多还处于起步阶段，特别是中小型博物馆因为地理位置、经济条件等因素，资金和人力都不够充足，与一些起步较早、发展较快的大型博物馆相比，距离实现智慧博物馆的功能还相距甚远。因此，每个馆需认清自身条件，明确自身定位和特点，根据不同情况开展特色鲜明的智慧化建设，不盲目追求新技术新趋势，而更多地考虑将已有成熟技术进行综合运用，建立起藏品和现实社会之间的联系，从而建设成符合本馆实际的智慧博物馆。

五、结语

智慧博物馆建设，顺应了时代发展的需要，把科技、文化、教育等多元文化融合在一起，不仅提升了博物馆的管理水平和服务质量，而且促进了中华优秀传统文化的对外传播，增强了博物馆的文化内涵，为博物馆事业注入了新的活力。博物馆人要提升管理水平，改进资源配置，提升展览策划水平，丰富展示内容，拓展博物馆的参观模式，促进科技和文化的有机结合，为我国实现文化强国的目标贡献出更大的力量。

参考文献：

[1] 谢绍军.智慧博物馆的探索与研究[J].中国民族博览，2022，09(18):190-193.

[2] 戴畋，李华飙.智慧博物馆新模式探索与案例分析[C].北京数字科普协会.北京数字博物馆研讨会论文集北京，2019:218-223.

[3] 国务院办公厅关于进一步加强文物安全工作的实施意见[J].中华人民共和国国务院公报.2017(28):21-23.

[4] 谢卫星.浅析智慧博物馆建设的必要性与发展途径[J].文物鉴定与鉴赏，2022(10):69-72.

[5] 国务院.国务院关于进一步加强文物工作的指导意见[J].中国文物科学研究. 2016(2):5-10.

[6] 关于推进博物馆改革发展的指导意见[N].中国文物报，2021-05-28(003).

[7] 中共中央办公厅 国务院办公厅印发《关于推进实施国家文化数字化战略的意见》[J].国家图书馆学刊，2022，31(4):49.

[8] 贺琳，杨晓飞.浅析我国智慧博物馆建设现状[J].中国博物馆，2018(3):116-126.

[9] 樊锦诗.敦煌石窟保护与展示工作中的数字技术应用[J].敦煌研究，2009(6):1-3.

[10] 吴健.多元异构的数字文化——敦煌石窟数字文化呈现与展示[J].敦煌研究，2016(1):123-127.

[11] 段勇，梅海涛.以智慧博物馆建设为抓手推动博物馆强国建设[J].中国博物馆，2021(4):89-93.

[12] 马玉静.大数据时代智慧博物馆建设路径及其对应策略[J].自然科学博物馆研究，2021，6(4):41-47.

从“大课堂”到“大实践”：革命类纪念馆在大思政教育中的实践探索

李晓娟　武汉中共中央机关旧址纪念馆

摘　要：自党的二十大以来，教育部在习近平新时代中国特色社会主义思想的指导下，着手为“大思政课”教育打造优质实践教学平台。思政教育作为立德树人的主要目标受到了社会各界的关注，革命类纪念馆作为红色历史文化展示的重要载体，其中包含价值重大的革命精神文化，不仅承担了文化传播以及发展的重要责任，更对现阶段的思政教育起到了重要的影响作用。基于此，需要加快对“大思政课”实践教学基地的建设，来保障“大思政课”实践教学的开展。本文主要从革命类纪念馆开展大思政教育的意义出发，结合“大思政课”实践教学案例，深入分析开展“大思政课”实践教育的现状，提出促进革命类纪念馆开设大思政教育的路径，以期能够有效推动思政教育的革新，促进思政教育的可持续性发展。

关键词：革命类纪念馆；思政教育；实践教学

习近平总书记在党的二十大报告中强调，要通过有效利用历史资源来弘扬中国共产党植根于建国精神的精神遗产。他主张传播社会主义核心价值观，深入培育爱国主义、集体主义和社会主义，旨在培养继承民族复兴衣钵的下一代领导人。这一论述对于当代加强学校思想政治理论课建设具有重要的理论和实践意义。思想政治理论课作为立德树人根本任务的重要组成部分，是中国思想政治教育发展的基础性支柱。

推进学习党的二十大精神，切实贯彻习近平新时代中国特色社会主义思想，必须善用红色资源，坚守红色血脉。实现这一目标的关键步骤是推动新时代革命文物工作的开展。为了实现这一点，可以结合学校思政课的改革创新，深化“大思政课”建设的实效性。为了完成这一任务，国家文物局和教育部联合开展了以革命文物为主题的“大思政课”优质资源建设推广工作。这一举措将加强教育系统的实施，提高整体影响力。2022年8月，教育部会同国家文物局等有关部门联合公布了首批453家“大思政课”实践教学基地。教育部强调，入选单位要进一步提高服务意识水平，在机构、人员、经费等方面给予充分支持，确保思想政治课实践教学的顺利开展。

一、革命类纪念馆开展大思政教育的意义

（一）为思政课建设提供创新思路

革命类纪念馆作为建立“大思政课”的有力工具，架起了学校和社会之间的桥梁，可以说，国家政策和资源为革命类纪念馆履行思政课建设责任提供了机会。国家认识到保护和利用思政教育资源的重要性，制定了一系列政策文件。在2022年，包括教育部在内的十个部门发布了旨在推动“大思政课”全面发展的

工作方案。该文件强调要有效利用当地有关思想政治的资源，促进爱国主义教育，并与革命类纪念馆和其他机构合作，发掘和利用革命类纪念馆的思想政治教育元素。该计划推动将中国共产党的创新理论和历史融入各种思想政治理论课程，增强其吸引力和影响力。反过来，这项计划又提高了历史文化对个人的教育效果，为革命类纪念馆和学校的合作提供了政策支持。

（二）为思政课建设提供创新动力

习近平总书记强调了“大思政课”与现实结合的重要性，并指出课堂上的“大思政课”不应仅限于枯燥无味的文字宣读，而是要突破时间和空间的限制，将社会和学校联系起来，整合“两个课堂”（即课堂内和课堂外），有效利用“两种资源”（即学校内和学校外的资源）。这些资源为思政课的改革和创新提供了持续的动力。通过馆校合作，可以建立起“大思政课”，让教师深入了解中国特色社会主义的成功之路，并通过生动的实践案例进行体验。这样，教师就能将所见所闻与所思所想统一起来，将愿望与现实结合起来，实现知行合一的目标。革命类纪念馆与学校的合作为教学改革提供了更多机会，丰富了教学方法和手段，促进了教师和学生的教学共同体的发展。

此外，“大思政课”鼓励学生积极参与社会实践，将课堂所学知识应用于现实生活。它旨在培养学生的实践能力、创新思维和社会责任感，帮助他们成长为能够为社会做出积极贡献的人。如果想要成功实施“大思政课”则需要社会各界的参与，需要调动一切资源。必须共同努力，为培养优秀的思政人才创造良好的环境，为社会的未来发展作出贡献。

（三）为思政课建设提供创新资源

习近平总书记在关于做好思政课建设的讲话中强调了这门学科的重要性以及对教师的挑战。由于思政课的内容广泛且不断变化，加之学科的复杂性和学生提出的尖锐而敏感的问题，有效地教授思政课成为一项艰巨的任务。因此，国家强调加强思政课的教材体系建设，开发包括中华优秀传统文化、革命文化、社会主义先进文化、科技创新文化、总体国家安全观等先进教材。课程教材图集还应包括中华民族古代史、英雄人物、革命建设和改革时期的先进典型。通过建立革命类纪念馆与学校之间的长效运行机制，思政课可以从更广泛、更细致地了解运用思政课资源中受益。革命类纪念馆可以提供必要的支持，引导学生基于历史进行事实判断和价值判断，为丰富思想政治理论课的内容体系做出贡献。

二、革命类纪念馆开设大思政教育的实践

武汉市在“大思政课”教育实践教学平台的建设下，共有三家革命类纪念馆入选首批“大思政课”实践教学基地。它们分别是辛亥革命博物院、武汉革命纪念馆和武汉中共中央机关旧址纪念馆。这三所革命类纪念馆对于弘扬中国共产党的伟大革命精神以及加强革命历史文化的宣传教育方面具有重要意义。因此，它们能够有效促进“大思政课”的顺利开展。

（一）推进“互联网＋”教育模式

兴趣是最好的老师，推进“互联网＋”教育模式凸显了学生的学习心理和动机在思想政治教育功效中的重要性。思想政治教育大课程强调培养学生积极的学习心理和动机，鼓

励他们养成良好的学习习惯，同时优先考虑个人的学习需求。为实现这一目标，必须将现代教育技术贯穿于思想政治教育的各个阶段，推进“联网＋教育”的创新模式。这就需要利用互联网平台延伸传统教育空间，设计出符合学生认知和审美需求的课程。例如，武汉中共中央旧址纪念馆利用网络直播，将“薪火课堂”带到武汉小学和柴林小学，为小学生送上“红色开学第一课”。该课程让学生们在能够在开课之前，端正自身思想态度，让学生的思想价值观念得以健康发展。武汉革命纪念馆“校园红色课堂”在棋盘街小学和江夏启新小学举办了互动教育活动，结合情景剧表演、朗诵、手工制作等形式，通过讲故事、演戏等方式展示了周恩来、夏明翰等革命家的革命精神。通过形式多样的活动方式，加强了学生对于“大思政课”的学习兴趣和学习热情。辛亥革命博物院也同样通过线上线下的方式为武汉市多所中小学开设了“缅怀辛亥百年先烈，重温青春初心”“争做时代好队员”“少年中国说”“首义微课堂”等课程。通过这些课程的开展，学生和革命精神文化更加靠近，能够更深入地感受红色革命文化。总之，这些举措反映了我们致力于将传统和现代教育方法结合起来，以满足学生不断变化的需求，同时利用信息技术来扩大思想政治教育的范围和可及性。

（二）创新革命传统教育方式

采用学校与革命类纪念馆合作的方式，将红色文物和红色故事带入校园。武汉中共中央机关旧址纪念馆与中南财经政法大学马克思主义学院合作建立了“大思政课”实践教学基地。为增强学生的角色意识，组织了小型研讨会，讲师和学生进行讨论，表达自己的观点。该馆还利用音视频结合服装和道具，以及诗歌和文学作品的朗诵，营造红色主题氛围，让学生沉浸在革命烈士感人的故事情节中。通过这些方法，增进了学生对红色文化的了解和欣赏，增强了他们的主人翁意识。

武汉中共中央机关旧址纪念馆还支持学生在“大思政课”中的自主教育活动，协助和组织自己的展览和社团活动。讲解员提供活动信息，学生可以选择革命烈士、战役或主题来举办展览，并担任讲解员，宣传红色文化。此外，围绕特定的历史主题组织辩论赛和知识竞赛，进一步增强学生在学习过程中的主人翁意识和参与感。因此，通过教育活动、展览等方式，创新了“大思政课”的教育模式，将纪念馆引导的教育模式转变为学生自发组织的教育新模式，大大提高了学生在“大思政课”中的学习自主性。总的来说，学校和革命类纪念馆之间的教学合作，为学生提供了一个平台，让他们积极地参与到红色文化和历史中来，从而增强他们的认同感和爱国情怀。

（三）举办时代感强的青年活动

革命类纪念馆在组织爱国教育活动方面发挥着至关重要的作用，这些活动能够引起学生的共鸣，抓住他们的兴趣。如辛亥革命博物院发起了一系列名为“博爱学堂”的思想政治教育活动，该课程针对大中小学生，利用馆内的各种展览和文物作为传递知识的手段。活动的形式包含红色文化元素、青年元素、景区元素等，便于学生参观。通过参观革命遗址，重温革命事迹，鼓励学生成为新时代红色基因的优秀传承者和实践者。因此，这些活动的目的是展示当今时代青年的新形象，帮助学生感受红色思想的历史和文化。

2023年妇女节之际，武汉中共中央机关旧址纪念馆与湖北港口集团一起成功举办了“巾帼绽芳华，逐梦新时代——武汉中共中央机关旧址纪念馆行走的‘大思政课’走进湖北港口集团”活动。围绕向警予、赵一曼、马旭等巾帼英雄的感人事迹，沉浸式演绎出一代代忠诚执着担当奉献的女性群像。武汉中共中央机关旧址纪念馆以创新的方式讲述革命、建设、改革时期的杰出女性人物，进一步激励广大妇女延续红色基因，汇聚同心同向巾帼力量，把爱国情、强国志、报国行融入人生选择和现实行动中。

三、促进革命类纪念馆开设大思政教育的路径

（一）丰富“大思政课”的线下教学方式

为了支持教学内容，教学方式在起到重要保障作用的同时，扮演着至关重要的角色。思想政治大课的目标不仅仅是提供革命类文物的阅读材料，更要具备开放、动态、贴近实际的特质，避免呈现出枯燥乏味的局面。实现这一目标需要关注两个关键领域。首先，革命类纪念馆需要通过收集和挖掘中国故事中所蕴含的深刻精神来丰富其历史资源。这些故事涵盖了革命战争、中国共产党的发展、革命先辈等方面。这样可以增进学生的情感共鸣，增强学生的思想理论认同。其次，与中小学合作，建立“大思政课”实践教学基地。设计主题活动，促进现场教学，并通过讲故事来传达课程的精髓。为了进一步推广革命价值观和思想文化，学校定期组织学生在清明节、五四青年节、七一建党节和八一建军节等重要节日参观革命类纪念馆。这为参与者提供了一个向革命烈士致敬的机会，仪式的庄严性有助于净化精神和提升思想境界。

（二）加强对革命故事的挖掘及创作

在追求提升革命教育功效的过程中，有必要在改革和创新传统教学方法的同时，整合情境教学的优势。其目的是深入挖掘核心思想观念，并将其转化为小故事、小视频，以唤起人们的情感，加强对其深度和意义的认识。革命文物、故事和精神具有独特的能力，可以培养和增强个人对国家的自豪感和责任感。例如，可以以革命先辈为切入点，设计情景，结合真实事件讲述革命故事。这种方法有助于传达革命人物及其思想的真实性和科学性，同时提供了身临其境、引人入胜的体验，对观众产生持久的影响。在利用“大思政课”等平台的同时，通过革命基地、展览、情景剧和其他相关活动讲述思政故事也至关重要。这种方式可以使学生更有效地体验和理解革命精神与文化。这一举措在灌输爱国主义精神、促进对国家历史的深刻理解以及培养对国家的责任感方面发挥着关键作用。

（三）通过新媒体扩大革命类纪念馆的教学力度

革命类纪念馆可以利用新媒体平台，创新爱国主义活动，加强爱国主义教育，促进人们对不为人熟知的烈士纪念设施的认识和关注。抖音、微博、今日头条等平台已吸引了大量年轻粉丝，可通过这些平台播放形式新颖、内容生动的革命视频，吸引学生参与全面宣传“大思政课”。新媒体的使用可以实现更快速的传播、更广泛的覆盖和更高的效益。

为提高学生参与度和互动性，可以将新媒体技术融入对这些网站的访问中。建立官方微信公众号，上传快闪活动、烈士事迹、红色经典故事、大型活动新闻等内容，通过新媒体方式吸引更多人参观纪念馆。在新媒体平台

上，可采用云直播、小程序、AR/VR互动体验、虚拟模拟等方式，解答学生疑问，进行线上互动交流。建立留言平台，让观众进行反馈，革命类纪念馆可根据意见适当修改，实现学生与革命类纪念馆的良性互动。通过使用新媒体平台，革命类纪念馆可以丰富爱国主义教育手段，提高公众对这些革命类纪念馆的认识和关注。此外，利用新媒体技术，如云直播、小程序、AR/VR互动体验等，可增强参观者的互动性和参与度。新媒体平台促成了学生与博物馆之间的良性互动，可以推动革命精神的传播，推进爱国主义教育，培养负责任的爱国主义公民。

四、结语

“大思政课”是一种变革性的教育方法，通过整合理论和实践，成功克服了学校和社会之间的传统鸿沟，帮助馆校双方更好地发挥育人功能。革命类纪念馆不仅是展示文化的窗口，也是思想发展、文化传承的重要场所，因此，大力加强思政教育，全力培养社会主义建设接班人是革命类纪念馆的价值追求。通过在辛亥革命博物院、武汉革命纪念馆、武汉中共中央机关旧址纪念馆等场馆内展开的思政课教学，构建“大思政课”的教学机制，能够有效为学生提供身临其境的体验式学习环境，让学生切实感受到了思政教育的魅力，从而对思政课有了更加直观的感受，增强了革命类纪念馆的教育功能。展望未来，“大思政课”的发展将涉及整个社会的合作努力，不再仅仅是思政教师的责任，通过发挥协同机制，打通校内校外的资源，促进多方思政教育资源的协调联动，从而真正做到思政课堂的可持续发展以及与社会实践的有机联合，形成思政课堂与革命类纪念馆的良好互动。在新时代，必须要加强和改进思想政治教育方式，充分利用革命类纪念馆的红色文化资源，使得革命类纪念馆能够为思政教育发挥重要作用。通过“大思政课”，学生们将有更多机会接触现实世界，开阔视野，了解历史真相，并积极参与社会活动，从而培养出宏伟志向、高尚品德、卓越才能和强烈责任感。

参考文献：

[1] 张娜.基于“双贯通”的大思政育人理念的思考与实践[J].新校园，2023(2):66-68.

[2] 崔占龙，孟超.革命纪念馆与学校合作构建“大思政课”的长效运行机制研究[J].长江师范学院学报，2023，39(1):100-107.

[3] 史迎霞，赵梓竹.旅顺历史文化资源融入“大思政课”的路径与现实思考[J].大连教育学院学报，2022，38(4):65-67.

[4] 杨阳.中华优秀传统文化教育融入“大思政课”建设的三个维度[J].中国德育，2022(23):5-8+15.

[5] 易帅东.用新时代首都发展实践上好“大思政课”[J].北京教育(德育)，2022(11):9-11.

[6] 牛小侠，王庆琦.新时代高校构建“大思政课”育人新格局的内涵及路径探析[J].思想理论教育导刊，2022(11):80-86.

[7] 陈凯.办好“德育大讲堂”，推进“大思政课”建设[J].四川教育，2022(21):34.

浅析纪念馆陈列展览多元化发展模式
——以武汉中共中央机关旧址纪念馆为例

徐冰娜　武汉中共中央机关旧址纪念馆

摘　要：进入新时代，社会发展日新月异。纪念馆作为博物馆的重要组成部分，其发展也越来越多元化，并在构建美好生活与社会可持续发展方面发挥显著作用。本文结合工作实践，浅析纪念馆陈列展览的多元化发展模式，以及纪念馆在促进社会可持续发展和构建美好生活方面所作出的努力与贡献。

关键词：纪念馆；陈列展览；多元化发展模式；贡献

2022年12月，国际博物馆协会发布2023年国际博物馆日主题“博物馆、可持续发展与美好生活(Museums，Sustainability and Wellbeing)”。博物馆可以通过多种方式助力实现可持续发展目标，充分发挥出博物馆致力可持续发展与美好生活的变革潜力。陈列展览作为博物馆提供公共文化服务最常见、最直接的载体，直接关系到博物馆的建设和发展。武汉中共中央机关旧址纪念馆自建馆起，就致力于在陈列展览方面立足以人为本，坚持守正创新。经过几年的探索和实践，陈列展览已在主题内容、传播途径和传播手段等方面逐步实现多元化发展模式，更在促进可持续发展和构建美好生活方面作出了应有的贡献。

一、陈列展览主题内容的多元化

说起红色场馆的陈列展览，观众固有的印象是以单一的灌输式、说教式内容为主，甚至不愿走进红色场馆。近年来，红色场馆正在打破千馆一面、千篇一律式的展陈内容形式，武汉中共中央机关旧址纪念馆更是勇于打破常规，立足打造品牌展览，开辟了党史类、情怀类和文艺类等多元化的主题内容展览。

（一）党史类主题展览

武汉中共中央机关旧址纪念馆是依托大革命时期中共中央机关旧址建立的纪念馆，讲好党史故事是践行初心使命的必要举措。因此，该馆立足“大革命时期中共中央在武汉”历史背景，深挖武汉党史资源，侧重用珍贵的历史图片和文献资料讲述革命故事，增强展览的说服力和历史的厚重感，以“小展览”凸显“大主题”，讲好武汉党史故事和湖北党史故事，赓续革命精神，传承红色基因，传递正能量。该馆打造的原创展览主要有：2017年推出的“纪念建军90周年特展：人间正道是沧桑——元帅与武汉”、2021年联合全国七家中共中央机关驻地推出的“灯塔照耀中国——中共中央驻地联展(1921—1949)”、2022年推出的“不爱红装爱武装——纪念武汉中央军事政治学校女生队成立95周年特展”等。

（二）情怀类主题展览

习近平总书记强调：“中华优秀传统文化是中华民族的精神命脉，是涵养社会主义核心价值观的重要源泉，也是我们在世界文化激荡中站稳脚跟的坚实根基。”中华优秀传统文化是一种精神的传承，一种情怀的寄托。随着社会进步和时代发展，中华优秀传统文化传承的形式和载体也在不断创新，纪念馆如何呈现我国优秀传统文化，是一个值得进一步思考和探索的命题。武汉中共中央机关旧址纪念馆树立“大红色”展览理念，敢于打破常规、另辟蹊径，深挖中华优秀传统文化资源，巧打“感情牌”，于2018年至2022年间打造出“连环画三部曲”和“宣传画”两大主题品牌展览，不仅实现重大革命题材与中华优秀传统文化创造性转化与创新性发展，更是通过精心打造复原、互动场景，唤起观众的时光记忆，感动观众。

(三)文艺类主题展览

武汉中共中央机关旧址纪念馆拥有三栋原俄租界区的百年特色老建筑，建筑本身自带流量。同时，该馆位于黎黄陂路历史文化风貌街区，2023年3月，该街区被命名为第二批国家级旅游休闲街区，“网红”打卡地吸引很多年轻观众慕名而来。该馆依据场馆特色，特意联合江汉大学、湖北美术学院以及湖北省、武汉市收藏家协会等，持续打造有“筑梦·武汉”主题展览和“走进新时代”迎新春书画作品展等符合场馆气质的文艺类主题展览，吸引年轻人群体，发挥流量效应，将更多的群体带到红色场馆中来，从中汲取精神养分。

同时，该馆原创展览陈展水平得到业界认可，其中“纪念建军90周年特展：人间正道是沧桑——元帅与武汉”“那些年 那些人 那些书——连环画中的红色经典”“浴血鏖战 保家卫国——纪念中国人民志愿军抗美援朝出国作战70周年精品连环画展”“灯塔照耀中国——中共中央驻地联展(1921—1949)”和“不爱红装爱武装——纪念武汉中央军事政治学校女生队成立95周年特展”相继获得2017年度、2018年度、2019年度、2021年度和2022年度湖北省博物馆、纪念馆六大陈列展览精品推介活动优胜奖、精品奖。

二、陈列展览传播途径的多元化

博物馆高质量发展的标准，对陈列展览内涵和外延也提出了更高层次的要求。陈列展览已不仅限于主题内容的呈现，更需要通过多元化而不是单一的传播途径深化陈列展览主题内容的内涵意义。目前，武汉中共中央机关旧址纪念馆陈列展览主要有省内巡展、省外巡展和社教活动等多元化传播途径。

(一)省内巡展

武汉中共中央机关旧址纪念馆开展的省内巡展，主要以武汉市文化和旅游局组织全市博物馆、纪念馆开展的把博物馆、纪念馆的陈列展览和主题活动送进校园、社区、景区、乡村、企业等“五进”惠民活动为主。近年来，已先后将原创展览送至武汉地铁集团、武汉天河机场、湖北省委党校、“两新工委”江汉武商商圈时尚消费聚集区、武汉广播电台、武汉市第二十中学、中国联通湖北分公司、湖北大学、蔡甸区侏儒山街三屋台村、王家墩公园、汉口江滩、珞珈山街幼儿园等地开展有“五进”惠民活动近百场，实现原创展览“走出去”，不仅实现了跨领域、跨区域、跨行业之间的合作与交流，更是将展览送到观众的“心坎里”，拉进博物馆、纪念馆与大众情感上的距离，弘扬革命文化，传承中华优秀传统文化，满足人民日益增长的精神文化需求，做到文化育人、文化惠民。

（二）省外巡展

除联合办展外，武汉中共中央机关旧址纪念馆积极促进省外展览交流与合作，先后将原创展览“红色记忆——中共中央在武汉”“那些年 那些人 那些书——连环画中的红色经典”“犹记峥嵘岁月稠——宣传画中的家国情怀”和“不爱红装爱武装——纪念武汉中央军事政治学校女生队成立95周年特展”巡展至中共一大纪念馆、中共二大会址纪念馆、陈云纪念馆、南湖革命纪念馆、福建省革命历史纪念馆、瑷珲历史陈列馆、南昌八一起义纪念馆、孙中山大元帅府纪念馆、山西国民师范旧址革命活动纪念馆等全国10余省60余场次，将展览和文化惠及全国各地。

（三）社教活动

武汉中共中央机关旧址纪念馆依托原创展览，精心打造有“大手牵小手——共绘最美长江主轴”“那些年 那些人 那些书——连环画中的红色经典”主题社教活动以及“薪火课堂”线上线下社教活动等，很好地发挥了“大思政课”实践教学基地作用，打造了文化传播矩阵，进一步增强展览与观众的互动性，增大展览对观众群体的吸引力。此外，同步推进有“红色文物进校园”活动，学生不仅可以近距离感受革命文物带来的震撼，还可以亲自参与到讲解工作中去，使得学生在讲解的过程中潜移默化地感受革命精神，统筹推进了革命文物与新时代思想政治工作融合发展，充分发挥了红色资源的社会教育职能，使革命遗址成为学校学生党史国史学思践悟的第二课堂。

三、陈列展览传播手段的多元化

在文旅融合的大背景下，观众更高层次的精神文化需求也日益增长，只通过原有相对单一、传统的文博形式传播陈列展览内容，已远远不够。因此，武汉中共中央机关旧址纪念馆竭力打造陈列展览传播手段的多元化模式，深入研发的有“文博＋”、VR展厅以及融媒体等多元化传播手段。

（一）“文博＋”

“文博＋”指的是“文博＋文旅＋文艺＋文创＋文遗”等一切可以和文博相结合的综合形式，陈列展览不仅要展出，还要“演活”，利用“IP文创产品”，进一步深化陈列展览的外延意义。如2023年元宵节，武汉中共中央机关旧址纪念馆与武汉说唱团共同举办“玩转宣传画　欢喜闹元宵”活动。现场邀请非遗剪纸传承人“妙剪宣传画”，宣传画征文获奖代表“话说宣传画”，专业艺术院团演员“演绎宣传画”，赠送“宣传画文创产品”，与观众共话家国情，将“犹记峥嵘岁月稠——宣传画中的家国情怀”展览所表达的家国情怀再次内化于观众心中。2023年3月7日，再次联合湖北港口集团工会、武汉说唱团、武汉新港阳逻保税园区开发管理有限公司承办“巾帼绽芳华，筑梦新时代——武汉中共中央机关旧址纪念馆行走的‘大思政课’走进湖北港口集团”展演活动，深化了“不爱红装爱武装——纪念武汉中央军事政治学校女生队成立95周年特展”的外延意义，歌颂了在中国共产党的领导与影响下，以胡筠、赵一曼等为杰出代表的中国第一批成建制女兵矢志不渝“跟党走”的崇高品格，反映了她们为革命胜利和新中国的建立作出的不可磨灭的贡献。

（二）VR展厅

进入新时代，数字化、智能化赋能博物馆、纪念馆的高质量发展。纪念馆一般依托革命旧址建成，场馆展厅空间和面积受限，精心打造的陈列展览展出时间也相对受限，纪念馆的高质量发展更需要数字化赋能。除陈列展览形式设计运用数字化技术外，打造VR数字展厅，既是现代社会发展和展陈成果“留存”的需要，又是为了满足观众多方位、更高层次的需求。近年来，武汉中共中央机关旧址纪念馆精心打造的原创展览，都会同步打造VR展厅，努力探索为观众呈现720°全息展厅，于微信公众号同步上线，如连环画展、宣传画展和武汉黄埔女兵展等。

（三）自媒体

融媒体时代，陈列展览可以通过国家级、省市级主流媒体、电视台、报刊、网站等手段进行宣传和传播。武汉中共中央机关旧址纪念馆除了同步将陈列展览推送至中国文物报、新华网、学习强国、《湖北日报》、《长江日报》、武汉广播电视台、长江网、今日头条等新媒体平台进行传播外，还充分利用微信公众号自媒体平台，深挖陈列展览主题内容，相继推出原创“展说”、“物语”和“武汉红色记忆”系列主题推文。

武汉中共中央机关旧址纪念馆的陈列展览除在主题内容、传播途径和传播手段实现多元化外，也在同步探索形式设计的多元化模式。同时，在陈列展览内容的选择和呈现上，更加注重观众更高层次的精神文化需求，关注观众的心理健康。以文化育人，以情怀感人，以精神化人，通过努力发挥纪念馆的功能作用，凝心聚力，为不断提升国家文化软实力和中华文化影响力作出应有的贡献。

2023年，博物馆、纪念馆将“良好健康与福祉”作为需要重点关注的目标之一。社会发展以“人”为中心，纪念馆以“观众”为中心。博物馆、纪念馆一直在努力促进各年龄段人群的福祉，用自己的方式争取以多样的模式实现可持续发展目标、助力美好生活。

参考文献：

[1] 王丽媛．探索基层博物馆陈列展览的可持续发展方式[C].中国博物馆协会博物馆学专业委员会2015年“致力于社会可持续发展的博物馆”学术研讨会论文集.中国书店，2015(4):317-320.

[2] 刘曼曼．数字化技术对现代博物馆展览发展的影响[J].文物鉴定与鉴赏，2022(5):68-71.

[3] 罗江平．博物馆陈列展览策划中维度剖析[J].文化创新比较研究，2022，6(18):93-96.

[4] 徐品．初探新建博物馆陈列展览的诠释与传播——以中国(海南)南海博物馆为例[J].中国民族博览，2022(21):194-197.

[5] 丁雅诵．让优秀传统文化在心中生根发芽[N].人民日报，2023-02-26.

高校博物馆学生团队建设的调查与思考
——以武汉四所高校博物馆为例

毛智周　刘蕊雪　魏新玥　中南财经政法大学中国货币金融历史博物馆

摘　要：笔者在调查武汉大学万林艺术博物馆、中国地质大学逸夫博物馆、中南民族大学民族学博物馆及中南财经政法大学中国货币金融历史博物馆学生团队建设发展概况的基础上，认为高校博物馆学生团队的不同属性各有优劣，队伍架构和规模、招新规则应根据工作实际适时调整，同时应加强日常培训学习、严格淘汰考核机制以提升团队整体素质，此外还应完善团队的激励机制，争取学校更多的政策支持。

关键词：高校博物馆；学生；团队；调查；建议

高校博物馆承担着对外开放与综合育人的双重职能，在博物馆领域和高等教育领域都发挥着重要作用。2012年全国高校博物馆育人联盟成立，凸显了高校博物馆“育人”的独特价值。而高校博物馆以本校学生为主体的志愿团队，更是其区别于其他博物馆的特色。2011年《国家文物局、教育部关于加强高校博物馆建设与发展的通知》指出：“加强高校博物馆队伍建设，实施人才强馆。……同时不断壮大以广大学生为主体的博物馆志愿工作队伍，使志愿服务与素质培养、专业志向和公益精神有机结合。”打造高质量的学生团队，让热爱文化推广、热爱志愿服务的学子积极参与高校博物馆的各项事业，不仅充分利用了高校丰厚的人力资源，更是高校博物馆发挥育人职能的重要途径。

为了解高校博物馆学生团队的建设情况，笔者选取了武汉大学万林艺术博物馆、中国地质大学逸夫博物馆、中南民族大学民族学博物馆及中南财经政法大学中国货币金融历史博物馆四所武汉地区具有代表性的高校博物馆，对其学生团队成员及指导教师进行了访谈与问卷调查，梳理了其团队属性、组织架构、培训考核机制、激励机制及未来发展规划等方面的情况，通过对比总结，分析了高校博物馆学生团队建设的经验与问题，在此基础上，对如何推动团队高质量发展提出了一些建议与思考。

一、调查的基本情况

（一）武汉大学万林艺术博物馆

武汉大学万林艺术博物馆的学生团队“武汉大学万林艺术博物馆志愿服务队”为该馆直接负责管理的专职学生组织，某种程度上具有院级学生组织的性质。团队分为讲解咨询组和宣传组，现有70人。服务队于每年3月份开始招募新成员，面向全校各年级的本科生与研究生招新。对报名者的考核分为初试和复试，初试内容为介绍博物馆概况，复试内容为讲解常设展览，主要考察报名者对讲解词的熟悉程度及讲解的基本素养。在初试和复试期间，博物馆还会邀请湖北省博物馆的专业讲解员对报名者进行培训。

在团队的具体工作方面，讲解咨询组除了日常值班与讲解，还遴选优秀讲解员组成了“精英小分队”，负责重大活动及重要来宾的接待。宣传组除了日常拍摄之外，还围绕常设展览撰写科普文章，在博物馆微信公众号发布。服务队还在指导教师的带领下深入参与了活动策划及布展等更为专业的工作。成员们每周需至少有1~2个半天的时间到馆值班，根据服务时长和工作态度，博物馆会在每学年末淘汰掉部分成员。

在激励机制方面，除了勤工助学以及志愿服务时长，博物馆为队员们还争取到了其他福利，如队长在校团委享受大赛部副部长的待遇，又如每年可以向学校推荐5个评优名额等。服务队计划在将来开展博物馆进校园活动，同时计划与学校的官方视频号合作开辟科普专栏。

（二）中国地质大学逸夫博物馆

中国地质大学逸夫博物馆的学生团队全名为“逸夫科普讲解队”，是挂靠在该校地学院的学生社团，分为培训部、组织部和宣传部三个部门，现有人员约60人。招新在每年9月学校社团集体招新的“百团大战”期间进行，考核第一轮为笔试，第二轮为面试，第三轮为讲解考核，主要考察报名者的知识储备与服务态度，同时需要对整个博物馆的展厅进行概括性讲解。

该讲解队每个部门的成员都是讲解员，即他们的分工虽各有侧重，但都通过了严格的讲解考核。在工作日期间，讲解员根据观众预约的时间到馆讲解，周末及节假日则在馆提供定时的讲解服务。讲解队还运营了该社团的微信公众号、QQ官号及bilibili账号，定期更新科普推文、活动视频等。在培训方面，讲解队主要由地学院的专业教师对其进行专业知识方面的培训。

该博物馆对讲解队的激励机制主要包括勤工助学、志愿工时、评优评先及馆内表彰等，博物馆在遴选勤工助学人员时也会优先考虑讲解队的学生。未来，讲解队计划扩大队伍的规模，同时通过举办讲解比赛等活动的方式，提升讲解的科普性以及团队在学生中的知名度。

（三）中南民族大学民族学博物馆

中南民族大学民族学博物馆的学生团队名为“‘西兰卡普’讲解志愿服务队”，为该校志愿者协会分支下的志愿服务队，分为讲解组、策划组、宣传组和后勤组四个职能模块，现有成员20余人。服务队招新时间并不固定，而是常年进行。面试分为两轮，第一轮主要考察报名者的个人形象及普通话水平，第二轮即考核本馆的讲解内容，所有展厅的考核全部通过后即成为正式成员。

服务队的日常工作采取排班制，双休日及法定节假日根据情况轮班。讲解培训主要由博物馆馆长、展教部老师及往届优秀学生讲解员进行，在每学期末还会对所有讲解员统一进行考核，以促进他们经常熟悉讲解内容。

除志愿工时外，该博物馆主要采取岗位津贴对学生志愿者进行激励，每月对值班学生给予一定金额的津贴，对于非值班时间讲解以及外出参与活动的学生则给予额外补贴，工作优秀的志愿者以及在校内外比赛中获得奖项的成员还会根据等次给予不同额度的物质奖励。在未来，该队伍希望能够多开展讲解知识及讲解技巧方面的常态化培训。

(四)中南财经政法大学中国货币金融历史博物馆

中南财经政法大学中国货币金融历史博物馆的学生团队为“文物鉴赏与讲解协会”,是挂靠在博物馆的学生社团,同时也是校志协下属的志愿服务队。协会分为讲解部、策划部、宣传部、人事部、公关部5个部门,现有人员140余人。协会主要于每年10月份学校社团集体招新的“百团大战”期间吸纳新成员,面试主要考核报名者对社团及志愿活动的态度,讲解部、宣传部还会着重考察报名者的语言表达能力及绘图、排版技能。讲解部成员在加入后必须通过讲解考核,而其他部门在考核方面并无硬性要求。

协会成员主要参与了博物馆的咨询岗值班、日常讲解、新媒体平台运营、重要活动策划承办等事务,同时还与武汉革命博物馆、武汉晴川阁大禹文化博物馆以及湖北省博物馆等长期合作,选送优秀学生进行志愿讲解服务。培训主要由指导教师及往届的优秀志愿者进行,有时会邀请其他博物馆的知名讲解员进行专门培训。

该博物馆对协会成员的激励机制主要体现在精神层面,如志愿工时、社团先进个人、优秀志愿者等,亦有勤工助学人选等方面的倾斜。未来协会计划细化部门职责、完善内部奖励机制,同时加强与其他高校博物馆学生团队的交流合作。

二、经验与问题

(一)团队属性与架构

上述案例高校博物馆学生志愿团队的属性大致可分为三类,即学生组织、学生志愿者协会及学生社团。学生组织由学校或二级单位直接管理,其性质与学生会、广播站等相似;志愿者协会由校团委下属的校志愿者协会管理,以开展志愿活动、提供志愿服务为主要导向;学生社团由校团委下属的校社团联合会管理,以兴趣爱好为主要导向。三类团队属性各有优劣,如学生组织及学生志愿者协会行政特征更加明显,团队稳定性较强,也能够争取到更多的支持与政策倾斜,但其规章制度及对成员的管理也更为严格,开展活动的内容及主题也主要由管理单位指定,学生的自主性较弱。而由共同兴趣组成的学生社团虽然流动性较强,团队凝聚力较弱,但是参与者的自由度更高,可以更为自主地组织活动,活动内容更为丰富,也更容易调动学生自我管理的积极性。

在团队架构和规模方面,学生团队基本均按照讲解组、策划组、宣传组进行职能划分,兼有其他部门。武汉大学万林艺术博物馆的团队架构还进行过调整,即根据实际的工作量,将最初的咨询组、讲解组、宣传组、演艺组撤并为讲解咨询组及宣传组,以确保每个成员的参与感与参与度。团队的人数以60人左右为主流,少则20余人,多则100余人。各团队职能划分的一致性体现了学生团队参与博物馆工作的主要内容与途径,即以讲解为主,兼有活动策划、对外宣传等,而队伍规模方面似以40~60人为宜。若超出这个工作范畴与人数,则可能会导致成员参与度不均等、部门职能重叠交叉、人员冗余等,如中南财经政法大学中国货币金融历史博物馆学生团队的负责人即表示存在此类问题。此外,根据工作的实际情况适时调整队伍架构也很有必要。

(二)招新、考核与培训

根据团队属性与博物馆工作的实际需要,上述案例高校博物馆学生团队的招新方式均有所不同，大致可分为固定时间招新及随时招新两类。固定时间招新能够较为便捷地吸纳到各职能模块所需要的人员，但却有可能将未来得及报名的学生拒之门外，也难以为团队随时补充新鲜血液；而随时招新的方式则可以克服这两个问题，但也会增加招新的工作量，提高用人成本。值得注意的是，武汉大学万林艺术博物馆表示之所以将招新的时间放在每学年的第二学期，是希望新生对大学生活经过一个学期的熟悉后，在选择参加的团体和活动时更为精准，也就更有精力与热情投入博物馆的志愿工作。这种策略一定程度上可以抵消固定时间招新所存在的问题。

就考核与培训而言，各团队的考核基本分为初试与复试两轮，初试主要考察报名者的语言表达能力、普通话水平以及对于志愿服务的态度，复试主要考察对于讲解词的记忆以及讲解技巧，有的还设置了一轮笔试。这种层层筛选的考核机制确保了团队新成员的工作能力与工作态度。有些团队需要报名者先通过本馆的讲解考核才将其吸纳为正式成员，而有的团队则让报名者先通过简单的测试，吸纳为成员后再督促其通过讲解考核。前者的高标准考核模式可能会劝退部分报名者，但也更能确保新成员的能力与工作的稳定性，总体上有助于提高团队质量。培训主要包括指导教师培训专业知识以及优秀讲解员示范讲解规范和技巧等，调查问卷显示，各高校博物馆学生接受培训与指导达到每月一次的仅有30%，均不同程度存在次数较少、时间过于集中等问题。有的高校博物馆依托本校学科优势，与本校的相关学科保持着密切的联系，定期邀请专家培训学生团队，调查中发现其学生志愿者的专业素养亦相对较高。

需要指出的是，上述考核与培训机制主要是针对讲解员而言的，对于学生团队其它部门的考核与培训在访谈中则较少被提及，事实上可能也没有像讲解员那样形成明确的制度流程。这种有意无意的差异对于参与博物馆其他志愿活动的学生而言或多或少有失公平，应当引起注意。

（三）激励与淘汰机制

各案例高校博物馆学生团队的激励机制大致可分为精神激励与物质激励两大类，精神激励包括志愿工时、评优评先、创新创业加分、提供实习证明等，物质激励包括勤工助学、活动津贴、优秀志愿者奖励、参赛获奖者奖励等，以志愿工时和勤工助学岗位津贴最为普遍。有些激励是学校层面的，如志愿工时需要向校志愿者协会申请、勤工助学需要向校学生工作部申请，遵守该校的规章制度；有些激励则是博物馆层面的，如活动津贴、优秀志愿者奖励、参赛获奖者奖励等，其发放与评比细则均由博物馆及学生团队自行制定。调查中发现，不少高校博物馆都采取了学校激励与馆内激励并行、物质激励与精神激励并行的方式，能够较好地调动学生参与博物馆志愿活动的积极性。

在淘汰机制方面，有些博物馆有比较明确的规定，如武汉大学万林艺术博物馆要求学生团队的每个成员每周至少到馆值班1~2个半天，每学年末根据值班时长及工作态度淘汰部分成员，又如中南民族大学民族学博物馆在学期末对讲解员进行统一考核，以此进行筛选。而有些博物馆的学生团队则没有明确的淘汰规则。这种差异主要是由于团队属性的不同，即学生社团相对于学生组织和志愿者协会而言对于人员的管理更为自由。但根据实际情况制定合适的淘汰机制，则将有助于提升学生团队的工作能力和综合素质。

三、建议与思考

首先，应当根据实际情况明确高校博物馆学生团队的属性，适时调整团队的架构与规模。学生组织、学生志愿者协会及学生社团三种团队属性各有优劣，就大多数高校博物馆的实际情况及笔者的经验而言，似以志愿者协会与社团的复合体为宜，这样既保证了团队的规范性与自由度，又能够在更多层面争取到学校的支持。各团队大致分为讲解组、宣传组与策划组三个职能模块，有些增设了人事与公关等其他部门，这样有助于完善团队的运作体系，但也容易造成成员参与度不均等、责任过于分散等问题，应当根据实际撤并调整。团队规模以40—60人为宜，有些团队超过了100人，虽然是意在吸纳更多热爱博物馆的学生参与志愿活动，但也导致了人员冗余、管理困难，亦应当严格准入与退出机制，在招新时尽量选拔素质较高的学生，定期淘汰部分无法正常工作的成员，还要打造与普通队员相区别的核心团队，提升核心团队的责任感与凝聚力。

第二，应当优化招新、考核和培训机制，持续提高团队的综合素质。固定时间招新与随时招新两种方式各有优劣，若将二者相结合，则能够扬长避短，武汉大学万林艺术博物馆在每学年第二学期“错峰”招新的方式亦值得借鉴。各团队的考核与培训主要针对讲解组和宣传组，并未实现对整个团队的全覆盖，而培训也主要集中在学年初及纳新后的集中培训，其后的工作过程中培训则相对较少，整体存在考核及培训不够严格细致的问题。为此，一方面应当充分了解学生在开展志愿活动中遇到的各种问题与困难，对于团队的各个职能模块进行针对性的培训与提升，另一方面应当完善日常培训制度，采取定期邀请校内外专家指导、组织阶段性工作总结会等方式，随时发现并解决存在的问题。此外，依托本校相关学科以提升团队的专业素养也很重要。

第三，应当为学生团队争取更多的政策支持，创造更多的锻炼机会和施展空间。就激励机制而言，应当精神与物质并重、学校与本馆并重，既要让学生在志愿活动中获得荣誉感，又要让他们的付出能够有所回报；既要通过各种途径积极争取学校的政策支持，又要制定好博物馆和学生团队内部的奖励机制，双管齐下，多措并举，在合理的范围内为学生争取更多的“福利”。在采访时各高校博物馆的学生均表示，相比于物质和精神奖励，他们更看重博物馆志愿工作对个人能力及素质的锻炼与提升。因此，各高校博物馆应充分关注学生对博物馆及志愿工作的需求，通过举办各种活动、扩大与其它博物馆的合作范围及领域等方式，为学生创造更多锻炼能力、施展才华的机会。

高校博物馆的学生团队，既是高校得天独厚的人力资源，有助于缓解高校博物馆普遍存在的人员紧张问题，又是高校博物馆综合育人、文化育人的重要平台，能够提升学生的综合能力与人文素养。当前大学生学习、升学和就业压力与日俱增，在“内卷”严重的情况下，作为课余活动选项之一的高校博物馆，其学生团队如何吸引到人、留得住人，如何锻炼能力、培养人才，值得每一位从业者思考。笔者从实地调查出发，为高校博物馆学生团队的建设与发展提出了粗浅的建议与思考，难免挂一漏万，期待今后能有更多相关的研究。

参考文献：

[1] 马晓华.高校博物馆志愿讲解服务工作与大学生素质教育——以中央民族大学民族博物馆志愿者中心为例[J].民族教育研究，2009，20(3):110-113.

[2] 曹宏.高校博物馆志愿者管理模式探讨[J].博物馆研究，2010，(3):44-49.

[3] 胡兴祥，陈殿林，鲍丽娟.高校博物馆发挥育人功能的瓶颈与对策[J].中国高等教育，2014(23):50-51.

[4] 李蜜.关于我国人文艺术类高校博物馆宣教工作的思考和建议[D].厦门大学，2017.

[5] 张珍.传统管理模式下如何有效解决高校博物馆志愿者可持续的发展——以西北大学博物馆志愿者为例[J].文物鉴定与鉴赏，2022(3):76-78.

浅谈可持续发展视域下纪念类临展的选题与主题

——以湖北音乐博物馆一项纪念临展为例

赵路花　武汉音乐学院湖北音乐博物馆

摘　要：确定纪念类临时展览的选题和主题，需要用可持续发展的眼光，把握其中的变、不变与可变因素。不变的是纪念对象及其发生时间和地点，变的是纪念年份，可变的是策展单位、现实价值与文化内涵及观众。确定纪念类临展的选题与主题时，要综合分析纪念对象与展览地点的关联，找寻连接纪念对象与展览地点的选题，使展览“有话可讲、有物可展、有情可传”；明确策展单位宗旨与特色、优势与短板，选择策展单位具有一定话语权的有效选题，凸显展览单位地点的不可替代性；关注社会变化，把握时代脉搏，探寻并论证新时代背景下展览对象的主题表达，使展览体现现实价值。

关键词：纪念类临展；选题；主题；可持续发展

博物馆在构建社会可持续发展方面可以发挥重要作用，那么，博物馆自身的可持续发展也是非常重要的。展览，作为博物馆一项核心和基本的业务内容，是实现博物馆可持续发展的重要动力之一。一个展览能否具有个性和特色的关键是其选题和主题，尤其对于纪念类临时展览而言，同一纪念对象在不同的时间和地点，往往被多次重复策展纪念，最易使观众感到千篇一律。因此，如何确定此类展览的选题和主题，是一个值得我们思考的问题。

学术界关于展览选题及主题的研究由来已久，而从该角度对纪念类临时展览的研究则多在纪念馆展览及一般展览的内容设计等专题研究中涉及，主要包含理论层面探讨和具体案例剖析两个方面。本文即属后者。文章从纪念类临时展览的特征出发，分析与之相关的不变、变与可变因素，并结合案例，探讨可持续发展视域下纪念类临时展览选题与主题的确定。

一、纪念类临时展览的不变、变与可变内容

纪念类临时展览，除了兼具一般展览、纪念馆展览及临时展览的部分特征外，也具有其独特性。下面从展览本体、展览时间和策展单位及观众这几个方面，来看其间存在的不变、变与可变内容。

（一）展览本体

第一，展览纪念对象存在重复性。从横向上来看，同一纪念对象在同一纪念时间，被不同单位策展；从纵向上来看，同一纪念对象在不同纪念时间，被相同单位策展。第二，展览纪念对象兼具历史意义和现实价值。他们或是为社会做出卓越贡献的人物，使公众学习先贤探索求知、牺牲奉献精神等；或是促进社会进步的重大历史事件，使公众牢记历史、不忘初心等；或是重构人类历史过程的重要考古发现，使公众了解文化进程、增强文化自信等。

第三，展览题材具有多样性。同一纪念对象对不同地区或人群的影响不同，这些地区或人群与纪念对象之间，便存在包括精神文化和物质文化在内的多样关联选题。第四。展览以知识和情感输出为主。展览的纪念对象本身具有丰富的文化内涵，如杰出人物的科学发现、历史事件或重要考古发现的历史价值等。此外，考虑到临时展览的时效性，一项纪念类临展往往还会反映一定的学术动态。同时，纪念对象承载了广泛或局部人群的公共记忆，且这种公共记忆蕴含了积极、进步的精神内涵，此时，纪念类临展作为一种社会公众纪念活动，既表达了纪念情感，也输出了精神文化。

(二)展览时间

展览时间特殊，展期较为受限。纪念类临展的时间一般会选取10年、50年、100年等周年进行，比如纪念马克思诞辰200周年、纪念新中国成立70周年、纪念安阳殷墟考古发掘90周年、纪念五四运动100周年等等。这也表明，一方面，它较纪念馆的基本陈列具有更为显著的时效性，一旦错过所选纪念年份便失其策划初衷；另一方面，它较一般临时展览的展期更受时间限制，须在选定的纪念时间段里完成。

(三)展览地点

展览地点具有一定的不可替代性。展览地点与展览对象之间，在精神或物质文化上具有一定的关联度，这种关联度常常因影响程度不同而具有特殊性。因此，当策展单位精准地确定了对其具有特殊性意义的选题和主题时，在实现展览“有话可讲、有物可展、有情可传”的同时，也凸显了策展单位地点的不可替代性。

(四)观众

从动机上来讲，寻求知识、满足情感是此类展览观众的主要观看动机。按照史密斯学会博物馆关于观众体验分类的研究，此类展览的观众体验应包含认知体验和内省体验。认知体验型观众主要以专家、学者为主，展览内容或许是他们的研究对象，或者是他们感兴趣的知识领域，他们希望通过展览获取相关信息，丰富他们的认知。内省体验型观众，与纪念对象往往具有一定的情感关联度，在此类以展览形式举办的社会纪念活动中，融入个人纪念情感，体验归属感、成就感等。

纪念类临展的“纪念”性质，决定了展览存在固定对象的重复性和年复一年的动态性，其中有些内容必然会变、不变，而有些内容则可依据具体情况改变。据上文分析可知：不变的是纪念对象及其发生时间和地点，变的是纪念年份，可变的是策展单位、现实价值与文化内涵及观众。因此，处理好策展单位与纪念对象的关联、发掘好纪念对象的现实价值和文化内涵并处理好目标观众需求，是确定好此类展览选题与主题的关键，也是实现此类展览可持续性发展的关键。

二、“纪念曾侯乙编钟出土40周年：编钟乐舞艺术实践展”

“纪念曾侯乙编钟出土40周年——编钟乐舞艺术实践展”，是笔者现供职单位(武汉音乐学院湖北音乐博物馆)于2018年举办的一个纪念类临时展览。该展览便是基于上文所述纪念类临展“不变、变与可变”内容的一个践行案例。

(一)策展单位与纪念对象的关联

曾侯乙编钟对湖北省博物馆和随州市博

物馆的影响,主要是其考古学术价值及以此为基础展开的相关学术研究及建设,而对湖北音乐博物馆及其所属的武汉音乐学院而言,主要是其音乐学术价值及以此为核心展开的相关学术研究及建设。

湖北音乐博物馆是一所直属于武汉音乐学院的高校专业博物馆,隶属的武汉音乐学院,是我国中部地区唯一独立设置的高等音乐学府,具有突出的音乐学研究与艺术实践方面的优势。博物馆下设有中国音乐考古中心和湖北省非物质文化遗产研究中心,积累了较为深厚的编钟音乐考古和荆楚非物质文化遗产研究方面的学术资源,并保存有丰富的编钟音乐艺术创作及表演实践方面的研究手稿、创作图谱、音像图片等珍贵资料。自1978年曾侯乙编钟出土之后,湖北音乐博物馆所属的武汉音乐学院充分发挥在音乐学研究与艺术实践方面的优势,着力开展了立足于传统音乐与音乐考古研究成果上的古乐器复制、创编及表演活动,设置音乐考古四年制本科专业,成立音乐考古教研室、音乐考古研究中心、湖北音乐博物馆。同时,武汉音乐学院的先贤前辈在曾侯乙编钟的音乐理论研究领域中也作出了重要贡献。几十年来,武汉音乐学院一直坚持主办或协办参与每十年开展的纪念曾侯乙编钟出土周年活动,该展即为纪念其出土40周年举办的系列活动之一。

基于上述内容,我们将选题确定为"编钟乐舞",实现了策展单位和纪念对象的有效连接,即编钟乐舞因曾侯乙编钟而兴起,而武汉音乐学院是编钟音乐和舞蹈艺术创作实践及理论研究的重要阵地。这也摈弃了我馆没有编钟考古出土遗物的不足,并且在该选题上,我们也具一定的话语权。同时,这也符合我馆的办展宗旨和理念。正如该展的总策划李幼平教授所言:"'编钟乐舞'符合湖北音乐博物馆注重展览'音乐性'的特点,是将乐器应用到音乐实践中,以音乐为切入点,以编钟为中心进行拓展的展览。"

(二)纪念对象的现实价值和文化内涵

选题确定后,我们初步拟定了与选题相关的三部分内容,即分别围绕曾侯乙编钟的考古发现、音乐理论、艺术创作实践展开。在未明确展览主旨的前提下,我们将上述三部分内容首先进行了以下演绎:①墓葬中的曾侯乙编钟;②学术里的曾侯乙编钟;③舞台上的曾侯乙编钟。很显然,该结构演绎既不突出选题,也缺乏亮点及相互之间的联系。于是,我们重新审视纪念对象和选题对象,探寻其在当今社会中的现实价值和文化内涵,并以此明确此次展览的主旨及传播目的。

纪念对象即"曾侯乙编钟",它蕴含了中国古代礼乐、艺术、科学技术等多方面的文化内涵,作为大国重器不断亮相世界舞台讲述中国故事。选题对象即"编钟乐舞",它是以编钟为核心开展的艺术实践,是当代人对古乐文化的重新演绎,也是以编钟为核心开展理论研究的重要成果。"编钟"早已不是冷冰冰的墓葬中的遗物、学术里的材料、舞台上的道具,它不断活跃在世界舞台,成为新时代背景下我们"坚定文化自信,讲好中国故事"的重要发声者,向世人展示其所承载的中华辉煌灿烂的钟乐文化和礼乐文明。如此,我们有责任和义务,通过此次展览,全面展现编钟乐舞艺术魅力,传颂中华文化,推动中华编钟进一步走进当代社会、走向世界舞台。

遵循上述展览主旨及传播目的,探寻讲好"编钟乐舞"故事的方法,便是我们提炼此次展览主题的路径。李幼平教授指出，曾侯乙编钟出土40年，历经了由器而物、由物而事、从事到人、从古人到今人的研究过程，从这个角度，审视上述三部分内容，可以提炼出礼乐文化、器乐文化及乐舞文化三个小主题，包含有“器”“物”“事”“人”，再将它们置于一个动态的过程，并考虑：纪念对象与策展单位的最大关联即“音乐”，策展单位的特色即“音乐性”，选题内容即乐器、乐音和乐舞，“乐”字贯穿所有。因此，以“编钟之‘乐’”为主题甚为恰当。

整个过程，我们也充分考虑了目标观众的需求。该展览虽面向社会公众，但鉴于我们是一所高校博物馆，故同时存在两类特定的观展人群。一类是曾侯乙编钟及编钟乐舞的研究者或对其感兴趣的人群，他们属于认知体验和反省体验型观众；一类是在校生，他们专业、兴趣不同，视展览内容、形式等情况选择是否观展，属于认知体验型观众。因此，需要尽量兼顾学术性、科普性及文化性。因此，在明确编钟主题的基础上，结合目标观众需求，我们将整个展览内容以“乐”为核心进行演绎：①古乐之乐；②器乐之乐；③今乐之乐。这不仅体现了展览主题，同时也实现了展览结构的视觉串联和逻辑联系，使观众可以在囊括不同信息的展览内容中，保持清晰的观展关键点和逻辑脉络。

三、小结

纪念类临展的纪念对象虽然具有重复性，但同时选题和主题也具有多样性。确定此类展览的选题和主题，需要用可持续发展的眼光，把握其中的“变、不变与可变”因素。上述内容或可给予我们以下启示：

（一）有话可讲、有物可展、有情可传

综合分析纪念对象与策展单位的关联，找寻连接纪念对象与策展单位的选题，使展览“有话可讲、有物可展、有情可传”。

（二）突出特点，发挥优势，彰显个性

明确策展单位宗旨与特色、优势与短板，确定策展单位具有一定话语权的有效选题，凸显了展览地点的不可替代性。

（三）关注当下，把握时代，体现价值

关注社会变化，把握时代脉搏，探寻并论证新时代背景下展览对象及选题的主题表达，使展览体现现实价值。

参考文献：

[1] 陆琼.陈列主题之我见[J].中国博物馆，1998(4):32-37.
[2] 蒋潇，王鹏远.试论陈列展览的选题[J].中国博物馆，2004(4):50-56.
[3] 宋向光.历史博物馆陈列主题的内涵与解读[J].中国博物馆，2006(2):62-70.
[4] 安廷山.中国纪念馆概论[M].北京：文物出版社，1996.08.
[5] 黎亦淮.浅谈纪念类博物馆陈列展览如何走出“千馆一面”的困局[J].文物世界，2015(6):61-64.
[6] 俞乐滨.纪念馆陈列主题的确立方法[N].中国文物报，2011-6-1；相瑞花.革命纪念类展览独具特色[N].中国文物报，2019-5-28.
[7] 李幼平.艺术联姻科技 传统结合当代——武汉音乐学院音乐考古学专业一路走来[J].黄钟(武汉音乐学院学报)，2013(4):169-174。
[8] 湖北音乐博物馆:《“纪念曾侯乙编钟出土40周年国际学术研讨会”筹备会暨湖北音乐博物馆2018年“编钟乐舞”临展主题研讨会在博物馆顺利召开》，https://mp.weixin.qq.com/s/7V77KEy6mP-kWmHdxx6xhg.
[9] 李幼平.寰宇鸣钟 千秋律动——曾侯乙编钟研究与文化建设10年(2008—2018)回眸[J].黄钟(武汉音乐学院学报)，2018(3):56-66.

探索云展览策展践行可持续发展理念的两种路径

云彩虹　襄阳市博物馆

摘　要：依托于新兴数字技术的云展览，赋予了博物馆展览践行可持续发展理念无数可能，这也使得社会对于博物馆云展览的期待值不断攀高。本文通过聚焦山西博物院北朝壁画系列展览与浙江省博物馆“丽人行”系列展览的变化发展，探索云展览策展在践行可持续发展理念中的两种路径。

关键词：博物馆；云展览；策展；可持续发展

2022年国际博物馆协会新修订的博物馆定义与2007年的博物馆定义相比，在表达方式上更为动态，在定义内容上进一步强化了博物馆的社会属性与社会价值，提高了对“人”这一主体体验感的关注与重视。这一定义的更新体现了当代博物馆为满足时代变化，从以“藏品”为宗旨向“以人为本”价值观的转变，也为博物馆践行可持续发展理念、实现可持续发展目标的社会责任提出了更为具体的方向——可及性、包容性、多样性、可持续性。

依托于5G、三维扫描、大数据、云空间、VR、AR、MR等新兴数字技术，云展览使博物馆的展览方式产生极大变革，这也给予了博物馆展览践行可持续发展理念无数可能。近年国内因疫情兴起的线上云展览，有的是简单图文展览，有的是线下实物展览的三维复刻，这些展览都不过是将实体展览复制照搬到线上，劳力伤财的同时也因缺少线下展览的真实性和体验感，没能吸引到观众，这显然与可持续发展理念相悖。这种云展览“无人问津”显然不是技术层面的问题，究其原因，还是这种简单复刻的策展模式缺乏创新性与独特性，没能利用新兴技术创新展览形式，发挥“云”这一汇集资源、共建共享的技术优势。笔者将通过分析近年热度较高、广受好评的两场云展览的展览内容与形式，来探讨云展览策展践行可持续发展理念的两种路径。

一、从线下向线上的演化——“走向盛唐：山西北朝壁画中的融合之路”

从山西博物院官网回溯其关于山西北朝壁画的展览，从2019年12月的线下实物展“壁上乾坤”、2020年7月的线下文物数字展“壁画的平行世界”再到今年1月21日上线的云展览“走向盛唐”，山西博物院对山西北朝壁画文物资源进行了从实体到数字、从内容到形式的多维度开发，实现了山西北朝壁画文物资源的可持续利用，也为社会带来了内容更为充实、形式更为丰富、更为人民群众喜闻乐见的展览。

通过梳理这三场展览的展示内容和形式，山西北朝壁画展览策展从线下向线上的演化路径将更为清晰明了。“壁上乾坤”实物展览的定位为艺术展，主体内容以三座山西北朝壁画墓划分为三个展示单元。以娄睿墓壁画展示山西北朝壁画的艺术价值及其在中国美术史上的重要地位，以九原岗墓壁画表现北朝时代胡汉杂糅的社会生活面貌，突出北朝壁画的历史价值，以复原展出的水泉梁墓壁画介绍山西博物院将现代科学技术应用于出土壁画易地搬迁的保护、修复工作。因壁画实物尺寸大、揭取形状不规则以及受展示空间大小、布局的制约，策展团队采取了一些辅助陈列的方式，例如制作了娄睿墓的剖视图模型、专门设计放置说明文字的斜面展台。

但简单的文字介绍显然不足以让观众能够全面系统地了解壁画所反映的北朝社会生活面貌及其丰富多样的文化内涵。中国壁画、书画类文物其内容受不同时代历史背景、社会文化、宗教思想、技法流派等多方面影响，体量庞大、内涵深厚，涉及社会生活的方方面面。国内各大博物馆的现有书画、壁画类展览多定位为艺术展，展陈形式较为单一固定，多是将文物陈列于展柜之中，并对其基本信息作简要介绍。这种艺术欣赏的定位虽然可以减轻策展团队的工作难度，但对于没有专业知识的普通观众而言，能够看懂文物内容、感受文物价值是存在知识门槛的，这也造成了观众在参观书画、壁画类展览走马观花、收获甚少的社会现状。

半年之后，山西博物院又推出了“壁画的平行世界”这一线下文物数字展，以山西历史名人“狄仁杰”动画形象作为展览导游，带领观众通过各种数字技术体验一千五百多年前的北朝生活。该展览主体分为四个单元，第一单元“华彩重生”以数字投影展示娄睿墓壁画初绘时的鲜艳色彩，第二单元“北朝风貌”以图文展板结合游戏互动的形式概括性介绍北朝时期胡汉杂糅的社会面貌，第三单元“壁上人间”提取了山西北朝壁画中的各类元素串联出一幅出行、狩猎、欢宴场景动画长卷，打造数字交互体验空间，第四单元“神影仙踪”用现代画师重绘再创壁画中的各类神仙怪兽形象，打造艺术影像空间。可以看出，该数字展通过数字手段丰富了壁画的展陈形式，以“狄仁杰”这一动画人物拉进壁画与观众尤其是青少年观众的距离，以更为平易近人且生动的方式讲述了壁画实物展览中未能涉及的内容。这种寓教于乐的展示形式增强了壁画展示的故事性和趣味性，但对于壁画反映的社会面貌、历史变迁、民族融合等内容还缺少更为深入的探讨和阐释。

时隔两年半推出的“走向盛唐：山西北朝壁画中的融合之路”云展览，从展览标题就可以看出，这是一场讲述山西北朝壁画所反映的民族融合道路的展览，它在展览主旨和对文物内涵的挖掘上相较前两个展览都更有深度，更具社会探讨和思考的意义与价值。且该展览的内容体量和展览形式也有显著提升。

该展览主体分为四个单元，第一单元“考古发现”以视频动画讲述北朝发展的历史背景，并结合电子地图的形式展现北朝辖域范围内山东、河北、河南、山西、陕西、宁夏回族自治区重要墓葬壁画分布示意图，部分点位墓葬还配有图文介绍。第二单元“时代写真”在前一次展览中形成的数字动画基础上进行内容扩充，并将馆藏山西壁画反映的内容题材分为宴饮、仪仗、狩猎、门楼、丝绸之路进行截取分类展示。部分组别增加了其他地区墓葬壁画、北朝前后时代以及同时代器物进行对比、组合展示，反映相应题材内容的历史发展。第三单元“丹青妙笔”以四节动画分步展示北朝壁画绘画步骤，在“长卷铺陈”中可以清晰完整地查看九原岗墓葬的东壁、西壁壁画，在“分栏构图”中采用墓室模型结合壁画的形式介绍壁画的分层结构，在“勾线传神”中通过画作、壁画、造像介绍古代画师的勾勒技法，在“重色填彩”中通过画作、漆画屏风、石刻介绍古代画师填色方法。第四单元“精神世界”将壁画中反映精神世界的内容划分为道德观念、神禽异兽、时空观念、多民族融合进行截取展示。

壁画反映的庞杂内容被策展团队进行分类展示，且每一件展品都有文字介绍和清晰的放大图像，再结合数字技术完整展示壁画墓葬结构，使这一展览体系明晰、内容充实，观众从而能够更加深入了解、欣赏壁画内容。在前言和结语部分，通过视频短片对展览的主旨内容进行高度凝练、声情并茂地讲述，为整个展览渲染庄重古朴的历史氛围，与主体内容用动画讲述的轻快氛围相得益彰、相映成趣，使展览既不失严肃，又能以趣味吸引观众。“走向盛唐”展览上线不到四个月，累计访客已有81万余人次，足见其受欢迎程度。

可以看出，想要展览有更为深度的阐释，必然要求有更为充分的展览内容作为支撑，也需要结合更为生动有趣的展览形式给观众打造趣味性学习空间，吸引观众，留住观众。与实物展览相比，云展览不用考虑实际展陈空间的限制，依靠各种数字技术满足了展览内容庞大体量的要求，又通过视频、动画、音效等手段使展览的展示形式更加生动有趣。

这种文物展示形式从线下向线上的深化给了策展团队更多的时间来深入研究文物内涵，不断夯实展览的学术基础，使得展览内容不断充实的同时，也给观众提供了多种欣赏文物、学习知识、感受历史的途径，生动体现了博物馆展览的可及性、包容性、多样性和可持续性。这种演化模式需要依靠策展团队对文物不断进行更为深入的研究，对博物馆的学术研究水平、策展水平都提出了更高的要求。

二、从线上向线下的开拓——“丽人行：中国古代女性图像云展览”

与山西博物院北朝壁画展览从线下向线上演化的路径截然不同，浙江省博物馆打破固有模式，从线上云展览向线下展览发展。在2021年3月8日，浙江省博物馆跨地域整合国内32家博物馆的1000余件画作，上线了“丽人行：中国古代女性图像云展览”（以下简称“丽人行”）。在新冠疫情阻碍观众线下参观博物馆的大背景下推陈出新，以脱离线下展览的独立云展览方式展示古代女性题材绘画作品，对画作进行现代女性主义解读与阐释，引发了观众、媒体对女性问题的思考与热议。与山西博物院壁画展内容从艺术欣赏层层递进到内涵挖掘的路径不同，“丽人行”云展览在一开始就主旨鲜明地高举女性主义旗帜，以现代视角诠释文物内涵，力图推动观众借由展览本身去反思当代女性问题，倡导两性平等等积极的性别观念，彰显了新时代博物馆传播社会理念、塑造社会文化的重要示范作用。

“丽人行”云展览在展览内容上分为五个单元，第一单元选取各历史时期女性图像代表作品展现女性形象的历史变化，第二单元展现古代女性梳妆打扮，第三单元展现古代女性有限的生活活动空间，第四单元展现古代女性的琴棋书画、相夫教子、女红劳作的日常生活，第五单元展现古代女性画家的代表画作。该云展览的内容策划过程完整，借用云展览这一形式突破了实体展览时间、空间的限制，并消除了实体文物借调的繁杂程序，将1000余件各地的画作以图片的形式汇聚在一场云展览中呈现，体现了云展览有别于实体展览的技术优势。

因为疫情原因，博物馆的展览、学术研讨、讲座等所有线下开放工作停摆。所以“丽人行”云展览除了有丰富的展品内容之外，还增加了展品图库、学术研究、文创展示、问卷调查、观众留言五个功能板块。展品图库支持按照作品题材、元素、年代、作者、关键词任意分类，查询展览中涉及的所有作品及其解读。学术研究展示了有关女性主义题材的诸多论文、论著及相关展览，文创展区上线了220余件相关文创产品，问卷调查和观众留言有利于博物馆收集观众意见，拉进了博物馆与观众之间的距离。线上观众留言功能甚至可以看作是观众实时讨论展览、探讨社会议题的公共空间。可以说，“丽人行”创新探索了完整的云展览体系模型，将展览的陈列、学术、教育、互动功能汇聚在一个页面之上，突破时空限制，拉进观众与博物馆的距离，使博物馆在不对外开放期间也能实现其社会功能与价值。

在广受好评的云展览基础之上，浙江省博物馆不断向线下开拓。2022年3月8日，浙江省博物馆联合江西省博物馆、安徽博物院、苏州博物馆、湖州博物馆举办了“1＋4”模式的女性主题线下展，浙江省博物馆之江新馆将在未来打造“丽人行”线下数字展厅。浙江省博物馆创新打造“丽人行”展览品牌的模式，走出了自己可持续发展的独特路径。

2022年“丽人行”线下实物展览的内容将云展览的五个单元融合为三个单元，聚焦女性主题精心挑选了74幅契合内容的馆藏画作，并搭配80余件(组)展品丰富展陈内容。与云展览海量浏览诸多展品的体验不同，线下展览突出精品，并配合展板、艺术品装置、多媒体互动屏、灯光、场景等多种途径，给观众营造了一个有古代女性生活氛围的空间。这种氛围体验空间和近距离欣赏实物展品的感受是线下实物展览区别于云展览的最大优势。此外，“丽人行”线下展览还增设了当代艺术空间，展示了50、70、90年代出生的现代女性艺术家的作品。这种古今对比使得“丽人行”探讨的女性主义价值观有了更为现实、更能代入的写照。“今人不见古时月，今月曾经照古人。”这样一个当代与古代展示空间风格鲜明的碰撞，给了今人与古人对话的空间，充分展现了现代女性不同于古时的鲜活生命力与创造力，给现代女性主义的思考与讨论带来了更为生动、更为独特的视野。

与实物展览同步推出的还有2.0版本的“丽人行”云展览，展品库不断更新扩容，新增了国内外18家博物馆藏的女性图像画作，邀请了浙江广电主持人为重点展品录制音频导览，打造了一个生动的“永不落幕的展厅”。除此之外，五大博物馆联合举办的女性主题展览利用数字技术实现了“云互动”。观众通过云展览小程序可以了解五个展览的所有展品信息，也可以通过全景漫游实现线上参观线下展厅。同时，浙江省博物馆还不断开发“丽人行”展览的配套活动，创新性开展虚拟微策展大赛，让观众在沉浸式学习空间中主动参与、自主设计，使观众对“丽人行”主题、内容、设计都有了更深刻、更独特的理解与诠释。

“丽人行”展览形式从线上向线下，再到未来的智能数字展厅，这一开拓流程是一个“持续开放、流动、生长与变化的文化实践的过程”。先策划线上云展览，可以将线上云空间视为广阔的试验田，策展团队可以创新展陈形式，囊括更多符合主题的展品，介绍更多关于主题的学术研究与相关展览，并广泛吸引社会关注。再从海纳百川的云展览中选取精品，通过多种线下实物展览的陈展手段打造线下沉浸式体验展览空间，并结合多种研学活动扩大展览主旨的广泛传播力度。同一展览内容的多种展示形式，既保证了展览的质量，也提高了文物及其衍生资源的利用效率。云展览可以为线下展览理清思路、打好内容基础，与线下展览相结合，共同给观众带来可及性、包容性、多样性、可持续性的公共文化服务。

三、结语

云展览从线下向线上的演化，是在线下实物展览的基础上通过对文物内涵的深入挖掘，不断调整、扩充展览文本并结合数字技术生动诠释文物的深刻内涵与历史价值。云展览从线上向线下的开拓，是独立展览依托数字技术实现囊括海量展品、学术研究等配套资源在形式和活动上的转变与外延。

不仅要依靠新兴数字技术，博物馆云展览在践行可持续发展理念时要始终坚持“内容为王，以人为本”的宗旨，深入挖掘现有文物资源的内涵，做好文物的阐释工作，丰富展览内容。创新展陈方式，为公众提供多样的参观、学习体验，让观众能够真正了解文物、欣赏文物、保护文物。还要积极为公众搭建由展览引发的探讨热点社会问题、传播新时代理念的线上公共空间，让人人成为传播者、分享者、体验者。由此，博物馆展览才能实现可及性、包容性、多样性与可持续性的社会属性，博物馆才能更好地肩负起构建可持续发展社会的社会责任。

参考文献：

[1] 山西博物院，山西省考古研究所主编.壁上乾坤：山西北朝墓葬壁画艺术[M].山西出版传媒集团·山西人民出版社，2019:3-28.

[2] 山西博物院.【今日开展】壁画的平行世界——狄仁杰带你探北朝[EB/OL].[2020-07-01].https://mp.weixin.qq.com/s/I29ZWmoODdyChdnzv_DaRQ.

[3] 浙江省博物馆编.丽人行：中国古代女性图像[M].上海书画出版社，2023:1-41.

[4] 倪梦婷.展览开幕丨“丽人行——中国古代女性图像展”观展攻略[EB/OL].[2022-03-08].https://mp.weixin.qq.com/s/1Me0Yo7FNOj7CjPTm9G38A.

[5] 毛若寒，李吉光.博物馆云展览的生成与生长——关于浙江省博物馆“丽人行”展览实践的思考[J].艺术评论.2022(9):53-62.

智慧博物馆建设的探索与实践
——以宜昌博物馆为例

丁汇宇　覃楠　宜昌博物馆

摘　要：智慧博物馆是近年来在数字博物馆的基础上发展起来的概念。本文从宜昌博物馆智慧建设的现状和问题着手，从加强互联网技术的应用等七个方面对智慧化建设进行探索与实践，进一步加快智慧博物馆建设，完善公共文化数字服务体系。

关键词：宜昌；智慧博物馆；现状与探索

智慧博物馆是以数字博物馆为基础，充分利用物联网、云计算等新技术构建的，以全面透彻的感知、宽带泛在的互联、智能融合的应用为特征的新型博物馆形态。智慧博物馆的建设是博物馆适应时代发展的必然需求，是提高博物馆管理水平和服务能力的必然选择。根据《关于推进博物馆改革发展的指导意见》《推进湖北省智慧博物馆建设的对策建议》，加快智慧博物馆建设，完善公共文化数字服务体系。

一、宜昌博物馆智慧建设的现状和问题

（一）现状

我馆现有VR体验设备1台、AR社教绘本3套、智能导览机器人2台、智能互动魔墙1台、3D扫描仪2台，开发使用信息化综合管理系统、藏品管理系统、微信小程序和预约系统等。智慧博物馆建设水平偏低，数字资源利用率不够。

（二）存在的问题

1. 观念陈旧，对互联网平台的重视程度不足

宜昌博物馆“触网”比例不高，对于近年来快速扩张的抖音、快手、B站等新兴平台接受较慢，整体入驻率较低，大多未根据用户特性与阅读偏好设计发布内容，导致粉丝黏性较低，且对于网络宣传的力度与方式重视程度不够，处于“萌新”状态。

2. 智慧博物馆资金来源单一、经费有限

博物馆作为由财政全额拨款，从事公益服务类的事业单位，相对固化的经费额度无法适应博物馆的发展需求。省内大部分博物馆智慧相关项目较难申请项目补贴或专项资金。

3. 智慧博物馆标准化建设程度不够

博物馆智慧建设缺乏统一标准，尚未形成集成、统一的智慧博物馆系统平台和成熟的行业标准体系。各馆的藏品资源库标准不一、覆盖面小、检索困难，博物馆藏品数据难以共通共享，分散建立的系统难以整合成功能强大的整体，解决标准化问题理应成为藏品智慧中必不可少的环节。

4.提供公共服务的能力有限

一是已建成的智慧博物馆访问率偏低，在公众中缺乏认知度，很多数字资源处于闲置状态，没有真正实现文物“活起来”，无法发挥其应有的公共文化服务价值和影响力。二是数字藏品资源利用率偏低。博物馆文物数字展示形式以文字、图片为主，表现形式单一。未能充分运用多媒体技术展示，内容的深度和广度仍有待挖掘。简单的文字介绍和静态的非高清图片对普通受众来讲缺乏吸引力，对专业研究人员来说也缺乏足够的利用价值，智慧博物馆未发挥出理想的效果。

5.智慧博物馆专业人才缺乏

智慧博物馆的建设工作，大量紧缺在文化、历史、技术、传播、管理等各方面具有综合素质的专业人才，智慧博物馆的各项工作不仅对文博专业有明确的要求，对于信息技术、计算机技术也有严格的要求。当前的博物馆从业人员虽然多是专业出身，但其中多为历史文化类专业。实现智慧博物馆的建设目标，当前的瓶颈在于跨越信息技术和考古的专业鸿沟。数字考古作为一个新的专业趋势，本身人才数量稀缺，使得目前智慧博物馆工作效率低下、质量不高，这在很大程度上阻碍了智慧博物馆的迅速发展。

二、宜昌博物馆智慧化建设的探索与实践

（一）加强互联网技术的应用

利用互联网平台加强博物馆宣传，打造以官方网站、微信微博、抖音、B站等平台为依托的宣传矩阵。宜昌博物馆2020年与三峡日报合作在抖音平台开展“抖出最美宜昌博物馆”短视频活动，累计播放量达到20万余次，2020年“5.18”国际博物馆日，宜昌博物馆开展“博物馆高质量发展”线上讲座直播，累计观看人数达到3万余次，推出“知行学堂”线上文物音频讲解，截至目前共推送80期，累计点击量达到12万余次。宜昌博物馆要广泛利用新媒体平台加强宣传，成立博物馆宣传矩阵，博物馆联合开展线上活动，做到一馆办展，全市博物馆共同宣传的效果，不断扩大博物馆的网络影响力。

（二）创新合作机制发展文博事业

1.博物馆与社会企业合作

博物馆要积极与社会企业开展合作，博物馆自身在产品营销、市场宣传、文创设计等方面存在不足，博物馆可利用社会企业在经营管理方面的优势，结合博物馆自身在展览、社教、研究方面的特点，推进博物馆文创产品、数字藏品、研学课程等项目广泛的走向市场，让文物“活起来”，让文化“火起来”。2022年宜昌博物馆与宜昌尔雅文博公司合作发售“楚季宝钟”“建鼓”“磨光黑皮陶罐”等数字藏品。

2.博物馆之间合作

加强博物馆之间合作，扩大博物馆联盟。目前由宜昌博物馆牵头成立的“宜荆荆恩”城市群博物馆联盟现有22家博物馆加入(宜昌9家博物馆)，博物馆之间可以在文物交流展览、社教课程推广、线上直播、文物数字资源、文创产品开发等方面资源共享，优势互补，合作共赢，能够让博物馆的智慧建设成果更广泛地应用。

2022年，博物馆联盟联合举办线上展览“争艳——‘宜荆荆恩’城市群博物馆联盟镇馆之宝联展”。采用线上虚拟展厅形式，将来自四座城市20家博物馆的100件镇馆之宝汇聚一堂，让观众能够通过网络实现云观展。

3. 博物馆与社会组织的合作

宜昌博物馆与宜昌市教育局、伍家岗区教科院合作，共同开发博物馆智慧社教课堂、AR社教绘本、博物馆微信小程序等项目，把博物馆送进学校，送进课堂里。通过智慧建设这一让文物“活”起来的重要方式，博物馆里的文物不再仅仅是放在博物馆里的展品，而是能从博物馆中走出去，走进校园、走进社区、走进企业、走进群众日常生活之中的优质文化资源。

（三）统一建设标准提升数字资源利用率

智慧博物馆的建设要统一标准，要根据国家文物局发布的《文物智慧保护标准体系框架指南》《智慧保护利用实施导则》等成果来规范智慧建设的标准，在开发应用、数据传输、接口标准等方面都做到规范统一，建成宜昌智慧博物馆一体化信息平台，做到文物数字资源共享共用，同时还要保持信息化架构的开放性和扩展性，随着智慧博物馆的发展，业务工作的拓展，要实现新技术、新系统的无缝接入和异构系统的整合接纳。

（四）推进与科技公司的合作

博物馆的智慧建设要积极与大型科技公司展开合作，2020年宜昌博物馆入驻美团APP与美团公司合作开发博物馆预约系统，从2020年上线至今，通过美团预约共计34.4万人次，收获好评9829条，排名仅次于三峡人家和清江画廊，稳居宜昌超高人气景点榜前三。宜昌博物馆应加强与各大科技公司的广泛合作，利用科技公司的技术、平台、服务提升博物馆知名度，推动博物馆智慧发展。

（五）应用新技术提升博物馆智慧水平

广泛应用新技术做好博物馆智慧建设，宜昌博物馆已实现场馆5G全覆盖，为未来5G技术的应用打好基础。利用区块链技术开发“太阳人”石刻数字藏品，加大智能导览、VR设备、AR技术等新技术的应用，宜昌博物馆目前有VR体验设备一台，AR社教绘本三套，智能导览机器人两台，智能互动魔墙一台，新一代智能VR智能导览设备50台。2021年底，宜昌博物馆购置两台3D扫描仪用于文物智慧建设。开展三峡工程精品文物智慧建设、三峡工程文物档案智慧建设，利用三维扫描技术文物智慧是博物馆智慧建设的基础，文物经过智慧的处理才能更加广泛地应用于文创产品开发、数字藏品发售、线上展览展示等方面，文物记录是从纸质绘图到胶片相机到数码相机再到3D扫描设备，从纸质图纸到平面相片到三维模型的发展过程，是智慧技术不断发展、智慧应用程度不断提高的过程，是未来文物智慧发展的重要方向。宜昌博物馆已率先开展探索与实践，文物智慧能够在宜昌博物馆智慧的建设中起到引领带头和标杆作用。

（六）大力发展文创产品、开发数字藏品

进行文创产品开发，打造博物馆文创IP。“国潮”文创产品颇受消费者喜爱，特别是年轻一代的消费群体，宜昌博物馆设计的25件文创商品和目前发售的4款NFT数字藏品，均取得了良好的社会效果，发售的12000份“太阳人”石刻系列数字藏品不到10秒全部售罄，是我馆利用数字技术、区块链技术的一次尝试与探索，对于宣传文物知识，让观众关注宜昌博物馆、关注文物起到了较好的宣传作用。未来，我馆将深入挖掘宜昌文化的内涵，加强文物研究，继续开发推出系列文创产品，包括“长阳人”、刻画符号、陶支座、楚季宝钟、磨光黑皮陶罐、建鼓、金属甲片等富有长江文化特色的文创产品、数字藏品。

（七）深入挖掘文化特色，让博物馆出圈出彩

深入挖掘文化内涵、文化特色，利用博物馆自身的特点，让博物馆出圈。宜昌博物馆的古城记忆展厅，是我馆最具特点、最具地域特色的户外展厅，我们通过短视频的方式拍摄古城记忆宣传片，提升博物馆的关注度和知名度，该展厅现已成为宜昌的网红打卡地。宜昌博物馆要结合自身的特色，利用现在热门的新媒体、新技术在博物馆宣传、展览社教、文创产品开发中发挥作用，打造博物馆“有趣”“好玩”“国潮”的文化IP，让博物馆出彩出圈。

总之，智慧博物馆的建设是推动中华优秀传统文化创造性、创新性发展的重要方式，它丰富了各类文化产品，提升了博物馆服务水平，为群众提供了更加丰盛的文化盛宴。

参考文献：

[1] 陈刚.智慧博物馆—数字博物馆发展新趋势[J].中国博物馆，2013(4):2-9.

[2] 陈刚，李晨，祝孔强.中国智慧博物馆建设发展研究[C].中国博物馆协会登记著录专业委员会.中国智慧博物馆蓝皮书2016.北京：红旗出版社，2016:3-38.

[3] 宋新潮.关于智慧博物馆体系建设的思考[J].中国博物馆，2015，32(2):12-15+41.

[4] 贺琳，杨晓飞.浅析我国智慧博物馆建设现状[J].中国博物馆，2018(3):116-126.

[5] 柳士发.智慧博物馆的若干形态[C].中国博物馆协会登记著录专业委员会.中国智慧博物馆蓝皮书2016.北京：红旗出版社，2016:36-60.

博物馆社会教育助力公共文化服务的宜昌博物馆实践

董清丽　张莹　宜昌博物馆

摘　要：博物馆是开展社会教育的重要阵地，对于构建美好生活和实现社会可持续发展发挥着越来越重要的作用。本文以宜昌博物馆社会教育实践为例，从教育课程研发、多方资源优化合作、"互联网+"教育新模式探索、文旅融合创新尝试四个方面，浅析了博物馆在助力公共文化服务中的具体做法，展示博物馆在促进社会可持续发展中贡献的积极力量。

关键词：博物馆教育；社会大课堂；互联网+；文旅融合

习近平总书记指出："一个博物院就是一所大学校。"博物馆是保护、传承人类文明的重要场所，是连接过去、现在和未来的桥梁。近年来，国家十分重视公共文化服务体系的建设和完善，博物馆是我国公共文化服务体系中的重要组成部分，是保障人民群众基本文化权益的积极力量，博物馆的教育职能是提升公共文化服务、传承优秀传统文化的有利方式。博物馆社会教育助力公共文化服务，重在解放思想、大道于行。

一、厚植文化基因，研发各类教育课程

博物馆以社会公众为导向，在公共文化服务细节中体现人性化关怀，为社会公众提供精神滋养，提升社会公众的互动参与度和文化获得感，一直是博物馆肩负的重要使命。宜昌博物馆从馆藏资源和自身特点出发，深入挖掘馆藏文物资源的价值内涵和文化元素，以讲好文物背后的故事、讲好荆楚故事为核心，依据不同群体的学习特点、参观兴趣和文化需求，研发博物馆系列教育项目和精品社教课程。打造博物馆教育品牌，形成社教活动常态化、品牌化、特色化发展。扩大博物馆影响力，以优质的文化产品服务各类观众群体，使优秀传统文化成为涵养社会主义核心价值观的重要源泉。

（一）构建馆校共建社教课程

与伍家岗区教科院、城区各中小学搭建馆院、馆校合作平台，构建博物馆课程，在博物馆特色社教课程进校园、学校课后作业本土化研究、博物见识集成化案例、博物馆智慧社教课堂及社教AR产品研发等方面进行了探索实践。一是建设"博物雅读"特色校本课程。以弘扬中华优秀传统文化为核心，围绕"研馆中精品，思时尚融合，创博物价值，显学科特质"的主体思路，将场馆的特殊空间转化为学校学习和教师教研的延伸地，搭建教研员与讲解员、教师与文博专家、学校与场馆的交流互动平台，推动双方优势资源的互惠共享。近三年

共开展“博物雅读”系列社教活动数百场，惠及青少年近百万人次。“博物雅读”馆校共建校本课程建设系列活动入选2022年度全国文博社教百强案例。二是合作开发《博物致知开心劳动——岳湾路小学校本劳动教材》，引导学生认识人物、劳动、科技、传统文化等是如何托举社会发展的历史，创博物价值，显五育融合。三是与伍家艺术教研团队合作开发区域博物馆艺术课程。该课程以艺术新课标为导向，充分挖掘博物馆育人潜能，深入开展博物馆课程与艺术国家课程的融合研究，解锁艺术博物馆课程新样态。四是开展“传统文化校园行”馆校共建活动，每周通过线上线下主题课程、动手实践及“流动展览进校园”等相结合的方式走进校园，丰富学校“双减”活动形式。

（二）打造“知行学堂”线上社教品牌

聚焦馆藏资源，从馆藏文物、三峡民俗、动物标本、中国传统节日等多个视角展开，通过讲解员丰富的音频讲解和精美的图文内容展示等多种形式，吸引更多社会公众，尤其是青少年群体主动走进博物馆参观学习，主动利用微信公众号发布的“知行学堂”线上社教品牌内容获得更多历史文化学习资源，不断优化博物馆公共文化服务水平。自2020年5月该品牌创建以来，目前已推出21个系列主题共102期线上音频讲解活动、“说文解物”系列讲解节目6期、学习党的二十大精神 展现爱国敬业风采——宜昌文博宣教岗位主题演讲优秀作品展示活动4期等，参与线上互动观众达70余万人次。

（三）推出代表性社教课程

宜昌博物馆以各中小学校园特色和文化定位，实行校园点单，博物馆定制“菜单式”社教服务，围绕立德树人的教育目标，进行博物馆系统化、特色化、适龄化社教课程研发，推出了一批具有代表性的特色社教课程。该系列课程以巴楚文化、宜昌民俗文化、屈原文化为主题，如小学课程“宜昌博物馆里的生僻字”“勇敢的布老虎”“宜昌农耕用具”“光影的艺术——宜昌皮影赏析”等；初中课程“屈原故事”“宜昌大抢运”“以镜鉴古今”等；成人课程“走进家乡历史，传承巴楚文化”“宜博文物修复师”等，通过PPT授课、互动问答、动手实践、手工DIY制作、流动展览及参观讲解等方式，注重分众课程设计，讲解有的放矢，环节灵活多样，满足了各类观众了解宜昌历史文化的需求。自开馆以来，共开展相关社教活动217场，惠及人民群众72.49万人次，取得了扎实的活动成效。

（四）开发本馆特色AR社教产品

运用“互联网＋”文物教育，设计开发《屈原故事》《楚季宝钟》《古城记忆》《楚辞华章 · 橘颂篇》智慧AR社教绘本、《物竞天择》研学手册及“博物雅读”智慧社教课堂。采用“云教育课堂＋平板教学＋社教绘本＋多场景社教融合”的全新模式，开展了屈原文化、宜昌皮影、楚季宝钟、金属饰片等“博物雅读”智慧社教课堂17次，服务青少年6000余人次，在讲述宜昌文物故事中，为青少年开阔眼界、增长知识、提升审美提供更多的学习体验。

二、加强多方合作，让博物馆“大学校”走向社会

（一）加强与国内外知名旅行社的战略合作，开拓研学市场

根据不同群体定制精品研学路线，结合宜昌特色文化及打造“世界旅游目的地”规

划，以博物馆为中心，涵盖旅游景点、文化商圈、历史文化公园等，构建历史文化研学游、自然科普研学游，让博物馆成为研学必到打卡地。合作开展的“我心中的博物馆”“宜博讲堂”“物竞天择”等研学课程，将宜昌的地方文史、民俗、地质和动物知识用绘本、讲座、展厅互动、儿童剧等研学形式，把文物故事、动物知识翻译成可画、可写、可想、可触的博物馆研学游。

（二）深入开展博物馆“五进”系列活动，推动博物馆资源走进社会大课堂，构建社会“大学校”

近年来，宜昌博物馆积极践行“请进来”和“走出去”相结合的战略，推动中华优秀传统文化惠及更多人民群众，特别是特殊群体和偏远地区的学生，弥补其不能实地参观博物馆的遗憾。如2021—2022年7、8月，宜昌博物馆走进万达广场，开展“展览进企业——探见宜昌博物馆之旅”教育活动和“展览进企业——宜博探秘”活动，联合打造国潮历史文化之旅。展示馆藏重点文物仿制件，在万达华为体验店开展“神奇的楚季宝钟”社教课程，上演精彩的少儿汉服走秀、中国舞表演和“我为文物代言”文物仿制件走秀活动，将传统韵味与文物欣赏相结合，推动博物馆文化破圈出圈；与共驻共建单位武警宜昌支队、柏临河路社区、枫香树社区密切合作，结合“筑堡工程”，合作建设社区屈子讲堂，针对社区举行流动博物馆社教活动，发放文化宣传折页，开展形式丰富的文化惠民宣教活动等，以丰富多彩的活动形式，让博物馆馆藏资源惠及更多人民群众，并将社区内的青年人、中老年人一并纳入社会志愿者范畴，鼓励其参与博物馆公共文化服务。

（三）开展馆际合作，整合区域资源

依托“宜荆荆恩”城市群博物馆联盟平台，充分整合区域内优势社教资源、文化特色，开展联合社教活动、联合线上礼仪培训、馆际交流学习、志愿者学习交流活动等，有效促进四地各馆在社会教育、学术研究、陈列展示、文物保护、文创开发及考古发掘等方面的发展。2022年，“宜荆荆恩”城市群博物馆联盟开展了一系列联合社教活动。5·18国际博物馆日，宜昌博物馆开展了“讲好宜昌故事”青少年演讲比赛、“我是小小皮影家—走进杨岔路小学”主题活动、“虎虎生风壬寅年虎文物流动展”进校园活动；荆州博物馆“荆楚瑰宝趣味讲堂”走进黄家塘小学和荆州市机关幼儿园；荆门市博物馆“流动博物馆”走进荆门市仙居乡中心小学；恩施土家族苗族自治州博物馆“博学雅识”课堂走进恩施市江城希望小学和特殊教育学校；并开展了联合线上礼仪培训。宜昌博物馆作为线下主会场，采取现场直播的形式，共489名联盟成员足不出户同享云培训。2023年开展环球自然日“宜荆荆”都市圈赛区活动。环球自然日活动由美国环球健康与教育基金会发起，是一个具有国际视野，服务青少年，以自然科学为切入点的公益项目和全球性赛事活动。2023年环球自然日活动宜昌博物馆作为湖北省唯一承办赛区，依托“宜荆荆”都市圈博物馆联盟、伍家岗区教科院、教培机构等，扩大活动宣传辐射面，全面推动青少年对自然科学的学习热情，促进博物馆科普教育职能的长足发展。

（四）加强与高校的联系合作，共享研究成果

与高校共享研究成果，积极拓宽合作方式，共享资源，建立校外教学实践和实习平台，

服务于博物馆文物研究、考古发掘、博物馆教育实施、陈列展览等业务工作。宜昌博物馆是中国人民大学、三峡大学的校外实习基地。此外，博物馆为学生提供寒暑假及节假日到馆参加展览讲解、咨询引导、文明劝导等志愿服务岗位，通过志愿服务活动吸引更多热爱传统文化的大学生加入博物馆志愿者大家庭。

三、创新“互联网＋”，实现博物馆教育多样化

随着元宇宙、大数据、云计算、区块链、人工智能等新一代信息技术的发展和应用，博物馆逐渐从单一的实体形态向具有完整智能生态系统的智慧博物馆方向发展。宜昌博物馆紧跟数字技术的发展步伐，面向学生群体开发的智慧AR社教绘本、《物竞天择》研学手册和智慧社教课堂，集引导式、体验式、多场景应用“互联网＋文物教育”于一体，以AR主题情景沉浸式的对话方式和动漫绘本的形式，通过通俗易懂的文字、生动有趣的画面及参与互动性较强的游戏，增强了博物馆社教的趣味性、互动性和参与性，在今后的社教活动、五进及研学活动中广泛运用，努力发挥出博物馆公共文化服务更大的价值。另外，通过新媒体平台的宣传展示推介短视频、云看展、云讲解、直播互动活动等实现博物馆学习时间的碎片化利用，打造永不闭馆的云课堂，通过各种创新理念、先进技术的引入和实践，推动博物馆不断向信息化、数字化、智能化发展。我馆与三峡日报合作在抖音平台开展“抖出最美宜昌博物馆”短视频活动，累计播放量达到20万余次。“当文物唱响橘颂”“博物馆里的萌主”“在博物馆遇见你”“‘鼎’好的博物馆”等播放量达25万余次，其中“在博物馆遇见你”荣获“湖北省文博短视频展示推介活动”精品奖，“当文物唱响橘颂”获得湖北省文旅厅“九头鸟”文创征集大赛三等奖。

四、深化文旅融合，赋能博物馆教育新发展

2023年“五一”假期，各地相继推出看展式社交、国风汉服、围炉煮茶、音乐雅集等活动，在火热的文旅市场背后，涌动着文旅融合深入推进的鲜活实践。推进博物馆与不同的产业、业态跨界融合，繁荣“体验经济”和“夜间经济”，促进博物馆文化资源与现代生产生活相融合，实现资源开放和社会共享的最大化，同时推动文旅深度融合，更好地满足人民群众多元化的消费需求是推动博物馆高质量发展和实现高效能传播的必然要求。宜昌博物馆立足本馆特色，积极探索经营业态创新和社教新形式，提升游客体验感和参与度，打造休闲博物馆。拟开展“博物馆＋剧本杀”和夜游博物馆活动，让文化立起来，让场馆活起来，更好地满足人民群众多元化的消费需求。

（一）融合“剧本杀”让馆藏资源“活起来”

将博物馆与“剧本杀”跨界融合，为观众带来基于馆藏资源的特色文化体验。以宜昌历史文化为素材，利用博物馆《古城记忆》展厅仿古建筑的特色空间和民俗展品，实景打造“《夷陵往事》剧本杀”沉浸式体验项目。借助数字化技术，最大限度地调动观众的感官，灵活构建出一个可阅读、可沉浸、可互动合作、可自主选择的叙事情景，让观众成为主角。通过文物讲故事、故事传文化，让文物在剧中“活起来”，吸引不同年龄段观众群体了解文物、关注文物保护事业。打造文旅爆款项目，进一步提升宜昌文化旅游吸引力和影响力。“《夷

陵往事》剧本杀”沉浸式体验项目，2023年将接待第一批观众。

（二）探索新“夜”态，添彩“夜经济”

开放夜间观展，有效解决博物馆和观众之间的“供需错位”；策划夜场教育活动，开展“古城记忆”夜游、光影秀、“屈原诗词吟唱”、VR设备智能观影、“动物探秘——夜宿博物馆”等馆内夜间特色主题文化活动；设计猜灯谜、知识问答、文物拼图游戏、秉烛赏词、制作创意画等夜场体验活动，给观众带来全新体验，让观众在有限的时间内完成一场轻松愉快又品质高雅的夜间文化之旅，也为“夜经济”注入新活力。

博物馆教育是一项任重道远的大工程，我国公共文化服务体系建设与研究也还处于起步阶段，我们应继承楚人“筚路蓝缕以启山林的开拓精神、不鸣则已一鸣惊人的勇毅性格、问鼎中原雄霸天下的豪迈气概”，不断开拓创新，将“以人为本”理念贯彻始终，扎实走好每一步，让博物馆教育真正根植于每个民众的心中，接受博物馆教育真正成为每个民众的生活常态。

参考文献：

[1] 黄明慧.“馆校合作”模式下博物馆教育课程开发探索——以中国海盐博物馆“铜镜课堂”为例[J].中国民族博览，2023(1):236-238.

[2] 赵锐.博物馆公共文化服务体系构建研究[D].长春：长春工业大学公共管理学院，2020.

[3] 张鹏，王立明，张红雷.文旅融合背景下济南打造博物馆文化新地标的策略[J].人文天下，2022(3):48-52.

浅谈民族文化交流对社会可持续发展的影响力
——以宜昌博物馆举办“新疆博尔塔拉蒙古自治州民俗展”为例

杜青　阮晓雨　宜昌博物馆

摘　要:博物馆通过举办民族文化交流展览等活动,挖掘民族地区人文资源和文化底蕴,借助文旅融合增进各族人民的交流、理解、欣赏和尊重,铸牢中华民族共同体意识,从而实现对社会可持续发展的积极影响。

关键词:民族团结;文化交融;公共服务;可持续发展

习近平总书记指出,社会保障是保障和改善民生、维护社会公平、增进人民福祉的基本制度保障,要树立战略眼光,顺应人民对高品质生活的期待,适应人的全面发展,不断推动幼有所育、学有所教等方面取得新进展。要研判未来5年、15年乃至30年我国人均受教育年限增加等发展趋势,积极应对新情况新问题。

博物馆作为公共文化设施中的重要社会教育场所,对于构建美好生活与社会可持续发展具有关键性作用,应通过丰富多彩的教育项目、陈列展览和社区活动和研究来实现这一目标。

宜昌博物馆作为国家一级博物馆,不断创新文化服务方式,近年来连续荣获国家社会主义核心价值观展览推介、湖北省六大精品陈列等奖项。在少数民族文化服务项目方面,也以铸牢中华民族共同体意识为主线,以民族团结进步为主题,提供文化产品,开展文化活动,推动民族文化交流交往交融。

笔者拟从该馆引进的新疆民俗展如何创造民族文化交融连锁效应方面,从社会可持续发展角度纵深延展,以期为策展人、社教人员、文创人员提供发掘展览系列影响力的借鉴探讨。

一、“援疆”系福祉,团结成大业

2023年的春晚,全国人民再一次被争奇斗艳的民族服饰冲击了视觉,56个民族合唱一首《家园》的情景重叠进儿时的记忆,每一年的辞岁都会上演这样一幕经典,就像每一个家庭的儿女团年夜回到父母的身边……

我国是统一的多民族国家,56个民族共同团结奋斗、共同繁荣发展,形成了你中有我、我中有你,谁也离不开谁的命运共同体。自1999年特别是2010年中央新一轮对口援疆工作启动以来,湖北省向新疆博尔塔拉蒙古自治州(博州)展开对口援助,使湖北这个既拥有少数民族聚居自治州、自治县,又是少数民族同胞求学、务工和经商集中地的中部大省,光荣地承担起援疆援藏的民族工作重任。

湖北省宜昌市对口援助博州温泉县,23年间两地始终以文化为媒介全面加强交流交往交融,先后在项目建设、交流互访、人员培训等方面加强合作。博州博物馆组织的“青

色草原　美丽家园——博尔塔拉民族风情展”从2015年5月至今共赴内地6省19市博物馆进行交流巡展，为内地人民带来了辽阔西北青色草原散发的无限魅力。2023年新春，来自博州的这张名片通过宜昌博物馆将邀请送至亲如兄弟的峡江人民身边。环山抱水的博尔塔拉集塞外雄奇与江南灵秀于一身，清代学者洪亮吉赞誉其：“西来之异境，世外之灵壤。”通过展览的图文与充满异域风情的民俗文物，为观众呈现出了博州的森林草原、雪山冰川、沙漠戈壁、绿洲湿地、沼泽湖泊，这里有4个国家级、自治区级自然保护区和1个国家级重点风景名胜区，丰富的自然景观、矿产物藏、生物资源和人文资源，以及濒危的珍贵孑遗、亿年的海洋化石等，实可称为文化旅游宝藏的富集地。

二、以展为媒，助推“文化＋旅游”

在当下，“守着金山银山”“酒香不怕巷子深”的老观念已不适用于地方经济建设的发展，“援疆”行动要帮助博尔塔拉提升旅游业名声，造出动静赚吆喝才是清晰的认知、主动的作为。

自2017年武汉至新疆博尔塔拉蒙古自治州(博州)首趟“鄂博号”旅游专列从武昌站启程，9800公里里程中首站到达甘肃敦煌，终点为博州阿拉山口，旅程逐次撩开塞上风光炫幻面纱的同时，也连起了鄂博两地人民的心。然而，自2020年始历时三年的抗疫大战，让各行各业都不可避免地遭遇了冲击。如今适逢全国旅游业复苏，据携程、驴妈妈、同程旅游等旅游平台发布信息，今年春节国内外旅行订单皆迎来三年巅峰，旅游订单整体较去年春节增长4倍，其中国内长线游增长300%。新疆地区春节累计接待游客达478.19万人次，同比增长32.79%。新的年景出现如此振奋人心的成绩，我们要思考创下开门红后应该怎样乘胜追击。大可借此次博州——宜昌交流展的主旨输出，将“坐火车，游敦煌、观赛里木湖、看阿拉山口”的宣传推广，以湖北省、新疆博州文化旅游行业为基点，辐射向全国范围，做大做响，让“鄂博号”信心十足地行稳且长。

从《2021年度国家老龄事业发展公报》获悉，截至2021年年底，全国60周岁及以上老年人口数量约为2.67亿，占总人口的18.9%。滚滚而来的“银发浪潮”，既给我国经济社会发展带来巨大挑战，也蕴藏着宝贵的发展机遇和希望。

毋庸置疑，文化情结的感召力对有着特殊年代经历的“老三届”人是隽永的。50、60年代新疆题材电影《阿娜尔罕》《冰山上的来客》《天山的红花》等无不深深印刻在银发族的脑海中……当他们从展览中浏览到那些鲜明的地域特色，雪山、冰峰、大漠、高原、牧场、山峡、盆地等；品味浓郁的民族特色，别样的风土人情、生活习俗、建筑、服饰等；再重温起那风格独具的新疆音乐、舞蹈，《花儿为什么这样红》《怀念战友》《冰山上的雪莲》《帕米尔的雄鹰》等电影插曲比电影情节更能引发心潮澎湃。老年朋友们在有钱有闲的今天，如果有专为银龄族打造的附加影视人文情怀的优质观光旅程，他们何乐不择一趟边疆行呢？老年群体的文化娱乐休闲产业兴盛不仅深切关系到了人民福祉，还能顺势推动经济社会的可持续发展。回转头，您能发现这场“蝴蝶效应”的源头是来自一个展览吗？

三、打好“非遗”文化牌，树推文旅新亮点

在“援疆”行动中，宜昌为温泉站台，湖北为博州引流。内地与塞上文化的交流互为借鉴，用背后的故事吸引人，用眼见为实的感叹征服来客。文化是旅游的灵魂，旅游是文化的载体。非遗是文化多样性的重要体现，正是因为文化的多样与差异，因为着迷于各地多姿多彩的非物质文化遗产，旅游的意义才更有内涵。风景不一定是名胜，有了文化才是名胜。旅游的发展将为非遗的传播拓宽渠道、插上“翅膀”。博物馆则应发挥历史文化研究职能，牢牢把握文化和旅游融合的方向和要求，贯彻新发展理念，进一步加强对非遗资源的挖掘阐释，打造原创展览活动等，通过指导提炼提高传承实践水平，为旅游业注入更加优质、更富吸引力的文化内容。

（一）做好非遗梳理传承，搭建文化互鉴平台

近年来，温泉县在非物质文化遗产名录体系建立、传承人命名、遗产普查、重点项目保护和重大活动组织等方面做了大量工作，取得了显著成效。2022年温泉县短调民歌和蒙古族刺绣项目代表博州参加了“‘新疆是个好地方’对口援疆19省市非物质文化遗产展”。而由宜昌博物馆、长阳县博物馆、恩施州博物馆、来凤县民族博物馆共同打造的“花铺盖——中国土家族织锦西兰卡普展”已巡展6个市州，接下来我们也将计划送展青色草原，希望土家族的西兰卡普织技与博州的蒙古族刺绣这两支非遗之花能够交相辉映共放异彩。

（二）发掘民族文学魅力，激发文化交流碰撞

产生于新疆卫拉特蒙古的口头文学《江格尔》是蒙古民族史诗发展的顶峰代表作之一，已流传到欧亚大陆的许多国家和地区。其长期在民间口头流传的形式，与宜昌夷陵区下堡坪民间故事的传承方式有着异曲同工之处。下堡坪民间故事有两千多个，具有鲜明的地域特色。该乡能讲50个以上故事的有100多人、能讲100多个故事的有20多人、能讲200多个故事的有4人。谭家坪村84岁的农民刘德芳能讲400多个故事，且能传唱100多万字的山民歌、薅草锣鼓歌等。2005年，刘德芳被中国民间文艺家协会命名为“中国民间故事家”；2007年，被文化部授予第一批国家级非物质文化遗产项目代表性传承人。在新疆，演唱《江格尔》的民间艺人被称为“江格尔奇”。经过江格尔奇在演唱中的不断加工，篇幅逐渐增多，内容逐渐丰富，才使《江格尔》完善成为中国三大英雄史诗中的一部珍品。江格尔奇与刘德芳们不愧是我国民族民间文化的“活化石”，做实非遗传承工作，就要将他们的口口相传借助融媒体效应推上更广阔的舞台，推进人民大众的脑海里。

（三）民间文艺亮名片，兄弟市州展风采

能歌善舞的标签对应着热情豪迈的少数民族兄弟姐妹。新疆维吾尔族舞蹈“赛乃姆”，是众多的传统民间舞蹈中最普遍的一种歌舞形式，自由活泼的风格最适合在佳节、婚礼和亲友欢聚时起舞助兴；哈萨克族的生活中充满了歌声和韵律。歌手阿肯将古老的歌谣、故事、谚语、寓言、格言等进行提炼加工，配以民歌曲调，使民族音乐与民间文学融为一体；蒙古族悠扬连绵的琴声、高亢嘹亮的歌声，传递着豪迈激越的民族情感，托布秀尔、马头琴、安岱勒舞、手鼓舞，传承着古老的遗风。博尔塔拉蒙古族独特的萨吾尔登舞，表现出他们热爱动物、山水，与自然和谐共处的天赋和性

情；回族的舞蹈“花儿与少年”响彻回乡河畔。无论怎样精彩的介绍，都敌不过“百闻不如一见”，要想亲身感受塞上草原，还是请您造访博尔塔拉！

这边厢，宜昌的非遗保护紧抓武陵山(鄂西南)土家族苗族文化生态保护实验区建设机遇，一方面打造精品文化旅游线路，一方面推进文化生态保护。为坚持把景区作为非遗“活”态传承的载体，各地都保留了极富土家族文化特色的民俗表演，涵盖长阳山歌、兴山民歌、远安呜音、南曲、巴山舞、土家族撒叶儿嗬、花鼓子等。并积极开展线上非遗宣传展示活动，线上线下同时开展丰富多彩、形式多样的“展播”，利用“两微一抖”、网络多媒体等平台，为“旅游＋非遗”的稳步推进提供文化支撑及文艺力量，也积累了案例与“援疆”兄弟市州展开深度的非遗保护互鉴探讨。

四、襄借“馆校共建”，厚植民族团结之壤

2023年3月，宜昌博物馆与西陵区常刘路小学以“青色草原　美丽家园——博尔塔拉民族风情展”为依托，联合开展以“遇见春天”为主题的“青青草原寻宝记”活动，博物馆讲解员带领同学们充分领略到边疆异域自然人文之美后，分发给每个孩子一幅特色展品图片，赋予他们“寻宝官”的职责，同学们按图索骥，带着任务看展览、研展品、读展板，最后小小寻宝官们纷纷将自己收获到的对新疆的认识面向镜头侃侃而谈，分享展览带给他们的知识和乐趣，也拉近了华夏民族大家庭的向心力。

近日，省民宗委命名134个地区和单位为2022年度全省民族团结进步示范区示范单位，常刘路小学就榜上有名。这所有487名学生、少数民族师生占64人的校园，民族团结教育工作枝繁叶茂。学校以铸牢中华民族共同体意识为主线，构建打造民族团结课程，不断深化“1＋3＋N”课程体系，画好学校民族特色品牌同心圆；开展承办民族团结活动，持续营造民族团结文化氛围，培养簇拥民族团结的时代新人；坚持推广民族体育锻炼，创新升级民族体育活动方式，以民族体育普及促进民族团结。学校开展的《“民族团结”开学第一课》在“学习强国”登载；开展的铸牢中华民族共同体意识教育实践活动被省民宗委、省教育厅通报表扬。

我们还从云南省迪庆藏族自治州民族中学寓教于乐提升民族团结进步教育成效中看到，该校抓平台建设，把迪庆藏族自治州优秀民族文化引入校园，成立了民族手工艺、民族餐饮、民族歌舞、民族语言等活动小组，聘请民族民间歌舞专家、少数民族语言传承人、藏族手工艺艺术家、唐卡绘画大师等名家名师走进校园，开展藏文、纳西东巴文字书法、民族刺绣等学习活动……如果他们也能借助当地博物馆的馆藏、学术研究等优势资源，通过社教人员深入浅出的知识转化，把活动从校园开展到博物馆，充分利用好公共文化设施的服务功能，必然会更好地激发学生的文化认同，增强中华文化自信，营造民族团结进步教育的浓厚氛围。

五、结语

博物馆等公共文化设施在民族文化交融、民族历史展示等方面发挥着重要的作用，其作为民族文化交流的窗口坚定输出精神内核，进而辐射至各行各业的交流实质活动即构成社

会的可持续发展。

鉴往知来，习近平总书记充满自信的话语铿锵有力："在党的领导下，我们56个民族、14亿多人和睦共生，更加坚强地屹立于世界民族之林。只有坚持从历史走向未来，从延续民族文化血脉中开拓前进，我们才能做好今天的事业。"

参考文献：

[1] 习近平.促进我国社会保障事业高质量发展、可持续发展[J].求是，2022(8):4-10.

[2] 葛军莲.做好智慧旅游"适老点滴"体现关爱老人"数字温度"[N].中国旅游报，2022-12-29.

[3] 王沙沙.云南迪庆州民族中学——"五抓"做好民族团结进步教育工作.迪庆学习平台.

让文物活起来　讲好新时代文物故事

李增辉　宜昌博物馆

摘　要：博物馆具有收藏、研究、阐释和传播利用四项基本职能。博物馆传统传播利用手段主要为陈列展览和各类宣传教育活动。新时代博物馆传播工作在做好以上两点的基础上，更要不断创造性地探索各类新颖、有效的传播手段、方式，让文物活起来，构建美好生活，实现社会的可持续发展。

关键词：博物馆；文物；活起来；传播利用

2013年12月30日，习近平总书记主持十八届中央政治局第十二次集体学习时强调"要系统梳理文化资源，让收藏在禁宫里的文物、陈列在广阔大地上的遗产、书写在古籍里的文字都活起来"。此后，习近平总书记在多个场合强调文物和文化遗产的保护、传承与活化利用。让文物活起来，讲好新时代中国文物故事，成为新时代博物馆工作的基本遵循。

2015年出台的《博物馆条例》对博物馆目的由原来的"研究、教育和鉴赏"调换改为了"教育、研究和欣赏"，凸显了当下博物馆教育的重要性。"教育"即向观众讲好文物故事。2022年7月召开的全国文物工作会议上，确定了"保护第一、加强管理、挖掘价值、有效利用、让文物活起来"的新时代文物工作方针，首次把"让文物活起来"写入了文物工作方针。

一般来说，博物馆具有收藏、研究、阐释和传播利用四项基本职能。收藏、研究、阐释是传播利用的基础，传播利用是收藏、研究、阐释的外在呈现。传播利用具体形式包括陈列展览、教育活动、出版物、文创品等。可抽象理解为，博物馆"原材料(文物和文化资源)"来"生产产品"的过程(图一)。本文所指博物馆主要为国有博物馆。

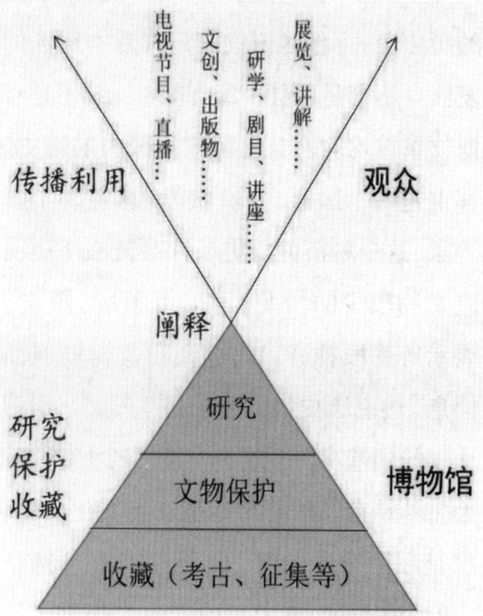

图一　博物馆收藏、研究、阐释和传播利用关系图

传统的博物馆"产品"主要是展览和讲解，但博物馆仅向参观者介绍藏品及信息是远远不够的，还需要引起公众的兴趣，推动其积极参与，构建美好生活，实现社会的可持续发展。随着社会和观众需求、科学技术的不断演化，博物馆传播利用"产品"也越来越多样，文物逐渐"活"了起来，主要表现在以下三个方面：坚守陈列展览主阵地；发挥博物馆传统

宣传教育职能；创新文物和文化传播方式。

一、坚守陈列展览主阵地

博物馆展览使用展品、文本、图片、场景复原、多媒体等各种信息传递方式及其有机组合来给参观者讲故事，提升观展过程信息到达率和情感共鸣，拉近展览与参观者的距离，增进智识与情感的交流。博物馆展览运用适当的技术、材料、工艺和表现手法，达到形式与内容的和谐统一，给观众带来美的享受。

（一）通史陈列是一个博物馆的重要立馆之本、观众服务之源

一个国家的国家博物馆记载着国家范围内的历史，一个地区博物馆记载着本地区的历史发展。不管是区县一级、地市一级还是省一级博物馆馆均应有自己行政范围内的通史展。游客走进一个国家，一座城市，总想要了解这个国家、这个城市的历史。针对某段历史时期对应文物较少的情况，可采用场景、图文、视频展示等手段补齐。通过文物及辅助展品传达信息、述说历史，让文物活起来。苏州博物馆从建筑到基本陈列再到“吴门四大家”等临展无一不是为弘扬传承苏州江南文化而服务。宜昌是屈原昭君故里，也是三国故事猇亭之战、长坂坡之战、赵子龙单骑救主等著名战事的发生地。宜昌博物馆基本陈列在设计筹划阶段，缺少相应历史时段展品，经过专家反复讨论，增设了屈原、昭君及三国故事的图文简介、雕塑等辅助展项。

（二）临时展览是博物馆活力之所在，体现了博物馆的创造性和多样性

原创性临展将关注点放在博物馆常设展览中没有涉及的藏品及展示主题上，是常设展的有力补充。适时引入的交流展节约了博物馆自身策划和设计展览的成本，其本身质量往往较高，相对于本地观众也更有吸引力。

一个优秀的展览需要策展人有着丰富的知识储备及敏锐的洞察力，通过讲述展品与展品之间、展品与人之间、展品与地域之间的相互关系，来凝练主题、正确解读、讲好故事。2018年，重庆中国三峡博物馆举办“革命理想高于天——中国工农红军标语展”，创新选用红军宣传标语来追寻红军的革命理想，以红军标语及红军文物资料展现伟大的长征精神。2015年，秦陵博物院举办“真彩秦俑”展览，展示与人们在秦始皇兵马俑博物馆看到的不一样的、真实的兵马俑，受到观众的好评。

（三）沉浸式展览是博物馆展示的发展方向

博物馆展览的本质是在有限空间内还原、阐释已逝的大跨度时空，但是由于时光的不可逆，任何人都没有可能回到过去。博物馆展览也只是在无限接近这一真相。博物馆依据严谨翔实的历史史实，利用各种新式材料、技术等最大程度复原历史时空，是已逝时空的横断面。展览场景将整个实体空间作为展示场所，实现沉浸式展示，给观众以巨大的冲击力。

古代史展览历史跨度大，遗留的文物资料少，相对做场景复原的难度大于近代史及民俗类展览。近现代及民俗类展览因其所发生的时间点去今不远，存在大量可参考的图文资料、影像资料等，相对较容易做出场景复原。

南京博物院民国馆和非遗馆通过仿民国欧式建筑街景浓缩当时城市生活景象。展览利用声光电等技术模拟再现天空、道路、街灯及附属设施，加入了实景售卖、表演等，营造真实历史氛围，观众的参与感极强，经常出现排队、拍照、打卡的现象。

扬州中国大运河博物馆将大运河重要节点地段历史景物数字化建模，使用投影仪在观众驻足参观点的上、下、左、右、前五个方向投射无缝衔接的连续影像，观众置于其中，仿佛航行在大运河之中。借鉴艺术团队teamLab沉浸式展示方式，博物馆也在尝试各类数字沉浸式展示。2023年3月18日，北京鼓楼“时间的故事”数字互动体验展在鼓楼一层开展。展览利用鼓楼一层人造“封闭”空间，使用不少于50台投影仪制作了沉浸光影秀“共鸣”。夜幕降临，平日已寂静无声的北京鼓楼中响起了恢宏的音乐声，光影变幻间，北京中轴线历史次第铺陈，让文化遗产真正“活起来”。

不同于实体空间的沉浸式体验，VR虚拟现实将展览空间以数字化的方式压缩至VR眼镜中，观众通过佩戴VR眼镜来实现模拟沉浸式三维空间体验。VR虚拟现实配合动感座椅，将自身参与到虚拟的环境中，多用于漂流、漫游等场景。

二、发挥博物馆传统宣传教育职能

20世纪80年代前，我国博物馆工作的重心是收藏和研究。80年代中期后，博物馆开始转变思路，工作重心向展览靠拢。2008年博物馆免费开放后，讲座、出版、社教活动、文创产品等发展迅速，逛博物馆逐渐成为一种休闲娱乐方式。正如《博物馆基础》中提到的，21世纪博物馆面临的最大挑战就是必须认识到博物馆是为公众服务的，而其未来的成功则有赖于发现并满足公众的需要。

（一）社会教育活动是博物馆优质服务的重要体现

博物馆在社会教育方面有着长久且富有成效的实践。社教活动可以有效地赢得参与者支持，很大程度上影响公众对博物馆及其藏品的认知。展望新阶段新征程，在传统的拼图、识字、讲解等教育手段基础上，全方位深层次创新社会教育手段，守牢博物馆社会教育阵地。

近年来，多家博物馆立足本馆本地文物和文化资源，设计制作推出了本馆自身的博物馆教程，以轻松活泼的图文形式，挖掘生活文化内涵，讲述历史故事、培养儿童正确的科学人文观念。中国博物馆协会社会教育专业委员会2018年创刊的儿童期刊《奇妙博物馆》，依托专业的编委及作者团队，栏目选题新颖，特色鲜明，语言通俗易懂，内容深入浅出，努力将知识性、文化性、科学性和教育性相统一，堪称绘本类出版物的代表。相关博物馆可据此为依托，结合本馆特色开展相应社教活动。

宜昌博物馆专为青少年社会教育活动定制了《屈原故事》《楚季宝钟》《古城记忆》社教绘本。同时，依托丰富的古生物化石、动植物标本承办2023年度环球自然日“宜荆荆”都市圈赛区活动，激发中小学生对自然科学进行探索和学习的热情，报名火爆。

（二）学术出版物及讲座为观众提供更深入、更长久的解读

博物馆出版物包括馆藏文物图录、展览图录及社教活动绘本等。依托背后优秀的研究队伍，博物馆讲座和学术出版物有了扎实的学术基础，体现了博物馆在知识传播方面作出的重要贡献，使博物馆藏品发挥了更大的作用。我国多数博物馆为公益一类博物馆，其支出由财政全额拨款，创收压力小，故博物馆出版物在坚持专业性与可读性的同时不宜定价过高。首都博物馆、山西博物院等少数几家博物馆将

具有知识产权的出版物电子版书籍在网络上公开，显示了其“慷慨的气度”。

为配合2023年3月开展的“譬若香山：犍陀罗艺术展”，故宫博物院举办了多场专题讲座并进行网络直播(含回放)，为想要深入了解展览以及未能亲临现场的观众提供了一个渠道。中国国家博物馆也会将其上一年度的学术讲座整理成书，出版销售。讲座实录保留了讲述者的口语化表达，降低了阅读门槛，扩大了阅读面。

(三)文创产品是观众可以“带回家”的博物馆

2016年3月，国务院发布的《关于进一步加强文物工作的指导意见》明确要求，大力发展文博创意产业，文创创意产业逐渐成为博物馆的“标配”。文创产品用最为直接、最为生动的方式，以当代人的审美与工艺赋予文物或文化以崭新的“生命”，让观众在被动观展的同时具有了主动的选择性。展示与消费构成了博物馆活动的闭环，是观众可以“带回家”的博物馆。

文创产品成功的关键在于文物元素与实用性或观赏性的巧妙结合。快消类、探索类的文创产品如雪糕、咖啡、考古盲盒等品类在文创大潮中异军突起。故宫博物院、河南博物院等的出圈也得益于其文创产品的创新。广东省博物馆确立“文创+美食”的文创理念，推出了文创蛋糕、文创饮品及文创下午茶等系列，让传统文化离百姓更近。

三、创新文物和文化传播方式

党的二十大报告提出，加大文物和文化遗产保护力度，加强城乡建设中历史文化保护传承。博物馆藏品和其所属区域文化是博物馆传播利用的立足点。博物馆传播利用依托馆藏文物，揭示本区域内人地关系和地域文化。

(一)拥抱博物馆数字化

数字化变革改变了博物馆运作的各个方面。进入博物馆之前，需要通过网站、小程序等查询入馆路线、票务信息、展览信息、藏品信息等；入馆之后，也会通过数字化导览或数字化展项等辅助观展；离开博物馆，观众也会通过数字化留言、评论等对参观体验进行分享。博物馆也早已认识到了数字化的优势，在藏品数字化、展览数字化、导览数字化等方面做了积极的探索。2012年开始的全国第一次可移动文物普查以较高的质量采集了藏品的高清照片，是博物馆后期开展数字化利用的坚实基础。上海博物馆、山西博物院等对本馆重点藏品进行了比较好的数字化解读，通过微博、网站等形式进行宣传，点击率较高。

目前阶段，所谓的虚拟展览多数是对实体展览的重现，是对实体展览进行宣传、导赏的有益补充。随着技术的不断进步，虚拟展览的制作成本也不断降低，并且可以在重现线下展厅的基础上，添加图文、音视频解说、动画演绎、AR、VR、虚拟人(Avatar)、数字藏品等，弥补情境感的不足，给人耳目一新的视听享受。国家博物馆、敦煌市博物馆分别推出了虚拟人艾文文、伽瑶，成为行业的先行者。

(二)构建全媒体传播体系

2021年10月，国办印发《“十四五”文物保护和科技创新规划》指出，要推动博物馆发展线上数字化体验产品，提供沉浸式体验、虚拟展厅、高清直播等新型文旅服务。2020年至2022年三年抗疫期间，视频直播(专家导赏、讲座等)已成为博物馆传播利用常态。观众远程就可获得博物馆专家的免费讲解、讲座。每逢5·18博物馆日、世界文化遗产日、博博会、传统节假日等，各大博物馆就联合诸如人民网、B站等平台进行直播宣传，吸引了大量观众线上参与。近些年火爆各大平台的“国家宝藏”“如果国宝会说话”“上新了故宫”“中国考古大会”“中国国宝大会”“考古公开课”等节目，以多样化的展陈形式深度诠释文物价值和意义，点燃了人们对传统文化的热情，丰富着人们的精神文化空间。

（三）构建以内容服务为核心的全方位综合展示新形态

在全球文化多元化、开放化的背景下，越来越多的博物馆整合利用现有资源，以人们喜闻乐见的剧目、舞蹈、夜游、剧本杀、密室逃脱等形式，让“沉睡”在博物馆里的一件件文物活了起来。

2018年5月18日，南京博物院编排的汉舞《建木之下》《羽人》、盘鼓舞《逶迤丹庭》等上演，观众好评不断。2019年元宵节，故宫博物院首次举办上元节“灯会”。在这一重要传统节日里，借用现代化的灯光，重现故宫昔日的热闹与尊贵，在极大地调动了人们的参与热情的同时，在潜移默化中培育了观众对传统文化的理解和认知。在2022年春晚亮相的《只此青绿》节目，将静止的《千里江山图》转变成一场诗意震撼的舞蹈盛宴，悠远绵长的中国传统绘画被赋予无限的生命力和想象力。2023年4月4日，湖北省博物馆首部采用了“虚拟现实、真人演出、裸眼3D”等技术的沉浸式全息剧《遇见 · 楚庄王》上演，再现了楚庄王韬光养晦、一鸣惊人、问鼎中原的传奇历史。该剧以系列剧的形式，借助VR、AR等元宇宙技术，深挖历史文化资源，打造地方特色文博IP。

观众参观博物馆是一种全方位的体验，博物馆内的各项设施与服务均参与其中。开放时间、门票预约、交通便利性、服务人员的态度、环境卫生等都直接影响到观众的兴致。一个贴心的设置或服务，比如好吃的冰激凌、及时接听咨询电话、恰到好处的休息座椅等都可能会使观众对博物馆的印象大大加分。博物馆必须仔细思考如何检测和提升观众体验的每一个方面，让观众愿意和乐于走进博物馆。

博物馆让文物活起来的方式、路径有多种，且不断有新的方式、路径涌现，馆方需结合自身馆藏与地域文化，深入挖掘展示中华优秀传统文化中跨越时空的思想理念、价值标准、审美风范，选择适合自身发展的途径与发展方向，让中华优秀传统文化、革命文化、社会主义先进文化不断焕发出新的生机和活力。

参考文献：

[1] 陆建松.加强“四位一体”的博物馆传播利用体系建设[J].东南文化，2022(3):6-12.

[2] 杨红，张烈.非遗专题展览的叙事方式研究[J].文化遗产，2021(4):1-7.

[3] 龚良.博物馆展览的未来畅想[J].科学教育与博物馆，2021(6):481-485.

[4] 蒂莫西·阿姆布罗斯，克里斯平·佩恩著；王思怡，郭卉译.博物馆基础(第一版)[M].南京：江苏凤凰文艺出版社，2022:32.

以人为本　缔造福祉——“筑堡工程”背景下宜昌博物馆服务社区的实践与展望

吴文洁　赵世琪　宜昌博物馆

摘　要：如今的博物馆已经从馆舍天地走向了大千世界，其主动性、外向性、合作性不断加强，逐步走向大众化、公民化、公共化。博物馆融入和服务社区，是时代所需，也是博物馆的职责所在。随着时代的进步和发展，博物馆服务社区、服务社会的内涵及外延也得以不断拓展。本文立足于城市社区的范畴，系统梳理与总结在“筑堡工程”背景下宜昌博物馆以人为本、服务社区的具体实践，分析不足与提升空间，展望今后的努力方向，以期能给其他地市级综合性博物馆的社区服务工作提供一定的借鉴和参照。博物馆要从实际出发，积极寻求与社区的合作，深入调研社区的需求，参与社区建设，与社区建立合作共赢的关系，从而实现博物馆与社区的可持续发展。

关键词：博物馆；社区；服务；以人为本；社区治理

2023年国际博物馆日主题“博物馆、可持续性与福祉”强调博物馆是促进社区的福祉和可持续发展的关键因素。近十年来，博物馆研究领域开始重视博物馆与社区之间的关系问题，众多学者开始关注博物馆在社会包容、参与和行动主义方面的责任。然而，在这个新兴的研究领域内，学者和政策制定者们还是无法通过不同地区间的差异比较彻底地解决博物馆与社区之间的问题。为了从一定程度上明晰地方博物馆服务社区时应把握的重点原则，明确发展方向、指导发展实践，本文重点梳理与总结了在“筑堡工程”背景下宜昌博物馆服务社区的具体实践，着眼于从人的需求出发，实行“以人为本”的理念，与时俱进地服务社会、参与社区治理。通过个性化的案例深入剖析，并反思不足、展望未来，不断满足人民群众日益增长的公共文化服务需求，在缔造民生福祉、构建和谐社会的道路上不断求索前进。

一、“筑堡工程”的提出

2021年8月，宜昌市委正式提出并在全市大力实施“筑堡工程”，旨在进一步激活基层细胞，打通基层社会治理的“末梢神经”。它与湖北省第十二次党代会提出的“美好环境与幸福生活共同缔造活动”在目标上具有共同性，在实践上具有一体性。“筑堡工程”坚持以党建引领基层治理为主线，加快推进组织聚合化、队伍专业化、响应高效化、服务场景化、应用数字化的基层治理体系和治理能力现代化建设，着力打造“一线五化”的基层治理“宜昌范式”，推动决策共谋、发展共建、建设共管、效果共评、成果共享，共同缔造和谐社区、幸福家园，切实增强人民群众的获得感、幸福感、安全感。

2022年5月宜筑堡办印发《宜昌市机关企事业单位及党员干部包联社区（小区）实施方

案》的通知，其中安排了市直234个单位包联主城区163个社区(村)，明确163个包联牵头单位，旨在通过包联帮扶，全面强化社区为民、便民、安民功能，构建“舒心、省心、暖心、安心、放心”的幸福共同体。其中明确宜昌博物馆作为市级牵头责任单位包联枫香树社区。自此通知发布后宜昌博物馆迅疾行动，组建筑堡工程工作队深度参与包联社区服务与治理工作。

二、博物馆服务社区的必要性

博物馆是提供公共文化服务的重要机构，具有社会教育的基本职能。服务社区是博物馆义不容辞的责任。而社区就像城市的“末梢神经”，盘根错节、莫可名状，但又万缕千丝，牵一发而动全身。社区治理普遍存在经费不足、人才缺失和技能有限等现实情况，博物馆作为社区参与者，理应充分发挥其自身独特的资源优势(如基础服务设施优势、文物藏品优势、陈列展览优势、专业人才优势、宣传教育优势、科技载体优势等)，加强与社区的互动融合，积极服务社区，助力社区治理。

(一)塑造社区形象

博物馆为社区提供有效精准服务有助于提升社区民众的文化水平和文化认知力，增进文化认同，树立文化自信；有助于加强社区凝聚力，厚植社区记忆与地域认同，强化社区民众的主人翁意识和归属感，传承优秀地域文化；有助于提高公众的社会责任感，促进沟通与交流，激发社区活力，推动社区文明建设；有助于继承和发扬爱国主义传统、凝聚民族力量、振奋民族精神，推动城市精神文明建设的发展。

(二)实现自身价值

服务于社区，更大化地实现博物馆的价值。博物馆走进社区，在与广大社区民众沟通、交流、互相学习的过程中会发现更广阔的发展空间，激发更多的发展潜力。同时，不同社区的特色文化是丰富博物馆藏品和陈列展览内容的重要来源，为博物馆的可持续发展提供了丰富的文化资源。博物馆通过多种载体服务社区、传承和传播文化，使得博物馆的学术成果、历史发现及其所承载的文化底蕴被更多的公众了解、认可、接受，其影响力不断扩大，最终达到文化交融、互利共赢的目的。

(三)保护文化遗产

博物馆融入和服务社区也是保护文化遗产的必然要求。博物馆作为构筑历史发展记忆与收藏遗失文化的高雅艺术殿堂，肩负着在展示和宣传的过程中将不同文化内涵的记忆传承下去的重任。从深层来讲，博物馆要将保护历史延伸到保护和管理社会可持续发展的历史文化资源，加大对社区居民的宣传教育，增强公众对文化遗产的保护意识，并使其了解保护的目的、意义和方法，在携手保护的过程中实现对文化的传承。

三、宜昌博物馆服务社区的实践探索

随着社会的发展，博物馆已从以“物”为本转向以“人”为本。过去博物馆往往把对“物”的收藏、保护作为强调的重点，但却往往忽视了博物馆为社会发展服务的目的。博物馆的发展目前不仅要重视文物藏品，更要关注受众，重视受众的体验和感受。宜昌博物馆注重“以人为本”的服务理念，致力于充分发挥教育和服务功能，为社区创造价值。坚持以满足群众的文化需求为出发点，多渠道开辟多样化服务社区的实践路径，为社区居民提供优质文化服务取得一定成效。

（一）建立合作机制，确保常态长效

建立合作机制是确保博物馆与社区双方长期合作共建的必要环节。通过合作协议，双方可分别明确应尽职责，确定合作方式方法等，在合作中依据协议开展工作，有助于推动工作常态，扩大效果，从而获得持久的影响力。自宜昌市提出实施“筑堡工程”以来，宜昌博物馆与单位包联枫香树社区和属地柏临河路社区每年在沟通建立“三张清单”（即资源清单、需求清单、年度共驻共建项目清单）的基础上签订结对共建协议书，常态化落实组织建设互促、服务阵地助建、文化活动联办、统筹力量帮扶等方面的工作。并建立协商议事机制，共同推进社区发展，激发社区治理新活力。

（二）临展常驻社区，提高文化认同

在“守护国宝 有你有我”特色品牌的指引下，宜昌博物馆自2021年以来开展了“牛转乾坤——辛丑（牛年）新春生肖文物图片联展”“长江流域珍稀野生动物摄影展”“虎虎生风——壬寅年虎文物（图片）展”“宜昌记忆——老照片展”“逸响伟辞 卓绝一世——屈原文化特展”“学习贯彻党的二十大精神 共同缔造幸福社区”“大展宏兔——癸卯（兔年）新春生肖文物图片联展”等精品临展进社区活动，依托图文并茂的展板、深入浅出的讲解和寓教于乐的活动形式，使文物保护成果惠及更多人民群众，丰富社区文化内涵。相关展览走进枫香树、柏临河路、福久源、北山坡、金巴岭、张家湾等多个社区，吸引了10万余名市民前往观展。

其中“宜昌记忆——老照片展”颇受市民关注和欢迎，展览通过具有鲜明时代烙印的老照片再现宜昌古城的风貌，向市民讲述老照片背后的过往，带领市民感受峡江文化的深厚魅力。走进社区的老照片，让市民们倍感亲切，大家不约而同地聚集、彼此分享记忆，让一张张反映时代变迁的老照片变得更加鲜活有温度。由此也印证：博物馆为市民提供既具有意义又与其生活相贴近的展览，更能拉近博物馆与人的距离，更有助于提高文化认同。

（三）打造文化场景，构筑文化地标

“突出服务场景化，满足治理需求”是宜昌实施“筑堡工程”的主要任务之一，“服务场景化是实施筑堡工程的硬件基础”。作为文化传播主阵地，宜昌博物馆重点助力共建社区打造文化休闲场景和全民学习场景，推动社区筑堡取得实效。

一是群策群力打造社区“屈子堂”。宜昌博物馆依托现有资源为包联社区和属地社区出谋划策，与社区共同研究讨论“屈子堂”设计施工前期的形式设计和内容文本，助力“屈子堂”环境氛围营造。目前柏临河路社区“屈子堂”已建成并开班，开启社区学习屈原文化的新旅程。“屈子堂”的成功开班充分彰显了博物馆的文化教育职能，及其在积极阐释屈原精神、保护传承屈原文化方面发挥出的积极作用，是“筑堡工程”建设的生动实践之一。

二是打造“枫邻小屋”，缔造幸福家园。针对枫香树社区九安城小区两处室外活动场所年久失修问题，宜昌博物馆从人力、物力、财力上给予社区大力支持，主动联络帮助将两处年久失修室外活动场所改建成文化活动场所。目前新亭子已建成，正积极筹划将其打造为“枫邻小屋”户外公共场所项目，旨在为辖区居民提供一个就近协商议事、政策宣传、文化活动、便民服务、交流共享的公共场所。宜昌博物馆积极推进项目建设，呼吁职工参与此

公益项目捐助和慈善捐款，全力支持和推动项目的建成。建成后的“枫邻小屋”将依托阵地开展党的二十大精神宣讲、展览进小区等系列活动，弘扬主旋律，传播正能量，营造良好社会风尚。

（四）节庆活动联办，传承民族文化

博物馆与社区可以利用中华民族传统节日如春节、元宵节、端午节、中秋节和博物馆重要节日如国际博物馆日、文化遗产日等重要时间节点联合举办丰富多彩的文化活动或宣传教育活动。通过研讨会、文化讲解、志愿者公益服务、游戏互动设置等多种形式，激发群众的参与性，丰富社区居民业余生活，提高居民文化修养，更好地传承民族文化。比如宜昌博物馆与包联枫香树社区在元宵节联合开展“结对共建手拉手 欢度元宵暖人心”活动，活动邀请社区独居老人参加，给他们送上节日的温暖祝福，让他们充分感受元宵佳节社区大家庭的团圆氛围。活动中宜昌博物馆讲解员为居民讲述元宵节传统习俗，博物馆志愿者为社区居民送福、送对联，并发放小册子宣传宜昌博物馆及文物保护相关法律法规，在弘扬中华民族传统文化的同时起到宣传博物馆、增强居民文化遗产保护意识的目的。

（五）关注弱势群体，营造和谐氛围

文化是联系社区所有群体的黏合剂，博物馆作为社区重要的文化机构，要积极关注和响应社区弱势群体的不同需求，为他们提供免费的优质文化艺术服务，帮助他们走出困境，并以此联结社区其他群体，促使人们凝聚起来，共同致力于社区的可持续发展。宜昌博物馆联合枫香树社区开展了“传承屈原文化 争做爱国少年”关爱留守儿童专题共建活动，讲解员利用智慧平板课堂、爱国知识问答、“我与屈原对话”手工互动及展厅游学等趣味环节，让留守儿童在博物馆里沉浸式感受历史文化的熏陶，厚植爱国情怀。除了丰富多彩的活动环节设计，博物馆还为每位留守儿童准备了文化大礼包，赠送馆藏文物图录、社教绘本、明信片及相关文具等，让留守困境儿童进一步树立生活信心，感受社会大家庭的温暖和关怀。活动有力推动了社区精神文明建设，对缔造民生福祉、构建和谐社会做出了积极贡献。

（六）创新数字服务，共享云上资源

数字化时代既给博物馆的传统管理模式带来了冲击，同时又为博物馆的创新发展开辟了无限空间。近年来，宜昌博物馆积极推进智慧博物馆建设，在信息化、数字化方面进行积极探索与尝试。各项智慧管理与服务设施建设逐步完善；实现实体展览云端化，观众能够足不出户网上逛博；实现特色文物数据化，助力观众解读宜昌历史；实现文创开发多元化，“太阳人石刻”“建鼓”“楚国金属饰片”等多款数字藏品的开发，赋予了传统文化和文物新生命。

针对社区利用文化遗产的数字化成果创新开展数字化服务有助于消除社区民众与博物馆在地理上的屏障，以便捷经济的方式使社区更多的居民能够参观并分享博物馆各项展览以及藏品研究的成果等等，轻松实现资源共享的目的。宜昌博物馆开展了“守护国宝 有你有我”数字化服务进社区活动，携VR智能体验设备走进枫香树社区开展文化惠民活动。志愿讲解员向社区青少年普及极地和非洲地区的动物习性和进化特征，其后运用先进的VR技术，让社区青少年戴上VR智能眼镜，身临其境地领会所学知识，给他们带来全新的、有趣的数字文化体验。

四、不足与展望

经反思，宜昌博物馆服务社区仍不可避免地存在一些不足，有待进一步提升。比如，进社区临展、活动等方式相对单一、缺乏创意；活动调研和需求分析做得不够；关注弱势群体的覆盖面还不够广泛；群众点单式服务做得不够，参与社区治理的能力未充分释放等等。可以说，为社区全方位做好服务仍然任重道远。笔者认为今后要重点从以下几个方面着手推动服务社区工作再上新台阶。

（一）深层次公众参与，推动实现共建共享

“筑堡工程”背景下的基层治理，特别强调公众参与的重要性，“实现筑堡为民、筑堡靠民、筑堡惠民”是其基本工作原则。居民是社区的使用者和直接利益者，只有充分考量居民的需求，并激发居民参与公共讨论和行动的意识，才是社区共治共赢的基础。上海大学博物馆参与东昌新村改造的实践——“星梦停车棚”项目可视作参与式社区建设的创新路径，值得学习借鉴。它既是敞亮的居民停车棚，也是具现代设计感的博物馆展览空间，使“停车棚具有了博物馆气质”。从策划之始确定不打扰居民生活秩序的首要原则，到灯箱式展陈提升车棚照明，充分体现了服务居民这一核心要素。“三星堆社区展”“龙门石窟社区展”等相继在这里举办。居民自发组织创建“星梦志愿者”团队，维护车棚和展览的秩序，并为展览作导览。从博物馆的入场、在场和退场三个阶段，形成完整的社区动员。它的成功是双向奔赴的结果，给我们打开了博物馆服务社区的新思路。

博物馆要保持开放的心态，打破无形的壁垒，向社会公众敞开大门。通过开展多样性、创新性、特色化的临展和活动等，调动公众的全过程参与热情；推动志愿者队伍建设，不仅仅局限于博物馆志愿者走进社区、服务社区，还要大力发展社区志愿者，提供展览讲解、咨询导览、后勤服务等多项服务内容，甚至可以让具备相关专业素养的志愿者深度参与到展览的设计及一般性展览的布展撤展等专业性工作中来。通过深层次的公众参与，共同创造新价值，推动新发展。

（二）分众化的特色订制，推动服务灵活多元

当博物馆面向社区输出服务时，面对的是一个构成多元的群体，服务对象与目标的不明确将影响服务的内容和质量等多个方面。所以要深入社区调研，了解社区公众对文化的多样性需求，进行分众化设计，为社区提供服务菜单，满足不同群体的多元化需要。比如重视儿童及青少年的教育，在“双减”政策落地的背景下，积极发挥博物馆第二课堂的功能，成为儿童与青少年探索自然、艺术、历史等学科，培养正确的价值观，发展职业兴趣的不可或缺的场所；关注不同弱势群体的需求，为外来务工者、老人、失业者、残障人士等弱势群体提供特色服务，同时为他们提供发声的机会，增进人们之间的理解和情感联系；针对普通成年观众而言，博物馆可以通过举办专题性的文化论坛和讲座，提高成年观众对博物馆藏品资源及其背后历史文化信息的获取和理解能力。此外，可以充分利用社区优势，融合博物馆优势，因地制宜地开展工作，深入挖掘社区独特文化资源，开展社区特色文化展示活动，塑造社区共同的集体记忆，加强居民的地域认同感和归属感。或以馆藏、数字信息资源、专业人

才队伍、场馆设施为依托，指导社区打造融合艺术、文化、教育、创新为一体的创意空间，积极参与社区的能力建设，为社区的可持续发展提供支持。

（三）经常性的交流互动，推动服务深入人心

博物馆与社区要建立平等友好、紧密联系、长期互动的关系。一是可以针对社区开展书面问卷调查研究，一方面为博物馆指明服务方向，对工作短板查漏补缺，另一方面通过积极有效的沟通，加深博物馆与社区的联系，提高群众的认同感。二是博物馆应加强与社区各组织、社区干部、基层文化工作者及其他不同群体的广泛联系，多走访调查、谈心交流，了解社区群众文化需求及面临的实际困难，聚焦群众关心的项目开展社区服务工作，推动社区服务深入人心、社区治理取得实效。

2022年宜昌博物馆将“筑堡工程”与党员干部“下基层察民情解民忧暖民心实践活动”紧密结合，切实为民排忧解难。除常规的文化性服务之外，全馆职工2022年全年还参加包联枫香树社区、属地柏临河路社区和居住地社区的环境卫生整治、疫情防控、文明典范城市创建宣传、展览进社区等各类志愿服务活动共计900余次，服务时长2736小时，重点帮助解决室外活动场所年久失修、农贸市场清理整治、电瓶车违规停放、楼道杂物、野广告等“急难愁盼”问题；全体党员主动与枫香树社区和柏临河路社区困难户联户结亲、结对帮扶，共慰问88次，了解其健康状况和生活情况，关心慰问疏解情绪，采取多种帮扶形式让特殊困难群体充分感受党和社会的温暖。在今后的服务社区实践中，宜昌博物馆也将继续实实在在地为社区群众办实事办好事，做好“点单式服务”，将社区治理融入社区服务中，提升群众获得感、归属感、幸福感。

五、结语

新的时代背景下，博物馆已经发展成为能够助力社区治理、推动社会和谐、赋能美好生活的一支不可忽视的重要力量。博物馆作为社区的特殊成员，与社区之间是一种相互依存相互需求的关系。从博物馆角度而言，要坚持“一切为了人民，一切依靠人民”的“以人为本”理念，立足自身优势，积极寻求与社区的合作，深入调研社区的需求，加强交流互动，为社区提供分众化精准服务的同时，充分调动公众参与的积极性，共同致力于社区建设，建立合作共赢的关系，实现共建共享，推动博物馆与社区的可持续发展，满足人民美好生活需要。

参考文献：

[1] 康丹华.博物馆助力社区公共文化服务的实践——以上海中国航海博物馆为例[J].航海，2020(2):10-12.
[2] 凯伦·布朗.博物馆、可持续性与福祉[M]//国际博物馆(全球中文版)——博物馆与地方发展.江苏：江苏凤凰文艺出版社，2022(1-2).
[3] 赵艳红，方若晗.浅议博物馆与社区文化的双向互动协调发展关系[C].2019年湖北省博物馆协会学术研讨会论文集，2019:54-58.
[4] 杨颖.武汉博物馆融入与服务社区的实践[C].2019年湖北省博物馆协会学术研讨会论文集，2019:182-185.
[5] 施苏苏.论社区教育与博物馆教育的耦合空间[J].西北成人教育学院学报，2022(3):5-10.
[6] 孟梅.城市博物馆如何引领社区文化不断前行之浅说[C].城市博物馆规划与建设——中国博物馆协会城市博物馆专业委员会第九届学术年会论文集(2017·郑州).中州古籍出版社，2017:297-304.
[7] 郭奕华.从社区艺术到社区治理——博物馆参与社区建设的实践转向[J].艺术工作，2023(1):41-44.
[8] 张思桐.提升博物馆社会参与水平的途径探析[M]//开放与共享——博物馆学理论与实践新探索.北京：人民出版社，2019:203-209.

[9] 胡慧媚.博物馆面向社区精准输出服务的思考[C].中国博物馆协会博物馆学专业委员会2019年“新时代博物馆专业能力建设”学术研讨会论文集，2019:314-319.

[10] 谢颖.美国博物馆的社区服务理念探析——以美国博物馆与图书馆服务国家奖为例[J].中国博物馆，2022(3):129-135.

博物馆为城市发展注入新活力
——以宜昌博物馆完善社会服务功能为例

杨心羽 周珺瑶 宜昌博物馆

摘 要：新时代，博物馆如何更多地参与到社会发展过程中，并为推动社会经济发展贡献更多的力量，是博物馆面临的新挑战。自博物馆诞生以来，其扮演的角色就随着时代的变化而不断演变，从过去单纯的对“物”的保护，到对“人”需求的关注，再到如今致力于为社会发展贡献力量。博物馆通过不断完善自身职能，充分发挥文化潜能，积极寻求社会参与，提升社会服务能力，努力成为人民生活和社会发展的重要因素。

关键词：博物馆；社会教育；文旅融合；社会参与

《湖北省文物事业发展“十四五”规划》提出，要通过激活、用好文物资源，荆楚文化特色资源得到深入挖掘，推动文物保护利用与湖北重大文化品牌建设相结合，与乡村振兴相结合，与旅游发展相融合，将独特的文物资源更好转化为经济发展优势，促进经济社会发展、民生福祉改善，赋能高质量发展。

蓝图已绘就，目标如何实现？尤其是对地级市博物馆而言，影响力、吸引力、传播力小，馆藏文物、财政投入、宣传力度少，如何在突破自身发展局限的同时，为城市的经济社会发展注入新的活力，值得每个文博人思考。

于宜昌而言，宜昌博物馆是巴文化和楚文化融合发展的展览展示中心，亦是宜昌地域馆藏文物的收藏保护中心，是了解宜昌文化的一个重要窗口。宜昌的发展，宜昌博物馆也发挥着同样重要的作用。近年来，宜昌博物馆通过积极完善社会服务功能，不断提升博物馆服务能力、教育水平，优化场馆建设、馆藏产品，积极融入城市文化旅游发展，充分发挥自身作用，为城市发展增添活力。

一、深化社会教育职能，发挥博物馆文化潜能

博物馆作为公共文化服务场所，是面向社会公众重要的文化窗口，除了文物的展示陈列，社会教育也是博物馆必不可少的功能之一。尤其是在当今新时代文化传承的理念引导之下，社会大众对精神文化有着更加高质量的需求，外界对博物馆的想法更加多元化，因此积极开展各项社教活动、充分发挥馆藏资源优势、为城市发展注入文化活力就成为博物馆义不容辞的责任与义务。

博物馆的社会教育功能是极具社会性的，其服务对象包括所有的社会公众，从区域划分可分为学校、社区、企业等多个社会机构。针对不同的社会群体身份，博物馆需要根据其需求制定针对性社教方案，从而充分发挥自身文化潜能，丰富社会公众精神体验。

(一)重点针对青少年群体，提升综合素质

青少年群体向来是博物馆社教活动的重点针对人群，习近平总书记指出："培养德智体美劳全面发展的社会主义建设者和接班人，加快推进教育现代化、建设教育强国、办好人民满意的教育。"博物馆教育作为学校教育的补充和延伸，多样化的社教活动能够从小培养青少年家国情怀及文化思想，有效促进综合素质发展。

作为城市文明窗口、省级爱国主义教育基地和宜昌市中小学研学旅行基地，自2021年起，我馆与宜昌市伍家岗区教育科学研究院展开积极合作，搭建了"文教合作"平台，开展"博物雅读"特色校本课程，开展"博物雅读"系列社教活动，并成功入选2022年度全国文博社教百强案例。

近三年共开展"博物雅读"系列社教活动数百场，惠及青少年近百万人次。一是通过优秀社教课程进校园、流动展览进校园、传统佳节亲子活动、小小讲解员、博物馆主题研学旅行等多元化手段开展线下活动；二是为学生打造"知行学堂"特色线上音频讲解品牌，开展线上展示、音频微课、直播讲解等"云"体验活动；三是开发有本馆特色的引导式、体验式、适用于多场景应用的"互联网＋文物教育"模式，面向青少年定制智慧AR社教绘本，构建"博物雅读"智慧社教课堂，为学生提供了丰富的文化大餐，获得了良好的社会反响，有效加强了对文物的活化利用，筑牢宜昌精神高地。

(二)推动博物馆教育走进群众生活

社区是一个城市的基本单元，近年来，社区文化建设逐渐受到社会各界的高度重视，越来越多优秀的艺术文化走进社区基层，各个地区博物馆开展流动展览进社区、联合社区开展文化科普等活动越发常见。作为博物馆来说，能够走进社区，协助加强社区文化建设，提升社区文化内涵，丰富居民业余生活，是开展社会教育活动中非常重要的一环。

宜昌博物馆与联合社区建立互联互通、共建共享机制，助力基层治理体系和治理能力现代化建设。首先协助社区进行屈原文化宣传和"屈子堂"建设，在社区全力开展屈原文化宣传活动，其次每年定时开展展览进社区，将博物馆自己设计的主题展览制成流动展牌送到居民家门口，为居民讲解发放文物手册，从居民的实际文化需求出发，全面提升其文化获得感、参与感及幸福感，增强文化自信。

(三)联合社会机构构建全民文化氛围

随着新时代背景下的城市文化大力发展，人民群众的精神文化需求日益增高，网络上的"考古热""文创迷"让城市博物馆的历史文化受到了更多的关注，也吸引到了更多的游客来到各地博物馆打卡。因此，博物馆社会教育活动的开展范围也需随之扩大，绝不仅仅限于某个特定地点或固定群体，而是构建一种全民的文化氛围，成为助力城市文化进一步发展的中坚力量。

例如：宜昌博物馆与中国人民武装警察部队宜昌支队签约结为"军民共建单位"，将博物馆文化送到军队，针对军人开展特色共建活动，促进军民融合，凝聚军心民心；另外与宜昌万达广场展开创新合作，将丰富的馆藏资源与企业优势相结合，通过展览、文物仿制件走秀、户外文化课堂、免费讲解等多种形式把文化送到市民身边，让市民零距离观赏文物、感受历史。这些社教活动的开展都是通过与各种社会机构合作，致力于将中华传统文化送至

广大群众身边，让无论身在何处的公众都能够感受到文化的力量。

二、打造独特文化空间，激发公众情感共鸣

博物馆是一个城市重要的文化坐标和象征，是中华民族优秀传统文化的重要展示地，也是人民群众精神文化消费和体验的重要场所。《湖北省文物事业发展"十四五"规划》提出，鼓励武汉、襄阳、宜昌、潜江等博物馆资源丰厚地区打造"博物馆之城"，提升城市文化底蕴，建设荆楚文明标识地。

（一）多维度优化场馆建设，增强博物馆的"温度"

博物馆的基础设施建设是博物馆发展的物质基础。在新时代背景下，地市级博物馆在建设与发展中，应合理进行创新优化，结合区域特色，适应城市发展。

宜昌博物馆新馆在建设的过程中，经专家、省级博物馆、市文化和旅游局领导进行共同指导，突出地方特色，设计出了完善新馆建设方案。

新馆的外观是凹凸的条形石材，呈现出"虎跃凤翔"的墙面景观，四个墙角配以饕餮纹饰，表示出"巴人崇虎，楚人尚凤，虎凤合鸣"的设计效果，充满"宜昌风"。建筑大厅上方是穹顶，以宜昌最具代表性的"太阳人石刻"为出发点，体现了宜昌地区祖先对太阳的敬重以及宜昌作为楚国故地对屈子哲学的崇尚。

为展现宜昌古城留下的历史印记，宜昌博物馆潜心筹备规划，打造2600平方米屋顶露天沉浸式特色展厅《古城记忆》。以仿照复制原生环境的形式，将城门、牌坊、文庙书院、祖屋、民居中的燕子门楼以及明清家具、匾额、九佬十八匠的用具展示等一系列极具宜昌历史文化特色的代表场景再现，让观众近距离感受宜昌古城的历史风貌，触摸这座城市源远流长的生命脉搏。

此外，在新馆建设过程中，馆内配备了哺乳室、语音导览处、接待咨询处、咖啡屋、餐饮区，馆外建有林荫道、花园、亭廊、中心广场、停车场等。内外空间的合理利用，既延伸拓展了博物馆的文化空间，又可以让博物馆的文化空间在瞬间定格历史，让观众感到博物馆空间既高大上，又接地气，从心灵深处体会到博物馆空间亲切自然、温暖如春。

新馆的建成，不仅帮助宜昌博物馆成功创评"国家一级博物馆"，还荣获了中国建设工程鲁班奖(国家优质工程)，《古城记忆》专题展荣获第五届湖北省博物馆纪念馆六大陈列展览精品奖。宜昌博物馆业已成为湖北省新的文化地标和旅游打卡地，发挥着巨大的社会效益。

（二）多元化开发数字藏品，增强博物馆的"深度"

近年，国家对数字经济发展的高度重视和加速推进，元宇宙概念相关的产业链已离我们越来越近。从去年开始，一个新兴的词汇迅速在国内兴起：NFT，通俗来说就是数字资产、数字藏品，它是使用区块链技术，对应特定的作品、艺术品生成的唯一数字凭证，在保护其数字版权的基础上，实现真实可信的数字化发行、购买、收藏和使用。从故宫博物院到敦煌博物馆，越来越多的博物馆涉足其中，开发多种数字藏品，为文物爱好者提供收藏和欣赏渠道，很多藏品上线即售罄。

在数字化创新浪潮下，宜昌博物馆借助区块链技术，推出相关文创产品、数字藏品，

线上线下矩阵宣传推广，让博物馆文物展出新风采。

2022年3月，宜昌博物馆探索文物活化和文创设计，以我市国家级文物“太阳人石刻”为原型进行文创设计，开发了首款系列数字藏品《太阳人石刻数字藏品 · 东君神降苍穹 》《太阳人石刻数字藏品 · 东君回首望乡》《太阳人石刻数字藏品 · 东君不舍飞升》和《太阳人石刻数字藏品 · 东君赐福人间》，共限量发行12000份，开售后10秒内全部售罄，50万人参与抢购。

同年11月，宜昌博物馆以《巴楚夷陵》展厅的馆藏文物“建鼓”为原型，在鲸探平台发行“建鼓”数字藏品，预热阶段即受到广泛关注，一经发行瞬间售罄。在文博数字化的过程中，互联网平台不仅为文物陈列提供创新和成长的优质土壤，也推动了文博行业优化升级、迭代更新。

三、提升文旅融合力度，促进文旅高质量发展

博物馆作为城市公共文化空间，承载的文化是吸引游客前来参观的原因，也是博物馆旅游功能实现的基础。一般来说，博物馆往往集中展现一座城市的过去、现在与未来，是人们到访一座城市参观、游览的重要旅游目的地。国家先后出台多个文件促进博物馆和旅游的融合发展，如《关于实施中华优秀传统文化传承发展工程的意见》提出，要培育以博物馆和文物保护单位为载体的体验旅游、研学旅行、休闲旅游精品路线等。

在文旅融合发展的大背景下，宜昌博物馆旅游如何创新发展，笔者有以下几点思考。

一是举办大型展览活动，提高自身影响力。举办一些大型的历史名人或者历史事件展览，不仅能够吸引更多游客，也能提升宜昌博物馆的知名度和影响力。如在党史学习教育时，宜昌博物馆在《近代宜昌》展厅展出革命文物《余冰同志的日记本》《新华日报》等。通过深入挖掘宜昌党史上的重要人物与历史事件，与余冰后人接洽，收集余冰相关历史文物38件套，充分展现余冰在革命生涯中的光荣事迹和长征精神，吸引了大批游客前往打卡。作为屈原故里的宜昌，宜昌博物馆还应该紧紧抓住市委、市政府提出的“让屈原成为宜昌永恒的文化地标，把宜昌打造成屈原文化的权威阐释地、标准制定地、活动聚集推广地”的机遇期。将屈原文化打造成精品，并形成系列与规模，让宜昌博物馆的展陈能够走出宜昌、走出湖北、走出中国。

二是积极对接旅行社，融入城市旅游路线。宜昌作为知名旅游城市，是国内外游客争相打卡的目的地。2022年在全球文旅市场环境相对低迷的情况下顶压前行，宜昌实现全年接待游客7905.18万人次。现如今，旅游行业逐步复苏，如何借助旅游业的东风，让全市接待游客都能来到博物馆参观打卡？笔者认为，可积极对接各大旅行社，将宜昌博物馆作为精品旅游路线中的一环。通过优质的服务水平、馆藏展出，积极对外宣介宜昌的人文风光。

三是加大文创研发力度，打造精品文创。博物馆作为文化产品资源型单位，只有不断增强文创产品开发的力度和广度，不断扩大文创产品策划设计研发空间、文化创意产品的销售空间，博物馆的影响力、传播力、创造力才会日益彰显。目前，宜昌博物馆虽已研发了系列文创产品并通过展台展出，例如文化衫、帆布包、闹钟、茶具等，但仍存在缺乏创意、产品雷

同等问题，在产出精品和爆品的研发方面也存在很大的差距。在文创产品的研发上，需要与时代接轨，设计的产品既要接地气，更要有创意。

四是不断创新展览形式，引进剧本杀。近年来，"剧本杀"这一玩家在实景场馆里进行推理体验的文化娱乐项目逐渐兴起。不少地方的博物馆、景区、电影院、书店等文旅业态中，陆续出现"剧本杀"的身影。博物馆与"剧本杀"的跨界融合，让游客参观不再走马观花，而是能真正融入其中、乐在其中。目前，宜昌博物馆正在与剧本杀公司积极对接，立足《古城记忆》场地，打造一个新的场景独立运营剧本杀项目。当然，博物馆要想更好地与"剧本杀"融合，应更加注重游客体验，在形式上"对接"年轻人的兴趣，在内容上更具专业度，这样才能使博物馆"剧本杀"兼具趣味和深度，吸引更多年轻游客。

参考文献：

[1] 施旭.博物馆社会教育功能的探索与实践——以长春博物馆实践为例[J].文物鉴定与鉴赏，2022(14):74-77.

[2] 王元黎.试论博物馆在城市文化建设中的载体功能[J].河南博物院院刊，2022(1):80-87.

[3] 戚帅华."博物馆+'剧本杀'"：拥抱文化传播新业态[N].洛阳日报，2022-03-10.

[4] 张兆旗.数字赋能博物馆之城可持续发展[J].北京观察，2022(8):24.

[5] 蔡鹏.山西省地级市博物馆文创产品开发现状及对策分析[J].晋城职业技术学院学报，2022(4):86-89.

[6] 赵迎芳.论文旅融合背景下的博物馆旅游创新发展[J].东岳论丛，2021，42(5):14-22.

[7] 省文化和旅游厅关于印发《湖北省文物事业发展"十四五"规划》的通知[N].湖北省文化和旅游厅，2021.

[8] 李亚卉，郭爱丽.地市级博物馆未来建设发展趋势的几点思索——以衡阳市级博物馆为例[C].//湖南省博物馆学会.博物馆学文集，13.湖南人民出版社，2018:8.

[9] 杨企远，庄芸.博物馆助力社会发展——浅谈博物馆的社会服务[C]//江苏省博物馆学会.区域博物馆的文化传承与创新——江苏省博物馆学会2013学术年会论文集.文物出版社，2013:5.

浅析基层博物馆库房管理对博物馆整体可持续发展的影响

——以秭归县文物保护中心为例

韩虹娇　秭归县文物保护中心

摘　要：藏品库房管理是影响博物馆可持续发展的关键因素之一，通过明确藏品库房管理理念、完善藏品库房管理制度、拓展藏品征集渠道、加强馆际交流等手段，在增加藏品数量的同时，找到持久有效的发展途径，夯实博物馆事业可持续发展的基础。

关键词：县级博物馆；藏品；库房管理；可持续发展

可持续发展这一概念如今已经深入社会发展的方方面面，其源头可追溯到两千年前的中国典籍中：《韩非子·难一》篇有云“焚林而田，偷取多兽，后必无兽”，又《淮南子·主术训》篇曰“故先王之法，畋不掩群，不取麛夭。不涸泽而渔，不焚林而猎”。讲的虽是君王治国之道，却与可持续发展概念一脉相承，其含义简单来说就是既满足现代人发展的需要，又不影响或是危害后代人，能保持长久持续的发展态势。国家大力振兴文化事业，博物馆作为文化事业重要组成部分，其发展和能否持续发展成为决定国家文化繁荣昌盛的关键一环。博物馆的藏品从较早时期狭窄的文物概念，转变为能反映人类和自然社会演变的一切资料。藏品库房管理从筹备建馆开始，便一直是博物馆的核心工作之一，是博物馆的立馆之本，也是博物馆事业可持续发展中不可或缺的环节，也关系到百姓文化共享水平的提升。

一、秭归县文物保护中心文物库房管理情况

近些年湖北省博物馆事业蓬勃发展，尤其是党的十八大召开后，一大批新馆在各地建立起来，一些老馆正在或计划改建、扩建。博物馆的馆舍面积、设施设备、技术手段都在不断增加和完善，博物馆的陈列、保管和教育等业务工作水平逐步提升。在藏品的管理方面也有了一定程度地改善。县级博物馆的文物库房从无到有，从简陋到规范。

（一）文物库房建设背景

作为国有基层博物馆，秭归县文物保护中心先后举办了“兵书宝剑峡悬棺葬展览”“秭归县第三次全国文物普查成果展”“宜昌文物精品展暨秭归民俗古家具展”“海峡两岸交流文化展”“屈原祠基本陈列展览”“三峡考古出土精品文物展”“红色记忆——秭归革命文物故事展”“峡江寻根——秭归史前文明展”等展览。先后荣获“全省文化遗产日和博物

馆日活动优秀组织奖”“首届湖北省博物馆进校园活动优秀奖”“全省博物馆、纪念馆优秀陈列展最佳新技术新材料运用奖”“宜昌市十佳文物保护单位”“宜昌市博物馆免费开放先进单位”“全市第三次全国文物普查工作先进集体”,湖北省爱国主义教育基地、湖北省廉政教育基地、海峡两岸交流基地、中国华侨国际文化交流基地等荣誉。2009年秭归县还被文化部评为“全国文物工作先进县”。虽然取得了许多成绩,在当时也存在许多短板,如用屈原祠的北碑廊楼下的四合院当做老库房,因缺乏技术和资金设施陈旧,重要文物均暂放在宜昌博物馆。2013年秭归县依托三峡后续项目,在建设秭归县文物保护中心(秭归县博物馆)时配套进行地下文物库房建设,在2016年建成,总面积415平方米,2018年投入使用,随后将青铜器、瓷器、陶器等暂存在宜昌博物馆的文物运回新文物库房,2019年进行了整理分类上架定位。随后在2020年,秭归县进行机构改革,成立秭归县文物保护中心,与秭归县博物馆、秭归县屈原纪念馆合署办公,一套班子,副科级公益一类事业单位,负责对全县文物资源进行普查、保护及配合开展抢救性考古发掘等,负责全县文物保护单位文物修复修缮、安全防护、展示陈列等项目组织实施,负责屈原纪念馆、博物馆的阵地建设、文物征集收藏、陈列研究等公共文化服务类工作,文物库房管理工作才逐渐的制度化规范化。

(二)库房配备设备设施情况

一是物防措施:秭归县文物保护中心外围地面修建了2.5米高、105米长的三面围墙,正面左侧进出通道安装了防护铁门,门外设置数字自动控制栏杆,专门控制外来车辆进入馆停车场。一楼窗户内部安装钢化玻璃,外部安装不锈钢管防盗网。正门内部设置自动钢卷防盗门,外部安装钢化玻璃门,两侧通道门安装木质防火门,进出口门前设立安全警示牌,整个安防区域保护均由专职保安负责。同时给保安人员配备电警棍、防护钗、狼牙棒,为陈展活动安全工作提供根本保证。二是技防措施:共有2扇密码库房门,采用指纹及刷卡、钥匙同时配合打开,4台球形监控器、烟感报警系统、消防一键报警、消防箱、8台半球形监控器。库房外部:针对外部要害部位安装红外线双鉴探测系统,具体分布在博物馆外围周界门窗、各种管道进入博物馆外、周界围墙、各出入口等,采取综合报警防护措施,同时安装高清摄像头,分布在各个要害部位。外通道口监控系统:根据安全综合考虑,在博物馆内门厅、卫生间门口、一层至二层对应楼梯间、二楼右通道等上空安装智能抓拍机。全覆盖通道和出入口。

(三)库房藏品保管情况

藏品保管是博物馆所有工作中一项最重要的环节,不仅要为藏品提供妥善的存放场所和良好的外部环境,还要减缓藏品自然消亡的速率。一是健全了规章制度,《藏品接收制度》《藏品征集入库制度》《藏品登记制度》《藏品出入库制度》《藏品拍摄制度》《藏品管理和提用制度》《库房安全管理制度》《保卫人员工作职责》均已上墙,《秭归县屈原纪念馆(秭归县博物馆)藏品管理办法》明确规定:保管工作要做到制度健全、账目清楚、编目详明、保管妥善。藏品根据保存要求,按照材质、类别的不同实施分类存放,99%以上的库房藏品均能按科学方法分类,存放文物柜。贵重的藏品,都存放在文物柜架内重点保管。二是规范了藏品账目、档案。建立了藏品总登记账和藏品分类登记账，并由专人负责登记保管。新增文物经过鉴定、分类、登记、编目后，方可入库，保管接收人与登记移交人当面点清。入库凭证由移交人、接收人和负责人签字，一式三份，移交人和接收人各执一份留档备查。文物入库后，保管员按科学方法分类上架，妥善保管。对藏品的档案分类进行整理，便于保存和提供使用。三是注重藏品的修复和日常养护。库房内安装除湿机、空调保持库房内恒温恒湿。根据藏品的材质不同，采用不同的杀虫剂防虫，一年进行一次安防设备保养，消防设施日常使用管理由专职管理员负责，专职管理员每日检查消防设施的使用状况，保持设施完好，发现丢失、损坏应立即补充并上报领导。

二、基层博物馆库房管理遇到的困难和问题

虽然当前秭归县文物保护中心库房管理工作较国家第一次可移动文物普查时的情况较好，但是缺乏资金项目支持，藏品保管工作仍然是我们基层博物馆建设中的薄弱环节，尤其是通过我多年实习和工作了解到有些县级博物馆的藏品管理现状不容乐观，基础工作太欠缺，主要表现在以下几个方面。

（一）藏品库房面积狭小

文物库房是博物馆的心脏。博物馆收藏的文物除部分陈列展出外，绝大多数存放在库房中，因此，库房的面积大小一定要适应博物馆文物的数量、大小和特点。有的县级博物馆利用古建筑改做库房，有的将办公室设一间做库房，有的甚至借用外单位的房子做库房，有的因库房条件太差，为了藏品安全不得不将文物存放在上级文博单位。《博物馆藏品管理办法》中就有规定：“藏品应有固定、专用的库房，专人管理。库房建筑及保管设备要求安全、坚固、适用、经济。”《博物馆藏品保存环境试行规范》更加明确提出了库房的使用面积，因为认识、经费等多种原因，县级博物馆的库房很难按要求和规范来建设。

（二）藏品保管设施短缺

藏品的质地不同，所需要的环境、空间和设备也各不相同，但在县级博物馆很难做到满足藏品的各种需求，老旧博物馆的库房基本没有恒温恒湿、防尘、防光、防震、防空气污染等设施设备，柜架、囊匣等藏品保管设备参差不齐，博物馆库房放置没有定级藏品的柜橱多是利用旧文件柜、书报柜等，使本来就十分狭小的库房空间得不到充分利用。因缺乏经费，藏品大多是裸放，即使是使用开放式架子时，细小或易碎类藏品用的匣、盒也很少是专门制作的。

（三）安防设施不完善

国家文物局和公安部联合发出通知，要求：一、二级文物库房要保证有铁门、铁窗、铁柜和报警器、灭火器。这也是我们对县级博物馆库房的基本要求，秭归县老屈原祠就曾发生过文物被盗的严重事件。县级博物馆一般都设有专人负责藏品的安全，但因为安防设施简陋和不完善，使得原本就有限的人员和精力大部分都放在了藏品安全上，而无暇顾及其他，对藏品的保护、研究和利用则更为有限。

（四）藏品管理欠规范制度不健全

《博物馆藏品管理办法》规定：保管工作必须做到制度健全、账目清楚、鉴定确切、编目详细、保管妥善、查用方便。这是对藏品管理工作的要求，也是标准。与管理工作要求相比，县级博物馆的藏品管理工作还有许多不足，藏品管理制度建设还很不规范和完善，

还存在管理人员不足的现象，管理相当混乱，博物馆管账和保管文物的就是同一个人，无法进行监督，容易造成文物流失，有些则是每人只清楚自己的情况，由于缺乏必要的交接手续，人员发生变动时，其他人员就不清楚文物情况。

（五）账目不完善

《博物馆藏品管理办法》中明确规定“藏品总登记账是国家科学、文化财产账，设专人负责，永久保存”，同时对总账填写做出了详细的规定。建立健全藏品总账，这是对博物馆藏品管理最基本的要求。然而，一些县级博物馆仍存在总账不健全、用分类账代替总账等现象，没有将后来征集的藏品及时登入总账，总账填写不规范，空缺内容较多，分类账等也存在这样的问题。秭归县文物保护中心的藏品登记虽然不够完善和规范，但对藏品总登记号和藏品分类号进行了登记。

（六）藏品号书写不规范

藏品的总登记号如同藏品的身份证号码，是该藏品永久终身号码。藏品号不仅要在总账上注明，还应在分类账、登记表、卡片、档案等与该藏品有关的账册上注明。同时要将藏品号用油漆或不褪色的颜料书写在藏品的隐蔽处，原则是不损伤藏品也不能影响藏品的外观，藏品上无法书写藏品号时，可采取吊牌、袋或盒盛装等措施，并将藏品号书写在吊牌、袋、盒上。藏品号书写不规范是普遍存在的问题。藏品号是实现藏品科学安全管理的必要手段，藏品号字迹不清或纸质标签脱落，容易造成藏品有账找不到物或有物对不上账的结果，这给藏品的安全管理带来很不利的影响，秭归县文物保护中心库房也存在这种问题。

（七）藏品保管不妥当

文物库房环境好坏直接影响藏品的寿命。县级博物馆的藏品管理基本上是仓库式的管理，藏品管理工作基本停留在用时开门的阶段，库房常年处于暴热、潮湿、不通风的状态，没有温湿度的控制设备，藏品保存环境无法控制，即使安装了空调设备，但却常年不开，藏品仍处于自然环境下，库房中虽然安装了温度计和湿度计，却不能定期的检查记录，只在有事进入库房时做记录，这样的记录也只是摆设，没有真正调节温湿改善藏品的保存设备。日常保管也仅限于搬动时小心谨慎、放置稳妥等，缺乏预防性保护的意识，更谈不上对藏品采取有效的预防性保护措施，给文物造成了一些本可避免的损害。

（八）藏品管理人员的业务素质急需加强

人才配置的合理性对于藏品的管理工作起着非常重要的作用。县级博物馆人员的文化素质普遍偏低，比如有的博物馆在编人员基本都是高中学历或自我深造获得的本科文凭，所学专业也是五花八门，与文博专业不相关。许多库房管理员根本没有接受过专业知识的学习，也没有参加过任何相关的业务培训。这种现象在县级的博物馆中是普遍存在的，当前随着许多从事文博工作多年、具有丰富工作经验的老业务人员相继退休，库房专业人员出现严重青黄不接的现象，这也极大地影响了县级博物馆的藏品保管工作。

（九）鉴定工作基本空白

鉴定为博物馆藏品的科学管理、公开展出、研究利用，把好真伪这第一道关口并提供藏品的价值、名称、时代、级别等鉴定成果。县级博物馆中未鉴定文物的数量还颇多，秭归县文物保护中心经过多年的考古发掘、征集等渠道收藏的文物至今尚未定级，这严重影响了博物馆其他工作的开展。不同级别的藏品有不同的保管要求，如果珍贵级别文物被当作普通标本随意处置将会造成极大的损失。

三、全面提升基层博物馆藏品管理水平之我见

藏品是博物馆存在的基础，也是博物馆各项业务工作的基础。博物馆藏品管理工作历来在博物馆的整体工作中占据着重要位置，随着文博事业的发展，文物藏品内涵的深入挖掘，文物藏品利用的不断扩大，对藏品的快捷、有效、科学的管理，就愈显重要。藏品管理的目的，一是保护藏品的安全，防止丢失损坏。二是方便研究利用，使藏品的内涵价值转化为社会价值。藏品管理对于县级博物馆而言，普遍任务繁重，同时受到设备、技术、经费和人才条件的限制，确实存在不少难以克服的困难。

（一）提高认识，明确科学管理

只有在思想上对科学管理藏品的重要性有了深入认识，才能切实采取措施做好这项工作。目前县级博物馆的藏品管理之所以存在种种问题，首先在于绝大多数人没有认识到科学管理藏品的重要性。博物馆领导要充分认识到藏品是博物馆存在的基础，在博物馆的建设中居于首位的是加强对藏品的保护管理。藏品的保存受各种因素的影响，保管好藏品是一项技术性、专业性很强的工作，责任重大，所以县级博物馆要积极争取政府的财政支持，加大人力、物力、财力等方面的投入，确保藏品保管工作的正常开展。同时要建立一支专业的保管队伍，以适应新时期的要求，使藏品保管工作向科学化、规范化发展。

（二）健全管理制度并严格执行

博物馆的藏品是国家的重要文化财产，为确保其安全，不仅要求有固定安全的库房和专职人员管理，更需要建立严格的管理制度。健全的管理制度是确保藏品安全和工作效率的首要前提，科学、合理、严密的制度是长期实际工作的经验总结，甚至是以往工作中的失误、教训所换来的，根据工作发展，需要不断地补充、完善，形成一套便于操作执行、有利于保证库房管理与藏品保护工作正常运行的规章才能有效地保护文物的安全。实践证明，只有认真执行各项保管规章制度，才能确保各项工作有条不紊地进行。县级博物馆制定的具体管理制度，应简单明确、切实可行，不宜烦琐，必须依照国家文物局颁布的《博物馆保管试行办法》及《省、市、自治区博物馆工作条例》中的有关规定来制定。

（三）加强对藏品保管人员业务技能的培训

万事人为本，搞好藏品管理工作，人才培养是关键。藏品管理的法规、政策和制度是做好藏品管理工作的根据和准则，藏品管理人员的素质直接影响藏品管理水平，藏品管理员的专业知识和技能则是做好藏品管理工作的关键。从藏品管理中出现的总账、藏品号、数量、保管不当等问题来看，县级博物馆藏品管理人员的确缺乏必要的专业培训和专业指导，业务人员也十分渴望上级主管部门能提供必要的专业培训。县级博物馆由于受认识、人员、资金等各方面因素影响，藏品管理状况令人担忧，建议省市文物行政主管部门要加强监督管理，定期组织检查，督促各博物馆提高水平，改善现有博物馆藏品的管理现状。

(四)推行县级小型博物馆委托寄存异地保管

一些县级小型博物馆在文物库房没有达到相应标准的情况下，为有效保护好馆藏文物，可以尝试把一些比较珍贵而还没有陈列展示的文物，委托寄存到具有保护条件的市级或省级博物馆的文物库房里。这样既解决了馆藏文物保护问题，又节省了劳动成本，减轻了本馆保护资金压力，缓解本身文物库房条件差，新建标准库房又无资金的矛盾。

路漫漫其修远兮，吾将上下而求索！县级博物馆文物库房管理关系到本馆可持续发展，当前随着时代的发展，社会对博物馆文物库房管理也提出了更高的要求，特别是县级博物馆要结合实际情况，引进先进的技术设备加强博物馆库房建设，完善相关管理体系制度，并做好专业管理人员的培养工作，从而提高博物馆文物库房管理水平，对得起历史，对得起未来，做好文博人！

参考文献：

[1] 张宇.论博物馆文物修复室和藏品库房的消防管理[J].智能建筑，2020(12):10-13.
[2] 刘晓艳.基层博物馆文物库房的科学化管理分析[J].文物鉴定与鉴赏，2020(12):138-139.
[3] 陈丽颜.博物馆文物库房管理探究——以佛山市顺德区博物馆为例[J].收藏界，2019(06):56-57.
[4] 韵文婧.博物馆库房科学管理策略思考[J].智库时代，2019(16):287+289.
[5] 刘国嵩.浅谈博物馆文物库房标准与陶器的保护[J].中国民族博览，2018(08):235-236.
[6] 李洁.基层博物馆文物库房的科学化管理[J].东方藏品，2018(04):12.
[7] 李敏.博物馆文物库房管理优化——以湛江博物馆的库房管理实践为例[J].文化产业，2018(06):31-32.

提升县级博物馆文物陈列路径与策略探讨
——以“馆藏精品文物陈列展”为例

田盼 枝江市博物馆

摘 要:县级博物馆是展示地域历史文化和特色民俗风情的重要窗口,陈列展览是开展文物信息传播的有效途径,是实现博物馆文化价值和核心功能的基本方式。文物陈列要体现地方文化特色,需要对基本陈列进行增加或升级。本文对免费开放后枝江博物馆在陈列方面的现状、问题、困境及面临的挑战进行了阐述。然后以“馆藏精品文物陈列展”为例,就县级博物馆在找准自身定位、突出陈列主题、重视陈列设计、丰富陈列形式、彰显陈列特色、创新策展理念等方面进行了初步分析和探讨,以期为县级博物馆陈列的发展和实现可持续发展目标带来参考与借鉴。

关键词:县级博物馆;文物;陈列;地方文化

博物馆陈列是在一定空间内,以文物标本为基础,配合适当的辅助展品,按照一定的主题、序列和艺术形式组合成的,进行直观教育、传播科学文化知识和提供审美欣赏的展品群体。陈列展览是博物馆进行社会教育、传播信息、提供审美欣赏和为科学研究提供参考服务的主要工作方式,是博物馆特有的语言。博物馆向公众免费开放后,其展览功能日渐占据核心地位。

区县级博物馆在深入挖掘和阐释地方出土文物的价值、丰富地方文化的内涵、彰显地方文化的特色、优化地方人文环境等方面有重要的贡献。县级博物馆所在地往往是四线五线城市或是偏远县城。地域范围小,经济落后,交通不便,知名度低。再加上长期受制于藏品数量、专业人才、业务能力、经费投入、管理体系等因素,建筑面积一般小于5000平方米,藏品数量一般少于1万件,基本陈列显得分外薄弱。陈列方式死板单一,展陈手段落后,陈列提升存在瓶颈。展品的匮乏和单调的展览方式,与省级、地市级博物馆存在着很大的差距。“五岳归来不看山,黄山归来不看岳”的窘境在县级博物馆上体现的十分明显。

一、基本陈列现状

基本陈列是一座博物馆功能定位的集中体现,具有广泛和持久的影响力。因此,一座博物馆的文物藏品特色和个性,往往通过基本陈列得到体现,在保障民众文化权益和服务于国民教育方面发挥着不可替代的重要作用。

枝江博物馆是一座小型县级博物馆,位于枝江主城区,馆舍建成已有23年之久。馆藏文物以枝江境内历年考古发掘出土石器、陶器、青铜器、瓷器和征集、捐献的民俗文物为主体,具备较为稳定和反映本地特色文化的展览内容。有一个展览大楼,两个常设展厅,无临时展厅。一层为民俗展厅,二层为历史文物展厅。全部陈列面积仅1000余平方米,展出文物180余件,汇集了新石器至战国时期陶器、青铜器等门类艺术精品。

二、存在的问题

(一)常设展厅面积小,藏品数量少

场馆规模有限,没有举办临时展览的场所。只有一个展览主体楼,选择搞历史综合陈列就没有空间搞专题陈列。展厅面积不能满足现代博物馆陈列展览业务发展需求。民俗展主要是文字背板,实物较少。囿于展厅空间的局限性和展品数量的稀缺,每年接待参观游客数量有限,以未成年人为主。大多数观众都是走马观花,参观的平均时间20分钟左右,重复参观者极少。

(二)陈列周期长,陈列形式单一

陈列长期不更新,展品“亘古不变”,种类单一,主要集中在陶器和青铜器上,给公众带来审美疲劳。陈列手段单调,以展柜里的器物与图片文字搭配等静态展示为主。展线中未穿插与观众互动的多媒体设备,无电子触摸屏,缺少辅助展览手段和设施设备。

(三)展线短且设置不合理,观展路线不顺畅

展厅门前设置有参观导览图。进入展厅后,应先上二楼参观“枝江古代陶器与青铜器记忆展”。但观众一般忽略导览图,直接走向一楼右侧的“枝江民俗风情展”,造成了逆时针观展,达不到预期的参观效果,这需要讲解员和志愿者的引导。再加上展厅的出入口唯一,造成观众的观展路线具有普遍的随意性和重复性。

(四)历史积淀与文物不匹配

枝江是早期楚文化和大溪文化分布的核心区域,但陈列中代表楚文化的精品文物极少,大多以图片、文字资料和现代复制品填充,藏品数量与历史信息丰厚程度不匹配。这些辅助展板的内容侧重于考古原始资料和古文献的直接引用,未作一定的研究和考释,不方便观众直接获取文物信息,造成了一定的隔阂感。纵观邻近的县级馆,长阳馆有代表巴文化的虎钮錞于;宜都馆有专题展“馆藏古代铜镜展”。我馆展品的特色应是大溪文化“关庙山类型”和早期楚文化,但由于种种原因,这些展品只是零星几件,有亮点的更少,与地方历史文化内涵不相称。

三、馆藏精品文物陈列展

图1 展览入口(图片来源于作者自摄)

“馆藏精品文物陈列展”于2021年9月开工布展,2022年4月竣工并投入试运行,5月正式向公众开放。整个陈列位于展览主体楼第三层,展厅南北长18.63米,东西宽8.79米,层高4米,面积163.75平方米,容积655立方米(图1)。

(一)展品概述

展品以枝江万福垴遗址出土的12件青铜编钟和1件凤鸟纹青铜鼎为主(图2),配以馆藏周代到清代精品文物。万福垴编钟是首次在江汉地区发现时代明确为西周中晚期的楚国青铜器,历史、学术和研究价值极大。其他文物分别是铜环权、青瓷香薰、青瓷盘口壶、鸡首壶、磁州窑瓷瓶、神兽魂坛、四灵魂坛、金簪、

龙首翡翠带钩、凫首鐎斗、三足炉、白地黑剔花梅瓶、孝子魂坛，共计36件/套(图3)。涵盖了青铜器、瓷器、陶器、金银器、玉器等种类，等级全部为国家三级以上。其中一级文物3件，二级文物18件，三级文物15件。

图2　万福垴编钟组合（图片来源于作者自摄）

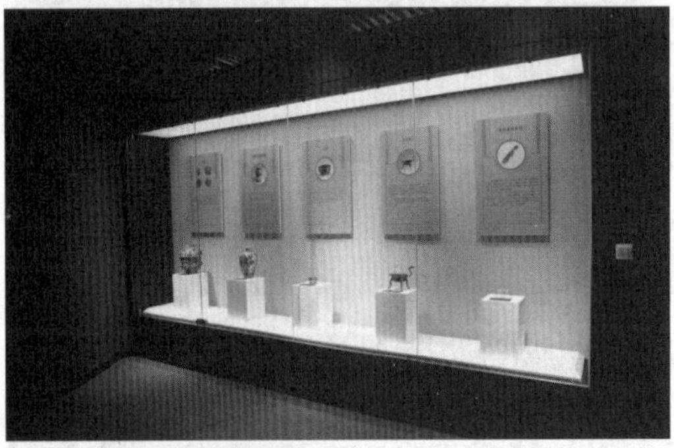

图3　部分精品文物（图片来源于作者自摄）

（二）陈列形式

立足于馆藏精品这一主题，将系列精品串联在一起，以文物为依托，影像、照片、文字、多媒体、场景模拟等辅助，旨在打造一个既能延续历史和传承文化，又能给公众有更好视觉情感体验的精品展览。全面展示枝江历史人文风貌和地方历史文化特色，具有较强的艺术感染力，符合大众审美要求。

（三）配套设施

采用金属陈列展示柜，配有文物说明牌、图文板、标签予以阐释说明。运用场景复原、艺术品制作、灯光效果、现代数字多媒体技术等手段进行辅助展示，完整呈现文物的历史、艺术、科学价值。

（四）主要亮点

“馆藏精品文物陈列展”的布展，极大地发挥了文物展品在传承地方文化和展示地域特色中的作用，吸引了更多的市民前来参观，有力地弘扬了枝江本土历史文化，凸显了文物的社会教育功能。虽然展厅面积小，容纳观众人数有限，但通过精心策划和设计，巧妙运用建筑空间，合理划分展厅空间，确保展线流畅，让狭小空间发挥出最大的展出效果，整体视觉呈现的艺术性和美学性好。注重对考古新发现、文物研究成果的展示，将传统展示手法与现代化展览理念、展陈手段相结合，增加了一个全新的固定陈列，对于本馆来说是一个很大的突破。

展陈形式从手法和细节上大胆创新，注重多样性、严肃性、合理性的结合。

利用多媒体技术设置了一处互动虚拟电子感应书，观众可以自行翻阅电子书查找感兴趣的文物信息。另外设有一处编钟演奏场景模拟体验区，增强了互动性与实践性。

四、几点启发与对策

（一）充分利用藏品资源和考古发掘项目，增加或升级基本陈列，突出地域特色

地域文化特色是一个地区人文历史、自然景观中反映出来的蕴含浓厚文化意义，带有个性色彩的特质，是当地从古至今传统文化精神的集中反映。反映一定区域历史文化的陈列内容所包含的信息非常宽泛，它包括生产、生活等物质基础，也包括道德观念，宗教信仰等精神世界。博物馆收藏的每一件文物，都带着浓厚的地域烙印和文化底蕴，紧紧抓住地域特色，体现地域文化个性，是当前县级博物馆发

展的根本出路。

应竭尽所能挖掘本地历史文化元素，排列梳理体现地方历史发展和地域文化特色的文物藏品，努力打造独具地方文化特色的基本陈列和藏品体系。“馆藏精品文物陈列展”的展品一部分来源于考古新发现，一部分来源于馆藏珍贵文物，虽然数量少、规模小，但无论是万福垴编钟组合还是其它珍贵文物，都把地方文化特色和历史底蕴体现得淋漓尽致，对我们来说已经上了一个台阶。县级博物馆无考古发掘资质，考古新发现的成果微乎其微，没有造血功能，历史文物藏品匮乏是当前突出的瓶颈问题。要将考古部门发掘出土并完成田野考古发掘报告的部分文物移交给当地基层博物馆，用于打造专题陈列展。

（二）从文物征集入手，打造独具本土特色民俗展

民间技艺、传统艺术、节庆习俗、婚丧礼仪、民间信仰、神话传说等，无不烙着地方印记，它们与城市兴盛、变迁和消亡的历史相互交融，共同造就了一座城市与众不同的历史文化个性，是地方文化特点的一种凝练。民俗文物的种类可以是农耕用具、手工技术工具、生产工具、生活用具和家族祭祀物品等。民俗文物的展示内容也是丰富多样的，诸如生产生活、民间工艺、文化艺术、乡土风情、宗教民俗、土特产品以及自然资源等都可以作为展陈的资源进行开发利用。制定文物捐赠奖励政策，通过社会捐赠和文物征集，拓展征集渠道，募集民俗精品文物，充实展品数量，办出民风民俗精品展，增加展陈的魅力和厚度。

（三）精心谋划展览设计，精心编写陈列大纲

县级博物馆基本陈列的规模小，展品的精美度和艺术价值参差不齐。如何把小的展览做精做细，给观众留下深刻印象，让观众流连忘返，需要围绕展览主题，在设计上下功夫。陆建松先生认为博物馆建设存在诸多问题：“展览规划与设计普遍得不到重视，许多博物馆往往选题没有新意；主题提炼不足，平铺直叙，面面俱到；内容枯燥乏味，学究气浓，通俗性不足；展览结构混乱，逻辑性不强，多为教科书的翻版或是沿袭简单的王朝体系；展览表述过于理性，感性不足；展览信息安排泛杂混乱，不易为观众接受。”单霁翔先生认为：“博物馆的陈列设计应该具有和谐美，把握好内容、版式、文字、展品等各种陈列要素的变化与统一，具有良好的视觉效果，只有这样才能吸引观众前往。”

历史文物的展览陈列设计，不仅要从审美层面展现价值，更要挖掘其技术和艺术背后的历史背景，尽量避免教科式的单项灌输和简单的史料铺陈、信息罗列。在展示藏品制作材料和物理特征的同时，还应向观众展示其制作技术、功能、文化、意涵等相关信息。为保证此次展览大纲的科学性和严谨性，我们邀请了宜昌博物馆专家作指导，陈列部与施工单位湖北京博艺展设计有限公司在主题选择、展品选取、内涵诠释、展板设计制作及展区设置搭建等方面反复商议讨论，经多次修改，最终确定大纲框架。前言、结语、各部分说明文字和展品说明文字由本馆业务骨干主笔编写，在设计和施工过程中层层把关，精雕细琢，最终顺利通过宜昌市专家组评审验收。

（四）科学配置展览光线、色彩

一些文物展品自身具有较高的观赏性，在展示时可以通过合理的照明或展台旋转来凸显展品的精美和制作工艺的精湛。展品色彩

与光线明暗相协调，在基层博物馆陈列展览中占有重要的地位，展品色彩与光线处理的好坏直接影响陈列展览的艺术效果。在博物馆的陈列设计中，可以加强色彩方面的创新运用，如利用色彩去烘托氛围；或用色彩影响人们视觉等等。在文物展览方面则更加适合运用浅灰色，营造淡雅的环境。注重色彩、灯光在展览形式设计中的应用，运用不同的色彩搭配方式来烘托陈列展览的主题，使有厚重历史的文物重新焕发生命活力，使观众得到更好的观赏体验，不失为增强展品感染力的有效手段。

（五）适当植入互动体验展示，为展览锦上添花

长期沿用“通柜、实物加说明牌”式的陈列手段容易使观众产生视觉疲劳，且难以充分诠释展品内涵。笔者认为，除了展柜、器物、图片、文字等传统的静态展示之外，还可以运用声、光、电等高科技作为辅助展示手段。例如VR虚拟现实、AR增强现实、3D虚拟成像、多幕投影、多点触碰、幻影成像、电子书导览触屏等高科技运用到展陈领域，能有效改变静态展示的不足和单调，增强展览的视觉效果和震撼力，成为观众沉浸式体验的亮点。

新媒体展览装置改变传统单调的展板、展柜媒介，运用多媒体、交互媒体装置、投影互动装置等使参观者有视、听、触等多感官接触。使观众与藏品的距离进一步缩短，建立情感上的共鸣，改变公众对博物馆展览枯燥、沉闷的印象。2017年，南京博物院在国内首次推出“VR编钟体验”。戴上VR体验设备后，眼前出现了三维同等大小的虚拟编钟，手柄变成钟锤，敲击力度和位置不同，传出声音则不同，在虚拟世界中领略编钟音乐的魅力，给观众以身临其境的感受。县级博物馆展厅面积、资金预算、专业人才、数字技术都不足，这种技术还难以实现。在这次万福垴编钟展区旁，我们尝试设置一个编钟演奏场景模拟体验区，制作一段敲打编钟的音乐滚动播发，让观众亲自动手演奏仿制的西周编钟，根据乐谱敲出美妙的旋律，使公众更加清晰和直观地了解编钟，大大提升了他们的互动体验感。

值得一提的是，再好的新技术也只是辅助展陈手段，不能喧宾夺主，归根结底是为文物展品本身服务。实践证明，陈列艺术不是高科技的同义词，声光电等新技术也并非多多益善，要充分考虑必要性、适当性和综合性；高科技的运用也不能喧宾夺主，它只能是衬托者，而不应成为主角。

五、结语

县级小型博物馆要在塑造和创造可持续未来方面发挥作用，可以通过陈列展览来实现。在延续原有陈列的同时，找准自身定位，深入解读藏品，借助考古发掘项目，通过文物征集捐赠等手段，新增或升级现有陈列。“馆藏精品文物陈列展”从布展到开放历时8个月，增加了展品内容，丰富了展陈形式，创新了展陈风格，体现了地方特色，拉进了与观众的距离。确定好陈列主题，精心策划设计，合理运用灯光色彩，适当融入信息化、高科技元素补充完善展陈方式，以提升基本陈列的艺术感和感染力，更好服务于社会大众。充分发挥县级博物馆致力于可持续发展与美好生活的变革潜力，让文物中蕴含的优秀历史文化得到发扬和传承，真正成为民众美好生活的精神文化家园。

参考文献：

[1] 王宏钧.中国博物馆学基础(修订本)[M].上海:上海古籍出版社,2011:246、253.

[2] 刘娜,吕荐龙.区县级博物馆陈列展览现状及发展探究[J].中国民族博览,2022:186-189.

[3] 申琳琳.博物馆陈列展览吸引力提升对策探索[J].产业与科技论坛,2018(17):247-248.

[4] 张红霞.浅论基层博物馆陈列展览的策划——以洪湖革命历史博物馆为例[J].武汉文博,2017(1):17-20.

[5] 王炯.浅谈历史类博物馆文物陈列展览的内容设计[J].重庆科技学院学报,2012(2):149-150+170.

[6] 胡仁亮.浅谈市县级博物馆历史陈列的地方特色——以郴州市博物馆为例[C].博物馆学文集9.湖南人民出版社,2013(9):22-27.

[7] 陆建松,郑奕.中国博物馆学应加强博物馆建设研究[J].中国博物馆.2008(3):56-59.

[8] 单霁翔.解读博物馆陈列展览的思想性与观赏性[J].南方文物,2013(3):1-8.

[9] 苏业花.浅谈基层博物馆陈列展览艺术形象的提升[J].丝绸之路,2011(2):86-88.

[10] 张婧.创新文物博物馆陈列设计方法[J].艺术品鉴,2020(24):114-115.

[11] 杨君君.博物馆传承传统文化的思考与尝试——以辛亥革命博物馆为考察对象[C].2017年湖北省博物馆协会学术研讨会论文集.武汉:长江出版社,2017:54-56.

[12] 单霁翔.浅析博物馆陈列展览的学术性与趣味性[J].东南文化,2013(2):8-15.

盘活工业遗产　促进城市转型

——以湖北水泥遗址博物馆为例

卢文芳　湖北水泥遗址博物馆

摘　要：进入新时代，工业遗产保护与利用正成为我国彰显文化软实力的战略举措，让工业遗产文化“活”起来的理念越来越深入人心，黄石依托自身资源，深入贯彻新发展理念，积极探索以华新水泥厂旧址为代表的工业遗产保护与利用工作，持续推动城市转型升级、高质量发展，促使黄石城市文化底蕴和特色进一步得到彰显。

关键词：工业遗产；博物馆；文旅品牌；可持续

自20世纪末以来，工业遗产在全球范围内受到了越来越多的关注。作为一种特殊类型的文化遗产，越来越多的人已经意识到，那些倒闭的工厂、枯竭的矿山、废弃的铁路等，虽然失去了原本的生产功能，但作为人类工业活动的记载，往往具有特定的文化价值。当前，许多老牌工业化国家和国际社会正在积极开展工业遗产保护工作。英国、德国、法国、美国等在工业遗产保护方面取得了丰富的经验。我国正处于经济社会迅速发展时期，多数地区在城市改造和产业更新过程中，大量有价值的工业遗产被损毁。树立工业遗产保护意识，推进工业遗产利用实践，已是刻不容缓。本文以华新水泥厂旧址成功改造成湖北水泥遗址博物馆为例，阐述工业遗产类博物馆在城市转型升级、可持续发展方面发挥的作用。

一、黄石工业遗产资源状况

作为中国青铜文化的发祥地之一，黄石自古就是我国重要的铜矿开采和冶炼地区，也是近现代著名的矿冶城市和原材料工业基地。数千年的工业生产活动使得黄石1410处不可移动文物中就有147处与矿冶生产或工业生产相关，工业文化也成为黄石最为独特的城市历史文化“基因”。“我去过这么多地方，但没有一个城市像黄石的工业遗产这么具有唯一性。”单霁翔说，从3200年前到近现代发展中，黄石有完整的矿冶工业文明体系，更加难能可贵的还有连续性和密集性。“这些宝贵的文化遗产就是黄石文化自信的底气，也是城市未来发展的希望。”

2012年11月，由铜绿山古铜矿遗址、汉冶萍煤铁厂矿旧址、大冶铁矿东露天采场旧址和华新水泥厂旧址等代表性工业遗产组成的黄石矿冶工业遗产，被列入《中国世界文化遗产预备名单》。2016年9月14日，《黄石市工业遗产保护条例》经湖北省人大常委会批准通过，并于2017年1月1日起施行。黄石国家矿山公园已获批成为第三批全国工业旅游示范点。2021年9月，国家发改委特将黄石工业遗产保护利用工作作为典型经验向全国推广。2022年11月，华新1907文化遗址公园被文旅部公布为第二批国家工业旅游示范基地。

工业遗产的保护活动起源于最早开始工业化的英国，随着工业化进程的加速，较为完整的工业遗产保护模式逐渐形成。从世界范围看，对工业遗产的保护和利用主要有博物馆、景观公园、创意产业和旅游购物等四种模式。华新水泥厂旧址改造为湖北水泥遗址博物馆是活化利用工业遗产的一种形式。

二、华新水泥厂旧址的建设与活化利用

华新水泥厂旧址文物保护项目是国内最大的工业遗产修缮工程，也是黄石矿冶工业遗产“申遗”的重点工程和传承弘扬黄石市工业文明的标志性工程。2013年，华新水泥厂旧址被国务院公布为第七批全国重点文物保护单位，随着机构改革的步伐，黄石市委市政府高度重视，先后成立直属正县级单位—市工业遗产保护中心、市文物保护中心，统筹推进文物保护利用各项工作，重点加强华新水泥厂旧址文物保护工作，强力推进华新旧址文物保护工程建设。

华新水泥厂旧址部分项目建成后，2017年底，在旧址内打造的湖北水泥遗址博物馆实现局部对外开放。2022年“五一”期间，1907文化遗址公园顺利开园，为市民提供了一个新的文旅、文商集散地。2022年10月，华新水泥厂旧址被湖北省人民政府批复设立“第二批湖北省文化遗址公园”，旨在夯实大遗址考古与保护管理工作基础，强化部门协调，加大展示利用与基础设施建设力度，推进文化旅游融合，助力乡村振兴、长江经济带建设等重大发展战略。

（一）强力推进文保项目建设

一是成立专班，强力推进。在华新项目建设之初，成立由文物主管部门主要领导担任指挥长的华新水泥厂旧址文保工程指挥部，建立高效决策、统一指挥、分工明确、督办严格的指挥体系，统筹谋划华新水泥厂旧址文物保护工程项目建设；同时在华新水泥厂旧址文保工程指挥部下设项目组，专门负责项目实施的管理和协调、沟通工作。定期召开指挥长会议和项目组专题会议，研究解决项目实施过程中出现的难点和问题。

二是积极争取政策、资金和项目。华新水泥厂旧址文保工程指挥部主要领导先后多次带队到国家、省文物局和中国文化遗产研究院汇报工作，在北京召开专家咨询会和项目设计协调会，请求加大政策倾斜、专家指导、设计力量等方面的支持。截至目前，核心区内主要价值承载的文物本体已经完成或正在进行保护修缮工作。

三是突出项目服务，强化整体协调。实行领导责任包保，协调项目设计、施工、申报、审批过程中遇到的困难和问题，主动带队上门，到相关单位主动协调沟通，深入研究相关政策程序，化解工业遗产修缮工程“特殊性”带来的程序上制约，同时建立工作台账，研究制定推进计划和具体方案，实行一周一通报，半月一总结，集中破解，限期办结，努力促进华新文保项目早见规模、早见形象、早见成效。

（二）积极探索活化利用新形式

一是借助优势平台，引导舆论关注。黄石主动与《万里走单骑——遗产里的中国》制作方接洽，积极宣传、推介黄石矿冶工业遗产，历时4个月并3轮实地探访后，2021年初，黄石矿冶工业遗产成功入选浙江卫视大型人文

节目《万里走单骑之遗产里的中国》，华新水泥厂旧址成为主要拍摄地之一。该节目的播出对黄石市申报世界文化遗产具有非凡意义；还邀请单霁翔院长以“坚定文化自信”为主题作专题讲座，将黄石市工业遗产保护利用工作推上更高水平，得到《人民日报》、“学习强国”、《湖北日报》等中央、省级媒体客户端的关注。

黄石市已将“工业遗产保护”纳入党校培训课程，编撰《黄石工业遗产(九年级)》《黄石工业文化(三年级)》两本教辅教材，确保让“黄石孩子读懂黄石故事”。绘制出版《工业遗产旅游手绘地图》，现正筹备出版《黄石四大工业遗产文创漫画》，用独特视角讲好工业遗产的故事。同时，《问了个物》系列文物推介短视频已在加紧拍摄制作，力图以全方位、多角度、深层次、立体化的方式呈现文物保护利用事业发展，提升市民文化认同和文化自信。

二是立足自身特色，推动融合发展。在工业遗产的开发与保护过程中，只有把它当作文化资源，进行科学性和持续性合理开发利用才能为社会的发展创造出更多的经济价值和文化价值，从而促使人们产生自觉保护它的意愿。湖北水泥遗址博物馆实现局部对外开放后，矿渣库现已利用为黄石(华新旧址)文化创意中心，新装车站台利用为黄石文化艺术长廊，目前已举办了“黄石工业文明展”“冷军油画作品展”“黄石矿冶文化展”“家的样子——水泥创品＋”等十多个展览，接待外籍友人、全国各地参观者、本市机关团体及市民30万余人次。2019年3月21—24日，在湖北水泥遗址博物馆举办“书香黄石”第十五届(春季)全国地方版图书博览会，是黄石首次举办全国性大型图书博览会，也是这一文化盛会首次走出省会城市，首次选择在工业旧址内举行。图博会期间，高峰论坛、图书捐赠活动、知名作家现场签售、嘉宾游览黄石等活动，彰显了黄石独特的文化魅力，丰富了市民文化生活。2020年建市70周年之际，在华新水泥厂旧址新装车站台(文化艺术长廊)举办了大型文化展览——“礼赞黄石——建市70年美术书法摄影作品展”，这些作品系统展示了黄石建市70年来，特别是改革开放40多年以来，在政治、经济、社会、文化、民生等方面发生的巨大变化和取得的辉煌成就，有着浓重的历史厚度、文化深度和感情温度，以及深刻的思想性和高超的艺术表现力。

2022年，1907文化遗址公园顺利开园后，举行开园仪式、工业文明展、“又见华新”市集、三联图书展销等一系列丰富多彩的文化娱乐活动。在短短5天时间里。近五万人次涌入“华新1907”，共同造就“五一”假期黄石最红打卡点。

(三)推动谋划工业遗产，繁荣新产业

通过招商引资，成功引进上海乐茶实业有限公司，共同开发“黄石有礼”系列文创产品并成功入驻2020年上海“进博会”，该系列产品首次将黄石元素呈现在国际舞台。积极推进工业旅游与研学旅游、红色旅游、乡村旅游深度融合，拓展工业旅游产品。目前，黄石工业遗产研学游在省内已初具影响；华新1907文化遗址公园被公布为首批国家工业旅游示范基地，弥补了湖北工业旅游的不足，成为黄石旅游业新的亮点。

在文化旅游深度融合的背景下，如何推动工业旅游从小众走向大众，并为后疫情时代带来新的发展机遇，是有现实意义和价值的，既体现了文旅融合的政策导向，也进一步促进产

城融合，更好地服务社会与城市发展。

三、对未来工业遗产发展的几点思考

按照“全国先进、湖北一流、黄石特色”的发展定位，将工业遗产保护利用定位为黄石老工业城市转型升级的方向，实现可持续发展。事实表明，黄石工业遗产的活化利用极大推动了工业旅游的发展，在惠及民众的同时带动了文化创意产业、商贸服务业的持续升级，促进城市的转型发展。

回顾历史，华新水泥厂旧址在保护与活化利用这条道路上虽然仍有不少遗憾，但也有许多先试先行的亮点值得总结。

一是保护意识一直延续。“工业遗产见证了人类巨大变革时期社会的日常生活，记录了普通群众的工作和生活，是工业社会认同感和归属感的基础”。从“拆与不拆”的选择到现在如何保护并加以利用的思路转变，说明城市决策者对工业遗产的认知越来越趋同，一如既往的定力使得这座城市工业文明基因得以延续传承。

二是创新发展利用的新思路。遗产的继承和利用在物质世界和精神世界同等重要，工业遗产的价值更在于探索满足不同时期城市功能服务更新的要求。遗产是静态的，社会和人是发展的，让遗产“活起来”甚至火起来，不断适应城市空间的新要求，是包括文物在内的所有遗产利用的前进方向。

作为老城区的中心地标式建筑，湖北水泥遗址博物馆承担着市民文化休闲、城市文化基地的职能。让旧址火起来，进行更高层次的活化利用，挖掘文化内涵，培育核心产业还任重而道远。黄石应加大探索研讨工业遗产保护与利用工作力度，加大工业遗产的宣传保护力度，一是通过运用数字化技术，利用闲置的工业厂房、设施设备以及生产线等资源发展沉浸式工业旅游，实现黄石工业旅游与工业科普的深度结合。二是继续举办好“中国(黄石)工业遗产保护与利用高峰论坛”，邀请国内外知名文化遗产保护、活化利用等方面专家学者，共同探讨、谋划黄石文物(工业遗产)活化利用与价值研究，持续扩大黄石工业遗产的国际影响力，奠定黄石工业遗产在全国的领军地位，打造黄石特色文旅品牌。

参考文献：

[1] 王晶.工业遗产保护更新研究新型文化遗产资源的整体创造[M].北京：文物出版社，2014.

[2] 邢怀滨，冉鸿燕，张德军.工业遗产的价值与保护初探[J].东北大学学报(社会科学版)，2007(1):16-19.

[3] 廖亮.浅析工业遗产的价值与开发利用[J].企业技术开发，2015(14)，56-57.

在博物馆遇见美好生活　且以诗意共远方

——博物馆赋予城市美好生活

李稚　十堰市博物馆

摘　要：博物馆是社会公共性的产物，对于构建美好生活与社会可持续发展具有关键性作用。随着经济发展和生活水平的不断提高，人民对精神文化的需求也日益增长，走进博物馆成为一种新的生活方式与文化时尚。从非正式学习机构到休闲体验空间，从助力乡村振兴到赋能城市升级，博物馆在促进社会可持续发展、提升人民幸福感等方面释放积极潜能。

关键词：博物馆；美好生活；十堰市博物馆

博物馆作为“收藏、保护并向公众展示人类活动和自然环境的见证物”的场所，曾一度被别上“高冷”的标签，令人望而却步。近年来，博物馆逐渐将关注的视角转向观众的需求和期待，努力拉进与观众的距离，让越来越多的人了解到：博物馆其实与我们的“美好生活”息息相关。

一、将十堰市博物馆建成车城人民的精神家园

一座博物馆就是一部物化的文化发展史，她是城市发展的历史记录和展示，也是一座城市文化底蕴的积淀和弘扬；既是透视城市的窗口，也是对未来追求的象征，更是传承历史文明，接受爱国主义、社会主义、集体主义教育的有效载体。

十堰市博物馆在装饰装修及布展设计上精益求精，展厅陈列在布展上以突出文物为主，结合十堰的历史发展、文化传承和文物特点，展厅设有：走进恐龙时代、远古人类家园、仙山琼阁武当山、十堰与水、车与十堰、南水北调湖北库区出土文物展六个主题展厅，为观众反映了十堰远古至现代的辉煌历史和灿烂文化。除了常设陈列展览之外，每年还举办不定期的临时展览，如：“武当遗韵——纪念武当大兴六百年老照片展”“道生万物——楚地道教文物展”“永远在路上——从传统到现代：十堰清廉文化纵览”等，颇受广大观众欢迎。

基本陈列丰富翔实，内容丰富厚重，陈列手段现代化，临时展览常换常新，文化氛围浓厚，基本历史陈列与临时展览相得益彰，共同展现了十堰地区“历史不断代、文化不断层、生命不断线”的文明进程和当代社会建设的丰硕成果。博物馆环境优雅舒适，服务质量高标准，为广大人民群众提供了获得历史启迪和爱国主义教育的平台，成为市民休闲度假的好去处。在接待国内外来宾的过程中，加强了十堰与国际友好城市、友人的文化交流，进一步提升了十堰的知名度。近几年来，十堰博物馆已接待观众百万余人次，真正成为车城市民的精神家园，是除了十堰“仙山、碧水、汽车城”之外的又一张文化名片，受到了众多来访者的高

度赞誉和中肯的评价。一位曾经在二汽(现东风公司)工作过的刘奶奶带着孙女来博物馆,她说:“我退休以后就离开十堰了,趁着回来探亲带孙女了解一下我曾经生活了大半辈子的地方。希望她能了解十堰的历史文化,长大后能铭记我的故乡,和我一样热爱我的故乡。”而市民王先生则认为,在双休日参观博物馆不仅能给自己“充电”,了解更多的历史文化知识,更重要的是它已经成为市民休闲的重要场所,在这里享受一下难得的静谧、幽雅气氛,就能放松在工作、学习中绷紧的心弦,这是最难得的。

二、文旅融合 博物馆离我们最近的“诗和远方”

文化是旅游的灵魂,旅游是文化的载体。火热的“五一”文旅市场背后,涌动着文旅融合深入推进的鲜活实践,折射出“诗和远方”不可阻挡的融合大势。中国旅游研究院院长戴斌说:“坚持以文塑旅、以旅彰文,推动文化和旅游深度融合,是‘五一’假期非常明显的特色。”

博物馆作为旅游和文化两大产业的融合点,具有艺术欣赏、历史研究、科学教育、宣传推广等方面的价值与功能,深入挖掘中华优秀传统文化、革命文化、社会主义先进文化,文旅融出新天地。人们在旅游中感悟中华文化、涵养文化自信,成为新时代旅游新风尚。

(一)以历史文化底蕴增强旅游业吸引力,以旅游发展助推文博工作迈上新台阶

习近平总书记曾多次强调,要“让收藏在博物馆里的文物、陈列在广阔大地上的遗产、书写在古籍里的文字都活起来”。文物是老祖宗留给我们的宝贵遗产,无数人为了一睹文物风采,不远万里、跋山涉水也要亲眼看见。从本质上说,文物与旅游的关系密不可分。博物馆为旅游业提供了丰富的文化旅游资源,文化旅游的发展又能带动博物馆提升管理水平和服务能力。因此,发展旅游是对文物资源的积极保护,能让博物馆释放活力,更能让文物“说话”,让更多人了解文物,接受历史文化教育,培育爱国主义情操,传播古老文明的恒久魅力,同时也能使旅游业更具文化深度和厚度。旅游在带来人流的同时,也会相应带来丰厚的关注度和资金流,可以对文物保护工作进行反哺,达到相辅相成、共同进步的目的,实现以文促旅、以旅彰文的战略目标。

(二)积极对接旅游发展需求,将博物馆工作向旅游适度倾斜

自疫情有效控制以来,旅游业火爆,异地旅游人数逐渐增加,文化旅游所占的比重也越来越大。游客越来越不满足于下车拍照、到此一游等旅游形式,逐步转为了解当地人文内涵、历史文脉的深度文化旅游。这要求博物馆必须适应时代的变化趋势,在充分做好基础服务、努力展现城市形象的同时,将重心向服务旅游者进行转变,提升游客体验。可以说,文旅融合为博物馆发展带来了新的机遇,但博物馆在文化与旅游融合发展中,因为体制机制的束缚、自身管理水平、服务能力的制约以及旅游服务意识淡薄等一系列因素,使博物馆文化旅游发展面临新的挑战与难题。

由此,广大博物馆工作者要积极面对挑战,结合实际,积极创新,改进工作方式,修正工作方向,加强场馆美感设计,提升服务质量,提供更多、更新的顺应旅游市场发展且符合游客自身需求的服务方式,使博物馆在文旅融合

下更具活力，为发展当地的文化旅游产业作出积极贡献。

（三）加强线上线下互动，创造更多更好的参观新形式

目前，数字化浪潮方兴未艾，全国各地博物馆均在积极建设线上博物馆、智慧博物馆，为广大人民群众打造综合性历史文化学习交流平台，也取得了很好的效果。可以说，“互联网＋”已经全面渗透当前各个领域，博物馆如果能将“互联网＋”手段融入博物馆的各项活动，则有助于实现博物馆综合竞争实力的增强。2020—2022年因新冠肺炎疫情的影响，全国所有博物馆均经历了闭馆期。在此期间，全国各博物馆积极利用前期数字化成果，借助网站、微信、微博、视频、App平台等，推出了形式各异的网上展览。据不完全统计，全国博物馆新冠肺炎疫情期间共上线展览2000余项，通过网络将博物馆文化和人文关怀传递出去。特别是一些博物馆讲解员在网络视频平台上架了视频或直播，形成社会热点，进一步增强了博物馆的品牌力、传播力和影响力，吸引广大群众特别是青少年进一步了解、关注博物馆。因此，为做好文旅融合工作，博物馆需要充分利用前期积累的网上展示宣传优势，进一步将先进科技手段融入博物馆工作中去，积极借助科技力量让文化遗产“活”起来。

三、把精彩的馆藏故事讲精彩

没有历史就没有未来，历史文化是一个国家、一个民族的灵魂，是一座城市发展的软实力和根脉。挖掘保护历史文化底蕴，弘扬传承历史文化的整体价值，通过文物讲好“十堰故事”让观众感受历史文化，陶冶情操。博物馆是城市的文明会客厅，那么讲解员就是博物馆里行走的文化使者。浮光掠影、浅尝辄止、拍照打卡，难以满足老百姓对历史文化、艺术思想的深度需求。因此，讲解员就像一座桥梁，通过知识体系支撑，为游客构建历史与现实时空的联系，如何唤醒人们的历史记忆和文化认同是对讲解员业务能力的考验。

（一）以展厅为载体，讲好十堰故事

讲解员最重要的工作就是博物馆展厅的讲解，对于展厅的讲解，由于受到时间、观众素质、讲解员知识储备等因素的影响，讲解的水平也受到很大的限制。这就要求讲解员首先要充分了解每件展品的历史背景和文化价值的现状，这样在讲解时能够抓住展厅的主线，更加得心应手。其次，对展厅中的一些重要文物、遗址等，要去实地考察学习 。如：十堰市博物馆“仙山琼阁武当山”展厅，如果没有去过武当山，只能从资料中了解相关背景情况，照本宣科，不免有些乏味。如若去过，讲解员可以用亲身感受将武当山风景旖旎的自然风光和气势恢宏的皇室建筑更加直观的介绍给观众，再加之与展厅内陈列展品相结合可以使观众达到身临其境的效果。最后，因人施讲，针对观众不同的文化水平、年龄、兴趣等差异，至少在脑海里有四套以上针对不同群体的讲解词，如：学生团体、政府接待、普通观众、专家学者等。学生团体的讲解词要求趣味性强，讲解过程多以故事和传说穿插进行；政府接待对于时间的要求比较严格，要想在简短的时间内达到好的讲解效果，要求讲解员的口齿清晰、反应灵敏，讲解词要言简意赅，重点和特色要突出；旅行团和普通参观者一般是出于休闲娱乐的目的来到博物馆，在讲解词的设计上要通俗易懂，更加的接地气；接待专家学者最考验讲解员的业务水平和知识储备量，讲

解内容要更加专业，将年代、背景、依据等准确地传递给受众。一个讲解员具备了因人施讲的能力，就能让观众对这座城市留下深刻的印象。

（二）十堰市博物馆走进百姓身边

让博物馆赋予城市美好生活，就是要主动走出博物馆，打破博物馆的边界，把优秀传统历史文化送到百姓身边，真诚回馈广大群众，让大家感受到博物馆的文化魅力。

十堰市博物馆常年积极开展流动博物馆“六走进”活动，突破博物馆固定的空间展示模式，以精美的文物展板及文物复制品、数字课堂、互动体验项目和精彩的文化演出、现场讲解等形式，进校园、进社区、进机关、进军营、进企业、进乡镇，将博物馆文化带到百姓身边。让平日里没时间、没机会走进博物馆的社会公众，感受到别样的博物馆文化体验。

（三）潜移默化滋润未成年人心灵

十堰市博物馆充分利用馆藏文物资源优势，经过多年的努力和实践，“十博课堂”系列《恐龙的秘密》《长大我要造汽车》《我们从哪来》《仙山琼阁武当山》等课程基本形成规模化、规范化，目前，已走近社区、学校累计授课100余次。坚持做到每月一至二节课走进幼儿园、小学，常态化开展讲述十堰故事、传统文化主题课程，受到广大师生一致好评，在传播十堰历史文化的同时营造良好社会氛围。

十堰市博物馆的社会教育活动丰富多彩，针对少年儿童，将文物与传统节日、核心价值观相结合，开展形式多样的社会教育活动，通过创新的活动形式、有趣的活动安排等吸引少年儿童体验和参与，从而让文化的力量真正地传递到他们的身心之中。如：“五一”劳动节，通过多媒体课件向孩子们介绍节日的由来，分享了各行各业劳动人民的照片，孩子们深受感动，他们说，感谢农民伯伯劳苦耕耘、感谢工人叔叔建造高楼大厦、感谢医生守护着每一个生命的安全、感谢交警叔叔让车水马龙的公路井然有序、感谢环卫工人让我们生活在花园的城市里。孩子们通过活动更加深刻地认识劳动、学会劳动、感受劳动，培养了他们热爱劳动、尊重劳动、珍惜劳动成果的良好品质。

五一劳动节社会教育活动

博物馆从过去的“高冷”到现在的“热门”，这种跨越式的进阶，正是十堰文博事业飞速发展的缩影。十堰博物馆不断改善提升展陈设计，用藏品讲好十堰故事，逐新演化成为城市的新中心、新门户和新客厅，成为传播十堰文化的重要窗口、服务人民群众的文化高地。

四、结语

十堰文化遗存丰富，文化积淀深。随着我省博物馆的多样发展，对于群众而言，仅是陈列文物和展品，已经难以满足人民日益增长的文化需求，如何运营、增加互动性等也成为博物馆要解决的问题。接下来，十堰市博物馆将挖掘当地经典诗词作品、典故传说、历史人文、非遗和曲艺、民风民俗风俗等典型内容，联合多方资源共同打造以声音IP为极致呈现的数字诗路声音微剧，利用各种媒体资源充分推广传播，打造成一座完整系统的、可持续易传播的、可永久留存的数字声音博物馆。让文物活起来、火起来，让博物馆在文旅融合的契机下能够吸引观众、留住观众，在博物馆遇见美好，在历史文化的滋养下面向未来，才能让十堰这座城市更富有生命力，成为令人向往的"诗和远方"。

参考文献：

[1] 王春山."文旅融合"背景下博物馆的挑战与思考[J].博物馆研究，2019(4):9-13.

[2] 苗宾.文旅融合背景下的博物馆旅游发展思考IJ].中国博物馆，2020(2): 115-120.

[3] 项羽.浅谈博物馆讲解员如何做好展厅的讲解工作[J].黑龙江史志，2015,(11):276.

陈列展览的数字化探索

柳毅　十堰市博物馆

摘　要：随着数字化技术的不断发展和应用，数字化陈列展览在博物馆、美术馆等文化机构中得到越来越广泛的应用，并且取得了一定的成效。然而，数字化陈列展览在实践中仍然存在一些问题，如展示效果单一、用户体验不佳等。本研究旨在探究数字化陈列展览的设计与实现方法，探索数字化技术在陈列展览中的应用与实践，为数字化陈列展览的发展提供具体的实践思路和解决方案。

关键词：数字化；陈列展览；探索；文物保护与利用

一、绪论

（一）研究背景

随着现代信息技术的不断发展，博物馆数字化已成为博物馆事业发展的必然趋势。陈列展览是博物馆数字化工作的重点之一，数字化展示方式的运用非常重要，可以深入浅出地帮助观众普及相关专业知识，产生探索古人类、古生物、古环境知识的兴趣。然而，传统的陈列展览方式较为严肃和刻板，展品多为化石标本，不具备一定专业基础的观众，参观过程中也较难深刻理解其内涵。同时，临时展览的展期较短，几个月的展览结束后，关闭的展厅常让观众望馆兴叹。这些问题已成为数字化展览需要解决的重要问题之一。

为了解决这些问题，博物馆数字化服务采用了多媒体和数字化等手段，全方位展示博物馆的文物藏品，向公众进行宣传和教育。同时，数字展览分为两种形式：一是以博物馆现实文物陈列展览为基础，利用虚拟现实技术把实物展览场景和文物虚拟化而形成的数字化展览，即所谓的“实物虚化”；二是采用计算机虚拟现实技术构建出一个个现实中不存在的数字化展览，即所谓的“虚物实化”。

本研究将采用数字陈列展览系统、CMS数字管理系统和官网微信等App，集中展示线上实景还原的3D数字展厅、3D文物、音视频、图文等内容，为观众提供沉浸式、互动式、便捷式智能参观引导服务。研究成果有望为博物馆数字化服务提供新的思路和模式，促进博物馆数字化事业的快速发展。

（二）研究内容

本文研究工作主要包括以下几部分：

1.数字化陈列展览的现状与问题

本文将细致分析数字化陈列展览的发展现状，并探究数字化陈列展览所存在的主要问题，以期为今后数字化陈列展览的推广与开发提供有力的支持。

2.数字化陈列展览的设计与实现

本文将探讨数字化陈列展览的设计与实现，从数字化的角度出发，研究数字化陈列展览所需的技术手段和程序设计，为数字化陈列展览的实现提供技术支持。

3.数字化陈列展览的应用与实践

本文将深入探究数字化陈列展览在各类场馆中的应用与实践情况，对数字化陈列展览的应用和效果进行研究，结合实际案例，分析数字化陈列展览的优缺点。

4.数字化陈列展览的未来发展

本文将预测数字化陈列展览未来发展的趋势，并提出数字化陈列展览在未来发展的方向和策略。同时针对数字化陈列展览的问题，提供解决方案，为数字化陈列展览的未来发展提供思路和指引。

本文的内容安排如下：第一部分绪论，主要介绍数字化陈列展览的定义、意义等；第二部分是数字化陈列展览的现状与问题，具体探讨数字化陈列展览的应用现状、存在问题、解决方案等；第三部分则着重探讨数字化陈列展览的设计与实现，包括技术手段和程序设计等；第四部分主要从实践应用方面对数字化陈列展览的效果进行研究与分析；第五部分则是数字化陈列展览未来发展的趋势与策略，探讨数字化陈列展览所面对的挑战和应对之策；最后，第六部分进行总结与展望，对数字化陈列展览未来的发展进行预测和展望。

二、数字化陈列展览的现状及问题

（一）数字化陈列展览的发展历程

数字化陈列展览是数字技术与陈列展览相结合的产物，经历了长期的发展历程。早在20世纪90年代，数字化技术开始渗透到博物馆领域，一些博物馆开始使用数字影像等技术来记录和保护文物。而数字化陈列展览的实际应用则是从21世纪初开始的。最初的时候，只是将展出的文物进行拍摄数字化处理，然后利用数字显示技术进行展览。而随着技术的不断进步，数字化陈列展览也朝着更加复杂和高端的方向不断发展。目前，数字化陈列展览已经从单纯的数码拍摄、数码影像展示发展到了利用各种先进技术和手段来进行实时互动、全方位展示和数字化还原。

（二）数字化陈列展览的特点和优势

数字化陈列展览是一种集文化传承、科技展示和互动交流于一体的新型展览方式。与传统陈列相比，数字化陈列展览具有以下几个特点和优势：

1.资源丰富、容易获取

数字化陈列展览不受地点、时间的限制，可以将文物、艺术品数字化并展示在互联网上，大大拓展了观众的视野和接受方式。同时，数字化陈列展览中的多媒体技术、互动设备等也为观众提供了更好的观展体验。此外，数字化陈列展览中的文物、艺术品等资源，可以通过数字化手段进行永久性保存，为文化遗产的传承和保护提供了良好的保障。

2.形式多样、展示效果好

数字化陈列展览可以通过多种形式、手段进行展示，如虚拟现实、全息投影、三维展示等。相比传统展览形式，数字化陈列展览更具艺术性、观赏性和趣味性，展示效果更加生动、直观。

（三）数字化陈列展览中存在的问题

数字化陈列展览作为新兴的展览方式，尽管在发展过程中取得了一定的成果，但仍然存在着许多问题和挑战。本小节将从以下几个方面探讨数字化陈列展览中存在的问题。

1.数字化展示效果不佳

数字化陈列展览在呈现展品方面存在着一些问题，例如数字化展示效果不佳，容易造成视觉疲劳和不适感。由于数字化展示形式的多样性和媒介的局限性，许多数字展览项目常常忽略了设计的基本原则和美学规律，导致数字陈列展览的视觉效果不佳，影响了艺术品的价值和表现力。

2. 缺乏交互性

数字化陈列展览对于参观者的体验效果也存在着问题，其中最突出的是缺乏交互性。数字化展览通常采用数字媒介展示展品，而有些数字化展示方式过于简单生硬，不够自然和通透，缺少对人性化需求的考虑，导致参观者无法深度沉浸，也无法与展品产生心理共鸣。此外，数字化展览还需要加强与参观者的互动，提高交互性，增强其吸引力和趣味性。

三、数字化陈列展览的设计与实现

（一）数字化陈列展览的设计原则

研究数字化陈列展览的设计原则，是为了更好地展示文物、展品的价值和文化内涵，提高观众的浏览体验，同时也应该考虑到数字化技术的应用。下面我们将探讨数字化陈列展览的设计原则。

1. 多媒体元素的综合应用

数字化陈列展览应该将多媒体元素作为重要支持点，在展览期间融入生动的文化元素，并将图片、视频、声音等多媒体手段用于制作。例如，在包装、镜面、背景、标识牌等展示中，可以添加LED屏、投影仪等技术设备来表现出展品的价值。

2. 言语的表述

设计者应该注意语言的表述规范，避免使用表述不严谨或者带有主观色彩的语言。展品描述要贴近实物，详细描述展品的材质、制作工艺等细节，让观众能够更好地理解展品的价值。

3. 展览布局设计

数字化陈列展览的展示设计，注意创新、活泼、易于理解和感受。可以根据文物、展品、主题等展开设计，避免单调的展现形式。设计者需要考虑布局的合理性和观众的视角，使展览内容更加直观化。

4. 情境创造

数字化陈列展览要讲故事，创造相关的情境和故事情节，这是吸引观众的重要手段。

以上是关于数字化陈列展览设计原则的探讨，这些原则是展厅设计工作的重要依据，可以有效地提高陈列展览的效果和观赏性。

（二）数字化陈列展览的技术手段

数字化陈列展览的技术手段是实现数字化陈列展览的重要保障，它能够帮助策展人员打破展览形式的限制，完善陈列展览的内容和形式，提高观众的参与度和用户体验。

首先，多媒体技术是数字化陈列展览的重要技术手段之一。它能够将影音、图像、声音、文字等不同形式的媒体语言有机地结合起来，形成丰富多彩的数字化展览内容。多媒体技术可以让观众在展览中自由选择自己感兴趣的内容，提高观众的参与度。

其次，虚拟现实技术是数字化陈列展览的新兴技术。通过虚拟现实技术，观众可以沉浸在数字化展览中，亲身感受展品的风采和历史的沧桑。另外，虚拟现实技术还可以进行人机交互，让观众在数字化展览中获得更加深入的体验和体会。

综上所述，数字化陈列展览的技术手段是数字化陈列展览得以实现的重要保障。随着科技的不断进步，数字化陈列展览技术手段将不断丰富和创新，为观众带来更加丰富、多样的数字化展览体验。

（三）数字化陈列展览的实现方法

在数字化陈列展览的实现方法中，展览的设计和策划起到了至关重要的作用。首先，需要对展览主题和内容进行深入分析和研究，以能够为观众提供一个丰富深入的视觉与思想体验。在确定展览内容之后，需要考虑如何将其以数字化的方式呈现出来，以达到更好的参观效果。

总体而言，数字化陈列展览具有很大的发展潜力。它不仅可以帮助文化机构更好地传承文化遗产，同时也可以为社会大众提供更优秀的文艺活动，为数字时代丰富人们的文化生活，激发人们的艺术创造激情。

四、数字化陈列展览的应用拓展与未来发展趋势

在数字化时代，数字化陈列展览的应用不再停留于传统纸质媒介，而是通过科技手段实现更加丰富、生动的呈现方式，随着新技术和新媒体的发展，数字化陈列展览在未来有着更多的拓展空间和广阔的发展前景。

首先，数字技术的发展为数字化陈列展览带来了巨大的发展机遇和技术支持，如虚拟现实技术、增强现实技术及云计算等均可有效实现陈列展览的数字化。

其次，数字化陈列展览将迎来跨领域、跨地域的合作与交流，促进文化资源的共享与传承。未来数字化陈列展览将不仅仅局限于传统的博物馆、美术馆等场馆，而是可在各行各业、各个领域得到广泛的应用。

总之，数字化陈列展览具有广阔的发展前景和发展空间，在不断变化的数字技术支持下，它将成为数字时代文化传承与创新的重要载体。

五、总结与展望

（一）数字化陈列展览的优势与不足

数字化陈列展览是当今数字化时代文化展示的新形式，具有很多优势，但同时也存在一些不足之处。

首先，数字化陈列展览可以不受场地、时间的限制，方便观众随时随地进行参观和学习。这对于宣传文化、推广文化具有很大的作用。另外，数字化陈列展览的内容可以随时随地进行更新，以最新的观点、资料更新内容，让文化信息得到全方位的呈现，从而达到提高文化传播效率的目的。

其次，数字化陈列展览为观众提供了更加自由、多元的学习方式。观众在数字化陈列展览中，可以依据自己的兴趣和需求随意浏览自己感兴趣的内容，不必被规定好的导览路线所束缚，使得学习的过程更加灵活、愉悦。

数字化陈列展览也存在着一些不足之处，其中最主要的是数字化陈列展览中所呈现的内容缺乏真实性，并且不能与实物相媲美。数字化陈列展览中展示出来的图片、视频等多媒体资料区别于现实中观看的物件与实际场景，这让观众无法完全领略到展品的质感和实际效果。此外，技术不断更新、原有软硬件不兼容等问题也会出现，制约了数字化展览发展的步伐。

因此，数字化陈列展览在未来的发展中需要克服这些不足的地方，发掘更多、更好的展示方式，赋予数字化展览更高的真实性和沉浸感，让观众在数字化的学习中能够得到更加真实、全面的视觉感受和文化体验。

（二）数字化陈列展览在文化传承与创新中的作用及未来展望

数字化陈列展览在文化传承与创新中具有重要的作用。一方面，它能够从物理空间的限制中解放出来，使得更多的文物得以与观众相遇；另一方面，数字化展览也能够通过多种手段，如图文、视频、音频等，对文物的历史、文化背景等进行详尽的介绍，从而增强了文物的价值和意义。

在未来，数字化陈列展览应该继续发挥它的作用。数字化展品的开发应以促进文化交流、保护文化遗产、推动文化创新为主要目标，同时在不破坏文物本身价值的基础上，更好地展示文物的魅力和内涵。数字技术的快速发展必定会带来数字展品展示形式更为多样化、交互性更为强化、具备感知功能等更具技术性的提升。数字化陈列展览未来将更加成熟和完善，更好地推动文化的发展与传承。

参考文献：

[1] 白雪.数字化技术在博物馆展示陈列中的应用[D].内蒙古大学，2017.
[2] 张明亮.数字化技术在博物馆展示陈列中的应用探析[J].中外企业家，2020(21):140.
[3] 谌华丽.数字化技术在博物馆展示陈列中的应用探析[J].文渊(中学版)，2020(6):1078.
[4] 刘曼琳.基于数字化技术的博物馆展示陈列方法研究[J].文物鉴定与鉴赏，2019(11):140-141.
[5] 杨霖.博物馆展示陈列中数字化技术的应用[J].文物鉴定与鉴赏，2021(11):145-147.
[6] 王南溟.数字化时代，博物馆到底是陈列还是展览[J].上海采风，2022(2):92-93.
[7] 马玉静.试谈博物馆陈列展览中的数字媒体技术[J].中国博物馆，2015(4):92-98.
[8] 张成良.浅析博物馆陈列展览中的数字媒体技术[J].中国民族博览，2016(9):225-226.
[9] 谢杰华.博物馆陈列展览中的数字媒体技术应用分析[J].文物鉴定与鉴赏，2019(6):116-117.
[10] 孙晓艳.基于VR全景技术的博物馆陈列展览数字化的研究与探索[J].电子世界，2019(24):20-21+24.
[11] 赵远.浅析博物馆展示艺术中的数字化应用[D].鲁迅美术学院，2017.
[12] 肖瓛，李昕桐.数字化展陈的发展及在博物馆展览中的应用[J].文化创新比较研究，2018(19):163-164.
[13] 施榕.浅谈博物馆陈列展览中的数字媒体技术[J].知识文库，2019(1):238.
[14] 刘欣.博物馆陈列展览数字化中应用VR全景技术的实践研究[J].文物鉴定与鉴赏，2021(11):139-141.

讲好中国故事　增强文化自信

——基于自身参与“庆祝中华人民共和国成立70周年大型成就展”的工作经历

王蕾　十堰市博物馆

摘　要：自党的十八大以来，习近平总书记多次谈到中华传统文化，对传统文化和传统思想价值体系表示赞赏和尊崇。在2014年2月24日举行的中央政治局第十三次集体学习中，习近平总书记首先提出了“文化自信”的概念，然后提出了“增强文化自信”的要求。笔者曾参与了“庆祝中华人民共和国成立70周年大型成就展”的讲解工作，这个工作经历让我对于习近平总书记文化自信重要讲话精神有了更深的体会和认知，在此有一点拙见分享。

关键词：中华传统文化；讲解；文明；传承；文化自信

一、文化自信之内涵

文化自信是一个民族，一个国家，一个政党，充分确认其文化价值，积极实践其文化，并坚信该文化的生命力的状态。结合习近平总书记相关讲话以及大量文献资料，我认为，对于中国而言，这个文化自信主要包含三大内容，即中华优秀传统文化、革命文化、社会主义先进文化。接下来笔者就对这三个方面一一进行展开说明。

（一）文化自信根植于中华优秀传统文化

泱泱中华上下五千年，催生出了属于我们中华儿女的优秀传统文化。其中包括但不限于民族节日、文化遗产、语言文字、史书典籍、文学艺术、传统思想、民族精神、科学技术等。它们是在中华民族长期发展历程当中不断形成、完善和发展的，不仅具有积极的文化历史作用，更且具有十分重要的思想价值。世界四大文明古国——古巴比伦、古埃及、古印度以及中国，前三者作为文明来讲早已荡然无存，只有中国文化一脉相承，直到今天仍焕发着活力。散布世界的孔子学院、悄然崛起的传统文化活动、越来越多对外汉语教师就职，这些都体现出我们的优秀传统文化是我们最深厚的软实力，是我们文化自信的坚实基础和突出优势。正确认识我们中华民族的优秀传统文化、坚守和传承我们优秀的传统文化，我们会在这个守望的过程中感受到历史的重量、感受到文化的厚度，进而油然而生一种对于传统文化的文化自信。中华优秀传统文化，是文化自信的土壤和根基！

作为一名从事博物馆公务接待和社会教育的工作者，对于文化自信的重要性，我在参加“庆祝中华人民共和国成立70周年大型成就展”的讲解工作中深有体会。这次工作经历不仅让我时时刻刻感受到作为一个中国人的骄傲和自豪，同时也充分彰显了一个十堰人的文化自信。尤其是在展览中讲到南水北调中线工程时，我不仅要让观众知道，现在北京人民饮用的每4杯水里，就有3杯来自十堰，我还要向他们讲述伟大世纪工程背后的动人故事，更要让首都人民，全国观众乃至全世界各地的参观者，了解十堰，知晓十堰人民“牺牲小我，奉献大我，服务国家”的崇高精神和博大胸怀！用我的微薄之力，讲好十堰故事，传播十堰声音，在他们的心中埋下一颗小小的种子，促使他们能够亲身体验我们这座大美之城、大爱之城。

（二）文化自信树立于革命文化

近代以来，原有的中华传统文化遭遇了前所未有之冲击，而中国共产党和中国人民在长期的革命斗争实践中，形成了一种新的文化模式——革命文化。革命文化是一种体现共产党和革命群众独特思想和精神观点的文化。它积累了中国共产党的主要精神品质，包括信念、忠诚、信誉、勇气、责任、团结、合作、奉献等高尚的道德。它不仅植根于中国优秀的传统文化，而且还是发展先进的社会主义文化的直接来源，并为增强新时代的文化自信提供了强大的精神支柱。

2019年8月，我带着喜悦和憧憬，从鄂西北来到首都北京，荣幸进入由国家发展改革委、中宣部、中央军委政治工作部和北京市委联合举办的“伟大历程 辉煌成就——庆祝中华人民共和国成立70周年大型成就展”讲解团队，与来自全国各地的优秀同行一道为庆祝祖国母亲70岁生日发声。

这次举世瞩目的大型成就展，全方位呈现了新中国成立70年来中国共产党领导中国人民发愤图强、艰苦奋斗实现的伟大跨越。在宏大而亮丽的展厅里，我们带领观众沿着时光隧道，从1949年“屹立东方”起步，走进“改革开放”年代，又跨入“走向复兴”新时代。大家共同回顾在中国共产党领导下新中国70年的奋斗历程，敬仰时代英模展现的伟大民族精神，领略“150个新中国第一”带来的辉煌变迁，感受新时代“大国重器”彰显的中国制造、中国气派……

习近平总书记说，没有中华五千年的文明，哪有我们今天的成功道路。作为一名文化宣传工作者，我始终认为，在5000多年文明发展中孕育的中华优秀传统文化，在党和人民伟大斗争中孕育的革命文化和社会主义先进文化，积淀着中华民族最深层的精神追求，代表着中华民族独特的精神标识。2014年11月，习近平总书记在中央政治局第13次集体学习时首次提出“文化自信”，之后他在多个场合多次提到这4个字。中国有坚定的道路自信、理论自信、制度自信，其本质是建立在五千多年文明传承基础上的文化自信；我们坚定中国特色社会主义理论自信，制度自信，道路自信，说到底就是要坚定文化自信。深刻了解我们五千年绵延不绝的历史，就能形成强烈的民族自尊心和民族自豪感。这一点，我在北京参加“庆祝中华人民共和国成立70周年大型成就展”的讲解工作中深有体会。在这里，立足中国大地，讲中华故事，向世界展现可信、可爱、可敬的中国形象；展现中华文明的悠久历史和人文底蕴，促使世界读懂中国、读懂中国人民、读懂中国共产党、读懂中华民族。作为祖国70周年辉煌历程的参与者、受益者、讲述者，这次的工作经历让我时刻感受到我们每一个中国人的命运其实都和祖国命运紧密联系在一起，时刻感受到作为一个中国人的骄傲和自豪，同时也充分彰显了一个十堰人的文化自信。尤其是在总书记参观展览中途，他问我从哪里来，我说我来自湖北十堰，然后他说道，“十堰，我知道，南水北调，感谢十堰啊，给北方送来了好水”。虽然总书记只说了这么短短的几句话，却让我瞬间泪湿眼眶。

5个多月里，我先后为300余场次的观众讲解，特别是十分荣幸地为成就展开幕式、党和国家领导人专场、国家勋章和国家荣誉称号获得者专场、外国驻华使节专场、港澳台同胞专场等重大活动作了讲解。日日夜夜，点点滴滴，耳濡目染，深受教益。

我更加深刻地认识到，一方面，中国共产党领导人民创造了革命文化，而另一方面，共产党人又对中华民族精神进行了丰富和发展。中国化的马克思主义以及马克思主义中国化不仅是照亮中国黑暗道路上的一道光，更顺势成为如今我们文化自信的理论之源和力量之源。正如习近平总书记所指出的：“我们要沿着革命前辈的足迹继续前行，把红色江山世世代代传下去。”

（三）文化自信脱胎于社会主义先进文化

我们首先来说社会主义先进文化的概念。社会主义先进文化是指以马克思主义为指导，坚持中华文化的立场，致力于现代中国的现实，与时俱进的、当代的、面向世界未来以及民族的，科学的和大众的社会主义文化。它植根于建设时期出现的社会主义革命和优秀的传统中国文化，并随着具有中国特色的社会主义伟大实践以及当前的历史发展趋势和方向而得到了丰富的发展。社会主义先进文化是文化自我意识的灵魂，它为新时代建立文化自信提供了根本的价值认同。

新中国成立七十余年来，我们在社会主义建设上走了很长一段路，获得了许多成果，我在进行“庆祝中华人民共和国成立70周年大型成就展”的讲解工作中也深刻感受到了我国社会主义文化建设的艰辛，在对我国社会主义先进文化的讲解中也油然生出了对于社会主义的文化自信。

我们要意识到，我们目前所走的，是一条古之未有的、全新的道路，意识形态决定文化的前进方向和发展道路，对一个党、一个国家、一个民族的生存和发展至关重要。因此，意识形态内的任何社会或国家都不会采取自由主义的态度，并且不可避免地不会遵循非主流意识形态的方向。中国共产党是中国社会的执政核心。只有坚持党的领导，我们才能不走偏路、不走歪路。我们对于社会主义先进文化有一个正确的认识，才不会陷入西方价值观和西方中心主义思想范式的陷阱，才会成功地走到这条路的美好尽头。文化自信和意识形态建设是具有根本一致性的，而文化自信又是脱胎于社会主义先进文化的。

二、如何提升文化自信

（一）以中华优秀文化的传承与创新为基本方针

我们只有去肯定我们中华民族传承几千年的优秀文化、充分肯定自身文化的价值才能真正实现文化自信，而其中最根本的，就是咱们要让文化“活起来”。只有不断地去进行传承和创新，文化的麦田里才会因有人守望而不至于被乌鸦糟蹋。

我们的文化不应该只存在于学校书本里和博物馆橱窗内，我们要深刻理解中华传统文化的深厚底蕴，而这正是博物馆讲解工作的长远目的所在。从个人的角度来看，优秀传统文化是个人成长的精神营养。从民族的角度来看，优秀的传统文化是民族精神的根本和灵魂。从民族的角度来看，优秀的传统文化是民族发展的精神生命线。我们必须善于将促进良好传统文化的发展与现实文化的发展有机地结合在一起，紧密地联系在一起，在继承中发展，在发展中继承。

（二）以回溯革命文化为核心力量

中国共产党带领中国人民筚路蓝缕几十年开辟出了中国特色社会主义新时代的光明局面，其间留下的革命文化是我们重塑文化自信的核心力量。可以说，我们对于文化自信的探索道路上布满了革命先烈的红色脚印。

回到本人讲解新中国成立70周年大型展的经历中。开展第五天，展厅里迎来了一批特殊的参观者：国家勋章和国家荣誉称号获得者。张富清、黄旭华、申纪兰、麦贤德……一个个名字响彻寰宇，一个个故事震撼心灵。我从未想过有这么一天，我能亲自为张富清爷爷、黄旭华院士讲解祖国70年来的发展变化。在欣喜与激动之中，我细心地为张富清爷爷讲解每一张版面，陪他看完每一件展品。虽然用了比平常多四倍的时间，但这场讲解是触动我心灵深处的一次洗礼。当参观到英雄模范人物墙时，我看到张爷爷面对黄继光、邱少云、毛岸英等英模人物的照片，坐在轮椅上挺直腰板颤颤巍巍地敬起军礼。看着他眼中饱含热泪，我的眼泪再也忍不住了……这些英雄和模范在祖国山河破碎之际的担当，在国家百废待兴之时的坚定，在新中国发展与改革道路上的智慧与奉献，让我们深受感动。我记得有一位“00后”，当他看到1950年设计确立的少先队队旗、队徽、红领巾时，感到做一名光荣的共产主义接班人是多么神圣。站在不同时期的英雄模范人物墙下，看到来自各行各业的共和国英雄，他感慨道：“我们感恩英雄，敬畏英雄，更希望成为下一个英雄。”他告诉我，他最崇拜的是钱学森爷爷，希望自己将来能成为像他那样的人。

我们要让红色基因渗进自己的血液，浸入我们的心扉。我们不仅要沿着无数革命先烈的红色足迹继续前行，还要把红色精神的接力棒传下去，让我们的红色江山世世代代焕发光彩，让中华民族立于世界民族之林，让中国革命文化在世界上再次放射出新的时代光芒。

（三）以跨文化交流实现文化自信的多维度发展

虽然我们一直强调要复兴中华民族传统文化，但是一味地埋头苦干做自己的工作也是不行的。我们需要认识到，一个我们要建立的人类共同的未来社会需要充分理解跨文化交流和文化自我意识的内部规律。中国的“中”不是世界中心、不是盲目自大，而是文化旨趣上“中和、中庸”的意思。在全球化时代，跨文化交流将不可避免地增加和加深。要建立深厚的文化自信，我们需要开展各种跨文化交流活动，并牵头参与进不同的优秀文化，坚持多种跨文化学习行为，以促进我们的优秀文化走出去，通过沟通和整合实现自己文化的持续发展。

再次以十堰为例，十堰已能通航30多个城市，国际航站楼已在建设，大运量通达周边国家已指日可待。要引导350万十堰人民，转变角色，以钉钉子精神建好管好城乡基础设施，形成处处是景、人人有德的风貌风尚。十堰文化厚重、品类丰富，要站在国际游客的角度，正统化分析、提炼、凝练，包括打破“东方无手斧”理论的旧石器文化、世界罕见的“龙蛋共生”地质现象以及填补中国人类进化历程的距今100万年的国宝“郧县人”等等。

“要从世界看国家，而不是从国家看世界。”为了实现文化自信，我们有责任彻底学习和相互比较文明，并深入发展和完善人类命运共同体的文化层面。只有文明之间的联系和交流才能构成世界历史，而单一文明的发展就不能构成“世界史”。因此，只有对世界有透彻和全面的了解，我们才能对自己有更深刻和全面的了解。只有当我们意识到这一点，我们才能真正地讲好中国故事，才能协调国内外的大局，做到真正的文化自信。

（四）社会教育是中华民族文化自信心重塑的重要阵地

我国正在加快推进学习型社会建设，努力完善社会教育体制。我们的学生青年，不仅应该在学校内感受到文化自信，更应该在学校外感受到文化自信。

大家都认为博物馆就是做阵地展览接待的地方，但是当今博物馆一个重要的工作是社会教育，无论是在阵地内还是走出去，都要做好社教工作。十堰博物馆精品社教活动“十博课堂”，如今已走过七个年头，先后设计出“我们从哪里来”“宝宝爱恐龙”“长大我要造汽车”“十堰地区古墓葬漫谈”“聊聊十九大那些事”“话说监察法”等一系列深受学生喜爱的课程，面向幼儿园、小学和高校群体，走遍十堰四县一市三区一特区，并与襄阳、鄂州、武汉、丽江等地开展活动交流，无论是山区留守儿童，还是特殊学校孩子都能享受到文化惠民带来的阳光。目前活动一共走过152所学校，讲课198场，为73000余名师生送去文博知识，为在校学生校外教育提供优质服务，真正成为他们的“第二课堂”。课程的温度，让我泪流满面，不仅让我回忆起那段日子的坚守，也让我看到了同仁们的努力，在广大学生心中播撒了文博的种子；课程的广度，让全国观众看到了十堰文博人的工作，也给我们指明了未来工作的方向。课程的时效性，与当下时政的契合度，让我们看到了十堰博物馆社教团队的专注和文博工作的前瞻性。课程的思考，评估体系的提出，对文博社教工作而言是前进的动力，更加激励我们要讲好“十博课堂”，讲好十堰故事，传播十堰声音。

我们要注重社会教育尤其是博物馆教育的体制建设，要注重青年作为文化自信的传承者所担负起来的巨大责任。只有强化文化自信的宣传引导，文化自信和文化建设才能长足发展，我们对于优秀人才的渴望必然是强烈的，但我们更渴望的是思想健全、博学多才、自立自强的优秀人才。

三、结语

在5000多年文明发展中孕育的中华优秀传统文化，在党和人民伟大斗争中孕育的革命文化和社会主义先进文化，积淀着中华民族最深层的精神追求，代表着中华民族独特的精神标识。文化是一个城市的根脉和灵魂。我们要始终坚持文化育人，坚定信心决心，全民携手共进，夯实文化内核，吸吮着五千多年中华民族积累的文化养分，行进在实现第二个百年奋斗目标的壮丽征程上，在以习近平同志为核心的党中央领航下，保持百尺竿头、百战不殆的韧劲，增强战略定力，坚持久久为功，有功成不必在我的境界和攻成必定有我的担当，以十堰建设绿色低碳发展示范区来统领各地各领域工作，奋力开创建设绿色低碳发展示范区新局面，交出经得起实践、人民和历史检验的优异答卷，以全民自信的姿态朝着第二个百年奋斗目标阔步前行。

参考文献：

[1] 胡荣涛.习近平新时代中国特色社会主义经济思想的文化自信——论习近平新时代中国特色社会主义经济思想与中国古代经济思想的六大渊源[J].河北经贸大学学报：综合版，2018，18(3):5-12.

[2] 刘洋.坚定文化自信 复兴民族文化——习近平关于对待中华优秀传统文化战略思想研究[J].湖南人文科技学院学报，2018，35(2):56-58.

[3] 张世明.文化自信与习近平国际演讲中的传统文化情怀[J].学理论，2018(7):22-24.

[4] 孔祥武.文化自信心之重塑——研读习近平总书记“四个自信”思想的启示[J].赤峰学院学报：汉文哲学社会科学版，2019，40(1):83-86.

浅谈社会教育工作对博物馆可持续发展的重要性

王宇皓　徐磊　十堰市博物馆

摘　要:博物馆是人类发展过程中重要的文化宝库与智慧结晶,在文化大发展大繁荣的背景下,社会对博物馆教育职能提出了更高的要求。如今博物馆在社会教育角色上,已不限于回顾历史、灌输知识,而是以积极的、互动的、启发式的教育理念服务大众,实现社会教育的扩大化、最优化。本文阐述了国内外博物馆社会教育发展的历史背景和博物馆可持续发展的内涵,结合十堰市博物馆工作实践,分析了社会教育工作对博物馆可持续发展的作用,从而实现博物馆和社会教育向更广阔的领域扩展融合,带动教育观念更新以及教育活动创新,以促进博物馆可持续发展。

关键词:博物馆;社会教育;可持续发展

博物馆是一种综合性的文化机构,不仅具有保护和展示物品的功能,同时也承担着文化传承、社会教育的重要职责。在博物馆的长期发展中,社会教育工作越来越受到重视。社会教育工作是指以社会个体和群体的学习和实践为主体,以实现人类全面发展为目标的教育活动。在博物馆的可持续发展过程中,社会教育工作起着至关重要的作用。本文从社会教育的角度探讨了博物馆可持续发展的重要性。

一、博物馆与社会教育的国内外背景

自世界上出现第一座博物馆,迄今已经有四百多年的历史。西方发达国家的博物馆起步早,目前在管理理念、运行模式、社会教育职能发挥等方面都较为成熟。究其原因,除了政府的积极倡导和较大的财政支持,更为重要的是他们有着灵活的创新机制和全方位的合作理念。早在上个世纪初,欧美等发达国家博物馆就提出了“全方位”的教育理念,“终身学习”“多元文化阐释”等理念使博物馆成为大众的教育中心、文化中心、收藏中心和娱乐休闲中心。我国博物馆的发展起步较晚,仅有百年的历史。1905年,著名实业家张謇创建的南通博物苑是我国实际意义上的第一个博物馆,它的宗旨是“开放民智、救危图强、教育强国”,在当时的社会背景下对于提高广大民众科学强国、教育强国意识具有一定的积极意义。20世纪90年代,我国建成了一批现代化博物馆,积极引进、学习国外博物馆教育的先进理念,极大地提高了我国博物馆的社会教育职能。近年来,随着我国经济、教育、科技事业的发展,博物馆事业也有了飞速的发展,各行各业的博物馆如雨后春笋般不断涌现。但是,我国博物馆与社会教育的融合还不够多元化,大多通过“展览、展示”等静态功能进行传统教育活动,未能将博物馆和社会综合实践活动进行动态结合。我国博物馆与社会教育的有效融合还有很大的发展空间。

二、博物馆可持续发展的内涵

可持续发展是指以满足现代人的需求为前提，通过保护环境、促进经济和社会进步的方式，实现满足未来人类需求的发展。博物馆是开展人类文明历史、艺术和文化等领域研究和展示的重要场所，其发展也必须符合可持续发展的理念。博物馆可持续发展的内涵包括：①经济可持续性：博物馆必须具有足够的经济实力和财政支持，以保证其基本运转和发展；②环境可持续性：博物馆的建设和运营必须遵守环保原则，保护生态环境，减少资源浪费；③社会可持续性：博物馆必须承担起在社会中传播文化、促进教育、参与社会治理等社会责任，同时也要充分尊重社会多元文化，保护人权和民主。

三、社会教育工作对博物馆可持续发展的作用

今天，博物馆的社会教育角色已不应该仅仅限于回顾历史和灌输知识，而是应该通过博物馆的研究和展示，积极提高博物馆大教育、大文化职能，使博物馆成为广大公众拓宽眼界、学习知识、启迪思想、接受教育的重要场所。在更好服务公众的同时，实现博物馆的自我提高，促进博物馆的可持续发展。

（一）结合国家课程标准，发挥博物馆独特教学功能

面对当今教育多元化的趋势，青少年获取知识的渠道多种多样，对社会教育的需求越来越多。博物馆作为学校教育的第二课堂，肩负着重要的社会教育职能。

博物馆可以根据学校课程的教学进度以及不同年龄层学生的教学要求，和学校一起打造“校外课堂”，充分考虑不同年龄层学生在认知、情感与动作方面的因素，结合馆藏资源策划行之有效的教育活动，让学生们既可以获得学校教育以外的知识，又可以拓展提升创造思维与知识转换能力，提高他们的整体素质。

近年来，我国的博物馆也在发挥第二课堂作用方面进行着积极的尝试，例如十堰市博物馆根据馆藏文物特色，针对不同年龄段的孩子打造了一系列的精品社教课程“十博课堂”，有为幼儿园小朋友设置的《宝宝爱恐龙》《长大我要造汽车》等课程，让孩子们了解更多的恐龙知识和汽车知识；有为小学孩子设置的《我们从哪里来》社教课程，让他们深入了解自己家乡一百万年前的国宝“郧县人”和人类的发展历程；有为初中孩子设置的《仙山琼阁武当山》社教课程，让孩子们了解武当山古建筑群的博大精深。课程将知识性、互动性、趣味性有机结合起来，通过讲述使学生们学习历史、感受历史，开阔视野，增强文化自信。

（二）提高博物馆活动策划能力，构建社会教育基地

只有让更多的公众走进博物馆，博物馆的馆藏文物才能具有更多历史和文化价值。因此，博物馆应该打破坐等观众上门参观的传统模式，借助其特有的教育平台，积极开展各类丰富多彩的主题教育活动，变被动为主动，用活馆藏资料，最大程度发挥其价值，使博物馆教育真正成为社会教育的必要补充。

博物馆需要更多地与学校、家庭、各种社会团体联合起来，无论是把观众请进来，还是走出场馆，都需要了解公众需求，使其变成“动态博物馆”，让博物馆真正成为观众们的“良师益友”。

近年来，十堰市博物馆也十分重视社会

教育工作，精心策划了各种丰富的社教活动，例如每月推出一期社会主义核心价值观活动，如“藏在文物中的法治故事”“弘扬爱国主义　传承廉洁文化——堰下清风润人心”“走进博物馆　探寻古人类”等，每年根据中国传统节日推出“我们的节日”主题社教课程，如“欢天喜地过大年　博物馆里来寻宝”“礼赞劳动者　劳动最光荣”“春暖花开忆清明”等，还推出了《西子说字》《据典说廉》等廉政节目和“文明旅游”等一系列活动，这些活动的开展不仅激发了观众探索博物馆的兴趣，还培养了他们热爱家乡的情怀，取得了非常好的效果。十堰市博物馆将持续激活教育生命力、增强文化影响力，实现更高层面、更广领域、更深维度的发展。

（三）创新博物馆宣传传播方式，扩大社会影响力

博物馆要想充分发挥社会教育功能，必须扩大其在社会中的影响力，这样才能为其社会教育功能的发挥创造有利的条件。当前，随着新媒体技术的不断创新，微博、QQ、微信、抖音等一系列新的传播方式已经逐步渗透到各个领域。越来越多的博物馆开始将新媒体工具运用到宣传和社会教育功能中。人们越来越频繁地接触和使用新媒体工具作为接受信息和知识的新方式。博物馆应发挥自身优势、打造属于博物馆自身的新媒体平台，将这一平台作为展览内容的补充和延伸，通过扫描二维码及时地向社会发布博物馆的各种信息，诸如新展览的广告、展品介绍、拟开展的活动等。

同时，要紧紧抓住新媒体的发展动向，要对传播发展趋势有清晰认识和把握，使博物馆在当今知识爆炸的时代抢占先机，获得更多受众的关注。博物馆还可以利用自身的特色和优势资源，开发一系列具有本馆特色的文化产品，扩大博物馆宣传力度，提高社会影响力。

（四）提高讲解员整体素质，促进博物馆社会教育水平的提升

讲解员作为陈列展览的传播者，是博物馆和观众之间交流沟通的桥梁，是实现博物馆宣传展示、社会教育最直接的承担者。如今“语音导览式”的讲解已很难满足观众的需求，他们需要的是知识的传递、内涵的揭示 、科技的传播和精神的提炼。这就对博物馆讲解员提出了更高的要求，一个优秀的讲解员应该有广博的业务知识，生动感人的讲解技巧，成熟的心理素质和灵活的临场应变能力。

目前“专家型”讲解员已成为行内讲解员努力的方向，讲解员与观众面对面交流时，如何做到“因人施讲”，通过自身的讲解魅力吸引观众，积极调动观众的主动性、参与性，在引导观众参观的过程中使其最大程度地在博物馆获取知识，是讲解员需要下功夫的地方。在当下信息更新飞速的时代，讲解员需要及时掌握本行业或本系统涉及的最新动态，及时了解博物馆工作的新变化、新要求，善于学习新成果、发现新问题，具有怀疑、否定、争论和探讨的科学态度，主动适应博物馆发展对人才的需求。同时，讲解员在日常工作中应积极参与到学术研究、专题展览、对外文化交流与巡展、宣传策划、知识讲座、咨询答疑、社区文化的发展等丰富多彩的活动之中。通过一系列实际工作的开展，拓宽工作能力，使讲解员走上一专多能的复合型人才培养之路，实现博物馆宣传展示、社会教育整体水平的提升。

（五）与高等院校合作，促进博物馆可持续发展

目前我国的博物馆与学校的合作，大多是

与中小学校合作。博物馆与高等院校结合，利用高校丰富资源，提高博物馆的普查、发现、发掘和深化研究还有较大潜力。将高校历史专业教学与博物馆实践结合，通过实物展览使学生对历史产生由点及面、由表及里、由历史到现实的联想和延伸，最终使学生达到将理论知识与具体实物相结合、以物议史、透物见人的目的。对于一些大型的博物馆，如故宫博物院、南京博物院、上海博物馆等，早就提出"学术兴馆""科研兴院"的发展思路。与他们寻求合作，对高校来说大有裨益，甚至可以将这些博物馆作为自己的教学基地。同时，大馆的专业人才具备高水平的文物鉴定、征集、收藏、保护和修复技术，高校中的历史及相关专业可以将他们请进课堂，为学生讲解这些课题。这对学校的教学质量、对学生实践经验的积累及专业素质的培养都将有很大提升。但是，众多中小规模的博物馆在学术研究的发展上较为迟缓。他们在陈展方面虽然做得非常细致到位，但是限于人员配置、人才结构等原因，科研能力相对较低。博物馆的壮大与成长离不开科研，博物馆要以科研为先导，不断充实科研队伍，提高科研水平，才能产生原创性、精品性的科研成果，才能有效提高展览的科学性和思想性。因此，博物馆应主动与高校尝试多方面、多角度深层次互动，寻求最好的合作方式，在专业教学、科研合作、资源共享等方面建立相互依赖、相互补充的新型关系，共同承担为社会服务的重任。

简而言之，博物馆作为传播文化、促进教育、推动社会变革的重要机构，社会教育工作是其可持续发展的重要途径。本文从可持续发展的角度出发，探讨社会教育工作对博物馆的发展作用，提出了加大社会教育投入、创新社会教育模式、强化人才培养和加强社会教育的协同作用等建议，旨在促进博物馆社会教育工作的持续发展和完善，推进博物馆可持续发展。

参考文献：

[1] 单霁翔. 博物馆的社会责任与社会教育[J]. 东南论坛，2010(6):9-16.

[2] 冯丽娜. 试论博物馆教育职能的发展[D]. 呼和浩特：内蒙古大学，2012.

[3] 王月.浅谈博物馆的社会教育功能 [J]. 青年时代，2015(17):150.

浅析博物馆和旅游融合发展下如何持续激发出新活力

阎威　十堰市博物馆

摘　要：博物馆与旅游的融合发展对于博物馆行业高质量发展具有重大意义。但是在发展中却面临产品创新不足、品牌形象较弱、宣传渠道单一等一系列问题。本文从博物馆的改革创新、高质量发展的角度出发，浅析与旅游融合发展下的博物馆如何持续激发出新活力。

关键词：融合；发展；可持续；新活力

21世纪以来，随着我国经济的持续向好，博物馆行业得以快速发展，随之而来博物馆的社会职能也发生了新变革，“旅游、教育”逐渐与“收藏、研究、展示”等传统职能并重。博物馆不再仅仅是文化遗产保护、公共文化服务机构，同时也成为满足社会大众文化产品消费需求和国民文化教育需求的供给者。我国的博物馆行业的发展与改革开放以来旅游业的蓬勃发展密不可分。

一、博物馆与旅游融合发展的关系

博物馆的本质属性是公益性、非营利性，意味着博物馆不能从事商业经营活动。但从世界博物馆界实践来看，从20世纪70年代开始，博物馆出现了与旅游业密切结合的趋势，很多世界著名的博物馆都不同程度地参与相关商业经营活动，在旅游市场化运作、品牌打造、纪念品开发、销售等方面大获成功，成为所在城市的旅游目的地。50多年来，博物馆旅游经历了涉外旅游、大众旅游、全域旅游等阶段。2009年，国际博物馆协会将“国际博物馆日”主题确定为“博物馆与旅游”，标志了博物馆成为旅游活动的重要载体得到了广泛的认同。

我国也高度重视博物馆和旅游融合发展，2015年《博物馆条例》“国家鼓励博物馆挖掘藏品内涵，与文化创意、旅游等产业相结合，开发衍生品，增强博物馆发展能力”的规定，从法律上明确了博物馆开展文化创意、旅游等商业经营活动的合法地位、政策导向、重要意义。博物馆为促进城市和周边区域旅游积极贡献力量，大力发展博物馆旅游形成广泛共识，博物馆成为文化旅游发展战略布局中一支不可忽视的力量。2018年，国家实行机构改革，文化部与旅游局合并，组成文化和旅游部，这也促使我们重新审视博物馆和旅游的关系。融合使博物馆兼具了教育推广、科学研究、艺术鉴赏等多种功能，成为丰富人们精神生活，提高人民幸福感的重要途径之一。

二、博物馆旅游融合发展中存在的问题

我国博物馆的运营长期以来依靠财政拨款，体制机制较为僵化，对博物馆产业化发展的管理经验不足，商品化和市场化运营能力较差。因此，博物馆与旅游的机制融合、职能调整、发展领域等还较为欠缺，对消费者需求和消费心理的把握程度较弱，难以捕捉消费需求。对目前主要的旅游消费群体，即“新公众”的吸引能力不足，存在一定的距离感。服务和竞争意识淡薄，市场和品牌观念较差，产品宣传手段落后，跟风现象严重，难以支撑博物馆的长远发展。作为区域性的文化载体和文化传承场所，博物馆与地区乃至国家性的形象宣传融入不够，宣传效果不佳。虽部分博物馆已经通过微博、微信等媒体渠道进行宣传，但是数字化运营能力较差，难以抓住现代游客的信息阅读习惯，IP 打造意识不足，内容更新慢，与顾客的互动和交互性较差。

博物馆旅游文创产品创新性不强，难以体现文化魅力。大多数的博物馆旅游体验依然以静态文物展示为主要表现手段，虽部分融入了科技元素，但是体验感和参与度不够，并没有真正将文物进行有效“活化”。旅游文创衍生产品多为明信片、书签、文物复制品等常规产品，且多为第三方委托生产，粗制滥造现象较为普遍，对消费者吸引力较差，产品开发过程中，对文化和特色的挖掘不够深入，同质化现象严重，设计性和美感不足，没有真正表现出文物的魅力。

三、博物馆和旅游融合的创新发展

文化和旅游部的成立打破了博物馆和旅游在管理机构上的限制，为博物馆与旅游的融合发展提供了契机。旅游业拥有巨大的市场，是一种兼具经济性和文化性，以精神享受为主的高层次消费，充分反映了整个社会需求提升带来的生活观念、生活水平、生活方式的变化，博物馆和旅游融合已成为新型旅游景区的主要创新驱动。我国博物馆由于数量大、覆盖广、类型多样、旅游工作基础良好，具有文旅融合发展的先天优势和广阔空间。博物馆与旅游的融合发展，将大量的旅游主题带入博物馆中，促进博物馆的发展，博物馆通过高品质的文化资源给旅游者以高品质的旅游体验，两者相辅相成。在数字化和智能化的今天，面对新的消费群体的个性化消费需求，博物馆已成为各种研学、遗产等形式的载体，打造出自身的IP形象，塑造出自身品牌，采用多种手段活化博物馆的形式和产业化运作，以人民群众更加容易接受的方式传播优秀文化。如故宫博物馆院通过一系列的品牌化运作掀起了“文创产品热”“古董收藏热”和“古玩淘宝热”等热潮，引发了强烈的市场“连锁反应”。三星堆博物馆通过一系列的文化创意，让传统文化“飞入了寻常百姓家”，得到了消费者的青睐和认同，提升了博物馆的品牌价值。发展“博物馆+”，创新博物馆旅游产品旅游日益品质化和个性化，跨界博物馆产品，如，博物馆+文创，故宫博物院打造的宫廷系列产品成功出圈，吸引了一众粉丝。博物馆+电视，近几年央视推出的《国家宝藏》《如果文物会说话》，与影视、综艺、游戏等地跨界融合，如《上新了，故宫》、

河南卫视的《唐宫夜宴》等一系列热播文博节目，使得很多博物馆受到追捧，成为网红打卡地。博物馆＋互联网，通过网络技术手段，打造智慧博物馆，运用抖音、短视频平台等手段，提高博物馆与游客的互动体验性，优化游客的参观体验。博物馆＋流行元素，如河南博物院推出的"考古盲盒"就充分抓住了当下的盲盒热潮，将博物馆的文化性、趣味性和创意性就行了有机融合。

在信息化发展条件下，信息传播的形式越来越多样化，博物馆的营销渠道变得更加便捷。如手机短视频、抖音等平台等营销媒介，粉丝数量众多，而这些人群也是宣传博物馆和旅游的主力军。微博、小红书等社交平台可以增强与游客的在线交流，拉近博物馆与游客之间的距离，还可以承担推送阅读内容，预约售票等服务内容。博物馆也建立自己的官网、官微等自媒体宣传渠道，这些渠道可以保证宣传内容的及时性，弥补其他渠道信覆盖面的不足。社会大众对博物馆旅游的热情日益高涨。博物馆还可以借鉴旅游的多业态形式，创新展品的呈现方式，拓宽产品渠道，使高高在上的文物更贴近百姓生活，达到博物馆的文化传播效应。

四、博物馆和旅游融合发展需要解决的问题

一是重新定义观念。博物馆和旅游，要强化平等合作观念，认识到跨界融合发展是博物馆业与旅游业共同的需要，是供给侧结构性改革的大势所趋。必须加强合作，充分认识文旅融合对于促进博物馆旅游发展的重要意义，博物馆不论规模大小、层级高低、体制内外，均应主动谋划和投身文旅融合，将其作为新时期博物馆高质量发展的方向，以开放的观念学习了解现代旅游业运行规律、营销手段、营利模式等，走出"自娱自乐""过于强调博物馆行业特殊性""博物馆旅游就等于文化创意产品"等误区，以人之长补己之短，在文旅融合实践中走出博物馆文化资源转化利用的新路子。

二是制定相关政策。将博物馆文旅融合纳入国家文物事业发展规划和博物馆事业中长期发展规划纲要，同时进一步强化博物馆评估体系导向作用，从国家顶层设计上加强对博物馆旅游发展的引领，对博物馆展示空间与旅游服务设施提升、展览改造提升、智慧博物馆建设、夜间旅游开放等文旅融合项目加以保障。组织开展博物馆文旅融合专题研究，对现有明显滞后于文旅融合发展节奏，且制约博物馆发展活力的政策模式、运行机制做出相应调整，优化流程、减少环节，消除体制机制障碍，充分调动博物馆的积极性、创新能力，研究出台新的政策或规章制度，如加强博物馆文旅融合的指导意见、博物馆文旅融合工作负面清单、社会参与优惠政策清单、优秀案例推介、项目申报操作指南、探索与博物馆分级评价机制相衔接的分级管理体制、旅游收入奖励分配机制等，厘清边界，明白"为什么干？怎么干？哪些自己干？哪些社会干？"，明确发展方向、操作方式、实施重点等，支持吸引社会力量共同参与。通过政策制度的调整完善，有效解决"最后一公里"的问题。

三是创新合作形式。每一个博物馆都各具特色、各有长短。博物馆管理者，特别是馆舍规模小、资源禀赋弱、资金投入少、旅游基础差的中小型博物馆管理者，可采取SWOT分析法对自身旅游方面的优势、劣势等进行深入分析，聚焦重点难点问题，研究确定深挖内

外部、软硬件潜力的具体措施，找到激活文旅融合的引爆点。如研究挖掘文物藏品时代价值内涵，精心策划更多健康时尚、走心暖心、形式新颖的陈列展览，合理增加互动性、体验式、趣味化环节，在轻松愉快的氛围中达到讲好本地故事的效果。再如，依托遗址、古建筑、名人故居建立的博物馆充分挖掘场地潜力，尽量减少办公用房、文物库房等对文物本体的占用，开辟为展厅或公共活动空间，并通过改造提升旅游配套服务设施，优化交通组织、室内外景观等，打造令人愉悦的游览、休憩环境，提升博物馆旅游品质。又如，挖掘科技潜力，提升宣传能力，与专业媒体合作策划，借力发力，为博物馆事业创新发展提供新动能。此外，还可以挖掘人才潜力，通过对外选拔与对内培训等多种方式，培养博物馆旅游复合型管理人才、宣传策划人才、市场营销人才，逐步建立满足博物馆文旅融合发展需要的人才队伍。

四是彰显本地特色。特色是现代博物馆的立馆之本。一个好的博物馆，一定是特色极其鲜明，让人看后印象深刻的博物馆。进入文旅融合时代，优质的旅游品牌必将成为一个博物馆的重要特质。不论是藏品资源，或是展览项目、文创产品，还是传播服务，只要做到人无我有，人有我精，就可以提炼成为博物馆旅游的特色，引起游客的共鸣与认同。每一个博物馆应时时反问自己——“我的特色是什么？我与其他博物馆的不同在哪里？”然后找到正确答案。同时根据自己的类型、资源禀赋和经济实力等内外条件，积极探索中国故事的本土表达，走差异化、特色化发展之路，真正形成有社会影响力的博物馆旅游特色品牌，抢占文旅融合时代博物馆高质量发展的新高地。

五、结语

文旅融合背景下，博物馆和旅游将不再拘泥于传统模式，更不只是少部分旅游资源丰富的博物馆的专利，而是席卷整个博物馆领域的时代浪潮，推动博物馆资源整合与效能提升，提高文化产品和服务供给质量，满足人民群众多样化、个性化、优质化的文化需要。博物馆与旅游的融合发展，对二者多有裨益，应该通过产品创新、品牌塑造、立体化营销等方式进行有效融合。当然，二者的融合还应尊重各自发展的规律，而不能盲目融合，导致产品粗制滥造，降低游客体验和博物馆的文化体验。总之，从单一的“参观”到多元的“体验”，从大众的“教育”到个性的“服务”，从文化的“展示”到旅游的“消费”，只有深刻理解和把握这些变化，才能不断提高博物馆旅游现代治理能力，达到文旅融合“以文塑旅、以旅彰文”的共赢效果。

参考文献：

[1] 赵迎芳.论文旅融合背景下的博物馆旅游创新发展[J].东岳论丛，2021(5):14-22.

[2] 王凤奇.我国博物馆旅游产品的开发现状及发展对策分析[J].文物鉴定与鉴赏，2021(10):141-143.

[3] 董芙蓉.文旅融合背景下博物馆与旅游的关系研究[J].四川旅游学院报，2021(2):43-47.

[4] 张晓云.文旅融合语境下，博物馆旅游怎么做[J].博物馆中国，2021-3-17.

[5] 张利敏.我国文化产业发展态势分析[J].汉字文化，2022(16):152-153.

荆楚传统文化的传承与发扬
——以荆州博物馆青年群体为例

陈冬冬　荆州博物馆

摘　要：近年来，随着文博事业的迅速发展，博物馆从业人员也呈现出专业化、年轻化的趋势，青年文博工作者在行业发展和区域文化传承中发挥了越来越多的作用。荆州博物馆作为荆楚文化的集中展示地之一，分析其青年群体在传承区域文化中的优势和不足，有利于寻求青年文博工作者发挥自身优势传承荆楚文化的发展新路径。

关键词：青年；传统文化；传承；发扬

近年来，国内博物馆建设出现前所未有的快速发展，据国家文物局年报系统显示，2021年全国备案的博物馆已达6183家，2021年全国各博物馆参观人数超过8亿，全国各类文物机构共举办陈列展览33205个。博物馆事业快速发展的今天，为青年一代的文博人提供了更多的机会，也迎来了更多的挑战。今年的“五四青年节”，中国博物馆协会青年工作委员会在苏州博物馆西馆正式成立。青工委的成立旨在深化博物馆青年人才培育，多渠道推进博物馆青年人才建设，发挥青年学者对“博物馆+”的助力作用，持续推动博物馆事业高质量发展。青年工作者们在博物馆迅速发展的大背景下推动了区域传统文化的可持续发展，荆州博物馆青年群体以实际行动践行荆楚文化的传承与发扬。

一、荆州博物馆青年群体现状

（一）荆州博物馆青年群体构成

荆州博物馆现有工作人员107位，青年49位，青年比例是45.79%。其中事业编制人员65位，青年23位，青年比例是35.38%。

（二）主要青年群体简介

荆州博物馆现有办公室、考古部、陈列部、宣教部、保管部、古建部、人事科、财务科等10个部室，数据显示，青年群体占比较高的部门是宣教部、办公室和考古部。宣教部现有工作人员13位，青年12位，青年占比92.3%；办公室现有工作人员17位，青年11位，青年占比64.7%；考古部现有工作人员16位，青年8位，青年占比50%。

本文将从以上三个青年占比较高的部室为代表展开论述。

二、荆州博物馆青年群体传承发扬荆楚文化的实践

荆州博物馆位于国家历史文化名城——荆州古城内，始建于1958年，属于公益一类事业单位，是我国首批公布的“一级博物馆”。位于荆州境内的纪南城遗址曾是东周时期的楚国故都，历史长达411年，共经历了20位楚王。楚故都纪南城遗址及其周边20多万平方

米楚文化遗址和数以万计的楚墓，是考古和文博工作者们不可多得的宝贵资源。

荆州博物馆拥有馆藏文物19万余件，国家一级文物614件套，几乎囊括了楚文化的所有种类和精品，是楚文化的艺术宝库。藏品中战国秦汉饱水漆木器数量约占全国总数的40%，战国和西汉丝织品更是独一无二，举世无双，东周楚玉数量居全国之首。这些文物特色鲜明、保存完好、制作精美，集中代表了楚文化的最终成就。

（一）宣教部与"荆楚瑰宝趣味讲堂"

为突出荆州的区域文化特色，荆州博物馆宣教部的青年群体以馆藏精品文物为基础，自主研发了"荆楚瑰宝趣味讲堂"系列课程，通过多种方式和手段增强传统文化的趣味性、知识性、针对性，为青少年学生、社区居民等群体带去了丰富的荆楚历史文化知识盛宴，受到社会各界的广泛好评，荣获"全国优秀教育设计方案"、"全国社教百强案例"、湖北省"十佳社教案例"等多个奖项。通过展示馆藏珍贵文物，介绍古人生活方式，讲述古代礼仪制度，"荆楚瑰宝趣味讲堂"将无形的历史文化寓于有形的讲座内容之中，充分展现了荆楚文化瑰宝的魅力。

一是通过成语故事引导受众了解馆藏珍贵文物。例如通过成语"曲水流觞"引导大家了解楚国的漆器酒具——耳杯，以及古人饮酒的姿态礼仪；通过成语"举案齐眉"引导大家了解古代漆案的用途形制；通过成语"买椟还珠"引导大家了解馆藏楚国漆器——漆奁、漆盒的精致华丽；通过成语"止戈为武"介绍神秘的国家一级文物"兵辟太岁戈"；通过成语"锦上添花"讲述"舞人动物纹锦""龙凤虎纹绣罗单衣"等楚国丝绸文物背后的故事；通过成语"钟鸣鼎食"介绍楚式青铜鼎和编钟的特点，以及古代贵族的礼乐文化。

二是借助表演活动演绎古人生活方式。在日常生活方式上我们的祖先究竟与我们有什么不同，这些不同背后又蕴含着怎样的社会经济历史和文化背景，是观众普遍感兴趣的问题。通过各种表演和演绎活动，"荆楚瑰宝趣味讲堂"再现了古代的生活场景和历史故事。例如，在讲堂中还原古人们"席地而坐"的生活场景，通过对席子如何铺设、一人如何就座、多人如何列席、宴饮中下位避席有何讲究以及席地而坐习俗的消失与迁移等进行呈现与解说，生动的解读出中国传统文化独具魅力的内涵。又如，通过在讲堂中表演情景剧《完璧归赵》，在讲述历史故事的同时介绍古代玉璧的文化内涵，楚国"和氏璧"的历史记载和精彩传说以及荆州博物馆馆藏的各类珍贵玉璧，寓学于演，以演促学。

三是通过多角度解析，阐释文物背后的历史文明风貌。古代社会生活方方面面的变迁背后，究竟有什么样的历史原因和秘密？通过生动鲜活的形式，宣教部的授课老师们升华了讲堂的理论高度和文化内涵。例如，从分析古代贵族使用青铜器到使用漆器的转变，阐释战国时期生活面貌变化的特点，并揭示出当时生产力发展、礼乐制度崩溃和社会结构变化的深刻背景。

四是积极弘扬优良的荆楚文化。首先是积极弘扬爱国文化，通过开展历史文化教育，"荆楚瑰宝趣味讲堂"增强了观众的民族自豪感，积极塑造青少年浓厚向上的爱国情怀；其次是积极弘扬道德文化，通过阐释传统的"比德于玉"内涵，学习古人的谦谦君子之风，通过阐释淳朴的勤俭之德，塑造青少年戒奢尚简的健康人格；然后是积极弘扬礼仪文化，通过讲授传统礼仪，宣扬文明规范的交际方式和社会公德，充分体现出文明古国的文化积淀和大国公民的现代风貌。

（二）办公室、考古部、宣教部协作开展各类传统节日互动体验活动

荆州作为我国首批历史文化名城，博物馆的青年工作者们通过节日举办富有传统文化气息的活动，在阐释传统的过程中适应不同社会阶层的文化需求。

在元宵节，宣教部和办公室通过官方平台征集了30多组亲子家庭，举办了听讲座、扎灯笼等元宵节主题系列活动。活动不仅有“感悟元宵节的魅力”专题讲座，让大家了解元宵佳节的历史由来、传统礼俗，更有国家非物质文化遗产“五虾闹鲇”传承人教授大家制作灯笼，参与家庭在考古部青年们的协作下共同捻线、扎骨、缠签、糊纸，制作了各具特色的灯笼，切身感受中国传统灯笼制作技艺的独特魅力。

在端午节，荆州博物馆面向社会公众举办了以楚乐表演、楚辞朗诵、楚文化知识有奖问答为内容的主题活动。活动现场，荆州博物馆工作人员表演了《橘颂》《九歌》《国殇》《哀郢》《离骚》等主题乐舞，向大家展现伟大爱国主义诗人屈原的爱国情怀。参与公众上台朗诵屈原的楚辞名篇，以抒发弘扬传统文化、培养爱国情操，勇担使命责任的情怀。办公室与宣教部组织参与公众开展了楚国历史文化知识问答活动，向答对的观众赠送荆州博物馆文创产品作为纪念。

针对上巳节和清明节，荆州博物馆走进偏远地区——八岭山小学，组织老师和同学们开展了“忆‘上巳 · 清明’社教活动”。活动分为三个环节：一是“寻找清明节的记忆”，宣教部的授课老师向同学们介绍清明节的由来和趣味风俗，并带领他们到野外一起认识地米菜，寻找地米菜；二是“清明时节雨纷纷”，宣教部的讲解员带领同学们朗诵和鉴赏与“清明节”相关的古代诗词，共同感受中国古代诗词的魅力；三是“一起来玩曲水流觞”，考古部的授课老师向同学们讲述古人在上巳节举办“曲水流觞”活动的故事，并模拟开展了“曲水流觞”活动，让同学们表演当时古代文人雅士们列坐其次、丝竹奏鸣、羽觞泛波、吟哦咏唱等场景，体验传统文化的精神追求。办公室的信息员及时在官方平台发布活动新闻，宣传活动情况。

突出中华传统的“孝道文化”。在“母亲节”，举办了“思母情、报母恩”的感恩母亲社教活动。宣教部的授课老师将学习中华玉文化与举办中华敬母故事讲座相结合，让青少年在感恩母爱的同时了解中国古代的佩玉礼仪，并亲手制作组玉佩饰品，作为送给母亲的礼物。在“父亲节”，举办了“如山的背影”感恩父亲社教活动。宣教部的授课老师通过将举办“探寻瓷器之美”讲座与“诉说父亲与我的故事”相结合，让青少年在了解博物馆馆藏精品瓷器知识的同时，感悟与父亲在一起的生活点滴，并制作“釉里红缠枝菊花凤纹罐”图案的贺卡作为礼物送给父亲。

巧借现代主题学习中国古代的“环境保护”思想，更加全面地了解和认知中华文化。在“植树节”，办公室和宣教部邀请社会公众举办了“保护绿色、守护家园”亲子活动。通过认知绿色植物、动手护绿、关注环境变化等环节，考古部的授课老师向参与的公众讲解中国古代天人合一的思想理念，介绍世界上最早的资源与环境保护法：我国秦朝《田律》关于

农田耕作和山林保护的相关法律制度，倡导学习传统、保护环境的优良做法。

中秋佳节，荆州博物馆举行了极富知识性和趣味性的“赏中秋明月，学荆楚文化”活动，通过邀请专家进行中秋节礼俗讲座和开展“我在荆博寻月亮”趣味活动让广大的博物馆和历史文化爱好者，深入了解荆楚文化，在趣味活动中感受荆楚文化的魅力。

（三）青年工作者的研究成果颇丰

荆州博物馆青年工作者在考古学、文物保护学以及博物馆学等方面都取得了不少的成绩。据统计，近年来，荆州博物馆共完成文物调查面积1342万平方米，文物勘探718万平方米，考古发掘108340平方米，出土文物13138件/套。荆州博物馆青年工作者共发表论文近百篇，其中不乏重要学术期刊如《考古》《文物》《江汉考古》《文博》《中国文字研究》《楚学论丛》等，出版考古学、博物馆学、文物保护学专著数本。

三、以各类创建为载体的青年工作成效显著

（一）宣教部青年群体创建“市级青年文明号”“省级青年文明号”“全国青年文明号”

“创宣教服务先进，展青年文明风采”——荆州博物馆宣教部始终站在宣传教育的前沿，不仅为社会公众送去文化盛宴，更为传播荆州历史文化、弘扬荆楚优秀传统文化做出了突出贡献，展现出当代青年积极向上、团结奋进、勇于创新、开拓进取、能吃苦、肯奉献的精神风貌。荆州博物馆宣教部致力于为海内外游客服务，致力于社会教育和公益事业，致力于社会经济发展，已然成为古城荆州一道亮丽的风景线。荆州博物馆宣教部已成功创建荆州市青年文明号、湖北省青年文明号和全国青年文明号。

（二）青年群体荣获全国“四个一批”优秀志愿服务组织

荆州博物馆宣教部志愿服务队创建期间，利用休息时间，组织开展为弱势群体、特殊人群、未成年人等提供志愿服务活动，不仅在物质上给予他们关心和支持，更为他们送去精神慰问。通过开展“荆楚瑰宝趣味讲堂”“流动博物馆”“传统节日送温暖”等活动进学校、进社区、进家庭，充分展示了博物馆青年群体良好的精神风貌，也弘扬了荆楚传统文化。“荆州博物馆志愿服务队”在2016年国家旅游局启动“四个一批”旅游志愿服务先锋行动的评选中，荣获“先锋组织”奖，这也是湖北省文博系统唯一获奖单位。

四、青年群体在传承与发扬荆楚传统文化实践中的优势与不足

有人说，“吸引年轻人是博物馆梦寐以求的事”。随着文博事业的发展，博物馆不再单纯地以文物研究为唯一工作重心，而是从“以物为中心”逐步转变为“以人为中心”。故宫博物院、中国国家博物馆、上海博物馆等无不例外地都在文创产品研发这条道路上吸引了无数的观众，尤其是年轻观众。博物馆不断吸引年轻人，使他们从博物馆观众到博物馆志愿者最后成为博物馆的青年工作者。数据显示，博物馆的从业人数从过去的不足十万已增长至近二十万，大量有专业背景的青年工作者投身博物馆事业为其发展奠定了良好的基础。

（一）青年工作者的优势

一是积极有活力，有干劲。青年群体是

博物馆里的新鲜血液，他们带着“年轻”“自信”“有信念”“敢拼搏”“敢于创新”等标签进入博物馆行业，在如今社会，选择清贫的博物馆工作作为自己施展才华、实现抱负的职业，博物馆里的青年工作者有一份对历史和传统文化的热爱之情，更有将其发扬光大的责任和担当。

二是普遍学历高，有知识。随着事业单位的不断改革，青年工作者需要经过层层考核和筛选才能进入博物馆，他们拥有本科以上的学历，甚至有的还有海外留学经历。荆州博物馆近年来不断引进文博专业人才，有来自北京大学、中国科学技术大学、香港中文大学、武汉大学、厦门大学、南京大学、西北大学、吉林大学等著名院校的考古学、文物保护学、文物与博物馆学等专业的硕、博士研究生。

三是成长空间大，有前景。作为考古、文博专业的学生，毕业后能进入荆州博物馆工作是令人欣慰的。荆州作为首批历史文化名城，有着丰富的文化遗产资源，尤其是战国秦汉漆木器、丝织绣品类文物，不仅数量多，而且保存完好，极具研究价值。简牍类的文字文物出土也是络绎不绝。俗话说“巧妇难为无米之炊”，这些得天独厚的文物资源为青年学者们开展研究工作提供了基础。

（二）青年工作者的不足

虽然青年群体在工作中有着独特的优势，但在现实的条件下他们也呈现着以下不足。

一是青年组织引导还需加强。青年群体分散在博物馆的各个部室，按照部室的工作职责按部就班地工作，无法以群体的力量来充分发挥其优势。

二是青年群体工作经验欠缺。青年工作者从学校走向工作岗位的时间有限，如何将理论知识在实践中得到检验并加以应用是一条任重而道远的路。

三是青年活动形式需要创新。青年工作者是一个更容易接受新鲜事物并应用实践的群体，新媒体内容成为青年人生活中不可或缺的部分，如何发挥青年群体在新媒体运用方面的优势是博物馆应该思考的问题。

五、展望未来青年工作发展

基于博物馆青年工作者的特点和其发挥的作用，博物馆应当从以下几个方面完善工作制度和改善工作环境，从而使他们有更好的发展。

一是加强组织领导。博物馆应当充分发挥团组织和青年联合会的凝聚力作用，让青年工作者不仅在各自部室发挥作用，更能拧成一股绳，发挥青年群体的优势。

二是积极总结经验。青年工作者更习惯于快节奏的生活，他们思维活跃，创新能力强，但比起老一辈的工作者而言，他们缺少的是将思考所得及时整理的行动力。博物馆应该鼓励青年工作者多参加论坛交流学习、及时整理成果发表，形成良好的学术研讨氛围。

三是创新工作模式。信息化的时代，博物馆应当与时俱进，打破传统工作模式，让青年工作者们利用新媒体优势，打开传统文化宣传的新局面，实现新发展。

六、结语

随着我国文化事业的不断发展，人们对于文化需求不断提高，区域文化发扬和博物馆事业发展在传统文化复兴的大浪潮中相得益彰，而青年文博工作者在其中发挥了不容忽视的作用。充分发扬青年文博工作者的特点和优势，让青年成为复兴与发扬中华传统文化，尤其是区域文化的生力军，既是文博事业发展的重要途径，也是文博工作实践需要解决的重要课题。

参考文献：

[1] 信息来源：全国博物馆年度报告信息系统. http://nb.ncha.gov.cn/.

[2] 信息来源：中华人民共和国文化和旅游部2021年文化和旅游发展统计公报. https://zwgk.mct.gov.cn/zfxxgkml/tjxx/202206/t20220629_934328.html.

[3] 信息来源：中国博物馆协会. https://www. chinamuseum. org.cn/cma/detail.html.

[4] 孟修祥. 楚文化简明读本[M]. 湖北美术出版社，2012.

[5] 信息来源：荆州博物馆官方网站. www.jzmsm.org.

[6] 李桂，张恒. 网红博物馆的亿元生意[J].vista看天下2019(7).

[7] Peter Samis、Mimi Michaelson著，尹凯译. 以观众为中心：博物馆的新实践[M]. 科学出版社，2018.

[8] 耿超等. 博物馆学理论与实践[M]. 科学出版社，2018.

楚韵·凤纹楚绣丝织品

——荆州博物馆文创产品开发案例

李梅 刘雁 荆州博物馆

摘 要：文创产品，即“文化创意产品”，指依靠创意人智慧、技能和天赋，借助于现代科技手段对文化资源文化产品进行创造与提升，通过知识产权的开发和运用，而产生的高附加值产品。为适应旅游市场和文创事业的发展，荆州博物馆充分深入挖掘楚文化元素，自主开发以“楚韵·凤纹楚绣织品”为代表的一系列文创产品及旅游商品，深受广大游客和观众的喜爱。

关键词：文创产品；楚文化；非遗传承

为适应旅游市场和文创产业的发展，20世纪90年代，荆州博物馆相继成立了荆州博物馆旅游服务部和荆州荆博弘楚文化传播有限公司。公司自成立以后尤其是近十多年来，充分依托馆藏文物资源，深入挖掘楚文化元素，自主开发了漆木器仿制工艺品、青铜器仿制工艺品、丝织绣品、茶餐具日用品、文具用品、食品、楠木小工艺品、小纪念品等八大系列文创产品，并注册了“楚韵”商标。其中，尤以“楚韵·凤纹楚绣丝织品”系列文创产品及旅游商品开发较为突出，现以此系列为典型案例予以推荐。

一、产品类型

“楚韵·凤纹楚绣丝织品”系列文创产品及旅游商品主要有：龙凤虎纹真丝方巾、凤鸟长巾、田猎纹男士长巾、对龙对凤纹凹口被、对龙对凤真丝拉绒毯、凤纹织锦挂轴、凤纹香包、楚绣手工个人高端订制产品等。这些产品又可细分为丝巾、床品、家居、楚绣手工等小系列。这些产品的质地绝大多数为真丝，织造种类有绸、绢、锦、绦等。纹饰装饰则以印染和刺绣为主。

二、文化内涵

中国是世界最早生产丝织品的国家，在距今五六千年的新石器时代中期，便开始养蚕、缫丝、织绸了。至战国中期，南方的楚国丝织业发展已处于鼎盛时期，其丝织和刺绣工艺技术代表了当时的最高水平。1982年，荆州博物馆发掘了荆州马山1号战国楚墓，墓中共出土各类丝织品35件，其中刺绣品即有21件，其品种之多，工艺之精，保存之好都前所未见，素有“地下丝绸宝库”之美誉。丝织品上的纹饰也极为丰富，色泽极其艳丽，无论是提花编织织物还是刺绣作品，无一不花团锦簇，精美绝伦。其中，战国蟠龙飞凤纹绣浅黄绢面衾是功能性被子，衾头正中有一U形凹口，看似简单，却蕴含着健康生活的独特理念和匠心。衾面由25片蟠龙飞凤纹绢缀成，构图紧凑匀称，绣工娴熟精湛，即使在两千多年后的今天来看，也绝对是超高档次的罕见奢侈品。战国凤鸟花卉纹绣浅黄绢面绵袍是马山1号墓出土的丝绸织绣品中，凤鸟造型最为新奇的一件，"一凤三头"造型显示了卓尔不凡的气度与神韵，是楚人图腾崇拜的一种创新与神话，充分展示了楚文化的博大与烂漫。还有天下第一裤——战国凤鸟花卉纹绣红棕绢面棉袴；世间织绣绝品——战国龙凤虎纹绣罗单衣；年代最早的对襟衫——战国緻衣；楚贵族狩猎活动的生动画卷——田猎纹绦等，都是楚地丝织工艺的卓越代表。时至今日，丝绸的出现及发展一直都深深地影响着人类日臻美好的社会生活。

三、研发过程

自2008年起，为了进一步开发文创产品和提高旅游商品的质量，公司以馆藏马山1号墓出土的楚国战国丝质文物精品为灵感源，提取丝织文物中精美的凤纹、龙纹、花枝纹等楚文化元素和符号，设计并开发具有鲜明楚文化风格和独特地域特征的"楚韵·凤纹楚绣丝织品"系列文创产品。为此公司组织设计团队通过对江浙丝绸制造产业进行全面考察及各大博物馆丝绸产品的市场调研，并与相关文博专家反复研讨，确定了以绸、绢、锦、绦等质地为研发重点，以龙凤纹样为研发主题，陆续开发出了龙凤虎纹真丝方巾、凤鸟长巾、田猎纹男士长巾、对龙对凤纹凹口被等独具楚文化特色的文创产品。2015年后随着公司文创开发团队的不断壮大，又自主开发了对龙对凤纹真丝拉绒毯、凤纹织锦挂轴及家居系列、凤纹香包、凤纹真丝拉绒披巾等产品。

"楚韵·凤纹楚绣丝织品"系列是充分利用馆藏文物资源为依托而创造开发出来的文物和艺术衍生类文创产品。这套产品中的主体纹饰——凤纹以及与其共生共存的龙纹、虎纹、云纹和花枝花草纹，均属于典型的楚文化元素，具有鲜明的楚文化地域性特征。凤是象征美好、自由和祥瑞的圣物，是楚人心目中的神祇，所以，楚国战国丝织品中多以凤纹为主题纹饰。凤纹造型柔和、婉曲、丰满、生动，且形象又千姿百态，变幻多端，或作单凤形，或与龙相对相配，使那种本为虚幻的凤鸟呈现出一种活灵活现、展翅欲飞的动感。这种独一无二的凤纹图案正是开发"楚韵·凤纹楚绣丝织品"系列文创产品所撷取的楚文化元素。这一系列文创产品的开发灵感虽源于馆藏楚国战国丝质文物，但又对资源文物上的信息、元素进行了精心提炼和再创作，是一种全新的作品。

四、设计理念

产品设计制作的理念主要体现在三个方面。一是质地与资源文物(文物本体)相一致，如凤鸟花卉纹长巾，原出土文物为丝质绢面，则本产品亦为丝质绢面；二是基本按照资源文物的制法与工艺进行织造；三是提取资源文物上的纹饰图案后进行或抽象或写实的艺术设计，然后精心制作。可以说，每一件文创产品都是精美的艺术作品，既具有纪念意义，也具有实用功能。

需要说明的是，为了节省时间成本和经济成本，也为了市场销路和效益，部分产品纹饰或图案的制作工艺并非与资源文物相同，如"凤鸟花卉纹长巾"，资源文物纹饰的传统手工制作工艺是刺绣，而文创产品采用的制作工艺则是印花，"对龙对凤纹凹口被"的对龙对凤纹饰，原工艺为刺绣，而文创产品采用的则是提花工艺。凤纹织锦系列产品也是以现代机械织锦代替楚绣，保存了刺绣特有的凹凸感及光泽感，随着杭州丝绸织造工艺的不断提高，

2015年田猎纹及凤纹真丝拉绒围巾面世，其质地纹饰的视觉感更为时尚，而保暖功能与羊绒制品同等，且更为透气舒适。此类产品价廉物美，可以批量制作。采用传统刺绣工艺制作的产品属高端和高档次文创产品，数量相对较少。尽管如此，采用印花和提花工艺制作的产品仍然具有刺绣作品的视觉效果，同样精致美观。

这套产品的创作与设计是物质和精神的体现。例如龙凤虎纹真丝方巾，它不仅可以使用，同时也体现着龙凤呈祥的寓意，能让其使用者置身于当时楚人的一种生活氛围之中，令人产生一种敬仰历史文化的情感。所以说，“楚韵·凤纹楚绣丝织品”系列文创产品既具有纪念性、也具有实用性，同时也具有观赏性、教育性以及传播性和传承性。

五、品牌荣誉

“楚韵·凤纹楚绣丝织品”系列中的龙凤虎纹大小真丝方巾、凤鸟长巾、田猎纹男士丝巾、对龙对凤凹口被、对龙对凤真丝拉绒毯、凤纹织锦挂轴、凤纹香包等文创产品和旅游商品，价位十几元至千元不等，通过文创商店自营及网上指定代销方式，无论在游客零售还是礼品团购均取得了良好的经济效益。产品深受国内国外游客喜爱，销售量稳定，充分显示了该品牌效应。

在传统楚绣产品的开发上，因手工工艺限制，我们与荆州非遗传承人合作，创作了楚绣手工个人高端定制系列，参加全国旅游商品大赛多次获奖，以此鼓励和推广优秀的中华传统文化手工工艺。楚韵·有凤来仪楚绣系列荣获“2019中国特色旅游商品大赛”银奖。楚韵·绣美手绣工艺系列荣获“2020中国特色旅游商品大赛”银奖。楚韵·绣雅系列真丝围巾荣获“2020中国旅游商品大赛”铜奖。

六、心得体会

从“楚韵·凤纹楚绣丝织品”系列文创产品的设计开发和运营销售的过程中，我们有如下几点认识和体会：

只有深入发掘和准确利用历史文化元素特别是楚文化核心元素，才能设计开发出更多更好、广大游客喜闻乐见的文创产品，深度发掘具有浓郁地域特征的楚文化元素是荆州博物馆文创产业发展、文创产品质量提升的必由之路。

充分发挥和调动本地传统手工艺人和非遗传承人的积极性，让其参与文创产品研发和制作的全过程，有利于提升产品品质和提高生产效率，有利于彰显人无我有，人有我优且独具地域特色的品牌优势，更有利于促进优秀文化和传统手工艺的传承发扬。

一个面向社会公众开放的博物馆，其开发生产的文创产品必须中端、高端和普通商品齐备，用以适应各类不同层次的游客和观众的需求，同时也有利于打开市场销路和提高经济效益。

附图

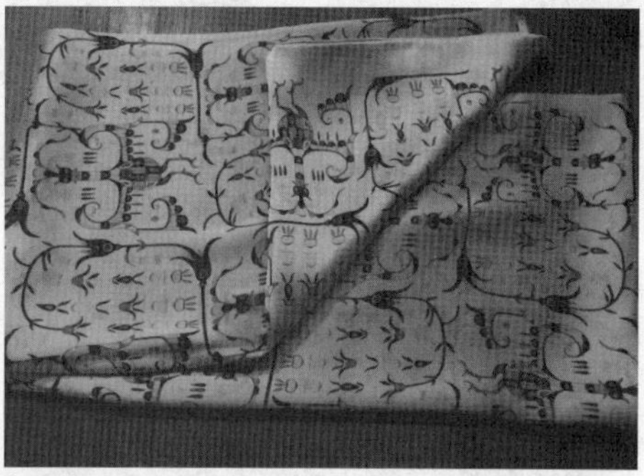

图一　凤鸟花卉纹长巾 规格：170*30cm（双面），工艺：素绉缎印花。材料：桑蚕丝。纹案源自战国丝织品凤鸟花卉纹绣浅黄绢面绵袍。此款凤纹造型独特，充分代表了楚人唯美浪漫的情怀

图二　龙凤虎纹小方巾 规格：60×60cm，工艺：乔其纱印花。材料：桑蚕丝。红绿两色。纹案源自战国丝织品龙凤虎纹绣罗禅衣，原文物质地为灰白罗锁绣龙凤虎纹

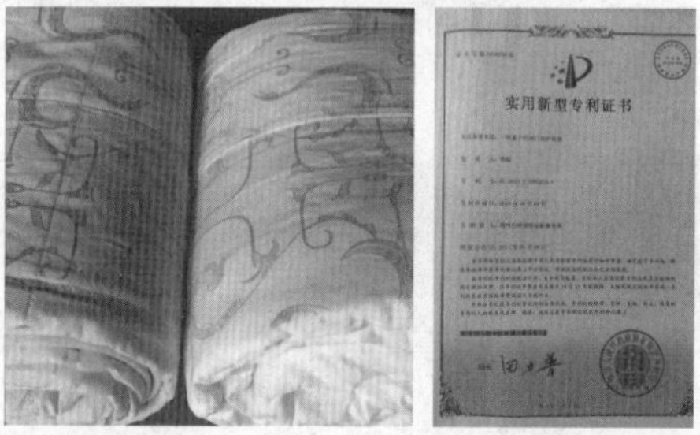

图三　对龙对凤纹凹口被 规格：200×160cm，面料：纯棉、植物纤维。工艺：提花。净重量1kg。纹案源自战国丝织品对龙对凤纹绣浅黄绢面衾

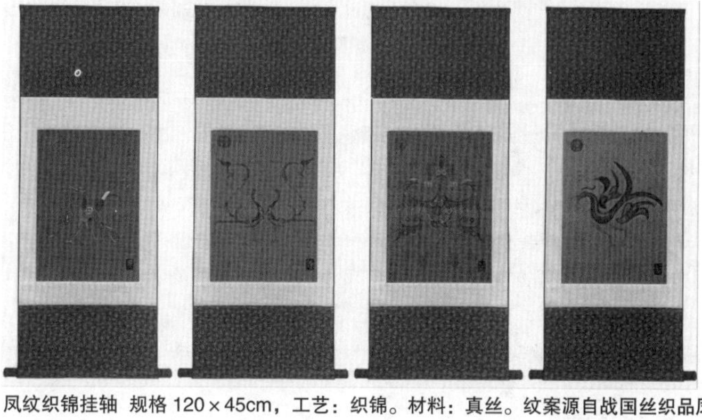

图四　凤纹织锦挂轴 规格 120×45cm，工艺：织锦。材料：真丝。纹案源自战国丝织品凤纹饰

图五　对龙对凤真丝拉绒毯 规格：180×200cm，工艺：拉绒提花。净重量：1.2kg。材料：桑蚕丝。纹案源自战国丝织品对龙对凤纹绣浅黄绢面衾

图六　楚绣手工个人定制高端系列 楚绣非遗传承人制作

参考文献：

[1] 湖北省荆州地区博物馆.江陵马山一号楚墓[M].北京：文物出版社，1985.

[2] 成都华通博物馆，荆州博物馆.楚风汉韵·荆州出土楚汉文物集萃[M].北京：科学出版社，2011.

[3] 李红.荆州博物馆.美的巡礼[M].湖北美术出版社，2011.

[4] 李红.荆州博物馆.荆州博物馆馆藏瑰宝赏析[M].湖北人民出版社，2018.

[5] 李雨来，李玉芳.中国传统织绣实物考[M].中国纺织出版社，2020.

[6] 栗翠，张娜.王冬冬.文创产品设计开发[M].中国轻工业出版社，2021.

[7] 荆州博物馆.荆州博物馆馆藏精品[M].湖北美术出版社，2008.

藏品是博物馆可持续发展的基础

毛芳　荆州博物馆

摘　要：博物馆可持续发展最根本的因素是文物收藏的可持续发展，不管是博物馆助力社会可持续发展，还是博物馆自身的可持续发展，文物藏品是其可持续发展的基础。博物馆应当深入挖掘藏品的文化信息，根据其自身特点、条件，运用现代信息技术，在助力社会可持续发展中发挥出重要作用。

关键词：博物馆；藏品；可持续

2023年"5·18国际博物馆日"的主题为"博物馆、可持续发展与美好生活"，国际博物馆协会指出，博物馆为我们的社区福祉和可持续发展做出了关键贡献。所有博物馆都可以在塑造和创造可持续未来方面发挥作用，它们可以通过教育项目、展览、社区参与和研究来实现这一点。对于博物馆来说，可持续发展最根本的因素是文物收藏的可持续发展。不管是博物馆助力社会可持续发展，还是博物馆自身的可持续发展，文物藏品是其可持续发展的基础。

一、藏品是建立博物馆的必备条件

2022年8月24日，国际博物馆协会官网发布信息，正式公布了博物馆的新定义："博物馆是为社会服务的非营利性常设机构，它研究、收藏、保护、阐释和展示物质与非物质遗产。向公众开放，具有可及性和包容性，博物馆促进多样性和可持续性。博物馆以符合道德且专业的方式进行运营和交流，并在社区的参与下，为教育、欣赏、深思和知识共享提供多种体验。"博物馆新定义中体现了藏品的重要性，"研究、收藏、保护、阐释和展示物质与非物质遗产"活动都离不开藏品，因此，藏品是博物馆存在的物质基础，是建立博物馆必须具备的条件。

文物藏品是人类社会发展的见证物，是人类智慧的结晶和宝贵的精神财富，对博物馆事业的可持续发展，有着重要的作用。博物馆的建立是从收藏文物和自然标本开始的，因此，藏品就是博物馆存在的物质基础，没有一定数量和质量藏品的博物馆，就不能很好地发挥博物馆特有的作用。而且藏品数量的多少，质量的高低，是衡量一个博物馆社会地位的重要标志。

博物馆可持续发展最根本的因素是文物收藏的可持续发展，国家一级博物馆的评定，藏品的数量和等级是其中的一个重要指标。荆州博物馆是首批国家一级博物馆，2008年馆藏文物17万余件，经过不断的考古发掘和文物征集，截至2021年，馆藏文物数量达到19.2万余件，其中国家珍贵文物17950件/套，包括国家一级文物614件/套，二级文物1259件/套，三级文物16077件/套。藏品种类包括铜器、陶器、瓷器、漆木器、玉器、石器、丝织品、金银器、历代书画、古籍、简牍等。馆藏文物数量多、种类丰、价值高，在创造构建可持续未来中，可以通过教育项目、陈列展览、社区活动和研究发挥重要作用。

近年来，我国博物馆事业取得了突飞猛进的发展，每一座城市都在尽其所能建造属于自己的博物馆，而且是数量越来越多，规模越来越大。博物馆的藏品作为城市文化最重要的载体，显示了一个城市的城市文化，可以促进人们深入理解城市文化，而贮存藏品的博物馆在保护传承弘扬中华传统文化过程中发挥出重要作用。荆州是楚文化的中心，荆州博物馆藏品中以其东周楚国青铜器、楚国王陵玉器、马山一号墓织绣品、楚秦汉简牍、漆木器等荆楚文物最具特色，因而荆州博物馆成为荆州城市的地标，是荆州城市的文化名片，也是荆州城市的形象窗口，在助力社会可持续发展中发挥出重要作用。

二、藏品是博物馆开展业务活动的物质基础

博物馆的社会教育与服务、藏品的征集、科学研究和保护保管与展示等工作，构成了博物馆业务活动的整体，各项业务活动之间既紧密相连又各具特点和作用，而藏品是博物馆开展各项业务活动必不可少的物质基础。

荆州博物馆是最早获得中华人民共和国考古发掘资质的单位之一，历来重视藏品的征集与收藏，馆藏文物的收藏量每年都在持续增加。2019年至2022年，荆州博物馆根据最新研究成果和新收藏的文物精品，对原有陈列进行全面改陈，推出了“江汉平原原始文化展”“荆州出土铜器展”“荆州出土玉器展”“荆州出土简牍展”“荆州出土古代瓷器展”“凤凰山168号汉墓展”“楚秦汉漆器精品展”和“开元观历史文化陈列”8个具有浓郁地方特色的基本陈列，全面而系统地展示了荆州出土的文物精品，充分展现了荆楚文化的璀璨风采。

博物馆的持续发展，除了要加大对现有藏品研究的力度外，还要增加近现代藏品的收藏量，让我们的后代在多年以后仍能了解文明历史是怎样接续和发展的。正如习近平总书记所讲的，中国历代博物馆不只是中国历史的保存者和记录者，更是中国人民为实现中华民族伟大复兴中国梦而奋斗的参与者和见证者。在这方面国家重点博物馆有能力做得更好，但在县市级博物馆由于受到技术力量和经费严重不足等方面的制约，藏品的收藏量严重制约了博物馆可持续发展。

1998年汛期，长江流域遭受了严重的洪水灾害袭击，湖北省武汉市江汉区龙王庙闸口守堤的16名共产党员立下的抗洪抢险生死牌“誓与大堤共存亡”，竖立在武汉龙王庙长江大堤上，白底红字，鲜艳夺目。如今，这块“生死牌”作为国家一级文物，由中国国家博物馆收藏。在中国人民革命军事博物馆举办的“复兴之路”大型展览中，这块白底红字的木制“生死牌”作为1998年中国人民抗洪抢险斗争的珍贵见证而被展出。“生死牌”已经不再是一块简单的牌子，它是我们当代中国共产党人精神的象征，是我们民族精神的象征，必将在塑造和创造可持续未来方面发挥重要作用。

2020年伊始，新冠肺炎疫情暴发，在这场同新冠肺炎疫情的殊死较量中，中国人民以敢于斗争、敢于胜利的大无畏气概，在抗击新冠肺炎疫情斗争取得重大战略成果，充分展现了中国共产党领导和中国特色社会主义制度的

显著优势，充分展现了中国人民和中华民族的伟大力量，充分展现了中华文明的深厚底蕴。中国人民在抗击新冠肺炎疫情中留下了大量见证物，博物馆作为历史的保存者和记录者，有义务、有责任记录下疫情中的点点滴滴，保留下这段特殊的记忆，按照国家文物局的统一部署，从2020年4月开始，各博物馆面向社会广泛征集与抗击新冠肺炎疫情有关的各种见证物，得到了社会各界的空前支持与响应。有些博物馆还根据征集到的这些藏品举办了抗击新冠肺炎疫情见证物展览。

所以说博物馆的各项业务工作都与藏品有着密切的关系，没有藏品，博物馆就无法正常地进行社会教育、陈列展览、社区参与和科学研究等业务工作，业务活动也就成为无本之木、无源之水。

县市级博物馆为了弥补藏品资源的严重不足，除了深入挖掘自身藏品资源内涵、增加藏品收藏量外，还要加强馆际之间的合作交流，引进与社会热点结合密切的展览，增强博物馆的影响力。2023年3月14日至4月9日，荆州博物馆与保利艺术博物馆和北京市海淀区圆明园管理处合作，在荆州博物馆临展厅举办了“盛世回归——圆明园兽首特展”，展览反响热烈，在短暂的20多天时间里，参观观众达14万人次，最多一天观众量近2万人次，不少观众专程前来观看，在我们无不为中国古代超高工艺水准而惊叹的同时，更加铭记中华民族这一段屈辱的历史和不能忘记的深刻教训！

三、藏品是进行社会教育的生动教材

《博物馆条例》(2015年2月9日中华人民共和国国务院令第659号公布）强调博物馆“是指以教育、研究和欣赏为目的，收藏、保护并向公众展示人类活动和自然环境的见证物，经登记管理机关依法登记的非营利组织”。《博物馆条例》强化了博物馆的教育功能，旗帜鲜明地把“社会教育与服务”摆到了我国当代博物馆首要的、核心的位置上。博物馆的社会教育与服务功能是靠藏品去实现的，博物馆的藏品不仅记录了中华民族艰苦奋斗的优良传统，而且还凝聚了社会发展过程中人们的聪明智慧。它是一个国家和民族历史发展无可替代的实物见证，是博物馆进行社会教育的生动教材。

博物馆应当深入挖掘藏品的文化信息，根据其自身特点、条件，运用现代信息技术，积极参与社区文化建设，走进社区，走进校园，开展形式多样、生动活泼的社会教育和服务活动，传播科学文化知识，进行爱国主义教育、革命传统教育，不断提高科学文化水平，增强文化自信，助力社会可持续发展。

近年来，荆州博物馆利用藏品资源开展教育教学和社会实践活动，充分发挥了博物馆的教育功能，为博物馆的持续发展奠定坚实基础。如跟教育局、学校紧密合作，按照教育资源去制订博物馆社会教育的方案，让《荆楚瑰宝趣味讲堂》走进校园，让更多的学生走进博物馆，让博物馆成为青少年的课堂，充分发挥了博物馆在未成年人教育方面的作用。2022年，按照《湖北省文博系统“喜迎二十大强国复兴有我——青少年荆楚文物我来讲”主题志愿服务活动的通知》，荆州博物馆开展了“荆楚文物成语故事我来讲”青少年宣讲活动，吸引了广大青少年积极参与，与长江大学、荆州市实验小学等多所大中小学加强馆校合作，采取创新的课程形式为青少年们传播荆楚文化。

通过新媒体平台，让人们更多认识和宣传荆楚文化与中华文明，取得了良好的社会效应。

四、藏品是文化传承的实物例证

博物馆中的文物藏品不仅具有较高的经济价值，更蕴含了丰富的文化价值、历史价值、科学价值与艺术价值。博物馆文物藏品皆是历史遗留下来的遗迹、遗物，作为历史的产物，被打上了时代的烙印。藏品是人类社会发展可靠的实物例证，蕴藏着丰富的科学技术成果和精湛的制作工艺，它能如实地反映历史的真实面貌，为人们提供丰富的历史文化信息，为科学研究提供重要的第一手材料。同时文物藏品也是中华民族的瑰宝，是人类艺术创作、审美趣味、特定时代的典型实物见证，具有极高的艺术价值。

博物馆收藏文物是人类文明社会的延续和历史的进步，是博物馆社会价值的基础和前提，没有收藏就没有文物，没有文物博物馆就成了“无源之水，无本之木”，藏品是博物馆的重要组成部分，在体现博物馆社会价值中，也发挥着重要作用。随着我国博物馆建设迅猛发展，宽敞明亮的现代化博物馆也能够为市民提供丰富的休闲场所，同时博物馆藏品丰富的价值内涵也加强了人们的文化修养和审美意识。

在历史长河中，中国人民创造了源远流长、博大精深的优秀传统文化，为中华民族生生不息、发展壮大提供了强大精神支撑。习近平总书记指出：“中华文明具有独特文化基因和自身发展历程，植根于中华大地，同世界其他文明相互交流，与时代共进步，有着旺盛的生命力。”博物馆是文化记忆的重要保存机构，承担着文化传承的重要任务。保护文物藏品就是保护文化记忆，就是让博物馆在文化传承方面发挥重要作用。在博物馆快速发展过程中，必须要对博物馆文物藏品进行深入研究，挖掘出历史内涵，通过社会教育活动，达到对文物藏品的深层次理解，并赋予其新的生命活力，使公众在欣赏文物藏品的过程中接受文化的熏陶，拉近观众与文物藏品之间的距离，保证文物藏品能够展现给观众最直观、最生动的信息，展现藏品的价值。这一过程就是文化信息从客体的文物向主体的人转化的过程，外在的、物质形态的文化返回到人自身，内化为以个体的人为载体的文化，这就是博物馆藏品的文化传承力。

博物馆要全面释放文化传承力，以提高全民族的科学文化和思想道德素质，为发展中国特色社会主义提供思想保证、精神动力和智力支持。全面释放文化传承力可以提高国家文化软实力，使社会文化生活更加丰富多彩，使人民精神风貌更加昂扬向上，从而推动国家经济的发展和社会的全面进步。

总之，博物馆作为一种公共文化机构，文物藏品是其可持续发展的基础。藏品的征集、开发、研究是博物馆的一项重要的、长期的工作，因此，博物馆要高度重视藏品工作，不断丰富藏品内容，加强藏品的科学研究，不断发布研究新成果，展陈具有自身特色的新藏品，在保持博物馆自身的可持续发展的同时，助力社会可持续发展。

参考文献：

[1] 安来顺.融入可持续发展目标：博物馆“重塑”的一个重要努力方向[J].东南文化，2021(2):10-15.

[2] 王思怡，宋汉泽.博物馆作为可持续发展的行动者、促进者和传播者——“博物馆与可持续发展2021国际学术研讨会”侧记[J].中国博物馆，2022(1):125-126.

[3] 吴倩倩.浅谈博物馆与社会可持续发展[J].文物鉴定与鉴赏,2019(4):124-125.
[4] 孟庆龙."十四五"时期中小博物馆发展问题及对策——以蚌埠市博物馆为例[J].文物鉴定与鉴赏,2022(3):79-81.
[5] 余进义.藏品与博物馆发展的思考[J].文物鉴定与鉴赏,2019(13):140-141.
[6] 何晓雷.基于免费开放的博物馆改革发展若干思考[J].东南文化,2020(4):139-144.
[7] 吴琳琳.讲解为致力于可持续发展社会的博物馆助力[C]//中国博物馆协会博物馆学专业委员会2015年"致力于社会可持续发展的博物馆"学术研讨会论文集,2015(9):253-260。
[8] 谢辰.博物馆藏品在弘扬人类文化中的角色[J].艺海,2015(5):137-139.
[9] 陆亦瑝.博物馆新定义:愿景与挑战[J].艺术当代,2022,21(4):74-79.

临时展览与博物馆的可持续发展
——以荆州博物馆圆明园兽首特展为例

谢春明 刘玮 荆州博物馆

摘 要：临时展览是博物馆陈列展览的重要组成部分，它具有展出周期短、选题灵活、题材新颖、时效性强等特点。内容丰富、形式多样的临时展览能够满足观众的多元文化需求，保持博物馆的持续吸引力。本文以荆州博物馆举办的临时展览“盛世回归——圆明园兽首特展”为例，谈谈临时展览在博物馆可持续发展中的作用。

关键词：临时展览；圆明园兽首特展；博物馆；可持续发展；福祉

临时展览是形式多样、能经常更换的临时性陈列，它是对基本陈列的补充，也是活跃博物馆和纪念馆对外宣传教育的有效方法。主题鲜明的临时展览能够增强博物馆对观众的吸引力，促进文化的交流和传播，满足人民群众的精神文化需求。2023年3月14日，“盛世回归——圆明园兽首特展”在荆州博物馆开展，展品为清代圆明园海晏堂外的十二生肖青铜兽首，包括牛首、虎首、猴首、猪首共4件铜兽首原件，以及1件马首复制件。这次特展也是荆州首届楚文化节文化展示与传播的重要组成部分，观众在欣赏国宝“真容”的同时，也能激发强烈的爱国热情和情感共鸣。

一、偶然与必然——圆明园兽首特展举办的契机

三年疫情的反复波折，限制了国内临时展览的交流。加之建设荆州古城历史文化展览馆的需要，荆州博物馆主陈列楼暂停对公众开放，其西侧的临时展区随之关闭。2022年11月，主陈列楼经过维修改造，展览升级后重新开放。临时展区则在2023年完成内部装修改造后，迎来了特色展览“盛世回归——圆明园兽首特展”。这也是荆州博物馆近三年来引进的首个临时展览，一经宣传，立即受到了广泛关注。

圆明园兽首特展展出的兽首铜像铸工精细，兽首上的褶皱和绒毛等细微处，都清晰逼真，展现了中国古代工匠超高的工艺水准。展厅内配合图文介绍，讲述兽首的诞生、流失海外再到回归祖国的故事。展览通过清代圆明园铜兽首的匠造、流散、归国历程，展现了中华民族历经的苦难、抗争、探索及伟大复兴。而流散文物的回归凝聚着民心，激昂着力量，象征着国力的增强。

这个展览也是荆州首届楚文化节的“预热”项目。荆州是楚文化发祥地。首届楚文化节以“传承创新 楚韵荆州”主题，着力展示厚重楚史、唯美楚辞、浪漫楚乐、精美楚器、华丽楚服和精巧楚艺，呈现楚文化博大精深的价值内涵和楚人卓尔不群、大气磅礴的精神特质，表现楚文化“外求诸人以博采众长，内求诸己

而独创一格”的古朴性、独创性和系统性，让楚文化“活起来”“走出去”。此展览与荆州首届楚文化节主题相呼应，彰显民族复兴、文化自信。

二、机遇与挑战——兽首特展的内容与特点

博物馆展览最主要、最基本的表现形式是展品。根据展品的来源，当前的博物馆临时展览大体可分为三种：一种是自办展览，展品全部为馆藏；另一种是联合办展，展品部分为馆藏，部分则向其他文博单位商借；还有一种是展品全部商借，直接引进其他博物馆成熟的临时展览。“盛世回归——圆明园兽首特展”的性质属于最后一种，展品由保利艺术博物馆和北京市海淀区圆明园管理处提供，展览由荆州博物馆、保利艺术博物馆、北京市海淀区圆明园管理处联合举办，在荆州的展出地点为荆州博物馆临时展厅。

“盛世回归——圆明园兽首特展”是一个特殊的临时展览，其特殊性表现在三个方面：一是展品数量少，仅为五件青铜兽首；二是青铜兽首为“回归”的国宝，具有特殊的历史意义和文化价值；三是对展览的陈列设计要求较高。为做好此次临时展览的展出工作，荆州博物馆组建专班，针对展览的大纲内容、形式设计方案进行了多次讨论。

展览大纲分为五个部分。前言总体概括青铜兽首的来历、铸造时间、流失原因和归国历程。第一单元主题为“万园之园”，主要介绍圆明园的营建时间、占地面积和园内结构。圆明园几经扩建，乾隆皇帝时期将西方的建筑和科技收进圆明园中，建造了西洋楼建筑群，最终奠定了圆明园作为皇家御园和“万园之园”的宏伟格局。第二单元主题为“文明浩劫”，主要讲述了英法联军火烧圆明园，大肆掠夺奇珍异宝的过程，其中就包括十二生肖青铜兽首。第三单元主题为“回归之路”，在国家文物局和社会各界力量的共同努力下，虎首、牛首、猴首、猪首、马首、鼠首、兔首在内的七尊圆明园流失兽首铜像通过不同的方式回归祖国。第四单元主题为“盛世聚首”，回归的圆明园兽首铜像通过展览的方式与国内观众见面，观众得以了解十二生肖兽首的功能、铸造工艺及造型艺术。最后结语部分号召观众感悟历史，凝心聚力，务实笃行，为实现中华民族的伟大复兴而不懈奋斗！

图一　全盛时期的圆明园风貌

图二　遭受劫掠后的圆明园残迹

展览形式设计独具匠心，采用文字、图片、视频播放相结合的形式进行展示。将图片展示与文字结合，展厅外设计大幅主题海报；第一单元版面展示圆明园的全盛风貌及园内建筑、美景图(图一)；第二单元版面选用英法联军入侵及遭受劫掠和破坏后的圆明园残迹图片(图二)。两相对比，揭露侵略者的丑恶行径，激发观众的爱国情感。第三单元版面配有7座兽首铜像图片以及它们被赠予或被拍卖时的现场照片，记录兽首的艰难归国之路。第四单元版面上有圆明园西洋楼海晏堂前十二生肖报时的场景图、十二生肖青铜像图等。

三、回馈与福祉——圆明园兽首特展的文化效应

“盛世回归——圆明园兽首特展”于2023年3月14日至2023年4月9日在荆州博物馆展出，这也是圆明园兽首在湖北地区的首次亮相。为做好此次展览的宣传工作，让更多的观众能够一睹圆明园珍宝的“真容”，荆州博物馆在开展前、展览中做了大量翔实、有效的宣传和推广工作。

经过前期一系列的“预热”，开展当天以及展出期间的火爆程度完全超出想象(图三、四)。据统计，为期27天的特展共接待游客近14万人次。圆明园兽首特展的展览内容、形式设计得到了观众的认可，激发了他们强烈的爱国热情和民族自豪感。游客王先生表示：“以前我们都只是在电视上看过，而且我看到那些兽首的工艺之后，特别震撼。”在武汉读大学的董同学在社交媒体上看到展览信息，便持续关注。在一睹真迹后感叹：“国宝名不虚传，神态栩栩如生，毛发纹理清晰。身为一个中国人，我感到非常的骄傲和自豪。”荆州市民王先生开展第一天便专程赶来，他说道：“第一次见到真迹，亲眼所见古人的精湛工艺，很有自豪感。同时也鞭策自己，增强工匠精神”。观众的热情和肯定见证了兽首展的成功。

图三　兽首展开展仪式

图四　观众在兽首展厅参观

作为首届楚文化节的展览项目，兽首特展彻底火爆了荆州，不仅为荆州人民，更是为各地的游客带来了一场文化的盛宴，实现了民族情感的交融。圆明园十二生肖兽首起源于华夏古代部落的图腾信仰。在荆州博物馆，不少藏品上也有着各类“神兽”形象，如彩绘漆木猪形酒具盒、龙凤虎纹绣罗、镂雕龙凤螭纹玉佩、虎座鸟架鼓、青瓷狗、木马等。除了“打卡”圆明园兽首展，观众还参观了荆州博物馆的基本陈列，被楚国的铜器、漆器、玉器、简牍等诸

多文物深深吸引。荆州是楚文化的发祥地，楚人“筚路蓝缕”的开拓精神、“抚夷属夏”的开放精神、“一鸣惊人”的创新精神、“深固难徙”的爱国精神等，都是中华优秀传统文化不可缺少的组成部分。

四、思考与展望——临时展览与博物馆可持续性发展

今年5·18国际博物馆日的主题是“博物馆、可持续发展与美好生活”。“可持续发展”作为一种理念，其最初的提出是针对环境保护问题，意义在于“既满足当代人的需要又不危及后代人满足其需要的发展”。此后，“可持续发展”的理念传播到全球生态、经济、文化等领域。对于博物馆而言，可持续发展至少包含两层含义：一是博物馆作为公共文化服务机构，承担着推动自然环境和人类自身的可持续发展的责任；二是博物馆事业本身实现可持续发展，这是构成博物馆致力于社会可持续发展的前提和基础。

博物馆是一座城市的眼睛，是当代民众与历史、文化对话的空间，是促进社区的福祉和可持续发展的关键因素。最新的博物馆定义中提到：“博物馆是为社会服务的非营利性常设机构，它研究、收藏、保护、阐释和展示物质与非物质遗产。向公众开放，具有可及性和包容性，博物馆促进多样性和可持续性。”

陈列展览，是博物馆在构建美好生活与社会可持续发展过程中至关重要的一环。与博物馆的基本陈列不同，临时展览具有类型多、针对性强、展出时间短、主题鲜明的特点，在宣传教育和文化传播方面更加具有灵活性，能够满足不同层次观众的需要。举办高质量的临时展览是“博物馆得以良性发展，提高知名度、美誉度的重要举措”和“激活博物馆的良方”。

博物馆可以通过更新临时展览，成为持续吸引新的观众群体、培养固定兴趣观众群体的有效途径之一。还可以结合社会热点问题，重要节庆活动，有针对性地筹划临时展览，为大众提供多样化、多领域知识体验。“盛世回归——圆明园兽首特展”就是为荆州首届楚文化节而配备的文化惠民展览项目之一，展览展品虽然仅为五件青铜兽首，但观众在参观展览的时候看到的不只是制作精巧的兽首，更有兽首背后的故事，它们流失海外、回归中国的历程，见证了中华民族从民族危亡走向民族复兴的过程。临时展的时间是有限的，但观众心中燃起的强烈的爱国共鸣、民族认同感、文化自信心则是无限的，这就是兽首展本身最大意义的呈现。

好的临时展览能够吸引观众不断走进博物馆，但一个高质量的展览的完成需要经费的支持、精心的选题、巧妙的布局、有效的宣传。临时展览的引进需要借展费，展厅装修、版面设计、展托、文物说明牌等制作需要经济基础作保障。“在市场经济条件下，博物馆的展览工作必须与时俱进，既要讲求高水平的社会效益，也要讲求客观的经济效益。”此次青铜兽首特展不仅产生了较大的文化效应，还为博物馆带来了可观的经济收益。为配合本次展览，荆州博物馆推出系列文创产品——兽首帆布包、棒棒糖、手工钩织挂件等(图五、六)，产品造型憨态可掬，受到不少年轻人欢迎，特展期间销售额(含门票)突破70万元，真正实现了展览的精神文化价值与市场经济价值的双赢，成为博物馆可持续发展的“双重保障”。

图五　兽首卡通编织挂件

图六　十二兽首图像挂包

好的选题，合理的布局是一个临展成功的关键。圆明园兽首为国之瑰宝，其展示对弘扬爱国主义精神，培养担当民族复兴大任的时代新人，为实现中华民族伟大复兴凝聚磅礴力量，具有重要意义。兽首特展巧妙地利用了临时展厅的空间布局，将第一展厅作为序厅，利用版面文字和图片介绍圆明园的基本信息，采用投影的方式循环播放影像资料。穿过第一展厅来到第二展厅，就可以看到青铜兽首全部陈列在展厅中部，由东向西排成一列，分别是牛首、虎首、猴首、猪首及马首复制件(图七)。展厅四周的展板上以文字、图片的形式对青铜兽首的流失、回归等进行了详细介绍。整个陈列大厅以红色为主色调(图八)，衬托炽热的爱国情怀。版面则采用淡黄色和黄褐色为底色，凸显文字和图片。

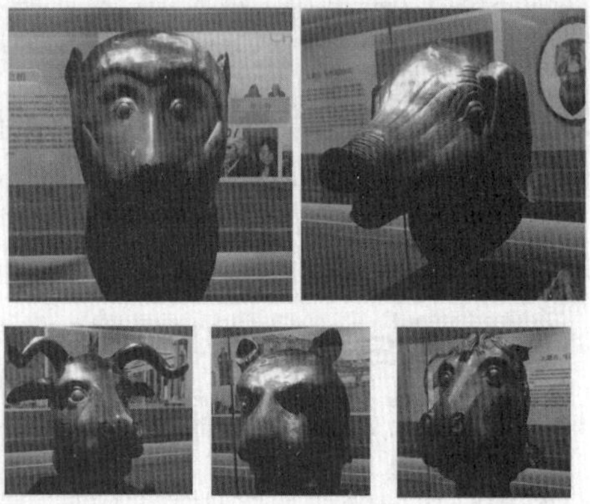

图七　展出的猴首、猪首、牛首、虎首及马首

图八　兽首展展厅内景

成功的临展与博物馆重视宣传、与公众互动密不可分。兽首展的宣传推广工作分三个阶段：预热期、高度曝光期和深度推广期。在开展前的一个月，荆州博物馆在报纸、各大新闻门户网站(光明日报、荆州日报)、新闻客户端(荆州电视台、央视新闻客户端)和博物馆自媒体上(博物馆官网、官方抖音平台、微信公众号)进行前期预热宣传，将展览相关的图文专题报道迅速传播出去(图九)。进入展览即将开展前的高度曝光期后，兽首展的宣传团队开始进行全方位的报道，如展陈设计理念、重点

展品解读、各种展览导览方式以及精美文创产品介绍。这一阶段抖音平台播放量迅速上升，热度达到400多万，各种新闻媒体上相关文章的阅读量上万，大众及媒体的二次传播使得兽首展的关注度迎来井喷式上涨。深度推广期，博物馆携手荆州保利公园壹号、纪南文旅区实验学校、荆州日报共同举办“国宝情·中国心”的主题征文比赛，还多次开展专题教育活动(图十)。这些围绕兽首特展举办的宣传推广和爱国主义教育活动，增强了观众的历史使命感和民族责任心。

图九 兽首展部分宣传报道图片

图十 兽首展相关爱国主义教育活动

五、结语

通过临展，能搭建博物馆与观众平等交流的平台，创造彼此对话与共谋的机会，让不同类型的观众在博物馆各取所需，引导观众找到历史与当下的契合点并自觉建立自身与博物馆的关联，增强文化认同，最终使博物馆融入社会。

回顾整个展览过程，圆明园兽首特展的成功有三个重要因素：一是以弘扬传统文化，服务社会发展为宗旨。圆明园青铜兽首凝聚了我们中华民族几千年的文化传承，书写着我们国家崛起、民族复兴的历史，也时刻警醒着我们，勿忘历史，砥砺前行！二是秉承可持续发展的理念。“博物馆虽然具有多重功能，但直接面对观众的展示仍是博物馆最重要的工作。”兽首特展的展览大纲编写、形式设计、宣传推广、教育活动、文创产品开发等，无一不“想观众所想”，提供给观众最好的观展体验，为他们下一次走进荆州博物馆积蓄力量。三是借助荆州首届楚文化节的“东风”。圆明园兽首特展作为荆州首届楚文化节的“前戏”，受到社会各界的广泛关注，为它的成功举办奠定了基础。这一案例也可以成为博物馆实施临展的新思路。

“盛世回归·圆明园兽首特展”虽然结束了，但帝国心脏、文明浩劫、火烧、流散、回归、盛世等关键词永远留在了观众的记忆里，它在那一刻激发的强烈爱国热情和民族自豪感久久不会褪去。

参考文献：

[1] 李威球.谈临时展览的特点及作用[J].北方文物，1997(4):99.

[2] 苏东海.中国文物博物馆事业可持续发展战略研究

[J]. 中国博物馆，1996(4):2-7+13.
[3] 周婧景. 博物馆治理和社会可持续发展[J]. 中国博物馆，2015，33(3):12-18.
[4] 安来顺. 变革环境下博物馆关键性认知的最大公约数——ICOM 2019年京都大会以来博物馆定义修订的回溯[J]. 东南文化，2022(4):6-13+191-192.
[5] 单霁翔. 博物馆使命与文化公共权益保障[J]. 四川文物，2014(1):66-75.
[6] 周欣. 临时展览是激活博物馆的良方[J]. 客家文博，2013(2):26-29.
[7] 张立胜. 博物馆可持续发展战略的两个基本问题[J]. 中国博物馆，2003(3):1-4.
[8] 胡程. 博物馆临时展览的宣传推广刍议——以“古埃及：法老与神的世界”展为例[J]. 博物院，2018(2):110-118.
[9] 汤洁. 关于临展策划与公众互动的思考[J]. 中国博物馆，2015，33(3):94-99.
[10] 吕理政. 博物馆展示的传统与展望[M]. 台北：南天书局，1999-12.

革命类博物馆教育课程设计与案例分析
——以监利市革命历史博物馆为例

龙敏　监利市革命历史博物馆

摘　要：收藏、研究和教育是博物馆的三大职能。随着博物馆的免费开放，其社会教育职能得到进一步发挥，教育活动与教育课程也得到前所未有的重视。监利市革命历史博物馆发挥职能优势，开发博物馆资源，创新服务理念，在课程研发、课程推广等方面做了一些尝试，取得了较好的社会效果。

关键词：博物馆；教育课程；社会教育；革命精神

一、课程研发背景：

湖北省监利市是贺龙、周逸群、段德昌等老一辈无产阶级革命家开创的湘鄂西苏区的中心，湘鄂西省委、省苏维埃政府和红二军团的重要机关都设立在此，根据地的许多重大事件和重要活动也都发生在这里，留下了众多的革命旧(遗)址，红色资源非常丰富。监利市革命历史博物馆是以湘鄂西革命根据地斗争史为主，历史文物、书画艺术为辅的综合性博物馆，展览楼建筑面积1800平方米，主要展览为“湘鄂西革命斗争史陈列”，以图、文、物的展览形式生动再现了土地革命战争时期贺龙、周逸群、邓中夏等老一辈无产阶级革命家，开创以洪湖西岸监利为中心的湘鄂西革命根据地的英雄事迹。

监利市革命历史博物馆革命斗争史陈列线条清晰，史料翔实，展品丰富，能够较好满足一般观众的参观需求。但是，对于一些对中国革命史有一定了解、想要深层次了解湘鄂西苏区历史的观众而言，展览版面的介绍就不能满足他们的需求了，他们参观结束后会提问：南昌起义之后，贺龙为什么会选择来到监利？湘鄂西苏区的精神实质是什么？苏区“肃反”运动为何会造成如此严重的后果？有些观众在参观周老嘴湘鄂西革命根据地旧址群后，会问道：当年，湘鄂西苏区的机构如此完备，那苏区究竟有着怎样的历史地位？等等。应该说，这些问题有一定的深度，单从博物馆陈列中确实找不到答案，甚至有些没有标准答案，有些历史问题还有待进一步的研究考证。那么，如何满足这部分观众的需求？观众到馆参观之后，究竟能够收获些什么？能够带走些什么？

基于这些考量，我们决定着手研发“湘鄂西革命斗争史”教育课程，作为博物馆基本陈列的提炼与补充。课程以课堂教学与现场体验相结合的形式，将博物馆的基本陈列与革命旧址进行有机结合，既讲湘鄂西苏区的斗争历程，也讲苏区的精神表现，既讲是什么，也讲为什么。既讲昨天，也讲今天与明天。

二、课程设计要点

（一）教学目的

湘鄂西革命斗争史”课程以讲座的形式，全面、系统地介绍湘鄂西革命根据地的发展历程，总结提炼湘鄂西革命根据地的历史地位和重大贡献，阐述湘鄂西革命精神在新时期的传承与发扬，重点讲好“一支队伍”“一批人物”“一种精神”的故事，通过“小事情”讲通“大道理”，通过“小人物”讲好“大精神”，让大家从历史经验中获取力量，在真学真信中坚定信念，从而激励广大党员干部和人民群众为实现“两个一百年”目标而接续奋斗。

（二）教学对象

广大人民群众、党员干部、青少年。

（三）教学方式

课堂教学、现场体验。

三、案例分析

（一）教学效果

1.课程设计与陈列展览联系紧密。

“湘鄂西革命斗争史”课程共三个部分。第一部分基本上是监利博物馆革命史陈列的提炼，很多的资料和图片都源于陈列版面，第二部分和第三部分则侧重于对湘鄂西苏区历史特点、贡献及精神的总结与阐释，与基本陈列联系紧密并互为补充。

2.充分发挥博物馆的社会教育职能。

“湘鄂西革命斗争史”课程相当于是一个可移动的革命史陈列，能够很好满足不能到馆参观、对湘鄂西革命历史需进行深入了解的观众需求，自课程研发推广以来，累计为近万名人民群众和党员干部进行宣讲，充分发挥了博物馆的社会教育职能。

3.现场体验有效带动红色旅游发展。

在“湘鄂西革命斗争史”课程中，穿插了一部红色舞台剧《金丝被》，详细介绍了毛泽东同志《蝶恋花·答李淑一》的创作背景，同时设计一些小的问题，然后让观众带着问题带着思考到湘鄂西革命根据地旧址群进行实地参观与体验，开展舞台剧表演和红色诗文诵读，将教育活动的氛围推向高潮。这一设计能有效促进红色旅游，将博物馆的社会教育与经济社会发展联系起来，将理论研究与实际运用联系起来，实现红色文化的社会价值。

（二）课程亮点

1.课程设置的科学性

首先是课程内容的科学性。“湘鄂西革命斗争史”属于地方党史课程，那么就需要树立正确党史观，坚持以我们党历史上的三个决议和党中央的有关精神为依据，准确把握湘鄂西革命斗争历史的主题主线、主流本质。所以，在我们的课程大纲出来后，首先是请党史专家进行审查，在征求专家意见后进行调整，以确保课程内容的准确严谨。

其次是课程结构的科学性。“湘鄂西革命斗争史”最初的课程提纲是对博物馆现有陈列的一个提炼概括，按照时间轴线进行叙述概括，想要作为课程打造显然是不够的。于是我们请了红安干部学院、监利市委党校的讲师对课程结构提出建议，最终确定为三段式结构：湘鄂西苏区的基本概念及发展历程、湘鄂西苏区的历史特点与重要贡献、湘鄂西精神与传承，课程结构的完善使课程得到很好的提升。

最后是关于历史事件和历史人物评价的科学性。关于湘鄂西苏区的“肃反”运动，是介绍湘鄂西苏区历史不可回避的问题，课程研发之初，我们就在思考，关于苏区“肃反”到底讲不讲？怎么讲？

2013年12月，习近平总书记在纪念毛泽东同志诞辰120周年座谈会上的重要讲话中指出："对历史人物的评价，应该放在其所处时代和社会的历史条件下去分析，不能离开对历史条件、历史过程的全面认识和对历史规律的科学把握，不能忽略历史必然性和历史偶然性的关系。"这些重要论述，为我们正确认识和科学评价党的历史提供了根本遵循和基本依据，不能把历史顺境中的成功简单归功于个人，也不能把历史逆境中的挫折简单归咎于个人。不能用今天的时代条件、发展水平、认识水平去衡量和要求前人，不能苛求前人干出只有后人才能干出的业绩来。

所以，在课程设计中，关于湘鄂西苏区的"肃反"运动，我们本着不回避、不渲染的原则，着重分析受党内第三次"左"倾路线的影响，湘鄂西苏区"肃反"运动产生的社会根源及经验教训，重点强调遵义会议后，以毛泽东同志为首的党中央纠正了党的历史上历次"左"倾和右倾的错误，引导受众感悟"党的自我革命"这一历史伟力。而对于夏曦等历史人物，则立足于实际，全面、客观、辩证地进行分析与评价。

2.有温度的语境表达

衡量一个课程的好坏，有一个最直接的评价标准，那就是受众是否有兴趣倾听？我们最初以讲座的形式介绍湘鄂西苏区的斗争历程，讲的累，听的也累。讲述数十年前的历史事件，哪怕史料再翔实、所描述的斗争场景再生动，也会让人有距离感，很难产生情感上的共鸣。后来，当我们尝试着将"人"的元素加入历史事件的叙述当中后，所产生的效果就完全不一样了，关键的历史节点，关键人物的选择与表现，能够让听众感同身受，会不由自主地沉浸其间。

比如，讲湘鄂西苏区的创建。《中共中央关于党的百年奋斗重大成就和历史经验的决议》总结了党在土地革命战争时期的历史经验：土地革命战争时期，党从残酷的现实中认识到，没有革命的武装就无法战胜武装的反革命……南昌起义打响武装反抗国民党反动派的第一枪，标志着中国共产党独立领导革命战争、创建人民军队和武装夺取政权的开端……随着斗争发展，党创建了中央革命根据地和湘鄂西、海陆丰、鄂豫皖、琼崖、闽浙赣、湘鄂赣、湘赣、左右江、川陕、陕甘、湘鄂川黔等根据地。

那么，如何在宏大的历史背景中讲好湘鄂西苏区的创建呢？我们选择讲述一个故事来切入：1927年8月1日，国民革命军第二十军军长贺龙以南昌起义总指挥的身份登上了历史的舞台。起义军在潮汕受挫后，共产党人面临着最为严峻的考验：路在何方？1965年毛泽东会见印度尼西亚共产党主席艾地时，谈到了南昌起义，他对周恩来说：你领导的那个南昌起义，失败以后，部队往海边撤退，想得到苏联的接济，那是'上海'，不是'上山'，那是错了。"周恩来马上接过来说，是错了，主席上了井冈山，是正确的。按照中央的原定计划，贺龙也是要"上海"的，前往苏联学习军事，但南昌起义后，贺龙有一股不服气的思想，他找到了周恩来谈到了自己要到湘西搞武装斗争的想法。周恩来问："一路上的安全，你有几分把握？"贺龙说："问题不大，我沿长江走水路回去，我有把握，你难道忘了，我叫贺龙，龙归大海嘛！"所以，这个时候的贺龙选择的是"上山"。然而，由于历史的机缘巧合，原本打算上山的贺龙不仅"上了山"，而且还"下了湖”。然后再展开介绍贺龙、周逸群等人从监利观音洲登岸，创建湘鄂西革命根据地的斗争历程。通过这样的方式，将某个人在关键时刻的选择与大的历史背景结合起来，使历史不再遥远，让听众产生共鸣。

3. 革命精神在新时代的传承

本课程是对湘鄂西革命历史的研究与阐释，讲述的是昨天的历史，能够让受众产生深刻的文化认同，但同时也讲湘鄂西革命精神在新时代的传承，让革命精神在新时代焕发生机。

课程第三部分——湘鄂西苏区精神的传承与发扬，选取了“东方之星”游轮翻沉事件的救援善后这一事例。2015年6月，“东方之星”游轮在长江监利段水域翻沉。监利的广大党员干部群众在救援善后工作中表现出的大爱情怀感动了世人。近百辆私家车和出租车系上黄丝带免费搭乘遇难者家属和救援人员；酒店不够，许多市民把自己的房子腾出来给遇难家属居住，“爱心面馆”免费为救援人员提供一日三餐……国务院总理李克强专门作出批示：监利广大党员干部群众在东方之星号客轮翻沉事件中积极参与救援，倾心为乘客家属做好服务，展现了优良作风，体现了人间真情，书写了小城大爱。这种主动担当，忘我为人的精神值得充分肯定，向同志们表示衷心感谢。

这些发生在新时代的感人事迹与革命年代的英烈故事遥相呼应，受众从中认识到，战争的硝烟早已散去，但那用血与火淬炼的革命精神却一脉相承，不管是面对洪水、地震等自然灾害时冲锋在前的人民解放军和武警官兵，还是新冠疫情暴发时逆风而行的广大白衣战士及无数的志愿者，他们和革命先烈一样，都是时代的英雄，是中国的脊梁！了解历史才能看得更远，理解历史才能走得更远。我们讲述的是革命历史，传播的是红色文化，描绘的是时代的精神图谱。通过回望昨天的历史，让人们汲取前进的力量和勇气；通过讲述今天的传承，让红色文化在新时代绽放出更加夺目的光芒。

（三）课程推广

课程经过党史专家与党校讲师的评审完善后，除了作为博物馆的社会教育课程进行推广之外，同时还作为本地市委党校的常设课程纳入到了干部教育课程体系和市委宣传部理论宣讲范畴，博物馆社教人员被聘为市委党校的讲师和市委宣讲团成员，这一做法使课程在不同的领域得到了有效推广。2021年，该课程作为“好党课”推荐上报至湖北省委组织部。

四、不足与思考

“湘鄂西革命斗争史”课程自2017年研发推广以来，现场宣讲累计达200余场次，特别是在疫情期间，充分运用网络、视频等形式开展，取得了良好的社会反响。几年的实践证明，课程研发能充分融合博物馆的教育资源，有效提升博物馆的理论研究水平，社会教育效果十分显著。但同时，这个案例也还存在一些不足之处，主要表现为：课程体系不够完善，未能满足不同年龄和不同文化背景受众的认知需求；课程的覆盖面不广，还局限于本地区，没有能够走出去；课程形式比较单一，未能充分运用数字媒体技术优势等。

湘鄂西革命斗争史是一部丰富的红色教材，每一处革命遗存都是生动课堂。下一步，监利市革命历史博物馆社教团队将着重抓好理论研究和课程研发，以现有的课程为基础，打造适合不同对象的课程体系；丰富课程的传播方式，充分运用数字媒体技术，将湘鄂西革命根据地旧址活化利用，开展沉浸式体验让文物“活”起来；实现革命遗存保护与红色旅游、乡村旅游的融合发展，真正发挥博物馆社会教育活动在加强政治建设、促进地方经济发展中的积极作用。

参考文献：

[1] 《当代中国人物传记》丛书编辑部.贺龙传[M].北京：当代中国出版社，2006-10.

[2] 金一南.苦难辉煌[M].北京：华艺出版社，2008-12.

[3] 王志民.牢固树立正确党史观 学习宣传研究好党的历史[N].光明日报，2021-04-28.

[4] 蓝晓霞.加强青少年爱国主义教育[N].人民日报，2020-09-18.

可持续发展导向下的藏品管理思路

全玮　荆门市博物馆

摘　要：藏品是推动和开展博物馆各项业务工作的重要基础，是博物馆的核心物证载体，其存在状态是否“可持续化”决定了博物馆能否继续履行其所肩负的社会职责。文章依从藏品管理工作主线，探讨分析博物馆的藏品管理工作思路及规划，阐述如何让博物馆藏品管理始终围绕“可持续化”这一目标来展开。

关键词：藏品管理；工作思路；可持续发展

随着社会可持续化发展趋势的日益彰显，博物馆可持续化发展已成为博物馆工作的要务。实现博物馆藏品管理工作的可持续化，是推进博物馆可持续化发展的基础。为藏品营造可持续化管理的环境、用科学手段实现从环境到实物的有序管理，在各个流程实现藏品风险降低的同时，逐步将提升藏品利用率贯穿到各个环节，是实现博物馆藏品管理可持续化的必由之路。

一、预防性保护为藏品管理可持续发展奠定坚实基础

藏品管理工作中要坚持“安全第一、预防为主、合理利用、加强管理”的指导方针。“预防为主”的工作理念，便要求藏品工作要充分调动管理人员意识，充分利用相关资源，及时进行风险识别及损坏控制。藏品的预防性保护永远是藏品保管工作的重心之一，它直接影响到藏品受损害的程度及藏品的寿命。现今文物保护工作的重点正从以抢救性被动保护修理、修复为主，向预防性主动环境调整、防止老化损害的日常维护转变。预防性保护的核心技术内涵，即是对馆藏文物保存环境实施有效的监测和控制，抑制各种环境因素对文物的危害作用，努力使文物处于一个“稳定、洁净”的安全生存环境，尽可能阻止或延缓文物的物理和化学性质改变乃至最终劣化，达到持续性保护和保存馆藏文物的目的。

依据全国馆藏文物腐蚀损失调查项目统计，各地馆藏文物均存在不同程度的损害现象，并且有加重之趋势。究其原因，除了原有的埋藏腐蚀和温湿度严重波动外，主要是空气污染物等环境因素的严重腐蚀和破坏作用。因此，馆藏文物保存环境的研究和管理显得迫在眉睫。馆藏文物的保存环境，就是与博物馆文物本身具有直接而密切关系的温湿度、气候变化、光辐射、污染气体、虫害和霉菌、自然灾害等外在环境因素。除了大气环境以外，博物馆保管库房、展厅、展柜等小环境对馆藏文物的影响更为直接。我们日常所见的金属锈蚀、竹木器干裂变形、纸质品的酸化褪色、丝织品的老化、有机材料的霉变虫蛀等都与环境有关。具体到保管库房，我们首先应保证库房和存放藏品文物柜架的防潮、防震、防霉、防光、防虫等要求，保持库房的清洁；以藏品质地划分藏品归属，相同或相近材质的藏品存放在一

个库房里，分类别进行防护；要随时观测记录温湿度的变化，因为温湿度对文物的影响是最普遍的，同时也是造成文物破坏最严重的因素之一。我们应加强防治结合的文物保护原则，把预防为主的文物保护观念贯穿到博物馆文物保管过程中去，并切实做好这方面的工作。

二、有序的规划为藏品管理可持续发展提供前提保障

对于博物馆来说，可持续发展最根本的因素是文物的可持续发展。随着社会的进步，根据博物馆自身功能的需求，其收藏范围也将不断扩大，作为历史真实记录的藏品必须具有从古到今、范围宽广、门类众多、形式多样等特点。因此科学有序的藏品规划是一项重要的前提工作。

“藏品规划主导博物馆藏品的内容，并且为博物馆希望拥有何种藏品提供一个统一的机构愿景。藏品规划指导员工在一定年限内以既定的方式朝着某种协调一致、统一的方向来完善和提升藏品的价值。”也就是说，博物馆应该清楚预见到本馆藏品在未来的增长将直接影响藏品管理工作的发展优劣。我们在做藏品规划时，一般需要做到两个“有数”：对现有藏品的品系数量情况有数；对可征集范围内的潜在征集对象的情况有数。摸清现有藏品的品系数量情况，主要是要找出藏品体系的门类缺项、重要信息品质件的收藏缺件；对可征集范围内的潜在征集对象做到心中有数，是指根据级别、获取难易、馆自身的定位立意及上级主管平衡需求等来制定藏品征集的短中长计划。规划执行时，还需要兼顾三个平衡：平衡研究与展示活动的用途侧重；平衡文物入藏与教学入藏的入藏侧重；平衡展厅与库房的存放侧重。研究与展示活动的用途侧重的平衡，是因为同类信息载体的藏品存在有形制差异，是征集修复后的完整态，还是原始遗存形态的残缺件，分别体现着藏品进入博物馆后的提用侧重。文物入藏与教学入藏的入藏侧重的平衡是指藏品的入藏身份设定，随着博物馆教育活动形式的丰富多样化，藏品实物的触碰体验需求日益增多，博物馆在藏品征集之初可以根据社教活动策划设立教学用藏品库，分担具有文物身份的藏品在博物馆社教活动中的提用压力。展厅与库房的存放侧重的平衡是从藏品的外在环境空间资源考量，藏品的征集规划要兼顾展示教育研究等一系列提用需求，更需要充分考虑这些提用结束后的库房容量，不能一味追求研究规模或展览的形式、效果，而导致藏品的无节制增长。总之，博物馆藏品的规划促使征集有序、有度，藏品成体系、协调化，为藏品管理的可持续化提供了必要的前提保障。

三、数字化保护为藏品管理可持续发展提供技术支撑

馆藏文物作为一种不可再生的文化资源，极易受到自然灾害及人为因素的破坏，故而以可持续性、永久性、先进性等为特点的数字化保护方式逐渐成为文博行业的共同追求。随着数字信息技术和多媒体技术手段的迭代更新，博物馆顺应时代的步伐，广泛利用数字网络技术将馆藏文物的相关资源进行专业化分类、系统化整合、信息化存储。藏品信息经过数字化处理得以永久保存，为后代留下永久的研判资料，在一定程度上弥补实体博物馆的不足，推进藏品工作的可持续管理。

通过第一次全国可移动文物普查，实现了

文物基本信息与图像的数字化采集和上传，规范化的电子信息录入为建设全国范围内互联互通、开放共享的文物信息平台创造了条件。然而，要想充分发挥藏品数据的作用，满足研究者、策展人以及公众的检索需求，需要更全面地记录藏品的各项信息，包括但又不仅限于藏品的具体来源、鉴定过程、详细描述、修复历史、研究成果等等。只有信息采集准确而全面，才能为藏品信息库填充尽可能多的内容，让藏品信息的关联和整合成为可能，使博物馆藏品真正变成能产生巨大社会效益的宝贵资源。

2019年5月18日，基于第一次可移动文物普查成果而建立的藏品信息开放共享平台正式开放，免费向公众提供普查所得的文物基本信息和照片。对博物馆行业而言，让藏品数据资源逐步走向共享和开放，才能实现资源的高效利用，实现社会效益的最大化。首先，通过权限分级的博物馆藏品管理系统，可实现藏品信息资源在本馆内的开放互通。由于藏品管理制度严格，藏品提用需要层层审批，即使是同一博物馆的其他业务部门，也不容易接触到藏品实物。通过馆内藏品信息共享平台的建立，可以使陈列展览、宣传教育以及文创产业等部门便捷地获取本馆藏品信息，深化部门合作，提高博物馆的综合服务水平。其次，打破各馆系统互不连通的孤立局面，整合行业资源，建立馆际藏品信息交流平台，使藏品信息资源在各博物馆之间实现共享。打破各馆只着眼于自身藏品的局限，使研究更加系统化、更具整体性。馆际藏品信息共享的实现，可以加深博物馆对自身藏品的认识，并为馆际深度合作创造有利条件。

四、解释性研究为藏品管理可持续发展提供信息支柱

藏品研究工作是藏品保管部重要的业务组成部分，根据博物馆藏品具有物质实体与信息载体这两方面的特性，保管部不仅要注重对藏品实体保护工作的研究，还要深挖藏品所负载的信息资源和文化内核。我国的历史底蕴支撑着博物馆的发展，其资源是十分丰富的，但在挖掘、展示和利用方面却出现了不足。全国第一次可移动文物普查让博物馆完成了描述性的研究工作，但在对历史、艺术、科学价值等方面进行研究时缺乏系统全面的方法。深度探索的解释性研究工作不全面，导致了博物馆无法将藏品转化为可输出的展品，更无法进行创新性的文化创作，对博物馆藏品的利用率和历史文化知识的传播也产生了不利影响。当前大部分博物馆的文物研究还停留在描述性研究阶段，对文物藏品的内涵价值研究不足。为了加强文物藏品的解释性研究，博物馆应组成专门的研究团队，通过课题研究的形式，对本馆馆藏进行体系化的研究。在此过程中，应着重加强特色藏品研究，为后续的展览、文创产品设计提供丰富的材料和历史依据，从而更加充分地发挥文物藏品的作用和价值。

五、公益服务输出为藏品管理可持续发展提供活力和动力

我国作为文物资源大国，无论是对文物收藏爱好者还是传家宝的持有者，鉴别文物是一种刚需。以往我国文博系统内的文物鉴定机构和专家资源没有实现全方位向社会服务，私人收藏者在有鉴定需求时往往无处觅权威。目前各地的国有博物馆、文物工作站等正规机

构，都是以国有文物的鉴定为主要业务，除了在博物馆日、文化遗产日等特定时间免费向老百姓提供咨询外，很少有组织、有专人、成系统地向社会提供服务。其次，地方性博物馆多因人员结构年轻化、积累经验不够丰富等原因导致业务水平有限，无法发挥好文物鉴定这项社会服务功能。

文物藏品的鉴定是藏品保管工作的基础和技术前提，所以，地方性博物馆作为本区域内从事文物工作的权威性专业机构，应打破原先封闭制度的约束，利用专业资源优势，向社会提供一般性鉴定和藏品相关信息的咨询与解答，这是在做好文物保管的本职工作基础上充分发挥其社会服务功能的延伸和体现。

文物是人类在历史发展过程中遗留下来的遗物、遗迹。由于历史年代较长，都会受到自然或人为的损坏，需要通过科学修复使其恢复基本原貌，延长其寿命。所以藏品修复也是藏品保管的一个重要环节。但目前博物馆所掌握的藏品修复与保护的技术资源，大都是服务于国有馆藏文物的修复与保护。随着社会收藏热的不断升温，需要修复和保护的民间文物数量不断增加，如何利用博物馆藏品修复资源为社会服务，也是当前博物馆面临的课题之一。

推动地方博物馆利用自身资源优势，将藏品修复与保护专业技术、仪器设备等向社会开放。一方面让公众走进修复室，观看藏品修复步骤流程，使观众加深对藏品保管工作的了解；另一方面通过有偿或无偿提供藏品修复方面的服务，将博物馆藏品修复资源发挥更大的作用，惠及于民，使海量的民间文物藏品得到科学保护的机会。

通过多种形式的持续性公益服务输出，既能提高博物馆在社会上的美誉度及影响力，同时又能增强公众的文物保护意识，并进一步提升公众的文物鉴赏水平。

六、结语

综上所述，博物馆一直以来在坚持不断精确提升藏品管理办法的本身便是在充分体现“可持续化”发展的宗旨理念。但随着可持续化发展的趋势日益显化，这个宗旨理念需要得到进一步贯彻与加强。在藏品管理工作中，我们需要努力做到：藏品实体得到充分必要的收集，并且确保对其能保存得更全面、更完好、可预见时间更长久；藏品信息在藏品的持续使用中得到科学的记录、研究、再现、保存；藏品公益服务得以持续高质量开展，充分实现博物馆的社会服务功能，确保博物馆在社会可持续化发展中继续发挥中坚力量。

参考文献：

[1] 美国博物馆协会.制定机构规划的秘诀[M].北京：外文出版社，2014.

[2] 雷鸣霞.藏品管理的可持续化[J].中国博物馆，2017(2):70-75.

[3] 张舵.监管缺位导致收藏鉴定市场混乱[N].经济参考报，2007-10-29(10).

[4] 三轮嘉六.博物馆和社会：与市民共生[J].东南文化，2014(3):6-10.

博物馆讲解为构建可持续未来助力

赵一阁　荆门市博物馆

摘　要：2023年国际博物馆日的主题“博物馆、可持续性与福祉”引发了对博物馆在构建可持续发展社会中的重要作用的深入思考。作为社会结构中不可或缺的机构和重要组成部分，博物馆不仅承载着传递知识和文化的职责，更具备了构建可持续发展社会、促进福祉的使命。本文将结合笔者六年的一线讲解工作实践，分享对于讲解工作的体会和认识，其中包括一些经验总结，希望为大家探索如何做好一线讲解工作提供讨论素材。

关键词：博物馆；讲解技巧；方法

博物馆讲解是将丰富的历史、文化和艺术内涵传达给观众的重要方式之一，而在这个信息爆炸的时代，如何提供富有吸引力和互动性的讲解成为博物馆教育工作的重要挑战。本文将探讨一些博物馆讲解的技巧与方法，旨在帮助讲解员提升自身的表达能力和引导观众的能力，从而形成更为丰富、生动的讲解。

一、博物馆讲解的实践与研究

博物馆是一座记录历史、展示文化、传递知识的宝库，而博物馆讲解则是博物馆文物保护、陈列展览、社会教育的重要环节。博物馆讲解员要在介绍文物的同时，向观众传达背后的故事、历史背景和文化内涵，让观众不仅能获得知识，也能够感受到文物深厚的文化底蕴和情感价值。博物馆讲解的实践和理论研究都十分重要。实践上，博物馆讲解员需要通过深入了解文物及其历史文化背景，与观众的互动交流，展示文物背后的故事和意义。在讲解过程中，讲解员应该注重观众的反馈和参与，创造轻松、愉悦的氛围，让观众在听讲解的同时，能够享受到参观博物馆，了解文物，学习历史的乐趣。理论研究上，博物馆讲解的目标是让观众通过参观博物馆的陈列展览，了解历史和文化的演变，进而增强观众的文化素养和历史意识。为了达到这个目标，博物馆讲解员需要收集资料深入研究，理解之后将其提炼转化成可用到的储备知识，并通过学习教育学、心理学等相关知识，提高自己的讲解技巧和方法。在博物馆讲解的实践中，博物馆讲解员还需要考虑观众的需求和特点。观众的文化背景、语言水平、年龄和兴趣爱好都会影响他们对文物的理解和接受程度，因此，博物馆讲解员需要制定不同的讲解策略和方案，做到“因人施讲”。博物馆讲解不仅仅是知识的传播，更是一种情感的传递，文化的传承、在讲解中，讲解员应该注重利用有效的方式方法，让观众能够感受到文物的历史价值和文化内涵。通过博物馆讲解的实践和理论研究，讲解员可以更好地传递文物背后的意义和价值，让观众对历史文化有更深入的了解和认识。

二、博物馆讲解的标准与要求

博物馆讲解员需要掌握丰富的知识，包括馆藏文物的历史背景、文化内涵、艺术特点等方面，还需要了解展览布局、陈列设计等内容，在准备讲解前，讲解员需要认真研究文物的相关资料，整理并加以分类，对自己的讲解计划进行反复推敲，确保讲解内容的系统性和完整性。

在讲解过程中，讲解员需要遵循以下标准性要求：

（一）准确性

讲解员需要在讲解过程中严格遵循历史事实和专业知识，确保讲解内容的准确性和可信度，对于一些敏感话题或者争议性较强的信息，讲解员需要根据不同的情况，采取适当的方式和策略进行讲解，以避免引起不必要的争议。

（二）系统性

讲解员需要将讲解内容组织形成知识体系，注重内容的层次结构和逻辑关系，从而达到清晰易懂的效果，让观众能够完整有序地了解文物的相关知识。

（三）生动性

讲解员需要通过各种手段和技巧，使得讲解内容生动有趣。比如可以采用举例说明、故事讲解、声音和动作展示等方式，吸引观众的注意力，增强他们对文物的兴趣和认知。

（四）灵活性

博物馆的观众包括不同的年龄段和文化背景的人群，讲解员需要根据观众的不同特点，采用不同的讲解技巧和方式，以达到更好的效果。例如：讲解员在面向儿童讲解时需要用简单易懂的语言、形象生动的比喻，让孩子们能够轻松理解博物馆文物的功用，历史背景和时代意义，通过与孩子们的互动，例如知识问答、手工体验等来增加他们的参与感和兴趣，提高讲解效果。

三、博物馆讲解技巧

（一）语言讲解要生动

首先，避免使用过于专业的术语和高深的词汇。讲解员应该用通俗准确的语言来解释概念和内容，使观众能够听得懂，想要听，如果必须使用专业术语，那么需要及时给出简明扼要的解释，使其易于理解。其次，在讲解过程中，要注意突出重点，不要面面俱到。讲解员可以强调重要的信息和核心内容，以便观众更容易记住和理解，通过简洁明了地表达重点，观众能够更快理清脉络，更好地掌握重要知识。按照逻辑结构进行层次分明的讲解也非常重要。讲解员可以根据主题或时间顺序进行组织，确保讲解内容有一定的逻辑性，这样观众可以跟随讲解员的引导，从而更好地理解整个故事或主题。另外，讲解员可以使用类比或结合真实的案例来解释抽象概念，使其更具体和具有情感色彩，引经据典、紧跟时事可以帮助观众更容易理解和记忆，这样的讲解方式能够抓住观众的注意力，引起他们的兴趣。最后，互动式讲解可以增加参与感。讲解员可以在讲解中加入提问环节，鼓励观众积极参与讨论和思考，或引导观众进行实物观察，发表所看、所听、所感，调动身体的每一个器官，使参观过程更加投入。通过让观众亲身参与，他们可以更深入地了解相关内容，从而增强他们的学习效果。

（二）肢体表情要端庄

讲解员的形象和表现力在与观众的沟通

交流中起着至关重要的作用。以下讲述的是关于面部表情、肢体语言和仪态方面的技巧，用以提升与观众互动性。面部表情是讲解员与观众建立亲切联系的关键。微笑可以传递友善和热情，让观众感到受欢迎和舒适，保持微笑的同时，还要注意眼神的交流，这样可以更好地与观众建立连接，增强彼此之间的信任和亲近感。合理运用手势可以帮助讲解员更好地表达思想，增强讲解的表现力。手势不要太过夸张或僵硬，应该大方自然，通过手势的运用，讲解员可以强调关键信息，指示方向或者展示大小比例等概念，做手部动作时要注意与口头讲解相互配合，形成更完整的表达。讲解员的仪态在形象中也是非常重要的一部分。讲解员应该保持得体的仪态，既不要缩头缩脑，也不要板着脸，展现自信、从容、含有亲和力的姿态，可以给观众留下积极的印象。保持挺拔的身姿，放松肩膀，注意姿势的平衡和舒适度，这样可以让讲解员的形象更加亲切和专业。

（三）应变能力要灵活

观众的参观速度和兴趣爱好不同，讲解员要根据观众参观途中的实时反馈，及时调整讲解节奏和深度，让观众有更好的参观体验。观众在参观过程中可能会有各种问题和疑惑，讲解员要善于回答，对于不懂的问题也要表现出诚恳的态度，承认自己不知道的地方，引导观众一起去探讨。讲解员还需要具备一定的应变能力，这是因为在博物馆讲解中，可能会遇到一些突发情况或不可预见的问题，例如观众提出的问题是讲解员未曾涉猎的领域，或者场馆内突然发生了紧急情况等等，这时候，讲解员需要有效应对突发情况，不至于影响观众的参观计划和体验。

四、博物馆讲解方法

（一）综合应用多种表达方式

传统的口头讲解虽仍是主要的讲解方式，但单一的口头表达已无法满足观众的多样化需求和期待，因此，讲解员应当善于利用多种表达方式，为观众提供更为丰富和多元化的体验。讲解员可以提供预录音讲解或专题解说，以便观众自主选择导览内容，并以个人的节奏进行参观，这种灵活的参观方式，推动观众自发地深入了解文物。讲解员可以结合投影、沙盘、虚拟成像等展陈设施对文物、遗址、墓葬情况进行介绍，借助多媒体的优势生动形象地展示文物各个方面的细节信息和考古发掘工作的成果，观众通过视觉和听觉的双重感受，能够更加直观地了解文物的特点和背后的故事。讲解员可以通过互动展示，引导观众操作交互媒体，参与到文物的呈现和探索中，在探索过程里自己寻找问题的答案，或者利用虚拟成像技术让观众身临其境地体验历史场景。这种互动参观方式增加了观众的参与度，提升了他们的学习兴趣，增加了记忆效果。

（二）合理处理各种关系

在博物馆中，文物之间、文物与观众之间以及观众与讲解员之间都存在着密切的关系，讲解员要善于处理这些关系，以创造更有意义的参观，建立更加深远的联系。讲解员需要梳理好文物之间的关系。文物往往不是孤立存在的，它们之间可能存在着历史、文化或艺术上的联系。讲解员可以把握某一条主线或某一个主题将文物串联起来，帮助观众更好地理解和欣赏文物，例如，通过讲解“鼎”的发展演变过程，带领观众了解不同时期的历史文化风貌，从而增加他们对中华文化的理解。文物与观众之间的关系也需要得到关注。观众可能对某些文物有特殊的兴趣或情感联系，讲解员可以与观众互动，鼓励他们提出问题或分享他们的观点和经历，通过与观众的互动和沟通，讲解员能够深入了解观众的需求和兴趣，更好地满足观众的参观期待。讲解员与观众之间的关系至关重要。讲解员应该以友好和亲切的态度对待观众，建立起和谐的参观氛围，根据观众的不同特点和兴趣，采用个性化的讲解方式，更好地与观众沟通和交流，还可以运用情感化的语言，通过情感共鸣与观众建立更为深刻的联系。

（三）不断创新语言艺术

提升讲解员的素质和创新语言艺术是博物馆讲解工作的重要任务。讲解员作为博物馆与观众之间的桥梁，承担着向观众传递知识和文化的责任，为了提高讲解的效果和质量，博物馆应该加强对讲解员的全面培训，提供知识学习和表达技巧的训练，促进专业发展。讲解员需要具备丰富的专业知识，了解文物的历史背景、文化内涵和艺术特点，掌握一定的教育和沟通技巧，能够清晰、生动地表达信息，引发观众参观和学习的兴趣。博物馆可以组织讲解员之间进行经验交流学习，通过分析成功案例，分享讲解经验，相互借鉴和学习，不断提高自身的讲解水平。博物馆还可以邀请专业人士、学者或艺术家开展讲座和培训，拓宽讲解员的知识视野和思维方式。博物馆应该鼓励讲解员创新语言艺术，提升讲解的表现力和吸引力，通过运用多种表达方式，如借助音乐、诗歌、戏剧等艺术形式，将讲解变得更加灵活生动。此外，现代科技手段是讲解员强有力的辅助，引人入胜的场景能够创造更具沉浸感的讲解体验。这些创新的语言艺术手段可以帮助讲解员更好地传达信息，引发观众的兴趣。

五、结语

博物馆讲解技巧与方法的探讨不仅有助于讲解员提升自身的专业水平，更重要的是为观众带来良好的参观体验和学习感受。通过综合应用多种表达方式、合理处理各种关系、优化讲解内容、实施“因人施讲”以及提升讲解员的素质和创新语言艺术手段，打造更具吸引力和互动性的博物馆讲解模式，为观众提供更加丰富、深入的文化体验。希望本文提到的技巧与方法能够对广大讲解员和博物馆从业者有所启发，共同努力推动博物馆教育事业的发展，让更多的人能够从中受益，并为文化传承和社会发展做出贡献。

参考文献：

[1] 徐健美.博物馆讲解技巧与方法[J].文化产业，2023(12):108-110.

[2] 陈依倩.宣教视角下基层博物馆讲解工作发展的思考——以文成县博物馆为例[J].文物鉴定与鉴赏，2022(21):63-66.

[3] 黄海东.博物馆讲解教育功能现状分析及优化研究[J].文物鉴定与鉴赏，2022(16):200-202+212.

浅谈元宇宙背景下的博物馆发展之路

朱冬丽　荆门市博物馆

摘　要：元宇宙这一概念诞生后，在各个领域都掀起了一股跟风浪潮，近年来传统博物馆也瞄准了这一风口，古老的文化遗产与新潮的元宇宙在过去、当下和未来三重维度产生交集。本文主要讨论博物馆与元宇宙如何协调、交互发展，结合当前实例说明VR体验、虚拟人等技术加入博物馆将大大改变游客的参观体验，并影响博物馆的未来发展之路。

关键词：元宇宙；博物馆；参观体验；发展

元宇宙这个名词最早是诞生于1992年的科幻小说《雪崩》，在小说里描述了一个庞大的虚拟现实世界，在这个世界里，人们用数字化身来控制，并相互竞争以提高自己的地位。伴随着信息化、数字化建设的发展，2021年迎来了“元宇宙年”，有学者认为元宇宙是利用科技手段进行链接与创造、与现实世界映射、交互的虚拟世界，具备新型社会体系的数字生活空间。目前元宇宙成为最卷的行业，现实世界的金融、零售、制造、媒体、时尚、娱乐、教育、医疗等产业里，已经有无数以元宇宙之名的创新和改变正在发生或即将发生。但意料之外的是，最先把元宇宙玩明白的竟然是博物馆。博物馆在面对当下的元宇宙热潮时，如何应用和实践？是让藏品活起来？随着元宇宙概念的跨界大爆发，不少博物馆也开始了元宇宙的建构尝试。如何把博物馆更好地“搬”进元宇宙已经成为文博界关注的热门话题。

一、元宇宙背景下博物馆的发展现状

（一）博物馆传播的传统路径

传统的博物馆运营主要是以陈列展览为主，除此之外，博物馆也要通过对外传播将信息进行传递。作为传统媒介的广播、电视及报纸，在信息传递的过程中具有一定的局限性，博物馆也多以陈列展览、创办期刊、举办讲座为主要运营手段，进行单向传播。面对广阔的发展空间，博物馆的此类举措远远不能满足公众的需求，传统的运营模式必将发生变化。但随着元宇宙技术的冲击，以及新冠疫情带来的博物馆线下体验受阻等情况，将观众框在“此时此地”的现场体验模式更新就迫在眉睫。

（二）元宇宙下博物馆的转变之路

2021年12月，《“十四五”数字经济发展规划》明确提出，以数字化推动文化和旅游融合发展。加快区域内优秀文化和旅游文化遗产的数字化开发和传承，推动景区、博物馆等发展线上数字化体验，发展线上演播、云展览。2022年3月26日，来自全国50家博物馆、高校的60位馆长、学者联名发布《关于博物馆积极参与建构元宇宙的倡议》，呼吁博物馆顺应时代发展，发挥自身优势，积极参与建构元宇宙。

对于这样一个新型的技术的应用往往都是风险较大，那么博物馆为什么又要和元宇宙结合呢？其实博物馆与元宇宙结合最大的原因是疫情的影响，疫情对于像博物馆这些线下场馆的冲击是最大的，各大博物馆要探索数字化时代博物馆的新途径，也是他们谋求在新时代下的存活之路。其根本原因是元宇宙的技术能提供超越现实的完美沉浸式体验，能让博物馆的文物真正“活”起来。例如湖南省博物馆利用三维影像制作技术，结合AR、VR技术再现了宋朝人的“慢节奏”生活。巴黎博物馆利用HoloLens 2“复活”已灭绝物种，将人们带回到历史长河中感受时代的辉煌与沉寂，传递文化的力量。除了这些博物馆，还有很多博物馆都搭上了元宇宙的顺风车，开始元宇宙之旅。博物馆与元宇宙的相遇，是历史逻辑的再现和延续，这种情景不是技术的终结，而是技术发展的过渡，当然未来可能还有元宇宙的加强版。

二、博物馆在元宇宙中的呈现方式

（一）化静为动，沉浸式参观体验

在数字技术出现之前，博物馆大多以陈列展品、藏品实物或复制品为主要的信息传递手段，展品的展示受到时间、空间、地理位置的限制，元宇宙博物馆的数字化技术，可以在增强现实中展现已灭绝的动物，为残缺或消逝的过去进行“虚拟的修复”，将人们带回到历史长河中感受时代的辉煌与沉寂，传递文化的力量。在场馆参观中，交互方式的改变也影响着知识获取的效果，原先以静态展示为主的博物馆，观众主要依靠讲解员的讲解、说明牌的文字图片标识和配套图书资料来获取知识，而在元宇宙博物馆，观众同时可以从看、听、嗅、触等多种感官渠道获取感知，观众参观的收获感、趣味性都相应得到提升。对于元宇宙来说最重要的就是沉浸式体验感，如中国博物馆小镇通过联动3D扫描建模、全息影像、AR、VR、虚拟互动等技术，组合3D光影艺术展开启了“元宇宙游览模式”。在这个小镇里游览、触摸，游客仿佛开启了一场跨越时空的旅行，化身唐朝人，感受独属唐朝人的浪漫。

（二）打造永不谢幕的线上、线下博物馆

在人工智能、虚拟现实、区块链等数字技术的加持下，“线上＋线下”的综合性体验逐渐成为文博界的主流形态。很多博物馆已经在一些元宇宙的关键技术领域，如云展览、VR、数字藏品等有了一定程度的应用和实践，并且产生了不错的效果。例如敦煌研究院创造了虚拟人“伽瑶”，“伽瑶”取材于敦煌壁画，原型本是声音婉转如歌的神鸟“迦陵频伽”。游客参观敦煌莫高窟时可以看到一个身穿古装的卡通少女，用“娃娃音”讲解着动画版的莫高窟，千年历史仿佛出现眼前。

元宇宙博物馆基于实物、藏品，创造出一个个情境化的虚拟环境，让线上逛博物馆成为现实。在数字交互的作用下，观众不再受到时间、空间、文化、语言的限制，完全可以自主对线上博物馆进行全方位地观赏，虚拟导览漫游、数字全景观展、展品解读。不谢幕，不闭馆，可以弥补无法到馆的遗憾。甚至，游客可用手机或电脑就能免费“观赏”藏品。

（三）重塑“人－藏品－空间”的关系

元宇宙让博物馆沉浸式互动体验呈现出

新的状态，元宇宙所构建的沉浸式的交互场景体验，通过全景视频、图像和全程直播等方式，结合文物产生的时空环境、文化生态、生活习俗等背景资料，为人们带来“感知交互”的沉浸式文化体验，重塑“人－藏品－空间”的要素关系。在数字化的空间里，观众可以通过鼠标和键盘的移动，或者放大和缩小等操作来到真实展览的现场，跟随展览线路移动，在自己心仪的展柜或者说明文字前停下“脚步”。

尽管对于目前文博行业而言，若大范围投入元宇宙的研究应用，在技术储备、资源积累上还很不成熟，但是我们可以在一些领域进行一些尝试。很多博物馆已经在一些元宇宙的关键技术领域，如VR、云展览、数字藏品等有了一定程度的应用和实践，并且产生了不错的效果。在这些方面持续进行更深入的探索和更广泛的应用，并大力夯实文博数字资源的基础性建设，应当是文博行业在元宇宙热潮中迈出的必要且关键的一步。

三、元宇宙背景下博物馆面临的问题

元宇宙属于新生事物，尚处于探索阶段，它在法律、监管、伦理等方面还几乎处于一片空白。对此，我们应当将概念创新和应用实际相结合，理性看待元宇宙的热潮。在给行业带来新的机遇和挑战的同时，有诸多问题需要思考，潜在风险需要规避，仍然需要未雨绸缪、防患于未然。我们应当清醒地认识到，对博物馆行业而言，涉足元宇宙必然会遇到一系列风险甚至陷阱。

（一）经费来源

对元宇宙的探索必然会需要巨额经费支撑。现阶段，博物馆特别是国有博物馆，大多为公益性事业单位，绝大部分经费来源于财政拨款。博物馆要思量本单位的资金情况，将有限的经费用于合理的方向，应当在元宇宙及其相关领域进行科学分析，选择合适的切入点，在确保具备足够资源和技术储备的基础上，进行元宇宙相关的应用试点。

（二）打好基础

元宇宙的发展路径、盈利模式以及可持续发展模式尚不明确，在较长的时期内需要持续投入人力和经费，博物馆在试点前应当做好充分准备。博物馆保持定力、不追时髦，并不是说要让博物馆完全无视元宇宙的发展势力和未来潜力，而是应该借元宇宙的东风，做好一些基础性工作，这样既对博物馆业务发展产生积极作用，又为未来数字技术的到来做好准备。

（三）价值导向

在当前的热潮下，博物馆与互联网企业合作发展元宇宙可能是一种必然的选择，那就需要提防由企业主导投入的应用，有游戏化、娱乐化的倾向。我们应当坚守主旋律和正能量、传承优秀传统文化的这一价值导向，最大限度发挥博物馆的社会教育职能。在这个前提下，博物馆或许可以在运营方面与企业深入合作及学习借鉴。

（四）知识产权

在与企业合作时，元宇宙项目必然会需要博物馆提供藏品数据等数字资源，包括近年来各大型博物馆都在进行的藏品三维采集的成果。关于这些数据资源的知识产权保障，博物馆应当进行合理谨慎的处理，国家文物主管部门也应及时跟进，给予政策和法律方面的指导和规范，避免造成藏品数据资源的资产流失。在技术上也应当采取有效方式，避免藏品数据资源被合作企业或其他机构盗用、滥用。

四、元宇宙背景下博物馆的持续发展

元宇宙时代已然来临，博物馆应借着元宇宙的东风，加快提升自身的技术能力、创新能力和展陈能力。这样既为未来数字技术新应用的到来做好准备，又能为博物馆持续发展产生积极作用。我认为博物馆目前大致可以做好以下三方面的工作。

（一）利用数字媒介的创新，更长久的“推广与传播”

从手写到印刷，从传统媒体到数字化，每一次传播技术的升级换代都会催生出新的媒介形式，由于技术的飞速发展，信息的传播方式也不断经历迭代与更新。媒介的转变与博物馆的发展休戚相关。要充分利用新媒体平台，如微博、微信、社区媒体、地铁视频、网络媒体等进行低成本高效应的信息发布。同时，博物馆还可以通过微信公众号、抖音、小红书APP、B站等媒介，对开展的社会教育活动进行网上预约、网上调查、收集意见。通过网络投票选出观众喜欢的展览、文物、讲座等。

（二）利用数字技术的创新，更丰富的“体验与提升”

如果一座博物馆中的陈列只是把文物罗列，不讲求呈现的视觉效果和参观的节奏，那么观众在参观完展览后对其中的展品没有留下任何印象，展览本身就失去了意义，也就更谈不上教育大众了。博物馆展示的文物都是经过精挑细选，具有某个时期特点、历史价值、艺术价值和研究价值的代表性作品，所以，博物馆不应该是陈列室，而应成为能让人感受文物之美和人类智慧结晶的殿堂。为了保证对文物的介绍更加生动，博物馆的展示效果应通过展厅内的气氛营造和灯光运用来突出文物的美感，以提升观众对文物的关注度，这是一种更为主动的呈现方式。现如今多数博物馆采用了数字博物馆的三维成像技术和虚拟技术。例如：全息投影技术、AR（增强现实）技术和VR（虚拟现实）技术的应用，不仅能让观众产生身临其境之感，甚至可以与文物进行虚拟互动，更加直接和主动地去获取文物背后的历史文化信息。

博物馆的社会教育除了传统的展览、讲座、游戏、手工等方式，随着元宇宙时代的来临，更多的新兴技术也加入博物馆行列。例如，将博物馆“装进”XR眼镜里，人们戴上XR眼镜，就可以进入博物馆数字空间中，随时随地观展学习。有了这样的便利工具，博物馆在场馆之外开展社会教育活动，可以利用XR眼镜，把博物馆“搬进”校园、企业、社区等地方，当人们戴上XR眼镜，馆藏珍品就可以“时空传送”，并可自行选择想观赏的任意藏品，在现实空间中进行互动和学习。这样的教学展示，生动又丰富。XR可移动博物馆开启了一种全新的服务模式，为公众打开了一条更加方便、便捷地获取文化知识的渠道，突破博物馆展览的局限性，促进博物馆文化服务的普惠化发展。

（三）做好数字内容的创新，更直接的“审美与记忆”

数字化创新仅有好的形式是不够的，数字化创新的过程不是简单的技术挪用与表现形式的变化，持续做好内容创作才是博物馆在任何时代都能延续生命力的根本。博物馆要想将文物背后的故事传递给观众，在观众与优秀传统文化间架起良好的沟通桥梁，就离不开对文物信息的创造性转化与创新性发展。博物馆里的展品大多数是有限的，甚至是一成不变的，时间久了人们也会审美疲劳，那就要在现有的展品上做好文章，讲好引人入胜的故事，最后导流到展厅实地欣赏。例如黄巧灵导演的《炭河千古情》是以西周文化为主题的大型歌舞秀，置身于此，仿佛时间倒流、历史重现。这场表演被文化学者誉为"破解了四羊方尊之谜"。把国宝这件文物解读得如此鲜活，让文物"活"起来，这也是宁乡四羊方尊的故事IP变现的很好的方式，同时把沉浸性、实时性、在场感、多元化、身份感等元宇宙的特点表现得淋漓尽致。即便是为了满足观众的数字体验需求，过度的技术堆砌也容易造成观众的审美疲劳。所以要将文物背后的信息、展览的故事线、活动的主题等传播内容与数字时代的媒介特色有机结合起来。只有将形式与内容融为一体，让技术为博物馆赋能，才能激活文物背后强大的生命力，激发观众对知识的探索欲和对文化的情感共鸣。

所有的手段都是为了吸引更多的观众多次走进博物馆，同时也使这些再次参观观众可以乘兴而来尽兴而归。不论是空间环境，还是展示技术的提升，博物馆信息化将博物馆里的展品所蕴含的历史文化传达给参观者，满足了他们的参观需求，使参观者以一种享受的心态来接受博物馆文化，使博物馆有络绎不绝的参观者。

五、结语

博物馆是人们了解和欣赏文化之美的重要窗口，也是开展公共文化服务的重要载体。博物馆拥抱元宇宙，是对传统文化适应数字时代的价值传递与传承新方式的探索。博物馆既要积极探索元宇宙技术与优秀传统文化结合的方法与路径，也要通过建立和完善有效机制把控数字平台的建设方向。博物馆要想规避其中的风险，最基本的原则就是要时刻谨记立足于自身的使命与宗旨，牢牢把握弘扬优秀传统文化的时代主旨，秉持发展与规范并重的理念。博物馆要把握元宇宙发展的机遇与挑战，同时规避相关的风险，从而维持自身的可持续发展。

参考文献：

[1] 国务院.国务院关于印发"十四五"数字经济发展规划的通知[J].中华人民共和国国务院公报，2022(3):5-18.

[2] 徐安娜.元宇宙遇上博物馆，将发生怎样翻天覆地的变化？[J].东西南北，2022(18):1.

[3] 何也.元宇宙浪潮中的博物馆：理性对待、乐观展望，在实践中扎实前行[J].东南文化2022(3):144-145.

[4] 柴秋霞.元宇宙视域下博物馆数字化转型的趋向与路径[J].东南文化2022(3):148-150.

[5] 陈亚普.博物馆免费开放后的管理与可持续发展研究[D].南昌：南昌大学管理学院，2014.

从可持续利用初探荆门郭店楚简品牌建设

杜可心　刘文忠　武汉生物工程学院　荆门市博物馆

摘　要：郭店楚简是湖北省荆门市出土的国家一级文物，具有极高的历史文化价值。对郭店楚简进行适度开发和合理利用，促进传统文化的传承和可持续发展，从而建立郭店楚简文化品牌，形成品牌效应。

关键词：郭店楚简；可持续；品牌

今年是郭店楚简出土30周年。郭店楚简自问世以来，受到学术界的广泛关注，通过近些年的整理研究，取得了丰硕的成果。但这些研究毕竟还存在于学术殿堂，与广大民众的生活相距甚远。让荆门的郭店楚简文化在更广泛的领域传播并深度运用，从而打造郭店楚简文化品牌，对于增强文化自信并且融入社会生活和促进地方发展具有重要的意义。

一、郭店楚简简述

1993年10月18日至24日湖北省荆门市博物馆对位于郭店村的郭店一号墓进行了抢救性清理发掘。从墓葬形制和器物特征判断，郭店一号墓M1具有战国中期偏晚的特点，其下葬年代当在公元前4世纪中期至3世纪初，墓主身份为士。墓葬形制为长方形竖穴土坑墓，口大底小。墓口东西长6米、南北宽4.6米，墓底长3.4、宽2米，墓深7.44米；东部设长方形墓道，长9米、宽2.32米；墓坑填土为黄褐色五花土，底部为青灰泥。葬具为一椁一棺，椁室由头箱、边箱和棺室组成。出土遗物主要位于头箱与边箱，有礼器、乐器、兵器、车马器、生活用器、工具、竹简等。质地有铜、陶、木、竹、铁、玉、骨等。

郭店一号墓出土竹简，世称郭店楚简，距今2300余年。竹简共804枚，计13000余字。内容为先秦时期的典籍，其中道家文献4篇，儒家文献14篇。道家典籍《老子》分为甲、乙、丙三篇，其内容主要讲清静无为，处世不争，以柔为贵的思想。《太一生水》是一篇失传两千年的古文献，简的形制和字体与《老子丙》一致，内容与《老子》相关。全篇共14枚简，现存305字，篇名取自篇中首句。《太一生水》阐述了太一生水、水生万物的思想，是我国最早的宇宙生成论。在传世文献中，中国早期宇宙论的相关记载少而零散。《太一生水》所讲的宇宙生成论，是迄今为止中国古代关于宇宙起源最早的系统论述。《太一生水》系统讲述了宇宙的发生与演化过程，建构了宇宙生成的完整体系：太一是宇宙万物的本原，首先化生了水，水反作用于太一而生成天，天反作用于太一而生成地，随后，天地、神明、阴阳、四时、滄热、湿燥、年岁依次相互作用而生成。太一和水先于天地而存在。《太一生水》呈现了道的“有”和“无”。太一生水乃至万物，呈现为“有”，青昏空寂，呈现为“无”，“有”因“无”而存在，“无”因“有”而显示。“天下万物生于有，有生于无。”儒家典籍《缁衣》反映了统治者尊贤的思想；《鲁穆公问子思》通过鲁穆公、子思、成孙弋三个人的对话，突出了子思的政治批判精神；《穷达以时》主要讲述人由穷困到显达需要遇到好的时世、时机与明君；《五行》阐述了儒家的仁、义、礼、智、圣五行；《唐虞之道》通过讲述尧舜的禅让故事，论述当权者爱亲、尊贤、尚德的重要性；《忠信之道》论述了儒家的政治伦理观为忠、信；《成之闻之》专门阐述君子求诸己的重要性；《尊德义》教导统治者要尊德、尊义、赏罚分明并重视身教；《性自命出》从天—命—性—情—道几方面讨论人性；《六德》阐述人伦道德中的核心问题：夫、妇、父、子、君、臣六位及相对应的六职、六德之间的关系；《语丛一》《语丛二》《语丛三》《语丛四》前三篇为儒家的格言、警句，内容以天、人、性、命及礼、乐、仁、义为主题，第四篇讲述游说之道。郭店楚简中所记载的儒学著作正是孔、孟儒学思想传承的"纽带"。反映了儒家由孔子向孟子过渡时期儒学发展的状况，"填补了从孔子到孟子一百多年的空间" 因此杜维明认为，"郭店楚墓竹简出土以后，整个中国哲学史、中国学术史都需要重写"，"甚至对整个中国传统文化，都需要重新定位"。

战国时期，简牍是最主要的文字载体，这一时期书写风格朝着多样性的方向发展，或工整端庄或肆意夸张，或瘦硬或圆浑。郭店楚简为战国中晚期的代表，字迹明晰，书风古雅，是楚系文字书法难得的瑰宝。"这批竹简出自数人手笔，风格颇不相同，而皆娴熟精到，神采飞扬。""这些简书表明，手写体中锋、侧锋的自然变化，优美飘乎的圆曲笔势" 使得古文蝌蚪线条，"顿生奇姿逸态"。丛文俊在《古文蝌蚪》一节评析《郭店楚墓竹简》："如《成之闻之》篇简，其笔势圆融，正欹变化空灵有致，充分显示长锋笔的风格美感，是楚系墨迹中惟一可以揭示虫书秘奥的作品。"《语丛三》简，"其字体势皆纵，挺拔雄媚，泱然大度，有廊庙气象"。《性自命出》简，"逸逸草草，无拘无束，笔道流媚，意态天然，非精熟至极，无以臻此境界"。《语丛四》简，"用笔清劲圆美，秀润婉转，简虽狭窄，却能纵横洒落，流光溢彩，与《楚帛书》面目极近，可谓精品"。

郭店楚简是迄今为止全世界最早的原装书，解决了中国儒家思想发展史上遗留的重要学术问题，展示了早期儒道两家和平共处的关系，提供了一种最古老的宇宙生成模式。郭店楚简的发现，为研究中国古文字学、中国哲学、思想史、简册制度、书法艺术等方面提供了宝贵的参考资料。欧洲汉学会主席，德国海德堡大学中国研究所主席瓦格纳教授认为，世界上能与郭店楚简出土的意义相提并论的只有1947年在埃及出土的大批基督教派的佚书。对于中国传统文化来说，郭店楚简典籍对于发现先秦时代中国学术界的多元、活泼、深刻的氛围，提供了很多宝贵的新资料。

2008年，国务院将郭店楚简公布为第一批《国家珍贵古籍名录》并列入我国禁止出境展览的文物目录。2022年，郭店墓地入选"湖北百年百大考古发现"。

二、郭店楚简研究与利用情况

郭店楚简的出土震惊了世界，迅速在国内外掀起"郭店楚简热"，受到宣传媒体的热捧，英国广播公司(BBC)、中央电视台、湖北电视台争相报道。竹简内容的思想性、学术性引起国内外学者的高度关注和重视，迄今为止，先后在美国达慕思大学、武汉大学、北京大学和湖北省荆门市召开4次大型的郭店楚简国际学术研讨会，各国的小型学术研讨会、座谈会不下百次，不少世界著名大学相继开设了郭店楚简研修班。据不完全统计，国内外研究郭店楚简并出版的《郭店楚墓楚简》《郭店楚简综览》《楚地出土战国简册合集》《郭店楚简简明读本》《郭店楚墓竹简书法集》等专著不下200部，发表论文2000余篇。

为了让收藏在博物馆的郭店楚简"活"起来，荆门市博物馆主动作为，以多种形式推销传播这张顶级历史文化精品名片。一是成立了郭店楚简研究中心，专门负责郭店楚简的研究整理及资料收集工作；二是博物馆展区设立了700平方米的专题展厅；三是通过展览＋讲座＋活动的形式开展了一系列社教活动。荆门市博物馆精心制作打造的原创展览"古楚遗珍——郭店楚简特展"，先后在上海嘉定博物馆、黑龙江齐齐哈尔市博物馆、虎门海战博物馆、呼伦贝尔民族博物院、扎赉诺尔博物馆以及省内的武汉、恩施、随州、黄石、襄阳等博物馆展出。同时，"郭店楚简"还被山东省、湖南省、湖北省博物馆以及湖北省图书馆等相继借调展出，其中《道德经》乙篇已被湖北省博物馆留用。为了让更多人了解郭店楚简，市博物馆先后在全市大中小学、企业、行政事业单位、"象山论坛"等地方和平台相继开展郭店楚简的知识讲座30余场次。四是荆门市博物馆联合同方知网打造郭店楚简学术研究成果数据库。

郭店楚简的保护利用工作虽然取得了一系列的成效，但基本上存在于学术层面，未能融入社会生活层面，显得效应不足。存在的主要问题：

研究不足。一是跨学科研究不足。郭店楚简出土三十年来，取得了一系列丰硕的研究成果，但研究基本立足于历史文化和保护技术方面，郭店楚简作为改变人类思想史的重要文献，不仅涉及考古学、文字学、简牍学、校勘学、文献学、历史学等学科，还涉及社会学、民俗学、人类学、心理学、文化学、传播学等多学科资源，必须加强跨学科综合研究。二是研究各自为政，没有形成系统性。要高度重视对郭店楚简文化的系统性研究探讨，行政与学术研究互动，进行深度学术考证和整体性重构。

展陈利用不足。虽然荆门博物馆设立了郭店楚简专题展厅，但由于荆门博物馆是一座综合性的历史博物馆，仅700平方米的面积不足以展示郭店楚简丰富的文化内涵和深邃的思想。同时展陈方式传统，展陈手段有限，再加上阐释不足，郭店楚简与普通民众的距离相距甚远，仍处于"高冷"之地。

新技术使用不足。当今世界发展日新月异，传统的宣传手段和体验方式已不能满足时代需要。老故事新手法，方能实现郭店楚简"活"化，实现生活和社会的传承认同。

文创开发不足。对郭店楚简的文化内涵进行传承和合理的开发，对于推动文化传播和融入现代社会生活具有重要意义。目前郭店楚简的文创开发严重不足，刚处于起步阶段，而且创意单一，无法满足市场需求。

文化是一个国家、一个民族的灵魂，是国家综合国力和国际竞争力的深层支撑。面对前人留下的宝贵的郭店楚简文化，我们要结合新时代中国特色社会主义的新特点进行创造性转化、创新性发展，大力加强文化遗产品牌建设，着力打造区域、全国乃至世界文化遗产品牌，努力为地方经济和社会发展蓄势造能。

三、打造郭店楚简文化品牌效应的思考

文化兴则国运兴，文化强则民族强。没有高度的文化自信，没有文化的繁荣兴盛，就没有激发改革创新的内生动力。党的二十大报告指出："我们要坚持马克思主义在意识形态领域指导地位的根本制度，坚持为人民服务、为社会服务，坚持百花齐放、百家争鸣，坚持创造性转化、创新性发展，以社会主义核心价值观为引领，发展社会主义先进文化，弘扬革命文化，传承中华优秀传统文化，满足人民日益增长的精神文化需求，巩固全党全国各族人民团结奋斗的共同思想基础，不断提升国家文化软实力和中华文化影响力。"坚持创造性转化、创新性发展，就是要将马克思主义的思想精髓同中华优秀传统文化精华贯通起来，推动社会主义先进文化发展。郭店楚简是我国历史文化的重大发现，也是世界文化史上的重大发现，对于研究中国哲学史、思想史、古文字和书法艺术等均具有非常重要的学术意义。新时代，如何进一步推进郭店楚简思想内涵的创造性转化、创新性发展，为发展社会主义先进文化服务，是摆在我们面前的一个新课题和新挑战。

（一）系统性重塑、整体性重构郭店楚简文化品牌

一是加强跨学科研究。跨学科研究指通过整合来自两个及两个以上学科或专门知识模块的信息、数据、技能、工具、观点、概念或理论，来提升基本的知识理解或解决那些单一学科或研究实践无法解决的问题。跨学科研究的方法和关注点都是多元的。它可以由科学的求知欲驱动，也可以由实际的需求促发；可以由单个研究者来进行，也可以通过组建团队来实施。真正的跨学科研究不是简单地把几个学科拼凑在一起，而是追求各个学科在思想和方法上的融合，通过学科间的商讨与合作，建构一个共同的研究框架，获取一个整体的或系统的研究成果。要进一步整合考古学、文字学、简牍学、校勘学、文献学、历史学、社会学、民俗学、人类学、心理学、文化学、传播学、哲学等多学科资源，深入开展郭店楚简系统性研究探索，进行跨学科跨界融合，实现郭店楚简研究成果创造性转化、创新性发展。

二是要加强国际合作。随着人类文明的前行，中国的传统文化与世界文化相遇、碰撞，新的文化火花不断产生，郭店楚简文化研究开展跨国际合作已成为必然趋势。在世界文化大融合的背景下，文化的全球化发展趋势如经济的全球化一样势不可挡，郭店楚简必将成为搭建不同文化之间相互沟通与交流的桥梁和纽带。通过不断增强的研究力量和更深入学术探索成果为荆门郭店楚简文化品牌的建立提供更加理性的支撑，从而促进人类文明的大发展，这也是中国文化应有的历史担当。

三是积极推动荆门郭店楚简国际论坛永久会址建设，定期在荆门召开郭店楚简国际研究年会，进一步凸显郭店楚简品牌竞争力和展示荆门国际形象。四是将郭店楚简品牌的建立与长江国家公园建设结合起来，通过确立和传播中华文明的标志性符号象征，强化郭店楚简文化的对内凝聚力和对外传播力、影响力。

（二）推动荆门郭店楚简专题博物馆建设

"专题即品牌"，专题博物馆的先天优势明显。加强对郭店楚简特色资源的重视和挖掘，积极推动郭店楚简专题博物馆建设，打造形成有一定影响力、易于传播的区域性、全国性乃

至国际性的文化旅游品牌，促进文旅融合和地方经济社会可持续健康发展，建设郭店楚简专题博物馆适逢其时并大有可为。《“十四五”文物保护和科技创新规划》明确指出：“支持省级、重要地市级博物馆特色化发展。盘活基层博物馆资源。探索建立行业博物馆联合认证、共建共管机制。规范和扶持非国有博物馆发展，落实支持政策，依法依规推进非国有博物馆法人财产权确权。认真履行相关审批程序，有序推动建设一批反映党和国家建设成就的当代主题博物馆和行业博物馆，重点支持建设反映中华文明发展历程的国家级重点专题博物馆，倡导建设特色专题博物馆。探索在文化资源丰厚地区建设‘博物馆之城’。”专题博物馆之所以能得到蓬勃发展，除了国家高度重视、经济社会快速发展、社会各界关注支持等外部环境因素，与专题博物馆自身具有的若干特性密不可分。专题即特色，每一个专题都是在对地域文化、核心资源等要素进行深入研究的基础上，经总结提炼形成的共识和成果，并成为每个博物馆在内容方面区别于其他博物馆的标志性特征。一题一世界，充分体现了世界的复杂性和文化的多样性，也能有效满足不同人群日益多样化的精神文化需求。要充分利用好博物馆的优势功能，进一步推进郭店楚简专题博物馆规划建设，通过专题陈列展览并结合线上展览与线下临展等多种途径，开展丰富多彩的社会教育活动，全面介绍和展示郭店楚简的出土过程、墓葬时代和墓主身份，探析郭店楚简承载的历史文化内涵，探寻中华文明思想精髓。从而让郭店楚简走进寻常百姓家，让郭店楚简“活”起来。同时要找准历史文化与地方经济社会发展的结合点，在打造郭店楚简靓丽名片的同时，不断提升荆门的知名度和影响力，助推地方经济和社会发展。

（三）加强科技赋能

传统方法视听造梦，当今技术如临其境，未来趋势融入其中。文化遗产的活化，关键是动态化。全媒体传播时代，经济发展和科技发展提升了人们对生活的想象力，一切都在经受可视化的筛选与检验，一切都在竞逐流量的青睐和想象力的捕捉。新时代文化消费的主要特点是主题化、体验式、沉浸式，郭店楚简思想内涵要实现创造性转化、创新性发展，必须加强科技赋能，开创楚简文化发展新模式。要按照中办、国办印发的《关于推进实施国家文化数字化战略的意见》要求，以新一代信息技术为基础，促进传统产业与互联网文化产业深度融合，推动楚简文化产业数字化发展，赋予郭店楚简文化以时代特征，建立数字时代文化自信；注重从文化产业角度深挖楚简文化故事，一方面，通过创作故事、歌曲来挖掘楚简文化，通过视频节目和衍生品开发，实现故事IP、形象IP、产品IP和企业IP的一体化价值实现，同步发售数字商品，开创楚简文化IP合作新路径；另一方面，可以建设郭店楚简文化体验中心，通过文化挖掘和高科技的手段进行有机融合，采用AI(人工智能)、VR(虚拟现实)等数字化多媒体技术来实现元宇宙场景和内容的交互实践，从而获得身临其境的完美体验。科技赋能要进行前瞻性的探索，以满足人们对美好生活的需求为最终目标讲好楚简故事。融合了现代科技的郭店楚简，必将铺陈出一幅幅栩栩如生的历史画卷。

（四）加强文创产品开发

文创产品是传播文化的载体，成为连接郭店楚简与公众最好的纽带之一。文创产品以文化为基础，以创意为核心，对郭店楚简的文化内涵进行传承和合理的开发，让古老的文物融入现代社会中，更好地体现人性化发展趋势，更好地满足大众的消费需求，从而促进文化传承的可持续发展。郭店楚简文创产品的设计应以生活语境为关注点，在设计文创产品时，不仅要深入提取郭店楚简中的文化内涵，还要基于功能性与情感性的结合，以可持续发展性的设计手段设计出多元化、独具特色的文化衍生品，提升文创产品的魅力与影响力。

（五）融入“烟火”气

郭店楚简的利用和品牌建设必须全民参与全民共享方能可持续。当前的“淄博烧烤”持续火爆就是一个很好的例子。淄博曾是齐国故都，为齐文化的发祥地。据传，淄博烧烤起源于清乾隆年间的一个叫“周记”的小摊贩。他在淄博城南门外的马路边上，首创了用豆腐皮包裹、炭火烤制羊肉串的方法，并以此赢得了当地人的喜爱和口碑。后来，这种烤肉方式逐渐流传开来，成为淄博独具特色的美食文化。淄博烧烤由来已久，为何时至今日才大火特火，很显然“淄博烧烤”火的不是烧烤，火的是人间烟火，火的是政通人和，到这里的每一个人都能找到参与感，刷到存在感。因此，郭店楚简的持续利用和品牌建设必须摒弃“高冷”，融入“烟火”气，方能拨动民众“心弦”。

一桌烧烤火了淄博，一首歌火了隆回，一部电视剧火了江门，一本郭店楚简必将火了荆门。

参考文献：

[1] 荆门市博物馆.郭店楚墓竹简[M].北京：文物出版社，1998.

[2] 庞朴.郭店楚简出土十周年回顾——2003年荆门“郭店楚简国际学术研讨会”主题报告[J].荆门职业技术学院学报，2004(2):1-2.

[3] 杜维明.郭店楚简与先秦儒道思想的重新定位.郭店楚简研究(《中国哲学》第二十辑)[M].沈阳：辽宁教育出版社，1999:1-6.

[4] 东京大学郭店楚简研究会.《郭店楚简思想史的研究》第一卷[M]，1999.

[5] 黄华新，王华平.论跨学科研究[N].光明日报，2010-3-16.

[6] 徐燕，陆晓云.基于“日用即道”理念的文创产品设计策略[J].包装工程，2018，39(18):176-180.

关于博物馆实施地方文化传播的路径探讨

邓引平 张涛 京山市博物馆

摘　要：近年来，随着社会的发展和人们对文化的需求不断增长，博物馆在地方文化传播方面发挥着越来越重要的作用。本文从博物馆教育实施地方文化传播的角度，对博物馆地方文化传播发展的新路径进行分析，并进一步提出四项措施：优化组织结构，营造良好氛围；精准定位文化，加大传播力度；实施分层传播，提升传播成效；强调文化认同，发挥文化价值。博物馆促进了地方文化传播的发展，满足了观众的需求，使观众能够更好地理解和感受地方文化的魅力。

关键词：博物馆；教育实施；地方文化传播

博物馆作为地方文化的重要载体，承担着教育与传播的重要任务。随着时代的不断发展，博物馆地方文化传播的方式也在逐步创新化的道路上迈进。博物馆需要不断创新，运用先进的科技手段，打造更具互动性和参与感的展览形式，与观众进行深入交流，促进地方文化的传播和交流，以保证地方文化宣传成效。

一、博物馆的文化传播与教育作用

（一）博物馆的文化传播作用

博物馆具有文化传播作用，主要体现在以下几个方面：第一，陈列展览。博物馆通过陈列展览的方式，向公众展示各种文化艺术品、历史文物等，帮助人们了解和认识不同的文化背景和历史发展，传递文化信息。第二，教育活动。博物馆通过举办各种教育活动，如讲座、工作坊、导览等，向公众传授相关知识，提供学习和研究的机会，促进人们的文化素养和审美能力的提升。第三，社区参与。博物馆积极与社区合作，举办社区活动，使博物馆成为社区文化生活的一部分。通过与社区居民的互动，博物馆能够更好地了解社区需求，提供符合社区文化特点的展览和活动，加强社区凝聚力和文化认同感。第四，文化交流。博物馆作为文化交流的平台，不仅能够展示本国的文化遗产，还能够引进外国的文化艺术品，促进不同文化之间的交流和对话，增进国际间的理解和友谊。第五，文化保护。博物馆承担着文化遗产的保护和传承的责任。通过对文物的收藏、研究和展示，博物馆能够保护文化遗产不被破坏或流失，同时传承和弘扬传统文化，使其得到更广泛的传播和认可。总之，博物馆通过展览、教育、社区参与、文化交流和文化保护等方式，发挥着重要的文化传播作用，促进文化的传承和发展，丰富人们的文化生活。

（二）博物馆的教育作用

博物馆是一座知识宝库，具有较强的教育作用，每一件展品都承载着历史的记忆和人类的智慧。首先，博物馆通过展示丰富的文物和艺术品，让人们了解和感受到历史的厚重和文化的多样。比如，在中国的故宫博物院，可以欣赏到许多明清时期的宫廷文物，如瓷器、玉器、织锦等。这些珍贵的文物不仅展示出古代工艺的精湛，还反映出当时社会的风貌和人们的生活方式。通过观赏这些展品，可以更加直观地了解到古代中国的文化和历史。其次，博物馆还通过展览和解说员的讲解，向观众传递知识和信息。在博物馆中，人们可以了解到各种各样的知识，如自然科学、人类学、艺术等。比如，在自然历史博物馆，可以学习到地球的演化历程、动植物的分类和生态系统的构建等。这些知识不仅帮助人们增长见识，还能够培养人们对自然和人类文明的敬畏之心。此外，博物馆还通过举办各种教育活动，提供互动体验，让观众参与其中，增强学习的趣味性和深度。比如，在科技博物馆，可以参与各种实验和科学游戏，亲身体验科学的奥妙和乐趣。这种互动方式不仅能够激发观众的学习兴趣，还能够培养人们的动手能力和创新思维。因此，博物馆应积极利用宝贵的教育资源，加强文化传播，促进地方发展。

二、博物馆传播地方文化发展动态分析

（一）传播效率高效化

博物馆作为地方文化的重要载体，承载着传承和弘扬地方文化的使命。首先，博物馆在传播地方文化方面具有独特的优势。作为文化的守护者和传承者，博物馆拥有丰富的文物资源和深厚的历史底蕴。当下，许多博物馆通过展览、解说和教育活动等多种形式，将历史、传统和民俗等多个方面的地方文化传递给观众。这种直观、亲身的传播方式，使观众更容易理解和接受地方文化，提高传播效果。其次，许多博物馆利用现代科技手段，如虚拟展览和互动展示等，将地方文化呈现得更加生动形象。观众可以通过虚拟现实技术，身临其境地感受地方文化的魅力。此外，当下众多博物馆积极开展社区活动和教育推广，将地方文化融入到人们的日常生活中。通过举办讲座、工作坊和文化节等活动，博物馆不仅使地方文化的知名度提升，也一定程度上增强观众的参与感和归属感。此外，博物馆还与媒体合作，开展多渠道的宣传推广，扩大地方文化的影响力和传播范围。最后，博物馆注重与观众的互动和参与。传统的博物馆观展模式已经逐渐转变为观众参与式的体验模式。博物馆鼓励观众参与展览策划、文物保护和研究等活动，使观众成为地方文化传播的参与者和创造者。观众通过参与性的体验，更加深入地了解地方文化。

（二）传播载体智能化

首先，智能化的传播载体为博物馆地方文化传播带来新的机遇。传统的博物馆展览方式主要依靠展板、实物和导览员的讲解，信息传播的效果受到一定的限制。而随着智能科技的应用，博物馆可以采用虚拟现实、增强现实等技术，为观众呈现更加丰富多样的展览形式。观众可以通过智能设备，如智能眼镜或手机APP，与展品进行互动，获取更加全面深入的信息。这种智能化的传播方式不仅提升观众的参与感和体验感，也为博物馆地方文化的传播带来更大的影响力。其次，智能化的传播载体为博物馆地方文化传播带来更大的便利。传统的博物馆展览需要观众到现场参观，而智能化的传播方式打破时空的限制。观众可以通过网络平台，远程参观博物馆的展览，不受时间和地域的限制。这样一来，博物馆地方文化的传播范围将大大扩展，更多的人可以了解

和体验地方文化，促进地方文化的传承和发展。再次，智能化的传播载体为博物馆地方文化传播提供更丰富的互动方式。传统的博物馆展览形式主要是观众被动接受信息，而智能化的传播方式可以实现观众与展品、其他观众甚至博物馆工作人员之间的互动。观众可以通过智能设备与展品进行互动体验，还可以与其他观众分享自己的观点和体验。这种互动方式不仅丰富观众的参观体验，也促进观众之间的交流和互动，进一步推动地方文化的传播和交流。

三、博物馆教育实施地方文化传播的路径

（一）优化组织结构，营造良好氛围

为营造良好的氛围，提高地方文化传播的效果，博物馆可以从以下三个方面采取措施：首先，优化组织结构。博物馆的社会教育工作需要有一个合理的组织架构，明确各个部门的职责和任务。对此，京山市博物馆可以设立专门的社会教育部门，负责策划和组织各类社会教育活动，同时与其他部门密切合作，形成协同效应。此外，还可以引入专业人才，提升教育工作的专业性和水平。其次，营造良好的氛围。京山市博物馆应该打造一个开放、包容的学习环境，让参观者感受到浓厚的学习氛围。可以通过丰富多样的展览和教育活动，吸引更多的人参与其中。同时，博物馆还可以与学校、社区等机构建立合作关系，共同开展社会教育活动，扩大地方文化传播的影响力。最后，博物馆可以通过创新教育方式和手段，提高教育效果。例如，可以开设线上讲座、线下工作坊等形式多样的社会教育活动，让参观者更深入地了解地方文化。采取上述措施，有助于加强地方文化的传承与弘扬，提高参观者的文化素养，推动地方文化的繁荣发展。

（二）精准定位优势文化，加大传播力度

京山市博物馆教育实施地方文化传播需要精准定位优势文化，加大传播力度。为实现这一目标，京山市博物馆可以从两个方面采取措施：①博物馆需要准确把握京山市的文化优势。京山市作为一个历史悠久、文化底蕴深厚的地方，拥有丰富的历史遗迹和人文景观。博物馆可以通过深入研究和挖掘这些文化资源，精准定位京山市的文化特色和独特之处。例如，可以通过对历史文献的梳理和整理，展示京山市在古代历史中的重要地位和影响力；可以通过对传统工艺和民俗文化的保护和传承，展示京山市独特的艺术风格和民间文化。通过准确把握京山市的文化优势，博物馆可以更好地定位自身的教育实施，使其更具针对性和吸引力。②京山市博物馆可以利用新媒体进行传播。随着互联网的快速发展，新媒体成为传播信息的重要渠道。博物馆可以通过建立官方网站和社交媒体账号，将京山市的文化资源进行数字化展示和推广。通过发布精美的图片、视频和文字，向公众展示京山市博物馆的收藏品和展览活动，吸引更多人的关注和参与。同时，博物馆还可以与其他文化机构合作，通过联合举办线上活动和展览，扩大文化传播的影响力。利用新媒体进行传播，不仅可以提高传播效率，还可以突破时空限制，让更多人了解和感受京山市的地方文化。

（三）实施分层传播，提升传播成效

京山市博物馆可以采取如下措施：京山市博物馆可以根据观众的具体需求，打造多元化的活动计划。不同年龄、不同兴趣的观众对于文化的接受方式和内容需求各不相同。因此，

博物馆可以根据不同观众群体的需求，设计丰富多样的活动，如讲座、展览、互动体验等，以满足观众的不同需求。比如，针对学生群体，可以开展以历史故事为主题的讲座，让学生在轻松愉快的氛围中了解历史文化；对于游客群体，可以组织导览活动，让游客更加深入地了解京山市的历史文化。通过打造多元化的活动计划，京山市博物馆能够更好地满足观众的需求，提升地方文化的传播效果。同时，京山市博物馆可以适当控制客流量，提升观众的体验感。因此，博物馆可以采取一些措施，如限制每日参观人数、预约制度等，以控制客流量。同时，博物馆也可以通过提供更好的导览服务、增加互动体验等方式，提升观众的体验感。比如，可以设置导览员讲解，为观众提供更详细的解读；可以设置互动展示，让观众参与其中，增加参与感。通过适当控制客流量和提升观众体验感，京山市博物馆可以更好地传播地方文化，让观众更加深入地了解和感受京山市的历史文化。京山市博物馆作为地方文化的传播载体，需要实施分层传播，提升传播成效。通过上述方式，京山市博物馆可以更好地传播地方文化，让更多的人了解和热爱京山市的历史文化。

（四）强调文化认同，发挥文化价值

为加强地方文化传播，博物馆需要强调文化认同，并发挥文化的价值。在这方面，京山市博物馆可以从两个方面采取措施：首先，京山市博物馆应尊重史实，确保展示的文物和展品准确无误地反映历史和文化的真实面貌。通过精心策划和展示，博物馆可以让观众更好地了解和认同自己的文化根源。例如，可以通过展示当地古代文明的遗物和文献资料，让观众感受到自己所处地区的独特文化魅力，从而增强对本土文化的认同感。其次，京山市博物馆还应发挥其管理与服务职能，为观众提供更好的参观体验和文化学习机会。博物馆可以收集参考观众意见，结合公众的需求创新传播模式，缩短博物馆与公众之间的距离，向观众传授更为丰富的历史知识。同时，博物馆也可以提供互动展示，让观众参与其中，增加观众对文化的体验和参与感。通过这些措施，京山市博物馆可以更好地发挥其教育功能，促进文化认同的形成。

（五）强化传播自觉，把握传播技巧

京山市博物馆需要强化传播自觉，把握传播技巧，以更好地传承和弘扬当地的优秀文化。为此，博物馆可以从以下三个方面采取措施：首先，激发工作人员的热情对于博物馆的发展至关重要。对此，可以开展一系列的培训和活动，以提高工作人员对地方文化的认知和理解。同时，通过组织参观、学习交流等形式，让工作人员亲身感受到文化的魅力，激发工作人员对工作的热情和责任感。这样，工作人员将更加积极主动地参与到文化传播的工作中，为观众提供更好的服务。其次，端正工作人员的态度是保证文化传播质量的重要保障。要求工作人员以专业的态度对待每一位观众，给予观众真诚的关怀和热情的服务。同时，博物馆还需要加强工作人员的教育和培训，提高其文化素养和专业知识水平。只有这样，工作人员才能够准确传达文化信息，引导观众深入了解和体验地方文化。最后，为来馆的观众留出反思时间是促进文化认同的重要环节。博物馆可以设计展览布局和解说方式，同时在解说后预留出时间，让观众在观展过程中有时间进行思考和反思。这样，博物馆能够成为一个具有吸引力和影响力的文化教育机构，为人们提供丰富多样的文化体验,促进地方文化的传承与发展。

综上所述,京山市博物馆在地方文化传播方面已取得较为显著的成效。采取优化组织结构、精准定位文化、实施分层传播、强调文化认同等方式,博物馆能够将地方文化传递给更多的人群,提高地方文化的认知度和传播范围。然而,相关工作者也应意识到,地方文化传播是一个长期而复杂的过程,需要博物馆与社会各界的共同努力。只有通过不断创新和改进,才能更好地传承和弘扬地方文化,为社会发展做出更大的贡献。

参考文献:

[1] 于艾灵,马军杰,刘林林.开发文创产品,促进博物馆文化传播[J].文化产业,2023(14):79-81.
[2] 蔡文斌.地方文化在博物馆展陈设计中的运用思考——以郑正秋蔡楚生电影博物馆为例[J].文物鉴定与鉴赏,2023(6):80-83.
[3] 李美仪.根植乡土:地方博物馆教育与文化公民身份构建——以巴渝农耕文化陈列馆为例[J].少年儿童研究,2021(9):44-50.
[4] 王晓娟.舞蹈也是地方文化史的一部分——关于提升舞蹈文化在地方博物馆地位的思考[J].文物鉴定与鉴赏,2021(17):141-143.
[5] 张艳玲,王艳艳.地方博物馆文创产品研发和营销策略研究[J].商展经济,2020(11):5-8.
[6] 郭绘宇.博物馆资源与地方文化的品牌建构策略探讨[J].文物鉴定与鉴赏,2020(13):118-119.

文旅融合背景下博物馆文创产业发展实践与思考

——以鄂州市博物馆为例

方文　沈辉　李伟　鄂州市博物馆

摘　要：近年来，文旅融合成为文化和旅游产业发展的新动向。鄂州市博物馆作为鄂州重要的文化阵地和热门旅游景区，研究其在文旅融合背景下的文创产业发展具有重要的文化及经济意义。本文从鄂州市博物馆文创产业发展现状出发，深入分析其实践过程中的缺陷和不足，机遇和挑战，基于文旅融合背景进行思考，为文创产业创新发展提供新思路。

关键词：文旅融合；鄂州市博物馆；文创产业发展；实践思考

随着社会和经济的发展，特别是进入后疫情时代，文化消费的趋势愈加显著。据文旅部数据中心测算，“2023年清明节假期(4月5日)，全国国内旅游出游2376.64万人次，较去年清明节当日增长22.7%；预计实现国内旅游收入65.20亿元，较去年清明节当日增长29.1%。清明节假日期间，全国共有14952家A级旅游景区，其中正常开放12635家，占A级景区总数的84.5%。”鄂州作为中国三国文化之乡，湖北省历史文化名城，古铜镜之乡，历史底蕴深厚，文化内涵丰富，且地理位置居中独厚，北距北京、东距上海、西距重庆、南距广州均在1000公里左右，具有发展文化和旅游的优势资源和独特条件。“鄂州现有A级景区6家，省级旅游度假区2个，全国旅游名镇2个、旅游名村6个。”A级景区中有两家3A级景区，鄂州市博物馆为其中之一，且其作为城市文化“窗口”，一直是鄂州的热门景区。但在文创产业发展方面，鄂州市博物馆还需要进行更多的实践和思考。

“‘十四五’规划纲要要求推动文化和旅游融合发展，明确提出，坚持以文塑旅、以旅彰文，打造独具魅力的中华文化旅游体验。相关部门和地方要引导企业深入发展大众旅游、智慧旅游，创新旅游产品体系，改善旅游消费体验，推动文化和旅游融合发展，让人们在领略自然之美中进一步感悟文化之美、陶冶心灵之美。”因此，将鄂州历史文化与旅游观光深度融合，是促进鄂州文旅融合发展的关键，有助于提升城市文化知名度及影响力，可为鄂州文创产业带来更多的发展机遇和经济效益。

一、文旅融合时代鄂州市博物馆文创概况

历近卅载，鄂州市博物馆文创产业发展至今，从最初“青铜时代”文创三小类：青铜镜、青铜器(礼器、兵器等)、青铜钱币，到现在青铜类(青铜镜为主)、家居类(摆件饰品、日用品等)、文具类(书签砚滴、包袋纸扇等)三大类文创及考古盲盒、纪念币、明信片等衍生商品。历史单年度文创销售收入峰值曾突破300万元，年缴税30万元以上，产品一度远销日本、

韩国、法国、德国、美国、新加坡、柬埔寨等20多个国家；生产技术获得两项国家专利，青铜镜修复及复制技艺入选湖北省非物质文化遗产名录；青铜类产品获得湖北省旅游商品大赛一等奖，鄂州市博物馆成为湖北省文化产业示范基地。

(一)鄂州博物馆文旅融合现状研究简述

2018年3月，国务院在机构改革方案中正式将文化部和国家旅游局合并组建为文化和旅游部，开启了文旅融合发展之路。2019 年3月，鄂州市文化和旅游局挂牌成立，这是鄂州市文旅融合的开端。湖北省等众多省份的文旅政策表明，文旅业在未来将蓬勃发展。文旅融合发展进入更高阶段，是满足人民群众美好生活需要，为人民群众带来更多获得感、幸福感的必然要求，这既是文创产业的重要机遇，也对其发展具有重要的促进意义。文旅融合发展对博物馆提出了更高质量发展的要求，在实施文旅融合体制改革之前，鄂州文化和旅游行业基本处于“相对分离，各自为营”的状态，两者联动和相互支持少，加之博物馆文物资源利用能力有限，品牌建设意识不强，知识产权重视不足，对博物馆和旅游业的发展均产生了迟滞影响。

1. 文旅产业融合能力弱，文创创新乏力，支撑不足

鄂州市博物馆运营经费来源主要为政府拨款，文创产业并非传统意义上博物馆的核心业务，严重缺乏文创事业发展所需的软、硬件投资，缺少专业人才，缺失市场调研，文创研产“步履维艰”。在某种层面上，博物馆免费开放与旅游业的利益需求存在矛盾。“文旅融合的一个重要目标是扩大旅游市场以促进文化消费，但是，旅游业的效益对公益类的博物馆的发展提升作用并不明显。”目前，鄂州市博物馆没有从政府投入的公共文化服务为重点的运营模式完全转向提供文化体验和消费盈利的模式。

2. 文创缺乏核心竞争力，产业资源分散，拓展受限

经笔者咨询鄂州市博物馆文创卖场一线工作人员和分析其2019年至2022年销售利润报表，可知存在主打的青铜类文创产品缺乏吸引力、价格不亲民、适用性不佳、售后服务宣传不到位等问题；其他“家居类”“文具类”文创也存在“同质化”现象，文化内涵不显，博物馆文创产业的核心竞争力没有得到更有效的开发与利用。在政策支持下，出现缺失市场调研，部分新品销售低迷，老旧设备无法充分满足生产需求，缺乏专门资金和对机构工作人员的激励机制；考古、藏品、科研、文创等部门资源没有共享，甚至有的考古发掘、藏品修复项目结束后，相应报告还未整理，新增或修复的文物未能展示在公众面前，考古发掘、藏品修复与学术研究、文创开发等产业链条断环，以致博物馆本该拥有的资源优势分散，拓展受限。

3. 文旅资源整合规划差，游客体验欠佳，重游率低

鄂州市博物馆是国家3A级旅游景区，位于主城区沿江大道与寒溪路交会处，南邻西山公园，西靠西山风景区，北接沿江风光带，与怡亭铭摩崖石刻、观音阁公园、贺龙军部旧址纪念馆等国保、省保单位及公园实际形成了沿江大道“一线连珠”，文化文物和旅游资源相对集中，但因鄂州文化和旅游行业现阶段仍基本处于“相对分离，各自为营”的状态，缺乏

与旅游产业融合发展，特别是没有整合优化的旅游线路，观众游客参观博物院仅仅是作为该区域的一个“旅游点”，逛一遍博物馆就离开了这个线域，游客无法获得更为丰富的、完整的文化和游览体验，导致重游率低，博物馆自身特有的文化价值也没有得到充分展现。

（二）鄂州市博物馆文创产品研究简述

国内外博物馆众多，相较于欧美国家的大英博物馆、法国卢浮宫博物馆、美国大都会艺术博物馆，国内的故宫博物院、湖北省博物馆、敦煌研究院等院馆的知名文创产品，鄂州市博物馆文创产品在文化内涵、艺术设计和研产营销等方面存在差距，任重道远。鄂州市博物馆还需要在深入挖掘和研究把握地域文化优势，丰富文创内涵，运用科技手段，打造文创品牌等方面进行实践思考。

1. 产品经营缺乏品牌意识

“文创企业因为对品牌核心价值挖掘不深，致使在竞争中无法体现出品牌作为企业核心资产的竞争力，故而败下阵来。……文创企业的品牌核心价值能够让消费者明确、清晰地识别并牢记住一个品牌，并且对一个品牌产生认同进而产生长期消费。”鄂州市博物馆文创产品设计及营销环节缺乏品牌建设意识，相较于鄂州“武昌鱼”、“梁湖碧玉”茶等著名品牌，市场认同度较低，也没有注册产品的商标或地理标志；另一方面，部分消费者在选购文创产品时，品牌认知意识也不强烈；品牌意识的两方缺位，可能会使真正古法创新、工艺精良的文创产品逐渐失去市场生存的空间。 例如，鄂州市博物馆特色文创——仿古青铜镜，采用古法范铸工艺和现代科技相结合，以鄂州出土的战国至唐代铜镜为模本，经十八道工序制作而成，其大小造型、曲率半径、制作工艺等方面十分精致讲究，但因品牌价值不显，消费者认同感偏低，其销售额从峰值的300余万元逐年跌至现在的80万元左右。

2. 产品研发缺失市场调研

“任何一个博物馆都是建立在有限的文化资源基础上的，不可能同时满足所有消费者的文化需求，只有对目标消费人群细分，才能确立每一个博物馆文创品牌精确的市场位置。”文创产品对应的市场购买需求和消费群体定位比较模糊，是当前鄂州市博物馆文创产品市场销售表现的又一缺陷。例如，2021年，本馆投入专项资金，推出文创新品“鄂州市博物馆考古盲盒”，其以考古发掘体验为主，盒内“藏”有鄂州花湖机场出土的“三足乌”等5种模型器物，配备洛阳铲、凿子、毛刷等微缩工具，通过动手挖掘，体验考古过程和发现“文物”的乐趣。以常识而论，其定位应是青少年群体，但因缺失市场调研，没有弄清特定群体对此类产品是有兴趣爱好仅作了解，还是愿意购买体验；也没有弄清推出时间是否滞后市场需求，是否存在产品“同质化”，加之较同类产品定价偏高，系列偏少，导致市场销售低迷，月均仅销一两套。

3. 产品设计缺少文化内涵

“我国有着深厚的文化底蕴，故宫文创研发部门深入了解故宫馆藏文物历史和文化寓意，并挖掘其文化内涵，以产品的实用功能为基础，以故宫文化元素作为设计手段，将产品特点与故宫文化相结合，研发出来的文化产品既能满足功能需求，又有着中国传统文化的内涵，可以激起消费者的民族文化认同感，愿意为其买单”鄂州市博物馆文创铜镜以馆藏精品铜镜为模板制作，历史厚重长久，文化内涵丰富；近年推出的“观音阁”主题“文具四件套”、

"套杯"等文创，形制图式设计蕴含"艺术写实"之意，也让人耳目一新。但"家居类""文具类"的大部分文创，基本是简单的文图印饰或单纯的委托代工，存在"同质化"现象，文化内涵浅薄。另一方面，在丰富同一主题文创产品体系时，也缺少对"跨类"文化的结合运用和"同类"文化的发散思维。如推出"观音阁"主题"文具四件套"时，可以从农历二十四节气知识文字和观音阁"四季"天、江、阁一体的景观，"古今"诗、词、联多样的文学及建筑本体内外场景照片相结合的思路出发，美化设计成"台历"，并以配套销售或附赠的形式，丰富产品体系，彰显文化内涵，扩大品牌效应。

4. 产品营销缺乏宣传推广

鄂州市博物馆在文创产品营销的相关节点，如新品面市前期、上柜销售及售后服务等阶段基本没有宣传，仅有的实物折页卡片、广告标牌和博物馆官网、微信、电商平台的宣传形式也比较单调刻板，也没有利用馆区LED屏、一体机等多媒体音像设备播放主推文创"铜镜"的历史文化纪录片或产品介绍及商业促销短视频，营销氛围不足；合作的店铺、展位产生的视觉宣传基本等同超市货品"上架摆放"效果；参与展览、博览会的推广效应不佳，现场销售基本为零。包装盒(袋)仅发挥了"包装"的保护产品质量、数量安全完整的原始功能，没有衍生宣传功能。

二、鄂州市博物馆文创产业创新发展策略思考

"文创产品作为文化内涵的载体，文化是其灵魂所在，创意是其发展路径。"一款能够具有较强市场竞争力的文创产品，应该具备"内涵深、认同高、设计新、工艺精、观赏好、收藏佳、适用强、定价准、售后优"等特质，品牌价值是其认同之要，文化内涵是其必备特质。笔者认为，现阶段鄂州市博物馆应从"政府导向、品牌建设、内涵挖掘、宣传推广"等四个方面进行思考分析，立足馆情实际，改变部分固化思维，以求创新发展。

(一)完善工作机制，争取政策支持，优化文旅融合发展环境

2020年4月，鄂州市人民政府发布了《关于加快全市文化和旅游产业高质量发展的实施意见》(鄂州政发〔2020〕3号)，其中与文旅文创密切相关的有：第12条：扶持小微文化和旅游企业发展；第14条：培育知名文化和旅游品牌；第17条：加大财政支持力度；第18条：落实税收优惠政策。这份实施意见对鄂州文旅产业发展具有积极的指导意义和促进作用。

1. 完善工作机制

鄂州市博物馆应立足省、市现有的文旅融合发展政策，根据专业市场调研情况，就文旅融合发展中出现的综合性问题，向政府职能部门提出合理化建议或成熟性意见；协同完善鄂州文化产业、旅游行业协调工作机制，及时对文旅融合发展作出研判、实施、反馈和改进。

2. 争取政策支持

利用政府制定的政策的导向作用，全力配合地方政府起草、细化相关优惠政策、产业发展规划、资金管理办法等，实现文旅融合发展有法可依，有章可循、有规可行。同时，政府相关职能部门应着手整顿市场秩序，特别是规范形成统一的文创市场管理运行机制。

3. 优化发展环境

政府编制的年度国民经济和社会发展主要预期目标，应当统筹考虑专项文旅融合发展扶持资金、专业应用课题研究等方面工作，以

全面宣传吸引社会各界对文旅融合发展及运营情况的关注，提高社会对其发展的重视度、知晓率和认同感。要争取政府在招商引资中的支持，引入成熟资本，引进专业机构，引聚旅游资源，以科学推进文旅产业的整合发展。

（二）着力品牌建设，提升社会认同，完善文创的体系和售后

了解故宫文创成功经验可知，其文创以内涵为核心，科技为手段，关注公众需求，追求工匠精神，先后注册文字商标1000余个，形成了产品种类丰富、价格结构完整、公众高度认同的文创品牌体系。鄂州市博物馆应该充分借鉴故宫成功经验，结合馆情实际，探索实施自身文创“一主多辅，主打铜镜”的品牌体系建设。

1. 着力品牌建设

首先以品牌商标注册为契入点，逐一打破文物资源利用能力有限，品牌建设意识不强，知识产权重视不足等不利局面，委托专业机构，分项分年实施本馆“铜镜类”“家居类”“文具类”文创的文字商标或地理标志注册，获得和展示品牌“标签”，让消费者逐步提高对鄂州市博物馆文创的“辨析力”，提升“品牌”认同感，最大可能减少文创市场“同质化”泛滥，甚至被认为是“三无产品”的负面影响。再者，现有文创“铜镜”为仿馆藏“古铜镜”制作，绝大部分消费者不易从其形制、纹饰、铭文等元素读取识别出文化内涵和古法“范铸”的工艺、观赏及收藏价值，部分消费者可能因了解不全，片面诟病文创“铜镜”价格偏高。近年来，文创“铜镜”积极参与省内外展览、文博会，但结果均是“一镜难销”；利用“抖音”等新兴平台直播销售也仅是“个位数”。究其原因，笔者曾经认为主要是受市场环境所制，如“礼品市场萎缩”；但深入分析发现，卖方“品牌”建设、买方“品牌”认知的两方缺位是其主要原因。以上海博物馆、鄂州市博物馆同类文创“仿西汉透光镜”，即“日光镜”为例，前者“砂铸”，后者“范铸”，工艺不同；形制、纹饰、透光影像等方面基本一致，但前者市场售价高出后者四分之一，同比销售量也远高后者。这种异常的市场销售现状，应是本馆文创“品牌”缺乏建设，消费者不认同“品牌”价值，不愿意为其买单的现实折射。

2. 提升社会认同

重视宣传推广在文创产业发展中的重要性，全面获取品牌效应。如举办文创产品设计比赛；联盟旅游机构优化文旅观光体验线路；持续参与省内外文旅研究交流会议、展览及博览会；丰富铜镜文物基本陈列，开展铜镜历史文化主题临时展览“六进”巡展；在馆区陈列大厅、文创卖场等处播放《远方的家——鄂州：走进古铜镜之乡》《中国No.1——古铜镜之乡鄂州》《艺术品投资——鄂州古铜镜》等宣传音像；改善包装，利用其衍生功能，让文创装具加深顾客的“第一眼印象”、展现产品的“第二类商标”、成为市场的“第三位售卖员”，并考虑装具的适用性、艺术性等属性，从“一物多用”思维出发进行设计，增加产品的“附加值”。同时，针对未成年人群体，邀请组织相关专家学者，利用“鄂州古铜镜”特别是馆藏精品铜镜资源，优化“吴都古韵”文博小课堂“铜镜文化”主题课程教案，编写课外历史文化辅导的通俗读本，编绘铜镜“范铸”工艺小知识漫画，让未成年人特别是鄂州的孩子们知晓“鄂州古铜镜”这一城市特色历史文化，潜移默化产生文化品牌的意识观念。某种层面上，这可能减弱品牌认知在未来消费者群

体方面的缺位，也有利于品牌的长期建设。

3.改进设计售后

鄂州市博物馆应学习故宫以公众需求为导向的成功经验，侧重研产设计大众喜爱、生活能用且富有内涵的文创。现有文创“家居类”的青瓷香薰、滑石猪、砚台等摆件的适用性不佳，“文具类”的授权馆藏精品铜镜纹饰刺绣包具等产品形制则较为单调，两者销售数量和收入远不及同类的手链、吊坠和折扇，鄂州市博物馆可以基于调研情况和品牌建设需要，通过改进和创新设计，适当丰富此类畅销品的形制和品类。另一方面，需要重视特色文创“铜镜”在售后方面的主动宣传和服务，持久打造产品和用户“口碑”。“铜镜”属于金属制品，虽然在产品信息卡片中包含“保养须知”内容，但“铜镜”因自然氧化和顾客保养使用不当而出现的锈蚀，对其使用、观赏和收藏价值产生影响。近年来鄂州市博物馆对“铜镜类”文创提供免费打磨抛光服务，但往往在售后宣传环节被忽略，联系电话变更后也未及时在信息卡片更新，导致顾客售后体验欠佳却不能及时处理，存在复购意愿又不能实时联系，无形中降低了产品认同感和复购率。

（三）根扎“铜镜”文化，完整研产链条，确立调研和术业的意识

鄂州就自身城市历史文化资源尚未形成一致认同的核心文化，现有“鄂”、“楚”、“三国”、“铜镜”文化及工商、宗教、名人、书法、革命、民俗文化等诸多文化风貌。博物馆因其职能最能代表其所在城市历史文化的沉淀，能够从中寻“根”。鄂州市博物馆馆藏文物中，“铜镜”资源丰富，年代序列完整，应在其中挑选最具代表性藏品，并在现有文创基础上，通过“文、符、画、彩”来刻画彰显“铜镜文化”内涵，丰富创新文创形制。

1.刻画“铜镜”文化内涵

“中国传统社会呈现出“文字—文学—文化”一体性的结构关系。”汉字是“以形表意”的文字，珠玑字字可涵万物。鄂州市博物馆特色文创“铜镜”之优，前文已叙，其文化内涵“刻画”改进的空间，可以从产品包装、宣传展示、营销附赠等方面予以拓展。在此主要分析就“铜镜文化”在“家居类”、“文具类”文创产品视觉表现的文化内涵不足，加以改进之思路。以“家居类”文创“生肖八卦小铜牌”（直径2.8cm）为例，市场上该款产品“同质化”严重，因其图文寓意是大众普信的民俗文化而广有市场，但产品品质低劣，滥用文化，文创品牌建设无从谈起，更给当地文旅形象带来负面影响。鄂州市博物馆处于当地文化旅游、文创发展的“窗口”位置，对这类产品现象应该及时予以关注和思考；可以进一步深挖运用鄂州“铜镜文化”资源，如在“家居类”小铜牌等同类产品的正反面，分别刻画源于馆藏精品铜镜的美好寓意的铭文，喜瑞吉祥的纹饰等；在“文具类”包袋产品上增加对应“古铜镜”文化的简要文字介绍或文学内容，弥补仅有古铜镜的镜背纹饰而过于单薄的不足。同时，在近年开发的，热度和销量较好的“观音阁”主题陶杯、文具“四件套(笔、尺、签、本)”的基础上，进行市场调研，适时推出“铜镜文化”主题的“家居类”、“文具类”产品，这也是对现有文创品牌体系的丰富。

2.补完文创产业链条

现阶段，鄂州市博物馆可以探索试行“调研为先，奖惩为次，分工再次，生产居末，全程宣传”的文创发展思路，建立依序进行的(前后序)“专业调研 · 宣传——科研、考古、藏

品、社教、财务、文创部门分工协作·专业设计——定量或批次生产——绩效考核——总结改进——宣传”的内部可控产业链条。目前缺失的链条“环”前文已叙。链条缺失环节中，具备条件可以进行补完的具体建议是，鄂州市博物馆应树立调研为先的研产意识，控制和减弱之前自身意向性、上级指向性等研产意识可能带来的市场风险，研产具备大众喜爱、富有内涵等特质的文创。其次，是明确参与部门，划分协作要求，保障必要经费，吃透优扶政策，实行奖惩制度，实现资源共享，完成研、产转化并作定期反馈总结。最后是宣传推广，重点在持续、全面，前期“造势”宣传(侧重文化内涵和相关价值)、面世优惠及附赠活动宣传(侧重产品本体价格优惠和附赠品价值)，售后服务宣传(侧重商业诚信、产品保养及复购优惠)。通过链条补完，以期破解博物馆资源分散、支撑不足、拓展受限的局面。

3. 重视调研术业作用

凡事预则立，不预则废。鄂州市博物馆应进一步提高调研认识，在产品研产、设计等关键环节，委托专业公司进行新品前期市场需求、形制规格、样品试用、系列划分及定价，产品投入市场特定周期销售状况等专门类的调研，精准定位消费者群体和价格，针对性研产有品牌的文创。另一方面，博物馆文创不同于一般意义上的文化产品，它作为一种特殊载体承载了传授知识、传播文化、传承文明的责任。鄂州市博物馆文创能否获得消费者认同，形成品牌，达到“以创新设计彰显文化内涵”是关键。本馆应持续加强与湖北省博物馆、湖北美术学院、武汉大学等院校机构的交流合作，将诸多学术、文物等资源整合利用，让学者、专家，统计师、设计师等专业人士来研究挖掘文化内涵，开展市场调研，创新设计形制。

三、结语

博物馆文创产品不是单纯的藏品复制或文物嫁接品，而是传授知识、传播文化、传承文明的特殊载体。它体现了当地的历史文化沉淀，注重的是对文化的挖掘和创意的开发，它通过创意“让文物活起来”，通过产品“把文化带回家”，发挥了文化对社会发展的导向和支撑作用。在文旅融合背景下，鄂州市博物馆的文创产品不仅要以当地核心文化资源为基础，更需要调研消费群体需求和掌握相关政策，“深挖文物背后的故事”，细分调整文创产品体系，着力“品牌”建设，以彰显地域文化，助力鄂州发展。

参考文献：

[1] 徐壮.清明假期国内出游2376.64万人次[N].南方农村报，2023-4-6(5).

[2] 荆楚网.4家4A级景区 2个全国旅游名镇 6个全国旅游名村 鄂州文旅激活“诗与远方”.http://news.cnhubei.com/content/2023-01/15/content_15384998.html.

[3] 可文.推动旅游发展迈上新台阶[N].人民日报海外版.2021-6-26(5).

[4] 边蕊，左曼，黄薇.文旅融合背景下的河南博物院旅游文创产品开发设计研究[C].戴斌.2021中国旅游科学年会论文集：新发展格局中的旅游和旅游业新发展格局.中国旅游研究院.2021:1082-1083.

[5] 岳瀚楲.中日对比视域下中国文创产业品牌化建设研究[J].文化创新比较研究.2019，3(19)，151-152.

[6] 王颖.基于品牌形象系统的博物馆文化创意产品差异化设计策略研究[J].美术大观，2020(3)，106-107.

[7] 王家辉，于杨.故宫文创产品设计对我国日用瓷产品创新的启示[J].美与时代(上)，2019(7)，27-29.

[8] 汪珩.从纪念品到“出圈”神器，探索新时代博物馆文创产品发展策略[J].文物鉴定与鉴赏.2023(1)，80-83.

[9] 鄂州市人民政府官方网站.市人民政府关于加快全市文化和旅游产业高质量发展的实施意见.http://www.ezhou.gov.cn/gk/zfgb/2020n/2020n1q/szfwj_

3907/202006/t20200622_342391.html.
[10] 龚鹏程.文化符号学:中国社会的肌理与文化法则[M].上海人民出版社,2009.
[11] 淘宝网.上海博物馆旗舰店.https://detail.tmall.com/item.htm?abbucket=0&id=661155839200&ns=1&spm=a21n57.1.0.0.7769523cIQZKDP&skuId=4935701026447.

鄂州市博物馆在促进可持续发展与社会福祉中的关键作用

万芷薇　鄂州市博物馆

摘　要：本文旨在探讨博物馆在构建美好生活与社会可持续发展中的关键作用。文章阐述了博物馆如何通过文物征集保管、陈列宣传、科学研究和开发利用以及对全市文物保护单位进行管理等历史使命来实现可持续发展目标，以一些成功案例为例，总结了博物馆在促进社会教育、包容性、提高公众历史文化素养和引导公众正确认知历史等方面的贡献。

关键词：鄂州市博物馆；可持续发展；社会福祉

在全球面临日益严峻的环境、社会和经济挑战的当下，博物馆作为社会的重要组成部分，对于构建可持续的未来和美好生活具有关键性作用。本文将探讨博物馆如何通过多种方式助力实现可持续发展目标，并为实现人类福祉提供支持。

一、博物馆与坚定文化自信，传承文明薪火

博物馆作为知识的守护者和传播者，在教育方面具有无可替代的作用。鄂州市博物馆举办各类教育项目，引导公众关注可持续发展议题。公众号与QQ群是两个典型的平台，鄂州市博物馆的公众号每篇阅读量在1000左右，且互动平均为10条以上，不乏中老年受众留言期待着博物馆的视频号直播，而QQ群里则是以青少年和他们的父母为主要组成成员，鄂州市博物馆每期的“文博小课堂”讲座吸引了几千名潜在学生进入QQ群成为报名候选者，每周的文博课堂虽然主题不一，但都是诸如：“神奇的透光镜”，介绍汉代透光镜的物理学原理以及“古铜镜之乡”鄂州的铜镜复原复制工艺；“荆楚大地的沃盥之礼”，介绍沃盥之礼的由来与重要性，结合中华礼仪讲述现代卫生习惯；“鄂州雕花剪纸”等具有本土特色的历史知识，激发了青少年们探索知识的兴趣，成为通过社教课堂这个窗口渗透到历史、文化和科学启蒙知识的源泉，于学生们而言，从小奠定深厚的文化遗产，也为他们努力学习，提高知识能力，为他们未来的发展奠定良好的基础。

二、展览与讲座的积极影响

博物馆作为文化教育的重要载体，可以通过丰富多样的展览和教育活动，提高公众对爱国主义情怀的认可度和赞同感。鄂州博物馆在2020年至2022年共联合校园社区等单位开展了30余场展览，这些展览以生动且引人入胜的方式展示了祖国的历史、文化和科技成就，从而让观众在参观过程中深受启发，增强了对国家历史和民族文化的认同感。

而在鄂州博物馆内，观众更是可以近距离接触到珍贵的历史文物，目睹这些见证了国家历史沧桑的宝贵遗产。这些文物不仅仅是物质的存在，更承载着丰富的历史信息和民族记忆，它们讲述着悠久的历史故事和英雄事迹，让游客们不禁为之动容。此外，鄂州博物馆的三国历史展厅也通过多媒体手段，如数字展览、虚拟现实等技术，使观众能更加直观地感受历史的气息，仿佛穿越时空，与过去的英雄们共同书写辉煌。

过去几年，为了激发青少年对爱国主义的热情，鄂州博物馆还与各大学校、社会组织密切合作，通过各种形式的教育合作项目，将爱国主义教育融入课程，使学生在轻松愉悦的环境中学习和成长。这些项目包括实地考察、暑期实习、志愿者服务等，既丰富了学生的课余生活，又培养了他们的实践能力和团队协作精神。2023年鄂州市博物馆开展“全民国家安全教育主题图片展”文化六进活动——走进鄂州职业大学的陈展圆满结束，在参与学生群体的心中树立了爱国主义的典范，使观众在参观中深受启发和教育。博物馆不仅传承了宝贵的历史记忆，还培养了公民的社会责任感，从而促进了国家的和谐发展。

同时，鄂州博物馆也关注社会问题和全球议题，如环境保护、人类发展等方面。这些具有时代特色的展览和活动，鼓励公众从更广泛的视角思考国家和世界的发展，关心人类命运共同体的建设。在这一过程中，博物馆起到了引导和推动的作用，使爱国主义情怀与时俱进，具有更强烈的现实意义。

三、促进包容性与应对社交隔阂

鄂州博物馆作为地域文化的重要代表，始终致力于推动多元文化的传播与交流。通过举办各类展览、教育活动和社区项目，鄂州博物馆不仅提高了公众对不同文化和历史背景的理解与尊重，还为促进民族包容性、消除歧视、共建和谐社会发挥了积极作用。

在展览策划方面，鄂州博物馆注重挖掘鄂地本土文化精华，同时兼顾世界各地的多样文化元素。不定期举办世界文化遗产、民族艺术、非物质文化遗产等主题展览，让观众亲身感受各地风俗习惯和独特魅力。这些展览有助于培养观众对多样文化的包容心态，消除地域性的文化隔阂和误解。

鄂州博物馆还重视公共教育和社区参与。针对不同年龄段和背景的观众，博物馆开展了系列讲座、亲子活动、手工艺课程等。这些活动既丰富了公众的文化生活，也提高了他们对文化多样性的认识。此外，鄂州市博物馆常与吴都社区、北门社区合作，针对少数民族、老年人等弱势群体，推出特色展览和文化活动，为他们提供传承、交流和展示的平台。在去年成功举办的13场艺术项目中，每场都有邀请当地居民共同参与创作公共艺术作品，以展示社区多样性和文化包容性。通过这些项目，不同背景的居民得以相互了解和交流，加深了对彼此文化的尊重，有助于消除歧视和隔阂，提升社区凝聚力。

鄂州博物馆作为一个充满活力的文化空间，通过组织各类社区活动，为不同年龄、文化背景的人们提供了一个交流互动的平台。这些活动旨在促进文化多样性，缩小社会隔阂，增进人们之间的理解和友谊。

首先，鄂州博物馆通过策划丰富多样的主题展览，展示各国文化特色和地域风貌，激发民众对不同文化的兴趣和尊重。在这一过程中，观众可以了解到各地的历史、风俗和传统，从而提高文化包容性，促进跨文化交流。在鄂州博物馆的三楼东边，有一个专门策划临时展览的展厅，旨在为艺术家、收藏家和学者提供了一个展示和交流的平台，鼓励他们发挥创造力，为世界献上更多精彩的文化作品。各种跨界合作不仅推动了文化交流，还提高了各领域专业人士对爱国主义情怀的认同感，共同为祖国的繁荣发展贡献智慧和力量。

其次，鄂州博物馆积极开展公共教育项目，如讲座、研讨会、艺术课程等，吸引不同年龄层次的观众参与。这些项目既有利于提高公众的文化素养，又有助于培养社会责任感和公民意识。此外，鄂州博物馆还设立特定活动日，如家庭日、亲子日等，为家庭成员提供共同参与的机会，增进家庭间的亲子关系。

在过去的一年里，鄂州博物馆还数次携手社区组织，共同推动社会公益事业，关注弱势群体，如残障人士、老年人等。通过举办无障碍展览、支持志愿者服务等方式，让更多人受益于文化资源，实现文化公平和共享。

综上所述，博物馆通过组织多元化的社区活动，为不同年龄、文化背景的人们提供了一个交流平台。

放眼世界，有不少成功案例能充分展示博物馆在促进可持续发展和社会福祉方面的贡献。以下将举二例进行论述说明：

案例一：纽约自然历史博物馆（American Museum of Natural History）

纽约自然历史博物馆是世界著名的科学和文化机构之一，旨在为公众提供关于自然界和人类文明的知识。在环保和可持续发展方面，该博物馆承担了重要责任。例如，它推出了“气候变化：地球的未来”（Climate Change: The Threat to Life and A New Energy Future）展览，旨在提高公众对气候变化问题的认识和关注。展览通过展示来自全球的研究成果，让观众了解气候变化对地球生态系统的影响以及应对措施。同时，博物馆还组织了一系列教育活动和讲座，培养公众的环保意识和可持续生活方式。

案例二：英国博物馆（British Museum）

英国博物馆作为全球最重要的博物馆之一，其在促进社会福祉方面的贡献不言而喻。例如，该博物馆与当地社区合作，为边缘化群体提供教育和文化支持。在“博物馆对话：社区参与计划”（Museum Dialogues: Community Engagement Project）中，英国博物馆与周边社区合作，邀请移民、难民和其他弱势群体参加展览和活动，通过文化交流促进社会融合。此外，该计划还包括针对老年人和残疾人的无障碍展览，确保所有人都能平等地享受博物馆所提供的文化资源。这一项目充分展示了博物馆在促进社会福祉方面所作的努力。

这两个成功案例充分展示了博物馆在促进可持续发展和社会福祉方面的贡献。通过这些具有深远影响的项目和活动，博物馆以文化教育为纽带，为解决全球性问题和提高社会福祉做出了积极的贡献。

综上可知，博物馆在构建美好生活与社会可持续发展中具有关键性作用。通过教育项目、陈列展览、社区活动和研究，博物馆在促进可持续发展与社会福祉方面已经取得了显著的成果。

然而，尽管博物馆在促进可持续发展与社会福祉方面发挥着重要作用，但它们也面临着一些挑战。以下列举了博物馆在实现这一目标过程中可能遇到的问题以及相应的应对策略。

资源匮乏：许多博物馆面临着资金、人力等资源的不足。为应对这一挑战，博物馆可以考虑与各类机构建立合作关系，共同筹集资金，争取政府支持，以及通过社会公益活动吸引志愿者参与。

观众参与度低：有时博物馆的活动与展览并不能吸引足够的观众参与。为提高观众参与度，博物馆应关注社会热点话题，创新展览形式，增加互动环节，以及通过社交媒体和其他宣传渠道吸引更多观众。

以下几点建议可能对博物馆在这方面的未来努力有所帮助：

深化跨领域合作。博物馆应与政府、企业、非政府组织等多方积极合作，共同推动可持续发展目标的实现。通过跨领域合作，博物馆可以更好地整合资源，发挥各方优势，为促进可持续发展和社会福祉提供更多创新性的解决方案。

增强数字化能力。数字技术为博物馆提供了前所未有的机会。博物馆应积极探索数字化在展览、教育、研究等领域的应用，以扩大影响力，增强与公众的互动，提升参观者体验。当前日活跃量达三亿的抖音快手等短视频平台的直播，不失为一个好渠道。00后的中国公民被人称为“互联网的原住民”，他们出生就处在已经相当发达的互联网时代了，因此对“数字生活”具有天然的接受力和适应力，数字化、智能化是未来的重点发展渠道，博物馆应利用大数据和人工智能技术为博物馆的策展、管理和推广提供有力支持，同时采用虚拟现实、增强现实等技术为观众带来沉浸式的展览体验，使博物馆成为科技与人文的交融之地。为观众提供更加丰富、便捷的展览和学习体验。

四、总结

综上所述，博物馆在实现可持续发展目标和促进人类福祉方面具有重要意义，有着举足轻重的作用。在未来的发展过程中，博物馆需要不断创新、加强合作、提升服务能力，以更好地为实现人类福祉和地球可持续发展作出贡献。而要充分发挥博物馆在这方面的作用，还需要相关政策的支持和社会各界的参与。政府应当为博物馆提供足够的资金支持，以便博物馆能够开展更多有益于可持续发展和福祉的项目。同时，博物馆也需要与其他行业和领域展开跨界合作，共同探讨如何实现可持续发展目标，为构建美好未来贡献力量。

参考文献：

[1] 张昱.在博物馆与公众生活间架起“超级连接”[N]上海文汇报，2018-5-18(5).
[2] 王宏钧.中国博物馆学基础[M].上海古籍出版社，2001:46.
[3] 吕建昌.博物馆与当代社会若干问题的研究[M].上海辞书出版社，2005:5-10.
[4] 单霁翔.关于新时期博物馆功能与职能的思考[J].中国博物馆，2010(4):4-7.

博物馆可持续发展视域下非物质文化遗产的保护与传承

——以鄂州雕花剪纸为例

严桦瑶　鄂州市博物馆

摘　要：鄂州市非物质文化遗产资源丰富，总量大，门类数量齐全，涵盖衣食住行，遍布城乡、分布广泛，孕育发展了优秀的民间艺术。习近平总书记指出，民间艺术是中华民族的宝贵财富，保护好、传承好、利用好老祖宗留下来的这些宝贝，对延续历史文脉、建设社会主义文化强国，实现经济社会全面、协调、可持续发展具有重要意义。本文将以鄂州雕花剪纸为主题浅谈博物馆如何在可持续发展的视角下保护和传承非物质文化遗产。

关键词：博物馆；非物质文化遗产；可持续发展；鄂州雕花剪纸

一、非物质文化遗产的概念与现状

（一）非物质文化遗产的概念和分类

非物质文化遗产是指人类创造的，具有一定历史、文化、民族和地域特征，以口头传承、表演艺术、社会实践、节庆仪式、手工艺等形式表现的文化遗产。与物质文化遗产不同，非物质文化遗产主要体现在人的思想观念、生活方式、价值取向、信仰习俗等方面，具有独特的文化内涵和历史价值，是人类文化多样性的重要组成部分。在国内外，对于非物质文化遗产的分类和保护方式有不同的理解和实践。根据联合国教科文组织的《保护人类非物质文化遗产公约》，非物质文化遗产可分为口头传统和表演艺术、社会实践、知识与实践、手工艺技艺四类。在中国，《中华人民共和国非物质文化遗产法》将非物质文化遗产分为口述传统、表演艺术、社会实践、民俗、有关自然界和宇宙的知识和实践、传统手工艺等六类。

非物质文化遗产具有三大特点：一是承继性，非物质文化遗产具有丰富的历史沿承，往往有不少丰富多彩的民俗、故事和传说。二是多样性，我国地大物博、民族众多，地域、民族间的差异使得非物质文化遗产种类多样。三是独特性，每个非物质文化遗产项目都有自己的鲜明特点，具有独特的吸引力和冲击力。对非物质文化遗产加以保护、传承、利用，是博物馆进一步实现其核心价值，进一步深化社会服务，走向可持续发展的体现，符合博物馆发展的规律，也是博物馆的新时代主题。

（二）非物质文化遗产保护与传承现状

非物质文化遗产的保护方式也因国别、文化和法律等因素而异。在国际上，联合国教科文组织推动的“保护与发展”理念，强调非物质文化遗产的保护应该在保持其原汁原味的基础上，与当地社区和发展需求相结合，实现非物质文化遗产的可持续发展。

在中国，非物质文化遗产的保护工作主要由政府、博物馆、文化机构和社区等多方参与，采取立法、保护、传承和创新等综合手段，推进非物质文化遗产的保护和传承。其中，联合国教科文组织认定的“人类非物质文化遗产代表作”、国家级非物质文化遗产名录、非物质文化遗产保护区等制度化的保护方式得到了广泛的应用。同时，还开展了非物质文化遗产数字化保护、文化创意产品开发、非遗公益传播等工作，为非物质文化遗产的保护和传承提供了多元化的保障。

二、鄂州雕花剪纸的历史与文化背景

（一）鄂州雕花剪纸的历史渊源及发展

鄂州雕花剪纸是中国传统手工艺，起源于湖北省鄂州市，已有400多年的历史。雕花剪纸是将彩纸用剪子剪成各种形状和图案，再进行手工雕刻剪而成。题材丰富，构思精巧，风格淳朴，有着独特的地域特征和史料价值，已先后荣列市级、省级、国家级以及联合国教科文组织颁发的“人类口头与非物质文化遗产代表作品名录”。鄂州雕花剪纸不仅在国内有很高的声誉，而且在国际上也有着广泛的知名度。

鄂州地处湖北省东南部，全市国土面积1504平方公里，境内大小湖泊密布，总水面65万亩，有“百湖之市”的美誉，是驰名中外的“武昌鱼”故乡。鄂州交通便捷，长江傍境而过，古时即为鄂东南重要商埠，但也因此水患不断，史载仅清朝顺治至光绪初年(1644—1875)，鄂州就遭水患43次，民国时期则是两三年一次。“荒年饿不死手艺人”，花样这种简单易学，成本低的手艺便成为人们生存下来的最佳选择。鄂城花样就是在这独特的文化土壤中孕育而生。鄂州因此成为我国剪纸艺术的传承要地。

南朝梁宗懔(江陵人)《荆楚岁时记》中就有关于荆楚地区“人日”习俗和剪纸的记载：“剪彩为人，或镂金薄为人，以贴屏风，亦戴之头鬓。又造华胜以相遗。登高赋诗。”唐代诗人李商隐《人日》诗中云：“镂金作胜传荆俗，剪彩为人及晋风。”均说明剪纸及相关习俗在南朝和唐代已在荆楚一带社会生活中广为流传。

清光绪年间刊印的《武昌县志》上记载了清光绪年间的一种民间风俗：“除夕镂褚为钱，遍黏户牖曰封门。”这是迄今为止有关鄂州雕花剪纸的最早史料。

据《鄂州档案存真》记载，鄂州花样剪纸约在1600年前兴旺起来，到20世纪30年代达到辉煌。成立于1922年的鄂州花样工会，成为当地剪纸文化的专业行会组织。鄂城花样剪纸工会的成立，丰富了我国传统商业活动的内容，成为我国剪纸历史上的重要里程碑。据鄂州剪纸艺人章修谷老人口述，1916年，新洲的剪纸老艺人来樊口定居，走乡串户卖花样，樊口八房湾徐安徽、戴锦江、廖云鹏等青年拜其为师学习剪纸，剪纸工艺由此发展到周边乡村。后因剪纸艺人队伍逐渐壮大，1935年10月，鄂城的剪纸艺人及剪纸爱好者在鄂城小北门聚会，正式成立“鄂城花样工会”，制定了章程，选举廖云鹏为主席，戴锦江为副主席，会员发展到60余人，并延伸到樊口周围的杜沟、马房咀、苏家墩等地。黄冈、大冶、新洲、浠水等地乃至江西、安徽等外省的民间艺人都参加进来。由于组织和经营范围的扩大，制作的出售品种也在增多，以剪纸花样为主，还做些竹编、蜡染、刺绣等工艺品出售。这个组织的活动一直延续到新中国成立初期。时任中国剪纸学会副会长吴润令曾题词赞鄂城县花样工会。

鄂州雕花剪纸2009年作为中国剪纸的优秀代表之一，被联合国教科文组织列入人类非物质文化遗产代表作名录，2018年"雕花剪纸公益培训与传承传播"成功申报第四批国家公共文化服务体系示范项目，同年入选文化和旅游部第一批国家传统工艺振兴目录。

（二）鄂州雕花剪纸的文化品牌及名片

鄂州雕花剪纸源于1600多年前的民间"花样子"，当时的传承模式主要为家庭族传模式，所以传承过程中的细节和技巧，外人是难以通过书本等途径学习得到的，这种传承模式也极大地限制了当时鄂州雕花剪纸的传播范围与民众认知度。

随着对非物质文化遗产的重视不断加大，像鄂州雕花剪纸这样优秀的民间艺术也顺应时代的发展，在可持续发展的道路上不断焕发出新的生机。2006年9月，鄂城花样剪纸入选首批市级名录。2007年6月，鄂州雕花剪纸入选首批省级名录。2008年6月，鄂州雕花剪纸入选国家级名录。2009年12月，作为中国剪纸的优秀代表之一，鄂州雕花剪纸入选联合国教科文组织"人类非物质文化遗产代表作名录"。

2018年，"雕花剪纸公益培训与传承传播"成功申报第四批国家公共文化服务体系示范项目，同年入选文化和旅游部第一批国家传统工艺振兴目录，成了鄂州一张靓丽的名片。在近年来的全国示范项目创建工作中，鄂州雕花剪纸在国内外舞台展现出中华优秀传统文化的新姿，增强了民间文化的生命力和影响力，开创了非物质文化遗产保护传承的新路径、新机制，形成雕花剪纸保护传承的鄂州样本。

三、博物馆要在可持续发展的视角下保护和传承非物质文化遗产

（一）博物馆与非物质文化遗产

博物馆是启发民智的场所，是一座城市或地区的名片，是文化遗产的收藏地，也是熔铸、提炼新文化的殿堂。文化遗产包含物质文化遗产和非物质文化遗产两大部分。从20世纪50年代以来，中国的博物馆逐渐具备了研究、教育、收藏的功能，并通过几代人的不懈努力，在物质文化遗产的收藏保护制度方面积累了丰富的工作经验。然而，对于非物质文化遗产的保护、利用来说，我国博物馆大多还处在摸索过程中。虽然在收藏物质文化的同时，博物馆也自觉不自觉、或多或少地收藏、保护了一批非物质文化遗产，但非物质文化遗产保护需要的不仅是收藏保管，进行普查或建立代表作名录，最重要的是进行传承。这就需要将非物质文化遗产博物馆化。

非物质文化遗产没有固定的有形载体，处于不断消失中，依靠人们的发现和收藏而存世。博物馆是文化遗产保护的重要场所，所以保护非物质文化遗产也是博物馆的重要责任之一，是博物馆服务社会、服务大众、开展工作的重要组成部分。与物质文化遗产相比，非物质文化遗产更贴近大众的实际生活，更适合群众的欣赏要求。因此，博物馆要充分反映非物质文化遗产的过程或技艺，充分挖掘其文化内涵，使原本枯燥乏味的知识生动起来，使原本高高在上的内容亲近熟悉起来，定能突

破博物馆陈列原有的图片、实物加说明的简单、呆板模式，定会给博物馆带来勃勃生机与活力。随着我国非物质文化遗产保护工程的启动，作为解读、认知文化遗产催化剂，连接公众和文化遗产桥梁的博物馆，应该充分发挥地区特色和优势，利用陈列展览等手段来传递非物质文化遗产信息，展示本地非物质文化遗产的成果；不仅要让观众看到“物”，更要透过“物”看到历史和文化，看到以“物”为载体的“非物”；使青年在陈列中寻找到历史，老人寻找到记忆；使观众在参观中受到乡土文化的熏陶，心灵得到深深感染，从而激发爱土、爱乡、爱国的情怀。

强化服务是博物馆永恒的主题。光有良好的硬件设施而缺少优质的服务，对博物馆来说依然无法有效提升自身的实力和水平。这一点无论对于物质文化遗产还是非物质文化遗产都一样适用。要抓好服务，首先就应该重视讲解工作。讲解工作水平的高低，不仅直接关系到博物馆社会宣传教育职能的开展，直接影响到博物馆在观众心目中的形象，还会进而影响到博物馆的社会效益。因此，博物馆需要配备较高素质的讲解人员，作为文物展品、陈列环境和观众之间的桥梁纽带，通过运用语言艺术、讲解技能和真挚的感情，来帮助观众最大限度地吸取相关知识和信息。针对不同观众，博物馆可采取不同的政策：譬如对于学生，无论预约与否，均一律随到随讲，免费讲解；对于普通观众则可在每天上午、下午定时开设免费讲解专场；而对于残疾人、弱势群体，博物馆可主动邀请，通过讲解员的语言或手语，使其感受、理解陈列中蕴含的文化知识；对于外来务工人员子女，可以考虑举办夏令营活动，为这些孩子创造更好接受历史熏陶，感悟、体验灿烂文明的机会，充分发挥博物馆的社会教育功能，扩大博物馆非物质文化遗产保护的影响。

（二）鄂州市博物馆保护和传承鄂州雕花剪纸的实践探索

作为国家历史文化名城，鄂州历史悠久、文化灿烂，民俗文化资源根深叶茂、异彩纷呈。不仅有丰富的物质文化遗产，还有大量的非物质文化遗产。仅市级非物质文化遗产保护项目就多达47项，其中“鄂州雕花剪纸”“嵩山百节龙”“泽林旱龙舟”“鄂州牌子锣”等均入选国家级非物质文化遗产名录。

以鄂州雕花剪纸为例，在可持续发展的视角下保护和传承非物质文化遗产，主要有四个方面：①文化认同和社区参与：博物馆应该与当地社区和手艺人密切合作，加强文化认同和社区参与，使鄂州雕花剪纸成为当地文化自信的象征；②展示与教育：博物馆应该通过展览和教育活动，向公众展示鄂州雕花剪纸的历史、技艺和文化内涵，同时开展相关培训和工作坊，促进技艺传承。③数字化和创新：博物馆可以通过数字化手段和创新技术，如虚拟展览、数字化收藏和文化遗产保护技术，推进鄂州雕花剪纸的保护和传承，同时促进其可持续发展。④合作与共建：博物馆应该积极与当地政府、文化机构和手艺人合作，共同推进鄂州雕花剪纸的保护和传承，形成共建共享的文化生态系统，推动非物质文化遗产的可持续发展。下面将从第二点：展示与教育方面进行重点探讨。

近几年来，随着非物质文化遗产概念的引入及相关工作的开展，以举办地方特色展览为己任的鄂州市博物馆将保护、宣传、展示非物质文化遗产作为时代所赋予的社会责任与历史使命，纳入到日常工作中。馆里在做好陈列布置的同时，还注意结合本地深厚的历史文化底蕴，大力弘扬非物质文化遗产。根据鄂州雕花剪纸项目的内容进行深入挖掘，策划对外宣传展览："世界非物质文化遗产——鄂州雕花剪纸展"。在有关专家的关心和各级文化部门的重视、支持下，鄂州市文化职能部门已将雕花剪纸作为对外宣传交流的一张重要名片，列入生产性保护项目。

展览以"非物质文化遗产——鄂州雕花剪纸展"为主题，分四个单元介绍鄂州雕花剪纸的历史地位、雕花剪纸的制作、传统雕花剪纸"花样子"和现代雕花剪纸，从制作工艺、造型特点、纹样分类、用途分类、哲学观念与精神象征，全方位、多角度向观众展示鄂州雕花剪纸的历史地位、传承发展和社会影响。全方位展示了鄂州市民俗文化的起源、发展历程以及影响，体现了鄂州市内不同区域、不同时期民俗文化的特征。在艺术形式的呈现上，以鄂州典型性剪纸文化形态为基础，展品采用绣品与剪纸作品的结合，剪纸作品采用亚克力装订，后面衬托红、白色系毛毡展示，重点文物有云肩、童服等，直接采用实物展示。现代雕花剪纸单元中结合鄂州古铜镜之乡里铜镜纹饰元素，提取出四叶八凤镜纹、半圆方枚神兽镜纹等剪纸作品。配合展板、图片、图表、复制品、多媒体等辅助展示手段，将鄂州花样子雕花剪纸的民俗文化知识节点全方位展示出来。

目前，在有关专家的关心和各级文化部门的重视、支持下，鄂州市文化职能部门已将雕花剪纸作为对外宣传交流的一张名片，自2018年开始对外展览输出宣传，至2023年，每年固定对外展出2到3次。送至云南省保山市博物馆(2018年12月26日—2019年2月26日)、云南省大理白族自治州博物馆(2019年3月12日—2019年5月8日)、广东省东莞市鸦片战争博物馆(2020年1月7日—2020年3月7日)、江西省九江市博物馆(2021年1月28日—2021年3月22日)等。结合展览策划主题性社教活动，展览开幕以来，引发媒体广泛关注和各地市民的热烈反响。鄂州雕花剪纸这支民间艺术奇葩，将愈开愈艳。

下一步，为最大限度地发挥自身资源优势，让更多人了解本地的非物质文化遗产，鄂州市博物馆将采取"走出去、请进来"的办法，加强与社会各界的联系：推出非物质文化遗产代表作图片展，主动赴机关、学校、企业、社区、乡村等地进行巡展，使展览走出博物馆、走向社会，让包括平时少有机会走进博物馆的人在内的大众，感受一次文化之旅，真切体验到本地区的历史与文化，与本地的非物质文化遗产进行一次亲密接触，拉近博物馆与普通大众之间的距离。在"走出去"过程中，对于小学生，可采取话剧、宣讲、联谊等方式，寓教于乐，达到较好的教育目的；对于具有独立思考能力的大专院校学生，可举办较深层次的专题讲座；对于青少年团体，则可推出征文比赛、演讲比赛等活动，激发其参观热情，培养其对博物馆的感情，更好地发挥博物馆教育基地的作用，使其了解博物馆，了解身边的非物质遗产。此外，志愿者是博物馆力量的重要补充。建立、发展志愿者和博物馆之友队伍，使其参与到展厅管理、讲解服务、宣传普及等工作中来，能使他们将把本地区的非物质文化遗产，以及自己在博物馆中的所见所闻所感介绍给身边的人，让更多人了解博物馆、了解非物质文化遗产，扩大影响力。从而实现非物质文化遗产的可持续发展。

总之，博物馆保藏的非物质文化遗产蕴含着丰富的历史与文化，具有很高的价值，若不能好好利用，对博物馆来说是一种资源的浪费，对观众来说也是一种损失。因此，博物馆要立足、依托自身优势，在可持续发展的视域下，让展品“动”起来，让文化“活”起来。

参考文献：

[1] 鄂州市群众艺术馆.湖北省非物质文化遗产丛书(2012)·鄂州雕花剪纸[M]武汉：湖北人民出版社，2012.10.

[2] 武洪滨. 博物馆叙事语境中的非物质文化遗产[J].中国人民大学学报，2022，36(1):183-192.

“物”与“展”的叙事路径探析

——以孝感市的博物馆为例

胡铝　孝感市博物馆

摘　要：作为连接过去、现在、未来的桥梁，博物馆对于构建美好生活与社会可持续发展具有关键性作用。博物馆可以通过教育项目、陈列展览、社区活动和研究等多种方式助力实现可持续发展目标：从支持气候行动和促进包容性，到应对社交隔阂和改善心理健康。那么面对新形势新任务新要求，如何持续激发本市博物馆事业的活力，发挥博物馆对于构建美好生活与社会可持续发展的重要作用，也就成为本市博物馆在实施公共文化服务过程中值得研究的重要课题。本文将从本市博物馆策展与博物馆可持续发展的探索路径的角度展开分析。

关键词：博物馆；陈列；孝感

千百年来，孝感钟灵毓秀，文明璀璨。门板湾、叶家庙、楚王城等古代遗迹绚丽缤纷；云梦秦简、秦汉漆器、“中华第一长文觚”等国宝文物举世闻名，孝感皮影、雕花剪纸等非遗文化源远流长；更有董永、黄香、孟宗等孝文化名人光耀史册，李白、欧阳修等文化巨子旅居孝感、放歌孝感留下无数佳篇以传世。考古发现表明，早在距今10万年前的旧石器时代，就可能有人类生活在孝感。历史上在孝感这片热土上生活过的人民创造的一切物质和精神文明汇集在一起，就形成了坚实厚重、融通进取的孝感文明历史。孝感文明在夏商周时期蓄积繁衍，在秦汉魏晋南北朝时期复苏崛起，在隋唐宋元时期繁华异彩，在明清时期的日臻鼎盛。孝感文化悠久绵长。当前孝感市众多的博物馆开始尝试通过构建物件自洽的历史情境，从空间、物件和记忆三个叙事层面进一步勾勒博物馆公共文化服务的未来图景，为当代博物馆展陈提供新的实践方式，赋予文物建立新身份的符号力量，让博物馆展陈在保持文化视角与态度的同时更好地参与到公共文化服务的体系当中，在传递文化知识、促进理性启蒙和创新教育方式等方面发挥重要作用。

一、本市博物馆展陈概况

孝感市作为楚文化发源地之一，文物资源类别不胜枚举。一碟一盏、一器一物，千年技艺，世代相传，绽放在或壮观或精美的器物之上。数千年过去，众多文物遗迹等经受岁月的洗礼，经过时代的变革，在兼收并蓄中历久弥新，被很好地收录在各博物馆之中。

（一）本市博物馆陈列形象建构方法

1. 以物证史法

在本市通史或历史类专题陈列中，往往可以看到无处不在的实物与历史文献相结合的“二重证据法”阐释模式。如孝感市博物馆“红色征程——孝感革命斗争史”基本陈列，一方面通过实物展品陈列直接反映不同时代的物质文化；另一方面结合文献资料，讲述这个时期的人物、事件、社会演化等历史背景。这种陈列模式从1959年中国历史博物馆(现为"中国国家博物馆")的"中国通史陈列"开始，直至现在经久不衰。

2.情境阐释法

情境阐释需要构造特定的考古环境。对于该种方法下形成的基本陈列，最大的对象或最大的价值就是陈列品的实物原件。这些通过科学的考古手段获取的出土物以及这些出土物所在的出土环境，甚至可以说是该基本陈列的灵魂。例如孝感市博物馆基本陈列"孝感市文明史"运用情景阐释法展示出土文物的原生环境(图一)，让观众通过"空间体验"的方式了解遗物、遗迹单元的整体性和关联性，从而形成相对完整的信息链条。

图一 孝感市博物馆"孝感文明史"基本陈列对新石器时代门板湾城址的考古情景还原

3.关联阐释法

关联阐释法下建构的展陈是将考古文物放在一个更加宏大的文化背景下重构信息脉络。正如徐良高对"现象关联"的描述："建立现象之间的关联，对一个行为、事件过程和历史片断等进行整体陈述。建构是一种研究者对某一历史事件的过程和历史片段中相关因素的关联性的复原。"近年来，"大别山区(湖北境)契约文书展""秦楚和鸣——湖北云梦郑家湖墓地出土精品文物图片展"等均是以关联阐释为基础构建的主题性展览，从人类文明史的角度延伸了考古文物的文化价值，形成了一种主流趋势。

(二)本市博物馆展陈的空间秩序性塑造

1."物"叙事语境的形成

物件是展览的核心，当它嵌入博物馆的叙事语境中便拥有了特殊的魔力。对于本市的博物馆来说，其空间意义是由空间叙事所塑造的物件集合体，其内部语义和外部边界都由物件决定。如云梦祥山博物馆的《古泽云梦》《中国秦代简牍文物》《中国秦代漆木器精品》《云梦现代文明》等四个基本陈列，空间为展品提供了"栖身之所"，通过组织架构、秩序编排和互动关系并结合展览的叙事主题营造了特定的叙事情境，展示了云梦精品文物及历史文化的亮点特色。

2."展"叙事语境的形成

藏品展览的空间秩序遵循了历史进程时间化的维度，是人类文明演变的时空缩影。本市博物馆发展到今天，展陈若仅仅普通地以"客观陈述"或"再现"历史原貌为目的，便无法更大地发挥对现实世界的指导作用。而明确地构建一个自洽的历史情境，通过历史情境的呈现或者叙事，以新时代视角诠释世界历史，从而向大众展示各个文化独立发展过程中的相似进程，以及这些文化发展到一定程度后互相间产生的联系和冲突，成为本市博物馆策展逻辑。

3."物"与"展"的叙事并置

博物馆作为人类社会发展到一定程度的产物，势必会受到时代发展带来的影响。如今，博物馆已不仅仅是一个平台、媒介，它还是一种主张、一种理念和一种行动。在孝感，各博物馆区别于其他场所的空间表征，更彰显了它作为叙事载体的文化性和仪式感。因此本市博物馆在策展过程中，也在通过赋予展陈经济、社会结构和美学意识等方面的知识，形塑着“作为教育方法的博物馆”的公共文化服务观念，在研究探索和发展自身独特属性的同时更新大众对过去、现在和未来的认识。在策展过程中，历史物件在被挑选并呈现为展品的瞬间便被赋予了社会价值，是一种被重构的“真实”。由此让“物”与“展”相辅相成组合展示，让博物馆展陈叙事性的文化意蕴得以实现，即让物件的历史意义在策展过程中具备社会学意义。

二、展陈困境及原因分析

众所周知，考古阐释的方法被广泛应用到各博物馆的展品解读中，该法确实在提升展览内容品质、促进知识传播等方面发挥了积极作用，但以传统考古学为核心的阐释方法与公众需求之间仍然存在沟通与交流的障碍，致使考古文物的价值无法被充分解读和认知。

（一）学科思维与展陈逻辑的矛盾

对于孝感市的博物馆来说，因为主导业务项目的机会少之又少，因此各博物馆策展人直接利用的考古学研究成果更多是结论性的归纳，并非过程性的推导，由此构建的展览信息链结构更倾向于从宏观到微观、从结论到论据。大多数观众的认知习惯却恰恰相反，他们更习惯于从若干个自己感兴趣的细节形成对展览的总体印象。在这种更注重材料本身的真实性、分析方法的严谨性以及推理归纳的逻辑性的策展策略之下，他们提供给观众一种单向的、以结论为中心的文化“真理”，而忽视了展品中杂糅的冲突和矛盾的“真实”情境。观众在博物馆展示空间中就很难被引入到这种抽丝剥茧般的学科思维中。展览传播终端最突出的问题便显而易见，即观众无法触及策展人想要传递的核心思想。换言之以考证、描述为主的研究方法导致解读内容局限于考古文物、资料的本体信息，无法深入解读其内涵、价值及其背后的文化、思想，难以达到“透物见人”的阐释目标。

（二）学术规范与启发教育的矛盾

虽然孝感的文物资源类别不胜枚举，但很多可移动古文物往往被收录入上一级的文物机构中，导致展品与空间的衔接异常突兀，纵使出现了富有特色的展示形式或展陈逻辑也会遭到破坏。因此，要想充分发挥博物馆展陈的阐释作用，便应瞄准目标，学会通过原始物件、亲身经历以及丰富的媒介手段，达到启发、揭示价值、意义和关系，而非仅仅将客观事实简单化地告诉观众。博物馆公共文化服务的终极目的并不仅仅是某一学科知识的传播，而更需要让观众在行为发展、灵感创意、态度价值等方面得到启发。但传统考古学更倾向于描述与总结“有什么”“是什么”，而在对待“假设”“演绎”时，策展参与者大多持有极其严谨的治学态度，对社会公众具有启迪意义的“为什么”的解释也是慎之又慎。博物馆展陈中的考古文物解读也往往受到学科思维影响，对没有研究清楚的问题尽量回避，对学术上有争议的问题避而不谈。中规中矩式的解读固然不会“犯错”，却使展览缺失了一些更加开放的想象空间，也让观众失去了参与探索和独立思考的机会。

(三)单一视角与多元需求的矛盾

对于本市的博物馆而言，由于需要在资源、人才配置上追求"平衡"，所以也导致了博物馆在核心展陈业务上的平均用力。近几年推出的一些展览，在策展理念上仍然固守于以藏品为中心，强调博物馆"权威"，没能真正转变为以观众为中心的办展理念；形式上偏重于平面化的空间、安全保守的色彩、平铺直叙的文字等传统策展方式，"百展一面"的现象一定程度存在，创新上展览植入配套活动、文创等流于形式偏多，市场化导向不足，活动中渗透的人文关怀、情感温度不够，能引起轰动效应的展览较少。差异化的文化产品有利于为公众提供更多的选择，同时也会成为文化标签，提升自身的辨识度。社会需求已进入分众时代，博物馆分众化服务已日益成为业内共识，而这就对展览的策展理念、配套运作体系有了更高的要求，即必须站在需求端导向的角度研究供给端创新。

三、对策

(一)解构展陈信息

1.展览定位和叙事转向

博物馆展览的叙事设计是基于一定的目的和意图，对展品、信息、空间等要素进行的合理化配置。在叙事过程中，展览的传播目的是必须准确设定和忠实执行的，以此为前提，展览的逻辑表达可以根据馆藏文物和展厅环境的实际情况适时调整，通过叙事策略的转向，将物、人、信息统一于展览的时空语境之中。

2.变化策展视角

2018年，美国芝加哥艺术博物馆的"吉金鉴古：皇室与文人的青铜器收藏"、重庆中国三峡博物馆的"盛筵——见证《史记》中的大西南"、成都博物馆的"秦蜀之路青铜文明特展"、四川三星堆博物馆的"人与神——古代南方丝绸之路文物精华展"分别以收藏史、历史学、考古学、人类学为视角，针对同一类型的考古文物——青铜器作出了截然不同的学科解读，代表了学术研究与策展理念共同进步的成果。

3.跨学科阐释

同一个展览中也可构建多层次的主题解读。2019年，西藏自治区布达拉宫举办的"历史的见证"主题展以"七组国宝、七个故事、献礼祖国七十华诞"为展览主线，分别从史前文化交流、交通贸易史、音乐史、政治制度史、工艺美术史、军事战争史等不同学科视角对七组重点文物及其背后的文化内涵进行跨学科解读，共同支撑了"中华文明多元一体"的展览主题。

(二)多层次解读个体文物

一件考古文物的信息内涵如此丰富，即便有充分的研究成果作为支撑，也无法将其在一个主题性展览中全面解读。因此，对考古文物的个体信息解构，再通过对同类或非同类关联性文物的共性研究、提炼，使其融入层次更加丰富的展览主题和故事脉络中，这是策展人需要完成的工作。对此，我们通常从物理特征、文化背景、意义和价值等三个层次剖析文物的内涵。然而，如何兼顾展览主线的完整性、连贯性与个体文物信息层次的丰富性，仍然是信息传播需要面对的问题。对于文物个体，尤其是重点文物的解读而言，它们需要在不脱离展览主题的前提下，尽量为观众提供更加丰富的认知视角，才能使其不至"湮没"于信息链条中而"泯然众物"。

（三）故事重建：开放式的启发教育

在博物馆的宏大叙事结构中，所有的知识都被纳入理性主义、绝对逻辑和论证严密的文化框架中。由此，一种充满符号秩序的知识体系就在展陈叙事中形成了。在知识传播的过程中，这种博物馆展览范式确实向观者传递了一系列科学的、艺术的、历史的和文化的知识，但与此同时又不可避免地面临着知识体系固化的风险。由此，策展者突破传统博物馆对知识的垄断、信息的封闭与权威的推崇，通过一场达至顶点的争论引导观者："你想的是什么？"对于以跨学科解读为主要阐释途径的学术性展览而言，可以通过一些通俗易懂的故事将多学科语言进行"融合"，也为参观者构建一个更便于"进入"的开放式学习平台，建构了展品体系及其知识话语结构，将博物馆公共社会服务引向具有意义生成性的未来路径。

四、结语

源浚者流长，根深者叶茂。博物馆是国家的"金色名片"，文物是传承弘扬中华优秀传统文化的历史根脉。而博物馆展陈是文物的生存环境再现。根据城市故事的叙事基调，从文本修辞、叙事线条等方面构思叙事设计展览，让收藏在博物馆里的文物不再只是凝固的历史。一件件青铜玉器，一片片竹简木牍、一幅幅珍贵字画，不仅见证着一个国家的历史，也跃动着一个民族的根脉。今天，我们竭尽全力保护文物，释放文物承载的文化力量，就是为了更好地触摸过往、感知历史，将所有苦难与荣耀、沉重与激情积聚成阔步前行的文化自信，意气风发踏上中华民族伟大复兴的新征程。

参考文献：

[1] 李林．解构与重建：历史类博物馆展陈中考古文物信息的跨学科解读[J]．东南文化．2021(1):161-167.

[2] 祁尧，张博：人工智能参与博物馆展览叙事的应用研究[J]．创意设计源．2022(2):22-26.

持续、福祉

——浅谈孝感市本土博物馆的时代力量

胡铝　李筝　孝感市博物馆

摘　要：博物馆作为我们社会结构中共同值得信赖的机构和重要线索，在保护城市的历史、延续城市的文脉、塑造城市的文化底蕴方面具有独特的地位。其可以创造联动效应，促进积极变革。那么如何持续激发孝感市本土博物馆的事业活力，使其做好提供聚会、工作、分享和协调思想的场所，建立社会可持续性，也就成为孝感市各博物馆在实施公共文化服务过程中值得研究的重要课题。

关键词：博物馆；变革；可持续性；福祉；孝感

近年来受突发公共卫生事件及相关社会环境挑战的影响，孝感市各博物馆在人流量、展览和活动的场地及频率等方面均承受了多方位的剧烈冲击。本着"万物有所生，而独知守其根"的宗旨，孝感市各博物馆致力展现以孝感为主题或是与整个中华文明相关联的具有历史文化特性的相关元素，力求在保持文化视角与态度的同时更好地参与到公共文化服务的体系当中，在传递文化知识、促进理性启蒙和创新教育方式等方面发挥重要作用。

一、本市博物馆与社会福祉相融合的现实情况

（一）与城市品牌形象相勾连

近些年，几乎每个城市在更新改造过程中都会把建设一座标志性的博物馆纳入规划，孝感市也是如此。特别是孝感市博物馆所在的文化中心是孝感市规模最大、标准最高、投入最多的标志性公共文化设施，6座独立建筑似六个银白色"水滴"高低错落、檐牙互啄。孝感市博物馆作为其中一个独栋建筑，通过张力十足的建筑体量、前卫动感的造型手法和丰富立体的空间体验，更是成功塑造出一个面向公众开放、极富现代感的当地当代文化地标，摆脱千篇一律的束缚，逐步促进了孝感个性化城市品牌形象的构建。

（二）逐步成为城市重要文化客厅

千百年来，孝感钟灵毓秀，文明璀璨。门板湾、叶家庙、楚王城等古代遗迹绚丽缤纷，云梦秦简、秦汉漆器、"中华第一长文觚"等国宝文物举世闻名，孝感皮影、雕花剪纸等非遗文化源远流长，更有董永、黄香、孟宗等孝文化名人光耀史册。历史上在孝感这片热土上生活过的人民创造的一件件青铜玉器、一片片竹简木牍、一幅幅珍贵字画，不仅见证着一个国家的历史，也跃动着一个民族的根脉，为城市提供着特殊的文化补给，彰显着城市本身的文化底蕴。在此基础上，孝感市各博物馆作为保护和传承人类文明的重要场所，在城市精神文明建设中对内发挥着文化地标功能，对外发挥着系统展示一个地区历史文化文创重要窗口的作用，逐步演变为城市重要文化客厅。

（三）成为反映城市社会面学习程度的重要风向标

作为文化的承载体，博物馆对于地方优秀传统文化的弘扬与展示起到重要作用。如孝感市博物馆以舞台表演、展厅互动、文物触摸、传统礼仪体验等方式再现传统抓周礼、开笔礼、成人礼、祭祀礼等，打造“孝礼雅塾”“小小志愿者暨小小讲解员”等特色社教活动品牌及精品临展、精品研学课程，日益成为展示、宣传地方优秀传统文化的重要阵地；又比如云梦县博物馆所处的云梦，因古云梦泽得名，处三楚腹地。在这里，我们可以一览原始渔猎、楚王车骑，到五代征战，闯王驻军，太平天国建立政权，乃至波澜壮阔、翻天覆地的人民革命，倾听到云梦历史的脚步声从远古蹬蹬而来……云梦县博物馆在此基础上举办“云梦郑家湖墓地出土文物图片展”“百虎图书画作品展”等多个专题展览、文物知识讲座进城乡中小学校，年均服务公众达3万余人次。目前，孝感市的博物馆正逐步成为城市最大的校外教育体系，受众涵盖不同年龄层次和职业群体，博物馆服务情况既反映了博物馆的社会影响范围所及，也在很大程度上反映了孝感市社会面上终身教育和终身学习的发展水平。

二、本市博物馆可持续发展中面临的困境

（一）启发教育不够开放

在考古文物解读时，博物馆往往受到学科思维影响，对没有研究清楚的问题尽量回避，对学术上有争议的问题避而不谈，更加强调博物馆“权威”，让观众失去了不少参与探索和独立思考的机会。

（二）难以建构完善的藏品体系

博物馆的馆藏文物是其发挥社会职能的重要基础条件之一，当前各地对考古发掘出土文物都抱有留存在本地的执念，博物馆日常工作运营的基础都是馆藏文物，换句话说博物馆的馆藏文物代表了一座城市的底蕴和博物馆未来发展的底气与潜力，因此馆藏文物也就无可争议地成为博物馆评估定级的重要指标之一，藏品体系无法构建完善导致孝感市博物馆无法提供推陈出新的参观体验，无法策划原创精品展以供馆际交流，无法跟随3D、VR等新技术，新手段的更迭及时开展文创研究、数字博物馆建设等工作，为博物馆三年一评估带来硬伤。

（三）能引起轰动效应的活动较少

近几年推出的一些活动在理念上仍然固守于以藏品保护、展示和利用为中心，对于支持气候行动和促进包容性到消除社会隔阂以及改善心理健康方面做出的努力较少，导致活动中渗透的人文关怀、情感温度不够，能引起轰动效应的活动较少。

（四）缺乏博物馆领军人才

“功由才成，业以才广”“择一事终一生”的从业标准在博物馆行业格外凸显。而很多人大都没有清晰的职业规划，导致“沉”不下心，“吃”不了苦，坐不住“冷板凳”，加上在个人进步、工资待遇等方面，孝感与其他三线城市确实还有不小差距，造成了人才难以留住的现象时有发生。人员“总量不足”“人才断层”“专业不专”“学用脱节”，使得博物馆发展受到了极大的制约。

三、博物馆可持续发展的机遇

（一）考古繁荣发展为博物馆事业提供了重要支撑

近年来，考古事业蓬勃发展，文物保护力度不断加大，学术交流日益繁荣，研究成果不断涌现，为博物馆展览以物说史、以物释史、以物证史提供了丰富的实物资源。特别是中华文明探源工程等重大考古工程，以大量的考古发掘品和坚实的科技分析成果，实证了我国百万年的人类史、一万年的文化史和五千多年的文明史，为孝感市各博物馆更加完整准确地讲述展示地区历史，更好发挥以史育人作用、提升地区文明影响力和感召力提供了重要支撑。

（二）数字技术更迭为博物馆发展开辟了巨大空间

以大数据、云计算、人工智能为代表的信息网络技术给博物馆行业注入了新的发展活力，对博物馆业态模式演变提供了更为广阔的发展空间。科技正成为博物馆事业腾飞的加速器，推动了文物资源数据的采集和共享，极大地促进了博物馆组织形态、征藏手段、展陈方式、观众服务和运维保障等方面的改革转型。

（三）群众的精神文化需求日益增长

随着小康社会全面建成，在网上观看展览、欣赏文物，在购物车里“考古”、在电商平台上“博物”正成为文化消费新的增长点。公众希望通过博物馆接触和系统认识优秀历史文化遗存的意愿越来越强烈。这就要求博物馆不断推出更多优质公共文化服务产品，持续满足人民群众日益增长的对高品质精神文化生活的强烈需求。

四、博物馆可持续发展与公众美好生活的现实结合路径

（一）留存好时代物证

新中国成立以来特别是改革开放以来，经过一代代博物馆工作者的持续不懈努力，博物馆的藏品总量有了质的跨越。但工作不能行止于此，孝感市各博物馆应择精者优者作为不同时代的代表性物证入藏博物馆。既要优化落实考古出土文物和执法部门罚没文物移交工作机制，也要切实树立起为未来而收藏的科学理念，着力搜集整理反映当代发展变化的代表性物证资源，努力当好新时代发展的积极参与者、可靠见证者、忠实记录者和科学保存者，切实履行好留存民族集体记忆、传承国家文化基因的重要职责。

（二）深入挖掘研究阐释文物价值

文物的组合是要让故事一环扣一环地演绎，故事背后所体现的人类文明与公众引发的共鸣才是真正让公众与文物产生黏性的地方。换言之，要从历史实际出发，从最富有代表性、典型性的地方文物出发，做到文物史料与地方特色的高度一致。结合即时的公众活动，建立观众与文物、时代三者之间的交流与联系，让公众去决定、让参观者去认可，把我们这片土地中那些不为人知、不为人懂的信息通过公众喜闻乐见的形式展现出来，才能让公众对博物馆收藏和藏品研究的意义性和相关性有实际性的体验，进而更加信赖、更加依靠博物馆传递给他们的文化元素，激发其到博物馆里学习、“受”教育的热情，加以复制和辐射，便可加强文物“培根聚魂”的关键性作用。

（三）加强公众体验、互动环节

将展品与特定主题结合，定期举办如科学

探索、艺术创作、历史体验等主题式社教活动。分期分批引进智能导览和讲解设备，给公众提供如展厅地图、语音讲解、互动问答等交互式服务。利用增强现实(AR)技术将文物一层一层“剥开”，将文物更加立体真实的那一面在博物馆网站或应用程序上全视角展示出来。利用虚拟实境(VR)技术筹建互动展览区域，呈现如原始社会重建、楚王城探秘等虚拟实境体验。

(四)促进教育基地集群的创建与服务

适当增加博物馆“六进”活动的频率，并与学校、社区等主体共同策划爱国主义、革命传统、文物博物等实践教育活动。在博物馆设立创客空间，举办文创大赛、文物故事大赛等创造力和实践力强的比拼活动，促进博物馆文创杯子、本子、钥匙扣到考古盲盒、数字藏品、原创动漫、舞台演出等衍生形态的形成。

(五)建设博物馆教育资源库和项目库

结合全社会公众认知规律和学校教育教学需要，研究开发自然类、历史类、科技类等系列活动课程。利用现代信息技术建立本区域网上博物馆资源平台和博物馆青少年教育资源库，实施远程教育和网络教育，加强博物馆教育资源统筹、实施流动教育等主要任务。创作发布一批如“馆长讲文物”“寻古孝感”等接地气、有新意、吸引力较强的全媒宣传产品，努力形成全社会参与文物保护的新格局。

(六)保有、培育专业人才队伍

人才要以用为本，梯队培养，超前储备，人尽其才，竞相成长。通过争取与高校等科研机构进行密切且长期的合作交流，乃至达成定向培养的意愿，吸引文物、藏品的收集、鉴定、保管、研究、展示和宣传等方面具有特殊专长的技术型人员。并以实物、实景、实例、实事为载体，结合岗位性质开展适岗培训、转岗培训，结合素质提升开展拓展培训、提升培训，以老带新组建互联网＋专业讲解员、社会志愿者、学生讲解员的讲解队伍以及专职的文物博物人才研究队伍。

五、结语

“坚守本职、立足本地、放眼世界”，从本土文化实际出发，从最富有代表性、典型性的地方文物出发，继续为全社会公众提供聚会、工作、分享、传承和发扬优秀传统文化场所已成为时代对博物馆的迫切需求。博物馆作为公共服务机构，踔厉新时代对博物馆的新要求，有责任合理地使用自然界所有的资源，这包括金钱还有能源、土地、空气、水以及这些资源的衍生品。基于此，承认博物馆对文化景观的生态责任和义务，将博物馆作为可持续未来的基本资源，对博物馆事业的发展至关重要。

习近平总书记强调“博物馆有很多宝贵文物甚至‘国宝’，它们实证了我国百万年的人类史、一万年的文化史、五千多年的文明史。”“只有坚持从历史走向未来，从延续民族文化血脉中开拓前进，我们才能做好今天的事业。”鉴于此，孝感市各博物馆还要进一步改变认知，认识到博物馆不仅是为公众提供聚会、工作、分享和协调思想的场所，还是建立社会可持续性和复原力的最有社区参与性、以福祉为导向的催化剂。事实证明，当博物馆开始力图缝合过去、理解现在并规划有意义的将来时，公众参与博物馆活动是能够带来巨大的健康福利的，比如减少社会孤立、增强积极情绪、增加自尊与身份感等。因此，博物馆要更努力地把优势和作用充分发挥出来，以大力弘扬“至孝至诚、图强图新”的孝感精神为第一步，建设具有孝感特色、孝感风格、孝感气派的博物馆，塑造可信可爱可敬的孝感形象、湖北形象、中国形象，守护好、传承好、展示好中华文明优秀成果，拉紧不同文明之间的人文纽带，促进不同文明民心相通，不断建立社会可持续性，为共同利益促进个人和集体的福祉。

参考文献：

[1] 段俊吉.作为教育方法的博物馆[J].东南文化，2021(5):183-189+191-192.

[2] 贾春霞.500件精品文物走出深闺等你识[N].新疆日报(汉)，2022-5-24.

博物馆教育赋能乡村学校发展的路径思考

—— 以孝感市博物馆进校园活动为例

李筝 孝感市博物馆

摘　要：近年来，随着素质教育的全面深入，社会越来越意识到博物馆作为公众教育的重要机构，是学校教育的延伸，是中小学素质教育的“第二课堂”。越来越多的博物馆也担起来了责任，致力于中小学生的课外教育。但是由于我国城乡发展的不平衡，导致城乡中小学之间享受的博物馆教育资源也是严重失衡的。因此博物馆进校园活动是推动城乡教育均衡发展，推进教育公平的重要手段。本文旨在分析孝感市博物馆在进校园活动中遇到的困境以及解决方法，希望能在接下来的实践工作中逐步完善，提高教育质量，让博物馆资源能够惠及更大的乡村群体。

关键词：博物馆；乡村中小学；博物馆教育

作为一个公共文化的服务和传播机构，博物馆不仅承载着收藏、管理、研究文物的重任，更是承担着重要的社会教育功能。在如今越来越重视传统文化、民族文化，倡导民族自信的大背景下，作为文物保护者，历史记录者的博物馆，担负着文化保护，文明传承的重大使命。近年来，《博物馆事业中长期发展规划纲要(2011—2020年)》《博物馆条例》《关于加强文教结合、完善博物馆青少年教育功能的指导意见》等政策文件先后出台，提出要充分发挥馆藏文物的教育作用，建立长期有效的馆校合作，促进博物馆青少年教育资源与学校教育的有效衔接。

孝感市博物馆作为孝感城市客厅，势必要与学校教学、综合实践有机结合，为提高青少年思想道德素质和科学文化素质发挥重要作用。正所谓博物致知，孝感市博物馆在孝感市青少年教育中的作用尤其重要。

一、孝感市博物馆教育资源在乡村学校中的覆盖情况

(一)展陈服务情况

2023年至今，本馆共计接待8个学生参观团体，其中3个参观团体为城区幼儿园，3个参观团体为城区中小学，2个参观团体为城区大专院校，暂未接待任何来自乡村学校的学生团体。

(二)社教活动服务情况

根据本馆官方统计数据显示，2022年全年，本馆共计举办社教活动61场(含线下26场，线上35场)，其中参与对象中城镇学生占比高达90%以上。

(三)馆校共建范围

本馆现与15所中小学建立了馆校共建合作关系，其中13所为城镇中小学，2所为乡村中小学。乡村中小学仅占共建学校总数的13%。

二、博物馆活动进校园所面临的困境

(一)资金短缺,观念落后,教育效果不佳

博物馆活动进校园需要一定的经费支持,包括博物馆教育资源的开发、人员的培训、活动的组织等,但因为本馆每年获得的活动经费有限。并且受限于编制数量,专业社教人员配备严重不足,缺少"专精"人才,无法针对不同学校受众编制不同的社教方案。所以往往导致一套"班子"用到底,一套宣教素材,在多个地区、不同学校轮流展出。且由于从业人员的业务素养的不足和实践经验的缺乏,宣教内容也多着眼于"以物为本"而不是"以人为本"。没有根据乡村学生的接受能力,生活经验、知识储备去设计符合他们认知水平和特点的课程,从而影响他们对知识的接受和兴趣的培养。并且文物的内涵往往需要经过深度的挖掘才能呈现出来,如果博物馆进校园的活动没有经过深入的思考,精密策划,高效的实施,那么想要通过文物传达给学生的信息,很难通过一次进校园活动就被展现出来,学生也难以真正领悟文物背后蕴藏的厚重历史与灿烂文化。也让课程无法达到引导学生进行深入探究和思考的目的。让教育效果大打折扣。

(二)教育内容难以"长效传播"

一方面,由于乡村中小学距离博物馆较远,交通不便,加之博物馆的活动经费有限,为了扩大教育活动的覆盖面,会选择去往不同的乡村中小学举办"进校园"活动。这虽然惠及到更多的学校和学生,但是教育是一个需要长期投入才能结果的过程,如果教育活动不能对固定群体有长期、系统的教育计划,那么一次性的活动,其实教育效果"看热闹"比"品文化"的成分更多。另一方面,因为学生身份的特殊性。学校一般对学生手机的使用管控严格,因此无法利用H5、微信小游戏、微视频以及公众号等现代科技手段进行多态互动和交流。活动只能通过图片、展板、PPT等配合讲解员的讲解来对博物馆藏品进行介绍。学生也难以在课外时间里通过网络媒介随时随地打破时间和地域的限制获取更多的文博知识。学习时间只能随着活动结束而结束,不能形成长效的学习机制。

(三)学校参与积极性不高

博物馆进校园活动主旨是帮助学生了解历史和文化、增强学习兴趣、拓宽学生视野,培养学生深度思考的能力。但是许多农村学校在日常工作中没有意识到博物馆教育资源的重要性。在应试教育分数为主的压力下,他们会优先考虑学生对书本知识的掌握情况,而不是课外知识的扩展。并且由于学校有特定的教学大纲和紧张的学业任务,学校教师和学生的时间、注意力和精力等都十分有限,所以在配合博物馆活动进校园方面的积极性可能不高。

(四)文化难以"留下"

进校园初衷是让众多乡村学生共享文化成果,但实际效果不理想。没有结合国家、地区、市县博物馆藏品,利用博物馆学相关手段和方法,做到加强文物、藏品展现,把生产生活、观光旅游和文化保护有机结合,导致"送文化"没有有效转化为"种文化"和"育文化"。

三、博物馆教育资源在乡村学校"落地开花"的可行性分析

(一)落实相关政策

近十年来,国家相关部门出台了多项针

对博物馆教育资源运用到学校教育的相关政策及条款。2014年出台了《国家文物局开展“完善博物馆青少年教育功能试点”的通知》，2015年出台了《国家文物局 教育部关于加强文教结合、完善博物馆青少年教育功能的指导意见》，2020年出台了《教育部 国家文物局关于利用博物馆资源开展中小学教育教学的意见》及2022年出台了《文化和旅游部办公厅 教育部办公厅 国家文物局办公室关于利用文化和旅游资源、文物资源提升青少年精神素养的通知》。这些通知与意见都对中小学利用博物馆资源开展教育提出了指导意见。都要求进一步健全博物馆与中小学校合作机制，促进博物馆资源融入教育体系，提升中小学生利用博物馆学习效果。指出要从推动博物馆教育资源开发应用、拓展博物馆教育方式途径、建立馆校合作长效机制、加强博物馆教育组织保障等方面推动博物馆最大限度发挥好馆设本身的青少年教育功能，让博物馆教育在青少年课堂落地开花。

（二）研发教育内容

党史、新中国史、改革开放史、社会主义发展史和学校历史教育的课程内容高度契合，是历史教育的重点学习内容，特别是中国近现代史的内容部分表现得尤为明显。孝感全市关于中国近现代内容的博物馆数量之多，足以形成与历史教育的紧密联结，使四史教育能够落到实处。以博物馆作为载体媒介，从国家政策和学科发展的结合出发，建立学科矩阵，能将各个学科的单线垂直纵向任务目标联结起来，使每个学科任务目标多线横向复合，挖掘出各个任务目标的最大价值。这在博物馆教育中，就是社教人员将博物馆馆藏收藏、研究、展示、传播甚至创新融合在一起，让他们之间相互联系，多层次的作用于学生和社会公众。

（三）拓宽服务空间

孝感地区的乡村学校与城市学校再利用博物馆教育资源方面存在较大的差距。造成这种现象的原因，一方面，由于孝感市博物馆教育资源集中在孝南区，加之附近乡村地区距离城区较远，因此乡村学校、家长很难组织学生前往博物馆学习参观，导致乡村学生接触博物馆教育的机会比较少。另一方面，虽然本馆已经积极开展了相关的教育项目，例如“孝礼雅塾”进校园活动，这些活动虽然对丰富乡村地区教育资源，提高乡村学生综合素质有一定的帮助。但是由于资金和专业人才的缺乏，导致博物馆教育在乡村学校无法高质量大范围长期铺展开来。而城区中小学因为地理区位条件的优势，可以随时由学校或家长组织学生前往博物馆参观学习，获取博物馆教育资源更加的便捷。因此，需要博物馆、教育机构以及本地政府等单位通力合作，将博物馆教育资源更多地向农村地区倾斜，加大乡村地区博物馆进校园活动的财政支持力度。

四、博物馆教育资源在乡村学校教育中的可实施路径

（一）加强乡村馆校共建力度，让博物馆教育向纵深发展

博物馆要坚持“展教并重”，策划适合中小学生的专题展览和教育活动，动员馆内策展、文保人员以及专家学者、社会力量参与博物馆教育资源开发。设计适合进校园的流动展览和教育项目，经常性组织开展参与面广、实践性强的博物馆展示教育活动，方便博物馆资源相对薄弱的乡村特别是乡村学校有效利用博物馆学习。并加强学校与博物馆的联系，

通过签订馆校共建协议、举办馆校互动活动、建立第二课堂等方式，定期组织学生到博物馆参观学习。特别是在节假日、寒暑假、休息日等时段，博物馆可以紧密加强馆内教育项目和“博物馆进校园”项目的设计研发与组织实施，有效衔接学校课堂教学和课后服务需求。

（二）加强师资联合培养，提高博物馆教育质量

博物馆与学校建立师资培训和交流平台，分享各自的教育资源和教学经验，让双方掌握各自的教育教学理论和方法，跟进学校课程改革，打造更符合当前实际情况的课程教育体系。并由此实现学校教师更好地了解和学会在日常教学中常态化使用博物馆资源的可行性。结合中小学生认知规律和学校教育教学需要，充分挖掘博物馆资源，研究开发自然类、历史类、科技类等系列活动课程，丰富学生知识，扩展学生视野。做好博物馆与学校的沟通，及时了解学校和学生的反馈意见，建立学生活动体验、学习效果评估、服务满意度评价等跟踪反馈机制，共同构建常态化的利用博物馆资源开展教育教学活动工作机制。

（三）提档升级教育基地，扩大博物馆教育的横向覆盖面

以关爱乡村留守儿童、留守妇女、留守老人为重点，围绕邻里互助、帮扶帮困、敬老爱老、移风易俗等每月设定一个活动主题，在乡村集中组织大型志愿服务活动的基础上，将博物馆社教活动及展览资源送到乡村。并与当地教育和文物部门加强协作，利用现代信息技术建立网上博物馆资源平台和博物馆青少年教育资源库，促进与乡村中小学网络教育资源对接，扩大博物馆教育资源的覆盖面。开发出一批立德启智、特色鲜明的博物馆研学精品线路和课程，构建博物馆研学资源网络，发挥实践博物馆育人作用，实现“以文培元”，筑牢文明体系。

五、结语

博物馆不仅记录民族历史变迁，也肩负着民族文化的传承和发展。博物馆进校园活动不仅对促进学生的综合素质发展，提升乡村学生文化素养和爱国情怀，增强文化自信具有重要作用。同时也促进了学校教育质量的提升以及博物馆自身教育活动开展的深度与广度。鉴于此，无论是当下还是未来，我们都要跨越传统教育与博物馆学习的严格分割线，开展务实合作，送更多博物馆活动到乡村学校，打破乡村教育壁垒，促进教育公平，让博物馆的教育资源能够惠及广大的农村地区，让农村学校能够享受到社会发展和博物馆行业蓬勃发展所带来的福祉。

参考文献：

[1] 阮敏燕.“双减”背景下博物馆教育资源课程化路径探究[J].文物鉴定与鉴赏，2022(16):80-83.

[2] 周琰.“博物馆下乡”路径研究[J].中国旅游评论，2020(3):134-136.

[3] 吴学安.博物馆要突出教育功能[N].安徽日报，2021-5-21.

博物馆可持续性发展，幸福美好生活共同缔造

孙俊　孝感市博物馆

摘　要：博物馆作为公共文化服务机构，发展社会主义先进文化的重要场所，以人民为中心，以社会主义核心价值观为引导，继承中华民族优秀传统文化，讲好中国故事，展现中国精神。博物馆可续性发展旨在丰富人们的精神生活，为人民群众提供更高质量、更有效率、更可持续性的文化服务，让人民群众享受文化生活，激发文化热情，坚定文化自信和自觉，提高社会文明程度，满足人民群众对美好生活的期待。博物馆的可持续性发展有利于社会资源的合理配置，助推经济高质量发展，促进经济、文化、社会的良性循环。

关键词：可持续性；博物馆；美好生活；共同缔造

随着文旅融合步伐加快，博物馆免费开放的持续深化，孝感市博物馆作为孝感市文化中心的一部分场馆，是地方标志建筑物之一，是城市建设与文化内涵的丰富表达，博物馆不断走向大众、融入市民生活。但随之而来的是博物馆观众数量的急剧增加，观众多元化需求与博物馆的服务供给之间的矛盾日益凸显。这些问题也正是博物馆在如何发展可持续性博物馆中所面临的难题，因此，博物馆更好地融入地方经济的发展，助力国家文化软实力的提升，可持续性发展应为破解以上问题的一个关键课题。

“博物馆是为社会服务的非营利性常设机构，它研究、收藏、保护、阐释和展示物质与非物质遗产。向公众开放，具有可及性和包容性，博物馆促进多样性和可持续性。博物馆以符合道德且专业的方式进行运营和交流，并在社区的参与下，为教育、欣赏、深思和知识共享提供多种体验。”我国博物馆的宗旨是为社会主义服务，为人民服务，它是我国社会主义科学文化事业的重要组成部分，是社会主义先进文化的宣讲地。

一、藏品是博物馆可持续发展的基础

（一）完善藏品体系，重塑古代历史生活

将博物馆赖以生存的藏品体系建设看为重中之重，是博物馆保持持久生命力的关键，也是可持续性发展应有之义。按照博物馆的性质需要，不断完善博物馆藏品体系，在藏品质量上取胜。陈列展览优势的凸显依赖于博物馆藏品体系的建设，完善的藏品体系，能够有效地将博物馆主体陈列展览所展现的文化内涵表现出来。当然藏品体系的建设不是一朝一夕之事，需要全体馆员长期的坚持努力，有计划、有目的不断地积累和充实藏品。博物馆在藏品征集方面应该着重藏品的质量，也就是藏品种类的丰富程度，完善藏品体系，补充

馆内没有涉及的藏品种类，一味只注重藏品的数量，只会让博物馆的展览架成为一个货物摊，不会有太高的艺术欣赏性，也难得从中获取开发的灵感。

藏品体系的建设依赖于馆内藏品的数量与质量，也有赖于对藏品的研究深度，深入挖掘藏品历史价值，赋予时代价值，重塑古代历史生活，让观众身临其境，通过体验式教育来丰富人民群众精神文化生活。

（二）考古是补给博物馆藏品的源头

考古工作的开展，更多的是挖掘地方文化历史遗迹和历史人物的轨迹。对于民族和民众而言，地方文化的熏染已经形成地方民俗，考古工作就是印证了某些历史事实，重拾民族文化的信仰。通过考古调查、勘探和发掘，人们可以通过地层学的分析研究，分析出某一地域文化面貌，通过对比不同区域文化层次和包含物信息，既有普遍相同的文化，也有基于地方特色文化面貌，不断地对比研究，在考古研究中找出问题，并解决问题，从而有利于人们全面掌握中国古代各时期的历史状况，进一步分析人文、经济、军事等各方面状况，从而了解中华民族的灿烂文明。

博物馆与考古工作密切相关，考古发掘源源不断地为博物馆提供藏品，博物馆的陈列展示与教育活动则坚持不懈地转化为考古发掘与研究的成果，推动着考古工作的不断深入发掘。与专业性的考古研究院不同，作为地方性博物馆，考古业务是博物馆的职能部门，大型的考古业务工作由省级文物部门承担，地方作为配合，由于历史的局限，考古人才梯队断档严重，业务力量明显不够用，从而导致博物馆考古业务工作的落后甚至停滞，但是作为一个地方性综合博物馆，又不得不抽出力量来锻炼一支考古队伍，自然而然在专业性上有待提升。

完无论是善藏品体系，还是深入挖掘博物馆藏品蕴含的历史、科学和艺术价值，都是博物馆发展的应有之义；通过考古发掘来拓展藏品的数量和质量，持续不断地深化研究，挖掘并阐释地方文化特色，都是在促进博物馆的可持续性发展。

二、科学研究是博物馆可持续发展的关键

（一）博物馆科学研究的分类

博物馆与其他科研机构一样，都将探索自然界的种种奥秘，解释人类社会的各种现象，并寻求其发展、变化规律，作为自身的基本任务之一。而博物馆对这些问题的研究是围绕藏品展开，博物馆藏品的研究作为基础理论研究，是博物馆学研究的基本职责所在。应用性研究包括的范围就比较广，是伴随着博物馆职能实践诞生，其核心任务是寻求博物馆运营更加体系化和不断发展，包含范围广，例如博物馆的观众研究、教育研究、陈列研究，管理研究等等，重在与其他相关学科的交互。

（二）博物馆的藏品研究

藏品研究是基于藏品来探索、认识自然和人类社会，利用历史文物来解释历史现象，解决一些历史问题，用实物来佐证历史，或者通过生物标本来解释生物的演化过程，探索生物进化规律。藏品研究有着丰富多样的内容与形式，与不同的学科交叉形成不同的研究成果。藏品信息通过专业化的语言形成学术论著，通俗的语言构成科普读物，以数字化的方式呈现，则成为数字博物馆的基础，通过特定布置序列，构成“陈列语言”，供观众欣赏与发掘其中的艺术美。

三、传播教育是博物馆可持续发展的重点

(一)基于展厅传播教育

教育功能是博物馆向观众展示独特魅力的最重要渠道，博物馆是观众体验式教育的基地，用最直观的方式向观众展示出文物的历史、文化、科学和美学价值，引发观众的思考。党的二十大报告提出："加大文物和文化遗产保护力度，加强城乡建设中历史文化保护传承。"坚持创造性转化、创新性发展，深挖非物质文化遗产价值，找到传统文化和现代生活的连接点，通过对博物馆蕴含的丰富历史文化进行深入的解读和阐释，在不断传承和弘扬中华民族精神中不断可持续性发展。

杜威在《我的教育信条》中这样说道："一切教育都是通过个人参与人类的社会意识而进行的。这个过程几乎是在出生时就在无意识中开始了。它不断地发展个人的能力，熏染他的意识，形成他的习惯，锻炼他的思想，并激发他的感情和情绪。"学习是一种主动参与到体验中的循环过程，每一次实践，都会将以前的体验式学习联系上，因此是个无限循环上升的实践过程，这一个过程会将人的技能、知识、理解力、价值观和能力提高。

博物馆教育的目的并不在"教"，而在帮助观众"学"，并不是教会观众某方面的知识，而是在于激励、促进观众自我教育、自我完善、学会学习，这是作为一个教育平台的应有之义。博物馆只有不断提升自身公共服务和社会教育的能力，才能适应错综复杂的社会环境，树立"以人为本"、全心全意服务观众的理念，才能实现社会教育的扩大化、最优化。

(二)基于遗址传播教育

习近平总书记强调："认识历史离不开考古学。"考古工作是展示和构建中华民族历史、中华文明瑰宝的重要工作。将埋藏于地下的古代遗存发掘出土，将尘封的历史揭示出来，一个个考古发现，既展示着中华文明的灿烂成就，也能从中看到中国社会赖以生存发展的价值观和中华民族最深层次的文化基因。遗址是对一个区域文化序列的完整呈现，所以对遗址的保护和利用是我们在文物工作中久久为功、善作善成的体现，只有保护好才能利用好。坚持"在保护中发展、在发展中保护"，坚持创造性转化、创新性发展，让更多考古遗产活起来、火起来。

孝感市城隍潭码头遗址是目前整个长江流域现存规模最大、保存最完整的内河古码头遗址。通过对码头遗址研究与考证，展现了当时澴河水运繁荣面貌。是孝感城市发展的重要商业命脉。从出土钱币等各类文物的发现，也证明孝感在当时是一处重要的货物集散地。通过对码头遗址发掘和整理，我们认识一个完整明清码头遗址，了解了明清时期孝感地区的社会经济状况，这是城市的一个印记。我们通过对码头遗址公园的利用展示，与老澴河整体改造相衔接，打造成一个市民休闲娱乐并感知古代社会场景的公园，让他们能够直观地读懂遗址，身临其境，感受文物所承载的文化之美，活化了历史场景，让更多人领略到中华文明的灿烂辉煌。

四、总结

从我们目前赖以生存的物质文化，到追求高品质的文化生活，这些都存在一个共同的问题，就是物质生活与文化生活的可持续性，因

此在博物馆领域，就是博物馆如何可持续发展。博物馆不仅保存了文化痕迹，而且这些文化痕迹对我们当代人和民族有着巨大的鼓舞作用，我们的祖先、当代和后代必须将博物馆事业传承下去，因为它代表我们民族和特定时代的文化内涵，是我们区域的整体记忆。可持续性的博物馆，一方面既要满足当代人的文化需求，又不对后代人满足其文化需求构成危害，这是一种长远的观点，对整个博物馆发展乃至社会进步有着不可替代的意义。

可持续发展的博物馆，首先能够展现其区域文化的独特面貌，能够让一部分人产生共鸣，例如孝感人有着深厚的孝文化积淀，知行合一，践行孝文化使命；其次，关注社会问题，对社会普遍关注点应表现出敏感，发挥文化融合作用，促进社会发展进步；最后，通过传播交流，与其他文化共生共存，促进世界和平。建设可持续发展的博物馆一定是基于自身职能的再提升的过程，需要着眼于未来，服务观众，服务社会，成为高质量发展的重要推动力，共同缔造幸福美好生活。

参考文献：

[1] 王宏钧.中国博物馆学基础(修订本)[M].上海古籍出版社，2001.

[2] 单霁翔.博物馆的社会责任与社会教育[J].东南文化，2010(6):9-16.

[3] 郭喜锋.可持续发展教育——时代赋予博物馆的全新命题[J].中国博物馆，2015，33(3):1-5.

[4] 赵茜.浅谈如何充分发挥临时展览的社会教育功能[D].西北大学，2015.

[5] 杨橙.博物馆的社会教育职能——以陕西历史博物馆为例[D].西北大学，2014.

[6]《博物馆学概论》编写组编.博物馆学概论[M].北京：高等教育出版社，2019.

[7] 翁淮南.新发展理念下的中国博物馆发展趋势探析[J].文博学刊，2020(1):60-67.

[8] 张明，孙俊，韩孝义.湖北孝感发现明清码头遗址及城墙遗迹[J].文物鉴定与鉴赏，2023(5):166-169.

从“文昌阁”的兴衰谈文物保护的可持续发展

项念 任志红 孝感市博物馆

摘要：我国拥有五千年的历史文明。在岁月长河中，祖先们留下了珍贵的文物及文化遗产，对于身处21世纪的我们来说，这些都是不可再生的珍惜资源。保护文物就是传承民族文化，守护文明成果。文物保护可以产生无形的价值，创造具体的经济效益和社会效益，促进可持续发展。但文物保护在实现可持续发展的道路上受到诸多因素的阻碍，致使文保工作面临巨大挑战。本文以孝感文昌阁的兴衰为主要事例，从文物保护本身的可持续性出发，重点对文物保护实现可持续发展的阻碍进行分析，探索博物馆在文物保护过程中实现可持续发展的路径，以供参考。

关键词：文物保护；可持续性；可持续发展；博物馆

文物是人类历史活动中遗留的珍贵遗产，是国家历史文化的重要载体。从《关于加强文物保护利用改革的若干意见》到《关于推进博物馆改革发展的指导意见》出台，再到2021年5月国家文物局等九部门发布指导意见，提出2035年我国将基本建成博物馆强国，这些政策为文物保护工作创造了前所未有的机遇。博物馆要利用自身职能，促进积极变革，助力社会可持续发展，可以先从文物保护谈起。

一、文物保护本身的可持续性

文物承载着灿烂文明，传承着历史文化。它不仅在历史方面警醒着我们，还在思想文化、社会风俗等方面影响着我们。我们从云梦睡虎地秦简中了解到秦朝法制，以史为鉴知兴替；我们从孤本残页中了解到西周敬天保民的理念，与现在“美丽中国”、“以人为本”的观念契合一致；我们从古代礼器的制作方法中找到灵感，将其运用到飞机涡轮制造中……这样的例子不胜枚举，足以说明文物为今所用、为后世所用的历史文化价值。人类之所以能够建立现代化文明，就是因为文物、文化遗产让我们从先辈的经验教训中汲取源源不断的营养，代代相传，持续发展。所以保护文物就是保护我们持续发展的思想源泉，文物保护本身就具有可持续性，本身就对可持续发展有着不可估量的作用。

文物保护并不是字面看起来这么简单，它可以为当地产生很多无形的价值，创造具体的经济效益和社会效益。孝感曾经有一座地标性建筑叫文昌阁，在大江南北与黄鹤楼遥相呼应，享有“南楼北阁”的美称，具有深厚独特的文化底蕴和人文价值。文昌阁建成后，从明万历年间到新中国时期，孝感屡次出现“人文科举之盛”。近现代又先后成为多个学校校址，被誉为孝感早期“教育的摇篮”。文昌阁护佑着历代千万埋头苦读、渴望金榜题名的读书人，是孝感人民对于文运昌盛的精神寄托。

而几十年来,宝阁只闻其名,不见其形。我们只能在澴河岸边的土地上,追忆不复存在的恢宏,寻觅缕缕消散的文魂。2022年3月,顺应群众呼声,孝感市委市政府决定重修文昌阁。如今文昌阁竣工在即,将重新成为孝感地标。文昌阁的再建,体现的是文物保护的新举措。让消散的历史,消失的文魂以一种精神驻扎的方式再度重现。

二、文物保护实现可持续发展的阻碍

文物保护与可持续发展息息相关,而这种关系的发展并非一帆风顺,它承受着诸多阻碍与考验。

(一)政治、经济因素的阻碍

巍然矗立于澴水之滨的文昌阁,一直命运多舛。四百年来,三次被毁又三次重建。1643年,李自成起义军占领孝感,文昌阁在战火中损毁。这是第一次毁灭,导致这种毁灭的因素正是历史的动荡。

文物的悲剧一直在上演。20世纪五六十年代,老北京牌楼拆除一事,令建筑学宗师梁思成痛哭几日。"机器轰鸣,烟囱林立,才是当时新型城市的蓝图。"所有阻碍新型城市的障碍都要拆除。一场文物保护战,终究败在政治、经济的发展之下,成为如今的国之殇、民之痛。就在当下,我们的文物古迹还在持续湮灭。2021至2022年孝感市长江文物资源专项调查统计发现,新增消失文物点109处。近年来孝感市经济飞速发展,大规模的经济建设导致部分文物古迹被无情摧毁。仅在孝感,类似文昌阁命运的文物点就如此之多,放至全国,那将是怎样的悲惨景象?

时至今日,有越来越多的人意识到当年梁思成的先见之明,并痛惜八百年老北京城不复存在。我们的国家不仅仅需要物质、科技这些硬实力,还需要文化、精神这些软实力。承载历代精神文明的宝贵文物古迹、文化遗产,越来越被人们所珍视。文昌阁就是在孝感人民的千呼万唤之下复建的。可见,当今文物保护促进社会持续发展的政治、经济阻碍虽存在,却有所减小。

(二)意识因素的阻碍

近些年来,城市建设、新农村建设如火如荼,而民众对文物的保护意识却非常淡薄。尤其在农村,文物保护意识缺失严重。有些农村文物,被村民随便放置或丢弃,留下"古村有宝人未识"的遗憾。很多农村干部缺乏对文物保护的系统认识,在建设规划中较少考虑文物保护,导致文物资源没有得到合理的规划和利用。在基建过程中,施工单位或当地居民还常常知情不报,又会出现文物被不同程度破坏的现象。有的文物甚至已经无法进行恢复,造成难以估量的损失。

还有些人更是唯利是图,对文物的历史文化价值弃之不顾,对文物保护的相关法律视而不见,只想将出土文物据为己有,粗暴地挖掘或哄抢,珍贵的历史文物惨遭损毁。2013年河南某地施工时发现大量古铜钱,消息传出上百村民连夜挖宝,挖出的铜钱仅以每斤190元的价格贱卖。近年来,类似这样哄抢文物的新闻屡见报端,令人心寒。2022年孝感应城市警方摧毁一特大盗墓团伙,他们用挖掘机械粗暴挖掘古墓,造成了毁灭性的破坏。

另外,博物馆的专业工作人员在文物修复和保护上存在认识的偏差。个别部门口头上重视,实际却大打折扣,敷衍塞责。到文物要陈列展览时,才发现没有修复保护,只好草草了事，反而对文物造成了破坏性损伤。文物管理部门也有执法不严、执法不力的问题，有时碍于上级领导或熟人打招呼，执法被动且弱势。

保护文物是每一位公民应尽的义务。如果历史上的政府和民众文物保护意识均在，文昌阁也不至于落得三次被毁，终成传说。加强文物保护，不仅需要相关部门的重视，更亟待群众保护意识的觉醒。

（三）技术、人才和资金因素的阻碍

当前的文物保护工作形势日益严峻，利用新技术手段防盗防灾就显得格外重要。孝感市6处国保，4处已建设电子监控为主的安防设施，但其中部分已逐渐老化，适应高强度的安全要求非常吃力，而县保、未定级文物点基本未安装。暴露于野外、人迹罕至的各类遗址、墓葬往往面临被盗掘的悲惨境遇。

同时，专业人员稀缺、能力水平不足，及人才断档也是阻碍文物保护可持续发展的重要因素。孝感文物保护工程专业人才严重短缺，在开展工程项目时，现有人员边学边干，难免导致效果不尽如人意。文物修复是日积月累磨炼出来的手上功夫，而传统工艺和修复技术的“失传”使得“修旧变新事件”层出不穷。2010年圆明园首批完成试验性修复的破损文物，一亮相就被质疑“土气”。对美学风格的把控失当，让修复文物从真货变成“假货”，失去了文化内核，沦为平凡的工艺品。

除以上因素外，文物保护工作还受到资金不足的严重制约。文物保护的原则是最大限度地保持文物的本来面貌。但受技术和资金等条件限制，很多时候难以实现。博物馆作为文物保护专门机构，资金来源绝大部分是财政拨款。基层博物馆由于规模小，所得补助金额更加有限，仅能维持日常运营。当前全省文物保护资金大多集中在本体的抢救性维修上。孝感全市国保、省保共50处，开展的文物保护工程占比较低，也集中于文物本体修缮，较少涉及文物的预防性保护和安防。由于缺乏资金，一些项目维修效果不佳，恐难经得起历史检验。

（四）自然因素、其他因素的阻碍

大多数古建筑类文物受气候、水灾、自然腐蚀，以及无人看管、年久失修、不合理修缮利用和其他人为因素影响严重。文昌阁的第三次被毁，就是这类因素造成的。1977年“文革”时期，因白蚁之患文昌阁濒临倒塌，终被拆除，成为历史的遗憾。现在，孝感市仍有一些不可移动文物点无人看管，长期荒废。

另外，考古本身对文物就会造成一定程度的损坏，这是在任何技术条件下都无法避免的。当前进行的考古主要是以抢救性发掘为主，国家文物局不鼓励主动的发掘行为。这导致出现一种“考古工作者跟着盗墓贼跑”的奇怪现象，也实属无奈。我们为保护文物而进行的这种有限发掘行为，就像为了维持生命的基本延续一样，必须且重要。这也是文物保护可持续发展的内涵所在。

三、文物保护实现可持续发展的路径探索

保持文物保护和经济发展相协调，探索文物保护实现可持续发展的路径，使文物更具生命力，对博物馆来说是使命，更是挑战。

（一）自上而下的政策方略

1.构建有效的管理体系

切实将文物保护工作纳入各级政府考核内容，以此倒逼领导干部重视文物保护。通过

党校授课、专题培训等形式,使文物保护意识真正进入各级领导干部的心中。同时落实博物馆文物保护的主体责任,经常性开展文物安全隐患排查整治和行政执法工作。近年来孝感市加强文物保护单位执法巡查,目的就是提高监管效率,加强文物保护,及时发现、制止并依法查处违法行为。

2.加大资金投入力度

文物保护是一个不断花钱的过程,没有资金就谈不上保护。但每年用于文物保护的费用,相对众多的文物来说是杯水车薪,许多文物因无经费维修导致毁灭。众所周知,文保工作能对地方经济效益与社会效益起到提升作用,而文物保护需要资金的推进和落实。所以在政策层面,可以完善法律法规,通过立法途径加大财政投入;在社会层面,可以吸纳民间资本,建立文物保护社会公益基金,给予热爱历史、热爱文物的公众参与的机会。始建于宋朝的孝感心湖永乐寺正是集全社会之力修建的典范。2002年政府大力支持悟名大师倡导的永乐寺修建工程,受教信众积极响应,捐钱捐物,不计报酬出力。如今永乐寺已初具规模,成为鄂北小有盛名的寺院。

(二)自下而上的宣传方略

文物保护仅靠政府部门力量是无法取得理想成效的,需要全社会的共同参与。这就要求博物馆深度开展宣传教育活动,把"引进来"与"走出去"相结合。可以在博物馆宣传展牌上,或讲解过程中加入文物保护的内容,让文物保护工作进入公众视野;也可以通过电视、网络、报纸和新媒体进行宣传,并在"国际博物馆日""文化遗产日"等主题日开展博物馆进学校、进社区等活动。结合目标人群特点,设计"文保知识小课堂""文物修复小专家"等针对性宣传项目,让受众亲身体验文物修复,提升群众文物保护意识,营造文物保护工作的良好社会氛围。

(三)文物活化利用的方略

文物活化利用是文物保护的最终目的,也是文保工作的价值体现。发展旅游是文物活化利用的重要途径,同时能解决部分文物保护经费不足的问题。绝大多数文物保护单位,因文化内涵挖掘不够、文物价值偏低、保护难度大等,活化利用水平受到影响。孝感全市文物活化利用较好的仍然是国保、省保等有国家资金和政策支持的高级别文物保护单位。如新四军第五师纪念馆、中原突围纪念馆、红旗人民公社配套展陈等,都已成为全省乃至全国极具影响力的革命纪念馆,每年接待游客及参观团体10余万人次,真正做到了"让文物活起来"。

文物活化利用,能够为城市形象建设带来发展机遇,创造优势集群效应。孝感市的城隍潭码头遗址公园,就是市委市政府为了对遗址进行合理开发利用,决定建设的一座以文物保护为核心的遗址公园项目。此项目将会让这座明清时期的老码头最大限度地重现在世人面前。同样,记忆中的文昌阁也将重新耸立于澴河岸边,成为孝感新的文化地标,提升城市旅游综合潜能。

(四)科学保护的方略

1.加强先进技术手段的应用

随着科技的发展,文物保护的新兴技术手段也在不断完善。充分利用先进技术手段做好文物的预防性保护工作,结合先进的安防技术提高防盗水平,可以达到事半功倍的效果。2010年,孝感市博物馆馆藏文物青铜提梁卣内壁底部出现钟乳状锈蚀物质。博物馆迅速找到武汉大学专家团队，利用透射电镜、X射线衍射仪等现代材料科学分析仪器，对锈蚀物质进行系统检测和分析，确定了它的性质、生长机理及可能的形成原因和影响因素，为博物馆制定保护方案提供了科学依据。

2.加强博物馆人才队伍建设

人才是博物馆提高文保技术水平的重要前提。可以一方面加大优秀人才的引进力度，另一方面加大现有人员的培养力度，通过讲座学习、外出深造、实地考察等提升专业素质。还可以考虑外派年轻干部到省文物考古研究院、武汉大学、湖北大学、武汉市考古所、荆州博物馆、襄阳市考古所等专业机构的文物保护现场学习。通过理论和实操的系统加强，提升管理和专业技术水平。

四、结语

中华文明上下五千年，祖先们留下的每一件文物都是承载历史记忆、传承文化血脉、凝聚先人智慧的国之瑰宝，是不可再生的珍惜资源。文物保护，是对历史的崇敬，也是对中华文明的继承和守护。

孝感是湖北省的文物大市之一，历史悠久。落实习近平总书记关于“建设中国特色、中国风格、中国气派的考古学”讲话精神，近几年为打造城市文化，提升历史品位，体现孝感风貌，市委、市政府和人民做出了积极的努力。文昌阁的兴衰，印证了文物保护的历史意义。重建，是为了让孝感的文化遗产价值得以永续流传。不久的将来，澴河岸边，金鳌飞檐，阁笔冲天，孝感“文昌”再现。

博物馆当以文昌阁为鉴，更以文昌阁为例，进一步开展文物保护的研究，适应新世纪中国特色社会主义经济蓬勃发展的形势，构建文物保护可持续发展的战略，在文物保护和经济社会发展之间探索出一条适合的道路。

参考文献：

[1] 许诺.浅论公众考古破解博物馆的“成长期烦恼”正当时[J]. 文物鉴定与鉴赏，2021(24):174-177.

[2] 郑德芸.当前博物馆文物保护管理工作的主要问题及对策研究[J]. 艺术品鉴，2015(10):310+297.

[3] 郑南.论博物馆文物保护工作的途径及意义[J]. 华章，2012(20):314.

[4] 刘艳青.新农村建设中的文物保护及利用探讨[J]. 环球人文地理，2016: 159+160.

[5] 孝感市文化和旅游局.孝感市长江文物资源调查报告[R].2022:17-27.

浅谈数字化在博物馆可持续发展中的作用

肖志群 孝感市博物馆

摘 要：随着数字化技术的发展，博物馆在越来越多方面开始数字化变革。数字化可以让更多的人更加方便地了解和参观博物馆，同时可以整合各种文物管理机构、博物馆的数据和资源，共享信息和经验，提升文物保护、管理和研究的效率，有利于馆际之间的交流和博物馆的可持续性发展。本文将探讨数字化在博物馆持续性发展中的作用。

关键词：博物馆；数字化；可持续

数字化在博物馆的可持续性发展方面有着巨大的作用。传统的博物馆需要大量的人力和物力来维护和展示收藏品。然而，数字化博物馆收藏品可以极大地降低运营成本。通过数字化，博物馆可以将它的收藏品存储在云端服务中，不需要太多的物理空间，就可以让更多的人浏览。同时也可以更加便捷地利用其他博物馆的数字资源，另外自身的数字化资源被其它博物馆利用时又可以扩大本馆的影响力，起到了互利互惠的作用，有助于博物馆的可持续性发展。数字化收藏品可以让全球范围内人们不受距离限制的浏览，这样一来，博物馆可以将它的历史文化知识更广泛地传达给更多的人。数字化技术还可以提高博物馆的客户体验，在数字化的博物馆中，用户可以自由地搜索博物馆的收藏品。数字化技术还可以增强用户的参与感，例如，用户可以在数字化展览上评论，发表自己对展品的看法。这些数字化的能力可以让博物馆在保护文化遗产的同时，也能更好地为大众服务。

一、数字化有助于馆藏文物的保护与利用

博物馆的馆藏文物是博物馆的立身之本，而文物本身的作用就是传递历史的信息。人类的活动都是社会活动，任何历史遗迹和遗物都是一定历史时期人类活动的产物，无不打上时代的烙印，蕴涵着当时政治、经济、军事、科学技术、文化艺术等诸多内容和信息。利用数字技术可以更加完善地保存和传播珍贵文物的信息。数字化在对文物本体保护和历史信息的保留上具有极大的提升，在文物保护工作中起着越来越重要的作用。通过数字化技术，可以实现文物的精准保护、高效管理，并且能够保证文物的真实还原和便捷传播，为文物的永续保护做出重要的贡献。而在让更多的人了解到这些文化遗产的同时，又能强化对文物本体的保护，极大地增强了文物本体的可持续性利用。数字化在文物保护方面的重要作用，主要表现在以下方面：

（一）增强对文物本体的保护

通过数字化技术可以通过对文物进行高

清拍摄、三维建模、高精度测量等技术手段，实现对文物信息原貌的完全保存和还原。无论是文物表面的图层、刻痕、裂缝，还是文物的形制、色彩等信息都可以被数字化的技术记录并保存。即使多年以后，文物本体不存，但文物所传达的信息依旧会得以保留，这就是对文物的最大保护。同时博物馆还可以通过数字化技术的手段收集和整理广泛的文物资料和藏品，进一步丰富自身的展品和收藏。

（二）提高文物管理的效率

数字化可以实现文物的相关信息、图片、视频、三维建模等资料数字化，制作出详尽的数字化档案，对文物进行全面、系统的记录和保存。可以提高档案信息有效利用率，对文物进行更加高效快速的检索、对比等工作，极大地提高对文物管理效率。通过建立文物数据库，实现对文物基本信息、管理流程、移交流转等进行集中化管理。这种方式可以避免重复管理，减少误操作，降低了对文物造成破坏的风险，同时也便于对文物的监管和追溯。还可利用大数据和人工智能技术，对文物进行鉴定、分类、评估和修复等工作，提高文物鉴定的准确度和效率。

（三）增加文物展示的范围

数字化可以让一些珍贵的、不易在展厅展出的文物，也能进行展示和宣传，让更多的人能了解和认识更多、更珍贵的文物，是对文物宣传与传播的加强。数字化技术在文物展示方面具有越来越重要的作用，重要文物数字化之后，可通过多种渠道，如互联网、电视节目、线上线下展览等展示，传播的范围可以被无限拓展，进而增强广大民众对文物的认知。

二、数字化可促进博物馆文化交流与沟通

数字化文物可以通过网络将文物信息资源传递到全球各地。可以与世界上的许多文物管理机构、博物馆和研究所合作，为各国学者和研究工作者提供资源，在促进国际文化交流方面发挥非常重要的作用。数字化博物馆可以提供多语种的文化知识，并通过各种形式的在线展览、网上讲座和在线教育等方式把地方文化传播到世界各地，促进文化多元性和跨文化交流。它为文化传播和理解投入了新的手段和能量，有利于构建跨越时间和空间的国际文化交流平台，促进了不同文化之间的交流沟通和思想碰撞，拓展了文化多元共存的空间和可能性，增进了不同文化之间的相互学习，也促进了整个文化界的可持续发展。数字化博物馆在促进文化交流方面具有重要作用，特别是在国际文化交流中，其作用更加凸显，具体包括以下方面：

（一）跨越空间和时间的限制

数字化技术可以通过互联网将文化遗产不受时间与空间限制地呈现于世人面前，让展品无论何时何地都能被人们所了解和欣赏，促进了文化之间的交流和融合。数字化展品通过光纤和无线基站，在电脑和移动设备之间，被迅速传播到全球。从而实现无处不在的文化传播，让博物馆的文物不受限制地给更多的受众参观和研究，将传统展览的边界突破开来。

（二）突破传统交流形式的禁锢

通过创新交流场景，如组织形式多样化的活动、线上交流平台等，来打破传统的交流模式和形式，吸引更多人参与其中。传统交流方式有限，但在数字化技术的支持下，可以运用

现代科技手段，如视频聊天、音频交流、虚拟现实等方式，开创新的交流方式。强化参与者与交流内容之间的互动与反馈，引导参与者根据实际需求进行讨论和交流。数字化技术提供的更加丰富、互动和个性化的交流形式，能够极大地促进博物馆的发展和变革。

（三）打破国际交流困难的壁垒

通过数字化方式，可以快速输出各地文化特色，将各地文化传播给世界大众，帮助博物馆实现国际化，推进文化交流与互动，同时为本地文化的发展和振兴提供支持。数字化博物馆为全世界学者提供一个更加便于进行学术交流的平台。全球学者都可以在数字化博物馆上交流并分享研究成果，推动各国文化交流，汇集各国智慧，进而促进一代又一代人对世界文化的认识，加快人类命运共同体的构建。

三、数字化在发挥博物馆职能中的可持续发展作用

博物馆的职能可以通过数字化可持续性地发挥更大、更广的作用，通过在线展览、直播、讲座等多种形式，提高公众的民族认同感和国家凝聚力，不断推进社会的可持续性发展。数字化在博物馆的社教活动、展览形式和互动方式方面有其强大的优势，通过创新的手段，能够有效增强博物馆激发公众对文化知识的热情和认知，提高公众的文化素养，有助于形成更加开放、包容、自信、创新的新时代文化氛围。数字化是现代化博物馆的重要文化传播方式，利用数字化技术开发建设博物馆能极大提高博物馆职能可持续发展，具体包括以下几方面：

（一）在社教活动上的拓展

传统的博物馆教育方式，只能让观众到博物馆参观或者参加教育活动，或者让博物馆的社教人员到特定单位举办社教活动。数字化可以为博物馆提供了一个更加便利的平台，运用互联网技术的在线视频、VR等现代科技，可以让在世界任何区域的观众随时随地在线参观博物馆或者参加博物馆的各类社教活动。如现在流行的抖音短视频、各类平台直播等，都可以在线举办各类社教活动(如：我馆2023年春节期间在抖音平台开展的系列活动《萌兔带你赏文物》)。同时可以提供各种在线学习资源和教育计划，帮助学生和教师更好地了解历史和文化，促进教育公平和全球文化交流。

（二）在展览形式上的提升

数字化博物馆相比传统博物馆，展览形式更加地丰富多样。在展品上不再局限于实际存在于博物馆内的珍宝文物，可以通过包括高清摄影、高清摄像和三维建模等多种高科技手段将实物展品数字化，再采用3D全息投影和虚拟现实等技术呈现在观众面前，让其有“身临其境”的感觉，从而更有利于了解博物馆文物背后的历史文化，加深观众对文化知识的理解和认识。

（三）在互动方式上的多元

数字化博物馆中可以采用更多种类的互动媒介，如触控、手势、声控等互动方式，通过3D全息投影、虚拟现实、增强现实和人工智能等技术手段制造博物馆内容相关的各类游戏、趣味测试等体验性学习互动，让观众参与展品设计的过程和展品呈现的形式(如：我馆的陶器烧制模拟)。还可以利用电子游戏、虚拟现实等技术，将观众融入历史文化场景中去，提供其他更加有趣的互动体验，让他们更好地理

解和欣赏历史文化。

（四）在更新速度上的加持

数字化博物馆能够根据公众的不同需求和期许，利用现代技术迅速更新博物馆的展品和影像，使博物馆的展品更新及时且适应性更强，可以不断满足各类观众的需求。在展品的更新上也使博物馆显得更加快捷、更富有活力，增强博物馆的持续吸引力，提升公众走进博物馆参观学习的欲望。

四、数字化对博物馆在市场拓展中的可持续发展作用

数字化拓展了博物馆传统物理空间的限制，无限扩大了观众群体的范围。同时通过电脑和移动设备的应用程序、线上选购文物商店、在线游览等方式为当地知名度作出贡献，可以吸引更多的虚拟和实体游客，促进旅游业和当地经济的发展。作为新兴的文化展示载体和博物馆更新转型的手段，正在对传统博物馆的运营模式和产业结构带来深刻变革，数字博物馆在市场开拓中的作用日益凸显，并将在未来继续发挥重要的推动性和引领性作用。具体而言，数字博物馆在市场开拓中，主要体现在以下方面：

（一）拓宽受众群体

由于数字化让博物馆的展示方式和社教活动有更加多的变化和创新，多样化的传播模式，吸引更多不同年龄、不同文化背景和不同兴趣的观众，实现对多元化受众群体的吸引，拓宽了受众群体、扩大了合作伙伴和客户群体，从而拓宽博物馆业务范围和收益来源，提高了博物馆的可持续发展水平。

（二）拓展业务内容

数字博物馆不仅能提供线上展览、资料下载等数字服务，同时它也可以和实体博物馆结合，提供线上预订、课程培训和历史文化咨询等多元化业务，为市场消费者提供更加便捷、高品质的文化旅游服务。

（三）提高品牌影响力

作为文化传承和旅游推广的载体，数字化博物馆在市场开拓中能增加品牌曝光度，提博物馆的高品牌影响力。同时，数字化技术可以让博物馆通过线上推广渠道和社交网络宣传，在市场开拓上的能力得到极大的提升。数字博物馆的建设和运营是博物馆对于信息化和数字化转型的重要探究，通过数字博物馆的建设和推广，可以强化博物馆的品牌形象和声誉，提高公众对博物馆的认识和信任度。

（四）促进文化产业发展

数字化博物馆不受物理空间的限制，可以展示更多的展品，吸引公众的眼球，使更多区域的公众到博物馆参观，进而促进博物馆所在地的文化及旅游产业发展。另外，数字化博物馆加快了各地文化交流的效率，在各地文化的相互碰撞中能使文创人员得到更多创作的灵感，创作出更新、更好的文化产品，从而促进了文化产业的发展。由此可见数字化博物馆的开拓和发展也能够促进文化产业的提升和发展。

五、结语

由数字技术引领的这种变革将会给社会带来巨大的收益。我们正在进入一个截然不同的时代，这个时代将会更加绚丽多姿，因为我们能够消费的种类和体量都会大大增加。数字化革命正在加速各行各业的持续发展，博物馆绝不能在这样伟大的变革中掉队，因为数字化变革对博物馆的可持续发展具有突破性

的重要作用。通过数字化技术的应用，可以构建文化遗产的数据库，促进文化遗产的全球传播。数字化技术既可以大大降低博物馆的运营成本，同时也能够让更多的人更加方便地了解博物馆的藏品，为公众呈现出更加多元、多样、多彩的文化内容，提高博物馆的客户体验，增加博物馆的吸引力，加强用户的参与度，扩大博物馆的品牌影响力。因此，数字化已经成为博物馆可持续性发展的重要手段，也为博物馆的发展提供了卓越的机会。

博物馆是人类文明的知识宝库，在传承历史文明，教化人民思想品德，传播科学知识等方面，有着独特又无可替代的重要作用。现在，随着我国改革开放大潮奔涌的前行，各行各业的改革创新也日新月异，博物馆只有加快数字化建设，才能促进博物馆事业的可持续发展，才能为我国社会主义现代化建设添砖加瓦，才能在实现中华民族伟大复兴道路上作出更大的贡献！

参考文献：

[1] 李晓东.文物学[M].北京：学苑出版社，2005.
[2] (美)埃里克·布莱恩约弗森，(美)安德鲁·麦卡菲.第二次机器革命[M].北京：中信出版社，2016.

试论中小型博物馆的可持续发展之路

张明　孝感市博物馆

摘　要：本文从当前中小型博物馆可持续发展所面临的主要问题与实际困难出发，尝试对中小型博物馆未来可持续发展的努力方向进行探讨。中小型博物馆的可持续发展应从博物馆建设规划、馆藏文物、人才队伍建设、新媒体新技术、经费来源渠道、服务水平等方面进行破局。

关键词：中小型博物馆；可持续发展；探索

博物馆作为我国公共文化服务的主要内容，是传播优秀中华文化和构建社会主义文明的主要阵地。根据统计分析，截至2021年底，我国的备案博物馆达到了6183家，比2020年增加了6.82%，包括国家一级博物馆204家，二级博物馆448家，三级博物馆566家，其余4965家都是未定级博物馆，我国博物馆事业正呈现前所未有的繁荣景象。但人们也必须清醒地意识到，占比达八成的各种未定级或中小型博物馆都是博物馆行业的重要组成部分，其场馆规模、馆藏文物、经费、人员、技术、陈列、观众等数量均较少。深入探索中小型博物馆怎样做到良性可持续性发展，最大程度地发挥博物馆的社会教育作用，有着很重要的现实意义。

可持续发展是一种注重长远效益的社会文明发展方法，博物馆的可持续发展事关博物馆的生存，仍有待进一步研究。无论是在博物馆领域，或是成为单一个体的博物馆，我们都应该去反思怎样能够更好地实现各种功能、更好的服务，所以当前我国博物馆行业中遇到的各种具体困难都可概括为博物馆如何可持续发展的难题。这种课题的研究范围相当广泛，目前国内外博物馆学界比较重视可持续发展、研究较多的是1996年苏东海老师的《中国文物博物馆事业可持续发展战略研究》，这部专著涉及博物馆行业可持续发展策略研究的重要领域，内容包括了博物馆发展、博物馆经营、文物藏品数字化管理等各方面。我国世界博物馆研究会副主席、北京市博物馆研究会副理事长兼秘书长安来顺于2019年的访谈作品《国际化、高质量、可持续中国博物馆事业发展的方向与战略》中，讲到可持续发展问题时，从博物馆与文化的可持续性和环境的可持续性角度进行了解读，认为“博物馆以可持续的思维反思自己的文化观”，“博物馆不仅保存痕迹，更保存对当代社会、国家、民族具有重要价值的文化基因”。尽管二者在关于博物馆行业中可持续发展能力的理解层面上有所不同，但是总结一下，所谓的博物馆可持续发展能力都可理解为指博物馆保证其顺利运作、有效提升办馆服务质量以及有效实现社会价值的能力。

一、制约中小型博物馆可持续发展主要因素

（一）基础场馆陈旧、功能分区不合理

《博物馆条例》第十条规定：设立博物馆，应当具备固定的馆址以及符合国家规定的展室、藏品保管场所。场馆是建立博物馆的首要条件。当前随着各级地方政府对文物保护工作的逐渐重视，对“保护文物功在当代、利在千秋”的认识不断加强，以及文化和旅游逐步深入融合、文物也是拉动地方经济的软实力的新趋势，各地近年陆续开工了一大批博物馆新馆建设项目，除去部分中小型博物馆仍为老旧馆设外，大多数中小型博物馆的硬件条件已经得到了极大提升，场馆问题已不再是制约这些中小型博物馆发展的最大障碍。还有的博物馆建设在当地的文化中心，与图书馆、文化馆等机构共同形成了公共文化服务体系，产生了较好的规模效应。

然而当前博物馆已从单纯的文物陈列室逐渐向休闲、集会、娱乐的公共服务场所转变，来访观众对博物馆除参观展陈外的其他服务需求逐渐提高，大部分中小型博物馆都没有配套的其他类型服务，制约了博物馆的服务水平与影响力的提升。

（二）馆藏文物数量少、质量低、开发难度大

博物馆馆藏文物是博物馆发挥社会职能、开展博物馆社教活动的基础，是博物馆开展文创研究、数字博物馆建设等工作的必要条件，可以说一座博物馆的馆藏文物代表了一座博物馆的底蕴和未来发展的底气与潜力，因此馆藏文物也就成为博物馆评估定级的重要指标。

相比于中小型博物馆，国有大型博物馆馆藏文物无论是数量还是质量都成几何指数级碾压，10%的大型博物馆所收藏的文物最少占据全部文物收藏单位文物总数的50%，并且大型博物馆的馆藏文物大多都为三级以上的珍贵文物。造成这种现象的多是历史原因，当然也是各国有大型博物馆不断向规模化、精品化发展的必经之路。

作为国家博物馆体系重要组成部分的中小型博物馆，就单独个体而言馆藏文物就相对普通，而且部分藏品存在发掘资料不明、特色不突出、不成体系、难以开发利用等实际困难。

（三）专业人员结构不合理，水平偏低，后劲不足

事业发展离不开人才支撑，越是艰巨的任务和复杂的形势，越是迫切需要人才，可以说人才是发展的关键。尽管随着当前中国博物馆事业的不断发展，部分大学相继开设了文物与博物馆学的相关专业，但国内博物馆目前专业技术人才缺口仍十分巨大的窘况并未得到实质性改善。

博物院行业的专业技术人才与管理大多都聚集于大型国有博物院，相反，中小型博物院与非国有博物馆的人员缺口仍非常庞大，而且还面临着职称职数和比例均极不合理，人才评价标准和机制并不完善，从业人员职业发展路线也不清晰等现实问题。上述问题相互交织，严重制约着中小型博物馆的教育、科学研究、展陈、管理、维护与服务等方方面面。

（四）对新技术掌握了解不深，宣传推广手段不足

随着数字科学技术的日益发达，以及当前新技术、新手段的不断涌现，目前部分先进博物馆所正在努力研发数字博物馆、虚拟看展、云上馆、博物馆“数智人”等前沿技术，并达到了较好的社会经济效益，而这些技术都有助

于博物馆在未来的更深入发展。

由于专业性强，一般中小型博物馆大多没有多余的人员、经费和精力来投入这些新鲜事物。因此大多中小型博物馆仍然采用传统模式，即观众必须到现场参观，但有的展览多年不更新，也没有多媒体进行互动，毫无新意，加上服务水平不尽如人意，因此也就不可避免地造成观众参观体验差的感受。

（五）资金投入偏低，严重制约高质量发展

从2008年国家博物馆实施免费对外开放政策后，中国投放了大量的财力进行博物馆对外免费开放活动，明确了具体支出范围，而当地政府的相应经费也较少，无法解决人民群众日益增长的文化精神需要。不少中小型博物馆受制于地方经济发展，财政拨款多年增长缓慢，且大多经费用于支付人员工资，可用于博物馆业务工作发展与提升的经费捉襟见肘，由此导致博物馆建设发展水平长期滞后于经济社会发展。更有甚者，由于部分小型博物馆馆舍及设施长年损坏，陈列展品也没有得到有效更新，藏品仓库也存在着安全隐患，藏品存放环境恶劣，严重干扰了博物馆日常管理工作的正常进行，更谈不上发展建设了。

（六）服务水平偏低，影响游览体验

博物馆作为重要公共文化服务机构组成部分，应当提供良好的服务项目，这些服务不局限于传统的讲解服务，还包括学习、教育、研究、休闲、娱乐等。大部分中小型博物馆观念仍较为陈旧，服务意识不强，甚至存在“官本位”思想，难以提供高水平的服务。因此导致观众对博物馆“二次游览”兴致不高，博物馆难以与观众产生连锁效应、联动效应、扩散效应，影响了博物馆社会影响力和整体形象的提升。

二、中小型博物馆可持续发展破局方向

（一）博物馆建设充分考虑前瞻性

当前中国国内博物馆建设正处于改扩建的高潮中，基于人们对中小型博物馆可持续发展的思考，首先就应从博物馆基本功能要求设计出发，在实现收藏、保存、科研、展览、教学等基本功能的基础上，还应该要积极融合当地特点，提出科学合理的博物馆空间规划以及具备可操作性、前瞻性的发展计划，同时为提升参观者游览感受，在充分重视“以人为本”原则的前提下，按照国家标准旅游景区为观众规划并建立必要的配套服务设施空间，如旅游服务中心、医疗卫生服务设施、文娱休息空间和餐饮服务设施等。

（二）千方百计丰富馆藏文物

中小型博物院在藏品文物方面也不可避免地具有先天的缺陷，怎样打破当前藏品文物数量小、品质差的局面，除继续采取常规的考古挖掘、田野征集、民族学研究收集、社会科学调查征集、购买、接收捐献、交换、调拨等方式充实藏品文物数量之外，也可以考虑根据“抗疫”“防洪”等重要的历史事件，制订出土文物收集方案，以进一步充实藏品文物。此外，因博物馆作为收藏机构，广大人民群众历史记忆中的近现代民俗用品如马口陶器、雕花剪纸等也可以考虑纳入征集范围。

（三）推动文博人才队伍建设

人才是事业发展的基础，人才对博物馆这种专业性较强的机构尤为重要。博物馆的人才不仅需要年轻血液，更需要耐得住寂寞、沉得下心、有“择一事终一身”的文物工作情怀

的老专家。为此，相关主管部门要进一步完善博物馆行业人才体制改革，大力培育创新型人才与“守拙”文化，逐步健全人才评价体系和激励机制，为馆内人才的出类拔萃、尽展才华创造良好氛围。要牢固树立“人才是第一资源”的理念，全力营造相信人才、尊重人才、支持人才、保护人才的浓厚氛围，把全体人员干事创业的积极性、主动性、创造性全部充分调动出来，为中国博物馆事业的可持续发展注入不竭动力。中小型博物馆应从五个方面精心谋划和大力推动文博人才队伍建设工作。

一是要加大培养力度，提升培养质量。着力建立以文博产业为主导、高校为基础、行政促进和社会扶持相结合的文博培训体制；充分发挥技工院校、职业院校的基础功能，全力增强文博技术人才实力；进一步健全博物馆员工培养机制，围绕文博行业急需紧缺人才领域和社会重点人群，进行职业技能培养。

二是要科学合理使用，发挥人才作用。要引导文博行业充分发挥技能人才在生产一线的重要作用，真正让人才有稳定岗位、有事业舞台、有上升渠道，评价结果要和事业、待遇挂起钩来，畅通职业发展和晋升途径。

三是要坚持科学评价，畅通发展通道。要继续贯彻并完善当前评聘的结合机制，对特殊需要人才进行低职高聘和高职低聘相结合，以破除博物馆技术人员的“天花板”；进一步健全优化文博教育技能制度，促进一批高素质文博技术人才崭露头角、茁壮成长。

四是要完善激励制度，树立正确导向。要发挥文博技能人才培养考核评价的激励导向功能，带动整个社会形成科学的就业观、技能观、人才观；加强政府扶持工作，让文博人员在政治上有名誉、经济上有待遇、社会上有地位、工作上有保证。

五是要加大宣传力度，扩大社会影响。让文博人才成为广大劳动者特别是青年人学习和奋斗的榜样。

（四）不断加强新技术投入与产出

新传媒科技与博物馆事业的不断发展，冲击着传统的博物馆讯息传递模式。面对这种趋势，中小型博物馆除了积极应对、主动拥抱新媒体技术外，别无他法。诚然中小型博物馆没有相关技能人才，大规模投入资金也极不现实。所以，中小型博物馆投入少量资金并加以研究、了解、跟进是十分必要与合理的，也唯有这样，中小型博物馆方可适当紧跟时代发展的步伐，而不会被最新科技所淘汰，同时也是中小型博物馆完成各种社会职责的良好表现。

（五）拓宽博物馆经费来源途径

《博物馆条例》中有关博物馆经费的明确表述为：“国有博物馆的正常运行经费列入本级财政预算；非国有博物馆的举办者应当保障博物馆的正常运行经费。国家鼓励设立公益性基金为博物馆提供经费，鼓励博物馆多渠道筹措资金促进自身发展。”

在当前的新形势下，博物馆要不断拓宽服务视野，主动寻找社会资金，更多投入于博物馆发展事业的建设。这是一种方向性的指导意见，在日益舒朗的外部环境里，一个博物馆，尽早更多考虑资金来源的问题，就意味着掌握了更大主动权。对中小型博物馆来说除了用好用活博物馆免费开放专项经费和地方配套资金外，还应充分利用广博的社会力量，积极探索采取合作、共建、技术支持等形式，多渠道拓宽经费来源。

（六）探索保证较高质量服务水平

博物馆发挥社会职能的出发点和落脚点

必须体现在高水平的服务上。博物馆提供的服务是观众能够切身感受到的，可以说服务水平的高低也代表了一座博物馆整体发展水平的高低。

中小型博物馆应结合自身实际，在做好传统讲解服务的基础上，积极探索可给观众提供的其他服务，如阅读、休闲、餐饮、母婴休息专区、纪念品售卖、明信片寄送、餐饮等。让观众不仅能够体悟博物馆所承载的优秀文化，也能使身心得到愉悦和放松。

总之，博物馆作为最具有发展潜力的公共文化服务机构之一，其重要地位与作用也将越来越突出。中小型博物馆，已成为我国博物馆行业的重要部分，作为中小型博物馆的从业人员更应具备强烈的社会使命感、责任感，要不断寻求中小型博物馆的可持续发展，使博物馆真正成为促进我国经济社会可持续发展的优质文化驱动力。

参考文献：

[1] 苏东海.中国文物博物馆事业可持续发展战略研究[J].中国博物馆，1996(4):2-7+13.

[2] 安来顺，毛颖.国际化、高质量、可持续：中国博物馆事业发展的方向与战略——国际博物馆协会(ICOM)副主席安来顺先生专访[J].东南文化，2019(2):6-15+127-128.

[3] 张景嵋.博物馆可持续发展路径初探[J].文博，2021(2):108-109+84.

[4] 史瑶.论博物馆可持续发展之路——建设一座博物馆，从功能需求设计开始[J].博物院，2019(5):93-100.

[5] 周慎，吕晨欣.可持续发展的博物馆：内涵、实践及建设路径[J].中国博物馆，2022(4):57-62+127-128.

[6] 孟繁宁.试析提升博物馆可持续发展的有效路径[C].中国博物馆协会博物馆学专业委员会2015年“致力于社会可持续发展的博物馆”学术研讨会论文集.北京：中国书店出版社，2015:201-205.

[7] 陈碧华.如何实现中小型博物馆可持续发展——以中山市博物馆为例[C].中国博物馆协会博物馆学专业委员会2015年“致力于社会可持续发展的博物馆”学术研讨会论文集.北京：中国书店出版社，2015:140-144.

[8] 宋美萱，王冠娇.关于县市级博物馆可持续发展的思考[C].格物集 吉林省博物馆协会第三届学术研讨会论文选编(2014-2015).吉林人民出版社，2016:17-21.

浅谈革命纪念馆可持续发展
——以大悟县徐海东故居及亲属烈士纪念馆为例

朱柳进 段小燕 大悟县徐海东故居及亲属烈士纪念馆

摘 要：革命纪念馆是承载我党红色文化资源的重要场所，随着时代的发展，国家对红色文化日益重视，革命纪念馆呈现出良好的发展态势。但由于众多因素的影响，其发展不平衡不充分的问题依然存在。本文对革命纪念馆的发展现状进行了梳理总结，对目前的困境提出了合理的解决方案，并结合实际，针对革命纪念馆的可持续发展提出了几条建议。

关键词：革命纪念馆；红色资源；可持续发展

习近平总书记强调："红色资源是我们党艰辛而辉煌奋斗历程的见证，是最宝贵的精神财富。""要把红色资源利用好、把红色传统发扬好、把红色基因传承好。"革命纪念馆是承载我党红色文化资源的重要场所，记录着我们党波澜壮阔的革命史、艰苦卓绝的斗争史、可歌可泣的英雄史。深入挖掘红色资源，创新宣讲模式，加强革命纪念馆教育功能，对于弘扬红色文化、传承红色基因、实现革命纪念馆可持续发展具有重要意义。

一、革命纪念馆的时代意义

中华人民共和国文化部颁布的《革命纪念馆工作试行条例》总则指出："革命纪念馆是为了纪念近、现代革命史上重大事件或杰出人物并依托有关的革命遗址、纪念建筑而建立的纪念性博物馆，是有关革命遗址、纪念建筑和文物资料的保护收藏机构、宣传教育机构和科学研究机构。"

革命纪念馆是展示、弘扬民族精神与时代精神的重要载体和窗口，是传播红色文化、宣扬革命精神、培育社会主义核心价值观的重要途径之一。与其他类型的博物馆相比，革命类纪念馆宣教工作较为重要，简单来说，就是对中国近现代革命史上重大事件、重要人物以及形成的伟大革命精神进行展示传播，以此为基础开展的系列社会教育活动，其宣教的核心内容就是革命历史、革命精神、红色文化。

在中国诸多的红色纪念馆中，大悟县徐海东故居及亲属烈士纪念馆是为了纪念开国大将徐海东和他为革命牺牲的亲属而设立的，是省级文物保护单位，市级爱国主义教育基地。多年来，一直坚守革命纪念馆的使命与信仰，以开展革命传统教育、弘扬爱国主义精神、传承红色基因为主要职能。大悟县徐海东故居及亲属烈士纪念馆记录着徐海东及其亲属烈士的革命事迹和光辉历史，他们对党忠诚、不畏牺牲的革命精神，是中国共产党团结带领中国人民不忘初心、继续前进的力量源泉。

二、革命纪念馆的现状

21世纪以来，党中央从战略高度深刻阐

释了革命纪念馆在激发爱国热情、凝聚人民力量、培育民族精神方面的重要作用，并推出了一系列重大举措支持其发展，《新时代爱国主义教育实施纲要》在新时代背景下对革命纪念馆提出“强化爱国主义教育和红色教育功能，为社会各界群众参观学习提供更好服务”的要求。截至2021年6月，全国共有革命博物馆、纪念馆1600余家，其中全国爱国主义教育示范基地总数达585个。

随着国家对红色资源传承与弘扬的重视，革命纪念馆呈现出良好的发展态势，参观人数日渐增多。但由于历史的原因，许多革命旧址、纪念地多在边远的山区，这些地方经济比较落后，人们的保护意识淡薄，对文物的保护和宣传面临困难，因此革命纪念馆发展不平衡不充分的问题依然存在。

（一）红色文化内涵挖掘“浅层化”

因馆藏资源积累及开发不充分，一些革命纪念馆在陈展手法和宣传教育模式上无法拓展多元化。徐海东故居在2008年被列为省级文物保护单位，年接待游客10余万人次，是各级党员干部、青少年学生、广大人民群众接受党性教育、爱国主义教育和革命传统教育的重要基地。多年来大悟县徐海东故居及亲属烈士纪念馆注重徐海东大将人物生平及经历的展示，对其家族整体的革命事业挖掘不够，致使红色精神的高度未进一步拓展。

（二）展陈、宣教形式“单一化”

与大多数革命纪念馆一样，大悟县徐海东故居及亲属烈士纪念馆存在着制约其发展的诸多因素：如展陈同质化，现场体验感和时代感不强，对观众尤其是青少年的吸引力不断减弱，观众再次参观的意愿不强。

（三）开发红色旅游的规划“碎片化”

徐海东的家乡——大悟县，隶属于湖北省孝感市，地处湖北省东北部鄂豫边界，大别山脉西南段，是全国著名的革命老区和“十大将军县”，革命历史悠久，红色资源丰富。由于缺少统筹规划、统筹推进，跨界交流合作不足，县内各个革命纪念馆围绕自己的专题单独发展旅游，缺乏统一性、系统性、协同性，存在起点低、规模小、影响力不大等问题，在红色、绿色旅游线路整体打造、旅游宣传营销及重点旅游项目建设等方面仍存在“单打独斗”的局面，没有形成联动效应，不能很好满足新形势下国家和社会对革命纪念馆的期待。

三、革命纪念馆可持续发展实践——大悟县徐海东故居及亲属烈士纪念馆在践行

针对革命纪念馆存在的问题，大悟县徐海东故居及亲属烈士纪念馆锐意进取、开拓创新，改变原有单一保守的宣教模式和表达形式，深层探究，多方协同，努力寻找适合自身可持续发展的合理路径。

（一）结合乡村振兴，共建基础设施

近年来，大悟县徐海东故居及亲属烈士纪念馆多次联合当地政府，与乡村振兴相结合，在突出红色主题，保护红色场馆的基础上，对周边环境、基础设施进行了提档升级。以徐海东大将为主线，修建了将军红色文化广场、党史教育广场、红色文化长廊、将军窑、臭豆腐坊、将军乐坊、将军主题登山步游道、游客驿站等。将原党员群众服务中心改造成可接待200余人的游客接待中心，新增车位20个，新建1000余平方米的孝文化墙等民生设施，并在场馆主干道两边悬挂“大将故里，红色严河”

将军画像展示牌，打造红色场景，营造红色氛围。这一系列举措完善了公共服务功能，充实了红色文化资源，体现了革命纪念馆的观赏性和教育性。

（二）挖掘红色资源，创新宣讲模式

红色资源是鲜活的历史，也是党史教育最生动的教材。深入开发、挖掘红色资源，为革命纪念馆注入新的活力，让红色文化成为革命纪念馆强大的发展动力。为此，大悟县徐海东故居及亲属烈士纪念馆自开馆以来，一直脚踏实地，努力创新。

一是联合县政协挖掘徐海东及其家族背后的故事。2020年10月至2021年5月，县政协组织联合相关部门，进行了“徐大将一家人红色史料”课题研究，我馆全体讲解员共同参与了初稿的调研与编写，并最终完成《光荣流血——徐海东和他的亲属们》一书，该书即将由中共中央党史出版社出版发行。

二是创红色故事、弘扬革命精神。大悟县徐海东故居及亲属烈士纪念馆通过走访、查资料等方式挖掘、整理了一批红色革命故事：“理想信念的远征”“最好的共产党员”“红色窑工，满门忠烈”“妈妈是军人”等，在省、市、县广泛宣讲，并被推荐参加红色故事宣讲大赛，取得了优异的比赛名次和良好的社会反响 。

三是开发精品党史教育课程。根据不同观众群体的不同需求，研发出了一套独具特色的红色文化精品课程。课程通过展馆现场讲解、向英烈默哀、诵读入党誓词、红色故事宣讲、徐海东大将点评、观看徐海东大将革命事迹宣传片等多种形式，缅怀革命先烈，传递红色精神。教学内容丰富多彩、鲜活生动，受到了广大党员干部、青少年学生和人民群众的一致好评。

四是创新使用配乐讲解。为了让单调而枯燥的革命历史变得鲜活生动、丰富多彩、充满吸引力，我们尝试在不同的讲解场景中配上不同的音乐，以情感人，以史育人，使整个讲解过程更具有生命力。

（三）扩展传播途径，强化教育功能

“历史是最好的教科书，中国革命历史是最好的营养剂。”革命纪念馆陈列的各种历史资料和革命印记，是进行党史教育最为直观，也最具说服力的一种教育方式。

习近平总书记把学习党史、国史看成是“坚持和发展中国特色社会主义、把党和国家各项事业推向前进的必修课”。通过革命纪念馆的基本陈列和文字说明，以及现场教学的看、听、学等方式，使前来参观的广大人民群众自觉经受党性的锻炼，提升人民群众对中国共产党执政地位和核心作用的凝聚力、向心力和团结力，让参观者从红色革命文化氛围中感受到文化信仰的力量。

大悟县徐海东故居及亲属烈士纪念馆采取“引进来”“走出去”的方式，主动出击，弘扬红色文化，传承革命精神，使革命纪念馆的红色资源在更加广阔的空间里，对社会各类人群发挥广泛、有效的引领作用和教育作用。近年来，纪念馆先后与红安干部学院、金岭培训机构、大悟县委党校、何家冲学院、大别山分院等多种培训基地合作，开展党性教育、爱国主义教育和革命传统教育，吸引了大批观众走进场馆，参观学习。同时，纪念馆多次走进学校、社会团体、组织机构、党政机关等，与他们联合开展活动，以生动的活动形式和丰富的活动内容，吸引人们关注红色文化。另外纪念馆还大力培养讲解队伍，选送讲解员参与省、市、县举办的各种红色故事宣讲活动、红色朗诵大

赛、红色讲解员讲解大赛等，提高了纪念馆的知名度和口碑。

四、革命纪念馆可持续发展的思考

革命纪念馆作为党和国家的红色基因库，是开展爱国主义教育、革命传统教育和党性教育的重要阵地和场所，因此，实现革命纪念馆的可持续发展，就尤为重要。

（一）重视人才，加强研究

大多革命纪念馆处于偏远的山区或远离城市的乡村，缺少高知群体的加入，而在弘扬红色文化、助力新时代精神文明建设的具体实践中，研究人员和讲解队伍已经成为红色资源发展的重要因素。

首先要组织专业人员对红色文化进行系统深入的研究，全面揭示红色文化的丰富内涵、价值意蕴、功能作用、表现形式等，并进行红色文化的提炼创新，充分彰显红色文化的独特魅力。其次要加强讲解队伍的培训工作。由于革命纪念馆面对的是广大群众，来自四面八方，各个阶层，其知识程度、文化修养差距甚大，兴趣与关注点也千差万别，这就需要讲解人员具备一定的综合素质和讲解水平，根据不同类型的观众因人施讲，牢牢抓住观众的心，提高观众的受教育程度和参观质量。

（二）与时俱进，联动宣传

革命纪念馆作为政治性和历史性极强的红色资源，为了扩大它的知名度和影响力，就需要不断地创新宣传方式、加大宣传力度。使之更加贴近现实，符合大众的需求。

其一，与时俱进，积极与新媒体相结合。搭建网络宣传教育平台，将纪念馆所蕴含的红色文化立体、生动地表达出来。例如，与抖音短视频、公众号、视频号等新媒体相结合，对一些有意义的历史事件、英雄事迹进行讲述，并拍摄成视频，供广大人民群众观看。不遗余力地争取获得关注，为自身赢取更大的发展空间。

其二，联动宣传，形成红色名片效应。大悟县有中原突围纪念馆、新四军第五师纪念馆两个国家重点文物保护单位，还有多个革命旧址，都是大悟县的红色名片。目前这些革命纪念馆普遍存在孤立发展的现状，建议把这些红色资源联合开发，实行“资源共享、品牌共用、市场共建、利益双赢”的战略方针，形成独具当地特色的红色旅游景观。例如，印发一体式红色旅游宣传页、制作特殊纪念章、定制统一的讲解员工作服、开通红色旅游专线车等，既能彰显出红色文化的精神内涵，提高红色文化的凝聚力和号召力，也能创新地推动革命纪念馆的发展。

（三）借力政府，开发共建

无论是深入挖掘红色资源，还是加强人才培养，组织联动宣传，都需要足够的资金支撑和切实可行的计划方案。纪念馆的免费开放，减轻了观众因文化消费而带来的生活压力，但这也给革命纪念馆带来了财政紧张的问题。此时，就需要一个足以支撑纪念馆持续发展的坚实力量，而这一问题的解决则主要依靠各级有关政府部门。只有依靠政府制定科学合理的建设规划方案，提供充足的专项建设资金，革命纪念馆才有可能实现高质量的可持续发展。

将革命精神和历史文化传承下去是每个革命纪念馆应尽的职责和使命。为了保证红色基因和革命薪火代代相传，革命纪念馆就必须探寻可持续性发展的道路。探索的过程可能布满了荆棘挑战，但越是困难，越是应该不忘初心，勇毅前行，为革命纪念馆的辉煌发展贡献自己的力量。

参考文献：

[1] 崔媛媛.革命纪念馆在红色教育中的作用[J].学习月刊，2018(7):31-32.

[2] 新华社.中共中央国务院印发《新时代爱国主义教育实施纲要》[EB/OL].2019-11-12.

[3] 黄杰.革命纪念馆高质量可持续发展研究——以彭真生平暨中共太原支部旧址纪念馆为例[J].文物鉴定与鉴赏，2022(20):60-63.

[4] 易荣波，陈冬青.大悟严河村：将军故里"红富美"[J].湖北日报，2021-12-09.

博物馆进校园，让更多中华文明优秀成果走到中小学生身边

孙佳蒙　黄冈市博物馆

摘　要：随着文化教育的普及和升级，越来越多的人意识到文化传承和教育的重要性。博物馆作为文化传承和教育的重要载体，承载着人们丰富的历史记忆和文化遗产，具有极高的教育价值。然而，由于各种原因，许多中小学生并没有机会参观博物馆，从而错过了许多宝贵历史和文化的学习机会。博物馆进校园可以让更多中小学生能够接触到博物馆文物，了解中华文明优秀成果，增强文化认同感，促进中小学生素质的全面提高。博物馆进校园模式能够有效地提高中小学生的历史文化素养，增进他们的文化认同感，并使他们更加了解中华文明的优秀成果。未来，应该更加积极地推行博物馆进校园的模式，并开展全方位的文化教育工作，为培养更多全面发展的中小学生做出贡献。

关键词：博物馆；中华文明；进校园；中小学生

一、绪论

随着社会的发展和进步，中华文明的优秀成果不断涌现，博物馆作为传承和展示文化遗产的重要场所，扮演着不可替代的角色。然而，由于种种原因，很多中小学生并没有机会深入了解博物馆文化，这不仅使他们缺乏对中华文明的了解，也影响了他们综合素质的提升。因此，将博物馆文化带到中小学生身边，成为当前研究的热点之一。

在已有的研究中，流动博物馆进校园被认为是一种有效的方式，通过博物馆联合送展，可以节省交通、人力等费用，同时受众群体汲取的内容也更加全面。在引进流动博物馆进校园的过程中，需要用全新的角度打开学生的学习思路，让学生对于知识的实践应用意义有更多的认识。此外，中小学生在学习中往往存在不良的学习习惯，例如缺乏实践操作和创新精神等，这也需要通过博物馆进校园的方式得以纠正。

为了更好地实现这一目标，研究者可以采用寓教于乐的教育课程和赏心悦目的文创产品，让学生们在研学过程中更加细致地了解文化知识、感悟中华文明。此外，每一座博物馆也可以根据馆藏文物特色，结合研学课程的教学教具和材料包，针对中小学生创意开发，设计具有个性化、实用性、艺术性的文创纪念品以及学习用品等，让博物馆走到学生身边。

二、博物馆进校园的必要性

（一）有助于中小学生文化素养的提高

中小学生作为国家未来的建设者，其文化素养的提高一直受到广泛关注。而博物馆进校园这一方式，则可以在极大程度上满足这一需求。首先，博物馆作为文化资源的重要承载

者，其所展示的文物、艺术品等都是历史文化的珍贵遗产，这些珍贵的文化资产属于全人类，不仅代表着一种文化符号，更体现着一个民族的文化自信与自豪。将博物馆的珍品引入校园，使得中小学生能够有机会近距离接触、学习并感受到这些文化资产背后的历史与文化内涵，具有重要的教育意义。

其次，博物馆进校园对于中小学生的文化素养提高来说，具有很强的实践意义。学校应当引导学生通过上博物馆、亲近文物这一方式，激发学生的学习兴趣，增强文化自信心，从而达到深度学习和理解的效果。通过亲身体验所学内容，从而开拓视野，探索各种文化背景与价值中包含的共同点与差异点，更好地理解和感受其文化价值，从而达到提高文化素养的效果。

从国内外博物馆进校园的发展现状分析来看，越来越多的学校开始意识到博物馆进校园的重要意义，并且投入了巨大的精力。如北京市建立了“博物馆进校园”项目，成立了多个博物馆教育中心，为北京市各级中小学校提供具有各种主题的教育指导和服务，广泛推广“一带一路”沿线国家博物馆文化交流项目。同时，国外的一些发达国家，也极度重视中小学生的文化素养提高问题，在校外博物馆学习已是日常化的事情。博物馆进校园对于提高中小学生文化素养具有不可忽视的必要性，必须得到重视和推广。

（二）有利于培养中小学生的创造力

博物馆进校园是一项重要的文化教育实践，拥有丰富的实践意义。首先，它可以丰富学生的文化体验和知识面。学生们可以在博物馆中了解到丰富的人文历史、地理知识和自然景观等等。通过亲身接触，学生们可以更深刻地理解教材中的知识，同时也可以陶冶情操，提高文化素养。

博物馆进校园可以激发学生的学习兴趣和创造力。博物馆中展出的文物、艺术品和科技成果等是人类智慧的结晶，它们背后都有着发人深省的历史背景和故事。这些故事不仅可以激发学生的好奇心，还可以让他们在学习中增加思考、创新的能力。

博物馆进校园可以促进学生的创新能力和实践能力的提高。不同于传统的教学方式，博物馆之旅更多的是一次自主探索和学习的机会。让学生们自由观察、自主思考、自我实践，可以激发他们的创新思维和实践能力。

总体而言，博物馆进校园的实践意义是多方面且非常重要的。它不仅能够为学生提供更为广阔的知识视野和文化体验，还能够培养他们的学习兴趣和创造力，提高实践能力和创新能力。因此，博物馆进校园应该被广泛推广和普及，让更多的中小学生能够受益于此。

（三）有利于从国内外博物馆进校园的对比中扬长避短

博物馆进校园是一项近年来备受重视的文化教育工作。国内外许多博物馆通过进驻学校、推出教育项目等多种方式，积极开展博物馆进校园活动。这些活动不仅拓展了博物馆的社会功能，也为中小学生的文化教育提供了更为丰富的资源。然而，在不同国家和地区，博物馆进校园的实践情况却存在着较大的差异。

当前，我国许多博物馆已经开始尝试进驻学校，并开展有针对性的教育项目。例如，上海自然博物馆在市区29所中小学校开设了自然科学课程，成都金沙遗址博物馆在四川省内的20所学校开展了“遗址博物馆进课堂”活动。此外，许多博物馆也会在假期为中小学生开展夏令营、科普活动等，让学生们在玩中学，更好地感受博物馆的文化魅力。

然而，在国际间，博物馆进校园的实践形式和成果却更加多样化。例如，英国自然博物馆“Nature Live”项目是针对11—14岁学生开展的生态学教育课程；法国民族博物馆则将博物馆文化输送到离巴黎最远至少50公里的13个教育和文化中心；美国洛杉矶郡自然史博物馆更是成立了一个专门的教育部门，通过各种形式向学校和社区教师提供资源和帮助，带动整个地区的文化教育工作。

国内外博物馆进校园的实践都有其自身的特点和适应因素。我国博物馆进校园需要在加大资源投入、完善管理机制、提高教育质量等方面不断完善；同时，也可以借鉴国际先进经验，探索更科学、更有效的工作方式，让更多中华文明优秀成果走到中小学生身边，推动中小学生文化素质的提高。

三、博物馆进校园的实践模式

（一）博物馆进校园的传统模式

传统的博物馆进校园模式主要是通过学校组织学生前往博物馆进行实地参观、学习，或是博物馆组织讲解员走进学校进行讲解，可以让学生亲身感受博物馆的魅力，了解历史、文化等相关知识。

2022年，黄冈市博物馆连续在不同小学开展了四期文物进校园活动，将馆藏文物带进课堂，让他们零距离地体验红色文化、历史文化，在知识的海洋中度过一个愉快而有意义的一天。黄冈所在的大别山区作为重要红色教育基地，其中一期课程以“小手拉大手，薪火代代传”为主题，通过红色歌曲少年唱、红色故事少年读、红色历史少年学、红色文物少年讲、红色礼赞少年画、红色家书少年诵六个环节，以生动有趣的形式，让孩子参与到每个环节中，学习本地红色文化，激发孩子爱党、爱国之情，体会到今天幸福生活的来之不易。市博物馆将持续打造“红领巾讲解员”志愿服务品牌，进一步推进清廉教育基地建设，全面发挥爱国主义教育基地的示范引领作用，在馆内积极开展少先队校外实践教育活动，让博物馆成为黄冈市中小学生新的网红“打卡”地。同时，不断创新社会教育活动形式，将文物送进校园，以物证史、以史鉴今，充分发挥文物资源作用，在思想上指引莘莘学子以昂扬姿态奋力开启全面建设社会主义现代化国家新征程，孕育青少年更加美好的明天！

（二）利用数字化技术推进博物馆进校园

在数字化时代的今天，数字技术已经广泛应用于文化遗产和博物馆领域，推动了多元化的展示方式和体验方式。博物馆进校园的数字化模式则是其中的一项创新。数字技术将文化遗产转化为数字资源，并基于互联网和移动设备为幼儿园、小学、中学、大学甚至社会公众提供了全新的展示和互动机制。数字博物馆进校园不仅能够为广大学生提供展示文化遗产的全新体验，而且能使学生更深入地领略文化遗产的深刻内涵。

疫情加速了博物馆的转型，21世纪的博物馆拥有巨大的潜力和影响力，它们可以将世界变得更美好。2021年，黄冈市博物馆员尝试讲解员转变角色，化身平台主播，线上带领观众参观黄冈对面墩汉墓遗址博物馆，通过博物馆公众号平台，为观众讲解介绍了位于中环路上的城区历史文化遗址景观展示项目——对面墩汉墓遗址博物馆，分别讲解了对面墩汉墓遗址和出土文物以及背后的故事——被誉为黄冈城市之根的黄冈历史重镇邾城历史沿革。又在2023年五一节假日期间推出了线上“跨时空追缉系列之邾城寻宝”沉浸式趣味研学活动，其中设置了“时空隧道”、“千年汉墓”、修建邾城等实景剧情闯关环节，让学生穿越时空追踪盗墓贼，变身小侦探为博物馆寻找消失的馆藏文物，获得了师生的一致好评，取得了良好的效果。

以数字技术为核心的文化交流方式已经成为文化遗产传承和展示的最新前沿。这种模式的提出，对于文化遗产的保护、传承和展示起到了积极的作用，同时也为社会教育的创新提供了良好的示范。

（三）利用虚拟现实、增强现实等技术创新博物馆进校园

随着科技的不断进步和发展，虚拟现实、增强现实等数字技术得到广泛的应用，而这些新兴技术有望成为博物馆进校园的优秀手段之一。利用虚拟现实等技术，可以在虚拟的空间中呈现博物馆展品和实物场景，让学生们在零距离接触中华文化的同时，增强体验感受，丰富想象力。

与传统模式相比，利用虚拟现实、增强现实等数字技术进校园，具有多重优势。首先，数字化手段可以突破时空限制，摆脱地域限制，让不同地区的学生都能够共同参与文化学习。其次，博物馆展品的数字化呈现，不仅可以极大地丰富学生的文化体验，更能够提高展品吸引力、可读性和可理解性，同时也能为学术教育提供更好的展示方式。利用增强现实技术，学生可以身临其境感受文物，增加趣味性和互动性，从而更好地理解中华文化的精髓。

此外，数字技术为博物馆进校园的发展带来更多可能性。通过与学校和科研机构的合作，可以开发更为复杂的虚拟场景，将不同文化元素有机结合在一起，让学生在愉悦体验中获得更多的知识。而利用人工智能技术，还可以基于学生的兴趣爱好，推荐最适合学生的文物展品和相关知识，从而最大程度地满足学生的需求和兴趣。在这样的模式下，学生可以在丰富多彩的虚拟场景中认识、了解中华文化的精髓，激发学生的学习兴趣，提高学生成绩，为下一步步入社会更好地作准备。

四、总结与展望

（一）博物馆进校园对中小学教育的贡献与影响

博物馆进校园是近年来教育界广泛倡导和实践的一项活动，以让更多中华文明优秀成果走到中小学生身边为宗旨，旨在通过博物馆资源的积极利用，为中小学生提供一种更新、多元、深入的教育方式。

博物馆进校园在实践中发挥了不可替代的作用。一方面，通过博物馆丰富多彩的藏品和展览，让学生更好地了解中华文明的发展历程和成果。比如说，一些博物馆将文物复制品送到学校进行展示，让学生亲自触摸、体验，促进了学生的文化理解、文物保护意识和审美能力的提高。同时，博物馆工作人员还会向学生讲解一些有趣的历史故事和文化传统，激发学生的聪明才智和好奇心。

另一方面，博物馆进校园也为中小学生提供了一个与社会接轨的平台。随着社会的不断发展，教育需要不断进步，为学生提供多元化的教学资源和经验。博物馆进校园活动为学校教育提供了一个与外界互动的机会，使学生不仅仅是在学校讨论课本，而是更贴近实际

生活，了解社会进程，发现自身与社会之间的联系，增强自信心和归属感。

从中小学教育角度，博物馆进校园的意义不可低估。在教育的过程中，学生除了学习基本的知识技能，还应该培养学科领域的文化素养、民族精神素养和人文素养等。这些素养对于促使学生成为具有健康人格和创新能力的优秀社会成员具有不可忽视的作用。

综上所述，博物馆进校园对于中小学教育的贡献和影响是显著的。未来，博物馆进校园应该进一步加强资源的整合，深入挖掘文化价值，提高学生的文化认知水平、历史文化意识和社会责任感，为中小学生的成长和发展奠定坚实的基础。

（二）博物馆进校园未来的发展方向与建议

博物馆进校园是一项有益于中小学生教育的活动，可以为他们提供一个更加深入了解历史文化的机会。未来，博物馆进校园可以在以下几个方面继续加强和改进：

1. 多元化的展览形式

为吸引更多中小学生参与，博物馆进校园可以设计更加多元的展览形式，这包括利用VR或AR科技手段构建虚拟展览等，提高学生参与的主动性和积极性。

2. 拓展教育领域

博物馆进校园除了可以切入历史领域进行教育拓展，还可以与科学博物馆合作，向中小学生介绍科学技术和发现。这有助于中小学生知识广度和深度的拓展。

3. 提供教育资讯

博物馆进校园可以开展有针对性的培训，向中小学老师提供更多的教育资源和教学方案，同时，也可以更加深入地了解孩子们的需求，以便满足他们的教学需要。

4. 建立互联网平台

博物馆进校园还可以在互联网上建立专门的交流平台，这样中小学生可以在线上与其他学生一起探讨和交流历史文化和科学技术等相关领域知识。

在以上几个方面的探索和尝试中，博物馆进校园有望得到更好的发展，并为中小学生的教育和未来发展贡献更大的力量。

参考文献：

[1] 戴高俊.博物馆对中小学生教育的重要性[J].文物鉴定与鉴赏，2019:136-137.

[2] “博物馆进校园”：打开学习的宝藏[J].黄金时代：下半月，2020(11):5.

[3] 王璇.面向中小学生的博物馆艺术教育[D].南京师范大学，2014.

[4] 范基公.让学校博物馆建起来[J].教学管理与教育研究，2018(18):11-12.

[5] 张舒羽，张亮.博物馆教育进校园[J].《儿童故事画报》，2018(2):38.

[6] 博物馆走进学校[J].小学生(上旬刊)，2020(12):47.

[7] 刘修兵.让中小学生到博物馆“上课”[J].中外文化交流，2014(2):49-50.

[8] 刘可钦.让学校成为充满成长机会的“博物馆”[J].中国教师，2017(22):5-8.

[9] 胡嘉男.博物馆中小学教育研究——以辽宁省博物馆为例[D].辽宁大学，2022.

[10] 本刊编辑部.河北省中小学生“博物馆进校园”知识竞赛(小学组)启事[J].小学生必读(中年级版)，2012(5):6.

[11] 范基公.让学校博物馆“建起来”“活起来”[J].教学管理与教育研究，2021(7):7-8.

[12] 崔丽娟.吸引更多的学生走进博物馆——浅谈博物馆的青少年教育[J].山东青年，2016(1):19-20.

[13] 姜伟超.把博物馆“搬”进校园 用数字化传递文明之光[J].科技创新与品牌，2021(11):59.

[14] 欧艳.学校教育与博物馆教育[J].贵州师范学院学报，2012(7):25-27.

少先队社会化在博物馆实施途径的探索
——以黄冈市博物馆为例

张安安 黄冈市博物馆

摘 要：少先队教育立足于学校，又扩展到社会，由此产生少先队工作社会化的命题。党的十八大以来，以习近平同志为核心的党中央高度重视少年儿童和少先队工作，《中共中央关于全面加强新时代少先队工作的意见》为构建少先队社会化工作体系指明了方向。本文以湖北省少先队社会化工作试点单位黄冈市博物馆为例，就少先队社会化在博物馆实施途径的探索展开案例讨论，阐述博物馆教育职能在少先队工作改革中起到的积极意义与作用、遇到的困境与进一步探索。

关键词：博物馆；少先队社会化；馆校合作

2021年2月，《中共中央关于全面加强新时代少先队工作的意见》正式印发，“2021年‘六一’前夕，习近平总书记给‘新安旅行团’的母校、江苏省淮安市新安小学的少先队员回信，表达了希望少年儿童到社会中砥砺品格、增长本领的殷殷期许，进一步增强了全队构建新时代社会化工作体系的信心决心。”为深入贯彻落实习近平总书记关于少年儿童和少先队工作的重要论述，2021年8月，共青团中央、中央宣传部、中央文明办、教育部、民政部、财政部、农业农村部、文化和旅游部、退役军人事务部、国家文物局、全国妇联、中国科协、全国少工委等13部门联合印发的《关于构建新时代少先队社会化工作体系的实施意见》明确提出，各部门要共同参与到少先队社会化工作中来，职责清晰明确。经各地申报，省级审核，在2021年8月，湖北省建立了340个少先队社会化工作试点，黄冈市博物馆作为黄冈市首批少先队校外实践基地，为试点单位之一。

近年来，黄冈市博物馆以场馆内近10000平方米的少先队活动场地和近200平方米少先队队室为主阵地，将少先队教育与学校教育、社会教育相结合，紧扣“双减”政策，按照“六个一”要求，将少先队组织模式进一步规范和优化，在团市委、市少工委、市文旅局的指导下进行了一系列有益探索，并得到团中央、团省委领导实地调研认可。2022年10月，黄冈市博物馆两支少先队中队分别获得省少工委表彰为“红领巾奖章”四星章集体。2023年6月，全国少工委发布了《全国少工委关于命名2023年度全国红领巾中队的决定》，黄冈市博物馆明珠学校少先队中队被全国少工委命名为“全国红领巾中队”。2023年7月，笔者以黄冈市博物馆少工委办公室主任及黄冈市校外少先队辅导员身份参加中央团校第二批“全国红领巾巡讲团”培训班期满结业，并入选第二批“全国红领巾巡讲团”。

“把少先队工作社会化作为少先队改革的重要内容，是基于少先队实践活动的经验总结。从历史来看，开展有组织的实践活动是少先队的优良传统和独特优势。例如，少先队在新中国成立初期发起了'小五年计划'，带领少年儿童种植作物、饲养动物、回收废旧金属，在农村、厂矿参加劳动；在20世纪八九十年代开展了'雏鹰争章'活动，组织'雏鹰假日小队''社区少先队'，开展夏令营活动；近年来开展'争做新时代好队员''红领巾讲解员'等活动，带领少年儿童在实践中感知和体验社会。这些不同时期的实践活动都是在社会领域开展的，属于社会教育范畴，促进了少年儿童的社会性发展。应该说，目前少先队工作与之前相比拥有更为有利的社会化条件。"而博物馆教育新趋势发展下多渠道、多元素发展的教育理念和职能，让博物馆在少先队社会化的探索中有独有的资源优势、阵地优势，更能打造多样式的教育手段。如何将博物馆的"青少年社会教育"规范为博物馆的"少先队工作社会化"，黄冈市博物馆从以下几个方面进行了探索：

一、健全博物馆少先队机构建设

坚持以党建为引领，大力推进少先队工作机制改革，以党建带领团建、队建，通过加强组织建设、队伍建设及育人基地建设等形式，规范工作内容，完善工作机制，从而推动少先队工作长效发展。

（一）组织健全工作规范

深入贯彻习近平新时代中国特色社会主义思想，牢记立德树人根本任务，探索"五育并举"实践，全方位、多渠道地进行少先队队伍建设，2022年5月，黄冈市博物馆成立黄冈市博物馆少工委，由党支部书记任主任，党支部副书记任副主任，下设少工委办公室，有办公室主任一名、副主任两名、委员八名。

（二）制度建设内容科学

为使少先队工作得以科学、顺利开展，黄冈市博物馆少工委建立健全多项规章制度，如市博物馆少先队中队建设制度、校外辅导员培训管理办法、"红领巾讲解员"考评制度、少先队阵地建设管理制度等，以促进少先队工作的规范化、制度化。此外，实施以"六个一"为主要内容的校外少先队实践基地活动模式，即一套运行机制、一支校外辅导员队伍、一批接对学校、一个品牌实践活动、一个活动打卡模式、一枚"红领巾奖章"特色章，从而进一步完善少先队整体建设。

（三）阵地建设环境完善

队室是开展少先队活动、进行少先队员教育的重要场所。黄冈市博物馆少先队室建设完整，200平方米少先队室以时代性、教育性、童趣性和特色性为建设特色，设有少工委办公室、礼仪墙、活动室、风采展示区和荣誉展示区，并配备有标准化旗架、鼓号队展示、队报队刊架及各类工作设备，这里不仅是辅导员和少先队干部学习和讨论工作的场所，同时也是少先队员学习习近平新时代中国特色社会主义思想和开展组织教育、自主教育、实践教育的重要阵地。

（四）队伍建设完备高效

辅导员是少先队工作的具体承担者，辅导员队伍的整体素质是影响少先队工作质量的重要因素。黄冈市博物馆现有全职少先队辅导员12名，师资力量稳定，政治素养高、业务技能强。其中多人从事专职少先队相关社教工作十年以上，分别担任过湖北省党代表、入选省人大代表候选人，获得过全国红色旅游"五好"讲解员、鄂豫皖三省"金牌讲解员"等各项荣誉，多次参与中宣部主办大型展览的讲解接待工作。辅导员张安安入围全国第二批“红领巾宣讲团”，获评为市级“优秀少先队辅导员”；辅导员罗惠珊的宣讲作品《铜锣赤胆红安魂》在2022年入围由文旅部、教育部、共青团中央联合开展的“赓续红色血脉培育时代新人”红色讲解员进校园活动决赛，且为湖北唯一入围决赛作品；多年来，黄冈市博物馆通过加强对辅导员队伍的思想教育与培训力度，进一步优化辅导员队伍结构，建立起高素质、高效率的工作队伍，从而为少先队工作的进一步发展奠定坚实基础。

二、创设博物馆特色少先队育人体系

推进少先队工作改革，以少先队活动课课程建设推动建设博物馆特色少先队育人体系。黄冈市博物馆结合博物馆少先队工作发展的实际情况，对少先队课程进行研发，形成“以文化人，用爱传承”的博物馆特色少先队课程，与黄冈市20余所学校结对长期合作，共同培养“红领巾讲解员”及少先队文化志愿者，打造线上文物云课堂，协同开展各项少先队实践活动。创设“红领巾讲解员”培养课程、“红领巾讲解员”知行黄冈研学活动、“学习二十大文物进课堂”“博物馆里的二十四节气”“博物馆里的四大发明”等多个品牌特色少先队活动课课程，并结合博物馆场馆内外教学场所及设施展开活动，创新融合，构建起少先队体系建设的新模式。设计“讲解小行家”“文博小达人”“考古小队员”“文创小能手”“实习小探员”多个博物馆特色章打卡争章活动模式，根据活动内容定制活动纪念卡和纪念章，根据活动表现为队员评章。每年组织各类少先队活动百余场，线下参与活动人数超五万人，通过打卡活动不断增强少先队员的光荣感，也帮助队员们增强对“博物馆阵地”的归属感。

设计推出寻找城市文明之根、大别山红旗不倒、让孩子爱上文物三条研学线路，打造了“千年黄州”微学堂线上少先队活动课品牌，以寓教于乐的方式，让少先队员走向社会、致力于少先队员的终身发展。

其中，“快乐考古行”“七彩陶艺”入选湖北省青少年教育示范案例，“让孩子爱上文物”获得湖北省文博系统最佳研学线路、优秀研学课程两项荣誉。“千年黄州”微学堂被评为湖北省文博系统抗疫期间“优秀线上教育案例”。2022年5月起，组织开展“喜迎二十大 文物进课堂”系列活动十余场。2023年，持续组织开展“喜迎二十大 文物进课堂”系列活动，带馆藏文物走进小学，开启红色文物专题少先队活动课，以红色知识我来学、红色故事我来演、红色文物我来讲、红色文创我来做、红色歌曲我来唱等多个环节，引导少先队员参与其中，了解黄冈红色革命史、传承大别山精神，激发孩子爱党、爱国之情。

三、探索中存在的问题与困境

结合黄冈市博物馆在少先队社会化工作中遇到的困境，以及对前来开展校外实践活动的少先队员的问卷调查和了解。目前博物馆在开展少先队社会化工作的问题大致有以下三点：

一是缺乏专业的少先队建设工作方法指导。对少先队活动的设计规划、目标性质、不同少年儿童的特点等因素考虑不充分，在服务形式上缺乏科学的方法指导。此外，在多元化社会背景下，少先队员更加有充实自己思想、凸显自身个性、体现个人价值的诉求。而在实际工作中，少先队活动开展形式依然存在由少先队辅导员做主、活动存在形式化的问题，少年儿童在少先队组织中主体地位没有得到充分体现。

二是少先队组织执行力不足。由于少先队活动课程的设置与实际学科教学在时间上存在一定的矛盾，以及部分学校对少先队活动课的重要性认识不足等原因，在馆校共建常态化开展少先队课的过程中仍有阻力，校外少先队组织只有真正具备了执行能力，才能将先进的服务理念、完善的服务计划及创新的服务内容落到实处，才能保证少先队组织的发展壮大。

三是场馆阵地受限、活动形式固化。博物馆大都为封闭式文化场馆，场地有限，展陈陈列较为固定，部分场馆设施老旧，教育活动形式以讲解参观为主，缺乏创意，难以引起少年儿童兴趣，形成共鸣。

四、产生问题的原因及建议

一是当前少先队辅导员培训体系不健全，缺乏系统的培训。少先队工作开展的主阵地在学校，经过多年的发展，校内少先队建设已经日趋规范，而校外少先队则在阵地建设、人员专业度等方面还略有欠缺。例如以博物馆为阵地的少先队校外实践基地来说，少先队辅导员大都由讲解员或者社教人员兼任，辅导员容易出现混淆身份和角色的现象，甚至直接将社教工作取代少先队相关工作。建议加强校外辅导员队伍建设，完善社会认可度高的少先队校外辅导员注册、管理平台。组建“专职辅导员”＋“兼职辅导员”的工作队伍，在教育培训、能力提升和待遇保障上对辅导员队伍进行提升，为少先队组织开展工作提供人才支撑。再是在博物馆少先队活动课教案设计上，可由校内辅导员与校外辅导员共同设定教学目标，让课程更符合少先队员的成长规律以及学习发展需求。

二是相关领导部门对校外少先队活动与校内工作的结合度重视不够。当前少先队社会化工作还在探索发展过程中，建议可将博物馆少先队活动课纳入学校每周少先队活动固定时间段，学校不挤占少先队员的课外时间，要让他们课余、周末、节假日有充足的时间到校外少先队阵地参加活动；也可将博物馆活动课打卡纳入少先队员“红领巾奖章”争章活动必选项，积极探索博物馆与学校“双重教育”的方式，共同创建相关课程，将博物馆少先队活动与中小学生的教育教学内容有效地联系在一起，不断加强双方融合和交流，取长补短，发挥双方的优势。

三是经费支持和安全保障不充分。“资金是基层组织发挥服务功能的支撑。”建议相关部门加大对校外少先队基地建设的资金支持，同时制定少先队经费划拨与使用监管制度，加强资金监管，确保少先队经费专款专用。同时，上级政府部门可派遣专门人员进行监督负责，切实保障校外少先队活动经费落实到位。从而提高经费的使用效益，发挥应有功效，提升少先队组织服务能力。

在调研过程中，有近六成的家长表示支持孩子多参加校外少先队活动，多和同龄人交流，丰富校外生活，提升孩子的口语表达能力、学习能力、交际能力等，不太支持和坚决反对的父母的理由主要是为了避免发生意外，造成伤害。建议博物馆在组织开展活动前要制定翔实可靠的少先队活动安全应急预案，同时根据活动参加人数适当合理调配充足的安保人员。此外，还可充分利用现代的科技手段拓展教育形式，推出线上展览、直播、博物馆云课堂等多种互动方式，让少先队员在家和在学校也可参与到博物馆少先队活动课程中来。

2023年国际博物馆日的主题："博物馆、可持续性与福祉"，博物馆对于社会可持续发展具有关键性作用。为更好服务少先队社会化工作，博物馆教育项目也应着眼抓好为党育人这一根本大计，着力推动党、团、队育人链条相衔接、相贯通，牢牢把握社会化发展的改革方向，聚焦政治启蒙和价值观塑造，积极拓展少先队在博物馆机构的组织覆盖、工作覆盖、活动覆盖、队伍覆盖，充分发挥博物馆开展少先队实践育人独特优势，团结、教育、引领广大少先队员在广阔的社会天地了解国情、接触社会，让博物馆在少先队里"活"起来、"火"起来。

参考文献：

[1] 构建新时代少先队社会化工作体系 书写红领巾校外新篇章[J].中国共青团，2022(16):11.
[2] 张良驯，赵丹丹.少先队工作社会化的依据与方式[J].少年儿童研究，2022(12):64-72.
[3] 阎炯.构建新时代少先队县域社会化工作体系[J].少先队活动，2023(2):4-7.
[4] 刘锐娟.锻造少先队品牌特色 谱写少先队工作新篇[J].中国德育，2022(18):64-67.
[5] 吴超.基层党组织服务功能问题研究[D].中共中央党校，2012.

文旅融合背景下黄冈市文博场馆研学品牌建设初探

程庆霞　黄冈市文物事业发展中心

摘　要：近年来，我国相继提出了文旅融合和全域旅游发展战略目标。在这样的背景下，众多博物馆充分发挥社会教育职能，创新开展研学实践活动，积极为地方文旅发展助力。本文尝试思考和探索在文旅融合背景下，黄冈市文博场馆如何依托地域文化、整合场馆资源更好地开展研学活动，建设研学品牌。

关键词：文旅融合；博物馆；研学；品牌

为满足人民群众日益增长的美好生活需要，提高文化自觉和文化自信，国家推出了文化与旅游融合发展的政策，研学旅行逐渐进入大众视野。博物馆是一个地区文明的窗口，是保护与传承地域文化的重要场所，也是文化和旅游融合的前沿阵地，拥有丰富独特的教育资源优势，可以依托地域文化，整合场馆资源，建设研学品牌，更好地开展主题鲜明、逻辑性强、内容丰富的研学活动。

一、黄冈市文博场馆开展研学活动的现状

黄冈市现有博物馆、纪念馆等文博场馆21家。其中，国有博物馆、纪念馆17家，行业国有博物馆3家，民办博物馆1家，全部实现对外免费开放。评定为国家二级博物馆1家，三级博物馆7家。

当前，全市文博场馆均依托地域文化和馆藏资源开展了形式丰富的研学活动。如：黄冈市博物馆早在2015年就组织开展了“快乐考古行”研学实践活动，50余名青少年组成考古小分队走近禹王城、对面墩汉墓遗址、陈潭秋故居，探寻黄州城市之根，感受革命先烈精神，该活动入选湖北省青少年教育示范案例。2021年湖北省博物馆协会开展湖北省文博系统优秀研学路线及课程推介活动，评出湖北省文博系统10个“十佳研学课程”和8个“优秀研学课程”以及5条“最佳研学路线”和4条“优秀研学路线”。其中，黄冈市博物馆的“让孩子爱上文物”之寻找城市文明之根、红色研学、科技研学3条研学线路被评为“最佳研学线路”，研学课程被评为“优秀研学课程”。此次推介活动从博物馆教育层面，对湖北省内博物馆主导的各类研学项目起到了规范引领作用，促进了博物馆研学活动的积极发展。

今年年初以来，全市文博场馆参观人流量激增，已接待青少年近2万余名，开展各类主题研学活动50余场，掀起“研学热潮”。其中，以黄冈市博物馆、黄梅县博物馆、武穴市博物馆为代表的综合性博物馆先后开展了“学习二十大，永远跟党走，奋进新征程——万名‘红领巾讲解员’知行黄冈研学活动”“传承先人

智慧 传播中华文明——研学实践活动”“饶汉祥故居研学行”等。对比综合性博物馆，专题类的博物馆研学主题更为鲜明，如黄麻起义和鄂豫皖苏区纪念园开展的“走进将军故里 传承红色基因——当阳学生红安行研学活动”，黄冈革命博物馆开展的“清明节祭扫研学活动”，闻一多纪念馆开展的“缅怀民主斗士闻一多研学活动”等。

二、文旅融合背景下博物馆开展研学活动的难点和优化方向

（一）博物馆开展研学活动的难点

黄冈市内的博物馆、纪念馆自主开展的研学活动虽具有一定影响力，但就目前来看，仍存在一定的随机性。再加上仍有少数博物馆在研学教育体系建设方面意识不足，未能跟上博物馆文旅融合的整体发展要求。在研学教育项目开发方面，通常是被动接受相关部门的联系，导致在研学方面的优势无法有效展现。同时，博物馆、纪念馆研学活动与日常开展的青少年社教活动并没有特别明显的区分，许多活动原本就在开展，只是顺着研学热挂上研学之名，仍缺乏系统性。而相比之下，一些其他机构借助博物馆平台开展的研学活动则更成规模。

其次，文旅融合背景下博物馆研学的市场机制不健全。博物馆和教育都具有公益性特征，但是旅游具有商业性特征，导致博物馆研学在公益性与商业性之间存在一定的矛盾，博物馆研学不能够给当地经济社会发展带来直接效益，对博物馆开展研学活动的可持续性发展造成了较大阻碍。

再次，目前开展的研学活动大多是社教活动和临时展览策划，仅仅是在场次数量上形成了规模，出现了规模有限、同质化现象普遍、缺乏影响力的情况，尚未建立起优质的研学活动品牌项目。这主要是由于博物馆对自身资源挖掘不够充分、开发和利用能力有限等原因造成的，从而让研学活动缺少地域文化特色。

（二）博物馆开展研学活动的优化方向

博物馆蕴含着丰富的教育资源，展示的都是具有地方特色的珍贵文物和优秀传统文化，能够为研学活动的开展打下扎实的基础，而博物馆开展研学实践活动，主要目标是为了发挥其社会教育职能。想要完成这一目标，需要博物馆工作人员充分发挥主观能动性，同时还要与时俱进，形成基于文旅融合背景下博物馆研学活动策划实施的意识。

同时，博物馆可以深入挖掘馆藏资源，通过培训学习等方式提升馆内社教人员对于研学的认识，在开展研学活动时通过深入浅出的宣讲让青少年了解文物背后的故事。还可以以地域特色文化为基础，联合区域内博物馆，形成资源整合，设计具有地域特色的研学旅行项目，打造地方特色研学活动，将研学和博物馆展览、讲座、社教活动等相结合，让青少年接触到更加全面的知识信息，不断丰富博物馆研学活动，塑造研学品牌，扩大影响力。另外，博物馆也可以和学校、教育部门、有关社会机构合作，研发、设计具有针对性、实用性的研学教材，使研学活动成为一个系统化的课程，有效满足不同学生群体的个性化需求。

三、文旅融合背景下博物馆研学品牌建设初探

2017 年9月，湖北省教育厅、湖北省发展改革委、湖北省公安厅、湖北省财政厅、湖北省交通运输厅等 14 部门印发的文件《湖北省

中小学生研学旅行试点实施意见》中明确指出“研学旅行要因地制宜，呈现地域特色”。黄冈市地域文化特色明显，有红色文化、东坡文化、名人文化、医药文化、非遗文化等文化品牌，市内文博场馆教育资源优势各有所长。以下5个研学品牌是基于文旅融合的视角，将黄冈市地域文化与文博场馆资源进行有机整合，以最大化满足青少年的研学体验为目标提出的思考和探索。

（一）“薪火绵延”——红色文化研学品牌

黄冈隶属于一类革命老区，红色文化光辉灿烂，是全省革命文物最富集、最集中区，在中国革命史上具有重要的地位。红色旅游作为文旅融合的独特形式，也是当下文旅产业发展的新增长点，而发展红色文化旅游黄冈具有得天独厚的先天条件。“薪火绵延”——红色文化研学品牌将黄麻起义和鄂豫皖苏区纪念园、李先念故居纪念园、麻城市革命博物馆、麻城市乘马会馆纪念馆、黄冈革命纪念馆、陈潭秋故居纪念园6家红色文化主题场馆串珠成链，打造红色文化研学线路。让青少年了解老一辈革命奋斗精神和先烈事迹，树立正确的价值人生观，感知美好生活的来之不易，铭记历史，缅怀先烈。

（二）“千年黄州”——历史文化研学品牌

黄冈拥有2000多年的建置历史，是湖北省历史文化名城，境内历史文化遗产资源丰富。全市综合类博物馆内均展示了当地发掘出土的珍贵文物和地域文化知识，也因其丰富的资源优势和文化魅力而成为当前研学实践活动的主要目的地。“千年黄州”——历史文化研学品牌将黄冈市博物馆、对面墩汉墓遗址博物馆、团风县博物馆、蕲春县博物馆、罗田县博物馆、武穴市博物馆8家综合类博物馆串联成历史文化研学线路。让青少年穿越古今，近距离感受黄冈历史轨迹，了解历史知识，提高文化素养，拓宽眼界，促进对文化遗产的尊重和保护意识，读懂历史文化的千年积淀。

（三）“此心安处”——东坡足迹研学品牌

近千年前，大文豪苏轼谪居黄州、躬耕东坡，写下“一词二赋”等千古名篇，成就其文学创作巅峰，也成就了黄州这座千年古城。时至今日，东坡文化仍是黄冈最厚重的底蕴、最响亮的名片。“此心安处”——东坡足迹研学品牌以黄州区为主要研学目的地，以苏东坡纪念馆、黄冈市博物馆为主要研学场馆，串联市内全国重点文物保护单位——东坡赤壁以及遗爱湖风景区，让青少年寻东坡、拜东坡、读东坡、品东坡，沉浸式探寻“一代文豪”在黄州留下的文化印记，体验文化与旅游深度融合的研学之行。

（四）“筑梦追光”——历史名人研学品牌

黄冈名人文化璀璨夺目，1600多位古今名人涵盖政治、经济、军事、教育、科技、文学等领域。孕育了宋代活字印刷术发明人毕昇、明代医圣李时珍、现代地质科学巨人李四光、爱国诗人学者闻一多等一大批科学文化巨匠，为中华民族乃至世界历史发展作出了重要贡献。“筑梦追光”——历史名人研学品牌以李四光纪念馆、李时珍纪念馆、毕昇纪念馆、闻一多纪念馆4家历史名人纪念馆为依托，让青少年观古人之所用，想古人之所感，与历史同呼吸，将文学大家和历史文化知识带进青少年的世界，体会那历久弥新的文明魅力。

（五）“匠心传承”——非遗体验研学品牌

非物质文化遗产是民族文化的净化，是民族精神的结晶。黄冈现有国家级非物质文化遗产代表性项目10项，省级非物质文化遗产代表性项目46项，市级非遗代表性项目129项，每项“非遗”都讲述着黄冈文化。“匠心传承”——非遗体验研学品牌以毕昇纪念馆、黄梅县博物馆、黄冈市民俗博物馆等含有非遗文化项目展览展示和项目体验的场馆为主要研学目的地，打造非遗体验研学线路。如：毕昇纪念馆内可以了解和体验中国古代四大发明之一——活字印刷术，黄梅县博物馆内可以了解黄梅戏和岳家拳等非遗代表性项目，黄冈市民俗博物馆内可以全面了解民俗文化知识等。

四、结语

在文旅融合的背景下，研学使教育以旅行为手段，旅行以文化为载体，实现经济效益和社会效益互促互利、持久发展，既是对旅游行业潜力的激活，也是对教育行业的拓展。博物馆拥有明显教育资源优势，是青少年研学最主要的目的地，所以，要充分利用资源优势，积极搭建研学平台，联合多方创新推出具有地域文化特色的研学品牌。使青少年在“研”与“旅”的过程中拥有不断成长的精神生命，真正做到在“行万里路”的实践中“读万卷书”。

参考文献：

[1] 杨海静.文旅融合下博物馆研学活动的创新发展[J].文物鉴定与欣赏，2021(20):142-144.

[2] 植中坚.基于文旅融合语境下博物馆开展研学活动的有效措施[J]文物鉴定与欣赏，2022(2):79-81.

[3] 高小茹.文旅融合背景下博物馆研学产品的开发与优化[J].武汉冶金管理干部学院学报，2022，32(3):68-71.

[4] 王鹏.渗透环境教育的博物馆研学活动设计研究[J].中小学班主任，2022(20):27-30.

红色讲解员队伍现状与培养途径探究

——基于黄冈市讲解员队伍现状的调查

程庆霞　陈玮　黄冈市文物事业发展中心

摘　要：本文在对黄冈市21家博物馆(纪念馆)中的讲解员进行调查的基础上，着重分析了黄冈市博物馆(纪念馆)红色讲解员队伍的现状和存在的问题，并尝试提出针对红色讲解员的培养途径，对黄冈市红色讲解员队伍的建设具有一定意义和作用。

关键词：红色讲解员；调查；现状；培养

黄冈是一片充满红色记忆的土地，是鄂豫皖革命根据地的核心区域、中国革命走向胜利的重要转折地，是大别山区第一次组织大规模武装暴动——"黄麻起义"和第一面党旗升起的地方。黄冈拥有丰富的红色文化资源，保存有红安七里坪革命旧址、董必武故居、李先念故居3处近现代全国重点文物保护单位以及655处各类红色革命遗址遗迹。拥有黄麻起义和鄂豫皖苏区纪念园、李先念故居纪念园、陈潭秋故居纪念馆等知名红色场馆和一批优秀红色讲解员。

进入21世纪，尤其是党的十八大以来，党和国家高度重视红色资源保护利用，反复强调要用好红色资源、传承红色基因。习近平总书记每到地方考察都会去瞻仰具有重大历史意义的革命历史纪念馆、红色旧址等。由中共中央宣传部、文化和旅游部主办的"全国红色故事讲解员大赛"已经成功举办两届，2020年文化和旅游部决定实施全国红色旅游五好讲解员("政治思想好、知识储备好、讲解服务好、示范带头好、社会影响好")培养项目。随着"全国红色故事讲解员大赛"、红色旅游五好讲解员培养项目以及各省市红色故事讲解大赛等活动的举办，红色讲解员队伍越来越受到社会关注和重视。

一、红色讲解员队伍建设的必要性

红色讲解员是红色基因的坚定传承者、红色故事的精彩讲述者、红色精神的生动诠释者、红色文化的忠实传播者、红色风尚的有力引领者，代表一个单位甚至一个地方乃至一个国家的精神面貌。2021年2月20日，习近平总书记在《党史学习教育动员大会上的讲话》中指出，要求在全党集中开展党史学习教育。自开展党史学习教育主题活动以来，全国一大批以红色文化为主题的纪念馆、博物馆和革命旧居成为红色教育的主战场，迎来了参观热潮。

黄冈市红色场馆主要分布在红安县、麻城市、团风县、英山县等革命老区。2021年"黄麻起义和鄂豫皖苏区烈士陵园"等3条线路入选全国"建党百年红色旅游百条精品线路"；陈潭秋故居等3家景区入选"灵秀湖北·十佳红色旅游经典景区"；陂安南苏维埃政府旧址、鄂豫皖特区苏维埃政府旧址等一大批革命旧址遗迹串珠成链成为党史“教室”，红色文物史料成为党史“教材”。改造升级市博物馆、董必武纪念馆、陈潭秋纪念馆、黄冈革命纪念馆等9个场馆；推出黄冈现代革命史陈列、黄冈建党百年历史成就等专题展览30余个。博物馆(纪念馆)成为党史学习教育的重要场所，越来越多的观众主动走进红色场馆了解历史，接受爱国主义教育。群众对于红色文化的关注度不断提升，红色主题社教活动、红色研学游、红色夏令营备受欢迎。因此，锤炼一支政治觉悟高、业务能力强的红色讲解员队伍尤为必要。

二、黄冈市红色讲解员队伍现状

据调查统计，黄冈市21家博物馆(纪念馆)现有专职讲解员93名，其中，革命历史类纪念馆和革命烈士陵园讲解员52名。全市讲解员招聘形式多为专项招聘和劳务派遣，其中，专项招聘讲解员31名，劳务派遣讲解员62名。近年来，全市高度重视讲解员队伍建设工作，坚持政治思想好、知识储备好、讲解服务好、示范带头好、社会影响好“五好”标准，通过组织培训、举办大赛、宣传推介、项目扶持等方式，锻造了一支优秀红色讲解员队伍。

(一)重视红色讲解员业务培训和实践锻炼

建立岗前培训、集中培训、实践锻炼相结合，提升全市红色讲解员整体能力素质的培训机制。2021年建党100周年之际，为更好地推动全市红色资源保护利用，培养造就一批“五好”讲解员，举办全市红色讲解员培训班，来自全市博物馆、纪念馆及红色旅游景区从事讲解工作的70余名学员参加了培训。2022年5月，英山县举办全县红色讲解员培训，100余名学员参加培训。2022年9月，浠水县举办红色讲解员能力提升培训班，来自各乡镇、县直单位、红色教学点的124名学员参加培训。2023年3月，团风县通过“课堂＋现场”的方式，对全县37名红色讲解员开展培训。据统计，全市已累计开展讲解员岗前培训200余场、集中培训120余场，培训通过理论授课、现场教学、专题讲座、交流互动、学习成果展示等形式全方位提升了全市讲解员综合素质。

同时，广泛开展红色故事宣讲和红色讲解员实践锻炼。组织红色讲解员走进机关、学校、企业、社区、公交车等地开展业务交流和红色故事宣讲270余场，将红色资源优势有效地转化为党史学习教育教材，丰富了党史学习教育形式，展现了新时代红色讲解员的使命担当。

(二)重视以赛代练，提升红色讲解员业务水平

全市先后承办“讲述红色故事——大别山区革命文物优秀讲解案例交流推介活动”“讲好红色故事 传承红色基因——黄冈市红色讲解员大赛”“永葆红安红——红安县首届红色旅游讲解员大赛”“湖北工匠杯——全省红色旅游服务职业技能大赛”等讲解职业技能大赛，搭建起了全市乃至全省和鄂豫皖三省红色讲解员交流展示平台，参赛红色讲解员业务水平得到极大提升。

同时，组织推介优秀红色讲解员参与各级职业技能大赛。1名讲解员获“致敬国家丰碑——全国红色故事讲解员大赛”专业组前30名；6名讲解员获鄂豫皖三省红色故事讲解大赛“十佳讲解员”“金牌讲解员”称号；1名讲解员获“庆祝中国共产党成立100周年全国博物馆讲解大赛”湖北选拔赛一等奖；1名讲解员获“永葆红安红——红安县首届红色旅

游讲解员大赛”金牌讲解员称号等。据统计，全市红色讲解员已斩获国家级荣誉8项、省部级荣誉17项、省级荣誉83项、市级荣誉180余项，为锻造一支专业的红色讲解员队伍打下了坚实基础。

（三）重视优秀红色讲解员宣传推介和项目扶持

利用学习强国、湖北卫视等主流新闻媒体，以及中国文物报、文旅湖北、黄冈日报等报刊广泛宣传红色讲解员。全市21家博物馆（纪念馆）先后推出红色讲解员讲述红色故事、黄冈故事短视频260余个，开展线上线下红色主题社教科普活动720余场，红色讲解员参与录制国家、省市级新闻媒体宣传活动980余场。

推介1名讲解员出席第十四届全国人民代表大会，1名讲解员出席中国共产党湖北省第十二次代表大会，3名讲解员参与“伟大历程 辉煌成就——庆祝中华人民共和国成立70周年大型成就展”“人民至上 生命至上——抗击新冠肺炎疫情专题展”“中国共产党历史展览馆”场馆讲解。积极向上争取对红色讲解员的项目扶持，目前已争取国家级项目扶持1项，省级项目扶持1项。2名讲解员入选文旅部“全国红色旅游五好讲解员培养项目”，4名讲解员入选“湖北省红色旅游五好讲解员培养项目”。

（四）红色讲解员队伍建设目前存在的突出问题

人员不稳定现象较普遍，职业认同感仍存在偏差。由于体制制度的限制，目前全市近三分之二的讲解员为劳务派遣、签订合同或临时聘用，这类编外讲解员待遇普遍偏低，久而久之会产生离职的念头。其次，讲解员发展前景堪忧，老讲解员退下来后多转到其他岗位，如保管文物、看护革命旧址等，能脱颖而出走上更高岗位的极少。再次，部分讲解员对自己的职业不认同，认为讲解是“青春职业”，仅仅将这份职业作为“跳板”，缺少长远规划。再加上少数管理者对讲解员只布置任务提出要求，忽视了疏导和关怀，导致讲解员出现职业价值感缺失，在某种程度上也增加了讲解队伍的流动性。

讲解员水平参差不齐，研究与宣教相对脱离。目前，全市优秀讲解员多数集中在市博物馆、黄麻起义和鄂豫皖苏区革命纪念馆等国家二、三级博物馆以及李先念故居纪念园、麻城烈士陵园等爱国主义教育基地。这些场馆均有相对固定的讲解员招聘流程和周期，讲解员整体素质偏高；较多中小型博物馆（纪念馆）、红色遗址等场所讲解员较少，有的虽有讲解员但也存在身兼多职的现实情况。其次，讲解工作已由单一单向的阵地解说转变为多元多向的供给解说，讲解员既是青少年研学课程的开发者，又是党性教育的现场教员，有时还是政府大型会议的接待员和大型展会的临时解说员，每一个角色的转变都意味着不同的工作要求。就以上目标来看，全市仍缺乏一支成规模、结构优、引领强的红色讲解员队伍，存在业务研究与社会教育相对脱离的情况。

三、关于红色讲解员培养途径的一些思考

进入新时代，作为讲好中国故事的践行者，红色讲解员被赋予了更多责任与期待。只有以提升讲解员专业技能为导向，以丰富讲解员知识储备为重点，从各场馆实际出发，通过有效的管理方式，才能建设一支高素质红色讲解员队伍。

(一)完善培训体系,丰富红色讲解员知识储备

继续开展系统化的集中培训。全市多数红色讲解员都不是相关专业出身,业务能力的提升大部分依靠自学和“传帮带”,举办和参加红色讲解员培训班等系统化集中培训是提高业务能力的重要途径,不仅能够提升业务能力,开阔视野,还能促进学习交流,取长补短。

持续开展针对性的日常培训。集中培训一般为3至7天,因受名额等条件限制,讲解员参训机会不多,加上新老讲解员一起培训,缺乏针对性。所以,各场馆更需重视本场馆日常培训,建立符合本馆实际的培训制度,这样既有利于讲解员循序渐进的成长,又有利于实现讲解的能力跃升,有助于提高讲解员队伍的综合素质;创新开展综合性的学科培训。随着社会的发展,博物馆学已成为涉及多行业的综合学科,对讲解员提出了更高的要求。讲解员必须调整和充实知识储备,既要专门针对宣教工作进行能力训练,如:语言表达、心理素质、才艺展示,又要全面掌握业务知识,如:展陈设计、馆藏文物、考古发现,还要建立与博物馆相关的多学科知识体系,如:社教活动策划、文物故事撰稿、红色故事宣讲、学术理论研究等。

(二)健全长效机制,激发讲解员干事创业热情

突出日常考核。严格执行场馆内部考核制度,考察讲解员日常工作能力和现实表现等综合情况。需注重考核的公平性,避免考核流于形式,这直接关系到讲解员对场馆的认同感,考核结果需与绩效挂钩。对于常年奋战在一线的讲解员,场馆评优评先要结合实际情况适当向其倾斜,激励讲解员积极努力,热爱工作;加强培训考核。集中培训和日常培训最终都应通过考核来体现培训效果,每次培训结束时,要定期或不定期的采取笔试、实践或二者相结合的方式对讲解员学习成果进行考核。考核结果需记入讲解员个人考核档案,为讲解员发展方向提供依据;充分激发讲解员主人翁意识。让讲解员参与社教课程研发实施和讲解培训工作中,创造平台让其实现自我价值。对取得成绩或成果的讲解员给予一定的物质和精神奖励,进行正面宣传,充分调动讲解员队伍的积极性,营造人人求上的良性循环氛围。

四、结语

红色文化资源是中华文明传承的重要载体,是中国特色社会主义文化里最亮的底色。只有充分认识到红色讲解员队伍建设的重要意义,建立讲解员日常培训制度和长效激励机制,真正提升讲解员业务能力以及职业价值感,才能使讲解员队伍保持动力,将红色故事讲述好、传承好,让红色场馆社教功能可持续发挥,让红色文化资源真正“活”起来。

参考文献:

[1] 宋学勤.让红色文化传承不息[N].人民日报,2021-6-4.
[2] 熊艳燕.革命纪念馆讲解员队伍建设的再思考[N]中国文物报,2021.
[3] 赖亭杉.论博物馆红色精神的传播机制[J].科学教育与博物馆,2022,8(5):70-75.
[4] 章海燕.江西红色场馆讲解员激励机制优化研究[D].江西财经大学,2021.
[5] 许晶晶.革命纪念馆讲解员的讲解艺术与素质提升——基于专家型讲解员的培养[J].产业与科技论坛,2016,15(23):233-235.

文物数字化展示平台的实用意义

——以麻城市博物馆数字文物展示平台为例

郝杰 周银枝 麻城市革命博物馆

摘 要：随着三维数字化技术的不断发展，文物数字化逐渐成为博物馆数字化建设的大趋势，而三维采集技术的不断成熟，为博物馆文物的三维数字化工程提供了高效坚实的技术力量。本文以一个文物展示平台为案例重点研究数字化文物数据的使用途径及使用方法，以实例的方式对摄影测量技术和数字化文物展示平台的搭建进行了阐述。本文撰写的目的是希望体验者在观看数字化文物的同时感受到文物所蕴含的重要历史人文价值，因此本次研究具有较大意义。

关键词：文物；数字平台；实用意义

麻城市博物馆数字文物展示交互系统建设内容采用高清影像获取、三维结构光扫描、数字三维重建、近景摄影测量等先进技术手段，对馆藏珍贵文物本体的空间信息、纹理信息等进行数字采集，处理生成馆藏珍贵文物的三维模型和高清影像数据，并将此类数据与相应的其他多源异构信息进行关联整合，实现对馆藏文物的永久性数字化保存，为文物研究、文物修复、宣传展示提供基础性数据。通过上述文物数字资源建设，形成相应的文物数字资源采集和制作规范，不仅有助于文物资源的便捷流转、高效展示，还为文物保护提供数字化技术支撑，为未来文物大数据分析、云应用提供基础性资源。

首先，文物的价值在于使更多的参观者了解其深厚内涵。三维交互展示系统能够很好地依托数字虚拟技术与网络技术，使参观者对文物的观赏空间拓展到博物馆以外的生活空间之中。

其次，欣赏文物的同时保护好文物也是一项艰巨的任务。利用数字虚拟技术手段对文物进行全方位的展示，就避免了文物真品长时间暴露在展台内，既达到了欣赏文物的目的，又保护了文物本身。

面向文物保护的三维交互展示系统，目的是让参观者更自主的欣赏与了解文物本身及内涵，发挥文物的教育功能，同时也为了更好地保护文物。

一、文物数字化展示平台的发展背景

2017年4月，文化部印发《关于推动数字文化产业创新发展的指导意见》，鼓励对艺术品、文物、非物质文化遗产等文物资源进行数字化转化和开发，实现优秀传统文化资源的创造性转化和创新性发展。

2018年4月，国家文物局印发《关于加强移动文物预防性保护和数字化保护利用工作的通知》，明确要求利用现代信息技术，系统完整保存文物及相关信息，多渠道推广和传播文物资源，并提出了“文物信息资源数字化”“数字化保护”“数字化传播”等可移动文物数字化保护利用的工作内容。

2019年12月，国家发展改革委、文化和旅游部等七部门印发《关于促进“互联网＋社会服务”发展的意见》，明确指出进一步拓展社会服务便捷化、智能化、个性化、时尚化消费空间，加快新型数字基础设施建设，以技术创新推动产品创新、应用创新，有效培育新业态、激发新功能，更好满足人民群众对高品质社会服务的需求。

2020年1月，国家文物局发布最新修订的《博物馆定级评估办法》，聚焦博物馆高质量发展，旨在充分发挥定级评估的“方向盘”和“导航仪”作用，引领、带动广大博物馆提升以展示教育、开发服务为核心的发展质量，强调博物馆能依托自身资源发挥特色和优势，在展示教育、观众服务等领域大胆创新、勇于实践。

数字中国建设已成为国家战略，如何积极回应时代挑战，持续推进“文物＋科技”的深度融合，持久实施“互联网＋中华文明”行动计划，促进文物事业的创新性发展、高质量发展是当前博物馆面临的重要时代课题。基于此，麻城市博物馆作为一座以保护、收藏、宣传研究麻城革命文物和历史文物为主的综合性市级博物馆，顺应时代发展要求，以习近平总书记系列讲话和国家政策文件为指导，综合应用先进的数字化采集、数字展示与系统集成技术，在充分挖掘麻城区域文化特色和博物馆馆藏文物资源特色的基础上进行陈列提升探索实践。针对麻城市博物馆数字化展示实际需求，聚焦馆藏文物特色，精选有代表性的珍贵文物，进行系统的数字信息采集加工，制作文物三维模型数字资源，在此基础上，开发三维展示交互软件，配备互动大屏相关硬件设备，旨在补全传统展览短板，创新文物展陈方式，为社会公众提供鲜活、丰富、多元的互动式观展体验。

二、麻城市博物馆文物数字化展示平台应用实例

文物作为文化的承载者，在文化发展中具有举足轻重的作用。但随着人类活动的影响和时间的流逝，长期受到空气、风、水、化学物质等的侵蚀，受到了不同的腐蚀和损坏，有的甚至已残破不全，有效的文物数据保存工作成为一个重要的课题。文物数字化三维采集加工是目前最为科学的文物数据获取和保存手段，不仅可以记录文物原始的三维信息和纹理信息，为文物修缮和恢复提供重要的数据和模型支持。同时也为文物的展示传播提供数据支撑，进行逼真的模拟文物展示，观众可以通过大屏等终端清晰逼真地浏览和欣赏博物馆中的珍贵文物。

麻城市博物馆1974年始建于市烈士陵园内，1982年正式对外开放，1998年被湖北省人民政府公布为全省百处爱国主义教育示范基地，2009年被公布为“国家AAA级旅游景区”，2011年被湖北省文化厅授予“优质服务窗口”，2018年9月被中国博物馆协会评定为“国家三级博物馆”。该馆现有馆藏文物12634件/套，其中国家一级文物9件，二、三级文物300余件。本次我们选取了博物馆一万余件文物中的12件珍贵文物，通过高精度三维信息采集技术进行三维建模，其成果数据支持数字交互展示。为保证文物高精度三维成果的质量，我们在采集前期对每件文物的材质、尺寸、表面细节等多方面进行分析，针对性选用扫描设备

完成数据采集工作。选取的12件文物有陶器、瓷器、玉器、青铜器、铁器、木器，针对不同质地的文物，调整扫描仪参数，以达到最好的扫描效果。三维展示交互软件以互动大屏为硬件基础，支持文物三维模型展示互动，从而展示我馆文物文化特色，提高展览展示的互动性、趣味性，提升公众服务观展体验。具体功能包括待机画面、自动播放、放大缩小、信息展示、点赞、还原、视频播放、手机扫描浏览和分享、主题切换、后台管理。

待机画面功能支持当系统处于无人操作状态时待机画面的展示及设置。当大屏处于无人操作的状态下，系统可随机展示文物三维模型数字资源，画面清晰度高，具有一定视觉冲击力，且可设置自定义时间段内的数字资源切换。当大屏处于无人操作的状态下，系统会同步显示多个文物的三维模型，每个模型占据一个显示单元。三维模型自动旋转，提供360° 展示角度。当大屏处于无人操作的状态下，工作人员可根据自身权限定义时间自动切换三维展示画面。每隔一分钟(可自定义)，大三维模型展示模式自动切换到小三维模型展示模式，原显示单元区域内同时显示四个文物模型，即小模型展示模式下文物模型大小为原来的四分之一，文物模型数量为原四倍。每隔30秒(可自定义)，系统自动切换回原大三维模型展示模式，且随机替换一组新的文物模型，以确保文物都能得以呈现。支持所有三维模型按照一定速度360° 自动旋转播放。工作人员可在授权范围内，对自动播放内容、时间进行设置，以满足观众观看需求。观众在交互展示大屏参观时，通过点击相应感兴趣的三维模型，进行放大、缩小操作，可查看更多的文物细节。放大缩小功能支持观众在操作时，放大所点击的数字资源，同时周围的数字资源被挤压缩小。系统可进行详细信息展示，提供丰富文物知识。观众进入展示页面后，点击数字资源标签，可查看相关资源信息简介，浏览更多图片。信息展示功能在向观众传递更多有效信息的同时，丰富了展示内容的多样性，能够改善参观者对文物一知半解的状况，进一步发挥文物的文化价值、教育价值。点赞功能是三维展示交互软件的常见功能，它可以帮助博物馆筛选出更符合观众偏好的内容。当观众在互动大屏前观看、欣赏文物时，可对自己感兴趣的数字资源进行点赞。三维展示交互软件能够实时显示点赞数量，根据提问点赞数，系统自动生成排行榜，从而增加文物的社交传播效果。还原功能能够帮助观众更加便捷、清晰、直观地了解当前大屏展示的内容，观众可关闭当前正在查看的对象。同时，当打开的窗口超过时间无人操作时，系统将关闭已点开的窗口，自动还原到待机画面。视频播放功能是互动大屏的重要功能，能够有效增强文物展示的趣味性、交互性，是互动大屏的重要展示内容。三维展示交互软件支持相关视频播放，小窗口播放视频，互相不干扰。

随着移动互联网时代的到来，社交化、移动化日益渗透进人们的日常生活中。新传播形势下，博物馆积极探索改善移动端浏览体验，强化线下、线上互动，满足观众的交流分享需求。手机扫描浏览和分享功能，支持观众通过在手机移动端扫描文物二维码，即可查看藏品详情，若观众对查看的内容感兴趣，可在手机上浏览数字资源并分享至朋友圈或微博。屏幕主题的设置是博物馆特色内容的一个重要体现。通过精美的图文展示、鲜明的主题风格、便捷的浏览途径，给观众带来更加鲜明、直观、生动的感受。支持多个主题展示界面一键切换。后台管理功能是三维展示交互软件必不可少的功能，主要目的是实现数字资源管理，如上传、下载、修改和删除等，同时系统还支持自定义设置，以满足麻城市博物馆的管理需求。

数字时代背景下，融合数字体验已经成为展陈空间营造不可或缺的组成部分。为了凸显数字信息技术应用在活化、交互和深度体验方面的优势，本次互动大屏将充分挖掘麻城市博物馆馆藏特色文化遗产，将文化特色、空间设计与数字展示技术相融合，综合应用交互大屏展示技术，为社会公众提供鲜活、丰富、多元的参观体验，以不断提升文化服务、扩大对外影响力。

在内容上，基于博物馆现有研究基础和陈列展示，突出麻城市博物馆文化遗产特色。

在形式上，突出数字展览的特点和优势。充分发挥数字展览的趣味性优势，综合应用数字媒体技术，实现好看、好玩、有意思的展示、交互效果，丰富观众观展体验；充分发挥数字展览的可扩展性，创新文物数字交互展示形式，支持数字展览展示内容的不断更新和优化，打造持续迭代、独具特色的麻城市博物馆数字展览特色；以数字展示、交互为主要展览形式，基于分众化展览理念，满足不同层次的观众观展需求。

三、文物数字化展示平台的实用意义

多媒体展示已经成为新建博物馆或新开展览必会采用的展示手段。观众进入博物馆既能通过实物学习知识，又可通过多媒体形象生动的影像看到实物背后的知识，丰富了博物馆的内容。

在传统博物馆中，藏品因为年代久远变得十分脆弱，在展出时必须特别注意对环境的控制，并且与观众之间要保持一定的距离，使观众难以对藏品进行仔细的观察。对于极为珍贵的藏品，或者不展示，或者用复制品代替原件来展出，总给观众留下无缘一睹原物风采的遗憾。例如麻城市博物馆，由于展出环境限制以及其它原因，展出的文物中大多数都是二三级文物，精品文物和一级文物除了一件苏家埠战役中缴获的德国造马克沁机枪是一件一级文物外，其它的或展示的复制品，或干脆没有展出，不能很好体现麻城厚重的历史和革命文化。目前常见的网上展示形式为虚拟现实，如果对虚拟展厅中的某件藏品感到好奇或有兴趣，可以直接点击它，就会出现藏品的放大图片、三维模型以及详细的相关资料，为观众提供一个在互联网上公开浏览的渠道。

以文物的解读来说，记得有学者说过，文物是有“文”之物，“文”是通过人的技艺，把思想文化渗透、融合、揉进各类物品载体中，使其有灵魂、有艺术、有品位。因此在传播多元化的前提下，我们不能仅仅满足于文物基本信息的介绍，还需要有一些深度解读的产品，尤其是要充分运用全新的数字化手段，将附着于实体文物上的显性信息和隐藏信息以多媒体形式，用感性和理性双通道的方式向观众传播，例如麻城市博物馆交互展示平台的出发点就在于此。它通过对单件文物进行大容量、多角度的全景式展现，从文物的流传经历、时代背景、历史意义等方面入手，(如麻城市博物馆数字化交互平台展出的文物——一级文物“乘区九乡苏维埃政府印”，就把它的来历、历史背景以及其重大意义进行了很好的诠释)，将单体文物置于广阔的历史和空间背景中考察，由点及面地反映出它深厚丰富的文化价值。在表现形式上，根据数字化技术和新媒体传播的特点，力求图文并茂，将专业的论述可视化、普及化。

综上所述，我认为数字化展示平台最终的实用意义在于以下几点：提高文物的展出率和展出效果；提高文物保护技术手段并利于文物保护；提高博物馆的知名度，促进文化的传播；减少热点文物的提用次数，延长文物的使用寿命；利用多媒体技术，以文字、声音、图片、视频及3D模型等形式充分展现了藏品所承载的知识；借助网络手段加快这些知识的传播、交流和共享；是实体展馆向外打开的另一扇窗口；是潜在观众变为实体展馆观众的桥梁；是广泛传播展馆文化的重要渠道；可以是用来进行远程教学的课堂；弥补了地域性的限制；是促进实体展馆管理水平提高的有效手段。

随着时代发展要求，数字化交互展示技术在展示展览中的应用逐渐占据了主要地位，因此，我们今后的工作需要进一步发展才能跟上信息化的脚步，利用数字技术不是目的，实现更加人性化展览的要求才是最终目的。

参考文献：

[1] 姚安.博物馆12讲[M].北京：科学出版社，2011.

[2] 谢景卫，于洪滨.博物馆数字化展示应用研究[J].硅谷.2012(9):35+11.

文化驱动背景下旧城社区更新中的设计介入研究
——以北京市杨梅竹斜街与东四南历史街区史家胡同为例

李清　咸宁市博物馆

摘　要：文化已成为城市更新的驱动力量。然而目前我国文化驱动更新的方式过于关注空间的经济效益和物质环境的建设，对于文化在城市社会、经济、文化等方面的积极作用缺乏足够的认识，对文化驱动城市更新的作用方式缺少较为全面的理论梳理、逻辑建构以及实践验证，因此本文以北京市杨梅竹斜街与东四南历史街区史家胡同为例，研究政府支持的多方参与文保区建设的设计介入。

关键词：文化驱动；社区更新；社区规划；文保区

一、旧城更新的文化转向

（一）旧城更新物质建设向文化治理的转向

在过去的快速城镇化建设过程中，居住环境恶劣、交通拥堵以及社会安全等诸多问题逐渐在衰败的旧城区显露出来，有关部门采取大拆大建的方式来应对现实的改造更新需求，导致很多城市面临集体记忆逐渐消失的处境。物质空间的改善无法包裹城市文化内涵消亡的现实，城市空间文化失落、城市特色文化逐步衰微。文化的缺失逐渐导致地域的同质化和趋同性，从而被社会诟病，因而学界出现城市空间研究的“文化转向”趋势。新的观点认为文化与空间存在互动关系，即文化是促进城市空间复兴的重要因素，而空间的更新又能作为一种促进文化复兴的手段。因此，作为城市空间最小单位的社区可以视为空间与文化相互作用的微观场域。

习近平总书记指出，文化自信是城市创新发展的前进动力。旧城更新从物质建设向文化治理的转向是建立在文化认同和经济发展基础上，经由长期发展而逐步得到内生演化。文化驱动的旧城社区更新，反映到规划和建筑学科层面，即是通过对文化的“发现”“挖掘”，将文化具象化，并通过设计与“创造”赋予文化空间形态。形成城市更新模式由“产—人—城”向“城—人—产”的转变。其关注对象不仅是旧城中既有的各种文化资源和文化空间，更是以公共空间的更新和场所的营造为基础，形成利于区域联动的文化集群，从而保障地区永续发展。

（二）文化转向的内涵

文化驱动是作用于城市更新的一种渐进、可持续的发展模式。从历史发展的角度，旧城区是城市发展的起点，具有独特的文化气息，历经城市发展的时空变化，已拥有大量的在地人群、便利的交通和浓郁的商业氛围；从更新保护与开发的角度，文化空间的保护与更新不仅能够达到文脉传承的作用，同时文化设施利用率的提高，极大的节约建设开发的成本。因此旧城文化空间的更新能够起到提升区域综合竞争力的作用。最重要的是，文化作为触媒形成人群的认同感和创新创意聚集，是地方可持续性发展的保障。

将视角转向社区层面的文化建设，从最小的城市组成单元和行政管理的基层单位出发，基于日常的生活空间和社会组织及治理形式，以文化驱动地区经营和治理，从而达到实现社区物质空间更新乃至社会关系重塑的目标，以社区公共事务的议事和参与提升居民的文化认同感，进一步推动社区居民成为文化的实践者和推广者，由此促进社区自主更新和自发成长，使社区走向可持续发展。

二、文化、城市及社区更新的互动关系

社区更新诸多问题的出现归根结底是社区治理出现逻辑困境，现有社区更新多以政府力量为代表的制度文化作为社区更新的主要推力，并且行动多处于表层的物质文化建设。未能发挥社区居民在更新中的主动性，同时社区发展各要素的可支配性影响力不足，从而导致社区更新的内在动力不足。众多理论都表明社区文化认同的提升是社区健康发展的基础，因此以社区文化建设来推进社区文化营造、培育社区公共精神具有一定的理论价值。

对于城市文化的研究主要呈现出功能主义和工具主义两种说法，一种说法从城市历史发展的角度研究广义的城市文化，并指出城市的基本问题围绕是否满足人的基本需求而产生，以及城市设计应当起到促进人的交流的作用，诠释指导规划过程的社会性原则；另一种说法创意城市是新的创新型后福特主义产品，创造力和城市围绕一定准则而往复，因而城市发展应形成技术、天才和宽容的经济增长方式，强调了创意阶层作为先进文化生产力代表的重要作用。不同视角的文化与城市相关研究均指出文化在城市发展中扮演着重要的角色。建立在对文化与城市的互动关系认识之上，研究城市文化推动城市社区更新的动力机制具有重要意义。

场景理论及文化动力学具有以下意义与价值：对文化价值的探讨逐渐聚焦于社区的范围，且强化人的主体性以及城市建设对日常生活文化设施的关注度，因而是社区层面的微观文化动力学的基础；场景理论强调多种要素的组合，其呈现的最终特征是基于在地文化要素的挖掘和各要素的协同作用的结果；场景理论为城市更新的活力提升提供了分析工具，理论着眼于城市特定空间载体以及人群、活动和价值追求的互动作用，孕育了创意空间、创意社群等新的理念和分析方法。

文化规划和文化资产具有的意义与价值：具有整体性和策略性，是文化运用于城市、社区规划和设计层面的指导方法。强化文化发展的多样化和多层次的应用策略以及社区层面的深度参与和文化权力的表达；强调内在能力的建设和文化资源的挖掘，以“营造场所”为目标，主张从发展优势入手重新认识社区文化的内涵和价值，丰富文化视角的社区更新实践探索；强调多方参与的伙伴关系建立，确保政府对公益性文化事业的投入以及为社区文化建设建立广泛的资金来源渠道，形成对动态文化需求的有效回应。

由此可见，对于文化与城市及社区更新的互动关系，存在着两种理解。一方面，文化休闲产业刺激城市发展是从工具主义出发，将文化更新视为城市经济发展的推力。另一方面，

文化场景与文化动力学，以及文化规划与文化资产均建立在功能主义的视角上，诠释文化驱动社会问题解决的流行。

三、政府支持的多方参与文保区建设的设计介入

历史街区是经由各级政府核定公布应予重点保护的历史地段。其不仅保存着众多历史遗存的物质文化，更是非物质文化遗产的空间载体和居民生活交往的重要空间。由于其具有较高的文化保护价值与意义，因此更新推动的主体中政府往往占据最大比重。北京是中华文明的古都，因此本节选取杨梅竹斜街与东四南历史街区史家胡同作为案例分析的对象。

（一）文化触媒

1.街区背景及外部力量介入

东四南历史街区属北京市第三批历史文化街区之一，街区以服务居民生活的居住功能为主。其内的史家胡同拥有着丰富的历史积淀，被赋予“半部中国历史”的美誉。史家胡同西起东四南大街，东至朝阳门内南小街，长约五百米，拥有着丰富的历史积淀。胡同内有多处名人故居，更聚集老北京最早的教育资源“左翼宗学”（现为史家小学）。名人故事是社区“集体记忆”的一部分，在历史的时间线和场所的空间线上与社区形成沟通联结，蕴含着社区丰厚的文化底蕴，是形成居民对社区空间文化认同的重要元素。

2010年北京市城市规划设计研究院介入街区规划及保护工作，编制《东四南历史文化街区保护规划》，尝试以风貌保护为切入点，探索城市更新路径和机制，推动民生改善和社会治理。北规院开展长期跟踪街区建设，其间，史家胡同博物馆的改造及胡同风貌保护协会平台的成立推动街道、规划院及高校的战略合作关系的建立，开启公共空间的运营以及驻地责任规划师的实践性探索。

2.空间更新：社区博物馆

史家胡同博物馆空间的建设是社区更新的重要契机。朝阳门街道办事处和英国王储慈善基金会（中国）在史家胡同开展的公众参与“社区工作坊”对居民意见的收集基础上，决定改造史家胡同24号作为胡同博物馆。博物馆占地面积1267平方米，是二进四合院落“后花园”，设有八个展厅和一个多功能厅，分为史家历史展厅、人艺展厅、近代教育展厅、兰芷偕芳展厅、胡同名人展厅、时代记忆展厅、胡同声音展厅、怀旧生活展厅和多功能厅，以不同形式重现胡同历史文化和生活变迁。

博物馆的空间修缮得到社会的广泛支持：东城区委区政府划拨资金对展陈设计进行支持，朝阳门街道办事处24号办公用房作为核心展示区建设，英国王储慈善基金会资金支持修建主体建筑，博物馆后期运行在北规院支持下进行。更新后的博物馆被称为“文化的展示厅、居民的会客厅、社区的议事厅”。也是北京第一个植根社区的胡同文化博物馆。

3.空间更新：试点院落及基础服务设施更新

更新工作紧密围绕风貌保护和民生改善两大要点，选取试点院落空间，根据居民的生活需求，并依据对象的特征进行差异化设计。2015年平台发起“咱们的院子——东四南文保区院落提升”项目，在相关团队的筛选和踏勘下确定了第一批改造的7个试点院落。根据院落实际情况分为两种整治方向，分别为“锦上添花”和“雪中送炭”。

项目采取多渠道筹资和街道购买服务相结合的方式，链接对东四南熟悉的包括高校在内的设计团队，以志愿者身份负责院落方案设计，用低影响的设计手段帮助居民重新规划利用院落公共空间。例如演乐胡同的演乐胡同83号更新，设计师在现场勘察、与居民深入交流基础上，提出"组合花园"的概念，结合居民日常使用需求和院落景观特点，重组整合以提升公共空间功能性。试点院落更新运用开放式会议技术，让居民参与到设计中来，根据各院落的实际使用问题提出合适的解决方案，院落在施工前进行工作动员并鼓励居民参与施工过程的营造，两年内第一批院落更新全部完成。

公共服务设施服务半径是否能满足社区需求，针对此问题东四南展开菜市场更新。朝内南小街菜市场原为北京热电厂厂房，2000年北京市"退路进厅"折子工程将南竹竿早市商户引入市场，2005年市场原址翻建成为如今两层建筑。随着时间推移，由于经营模式固化和环境局限，市场陈旧杂乱。为解决其环境脏乱差、设施老化以及服务业态等问题，提升市场管理水平，对菜市场两层建筑(地上两层、地下一层)进行硬件设施提升并引入社区生活服务业态和文化艺术功能，同步提升市场管理水平。

由菜市场管理方和商委出资，街道办事处委托北规划院、熊猫满地团队及中央美术学院对市场进行系统改造。设计将菜场更新策划定位为"社区服务综合体"。改造的构思整体分为5个方面：首先是布局和分区优化，并依此进行空间和色彩提升及展陈与艺术设计；其二是基础设施的整合，包括地砖铺装重设，菜台、灯光、无障碍设施及监控摄像头的设计改造与安装；其三是低造价的空间设计提升；其四是管理业态升级，引入如缝补、洗染、家政、理发、维修等服务的社区生活性服务业；其五是融入文化艺术功能作为社区文化展示窗口，形成功能混合的社区中心。以设计与艺术介入的方式为市场空间引入创意性活动，形成公共服务空间轻松活跃的文化氛围，融入社区情感纽带的活跃空间。

过往对老旧城区更新保护的关注点在于古建筑与院落，而街巷空间中的绿化景观同样是丰富的生活历史。央美十七工作室联合团队以风景园林为切入点，提出胡同微花园策略，形成见缝插针的在地微更新探索模式，通过胡同绿色景观现状分析得出景观丰富度和特色不足、认知和审美意识有待提高及维护机制不健全等问题，同时基于基层政府的"留白增绿"的绿地空间，和社区居民人们自发种植生活方式和兴趣为依据，根据胡同空间特征提出"堆叠、喧哗、条带、爬藤"型四种微花园的设计更新类型。

微花园旨在将"生活美学和景观艺术带入寻常百姓家"，并设计"记录观察——互动展览与社区营造——参与式设计工作坊——参与式共建"的多阶段的微花园公众参与设计流程。分析解读花园材料和空间构成，分析背后生成原因和特点类型，以互动展览与社区营造的方式提升居民对微花园的认识和兴趣。举办公众参与设计的工作坊活动并邀请居民深度参与花园改造，同时通过"花友会"类型的社群组织进行持续的社区培育孵化。

(二)协力平台：胡同风貌保护协会

1.多方力量的共建共营：风貌保护平台和街校合作

史家胡同的空间治理由胡同风貌保护协

会平台统筹，通过史家胡同风貌保护协会的平台和空间支持，聚集各方群体共同议事和驻地运营。胡同风貌保护协会成为社区议事平台和行动项目的发起方，在政府、设计师和居民之间起到牵线搭桥的作用，同时召集外部社会力量北规院、朝阳门街道办事处、史家胡同居委会与风貌保护协会通过对史家胡同博物馆的共建运营。各方承担责任如下：政府大力支持史家胡同风貌保护协会的平台工作；设计师进行胡同传统风貌区的整治；志愿者辅助协会平台相关工作事务；媒体发挥社会力量传播作用。同时高校团队的介入参与推动"街校合作"模式的探索，形成产、学、研的对接，高校团队在承担着社区服务设计任务的过程中承担着中间人的角色，其在居民与政府相关职能部门之间接线搭桥，形成居民与有关管理单位有效的意见结合。

2. 社区活动助力多方交流和人文教育

社区共建离不开活动举办和氛围营造，在此过程中促进多方交流并进行人文教育工作。活动的介入具有对内多方参与，对外宣传展示的特征。依托史家胡同博物馆的空间支持下开展胡同居民议事、交流活动，推动人文教育提升。代表性活动如社区历史故事整理的胡同口述史，针对杂院空间整治发起的"小院公约"形成邻里关系、院落环境、设施维护的后期维护机制，更有北京设计周介入下的内务部策展，形成社区年度工作情况的展示宣传。

（三）创新策略：社区博物馆

在历史文化街区保护工作中引入社区博物馆的理念成为一种世界性趋势。史家胡同博物馆更是北京市社区博物馆模式的初探。作为居住型社区的历史街区，东四南街区的更新离不开社区博物馆模式的探索。基于居民对社区空间的文化认同，依托史家胡同文化资产，以风貌保护为切入点，构建技术团体、文化组织、居民等各界力量介入的社区博物馆平台，以复合型功能空间承载文化展示和社区文化培育与共商共议的平台，共同陪伴社区成长迭代形成丰富的社区营造成果，促进"文化磁石"的落地生根，推动民生改善和社会治理。

此后史家胡同博物馆的运维成为可广泛复制和推广的实践经验，这一推广过程离不开技术团体的多层次的多方参与组织架构。基层政府为主体的现有行政体制资源的整合，培养基层善治和运筹；外围实施主体提供经费，社会人士进行技术支持、学术研究及志愿服务，第三方机构加入进行社区培育；政府作为更新发起方，是支持和保障风貌提升协会的基本资源，社区委员会负责沟通协调和社区和协会工作的运转，居民和产权单位作为平台的参与方共同参与议事和推动实施，促进房屋修缮和生活改善的相关工作。

城市的发展特点和丰厚的文化资源为历史文保区的更新奠定了触媒的基础，由于文保区的重要性、复杂性特征，其往往在政府的支持下吸纳多方共建力量开展设计介入的实践，同时文保区建设往往是公益性的，因此协力平台的构建和吸纳多方参与群体成为其更新的重难点。不同的区位特点和人口组成决定了更新发展的定位，作为社会焦点的所在，设计介入文保区的更新建设需要不断涌现的创新策略进行实践研究和证明。

参考文献：

[1] 黄晴，王佃利.城市更新的文化导向:理论内涵、实践模式及其经验启示[J].城市发展研究，2018，25(10):68-74.

[2] 赵幸.生根发芽:东四南历史文化街区规划公众参与社区营造[J].人类居住，2018，(2):34-37.

[3] 候晓蕾.北京老城区微花园绿色微更新研究实践[J].北京规划建设，2019，(S2):161-169.

[4] 候晓蕾，郭巍.社区微更新：北京老城公共空间的设计介入途径探讨[J].风景园林，2018，25(4):41-47.

浅谈人工智能时代博物馆的可持续发展

马灵素　咸宁市博物馆

摘要：在人工智能(AI)时代的到来之际，各行各业均会与其产生交互和应用。博物馆，作为文化教育的重要机构，与AI技术的耦合为其可持续发展提供新方向。本文分析了智慧博物馆建设现状中的数字化程度、技术渗透度、技术衔接性和管理模式，以及在这四方面存在的滞后和不足。AI技术应用在博物馆，能够提升观众的“真实感”和体验感，与观众建立良好的联系。人工智能作为革命性技术，将成为博物馆可持续发展的重要驱动力。

关键词：人工智能；博物馆；观众；可持续发展

近年来，全国范围内博物馆数量及参观人次均显著增加，博物馆逐渐走进群众的视野，并成为人们了解中国文化的重要场所。根据国家博物馆的最新统计，2020—2022年我国博物馆的参观人次从原来的7亿人次上升到12亿人次。随着科技的发展，AI已经成为文化产业的一项重要组成部分，它既可以用来研究、教育、观赏，也可以用来收集、保存和记录自然资源和人类行为。由于AI的普及，传统的博物馆正朝着智慧化方向演变，这也将使得博物馆的运营变得更加便利。而且，在新技术与传统博物馆元素的碰撞下，观众体验感会得到更好反馈，AI能够多维度地为公众服务，促进博物馆成为社会可持续发展的文化驱动力。

一、智慧博物馆建设现状

近年来，智慧博物馆的出现，极大改变了博物馆的五大业务：收藏、展示、提供、宣传及指导。它不仅打破了过去的人工讲解、文字介绍的局限，而且还能够用一种全新的、有趣的方式来表达博物馆的内容，让游客无论身处何处，都能够轻松获取博物馆相关资讯。许多博物馆，譬如河南博物院、台北历史博物馆、山东博物馆，已经建立起一套完善的交流互动机制，它们不仅能够满足博物馆之间的沟通需求，还能够用多种多样的方式来展示博物馆的精髓，为游客提供全新的观赏视角。随着全国范围内博物馆数量的不断增加，其所拥有的信息量和资源分布变得更加复杂，这种变化不仅带来了新的挑战，还引发了诸多新的问题。

（一）数字化建设程度不高

“互联网+”政策的出台为数字化博物馆的发展带来了前所未有的机遇，也为文化的传承和发展带来更多的可能性，推动了文明的进程。数字化建设，不仅是一种辅助博物馆信息展示的工具，而且是一种全新的平台建设。但是，目前除国家及省属博物馆正在积极探索数字化建设外，大部分县市级博物馆如咸宁市博物馆还停留在文物的表面展示，数字化程度很低，缺乏资源配置的能力，导致许多文物资源无法得到有效利用。平台建设资源配置作为平台建设的关键因素，部分地方博物馆的馆藏文物甚至还要靠省部级馆从人力、文物给予帮助，然后对文物进行异地拍照、录入以及上传，这些薄弱的环节现已成为影响智慧博物馆建设的“瓶颈”问题。

（二）新技术的吸收度与利用率低

无论是数字博物馆的发展，还是智慧博物馆的构思，人工智能都扮演着至关重要的角色。2000年，美国首次提出物联网的概念，2009年，温家宝总理视察无锡期间，“感知中国”这一词汇被提及，物联网被确定为国家五大发展战略的重要组成部分。然而到目前为止，物联网在博物馆中的应用寥寥无几，许多文物和艺术作品仍然需要依赖人力来维护和展览，使得我们悠久灿烂的历史文化不能得到快速传播和大范围辐射，而那些已经完成并且使用的手机或PC端应用程序也比较分散，未能为用户带来良好的体验感。

（三）技术软硬件衔接困难

随着科技的飞速进步，越来越多的先进技术出现，从云计算、3D打印、物联网、AI到最前沿的科技，它们无处不在，从传统的生态学、生物学、金融，到国家通信、军事安全，再到物理、数学、教育研究，它们正在推动着社会的进步和转型。而新科技亦成为推进博物馆发展的重要力量。通过Web、AI、3D打印等科技，可以让文物和建筑物的信息栩栩如生，让观众感受到它们的魅力，从而让文化的精髓得到真正的体现。尽管智慧博物馆的建设取得了一定的成就，但仍然面临技术与软件之间不能无缝衔接的挑战，即：技术更新速度快，软件开发未能及时利用新技术；藏品管理及人员管理软件功能不匹配，导致工作开展遇到“瓶颈”；软件与软件之间互通性弱，导致信息传递不及时出现。

（四）管理模式未标准化

随着大数据的迅速发展，先驱者们有机会获得更大的收获，但同时他们也可能会忽视风险，关键在于能否看清创新方向并找准应用模式。为了保证文化和历史机构的高效运营，需要各项管理和服务细致入微。尽管大多数地方博物馆都有自己的特色，但是，如果没有严格的规范和培训，以及足够的资源来支持和维护，将会严重影响游客的参观体验。对于地方博物馆，尤其中小型博物馆而言，每年参观人数少之又少，由于缺乏统一的管理标准，再加上专业人才的相对缺乏，容易造成工作上的懈怠与管理上的疏忽，从而影响到后续的参观体验。如何科学有效地管理，也是我国博物馆发展面临的一大难题。

二、AI技术与博物馆

AI技术耦合博物馆，通过智能导览、虚拟显示等手段，使“人、物、管理和应用”融合一体，博物馆更加“人性化”。因此，科技创新引领AI博物馆的到来是必然，让文物“活”起来是大势所趋。下面是几个通过AI技术让博物馆更栩栩如生的典型例子。

（一）用户画像

随着观众审美水平的提升，他们对博物馆展览的要求也越来越高，特别是针对定制化、个性化展览的需求，会随着信息的更新和传播方式的变化而发生改变。用户画像可以融合分析参观者的静态、动态、虚拟空间信息，通过AI、机器学习等技术，能够综合分析观众的活跃度、兴趣爱好、社交网络、文化习惯等，为他们推荐感兴趣的藏品以及相关历史背景和风土人情资料；同时为参观者与同行的亲友创造交谈讨论的话题，提升参观者自身体验并密切其与亲友的关系，实现优质的博物馆个性化观览服务。

（二）沉浸式体验

近年来，AI技术大大推动了文化体验在博物馆领域的发展，许多博物馆利用最先进的技术和手段，重塑了文物展览的环境和方式，提供了视觉、听觉、触觉、嗅觉等多种交互模式，让参观者有更加丰富的体验，从而彻底改变了以往仅以观赏为主的单一模式。

湖北省博物馆的“3D古乐器演奏系统”，高精度复原曾侯乙编钟及其他7件乐器的模型，并对文物复原件及部分原件进行真实录音，同时还采用现代技术，让“乐器”完美再现。观众可以在触控屏上以手指敲击或碰触的方式对“乐器”进行演奏，在互动中感受古代文明发出的悠悠韵律。

通过AR、VR技术实现与观众的近距离互动、提升观众的观展体验，也是近年来智慧博物馆发展的方向。为纪念意大利画家列奥纳多·达·芬奇(Leonardo da Vinci)逝世500周年，卢浮宫借助虚拟现实技术，将其名作《蒙娜丽莎》生动呈现，全球观众都将能以一种全新视角充分领略《蒙娜丽莎》的魅力。即使无法前往卢浮宫参观，观众也可通过家用版VR设备欣赏这幅杰作以及卢浮宫内其他达·芬奇的馆藏作品。运用新技术创新展览形式，延伸展示场景，丰富展览内涵，一方面让文物“活”起来，令展览生动有趣；另一方面，也推动了形式单一的传统展馆向数字化展厅发展，实现人机交互的新型展厅模式，更好地帮助观众理解文物背后的故事，体验新颖的交互式观展模式。

（三）虚拟观展

传统博物馆给观众提供了一个参观文物、了解历史的场所，观众需要走进博物馆，近距离地欣赏展览。敦煌莫高窟通过科技手段改变了传统的参观方式，通过“文物数字化扫描＋拍摄”的技术，将莫高窟最具代表性的7个洞窟，进行全方位展示，推出《梦幻佛宫》3D球幕影片，为观众带来全新的视觉感受，并配合影片的讲解，让他们可以更加直观地领略敦煌莫高窟的魅力，深入探索敦煌的历史和精神，而不仅仅局限于一个普通的展馆。

真正的虚拟展览应该是能够模拟人们的观展体验，为观众营造出更富想象力与互动性的空间。在这方面，美国史密森博物院走在前列，他们致力于打造“人性化”博物馆，在其网站建设中，将知识性、互动性和娱乐性融为一体。通过计算机模型推算出特定文物在各种环境和情形下的反应参数，用智能材料制作文物复制品，虚拟出接近于真实的触感。甚至可以在一定的空间内营造“真实世界”的场景氛围，让观众站在展厅就能身临其境地感受到文物所描绘的场景，从而改变观众对博物馆文物展览的既定印象，达到使观众从认知层面上升到引发内在情感变化的传播效果。

三、AI博物馆的可持续发展

AI在各个领域的地位日益提高，其在现代博物馆中的应用也显得尤为重要。博物馆应用AI不仅可以增强与游客的关联度，改善游客体验，还可以协助展品“自己说话”，增加参观的乐趣。AI技术将有助于博物馆在未来建立和游客之间更加紧密的联系。

（一）智能化的导览服务

由于博物馆讲解人员不足而参观者众多，

使得传统的导览方式无法满足所有观众的需求。目前许多博物馆都推出了智能化语音导览系统和移动APP，以便更好地帮助参观者获取更多的知识和资讯。参观者走到标有特定数字或者贴有二维码的展品前，在导览器上输入对应的数字或者用手机扫描二维码，就可以看到相应的解说词。这种导览方式虽然比人工讲解便捷，但无法与观众进行有效互动，解答观众的问题。引入AI后，其作用就相当于为观众配备了一位随身智能讲解员，能够随时与参观者进行沟通和互动，甚至可以成为一个历史人物的聊天机器人，满足不同游客的参观需求，真正做到让文物"活起来"。同时，AI还可以提供博物馆地图，优化参观路径。结合室内WIFI和定位技术，给参观者提供更加精准的室内定位，显示出对应的洗手间、餐厅、母婴室、服务台、寄存处等地点。

（二）智能化的游客体验分析

通过售票系统的数据以及主题展览和教育活动数据的收集，可以了解到每日的客流情况和参观者喜好。此外，还可以根据参观者在展品前停留的时长、参观的方向、购买的商品等，确定哪些展品最受欢迎。AI技术可以将参观者的行为数据转换成量化的模型，从而更加精确地捕捉参观者画像，深入了解参观者需求，从而为博物馆提供更多有价值的参观体验和喜好信息。通过分析这些信息，博物馆可以更好地预测未来社会教育活动开展、纪念品开发等方面的发展趋势，并且能够根据观众的喜好和需求来调整和优化藏品管理与服务。此外，博物馆还可以利用短信、APP、社交媒体等工具，向观众提供实时的藏品知识和活动信息，并根据观众的时间安排，提供个性化的游览路线，提升观众的参观体验。

（三）智能化的藏品研究保护

文化研究涉及的范围较广、资料繁多，人工查找不仅耗费的时间久而且效率也低。AI的引入极大加快了搜索和分析的速度，从而成倍地提高了工作效率。研究员们不仅能够迅速从自身的档案室、数字图书馆、社交媒体等地方收集到有用的信息，而且还能够根据不同的需求进行细致的分类，从而使得内容查找变得更为精准。此外，AI技术在文物保护方面同样发挥着重要作用。目前文物保护已从"抢救性"向"预防性"转变，AI技术能够利用其在文物保护领域的优势，建立一套完善的环境监测系统，完成对温度、湿度、光照等各种因素的即时监控。通过分析这些数据，了解每个季节气候变化对不同质地展品的影响，并能够根据实际情况做出适当的调整。

四、结语

21世纪以来，人工智能已经成为许多国家和地区的重要战略。尽管博物馆事业正在快速发展，进入智慧博物馆的早期阶段，但随着人工智能技术的普及，博物馆应该紧跟时代的步伐，向智慧博物馆的高级形式——AI博物馆方向发展，为公众提供智能化的服务，对博物馆进行智能化的管理，开展智能化的研究、展示、传播工作。未来，博物馆将不再仅仅是一个展示历史文物的场所，而是借助信息技术的发展提供更加生动、形象、多元的藏品展示，吸引更多的国内外游客。当然，在博物馆智能化发展的同时，也不是一味地追求智能，对于传统的历史文物原始底蕴需要做好保护，保障"传统"和"智慧"两驾马车并驾齐驱，动态可持续发展。

参考文献:

[1] 李珂珂.博物馆的力量:可持续发展——第26届国际博物馆协会学术研讨会综述[J].博物馆管理,2022(4): 83-90.

[2] 张健.博物馆迈向可持续发展——以澳大利亚博物馆为例[J].文化创新比较研究,2023,7(2):114-120.

[3] 岳娜."大数据"背景下智慧博物馆发展现状及对策[J].中北大学学报,2020,36(2):128-132.

[4] 单晓明.谈河南博物院数字资源共建共享[J].中原文物,2016(6):116-119.

[5] 鹿继敏.大数据时代下博物馆联盟机制建设研究[J].创新科技,2016(9):95-96.

[6] 贺琳,杨晓飞.浅析我国智慧博物馆建设现状[J].中国博物馆,2018(3):116-126.

[7] 陈刚.智慧博物馆——数字博物馆发展新趋势[J].中国博物馆,2013(4):2-9.

[8] 郑霞.数字博物馆研究[M].杭州:浙江大学出版社,2016.

[9] 赵艳梅.中国漕运博物馆文化体验与服务设计研究[J].设计,2018(24).

[10] 李娇.智慧博物馆与AI博物馆——人工智能时代博物馆发展新机遇[J].博物院,2019(4):67-74.

[11] 徐延章.基于移动互联网的公共文化服务设计策略——以人工智能时代博物馆APP设计为例[J].中国博物馆,2020(1):120-125.

[12] 唐婷婷."互联网+"视域下博物馆文化的融合传播策略及效果研究[D].成都:成都理工大学,2019.

咸宁市博物馆展览提升改造实践与思考

潘灵　咸宁市博物馆

摘　要：陈列展览提升改造有助于博物馆在创造构建可持续未来中发挥作用。咸宁市博物馆于新馆落成10周年之际，积极适应时代变化，对陈列展览进行了提升改造，采用创新的设计理念及多种展示手段，通过展陈语言塑造空间叙事，打造有特色、高质量的展览，为持续构建咸宁美好生活、提升群众福祉贡献了文博力量。

关键词：咸宁市博物馆；陈列展览提升改造；可持续性；福祉

随着时代的发展，社会的变迁，以及人们对精神文化需求的日益增长，博物馆作为每一座城市的窗口，展示着当地的文化，讲述着自己的历史故事，吸引着越来越多的人走进参观。大家在支持与关注博物馆的同时，也对博物馆的陈列展览提出了更高的要求。怎样利用有限的空间，通过精妙的陈列设计，将藏品展示在大众面前，让现在的人们通过文物和过去的人类进行一场文化交流呢？陈列展览在博物馆中尤为重要。目前陈列展览一般分为基本陈列及临时展览两类：基本陈列为博物馆的固定展览，展出时间长，内容形式与题材都相得益彰地体现了当地的地域文化特色；而临时展览却以其展出题材丰富多样、展出形式新颖独特、展出的实效性等持续吸引着观众，使博物馆始终充满着生机、保持着活力。博物馆作为文化传播的媒介，越来越受到国家及大众的重视，各地博物馆也不断推陈出新，一些有条件的博物馆也对原有的基本陈列进行了提升改造，利用展陈设计及融入高科技手段向大众展示自己独有的文化魅力。

一、既往陈列展览效能

咸宁市博物馆设立于1976年，2012年新馆落成后，开始利用馆藏文物进行展览，免费向观众开放，发挥文化宣传窗口作用。此后十年，咸宁市博物馆通过开展陈列展览免费开放工作，不断提升展览水平，加强技术创新，引进内容新颖的临时展览，提高服务质量，扎实开展“博物馆进校园”活动，持续开展社会教育、文物保护宣传工作，充分发挥了服务地方文化发展、提升群众福祉的效能，工作成效日益彰显。

2013年，咸宁市博物馆民俗文物展被湖北省文物局推荐申报第十届(2011—2012年度)全国博物馆十大精品陈列。2014年咸宁市博物馆被省博物馆协会评为“首届湖北省博物馆进校园活动十佳单位”，2016年被咸宁市委宣传部、市文明办评为“学雷锋示范点”，2018年被湖北省人民政府授予“爱国主义教育基地”称号。2020年12月被中国博物馆协会核定为“国家二级博物馆”。

二、陈列展览可持续性发展需求

虽然十年中，咸宁市博物馆的陈列展览对讲好咸宁故事，构建咸宁美好生活发挥了重要作用，但随着时代的发展，博物馆陈列展览理论与实践飞跃进步，对咸宁市博物馆提出了一系列可持续性发展需求。

(一)陈列展示的需要

博物馆里的藏品每一件都有它独有的文化内涵及其象征意义。对参观者来说，脉络清晰的展览路线、一目了然的背景信息，是他们了解每件器物相关历史知识的关键。咸宁市博物馆文物厅集中展示了鄂南地区近三十年出土的文物精品150余件。以崇阳商代铜鼓、更新世完整的大熊猫头骨化石、东吴青铜铭文弩机、通山及崇阳商代青铜乐器等为主。但陈列内容逻辑思维混乱，实际中有不按历史时间顺序来排列的陈列内容。展览信息中缺乏藏品的特性、背景信息和历史特征的介绍。这样观众就无法深入地了解藏品的详细资料，更无法充分了解藏品。另外，近十年来，咸宁市历史文化研究又取得了一批新的成果，在考古调查发掘工作也有许多新的重要发现，并出土一些文物，需要更全面、更充分地向全社会进行展示、宣传。

(二)灯光合理运用的需要

灯光是博物馆展览的重要组成部分，优秀合理的灯光设计及布局通常在展览陈列的呈现效果中起到画龙点睛的作用。咸宁市博物馆展厅内灯光光源比较单一及分散，整体亮度过大，没有重点打在文物本身，往往不能很好的突出文物、展示文物。如柜台式展柜没有灯箱及射灯，无法让观众清晰地看到文物。橱窗式墙柜有白色灯箱及射灯，但由于射灯光源问题，依然无法突出重要文物。一些重要的和极其精美的文物我们都会放置在独立展柜内，虽有安装灯箱，但是灯光颜色都为单一的白色基调，没有安装射灯，使整个展柜的光线都较为昏暗，这样无法突出文物的重要性及观赏性，从而影响观众对展品的兴趣及印象。

(三)加强红色文化宣传教育的需要

红色文化展览对于促进民族历史文化的发展起着非常重要的作用，具有纪念的意义，是目前我国保护和传承优秀红色历史文化的一种重要方式。在本市建立的博物馆中无专门的红色文化展厅。咸宁市博物馆现在为“湖北省爱国主义教育示范基地”，未来还要申报“全国爱国主义教育示范基地”，迫切需要增设红色文化展厅。

(四)数字化展示的需要

博物馆想要拉近与观众间的距离，增加展览的趣味性，多媒体的运用是博物馆展示的重要方式。咸宁市博物馆大型数字化展示有几处，一处是重大历史事件厅内的赤壁之战与汀泗桥战役，通过大幅油画背景及多媒体投影配上声光及画面制作，让场景达到真实还原的效果；一处是民俗厅里的幻影成像，通过实景舞台造型和幻影的光学成像结合，绘声绘色，虚幻莫测地演绎着咸宁具有地方特色的崇阳提琴戏，非常直观，给人留下较深的印象；还有一处嫦奔月场景，通过神话传说及动画相结合的方式，演绎了嫦娥与温泉的不解之缘；最后一处民俗文化的生产生活展厅也通过数字化运用与观众进行了互动，利用真实水车与投影相结合，在踩踏水车的同时，可在投影画面中看到水车是如何灌溉农田的过程，让观众真实体验到劳动的乐趣，从而获得播种到丰收的喜悦感。但由于当时技术不够成熟、图像不清晰、空间分布不合理等原因，观众体验未能得到最佳效果。再加上多媒体材料、设备耗损过快，现已陈旧老化，很多零配件市场上买不到，维修保养难以为继，所有多媒体设备已处于无法使用的状态。

（五）公共服务能力提升的需要

经过十年的运营，博物馆存在场馆公共服务能力不强、公共服务效能普遍偏低的现象。建设之初的安防及消防设施设备逐步进入损坏及淘汰周期，如博物馆二层天台红外电子围栏报警设备失效、展馆应急广播无法正常使用、展厅缺少备用应急灯源、展厅及展柜缺少相应的安防预警设备等。

三、陈列展览提升改造实践

基于咸宁市博物馆展览陈列存在着以上问题，我们从2021年开始进行展览提升改造项目的申报，通过积极争取，最终在2022年获得地方政府的资金支持及省文旅厅的资金补助。本次项目中部分展厅属于提升改造，并非全面重新设计布展，提升改造展厅空间、内容都以原来的展示为基础，进行优化、提升，力求做到在保留原有的展览基础上，将新的展示形式加赋于建筑内部空间。

（一）大厅服务台及文创区的改造

运用新的设计理念，把原来让人感觉昏暗压抑的背景浮雕改为色彩鲜明的习近平语录和极具咸宁文化特色的版画。将沉闷的封闭式服务台改造成为了现在大气明亮的开放式吧台。并在服务台设置学雷锋志愿服务岗、雨伞、安全药箱、手机充电等便民服务。同时，咸宁市博物馆在大厅内增设了文创区，除了满足观众参观需求，也满足了他们休闲娱乐和购物的需求，进一步提升博物馆公共文化服务水平。

（二）陈列内容的改造

对原来的陈列内容重新进行了调整。一层：“南楚华珍——咸宁出土文物精品展”改为“大地藏珍——咸宁古代文物展”，以历史发展为脉络，以文物为载体，集中展示近年来咸宁市范围内新的考古研究成果，调整藏品结构顺序，突出本地重要藏品，重新设计优化场景模型、展柜背景、展板以及说明牌等辅助展示用具。“震古烁今——咸宁重大历史事件”展厅改为“奋斗百年路启航新征程——咸宁市党史教育展”，展览以咸宁党史为线索，将中共党史与咸宁的地方历史充分结合，呈现了中国共产党带领中国人民铸就百年辉煌的壮阔历程，用党的奋斗历程和伟大成就鼓舞斗志、明确方向，用党的实践创造和历史经验增长智慧、增强斗志，满怀信心奋进新征程、建功新时代，以加强推动党史学习教育常态化、长效化为目标，将其打造为本地红色教育宣传重要阵地，成为广大市民、中小学生爱国主义教育的主课堂，为申报“国家级爱国主义教育基地奠定基础”。“钟灵毓秀——咸宁历史名人”展厅重新进行展陈内容设计优化并整体移至三层，原展厅改为临时展厅，进行全面优化改造，进一步强化临时展厅功能。其中包含可移动展板、沿墙通柜、临时中转库房。应用于器物类展览时，移动展板收纳至库房，应用于书画展时，可将移动展板拉出，根据展线自由拼接。能最大限度满足未来较大规模、高级别文物专题展览对展陈空间的相关要求。

二层：“鄂南楚韵——咸宁民俗文化”翻新改造为“鄂南记忆——咸宁乡土文化展”，工作人员及设计师统筹文物库房现有民俗类文物资源，在原有展览的基础上新增50余件民俗文物和古建模型，进一步丰富藏品结构，优化形式内容。通过鄂南古建、鄂南人家、鄂南农耕三个板块展示了生息繁衍在鄂南地区祖辈们的民风民俗，彰显了他们在生活生产、文化艺术、风尚礼仪、宗教信仰等各方面的风貌。形成主题更加鲜明，内容更丰富，亮点更突出，逻辑更合理的地方民俗文化展厅。

三层：多功能厅(临时厅)改为“千年风华——咸宁历史名人展”，展览汇集了自唐代以来三十余位咸宁名人的史迹。以精湛的陈列艺术呈现了咸宁英杰的风采，如三元大臣冯京、抗倭名将刘景韶、三朝帝师雷以諴，民国闻人王世杰，书法大家李邕……通过这一丰富而博大的人文舞台，诠释历史的进步与发展，展示咸宁人的独特贡献，承接和传递这片沧桑热土所禀赋的历史正能量与时代精神。

（三）灯光的改造

在保护文物的基础原则上，按照《博物馆照明设计规范》对所有展厅照明系统进行升级改造，最大限度地减少由于不当的灯光照明对文物造成损坏的问题，最终确定展厅照明方案。在适应节能环保技术发展的基础上，将所有灯光更换为新型LED光源，展柜内部灯光由原来白色冷光改为暖色调黄光，所有墙柜及独立展柜都配备有小射灯。本次灯光的整体改造营造出优化的照明效果，以呈现和还原展品的历史文化底蕴和艺术造诣，为观赏者提供一个舒适的优质光体验环境。

（四）数字化展示的提升

2023年国际博物馆日主题确定为“博物馆、可持续性与福祉”，重点突出“可持续”。如今数字化展示已融入博物馆展览中，同时新的展示方法也增强了观众看展的交互性。扩展性及趣味性，有效促进了博物馆的创新发展。本次提升通城尧家林遗址通过将真实场景与投影相结合的方式，向大众介绍了新石器时代石家河文化尧家林类型相关知识的普及和研究成果。孙郭胡城址利用实景模型和投影相结合，通过孙郭胡城址简介、自然与人文环境、文物本体状况、历史沿革、价值评估等展示了咸宁的文化。鄂南农耕厅的水车更换了投影，在原来画面的基础上进行了升级，保留了与观众互动的功能。鄂南古建厅则通过触摸屏技术，让观众能够了解咸宁所有保存较好的古民居和古桥，将不可移动文化遗产利用数字化媒介，展示着鄂南风情。

（五）公共服务的改造

按照《博物馆和文物保护单位安全防范系统要求》以及《博物馆建筑设计规范》《建筑设计防火规范》等要求，对咸宁市博物馆现有安防、消防设施设备进行升级改造，确保符合公安、消防部门有关要求，使博物馆在物防、技防上具备一定的应急处突能力，有效保障博物馆正常开放以及藏品安全。

展览提升改造除以上几个方面外，还对所有展板进行了重新设计和编排，拓展了一些文博知识；重新制作了一些沙盘及古建筑模型，如孙郭胡城址、刘家桥古民居、南虹桥、芭蕉湾焦氏宗祠等；“鄂南记忆——咸宁乡土文化展”展厅内大部分实物都没有放进展柜，而是直接摆放，观众可零距离观看。总的来说，这次展览提升改造后效果明显，我们期待通过持续创新，不断提升咸宁市博物馆的展陈能力及观众的参观体验感。

四、余论

2022年7月至2023年1月，通过半年多的装修、调整与改造，咸宁市博物馆呈现出崭新的风貌，秉持着向广大市民群众传播优秀文化的理念，扬帆起航，重新出发。

提升改造后的博物馆丰富了展陈内容，提高了展览品质，改善了公共服务效能，这些都给观众带来了全新的参观体验，增进了群众福祉。本文详细分享了笔者参与博物馆展览提升改造的具体实践经验，以及对理论与实践相结合的思考，以期为博物馆同行后续进行展览提升改造提供一些参考。

参考文献：

[1] 侯雅静.博物馆陈列展览空间设计研究[D].华南理工大学，2012.

[2] 陈建明.博物馆陈列展览几个关键问题再思考[J].湖南省博物馆馆刊，2014:569-573.

[3] 周进.我国博物馆陈列设计思想发展研究 [D].复旦大学，2013.

[4] 单霁翔.解读博物馆陈列展览的思想性与观赏性[J].南方文物，2013(3):1-8.

从展陈角度谈革命类博物馆的可持续发展

徐幻幻　咸宁市博物馆

摘　要：本文旨在分析展览叙事性在革命类博物馆可持续发展中的重要性。通过科学、深入、生动的展览叙事形式和互动技术，可以让观众全面地了解历史文化、提高参与度和吸引力，从而推动博物馆的持续发展。革命类博物馆在展览设计上应更注重叙事性，提高观众的参与度和文化素养，实现对文化遗产的持续保护和传承。同时，通过引入科技手段和创新思路，进一步拓展展览体系，推动革命类博物馆的可持续发展，并为观众提供更优质、更具参与度的博物馆体验。

关键词：革命博物馆；陈列展示；叙事性；可持续发展

博物馆作为文化遗产的守护者和弘扬者，展示着人类智慧和文化的丰富性。而展览则是博物馆最重要的业务之一，是向公众展示藏品和历史文化、宣传和传播知识的重要手段。展览叙事性则是展览的核心，通过生动、深入、有机的叙事形式和互动技术，可以让观众全面地了解历史文化、提高参与度和吸引力，从而推动博物馆的可持续发展。特别是对于革命类博物馆来说，展览叙事性更是重要的内容之一。革命类博物馆具有广泛的社会影响力，展览叙事的深入、科学和专业，有助于增加博物馆的知名度和美誉度，提高品牌形象和信任度，促使观众赞扬和宣传。笔者将探讨展览叙事性在革命类博物馆可持续发展中的重要性以及如何通过引入科技手段和创新思路，进一步拓展展览体系，让观众产生深刻的历史感和文化感，促进革命类博物馆的可持续发展。

一、展陈和博物馆可持续发展的联系

展陈是指把文物和实物以一定方式展览于博物馆内，使观众能够更好地理解和感受历史、文化、科学知识的活动。陈列展览展示着博物馆馆藏的精华和品质，是博物馆展示自己馆藏和传达信息的主要手段，它是在有限的空间、时间、经费等条件下，将丰富的内容利用最佳布局和表现形式展示出来的过程。通过精心设计的展陈，观众可以更好地了解文物的历史和文化价值，感受到博物馆的精华和品质，从而切切实实地体验到博物馆的存在和价值。

展陈可以提升革命类博物馆的品牌形象，吸引更多的参观者，对于革命类博物馆的可持续发展有着促进作用。博物馆的主要任务是展示和传承文化遗产，吸引更多的参观者是革命类博物馆的可持续发展的关键，而展陈则是吸引参观者的重要手段。通过推陈出新、不断创新的展示方式和专业的讲解服务，可以吸引更多的参观者，提高革命类博物馆的知名度和品牌形象，进而推动博物馆的可持续发展。

二、革命类博物馆展陈叙事的重要性

在革命类博物馆的展览中，展览叙事性是非常重要的一环。展览是博物馆向公众展示藏品和历史文化、宣传和传播知识的重要手段。而展览的叙事性则是展览的核心，决定了博物馆传递历史文化信息的方式和效果，对于博物馆可持续发展具有非常重要的意义。

一是充分激发观众的积极性。展览的叙事性在展示藏品和历史文化时，需要通过对历史的真实性、权威性、可读性的呈现来实现影响或引起讨论等效果，让观众深入了解历史发展的过程及其对现代社会的影响。通过合理、生动的叙事方式，博物馆可以将陈列展品的历史、文化背景和应用价值更好地呈现出来，观众可以更加生动地了解历史文化和肌触感受到历史的冲击力，从而切实地吸引观众的兴趣，让他们对主题的了解和思考更加深入。这不仅有助于博物馆吸引更多的观众，也使得博物馆在社会中的影响力和话语权得到增强，推动博物馆的可持续发展。

二是深入增强观众的体验感。通过展览的叙事性让观众在视觉以及听觉上可以更好融入革命文物背后的革命故事。在沉浸式的参观中，最大限度以亲历者视角感受故事实际发展的大致脉络，有助于让参观者更好地了解文化背景和价值，实现博物馆的文化传承和价值挖掘。通过深入剖析历史、社会、文化等方面以及构建呈现方式的趣味性，观众可以更具体、更直观地感知和反思与主题有关的事物，进而产生更深入、持久的文化认同感和情感体验，也能够增强观众对博物馆的信任和忠诚度，从而为博物馆的可持续发展打下坚实基础。

三是深化文物展陈的价值性。对于革命文物本身而言，学术研究价值更多的是体现在台后，而在展台上文物的存在就是在向观众表现整个博物馆本身的形象，具有独特的地缘性、专业性。而展览的叙事性可以很好地引导博物馆呈现出主题的立意和文化范式，有助于提升博物馆的文化地位和贡献。通过探索主题与文化的内涵、体现文化传承与发展的关系，博物馆可以不断提升展览内容的质量和深度，塑造高质量、有价值的文化形象，形象且生动的标签可以为博物馆的可持续发展提供坚实保障。

三、革命博物馆展陈叙事的构建

展览叙事性和博物馆的可持续发展息息相关。只有通过不断创新展览手段和叙事方式，提升展览的吸引力和影响力，才能更好地推动博物馆的可持续发展。观众走进博物馆首先看到的是展览陈列，主要看的也是展览陈列。展览陈列是博物馆的核心价值，也是博物馆向社会奉献的最主要的精神文化产品，更是博物馆实现其社会职能、体现其特色文化价值的主要方式和重要手段。展览陈列水平的高低、内蕴文化的厚薄，直接关系到博物馆能否实现可持续发展。

（一）丰富文物陈列展览的多样性

展览是博物馆直面公众的窗口。如何突破传统以图文为主，展品为辅的陈列编排，为公众提供革命博物馆陈列展览的全面解读与认知，这就取决于展览的深度叙事能力。通过选择视角、确立主题，设置叙事顺序，对展品组合进行统筹安排，突出展示主题，传达展示信息。通过精心设计的展示布局和场景搭建，营造出具有历史感和情感共鸣的氛围，让观众能够深入了解和感受历史事件的背景和内涵。利用材料、灯光和多媒体等现代技术演示革命战争，将历史事件和特定时期的生活场景历史再现，让观众能够身临其境地感受历史的魅力和深刻意义。利用现代科技手段，如虚拟现实、增强现实等，以及场景复原等展示手段，营造真实感或抽象的精神世界等。可以使参观者能够融入当时的情景中，身临其境、亲身体会。叙事性展览在陈列设计中需要将“故事”作为展览策划的指导思想，思考通过哪些手段讲述故事。这样在利用多媒体技术，如视频、音频、互动展示等等现代技术来辅助藏品展示时，可以将展品与技术辅助更为紧密地结合起来，将历史事件和人物形象生动地呈现出来。把叙事摆在策展的首位，将技术作为一种辅助藏品讲述的手段，从而避免现代技术喧宾夺主、为炫而炫的现象，增强观众的参与感和体验感。

（二）提升文物展陈服务的趣味性

1905年南通博物苑的创建者张謇最早在中国倡议提供讲解服务。随着中国博物馆的不断发展，讲解服务的“导观”职能成为显著特征，在革命类博物馆中表现的是以政治导向为目的的润物细无声的宣传教育。讲解服务并不是简简单单的仅把写好的讲解词每天给参观者复述几遍而已。普通游客来纪念馆参观，往往是以休闲为主、学习为辅。面对以休闲为目的的参观群体，一味地让他们接受严肃枯燥的历史、复杂晦涩的内容会使听众的意识稳定性变差，降低继续参观的积极性。作为展示博物馆的窗口和博物馆与观众沟通的桥梁，笔者认为讲解员应该以陈列展品为依据，对讲解词进行提炼、选择，在讲解过程中运用语言艺术、讲解技能和真挚的情感，直接向观众有针对性的传播知识和信息。

每一件革命文物的背后都是在承载着特定历史时期所形成的精神内涵，讲解的目的就是将革命文物背后所代表的革命历史及革命精神传递给观众。以井冈山革命博物馆内的识别带为例，这种红带子是为了区别敌友而在领口或袖口系上的一种标记。它是参加革命，上阵杀敌的标志与象征，是革命者为了民族解放而无私奉献的体现，表现了革命者为崇高理想而献身的决心。为了使观众充分理解识别带的精神内涵，陈列展示需要有重点性的挖掘文物背后的历史故事，从各种角度科学的阐释革命文物的内涵和价值。

（三）激发展陈叙事模式的创新性

陈列展览的叙事模式分为两种，一种是纵向的、线性的叙事模式，一种是多元的、“混杂”的以符号和象征角度出发的多元化叙事模式。前者的叙事模式以长时段的历史过程为特点，文物以规整的时间顺序排放展示，像是历史发展过程中的一个史证。后者以横向展开的某个历史时间节点的整体社会形象的展示为特点。从我国目前的革命类博物馆的叙事模式来看，几乎绝大多数的革命历史博物馆展览是以时间性的叙事模式为展示方式，叙事模式多元化的出现，使展览的叙事模式在长期的同质化过程中有了反思和突破。

笔者认为所谓的叙事模式并不一定非要二选一，也可以是两者的结合。以时间线叙事模式为整个展区的主脉络，纵向展示革命历史的发展脉络；再从符号或象征角度出发作为支脉，横向展示革命历史时期的整个社会状况。例如，井冈山革命博物馆采取编年体“夹”专题的方式，突出井冈山斗争重点。整个展厅在按编年体进行的历史陈述中，按重大事件发生时间，合理地突出党的建设、军队建设、政权建设、土地革命等专题内容。这种叙事方式既使广大普通群众特别是青少年了解艰难曲折的井冈山斗争历程，得到有益教育，又能充分展示井冈山斗争史研究的最新成果，满足党史界、理论界、教育界等各方面人士研究学习的需要。

（四）优化陈列展览的技术性

随着现代信息技术的飞速发展，虚拟现实、人工智能等新兴技术的出现，人们的文化生产和消费方式也发生改变。为了适应时代，革命类博物馆应该通过不断创新陈列展览方式和手段，提高展览的吸引力和互动性，为观众带来更深入了解历史文化的体验。针对不同观众层次和群体，设计多样化的陈列展览方式和手段，例如可互动的图文、影音资料、3D重现、VR、AR等，充分利用现代科技，利用新的媒介来辅助完善展品陈列，来满足人们多元化的信息需求。观众在参观传统的革命类博物馆时，一旦没有专业人士进行讲解，也只能了解外在形式，不能深入了解文物的历史背景、文化背景，通过数字化在陈列展示中的建设，能够将多媒体技术运用到宣传讲解当中，一些老人和小孩就能够通过多媒体更好地了解文物的时代背景和历史意义，对文物以及历史就会有更深刻的认知。

例如，井冈山革命博物馆的展陈布局运用了各种展示形式进行重要革命场景的构建和表述，包括灯光与浮雕相结合的“上山下湖保革命”场景；可互动参与的“三湾改编”场景；声光电相结合“工农红军攻打新城”场景；声光电视频结合“黄洋界保战”场景等等，这些场景的设计体现了历史与艺术的结合。这些形式加深参观人员的记忆，对于宣传教育能够起到很好的作用。另外，VR、AI等新技术也逐渐开始应用于一些大型博物馆，具有很强的体验感和趣味性。这些技术应用于革命博物馆将会打破时间和空间的限制，使观众直面历史，深刻体验和理解展览及文物的精神内涵，增强人们的观赏兴趣。

四、结语

展览叙事性在革命类博物馆可持续发展中的重要性不容忽视。只有通过创新展览叙事的方式和手段，以及加强展览服务体系建设，才能实现对文化遗产的持续保护和传承，为革命类博物馆的可持续发展提供有力保障。同时，将展览叙事与互动科技以及文物、艺术品、历史文化元素紧密融合，将给观众带来全新的观感体验和文化分享，从而增强观众的参与和吸引力，推动革命类博物馆的可持续发展。我们愿意在展览陈列上不断探索，为展览叙事注入更多元的因素，让博物馆变得更加生动、活泼、丰富。

参考文献：

[1] 国务院新闻办举行《关于实施革命文物保护利用工程(2018—2022年)的意见》新闻发布会内容节选[C].中国博物馆通讯，2018(8):9-13.

[2] 张正霞.论全球化视野下纪念性历史博物馆藏品资源建设——以重庆红岩革命历史博物馆为例[C].中国纪念馆研究，2014(1):110-122.

[3] 梁洁.东古平民银行的创建及其历史贡献[J].湖北钱币专刊，2017(16):33-37.

[4] 付梦钰.革命博物馆定义、分类与地域分布研究[D].天津师范大学，2018.

[5] 周进.我国博物馆陈列设计思想发展研究[D].复旦大学，2013.

[6] 章长城.“新博物馆学”视角下井冈山红色资源的利用研究[D].江西师范大学，2012.

[7] 黄巧梅.叙事性博物馆的构建[N].中国文物报，2019-04-09.

[8] 杨玉龙.革命文物焕生机不妨多拓途径[N].中华工

商时报，2018-08-01.
[9] 赵绵池．革命纪念类博物馆建设学习型、服务型、创新型党组织的探索与思考[J]. 上海革命史资料与研究，2013:555-564.
[10] 单雅莎．革命历史类博物馆陈列展示设计研究[J]. 中国民族博览，2017(8):215-216.
[11] 安来顺.2000年：国际博物馆面临的三个主要问题[J]. 中国博物馆，1996(2):10-12.
[12] 吴世儒，刘曼曼．浅谈如何做好纪念类博物馆讲解服务——以鄂豫皖革命纪念馆为例[J]. 中国纪念馆研究，2017(2):20-25.
[13] 郑晓宏．试论如何让“革命文物活起来”[J]. 中国民族博览，2019(3)218-220.
[14] 王思渝．展览叙事与物的意义——以“湖南人——三湘历史文化陈列”为例[J]. 博物馆实践，2019(1):99-103.
[15] 周晞．试析博物馆展品陈列展览方式的改进[J]. 文物鉴定与鉴赏，2019(4):131.
[16] 卫红玫．浅析革命博物馆改革[J]. 大众文艺，2012(12):217-218.
[17] 何永红．革命史展示的互动设计研究[J]. 文物鉴定与鉴赏，2018(10):88-89.
[18] 井冈山博物馆．红色经典 现代表述——井冈山革命博物馆陈列综述[J]. 中国博物馆.2009(1):90-99+129.

古韵今声　关于编钟文化可持续发展的几点思考
——以随州市博物馆为例

孙登平　随州市博物馆

摘要： 本文通过对编钟介绍，试探编钟的文化地位和传承文明途径，擦亮编钟历史名片，丰富编钟文化内涵，显现编钟的历史地位和时代价值。

关键字： 编钟；文化；价值

1978年5月，“曾侯乙墓”在湖北省随州市城郊擂鼓墩被开启，沉寂2400多年的曾侯乙编钟出现在世人面前：曾侯乙墓中室西壁三层长7米多横梁钟架，南壁三层长3米多长的横梁钟架上共完整地悬挂着65件编钟，全部出土，重见天日，包括挂钟木架及整副钟架，演奏敲击编钟的2根钟木棒和6根T字形敲钟槌在内，悉数安全出椁。曾侯乙编钟高273cm，宽335cm，架长748cm，共计65件，分三层八组悬挂于钟架上，钟笋，钟钩，钟体等处共刻错金铭文3755字，内附乐律、铭记等内容，钟架附有人、花、龙、兽等装饰与数种几何形纹，赤红、黑色、黄色，再加上青铜体的原色，相融相映，在此基础上使用了圆雕、彩绘印刻等多种技法。这座于地下沉寂2400多年仍然保有固有形态的曾侯乙编钟，青铜在上千年的积水浸泡中仍能保持光泽不被腐蚀，庄重的编钟设计与英勇的彩绘青铜武士浑然天成，代表了先秦青铜时代的辉煌和巨型工艺，完整性和科学性使得众人惊叹。曾侯乙编钟一钟双音，每一个编钟的不同部位上均能够演奏两种不同的乐音，考古学家发现，编钟上均刻有与之对应的音名和律名的错金标音铭文，曾侯乙编钟的乐律学研究得到重大突破，包括钟律复合律制的使用、曾三度生律法的创位、十二律律名体系的形成、以弦定律的确定等多方面，65件编钟共有130个乐音。1978年随州市擂鼓墩发掘的曾侯乙大型墓葬，2400多年前的曾侯乙编钟重见天日，编钟跨越千年悠扬浑厚的声音震撼世界，改变了世界音乐史，被称为世界八大奇迹。之后陆续出土的编钟有文峰塔出土的曾侯舆编钟，义地岗、枣树林、浙河叶家山等曾国贵族墓地出土的编钟，擂鼓墩二号墓出土的三十六件编钟，随州出土的编钟数量之多，系列之全，成件成套，规模之大，在全国已出土的文物中绝无仅有，随州由此被誉为编钟故乡，礼乐之都。

一、编钟的辉煌历史

在随州这片古老而神奇的土地上，千百年来上演了许多动人的故事，铸就了辉煌的历史。西周始封南方诸侯国曾国，西周至战国时期从兴至衰共七百多年历史，后来融于楚文化的滚滚洪流之中，先祖的智慧胆识和科学结晶，即使在科学发达的今天，仍给后人留有许多值得考古论证和科学研究的重要课题。

1978年出土的曾侯乙65件套编钟等乐器，体现西周至春秋战国时期的礼仪制度和礼乐文化，其说明曾国在这一时期的强盛和繁荣，正是因为曾国这一时期的辉煌，以及诸位曾侯的智慧和胆识，才有了曾国雄厚的综合实力，时至今天，我们可以推想到，2400多年前的曾国注重工匠科学，彰显人文情怀，从曾侯乙墓出土的大量工艺精湛的青铜器，代表着先秦时代青铜铸造的顶尖技术。1981年擂鼓墩二号墓出土的36件编钟与曾侯乙墓出土的65件编钟，形成音律互补的百钟之势，成为曾侯乙编钟的姊妹钟，给后人留下了跨越千年的音乐艺术享受，给我们留下了宝贵的物质财富和精神文化，让世人以赞叹的眼光敬仰先祖。

二、编钟的现代文明

曾侯乙编钟64件外加一件镈钟，音律最全，其音域可达五个八度，是保存较为完善的一套大型编钟，是中国古代音乐史上的一个重大发现，在世界早期音乐史中占有不可小觑的分量。曾侯乙编钟重见天日，在人们叹观编钟的辉煌奇迹时，考古界、学术界、文化界、演艺界也对其进行深入探讨和深入研究，他们对编钟投入了浓厚的兴趣和深度关注，在中华大地上掀起了一场经久不息的编钟文化风暴，并让编钟走出国门，面向世界。

曾侯乙编钟是一种文化盛宴，走进千家万户，深入百姓心中，普通百姓对编钟的历史、文化的了解和熟知，对编钟文化的渴望和追求，远远超过了编钟本身的历史价值，人们欣赏编钟乐舞，人们享受编钟宏亮的乐声，这种热情和激动，达到一种空前的程度，这既是编钟的魅力，也是热心编钟人的努力。

编钟代表国家象征，代表国家形象，极富历史感和浓厚的时代感，编钟的乐音先后在G20峰会、感动中国系列活动、中埃建交68周年开幕式、国家重要领导人与各国首脑政要的交流会面等重大场合奏响；编钟在2008年北京奥运会开幕式和颁奖典礼上向世界奏响中国声音，在千禧年奏响中国之声，在香港回归庆典上歌颂《天、地、人》；作为友好使者，出访欧美等国进行文化交流；在庆祝中华人民共和国成立35周年庆典上歌颂编钟乐舞。

近年来，中国传统文化的传播和培养引起全社会的高度关注，从中小学课堂到大学相关学科课堂，曾侯乙编钟这一历史名词已成为教育课程中的高频词汇。

随着多媒体网络时代的普及，各类电视节目、文艺历史类综艺影视以及许多报刊中都不乏见到曾侯乙编钟的内容和身影，《国家宝藏》、《非凡匠心》、《CCTV电视节目主持大赛》以及龚琳娜、老罗的《上下求索》编钟音乐剧等节目中，分别从曾侯乙编钟出土历史、铸造工匠、铸造工艺、文化追求等多方面展示中国对传统文化的传承和追求，民族音乐《曾侯乙》、电影《闪光少年》等影视节目的播出使得曾侯乙编钟出现在众人视野中。

随州、武汉乃至湖北和全国许多科研单位及相关部门、单位团体、个人企业复制、仿作编钟，作品用途各异，有的用于科学研究和学术交流，有的用于文化产业，有的搬上大舞台奏响编钟之声，有的作为旅游纪念产品或装饰，我们从中都能看到编钟的身影，听到编钟的声音，这悠扬乐音穿越历史的天空，向当今的我们诉说那一时代的历史传奇，编钟将注定属于国际大舞台，为全人类的文明献上一份大礼！

三、编钟成为曾随的特质文化，必将走向世界

被誉为中国编钟之乡的随州，是曾侯乙编钟的出土地，曾侯乙编钟及其系列编钟，成为随州的地标文化，是随州城市的名片，更是随州城市的记忆，对于传承编钟历史文化，随州更具重大的时代责任和担当。编钟是我国乃至世界少有的稀世珍宝，编钟有着不怒自威的魅力，有着深厚的文化价值，作为我国的传统礼乐器，更是世界的艺术结晶，象征着中华文明的瑰丽壮阔。

如今很多人虽然知道编钟这个乐器，但并不能做到真正了解编钟的历史和文化背景，编钟音乐的文化传承需要更多的有识之士将编钟文化传承下去，将当代艺术与编钟结合起来，使其变成现代的语言，并尽可能探索出更多的演奏方式。带有编钟音乐元素的创作不断增加，乐曲方面，《威风堂堂》将东方古韵与西方经典进行碰撞，《上下求索》《天问，道古之初》《湘夫人之歌》《武魂》《橘颂》等创作中将编钟与人声完美融合；《和鸣》《奏乐倾杯饮》《黄钟》《楚腰》《天梯》《气吞云梦》《良渚》《暮鼓晨钟》等创作将编钟与民族管弦乐相结合；《无界》《逍遥》《鸿门》《郢之舞》《郢都》等创作将编钟与民族室内音乐相结合。

将计算机集成控制技术运用到编钟演奏的研究开发获得成功，古老的编钟与现代化科技完美结合：2017年，在深圳文博会上，采用3D技术与虚拟数字化的方式，向观众展出"钟鸣鼎食——曾侯乙编钟数字化移动博物馆"，让文物流动起来。运用科技手段，让编钟文化传播现代化、系列化，湖北省首套可以自动演奏的编钟，诞生在随县洪山镇林泉生态园，它是由69件精仿曾侯乙编钟组成，总重量4953公斤，运用集成控制技术运用，使过去只能由多名专业人员演奏的传统编钟，演变成以琴键为界面、一人就能完成的现代乐器，是古人与今人智慧的结晶，将带来新撼的体验，给编钟增添新的光彩。

编钟出土于随州，艺术属于人类。编钟之乡随州在做大编钟文章，讲好编钟故事，唱响编钟乐音，跳美编钟乐舞，宣扬编钟文化，传承编钟文明，作出积极努力，不懈追求。随州市人民政府倾注大量心血，从人财物力全方位投入支持，以城市建筑建设地标命名的有编钟大桥、编钟广场、编钟大道，商业旅游业注册有编钟乐酒业公司、编钟大酒店、编钟旅行社、编钟学校。公共设施、广告宣传、路灯、公园等处处可见编钟造型。随州市博物馆为曾侯乙墓文物专设展厅陈列供游客观赏，擂鼓墩二号墓编钟在展厅陈列悬挂。为进一步配合宣传曾侯乙编钟演奏的社会效果，随州市博物馆于建馆之初，成立了专门的编钟乐团，从专业院校招用曲目演奏人员，进行专业技能培训，建成较高水平的演奏队伍。博物馆不惜余力加大硬件建设，2015年，随州博物馆演艺大厅搬迁到更宽畅明亮，有现代化气势的新大厅，花巨资投用音响、灯光、数字滚动媒体技术，扩容了观众席位，增加演用升降舞台，系统完善了演用的曾侯乙全套编钟编磬，定制了演出曲目，与大专院校进行技术合作，确保曲目的高雅性和技术含量，扩容的观众席，使观众更方便舒适，安全环保，立体观赏演出。乐团演出常年对社会开放，基本一天演奏两场或增加场次，本地或外来观众充满对编钟的好奇和向往，慕名而来。非凡的演奏阵势，气势磅礴的曾侯乙编钟乐音，再现了2400多年前曾国宏

大的礼乐场景，让观众激动不已，掌声雷动，此曲只应天上有，人间能得几回闻。曾侯乙编钟演奏让观众乘兴而来，满意而归，流连忘返，达到很好的社会效果。随州博物馆曾侯乙编钟乐团，多次代表随州文化出征，时常受邀赴京赴沪等外地演出，在央视综合频道等多媒体重点节目上亮相，进一步展示曾侯乙编钟的文化价值，提升编钟好声音的影响力，随州市博物馆曾侯乙编钟乐团成为宣传编钟文化的亮丽名片。随州本土文化知名作家为编钟著书发行，二百万随州儿女宣扬编钟文化，传承编钟文明，显示了强烈的主人翁意识。我们相信随州在外的游子、有识之士，不仅有家乡情怀，更有编钟情怀，我们走遍天下，也把编钟的故事传遍天下，让编钟的神奇带动城市品牌发展，促进城市旅游，获得文化效益。

几十年的国之巨变，曾侯乙编钟作为一个历史时期的代表与标志，陪伴中国一路走来，见证着大国富强，见证着中华民族的伟大复兴，随州和全国人民一道，编钟定将成为人类命运共同体的和平使者。

参考文献：

[1] 随州市博物馆编. 随州出土文物精粹[M]. 北京：文物出版社，2009.

[2] 樊友刚主编. 神奇的擂鼓墩·随州文史资料第1辑[M]. 随州市政协学习文史资料委员会，2002.

[3] 谭维四. 曾侯乙墓[M]. 北京：生活·读书·新知三联书店，2003.

[4] 谭维四. 乐宫之王曾乙候墓大发现[M]. 杭州：浙江文艺出版社，2002.

随州市博物馆发展的现状、问题及对策
——探析“文旅融合”背景下博物馆高质量可持续发展之路

项章　随州市博物馆

摘要：党的二十大报告指出：“要推进文化自信自强，铸就社会主义文化新辉煌。”全国文博事业已迈入“文旅融合”的新时代，随州市博物馆在内外交困的现状中，该如何破题？需出台《博物馆中长期的发展规划》，制定一个目标：创建国家级4A级旅游景区。布局两大战略：藏品立馆，产业强馆。实施三项工程：文物保护工程、科研提升工程、招才引智工程。打造四个品牌：展览品牌、社教品牌、演艺品牌、文创品牌。立足文物保护，着力提升旅游体验的创新性，交出一份让党委政府满意、人民群众满意、社会各界满意的历史答卷。

关键词：文旅融合；随州市博物馆；曾随文化；博物馆高质量发展

2021年12月国务院印发《“十四五”旅游业发展规划》指出：旅游成为传承弘扬中华文化的重要载体。文化和旅游深度融合，文化遗产旅游、旅游演艺等蓬勃发展，旅游在传播中华优秀传统文化方面发挥了更大作用。《2022年随州市政府工作报告》提出“着力做好文旅融合大文章，建设一见钟情、再见倾心的魅力城市”的发展目标。随州市博物馆(以下简称“随博”)是文旅名城创建的主力军，是“加强曾随文化挖掘、转化和发展”的先锋队，是实施“文化+”战略深化文化与科技、教育、旅游等融合，把文化产业培育成支柱产业的突破口。历经40多年发展，如何顺应新时代要求，找准高质量可持续发展之路？成为急需解决的难点与痛点问题。

首先“清家底”，了解博物馆的基本情况；其次“找差距”，通过类比查摆自身问题；最后“提品质”，结合相关政策支持，着力实施《博物馆1234发展举措》。践行习近平总书记：“让收藏在博物馆里的文物、陈列在广阔大地上的遗产、书写在古籍里的文字都活起来”的要求。让文博事业更有活力，使文化传承呈现活态，为文旅产业寻找活路。

一、“清家底”——随州市博物馆的现状

随博成立于1978年，于2008年12月迁入新馆，2020年被国家文物局评定为“国家一级博物馆”。占地118亩，由文物展厅、编钟演奏厅、文物库房和办公用房4部分构成，建筑面积20400多平方米，呈“一主四翼”布局。其中：文物展厅8000平方米，文物库房3000平方米，编钟演奏厅600平方米，办公用房336平方米，配套设施8464平方米。下辖办公室、保卫科、财务科、考古所、保管部、陈列部、社教部、编钟乐团、汉东文博编辑部、游客服务中心等10个科室。

现有馆藏文物数量10183余件/套，其中：

一级文物318件/套、二级文物573件/套、三级文物993件/套，还未定级文物2025件/套，以商代、西周、东周青铜器为主，形成了曾(随)青铜器、鄂侯青铜器、擂鼓墩36件编钟、汉代竹简为主要特色的藏品体系，被誉为"中国编钟之乡""青铜器王国"。

现有事业编制30个，在岗人员共计96人。其中在册正式人员46人，25岁至33岁6人、34岁至39岁0人、40岁至49岁24人、50岁至59岁16人，其余50人均为聘用人员。从业人员整体年龄偏大，学历偏低，大、中专学历偏多，本科、硕士较少，博士没有。

二、"找差距"——随州市博物馆的不足

(一)全省博物馆的评级现状

湖北是全国文物大省，现有一、二、三级博物馆58家。其中国家一级博物馆9家，分别为：湖北省博物馆(湖北通史展)、武汉市博物馆(武汉通史展)、宜昌博物馆(巴、楚历史展)、荆州市博物馆(楚国历史展)、随博(曾随历史展)、辛亥革命博物馆(民国历史展)、中山舰博物馆(抗战历史展)、武汉革命博物馆(红色革命历史展)、长江文明馆(长江流域自然科学展)。综合各馆所处的城市发展、财力保障、治理能力、服务水平等因素，随馆软硬件在全省一级馆排位比较靠后。

(二)制约发展的根本原因

随博现状可概括为"藏品资源丰富、保管条件有限、展陈资金短缺、科研能力滞后、宣传教育单一、文创产业空白"，还停留在"等、靠、要"，有多少钱做多少事的运营层面。可归纳为三个方面的不足：1、缺乏顶层设计理念。"站位不高"，对国家、省市相关文化旅游政策研究不深，未针对随馆鲜明特色制定切实可行的《博物馆中长期发展规划方案》，发展目标不明确。2、缺少资源共享平台。"眼界不宽"，未形成上下联动、横向联合的合作共赢关系，馆馆(全国知名大馆)、馆院(湖北省文物考古院)、馆校、馆企合作机制没有理顺，馆藏资源未转化为科研成果，专技人员年龄老化学历偏低未得到根本改善，博物馆品牌价值未变现为经济效益。3、缺失文旅融合措施。"对标不足"，在文旅融合能融尽融的语境下，未借鉴"故宫博物院发展模式"利用曾随文化遗产优质资源讲好随州故事。让博物馆"火"起来、馆藏文物"活"起来、全国游客"走"进来的办法不多。

三、"提品质"——随州博物馆发展的对策

制定颁布《随州市博物馆1234发展规划》，制定一个目标：创建国家级4A级旅游景区。布局两大战略：①藏品立馆，突出保护意识，藏品是博物馆生存的根基。②产业强馆，强化发展观念，产业是博物馆发展的未来。实施三项工程：①文物保护工程；②科研提升工程；③招才引智工程。打造四个品牌：①展览品牌；②社教品牌；③演艺品牌；④文创品牌。

(一)制定一个目标：创建国家4A级旅游景区

《湖北省文物事业发展"十四五"规划》提出：加快文物和旅游深度融合，加强博物馆展示空间与旅游服务设施建设，扩大展览面积和公共服务空间，博物馆全部纳入旅游景区评定体系。随博树立"文化与旅游"深度融合发展理念，利用博物馆文化综合提升工程债券资金，扩大博物馆公共服务空间，妥善解

决游客服务中心、旅游厕所、旅游停车场等配套设施不足问题。将博物馆4A创建工作打造成“市政府文旅名城建设的形象工程、省市上下共建的亮点工程、扩大投资拉动消费的民生工程、景区硬件设施设备和软件管理水平的提升工程”，建成全省文旅融合发展示范项目，为后续炎帝故里景区(擂鼓墩、博物馆、炎帝景区联点成片)争创5A旅游景区打基础，实现1＋1＋1＞3的倍增效益。

(二) 布局两大战略：藏品立馆、产业强馆是博物馆事业长久健康发展的基础

1. 充实文物藏品：藏品是博物馆生存的根基

对内，寻求省文物局、省考古研究院、省博物馆支持，完成叶家山墓地、文峰塔墓地、枣树林墓地或追缴文物的鉴定、修复、移交工作，丰富博物馆藏品数量和质量。对文物评估定级，录入国家文物藏品管理平台实行动态化管理，做好每年国家文物专项保护经费的申报工作。

对外，近年日本，香港、北京等地举办了从随州流失出去的曾(随)国珍贵青铜器拍卖活动，(如国家文物局追缴“曾伯克父青铜器”、国家博物馆征集“曾侯宝青铜器”，湖北省博物馆征集“随国铭文青铜器”)可申报国家征集流失文物专项经费，回购此类文物。体现了随州对珍贵文化遗产的高度重视，提升了随博美誉度，其产生的中外影响力是文旅名城创建的活广告。

2. 做强文博产业：产业是博物馆发展的未来

成立随博“文创产业发展公司”，整合编钟演出、有偿讲解、文物外展、文创营销、广告宣传等经营资源。将博物馆聘用人员的合同关系都纳入其中，实现公司化管理模式。经过核算预先拨付产业公司全年基本运营费用，产业公司谋划经营策略、包装文旅产品、制定收入目标、颁布奖罚条例，采取独立核算、收支两条线的措施，做大做强博物馆文旅产业规模，反哺博物馆文化事业发展。计划到2025年文化产业公司年销售收入达到200万元，持续每年呈5%的增幅，逐步实现“以文养文”发展目标。

(三) 实施三项工程：保护水平、科研实力、人才队伍三者互为支撑，是博物馆事业发展的支柱

1. 文物保护工程：注重不可移动文物周边环境、文化生态整体保护和抢救性保护；做好可移动文物本体保护与预防性保护，提高业务水平掌控力

(1) 不可移动文物保护：随州版图面积9636平方公里，地上地下文物丰富，现存不可移动文物1966处。随馆考古所人员仅7人，业务水平不足、设施设备落后、保护力量薄弱，需联合湖北省考古研究院成立“随州考古工作站”，旨在全面梳理随州范围内各历史时期文化遗存的分布和现状，提升保护、发掘、研究的业务水平。按照国家文物局颁布《文物保护法》，中办、国办印发《关于加强文物保护利用改革的若干意见》，结合《随州市曾随文化遗址保护条例》推动市政府出台相关配套政策，做好辖区内建设项目土地储备考古前置工作，按标准收取考古调查勘探经费。

(2) 可移动文物保护：结合馆藏青铜器与漆木器保管条件不达标的情况，积极申报国家文物局每年实施的文保经费项目：①申报《可移动文物保护修复专项经费》确保馆藏文物

无病害、无损伤、无锈蚀，确保文物“不能少一件，不能损一件”的抢救性保护措施。②申报《馆藏文物预防性保护专项经费》，确保馆藏一、二、三级文物全部达到库房恒温恒湿保护条件，并做好“人防、物防、技防、协防”四位一体的预防性保护措施。③申报《文物数字化保护利用专项经费》实施“互联网＋中华文明”“互联网＋旅游”项目，筹建数字化博物馆、网上博物馆、手机博物馆增加观众与文物的互动体验性，纳入“一部手机游湖北”全域智慧文旅的服务平台，多措并举确保馆藏文物的绝对安全。

2.科研提升工程：加强学术研究与实用技能，通过课题引领、项目支撑提升科研影响力

(1)成立国家级青铜器文物保护中心：依托随州是“中国青铜器王国”的资源禀赋，积极申报现有馆藏《随州汉东东路出土曾国青铜器修复项目(一般项目)》争取国家文保专项经费，建立随州青铜器文物修复中心。在做好馆藏文物修复保护的基础上，承接全省及全国青铜器修复保护项目，培养实用型文物修复人员从业资格体系，衍生发展特色青铜器文物修复保护产业，并为参观游客提供可互动参与的文物修复有偿服务。

(2)成立曾(随)文化遗产研究会：按照《随州市第五次党代会报告》：“成立曾随文化研究会，编制曾随文化中长期发展规划”报请市委、市政府批准成立“曾(随)文化遗产研究会”，积极融入省文旅厅与武汉大学联合共建《长江国家文化公园“湖北段”建设项目》和省文旅厅与湖北大学联合共建“湖北大学文化遗产学院”。聘请资深专家教授担任研究会学术带头人，结合馆内专业技术人才组建10人的老中青年龄结构的科研团队规划学术研究方向，积极申报世界记忆遗产名录、“考古中国”等科研基金项目，举办国内外研讨活动，编辑出版《汉东文博》期刊，汇编整理考古发掘报告，承接国家、省市级相关社科类招标项目，打造曾(随)文化遗产研究的学术高地。

研究方向划分为：长江流域文明进程与曾(随)文化研究；江淮地区诸侯国研究；曾国出土文献研究；中国编钟音乐考古学研究；先秦冶金铸造学研究。

3.招才引智工程：落实随州“一园十基地”建设成果，加大与高等院校、科研机构合作共建，通过引进培养、输出定向委培等途径，逐渐完善博物馆人才梯队建设，培育一批专业技能拔尖人才提升核心竞争力

联合武汉大学、湖北大学：设立历史考古、文物保护、博物馆建设实习实训基地，培养文博专业人才。联合武汉音乐学院、省演艺集团：设立编钟演艺实习实训基地，培养音乐舞美紧缺人才。联合职业技术学院：设立景区导游、志愿者服务实习实训基地，培养宣传教育实用人才。

(四)打造四个品牌：展览宣传、社会教育、演艺推广、文化创意是博物馆对外传播的重要平台

展览品牌：从随州馆藏文物资源入手，加快馆内《赫赫曾随》——曾(随)历史文化陈列布展的立项争资工作，采取“雅俗化、数字化、沉浸式”等新业态做好常规通史展览，申报《2025年度全国博物馆十大陈列展览精品》项目。另按历史、科学、艺术价值分类策划四个对外巡展品牌，采取独立策展、联合办展的方式，宣传地域文化，做好会展经济，叫响文化品牌。

寻根炎帝，华人老家：整理馆藏距今4000

年前新石器时代出土文物，结合相关历史文献，通过物证做实随州是炎帝神农诞生地，世界华人谒祖圣地。面向台湾及粤港澳大湾区、新疆、西藏、内蒙古等地区进行展示。

礼乐之邦，曾随之谜：遴选精品曾国青铜礼器、编钟乐器，展示出中华礼乐文明的博大精深，诠释困扰学术界36年的“曾随之谜”。面向京津冀城市群、中西部地区进行推介。

商周鄂国，湖北之源：随博联合上海博物馆、河南洛阳博物馆、河南南阳博物馆等，整合流散各地出土的古鄂国文物举办专题展览，溯源西周、东周鄂国变迁，扩大湖北“鄂”文化的知名度。面向长江、黄河流域城市圈进行输出。

大隋文化，科举先河：将随馆隋文帝历史与扬州博物馆隋炀帝文物进行资源整合，全面厘清隋朝早中晚期的发展脉络，突出创立三省六部制、科举制的政治举措，宣传随州与隋朝的历史渊源，彰显随州作为中国古代治理高地的荣光。面向江苏、浙江等长三角地区进行宣传。

社教品牌：借助特色展览的品牌效应，推出志愿服务、礼乐学堂、媒体推介等寓教于乐的互动内容，完善社会教育普及体系。创建全国“青年文化号”、全国文博“十佳社教服务”品牌。

志愿服务：招募社会公益志愿者，积极做好“流动博物馆五进行动”：进学校、进社区、进乡村、进企业、进军营；编制《随州好故事》馆藏文物旅游解说词；联合旅行社推出“拜炎帝始祖、探曾随之谜、听编钟古乐、购文创产品”一日游地接精品旅游线路；联系省内外教育培训机构，组织大中小学生到博物馆开展“研学游”，提高公众参与率，做到周周有活动。

礼乐学堂：挖掘文物背后的好故事，聘请相关领域的专家学者从“礼乐中华、华夏正音”的角度来阐述传播随州优秀传统文化，开办《随州历史文化遗产公开课》提高历史文化知识普及率，做到月月有讲座。

媒体推介：强化与融媒体、新媒体、自媒体、全媒体的合作，通过“互联网+”开设抖音、B站、喜马拉雅等官方账号，打造“网红博物馆、文物抖起来”“打卡博物馆，一日游千年”等内容。争取国家文物局支持让随州文物登上《国家宝藏·展演季》《中国国宝大会》《探索与发现》等央视栏目，提升博物馆品牌知晓率，做到年年有创新。

演艺品牌：《2023年随州市政府工作报告》提出：“大力开发编钟乐舞、花鼓戏等特色剧目，创新推出更多叫好又叫座的文化精品。”立足编钟文化，奏响随州好声音，申报国家艺术基金项目，加大编钟乐团的资金投入，争创湖北省“五个一工程”及屈原文艺奖。

编钟乐舞：其一，“优化”。联合中国博协乐器专委会、武汉音乐学院、湖北省演艺集团等，实现演艺资源共享，提升随博编钟乐团创作能力和演出水平。其二，“活化”。以曾国历史典故为背景，将“金石丝竹、匏土革木”八音出土乐器与现代“声光电”多媒体技术融合。按时间长短、收费高低、淡季旺季、受众人群，策划编导大、中、小三部历史音乐歌舞情景剧。其三，“转化”。通过线下广告推介、线上开通APP预约订票平台，实时发布宣传海报、演出剧目、开演时间、当场座位，提升获客效率，将“入馆率”转化为“上座率”。另开辟白天和夜间两个观览时间，丰富游客观感体验。

外演活动：承接国内外艺术商演和文化节庆推广活动，把具有民族特色、地域文化的编钟历史音乐歌舞情景剧进行全球对外文化输出，提升随州编钟乐团的世界影响力。

培训教育：联合随州市音乐家协会及相关艺术培训机构，开办编钟、编磬、古筝、古琴、古瑟、二胡、笛子等对外有偿乐器培训业务，传授乐器知识和演奏技能，营造浓厚的城市国乐传习之风。

文创品牌：积极争创“国家级文化创意产品开发试点单位”，争取文创产品开发项目资金。实施馆企合作，借鉴北京故宫模式，选择与专业经营文博产业的大企业开展商务合作，引进专业团队、商业模式、绩效考核，联合开发《随州游礼—博物馆文创产品》。可细分为编钟系列、青铜系列、漆木系列等。蕴含文物元素、科技含量、实用价值、喜闻乐见的旅游文创商品，又好又快发展“一见钟情——随馆”IP品牌衍生产业，实现品牌价值的流量变现。

四、结语

按照国家文化和旅游部“宜融则融、能融尽融、以文促旅、以旅彰文”的总思路，随博实施《1234发展规划》，着力提升工作职能，形成“四文融合”文物保护＋文化研究＋文创产业＋文游营销的体系。其一，文物与文化融合，坚持文物保护第一，加强学术研究水平，确保文物遗产资源永续利用；其二，继承与创新融合，秉承古为今用，针对现代受众群体需求，推陈出新，完善曾随历史文化教育普及体系；其三，事业与产业融合，发展文博事业同时，补齐文化创意短板，强化文旅产业造血功能；其四，内部与外部融合，突出随州本土文化，吸纳外地文化，通过跨文化、跨区域、跨行业多层次交流，实现资源共享、强强联合。

明确以“政府主导、公益第一、社会参与、项目带动、市场运作”为原则，以“保护文物、传承文明、弘扬文化、惠及民生、提升城市”为目标，深化文旅融合，实现随博的高质量可持续发展，致力于建成一座“立足湖北，面向全国、具有全球知名度的城市博物馆”。

参考文献：

[1] 国务院.关于印发《“十四五”旅游业发展规划》的通知.[EB/OL].(2021.12.22).https://www.gov.cn/zhengce/content/2022-01/20/content_5669468.htm.

[2] 随州市人民政府.2022年随州市政府工作报告.[EB/OL].(2022.1.6).http://www.suizhou.gov.cn/xwdt/szyw/202201/t20220117_962611.shtml.

[3] 湖北省文化和旅游厅.关于印发《湖北省文物事业发展“十四五”规划》的通知.[EB/OL].(2021.10.27).https://baike.baidu.com/item/.

[4] 钱远坤.在中国共产党随州市第五次代表大会上的报告《全力谱写“汉襄肱骨、神韵随州”建设新篇章》[N].随州日报，2021-12-5.

[5] 随州市委市政府.随州市校合作“一园十基地”建设的具体内容[N].随州日报，2017-7-25.

[6] 克克.在随州市第五届人民代表大会第二次会议上的报告《2023年政府工作报告》[N].随州日报，2023-1-11.

博物馆赋能可持续发展及美好生活的方式与路径

董祖斌　恩施州博物馆

摘　要：博物馆的最新定义引发了人们对博物馆职能职责的又一轮思考与讨论，随着时代的发展，尤其是博物馆与现代人们关系的改变，博物馆在可持续发展中的地位和作用进一步提升，对人们美好生活的构建也意义非凡，应高度认识博物馆在可持续发展及美好生活构建中的重要作用，实现“自我加压”，充分发挥博物馆教育、展览陈列、参与中心工作、交流互鉴等功能，为可持续发展及美好生活赋能，不断挖掘和拓展博物馆的潜力，在适应需求、增强功能的基础上实现“转型升级”，记录和促进社会发展，也促进博物馆自身进步。

关键词：博物馆；可持续发展；美好生活；方式；路径

2022年8月24日，在布拉格举行的第26届ICOM大会框架下，ICOM特别大会通过了新的博物馆定义。这是随着时代的发展以及博物馆自身改革进步而开展的活动，是对博物馆功能、作用、意义以及发展方向的“刷新”。博物馆最新的定义是：“博物馆是为社会服务的非营利性常设机构，它研究、收藏、保护、阐释和展示物质与非物质遗产。向公众开放，具有可及性和包容性，博物馆促进多样性和可持续性。博物馆以符合道德且专业的方式进行运营和交流，并在社区的参与下，为教育、欣赏、深思和知识共享提供多种体验。”新的定义被确定公布后，引发人们对博物馆职能职责的又一轮思考与讨论。

博物馆是我们所共有的社会结构中值得信赖的机构和重要组成部分，对于构建美好生活与社会可持续发展具有关键性作用。它们可以通过社会教育、陈列展览、社区活动和学术研究等方式，助力实现可持续发展目标。近年来，文博行业在每年的国际博物馆日及其主题确定上都对联合国可持续发展目标中的部分内容作出积极响应。2023年“国际博物馆日”主题是“博物馆、可持续发展与美好生活”，重点关注三个目标，即“良好健康与福祉”，确保健康的生活方式，特别关注心理健康和社交隔阂问题；“气候行动”，应对气候变化及其影响，采取低碳实践及减排策略；“陆地生物”，保护、恢复和促进陆地生态系统的可持续利用。这三个目标，无疑都是博物馆充分发挥功用，为可持续发展及美好生活赋能。

笔者认为，随着时代的发展，随着“全球化”的加剧，尤其是博物馆与现代人们关系的改变，博物馆在可持续发展中的地位和作用已经进一步提升，对人们美好生活的构建也意义非凡。

一、高度认识博物馆在可持续发展及美好生活构建中的重要作用，实现“自我加压”

（一）充分认识博物馆在可持续发展及美好生活构建中的基础性作用

博物馆是独特的人文组织，具有与不同社区和更广泛的公众就我们时代的关键问题进行对话的能力。博物馆在可持续发展和构建美好生活中具有基础性作用，这种基础性作用既有“硬件”的表现，也有“软件”的表现，前者可以是每一件珍贵的文物，后者可以是通过文物承载和记录的历史与文化。如今，博物馆已经是一个地区、一个城市、一个社区的“标配”，去博物馆学习与交流也日益成为人们的一种生活方式、学习模式。习近平总书记指出：“一所博物馆就是一所大学校。要把凝结着中华民族传统文化的文物保护好、管理好，同时加强研究和利用，让历史说话，让文物说话”。在“让文物活起来”思路的指导下，随着以互联网为依托、以系列科技支撑的展陈手段等系列变革，博物馆作为“文化名片”“第二课堂”“城市客厅”的作用日益发挥，成为教育、旅游、研学、审美、文创、休闲等活动的首选去处。按照新的博物馆定义，博物馆中非物质文化文化遗产的传承活动加强，博物馆在文化传承、学习研究中的基础性作用也必将更加显现。

博物馆是人类文明的真实佐证与丰富表达。博物馆始终是一个国家、地区的经济、社会、文化发展到一定历史阶段的产物，是优秀文明的真实佐证，世界各类博物馆都承担了这样的使命，也体现了这个意义。人们可以通过博物馆的文物发现漫长的历史演进历程、真实的发展路径、频繁的文化交流等。无论是全球还是一个国家，通过各级、各类博物馆，形成一个宏大的历史与文化展示体系。而博物馆本身也通过演进过程，成为一门科学与一种独特视角的历史线索。近年，博物馆成为学习研究的“首选之地”，催生教学新样态，也拓宽了文物研究范围，进一步整合了文化资源，让历史文化与现实意义实现更好的结合，基础性作用得到更好的体现与彰显。

（二）提高博物馆在可持续发展及美好生活构建中的指导性作用

博物馆可以通过“以史为鉴”提供经验，加强对国家治理方面的指导，发挥作用。博物馆是人类智慧及文明的汇聚之地，既是物质层面的丰富贮存，也是精神文化层面的丰富贮存。在现实生活中具体表现为资政育人、普及知识、传承文明、丰富生活、提高素质等，与人们的生活息息相关，可以启迪智慧，指导科学发展，促进创新。

博物馆可以“推陈出新”，促进创新创造。博物馆展示了文化创新、社会演进、生态变化等各方面的过程与规律，是人类社会进步的检验标尺，能够为整体宏观评判提供体系材料。通过文物沉淀出的强大、丰富的文化信息，让历史说话，用史实说话，用一种恒久的、持续的、宏观的对比，作为指导政治文明、社会进步、经济发展、文化繁荣、生态环保的有效经验与科学遵循，从而建立起指导发展的评判体系，促进人类历史、文明持续性、有序性、进步性的向前发展，减少“重蹈覆辙”的错误与挫折。

（三）注重发挥博物馆在可持续发展及美好生活构建中的关键性作用

博物馆因为沉淀了历史文化，是社会发

展、文化自信的精神动力源泉之一。博物馆所珍藏的文物，可以为参观者带来知识丰富、信息补充、身心愉悦、明辨是非的作用，还可以满足审美需求，激发精神共鸣，提高物质生活与精神文化生活水平。久远的历史既是文化自身的形态展现，也成为历史对文化选择的一种体现，更是人类精神、思想、智慧的集中呈现，成为维系和推动人类文明持续发展、传承的内在保证、关键环节与精神动力。

博物馆是文化传承的关键载体与重要平台。早在1880年，美国学者詹金斯便在其著作《博物馆之功能》中明确指出：博物馆应成为普通人的教育场所。随着现代信息的发展，随着“全球化”发展加剧，文化多元化与传统民族文化相对独立传承之间的矛盾越来越明显，改革与协调的任务越来越迫切与艰巨，如何在“构建人类命运共同体”的总体思维下，构建多元文化环境，在加强交流互鉴的基础上传承好文化尤其是本国、本民族、本地域的传统文化显得格外重要。博物馆在传承文明上，整体呈现一定的“广”度。这种“广”的变化，实现对各种不同受众的覆盖，实现对历史“重现”的全方位关照，从而也实现博物馆的功能扩容，载体与平台的作用也实现提升。

二、充分发挥博物馆的功能，为可持续发展及美好生活构建“赋能加持”

（一）充分发挥教育的功能

随着时代发展尤其是经济、科技、文化的发展，博物馆在资政、研学等方面，发挥着越来越重要的作用，成为真正的“全民课堂”“校外课堂”。在文化多元化的背景下，博物馆在社区中的作用也不断提升，在国内及国际事务中发挥出不可替代的优势，实现更高层面的“以文化敌”“以史联谊”功能。

博物馆是一所大学，是所有公众的课堂，更是青少年开展研学的有效平台。在国际交流层面，要立足中华五千年文明历程，求取在世界范围内，各国各地区人民的“最大同心圆”。在国内宣传教育中，要坚持“铸牢中华民族共同体意识”，讲好各民族“三交”历史，团结一致，共同谱写中华民族优秀文化及伟大复兴中国梦所取得的伟大成就及光辉历程，用中华优秀传统文化、民族精神等社会主义先进文化培根铸魂。各类博物馆在社教活动开展中，更要结合自身实际，科学策划，做好设计，打造品牌，吸引更多的人参与进来，为参与的人提供更多的信息供给、教育培训、文创开发及审美引导，增强博物馆社教活动的辐射力和覆盖面。尤其要做好馆藏文物的研究整理工作，最重要的是要不断深化学术研究，把蕴藏在文物背后的丰富价值内涵挖掘出来、呈现出来，让这所大学校的功能更大体现，发挥效用。

（二）充分发挥展览陈列的功能

博物馆坚持“用文物说话”，展览陈列为基本手段和平台。新时代，博物馆的展览尤其是固定展陈是进行教育、传播、展示的主要阵地，应该科学进行策展，丰富现代展陈手段，突出智慧化，运用声、光、电等技术，让文物“活”起来，让文物“说话”，主动承担起教育阵地、基地、平台的职责。要主动发现和适应现代观众的观展需求，提升智慧化水平。要契合观众，尤其是青少年的审美角度、水平、趣向、兴趣等，多采取多媒体、场景复原、3D、全息技术、体验式、沉浸式展览方式，增强展览的吸引力、信服力，从而达到宣传教育的目的。不断增加展陈数量，提高固定展陈的更换率，加大博物馆之间的展陈交流。在展陈方式上，突出系列性、整体性、可移动性。

依据国际、国内学习交流的不同需求，对线上线下、固定临展等各种展览进行科学策划、制作、推广、交流，让展览更加丰富、灵活、配套，形成体系。要充分利用现代网络传播的优势，政策性鼓励，培养市场主体和公益主体，力争通过创新的陈列展览让中华优秀传统文化深刻的思想体系、丰富的科学文化艺术成果、独特的制度创造成为“中华文明”的主脉、背景，为推动全球“人类命运共同体”的构建奠定坚实而广泛的基础。让博物馆在坚持道路自信、理论自信、制度自信、文化自信中发挥出基础阵地作用。按照博物馆的新定义，现阶段已经从原来简单的文物藏品发展到对整个人类文明包括物质与非物质文化遗产产品及过程的展示，新的科技手段正把这种转变变得更加丰富、新颖和趣味。在展览陈列上还要充分在网络，组建智慧展线、云展览等，吸引网上受众，拓展展览空间，延续展览时间，不断实现博物馆展览交流的便捷化、对应化、多样化。

（三）充分发挥参与中心工作的功能

在新时代新的发展方位及历史进程上，博物馆的自身功能定位正在发生显著变化。这种变化表现出的主要特征是服务政治、服务中心、服务社区的功能加强，在国际事务、中心工作中发挥出前所未有的作用与成效。博物馆中具有普遍人类文化价值、发展轨迹、艺术共鸣及文明追求的文物、文化、文明就成为沟通交流、共通互融的载体。博物馆在外交及重大外事接待中发挥出的“国家客厅”作用日益显露。近年来，我国主要领导人将众多重大的外事活动都放在博物馆进行，或者采取通过在博物馆进行前期交流的方式进行，取得了一系列成功，无疑是博物馆服务政治、服务中心功能增强的最好说明与佐证。

博物馆自身功能定位的转变还表现在参与国内经济、文化、社会、生态等中心工作中，表现在对自然、社区日益密切的关系中。在新时代中国特色社会主义建设事业征途上，博物馆作与中心工作的结合需要更加紧密，要结合思想政治建设、传统文化教育、民族文化传承、文旅产业融合、城市功能完善、文明素质提升、经济社会发展、生态环境保护等具体事项，充分发挥职能，顺势而为，贡献力量。同时要紧紧围绕这种需求不断转变和完善自身功能，使之匹配并形成新的服务机制，不断提高对中心工作的“贡献率”，实现“有为有位”的良性循环。

（四）充分发挥交流互鉴的功能

博物馆通过交流互鉴可以充分协调文化的多样性与完整性，促进融合发展。随着现代信息的发展以及全球融合加剧，文化多元化与传统民族文化相对独立传承之间的矛盾越来越明显，改革与协调的任务越来越迫切和艰巨。通过博物馆的交流互鉴，达到“多元与包容”目的，保证和体现文化的“多样性”与“完整性”，这对于人类文明来说，是一种巨大的进步和完善，是对文化的尊重，也是博物馆本身赋予的职能。

以博物馆为平台开展交流互鉴，可以实现文化平等交流的“无碍化”，更趋合理、科学。尤其随着人类社会的文明演进，各个国家由于国体、政体、社会制度等的不同带来的价值观念各异，这些差异都会形成对文化交流的阻碍。以博物馆为主的交流平台，可以在不同社会形态、不同地域、不同社会制度之间加强交流，消除壁垒，为人类文明保存、发展、创新、融合、交流做出贡献。博物馆通过展示与体现，加强文化之间的对比、交流，启迪智慧、尊重特色、找寻共性，达到“和而不同”的效果，在文化的“平等”意义上获取更大的进展，惠及人民及文化本身，实现博物馆的“容量”扩充、“内涵”提升、功能增强。

三、不断挖掘和拓展博物馆的潜力，在适应需求增强功能的基础上实现“转型升级”

（一）坚持功能不足为导向

博物馆要满足持续性发展及美好生活的需求，必须坚持以“缺项”“不足”为导向，开展“补课”“填空”的行动，方能达到这个要求。博物馆要紧紧围绕传播、教育、旅游、研学、审美、文创等活动的要求，不断夯实硬件和软件。并不断进行创新与提升。按照博物馆的最新定义，增加了非物质文化遗产的传承活动，对于传统的博物馆以及传统的展陈方式、传播模式而言，需要针对性的提高。就现在来看，制约博物馆发展的主要表现有如下几项：一方面是博物馆功用发挥的新理念的普及。包括上层建筑对于博物馆作用的重新定位，也包括进行社会功能性的顶端设计，还要包括博物馆从业者以及与博物馆发生关系的所有对象。另一方面是与博物馆改革发展相适应的政策配套。包括财政、人事、资源等各方面的政策与保障。还有一方面是服务平台的升级。包括参观服务平台、管理研究平台、展陈平台、交流平台及资源整合平台等升级。形成完整的文化展示、传播、表达体系，充分放大博物馆的作用，成为“美好生活”的基本构成。

（二）坚持社会需求为导向

此前，博物馆在社区的作用处于从属地位，属于“非主流”“被选择对象”，而随着文化的进步，社会文明发展的需求，博物馆在社区中的作用开始变化。从“被动”走向“主动”、从“安静”变得“喧闹”、从“从属”变成“中枢”。在“让文物活起来”思路的指导下，随着以互联网为依托、以系列科技支撑的展陈手段等系列变革，博物馆作为“文化名片”“第二课堂”“城市客厅”的作用日益发挥。一个博物馆的成功在于社会教育和影响力的发挥，因此，必须坚持把社会效益、为公众服务的能力和成效作为检验标准，将社会的需求作为导向。

博物馆要成为文化“中枢”，必须在一定程度上打破原有的行政区划、馆际之间的资源各自为阵的“坚冰”，整合资源，实现安全条件下的合理、顺序、科学整合，让文物资源发挥出更大的优势与效用，避免相对封闭、保守、隔阂带来的种种不足与弊端。以强大的资源优势突显“中枢”效应，发挥“中枢”的吸引作用，从而实现“中枢”流动。文博资源的整合还表现在文博人才、文博研究成果、文创产品开发、文博平台的整合上，只有实现高度整合，才能适应“中枢”要求，体现“中枢”意义，推进博物馆自身的“转型升级”。

（三）坚持人类命运共同体为导向

整个人类文明进步的基础在于各个国家、地区、民族文化充分的互相尊重，交融互促。在漫长的历史中，全球各个民族、国家交流发展，共同创造了丰富多彩、灿烂辉煌的世界文明，人类文明。博物馆是保存、展示、研究、传播、交流、创新文化的重要机构，在“构建人类命运共同体上”大有可为。博物馆的全球化、多元化和本土化之间看似相互矛盾，实则彼此之间存在紧密的关系。博物馆应成为讲述人类和平故事、世界人民大团结、共同征服和改造自然、维护公平正义、构筑"人类命运共同体"的证明之所、展示之所、铭记之所。

博物馆应该以文物为载体，以展览交流为平台，强化学术研究，推出系统成果，丰富"人类命运共同体意识"实证体系，成为"人类命运共同体"历史的"讲述者"。放大视野，充分阐述"人类命运共同体"意识的形成、发展的历史，伟大的作用与意义。以学术研究、陈列展览交流为载体，在全球范围内，加强文化交流互促，推动"人类命运共同体"意识在全球达成共识、开枝散叶、落地开花。增强博物馆在"人类命运共同体意识"构建、强大、普及中发挥功能的辐射力和覆盖面。

要整合资源、实现联动，增强效果。在推广体系中，与外事、统战、经贸、文化、民间交流渠道等机构加强合作，形成合力，建成体系。另外，立足于博物馆行业，通过国际博物馆协会等平台，放眼全球，加强馆际之间合作，把"人类命运共同体"意识传播推广在纵向、横向形成体系。要根据现代社会需求，多层次、多元化进行革新，策划推出主题鲜明、品质高雅的交流产品，促进全球各国广泛交流，增强形成守望相助、同体共命的认知与体悟。博物馆在"构建人类命运共同体意识"的实践中，除了强化文化交流、消弭分歧、增信释疑、求取共识之外，也是传播展示中华民族文化、回击恶意诽谤、展示文化自信的重要平台。

当然，博物馆在可持续发展、美好生活中的"加持""赋能"作用的意义、方式会随着时代的发展而发展。总体来说，博物馆会随着社会需求的提升而不断提升职能，拓宽平台，这个过程，不仅记录和促进社会发展进步，也促成博物馆自身的发展与进步，同样是一段非常有意义的历史。

参考文献：

[1] 国际博物馆协会.博物馆最新定义[EB/OL].icom.museum/en/, 2022.

[2] 国际博物馆协会.2023年国际博物馆日主题阐释[EB/OL].icom.museum/en/, 2023.

[3] 李珂珂.博物馆的力量：可持续发展——第26届博物馆协会学术研讨会综述[J].博物馆管理，2022(4):

[4] 习近平在陕西西安博物院考察时的讲话[EB/OL].人民网，2015-2-15.

[5] 单霁翔.博物馆的观众服务[M].天津大学出版社，2017:159.

[6] 王春法.博物馆藏品和人才工作的规律及方向——基于中国国家博物馆的思考[J].博物馆管理，2022(4):4-16.

[7] 彭文娟.创新博物馆社教模式，构建公众教育平台——论博物馆中社会教育的开展[J].文物鉴定与鉴赏，2021(4):117-119.

[8] 尹凯.苏东海的博物馆发展研究[J].博物馆管理，2022(3):17-24.

博物馆助力可持续与美好生活

龚艳萍 恩施州博物馆

摘 要：今年国际博物馆日主题为“博物馆，可持续发展与美好生活”。该主旨强调博物馆作为在我们的共同社会中受信任的机构和重要因子，具有独特的地位，可以通过陈列展览、社教活动、学术研究等，在支持气候行动和促进包容性，丰富人类精神文化生活以及改善心理健康等方面，为我们的社区福祉和可持续发展作出贡献。博物馆顺应时代要求，不断探索、创新，助力于可持续发展与美好生活，做出了积极的努力。

关键词：博物馆；时代要求；可持续发展；美好生活

博物馆作为公共文化服务机构，在执行可持续发展战略及其实践中扮演着重要角色，面对全球气候变暖、自然灾害频发以及政治环境不够稳定可能带来的自然与人类的挑战，博物馆必须确保自己有能力担当文化遗产守护者的重任。应通过实行免费开放、举办陈列展览、提供社教服务、开展科学研究等，凸显博物馆在维护民族团结、弘扬爱国主义、倡导科学精神、普及科学知识、传播优秀文化、培养良好风尚、促进社会和谐、推动社会文明进步方面的重要作用。

一、博物馆促进可持续发展与美好生活是时代发展的必然要求

（一）博物馆新定义为博物馆发展提出了新要求

在第26届ICOM大会框架下，ICOM特别大会通过了新的博物馆定义，即“博物馆是为社会服务的非营利性常设机构，它研究、收藏、保护、阐释和展示物质与非物质遗产。向公众开放，具有可及性和包容性，博物馆促进多样性和可持续性。博物馆以符合道德且专业的方式进行运营和交流，并在社区的参与下，为教育、欣赏、深思和知识共享提供多种体验。”2022年的新定义，对博物馆发展提出了更高要求，认识到了博物馆包容性、社区参与和可持续性的重要性。这既是博物馆可持续发展的本质要求，更是时代赋予博物馆的新的历史使命。

（二）中国式现代化为博物馆发展指明了新方向

党的二十大报告指出，中国式现代化，是中国共产党领导的社会主义现代化，既有各国现代化的共同特征，更有基于自己国情的中国特色。中国式现代化是人口规模巨大的现代化、是全体人民共同富裕的现代化、是物质文明和精神文明相协调的现代化、是人与自然和谐共生的现代化、是走和平发展道路的现代化。文博单位承载着中华上下五千年的灿烂文明，承担着传承历史文化、维系民族精神的职能，是弘扬优秀传统文化的珍贵财富，是培育社会主义核心价值观、凝聚共筑中国梦磅礴

力量的优势资源。在中国式现代化进程中，文博单位肩负着守护中华文明根脉、传承红色基因、丰富人们精神生活、展示中国形象的重要职责，在中国式现代化进程中，如何坚定文化自信，发挥博物馆的积极作用，是时代给予的重要课题，为推动文博事业理论和实践创新提供了理论指导，同时也提出了更高的新的时代要求。

（三）社会主要矛盾的转变为博物馆发展提供了新目标

党的十九大报告指出：中国特色社会主义进入了新时代，我国社会主要矛盾已经转化为人民日益增长的美好生活需要和不平衡不充分的发展之间的矛盾。如何认识和把握人民日益增长的美好生活需要？从需求性质来看，一是物质性需要，即吃穿用度等生存需要；二是社会性需要，主要包括社会安全、社会保障、社会公正的需要等；三是心理性需要，指的是由于心理需求而形成的精神文化需要，比如价值观、伦理道德、民族精神、理想信念、艺术审美等。博物馆作为公共文化服务机构，如何保障全民共享、全民参与，促进文化认同、文化自信、改善心理、艺术审美，成为时代赋予博物馆的更高要求。

二、博物馆如何实现可持续性，赋能美好生活

（一）坚持绿色低碳、生态保护理念，创新开展宣传活动

1. 应对气候变化

近年来，应对气候变化在可持续发展涉及的众多议题中，尤为突出，并成为近年来环境领域的焦点之一。国际博物馆协会很早就提出了博物馆与可持续发展的相关议题，并逐渐成为博物馆群体的共识。那么，博物馆究竟可以做什么？这其中，不乏新的尝试和探索。自21世纪初以来，陆续出现了与气候变化有关的专题博物馆或者机构、组织，比如香港赛马会气候变化博物馆、加拿大气候公平联盟、气候遗产网络以及国际博物馆协会的可持续性工作小组等，他们通过举办各类与气候变化和环境相关的主题展览、科普活动等，为公众提供关于气候变化的科学知识和资讯，提升公众对气候变化的关注，并激励人们将认识转化为具体行动。我国的博物馆在可持续发展的环境方面也很早就有举措，其中，尤以节能措施为主。自21世纪初以来，许多场馆作为公共机构或重点用能单位，积极采取措施优化馆内资源能源利用。从馆舍建筑到馆内运营等方面，将节能减排、绿色环保理念融入其中。例如浙江自然博物馆、北京汽车博物馆等博物馆除了将节能环保理念赋予博物馆本身进行展示外，还注重环保意识的对外传播，积极普及节约能源新理念、新方法和新技术，引导观众合理利用能源。同时，我国还颁行了《中国国家博物馆用电管理办法(试行)》《中国国家博物馆展厅照明空调使用办法》《中国国家博物馆节约资源能源管理制度》以及《博物馆能源管理体系建设与实施指南》等，从制度和行业标准上进行完善、细化、指导，积极支持气候行动。

2. 保护生物多样性

中华民族绵延5000多年的文明孕育了“人与自然和谐共生”“天人合一”等丰富的生态文明思维和生态文化，数千年的中华文明铸就了丰富多样的生态文化遗产。如何保护生态文化遗产和生物多样性也给博物馆带来挑战，为此，我国博物馆特别是自然博物馆、地质博物馆、生态文明博物馆等专题类博物馆积

极探索创新，通过陈列展览、社教活动、科学研究等途径，展示、普及生物多样性知识，提高人们对生物多样性保护意义的认识，引导全社会更加重视、更自觉参与生物多样性保护事业。具有代表性的博物馆如“云南生物多样性”网上博物馆将互联网技术与云南生物多样性的自然与文化相结合，使参观者获得更多的自主性、便利性和沉浸感，进一步增强了云南生物多样性与文化的渗透力、影响力，将生物多样性的相关知识展现给每一位受众，实现了生物多样性科普宣传的科学化和可视化；中国湿地博物馆推出“天地生灵 · 和谐共生——生物多样性保护主题展”，从濒危之实、濒危之因、解决之道、展望未来四大板块，重点介绍了五次生物大灭绝的背景、地球典型生境、科学研究和监管手段、我国濒危动物抢救性保护的成功经验等，唤醒人类保护生物多样性的意识；仙居生物多样性博物馆是浙江仙居国家公园与法国开发署合作的生物多样性保护示范利用工程之一，它通过与国际组织合作，开展交流研究，争取资金支持，达成众多合作协议，并与大专院校、科研院所在生物多样性科普教育、生态系统保护研究和中法学术交流等方面开展合作，共同致力于生物多样性保护工作，实现了社会效益跟环境效益双提升；重庆自然博物馆与渝北区法院共同签署了《生物多样性保护战略合作框架协议》，设立生物多样性保护司法实践基地，探索“科普＋法治”融合主题活动，加强生物多样性、环境资源保护宣传工作，同时，建立资源与知识共享机制，环境资源司法审判过程中，博物馆为其提供专家咨询，形成“法官＋专家”示范效应，积极发挥环境资源保护职能，保护生物多样性；最为可喜的是，全球首个以生物多样性为主题的世园会会场、中国首个生物多样性主题博览园——龙门山生物多样性博览园，即将开启一场沉浸式生态发现之旅。

（二）充分发挥博物馆精神文化职能，为赋能美好生活添彩

博物馆不仅是凝固历史和记忆的建筑空间，还是欣赏美的场所、传播知识的殿堂、公共休闲的场域。进入21世纪以来，博物馆事业逐渐得到社会各界的关注，博物馆作为公共文化服务体系建设中的重要一环，在促进多元文化和谐相处、服务人民群众精神福祉、扮演更积极社会角色等方面，受到社会广泛关注和期待，并将大有可为。

1.赋能美好生活

探索“博物馆＋”跨界合作，让博物馆融入现代生活，碰撞出古今文化交流的火花，赋能美好生活方式。2018年，肯德基联合国家博物馆，推出“国宝耀中华”系列活动，将全国18个城市的超级主题餐厅升级为“美食X国宝”的“神奇博物馆”，国宝不再只存在于教科书和展厅中，而是走入生活，和现代人对话，同时还与多媒体互动艺术家合作，将古人生活场景进行电子化呈现，让人们可以一边吃鸡，一边赏国宝，可谓是一场美食与精神的“饕餮盛宴”。2022年，中国丝绸博物馆在杭州大厦开出国丝 · 时尚博物馆，服务社区，服务大众，融入时尚圈，培养大众时尚审美，倡导时尚生活方式，赋能人民美好生活。近年来，我国多家博物馆在展览中进行了游戏化尝试，以求创造出身临其境、引人入胜的参观体验，培养了观众的观展兴趣，加深了观众对展览文化历史背景的了解。比如将角色扮演类游戏机制，融入博物馆展览中，通过游戏化的剧情设计，巧妙地将展览的叙事体验转变为观众的自我

经历，让观众快速进入展览主题，给展览营造出一个完整并符合因果关系的最佳叙事背景。苏州博物馆“1509：与谁同坐——吴门画派之青少年教育互动展”“宝贝集结令——贝类动物的世界”，中国大运河博物馆“大明都水监之运河迷踪”密室逃脱体验展览，以及长沙博物馆为“地宫宝藏——法门寺唐代宫廷文物精粹特展”推出的“法门重影”剧本杀活动，就是运用角色扮演机制的体验性展览案例。同时，博物馆与快手、抖音、短视频平台等新兴媒体合作，开展博物馆直播系列活动，使得陈列在博物馆里的文物、躺在古籍里的文字，纷纷“活”了起来，快手平台也顺势成为博物馆深度“触网”年轻人的桥梁，带给观众全新的体验。

随着一系列文创政策的出台，博物馆文创产品应运而生，博物馆文创体验表现为一种公共气氛美学的审美公赏状态，“吸粉”无数，成为提升大众审美、追求美好生活的有效载体。一方面打造引起游客共鸣的“走心”产品，兼顾产品实用性和文化消费体验的实体产品，成为消费时尚。比如三星堆博物馆“三星堆面具冰淇淋”“三星堆棒棒糖”，故宫博物院院开发的美妆、服饰装饰等系列产品，成为网红畅销产品，受到热捧。一方面通过传统文化和文物等衍生出来的动漫、电影、歌舞等文化艺术作品，成为国潮、国风时尚的有效推动力。比如三星堆博物馆出版的小说《蜀帝传奇》《蜀山云无月》，“古蜀萌娃”狂飙四川话的表情包等已经活跃在很多人的微信朋友圈里；故宫博物院、人民网股份有限公司、中国东方演艺集团有限公司联合出品的舞蹈《只此青绿》以北宋晚期画家王希孟的《千里江山图》为创作灵感，以古琴音作为主导，配以其他中国民族乐器，惊艳了世界。舞剧《五星出东方》选段《锦绣》以新疆尼雅遗址的锦护臂为灵感，再现了大汉繁华景象。她们和《丝路霓裳》《唐宫夜宴》《水下洛神》等在深入研究文物内涵的基础上，与当代艺术结合，擦出火花并火速出圈，反映出了人民群众对中华优秀传统文化消费的旺盛需求，古代与现代美的结合，带给人们一场美的视觉、精神盛宴。生动体现了“弘扬中华美学精神”的思想，是中华优秀传统文化的诗意表达，是中华美学精神的舞韵阐释，更是中国文化自信的生动展示。

2.改善心理健康

近年来，各地各级政府高度重视博物馆建设，一座座博物馆新馆拔地而起，从建筑空间上给予观众更好的参观体验和视觉美的享受，为所有进馆人员提供平等的优质服务，使人们在博物馆里感受到自我价值和自我认同。另外，无论从展陈方式和手段还是社教活动的创新和探索，均带给观众更多的美好体验和感受，逐步实现价值趋同、文化认同。2020年，突如其来的新冠肺炎疫情，再次确认了博物馆赋能人民群众美好生活的社会价值。近年来偶发性的疫情状况，使得各地博物馆都在尝试用更多创新的方式实现居家博物馆体验，数字线上展览，3D影像和AR、VR技术的运用，则可以让参观者“参与”到恍如真实的历史场景中，让博物馆创造出一种全新的与公众对话模式，成为博物馆与观众联系的新纽带，在一定程度上缓解疫情背景下观众的焦虑感。由此而言，搭建观众文化知识平台，满足观众需求，给观众带来愉悦，促进其身心健康，是新形势下博物馆存在的价值核心。在中共中央宣传部指导下，由中共湖北省委、湖北省人民政府主办的“人民至上　生命至上——抗击新冠肺炎疫情专题展览”，集中展示以习近平同志为核心的党中央团结带领全国人民打赢疫情防控的总体战、阻击战，全面恢复生产生活秩序，取得显著成效的历程，引起了广大人民群众的精神共鸣，激起了人民群众民族自豪感，坚定了永远跟党走的精神信念，感恩党和政府、感恩这个时代。革命博物馆、纪念馆以及革命文物展览等亦有异曲同工之妙，无不体现出博物馆展览的魅力和精神动力。近年来，随着党和国家高度重视文博工作，更加注重传统文化教育，博物馆以此为契机，积极探索社教新模式、新方法，取得了明显成效。比如中央电视台打造的《国家宝藏》《典籍里的中国》《我在故宫修文物》等节目，以舞台表演、场景再现等形式，还原场景，充满故事性，带给各个阶层、各个年龄阶段的观众情感上的共鸣以及追求中国传统文化、感受中国文化魅力的价值取向，起到了浸润心灵的作用。另外，博物馆“五进”活动，特别是专门针对弱势群体开展的一系列文化活动，无不起到了积极的、充满正能量的心理抚慰作用。博物馆展览交流，在促进各个地区、各个民族乃至各个国家的文化交流、交融、交往、互鉴中，也起到了积极的推动作用。

三、结语

博物馆守护着人类文化的多样性，维护着文化多样性，并促进不同文化间的交流，为社会公众提供优质的公共文化产品与服务，满足公众日益增长的文化需求。随着时代的进步与发展，博物馆也不断聚焦社会热点和社会发展的动态，在助力社会可持续发展，增进美好生活福祉方面，提供着博物馆智慧，成为社会可持续发展的文化驱动力。在此过程中，虽然博物馆做了大量的工作，但也存在区域发展不平衡的问题，经济欠发达地区或者众多基层博物馆，由于配套政策不健全、资金经费紧张、政府重视程度不一等，导致博物馆缺乏创新发展的有效支撑，陈展大多程式化，社教活动形式传统，文创开发经营举步维艰，高精尖专业人才匮乏，展品研究、学术研究薄弱，观念理念陈旧老套，内外部专业评估缺乏等，直接影响了博物馆事业的可持续发展，进而影响博物馆致力于社会可持续发展，难以激发博物馆使用资源的积极性。新时代对博物馆提出了更高的要求，博物馆如何顺应时代要求，促进事业发展，可谓任重道远，需要一代又一代人踔厉奋发、砥砺前行。

参考文献：

[1] 杜贺，易娜.勇担中国式现代的文博使命[EB/OL].党建网，2023-03-31.

[2] 赵丰.时尚范：博物馆赋能美好生活方式[EB/OL].中国丝绸博物馆，2022-03-03.

[3] 云南法制报.“云南生物多样性”网上博物馆上线，一起来看[EB/OL].http://k.sina.com.cn/article_2634513522_9d077c72019020af3.html.

[4] 阿和.应对气候变化，促进可持续发展，博物馆做了哪些事[EB/OL].弘博网.2021-10-06.

[5] 于海军.博物馆新使命，成为“文化中枢”[J].民生周刊，2022(21):20-23.

[6] 张妮婷.浙江省首家生物多样性博物馆仙居开馆[EB/OL].https://zjnews.zjol.com.cn/zjnews/tznews/202205/t20220522_24262945.shtml.

[7] 杨莹，沈琳.关于游戏化对博物馆展览的价值与应用研究[J].博物院.2022(6):95-100.

[8] 朱颂扬.渝北区法院和重庆自然博物馆签署《生物多样性保护战略合作框架协议》[EB/OL]. https://www.pacp.gov.cn/archives/118733.html.

博物馆线上活动开展情况的分析与思考
——以恩施州博物馆为例

黄萌　恩施州博物馆

摘　要：以往博物馆的品牌活动多为线下，由于时间和空间的制约，受众人群、影响力受限，群众的获得感、参与感、体验感不强，为了提高博物馆品牌活动的受众面和影响力，依托数字博物馆将线下活动与线上活动有机集合，将是最佳的路径选择。本文以2020年至2022年恩施州博物馆开展的线上品牌活动为例，在大数据背景下认真分析相关活动数据，为今后更好地开展数字博物馆线上品牌活动提供依据和参考。

关键词：数字博物馆；品牌活动；分析；思考

随着科学技术和互联网的发展，人们的生活向着数字化、智能化发展，不仅改变了人们的生活方式，也开阔了人们的视野，使人们的生活和工作变得更加便捷。社会发展新时期，国家在加强公共文化服务体系建设时也开始向着数字化和智能化发展，并将数字化建设作为构建公共文化服务体系的一个重要手段。博物馆线上服务，是依托网络平台向观众提供所需精神文化服务的一种博物馆发展形式，是博物馆在信息技术的支持下，开展其部分日常业务，如展览、社教、资讯等。当前，我国博物馆发展进入新时期，博物馆的发展模式随着社会发展而日益多样化，线上服务模式逐渐走进观众视野，为观众提供更丰富的服务体验。博物馆线上服务经过较长时间的发展后收获了一次短暂的爆发，而后又逐步进入平缓期，其热度有所下降。虽然疫情的暴发催生了博物馆线上服务的快速发展，但是博物馆线上发展模式并不能说是疫情之下的被动选择，这种变化既是疫情之下博物馆寻求各种替代现场体验的线上方案，作为吸引观众参观的另一种方式，同时它也是一场“蓄谋已久”的变革，是受到信息技术不断进步的推动，博物馆在思考模式、服务形式等方面做出的改变。目前博物馆的线上服务与观众体验还存在一些不足。本文聚焦新冠肺炎疫情暴发以来有关博物馆线上发展的情况，对其发展现状进行分析，结合观众调查结果，探究目前博物馆线上发展中存在的问题，并进一步对博物馆线上发展模式的未来进行探讨。

一、博物馆线上服务的历史概况

随着计算机技术在博物馆中的运用，陆续出现诸多名词，如博物馆数字化、博物馆信息化、数字博物馆、数字化博物馆、虚拟博物馆、智慧博物馆等。数字博物馆在20世纪90年代开始兴起，世界上各信息科技大国和重视文化传统的国家都非常重视数字博物馆的建设和推广工作。例如，美国国会图书馆自1990年起推动“美国记忆（American Memory）计划”，将一些文献、手稿、照片、录音、影片等典藏品加以数字化，到2000年共实现50万件文件文献的数字化。1993 年，国家信息基础设施建设把数字化博物馆和图书馆列为重要组成部分，大力进行研究和发展；1994 年，日本国立国会图书馆的数字图书馆项目启动，可以看作是亚洲地区数字博物馆的研发源头；1998 年，河南省博物院网站第一次出现在互联网上，这也宣告了中国博物馆数字化的开始；2000 年，欧盟开始致力于文化遗产的数字化工程和创建网络虚拟博物馆的工作，卢浮宫和大英博物馆等著名博物馆，纷纷挑选精美藏品进行数字化处理和多媒体展示。到 2008 年，横跨欧盟多国的综合性网站“欧洲虚拟博物馆”正式对公众开放。之后，随着时代更迭以及技术进步，博物馆线上服务不断发展，各国博物馆通过运用云计算、大数据、“互联网＋”等现代信息技术，推动博物馆的数字化转型工作，观众体验也进一步获得提升。

二、博物馆线上服务发展现状

步入 2020 年，新冠疫情促使博物馆人深入思考博物馆的社会作用。线下实体博物馆关闭，这使得与公众的线上交流成为焦点。博物馆线上活动的比例有所增加，预算、员工、资源以及战略都在线上服务方面有所倾斜，博物馆线上服务成为博物馆的重要业务，逐渐走进大部分观众的视野，受到大众的广泛关注。如今，大量线上资源开放，形成了虚拟展厅、文物数据库、博物馆 VR、云上博物馆、直播展览、云讲座等多种形式，还有很多博物馆在线上继续保持与观众的联系，通过社交媒体平台与观众进行互动，维持博物馆的热度与影响力。随着大数据、云计算、人工智能等新技术、新方法的应用，博物馆借助网络平台开启“云端”模式。《国际博协最新报告：疫情下的全球博物馆现状》中，就将博物馆线上发展模式归纳为线上展品、线上展览、直播活动、学习项目、播客、资讯和社教媒体等七项内容。占据较大比例的线上服务在疫情之前就已开放，2018 年 9 月，国家文物局委托中国文物报社依托国家文物局政府网站搭建了“博物馆网上展览”平台。除线上展览的形式外，博物馆其他线上模式也多有建树。各大博物馆纷纷入驻抖音、快手、B 站等热门平台，开启网络直播模式，馆长、专家、讲解员纷纷化身网络主播，为网友提供网络直播文化服务。博物馆线上模式掀起一波浪潮，吸引了无数网络用户参与其中。参考国际博协对博物馆线上表现形式的分类，根据目前国内外博物馆线上发展状况，可将其归纳为数字展品、云展览、直播活动、学习项目和社交互动等五项。这些多元化的线上发展形式，使得博物馆的每一种模式都有其自身特点，以恩施州博物馆线上品牌活动为例，对不同类别的线上模式进行具体分析。

（一）数字展品模式

数字展品较早进入观众视野，很多博物馆都在官网上开放了藏品数据库，可供观众使用。这是一种对文物进行全息记录和转化的工作，实现文物资源由物质资源向数字资源的转化，使其成为数字时代可不断增值、永续发掘转化利用的文化资源基础。文物数字化建设是实现文化资源长久保存并发挥更大作用的基础性工作。如恩施州博物馆对馆藏的近 8 万件文物进行数据采集，对藏品的展览信息、外借信息、修复信息、历史信息和相关文献信息等进行了补充。并在网站开设“精品典藏”专栏，精选了 120 件馆藏文物，进行较为详细的图文展示和介绍，为观众在线上观展提供便利，也有助于观众在线上提前了解恩施州博物馆的主要馆藏文物。

(二)云展览模式

陈列展览是博物馆传播知识文化、发挥公共教育作用的主要形式，是博物馆发挥社会作用的主要手段。博物馆的线上模式也同样选择了“云展览”作为发展的主要形式。云展览是集中整合各博物馆陈列展览内容IP，建设基于互联网环境的虚拟展览，是创新博物馆陈列展览的传播渠道和形式。云展览分为两种形式，一种是基于博物馆已有的实体陈列展览，通过拍照、测量以及三维扫描等方式获得数据，对展厅进行真实“三维重现”的全景虚拟展览；另一种则是完全脱离实体展厅的限制，根据展览的结构框架填充展品信息和文字解释的网展。目前，大型博物馆推出与实体展览相配套的“云展览”已趋于常态化，“云观展”成为当下文博行业的必修课。据国家文物局初步统计，2020 年春节期间全国博物馆共上线 2 000 余项展览，推出“云展览”的博物馆达 1 300 余家；在抗疫期间，全国博物馆推出 2 000 多个线上展览，总浏览量超过 50 亿人次；恩施州博物馆推出的线上游览《武陵足音》《生态恩施》陈列，根据原有的展览结构，制作了相对应的网展，在页面设计、跳转动画等方面精心设计，最大程度地为观众带来沉浸式体验。尤其是在闭馆整修期间，让观众同样可以线上观展，这些“云展览”实现跨馆际的线上展览交流互动，进一步提升了博物馆的公共文化服务能力。

(三)直播的形式

所谓博物馆直播，是指各大博物馆纷纷入驻抖音、快手、B 站等热门平台，开启网络直播模式，馆长、专家、讲解员化身网络主播，为网友提供网络直播文化服务。直播是一种看似简单的线上模式，不像 VR 全景虚拟、数字藏品等模式需要较多的数字化专业技术支持，通过手机上的直播平台就可实现。但直播形式并不是零成本、零投入，它既需要有文化内涵支撑，又需要基础硬件配套支持。直播的明显优势就是能够接触到真实视角下的实体博物馆，可以避免“云展览”模式下带给观众失真的感觉。例如，恩施州博物馆推出的“空中博物馆——文物说党史”“空中博物馆·走进巴人青铜时代”等系列活动吸引了近50万网友在线围观，通过与电视台、广播电台连麦，邀请恩施州博物馆的领导、资深专家、讲解员及志愿者都参与到直播活动中，以直播讲解互动的形式让更多的观众以线上观展的形式了解恩施州博物馆。随着博物馆界对于线上发展模式的探索，逐渐引起了博物馆“直播热”，直播也和线上展览一样，成为博物馆文化传播的一种重要手段。

恩施州博物馆2020年至2022年 线上数字化体验产品清单

序号	时间	活动名称	发布媒体（平台）
1	2020.2.8	“闭馆不闭展，温情不打烊”，推出“武陵足音”线上展览	恩施州博物馆微信公众号、恩施州博物馆官方网站
2	2020.4.22	“空中博物馆”第一讲：荆南雄镇牌坊	恩施交通音乐广播FM94、恩施州博物馆微信公众号、恩施州博物馆官方网站
3	2020.5.7	“空中博物馆”第二讲：仙人洞崖葬	恩施交通音乐广播FM94、恩施州博物馆微信公众号、恩施州博物馆官方网站
4	2020.5.7	“空中博物馆”第三讲：镇馆之宝——双虎钮錞于	恩施交通音乐广播FM94、恩施州博物馆微信公众号、恩施州博物馆官方网站
5	2020.5.21	“空中博物馆”第四讲：巴式柳叶剑	恩施交通音乐广播FM94、恩施州博物馆微信公众号、恩施州博物馆官方网站
6	2020.6.4	“空中博物馆”第五讲：巴式甬钟	恩施交通音乐广播FM94、恩施州博物馆微信公众号、恩施州博物馆官方网站
7	2020.6.4	“空中博物馆”第六讲：马鞍	恩施交通音乐广播FM94、恩施州博物馆微信公众号、恩施州博物馆官方网站
8	2020.6.11	“空中博物馆”第七讲：东汉元和四年墓志铭	恩施交通音乐广播FM94、恩施州博物馆微信公众号、恩施州博物馆官方网站
9	2020.6.18	“空中博物馆”第八讲：银耳杯	恩施交通音乐广播FM94、恩施州博物馆微信公众号
10	2020.7.2	“空中博物馆”第九讲：一张特殊的毕业证书	恩施交通音乐广播FM94、恩施州博物馆微信公众号
11	2020.7.16	“空中博物馆”第十讲：清唐崖长官司印	恩施交通音乐广播FM94、恩施州博物馆微信公众号
12	2020.7.16	“空中博物馆”第十一讲：向王天子铁罄	恩施交通音乐广播FM94、恩施州博物馆微信公众号

续表

序号	时间	活动名称	发布媒体（平台）
13	2020.7.23	“空中博物馆”第十二讲：建始直立人牙齿化石	恩施交通音乐广播FM94、恩施州博物馆微信公众号
14	2021.2.3—2.5	千里“抖友”来相会 线上带你游恩博	恩施州博物馆抖音直播间
15	2021.2.3	线上游览“武陵足音”“生态恩施”陈列	恩施州博物馆官网
16	2021.2.11	恩博“新春我讲解 牛年你点赞”云观展（一）“东方战神”陈连升	恩施州博物馆官网 恩施州博物馆微信公众号 恩施州博物馆抖音号
17	2021.2.12	恩博“新春我讲解 牛年你点赞”云观展（二）孙中山送给朱和中母亲的银杯	恩施州博物馆官网 恩施州博物馆微信公众号 恩施州博物馆抖音号
18	2021.2.13	恩博“新春我讲解 牛年你点赞”云观展（三）秦国镛	恩施州博物馆官网 恩施州博物馆微信公众号 恩施州博物馆抖音号
19	2021.2.14	恩博“新春我讲解 牛年你点赞”云观展（四）五里坪革命旧址	恩施州博物馆官网 恩施州博物馆微信公众号 恩施州博物馆抖音号
20	2021.2.15	恩博“新春我讲解 牛年你点赞”云观展（五）马鞍	恩施州博物馆官网 恩施州博物馆微信公众号 恩施州博物馆抖音号
21	2021.2.16	恩博“新春我讲解 牛年你点赞”云观展（六）棉袄的故事	恩施州博物馆官网 恩施州博物馆微信公众号 恩施州博物馆抖音号
22	2021.2.17	恩博“新春我讲解 牛年你点赞”云观展（七）何功伟狱中家书	恩施州博物馆官网 恩施州博物馆微信公众号 恩施州博物馆抖音号
23	2021.3.11	恩博人“讲巾帼故事，向党旗献礼”：钱瑛的故事	恩施州博物馆官网 恩施州博物馆微信公众号
24	2021.7.2	党史上的恩施记忆	湖北省人民政府门户网站、恩施州人民政府门户网站、恩施州博物馆微信公众号

续表

序号	时间	活动名称	发布媒体 （平台）
25	2021.7.29	“空中博物馆——文物说党史”系列微视频第一期：贺英的帐帘	恩施州博物馆官网 恩施州博物馆微信公众号 恩施州博物馆抖音号
26	2021.8.12	“空中博物馆——文物说党史”系列微视频第二期：贺龙的马鞍和棉袍	恩施州博物馆官网 恩施州博物馆微信公众号 恩施州博物馆抖音号
27	2021.8.24	“空中博物馆——文物说党史”系列微视频第三期：民国巴东县铜印	恩施州博物馆官网 恩施州博物馆微信公众号 恩施州博物馆抖音号
28	2021.9.16	“空中博物馆——文物说党史”系列微视频第四期：黄大鹏使用过的鸳鸯匕首	恩施州博物馆官网 恩施州博物馆微信公众号 恩施州博物馆抖音号
29	2022.1.25	“虎跃龙翔——中国虎文化百馆联展”（一）	恩施州博物馆官网 恩施州博物馆微信公众号
30	2022.1.26	“虎跃龙翔——中国虎文化百馆联展”（二）	恩施州博物馆官网 恩施州博物馆微信公众号
31	2022.1.27	“虎跃龙翔——中国虎文化百馆联展”（三）	恩施州博物馆官网 恩施州博物馆微信公众号
32	2022.1.28	“虎跃龙翔——中国虎文化百馆联展”（四）	恩施州博物馆官网 恩施州博物馆微信公众号
33	2022.1.29	“虎跃龙翔——中国虎文化百馆联展”（五）	恩施州博物馆官网 恩施州博物馆微信公众号
34	2022.1.30	“虎跃龙翔——中国虎文化百馆联展”（六）	恩施州博物馆官网 恩施州博物馆微信公众号
35	2022.1.31	“虎跃龙翔——中国虎文化百馆联展”（七）	恩施州博物馆官网 恩施州博物馆微信公众号
36	2022.2.1	虎年说“虎”（一）	恩施州博物馆官网 恩施州博物馆微信公众号 恩施州博物馆抖音号
37	2022.2.2	虎年说“虎”（二）	恩施州博物馆官网 恩施州博物馆微信公众号 恩施州博物馆抖音号

续表

序号	时间	活动名称	发布媒体（平台）
38	2022.2.3	虎年说“虎”（三）	恩施州博物馆官网 恩施州博物馆微信公众号 恩施州博物馆抖音号
39	2022.2.4	虎年说“虎”（四）	恩施州博物馆官网 恩施州博物馆微信公众号 恩施州博物馆抖音号
40	2022.2.5	虎年说“虎”（五）	恩施州博物馆官网 恩施州博物馆微信公众号 恩施州博物馆抖音号
41	2022.4.29	“空中博物馆·走进巴人青铜时代”——虎纽錞于	恩施州博物馆官网 恩施州博物馆微信公众号 恩施州博物馆抖音号
42	2022.5.5	“空中博物馆·走进巴人青铜时代”——铜钲	恩施州博物馆官网 恩施州博物馆微信公众号 恩施州博物馆抖音号
43	2022.2.6	“万木有灵——非洲雕塑艺术展”（上）	恩施州博物馆官网 恩施州博物馆微信公众号
44	2022.5.7	“万木有灵——非洲雕塑艺术展”（下）	恩施州博物馆官网 恩施州博物馆微信公众号
45	2022.5.12	“神工意匠——古代建筑知识展”（一）	恩施州博物馆官网 恩施州博物馆微信公众号
46	2022.5.13	“神工意匠——古代建筑知识展”（二）	恩施州博物馆官网 恩施州博物馆微信公众号
47	2022.5.17	“空中博物馆·走进巴人青铜时代”——巴式甬钟	恩施州博物馆官网 恩施州博物馆微信公众号 恩施州博物馆抖音号
48	2022.5.16	“神工意匠——古代建筑知识展”（三）	恩施州博物馆官网 恩施州博物馆微信公众号
49	2022.5.17	“神工意匠——古代建筑知识展”（四）	恩施州博物馆官网 恩施州博物馆微信公众号
50	2022.5.18	“恩施记忆”展 VR 全景	恩施州博物馆官网 恩施州博物馆微信公众号
51	2022.5.23	“清风正气贯古今——清廉恩施·家风家教文化图片展”（一）	恩施州博物馆官网 恩施州博物馆微信公众号
52	2022.5.24	“清风正气贯古今——清廉恩施·家风家教文化图片展”（二）	恩施州博物馆官网 恩施州博物馆微信公众号

续表

序号	时间	活动名称	发布媒体（平台）
53	2022.10.12	“空中博物馆·走进巴人青铜时代”——双鱼纹铜洗	恩施州博物馆官网 恩施州博物馆微信公众号 恩施州博物馆抖音号
54	2022.10.13	“空中博物馆·走进巴人青铜时代”——巴式青铜钺	恩施州博物馆官网 恩施州博物馆微信公众号 恩施州博物馆抖音号
55	2022.11.21	“空中博物馆·走进巴人青铜时代”——青铜簋	恩施州博物馆官网 恩施州博物馆微信公众号 恩施州博物馆抖音号
56	2022.11.22	“空中博物馆·走进巴人青铜时代”——铜敦	恩施州博物馆官网 恩施州博物馆微信公众号 恩施州博物馆抖音号
57	2022.12.27	“翰墨流韵·古风盎然——漳州市博物馆馆藏台北故宫博物院经典书画复本展”（一）	恩施州博物馆官网 恩施州博物馆微信公众号
58	2022.12.28	“翰墨流韵·古风盎然——漳州市博物馆馆藏台北故宫博物院经典书画复本展”（二）	恩施州博物馆官网 恩施州博物馆微信公众号
59	2023.1.1	《博学雅识》——“家和万事兴”家风家教宣讲（一）：孔子家风家规家教	恩施州博物馆官网 恩施州博物馆微信公众号 恩施州博物馆抖音号
60	2023.1.9	《博学雅识》——“家和万事兴”家风家教宣讲（二）：曾国藩的家风家规家教	恩施州博物馆官网 恩施州博物馆微信公众号 恩施州博物馆抖音号
61	2023.1.16	《博学雅识》——“家和万事兴”家风家教宣讲（三）：钱学森的家风家规家教	恩施州博物馆官网 恩施州博物馆微信公众号 恩施州博物馆抖音号
62	2023.1.22	“玉兔呈祥——中国兔文化百馆联展”（一）	恩施州博物馆官网 恩施州博物馆微信公众号
63	2023.1.23	“玉兔呈祥——中国兔文化百馆联展”（二）	恩施州博物馆官网 恩施州博物馆微信公众号
64	2023.1.24	“玉兔呈祥——中国兔文化百馆联展”（三）	恩施州博物馆官网 恩施州博物馆微信公众号

续表

序号	时间	活动名称	发布媒体（平台）
65	2023.1.25	“玉兔呈祥——中国兔文化百馆联展”（四）	恩施州博物馆官网 恩施州博物馆微信公众号
66	2023.1.26	“玉兔呈祥——中国兔文化百馆联展”（五）	恩施州博物馆官网 恩施州博物馆微信公众号
67	2023.1.27	“玉兔呈祥——中国兔文化百馆联展”（六）	恩施州博物馆官网 施州博物馆微信公众号
68	2023.1.30	《博学雅识》——“家和万事兴”家风家教宣讲（四）：梁启超的家风家规家教	恩施州博物馆官网 恩施州博物馆微信公众号 恩施州博物馆抖音号
69	2023.2.6	《博学雅识》——“家和万事兴”家风家教宣讲（五）：毛泽东的家风家规家教	恩施州博物馆官网 恩施州博物馆微信公众号 恩施州博物馆抖音号
70	2023.2.13	《博学雅识》——“家和万事兴”家风家教宣讲（六）：叶挺的家风家规家教	恩施州博物馆官网 恩施州博物馆微信公众号 恩施州博物馆抖音号
71	2023.2.20	《博学雅识》——“家和万事兴”家风家教宣讲（七）：贺龙的家风家规家教	恩施州博物馆官网 恩施州博物馆微信公众号 恩施州博物馆抖音号
71	2023.2.27	《博学雅识》——“家和万事兴”家风家教宣讲（八）：何功伟的家风家规家教	恩施州博物馆官网 恩施州博物馆微信公众号 恩施州博物馆抖音号
72	2023.3.6	《博学雅识》——“家和万事兴”家风家教宣讲（九）：张富清的家风家规家教	恩施州博物馆官网 恩施州博物馆微信公众号 恩施州博物馆抖音号
73	2023.3.13	《博学雅识》——“家和万事兴”家风家教宣讲（十）：孙绘家庭的家风家规家教	恩施州博物馆官网 恩施州博物馆微信公众号 恩施州博物馆抖音号

三、博物馆线上品牌活动数据分析

（一）浏览趋势

综合恩施州博物馆线上活动的数据，发现活动开始的第一天至第三天，一般会达到活动的浏览峰值，随后呈平稳下降的趋势。以“千里‘抖友’来相会 线上带你游恩博”线上直播为例，对活动期间每日浏览量的数据趋势进行分析，数据按时间倒序排列，从数据可以看出，活动页面的浏览高峰在活动前期，其中活动第二天浏览量为8282人次，为此次活动的浏览峰值。

（二）年龄分布

对线上活动访问者年龄分布数据进行统计分析，可知参与者中老年访客最多，因此我们在留住这些中老年人用户的同时，也应注重发展青年人。

（三）男女比例

根据统计数据，参与恩施州博物馆线上活动用户大多为女性，占用户总数60.46%，因此今后在巩固女性群体用户的基础上，应加大在平台和公众号发一些男女共同感兴趣的话题和活动，保证女性爱参与的同时也可以吸引更多的男性关注和参与。

四、提高数字文化馆线上品牌活动获得感、参与感、体验感的思考

通过分析可以看出，活动主要面向人群为中老年人群体，且女性参与者居多，用户活跃时间为早上6点到上午9点，晚19点到22点左右，主要以Android用户为主。针对以上数据，我们需要深入思考，如何巩固现有人群，发展年轻人群，如何激发群众参与的热情、提升粉丝量及何时推广活动是最佳时机、在前期策划和中期运行过程中应该注意什么问题等。

（一）优化登录页面

恩施州博物馆的数字博物馆在最初设计上，共有四种登陆活动界面的方式：第一种是注册用户，需填写用户名/手机号和密码，注册成功后方可登陆，第二种是微信直接登录，第三种是QQ直接登录，还有一种是微博直接登录，但所呈现的页面却突出注册用户登录，导致便捷登陆的方式往往被忽视。很多用户一看需要注册，就感觉麻烦，直接放弃了参与活动，体验感和参与感大打折扣，因此应简化登陆流程，让用户在手机端首先看到的是微信、QQ等方便的一键式登陆模式，且通过微信公众号获取活动信息后可直接登录参与活动。这样的登陆方式适合各年龄段人群的操作习惯，有利于提高群众参与的积极度。

（二）加大活动中期的宣传

活动的火热程度，宣传推广起了很大的作用，从之前的数据分析可以看出，用户往往在活动开始前期比较关注，随着时间的推移，用户的积极性降低甚至会取消关注，如何留住用户、让其成为忠实粉丝，是我们要着重关注和解决的问题。在活动中期，应结合活动的开展情况，继续加强对活动的宣传推广，要找准切入点，抓住用户感兴趣的话题做文章，让推送的内容具有吸引力。而一篇好的推文往往以标题制胜，标题决定阅读量，决定用户能否愿意点击查看且积极参与。因此，活动中期，在这个最需要加强宣传推广的关键时期，要及时推出一篇高质量的软文，以标题吸引用户，以内容打动用户，以达到稳定用户群体、维持活动热度的目的。

（三）注重发展中青年群体

从活动数据不难看出，参与恩施州博物馆活动的以中老年群体居多，在新时代数字化背景下，我们更应该思考，如何针对年轻群体，策划年轻人感兴趣的活动。年轻人作为数字化服务的主流人群，他们的显性和潜在的文化需求是什么，他们的审美趣味和文化追求又是什么，只有清楚了年轻人的文化诉求，才能有的放矢地设计活动，吸引年轻群体的参与。例如邀请有正能量的"网红"参与到博物馆直播活动，用他们的人气带动更多的年轻人来关注博物馆。

五、在公共文化服务体系中有效发挥数字博物馆作用的措施

（一）转变发展观念

在文化事业发展新时期，博物馆要转变传统的发展观念，积极学习和接受新的发展理念。在发展过程中要借助互联网技术和信息化平台，加快数字博物馆的建设，突破固有的发展空间，拓宽文化发展的渠道，创新文化发展的形式和内容，不断提高公共文化服务水平，为丰富人民群众文化生活做好基础工作。

（二）加强人才培养

在数字博物馆建设发展过程中对于新技术的应用较多，而博物馆传统工作人员对于互联网技术和信息化平台的了解知之甚少。因此，需要有一批受过专业知识技能培训的高素质人才参与到数字博物馆的建设发展当中去，通过他们的专业操作确保数字博物馆能够保持正常的运行。同时，不断提升他们的业务能力水平，加强他们的文化活动知识培养，提高他们的文化服务意识，努力将他们培养成为一支高素质的文化服务团队。

总之，随着未来科学技术的发展，互联网技术将会出现在生活当中的每个环节，构建现代化公共服务体系将会更多地利用数字化、信息化、智能化的手段为文化发展服务。数字博物馆将会成为传统博物馆发展模式改革创新的必然选择，要紧跟时代发展步伐，加快数字博物馆建设。在数字博物馆建设过程中要不断地更新技术内容，利用多种渠道和平台进行文化传播，积极发挥数字博物馆在公共文化服务体系中的作用，更好地为人民群众服务，以便满足人民群众日益增长的文化生活需求。

参考文献：

[1] 刘颖.从博物馆直播热看博物馆的"坚持"与"变革"[J].文物鉴定与鉴赏，2020(18):150-152.

[2] 周丽英.试论博物馆传播与观众认知关系的实质及其发展[J].博物院，2017(3):18-24.

博物馆老年观众公共教育活动研究

——以恩施州博物馆为例

李焱　恩施州博物馆

摘　要：中国已进入老龄化社会的行列。老年人日益增长的精神文化需求和博物馆针对老年群体公共教育的空缺矛盾加深。研究博物馆在老年人的公共教育服务方面的现状，了解老年群体对博物馆公共教育服务的切实需求，探索博物馆适应老年群体生理、心理老化的公共教育模式，提升博物馆对老年人群的服务质量，拉近博物馆与老年群体的物理距离和心理距离是近年来的热点话题。

关键词：终身教育；老年教育；博物馆；博物馆公共教育

在老年人数量不断增长，观众将博物馆作为教育机构的意识不断加强，以及博物馆与公众之间的距离越来越近的今天，老年群体在博物馆中的需求反而没有得到应有的重视。在2019年的一项关于博物馆老年观众的调查研究中表明，从1996年至2017年，各大中型博物馆观众中，老年观众的占比仅为0.6%~11.54%，老年观众的数量区间大多为3%~4%。本论文以恩施州博物馆为例，旨在针对博物馆老年群体观众进行一系列调研，研究博物馆身为“以人为中心”的服务角色，博物馆有关老年人的公共教育方面的现状，探索博物馆适应老年群体生理、心理老化的公共教育模式。

一、恩施州博物馆老年公共教育现状及问题

（一）老年观众对博物馆的认知

首先，在博物馆公共教育职能方面。在对恩施州博物馆内正在进行参观的老年观众与处于博物馆周边区域但未进入博物馆的观众进行调研的过程中发现，一部分陪同子女儿孙参观的老年观众参观的意愿不够强烈，但仍然肯定博物馆具有较强的文化属性，是度过空闲时间的优质选择。老年观众对博物馆形象的评价仍然是一个重要的学习场所，博物馆是一个文化与学习气息浓厚的严肃的公共文化机构。对博物馆中的藏品评价，“革命”“红色”“历史”“宝物”等名仍占据较为主要的地位，但对博物馆有关“时代性”“与时俱进”等看法较为少见。

其次，在博物馆的公共服务方面。调研过程中，在对博物馆入口处的老年观众行为的观察过程中，主要为以下几类人群，分别为能够自主使用手机预约顺利进入博物馆类、没有智能手机需要同行人员协助预约类、不会使用智能手机预约类、因操作繁复放弃参观类等。在博物馆内部，接受访谈的人员表示，博物馆的导览系统、标识系统及基础服务设施仍然是影响参观博物馆体验中较为重要的部分。

再次，在博物馆信息获取途径中，老年群体仍然保留着使用传统媒体获取信息的方式，

还未能完全跟上或介入到博物馆与时俱进的职能变化中。

(二)老年观众在博物馆中的自我评价

调研发现,博物馆中的老年观众的学习意愿、学习需求与自我奉献意愿的评分普遍比较高。

首先,在博物馆中的自我价值感。在接受调研人群中,一部分人群在退休后加入或愿意加入恩施州博物馆的志愿团队工作,并在博物馆的工作中收获了或认为将会收获较高的自我评价;另一部分人群通过在博物馆中的学习收获了较强的收获感和满意度;还有一部分人群本身具有较强的自我价值感,认为应该利用退休后的空闲时间选择来博物馆等其他文化机构充实自身,践行终身学习的理念。

其次,在博物馆中的学习意愿和学习需求。在接受调研的人群中,相当一部分是针对特定展览感兴趣专程前来学习研究,一部分人群针对博物馆展览及相关活动提出见解或改正意见和参观偏好,体现了这部分人群在博物馆中具有较强的学习需求。

总结来讲,接受调研的人员的学历程度与主被动因素直接影响了在博物馆中学习的意愿是否强烈。同时在参观目的上也具有较大差异,分别为学习研究型和娱乐型。以上因素最终导致了参观习惯、参观评价和参观偏好的差异。

二、恩施州博物馆老年公共教育现状分析

(一)对恩施州博物馆的评价

老年观众对于恩施州博物馆的评价主要以参观满意度、公共教育活动的参与度及博物馆在老年群体中的其他社会属性三方面来做评价。

第一,参观满意度与收获感。调查结果显示,公众针对此次博物馆参观的满意度和收获感都给予了较高的评价。在“您非常享受今天的参观活动?”问题中,有49.6%的老年观众表示非常享受今天的博物馆参观,48.6%的观众表示比较享受今天的博物馆参观活动。只有1.7%的观众表示对本次的参观满意持怀疑态度。没有观众完全不享受此次参观博物馆活动。在“今天您获得了新的知识?”的调研结果中,所有被调研人都表示此次的参观行为收获感较强。说明在公众对恩施州博物馆整体和发挥学习职能上的评价较高。

第二,公共服务设施的评价。在针对恩施州博物馆为老年人提供的特殊公共设施的现状调研中,“针对无智能手机的人群设置专门的进馆方式”和“进馆预约便利”在现有设施和观众诉求方面都呈现出较高的需求度和满意度。“展厅内斜坡路面方便通过”“轮椅等代步工具的租借”这两项设施中,博物馆方的做法取得了观众的基本满意,但在“有效提升参观诉求”表中,体现这两项设施的使用度并不高。同时,恩施州博物馆没有针对老年观众的生理或心理需求设置专门的老年观众讲解/导览服务,最终调查结果显示观众对导览需求仍然较高。在公共服务设施的诉求方面,无论是人工导览、语音导览器还是扫码获取讲解的方式都受到观众的欢迎,说明大众对博物馆导览这项公共服务的需求度和现有设施配置不匹配,因此满意度较低。同时“提供放大镜/老花镜”、“电子设备操作便捷”等两项也是恩施州博物馆暂时未能实现的两项功能,老年观众的需求与实际不匹配,导致了评价水平偏低。

(二)现有公共教育活动的参与状况

通过对恩施州博物馆微信公众号和网页平台的检索，恩施州博物馆暂未开展过针对老年群体的公共教育活动。

(三)博物馆的社交属性

在对参观博物馆的目的和老年观众同行人员情况的调研结果中显示，绝大多数老年观众都愿意独自或与家人一起参观博物馆。只有15.01%的观众与朋友同往。而在调研参观博物馆的原因中，社交需求是占比最低的，只有8.8%。在一项针对博物馆全人群的调研中显示，认为老年观众是教育活动的目标群体的人仅为32.6%，"与朋友同行"的参观形式占比最大，为55.8%。因此与其他年龄群的社交需求相比，老年群体在博物馆中的社交需求较低。

(四)博物馆参观行为习惯

本次调研还针对"最近一年参观过几次博物馆"等行为习惯展开调研。数据表明，最近一年参观博物馆与参加公共教育活动的数据差异较大，一年之内参观博物馆1次到5次以上的人群占比75.7%，但是从未参加过公共教育活动的老年观众比例为47.9%。二者数据的对比证明公共教育活动还不是老年群体在博物馆中的主要活动，主要活动还是在博物馆中观展。

(五)对博物馆公共教育活动的认知与偏好

在针对"博物馆公共教育"调研的过程中，老年群体对"公共教育"名词存疑，理解为博物馆中的讲座等活动，侧面证明对博物馆公共教育活动的理解较为单一和片面。首先，老年观众对博物馆职能的定义。有86.7%的老年观众认为增长见识是参观博物馆最重要及最主要目的。其次62.9%的老年观众认为陪同晚辈参观对其的文化教育有好处。有49.9%的老年观众对特定的展览感兴趣专程前来参观。以上数据证明，绝大部分老年观众对于博物馆的职能定义在于博物馆的文化教育等方面。其次，老年观众对博物馆公共教育活动的期许与诉求的调研中，也显示学到新知识新技能是观众的最主要诉求之一，除此之外，选择"收获开心"的观众占据58.2%，体现观众希望从博物馆中获得生活的乐趣。再次，对博物馆公共教育活动形式偏好的调研结果显示，老年观众群体最希望在博物馆中参与的活动形式是"现场演出"，占据总人数的48.4%，这可能与老年群体日常娱乐活动形式相关。在针对"除博物馆之外，您还经常去哪里参加文化活动"的开放性问题答案中，包括"公园""剧院""大自然""社区"等娱乐文化活动地点出现多次，这样的结果也可以解释为老年观众希望在博物馆看到博物馆特色演出。

最后，对博物馆公共教育活动内容偏好的调研结果显示，最受老年观众喜欢的还是具备博物馆特色的"人文历史"主题的公共教育活动。应该深入挖掘恩施州博物馆藏品种类，学术研究体系等丰富的人文历史资源，通过多样的公共教育的形式盘活藏在库房里的历史。

三、恩施州博物馆老年观众公共教育现状的成因分析

对调研数据进行深度分析之后，笔者发现，老年观众对博物馆公共教育活动的认知状况与博物馆现有的管理体制、政策及活动实际进行等问题之间存在割裂的状况。

(一)老年观众对博物馆的认知问题

部分老年观众都认为"增长见识"是参观

博物馆的原因。更多老年人普遍表示“感觉博物馆不是属于自己去的地方”“比起博物馆，更愿意去公园里唱歌”，公园等公共文化设施内的娱乐活动社交功能更强。不少老年观众在参观博物馆中无法对内容进行有效的反馈进而也无法与博物馆产生沟通。

(二)博物馆公共服务现状问题

从恩施州博物馆展讯和活动等信息的发布渠道主要集中在线上平台，线下信息的投放主要以展馆海报和馆内手册等途径为主。而调研数据表明，展讯、活动等信息的主要途径之一是亲友介绍。信息传播不畅导致的信息不对称也是影响老年公共教育发展的重要因素。在新媒体时代，除了线上平台的搭建，针对特殊观众群体，博物馆应该担负起线下平台信息投放的重要责任。

就以上的矛盾点，我们可以从老年观众方和博物馆方两方面分析背后的深层次原因。

(一)老年观众文化需求与文化习惯

老年观众为何会与博物馆之间产生割裂，是对老年观众分析的重要路径。老年观众为何不优先选择博物馆作为学习娱乐场所，应该从老年观众文化习惯和生活背景出发。一部分观众表示“博物馆中的展览看不懂”，并侧面表示进入博物馆这样的文化机构有点难为情。还有一部分观众在退休之后，还在适应从职场的亲力亲为，举足轻重的角色转变为 24 小时待在家中的心理的落差阶段，暂时对退休后的精神文化生活没有规划，另一部分老年人正在完成中国传统老年人的家庭任务，帮子女带孙辈。导致了平时没有时间来博物馆参观。相比于面对博物馆中的种种无形“准入门槛”，没有预约制度和精英文化压力的公园、剧场和社区文艺表演是老年人休闲娱乐的最佳选择。

(二)博物馆教育观念

博物馆的教育功能已被大众所接受。但教育背后的观念、体制、政策和资源需要不断更新才能支持博物馆在面对客观限制的情况下利用现有的学术研究、藏品和展览资源不断创造出新鲜的公教活动吸引源源不断的客流。因此笔者认为博物馆教育理念应与时俱进。

(三)博物馆的体制建构

博物馆中的老年公共教育包括但不限于博物馆基础服务设施和展陈方式的探索，应该追寻更深层次的博物馆体制架构。首先是博物馆老年教育人才团队的建构。对比国内的博物馆，以恩施州博物馆为例，专业部门包括保管部、文物勘探部、党办、社教部、宣传信息部、学术研究部、陈列部，暂无针对特殊人群的专门部门设置和观众研究部门。老年公共教育作为成人教育的重要分支，包括人类学、社会学等相关学科的支撑，需要强有力的老年教育理论研究团队。第二，学习评价体系的建设。在国内的博物馆中，公共教育有很多好的案例研究，然而却没有成体系性的教学模式建立和评价体系的竖立。

四、博物馆老年观众公共教育对策研究

(一)丰富恩施州教育活动

博物馆的公共教育所涵盖的概念和活动非常广泛，观众从进入博物馆之初就可以被视作学习行为的开始。博物馆中教育包括展览与展览配套的各项教育活动。因此此部分从以上两个方面出发，试图进行博物馆老年观众的公共教育模式的初探。

1.展览

近代国家形成后，发展出区域社会的概

念，为了加深与土地和政权之间的稳定关系，历史学会就开始收集在地的历史、人物和现象等物证，撰写各地的方志。除了实物，当代博物馆收藏的领域也从原本的“物”的基础上增加了“非物”，以非物质文化遗产为例。博物馆同样具备收藏保存展示非物质文化遗产的责任和能力，与展览这种需要将三维空间的物品装到适合的容器当中的方式不同的是，非物质文化遗产是一种以人的文化表达为载体的“现象”，因此要采取不同的方式来将其展览。

博物馆收藏目的收藏主体的变化过程显示了博物馆存在的价值与意义的变化。首先针对特定受众的博物馆发展需要对展览的空间和展示提出更高的要求。对展览叙事、展品情景搭建或近些年来较为热门的沉浸式空间提供可行性，通过表演、电影、工作坊等包括多媒体、装置等多元的途径，号召公众参与，以非展柜展示的创新方式，将非物质文化遗产的精神内涵加以演绎。其次，展览是专业化的程序，需要严密的质量保障系统。博物馆化拓展正在进行，今天展览质量难以提升是因为没有遵循博物馆建设的专业化法则和程序，藏品种类和展示方式都需要随着博物馆化的进行发生应有的进步。再次，符合博物馆化的大多数展品在被创造之初可能并不具备审美的特性，因此本身传播属性不高的博物馆藏品就需要专业的阐释，如年代、功用、材质、形制和在历史坐标系的位置和其在人类发展中的深刻意义。这对于没有受过艺术理论专业训练的观众来说是至关重要的。既要抓住老年观众重视历史传承的心理特点，又契合老年观众对历史的特别情怀，在老年观众中的推广具有天然优势和发展契机。

2. 导览

在展览讲解方面，博物馆首先应该建立详细的人工讲解时间表，除了针对其他年龄群的线上预约制度之外，线下应该设置针对不会使用智能手机的老年人的专门报名通道。其次为老年观众配备专门的声音接收器，音量阈值较大，可以适应听力不便的老年观众。再次，讲解人员应该适应老年观众的生理特性，控制语速。最后，展览讲解内容应该有老年群体参与撰写，能够更切实地考虑到老年观众的理解能力，输出老年观众更感兴趣的内容。

在展览文字方面，展签是观众理解展览最直接最常见的方式，也是策展团队向观众传达展览内容的重要方式。然而现实中，很多展品的展签只有基本的名称、时间、材质和机构等信息，且展签文字较小，展签位置不符合人体工学的设计，观众通常需要弯腰等不舒适的姿势才能获取展签上的内容。对于老年观众来说是观展过程中一个较大的问题。

关于博物馆手册与出版物。越来越多的博物馆开始注重展览手册或出版物的创造。除了内容质量的升级和手册图录设计审美的提升，如何利用手册图录加强观众黏性也越来越为博物馆人重视。

（二）加强机构间合作

1. 加强博物馆与社区的合作

2011 年 7 月，英国博物馆协会在官网上发布的“博物馆影响力调查问卷”结果显示，“社区参与”位于博物馆影响力首位。英国博物馆协会政策部门主任莫里斯·戴维斯说：“根据反馈意见来看，博物馆现在把更多的工作中心都放在了与社区的协作上……而不是泛泛地为所有观众都提供简单的服务。”“通过这些调查结果，英国艺术委员会将意识到博物馆与社区合作的重要性。博物馆虽然不能选择其活动的参与者，但却可以将特定的参与对象定为机构的奋斗目标。”与社区的合作还为博物馆提供了观众研究的有效场地，有利于博物馆教育活动体系的建设。如“社区的文化传统是什么？是否与博物馆的目标政策有关”博物馆应该主动与社区建立联系，扩大自身的影响力，为博物馆拓展新的受众。

2.加强博物馆与老年大学的合作

老年大学也同样是老年教育的重要阵地。目前国内有关老年教育的研究都不可避免地将老年观众的画像描述为身体健康，有较强行为能力且参与学习活动的意愿较为强烈，这部分人群的共同特征是受教育背景普遍良好，有稳定的生活基础和社会地位。因此凸显出老年大学普遍提升老年群体的学习动力和学习需求，提升老年人的文化素养问题的可能性。老年大学成熟的教学体系和丰富的教学资源可以为博物馆老年教育提供系统化的支持，博物馆的藏品、展览和独特的学习空间也为老年大学的教学提供了多样的可能性。

（三）加强公共服务设施的提升

公共服务设施的完善是公共教育工作的前提。老年观众在博物馆中的行为习惯和参观需求有一定的独特性，博物馆应该提高对老年观众合理需求的关注，不断提升改进公共服务的细节，让老年观众在博物馆中享受更优质更便捷更有人情味的服务。在博物馆建筑设计方面应尽可能参照涉老工程标准和无障碍设施。老年人设置专用的卫生间和休息区。博物馆的服务中心应设置老花镜、轮椅、直饮水和常用药品储备，面对恶劣天气具备应急预案。在展览设计方面，展览动线的设计，展览空间中温度、灯光、展签高度等针对老年观众的设计。在咨询服务方面，老年观众的现场询问需求较高，应加强对咨询工作人员的培训，注重与老年观众的沟通技巧。在票务预约方面，博物馆应设立馆内登记通道，老年观众只需携带身份证就可顺利入馆，解决了智能手机使用困难的问题。

（四）加强博物馆学习评估体系的建设

博物馆与学校之间的学习环境截然不同，尽管学习本质并无区别，但在非正式环境中学习不是成完整体系的，是探索性的、自愿的和随机的。学习条件的增加意味着学习成效的评估会更加复杂，从学习者们的学习行动和经验中建立起来的学习世界需要经过科学的评估体系才能促使博物馆公共教育的进步。在博物馆教育活动中必须制定完善的教学模式，体现在以下几个方面：要仔细甄选和合理安排教学内容，根据老年教学学者研究的结果，选取老年人真正感兴趣的课题，重组教学内容，适当考虑教学目标、教学材料和教学空间的选定和设置，避免与学校内非主动学习的学习模式产生冲突，防止抵触情绪的产生。

五、结语

“博物馆老年教育工作和服务对博物馆事业而言最终是个挑战，并非是个单纯的服务项目，而是个大事业，如何能让全行业重视这个课题，上升为行业行为，国家行业，社会行业，这实在是个首要的大难题。”从老年观众的服务和拓展开始，守住老年观众对博物馆这样的文化机构特有的历史性的敬畏之心，从展览到公共教育再到公共服务，向市场化的老年服务机构、国外博物馆的建设和老年教育的理论发展中不断汲取新的经验。将博物馆中的人类历史文明更好地在老一辈的精神文化中传承下去。

参考文献：

[1] 中国老龄科学研究中心[EB/OL].http://www.crca.cn/index.php/19-life/26-2010.html.

[2] 严建强，毛若寒.博物馆化的拓展：原因、进程与后果[J]东南文化.2020(2):135-142.

[3] 沈辰.众妙之门——六谈当代博物馆[M].北京.文物出版社.2019.

[4] 英国博物馆协会.社区参与是博物馆影响力的首要因素[EB/OL]. http: //www.hnmuseum.com/ zh-hans/aboutus/.

[5] 赵星宇."博物馆学习"还是"场馆学习"：试论Museum Learning的中文表达[J].东南文化 2017(5):108-112.

[6] 王彪.博物馆与老年教育之我见[C].中国博物馆协会博物馆学专业委员会2013年"博物馆与教育"学术研讨会论文集.2013:84-92.

浅探总分馆制度对盘活中小博物馆资源的作用
——以湖北省恩施地区为例

秦卫　恩施州博物馆

摘　要：恩施州作为少数民族聚居地区，生活着以土家族、苗族为主的28个少数民族，各个民族在这片土地上交融生活，形成了独具特色的少数民族文化；同时恩施地区在长江、清江、酉水流域又有丰富的以元明清时期的土司文化遗存为代表的历史文化遗存，使得恩施地区拥有丰富的文化和文物资源。博物馆作为保存文物和展示文化的重要场所，同时还承担着服务社会、开展社会教育的职责。本文旨在通过讨论总分馆制度对恩施地区博物馆建设以及盘活博物馆资源的作用，来加强对藏在博物馆里的文物资源的展示和利用，强化服务社会、社会教育的职能，以求更好地传承和发扬恩施州独特的历史和民族文化。

关键词：恩施地区；中小博物馆；总分馆制度；盘活资源

2022年8月24日在布拉格举行的第26届ICOM大会更新博物馆的定义："博物馆是为社会服务的非营利性常设机构，它研究、收藏、保护、阐释和展示物质与非物质遗产。向公众开放，具有可及性和包容性，博物馆促进多样性和可持续性。博物馆以符合道德且专业的方式进行运营和交流，并在社区的参与下，为教育、欣赏、深思和知识共享提供多种体验。"从其定义来看，征集、保护、研究、展示是博物馆最基本也最为广泛接受的功能，是博物馆各项工作的出发点和归宿。近年来随着经济和社会的飞速发展，人们的物质生活得到满足，博物馆对文化的展示、阐释以及博物馆的社会教育功能被提上日程、备受关注，同时对馆藏文物的利用即让文物"活起来"亦或是"火起来"成为当今社会的热潮。恩施地区作为少数民族聚居地区，由于各方面的限制，在博物馆行业建设方面存在着许多的不足，寻求体制机制上的破冰是目前推动恩施地区基层博物馆发展的重要一环，以求能够在盘活博物馆资源、功能的发挥、社会需求的满足等方面取得更好的效果。

一、恩施地区文博现状

（一）恩施地区可移动文物情况

根据2016年恩施州各县市及州博物馆第一次可移动文物普查结果，恩施州可移动文物资源丰富，全州可移动文物共计123201件/套，其中一级文物51件/套，二级文物308件/套，三级文物810件/套，一般文物8577件/套，未定级文物113455件/套。

表1 恩施州可移动文物定级情况统计表

级别 / 县市	一级文物（件/套）	二级文物（件/套）	三级文物（件/套）	一般文物（件/套）	未定级文物（件/套）	文物总数（件/套）
恩施州博物馆	17	82	89	0	80215	80403
恩施市	8	12	24	0	767	811
利川市	2	15	78	7149	17	7261
巴东县	1	64	273	0	13985	14323
建始县	1	43	82	1000	0	1126
咸丰县	6	4	13	0	1995	2018
来凤县	2	1	28	0	1060	1091
宣恩县	7	80	142	428	103	760
鹤峰县	7	7	81	0	15313	15408

表2 恩施州各博物馆可移动文物类别情况统计表

县市 / 类别	恩施州博物馆	恩施市	利川市	巴东县	建始县	咸丰县	来凤县	宣恩县	鹤峰县
玉石、宝石	19	—	3	104	62	166	18	5	6
陶器	383	—	2	711	7	—	19	23	125
瓷器	206	—	13	1277	50	97	15	31	79
铜器	468	—	13	525	34	—	23	23	119
金银器	118	—	5	106	22	—	122	71	104
铁器、其他金属器	160	—	3	108	13	—	40	14	79
雕塑、造像	17	—	13	17	13	—	21	5	12
石器、石刻、砖瓦	1023	—	21	1303	79	—	36	20	109
书法、绘画	19	—	—	—	2	—	4	58	—
文具	18	—	2	7	6	—	5	4	—
玺印符牌	11	—	16	55	5	—	3	—	18
钱币	76463	—	7099	5604	293	1194	404	122	13999
牙骨角器	26	—	—	24	5	81	1	—	6
竹木雕	76	—	2	12	15	—	16	—	—
家具	30	—	48	35	9	—	31	—	—
珐琅器	—	—	—	—	5	—	1	—	—
织绣	631	—	5	40	16	—	117	104	108
古籍图书	1	—	—	41	70	—	94	5	67
碑帖拓本	—	—	—	4	1	—	—	—	—
武器	111	—	1	51	1	—	13	10	136
文件、宣传品	21	—	3	—	25	210	3	5	—

续表

县市 类别	恩施州博物馆	恩施市	利川市	巴东县	建始县	咸丰县	来凤县	宣恩县	鹤峰县
档案文书	5	—	—	22	5	—	—	—	—
名人遗物	16	—	—	—	4	—	—	5	—
玻璃器	32	—	—	108	3	—	—	5	—
乐器、法器	18	—	3	27	14	—	12	28	28
皮革	2	—	—	—	1	—	2	8	13
票据	2	—	—	2	1	—	—	3	—
交通、运输工具	3	—	—	—	4	—	2	—	1
度量衡器	12	—	—	5	—	—	20	—	20
甲骨	7	—	—	13	—	—	—	—	—
漆器	1	—	—	—	—	—	1	—	—
音像制品	1	—	—	—	—	—	—	1	1
标本化石	338	—	—	89	325	—	5	—	6
其他	—	—	9	—	30	—	63	89	372

注：恩施市无数据。

根据全州第一次可移动文物普查数据看，恩施州可移动文物分布不均，其中恩施州博物馆、鹤峰、巴东的藏品资源较为丰富，三个地区可移动文物总数110134件套，占全州可移动文物总量的89%；全州珍贵文物数量较少，仅1169件套，占全州可移动文物总量的约0.9%；从可移动文物类别来看，恩施州可移动文物类别丰富，其中钱币数量较多，共计105178件套，占总量的85%，其他类别文物较少；各县市可移动文物类别分布大体相似，不存在某地区在某类别文物(除钱币外)特别突出的现象。总之，恩施州可移动文物存在数量丰富但珍贵文物数量少、类别丰富但无地区特色、各地区类别同质化等特征。

(二)恩施地区博物馆陈列展览情况

从恩施州内各个博物馆的展厅设置及布展内容来看，各个博物馆主要围绕各地区的历史沿革、风土人情、民俗文化等内容进行较为单一的陈列布展。从文化沉积来看，恩施州处于巴楚文化、巴蜀文化、巴渝文化的中间地带，全州历史文化基本一致，全州各个博物馆在展厅设置时分别从各自地区出发展示历史文化内涵，导致各个博物馆的陈列展示内容存在相对的同一性；从民俗风情来看，全州各个地区皆为土家族苗族聚居地，非物质文化遗产和民俗风情表现形式存在较大的关联性和一致性，各博物馆所陈列展示的民族民俗内容也存在大同小异；从革命斗争史看，恩施州经历了中国革命斗争史的各个时期，革命战火蔓延全部地区，各博物馆在展示本区域内的斗争方式及历程的内容上存在单一性和相同性的特征。

表3 恩施州各博物馆陈列情况统计表

博物馆＼陈列内容	历史文化	革命斗争	土苗非遗	民俗风情	土司制度	自然生态
恩施州博物馆	√	√	√	√	√	√
恩施市		√				
利川市						
巴东县	√	√		√		
建始县	√					
咸丰县	√			√	√	
来凤县	√	√	√	√	√	
宣恩县	√	√	√	√	√	√
鹤峰县	√	√			√	

注：利川市无展览陈列。

从各个方面看，全州各个博物馆在陈列布展的内容上存在一定的同一化特征，可谓是“百馆一律”，在当前审美多元化，大众审美明显变化的背景之下，简单地将馆藏文物罗列在受众面前会导致文物本身的观赏价值大打折扣。

（三）恩施地区博物馆游客接待人数情况

近年来，随着恩施州旅游业的发展，越来越多的游客来到恩施，恩施地区的博物馆在文旅融合的形势下逐渐发挥出“城市文化窗口”的作用，全州的博物馆游客接待量也呈现出逐年增加的趋势。

表4 恩施州各博物馆近六年游客接待人数统计表

单位：万人次

博物馆	年度					
	2016年	2017年	2018年	2019年	2020年	2021年
恩施州博物馆	35.09	32.02	32.16	52.28	17.95	13.89
恩施市	—	—	4.7	5	0.8	10
利川市	—	—	—	—	—	—
巴东县	10	13.6	15	10	—	8.52
建始县	—	—	—	—	—	4
咸丰县	—	5	2.25	2.5	—	0.84
来凤县	0.8	2.75	2.41	1.9	3.41	7.39
宣恩县	—	—	—	—	—	0.58
鹤峰县	12	6	10	11	9	11
总计	57.89	59.37	66.52	82.68	31.16	56.22

注：该组数据来源于恩施州2016年—2021年恩施州文物与博物馆工作年鉴。　利川市无数据，无游客

根据近六年博物馆游客接待数据看，恩施州博物馆、鹤峰县博物馆、巴东县博物馆的游客接待量位于前三，约占全州博物馆游客接待量的90%，这与三个地区的可移动文物总量相对应。同时可以看出，恩施州博物馆的游客接待量占全州博物馆游客接待量一半以上，这或许与恩施州博物馆的文物馆藏数量、展陈数量、展陈质量等因素有一定的关系。

恩施地区博物馆在目前这种一级政府主导一级博物馆的行政式体制下，未能够打破行业内一直存在的"中心—边缘"的模式，呈现出馆际发展不平衡、馆藏文物资源分布不均匀、馆藏文物利用率不高的状态，同时各博物馆之间在业务上交流合作较少，县一级博物馆的展览陈列缺乏更新、社教服务亟待提升。在目前恩施地区博物馆业态内，需要在体制上寻求一种破冰，来实现博物馆行业更新，强化各博物馆之间的联系，整合地区文物资源，提升恩施地区博物馆在公共文化服务领域的供给能力和质量。

二、博物馆总分馆制及其运行模式

（一）总分馆制度的起源及定义

总分馆制度最早出现于西方欧美国家，起源于公共图书馆领域。在这一理念中，强调的是一个建设主体出资和主管机构主管，在这一群体之中，分馆接受总馆的领导、业务指导和管理。在这个体系中，分馆是总馆业务的延伸，配合总馆发挥图书馆的作用。但是分馆并不是可有可无，分馆是必不可少的，因为分馆的存在才使得总馆的功能得到更好的发挥，才能满足不同群体的精神文化的需求。

（二）博物馆总分馆制度及运行模式

博物馆总分馆制是指一个总馆通过制度的形式，与一个及一个以上的分馆建立起的带有一定约束性的管理和运行机制，是各博物馆和相关文化机构共建共享的生态体系，通过体系内的统筹谋划和系统运营实现效益最大化。这是在我国现行博物馆单馆制度的基础上，考虑到我国博物馆的分级财政基础上的多层管理和多建设主体的体制，以图书馆领域的总分馆制度为借鉴，某地区某一综合性博物馆为龙头，围绕博物馆领域的人才培养、藏品资源共享、展览合作、项目合作、文创产品开发合作等方面问题，通过合作共建的方式，构建特色鲜明、结构合理，体现该地区历史文化资源禀赋的特色博物馆群。在博物馆的总分馆体系中，更多的是通过各个分馆与总馆签订合作共建协议，在不改变博物馆原有的体制、隶属关系和经费来源的基础上，加强总馆与分馆藏品资源、展览资源、管理资源和人才资源的有效整合。在博物馆总分馆制度中，总馆是核心，分馆是基础，总馆统一管理、协调和调配资源。博物馆总分馆制运行模式主要有合作制、联合制和协同制三种。

1.合作制总分馆制

合作制总分馆制是建立在总馆与分馆相对独立的基础之上，总馆仅仅对分馆实行业务的指导，不存在任何的隶属关系，各博物馆之间通过协议实行合作，以达到馆藏资源的共享。但是在这一模式下的总分馆制度仅仅着眼于馆藏文物资源的共享，局限于没有统一支持和无法通过指令性文件作为支撑，将无法解决博物馆其他方面存在的问题。

2.联合制总分馆模式

联合制总分馆制的模式下，总馆与分馆之

间的联系相对紧密，总馆是分馆业务上的领导，在业务和部分事务上属于隶属关系，总分馆之间不仅仅是馆藏资源的共享，还可以实现互通。在这一种模式中总馆和分馆的产权是独立的，分馆的产权属于投资主体，也在一定的程度上解决因行政管理体制所带来的种种弊端。

3.协同制总分馆模式

协同制总分馆制度是指在同一个系统环境中，表现出来的一种隶属关系，总馆是分馆的行政上级，拥有着绝对的控制权，是个体对总体的一种绝对服从。协同制总分馆模式不是各个分馆系统功能的简单相加，而是各个博物馆在一个共同目标的指引下构成一个整体联盟，形成各单体功能的融合，通过整个系统内部的资源合理配置，达到功能的最大化。在这一模式中，博物馆的馆藏文物实质是总馆与分馆构成的整体联盟的财产，由该联盟委托总馆对其进行管理和分配。

在以上三种总分馆模式中，协同制总分馆模式是联系最为紧密、合作最为深入的一种方式，这种模式对整合各博物馆馆藏文物资源，优化各个博物馆的功能，打造更具有特色、更具影响力的中小博物馆将会有更好的作用。但在这一模式中涉及行政体制及相关的改革，需打破“一级政府建设并管理一级博物馆”的传统格局，如南京市博物总馆整合了全市文博单位的藏品和展厅资源，通过人才、藏品、管理和服务“四打通”形式创建，在政府层面直接打破了南京市文博单位之间的体制壁垒，为总馆与各分馆之间的资源整合、文化品牌创建等提供了更好的平台。

三、总分馆制度对中小博物馆资源的盘活作用

（一）整合文物资源

从目前恩施州可移动文物的现状来看，虽然文物总量丰富、但是存在分布不均的特点，各博物馆馆藏文物不同种类的数量也存在一定的差异，通过总分馆制，可以将全州博物馆馆藏文物纳入整体联盟中来，实现全州馆藏文物的整合；还有利于在全州范围内建立统一的可移动文物管理体系，加强对可移动文物的管理和保护。同时各博物馆受到布展空间和陈列主体的限制，导致其部分馆藏文物无法得到陈列和展示，文物的观赏价值和社会教育无法真正发挥，在总分馆制之下，能够实现联盟内部馆藏文物的调动，可以通过调剂各个地区的文物数量和类别，实现总馆与分馆之间的流通，更好地发挥文物的价值。

（二）打造特色县域博物馆

坚持“特色立馆”，是县域博物馆科学发展的因势之举。作为一个县域博物馆更应该结合县域的实际，彰显地域特色，立足本县的人文特色，不宜过大、求特、讲高，遵循“因地制宜、因馆制宜”的原则，在小、特、精方面来下功夫，走一条属于自己的“特色立馆”之路。然而就当前恩施州各个博物馆的发展来看，大家更偏重于一种全面发展的模式，各个博物馆在陈列内容上存在较大的同一性。实行总分馆制度，可以立足各个县域的人文特色，能够通过文物资源的主题和类别分类，合理配置，打造不同主题鲜明、特色突显的县域博物馆。恩施州可以通过总分馆制打造“1＋8”的特色博物馆体系，即以恩施州博物馆为综合性博物馆总馆，八个县市各具主题的特色专题博物

馆体系。

（三）提升社教活动水平

近年来，随着博物馆行业受到的社会关注度提高，越来越多的观众愿意走进博物馆，通过博物馆去了解当地的历史人文，中小型博物馆的文化名片功能也愈加突出，然而恩施地区中小博物馆在开展社教活动时，面临着馆藏文物资源不足、形式多而收效微、社教场所单一等困境。总分馆制的实行能够整合恩施地区各博物馆馆藏文物资源，实现文物资源在各博物馆之间的流动，一定程度上弥补了中小博物馆馆藏文物资源不足，同时总分馆制还能实现社教活动的场所多元化，结合不同分馆的特色开展社教活动，能够提升中小博物馆社教活动的数量和质量。

（四）共同建立人才培养机制

提升分馆从业人员的业务能力和综合工作水平，依托总馆，采取举办培训班、相互挂职学习、参与有关项目实施、以干代训等方式，培养分馆相关岗位工作人员，快速提升能力水平，达到工作要求，并逐步形成人才培养机制。对于恩施地区的中小博物馆来说，人才是除了馆藏文物、资金外又一制约其发展的因素，受中小博物馆自身条件限制，在人才方面存在“引不进、留不住”的现状，中小博物馆的吸引力不足，无法引进专业人才，且在县域内人员流动性较大，无法长期从事博物馆事业。总分馆制的实施，有利于中小博物馆依托博物馆群优势，在实际工作中提升工作人员的工作能力，更好地开展博物馆工作，在一定程度上弥补中小博物馆在人才方面存在的缺陷。

四、结语

总分馆制作为打破现有博物馆行业体系的一种有效方式，能够有效地将地区的馆藏文物资源进行整合，在文物管理体系上达到总、分馆共建共享的目的，同时还能将总馆的功能更好地延伸到分馆，在展览陈列、社教服务、人才培养等方面为分馆提供更多的资源。对于中小博物馆来说，在总分馆体系中，分馆能够享受博物馆集群化带来的效益，通过完善陈列展览、提升工作人员水平、打造特色博物馆等，更好地帮助中小博物馆提升文物管理、保护能力和公共文化服务水平。

参考文献：

[1] 数据来自恩施州各县市第一次可移动文物普查报告.

[2] 高宇，黄亚群.恩施州生态文化旅游发展探析[J].今日湖北.2015(3):8.

[3] 邹荣，陈秋宁.“文化去中心化”和公共文化服务均等化——以湖北博物馆行业为例[J].社会科学动态，2021(6):48-56.

[4] 马岩，郑建明.图书馆总分馆制建设的模式、特色与思考[J].图书馆工作与研究，2015(7):42-45.

[5] 刘珂菁.去中心化——博物馆总分馆制研究[J].文物季刊，2022(2):123-128.

[6] 郭旭.公共图书馆实行总分馆制管理模式研究[J].科技情报开发与经济，2015，25(20):84-86.

[7] 罗小力.从“互联网+”探讨博物馆的发展途径——以南京市博物总馆为例[J].博物院，2017(5):99-103.

[8] 倪学萍.县级博物馆可持续发展要素初探——以宝应博物馆为例[J].西部学刊，2016(7):64-65+74.

[9] 董志强.民族地区博物馆总分馆制建设的思考与实践——以青海省博物馆为例[J].中国博物馆，2019(3):115-118.

博物馆文物保护中数字化建设分析

冉晶晶　恩施州博物馆

摘　要：随着社会经济的发展，科学技术获得了非常明显的进步，信息技术在各个领域的有效应用，得到深度普及和优化，所以也应该对传统的博物馆文物保护方式进行优化和革新。基于此，文章首先简要地介绍了博物馆文物保护数字化建设的意义，接着重点分析文物保护数字化建设中存在的问题，最后提出了一些有效的保护策略，以供参考。

关键词：博物馆；文物保护；数字化；建设

现阶段，随着人们生活水平的提升，人们在精神层面也希望获取更多需求。文物保护则是对人类在各个阶段的意识形态，以及文化物品进行维护，让人们近距离接触历史。数字化技术的有效应用，对文化保护工作具有积极作用，在弘扬传统文化的时候，对博物馆的健康发展也具有深远影响。

一、博物馆文物保护中数字化建设的意义

针对博物馆文物保护工作而言，加强数字化建设，具备多方面的显著意义，这需要相关人士形成清楚的认识。

（一）实现数字化储存

文物背后所隐藏的是真实的历史知识，包含了极为丰富的文化内涵，这些都是非常珍贵的事物。现阶段，我国格外重视对各种新兴技术的有效应用，但是随着时间的推移，文物在保护中仍存在一些问题。而数字化扫描技术的有效应用，则是能达到永久储存的效果，按照扫描的最初情况进行储存和记录，方便日后的调整和优化，对各项工作的顺利开展也具有积极作用。

（二）促进文化传播

对文物的数字化保护工作，也是传承文化的重要手段。从一定程度来说，文化的发展和传承具有非常重要的作用，博物馆本身就是公益类的事业，所承担的不仅是对文物的保护和管理，还要求许多学者参与其中，突破空间、时间所带来的局限性，让文物和历史数据在信息时代的影响下，方便观众认识和了解，提升文化传播的速度和效率。

（三）实现资源共享

为达到文物共享的效果，要求博物馆重视合作，及时和相关的科技企业合作，利用数字化技术做好文物信息的搜集和整理工作，上传至对应的数据库，其中包含了重要的文物照片、视频等内容，便于馆内资源共享。从博物馆的发展情况而言，通过智能化的发展模式，为大众提供更为多元化的文化服务工作，格外强调大众自身的感受，为实现数字化管理工作的顺利进行奠定坚实的基础。

二、博物馆文物保护数字化建设中存在的问题

（一）管理方式落后

博物馆中文物的保护和优化，包含了多媒体数据资源库、二维数据，以及相应的展示内容，需要经常对其进行信息录入。但是如若频繁使用人工技术，不容易做好基础的保存工作，没有经过专业管理，导致数据查找的时候存在问题，容易增加工作的难度性。由于当下对文物数字化建设和管理的方式比较落后，缺乏针对性的管理手段，而且其中所面临的风险系数增加，如储存的设备损坏，时间足够久远等，导致数字化资源的使用效率降低，不利于文物保护工作的顺利进行。

（二）数字化管理的基数少

博物馆的建筑面积大、类型多，对历史文化的研究具有积极作用。大部分文物进行数据采集仍是以平面图为重点，这些数据的操作和应用只在馆内宣传和展示。对于高精度类型的文物，无法满足现阶段数字化保护的基本需求。而在现有的保存条件下，还需要从多个方面进行合理优化和创新，尤其是随着时间的推移，馆内所珍藏的文物可能存在一定的自然损坏，必须做好数字化信息的采集和整理工作。

（三）管理制度有待完善

博物馆的文物保护工作本身就是一项系统且专业的任务，其工作内容不再局限于单一的文物搜集、管理层面，还要重视对文物的保护、存放。现阶段，文物管理的制度不够完善，而且部分管理人员没有认识自身的基本职责，工作内容显得比较单一化，没有严格按照相应的规章流程办事，不利于博物馆管理水平的提升。再者，文物的开发和保护工作，由于缺乏系统规划，一定程度上影响了文物保护的科学性，加之相关人员的了解不够具体，所以保存文物的时候，容易造成损坏，阻碍了数字化建设和管理工作的推进。

（四）缺乏专业的管理人才

现阶段，博物馆的文物保护工作作为一种全新的发展理念，应该被基层类的各类博物馆相关人员所理解和认可。所以实际管理的时候，通过数字化、信息化的方式实现对文物藏品的管理，不仅是对馆藏资源的优化，也是对现阶段博物馆业务流程的一种创新和完善。尤其是在文物陈列的时候，要求工作人员对信息技术有深刻认知，及时了解目前使用的现代化展示设备，将各种文物的相关信息通过大数据的方式呈现给观众。但是从目前的发展情况而言，博物馆的复合型人才不足，缺乏专业认知，不够了解文物的基本特点，对数字化技术的操作和使用比较陌生，这与文物管理工作之间形成强大反差。

三、博物馆文物保护数字化建设策略

（一）创新文物保护数字化管理方式

博物馆使用先进的信息技术，搭设良好的数据信息交流渠道，随着馆内文物数量的增加，传统的文物保护方式难以适应于当下的发展需求。因此，需要对文物管理的方式进行合理统计和分析，适当引入专业化的管理技术，搭设合适的文物数据资源库，实现对文物的监督和管理。馆员需要将文物组成的基本情况、发现过程和文物来源进行合理分析，通过文字的形式完成信息录入工作，上传照片，形成完整的资源链。再者，通过大数据提升文物保护

的质量，适当引进先进的环境监测技术，红外线技术，实现对文物的集中管理，认识文物发展的基本特点，及时发现其中存在的问题。

条件允许的情况下，博物馆可以利用VR技术对文物保护环境实施模拟，或者是对文物进行修复和管理，通过碎片化的发展模式，适当减少文物修复所投入的时间和精力，让整体的拼接效果更为系统化和真实化。VR技术及时整合现有资源，实现自动拼接，对于容易掉色的区域，利用VR技术提前做好演示，呈现出文物修复好的效果，确保后续工作的顺利进行。通过前瞻性的VR技术，切实提升博物馆文物保护工作的质量，全方位、立体化展示文物要点，做好相应的预见性工作。对于部分单品而言，容易出现修复偏差的情况，但是VR技术的有效应用，结合文物的基本特点进行综合判断，寻找不同修复方法的区别，最终选择最为合理、科学的修复方法，也是创新和完善文物数字化管理的重要手段。此外，VR技术还能和网络技术紧密结合，将文物信息以数字化的方式呈现，直接链接终端，开始旋转、放大和缩小，形成立体化的交互参观模式。

（二）建立专业的数字信息资源库

博物馆建立了对应的数字化管理系统，还要积极关注系统的升级和优化，做好图片、视频和文字的储存工作，实现信息备份，避免出现素材丢失的情况，让文物资料能长期保存。数字化资源建设的时候，要求大众在网络平台查询关键信息，实现对馆内资源的更新和优化，实现馆员服务升级。尤其是在博物馆数据库的建设和完善中，要求系统内部进行统一管理，主要是文物数据库中包含了关键信息，应该做好文字扫描工作，及时对图像资料、保养的方式和内容进行核对。接着按照博物馆的相关要求，对其进行分类储存，也为后续文物的研究工作提供有效的参考素材。随着博物馆文物数字化建设工作的升级和优化，这对传统的管理模式造成了一定的影响，综合考虑馆内的发展情况，确定博物馆自身的科技水平，观赏环境等诸多因素，提供具有特色化的服务，做好文物的展示、规划等工作，充分体现数字化技术在博物馆保护中的积极作用。

不同文物藏品通过数据等先进的工具进行合理分析，及时记录物品的相关信息，其中包含了视频、拍摄的方式和技巧，以及角色介绍、物品的发现过程等。要求所有的数据库中和地区文化资源紧密联系，建立全面的数据资源库，技术做好数据储存和传输工作，方便研究人员学习和参考。通过对传统文化产品的研究和分析，要求研究人员主动寻找，避免多次对文物的观察和测量，这样会破坏文物自身的完整性。数据库的有效建立，让研究人员直接获取关键信息，优化研究的流程，避免对文物造成二次破坏。数据库的建设能确保文物保护工作的安全性，方便工作人员进行检索和管理，体现出良好的服务意识。而且数据库的建设也为专业人员提供了更为广阔的交流空间，实现信息资源共享。

（三）更新文物保护管理制度

以信息采集为支撑，利用网络操作平台，将已有的管理数据和信息资源进行有效衔接，实现数据资源的深度整合，打造标准化、协调性极强的数字化管理体系，实现对数据的一体化储存和检索。同时，应该按照博物馆的基本发展情况，优化相应的工作流程，体现出适用性强的工作程序，方便博物馆在相应的工作活动中进行知识储存，尽量节省管理的成本，提高工作效率。例如将计算机技术和博物馆的内部管理模式紧密结合，实现对文物的永久性储存，其表现形式分为多个方面，形成了系统的控制体系后，将信息化管理和防震、防火灾等安全策略相互联系，实现资源的可持续供应。同时，打造完善的应急体系，通过全过程、全范围的保护模式，能在文物展览、运输的时候做好保护工作。博物馆利用检测设备、GPS技术，对文物在运输过程中的基本情况进行实时监督，完善对应的报警体系，要求相关人员检查对应的随身物品，做到信息反馈和优化工作。

大数据发展时代下，博物馆建立对应的财务管理体系，负责对日常文物的运输和统计工作，从根本上保证文物工作的效率和质量。博物馆应该结合实际情况，合理控制财务预算表，对文物保护和支出进行合理评估，通过风险评估的方式，对博物馆内的综合数量，以及文物的破损程度进行准确判断，改变以往过于单一且落后的展览模式。而且对于财务预算而言，除了日常的预算环境，还要求其他部门严格按照预算规则安排博物馆其他工作的推进，通过完善的安全责任制度，确保部门管理工作分布科学且合理，出现安全问题的时候，应该第一时间找到负责人，要求承担对应的责任，做好相应的善后工作，最大程度确保文物不会受到二次损坏。

（四）培养复合型的管理人才

文物的数字化管理中，为提高保护效果，需要加强对综合性复合型人才的培养。博物馆及时和高校合作，打造联合式的人才培养模式，将引进来和走出去相互联系，致力于从培养机构引进综合性人才，或者为单位输送高素质的工作人员到高校继续学习，实现文物保护工作的理论和实践知识的深度结合。从高校的角度分析，则是建立对应的数字化博物馆文物保护专业，培养该专业所需要的复合型人才，不仅要求有过硬的专业技术，掌握历史、文物、博物馆等理论知识，还要熟练应用信息技术，适应现阶段大数据时代的发展需求，了解新技术，认识新概念，准确把握和认识技术和思维的融合要点，符合信息化发展的客观需求。学生通过专业的课程学习活动，认识博物馆数字化发展的大致方向，从管理、操作和策划等方面分析，达到真正的学以致用。

例如某地区博物馆在文物数字化建设的时候，为培养复合型人才，组织相应的培训活动，采用线上直播的方式学习，要求专业人才进行授课，对重点问题，典型案例进行合理分析，切实提高学员的理论水平和实践能力。培训活动中表示：大数据为文物保护工作提供新的契机，也为博物馆相关工作的推进提供更为广阔的发展空间，通过此次培训，凭借员工的智慧，以及专业授课模式，打造一条独特的成长之路。因此，要求前来参与培训的员工充分利用此次契机，善用新技术、新思维，实现文物保护和博物馆发展的协调并进，更好传承文化知识。通过博物馆培训的形式，优化人才结构，保存相关的创新成果，为数字博物馆的长久建设奠定坚实的基础。而在团队建设和发展的时候，恰当融入对应的激励措施，激发人才工作的积极性，为人才发展提供良好契机，确保人才培训工作能获得最大成效。

四、结语

近年来，随着现代社会的发展和进步，博物馆应该跟上时代发展趋势，在传统实体博物馆和数字化博物馆的基础上，充分运用互联网、大数据等新技术，实现文物的征集、保护、研究、传播、管理等活动的智能化，提升博物馆的服务、管理以及文物保护工作。而在文物保护和管理的时候，综合考虑多方面的因素，将数字化技术与文物保护工作相结合，打造完善且系统的数字化保护系统，结合博物馆自身的发展现状和条件，创新文物保护的方式，培养专业的信息化管理人才，建设独特的数字化文物展览平台，为博物馆的持续发展奠定坚实的基础。

参考文献：

[1] 刘芬.浅析VR技术在博物馆文物保护中的应用优势与前景[J].文化创新比较研究，2022，6(13):102-105.

[2] 青白.信息化技术在博物馆文物保护中的应用策略分析[J].新丝路，2021(13):211.

[3] 桂沫.互联网时代博物馆文物管理中文物保护的创新性路径[J].参花，2021，(2):73-74.

[4] 陆思洋.博物馆文物管理中的文物保护措施分析与解读[J].科学大众(科学教育)，2018(3):181.

[5] 王贝.互联网时代博物馆文物管理中文物保护的创新性路径[J].中国地名，2020(6):33.

[6] 于永喆.基于全球化传播及文物保护视角对我国数字博物馆的发展研究[J].文物鉴定与鉴赏，2022(16):92-95.

文旅融合视角下民族类博物馆活泛化“品牌”文化变现研究

——以恩施土家族苗族自治州博物馆为例

谭玮一　恩施州博物馆

摘　要：得益于文化和旅游深度融合发展，文博游成为当今文旅新国潮。民族类博物馆作为文化和旅游融合发展的重要阵地，如何谋变迎势多样态活泛化发展，打造文化品牌，实现文化旅游资源变现，成为亟待需要探索解决的问题。恩施土家族苗族自治州博物馆是恩施州重要的文化名片与展示窗口，承载着悠久的历史与深厚的文化底蕴。在文旅融合发展视角下，通过充分阐释文化与旅游间的辩证关系，生动论证民族类博物馆与文化旅游间的重要联系，深度分析恩施州博物馆文化旅游现存的问题，以期探索出一条适合民族类博物馆适应文旅融合发展的有效路径。

关键词：文化；旅游；博物馆；活化；品牌

由于社会的快速发展，我国社会主要矛盾已然转化，人们闲暇之余对于旅游表现出更高期待，除了向往大美自然风光的“悦目”，更多游客渴望走进诸如博物馆、文化馆、艺术馆等文化艺术殿堂进行一次“赏心”的心灵体验。文化和旅游的融合发展成为必然所趋，2014年《国务院关于推进文化创意和设计服务与相关产业融合发展的若干意见》提出，文化创意和设计服务与旅游产业融合发展；2016年《关于推动特色文化产业发展的指导意见》提出，加快特色文化产业与旅游等相关产业融合发展；2017年《“十三五”时期文化产业发展规划》中指出，要促进文化产业和旅游业深度融合；2018年，根据第十三届全国人民代表大会第一次会议批准的国务院机构改革方案，将国家旅游局与文化部合并，至此中华人民共和国文化和旅游部成立，这也意味着我国文旅行业发展迈进新时代。据统计显示，文旅基本融合后的旅游总收入占比可喜，旅游业对全国GDP贡献率持续走高。文化在旅游中的作用也日益突显，非物质文化遗产旅游、少数民族文化旅游、传统文化旅游、红色文化旅游、当代文化旅游兴起，成为旅游发展新潮流。然而，我国文化和旅游的深度融合仍处于摸爬滚打阶段，融合时间不足，经验尚缺，各项机制体制及路径方法都有待进一步完善和探索。

一、文化与旅游关系阐释

从“文化”的各类定义中不难看出，“文化”的核心要义其实就是人类所创造的既包含物质又包含非物质的相关内容，最重要的是“文化”是在不同社会历史发展阶段所产生，这就意味着“文化”是可以展示着一个社会不同历史时期的物质文化、精神文化，最能反映和代表这个社会的物质发展历程和精神文明状态。“旅游”的概念可以拆分为“旅”和“游”，“旅”主要指远离本家在外的旅行活动，主要是在空间上与其他社会活动相区别，而“游”更为注重的是顺其自然式的游历，更强调无意性、随意性。有学者通过对国际上具有代表性的30个旅游定义的综述，归纳出旅游的几个本质特征：“旅游整体的空间系统，不仅是一个经济系统，更是一个文化系统和社会系统，这是旅游目的地系统存在的理论基础。”也就是说，旅游的本质属性是文化属性。

从“文化”与“旅游”的定义中不难看出，文化与旅游不可割裂，存在着天然的、必然的内在联系。文化是旅游的灵魂，蕴含在旅游的各个方面，而旅游是文化的载体，将文化的魅力外显。我国已然意识到文化与旅游之间的重要逻辑关系，将二者深度融合发展放在至高位置，充分认识到，只有将诗与远方紧密相连，形成一种全新的文化旅游形态，才能实现我国文化与旅游的双向式健康良态走向，才能将文化自信、旅游业态的向上发展推向更深更广的社会舞台。

二、民族类博物馆与文化旅游关系论述

文化和旅游融合的大视角下，博物馆作为一个城市重要的文化名片和展示窗口，承载着悠久的历史和文化底蕴，体现着整个城市的精神文明程度，是文化和旅游融合发展的天然产物。因而在精神文明需求愈来愈强烈的当代社会，文博游应运而生，成为当今文旅新国潮。尤其是民族类博物馆，不仅展示着丰厚的地方特色文化及时代文化，更为引人瞩目的是它还有着强烈、独特的民族文化及传统文化，比一般类博物馆拥有更加鲜明的文化符号及象征。中国现存五千余家博物馆，民族类博物馆是其重要组成部分，各民族类博物馆百花齐放，构成中国一幅幅壮美的民族风情画卷，为游客展示不同的民族人文风情。

早在2009年国际博物馆日，国际博物馆协会以“博物馆与旅游”为主题，倡导博物馆向社会展示一种富有民族特色的、可持续的文化旅游，将文化遗产与游客、地区特色有机结合，使观众和游客无论是否置身于博物馆，都能体验到文化的魅力。充满人文气息的氛围，舒适的环境，配套的服务，使得许多世界知名博物馆成为游客的旅游目的地，甚至许多游客选择将一天的时间“泡”在博物馆里。譬如世界闻名的北京故宫博物院、巴黎卢浮宫、伦敦大英博物馆等，每年接待游客多达数百万乃至上千万人次，成为游客在当地旅游的首选目的地，可观的游客量也为当地旅游业的长效发展作了重要支撑。

再看近些年来国际博物馆日的主题，2022年的主题为“博物馆的力量”(The Power of Museums)，2023年的主题为“博物馆、可持续发展与美好生活”(Museums, Sustainability and Wellbeing)。博物馆不再仅仅作为一个单独的展示机构存在，而是与人们的生活紧密相连，更具“人味”。它所承载的功能更加全面，除了承担文化遗产的收藏、保护、研究、阐释功能，而且兼具传播历史文化知识，进行社会主义、爱国主义教育等职能。衍变至今，博物馆更是成为人们休闲、娱乐、学习、社交、旅游等多种目的地场所。

三、恩施州博物馆文化旅游发展问题剖析

习近平总书记在考察参观国内外多家各主题的博物馆后，明确提出“让收藏在禁宫里的文化、陈列在广阔大地上的遗产、书写在古籍里的文字都活起来”。目前，恩施州博物馆在文化旅游的活化泛发展中仍存在较多问题。

（一）文旅市场知名度较低

目前，恩施州博物馆的观众以本州市内的大、中、小学生及机关、企事业单位人员为主要来源。由于其在恩施州文旅市场知名度较低，没有形成品牌效应，因此即使是外来游客也多以国内小规模老年团或散客为主，因为文旅品牌吸引而来的游客所占比例较小。

（二）导游讲解仍需完善

恩施州博物馆导游讲解系统不够完善。固定免费讲解场次较少；志愿者讲解多在暑期某一集中时间段内；自费租赁设备讲解只是对文物进行一般性的讲解，没有针对不同文化背景的听众进行分层分级讲解；手机扫描二维码讲解对于年龄较大或是较小的游客来说可操作性不够友好。

（三）教育活动不成系列

恩施州博物馆社会教育活动的受众主体多以青少年为主，针对中老年人的活动较少，形式较为单一。由于受特定主题和特殊背景的影响，社教活动往往是阶段性的，多以各种传统节日为主题来开展活动，活动主题分散，没有形成系列，影响社会教育的效果。

（四）展陈平台建设滞后

恩施州博物馆展陈空间不足，展览环境设施老旧，展览内容常年不变，展览形式有限。特色展览内容与群众生活联系较少，静态化地展示缺乏与游客间的互动性、展览的趣味性及沉浸式的体验感，对于游客来说缺乏强有力的吸引力。

（五）文化资源旅游活化形态有限

恩施州博物馆文化资源活化方式仍显单一，文化资源展示对VR(虚拟现实技术)、AR(增强现实技术)、全息投影、3D打印等创新技术运用还较少，展示形式的吸引力还不强，缺乏以文艺形式表现恩施州民族历史文化的史诗歌剧、大型歌舞剧和大型实景舞剧等受欢迎的演艺活动。

（六）文创设计开发不足

目前恩施州博物馆文创设计总体仍处于起步阶段，没有突破政策性限制，没有自主开发的文创产品。文博创意产业及配套服务产业仍比较薄弱，旅游、科技、实业还未形成良好的融合发展生态圈，文创产业亟待培养发展。

四、文旅融合视角下恩施州博物馆活泛化“品牌”文化变现路径建议

基于信息化的社会发展及恩施州文旅市场的持续火热，恩施州博物馆急需整装待发，有效地改变其原有陈旧样态，让博物馆发展活泛起来，迅速适应文旅市场需求，打造文旅品牌。所谓“活化”，就是指对有形的物质进行文化更新和利用，并让无形的物质可视化的过程。在文旅融合视角下，民族类博物馆文化价值活泛化过程，主要是将各种文化融入游客参观过程中，从而提升游客的参观体验。究其手段来说，最重要的就是全力打造差异化品牌，实施特殊“文化符号”变现。带有特殊民族文化符号的差异化是民族类博物馆突破发展的有效途径。其他大型综合性博物馆围绕以展

品为中心的发展路径并不适用于中小型民族类博物馆，随着这类博物馆的迅速发展，民族类博物馆只有另辟蹊径才能从容应对被挤压的狭小生存空间。民族类博物馆迎势谋变的最佳途径就是利用民族文化符号的差异化，打造民族文化旅游品牌，实现文化旅游资源变现。

这里所说的“品牌”，不是指民族博物馆场馆本身，也不是指民族文化本身，而是具有代表性的、能吸引游客激发游客兴趣的、有记忆点的、成为大众讨论话题的展品、活动、服务等这些符号化“品牌”。因此，恩施州博物馆需要集中精力谋变的是策划明星展品、策展文化创意活动、研发焦点文创产品，赋予他们品牌化，用多元小品牌塑造场馆大品牌。一个个的小品牌可以灵活生存和发展，通过H5(HTML5)、线下活动、沙龙、跨界种草、单品网红等等手段达到快速传播。品牌建设，是文化变现的头和尾。恩施州博物馆文化旅游资源变现，从“一消”的角度说，展品本身是我们的产品，从“二消”来说，体验项目、文创产品、活动策展都可以是我们的文化变现产品。实现文化变现最终的落脚点，应当主要包括以下几个方面：

（一）展陈内容设施提升

在文旅深度融合之下，面对游客多样化的文化需求，博物馆应根据实际情况不断调整与改变展览内容，展览内容应贴近观众需要。还需升级现有展陈设施和辅助展陈的服务设施，如全息展柜、互动触控展柜等展陈设备，强化与观众的互动。建立数字化博物馆展陈平台，运用与数字博物馆相关的文物数字化的三维建模、虚拟现实技术、互动娱乐技术以及计算机网络技术等高科技手段，对传统的博物馆展品和藏品信息予以全方位的采集，打破藏品展陈时空限制，吸引游客前往实地参观。

（二）单体消费项目打造

打造网红项目、明星项目，用科技技术手段将“静态”展品，变成能够体验、互动、传播的“动态”项目。引进高端虚拟技术、3D打印等创新技术，尝试与文物展示相结合，让文物全方位立体化地“活”起来。将馆中文物进行数字化，实现网络3D博物馆，运用模拟技术，构建更加仿古、逼真的馆内环境复原以及更加先进的互动设施，让游客能够身临其境、全身心地去感受民族历史文化氛围，提升互动体验效果，最终将有代表性的展品设计成一个个体验项目而不再是简单的单一展品。

（三）文化体验项目策划

博物馆的旅游营销需要以人为本，以游客为中心。博物馆应尊重不同声音，满足不同群体文化需求，采取差异化措施来设计文化体验项目。现阶段恩施州博物馆的文化体验活动大多是针对中小学生的研学活动，养老市场及社区文化服务市场涉猎较少。民族类博物馆应当以民俗类的各类体验活动为突出特色，全方位面向各大需求市场，如面向团体、家庭、社区、中老年、各阶段学生等。丰富活动内容，如以土苗民俗基本知识为主的文化研学类活动，以文物挖掘、修复类为主的文创手工类活动，以民俗节日氛围感为主的传统节庆类活动以及以非物质文化遗产体验为主的非遗类活动等。

（四）文创产品开发

文创产品是博物馆文化产业的一个新热点，是博物馆结合自身馆藏文化的文化特征和文化符号，文创产品的研发、展示、销售已经成为大多数博物馆文化传播的重要环节。文创产品的开发，趣味原则往往是最重要的，趣味本身就是一种创意体现。相对大型综合性博物馆的产品，民族类博物馆的文创开发往往资金不足，质量不高，缺乏竞争力。因此，恩施州博物馆作为中小型民族类博物馆，文创开发思路必须精准，少而精，瞄准有代表性的精准客群，向其展现趣味性，让特定消费者理解产品的趣味，从中产生共鸣，提高消费欲。

五、结语

当前文旅融合视角下，民族类博物馆作为文化名片和展示窗口，应当成为文化与旅游深度融合发展的先驱和枢纽。正如《世界可持续文化旅游宣言》中所倡导的：“博物馆在多方面构成了文化旅游观光的重要资源。”中国国家博物馆馆长王春法同样认为：“博物馆要‘动’起来、‘融’起来。”所谓“动”起来，就是要“活”起来，要运用新兴技术让文物展示从静态转为动态，让古老文物在新时代新技术手段的表现下焕发新的活力；所谓“融”起来，就是要促进博物馆与其他业态的有机融合，加强文物的精准开发和联合开发，鼓励博物馆与社会力量开展多种形式的合作，要通过博物馆结构性改革谋求新发展。作为充分反映地方民俗的民族类博物馆，在国家文化振兴的大背景下，在文旅融合的大趋势下，“活”起来、“融”起来是当务之急，也是实现跨越式发展的契机。

参考文献：

[1] 何东蕾.文旅融合背景下对中国博物馆发展的思考[J].中国博物馆，2019(4):112-117.

[2] 苗宾.文旅融合背景下的博物馆旅游发展思考[J].中国博物馆，2020(2):115-120.

[3] 徐慧，沈怡丽，陆星良，王丽.文化创意视角下博物馆文化历史价值活化研究——以南京博物院为例[J].产业与科技论坛，2016，15(16):80-83.

[4] 安来顺.博物馆与公众:21世纪博物馆的核心问题之一[J].中国博物馆，1997(4):17-27+43.

[5] 王春法.关于新时代博物馆事业发展的若干思考[J].中国博物馆，2018(2):43-44.

数字时代下博物馆文创产业发展探微

唐乐　恩施州博物馆

摘　要：随着数字技术的不断发展，数字技术＋文化实现跨界合作，为博物馆文创产业注入全新的力量，赋予博物馆文创以新的表现形式和表达方式，推动了博物馆文创的创新性创造性发展。同时，数字技术与文创产业有关政策的相继出台，市场对博物馆数字文创持续增长的需求，将进一步刺激博物馆文创产业的大力发展。本文就数字技术助力博物馆文创产业的优势及如何发展博物馆数字文创进行分析。

关键词：数字技术；博物馆；文创发展

从故宫博物院文创产品的第一次亮相带来的“博物馆热”风靡一时，再到近几年来故宫博物院不局限于传统形式，将数字技术融入文创开发，推出了如《每日故宫》《故宫展览》《故宫社区》等App、和网易合作《妙笔千山》手游、上线有故宫元素的微信新皮肤等，各大博物馆也紧随其后，探索数字技术如何赋能博物馆文创，如湖南省博物馆联合蚂蚁链推出的以馆藏文物“T形帛画”为灵感的四款数字文创，受到人们的喜爱和追捧；湖北省博物馆以镇馆之宝“越王勾践剑”推出的数字藏品，通过支付宝平台对外发行，上线仅3秒即售罄……博物馆文创正在科技的加持下别出心裁、推陈出新，刷新大众对博物馆固有的认知，引起了广泛关注与讨论。

一、博物馆数字文创产业发展的驱动因素

随着社会经济的发展和科学技术手段的进步，博物馆数字文创日益受到人们的关注和青睐，它的持续发展是多方面因素驱动的结果。

（一）政策因素

博物馆数字文创的发展离不开产业政策的指导与推动。党的十八大以来，党和国家高度重视中华优秀传统文化的传承、文化遗产的保护、博物馆工作的创新。2021年3月发布的《中华人民共和国国民经济和社会发展第十四个五年规划和2035年远景目标纲要》，两次提到“博物馆数字化”。2021年5月，文化和旅游部、国家文物局等九部门联合印发《关于推进博物馆改革发展的指导意见》，提出我国在2035年基本建成世界博物馆强国的战略目标，并对智慧博物馆建设及相关工作做了充分的阐述。2021年11月，《“十四五”文物保护和科技创新规划》正式印发，对提升文物科技创新能力进行了“全链条”布局。2022年5月，中共中央办公厅、国务院办公厅印发的《关于推进实施国家文化数字化战略的意见》提出，到“十四五”时期末，基本建成文化数字化基础设施和服务平台，形成线上线下融合互动、立体覆盖的文化服务供给体系。政策的支持将成为博物馆数字文创产业的重要驱动力和导向，促使博物馆文创产业加快转型升级。国家

层面的重视、各级政府提供的产业扶持，将助推博物馆文创打开全新的局面。

（二）技术因素

数字技术的快速发展为“文物”与“科技”的跨界合作带来了互利共赢。以区块链、云计算、大数据、5G、人工智能、AR/VR为代表的数字技术，为博物馆文创产业提供了技术支持和创新驱动，成为文物保护和文化传承的重要手段，为传统的博物馆文创领域带来了前所未有的机遇。数字技术为博物馆文创的创新设计、呈现、传播、知识产权的保护等提供了强有力的支撑，提高了博物馆数字文创的开发效率，丰富了博物馆文创的产品形式，满足了公众的消费体验，提升了博物馆的社会效益与经济效益。

（三）市场因素

社会公众对精神文化需求的与日俱增、各大博物馆之间对文创开发的相互“较量”形成的有益竞争、消费模式从线下转变为线上再转变为线上线下相结合、公众消费心理消费方式的变化等等因素，形成了一个对博物馆、对历史、对传统文化感兴趣的庞大消费群体。特别是近年来数字技术的注入，为博物馆文创带来全新的消费与体验模式，加速了文化与科技的深度融合，促使博物馆的文化需求全面升级，缩短了文物与公众之间的距离，使博物馆文创产品逐步朝虚拟化、年轻化、时尚化发展。“云游”博物馆、收藏数字藏品、畅游博物馆数字游戏、购买当下热门的博物馆数字文创产品……逐渐成为当下人们追求精神文化生活的一种方式。追求差异化与个性化特质促使博物馆数字文创产品的种类和形式需与时俱进和不断地推陈出新，满足公众对高品质文创产品的数字化消费和体验需求。

二、博物馆数字文创产业发展的优势

博物馆文创与数字技术的有效结合将带来“1＋1＞2”的效果。传统的博物馆文创将在数字技术的带领下逐渐走出一条科技与文化兼具的崭新道路，让承载在文创产品上的中华民族优秀文化焕发新的光彩。

（一）盘活馆藏资源，发挥藏品价值

文物浓缩着历史价值、艺术价值、科学价值，它们为数字文创产品的开发提供了灵感来源。博物馆发展数字文创，对馆藏资源进行数字化转化与价值挖掘是重要前提。打破空间和时间的限制，运用数字技术对实体博物馆的文化资源(包括文字、图像、声音等)进行采集，依托2D/3D扫描、人工智能、现代摄影测量与遥感等数字技术手段，多元采集文物数据，包括文物的高保真三维模型数据、二维影像数据、3R影像数据(VR/AR/MR)、历史信息数据以及展览现场复刻数据等，对文物进行3D数字重建，实现博物馆文物资源的永久性保存。另外，博物馆文化资源的数字化也打破了各博物馆间的资源壁垒，促进文化资源的互动共享，实现博物馆文物资源的再利用与再创造，推动优秀传统文化创造性转化和创新性发展，盘活馆藏资源，深挖文物内涵，发挥文物价值。

（二）推进文创创新，避免产品单一

目前大多数博物馆文创产品的开发还停留在简单的复制、搬运博物馆藏品元素于摆件、帆布包、书签等物件上面，文创产品大同小异，缺乏创意与自身特色，产品类型单一，设计雷同，无法引起公众的消费欲望。以5G、AI、XR为代表的数字技术将推动博物馆文创

迈上新的台阶，AI与XR技术的融合应用将开启数字文创内容与体验并重的新发展时代，为博物馆文创设计、开发、销售带来新思路、新方向、新形式，如敦煌研究院推出的“幸运飞天”“祥瑞鹿王”付款码皮肤，在每次消费付款时都会显示，拓展了数字文创的使用和社交价值；孔庙和国子监博物馆选择其代表性建筑的主要元素推出的数字文创“国子监琉璃牌楼”，使用3D和数字技术，以建筑的主体元素为设计依据进行创作及渲染，在春夏秋冬四季场景的映衬之下，呈现中国传统古建之美，增强了公众的美学体验；河南博物馆以镇馆之宝“贾湖骨笛”为创作元素推出有声数字纪念票，动态展示贾湖骨笛使用场景的画面，并融入声效，让观众多维度的欣赏文物。博物馆数字文创通过提炼馆藏文物的文化内涵作为文创设计开发的核心要素，以此构建本馆文创体系、突显独一无二的地域特点和创新创意，同时多领域合作打造经典IP品牌，打破文创同质化，彰显实用性、艺术性、参与性、科学性兼具的大众喜闻乐见的博物馆文创产品，也成为博物馆彰显自身力量的重要途径。

（三）建立公众情感，扩大社会效益

博物馆文创产品的数字化，给公众带来了更加新颖有趣的文化探索体验。通过数字化技术，博物馆文创对馆藏文物进行多维度的展示与利用，让文物“活”起来的同时，也走进了人们的生活和学习当中，重塑公众的参观和认知体系，通过传递藏品所蕴含的历史积淀和文化内涵，加强公众与博物馆的“情感链接”。跨越千年的历史，让公众进行跨时空的对话，以近距离的姿态或触摸，或观赏，或聆听那徜徉在时光隧道中沉淀的文化底蕴。数字文创以便捷的方式进入大众的生活，它具有的社交属性加强了博物馆对公众的服务体验，既能满足当下公众求新求变的消费需求，也增强了公众对传统文化的认同感和归属感，对传统文化凝聚更深的情感羁绊。

（四）加快转型升级，促进产业发展

博物馆文创产业的数字化决定了它集文化教育、科学研究、审美欣赏、学习宣传等用途于一身的特性，能快速满足观众的精神与物质需求，文化与科技的快速结合，让观众身临其境、触手可及。依托优秀深刻的文化内核，前沿技术加持使得文创产业整体在产品、场景、生态上持续高效转型升级，为产业发展提供了无限可能。数字技术与文化创业深度融合，培育和壮大文化产业新业态，实现数字技术对传统文化的多方位赋能，让传统文化焕发新的活力，历久弥新，使文创的发展逐渐转变为文创经济产业，成为未来国民经济发展新的增长点。根据中国信息通信研究院测算，2022年，我国数字经济规模提升至50万亿元左右，同比增长10%左右。数字经济在国民经济中的地位更加稳固、支撑作用更加明显。我国发展目标是：到2025年，数字经济核心产业增加值占国内生产总值比重达到10%，充分发挥数字技术对经济发展的放大、叠加、倍增作用。

三、博物馆数字文创产业发展的对策

博物馆数字文创作为一种新兴产业，需以博物馆馆藏资源为基础，发挥博物馆主体身份，运用数字技术手段，以创新的设计思路丰富数字文创产品的种类及表现形式，多领域跨行业进行合作，实现资源共享效益共赢，拓宽传播方式和加大传播力度。

(一)加快馆藏数字化建设，打造数字文创核心力量

博物馆数字文创的创作基础和来源是基于博物馆深厚的馆藏文物以及文物背后的历史文化科学价值，加快推进博物馆数字化转型，既是博物馆自身发展的需要，也是时代发展的需要，是开展博物馆数字文创的基础和前提条件。搭建博物馆馆藏数字资源库，将藏品资源、文字资料、图片资料进行平面扫描、三维扫描与建模、数字拓印后储存、建档，让文物拥有永恒的“数字生命”，通过对收集的数据进行整理与分析，对馆藏文物资源进行有效的资源利用，深度挖掘提取文物的多方价值，为文创开发工作人员提供灵感创意。

早在20世纪90年代初，为实现敦煌石窟的永久保存和永续利用，敦煌研究院就开始了“数字敦煌”的实践探索。截至目前，文保人员已对莫高窟总计492个洞窟中的289个完成了数字化影像采集；对45身彩塑、140个洞窟、7处大遗址实现了三维重建，并制作出162个洞窟的全景漫游节目；另外，5万多张档案底片也已经实现数字化(数据来源于敦煌研究院官网)。通过科技赋能文化，敦煌研究院推出的数字文创项目“云游敦煌”小程序，自上线以来好评不断，超2亿人次参与线上互动，推动了敦煌文化的活化利用，也给大众带来了优质的精神文化产品。

(二)加快产品开发设计，多领域开创数字文创新品类

博物馆文创产品正慢慢地深入大众的生活，文创开发也成为博物馆重要的业务工作之一。博物馆数字文创在坚持原创性与创新性的前提下，还需结合当下人们的心理需求、消费行为、年龄构成等因素，基于馆藏文物提取灵感与创意，设计生产出文化内涵丰富、贴近时代生活、符合当下审美趋向、反映地域特色的文创产品。特别是近几年频频“出圈”的数字文创产品受到年轻群体的追捧与青睐，他们作为未来博物馆数字文创的主要消费群体，更易于接受新鲜事物，更加注重自己情绪与精神层面的需要，在文创设计当中也应思考他们所倾向的符号、语音、文化，提供他们乐于接受的文创产品。基于博物馆IP，可推进与数字游戏、数字藏品、数字纪念票证、数字动漫、数字游戏、数字盲盒等多种数字产品形式的有效结合，与科技、旅游、文化、教育等行业跨界合作，延展数字文创产品边界，激发大众的消费需求。如陕西历史博物馆依托丰富的馆藏文化资源，借助数字科技力量，以区块链为底层技术，搭建了数字文博联盟链——“华夏链”。华夏宝库作为华夏链落地的第一款应用平台，致力于打通博物馆文物藏品与博物馆IP在数字经济下的关系，进一步激发馆藏文物资源所蕴藏的价值与潜能，为博物馆高质量发展提供新的动能。此平台将积极探索数字文创产品、数字纪念票证及数字旅游套票的发行，推动“内容＋技术＋灵感＋美学”的深度融合，深度孵化数字IP，实现多内容形态的文创表达。

(三)加快多平台互动合作，加大营销力度广度

博物馆数字文创的推广离不开有效的营销方式和手段，博物馆数字文创作为一种区别于传统文创的产品，更多的是依靠互联网上的传播力度和广度，由此可结合线上和线下两种经营模式，全方位地进行宣传推广。对于走进博物馆参观的观众，可优化参观路线，吸引观众到文创产品售卖区，让参观与消费巧妙结合；着力开发优化手机端，借助微信小程序、

微博、小红书、抖音等手机app给用户带来数字文创线上体验，激发他们参观了解博物馆的兴趣，带动数字文创产品销售，加强社群互动；明确市场定位，借助社会力量，跨行业合作建成开放共享的数字文创交易平台和电子商务线上交易平台。在构建数字文创销售平台方面，山东博物馆以"构建文创产品全产业链服务"为初衷，与文创企业联合打造"鲁博手礼"文创智造云平台，该平台集人工智能个性定制系统、线上交易体系、线下智慧生活馆、原创产品设计转化中心为一体，实现了文创产品从设计、生产、销售全产业链间的沟通和移动互联新消费模式。

四、结语

在数字经济时代，发展博物馆数字文创产业是博物馆发展之道，也是博物馆发展之需，应持续探索数字技术与博物馆文创的有机结合，突出特色，塑造精品，继续推进博物馆数字文创产业创新创造，提升博物馆服务能力和水平，让优秀文化惠及全社会，融入大众的生活，增强大众的历史使命感和认同感，抓住时代机遇，充分用好用活数字技术，激发博物馆数字文创产业活力，构建文创产品工作新格局，讲好中国故事，助力文化强国建设。

参考文献：

[1] 数字化创新实践案例|数字技术革新驱动智慧博物馆发展[EB/OL].https://c.m.163.com/news/a/HJINGAK05505AV6.html.

[2] 张扬.博物馆数字文创产业创新发展路径研究[J].北京文化创意，2022(4):10-16.

[3] 刘兮兮.数字经济时代下文化创意产业发展路径[J].商业观察，2022(6):45-48.

[4] 孙若晨.数字时代的博物馆文创——互联网背景下山东博物馆数字文创探索[J].文物鉴定与鉴赏，2021(20):148-150.

公众参与——博物馆赋能美好生活的必由之路

张慧　恩施州博物馆

摘　要：随着社会文明进步和数字时代的到来，网络新媒体等科技手段成为博物馆与公众联系和对话的新途径新方式，公众参与已成为当今博物馆现代化进程和专业发展的趋势潮流。新时代博物馆发挥社会职能、与公众建立良性关系、赋能美好生活需注重公众的多元需求，提升自身素质，广泛发动社会力量，充分利用现代数字技术。

关键词：公众参与；理论基础；参与模式；多元需求；数字技术

自"新博物馆学"理论问世以来，博物馆与公众的关系也在悄然发生变化，由单纯的"信息传递者—接受者"逐渐转变为"以人为本""主动参与交流合作"的互动关系。随着社会文明进步和数字时代的到来，越来越多的公众走进博物馆，或利用网络新媒体等科技手段关注博物馆，发表见解、分享体验、讲述故事，公众参与已日益成为当今博物馆现代化进程和专业发展的趋势潮流。但不可否认，博物馆与公众间还存在较大的距离，馆方对观众需求不够了解，观众的体验也不够系统深入，难以形成持续吸引力和深层交流。如何构建新型良性的"公众参与"模式成为博物馆可持续高质量发展、创造美好生活值得思考的问题。

一、"公众参与"概念的由来

"公众参与"，原本是指不同机构、团体、社区或个人之间的合作。通过合作，公众的聪明才智和个人的价值感得以充分展现，实践能力和个人获得感也得到不断提高。而这种参与是通过一系列相互间的"行为"来实现的，所以具有鲜明的公共意义。随着社会民主化程度的日益加深，博物馆扮演的社会角色愈加开放民主，愈富责任感。博物馆公众参与顺应时代潮流，具有多方面的理论支撑。

（一）新博物馆学

博物馆的"公共性"是探讨博物馆"公众参与"的起点。20世纪70年代，"新博物馆学"理论兴起，它的核心理念是"以人为本"，关注人类的可持续发展，强调博物馆在终身教育中的独特作用。相较于传统理论，新博物馆学更加注重公众需求，注重为公众教育和社会发展服务。2022年8月，国际博协第26届（布拉格）大会，通过了博物馆的新定义：博物馆是为社会服务的非营利性常设机构，它研究、收藏、保护、阐释和展示物质与非物质遗产。它向公众开放，具有可及性和包容性，促进多样性和可持续性。博物馆以符合道德且专业的方式进行运营和交流，并在社会各界的参与下，为教育、欣赏、深思和知识共享提供多种体验。新定义中"向公众开放""可及性""社会各界的参与""知识共享"等阐述都凸显了博物馆的公共属性和"公众参与"的应有之义，公众参与既是方式手段，也是主体和最终目的。

（二）现代传播学

美国当代传播学家亨利·詹金斯提出“参与式文化”，是指以 Web2.0 网络为平台，以全体网民为主体，通过某种身份认同，以积极主动地创作媒介文本、传播媒介内容、加强网络交往为主要形式所创造出来的一种自由、平等、公开、包容、共享的粉丝文化样式。妮娜·西蒙撰写的《参与式博物馆》理念便源于此。传统的传播学模式，是一个明显的单向传播过程：受众只能被动接受、消费传播主体所提供的内容，既无法进行交流，更无法对内容进行加工改造。而“参与式文化”中，受众能够与传播主体、其他受众进行及时主动交流，还可以成为传播内容的创造者。

在互联网Web2.0模式中公众可以主动地发布、分享、评论、协作，信息的流通渠道是多向的。互联网技术的突飞猛进促进了传播学的变革，进而引发了博物馆发展的变革，公众不仅仅单纯是单方面的文化消费者，还可以利用互联网或其他媒介手段更快捷的获取博物馆中的各种信息，甚至可以主动参与其中创造、分享和传播，充分实现博物馆的“可及性”“知识共享”，促进多样性和可持续性。

（三）现代教育学

现代教育理论“建构主义”奠基人皮亚杰认为，“认识既不发端于客体，也不发端于主体，而是发端于联系主体与客体相互作用的动作(活动)过程之中”，概括来讲，就是说知识是在主客体相互作用的过程之中建构起来的。“人本主义”学习理论认为，学习活动的主体是学习者本人，意义学习是学习者自我发起的，来源于内部的意愿、情感与需要，注重学习者独立性、创造性和自主性的发展，强调从“做中学”。新博物馆学将教育功能放到了博物馆社会职能的首位。在建构主义和人本主义思想的指导下，博物馆各项工作需“以人为本”，尊重公众的兴趣、需求和情感等，并采用丰富的形式手段，让公众在与博物馆及其他参观者的互动中亲身体验，建构起自己的“意义”和知识体系，进行自我学习教育，实现个人价值。

基于以上新博物馆学、现代传播学、现代教育学等多学科对现代博物馆“公众参与”的产生、内涵、特征、意义的分析，可以看出，广泛的“公众参与”不仅是对现代博物馆的本质要求，是互联网时代的发展趋势和现代教育理论的重要实践方式，也是博物馆现代化进程和专业化发展所带来的必然结果。

二、“公众参与”模式及国内的有益探索

美国女博物馆学家妮娜·西蒙撰写的《参与式博物馆》中对参与型文化机构作了如下定义：参与型文化机构，是这样一个场所，在这里公众能够创造、分享，并且建立与该机构各个方面的联系。创造，是指公众为这个文化机构，同时也是公众群体或个人之间，彼此贡献他们的想法、技能、智慧以及创新性的表达方式；分享，是指公众对文化机构所经历的事物加以讨论、整合和再发布；联系，是指公众在文化机构中实现与机构员工、与其他相同兴趣人群之间的社交过程。公众参与博物馆同样经历了这样一个从“我”到“我们”的过程，即由每位观众消费馆方的内容—每位观众个体化互动—每位观众的互动彼此交织成网络—每位观众的互动由社交目的所牵引—每位观众相互之间进行社交。

以西蒙的研究为基础，博物馆研究者伦内尔提出了公众参与博物馆存在的四种不同的可能性，即“贡献型”“协作型”“共创型”“主人翁型”。在这四种类型中，博物馆对所参与的工作内容及其产生结果的控制权逐渐减弱，参与者担负的责任逐渐增加，博物馆与其他参与者、民众之间的互动面逐渐增广加深。国内的一些学者结合国内博物馆经营发展情况和公众介入程度，将公众参与划为“交流型”“贡献型”“合作型”“创造型”四种类型。而在具体的活动项目中，有的也会出现两种甚至多种参与模式重叠的情况。基于以上认识研究，国内外众多博物馆都对参与式博物馆进行了有益的探索和尝试，取得了良好效果。

（一）“交流、贡献型参与”模式

“交流、贡献型参与”模式是最传统常见的模式，这种模式在国内外都发展得非常成熟，各博物馆在这方面积累了许多成功的经验。新媒体时代，很多博物馆都有自己的微博、微信公众号、官网等网络宣传平台，并开设了观众留言等栏目，博物馆接待中心也专门放置留言簿等，观众可以通过这些平台发表观感体验，提出意见建议，进行交流。更进一步的便是在馆方推出的展览和各类活动中，参与者按照馆方提供的资源、场所、活动方案参与活动，消费馆方提供的相关文化服务，获得知识信息。如：西安半坡博物馆推出的“史前工场”活动，让观众体验半坡先民的劳作场景；陕西汉景帝阳陵博物院的“探秘历史——考古系列活动”，通过搭建“模拟考古基地”，向公众普及考古学基础知识，增强对考古学的浓厚兴趣；此外，众多博物馆利用VR和5D技术推出的线上展厅和系列线上展览，以及结合馆藏资源和地方文化开展的各类知识讲座和举办的新展等都属此类参与模式，如：河南卫视联合河南省博物院于2021年推出的《唐宫夜宴》线上春晚节目。14位舞者化身唐代仕女在由河南博物院镇院之宝“妇好鸮尊”“莲鹤方壶”“捣练图”等组成的特效背景前尽情歌舞。《唐宫夜宴》一经上线便得到了全网的高度评价，其视频在哔哩哔哩播放量超过20亿。河南博物院官方微博收到了数以万计的评论，年轻女孩们还模仿仕女们的舞蹈和妆容，拍成视频上传到各类社交平台。

（二）“协作、共创型参与”模式

对于此种模式，部分博物馆特别是一些大馆都进行了大胆的开发尝试，成效显著。其中最常见的形式是馆—校、馆—社区、馆—企业、馆—旅游等协作。很多大中院校都与博物馆签订实践基地合作协议，义务教育阶段学校纷纷将进入博物馆学习作为必需的课外实践活动，如国家博物馆开发的“阳光少年”“社会大课堂”“文化博览”等系列课程；西安曲江二小以年级为单位，开办的不同主题的“班级博物馆”课程；云南省博物馆策划的“化石猎人营地”科普活动，为化石爱好者搭建平台，通过配套的一系列活动，激发他们的兴趣和热情，主动采集、探索、交流、分享、展示，最后将成果回馈服务社会，不仅个人价值得到体现，还吸引了更多受众。

现今，很多社区、企业、旅游等注重融入当地历史文化，选择与博物馆合作共建，博物馆根据各方的社会属性和要求，结合受众的年龄特点、知识结构、文化层次，社会角色等要素，开发特色鲜明、主题突出的项目活动。如百胜公司在各地委托参与当地博物馆开发地方特色文化餐厅，旅游公司主动将博物馆纳入地方旅游目的地等举措，这些协作都达到了互利互赢、共创共建的效果。

近年来，博物馆理事会制度兴起，博物馆定级评估中已将理事会制度作为评估博物馆发展的硬性指标，有的博物馆还设立了展览顾问委员会，教育联盟等，这些理事、会员等都由各个相关领域的专家学者、志愿者、利益相关者等构成，他们不仅能随时向博物馆建言献策，还可以积极利用自己的知识和资源参与到博物馆的各项活动中。

对于“主人翁参与”模式，目前西方欧美国家盛行的策展人制度逐渐在朝此方向探索努力，而我国由于体制机制和发展根基的不同，也在不断吸收借鉴他们成功经验，并结合国情、馆情走一条适合自己的道路。

三、如何更好地实现“公众参与”

今天的博物馆更加开放、民主、包容，也更具有社会敏感性和批判性，作为公共文化服务体系的重要组成部分，博物馆更需要基于社会责任感与公众建立良性互动的关系。当代社会公众期待和向往更加美好的生活，这也给博物馆带来越来越多的生机与活力。博物馆欲扮演好“复合型”的角色，不仅需要博物馆人的不懈努力，也更需要公众的不同程度、不同水平的积极参与。

（一）注重公众的多元化需求

“21世纪的博物馆面临的最大挑战就是必须认识到博物馆是为公众服务的，而其未来的成功则有赖于发现并满足公众的需要。”互联网新时代，公众对博物馆的要求越来越高、越来越多元。如今的博物馆不仅是休闲娱乐场所，也是学习教育圣地；人们不仅可以实地参观博物馆，还可以通过互联网等多种渠道体验博物馆。因而要做好公众服务首先就要了解他们的多元需求。开展调研无疑是必要之举。“调研有助于博物馆更准确地把握参观者的动机，并推出相应服务迎合他们的需求和兴趣。更重要的是，调研也让博物馆明白为什么人们不来参观，以及应如何鼓励他们走进博物馆。”

调研应渗透在博物馆业务工作的各方面，龚良曾提到：“日本国立九州博物馆馆长三轮嘉六认为：‘一个好的博物馆应该是一个好玩的博物馆，博物馆的所有活动包括科学研究、展览策划、社会教育、商品服务等，都应围绕着服务公众而开展。观众是唯一的上帝。’该馆的成功之处就主要体现在服务公众的理念上。”调研同样贯穿于活动策划的始终，特别在初期就要考虑受众的年龄、文化背景、认知水平、兴趣特点等等，这样才能激发受众的参与热情。调研的方式除普遍采用的观众调查问卷方式外，随着新技术发展，我们可以借助大数据平台，通过搜索受众的行为数据，利用智能调查分析方法进行多维度深入研究，考虑全面，注重细节，以达到高水平的分众式服务。

（二）提升博物馆人士的专业素质

博物馆的各项职能都隐含价值承诺和社会责任，应面向公众，回应社会，最直观的使命就是推出优秀的公共文化产品，包括展览、教育活动、文创产品等等。好的文化产品需要博物馆人谙熟博物馆专业知识及运营规律，具有广博的知识结构和宽阔的学术视野，对生活具有敏锐的理解和洞察力，能准确把握社会多元化需求。这是对博物馆工作人员更新更高的要求及挑战，更是博物馆人的职责和不懈追求的目标。同样的，博物馆团队要树立以公众为核心的服务理念，建立公众参与的制度保障，建立起全社会共同监督和参与的机制，“就博物馆如何迈向真正的公共性而言，无论是通过展览与时俱进地讲好故事，践行教育的分众化、一体化、衍生化，还是提升观众服务水平，都需要博物馆自上而下的使命、愿景、价值观等立身之本的强有力引导和支撑。”最后，建立完善的人员学习培训制度，培养适应时代发展、能更好服务公众和社会的现代高素质人才。

（三）发动广泛的社会力量

志愿者工作、博物馆之友是博物馆教育传播工作的重要途径，他们具有广泛的传播力和无限的感染力，博物馆依靠这些馆外资源，协助博物馆开展各方面的工作，及时引进最新的理论成就指导实践。数字时代，这些博物馆爱好者、外部资源力量将逐渐大众化，为博物馆扩大社会面、向公众提供更优质的服务开拓了更广阔的空间。面对更加多元化的公众需求，博物馆应充分吸收各行各业热爱博物馆的人士，加大培养博物馆事业后备力量，丰富人员结构，同时给他们提供多元的服务项目，让他们更深层次地参与博物馆的专业工作。

理事会制度，是党中央对新时期博物馆建设提出的新要求，其成员由政府有关部门、举办单位、事业单位、服务对象和其他利益相关方的代表组成。数字化新时代进一步推行和完善理事会制度，推动公众参与博物馆的建设与管理，从而强化博物馆的公共性、促进其公共职能的深度实现。

（四）充分利用现代数字技术

进入数字化时代，博物馆与数字技术深度融合，公众与博物馆的联系超越了时空界限，互联网新媒体成为公众与博物馆对话联系的新手段和主要途径。通过互联网，各博物馆积极通过实体展览的虚拟化、数字化解读博物馆藏品、网上传播博物馆信息等方式服务公众。博物馆受众的范围更广，辐射面更大，公众使用博物馆的方式更加多样，参与程度更深。2018年国家文物局与百度公司共同启动了“用科技传承文明：AI博物馆计划”，这一项目加快了文物数字化建设，尤其是2021年以来关于元宇宙博物馆的探讨与实践，让平行世界博物馆的存在更加可能。如《唐宫夜宴》等线上节目的成功对于博物馆来说，它所承载的藏品信息和文化精神不再由单一的展览方式来体现，而是通过数字技术的运用展现出来，实现了用“公众参与”的方式为博物馆带来了巨大的流量。

对于数字技术带来的变革，安来顺这样总结：“数字化可以让博物馆创造一种全新的与公众对话的模式；数字化可以让博物馆从单一渠道或数个渠道变成全渠道的，当信息成为博物馆收藏、研究、展示和传播的关键要素的时候，数字化更直接将信息或数据置于博物馆的核心，数字化在极大程度上优化了博物馆与所服务社区关系的途径，数字化帮助社会大众在数字时代更好地实现博物馆学习，不断开辟博物馆观众体验的新领域。”可见，博物馆在数字技术的加持下将会发生翻天覆地的变化，未来我们不仅可以实现藏品资源共享，还可以定制更多个性化的学习资源，不仅能够获得更多元的受众，还能实现与公众间的情感联系与共鸣。由此我们更应与时俱进，熟练掌握运用数字技术，提升“公众参与”的维度和质量。

四、结语

“博物馆改变人们的生活。它们丰富个人的生活，还帮助建立一个公平、正义的社会。同样，公众的专业技能和创造力极大地丰富了博物馆。”公众参与博物馆满足了公众对知识的渴求，对休闲出行的乐趣以及对真善美的精神追求，不仅提高了生活品质和幸福指数，还能展示体现个人价值。新时代，“创造属于公众的博物馆”应成为博物馆的奋斗目标，努力用文化创造美好生活，构建一个和谐稳定、积极向上、充满活力的社会。

参考文献：

[1] 史明立.谁的博物馆？——博物馆与公民参与[J].博物院，2017(5):12-17.

[2] 妮娜·西蒙著；喻翔译.参与式博物馆：迈入博物馆2.0时代[M].浙江：浙江大学出版社，2018.

[3] 兰维.博物馆教育与社会变革：建构主义的启示[C].中国博物馆协会博物馆学专业委员会2013年“博物馆与教育”学术研讨会论文集，2013:93-99.

[4] 李珂珂.人工智能时代美国博物馆展览与公共教育公众参与模式研究[J].艺术教育，2020(3):227-230.

[5] 安来顺.关于社会公众参与博物馆的基本问题[J].自然博物，2017，4(00):39-43.

[6] 刘哲，贾清.博物馆教育活动中的“公众参与”[J].科学教育与博物馆2021，7(3):233-237.

[7] 贺华.浅析当代博物馆教育与公众文化生活[J].中国博物馆，2019(3):100-104.

[8] 李晓荧.博物馆良性公众参与的若干途径[J].文化产业，2022(10):121-123.

[9] 郭相奇.探索．热爱．分享——试论公众参与博物馆的新模式[J].科普研究，2019，14(4):76-81+114.

[10] 蒂莫西.阿姆布罗斯，克里斯平·佩恩著；郭卉译.博物馆基础[M].南京：译林出版社，2016.

[11] 龚良.博物馆馆长讲博物馆：石窟、丹青、吉金，文化传承与国家命运[M].北京：北京大学出版社，2013.

[12] 郑奕.提升博物馆公共服务水平的策略探析.人民论坛，2022(16):100-103.

[13] 安来顺.数字化时代之超级连接的博物馆[J].中国博物馆，2018(3):3-5.

试论发展旅游与文物保护的关系

黄悦菲　恩施市文物事业管理局

摘　要：在人类的历史发展过程当中，文物是反映人类发展史的重要财富，兼具科学研究、历史、艺术和文化等方面的价值。当前，旅游行业快速发展，行业发展和文物保护之间的关系十分紧密，本文简要论述发展旅游、文物保护关系，并提出二者协调发展的工作策略，以供参考。

关键词：发展旅游；文物保护；关系

我国是有五千年历史的文明国度，在历史的发展过程当中，遗留下众多文物古迹，为旅游行业提供了许多极具观赏的景观。对文物保护与发展旅游二者之间的关系进行全面分析，可为旅游行业发展提供服务和支撑。

一、发展旅游和文物保护之间关系分析

（一）发展旅游能够激发人们文物保护意识

文物属于重要的旅游资源，文物保护能够促进旅游行业发展。发展旅游同样能够提高人们对于文物的保护意识。因为无论是业内人士，还是游客都能意识到文物保护属于旅游发展重要内容之一。在旅游行业发展过程中，重视文物保护，能够将文物古迹呈现在更多游客面前，满足游客探寻历史和文物的心理。同时，文物属于不可再生类型旅游资源，旅游部门会不遗余力对文物采取保护措施，以此带动旅游经济发展。文物保护过程需要一定的经费，发展旅游能够获取经济效益，同时为文物保护工作开展提供支持。

（二）旅游经济发展需要文物保护和支持

我国历史悠久，社会文化发展过程产生了大量文物，不论是秦陵兵马俑，还是敦煌莫高窟，又或者故宫博物院，以上名胜古迹不但巧夺天工而且十分壮观，是我国历史上耀眼的明珠，也是世界文化的宝贵财富。发展旅游能够为游客感知文化、探索知识提供支持。因为文物本身相对特殊，承载着数千年文化，所以，在发展旅游过程当中要对文物古迹进行重点开发和利用，向游客彰显文物的魅力，对于文物合理开发与保护能够促进旅游经济发展。例如，恩施市文化和旅游局创新打造的恩施老城“寻宝”打卡文旅体验活动，在2022年五一小长假期间恩施老城文物点接待人数超15万人次，综合收入达294万元，在文化活化利用与旅游产业的融合创新上作出了有益探索。

（三）发展旅游和文物保护相辅相成

从发展旅游、文物保护两项工作关系来看，二者具有相辅相成特点。虽然在旅游发展过程当中，可能影响文物保护工作开展。但是，如果文物保护过度，禁止文物开发，还会对旅游行业发展造成限制。可见，二者之间联系紧

密。要保证旅游行业顺利发展，必须要对文物科学开发、合理保护，才能真正将文物资源价值挖掘出来，带动旅游行业发展。社会各界高度关注文物古迹，将其作为特殊旅游资源，兼具经济价值、开发价值。旅游部门对于发展旅游、文物保护之间关系也有清晰的认知，在文物资源开发与保护过程当中，运用智能技术，对文物进行保护，合理开发和利用，促进二者协调发展。

（四）过度发展旅游会影响文物保护

文物保护、发展旅游二者之间存在矛盾。开发旅游资源的时候，需要在景区建设基础设施，像游乐场所、餐饮场所、购物场所等，以上设施建设会对文物存放环境造成破坏，影响文物保护工作开展。所以，在发展旅游过程当中，对于文物古迹不可过度或者盲目开发，要考虑文物存放场所可承载游客量，科学开发设计旅游路线，降低旅游发展对于文物造成的破坏。同时，旅游行业发展还会造成环境污染，游客不文明行为使得文物安全受到威胁。

二、旅游行业和文物保护共同发展策略

（一）树立文物保护意识

考虑文物保护、发展旅游之间关系和矛盾，为了促进二者同步发展。旅游发展阶段，相关人员要时刻将文物保护作为前提，在法律层面制定文物保护法律法规，保证旅游开发环节对文物资源依法保护、科学利用，突出文物管理，保护文物这类不可再生资源。

发展旅游过程当中，管理部门要针对文物保护建立刚性制度，要求旅游景区工作人员树立高度保护意识，在工作过程中能够尽职尽责，以文物保护为先，重视景区管理。对于重要景点，应限制游客进入服务区域的数量和游览时间，在游客游览之前，对其进行文物保护宣传教育，一旦游客出现破坏文物的行为，可给予罚款，严重时追究游客法律责任。在景区内部还要设置和文物保护相关的警示牌、标志语等，利用广播、电子屏幕提示游客，扩大宣传教育范围，让游客能够积极参与文物保护工作当中，营造良好的外部环境，支持旅游行业的持续发展。

（二）合理规划开发文物

面对旅游行业发展过程对于文物过度开发和利用，导致文物被破坏这类问题，在发展旅游过程当中要制定科学规划，妥善开发文物资源，合理利用，及时保护。文物能够展现历史与文化发展历程，属于人类文明史宝贵的艺术结晶，文物不可复制，也难以再生。旅游行业管理部门在开发文物资源的时候，必须依照《文物保护法》相关要求进行，在开发文物以前科学规划，禁止出现过度开发文物的行为，利用有效的方式保护文物。开发文物以前，做好科学调研工作，对于文物开发方案进行有效论证，给出客观评估，为文物开发提供参考。文物开发以前的规划管理是保护文物价值的重要前提，开发规划内容详细，将文物开发和保护等工作有效落实，在文物开发过程当中，注意对古迹原貌及时恢复，合理开发文物才能支持旅游行业持续发展。

（三）统筹兼顾综合发展

事实上，文物保护、发展旅游之间存在矛盾的本质就是没有将多方利益协调起来，做到科学处理。所以，要解决此问题，在发展旅游过程，要统筹兼顾多方利益，结合旅游发展、文物保护具体情况，辅以市场化运作，协调多个主体利益，兼顾旅游发展收益、文物保护工

作，将市场效益进行最大化。文物利用阶段，必须将前期资本投入考虑其中，着力宣传红色资源文化价值，做到宣传传统文化，响应教育号召，统筹结合文物开发、利用和管理等工作，对文物采取系列保护。

因为文物保护要多个部门之间协调合作，所以要求文物保护、旅游发展等部门人员要积极参与其中，作为重要主体，协调市场监督、环保、国土规划和建设等部门，发挥以上主体合力优势，促进两项工作的协调发展，保证以上部门人员相互协调，做好文物开发、管理和保护等基础性工作，同时发挥其他部门在旅游管理方面作用，支持旅游行业发展，发挥文物的历史传承、艺术和文化价值。

三、结语：

综上分析，发展旅游、文物保护二者之间联系紧密、相互依存，文物能够带动旅游市场发展，旅游市场发展可能对文物造成破坏。只有通过有效协调，树立文物保护意识，对于文物进行合理开发和利用，完善旅游发展路径，才能实现二者的同步发展。

参考文献：

[1] 赵玲，张华.乡村振兴视角下文物旅游高质量发展的问题与对策[J].农学学报，2023，13(1):96-100.

[2] 沈跃国.南京民国文化旅游资源开发现状及提升路径研究——基于文物保护单位的视角[J].江苏商论，2023，(1):72-74.

[3] 宋冬冬.济渎庙的保护与利用初探[J].济源职业技术学院学报，2022，21(4):85-88.

[4] 李艳.乡村振兴背景下文物保护与旅游开发协调发展策略[J].中国民族博览，2022，(20):208-211.

[5] 徐惠敏，王佳玲，金石柱.山东省文化遗产空间分布特征及旅游响应分析——以文物保护单位为例[J].鲁东大学学报(自然科学版)，2022，38(4):320-328+356.

[6] 鲁开国.文旅融合下县域革命文物的保护与利用研究——以滕州为例[J].文物鉴定与鉴赏，2022，(16):54-57.

文化传承·保护发展

——“施州古城”文物保护利用与开发研究

柳洪涛　恩施市文物事业发展中心

摘　要：习近平总书记曾指出：“考古遗迹和历史文物是历史的见证，必须保护好、利用好。要把历史文化遗产保护放在第一位，同时要合理利用，使其在提供公共文化服务、满足人民精神文化生活需求方面充分发挥作用。”保护“施州古城”，复兴“施州古城”是恩施人一直以来的梦想。“施州古城”文物保护利用与开发，是对文物本体的保护，更是有利于施州古城社会、经济和文化的传承与发展。

关键词：文物；保护利用；开发

施州始建于北周，恩施是唐代以来历代施州州治所在，历史悠久厚重。古城城池以恩施老城为基，以清江四水为带，始建于宋，发展于明，成熟于清，抗战时期又为国民党湖北省政府、临时省会和中共鄂西特委驻地。各时期外来不断的移民文化，与恩施本土原生态文化交融互补共同发展，沉淀下深厚的文化印记，富集蕴藏在古城的每条径巷、每个角落。施州古城是历代中央王朝加强对少数民族地区治理的见证，是城市地标。1991年7月22日，恩施市被列入湖北省第一批历史文化名城，施州古城是其重要载体体现。

一、施州古城文物资源亟待在保护中加强利用、在常规上谋求创新

施州古城位于恩施市六角亭老城区，东西最宽处约840米，南北最长处约960米，总占地面积约45公顷。古城现有西后街、城乡街、和平街等历史文化街区3处，有施州古城墙遗址、武圣宫、文昌祠、连珠塔、叶挺囚居旧址、恩施地委县委办公楼旧址、恩施抗战遗址民享社东门招待所旧址等各级文物保护单位10处，其中施州古城墙遗址是全国重点文物保护单位施州城址的重要组成部分，其余为省、州、市文物保护单位，另有未核定为文物保护单位的不可移动文物10处。

施州古城历史文化资源富集，但在城市发展进程中保存不易，部分文物建筑更是岌岌可危，举步维艰。为抢救保护古城文物资源，2013年以来，恩施市相继编制了《恩施市历史文化名城保护规划》《施州城址保护规划》，对施州古城的保护利用进行了统筹规划。按照规划布局，通过争取项目资金和各级支持，先后完成了施州城址城墙、武圣宫、恩施地委县委办公楼旧址、文昌祠等古城重点文物的整体维修。改进了叶挺囚居旧址纪念馆园区基础设施，完成连珠塔景区环境整治及配套设施升级改造。

为了促进古城文物资源的有效利用，恩施市依托施州古城墙、恩施地委县委办公楼旧址、武圣宫、文昌祠等重要文物建筑开展了各

项展示展览和社会宣传教育工作，也取得了较好的利用效果。2016年，恩施市利用施州古城南城门城楼举办“施州古城历史文化展览”，2018年被评为湖北省2017年度六大精品陈列展。2015年，恩施市依托恩施地委县委办公楼旧址建成“恩施抗战历史陈列馆”，重点展示湖北省及恩施抗战历史，开展爱国主义宣传教育，年均免费接待观众3万人次以上，2019年被湖北省人民政府命名为湖北省国防教育基地，现已成为外来游客和恩施市民参观留影纪念的重要打卡地。

需要注意的是，我们的利用受传统模式、习惯观念等影响，一度缺乏大的创新，长期停留在一个初级利用阶段，要么围绕某主题进行简单展示，要么将文物直接作为景点供群众观览。由于过度强调文物的历史和静态元素，忽视了在动态中实现历史与现实的碰撞、古人与今人的对话，受众的认同感、代入感、体验感不强，大多数游客在参观文物时都是脚比眼快，走马观花、观而不赏，一路走来，只是获得一个粗略印象或者略有感悟和触动，难以留下深刻的记忆。要想让文物得到更有效的利用，真正在人民大众中“活起来”，文物资源的创新利用迫在眉睫势不可避。

二、“老城寻宝”活动是施州古城文物资源创新利用的典型案例

为响应全面贯彻“保护第一、加强管理、挖掘价值、有效利用、让文物活起来”的新时期文物工作方针，切实加大文物保护力度，推进文物合理适度利用，使文物保护成果更多惠及人民群众。各级各类文物保护单位是旅游业发展的重要组成部分，文旅融合与文物保护利用互补促进，一直都在不断探索进行之中，文旅结合已经是文物保护利用越来越明显的趋势。“施州城址”利用开发，是依托文物资源讲好恩施故事，弘扬优秀历史传统文化的进一步探索途径，对推进文物旅游事业发展起到示范性作用。

2022年5月恩施市文化和旅游局策划实施“跟我去恩施吧，老城寻宝”暨文物点全面免费开放的沉浸式文化旅游活动，就是恩施市围绕施州古城内全国重点文物保护单位施州城址城墙及另外7个省级文物保护单位等文物资源进行创新利用的一次典型案例。

活动前期通过拍摄《老城》MV进行活动预热和宣传，将传统山民歌与新生代说唱相结合，创新宣传形式，30多家媒体平台争先转发，线上播放量达5000多万。活动以开放式观瞻游览老城重要历史文化景点为主线，融入与文物建筑相关的NPC真人角色演绎，同时导入“传统集市”“非遗体验”“古城寻宝”等情怀体验和互动游戏，吸引广大市民游客走进老城沉浸式游览，在弘扬优秀传统式历史文化的基础上又增加趣味性和体验感觉。“老城寻宝”系列文旅活动在合理利用文物资源的基础上发展旅游，推动我市文物与旅游融合发展，实现“文物＋旅游”突破性发展。五一期间施州古城俨然成为恩施州城“网红”打卡地。各文物点日均接待游客突破3万人次，五天时间总接待量突破15万人次，综合收入共计294万元。活动刺激引导了文化旅游消费需求，促进旅游经济逐渐复苏。更多人了解家乡历史人文故事，重新“活化”老城，让文物古迹里的文化“活”起来，让恩施老城重焕生机。在文化遗产与旅游产业的融合和创新发展方面作出了有益探索。

三、“施州古城”文物资源开发利用新思路

伴随我国社会主义市场经济体制的初步确立和逐步走向成熟，进一步解放和发展文化生产力，培育新的文化产业，已成为当代中国发展实践的重要组成部分，深入贯彻国家“十四五”文化改革发展规划，以文化提升旅游的内涵品质，以旅游促进文化的传播消费，实现文化产业和旅游产业双向融合、相互促进。在现阶段应加强对制约文化产业发展诸多因素的研究，积极探索加快文化产业发展的新途径，促进我国文化产业的繁荣和振兴，助力文旅产业复苏，拉动文旅经济内循环，大力发展全域旅游，推动红色旅游，拓展新的文化发展空间，促进文化旅游产业创新发展。

（一）沉浸式体验项目开发——“恩施老城剧游文旅”

恩施州山水风光秀丽，自然资源禀赋得天独厚，是全国首批、全省唯一整州创建国家全域旅游示范区的单位，并且恩施市在2019年就获得了全域旅游示范区，施州古城唐宋为施州治所，明清为施州卫所和施南府府城，文化底蕴深厚，对其进行保护的同时，进行合理适度的开发利用将对当地的文化事业及旅游经济发展带来活力，也会给当地经济产业带来新的机会。

近期以“恩施老城剧游文旅”沉浸式体验项目开发，围绕恩施老城文化、特色文保建筑、恩施历史名人、老城非遗等元素进行沉浸式文化旅游产品开发，将多个文保建筑以同一个故事线进行串联和编排，以当代年轻人所喜爱的剧本游戏、沉浸式演绎、互动解谜的形式“讲好老城故事、传播老城文化”，创作兼具观赏性、互动性、教育性的城市行进式沉浸式文旅体验项目。让老城的一砖一瓦都有可能成为剧情中重要的一环，向游客朋友诉说恩施老城的过去，以恩施古城为起点，形成集行进式沉浸剧场演艺＋实景互动解谜书＋民族节庆特色沉浸式解谜活动于一体的立体沉浸式文化旅游特色产品。恩施老城的建筑、街道、故事都将以更加丰富的形式带着扣人心弦的谜题在全国读者和解谜爱好者面前徐徐展开。

（二）氛围感体验项目开发——“恩施老城深度游”

城市面貌是历史的沉淀和文化的凝结。一个城市的旅游文化发掘越独特，发育越成熟，历史积淀越深厚，城市的品位就越高，恩施就是这样一个极具特色的、历史文化悠久的古城。探索打造恩施老城以旅游观光和文化体验为主的旅游路线，通过挖掘文化特色旅游资源，打造优质文化旅游品牌，从城市的发展层面来说，恩施的旅游文化资源是这个城市的重要资产，具有无限的增值潜力。

以氛围感环绕体验“恩施老城深度游”也是我们中期即将开发的保护利用项目，老城地形左右转折、上下层层退让，自然景观丰富，将文化街区串联起来，连接自然景观与人文景观。一是山水和风水文化，古城山水及城池选址的风水，多处文物建筑与连珠塔的风水关系；二是城池文化，突出恩施山区防御型城池的特色；三是市井生活文化，以改造主街道为主，小巷环境为辅，还原老街形象，展示老城街巷格局。四是庙宇文化，展现旧时恩施人民精神层面追求，恩施古城寺庙多，很多街巷以庙宇命名，将有迹可循庙宇和庵堂做出标识。五是家族名人文化，挖掘恩施历史文化名人旧居，祠堂，会馆等文化内涵；六是少数民族生

活生产习俗文化挖掘，通过微改造进行设计和商业布局，让游客从认知，沉浸，体验三个维度体验老城文化游。

（三）核心品牌体验式项目开发——“施州古城研学营地”

城市旅游文化的成熟发展，为城市创造出品牌效应。在“经营城市”的今天，城市旅游文化就是城市的名片、商标。城市旅游文化还可创造消费需求，本着以人为本的精神，不断推出更多贴近社会、贴近青少年的精品开发项目，既有利于完善我国现代国民教育体系和履行教育功能，发挥公益性文化机构的社会价值，加强文化交流和优秀文化的宣传推广，同时，更能促进旅游者对当地文化、民族、历史、自然和道德等方面的了解，深刻感受到旅游目的地的风格之美，满足其好奇心和求知欲，在轻松愉快的氛围中，和同行者一起分享参观、参与的乐趣。

以“千年施州、老城研学”为品牌核心，依托恩施老城厚重的文化、民俗底蕴基础，打造集文化、教育、旅游、食宿、娱乐等一体的可持续性综合创新实践研学营地开发项目。追溯鄂西历史、探寻文化根源，创新活态非遗、传承民俗技艺，因山水形貌、创理想人居。以历史文化探源、非遗民俗体验、自然认知与营造相互串联，打造出相关课程。通过“研学+旅游”的方式，与历史和自然对话，穿过时空的阻隔，俯瞰历史的风风雨雨。在这个高品位的文化环境中得到陶冶，并在研学的氛围中获得知识，使工作、学习中绷紧的心弦得到放松。

此项目的可持续性开发，可进一步发掘周边文旅资源、文化和故事，将恩施州更多文旅资源纳入其中，推动恩施州全域旅游建设，打造全国文旅产业双向融合示范项目。

四、结语

“施州古城”历史文化资源具有稀缺性，要加强文物和文化资源的“活化”和“转化”，加强主题文化线路、主题研学产品、主题文创商品等的开发，形成一系列有恩施特色的文化旅游产品，在保护利用与开发的工作上闯出一条特色之路、先进之路。同时，要加强文化的数字表达和科技赋能，开发若干个沉浸式数字文旅体验项目和消费场景，使之成为恩施市过去从未有过的创新项目，吸引更多的恩施人游老城，吸引外地人到恩施旅游必到老城打卡，鼓励社会参与，共同做好博物馆文化创意产品开发。

恩施老城不仅是重要的文化遗产，也是恩施州乃至湖北省重要的历史与传统文化教育基地，更是该区域人民生活情感和民族自豪感的代表。让老城品牌“走出恩施，走向全国”，让全国游客“走进恩施，走进老城”，带来活力的同时也会带来新的机会，更为保存优美的生态环境带来新的机遇。按照特色开发、绿色繁荣、可持续发展的要求，进一步解放思想，改革创新，抢抓机遇，苦干实干，传承保护好这份宝贵的历史文化遗产是我们的职责，要本着对历史负责、对人民负责的精神，传承历史文脉，处理好城市改造开发和历史文化遗产保护利用的关系，切实做到在保护中发展，在发展中保护。

参考文献：

[1] 胡飞扬.岁月深处的恩施古城[J].民族大家庭，2023(1):61-62.

[2] 宁小卓.古施州城楼城墙遗址的保护策略研究[J].中外建筑，2014(10):44-48.

[3] 曾祥惠，翟志清，沈维菊等. 文明创建扮靓恩施城[N]. 湖北日报，2006-07-03.

基层博物馆红色临展策划与实施的几点思考

——以咸丰县民族博物馆原创红色临展为例

杨竣方 湖北恩施唐崖土司城遗址管理处

摘 要：红色主题临展是基层博物馆宣扬爱国主义文化的最好载体，同时又是对固定陈列展览局限性的有效补充。基层博物馆在策划红色主题展览时，要摒弃传统思维，打破单一形式，主动担当作为，完善形式设计，创新宣教方法，提升策展能力，努力满足社会文化的需求。

关键词：红色；临时展览；策划；创新

红色文化蕴含着丰富的革命精神和厚重的历史文化内涵，是我国社会主义文化的重要组成部分。红色主题临展是基层博物馆宣扬爱国主义文化的最好载体，同时又是对固定陈列展览局限性的有效补充。本文以咸丰县民族博物馆两期原创红色主题展为例，从展览的策划与实施角度出发，结合工作实践，分析策展工作中存在的局限性，并提出几点改进措施，以期提升后期策展质量，更好地发挥基层博物馆的社会服务职能。

一、“‘咸丰革命斗争史’主题展”

（一）展览主题

习近平总书记指出：“一个抛弃了或者背叛了自己历史文化的民族，不仅不可能发展起来，而且很可能上演一幕幕历史悲剧。”咸丰是一片红色的土地，有着光荣的革命传统。从辛亥革命前期温朝钟等人组织的“庚戌起义”，土地革命时期贺龙等将领在咸丰境内的革命活动，到抗日战争时期部分机关单位迁至咸丰，都体现了咸丰的悠久革命历史。为了缅怀先烈丰功伟绩，传承红色基因，弘扬老区精神，进一步凝聚“热爱咸丰、发展咸丰、维护咸丰”的强大气场，我馆特举办红色主题展“咸丰革命斗争史”。本次临展旨在展示咸丰的革命斗争情况，让人们永远铭记革命先烈的丰功伟绩，继承和弘扬革命先烈精神，不忘初心、感恩前行，牢记使命、拼搏进取，把“为有牺牲多壮志，敢教日月换新天”的革命精神融于42万咸丰儿女的灵魂血脉，薪火相传，生生不息。

图1 “咸丰县革命斗争史专题展”

（二）展览内容设计

展览总体思路是突出历史脉络。展示内容以时间顺序为主线，按照时间先后来安排内容的走向。表现手法上，一是以照片和文字解说为主，二是辅以实物。因本时期内的文物及照片资料相对较少，以文字解说为主，故展示效果不是很好，但仍能清晰、实际地体现出咸丰革命斗争情况。根据革命斗争时期将本次展板分为前言、辛亥革命时期、土地革命时期、抗日战争时期、解放战争时期、从咸丰走出去的革命人士和后记七个部分。前言统筹介绍咸丰的革命斗争情况；辛亥革命时期主要围绕温朝钟等人1910年底开展的“庚戌起义”展开介绍；土地革命时期从中共咸丰县第一个支部建立至1936年贺龙带领红军离开咸丰；抗日战争时期主要是咸丰县委机关和相关迁至咸丰的机关单位；解放战争时期主要是介绍解放咸丰的几次战役；从咸丰走出去的革命人士主要是介绍秦国镛、秦家柱、王云龙、冯子恭等革命人士；后记主要是总结陈述。

（三）展览形式设计

在展览形式设计中上，紧紧围绕展览主题，突出红色元素，注重灯光运用。展厅和展板均以暗红色为主色调，采用专业节能LED灯光。由于受制于展厅面积，故展览没有规整的展线。为了节约空间，在展厅内合理安排展线，运用隔断、主题墙、通柜、壁柜等多种形式，将陈列空间分割成三个大区域。进门正对面为主题墙，主题墙背景图案选用“忠堡大捷纪念碑”，采用浅浮雕立体式KT板材呈现。展厅中的流线方向遵循“顺时针”原则参观浏览，形成圆圈状展线。本次展览共计展板58块，均采用高清图片配合文字解读呈现，以字体变化和色彩来凸显展览重点部分，展出实物20余件。

（四）宣教服务

本期展览主要运用讲解员现场解说、语音导览相结合的方式服务观众；借助县域传统媒体“咸丰发布”“咸丰融媒体”“云上咸丰”“世遗唐崖”微信公众号等方式进行全方位、多渠道的宣传；参观团队实行电话预约方式进馆参观。

二、“长征史实新发现——‘红十八师突围长征过咸丰’特展”

（一）展览主题

习近平总书记说：“长征在世界战争史乃至人类文明史上也是极为罕见的。这一惊天动地的革命壮举，是中国共产党和红军谱写的壮丽史诗，是中华民族伟大复兴历史进程中的巍峨丰碑。”咸丰县是一片光荣的红土地，它不仅是湘鄂西、湘鄂川黔革命根据地的重要组成部分，也是红军长征经过地。在咸丰、恩施，在湘鄂渝黔边区，有一段艰苦卓绝的长征路线——红六军团十八师的突围长征路：部队从湖南龙山出发进入湖北恩施州境内，经鹤峰、来凤、咸丰、宣恩、恩施、利川等六县市，其间在咸丰迂回运动9天，最后强渡唐崖河嘈沟渡口，突破了敌军部署在湘鄂设置的最后一道封锁线，一路经重庆黔江、酉阳、秀山奔贵州江口与军团主力会师，胜利归建。几年来，经过相关部门同志认真查阅党史军史资料、深入实地走访调查和大力宣传呼吁，2020年11月，咸丰县作为红十八师突围长征经过湖北的重要县市，被纳入“十四五”国家重大文化工程——长征国家文化公园项目，并成为湖北省首批建设县。在中国共产党成立100周年之际，

图2 “长征史实新发现——‘红十八师突围长征经过咸丰’特展”

我馆特推出原创展“长征史实新发现——‘红十八师突围长征经过咸丰’特展”，旨在告慰壮烈牺牲在这片土地上的红十八师将士，重温红十八师这段血与火的历史，从中感受中国共产党人和红军将士用生命和热血铸就的伟大长征精神。

（二）展览内容设计

“长征史实新发现——‘红十八师突围长征经过咸丰’特展”包括“雄师来自湘鄂赣”“突围长征过咸丰”“英雄部队胜利归建”“人物补记”四大板块，其中重点介绍发生在咸丰境内的这段重要史实。

第一板块“雄师来自湘鄂赣”，主要讲述红十八师是中国工农红军三大主力之一——红二方面军第六军团(红六军团)下辖的十八师(简称红十八师)，最后出发长征的故事。贺龙、任弼时、关向应、萧克、王震等曾评价红十八师“是一支拖不垮、打不烂的英雄部队。”第一板块包含三个单元。第一单元“雄师源头 · 忠堡战役”，主要讲述“红十八师的源头”“参加忠堡战斗”。第二单元“钢铁之师跃入历史视野”，分为“红军老牌主力师”“跃入历史视野”两个部分。第三单元“突围长征进入咸丰前情”主要讲述“临危受命 · 掩护主力长征”“完成任务 · 部队突围长征”。

第二板块“突围长征过咸丰”为本次展览的重点内容。这部分内容包括四个单元，主要讲述“忠堡整编 · 卡门遭遇战”“翻越雪岭麻柳界”“小村扩红 · 军民鱼水情深”“强渡唐崖河 · 疁沟突围战”，讲述“忠堡整编”“卡门遭遇战”“樊孝竹牺牲”“宿营黑洞麻柳溪”“翻越雪岭麻柳界”“小村休整扩红军”“石龙溪上留佳话”“迂回穿插三乡镇(区)”“部队涉水渡河”“遭遇敌军狙击”“张正坤长岭遇险”“周燮卿电报吹嘘‘战果’”等内容。

第三板块“英雄部队胜利归建”。这部分共有两个单元，第一单元讲述“黎东汉连夜抢修电台”，第二单元讲述“江口胜利归建”。

第四板块“人物补记”。这部分主要补记本展览内容提到的三位主要人物：张正坤、李信、黎东汉。

最后为结语。

（三）展览形式设计

“长征史实新发现——‘红十八师突围长征经过咸丰’特展”在展览形式设计上，与“咸丰县革命斗争史专题展”表现手法相似。围绕展览主题，突出红色元素，注重灯光运用。展厅和展板均以暗红色为主色调，采用专业节能LED灯光。由于受制于展厅面积，故展览没有规整的展线。为了节约空间，在展厅内合理安排展线，运用隔断、主题墙、壁柜等多种形式，将陈列空间分割成三个大区域。进门正对面为主题墙，采用群体浅浮雕立体式KT板材呈现。展线方向遵循“顺时针”原则参观浏览，形成圆圈状展线。本次展览展板共计40块，均采用高清图片配合文字解读呈现，以字体变化和色彩来凸显展览重点部分，由于受经费限制，本次展览未展出实物作为辅助。

（四）宣教服务

“长征史实新发现——‘红十八师突围长征经过咸丰’特展”在宣教服务上，主要采用传统的讲解员现场解说方式服务观众，方式略显单一；借助县域传统媒体“咸丰发布”“咸丰融媒体”“云上咸丰”“世遗唐崖”微信公众号等方式进行全方位、多渠道的宣传；参观团队实行电话预约方式进馆参观。

三、几点思考

借由以上两个咸丰县民族博物馆原创红色主题临展案例分析可以看出，基层博物馆在红色临展的策划与实施过程中还存在很多局限性，短板明显，尤其体现在展览创新、新技术运用、策展水平等方面。对此，笔者认为，基层博物馆在红色主题临展策划与实施工作中，还需多向中大型博物馆学习，借鉴经验，不断完善和提升策展质量，更好地传播爱国主义文化。对此，笔者就上述两期红色主题展览的策划与实施提出如下几点想法：

（一）进一步凝练展览主题

红色展览的主题选择是红色展览策展的核心。一个优秀的红色主题展不但要主题突出、特色鲜明，而且要回答历史问题，阐释红色文化的当代价值。同时，在主题命名上集艺术性、文化性、高度概括性为一体，主题太过冗长显得不够专业，过于简单又不能凸显展览丰富的文化内涵。基于此，笔者认为，基层博物馆在策划红色主题展览时，主题命名必须反复斟酌研究，体现其科学性，必要时一定得请教大馆专业策展老师，以免“功亏一篑”。如上述的“咸丰县革命斗争史专题展”“长征史实新发现——‘红十八师突围长征经过咸丰’特展”两个红色临展主题，在主题命名上亦缺乏概括性和艺术性，还有待进一步凝练。笔者认为，如在“咸丰县革命斗争史专题展”主题前加上“红色记忆”“红色印记”之类的文字，即“红色记忆：咸丰革命斗争史”等主题呈现；把“长征史实新发现——‘红十八师突围长征经过咸丰’特展”中的“长征史实新发现”改为“长征足迹”“红色足迹”“长征印记”“英雄足迹”等文字，则更能体现出展览主题的艺术性和文化性。

（二）进一步完善形式设计

红色主题展览在形式设计上，必须紧扣主题，设计要清晰，呈现要直观、简洁、大方，在表达形式上要有艺术性和创造性。然而，现今基层博物馆在策展红色主题展览时，普遍采用“沿墙看大书”的展陈方式，导致展示手段雷同、艺术效果同质化等诸多问题，如上述咸丰县民族博物馆举办的两期红色主题展览亦采用如此方式进行展示，这种简单的展陈方式很难吸引公众的关注度，尤其是青少年群体，终究达不到展览育人的预期目标。可见，好的形式设计是基层博物馆做好红色主题临展的核心内容，必须用心谋划，精心施策。纵观国内知名的中大型博物馆举办的临展，在形式设计中必辅以实物。对此，笔者认为，基层博物馆在临展形式设计中，应努力学习大馆做法，提升展览质量。一是要辅助实物说话。用实物说话，才能激励精神，凝聚情感，实现文化传播。如上述咸丰县民族博物馆举办的两期红色临展，其“咸丰革命斗争史”在形式设计中，增加了通柜和实物、语音导览、壁挂式电视等内容，相较未辅以实物的“长征史实新发现——‘红十八师突围长征过咸丰’特展”，前者展陈质量大大提升，观展人数过万，尤其是针对学生群体，普遍反馈展览效果较好；二是要学会在灯光上做文章。基层博物馆由于长期受到经费、人才等众多问题的制约，一般都没有设置专门的临展厅，只有少数馆设有临展厅，但面积亦有限，如咸丰县民族博物馆现有临展厅一个，总面积仅100平方米。对此，基层博物馆要在有限空间内策划好一期展览，在形式设计中，灯光运用就显得尤为重要，其既不占空间，经费投入又小，还能很好地营造出展厅氛围。以上述列举的两期红色临展为例，虽然在形式设计中加入灯光的运用，但在色彩和光线的变化上仍缺少艺术性，如从序厅灯光暗淡，逐渐过渡至尾厅灯光增亮，以此来营造出一条从“暗淡到光明”的展览参观情绪主线，就会进一步升华观众情感，与之产生共鸣；三是可适当加入多元叙事体系。红色展览的多元叙事体系是展览吸引观众、突出个性的重要手段。当然，基层博物馆必须在经费允许的前提下才能实现。以上述咸丰县民族博物馆举办的两期红色主题展览为例，如将展标设计成立体化展墙，展览内容呈现的核心英雄人物或团队制作成仿真蜡像，则能有效增加展览的可读性与吸引力；四是加强新技术的运用。新媒体技术在红色主题展览中起到不可或缺的重要作用，成为展览的亮点和创新点。因此，基层博物馆在经费允许的前提下，尽可能增加数字化元素，提升展览的质量。对此，咸丰县民族馆计划在今后策展工作中，坚持“宁少勿滥”原则，多方整合资金，加大数字化运用，如线上展厅等方式，以此增强观众的参与感与互动性。

（三）进一步提升策展水平

博物馆临展质量的优劣取决于策展团队的专业程度与综合素养。对于基层博物馆来说，策展是一个普遍存在的短板：一是专业人才缺乏，导致临展工作常年处于“躺平”状态；二是策展团队水平不高，缺少创新，“依葫芦画瓢”，同质化严重。如咸丰县民族博物馆一直无专业策展人员，所有工作由博物馆负责人“一肩挑”。基于此，笔者认为，基层博物馆应加强策展团队专业水平的提升，可通过“请进来，走出去”和自主学习等方式来提升策展专业能力，努力打造专业化、高质量的临展。如咸丰县民族博物馆在后期工作中，计划每年举办一到两次专家讲座，邀请湖北省博物馆、恩施州(市)相关博物馆的策展老师进馆培训，另计划利用“5·18”博物馆日活动“走出去”学习交流，通过App文博平台“文博圈”等公众号进行自主学习。总之，基层博物馆只有努力打造一支专业化的策展团队，推出一批出彩的临展，才能最大限度实现地域文化的更好传播。

（四）进一步创新宣教方式

博物馆策展工作，其内容设计、形式设计以及宣教方式等每个环节都不容小觑，其中宣教方式是打通文化传播的“最后一公里”，尤为关键，小有闪失将直接影响整个展览的质量。基于此，笔者认为，基层博物馆在举办红色主题展览时，除了要有一支高素质的解说队伍，还应创新理念，打破传统的“展厅解说”方式，运用多种宣教手段，让红色故事、红色精神走出临展厅，走进社区、学校、机关、军营、企业、乡村等场所，让红色文化真正“活起来”“火起来”。一是要进一步提升讲解队伍的解说水平。一名优秀的讲解员，必须是集资料员、研究院和宣传员等多重角色为一体的博物馆工作人员，必须具备丰富的知识储备和表达沟通能力，做到“因人施讲”“因展施讲”，高质量完成社会服务和文化教育的使命。基层博物馆讲解员切忌“躺平式”工作态度，应以积极饱满的状态对待解说工作，加强自主学习。如咸丰县民族博物馆，后期将采用学术交流、外出培训等方式提升讲解工作人员的业务水平；二是以流动展览形式赋能乡村振兴。目前，随着国家乡村振兴战略的持续深入推进，基层博物馆作为公共文化服务职能机构，更要主动担当作为，走进乡村，以多种活动形式传播乡村特色文化，为乡村振兴赋能助力。如上述咸丰县民族博物馆举办的两期红色主题展览，在宣教形式上，应突破临展厅固定陈列模式，以流动展览形式走进乡村振兴重点村和红色文化乡村，如在唐崖司村、湾田村、马官屯村、彭家沟村和忠堡镇等乡镇进行展示交流，宣传红色文化，促进文旅融合，助推县域经济社会发展；三是设置知识有奖竞答。社会教育是博物馆举办展览的最终目的，而非"应付差事"的随便展几个月，故临展工作一定要围绕教育传播做文章。对此，笔者认为，基层博物馆在讲好红色故事的同时，也应注重对受众知识获取程度的掌握了解。最直接简单的方式就是互动式学习体验方式，以上述咸丰县民族博物馆举办的两期红色主题展为例，最后环节可以融入"红色故事知识有奖竞答"方式，对观众进行知识获取检验；四是多方筹资搭建新媒体平台。现今，运用新媒体平台进行展览文化传播已成为新常态。作为基层博物馆，应努力跟上时代步伐，充分利用新媒体手段进行文化宣教。如抖音平台、更新官方网站、发送官方微博、开通微信公众号、开设斗鱼直播平台等灵活的线上线下互动方式，将红色文化以富有内涵且饶有兴趣的形式推广传播。尤其是抖音短视频技术，已成为现今最受普通大众欢迎的一种短视频技术。

四、结语

习近平总书记指出："中国式现代化是物质文明和精神文明相协调的现代化，要弘扬中华优秀传统文化，用好红色文化，发展社会主义先进文化，丰富人民精神文化生活。"后期，咸丰县民族博物馆将进一步挖掘县域红色文化资源，积极担当作为，努力钻研提升，打造一批高质量专业化的红色主题展览，讲好地方红色故事，大力宣扬爱国主义文化，更好地发挥服务基层、传承文化的作用。

参考文献：

[1] 王佳."双高"建设背景下红色博物馆展陈设计研究——以党史100周年展览为例[J].海风，2022(1):43-45.

[2] 王莹.搭建超级链接，共享红色文化——探究革命类博物馆社会教育新方法[C].2018年湖北省博物馆协会学术研讨会论文集，长江出版社:222-225.

中小型博物馆可持续性发展路径研究

——以恩施地区为例

向柯儒　来凤县文物事业管理局

摘　要：本文基于国际博协提出的“博物馆是社区福祉和可持续发展的关键贡献者”的观点，用可持续发展的眼光看待中小型博物馆的发展，探讨作为地方文化中心的中小型博物馆可持续性发展路径。通过分析恩施地区中小型博物馆发展中存在的问题，提出建立中小型博物馆之间协同共享的合作机制，扭转文化权威的角色，用文化赋权的方式加强博物馆服务与社区、公众之间的交互性，为实现社区福祉和地方可持续性发展贡献博物馆力量。

关键词：恩施地区；中小型博物馆；可持续性发展

2022年8月24日，国际博物馆协会(ICOM)官网公布了博物馆的新定义，即“为社会服务的非营利性常设机构，它研究、收藏、保护、阐释和展示物质与非物质遗产。向公众开放，具有可及性和包容性，博物馆促进多样性和可持续性。博物馆以符合道德且专业的方式进行运营和交流，并在社区的参与下，为教育、欣赏、深思和知识共享提供多种体验。”突出强调了博物馆“促进多样性和可持续性”的当代使命和社区参与、共建共享的文化关系。坚持从可持续发展的角度看待博物馆，不仅是对业界趋势的积极响应，也是实现中小型博物馆可自身发展的内在要求。

一、恩施地区中小型博物馆概况

中小型博物馆主要是指藏品5千至3万件，建筑面积4千至1万平方米的中型博物馆和藏品不足5千件，建筑面积不足4千平方米的小型博物馆。根据2022年博物馆年报统计数据，恩施地区共有11座博物馆，其中恩施土家族苗族自治州博物馆由于建筑面积和藏品总数均高于上述标准，故不列为本文的讨论对象，除此之外，该地区有地市级博物馆1座、县级博物馆6座，非国有博物馆3座，均符合上述定义中小型博物馆的范畴(见表1)。

表1　恩施地区中小型博物馆基本情况一览表

序号	名称	类型	建筑面积（㎡）	藏品总数（件/套）	级别
1	恩施市博物馆	综合类	2700	730	三级
2	建始县博物馆	综合类	2530	2308	未定级
3	巴东县博物馆	综合类	3756	11348	未定级
4	宣恩县民族博物馆	综合类	3632	1244	未定级
5	鹤峰县博物馆	综合类	1420	15962	三级

续表

序号	名称	类型	建筑面积（㎡）	藏品总数（件/套）	级别
6	来凤县民族博物馆	综合类	4000	1395	未定级
7	咸丰县民族博物馆	综合类	1872	2050	未定级
8	恩施市巴蜀民族民俗文化博物馆	非国有	2800	1905	未定级
9	恩施市夷水民族民俗博物馆	非国有	800	939	未定级
10	逸休堂博物馆	非国有	590	6202	未定级

恩施地区中小型博物馆的展示内容主要有各县市不同历史时期的珍贵文物，包含反映巴文化、崖葬文化、土司文化的场景还原及珍贵实物，探索人类起源及文明发展的各地遗址出土代表性文物，反映民族风情的历史、民俗文物，以及反映各地革命历史文化的人物故事及实物展示。相邻的地区地理环境类似、人文艺术相通，历史进程同属一脉，因而邻近地区的综合性博物馆展览内容多有重叠。恩施地区是土家族文化的诞生地之一，民族文化积存丰富、底蕴深厚、特征鲜明，该地区各中小型博物馆在民族历史文化的内容展示上存在较大的共性与契合，除展览主题外，各馆在展陈结构、展陈方式等方面也有诸多相似之处。通过对恩施地区中小型博物馆展示内容的细化分析可以发现，这10座博物馆中大部分都有反映土司文化、民俗文化、红色文化等主题的展陈，且展陈方式多有相似，如来凤、宣恩、咸丰三馆都以场景还原的方式展现了土家族传统民居吊脚楼，对于当地革命历史文化的展示以半实物展陈的方式居多，尽管如此，不同博物馆的展览主题和内容仍然各有其角度和侧重。具体而言，鹤峰、巴东两馆展品类型最为丰富，恩施市博物馆、建始县博物馆展示内容更具专门性，宣恩、咸丰、来凤三馆则极具地方文化特色，三座民办博物馆在专题系列展览方面进行了补充，总体呈现出较为全面的地方博物馆展示系统(见表2)。

表2　恩施地区中小型博物馆展示内容一览表

名称	展览内容
恩施市博物馆	历史文化类：施州古城历史文化陈列；红色文化类：恩施革命斗争历史陈列；人物事迹类：叶挺将军生平事迹专题陈列
建始县博物馆	历史文化类：建始直立人遗址、五阳书院历史文化陈列
巴东县博物馆	历史文化类：巴东县历史文化陈列、史前时期至秦汉的历史文物、巴东旧县坪（宋城）遗址出土文物。红色文化类：巴东革命历史；民族文化类：土家族生产生活用具
宣恩县民族博物馆	历史文化类：历代珍贵文物、土司文化；红色文化类：宣恩革命斗争历史；民族文化类：婚丧习俗、民间工艺、民族戏曲
鹤峰县博物馆	历史文化类：刘家河遗址、土司文化；民族文化类：婚丧习俗、传统建筑、民族工艺、民间戏曲；红色文化类：以鹤峰为中心的湘鄂边革命根据地斗争历史

续表

名 称	展览内容
来凤县民族博物馆	历史文化类：牛摆尾遗址、仙人洞遗址、土司文化；红色文化类：来凤革命斗争历史；宗教文化类：仙佛寺；人物事迹类：张富清先进事迹专题陈列；民族文化类：婚丧习俗、民族工艺、民间戏曲
咸丰县民族博物馆	历史文化类：土司文化；民族文化类：民族工艺、传统建筑、民间戏曲
恩施市巴蜀民族民俗文化博物馆	各年代竹器、木器、陶器、瓷器、青铜器、铁器：侗族建筑三宝、祭祖用的萨坛等
恩施市夷水民族民俗博物馆	民族文化类：傩戏面具、西兰卡普、土家传统服饰等
逸休堂博物馆	历代陶瓷、清代官帽顶系列、明代官造龙纹瓦当系列，汉铁制农具等系列，部分火花烟标、古籍善本、佛像

根据2022年博物馆年报数据，恩施地区中小型博物馆从业人员为143人，在编人数共85人，其中正高级职称0人，副高级职称3人，中级职称25人，初级职称38人，各馆从业人员数量为5至28人不等，2022年论文发表数量为6篇。可见，恩施地区中小型博物馆存在人力资源不足，人员结构不合理的情况，致科研能力较低，创新能力不足，且恩施地区多个县市博物馆和文物局实际为一套班子，难以满足对区域内不可移动文物的保护管理、可移动文物的收藏保护、珍贵文物及相关法规的展示宣传、社会教育活动的开展、文创产品的研发及科学研究的进行等工作需求。就开展社教活动的情况来看，各馆2022年度参观人数在1750至44518人之间，社教活动场次为0至50场，活动类型涵盖现场参观、主题讲座、讲解培训、志愿宣讲、线上科普等等，服务对象以青少年为主。可见，恩施地区中小型博物馆与辖区内学校、社区等机构联系相对紧密，活动形式也比较多样，但多是站在“输出者”的角度对社区居民、学校学生开展宣讲或科普，对博物馆人力物力要求较高，难以达到可持续性发展要求，这些都是制约该地区中小型博物馆实现可持续性发展的重要因素。

二、可持续性发展路径：协同共享和文化赋权

新西兰学者Jane A. Legget在《区域性博物馆：授权与赋权》一文中提到“区域性博物馆较少的员工人数与藏品和建筑的简陋并不妨碍他们在社区中发挥有意义的作用。区域性博物馆更多地被嵌入区域中心，使它们有机会建立富有成效的关系，以实现自己的目标，同时与其他当地活动和社区保持一致。”因而中小型博物馆在促进地方经济、社会、生态可持续发展中有着自身的优势与责任，如何有效地整合各馆资源，促进多样性，实现协同呈现、共生共赢，是中小型博物馆可持续发展的重要方向。具体而言，可以通过以下两种路径实现：

一是根据各馆展览亮点与主题进行集群划分和资源整合，有效拓展展览内容，呈现出更加全面、丰富的地方历史文化。例如，整合鹤峰县博物馆、咸丰县民族博物馆(唐崖土司城遗址管理处)、宣恩县民族博物馆、来凤县民

族博物馆中反映恩施地区土司文化的展览内容；整合咸丰县民族博物馆、宣恩县民族县民族博物馆、来凤县民族博物馆、恩施市巴蜀民族民俗文化博物馆、恩施市夷水民族民俗博物馆关于民族民俗文化的展览内容；整合巴东县博物馆、建始县博物馆、逸休堂博物馆关于历史文化的展览内容。此外，还可以对红色文化、遗址文化等内容进行整合划分。二是为地方文化旅游资发展贡献力量，促进地方经济可持续发展。2018年3月召开的全国博物馆馆长论坛上，文化和旅游部部长雒树刚发表讲话时提出“博物馆既是公共文化服务的重要阵地，又是旅游发展的重要载体”；2023年5月4日，国家文物局、文化和旅游部、国家发展改革委发布了《关于开展中国文物主题游径建设工作的通知》，这些政策与发言为我们提供了明确的支持与导向。举例而言，在以“土司文化”为主题划分的博物馆集群中加入唐崖土司城遗址、恩施市土司城、鹤峰县屏山等景区旅游线路，打造全面、立体的“土司文化”主题游径。通过以上方式加强博物馆与文化旅游深度融合发展，增益旅游历史文化底蕴，服务地方经济社会发展。

博物馆作为地方公共文化机构，也是地方文化中心，上文提到恩施地区中小型博物馆在社会教育活动中以馆方送展、宣讲，与服务对象参观、学习为主，基于ICOM“促进社区福祉”的倡议，博物馆主要可以从两个方面来打破这种固定关系：一是扭转文化监督和文化权威的角色，通过赋权大众实现双向互动，满足公众对知识和信息的需求。例如，充分利用博物馆文化资源，在广泛征集公众意见的基础上，以社区环境美化和创造文化休闲空间为目的打造社区展览，在社区居民中招募志愿者开展志愿讲解，让公众参与项目策划、内容制作到实施的全过程，真正做到将博物馆服务融入人们的生活。二是打造社区“文化角”，聚焦“关爱未成年人”“子女教育”“无障碍”和“老龄化”等落点于民生重点和朴实情感的话题开展活动。比如，结合社区内模范家庭事迹和历史人物故事打造“优良家风专题展”；或是打造服务特殊群体的创新展览，比如将文物或历史照片打印为可触摸照片配以语音讲解的“触摸展览”，邀请健全人士戴上眼罩与视障人士共同体验全新的观展方式。还可以通过增加面向志愿者团队的手语培训、完善博物馆无障碍设施等方式进一步提高残疾人群体的参观体验，促进博物馆服务的普适性和包容性。此外，可以运用以上方法在社区内传播可持续观念，帮助人们了解可持续生活方式以改善环境，助力生态可持续发展。

三、为地方可持续发展贡献博物馆力量

恩施地区丰富的文化资源是该地区中小型博物馆实现自身发展、推动地方经济、社会发展的基石。针对该地区中小型博物馆在展览内容、展陈形式上相仿的情况，充分挖掘各馆馆藏和智力资源并实现共享，在强调各馆之间的异质性与个性化的基础上，协同呈现地方文化特色。在文旅融合的背景下，充分利用好各馆优势资源，与文化旅游市场相结合，用更丰富的形式向大众传递文化信息。

在社会可持续发展中，博物馆需放下权威身份，针对恩施地区中小型博物馆在社会教育活动中的定位，充分完成角色转换，从文化权威到赋权大众，与社区、公众建立平等协作的关系。在探索自身良性发展路径的同时，承担

起中小型博物馆在地方发展中的关键作用，为经济、社会、生态可持续发展贡献博物馆力量。

参考文献：

[1] 李玉.对中小型博物馆问题的几个思考[C]//·回顾与展望：中国博物馆发展百年——2005年中国博物馆学会学术研讨会论文集.北京：紫禁城出版社，2005:560-563.

[2] 转引自李珂珂.博物馆的力量：可持续发展——第26届国际博物馆协会学术研讨会综述[J].博物馆管理，2022:88-90

红色资源的保护与利用及其可持续发展
——以鹤峰县为例

喻欣 唐锋 鹤峰县文化遗产局

摘 要：土地革命时期，鹤峰县是湘鄂边革命根据地的中心，国家一类苏区县，红色文化资源丰富，但在保护利用中还存在保护难度大、利用效果差等问题。为了助推鹤峰县文化强县建设，在保护中要融入社会力量，加大日常监管，在保护好文化资源的同时，深挖文化内涵，丰富展示利用形式，并加强区域合作，用心用情用力保护好、管理好、运用好红色文化资源。

关键词：红色资源；保护利用；社会力量；融合

鹤峰是恩施州唯一的国家一类苏区县，红色资源丰富，始终坚持“在保护中利用，在利用中保护”的原则，加大对红色资源的保护和利用。本文针对红色资源保护利用方面存在的问题进行初步探讨，力求让红色文化资源发挥出应有的社会价值和经济作用。

一、鹤峰红色文化资源

土地革命时期鹤峰是湘鄂边苏区的中心，是湘鄂西革命根据地的策源地及湘鄂西反围剿斗争的主战场，是湘鄂西革命根据地和湘鄂川黔革命根据地的重要组成部分，这里有湘鄂西第一个县级苏维埃政府，是共和国一号烈士段德昌长眠之地，也是贺家姐弟们奋斗乃至牺牲的红色土地。鹤峰以土家族为主的各族人民在中国共产党领导下，为开辟革命根据地，完成土地革命，粉碎国民党政府的军事围剿，进行了长达七年的艰苦卓绝斗争，使鹤峰成为土地革命时期全国革命根据地中以少数民族为主体，与敌人开展武装斗争的成功典范，也留下了大量珍贵的红色文化遗产。鹤峰县尚存不可移动革命文物71处，其中已被各级人民政府核定公布的文物保护单位41处，可移动革命文物284件。

二、保护利用中存在的问题

（一）保护难度大

鹤峰地处武陵山区，红色资源存在分布广、交通不便等问题，再加上产权归属各不相同，鹤峰的71处革命文物点中，仅有10余处为国有产权，少数为集体产权，其他大部分为私有产权。在保护管理上就面临不同的问题。其中私有产权管理难度最大，当私有产权的不可移动革命文物无法满足产权人居住需求时，改建扩建甚至拆除重建的行为便时有发生。尽管《文物保护法》第二十六条明确规定“不得损毁、改建、添建或者拆除不可移动文物”，但由于其规定和上位法《物权法》之间的不统一，仍会存在对破坏文物的行为无法处理的情况。另外，长期在旧址内居住的多为留守老人，鹤峰又有过年熏腊肉的习俗，所以在用火、用电等方面就存在极大的安全隐患。

国有和集体所有的红色资源在保护管理上也存在资金不足和人员短缺的问题，鹤峰县在每年都实施一处革命文物维修的前提下，还有近一半的革命文物出现了残破和缺少维护的情况。出现这一问题的原因很多，首先是省保以上的文保单位每年都有相关项目资金支持，州、县级文物单位缺少资金支持，而我县县级及以下不可移动革命文物占革命文物总数的87.3%，长期缺乏资金投入导致部分县级文保单位及不可移动文物保护状态较差。其次是革命文物多为木质结构房屋，收归国有后，房屋一般都被空置，日常没有人居住和保养，加速了房屋糟腐速度，再加上鹤峰多雨潮湿的气候环境，木质房屋维修后一般两年就会再次出现糟腐，但是如果交由当地人居住，又必须在旧址上生活，会对木质结构房屋造成极大的消防安全隐患。

（二）利用效果差

一是红色文化资源的利用缺少整体的思路，鹤峰红色文化资源丰富，但是没有制定红色文化资源总体规划，因此在资源的利用方面具有局限性和分散性。目前仅五里坪革命旧址、鹤峰红三军军部旧址及贺英殉难处有基本陈列，而且这些已有的基本陈列之间也存在关联性和整体性不足的问题。二是对红色文化资源的利用流于表面，革命文物本体仅仅是红色文化资源的一个载体，真正核心的价值是革命故事和革命精神，目前对红色文化资源的挖掘和利用都浮于表面，主要着重于对革命文物本体的利用，再加上展示方式过于单一，资源的传播渠道主要是博物馆和旧址的展览参观，不能很好地把红色故事展示出来，把革命精神传承下去。三是红色文化资源开发分散，资源整合力度不够，各乡镇各自为政，只围绕本地的资源做文章，却忽视了全县乃至全州红色文化都是一脉相承，是在一个时间线上发生的历史事件，有着千丝万缕的因果关系，所以使得对红色文化的展示有局限性和片面性。其实是没有很好地把红色文化资源与当地的自然资源、土家风土人情相结合，使得参观内容过于单一，参观线路稍显单调。再加上产业结构不完善，在这些红色文化资源周边缺少游客中心、民宿、特色餐饮等综合配套服务设施，不能很好地满足前来参观学习的游客们对吃、住、行、娱、购、游等多方面的需求，就极大地削弱了红色文化资源的经济利用价值。

三、解决对策

（一）加大日常监管

针对木质结构为主的革命类文物保护单位，首先要严格人防管理，由文物所在地村委会牵头，组建义务消防队，并通过微信建立文物安全信息网，随时掌握各处文保单位的情况。其次要加强物防建设，建立微型消防站，根据面积配备足够数量的消防器材。为实现远距离监管，通过安装视频监控，实现文物保护单位视频监控全覆盖，2017年，鹤峰县启动“平安文物”视频监控平台建设，实现19处文物保护单位(有形建筑)视频监控全覆盖，并在文物主管部门设置监控平台和指挥系统，对文物保护单位进行实时监控，并实现语音呼叫指挥，及时掌握文物保护单位现况。鹤峰所有省级文物保护单位筹建消防水池，完成中营片区、走马片区、太平片区及容美片区文物保护单位消防水池及消火栓系统的建设，为文物竖起一道铜墙铁壁，保护好有形的红色文化资源。最后做好技防培训，每个季度进行一次文物安全巡查，现场对看护员进行培训，每年至少举行一次消防演练，不断提高消防安全水平。

(二)汇集各方力量

在人力方面，不断扩大文物保护队伍。从2016年开始，由鹤峰县人民政府牵头，与文物保护单位所在地的乡镇及相应的村组及个人签订革命文物"一处一策"安全责任状，将责任压实到地方，管理细化到个人，并根据实际情况选任文物看护员，私有产权多由产权所有人或房屋使用人任看护员，如工农革命军第四军军部旧址、红二军团军部旧址的看护员从小在旧址内生活，对旧址有很深的情怀，愿意全力配合共同保护好旧址，再通过安全知识培训和消防演练等方式提高安全保护水平，造就一支既有责任心又有保护能力的生力军。在物力方面，各级人民政府加大革命文物保护预算，设立革命文物保护专项资金，扩大对县级红色资源保护和发展的投入力度。近年来，随着红色旅游的兴起和党史学习教育的常态化，各级政府对红色文化资源的保护利用也越来越重视，鹤峰县五里乡人民政府、邬阳乡人民政府积极参与保护工作，将石门县游击大队后方医院及红二军团十七师随军医院旧址及工农革命军邬阳关收编"神兵"旧址收归国有，并进行了整体维修；中营镇人民政府、太平镇人民政府出资完成鹤峰红三军军部旧址和贺英殉难处的展示工程和环境整治，逐步将两处革命旧址打造为红色教育基地。

(三)深挖文化内涵

要促进红色文化资源的利用，首先要深挖红色文化资源的内涵，加强对于红色历史的研究，注重文化意义的真实性，科学性，以重大的历史事件、战役、历史人物等作为切入点，展示本地红色文化，如鹤峰有鼓锣山三十二烈士英勇就义、英雄母亲谭良玉、女英雄贺英等感人的故事，都可以作为红色文化资源传播的主要内容。同时要加强相关从业人员的培训，从业人员除博物馆工作人员外，还包括旅游等方面的人员，要使其能够了解到红色文化的具体内涵。博物馆工作人员要对于博物馆、纪念馆的陈展内容、文物等做到心中有数，旅游业工作人员要做到人人都会说红色故事。讲解员是文化传播最重要的窗口，因此要着重于讲解员培训，打造高素质的讲解员队伍，通过生动的讲述，重现烽火连天的峥嵘岁月，有效传播鹤峰红色文化。

(四)丰富利用形式

提高红色文化资源的有效利用，除利用博物馆、纪念馆和革命旧址等进行展示外，还要通过其他途径来拓展展示范围。首先要通过举办红色主题临展，推出具有新意的展览内容，并通过进社区、进校园等百姓喜闻乐见的方式进行展出，2016年，贺龙元帅诞辰120周年之际，鹤峰县举办了"贺龙在鹤峰"红色文化巡展，在各乡镇巡展时引起了民众极大兴趣，也吸引了大量的群众前来参观学习，取得了较好的社会效应。其次要打造具有特色的文创产品。比如文具、明信片、徽章等等，让参观者既能看得见、听得到，也能带得走。最后还要加强与影视艺术的合作，因为影视作品是当前社会背景下重要的信息传播方式，可以将地区的红色资源通过电视剧、电影、纪录片或者短视频等方式呈现出来，使得红色文化资源被更大范围、更迅速的传播。2021年，剧组在五里坪革命旧址拍摄红色电影《不留活口》，就是一次很好的红色文化传播。

(五)加强区域合作

在文化项目上，各乡镇要积极主动地搞好

区域之间的协调、配合工作，在项目选择上统筹兼顾，形成合理分工和相互促进的格局，防止各自为政、争抢项目、自成体系和低水平重复建设。在资源整合上，首先要统一编制的红色文化保护利用规划。土地革命时期，恩施是湘鄂西、湘鄂川黔革命根据地的中心区域，2018年，恩施州文化和旅游局牵头开始编制《恩施州革命文物保护管理总体规划》，统一为全州革命文物保护利用明确方向，也将恩施州红色文化资源进行整合。其次要将鹤峰生态资源、民族特色文化、红色文化等资源有效融合，推动鹤峰全域旅游发展，将红色资源连点成线，形成一条脉络清晰、学娱一体的红色旅游精品线路，目前，以五里坪革命旧址为核心的五里——走马红色旅游线正逐渐成形。在这条旅游线上可以通过参观五里坪革命旧址、红二军团总指挥部旧址，瞻仰鼓锣山三十二烈士纪念碑等红色文化活动，感受红色文化教育；也可以顺溇水而下，欣赏五龙山独特的峡谷风光，到全国三十座最美茶山之一的木耳山饱览茶园风光；还能到五里南村感受土司南府的魅力，沿途既能品茶听曲(柳子戏、满堂音)，又能吃土家美食。近年来，鹤峰县还在不断完善红色资源的旅游配套设施，整治周边环境，提升展示水平，大力引进现代科学技术，利用声、光、电等把单调的资源陈列变成活灵活现的红色课堂，使人如临其境。

下一步，我们还要不断探索管理利用新模式，真正将社会力量引进到红色文化资源保护利用中来，通过面向社会企业招投标，在限制使用权的基础上，将旧址使用权转交给企业，由市场参与旧址的保护和利用。另外还要通过完善制度，平衡好利益关系，制定并公布专项保护管理条例，让法律来说话，尤其是平衡好私有产权保护和利益的关系，建立私有公物这一种二元产权制度，在不剥夺原产权人财产权的情况下，政府以协议或者现金赔偿的形式，对原产权人的物权加以限制，从而让其不得有自由处分的权利，让不可移动文物转为私有公物，创设公共地役权，寻找双方利益的契合点。

2021年6月25日下午，中共中央政治局就“用好红色资源，赓续红色血脉”进行第三十一次集体学习。中共中央总书记习近平在主持学习时强调，红色资源是我们党艰辛而辉煌奋斗历程的见证，是最宝贵的精神财富。我们要始终坚持科学理论指导、始终坚持理想信念、始终坚持初心使命，要用心用情用力保护好、管理好、运用好红色文化资源，讲好鹤峰红色的故事。

参考文献：

[1] 祝光强，李永忠.中国共产党鹤峰县历史[M].中共党史出版社，2009.

[2] 龚光美.鹤峰纪事：征编与研究[M].武汉：湖北人民出版社，2014.

[3] 祝光强，龚光美，铁血风云：鹤峰革命老区纪实[M].武汉：湖北人民出版社，2008.

[4] 向宏理主编.鹤峰苏区文化志[M].内部刊物，1990.

[5] 赵志华主编.贺龙在鹤峰[M].湖北省内部出版，2019.